單周堯教授七秩華誕

國際學術研討會論文集

（上冊）

主編

李雄溪 招祥麒

郭鵬飛 許子濱

編輯

蕭敬偉

潘漢芳

中華書局

單周堯教授七秩華誕
國際學術研討會論文集

李雄溪　招祥麒　郭鵬飛　許子濱　主編
蕭敬偉　潘漢芳　編輯

責任編輯　黎耀強、黃杰華、張佩兒、許穎
裝幀設計　高　林
排　　版　陳先英
印　　務　劉漢舉

出版　　中華書局（香港）有限公司
　　　　香港北角英皇道 499 號北角工業大廈一樓 B
　　　　電話：（852）2137 2338　傳真：（852）2713 8202
　　　　電子郵件：info@chunghwabook.com.hk
　　　　網址：http://www.chunghwabook.com.hk

發行　　香港聯合書刊物流有限公司
　　　　香港荃灣德士古道 220-248 號
　　　　荃灣工業中心 16 樓
　　　　電話：（852）2150 2100　傳真：（852）2407 3062
　　　　電子郵件：info@suplogistics.com.hk

印刷　　美雅印刷製本有限公司
　　　　香港觀塘榮業街 6 號海濱工業大廈 4 樓 A 室

版次　　2020 年 11 月初版
　　　　© 2020 中華書局（香港）有限公司

規格　　16 開（240mm×170mm）

ISBN　　978-988-8675-50-0

單周堯教授致辭

開幕禮大合照

前排左起：陳劉修婉女士、陳耀南教授、江藍生教授、李雄溪教授、單周堯教授、
李焯芬教授、詹伯慧教授、趙誠教授、彭林教授、張頌仁先生

二排左起：陳致教授、劉文強教授、張惠英教授、張振興教授、錢宗武教授、
夏長樸教授、虞萬里教授、羅伯特‧恰德教授（Prof. Robert Chard）、黃競新教授

單周堯教授與李焯芬教授

研討會剪影
前排左起：江藍生教授、李雄溪教授、單周堯教授、李焯芬教授、詹伯慧教授、
趙誠教授、彭林教授
二排左起：張振興教授、錢宗武教授、夏長樸教授、虞萬里教授

單周堯教授與李雄溪教授

研討會剪影
前排左起：陳劉修婉女士、張壽安教授、李雄溪教授、單周堯教授、趙誠教授、
鄧國光教授、吳建芳女士

研討會晚宴合照
前排左起：單周堯教授伉儷、詹伯慧教授伉儷
後排左起：招祥麒教授、許子濱教授、李雄溪教授、郭鵬飛教授

單周堯教授伉儷與單門弟子大合照

目　錄

上冊

開幕大會發言

甲骨金文學

經學

下冊

諸子學

出土文獻學

古典文學

語言文化教育

閉幕大會發言

序言

「單周堯教授七秩華誕國際學術研討會」於 2017 年 12 月 9 日（星期六）在香港饒宗頤文化館舉行。是次壽慶研討會的合辦單位眾多，包括國際經典文化協會、嘉禮堂、中國文化院（香港）、香港中華文化促進中心、臺灣中央研究院中國文哲研究所、香港大學中文學院、香港能仁專上學院中文系、清華大學中國禮學研究中心、曲阜師範大學國學院、西南交通大學人文學院、國際《尚書》學會、羽珍甲骨古文化研究學會。壽慶研討會之所以圓滿成功，實在有賴李焯芬教授的發起和倡議，贊助人及贊助單位陳運河先生陳劉修婉女士伉儷、中國文化院（香港）吳建芳總經理、嘉德麗教育基金溫金海主席和夢周文化基金會張頌仁主席的鼎力支持和全額贊助，以及籌備委員會連同由單門弟子及再傳弟子組成的會務團隊的共同謀劃和通力合作，更有賴海內外百多位學者的熱烈響應和踴躍參與。光是在開幕及閉幕禮上為大會發言的單老師好友、學界前輩翹楚，就有詹伯慧、趙誠、江藍生、陳耀南、林慶彰（紙面發言）、彭林、夏長樸、錢宗武、虞萬里、張振興、陳曦、鄧昭祺、陳致、羅伯特・恰德（Prof. Robert Chard）、古勝隆一諸位教授，可謂「群賢畢至，少長咸集」，大家一邊為單老師祝壽，一邊相與論學、分享心得，樂也融融。與會學者（包括提交論文但因事沒能到會的）提交近百篇論文，涵蓋了單周堯老師專研的範疇，為相關領域提出了新發現，掀開了新局面。會上會下進行了熱烈而卓有成效的討論和交流。壽星公單老師在閉幕禮上致謝辭時說：「的確收穫非常的豐富，聽到各位好朋友宣讀他們特地為

了這次研討會撰寫的新作，就本人來說，無論在經學、子學、文字學、古文獻學、音韻學、訓詁學、漢語研究、方言學以至思想史、中華文化，都上了寶貴的一課，特別是朋友娓娓道來，詳細的分析，印象特別的深刻。《易經》說：『學以聚之，問以辯之。』《詩經》說：『如切如磋，如琢如磨』。相信這次研討會已經收到切磋學問之效。」站在研討學術的角度來說，是次研討會的確稱得上成果豐碩、圓滿成功。像這樣大陣容、大規模、高規格、高效率的祝壽學術會議，在香港是首例，成為本地學界的佳話。

在上述贊助人及贊助單位的支持下，籌委會積極籌備研討會論文集的出版事宜，藉此保存研討會的豐碩成果，見證單老師在古稀之年與前輩學人和好朋友聚首論學的珍貴時光。論文集得以出版，有賴百多位與會學者的慷慨賜稿，以及中華書局（香港）有限公司副總編輯黎耀強先生的大力幫忙，玉成其事。論文集的結集編纂過程，由徵集文稿到校對、編輯，負責居中聯繫的蕭敬偉博士和潘漢芳博士兩位同門，費心勞力，謹致由衷謝意。

與單老師相知相交數十年的李焯芬教授為研討會致歡迎辭及開幕辭，指出單老師在學術方面這麼多的成果，全在勤奮、努力、專注。的確，單老師究心學術，著作等身。《廣雅·釋詁》云：「薄怒、文農，勉也。」單老師自號文農、勉齋，室名薄怒齋，學術專著以此命名的，有《勉齋小學論叢》、《勉齋論學雜著》，正道出其治學的要訣。單老師在閉幕禮上說：「至於開幕禮和閉幕禮裏頭許多前輩與好朋友的美言繆許，我會視之為勉勵和鞭策，以後會加倍的努力。」單老師正是以言傳身教，為後學樹立楷模。拜讀與會學人的大作，使我們收穫豐富、深受教益，我輩將再接再厲，為學術界貢獻綿力，不負師恩。

簡述是書編纂源起如上。謹此祝願單老師福壽康寧，各位作者幸福綿長！

李雄溪、招祥麒、郭鵬飛、許子濱 謹序

開幕大會
發言

我所認識的單周堯教授
敬賀單兄七十華誕

詹伯慧

暨南大學漢語方言研究中心

　　歲月如梭。轉眼又到了為單教授賀壽的日子。打從五年前在揚州舉行的文字學研討會為單周堯教授慶祝六十五華誕以來，單門弟子每年都在歲末乃師壽誕之期宴聚賀壽，我作為單教授的摯友，每每有幸躬逢其盛，共申賀忱。年復一年，不知不覺今年竟到了單教授古稀之年了。古稀大壽，自然有別於一般壽慶，應有格外喜慶的內涵。舉行大型學術研討會，海內外學者高朋雲集，以學術盛宴賀壽，正是這回不同凡響的盛舉！

　　打從 1980 年和單兄結識，已經踏入第三十七載了。五年前在慶賀單兄六十五華誕時，我曾粗略梳理過我們間逾三十載的深情厚誼，就幾十年來單兄給我留下的點滴印象寫下了一篇祝壽的小文。此刻再度回顧，深感前文意猶未盡，單兄在我心中留下的難忘印象，何止是當時所寫的「一位永遠充滿活力、永遠不知疲倦的學者」！如今借着慶賀單兄古稀華誕的機會，總想認真彙集三十多年來銘刻在我心中的種種印象，再寫一篇較為全面闡述單兄的為學為人，反映摯友間深情厚誼的文字，聊以抒發我對這位可親可敬老友的仰慕之情。想來想去，就以「我所認識的單周堯教授」為題吧！

　　落筆之際，重溫幾年前單兄入室弟子許子濱教授〈單周堯教授經學成就述略〉一文，頗多啟發。此刻我的腦海中蕩漾着單兄的種種印象，似乎可以歸納為以下兩個方面：

　　一是學術成就非凡。單教授的學術成就，讓我感到他是一位名副其實的

學富五車、博學多才的學者。綜觀單教授幾十年來走過的學術道路，總覽其在多個學術領域中取得的豐碩成果，人們不由不驚歎：這是一位在中國傳統語文學與古典經學、現代語言學（方言學）等許多方面都卓有成就的當代學者。最難能可貴的是他立足於神州大地，植根於華夏文化，而能夠胸懷大局，眼觀四方，在漫長的學術生涯中，注意兼取乾嘉樸學與西方漢學之長，融匯古今學術、中西學術之優勢，在中華傳統文化的傳承與發展中登堂入室，遊弋自如。

單教授的學術成就最突出的表現無疑還在傳統語文學和經學上，傳統語文學，也就是通常所説的包括文字學、音韻學、訓詁學等在內的所謂「小學」。這是他上個世紀六十年代末入讀香港大學中文系以後就開始鍾情的領域。本科求學期間，血氣方剛的年輕學子單周堯就對許多人望而卻步的文字學產生濃厚的興趣。1971 年大學畢業，他便選擇了文字學作為研究方向來攻讀碩士學位，從此與文字學結下了不解之緣。四年間他埋頭苦幹，勤奮鑽研，頭兩年下功夫反覆細讀《説文解字詁林》，為文字學的研究打下較為結實的基礎，其後就着力深究通假問題。終於在 1975 年以探討清人通假之説為中心，撰寫了題為〈通假斠詮〉的碩士論文，得到導師的賞識，留在港大任教，並得以繼續深入他的文字學研究。三年以後，他於 1978 年再以文字學研究攻讀博士學位，歷經六載耕耘，於 1984 年以清代文字學為對象，在深入剖析各家有關文字學論述的基礎上，結合自身多年潛心研究心得，再以〈王筠《説文釋例》異體字諸篇之研究〉為題撰寫了博士論文，獲得博士學位。可見從碩士論文到博士論文，單教授始終執着於文字學的深入探討。清代「小學」研究蓬蓬勃勃，「説文學」更是盛極一時。丁福保錄各家撰述一百多種為《説文解字詁林》，其中號稱説文四大家（段玉裁、桂馥、王筠、朱駿聲）之説文學最為精湛。單教授從上個世紀七十年代與文字學結緣以後，就一直盯着這些清儒的説文學見解，尤其着力於精研王筠的一些説文學篇章。在醞釀撰寫博士論文的過程中，他先後寫過數篇論述王筠説文學立論的論文，既對王筠的説文學研究深為讚許，亦對其存在主觀、偏執導致某些立論偏頗以至出

現謬誤不實的現象加以中肯批評，對王氏說文研究中某些疏漏之處，單教授還能以自身之研究成果一一為之補充。如王氏於《說文》所錄俗體字，多存而不論，單教授則一一為之詳細補正。單教授之所以能在文字學研究中不就先賢之研究亦步亦趨而常有個人創見，關鍵在於他能在現代考古事業蓬勃發展、古文字研究日新月異的形勢下，將古文字研究與說文學研究結合起來，充分利用古文字研究成果來與傳統說文學相互印證。往往每說一字，他總是一面博引說文學各家論述，一面也援引甲骨、金文以至戰國文字，詳加剖析論證，使其結論更具說服力。他批評清儒論述通假之說，往往為《說文》所局限，未能目睹古文字，尋求文字孳乳軌跡，曾以〈清代「說文家」通假說斠詮〉為題撰文論其得失。只有新的理念才能帶來新的突破，這正是單教授治文字學的學術風格，也是他能在文字學研究中不斷有所發現、有所前進，始終充滿活力的根柢所在。

單教授深諳乾嘉樸學以小學入經學之途徑，在潛心研究文字學的同時，亦着力於經學之探索，對有關《左傳》的鑽研尤為精深，發表過許多《左傳》研究的專論，常在學術會議上暢論《左傳》研究之得失，儼然成為遐邇知名之「左傳學」大家。可以說，單教授的學術影響力，除「小學」中的文字學最為突出外，另一個耀眼亮點就要算他的經學研究，特別是《左傳》的研究了。他對《左傳》的研究，多涉及「左傳學」中最受關注的重大課題，如《左傳》的作者、時代及其義例等等，包括國學大師章太炎及西方漢學權威高本漢在內的種種有關《左傳》的論述，無一不在單教授評議視線之內。我認為其中有兩篇論文最具代表性，也最能顯示單教授的「左傳學」學術思路及其治「左傳學」的非凡功力。其一為他的〈論章炳麟《春秋左傳讀》時或求諸過深〉一文，眾所周知，章太炎是精研《左傳》的大家，單教授此文在對章太炎《春秋左傳讀》作深入剖析之後，持不偏不倚之客觀、科學態度而不作過於偏頗的評價：既指出其謬誤不可信之處，同時也指出書中不乏可取之處，認為此書雖多求諸過深，多穿鑿附會，但對《左傳》古字古詞、典章名物、微言大義的詮釋，可取之處亦復不少，盡棄

不用，未免可惜。這樣實事求是的評議，是能使人折服的。以專文如此精闢的討論章太炎的《春秋左傳讀》，這大概是第一篇了。其二是針對高本漢關於《左傳》作者非魯國人而開展反駁的精彩論述，題為〈高本漢《左傳》作者非魯國人說質疑〉。《左傳》作者的討論由來已久，宋以前歷代學者多持《左傳》作者左丘明為魯國人之說，只是到了宋代，宋人以書中所載內容及其學術思想與戰器等均較晚出而懷疑起《左傳》作者是否魯國人來。高本漢對此也有看法，在其《左傳真偽考》中，試圖以七個助詞跟代表魯國語言的《論語》、《孟子》作比較，從這些助詞看到《左傳》與魯語語法不同，進而得出《左傳》作者非魯國人的結論。單教授對高說的質疑提出一個重要的問題，即傳世《左傳》到底是不是先秦《左傳》原貌的問題。他認為只要拿諸多出土文獻與傳世相關文獻進行比勘，就會發現彼此的用字存在差異。可見高本漢只憑今本《左傳》與《論語》、《孟子》的用詞作比較以證明《左傳》非魯國人所作，是缺乏可靠性的。況且《左傳》的內容所述也多以魯國為中心，要說作者非魯人，也很難叫人信服。單教授此文一出，無異對高本漢《左傳》作者非魯人說的討論做了很好的總結，其學術意義非同一般。還值得一提的是，由於高本漢對中國音韻的研究和對中國古代系列經籍注釋的研究都蜚聲國際，深為漢學界所推崇，單教授在其結合小學與經學的研究中，刻意引導港大同道門生，多多關注高本漢在經籍注釋方面的著述。近三十年來，在單教授的積極宣導和身體力行下，港大中文系悄然形成一股以單教授為中心的、為經學開拓新路向的「高學」研究之風，迄今已有好幾位他指導的博士撰寫和出版了研究高氏經學注釋的博士論文。繼往開來，薪火相傳，單教授經學研究的影響正在日益擴大之中。

除傳統小學和經學的研究成就卓著外，單教授對粵語方言的研究也傾注了大量的心血，取得了不菲的成果。他善於運用文字音韻訓詁等小學方面的資源，結合粵語音韻文字的實際，從追根溯源、文字辨析等不同角度探討粵語方言中的各種問題，經常就粵語某音某字的辨析發表專論，深受方言學界

的矚目。1987 年在香港中文大學舉行的首屆國際粵方言研討會，他是兩位主持人之一，從此開啟了在粵港澳舉行粵語國際研討會的定期學術活動，首創之功受到海內外與會學者的一致讚賞。會後由他主編了會議的學術論文集。1999 年在香港大學由單教授和陸鏡光教授主持的「第七屆國際粵方言研討會」，到會學者一百五十多人，提交論文 99 篇，更是歷史上規模最大的一次粵語學術研討會。會議的論文受到權威的《方言》雜誌的青睞，會後由單教授和陸教授主編，交北京商務印書館作為《方言》增刊出版。單教授在粵語方言方面的學術業績，最突出的表現還在於他自 1990 年以來兩度參加主持粵語審音並編撰粵方言正音字典上，第一次是從 1990 年開始參加由廣東省中國語言學會和廣東省廣播電視學會組建的、一批粵港澳知名粵語學者共同參加的廣州話審音委員會，歷時前後十載，在一一審定粵方言有分歧的讀音後於 2002 年出版了我國歷史上第一部方言正音字典——《廣州話正音字典》，單教授為該字典副主編（主編詹伯慧）；第二次是應香港商務印書館之約，由詹伯慧和單教授共同主持、單教授在港門生多人參加編撰、供香港使用的《當代廣州話常用字正音字典》。此書 2006 年啟動，曠日持久地進行了十年以上，近期總算基本完成，可望在 2018 年問世。參加主持這兩部粵語正音詞典的編撰，無疑是單教授在粵語研究領域中所作出的重要貢獻。

二是治學、為人非凡。前面概述了單教授在學術成就上的非凡業績，這裏要談談他在我印象中的另一個非凡，就是他在治學態度、治學精神上的非凡和為人處世上、也就是人格上的非凡。沒有這方面的非凡，恐怕也難有學術成就上的非凡！這些非凡的表現正是單教授最令人敬佩、最令人折服之處，也就是他最值得我們學習、最值得我們借鑒之處！

先說單教授治學的非凡，總括一句，就在於勤奮加執着。單教授在他幾十年的學術生涯中，始終貫徹着勤奮和執着的精神。這兩者是緊密聯繫的。沒有過人的勤奮，何能有對學術事業的執着！和單兄相交三十多年，目睹他那始終不辭辛勞、爭分奪秒地為學術事業勤奮工作的精神，實在令人感動無已！對於單教授來說，生活就是工作，兩者幾乎成了等義詞。他在港大擔任

系主任（院長）近十載，期間每天要在辦公室處理各種系務，又要廣泛應付各種人來客往的公務，還能有多少時間靜下來做自己的學問？可就在這種情況下，單教授仍能執着於學術上的探索，絲毫也不放鬆專業問題的研究，以保證自己熱愛的事業能不斷有所發展、能不斷產出新的成果。他經常組織各種學術活動，至少每年都要主辦一兩次國際學術會議，為海內外學人提供學術交流平台。近一二十年，在他的籌劃下，1994 年和 1996 年，就先後在香港和山東分別舉行了《左傳》及《春秋三傳》的國際學術研討會，接下來還有一系列重大的研討會由他在港大主辦，如前面提到過的 1999 年的「第七屆國際粵方言研討會」，還有 2000 年的「敦煌學國際學術研討會」，2001 年的「二十一世紀中國學術研究前瞻國際研討會」，2002 年的「明清學術國際研討會」和「第一屆中國語言文字國際學術研討會」，2007 年的「東西方研究國際研討會」，2012 年的「首屆禮學國際學術研討會」等等。他還不知疲倦地四處奔波，頻頻出現在海內外的國際學術研討會上。長期以來都是至少每一兩個月就得飛往外地一次，真可謂馬不停蹄！他家就在學校附近，他每天從早到晚都泡在離家不遠的學校辦公室裏，中餐和晚餐都在學校吃速食。你打電話到他家，只要是在晚上十點以前，家人一定叫你打到辦公室去，星期天也不例外。以他的學術造詣和學術聲望，海內外請他出席的學術活動自然不計其數，他從不因為忙碌而輕易推辭，往往由於會前缺少足夠的準備時間，有時為了要趕寫論文出席會議，上了飛機都還一直在途中埋頭工作。尤其值得稱道的是，儘管忙忙碌碌，一旦有集體協作的學術專案需要他主持或參與，他總是毫不遲疑地盡心盡力投入，再忙也要廢寢忘餐，日趕夜趕，唯恐拖了大家的後腿。據我所知，兩次經歷長時間不斷切磋探討的廣州話審音正音及編撰正音字典工作，他都自始至終以嚴謹認真的態度積極參與。特別是近期由他主持的《當代廣州話常用字正音字典》，由大家分頭對每一個字的音讀進行審定編出初稿後，都要經他一一嚴格審核，再拿出來討論定奪。在漫長的十年裏，為此單教授真不知熬過多少廢寢忘餐的日日夜夜啊！

說到單教授的為人，那可真正是有口皆碑。他待人謙遜熱誠，樂於助

人，勇挑重擔，凡有所托，從不推辭，也正因為這種美德，使得他忙上加忙，難以應付。儘管如此，他總是樂於接受一些可幹可不幹的事，使自己疲於奔命，難有喘息的機會。他擔任許多社會職務，都認真負責，有請必到。作為語文學界權威和活躍人物，社會上出現甚麼語文方面的爭議，找他發表意見，談談看法自然不在話下，單教授總是樂於在這方面提供熱情服務，認為語文研究為語言應用服務是天經地義的大好事，也是普及語文知識的好機會，是分內應做的事，總應該認真對待，滿足社會需要。例如近期人們對粵語讀音存在分歧議論紛紛，爭議持續不止，他就多次接受邀請，在公開場合作精彩講演，闡述自己的看法，引導人們正確對待這一語言應用中的重要問題。當出版部門提出要為香港學校師生及社會各界人士編纂一本粵語正音字典時，他就欣然應允，立即出面聯合這方面富有經驗的學者，並動員一批他的門生，共同努力來參與此事，這就是前面提到那部曠日持久、即將面世的正音字典的由來。單教授社會活動之多實非我們所能想像。比如某個單位有甚麼活動，要借助這位文化名人出場增添隆重氣氛，哪怕跟他的專業沒有多少關係，他還是會考慮出席，生怕掃人家之興。至於稍有一點關係的中小學，凡有評比一類的活動請他參加，他一般也很少推辭。單教授有求必應的名聲在外，人們明知他忙得不可開交，也總希望能請到他來。我真擔心他這樣下去身體會吃不消，作為老朋友也曾多次勸喻過他，要有選擇地參與社會活動，不可有求必應、凡會必到，那樣會把身體搞垮的。他聽着點點頭，但一直下不了狠心排除許許多多的社會活動，直到不久前有一次他從外地出差回來，感到不適去醫院檢查，終於接受醫生的意見住進醫院休養了幾天。醫生說他得的是疲勞過度的病，這對他才終於有了一點觸動！

　　總起來說，單周堯教授在我的印象中就是一位在中華傳統文化孕育下，長期勤奮執着，為中華傳統文化的傳承與發展不輟耕耘，取得非凡成就的漢學家、國學家，也是一位勤於為學術振興拼搏、為社會進步效勞，能始終認真貫徹語文研究為語文應用服務的語文學家。他在學術上作出卓越的貢獻，在治學風格和為人處世上也給我們作出了很好的榜樣。今天慶祝單教授古稀

華誕，在此我要祝願他學術之樹長青，老當益壯，永遠充滿活力，不斷攀登學術高峰。也要建議他一定注意勞逸結合，保持健康長壽，繼續為中華傳統文化的傳承發展作出新的貢獻。

2017 年 10 月 31 日於廣州暨南園

殷墟卜辭所記考察提要

趙誠

中華書局（北京）

　　殷墟甲骨文於十九世紀末在河南安陽小屯被發現之後，學術界經過大約近半個世紀的考證、釋讀、研究，確認這一大批甲骨刻辭中有一部分實屬於卜辭。這些卜辭究竟記錄了一些甚麼內容？曾經形成過一個觀念，認為一條完整的殷墟卜辭由「前辭」、「命辭」、「占辭」、「驗辭」四部分組成。如：

> 庚子卜，爭貞：翌辛丑啟？（《合集》3297 正）
> 貞：翌辛丑不其啟？
> 王占曰：今夕其雨，翌辛丑啟。
> 之夕允雨，辛丑啟。（3297 反）

其中，「庚子卜，爭貞」被稱之為「前辭」，或稱「敍辭」、「序辭」。「翌辛丑啟」被稱之為「命辭」，或被稱之為「問辭」。「貞：翌辛丑不其啟」被認為是對貞辭中省去前辭的命辭。「王占曰：今夕其雨，翌辛丑啟」被稱之為「占辭」。「之夕允雨，辛丑啟」被稱之為「驗辭」。（可參看陳夢家《殷墟卜辭綜述》86 頁）這一些名稱，都是現代學者根據現代的研究成果所提出，是否符合當時占卜者們心中所給予的名稱，尚未得到證實。又，殷墟卜辭本無斷句，更無標點。以上所引卜辭的標點，乃二十世紀五十年代及之前多數學者根據對殷墟卜辭的理解所施。後來，也有學者在「貞」字之後施以逗號；或將「貞」字和後面的詞語連讀；還有學者在所謂的「命辭」之後不施以問號而施以句號。凡此種種均是現代學者根據自己的理解或採用他人之說的表

現。是否符合商代人心目中的標點觀念，待考。關於卜辭由四部分組成的説法，大多數學者認可，如上海人民出版社 1985 年 12 月出版的吳浩坤、潘悠著《中國甲骨學史》，於 86 頁明確指出：一條完整的卜辭，常由以下四個部分組成：敍辭（或稱述辭、前辭）首先記敍占卜的時間、地點和占卜者；命辭即命龜之辭，向龜陳述要貞問的事；占辭即因兆而定吉凶；驗辭即占卜之後記錄應驗的事實。可見四部分組成説似已在大部分學者中形成共識。但也有個別學者另有看法，如李學勤於 1997 年 12 月由上海文藝出版社出版的《失落的文明》一書的 26 頁肯定「完整的卜辭包括上面提到的署辭、前辭、貞辭、兆辭、果辭、驗辭六部分。」書出至今已近二十年，未見有明顯的贊同者。

《説文・卜部》：「貞，卜問也。」《周禮・春官・大卜》：「凡國大貞，卜立君、卜大封。」鄭玄注引鄭司農云：「貞，問也。國有大疑，問於蓍龜。」學者們根據這些文獻記載，認為「貞」字下面的那一部分詞語為貞問之內容，所以被稱為「問辭」或「命辭」，均是疑問語，其句子之末施以問號。郭沫若〈卜辭通纂序〉：「貞下辭語當付以問符。」《殷契粹編》425 片考釋：「凡卜辭，本均是疑問語。」一直到二十世紀五十年代將近末期，學術界均從之不疑。

到了 1959 年末，饒宗頤在香港大學 1959 年 11 月出版的《殷代貞卜人物通考》一書中指出：「舊説於貞字下，每施問號，多不可通。」意即「貞」字並非全是貞問之義。據饒氏考正，求出卜辭「貞」字的用義有四：1，貞問；2，訓當；3，訓正；4，訓定。不久，張秉權於 1965 年在台北中研院史語所出版發行的《殷墟文字丙編考釋》444 至 447 頁，對饒氏所説貞下不是問句的那三類用義即訓當、訓正、訓定者，逐一加以反駁，並指出：「經傳中的貞字，有種種不同的解釋，講卜辭的人，自然應該詳辨的，正因為貞字有許多不同的解釋，所以我們必須選擇一個恰當的意義去解釋卜辭中的序辭的貞字。如果要把經傳中所有的那些貞字的意義，分別去解釋那個貞字，反而會使卜辭弄得不可通的。」張氏不批駁貞的貞問義，顯然是肯定貞就是貞問義。

　　張著問世多年，未見饒氏有任何反應，想來已經默認。饒氏雖然未另文補充說明，卻實際上使得某些殷墟卜辭的研究者從不同的角度另作思考。

　　張、饒二氏的看法有異，卻也有相同的地方，即均將貞字和其後面的所謂命辭連在一起讀。

　　到了 1972 年，美國加州大學伯克利分校的吉德煒（David N. Keightley）教授，在提交給太平洋沿岸亞洲研究學會於加州蒙特利舉行的會議的論文〈釋貞——商代貞卜本質的新假設〉一文中從另一個角度提出了命辭不是問句的意見。吉氏認為：甲骨文中卜辭之「命辭」不是疑問句，而是一個有關未來之陳述命題；這些「命題」之文法亦皆無任何問句之形式；若將其視為某種「意圖」或「預見」之宣示，則有關甲骨文命題的許多困難，便可迎刃而解。他還指出，《説文》釋「貞」為「卜問」，乃屬後起之解釋。言下之意也就是説，《説文》的解釋不能證明甲骨文的「貞」就是「卜問」之義。於是，吉氏最後將卜辭的「貞」和「正」聯繫起來，而釋序辭中之「某（貞人）貞」為「由某（貞人）正之」。由此可以隱隱地感到和饒宗頤某種觀點的聯繫。

　　美國芝加哥大學夏含夷（Edward L. Shaughnessy）教授主編的《中國古史新資料：銘文、寫本釋讀導論》，中譯本改名為《中國古文字學導論》（2013年 8 月由中西書局出版）。該書第一章〈商代甲骨文〉由吉德煒撰寫，所引卜辭在解釋時，多數用現代口語加以翻譯，對於了解吉氏關於殷墟卜辭的看法極有幫助。如該書中譯本 58 頁引了這樣一條辭：

　　　　乙未卜行貞：王其田亡災。在二月在狽卜。

吉氏解釋云：在乙未（第 32 天）灼兆，行預測：「如果王田獵，將沒有災害。」在第二月。是在狽吉卜的。（《合集》24474。狽字原釋作左從馬右從貝的字，作者表示懷疑，特在該字後面加了一個問號。該字究竟是一個甚麼字，待考。從文例可知，此字在此表示地名，姑且用狽字表示）由此，可以清楚地知道，吉氏把「卜」解釋為「灼兆」，把「貞」解釋為「預測」。既然認定卜

辭的「貞」表示「預測」之義，則其後之語句即所謂命辭自當施以句號。

　　吉氏之説出，有相當一些學者贊同。這些學者首先肯定所謂的命辭全是陳述句，自當施以句號。繼而根據鼎和貞的同版關係，認定鼎同於貞；或否定「貞」有「卜問」之義；或乾脆將貞也釋為鼎；或參照鼎來釋貞，認定貞或鼎有「正」、「定」之類的用義；然後又根據「正」、「定」之類的用義，推斷「貞」或「鼎」可能是「某種意圖或預見之宣示」；或解釋為「去貞測、去實現」；有的甚至在引例中，把所有卜辭中的「貞」譯為「貞測」。

　　但也有持不同意見者。如陳煒湛的〈卜辭貞鼎説〉一文（刊於 1990 年10 月《文物研究》總第 6 輯；後收入《三鑒齋甲骨文論集》，上海古籍出版社 2013 年 10 月出版），首先指出：卜辭以鼎為貞，義為卜問，「貞」下之命辭為疑問句，早為古文字學界所普遍接受。然後，為了便於論證，前後共列出了 23 條卜辭，有的是鼎用作貞並與貞同版；有的是貞和鼎同辭而貞僅見於序辭，鼎卻可以見於命辭；有的是鼎除了出現在序辭中用作貞表示卜問之義之外，也出現在所謂命辭中而表示不相同的用義。並特別指出：卜辭命辭中鼎的用義、詞性都不是單一的，而遠較「貞」為複雜，意即不宜將殷墟卜辭中的鼎和貞完全等同起來，看成是沒有區別的同一個字。因為，除了鼎在序辭中可用作貞之外，兩者之間還有其他分別。所以，不能因為鼎在卜辭中表示過某詞的某些用義，就肯定貞也可表示這些用義。又如朱歧祥特別撰寫了〈釋「貞」〉一文（刊於《訓詁論叢》第二輯，台灣文史哲出版社 1997 年4 月出版）十分肯定地指出：關於卜辭中的命辭是否屬於問句，本人曾撰寫〈殷墟卜辭的命辭是問句考辨〉一文回應，支持傳統命辭是屬於「問句」的看法。本文嘗試就「貞」字在殷卜辭的用法，進一步討論訓貞為正、為定的不確，反而《説文》解釋「貞，卜問也」應是有其歷史根據的。並在結論部分強調：卜辭中貞字用為動詞，乃殷史官或殷王灼甲骨問卜時帶出命辭的習用語。細審之，卜強調灼甲骨的過程，貞則強調占問。西方學者釋甲骨的貞為正為定，均無法合理的解釋以上無數卜、貞、曰互見的關係。由本文對卜辭中貞字的分析，它作為「卜問」的傳統用法是有其堅實根據的。

陳、朱二氏和吉氏在對「貞」和所謂命辭的解釋上完全對立，但將「貞」和其後之詞語連在一起來讀則似乎完全一致。

還有另外一類學者，如裘錫圭，認為命辭是否問句的問題「涉及對所有卜辭的理解」，對這樣重要的問題有必要繼續進行研究和討論，以求取得比較一致的認識，所以特別撰寫了〈關於殷墟卜辭的命辭是否問句的考察〉一文（提交給 1987 年安陽召開的中國殷商文化國際討論會的論文，發表於《中國語文》1988 年第 1 期，後收入氏著《古文字論文集》249 至 276 頁，北京中華書局 1992 年 8 月版），只準備具體討論一下在殷墟卜辭的命辭裏，究竟有哪些可以確定是問句，有哪些可以確定不是問句。裘氏特別指出：正如倪文已經指出的那樣，「貞」字的意義實際上並不能決定跟在它後面的命辭的語氣，所以我們不想涉及「貞」字的解釋問題。由此可見，裘氏既不同於吉氏，也不同於陳、朱二氏。但裘氏肯定：在殷墟出土的商代後期甲骨卜辭裏，命辭往往用「鼎」（貞）字引出，並將「貞」字和其後面的詞語連在一起來讀。在一定意義上又和其他學者有相同之處。

讀了各位（其他還有一些，正文中將一一提及）的論著再來讀殷墟卜辭，考察殷墟卜辭所記錄的內容，研究商代的歷史、文化和意識形態，總感到缺少了一個很重要的核心：商人認為天命不變，商王的統治權永遠不會更改，因為殷商的統治者是完全遵照天意行政。按照現在各家釋讀卜辭的思想來釋讀卜辭，從甚麼地方能讀出天意？占卜的目的是求得天意，以便據天意行事，事事順利，保持住永恆的統治地位。但是，在卜辭的甚麼地方記錄了天意？

按照某些學者的意見，殷墟王卜辭的主體是王和貞人所提的問題，而驗辭多是記錄對所提問題應驗的事實。把這些所提的問題和應驗事實記錄下來，與天意何關？能說明殷商王朝是在按天意施政嗎？其實只能說明是在按所提問題施政，與天意無關。

按照另一些學者的意見，殷墟王卜辭的主體是王和貞人所進行的某些預測，而驗辭多是記錄所作預測應驗的事實。把這些所進行的預測和應驗事實

記錄下來，與天意何關？能說明殷商王朝是在按天意施政嗎？其實只能說明是在按所作預測施政，與天意無關。

與天意無關的所提的各種問題和所作的各種預測，竟然作為主體記錄下來，顯然違背殷商時代天命不變、事事按天意施政的觀念。這就不得不考慮作為殷墟卜辭主體的所謂命辭究竟是甚麼？根據占卜目的、殷人事事順從天意施政的觀念、殷墟卜辭歸檔的作用，完全可以認為一直以來人們當作命辭的語詞其實是上天回應占卜時貞問所作的回答，是表明天意的內容，應該更名為應辭。

凡占卜必有貞問，以獲得上天的回應即獲得天意，以便按照天意施政。占卜者的貞問就占卜者以及占卜時在場的諸位心知肚明，無關於天意，可以省略不記。正如後代的拜佛求籤者，人人都有詢問佛的問題，但他們所關心的確是籤文即佛的回答。所以文獻所記的占卜之事，均省去貞問之辭，只記有上天回應之語詞或吉凶。

殷商占卜的過程之中確有貞問之語，即向上天或神明提出之疑問，但在場者人人皆知，沒有必要記錄，故全部予以省略，在記錄下來的卜辭裏，僅用一個貞字來表示曾有貞問一事。而貞卜者所渴望知道的實是天意即神明回應之意。貞卜者通過兆紋讀出的或得知的上天回應之辭則彌足珍貴，故一一記錄下來。則殷墟卜辭所記並無命辭而有應辭。貞屬於前辭，與其後之應辭在記錄的語言上沒有直接關係，不宜連讀。

由此可證，一條完整的卜辭所記錄的內容應有前辭、應辭（即原來被誤認為的命辭）、占辭、驗辭。此當是常規。從有些卜辭所記錄的內容來看，則不完全如此。如《甲骨文合集》22913 有這樣一條卜辭：

己未卜，王貞。乞有祟于且（祖）乙。王吉茲卜。

辭中的「王吉茲卜」意為「王認為這一卜吉」或「王肯定這是一個吉卜」，是王看了卜兆之後作出的判斷，宜稱之為「斷辭」。從表達的內涵來看，「王

吉茲卜」與常見的「王固曰吉」用意近似或相同，似可歸為一類。但是，「王固曰吉」之語有「固」字，而固字一般解釋為「占」，故學術界將這一類辭稱之為「占辭」，而「王吉茲卜」一語無「占」字，合併稱之為占辭，似乎欠妥。如果就內容而論，兩者歸為一類稱之為「斷辭」，可能更符合實際，也更合理。如果此說可行，則一條完整的卜辭，當由前辭、應辭、斷辭、驗辭四部分組成。

本文純屬探索性質，難免錯誤或不足，祈方家雅正！

再說「們」的語源為「物」

江藍生

中國社會科學院文哲學部

一、語源眾說

漢語的名詞沒有數範疇，但是人稱代詞和指人名詞後面可以加上「們」來表示複數。這個「們」是近代漢語時期出現的，此前名詞之前可以加「諸、眾」，名詞和代詞之後可以加「儕、屬、曹、等、輩」等來表示所涉及的人或事物不是單數，但這些詞還有實義，在用法上也有限制，不能視為複數詞尾。到了唐代，文獻中開始出現用如複數詞尾的「弭（我弭）」和「偉」（兒郎偉、措大偉），宋金時期多用「懑、門、們」等，元代多用「每」，明清時漸趨一致，統一使用「們」。複數詞尾是近代漢語新出現的語法標記，在漢語語法史上有重要的地位，故學者廣泛關注，但關於它的來源，則眾說紛紜，迄無定論。其中比較主要的說法有三種：「輩」字說、「門」字說、「物」字說。[1]

1　梅祖麟（1986）認為：阿爾泰語的複數詞尾可以用在任何名詞之後，元代「每」能用在指物名詞及「這」、「那」之後，是受了阿爾泰語的影響。「們」字是個雙料貨的詞尾，-n 屬於阿爾泰語，mə i（每）的部分屬於漢語，都表複數。」蔣紹愚（2005：81–82）指出這一說法正好跟事實矛盾：南方系官話用「懑、們」-n，受阿爾泰語影響較深的北系方言反而用「每」məi。梅先生對語音的解釋只是推測，跟宋元時代的語言事實不相符合，但他指出元代複數詞尾可用在任何名詞之後的用法是受了阿爾泰語的影響卻是正確的。

1.1 呂叔湘（1985：61）推測，「們」可能與「輩」有關。理由是：其一，在用法上，「輩」可以用在名詞和代詞之後（包括指示代詞），與後來的「們」用法相同，如「卿輩」（《世說新語》）、「爾輩」（《晉書》）；其二，在語音上，「輩」和「們」、「每」、「弭」等都是雙唇音，雖然有塞音和鼻音的區別，但在諧聲字和方言裏不乏通轉的例子；「每」和「輩」中古音同韻，「們」和「輩」雖不同韻，但上古音裏「文」部跟「微」部原是同類，也有通轉的痕跡；「輩」字去聲，「們」最初寫做「懣」，也是去聲，樓鑰雖說明「俗音門」，但當初借用一個去聲字，也未嘗沒有一點暗示。

馮春田（2000：64–80）同意呂先生的意見，在用法上補充說，早期的「們」跟「輩」一樣，可以用在專名之後，表示某一類人，如「周、程、張、邵們」（《朱子語類》）跟「唐沖、薛岸、袁都輩」（《因話錄》）、「橫渠輩」（《朱子語類》）用法相同。在語音上，「輩」字在詞尾化的過程中發生音變，由 b- 變為或接近 m-（或者 v-），然後才寫成了「們」尾系列字。

李藍（2013）從語音感染類化的角度論證「輩」源說，認為「輩」的聲母由幫母變成明母，音變的條件是「輩」與古讀鼻音聲母的人稱代詞「我、吾、爾、汝、若」等連用，受這些字的影響而產生感染類化作用，從而使聲母從雙唇清塞音 p- 變讀為雙唇鼻音 m-。而從「每」到「們」的音變產生在音節內部：因鼻音聲母而增生了一個鼻音韻尾的緣故。李藍關於複數詞尾從「每」到「懣、們」的音變是受鼻音聲母的類化的解釋頗有新意，但他並未解釋「輩」與「弭」韻母間的關係，也未解釋「輩」與「偉」聲母間的語音關係，缺少這一環，聲母由 b- 變 m- 說的可信度就大打折扣。

「輩」源說是迄今贊同者最多的一說，但其疑點除了聲母由 b- 變 m- 難以坐實外，還令人不解的是：既然「輩」字的音、義、功能皆與複數詞尾相合，為甚麼古人要刻意把它改為音義不同、有的字形還很生僻的「弭、偉、每、懣、滿、瞞、門」等字？這從情理上難以說通。馮著舉了大量同一著作或同一段話中「名＋輩」等同「名＋們」的例句，如「我輩、汝輩」與「我們、你們」，「蔡京輩」與「蔡京們」，「先生輩」與「先生每」等，以此說明「輩」

與「們」關係密切，「輩」正處於向「們」變化的過程中。我們認為，上述用例只能說明類別詞「輩」與「們」（也包括「等」）在一定歷史階段同時都能表示複數或類別，「等、輩、們」是同義類別詞，同一義類的詞有相同的組合、相同的語義，並不一定有語源關係。

1.2 太田辰夫（1958/2003：316）認為「們」來源於「門」，本來是指同一族的人。俞敏（1989）解釋說，在小農經濟的封建社會，「家」是人們生產、生活的單位，所以一提多數，人們便說「我門」，後來加人旁，就成了「們」。張惠英（1995）、李豔惠、石毓智（2000）都認為「們」來源於「門」。

「門」源說淺顯好懂，表面上有一定道理，但是此說無法解釋文獻中為甚麼放着現成的一眼可知的「門」不用，而選擇比它筆劃多又冷僻的「懣」？而且「懣、瞞、滿」的常用音跟「門」並不同韻。「名＋門」的語義和組合跟「名＋輩／等」相同，說明「門」的語源應同樣是個表示類別義的詞，而不是「家門」的「門」，「門」雖可指學術思想流派、書籍的類別，但不能用於人。再者，「門」源說如何解釋「門」與「弭、偉」的音變關係？劉勳寧（1998）指出陝西清澗話的複數詞尾讀 mi，與唐代文獻中出現的「我弭」的「弭」音合；而「門」中古音為臻攝一等字，沒有變讀為 -i 的條件，因此「門」源說在語音上也有問題。

1.3 拙文（1995）〈說「麼」與「們」同源〉（以下簡稱〈同源〉）認為「甚麼」的「麼」（包括「這／那麼」的「麼」）與複數詞尾「們」都源於古漢語表示類別的實詞「物」（本文略去論「麼」的部分）。該文先從語義的相宜性方面說明「物」表示複數的可能性。「物」本義「雜色牛」，後轉指牛畜的毛色種類，引申為「等類、色樣」義（又從指萬物的形色種類轉指形形色色的萬有之物），可泛指人或事物的類別。[2]「何物」與「何等」、「此物」與「此等」平

2　以「物」指人，先秦至中古多見，如《左傳昭公十一年》：「不能救陳，又不能救蔡，物以無親。」楊伯峻注引顧炎武曰：「物，人也。」南朝宋劉義慶《世說新語・方正》：「盧志於眾坐問陸士衡：『陸遜、陸抗是君何物？』」「何物」猶「何人」。「物」又可指他人、眾人，如「杜預少賤，好豪俠，不為物所許」（《世說新語・方正》）、「物議咸相推許」（《南齊書・王儉傳》）。當然，與指物相比，「物」指人是次要用法。

行對應，「物」和「等」是同義詞。由於「物」在先秦兩漢時主要指事物的類別，因此古代還沒有「吾物」、「爾物」那樣的用法，但根據同義詞類同引申的規律，既然「公等」、「爾等」能表示某一類人的複數，那麼跟「何等」的「等」意義相同的「物」原則上也應該可以有這樣的用法。從實詞「物」虛化為複數詞尾是詞義本身引申的結果，即意義為「等類、色樣」的「物」用在指人名詞、人稱代詞之後，表示某一類人（跟「儕、等、輩、曹、屬」一樣），進而虛化為複數詞尾。接着，該文從文白異讀的角度，以某些現代方言為佐證，解釋了唐代以來的複數詞尾標記「弭」與「每」、「每」與「們」的音變關係。這篇文章論證不夠充分，但提出的觀點有兩點新意：一是認為歷代文獻中的不同複數詞尾標記並不是反映一個音系自身的演變，而是文白異讀的疊置；二是初步論證了疑問詞「甚麼」的「麼」、樣態詞尾「這麼、那麼」的「麼」以及複數詞尾「們」這三個語法標記同出一源，都是由表示類別的實詞「物」虛化而來的。

1.4 自〈同源〉一文發表以來，二十多年過去了，同行學者對「甚麼」的「麼」、「這/那麼」的「麼」源自「物」沒有提出甚麼異議，但對於「們」也源自「物」則有所懷疑。如李豔惠、石毓智（2000）質疑：「物」主要表示無生命的類屬，「們」只表示有生命的人的複數，何以有這樣大的跨越？如果「們」源自中古漢語的「物」，那麼「物」應該有與「們」相似的分佈，即也應該常用於代詞和表人名詞之後，可是「物」沒有這種用法。袁賓等（2001：308–312）基本認可拙文的觀點，但也指出拙說「最大的問題是，在歷史資料中我們尚未發現有『我物』、『你物』或指人的名詞後用『物』表示同一類或複數用法的實例，因此，『物』源說儘管比『輩』源說似乎要更好些，但目前為止，它仍同樣只是一種假設，還不能算作定論。」

幾位先生的質疑很有道理，雖然我一直相信「們」的語源是「物」，但也不得不承認當初的論證不夠充分綿密，缺乏直接有力的確證。其次關於從「每」到「懣、門」的音變，拙文以晉南方言、山東博山方言存在着「門、煤」同讀 mei 為據，從而認為「每」讀「懣、門」是逆向對轉。但方言學專

家認為由白讀 mei 逆向音轉為文讀 mən 的解釋未中肯綮，還隔着一層。這些年來，我一直時斷時續地思考、搜集資料，包括吸收同行學者的有關研究成果和思路，略有所得，遂舊話重提，撰成此文，着重從多種語音演變途徑和現代漢語方言的直接證據兩方面對「們」源於「物」的舊說作進一步的闡述和修正。

二、文獻用字

根據呂叔湘（1940、1984、1985）、太田辰夫（1958）以及時賢們的考察與描寫，從唐至清，歷代文獻中跟複數詞尾有關的用字情況可用下表直觀地展示：

唐五代	宋金	元	明	清
弭	懑、滿、瞞、門、們	每	們	們
偉	偉、每	門、們	每	

2.1 唐五代：「弭（彌）」和「偉」

唐五代的例子為數有限，離源頭最近，對考求語源格外重要，故重引於下：

（1）盧尚書……不知皮是逞叔姓，謂是宗人，低頭久之曰：「我弭當家沒處得盧皮逞來。」（趙璘《因話錄》卷四，「弭」《唐語林》卷六引作「彌」）

此例透露出西元九世紀關中方言「我弭」的「弭」用如複數詞尾。

（2）今拋向南衙，被公揞大偉齕鄧鄧把將官職去。（《嘉話錄》，《太平廣記》卷二六〇引）

「揞大」是唐人對愛掉書袋的讀書人的謔稱，「揞大偉」即「揞大們」，此言被你們這些酸揞大硬生生奪得了官職。

（3）兒郎偉，重重祝願，一一誇張。（〈障車文〉，《司空表聖文集》卷十）

「兒郎偉」猶言「兒郎們，男兒們」。除了〈障車文〉之外，唐五代〈上樑文〉中也多用「兒郎偉」，都是在重大群體活動中的呼語。關於這個「偉」字，南宋樓鑰解釋道：

> 　　上樑文必言「兒郎偉」，舊不曉其義，或以為唯諾之「唯」，或以為奇偉之「偉」，皆所未安。在敕局時，見元豐中獲盜推賞，刑部例皆節元案，不改俗語。有陳棘云：「我部領你懣廝逐去」；深州邊吉云：「我隨你懣去」；「懣」本音悶，俗音門，猶言輩也。獨秦州李德一案云：「自家偉不如今夜去」云。余啞然笑曰：得之矣，所謂「兒郎偉」者，猶言「兒郎懣」，蓋呼而告之，此關中方言也。（《攻媿集》卷七十二）

樓鑰（1137–1213）為南宋大臣，明州鄞縣（今浙江寧波）人。「敕局」是宋時內廷承旨撰制法律條例的機構。樓鑰在敕局看到元豐年間（1078–1086）獎賞抓捕盜賊者的案例的原始口語記錄，其中有二人話中說「你懣」（其中一人是深州人，即今河北衡水地區），獨有一秦州人（即今甘肅天水）說「自家偉」（猶咱們），從而知道所謂「兒郎偉」者，猶言「兒郎懣」（兒郎們），是關中方言。據此材料可知河北用「懣」，秦地用「偉」，樓鑰是江南吳地人，不懂「偉」是關中方言的複數詞尾。而樓鑰所說關中方言，據甘肅敦煌文獻「兒郎偉」的多個用例來看（詳見黃征 1992），其區域應不限於今所指陝西中部地區，可廣指今甘肅、青海、寧夏等在內的廣大西北地區。祖生利（2005）在《續資治通鑑長編》卷四四四中發現一例：「漢家有力量時，自家偉投漢去；沒力量時，倘父子一就取上將青唐城去。」此話出自邈川（今青海樂都）西番之口，也屬西北方言。這樣看來，唐五代時期，西北方言中用作複數詞尾的有兩個讀音：一為「弭」，一為「偉」。

2.2 宋金：「懣、滿、瞞、門、們」和「偉、每」

跟唐代所用字「弭、偉」為開音節不同，宋代絕大多數文獻用「懣、滿、瞞、門、們」，諸字皆為鼻音韻尾 -n。上引樓鑰《攻媿集》釋「懣」云：「懣，本音悶，俗音門，猶言輩也。」查《集韻》平聲二十三魂韻，「門、瞞、悶」皆謨奔切（釋「瞞」：「瞞然，慚貌」）。《集韻》去聲二十七恨韻，「悶、懣、滿、們」皆莫困切（釋「們」：「們渾，肥滿貌」）。「懣、滿、瞞、們」或為平聲，或為去聲，或有平去兩讀，但借作複數詞尾則「俗音門」。也就是說，宋代文獻中標寫複數詞尾的「懣、滿、瞞、門、們」等字應同表一音、同出一源。

值得注意的是，唐五代時期的「偉」也見於宋金時期，如樓鑰《攻媿集》舉元豐中秦州人說「自家偉」，《續資治通鑑長編》卷四四四中有「自家偉」例。南北宋時，以汴洛等地為中心的中原官話和江浙等地的南方話不用「偉」而用「懣、門」等，顯示出明顯的地域特點。金刊本《劉知遠諸宮調》只用「懣」（畜生懣），但金代《董西廂》多用「每」，僅一處作「懣」。太田氏（1988：228/1991：159）統計南戲《張協狀元》（《永樂大典戲文三種》排印本）中門 27 例、們 1 例、每 9 例。上述情況表明：宋金時期多用 -n 尾字，但也有少數文獻多用或兼用「每」字。[3]

2.3 元明：「每」和「們」

元代可靠文獻中，複數詞尾多用「每」，如官員每（元代白話碑）、軍人每（《元典章》）。明初仍用「每」，如：百姓每（《洪武四年戶部安民帖》）、你每家裏（《劉仲憬遇恩錄》）、久後他每做帝王（《元朝秘史》）、我每奏

---

3 金刊《劉知遠諸宮調》中用「懣」字，但同為金代作品董解元《西廂記諸宮調》中多用「每」字，呂先生（1985）推測這或許是元代或明代傳抄或翻刻時所改，改之未盡，還留下一個「懣」字（101 頁注 3）。筆者認為《董西廂》裏的「每」也可能反映的是當時北方話的實況，否則不好解釋唐代的「偉」（vei/mei）的去向，也不好解釋元代怎麼一下子統統用起「每」來。日本京都大學所藏抄本《三朝北盟會編》中有一處「你每」（太田 1988：226/1991：157），很可注意。

訐物件（《正統臨戎錄》）、這廝每説謊（《北征事跡》）等。明代中葉以後基本用「們」，正如崔世珍在《單字解》（推定刊行於朝鮮中宗二年，時當明朝正德十二年，西元 1517 年）「每」字條下所釋：「本音上聲，頻也：每年，每一個。又平聲，等輩也：我每，咱每，俺每，恁每，你每，今俗慣用『們』字。」元刊本《老乞大》中的複數詞尾用「每」，而在明刊本《老乞大諺解》中悉數改為「們」，清刊本《老乞大新釋》和《重刊老乞大》中也一律用「們」。

三、「弭、偉 / 每、門」的語源為「物」

以上歷代用字雖説紛繁多種，卻可以據韻母帶不帶鼻音韻尾 -n 分為 A、B 兩類：

A. 不帶鼻音韻尾：弭、偉、每（下文以「弭、每」為代表）

B. 帶鼻音韻尾 - n：懣、滿、瞞、門、們（下文以「門」為代表）

今謂：歷史文獻中出現的上述複數詞尾標記儘管用字紛繁不同，但卻是來源相同的同一語法成分，其語源為「物」。為了論證這一觀點，本文須逐一解釋「物」與「弭」、「弭」與「每」、「每」與「門」的音變關係，其中還須説明「物」與「偉」聲母間的關係（實即「偉」「每」的關係）。

3.1 從「物」到「弭」的音變

「物」上古明母物部，由於中古時「物」類為合口字，故郭錫良《漢字古音手冊》將其上古音構擬為合口（以下上古、中古擬音凡未注明者，皆引自該手冊）：

物 （古）明物 m ǐwət （廣）文弗切 明物合三入臻 m ǐwət（147–148 頁）

其他開口的上古明母物部字「魅、袜、寐」中古音擬為 mi（215 頁）：

魅	（古）	明物	miə t	（廣）	明秘切	明至開三去止 mi
袜	（古）	明物	miə t	（集）	明秘切	明至開三去止 mi
寐	（古）	明物	miə t	（廣）	彌二切	明至開三去止 mi

這樣，上古明母物部字包括 miət 和 mǐwət 開合兩讀。到了中古，開口的明母物部字音變為 mi，而合口的明母物部字「物」讀 mǐwət。唐代複數詞尾「弭」與開口的明母物部字中古音 mi 相同。從「物」m ǐwət 到「弭」mi 的音變過程可推測為：

m ǐwət > miət > miʔ > mi

也就是說，複數詞尾「物」為了與名詞「物」相區別，從而選擇了丟失 u 介音，變合口為開口，然後像「魅」等開口物部字一樣音變為中古音 mi。古代「物」特指鬼魅精怪。漢魏六朝文獻中多見。如漢應劭《風俗通・怪神・世間多有精物妖怪百端》：「汝南有許季山者，素善卜卦，言家當有老青狗物。」吳樹平校釋引孫詒讓《箚迻》：「按古書多謂鬼魅為『物』。《漢書・郊祀志》云：『有物曰蛇。』顏注云：『物謂鬼神也。』《春秋繁露・王道》篇云：『乾溪有物女。』此云『狗物』，猶言『狗魅』也。」晉干寶《搜神記》卷十七：「『向者物何如？乃令君怖懼耶？』對曰：『其身如兔，兩眼如鏡，形甚可惡。』」楊樹達《漢書窺管・宣元六王傳》「或明鬼神，信物怪」：「物當讀為彪。《說文九篇上・鬼部》云：彪，老物精也。或作魅……彪字從鬼，而與人死為鬼者不同。顏云物亦鬼，非也。」上引文獻中古人釋「物」為「魅」，「精物妖怪」猶言「精魅妖怪」，「狗物，猶言狗魅」，近人楊樹達進而指出「物當讀為彪（魅）」，而非顏師古所說「物謂鬼神」，此釋獨具慧眼。這說明「物」確有 mi（魅）一讀（方言中也有「物」音為 mi 的，見下），這就在語音上掃除了

複數詞尾標記「弴」源於「物」的障礙。

實詞演變為虛詞往往會發生音變，如動詞「喚」演變為連介詞後，在北京等北方多地方言中丟失 u 介音，變讀為去聲的 xan 或 xai。變讀音乃是實詞義虛化引致的，變讀音起了區別詞義或功能的作用，提高了語言的識別效用。「物」是個多義常用詞，有名詞「東西」義，「等、類」義，還可指人；做疑問代詞「何物、是物」的構詞成分；「物」單用作疑問代詞時，敦煌文獻中作「沒、莽」或「阿沒、阿莽」，現代西北方言記作「阿蒙」或「阿們」。「沒、莽、蒙、們」都是「物」的變讀音，變讀音使虛詞與原來的實詞在語音上有了區別性，不會產生歧義。唐時複數詞尾選擇讀明母物部開口音 mi，也起到了標記分明、避免歧義的作用（「我弴」優於「我物」，「我物」易理解為「我的東西」）。

「物」音變為 mi，有現代閩、粵語方言為證，〈同源〉列下表說明：

廈門	潮州	陽江	海口
Sim mĩʔ	miʔ kai	mi	mi
甚物	乜個	□	物

海口話「甚麼東西」說 miꜜ miꜜ（物物）或 miꜜ miꜜisiꜜ（物物事），疑問代詞和名詞同用「物」字，同為 mi 音，頗能說明疑問代詞 mi 的語源是「物」，由此也可判定粵語陽江話 mi 的語源也是「物」。廈門話和潮州話還保持入聲，但讀音跟「弴」非常接近。另據許寶華等（1999），閩語建甌話「物事」音 mi ti，「物」音 mi；閩語海康話「物食（食物）、物配（下飯菜）、物候」的「物」都讀 mi。陽江話、海口話、建甌話、海康話中「物」音為 mi，與「弴」相同，有助於從語音上支持複數詞尾「弴」的本字是「物」的假設。

古代文獻中「弴」用作複數詞尾的目前僅見前舉唐《因話錄》一例，但在現代陝晉寧等西北方言中仍存其跡。邢向東（2006：30–31）記錄陝北佳縣、清澗複數詞尾讀如「弴 mi」。侯精一、溫端政（1993）、史秀菊（2010）

記錄山西呂梁片複數詞尾讀 mi 或 m ʅ（臨縣 mi，離石讀 m ʅ）。另，《銀川方言詞典》記錄：「你們」ni·m（20 頁）、「卬們」（我們）aŋ·m（274 頁），「誰們」ʂei·m、「誰密」（誰們）ʂuei mi（198 頁），「啥密」（甚麼）ʂa mi（91 頁）。作者說 m f v 三個聲母的輕聲字，在語流中韻母往往脫落，聲母自成音節，詞典中記作·m·f·v。從銀川話「誰們」ʂei·m 又讀「誰密」ʂuei mi 可知「們」·m 如不輕讀應為 mi（「誰密」跟「啥密」的「密」用同一個字，這也是「麼」與「們」同源的佐證）。銀川話中的「密」用如複數詞尾，與「弭」是同源字。這說明唐代《因話錄》所記錄的「我弭」一詞是彼時真實存在的語言事實，而且複數詞尾 mi 這一讀音並未完全消失，至今仍存活在一些西北方言中。

3.2「弭」與「偉」和「每」

3.2.1「物」與「偉」聲母間的語音關係

「物」與「偉」的聲母在唐五代有可能同讀 v-。「物」上古為明母（古無輕重唇之分），中古開始分化為微母 v-。「偉」上古為匣母，中古為雲母（喻三）ɣiwəi。據邵榮芬（1963）考察，敦煌俗文學作品中喻母雲、以不分，《敦煌變文集》中微母和雲、以代用共有 4 例（微、雲代用 3 例，微、以代用 1 例）。其中微、雲代用的 3 例都是「亡、王」二字混用（「亡」，上古明母，中古入微母；「王」，上古為匣母，中古入雲母）。敦煌地區微母與雲、以代用，說明微、喻兩母有些字已開始合流，是故「物」與「偉」在西北某些方言裏有可能聲母同讀 v-。[4]

王曦（2016：709–725）《玄應音義》梵漢對音材料中以下記錄對說明「弭」

4　今晉語、西北官話中，古微母字與雲母字相混是通例（同讀 v-），存在於廣大地區，如「胃」（匣物）和「味」（明物）同讀 vei。現代客贛方言也有同類情況。劉綸鑫（1999）記述，今客贛方言中微母字有 17 個點讀 v-（239 頁），雲母字「雨、芋」在有些方言點也讀 v-，顯示出「微、雲」相混的現象（見 231 頁）。其中龍南、全南、定南三地微母字「望」有 voŋ 和 moŋ 兩讀，其文讀 voŋ 跟雲母字「王」voŋ 相同。于都也有類似情況。（見 199 頁）

（源自「物」）與「偉」聲母的關係至關重要：

> 梵音 m：弭、彌
>
> 梵音 v：門、弭 [2 明] / 維 [1 以] / 衛、越 [2 雲]

這份梵漢對音材料中有兩點可注意：其一，「弭」的聲母分別對應梵音 m 和 v（半母音），同一個「弭」字聲母有 m、v 兩讀，連明母的「門」字也與梵音 v 對應。這是因為明母合口三等分化為微母之初，其發音方法與 m 相同，發音部位與 v 相同，一頭連着雙唇音，一頭連着唇齒音，故王力先生（1980：131）擬為 ɱ（mv）。其二，梵音 v 和雲母的「衛、越」對應，也反映出微雲相混的事實。這個對音材料啟發我們 vei 的背後應是 mei，即元代用字「每」。

呂先生（1984：29）在解釋「兒郎偉」的「偉」字時說：「v- 既多為 m- 所蛻變，則此 vei 字原來可能為 mei。」我們推測，微母原從明母分化，但這種分化是通過詞彙逐漸擴散的，「物」也如此，它在一部分地方還沒有從明母分化出來，仍讀 m-，而在另一些地方已分化出來，讀微母 v-。也就是說「物」在口語中有 m- 和 v- 兩讀並存。邢向東（2013）指出微母的分化較非敷奉為晚，如「芒」為微母字，神木方言在「麥芒」中讀 v-，在文讀中讀 m-。張崇（1990）記錄陝西延川方言微母字「晚」讀 mæ̃。「文革」期間，我在廣州串聯時曾聽到眾人把「偉大」的「偉」讀為 mei（粵方言中微母字白讀 m-），把這些現象聯繫起來，深感呂先生上述推測極有見地，即唐時「兒郎偉」的「偉」實即金元文獻中的「每」。

今西北方言中尚未見讀如「偉」的複數詞尾，但陝北吳堡話、綏德縣沿黃河鄉鎮話複數詞尾讀如「每 me」（邢向東 2006、黑維強書面告知）；付新軍（2012）記錄山西上黨片高平話（每 ɛɛ）、屯留話（每家 mei təu）、陵川（我每 uɛi）的複數形式都讀如「每」。上面 3.1 節舉陝北佳縣、清澗等地複數詞尾讀如「弭」，銀川讀如「密」，這樣，陝北、山西等晉語印證了近代漢語複數詞尾「弭」和「每」的真實存在。至於讀如微母的「偉」，只是局地某

一時段的異讀，作為常用形容詞，其形音義都不適合長期借作複數詞尾。

3.2.2「弭」與「每」：同源音類的文白疊置

劉勳寧（1998）經與臨近方言對比研究後「有把握地說」，陝北清澗話的人稱複數詞尾·mi 就是近代漢語白話文獻中的複數詞尾「每」，屬於白讀層。劉文的看法與〈同源〉不謀而合，只不過〈同源〉和本文著力於論證「弭」mi 的語源是「物」，具體解釋「物」與「弭、每、們」的音變關係。

「弭」mi 的鼻音聲母 m 與前高元音 i 相拼時容易在中間增加一個次高的元音 e 做過渡，讀起來省力些，從而使單元音韻母複元音化（山西高平話的複數詞尾 mɛe、屯留話的複數詞尾 mɛi 都基於同樣的發音機理）。北方系方言中多有 mi 與 mei 文白異讀的現象存在，如「糜子」的「糜 mi」白讀 mei，「昧」一讀 mi（陰平「把人家東西昧了」），一讀 mei（去聲「昧良心」）。

在晉語和西北方言中，唇音蟹合一「每」、止開三「弭、彌、眉」、止合三「肥、尾」等讀音（止合三限於韻母）多有糾葛或者合流。例如山西多數方言點「每」（蟹合一）讀 mei（略去調值），但汾陽、和順、聞喜等地讀 mi，mei 是文讀，mi 是白讀。「眉」（止開三）白讀 mi，北京話讀 mei。「肥、尾」（止合三）文讀 -ei，白讀 -i。山西聞喜方言「倍佩妹」（蟹合一）白讀 -i，文讀 -ei（王洪君 1992：145）。北京話「披」（止開三）白讀 pei，文讀 pi，而洛陽只有白讀 pei（《洛陽方言詞典》12 頁）。西寧幫組「被響眉」（止開三）只有白讀 -i（張成材 1994：9–10），陝西丹鳳、神木等多地方言同此（張成材 2016：172–184、邢向東 2002：95）：

陝西多地	北京話	例字
i	ei	卑、碑、被、備、眉

陝晉等西北方言唇音 -i 韻字與 -ei 韻字對應的現象反映了同源音類的文白疊置，可證文獻中複數詞尾「弭」與「每」的語音關係也是同一語素文白異讀的音類疊置。其他方言也有類似情況，如贛語岳西話「被、備、眉」

讀 -i，而「謎、彌」讀 -ei（儲澤祥教授告知）。

3.2.3 鼻音聲母 m 的順向同化與「懣、門」等鼻音韻尾標記的出現

上面，我們用文白音類的疊置解釋了 A 類元音韻尾的複數詞尾標記「弭」-i 與「每」-ei 之間的語音關係，也說明了「偉」與「弭」聲母之間的音變關係，下面，我們需要解釋 A 類元音韻尾的複數標記如何演變為 B 類帶鼻音韻尾 -n 的複數標記。

丁邦新（1987：234）在分析官話方言中古陰聲韻如何產生鼻音韻尾時指出：「這類字字數很少，但變讀相當一致，相信是受到聲母鼻音的影響。」丁文指出，高母音 u 容易產生鼻音韻尾：「u 和 ŋ 都是部位偏後的響亮音，加上雙唇音聲母的影響，產生新的韻尾 - ŋ，造成目前的現象。」趙元任等（1948）、楊時逢（1974）記錄了湖北、湖南等地把「木」讀成陽平的 moŋ，有的讀為 muŋ。楊永龍（2008：133–146）記錄河南商城（南司）話裏沒有 mu 音節，中古模侯屋韻明母字大多今讀鼻音 ŋ 韻尾，如「暮、慕、墓、募、穆，模（～子）、目、牧，畝、牡、母、拇、木」等。他告訴筆者，他家鄉河南信陽話中「木、母」讀前鼻音韻尾 -n。以上現象使我們想到「懣、門」等 n 尾複數標記的產生或與此類音變有關。

最近十幾年多位學者調查表明，晉語等西北方言中複數詞尾除了「弭 mi」和「每 mei」外，還有不少地方讀音為 mu，因不詳其本字，學者多用同音字「木」或「姆」標記，有的用訓讀字「們」標記（筆者認為本字為「物」，洪洞方言「甚麼」表示疑問時讀 ʂ·mu，mu 的本字即為「物」。另詳見 4.4 節）。這些地方與「＊木 mu」疊置的複數詞尾多數讀 məŋ，少數讀 mən。雒鵬（2016）記錄的甘肅一些方言點的明母複數詞尾讀音有如下的共時差異：

> mu（＊木）　環縣、華池、宕昌、鎮原、甘州、廣河
>
> məŋ（們）　靖遠、景泰、舟曲、永靖、民勤、華亭、臨夏、武都
>
> mən（們）　天祝、永昌、白銀

這種差異可以用丁説解釋，即：高母音 u 在鼻音聲母 m 的同化下，順向衍生出一個鼻音韻尾來。也就是説，甘肅方言中讀作 məŋ 或 mən 的複數詞尾有可能是 mu 音節內部的音變：受鼻音聲母同化而增生了一個鼻音韻尾，而不一定是歷史上強勢方言或現今普通話「們 mən」音的滲入。

邢向東教授告訴筆者：他家鄉「神木」這個地名，神木城關人「木」字讀入聲 məʔ，但神木高家堡鎮和毗鄰的山西臨縣人卻叫「神門」，「門」讀輕聲鼻化韻‧mə̃。這跟甘肅方言中複數詞尾「* 木（< 物）」變讀為鼻音韻尾的 məŋ / mən 之類正是平行的演變關係。神木話「這麼、那麼」的「麼」讀 məʔ，但也可以讀‧mə̃（門）；陝西戶縣指示代詞詞尾「麼」（這麼、兀麼、奈麼）讀‧mu，但又可讀‧mẽ（孫立新 2001：57）；北京人口語中把「這麼、那麼、多麼」等説成「這們、那們、多們」，在清末社會小説《小額》和會話書《京語會話》中只見「這 / 那們」或「多們」，不見「這 / 那麼」和「多麼」。以上都是 m 聲母影響韻母鼻化或增生鼻韻尾的同類現象。

張燕芬（2010）較系統全面歸納了中古陰聲韻字現代方言讀鼻尾的現象，例如：蟹攝明母：「妹」湖南辰溪鄉、漵浦讀 men，福建大田、湖南江永讀 muŋ；流攝明母：「母」安徽、福建、廣西、河南、湖北、湖南、江西、浙江等 24 處讀 moŋ，湖南冷水江讀 men。羅福騰（1997：166）記錄山東牟平方言「眜」字一讀 mei，一讀 mən。張樹錚（1995：32）記錄山東壽光方言把「每天」的「每」讀成鼻化音 mẽ。「妹、眜、每」中古都是蟹攝明母合口一等字，郭錫良（2010）擬音為 muɒi，它們在現代官話方言中變讀為 mən 或 mẽ，應是鼻音聲母 m- 順同化的結果。上述變讀現象正好可以用來解釋複數詞尾「懣、門」等鼻音韻尾字的出現。

3.3 根據上面的分析，我們可以大致猜測為甚麼唐宋人不避繁難把複數詞尾寫作本讀去聲的「懣」了，那是因為當時人知道其本字不是平聲的「門」。最初多選擇去聲的「懣」，應是為了跟本字「物」的聲調相諧，但作為詞尾，聲調發生弱化，故又賦予「懣」平聲一讀（樓鑰《攻媿集》：「懣」本音悶，俗音門，猶言輩也），聲調弱化後又選用了同音字「門」和兼而表義的

「們」字。

從「弭」到「門」發生了兩個層次的疊置式音變，第一層是「弭 mi」與「每 mei」的疊置（單元音變複元音），發生在唐五代時期；第二層是「每 mei」與「門 mən」的疊置（元音韻尾變鼻音韻尾），發生在宋金時期。由 mi 到 mei 是發音省力原則促動的，由 mei 到 mən 是鼻音聲母順向同化作用引起的。「每」在晉語中有白讀 mi 與文讀 mei 的音類疊置，在上舉山東壽光方言中又有鼻化音 mẽ 一讀，可以勾勒出：mi 與 mei、mei 與 mẽ 兩個歷史層次的疊置式音變。從宋金時期開始，歷元、明、清直至現代，方言中一直疊置着這三種複數詞尾音類，只不過在地域上 mi、mei 的地盤日漸縮小，如今僅保留在陝晉寧等西北少數地方；而原通行於以汴洛方言為中心的中原官話的「門」在競爭中以壓倒性的優勢擴展到大江南北，終於在明代中期以後成為共同語的複數標記。下表反映出用字的時代與地域特徵（「－」號表示未見，「＋」號表示文獻未見，但實際方言中尚存）：

	唐五代	宋金	元	明	清	現代
i	弭	＋	＋	＋	＋	（清澗、臨縣、銀川）
ei	偉	每、偉	每	每	＋	（吳堡、屯留）
ən	－	懣、門、們	門、們	門、們	們	們

上表清楚地表明：近代漢語白話文獻中的各種複數詞尾標記反映的不是歷時性的連續音變，而是在不同的方言地域互相並存、因政治文化等因素而此消彼長的關係。

四、「物」源說的直接證據

4.1 現代漢語複數詞尾「們」主要有兩個語法意義：其一，用在代詞或普

通指人名詞後面，表示複數，如：我們｜你們｜同志們｜叔叔阿姨們。其二，用在類別名詞或專有名詞後面，表示這一類別的人，即連類複數。前者如：姑娘們哪個不愛美｜老人們老有所養。「姑娘們」泛指年輕女性這一類人，「老人們」泛指歲數大的一類人。後者如：向身邊的雷鋒們學習｜二柱們插了一天的秧，晚上累得直不起腰。「物」源說能很好地解釋複數詞尾的這兩個語法意義：「物」本身就是「種類」義，表示類別的應是其最基本的語義，表示複數是類別義的虛化。不過由於唐五代複數詞尾的用例極其貧乏，直到南宋《朱子語類》中才看到「門」用於專名後的用法，如（引自呂叔湘 1985：71）：

> 因說前輩如李泰伯門議論。（朱子 129）
> 胡五峰說性，多從東坡、子由門見識說去。（朱子 5）
> 只看濂溪、二程、橫渠門說話，無不斬截有力。（朱子 121）

「們」的功能兼表連類複數和真性複數，與英語的複數語尾 -s 用法不完全對等。在現代漢語裏，「們」所表示的複數嚴格來說是不確數的複數，即使是用在成雙成對的稱謂詞後面也是如此，「兄弟們、姐妹們、叔叔阿姨們、大爺大娘們、老爺太太們」等都表示不確定的複數。但近代漢語文獻中複數詞尾有表雙數的，如（摘引自呂叔湘 1985：71）：「妯娌懣」（劉知遠）｜夫妻每（元）｜師徒每（元）｜娘兒們（紅 35 媽和我）｜爺兒們（兒 16 華忠父子）。

4.2 在歷史文獻資料不足的情況下，「物」源說雖然有其理據，但很難從假說成為定論，除非有真實可靠的現代漢語方言的本證。十分幸運的是，雷冬平、胡麗珍（2007）一文提供了江西安福話中用「物」做複數詞尾的活的證據。現摘要引用於下（據邱斌 2009 調查，安福複數詞尾「物」音 vu31 或

vuə31）：⁵

1.普通名詞＋「物」，表示某一類別

老人物到哩冷天兒就難過。（老人們到了冷天就不好過。）

女崽兒物坐要有坐樣，立有立樣。（姑娘兒們坐要有坐樣，站要有站樣。）

2.人名＋「物」，表示某人加上與他關係密切的相關的人，同時表達量的複數

黎明物去哪裏去哩？（黎明他們到哪裏去了？）

黎明物呀？（黎明他們呢？）

3.稱謂名詞＋「物」

3.1 表達配偶雙方的複數概念

爸爸物作咋去哩？（爸爸和媽媽幹甚麼去了？）

爸爸物去街上買東西去哩？（爸爸和媽媽去街上買東西去了。）

姆媽物做咋去哩？（媽媽和爸爸幹甚麼去了？）

姆媽物呀？（媽媽和爸爸呢？）

舅舅物呀？（舅舅和舅媽呢？）

3.2 表達「二」或「二」以上數量的複數概念

姐姐物去街上買布去哩。（姐姐們去街上買布了。）

舅舅物開車子出去哩。（舅舅們開車子出去了）

這種用法表示複數，不表示類別，與 3.1 不同。

_____

5　邱斌（2009）認為雷、胡此文對安福話「物」表複數描寫十分細緻，對「物」與「們」的關係也做了很好說明，但是雷文對安福話表複數的「物」的記音不妥。雷記為 muət31，據邱調查，表複數的「物」一般讀 vu31，也可帶一個很弱的 ə，發成 vuə31，但一般情況下不帶 ə 音。安福話動物的「物」讀 væ 44。

4. 人稱代詞＋「物」，表示複數

我物做得特別快，哪個敢跟我物比。

你物跟到我走，保證你物冇走錯。

佢物捉到哩一隻野豬。

人家物有的是錢，丟一些兒錢不要緊。

此外還有「我物三個人、你物幾個、佢物四個」等在後面加數量詞的用法。

安福方言複數詞尾「物」的功能涵蓋了現代漢語表類別和表複數的兩種用法，唯獨 3.1 用配偶之一表示配偶雙方的用法是普通話沒有的。這種用法容易跟 3.2 相混，比如單說「舅舅物」，不知是指舅舅和舅媽，還是指幾個舅舅。我們推測，這種用法應跟前舉宋元以來在兩個並列的成對稱謂名詞（夫妻、妯娌、師徒）後加複數詞尾的用法有關，安福話加以簡化，選擇以一代雙。

4.3 江西安福話固然是「們」源自「物」的明證，但安福話屬於贛語，如果不能考證出它與源自中原的客家話的淵源，作為直接論據終嫌不十分完滿。於是，我們把注意力放到晉語和西北方言上來。西北方言複數詞尾除了上文已列舉的 mi（弭、密）、mei（每）外，還有 3.2.3 節已涉及的 mu（＊木）以及尚未提到的 məʔ、mə，如果我們能說明 mu 和 məʔ、mə 同樣是「物」的音變，那麼，這些證據就更加直接、更加有說服力。

先看複數詞尾 mu（＊木）。林濤（1995：163）記錄寧夏中衛方言複數詞尾一讀 mu，一讀 mei，如「我們」讀 a mu 或 a mei（mei 與「門 mēi」不同音），mu 和 mei 是與 mi 和 mei 平行的文白讀的疊置。孫立新（2010）記錄陝西關中一些方言與「們」相應的複數詞尾讀 mu（記作「姆」）；徐丹（2011）記錄甘肅唐汪話的複數標記有多個自由變體，其中之一是 mu；雒鵬（2016）記錄甘肅多處方言的複數詞尾音 mu（記作「木」），三身代詞複數多為「我木、你木、他木」。對於 mu 的本字，以上作者或未涉及或無定論。我

們認為，這個 mu 音字就是保留明母的「物」字。陝晉等地「物」字單字音多讀 vu 或 vo，複數詞尾讀 mu 是以音別義，而且只是明母與微母之別（微＜明）。「物事」一詞，閩語建甌話讀 mi ti，而閩語順昌洋口話讀 mu ti（許寶華等 1999），顯示出 mu 與 mi 對應，都是「物」字。楊永龍（2014）詳細描寫了甘肅甘溝話複數標記 mu 的句法分佈，它不僅能用在人稱代詞指人名詞後表複數，也能用在動物、植物以及無生命的名物詞後面表示複數，跟元代非直譯體文獻中「每」的用法驚人地相似。我們認為甘溝話複數詞尾 mu 繼承的是「每」的句法意義和功能，語源與「每」相同，都是「物」，只不過「每 mei」是「物 mi」的疊置式音變，而 mu 是「物」的連續式音變：mǐwət＞muət＞muə/vuə＞mu/vu＞u。孫立新（2001：57）記錄陝西戶縣指示代詞詞尾「麼」（這麼、衛麼、奈麼）讀 mu，這啟示我們，西北方言裏的複數詞尾 mu 應與這個「麼 mu」有關聯。拙文（1995）論證了樣態指示詞「這麼 / 那麼」的「麼」跟疑問代詞「甚麼」的「麼」同源，都是「何物、是物」的「物」，那麼跟樣態指示詞尾「麼·mu」同音（略去輕聲因素）的複數詞尾 mu 的語源也應是「物」。

再看複數詞尾 məʔ（音同入聲的「木」）或 mə。晉北、陝北等西北方言中多有複數詞尾讀 məʔ 或 mə（侯精一、溫端政 1993：61；邢向東 2006：30–31）。關於這個 məʔ 的本字，邢向東（2002：559）雖不能確定用甚麼字來記寫，但是明確指出不是直接來自「們」。晉語，包括內蒙古的五台片、大包片、張呼片，這個複數詞尾都讀 məʔ，且與「這 / 那麼」的「麼」同音；周晨磊（2016）指出青海貴德周屯話複數詞尾 mə 讀音與「甚麼」的「麼」相同。吳語上海、無錫、溫嶺等地「物事」讀 məʔzๅ，「物」音也為 məʔ（與上舉閩語「物事」的「物」mi、mu 同源異韻）。məʔ、mə 是「物」另一路徑的連續式音變：

$$m ǐwət > miət > mət > məʔ > mə$$

　　上述現代方言的證據庶幾可回應幾位同行的質疑。雷冬平（2008：376）說：「學術界對現代漢語複數詞尾『們』的來源說法不一，自從江藍生（1995）提出『們』來源於『物』以來，該論斷還處於理論論證的階段。我們認為，安福方言中複數詞尾『物』可為江藍生關於複數詞尾『們』源於『物』這一論斷提供一個方言上的證據。」本文認為，除了雷文所舉江西安福話的直接證據外，現代晉語等西北方言中複數詞尾 mu、məʔ、mə 的存在更是「物」源說的直接而有力的證據。

　　4.4 迄今為止，近代漢語文獻中尚未找到人稱代詞後加「物」的用例，這成了「物」源說的一大缺憾。〈同源〉一文曾舉與「此等」相當的「此物」一例：官豈少此物輩耶！（《太平御覽》卷八一七引〈魏文帝詔〉），但語焉不詳，難以為證。雷冬平（2008：376）一書中舉出唐宋文獻中「爾物、汝物」各一例：

　　爾物：「新姑車右及門柱，粉項韓憑雙扇中。喜氣自能成歲豐，農祥爾物來爭功。」（溫庭筠〈會昌丙寅豐歲歌〉，《全唐詩》卷五七六）

　　汝物：「惟汝物之可憎，乃群飛而類聚，信端士之閒生，嗟壬人之塞路。惟屈指於秋來，鼓西風于寰宇，縱汝類之夥多，終飄零於何處？」（宋洪适〈惡蠅賦〉，《四部叢刊》）

　　蔣紹愚先生認為：《全唐詩》「農祥爾物一作勿來爭功」明曾益《溫飛卿詩集箋注》：「爾物，一作勿。……農祥，房星也。」「農祥你們來爭功」講不通，而作「喜氣自能成歲豐，農祥爾勿來爭功」則文從字順，語氣連貫。雷書引此例誤。另又指出洪适〈惡蠅賦〉前面指蠅都用「汝」，如：「汝軀雖小，汝害實巨，汝量易足，汝多難拒。」「汝」本身能指複數，此處無必要再加複數詞尾。歐陽修〈憎蒼蠅賦〉：「其在物也雖微，其為害也至要。」洪适「汝物」之「物」，同歐陽修「在物」之「物」。「汝物」意為「你們這些東西」。蔣說甚是（引自給本人的電子郵件）。

五、結語與餘論

5.1 考本字、求源詞必須音義結合，把因聲求字與因義求字緊密地結合起來。如果是虛詞，還要考慮其語法意義、語法功能是否匹配。只有這幾方面都關照到且言之有據，才能成為確論。考求複數詞尾「們」的語源，從語義相宜來看，「等、輩、物」都有「種類」義，而且都可指人或事物的種類，因此根據平行虛化的規律，它們都有虛化為複數詞尾尤其是連類複數詞尾的語義條件，事實上，它們在不同的歷史階段和一定的地域也不同程度地承擔了上述功能（如：公等、我等、爾等，公輩、我輩）。從語音相似性上看，「輩」的韻母與「每」相同，「物」的聲母（明母）與「們、每」相同，但都不是同音字。從一般音變規律也看不出「們」與「輩、物」的音變關係。我們所可入手的是充分發掘文獻資料和現代漢語方言調查資料，從古今比較、方言比較入手。如上文所示，我們通過古今比較、方言比較逐一解釋了「物」與「弭」、「物」與「偉」以及「每」與「們」韻母、聲母的音變關係，並引用同行學者們的方言調查成果，提供了「們」源於「物」的直接方言證據。

5.2 語音的演變既有連續式音變，也有疊置式音變，連續式音變反映的是時間維度上的縱向變化，而疊置式音變則是空間維度上不同地域方言間互相滲透影響而發生的橫向音變，在考求語源時要注意區分連續式、擴散式和疊置式三種音變方式，善於鑒別共時各個方言和歷代各種文獻中蘊含的演變和層次。除此之外，語音的同化、異化等諸多因素也會影響音變的方式和結果。

就「物」來說，它既有自身連續式音變（不止一種，呈擴散式），也有兩個層次的疊置式音變，我們試圖用下表來展示其較有代表性的三種語音演變路徑（＞表示連續式音變，用 ≥ 表示疊置式音變）：

物：(i)　m ǐwət ＞ muət ＞ muə/vuə ＞ mu/vu ＞ u/ ≥ mən（物／們）

　　(ii)　　　＞ miət ＞ mət ＞ məʔ ＞ mə ≥ mən（麼／們）

　　(iii)　　 ＞ miət ＞ mi（弭）≥ mei（每）≥ mən（們）

（i）式名詞「物」既有從上古到現代的連續式音變，又有從 mu 到 mən 的疊置式音變，其中的 mu（西北地方）、vu（江西安福話）和 mən（各地）用作複數詞尾。（ii）式是名詞「物」從上古經中古語法化為疑問代詞「甚麼」的「麼」以及樣態詞指示詞詞尾「麼」的連續音變過程，其中 məʔ、mə 在晉語中也用作複數詞尾，而且也因鼻音聲母 m 的同化作用而音變為 mən，用作複數詞尾。（iii）式是名詞「物」從上古經中古演變為複數詞尾「弭 mi」，又從「弭」經疊置式音變為「每 mei」，再經疊置式音變為「門 mən」的過程。（iii）式中的 mi 在陽江、海口話中兼有名詞「東西」義和疑問代詞「甚麼」義。這三種音變路徑都能說明「們」源自「物」，其中的（ii）還能說明「麼」與「們」同源。

可以看出，以上三種語音演變路徑都有條件使「物」因 m 聲母順向同化而產生鼻尾韻：

（i）mu > mũ ≥ meŋ > məŋ/mən

（ii）məʔ > mə ≥ mən

（iii）mi ≥ mei ≥ meŋ > məŋ/mən

西北方言多讀 ŋ 韻尾（記作「蒙、們」），中原官話則多讀 n 韻尾，故明清時期 n 韻尾的「們」字在官話區一統天下。

5.3 漢語的複數詞尾功能局限較多：只用於指人名詞、代詞之後，而且只能表示人的不確定的複數。它能表示連類複數，這跟其來源有關。漢語早期本無專門的複數詞尾，它是由類別義的名詞「等、輩、物」虛化而來。由表示連類複數進而泛指真性複數，這完全符合漢語自身詞彙語法化的規律，所以不能因為漢語複數詞尾功能的局限性而懷疑它的原生性，認為漢語的複數範疇是個外來成分。

但是，歷史上長期處於與阿爾泰語密切接觸的華北、西北地方的漢語方言確實受到外族語言的影響，正如許多學者所考察記錄的，這些地區的複數

詞尾的用法遠遠超出了漢語的功能範圍，除了用在指人名詞後面表複數外，還可以用於其他有生命的動物、植物以及無生命的指物名詞後表示複數，甚至還能用在指物的「這／那」後面；此外還可以用在成對的關係名詞或名詞素後面（妯娌懑、夫妻每、師徒每），以及還能用在單數名詞後面，只相當於一個音綴。總之，這些地區複數詞尾的功能分佈跟阿爾泰語的複數用法比較一致，更具有一般複數詞尾的特點。正如祖生利（2002）所指出的：「元代非直譯體白話文獻中出現的非指人名詞後帶複數詞尾的現象，是蒙古語（可能還有女真語、畏兀兒語、朝鮮語）等阿爾泰語名詞複數形式影響的結果，不是漢語本身所固有的。」直到今天，西北、華北仍有一些地區還保留着元代北方漢語的上述用法，成為阿爾泰語複數詞尾用法在漢語方言中的遺留。

5.4 考察語言演變的歷史，包括考證一些語法成分的來源，不得不利用歷史文獻資料。但是歷史文獻資料往往有很大的局限性：它們多數是零星的、不連貫不完整的，有的甚至是被扭曲的。在這種情況下，如何將溯源求本的工作進行下去？個人的體會是，可以嘗試從以下兩方面的緊密結合中求得突破：一是從現代漢語方言中去找線索、找旁證，通過方言比較尋繹古今語言演變的軌跡；另一方面，要在已掌握的各種語料（古代的、現代方言的）的基礎上，根據語言演變的一般規律和特殊規律進行合理的假設和演繹。拙文〈同源〉正是嘗試這樣做，只是沒有將這兩方面做到家而已。希望本文能多少彌補〈同源〉的不足，使二十多年前的假設和推論向前邁進一步。

參考文獻

丁邦新:《丁邦新語言學論文集》(北京:商務印書館,1998 年)。

馮春田:《近代漢語語法研究》(濟南:山東教育出版社,2000 年)。

付新軍:〈近代漢語複數詞尾的反復變化與共同語之關係〉,《古漢語研究》第 2 期(2012 年)。

郭錫良:《漢字古音手冊》(北京:商務印書館,2010 年增訂本)。

黑維強:《綏德方言調查研究》(北京師範大學出版社,2016 年)。

侯精一、溫端政:《山西方言調查研究報告》(太原:山西高校聯合出版社,1993 年)。

黃丁華:〈閩南方言裏的疑問代詞〉,《中國語文》第 4 期(1963 年)。

黃征:〈敦煌願文《兒郎偉》考論〉,載《文學論叢》(杭州大學出版社,1992 年)。

江藍生:〈説「麼」與「們」同源〉,《中國語文》第 3 期(1995 年)。

蔣紹愚、曹廣順主編:《近代漢語語法史研究綜述》(北京:商務印書館,2005 年)。

雷冬平、胡麗珍:〈江西安福方言表複數的「物」〉,《中國語文》第 3 期(2007 年)。

雷冬平:《近代漢語常用雙音虛詞演變研究及認知分析》(北京:中國社會科學出版社,
    2008 年)。

李藍:〈再論「們」的來源〉,載《語言暨語言學》專刊系列之五十《綜古述今,鉤深取極》(台
    北:中研院語言學研究所,2013 年)。

李泰洙:《〈老乞大〉四種版本語言研究》(北京:語文出版社,2003 年)。

李豔惠、石毓智:〈漢語量詞系統的建立與複數標記「們」的發展〉,《當代語言學》第 1 期
    (2000 年)。

林濤:《中衛方言志》(銀川:寧夏人民出版社,1995 年)。

劉勳寧:〈陝北清澗話人稱代詞和指人名詞語尾[・mi]探源〉,載《中國境內語言暨語言學》
    第 2 輯(台北,1994 年);又載《現代漢語研究》(北京語言文化大學出版社,
    1998 年)。

呂叔湘:〈釋您,俺,咱,喒,附論們字〉,原載《中國文化研究所集刊》(成都:華西協和
    大學,1940 年);又載《漢語語法論文集》(北京:商務印書館,增訂本,1984 年)。

呂叔湘著、江藍生補:《近代漢語指代詞》(上海:學林出版社,1985 年)。

羅福騰:《牟平方言詞典》(南京:江蘇教育出版社,1997 年)。

雒鵬:〈甘肅漢語方言人稱代詞〉,載《中國方言學報》第 6 期(北京:商務印書館,2016 年)。

梅祖麟：〈關於近代漢語指代詞〉，《中國語文》第 6 期（1986 年）。

邱斌：〈江西安福方言表複數的「物」記音獻疑〉，《中國語文》第 1 期（2009 年）。

史秀菊：〈山西方言人稱代詞複數的表現形式〉，《方言》第 4 期（2010 年）。

孫立新：《戶縣方言研究》（北京：東方出版社，2001 年）。

　　　　《關中方言代詞研究》（西安：三秦出版社，2010 年）。

太田辰夫：《中國語歷史文法》（東京：江南書院，1958 年），蔣紹愚、徐昌華中譯本（北京

　　　　大學出版社，2003 年）。

　　　　《中國語史通考》（東京：白帝社，1988 年）。江藍生、白維國中譯本《漢語史通

　　　　考》（重慶出版社，1991 年）。

王洪君：〈文白異讀與疊置式音變〉，《語言學論叢》第 17 輯（1992 年）。

王力：《漢語史稿》（上冊）（北京：中華書局，1980 年）。

王曦：〈玄應《一切經音義》唇音聲母考察〉，《中國語文》第 6 期（2016 年）。

邢向東：《神木方言研究》（北京：中華書局，2002 年）。

　　　　《陝北晉語語法比較研究》（北京：商務印書館，2006 年）。

　　　　〈陝西關中方言古幫組聲母的唇齒化與漢語史上的重唇變輕唇〉，《中國語文》第 2

　　　　期（2013 年）。

許寶華、宮田一郎主編：《漢語方言大詞典》（北京：中華書局，1999 年）。

徐丹：〈漢語河州話及周邊地區非指人名詞的複數標記「們」〉，《民族語文》第 6 期

　　　　（2011 年）。

徐通鏘、王洪君：〈説「變異」──山西祁縣方言音系的特點及其對音變理論研究的啟示〉，《語

　　　　言研究》第 1 期（1986 年）。

楊炎華：〈複數標記「們」和集合標記「們」〉，《語言教學與研究》第 6 期（2015 年）。

楊永龍：〈河南商城（南司）方言音系〉，《方言》第 2 期（2008 年）。

　　　　〈青海甘溝話複數標記「們[mu]」的類型特徵及歷史比較〉，《歷史語言學研究》第

　　　　2 期（2014 年）。

俞敏：〈古漢語的人稱代詞〉，載《俞敏語言學論文集》（哈爾濱：黑龍江人民出版社，

　　　　1989 年）。

袁賓等：《二十世紀的近代漢語研究》（太原：書海出版社，2001 年）。

張成材：《西寧方言詞典》（南京：江蘇教育出版社，1994 年）。

《陝甘寧青方言論集》（西寧：青海人民出版社，2016 年）。

張崇：《延川縣方言志》（北京：語文出版社，1990 年）。

張惠英：〈複數人稱代詞詞尾「家、們、俚」〉，載《中國語言學報》第 5 期（北京：商務印書館，1995 年）。

張俊閣：〈語言接觸與複數詞尾「們」〉，《聊城大學學報》（社會科學版）第 1 期（2012 年）。

張樹錚：《壽光方言志》（北京：語文出版社，1995 年）。

張維佳：《演化與競爭：關中方言音韻結構的變遷》（西安：陝西人民出版社，2002 年）。

張燕芬：〈現代方言中讀鼻尾的古陰聲韻字〉，《方言》第 3 期（2010 年）。

趙元任等：《湖北方言調查報告》（上海：商務印書館，1948 年）。

周長楫：《廈門方言詞典》（南京：江蘇教育出版社，1993 年）。

周晨磊：〈青海貴德周屯話的「們」〉，《方言》第 2 期（2016 年）。

祖生利：〈元代白話碑文中複數詞尾「每」的特殊用法〉，《語言研究》第 6 期（2002 年）。

〈近代漢語「們」綴研究綜述〉，《古漢語研究》第 4 期（2005 年）。

敬壽文農教授七十

陳耀南

南洲國學社

　　超過半世紀了！唸高中時，有段宋四六文，程伊川稱譽兄長，兩句話特別吸引：「純粹如精金，溫潤如良玉。」稍後又在某書某處，讀過一節好像也是大程子的青年事跡：有人初見，便讚歎他是「天生完器」──確實出處現在可惜記不起、找不到了。當時的想法是：恐怕是兄弟情深、朋友義重、夸飾揄揚的話罷！

　　也超過四十年了。入職港大當講師，認識了同年受聘的單兄周堯，不久就真真正正感覺：「世間原來真有此等人物！」

　　卒之，最近有機會，誠懇化用這兩句，在祝他七十榮壽的下比。

　　造物司命有主，真當感恩：讓自己忝列交末，到今更可津津樂道當年傾蓋，以及預想幾個月後的盛會。

　　任教港大前，在紅磡理工學院年餘，已經常聽英華舊生古紹璋君──也就是此次盛會的幹事、單教授高徒李教授雄溪博士中學時的賢師──屢屢推崇他這位中文系研究所師兄品學之優、風標之美。1975 年春，初會於陸佑堂研究室，果然謙厚敦誠、英朗端謹──不是「望之儼然，接之也溫」，是「見之溫然，交之也親」，久而益醇，十分投契！

　　當然，相交數十年，所見所聞所知，不論故老前修、友朋後學，對單兄鮮有不敬重愛戴！──這裏用「鮮」不用「莫」，因為無須查核統計，智圓行方的他，研究、教學、著作、會議，都早已夠忙，（感謝上天給他如許精力！）他沒有競選公職，不必頻作「民調」，也不會費神着意於「每人而悅

之」，自然而然地，就眾譽交馳、口碑載道了。且看此次祝壽，涵蓋陣容之盛，遠近推重之誠，就可證筆者拙撰的賀聯，並非浮諛虛美！

　　怎樣下筆呢？

　　　　博文深考訓，約禮美肫仁。
　　　　功禪群經，敦厚安柔，五福壽康攸好德；
　　　　純粹比精金，清和輝潤玉。
　　　　培成多士，尊榮裕富，眾歌恭讓頌溫良！

　　這是送給他的第三副聯了。差不多四十年前，1978，拜識三年，在下已經不量德力，弄斧班門，謹贈嵌入芳名之聯，以表敬佩：

　　　　周文為一代盛觀，精訓故、賞詞章，今古梯航通義理；
　　　　堯舜是百王典範，開誠心、布公道，中西融會樹政權。

　　自古稱友以字不以名，嵌名贈朋，從前更有人視為欠恭，不過世易時移，觀念已改，何況當年似乎尚未敬聞尊號。後來再看，下聯開首改為「堯典是百王洪範」，兩借《尚書》篇名，或者比較工整。四五年後（1983），又呈一對：

　　　　周文漢武，豈成明日黃花？有賴科學昌興、實事求是；
　　　　堯典舜謨，再覲他時赤縣；惟憑民主揚播、以仁安人。

　　其實，以單兄智慧之高遠，品性之清和，處世之融通，（以及天公的眷愛顧惜），所以取字我們後來才知道的「文農」，難怪春華秋實、桃李滿門，彷彿洙泗之盛了。

　　孔門六藝，由學入政；不過，四科十哲，各展所長；和而不同，正是君

子之道。何況今世複雜，又遠過古時，總之，賢者擇業在乎性尚所安，論道尤貴踐履之誠。且看單兄伉儷同系同級，學貫中西，一家雍穆，小姐「穎秀苗如才敏慧，琳瑜玉比德溫良」，公子「元亨利貞乾四德，啟發隅反教三途」。83、84 年兩年拙撰贈聯，是衷誠的獎勉，也是欽慶的寫實，我們歡羨天眷優渥的同時，也須知多年身教言教之功啊！

歲月易得，傾蓋如故四十二年，往日時時朝夕聚首、短敘長談，如今早共華顛，一年才或者碰到一次面，這是自己萬里南遷的沉重代價！當然，眼見這位良朋畏友，由瑚璉之器、譽在師朋，而立德立功立言，裁成多士，名滿學林，又無比敬羨、欣慰！

天恩渥厚，現在彼此先後都七十了！孔子當年自述：「從心所欲不踰矩」，前賢或者讀「從」為「縱」（如皇《疏》），或者主張斷句在「心」，與「耳順」錯綜成文（如子厚、曲園），愚以為值得多想還是「矩」字。獻曝獻芹，敬請哂教！

古人說，「五寸之矩，盡天下之方也」，「智欲圓而行欲方」，不論長方、正方，兩線相交，都成九十度直角，正如古今中外，普世價值都在忠恕仁義，《論語》〈顏淵〉、〈衛靈〉兩處所記，《中庸》所述，《馬太福音 7：12》所囑，分別從「己所不欲」與「己所願欲」兩個向度切入，這是人所熟知的了。其實，此外類似而罕知、失傳的勉誠，定必不少。至於成務理物，要「實事求是，莫作調人」，就嚴氣正性地示人以不可踰越的「矩」。

與這個「共同規範」「基本法」不即不離、以至相交相成的，又有人所不能不知的「個別差異」。向來與儒學互補的道家，就優游唱歎那個《易》、《老》通同、二元對立而共變互轉的「太極雙魚」妙理，化塞翁之得失為逍遙游移、達觀共賞──也就是說：不一定要「絜矩」，也可以執「三角」而問「幾何」，見「梯形」而「上下求索」！──這就是現代文學筆下的〈阿 Q 正傳〉和〈差不多先生〉了。

「民彝物則」的爭論未息，天竺的法輪又轉來中土，化規矩為圓通，講五蘊的緣起性空，以度滅苦厄。從此三家鼎立競爽，時戰時和，分別執持「矩」

的正貌與變形，「從心所欲」。

「心不是根本，物才是！」「心還有根本，我們抬頭！」也是從西方傳來，兩種洪亮而相反的聲音。同樣號召「行公義、好憐憫」，一個高唱「從來沒有救世之神」，要雙手自闢新天地；一個勸導存心謙卑，與主同行。百多年來的激盪西潮，哪一段是高峰已過？哪一股是方興未艾？哪一股才是「人文化成」的真正源頭活水？哪一個，才是真正可遵的「矩」？

我們現代人，比起從前，是更幸運呢，還是更艱苦？眼界更廣，衝擊更多。譬如學問之道，傳統的「考據」、「義理」、「詞章」以至有人再加上「經（世）濟（民）」之外，是不是依然別有天地？

可惜的是，我們與古人同樣精力有窮，而修短隨化！

「世界無窮願無極，海天遼闊立多時」，想通了「知命守義」之道，我們又不必因「有涯隨無涯」而歎呼「殆矣！」。且看讀書所知、生平所識，確有通人達士，善於「絜矩」——詞章藝術，以「不拘一格，怪怪奇奇」為矩；哲教義理，以「求同明異，身體力行」為矩；考證科學，以「徵實窮真，盡精致廣」為矩。即如我們共見：文農單兄教授，著述最多者在儒經訓故、聲韻文字，其實他忠恕仁義的道德踐履，詩文書法的華妙深醇，親炙稍多，都必心悅誠服。他很早便體認了自己「天命之性」，不怠不忘於「率性之道」，不厭不倦於「修道之教」，實在令人無限敬佩，深以榮列交末而感幸！謹此虔撰拙篇，為單兄壽！

當代香港經學第一人
記單周堯先生

林慶彰

中央研究院中國文哲研究所經學文獻研究室

戴震曾經說「當代學者，吾以曉徵為第二人」，[1] 說錢大昕的學問是天下第二，顯然戴震自居第一，歷代的學者像戴震這樣自負的也不多。錢大昕從來未曾說他的學問是排天下第幾，這是知識份子應守的本分。當代香港經學家單周堯先生也從來不說他學問如何，但我們都知道他的學生都稱他老大。老大當然是第一。我很早就認識單先生，但是很少交談，因為他是像英國紳士般的儒雅，所以不敢隨便和他交談。

1998 年 6 月 15 至 17 日，香港大學中文系單周堯教授應邀到中研院文哲所訪問並作專題演講，講題為「香港大學『《春秋》、《左傳》學』研究述要」；2006 年 5 月 19 至 26 日再度邀請單先生到中研院文哲所訪問並作專題演講，講題為「杜預〈春秋經傳集解序〉五情說補識」；2008 年 5 月亦邀請單先生至文哲所演講，講題是「據古形古意研釋古文字舉隅」。先前，2008 年 1 月時，我曾受邀到香港浸會大學中文系傳統文化研究中心經學當代名師講座中，做兩場公開演講，因有感於香港經學研究有很深的根源，成果豐碩，可惜長期以來被香港學者忽略，沒有人做統整的資料，所以提出幾點請香港學者注意：一、香港學者應趕快編著香港經學研究目錄，看看自己有多少財產。二、香港學者應多舉辦經學會議，讓人家知道舉辦會議的學校是甚麼樣

1　江藩：《漢學師承記》（北京：中華書局，1983 年）卷三，頁 50。

子。三、香港學者應多參加校外的會議，讓全世界的人都能認識香港的研究者。四、香港學者申請研究計劃時應多申請經學研究計劃。這場演講很多人都來參加，其中有一位從來不出現的學者，單周堯先生坐在前排中間第一個位置。在同年7月《國文天地》策劃的「香港當代經學家專輯」中，介紹了單周堯、李家樹、郭鵬飛、李雄溪、陳致、許子濱和盧鳴東等七位香港學者。

2007年單先生主編《香港大學中文學院歷史圖錄》，為慶賀香港大學中文學院建院八十周年，單先生亦主編《香港大學中文學院八十周年紀念學術論文集》，收集歷年曾在港大中文學院任職的教授學者等四十餘位文史大家的精彩專題研究。從中可以見得，單先生樂於為公眾事務服務。單夫人在香港公署當行政長官的秘書，常要單先生協助翻譯當日新聞報道給上級長官聽，這樣說來，單先生又相當於古代的帝師了。

單先生為人謙和，所以跟從他的學生很多。根據學生為他編的著作論文集，他曾經指導學生論文數十篇，其中不乏已成名的大家，香港城市大學中文、翻譯及語言學系郭鵬飛，嶺南大學中文系李雄溪、許子濱，香港大學中文學院陳以信，台灣東吳大學中文系劉玉國等。

單先生師從陳湛銓先生、黃六平先生（筆名向夏），於詩文、諸子、《說文》、經學皆有通習，於學無所不窺，撰述專書十部，論文不下二百篇。

單先生在小學領域，於《說文》、文字與訓詁、字書與辭書、簡帛研究、現代漢語、音韻學與粵方言等古典與現代之重大學術議題，皆有重要見解，特別對高本漢在經典研究中所採取的語言文字方法與結果，有關鍵性的檢討與辨正。單先生談論英國理雅各的《左傳》譯本、瑞典高本漢的修訂本《漢文典》等，對西方漢學權威的有力挑戰，不能不說來自於其深厚的語言文字學功力與對中國經典文化的熱愛之忱。他曾經告訴我這一生要出一百冊的語言文字學資料匯編，現在不知道出了幾冊？

在經學方面，香港研究《春秋》、《左傳》學，長期以來惟有單先生鶴立雞群，他也帶領了一群學生在這部經典上下了許多功夫。單先生在2000年出版《左傳學論集》，收錄了七篇論文，往後在這方面又寫了十多篇關於《左傳》

學的論文。他對於《左傳》的探討，可以分為幾個方面：

一、對《左傳》的著者及成書年代的討論：〈高本漢《左傳》作者非魯國人說質疑〉（1991 年）、〈讀《與猶堂全書》「左丘明非有二人辨」小識〉（2005 年）、〈文學史中的經學史問題——《左傳》作者及其成書年代管窺〉（與蕭敬偉合撰，2015 年）。

單先生對高本漢以語法檢別並否定《左傳》作者為魯人，有方法上的質疑，相對於高氏立場，單先生引證說明《左傳》作者當為魯人，於後亦對《左傳》的成書年代提出其見解。

二、《左傳》詮釋《春秋》的書法體例問題：〈讀杜預《春秋經傳集解序》五情說小識〉（1996 年）、〈論《春秋》「五情」——兼論「五情」與詩學之關係〉（2008 年）、〈錢鍾書《管錐編》杜預《春秋序》札記管窺〉（2000 年）、〈「五情」之相關問題〉（2010 年）、〈錢鍾書先生與《春秋》「五情」〉（2010 年）、〈杜預《春秋經傳集解序》五情說補識〉（2010 年）、〈竹添光鴻《左氏會箋》論五情說管窺〉（2015 年）、〈香港有關《春秋》「五情」之研究〉（2016 年）。

單先生對《春秋》書法與大義的解讀，提綱挈領的直接就《左傳》成公十四年記載「君子曰：《春秋》之稱微而顯，志而晦，婉而成章，盡而不汙，懲惡而勸善，非聖人誰能修之。」[2] 加以探討，搜羅並省察宋元明清以及近代學者之說，對《春秋》為經學非為史學，特有措意。尤有進者，再對日本學者竹添光鴻五情說與杜預說例的內容，加以對照探討。至此，對《春秋》五情說的研究可謂全面而深切；學者對於五情說的掌握，不能不以單先生的諸多研究為基礎、為起點。

三、詮釋前人《春秋》、《左傳》研究的相關問題：〈論章炳麟《春秋左傳讀》時或求諸過深〉（1998 年）、〈錢賓四先生《劉向歆父子年譜》與《左傳》真偽問題研究〉（與許子濱合撰，2001 年）、〈《春秋左傳讀敘錄》的評價問題〉（2009 年）。

2　楊伯峻：《春秋左傳注修訂本》（北京：中華書局，1990 年），頁 870。

單先生對民國學人的研究，早在 1998 年即已着手研究《左傳》學大家章炳麟，及其在 2001 年對錢穆著作關於《左傳》真偽的研究，由此，可說開民國研究風氣之先。他對章氏著作嚴加考究，反省其説，肯定《春秋左傳讀》於古字古詞、典章名物、微言大義等諸多索隱鉤沉之功。往後單先生對章氏的持續關注，對章氏《春秋左傳讀敍錄》中的經學主張加以檢別、肯定。單先生以其具有前承乾嘉之學風，兼語言文字學之長，有其相應於章氏學風的優越之處，是以能對章氏的《左傳》注説進行實質而深入的探析。

四、《左傳》英譯與相關注解、詮釋問題：〈《左傳·鞌之戰》注解〉（1983年）、〈訓詁與翻譯——理雅各英譯《左傳》管窺〉（2000 年）、〈《左傳》新注小學補釋芻議〉（2008 年）、〈《高本漢左傳注釋》孔《疏》杜《注》異義考辨〉（2009 年）、〈論「士斃本」與「士首之」及相關問題〉（2010 年）、〈《左傳》導讀〉（與許子濱合撰，2016 年）。[3]

單先生針對西方漢學家《左傳》學著作，一一提出他們在翻譯、考釋《左傳》注或疏的缺失，不令西方學者的研究成果專美於前。並對《左傳》的現代新注新釋，提出「以古文字字形掃描入注」，「透過展現文字初形、闡釋引申義及闡明通假關係，提升《左傳》注釋之素質，加深讀者對《左傳》之理解」[4]的主張。單先生對《左傳》研究之深入與倡議，可謂不遺餘力。

五、説明香港大學研究《左傳》學之概要：〈香港大學《左傳》學研究述要〉（1998 年）、〈香港大學「《春秋》、《左傳》學」研究述要補〉（2015 年）、〈香港大學「《春秋》、《左傳》學」研究述要續補〉（2015 年）。

單先生自七十年代開始在香港大學講授《左傳》，首要面對的作者問題，為他研究《左傳》學的起點。往後對《左傳》學的研討，不僅是單先生個人用力之所在，他指導的碩博士生，也針對《春秋》、《左傳》相關議題，諸如

3　以上單先生著作目錄，參考謝向榮：〈單周堯教授論著目錄〉，《單周堯教授七秩壽慶論文集》（台北：萬卷樓圖書公司，2017 年），頁 1–36。

4　單周堯：〈《左傳》新注小學補釋芻議〉，《古籍整理研究學刊》2008 年第 1 期（總131 期，2008 年 1 月），頁 50–53。

黎雲笑《〈左傳〉賈服注杜注考異》（1983 年）、郭鵬飛《洪亮吉〈左傳詁〉斠正》（1989 年）、朱冠華《劉師培〈春秋左氏傳答問〉研究》（1992 年）、麥淑儀《高本漢〈左傳注釋〉研究》（1985 年）、劉文強《〈左傳〉「作爰田」、「作州兵」與「被盧之蒐」之研究》（1994 年）、許子濱《楊伯峻〈春秋左傳注〉禮說斠正》（1998 年）、招祥麒《王夫之〈春秋稗疏〉研究》（2008 年）等，對近現代與西方學者《左傳》學的研究，卓有貢獻。單先生三篇介紹香港大學《左傳》學述要中，對其師生豐碩研究成果的介紹，實為香港當代經學最獨特的風景。

2015 年單周堯先生遠從香港至日本京都大學參加「經學史研究的回顧與展望——林慶彰先生榮退紀念」學術研討會，發表文章〈文學史中之經學史問題——《左傳》作者及其成書年代管窺〉，還送我一幅「經學精研」的墨寶，我不敢當，可見單先生對我的愛護之心，更可見我們交誼之深。單先生喜愛喝烈酒，他的學生也繼承了他的部分功力，有次參加在香港的會議，會後舉行文哲所經學組和香港學者慶宴，單先生的弟子一個個都醉了，他要求打電話給弟子們的太太帶醉了的先生們回家，我問帶回去做甚麼？他說帶回去睡覺，所以只有他沒有醉。也由此可見，中研院文哲所經學組與香港經學學者心靈相契合，性情又一致。經學共同發展，分頭努力，將來是可期待的。

香港的經學已欣欣向榮，能有今日這樣的成就實屬不易，都是單先生與其子弟辛勤做學問的成果，未來希望能延續這樣的盛況，希望單先生能夠繼續領導眾人往前邁進。經學幸甚。現在說活到百歲好像太少了，祝福單先生活到兩百歲。經學幸甚。

禮一名三訓解

彭林

清華大學人文學院

　　中華之禮，濫觴於夏、商，成立於周公制禮作樂。周公以「明德」為核心，底定中華禮樂文明的基調，厥功甚偉。經春秋、戰國諸賢，尤其是孔子及七十子之徒的闡發，禮樂文明從制度層面深入到理論層面，成為結構完備、內涵深刻的學術體系，宏纖畢貫，其核心訓解則有三，曰：理也、履也、體也。

一、禮的合理性：「禮也者，理也。」

　　《禮記‧仲尼燕居》引子曰：「禮也者，理也。」「君子無理不動。」此為儒家對禮的核心內涵的解讀。孔疏：「理，謂道理。言禮者，使萬事合於道理也。」夫子以理釋禮，孔疏再作引申，以禮與道、理並舉，至確。道，為符合客觀規律的路徑；理，為契合事物腠理的方法。《說文》玉部：「理，治玉也。」段注：

> 　　《戰國策》：鄭人謂玉之未理者為璞。是理為剖析也。玉雖至堅，而治之得其腠理以成器不難，謂之理。

天然之玉稱璞，外層裹有粗糙的表皮，其質至堅，不易剖析。然高手巧匠依

其觀理而治之，則易如反掌。此為「理」字本義，古人所說「理水」、「理民」云云，均取義於此。孔子以治玉為喻，以「理」論治國安民當得其脈絡、紋理，可謂深得其奧。

周公制作，主旨在德。王國維先生說：「周之制度、典禮，實皆為道德而設，……其旨則在納上下於道德，而合天子、諸侯、卿大夫、士、庶民以成一道德之團體，周公制作之本意，實在於此。」何謂德？「德者，得也；得也者，其謂所得以然也。[1]」得治國之道，猶如治玉得其觀理，此之謂有德。

德治與禮治，乃一體之兩面：德內而禮外。德為抽象之概念，視之無形，觸之無體，嗅之無味，不具操作性，惟藉由禮方得彰顯；禮為具有可操作性之規範，因其內核為德，故價值得以昌明。有識於此，春秋諸賢每每以德與禮並提，視之為相輔相成之事。《左傳》文公十八年季文子云：

> 先君周公制周禮曰：則以觀德，德以處事，事以度功，功以食民。

周公之禮為符合道德理性的社會準則，由其「則」可以反觀其內涵之德，故云「則以觀德」。《左傳》隱公十一年亦提及德、禮關係：

> 恕而行之，德之則也，禮之經也。

亦以「禮之經」與「德之則」並列。《左傳》僖公二七年，趙衰云：

> 說禮、樂而敦《詩》、《書》。《詩》、《書》，義之府也；禮、樂，德之則也；德、義，利之本也。

趙衰亦以禮、樂為「德之則」，與上舉諸說完全一致，足見其為當時公認的

1　《管子‧心術》。

觀念。《禮記・禮器》云：

> 禮也者，合於天時，設於地財，順於鬼神，合於人心，理萬物者也。

可知，視禮為依據道德制定的「理萬物」的器械，已然成為社會賢達的共識。

德為百行之本，亦為禮的靈魂。禮不離理，無德之禮，為徒有形式的虛禮，毫無意義。《禮記・仲尼燕居》云「薄於德，於禮虛」，孔疏：「言內心厚於其德，則外充實；若內心淺薄於德，則於外禮空虛，言行禮必須德。」德之多少，決定禮之品質的高下，德薄則禮虛，德厚則禮實，二者成正比例關係。

與理類同的概念尚有「義」。《左傳》成公二年引仲尼曰：「名以出信，信以守器，器以藏禮，禮以行義，義以生利，利以平民，政之大節也。」毋庸置疑，在孔子所述這一道德政治的鏈環中，「禮以行義」與「禮者理也」相似。《中庸》云「義者，宜也」，朱子《集注》：「宜者，分別事理，各有所宜也。」得事理之宜者謂之義，亦謂之禮，故《禮記・禮運》云：「禮也者，義之實也。」禮為得其理者，義為得其宜者，是義與理之所指，約略重合。德可析為若干細目，如忠信、卑讓，兩者均須藉由具體儀節方能彰顯於外，故《左傳》昭公二年叔向曰：「忠信，禮之器也；卑讓，禮之宗也。」此皆德、禮一體之證。

惟其如此，禮得以成為社會公理，可據以治國。《禮記・曲禮》：「夫禮者所以定親疏，決嫌疑，別同異，明是非也。」〈禮運〉：「是故，禮者君之大柄也，所以別嫌明微，儐鬼神，考制度，別仁義，所以治政安君也。」饒宗頤先生說「春秋的制義法必折衷於禮」[2]，至確。

2　饒宗頤：《〈春秋左傳〉中之「禮經」及重要禮論》，《饒宗頤二十世紀學術文集》卷四，210 頁，人民大學出版社。

二、禮的踐履性：「禮，履也。」

《說文》：「禮，履也。」此據〈祭義〉「禮者，履此者也」為說。履、禮疊韻。履，引申之訓踐[3]。禮的外在形式，乃是成系統的規則、儀節。一國之禮，無論大小，均需執行、踐履。《儀禮》所見冠、婚、喪、祭、射、鄉、聘、覲諸禮，均由綿密而連續的眾多儀節構成，行禮者一一踐履之後，方可稱「禮成」。文獻稱禮，均具體詳明。《左傳》昭公五年，蘧啟彊論朝聘之禮，儀節極為分明：

> 是以聖王務行禮，不求恥人。朝聘有珪，享覜有璋，小有述職，大有巡功。設机而不倚，爵盈而不飲；宴有好貨，飧有陪鼎，入有郊勞，出有贈賄，禮之至也。

捨棄上述禮節，則不成其禮。《左傳》昭公二十五年，賢者論及禮，亦具體而微，面面俱到，不作空論：

> 淫則昏亂，民失其性。是故為禮以奉之：為六畜、五牲、三犧，以奉五味；為九文、六采、五章，以奉五色；為九歌、八風、七音、六律，以奉五聲。為君臣上下，以則地義；為夫婦外內，以經二物；為父子、兄弟、姑姊甥舅、婚媾姻亞，以象天明，為政事、庸力、行務，以從四時。

所述之禮，涉及犧牲、文章、樂律、倫理、政事等，具體而微。《左傳》文公七年，晉郤缺與趙宣子論及九功、六府、三事與德、禮的關係，絕無虛言：

3　段玉裁《說文解字注》卷八，402頁，上海古籍出版社，1981年。

　　九功之德皆可歌也，謂之九歌。六府、三事，謂之九功。水、火、金、木、土、穀，謂之六府；正德、利用、厚生，謂之三事。義而行之，謂之德、禮。

　　《禮記・仲尼燕居》引子曰：「制度在禮，文為在禮，行之，其在人乎？」又曰：「言而履之，禮也。」文獻提及禮，每每強調「行」，如《左傳》襄公十一年，晉侯以樂賜魏絳，曰：

　　　　夫樂以安德，義以處之，禮以行之，信以守之，仁以屬之。

　　《左傳》昭公六年，鄭人鑄刑書。叔向（羊舌肸）使詒子產書，亦云：

　　　　是故閑之以義，糾之以政，行之以禮，守之以信，奉之以仁。

　　《左傳》僖公十一年，內史過奉天王之命，前往賜晉侯命，晉侯受玉時，表情怠惰。內史王曰：

　　　　晉侯其無後乎！王賜之命，而惰於受瑞，先自棄也已，其何繼之有？禮，國之幹也；敬，禮之輿也。不敬，則禮不行；禮不行，則上下昏，何以長世？

　　《左傳》云：「禮者，天之經也，地之義也，民之行也。」饒宗頤先生解讀「民之行」云：「禮是凡人必須踐履的法則。[4]」足見，履乃禮的基本屬性。

4　饒宗頤：《〈春秋左傳〉中之「禮經」及重要禮論》，《饒宗頤二十世紀學術文集》卷四，208 頁，中國人民大學出版社。

三、禮的主體性：「禮者，體也。」

禮不空作，必有主體，《禮記‧禮器》云：「禮也者，猶體也。」〈禮器〉述聖人制禮的先後次序：「禮，時為大，順次之，體次之，宜次之，稱次之。」孔疏：「有時有順，又須小大各有體別也。」萬物皆有體，此處之「體」，指齊萬不同的個體，包括作為行禮者的個人以及政體。

禮與政體為一，行禮即施政，二者無可分離。《左傳》僖公元年：

> 凡侯伯，救患、分災、討罪，禮也。

救患、分災、討罪為侯伯治國的主要項目，然皆名之為禮。《左傳》襄公二十一年，叔向曰：

> 會朝，禮之經也；禮，政之輿也；政，身之守也。怠禮失政，失政不立，是以亂也。

叔向以怠禮即是失政，亦是視二者為一。《左傳》襄公二十六年：

> 古之治民者，勸賞而畏刑，恤民不倦。賞以春夏，刑以秋冬。是以將賞，為之加膳，加膳則飫賜，此以知其勸賞也。將刑，為之不舉，不舉則徹樂，此以知其畏刑也。夙興夜寐，朝夕臨政，此以知其恤民也。三者，禮之大節也。有禮無敗。

勸賞、畏刑，恤民三者，為執政之要，亦為「禮之大節」。《左傳》成公十三年，成子受脤於社，不敬，劉子曰：

> 吾聞之：民受天地之中以生，所謂命也。是以有動作禮義威儀之

則，以定命也。能者養以之福，不能者敗以取禍。是故君子勤禮，小人盡力。勤禮莫如致敬，盡力莫如敦篤。敬在養神，篤在守業。國之大事，在祀與戎。祀有執膰，戎有受脤，神之大節也。

民以「動作禮義威儀之則」定命，故須「勤禮」。

《左傳》襄公元年：

> 凡諸侯即位，小國朝之，大國聘焉，以繼好、結信、謀事、補闕，禮之大者也。

《左傳》莊公二十三年，曹劌曰：

> 夫禮，所以整民也。故會以訓上下之則，制財用之節；朝以正班爵之義，帥長幼之序；征伐以討其不然。

《左傳》宣公四年，則有直言「平國以禮」者：

> 平國以禮，不以亂。伐而不治，亂也。以亂平亂，何治之有？無治，何以行禮？

〈仲尼燕居〉引子曰，直以禮為「即事之治」，「無禮則手足無所措」：

> 禮者何也？即事之治也。君子有其事，必有其治。治國而無禮，譬猶瞽之無相與？倀倀其何之？譬如終夜有求於幽室之中，非燭何見？若無禮則手足無所錯，耳目無所加，進退揖讓無所制。……禮之所興，眾之所治也；禮之所廢，眾之所亂也。

〈禮器〉又云：「社稷山川之事，鬼神之祭，體也。」鄭注：「天、地、人之別體也。」孔疏：「神是天之別體，社稷山川是地之別體，鬼是人之別體。兼云天者，社稷山川雖形屬於地，精靈上連於天也。此經鬼神之祭，則上宗廟之事而別屬體者，宗廟至尊，事之須順，故屬順也，體是人死所為，故後屬體也，故云天地人之別體也。」社稷、山川、鬼神之祭，看似虛無，實際皆有所屬的本體，故稱「別體」。

禮於個人而言，猶如身體髮膚，不可或缺。〈禮器〉云：「禮也者，猶體也。體不備，君子謂之不成人。」鄭注：「若人身體。」孔疏：「人身體髮膚、骨肉、筋脈備足，乃為成人。若片許不備，便不為成人也。」人之所以為人者，禮義也。無禮義者，謂之非人。《詩·鄘風·相鼠》：「相鼠有體，人而無禮。人而無禮，胡不遄死。」毛傳：「體，支體也。」鼠尚有四肢，人而無禮，如無四體，何以成人？故《左傳》昭公七年，孟僖子曰：「禮，人之幹也。無禮，無以立。」《左傳》成公十三年，孟獻子曰：「禮，身之幹也；敬，身之基也。」無禮則身亡，《左傳》成公十五年，申叔時曰：「信以守禮，禮以庇身，信、禮之亡，欲免，得乎？」

《左傳》定公十五年，子貢論禮與國體、人體之關係，最為精彩：

> 夫禮，死生存亡之體也，將左右、周旋，進退、俯仰，於是乎取之；朝、祀、喪、戎，於是乎觀之。

凡物皆有體，人有軀體，牲有牲體。體有大小，均需履行，然鄭注橫生異說。《禮記·明堂位》云，周公攝政六年，「制禮作樂，頒度量，而天下大服」。孔穎達《禮記正義序》云，周公「述曲禮以節威儀，制周禮而經邦國。禮者，體也，履也」。此說源自鄭注[5]。鄭玄以《周禮》與《儀禮》有經、曲與

5　鄭玄〈禮序〉云：「禮者，體也，履也。統之於心曰體，踐而行之曰履。」（《左傳正義》卷五十一引）

體、履之別：

> 〈禮器〉云：「禮者，體也。」〈祭義〉云：「禮者，履此者也。」《禮
> 記》既有此釋，故鄭依而用之。禮雖合訓體、履，則《周官》為體，《儀
> 禮》為履，故鄭序又云：「然則三百三千雖混同為禮，至於並立俱陳，則
> 曰此經禮也，此曲禮也。或云此經文也，此威儀也。」是《周禮》、《儀
> 禮》有體、履之別也。所以《周禮》為體者，《周禮》是立治之本，統之
> 心體，以齊正於物，故為禮。

鄭說不確。孔疏引賀瑒，並作申述：

> 賀瑒云：「其體有二，一是物體，言萬物貴賤高下小大文質各有其
> 體；二曰禮體，言聖人制法，體此萬物，使高下貴賤各得其宜也。」其
> 《儀禮》但明體之所行踐履之事，物雖萬體，皆同一履，履無兩義也。

凡禮皆有其主體，或自我，或政體，無蹈空履虛者；禮非談資，皆須踐履。
不得以體、履割離。賀說甚是。

四、餘論

禮義紛繁，其要有三：禮者理也，是其合理性；禮者履也，是其踐履性；
禮者體也，是其主體性，中國素稱禮義之邦，自古以來，人皆自以為知禮。
不無遺憾者，人多以外在儀節為禮，不知禮者，在在多有，故夫子慨歎：「禮
云禮云，玉帛云乎哉！樂云樂云，鐘鼓云乎哉！」春秋諸賢論禮，眼界甚
高，惟識其內涵者，方以「知禮」許之，見諸《左傳》者如：

禮，經國家，定社稷，序民人，利後嗣者也。許無刑而伐之，服而舍之，度德而處之，量力而行之，相時而動，無累後人，可謂知禮矣。（隱公十一年傳）

晉范宣子來聘，且拜公之辱，告將用師於鄭。公享之。宣子賦〈摽有梅〉。季武子曰：「誰敢哉？今譬於草木，寡君在君，君之臭味也。歡以承命，何時之有？」武子賦〈角弓〉。賓將出，武子賦〈彤弓〉。宣子曰：「城濮之役，我先君文公獻功於衡雍，受彤弓於襄王，以為子孫藏。丐也，先君守官之嗣也，敢不承命？」君子以為知禮。（襄公八年傳）

叔弓聘於晉，報宣子也。晉侯使郊勞，辭曰：「寡君使弓來繼舊好，固曰『女無敢為賓』，徹命於執事，敝邑弘矣，敢辱郊使？請辭。」致館，辭曰：「寡君命下臣來繼舊好，好合使成，臣之祿也。敢辱大館！」叔向曰：「子叔子知禮哉！」（昭公二年傳）

今之學者，知禮與不知禮，可不以此為鏡鑒？

附記

禮義浩繁，難以望其涯岸，欲作歸納，頗覺不易，故每覺困擾。近讀錢鍾書先生〈論易之三名〉、饒宗頤先生〈詩一名三訓辨〉，頓覺眼前一亮，遂仿效其例，而撰此續貂之作，以申景慕大賢之志。

乾隆皇帝的經學思想及其發展
——兼論與《四庫全書總目》編纂的關係

夏長樸

國立台灣大學中文系

一、前言

乾隆三十八年開始纂修的《四庫全書》，是一部囊括四部、內容豐富的曠世鉅作。學界過去雖然意見分歧，各有所見，但基本上認為這部書籍的編輯成書，尤其是《四庫全書總目》的編纂，總綰其事的紀昀居功厥偉，甚至可視為紀氏個人著作。傳統看法如此，但事實是否就一定如此？這是頗值深究的一個問題。

在廣泛檢閱《四庫全書總目》相關資料，並深入探究《纂修四庫全書檔案》與《清高宗詩文全集》、《清高宗實錄》等相關史料之後，對這個問題，筆者有迥異於以往的看法。拙見以為，編纂兩部大書期間，紀昀誠然勞苦功高，全力以赴，厥功甚偉。但《全書》從發思籌劃，確定編纂原則，建立中心論點，指示書籍刪定去取及其他修書相關事項衡量，總攬天下大權的清高宗其實無所不在，隨時提示，發令指揮，涉入極深。若說《四庫全書》，尤其是《四庫全書總目》的編纂，具體呈現了乾隆皇帝個人的思想觀點，可謂恰如其分，並不為過。相較而言，紀昀雖事必躬親，恪盡其力，以修書為己任，究其實際，只能說是展現皇帝意志與想法的執行者（CEO）而已。發蹤

指示以竟其功，真正主導全局的決策者無他，正是乾隆本人。

本文之作，主要在探討乾隆皇帝的經學思想，並比較其修書前後的異同與影響，嘗試給予合理的解釋。從而證成《四庫全書總目》之所以由宋轉漢，進而貶宋崇漢，乾隆本人的觀點轉變，扮演了最積極最緊要的角色。

二、乾隆皇帝的治學觀點

乾隆皇帝雖非經學家，也不是一個從事學術研究的專門學者，但由於自幼接受完整的經史教育，使他具有相當深厚的學問根柢，這由他的《樂善堂全集·庚戌年原序》即可窺知一個大概：

> 余生九年始讀書，十有四歲學屬文，今年二十矣。其間朝夕從事者《四書》、五經、《性理》、《綱目》、《大學衍義》、《古文淵鑒》等書，講論至再至三。顧質魯識昧，日取先聖賢所言者以內治其身心，又以身心所得者措之於文，均之有未逮也。[1]

因為自幼即有此薰陶，經學素養厚實，因此他雖不以經學專家自我期許，卻對經學頗有自信，他說：

> 予稟承庭訓，懋學書齋，留連往復於六經四子之書，求其義蘊精微。旁搜諸史、《通鑑》，考定得失，區明法戒，以至儒先緒論、詞苑菁華，莫不遍覽。雖究心探索，饜飫其中，然考之古聖賢躬行實踐之學，蓋悉焉而未逮。……紬繹舊聞，念茲弗釋。因取其精，去其疵，錄其

1　清高宗：《樂善堂全集·庚戌年原序》，《清高宗御製詩文全集》（台北：國立故宮博物院，1976 年影印原刻本），頁 1。

正，棄其偏，合二百六十則，釐為四卷。而舉凡道德性命之旨，學問政治之要，經傳之淵源，古今之事跡，莫不略見梗概。[2]

由於對自己治學功力頗具信心，因此他對幾部重要經書，都有要言不煩的評論，如《易》：

《易》之道，通天地，貫古今。自虞翻解此章，分屬之蓍與卦，而朱子遂以《易》為占卜之書，視《易》小矣。其然？豈其然哉！[3]

如《書》：

朕少讀《尚書》，見二帝三王以及繼世之哲后，君臣咨儆，惟是身心性命之本，原其敷政命官，亦惟根柢道德，而不規規於事為之末。及考《詩》、《易》、四子之言，凡論政者，皆與《書》所稱同其指歸，互為表裏。其後博涉諸史，則雖明教化之升降，治象之崇卑，其分歧實判於此。用是日有孜孜，求所以取道入德之門。蒙皇考示以明理立誠之大訓，而略得其統貫。[4]

如《詩》：

子曰：「小子何莫學夫《詩》。」於伯魚之過庭也，曰：「不學《詩》，無以言。」學《詩》尚矣。然學《詩》者，豈以駢四儷七、叶聲韻、練詞藻為能盡《詩》之道哉？必於可興、可觀、可群、可怨，事父、事君之大端，深入自得，然後蘊諸內則心氣和平，發諸外則事理通達，於是

---

2 〈日知薈說序〉，《清高宗御製詩文全集‧御製文初集》，卷8，頁4。
3 〈唯幾也故能成天下之務〉，《經筵御論》，《清高宗御製詩文全集‧御製文三集》，卷1，頁14。
4 〈樂善堂全集序〉，《清高宗御製詩文全集‧樂善堂全集定本》，頁1。

言之文而行之遠。不讀〈關雎〉、〈麟趾〉，不能行《周官》法度，是則有天下國家者，尤不可不學《詩》也。[5]

如《春秋》：

> 聽訟吾猶人，無訟以為本。《春秋》經世書，道德齊禮謹。尊王而賤霸，賴是以示準。人心與天理，藉斯以不泯。[6]

為此，他還有〈詠六經〉一詩，針對六經的特色，分別抒發己見，做了扼要的評論，他說《易》：

> 三《易》夏殷周互殊，伏羲豈不先唐虞。有人斯有乾坤理，各蘊心中會得無。

《書》：

> 二帝三王治俱在，克明無逸訓堪聽。寄言萬世為君者，一部應當作本經。

《詩》：

> 六義從來貫古今，流為廿四襪難尋。無邪一語挈領要，研練徒勞費綺吟。

---

5 〈學詩堂記〉，《清高宗御製詩文全集・御製文二集》，卷 11，頁 1。

6 〈題王元杰《春秋讞義》〉，《清高宗御製詩文全集・御製詩四集》，卷 45，頁 26。

《春秋》：

> 黜霸尊王義正淳，年餘四百事傳真。三家作傳有《公》、《穀》，何
> 獨邱明稱素臣。

《禮》：

> 尚忠尚敬尚斯文，禮出於周撰述紛。繁則不當簡寧可，伯夷寅直訓
> 尊聞。

《樂》：

> 命夔教胄八音宣，防過還因慮有偏。後代許多讀書者，樂經何事獨
> 無傳。（原注：六經之名見於〈經解〉，樂與諸經並稱，今〈樂記〉一篇
> 惟附於《禮記》。即司馬遷作《史記》，每言六經六籍，而所著〈樂書〉
> 闕而未備之，蓋《樂經》之失傳久矣。）[7]

由此可知，乾隆對儒家傳統的六部經典，並非淺嘗即止，實際上有着堪稱
深入的理解。諸經之中，他最擅長的是《易》、《書》、《詩》三經，自謂：
「《易》、《書》、《詩》自幼背讀成誦，《禮記》、《春秋》則長而翻閱粗習，不
似三經之深沃也。」[8] 足見他對自己的經學造詣極有自信。

由於深信「六經萬古示綱常」，[9] 因此乾隆經常強調「夫經者常也道也，常

7　〈詠六經〉，《清高宗御製詩文全集·御製詩四集》，卷 17，頁 12。
8　〈題五經萃室岳珂宋版五經〉，「雖曾二戴藩籬涉，實異三經釅飫醇」句下自注。《清高宗御製詩文全集·御製詩四集》，卷 94，頁 2。
9　〈題《意林》三絕句〉，《清高宗御製詩文全集·御製詩四集》，卷 21，頁 12。

故不變，道則恆存」，[10] 力主「士不通經不足用」，[11] 並以經為修身養性治國平天下的至理，二帝三王用以經世無不臻於至治。[12] 除此之外，乾隆皇帝也建立起他個人的治學觀點，這些觀點雖不算新奇特別，卻在他本人經學思想的發展過程中，扮演了極具關鍵性的角色，影響既深且遠，因此頗值注意。茲分述於下：

（一）讀書必求甚解，絕不苟且隨便，得過且過，甚至存惑於心。

所謂「讀書必求甚解」，即讀書須追根究柢以求通徹了解，從而深究其義，絕不苟且敷衍，甚至存疑於心。如〈濟源盤谷考證〉云：

> 讀書所以明理修身制事也，陶淵明好讀書而不求甚解，余以為在淵明則可，在他人則不可。彼其高尚避世，理有所不必明，身有所不屑修，事有所不足制，故可耳。若予之讀書，凡涉疑，必求解其疑而後已，此或有合於韓昌黎解惑之說乎？昌黎之送李愿之歸盤谷也，其事本在濟源，祇以盤山亦有盤谷，而太行山實為天下之脊，西南發崑崙，東北走遼海，盤山亦在太行之陽也。故予向居田盤，每假借用之，而昌黎詩中所云：「燕川方口又雅合田盤之境」，然無以證其實，終屬疑似，且不知濟源之果有盤谷否也。因命豫撫阿思哈親至其地訪焉。至則若谷、若寺、若李愿之居、若韓愈之文之刻於石者，一一詳繪以進。於是憬然悟曰：「盤谷實在濟源，而不在田盤」，予向之假借用之者誤也。豈惟予誤，蔣溥等之輯《盤山志》，二三其說而未歸一是者，非不明於學則有所面從亦誤也。夫古人事跡亦何繫於今時而有如適所云者，則予不惟憬然悟，而且惕然懼矣。予故曰：陶淵明之不求甚解，在彼則可，在他人

---

10 〈石刻蔣衡書《十三經》於辟雍序〉，《清高宗御製詩文全集 · 御製文三集》，卷 9，頁 10。

11 〈經畬書屋即事〉，《清高宗御製詩文全集 · 御製詩四集》，卷 15，頁 15。

12 〈題《帝王經世圖譜》序〉云：「帝王經世之道具在六經，法戒所垂，取則不遠。」《清高宗御製詩文全集 · 御製詩四集》，卷 14，頁 3。

則不可，而在為人君者益不可。因書其事，命於濟源田盤磨崖而泐之。[13]

晉陶潛（淵明）自稱「好讀書，不求甚解，每有會意，欣然忘食。」[14] 千古以下，文人雅士傳為佳話，莫不以此自我期許，甚至身體力行起而效尤。乾隆皇帝對此觀點有異於他人的見解，他認為陶潛身為遯世不仕的隱士，「理有所不必明，身有所不屑修，事有所不足制」，懷此態度以自適，並無不可，也令人悠然歆羨，心嚮往之。但陶潛之外的讀書人則不宜如此。此因身在社會中，又熟讀聖賢之書，自應修身養性以濟世，「窮則獨善其身，達則兼善天下」，[15] 因而讀書明理必求其解，才是合適作法。在這種情況下，淵明「不求甚解」自得其樂的閒散態度，固然令人嚮往，但讀書人其實不應效法，身為人君者則更不可如此。他並以自己為例，當年讀韓愈〈送李愿歸盤谷序〉，誤解盤谷一地所在，心中耿耿於懷，蓄疑良久，始終不能自安。其後有機會遣河南巡撫親履其處，實地勘查，始確定盤谷所在，多年懸疑終於得解，藉此說明讀書宜求甚解的必要。讀書如此，解經亦然，必須窮盡所能，以得確切真實的答案，就乾隆而言，這是讀書處世的基本原則，絕無妥協的可能。

　　類似這種有疑必求其解的執着態度，在乾隆的詩文集中隨處可見，尤以經史中的疑義為然。只要有疑，他一定鍥而不捨的窮究到底，絕不輕言放過，必求得其真義而後已，晚年所作更是如此。以下再舉一例說明。

13　〈濟源盤谷考證〉，《清高宗御製詩文全集‧御製文二集》，卷 21，頁 8。按：其後乾隆〈有暇〉一詩的按語，也有同樣的意見，他說：「陶淵明不求甚解，為儒林佳話。然在淵明則可，在他人則不可，而在為人君者尤不可也。彼其隱居遯世，不繫人間是非，閒情讀書而不求甚解，此物此志也。周公仰而思之，夜以繼之，內聖外王之學備於是矣。今居古稽之士，進德修業之儔，一切付之不解，將何以探賾索隱鉤深致遠，以窮理盡性乎？格物致知，程朱所以汲汲也。若夫為君者勅命幾康，將以大公示天下，有疑而不決，何以服天下之心，而為出治臨民之本乎？予故曰在為人君者尤不可也。」《清高宗御製詩文全集‧御製詩四集》，卷 78，頁 11。

14　陶潛：〈五柳先生傳〉，《全上古三代秦漢三國六朝文‧全晉文》（北京：中華書局，1991 年五刷本），卷 112，頁 2102。

15　〈盡心章句上〉，朱熹：《四書章句集注‧孟子集注》（台北：大安出版社，1986 年影印北京中華書局本），卷 13，頁 351。

　　《孟子‧萬章》篇有一連串孟子與弟子討論虞舜史事相關的問答，其中萬章問孟子父母使舜完廩浚井事，[16] 有諸多不合理的情節，乾隆為此特撰〈書孟子對萬章焚廩浚井事〉一文，對此做了明確的駁斥，他說：

　　　　辨古人事而不折衷於理，雖有懸河之口，炙輠之智，徒資蹖駁而無當於事，如舜之焚廩浚井是矣。夫此事始於萬章，而成之於司馬遷，遂令後世咸以為必有。而余則以為必無，亦惟折衷於理而已。夫舜大孝者也，蒸蒸乂不格姦，是瞽瞍與象亦有所回心矣。於是帝妻以二女，百官牛羊倉廩備，則是時瞍與象亦不能使之完廩浚井矣。且捍笠而下，匿空而出，是舜預有防矣。有所防，非孝子之心也。申生且弗為，而謂舜為之乎？使瞍、象果有其事，舜亦惟叩首泣血，求之於瞍而已。求而弗得，舜亦必不為申生之勇於從而順命，將陷父於不慈。所為「小杖則受，大杖則走」，舜亦必有以處此矣。孟子之對咸邱蒙，不曰「齊東野人之語」乎？然則萬章之問，亦當以齊東野人之語折之而不答，何必費辭！後世若劉知幾、蘇轍、羅泌雖皆見及此，而未嘗折衷於理，以未必無其事且費辭。余故詳紋而簡論之。[17]

　　首先，乾隆強調以常理判斷，此事根本是子虛烏有。可能由萬章記載時造出，司馬遷將其收入《史記》，後世因而相信確有其事。他的理由如下：第一，舜是大孝之人，其孝行感動瞽瞍與象，使其回心轉意，不會再傷害舜。這也使得堯「妻以二女」，舜因此致富，「百官牛羊倉廩備」，在這種情況下，瞽瞍與象怎麼可能再支使舜去做完廩浚井這類事情？第二，舜若是在完廩時遭到暗算，藉由捍笠以脫身，這表示舜受命修廩時已先有準備，以一個至孝之人，怎麼可能預存防範之心？第三，若是瞍與象真有此意，舜知道之後，也只有「叩首泣血」，求瞍放過自己而已。萬一求而不得，舜也絕不

16　〈萬章章句上〉，朱熹：《四書章句集注‧孟子集注》，卷 9，頁 303。
17　〈書孟子對萬章焚廩浚井事〉，《清高宗御製詩文全集‧御製文三集》，卷 12，頁 3。

會像申生之愚孝，俯首就死，必定「小杖則受，大杖則走」，以免陷父於不義，這才是至孝的行為。

其次，孟子在回答咸邱蒙所問虞舜之事時，已經說了那不過是「齊東野人之語」，純屬傳說，不可信以為真。若是如此，當孟子回應萬章所問時，必然也視之為傳說而採取不回應的態度，不可能有前後不一致的說辭。

最後，乾隆明說自己處理此一傳說的基本態度即是「折衷於理」，所以才得出必無此事的結論。

就上述二例看來，乾隆治學的基本原則就是必求甚解，並且「折衷於理」，既不含糊敷衍得過且過，亦不迷信權威唯古是崇，堅持用合理的方式求其真相，讀書如此，處事亦復如此。

（二）歷代注疏紛如聚訟，各有所偏，以注疏解經，未若以經解經。

漢唐以來，諸儒經書注疏汗牛充棟，浩如煙海，難以遍覽卒讀，漢人已有皓首難以窮經之歎。加以各家注解各有所長，入主出奴，歧異自多。在此情形下，讀書治經，面對排山倒海而來的各家注解，應如何取捨方為妥當，就成了學者難以面對又必須處理的問題，其中困難可以想見。諸經之中，門派鮮明，注解迥然不同的尤推《春秋》一書。《漢書·藝文志》所收各家注解中，除《鄒氏傳》、《夾氏傳》亡佚無存之外，其餘《左氏》、《公羊》、《穀梁》三傳源遠流長，各有所見，影響至清，依然聚訟紛然，難以取捨。乾隆雖謙稱「《禮記》、《春秋》則長而翻閱粗習，不似三經之深沃也」，但依然有其見解，如〈書洪咨夔《春秋說》論隱公作偽事〉（己亥，乾隆四十四年）即說：

> 《春秋》以三《傳》為近古，後世注疏家愈遠愈奇，而愈不得其正。即如不書隱公即位，《左氏》謂「攝」，蓋引而不發，似矣。《公羊》以為「桓貴」，則已失之。惟《穀梁》一則謂「成公志」，再則謂「成人美」，終則謂「輕千乘之國蹈道」，則未持論平正而不苛。然三《傳》即能得聖人筆削之精義耶？吾不敢信。而後世操同室之戈，炫獨出之見，求勝

人而反昧己，比比是也。如洪咨夔《春秋說》之論隱公，直以為作偽日拙，吹求實已甚焉。其言蓋出於盧仝《春秋摘微》之緒論（原注：盧仝《摘微》曰：「隱越次而立，久不歸位，外示攝而中實奪之。故不書即位，明《春秋》之所由作也。」是書久佚，惟宋杜諤《春秋會義》採其說。今於《永樂大典》散篇內裒輯得之。）夫仝去三《傳》幾千百年，而咨夔又去仝幾四百餘年，拾人唾餘而以為自出己見，此何能欺千載之公論乎？責賢者備，猶屬左袒耳。[18]

同一「隱公即位」，《左氏》謂「攝」，《公羊》以為「桓貴」，而《穀梁》更離譜，一則謂「成公志」，再則謂「成人美」，終則謂「輕千乘之國蹈道」，究竟以何為是？千載以下還是無法得到確解，乾隆因此明言「三《傳》即能得聖人筆削之精義耶？吾不敢信。」三《傳》號稱近古，猶有此種莫衷一是的現象，其他注解如盧仝《春秋摘微》去三《傳》千百年之久，洪咨夔《春秋說》更晚於盧仝四百餘年，所得既非親見親聞，純屬傳聞之說，拾人牙慧而自以為是，其解說如何能服讀者之心，更是一大疑問。

又如〈春秋直解序〉亦說：

> 中古之書莫大於《春秋》，推其教不越乎屬辭比事。而原夫成書之始，即游、夏不能贊一辭，蓋辭不待贊也。彼南史董狐，世稱古之遺直。矧以大聖人就魯史之舊，用筆削以正褒貶，不過據事直書而義自為比，屬其辭本非得已，贊且奚為乎？厥後依經作傳，如左氏身非私淑，號為素臣，猶或詳於事而失之誣。至《公羊》、《穀梁》，去聖逾遠乃有發墨守而起廢疾，儼然操入室之戈者。下此齗齗聚訟，人自為師，經生家大抵以胡氏安國、張氏洽為最著。及張氏廢，而胡氏直與三《傳》並行，其間傅會臆斷往往不免，承學之士宜何所考衷耶？……夫儒者猥云五經如法律，《春秋》如斷例，故啖助、趙匡、陸淳輩，悉取經文書法纂

而為例，一一引徵切墨以求之，動如鑿枘之不相入，譬諸叔孫通、蕭何
增置傍章，已後例轉多而律轉晦。蓋曲說之離經，甚於曲學之泥經也審
矣。……而豈獨《春秋》一經為然哉？是所望乎天下之善讀經者。[19]

他直言孔子作《春秋》，其實只是「大聖人就魯史之舊，用筆削以正褒貶，
不過據事直書而義自為比」而已。因此對於後世經學家自持己見，各說各
話，又互不相讓的纏訟現象，乾隆更不以為然。他極力抨擊類此解經方式，
不僅解決不了經義歧見，反而治絲益棼，更使後人如墮五里霧中，無法讓聖
人之經煥然大明，進而發揮經世治民的功能。

　　《春秋》如此，其他諸經的注解亦不遑多讓，斷章取義、穿鑿附會的說解
更是比比皆是。號稱得朱熹親傳，通行元明以下數百年的蔡沈所撰《書集傳》，
更是其中顯例，乾隆對此書也做了討論，在〈書虞書舜典集傳〉中，他說：

　　偶閱《集傳·舜典》，而知蔡沈之未明道也。夫沈既自稱述晦翁，其
序《集傳》又屢以明道言之，其於「而難任人」一語，何乃求之深而注
之舛也。夫此四語乃古今一貫為君之道，蠻夷率服則其效耳。蓋為君之
道莫難於任人，首三語皆任人之端，且其下益曰「任賢勿貳」，禹曰：「惟
帝其難之。知人則哲，能官人。」其注「難於任人」，不亦切乎？其近
章乎其明哉。今沈以難訓拒絕，任為平聲，訓包藏凶惡之人。蓋本朱子
及時瀾之意。（原按：《書經傳說彙纂》引朱子曰：「柔遠能邇。柔遠卻說
得輕，能邇是使之帖服之意。」又引時瀾曰：「難任人，『難』之一字甚
嚴。曰難者，非特去之而已，常有戒慎恐懼之意。當時既無任人，何難
之有！改此心不可以不長存也，少不戒謹恐懼，則任人或得乘其間矣。
云云。」沈之《集傳》必取義朱、時二家之說言之，抑亦鑿而誣矣。當
日舜咨牧之語，本自明顯，何嘗有此深意！沈本說深意，轉失之相盩，

19 〈春秋直解序〉，《清高宗御製詩文全集·御製文初集》，卷 12，頁 5。

其所訓殊不足取耳。」）不亦求之深而失之遠乎？余向謂以訓疏注書，
不如以書注書。暇觀此篇，率成數語，用識昔言之未誤也。[20]

此處他以《書集傳·舜典》「難於任人」為例，抨擊蔡沈所注「以難訓拒絕，
任為平聲，訓包藏凶惡之人」，並未正確掌握經義。蔡沈此釋，依據朱子及
時瀾二家之解，對此乾隆頗不以為然，認為此說之失在求之過深，有穿鑿附
會之嫌，貽誤後人，甚不足取，不是合理的注解。與其如此，不如反求諸經
的上下文，貫穿其語意，自然怡然理順而得其正解。因此，乾隆語重心長的
表示「以訓疏注書，不如以書注書」。

讀及明何楷《詩經世本古義》時，乾隆感觸尤深。在〈題何楷《詩經世
本古義》〉（今案：壬寅，乾隆四十七年二月，1782）一詩小序中，他說：

> 以〈公劉〉、〈七月〉、〈大田〉、〈甫田〉諸篇為首，而殿以〈曹風〉、
> 〈下泉〉。計三代有詩之世，始夏少康，終周敬王，凡二十八王，因配以
> 二十八宿，各為序目。雖其書於名物訓詁考證詳明，而鉤棘字句，牽合
> 史傳，強附名姓時代。以〈舒窈紹兮〉指為夏徵舒，〈碩鼠〉指為魏壽
> 餘。又以〈草蟲〉為〈南陔〉，〈菁莪〉為〈由儀〉，〈緡蠻〉為〈崇邱〉，
> 穿鑿附會，不可枚舉。且以孔子刪定之三百篇，敢於任意顛倒，不師古
> 訓，妄興異議，實索隱行怪之徒，不可為訓，徒供考證，正宜束之高
> 閣耳。[21]

乾隆雖肯定此書優點在「於名物訓詁考證詳明」，但瑕疵更多，最明顯的是：
「鉤棘字句，牽合史傳，強附名姓時代。」穿鑿附會之處所在多有，加以「任
意顛倒，不師古訓，妄興異議，實索隱行怪之徒」，更不足為訓。類此行徑，

---

20 〈書虞書舜典集傳〉，《清高宗御製詩文全集·御製文餘集》，卷 2，頁 22。
21 〈題何楷《詩經世本古義》〉，《清高宗御製詩文全集·御製詩四集》，卷 87，頁 19。

不僅不足以解《詩》，更是解經之大害，唯有束諸高閣置之不理一途。[22]

上述注經解經之弊，乾隆知之甚悉，也深惡痛絕。就他而言，傳統循注疏以理解聖經的方式，固然有其功能，但卻不是探求正解的唯一途徑。膠柱鼓瑟不如改弦更張，若欲探求聖人之道，唯有觀瀾以索源，另覓他法。為求探驪得珠，與其在歷代注疏中糾纏，反不如直接面對經書本身。因此他在〈石刻蔣衡書《十三經》於辟雍序〉中語重心長的說：

> 予自六齡入學堂，讀《易》、《書》、《詩》三經，所為易簡，而天下之理得。二典三謨為王道始。正變風雅不知，無以言。及長而涉獵三《禮》，覺與三經為有間。……孜孜饘飫，耄耋弗衰。雖自愧學之未成，迺今刻諸石，列諸辟雍，應時舉事，以繼往聖、開來世，為承學士之標準，豈非厚幸也歟？……若夫歷代注疏，入主出奴，紛如聚訟，既冗且繁。衡祇書諸經正文，餘概從刪是也。或以為不觀注疏，何以解經？予則以為：以注疏解經，不若以經解經之為愈也。學者潛心會理，因文見道，以六經參互之，必有以探其源而晰其奧者，是在勤與明而已。[23]

有鑒於「歷代注疏，入主出奴，紛如聚訟，既冗且繁」，妨礙由經見道，乾隆對蔣衡書《十三經》刻石於辟雍時，祇書諸經正文，餘概從刪的作法極表同意。他強調「以注疏解經，不若以經解經之為愈也」。學者治經，未必只有從注疏入手一途，若直接面對六經，並以六經互證，自然就能探源析奧，因文見道，得聖人不傳之秘。乾隆所提出的「勤」、「明」二字，是否真能窮究經旨得聖人之道，姑且不論。但他擺落漢唐以下注疏，直接面對經書本身的治經方

---

22 《四庫全書總目》《詩經世本古義》提要云：「楷學問博通，引援賅洽，凡名物訓詁一一考證詳明，典據精確，實非宋以來諸儒所可及。……百餘年來，人人嗤點其書，而究不能廢其書，職是故矣。」意見與此有所出入，這並非館臣敢於忤逆「束諸高閣」的上意，原因在於《總目》提要的撰寫時間早於乾隆四十七年，乾隆的〈題何楷《詩經世本古義》〉詩則撰作在後，館臣已不及追改提要內容所致。

23 《清高宗御製詩文全集·御製文三集》，卷9，頁10。

式，某種程度上與他幼年所受的宋學薰陶其實頗有關連，卻是不爭的事實。

（三）參用殊方語言文字，以解決經史疑難問題。

乾隆治學的又一特色，是善於運用殊方語文，以處理經史中的疑難問題。

乾隆本身好學不倦，至老未衰，這種孜孜勤學的習慣，使他自幼及老通曉許多不同語文，乾隆四十六年（1781 年）三月所作的〈古希〉詩中，「象譯由來通六音」句下，自注說：

> 國語自幼習之，六歲習漢書。乾隆八年始習蒙古語；二十五年平回部，遂習回語；四十一年平兩金川，方習番語。昨四十五年，因班禪來謁，兼習唐古忒語。今蒙古及回語已精通，其番語、唐古忒語亦能解名物器數，而尚弗純熟，未能言達事之始末。然並國語及漢文，則已通六處語音矣。使自八年弗習此四處語，則至今尚藉人通譯，不能盡悉其情，而亦無過虛度此數十年。可見諸凡不可自畫而弗勤學也。[24]

乾隆四十八年（1783 年）四月的〈賜哈薩克阿卜勒比斯之子噶岱等宴詩以紀事〉詩，「對語不須資象譯」句下，自注也說：

> 余自乾隆八年習蒙古語；二十五年平回部，並習回語。今哈薩克來使入覲，詢問奏對，不須通譯，盡悉其情，亦勤學之所致也。[25]

可見他兼通滿語、漢語、蒙古語、番語、回語及唐古忒語等六種語文，古今帝王罕見。滿語、漢語精熟之外，精通蒙古及回語，番語、唐古忒語雖不純熟，但亦能解名物器數。就一個日理萬機總攬天下大權的皇帝而言，的確相當不易，難能可貴，他自己亦頗以此自豪。這種精通各種語言的長才，不僅

---

24 《清高宗御製詩文全集·御製詩四集》，卷 80，頁 1。
25 《清高宗御製詩文全集·御製詩四集》，卷 97，頁 19。

使他處理外交事務時，「來使入覲，詢問奏對，不須通譯，盡悉其情」；移之於治經研史時，亦能掌握他人所無的利器，可以信手拈來，左右逢源，解決許多疑難。以下略舉數例，以見大端。

1.〈陽關考〉

　　陽關之名，自漢唐已來咸所稱引，而遺蹤湮廢，道里莫徵。比因西域並隸販章，爰有纂輯圖志之役。獻詢所及，或据《肅州新志》載：「烏魯木齊西境，有地名陽巴爾噶遜。」以為陽關之舊者。殊不知「陽」乃回語，蓋謂「新」；而「巴爾噶遜」則厄魯特語，蓋謂「城」，亦非謂「關」也。況烏魯木齊地在天山之北，揆其方位，懸隔奚啻謬以千里計耶？……夫古今邊陲故跡，其考信之艱，非貫串諸書，即源流未備，然徒眩惑於誌乘家之聚訟膠轕，而不能確證之。我疆我理，如目營手畫者然，又何以斥傳譌鑿空之誣，而炳焉揭以正鵠哉？書此宣付館臣，俾綴於編，且以示一隅之舉云。[26]

乾隆指出：「陽」乃回語，蓋謂「新」；而「巴爾噶遜」則厄魯特語，蓋謂「城」，亦不是「關」。透過語文的比較，再加上地理方位的比對，證明《肅州新志》所載：「烏魯木齊西境，有地名陽巴爾噶遜。」的記載有誤，陽關既非「陽巴爾噶遜」，也不在烏魯木齊的西境。

2.〈三韓訂謬〉

　　嘗讀《後漢書·三韓傳》，稱辰韓人兒生，欲令頭扁，皆押之以石。訝其說之悖於理而肆為詭誕以惑世也。夫以石押頭，壯夫且不能堪，而以施之初墮地之小兒，實非人情所宜有。閒考三韓建國本末，諸史率多牴牾，以方位準之，蓋在今奉天東北吉林一帶，壤接朝鮮，與我國朝始

---

26 《清高宗御製詩文全集·御製文二集》，卷21，頁1。

基之地相近。國朝舊俗，兒生數日，即置臥具令兒仰寢其中，久而腦骨自平，頭形似扁，斯乃習而自然，無足為異。辰韓或亦類是耳。范蔚宗不得其解，故從而曲為之解，甚矣其妄也。……若夫三韓命名，史第列馬韓、辰韓、弁韓（原注：亦曰弁辰。）而不詳所以稱韓之義。陳壽《魏志》直云：「韓地、韓王。」魚豢《魏略》且以為「朝鮮王準，冒姓韓氏」，其為傅會尤甚。蓋國語及蒙古語皆謂君長為「汗」，韓與汗音相混。史載三韓各數十國，意當時必有三汗分統之，史家既不知「汗」之為君，而庸鄙者至謂韓為族姓，何異扣槃捫籥以喻日哉！且中外語言不通，不能強為詮解者，勢也。今夫天昭昭在上，人皆仰之。然漢語謂之「天」，國語謂之「阿卜喀」，蒙古語謂之「騰格里」，西番語謂之「那木喀」，回語謂之「阿思滿」。以彼語此，各不相曉。而人之所以敬，與天之所以感，則無弗同，若必一一以漢字牽附臆度之，能乎？不能。夫韓與汗音似義殊，謬而失之誣猶可也，至於以石押頭之謬，實悖於理，斯不可也。然則余之〈三韓訂謬〉之作，烏容已乎哉！[27]

透過漢語與蒙古語的比對，再加上地緣的相近，乾隆認為「韓與汗音相混」導致陳壽《魏志》與魚豢《魏略》強不知以為知的訛誤，原因即出在「中外語言不通」所致。不僅如此，由於地緣相近，再加上風俗的差異，乾隆也對《後漢書·三韓傳》所謂辰韓有「兒生，欲令頭扁，皆押之以石」的習俗一事，一併作出堪稱合理的解釋，解決了史書記載上的缺失。

　　3.〈夫餘國傳訂訛〉（戊戌，乾隆四十三年）

　　　　近閱《四庫全書》內，元郝經《續後漢書》所作〈夫餘國列傳〉，其官有「馬加」、「牛加」之名，訝其誕詭不經，疑有舛誤，因命館臣覆勘。其說實本之《後漢書》及《三國·魏志·夫餘傳》之文，於是嘆范蔚宗、陳壽之徒不識方言，好奇逞望，疑誤後人，而更惜郝經之失於裁

---

27 《清高宗御製詩文全集·御製文二集》，卷24，頁8。

擇也。其傳曰：「國以六畜名官，有馬加、牛加、豬加、狗加。諸加別主
四出，道有敵，諸加自戰，下戶擔糧飲食之。」信如其言，則所謂諸加
者何所取義乎？史稱夫餘善養牲，則畜牧必蕃盛。當各有官以主之。猶
今蒙古謂典羊之官曰「和尼齊」，「和尼」者羊也；典馬者曰「摩哩齊」，
「摩哩」者馬也；典駝者曰「特默齊」，「特默」者駝也。皆因所牧之物
以名其職，特百官中之一二。誌扶餘者，必當時有知夫餘語之人，譯其
司馬、司牛者為馬家、牛家，遂訛為馬加、牛加，正如《周禮》之有羊
人、犬人，漢之有狗監耳。若必以六畜名官寓相貶，則郯子所對：「少皞
氏鳥名，官為鳥師。」而鳥名又何以稱乎？蔚宗輩既訛「家」為「加」，
又求其說而不得，乃強為之辭，誠不值一噱。總由晉宋間人與外域道
里遼阻，於一切音譯素所不通，遂若越人視秦人之肥瘠，率憑耳食為傅
會，甚至借惡詞醜字以曲肆其訛毀之私，可鄙孰甚。……第《後漢書》、
《三國志》久經刊行，舊文難以更易。因命於《續後漢書》中改「加」為
「家」，並為訂其踳謬如右。[28]

這是乾隆運用方言解決史書疑難的又一例子。《後漢書》及《三國志》都有所
謂「馬加」、「牛加」等官名，元郝經《續後漢書》所作〈夫餘國列傳〉因之
而未改。乾隆讀後，懷疑這些看來誕詭不經的官名必有舛誤，透過史籍記載
「夫餘善養牲」，他推測該國「畜牧必蕃盛，當各有官以主之」，從而建立自
己的論述基礎。再以自己的語言素養提出「蒙古謂典羊之官曰『和尼齊』，『和
尼』者羊也；典馬者曰『摩哩齊』，『摩哩』者馬也；典駝者曰『特默齊』，
『特默』者駝也。皆因所牧之物以名其職」，作為主要佐證，並以《周禮》有
羊人、犬人，漢有狗監為旁證，藉此推定當初夫餘國應有類似的官職。這些
官名轉譯為漢語時，被譯為「馬家」、「牛家」，因音近遂訛為「馬加」、「牛
加」等語。范曄、陳壽等史家不具方言素養，未能辨析其誤，著史時因循而

---

28 《清高宗御製詩文全集 · 御製文二集》，卷 25，頁 4。

未改，就成了史書中無從理解的用語。乾隆的説法是否可以成立姑且不論，但他充分運用他的語文知識試圖解決古書中的疑難，卻是他治學的一個特點。

上述所言讀書必求甚解、以經解經不依賴注疏及用殊方語文為工具解釋經史等三點，充分顯現了乾隆本人治學的特色就是窮究其所以然，亦即為「求真」。這些特色貫徹了他的一生，也影響到他思想的發展，表現得最具體的現象就是他對當時學風前後不同的態度。以下接着論述此一主題。

三、乾隆經學思想的發展：由尊宋轉為崇漢

總覽乾隆的詩文著作，可以看出他的經學思想有極明顯的發展過程，簡單說來就是前期絕對尊宋學，後期則轉為極端崇漢學，而其轉捩點就在《四庫全書》的纂修，茲分別論之。

（一）乾隆前期尊崇宋學

康熙極為尊崇宋學，甚至尊程朱之學為「正學」，提升朱熹在孔廟的位次，[29] 影響所及，天下無不宗宋學，這也使得乾隆自幼年起，就浸潤在宋學的氣氛中，深受程朱道學的影響。前文所引《樂善堂全集·庚戌年原序》[30] 即是明證，其叔父和碩莊親王允祿所作的《樂善堂全集·序》，亦說：「其義理一本於五經四子，而折衷於宋儒之言。」[31]《樂善堂全集》所收的〈明道程子論〉、〈程明道告神宗當防未萌之欲論〉、〈宋理宗論〉、〈復性說〉（以上見卷六），

29　康熙 51 年（1712 年）正月下諭，將朱子從祀孔廟的位次由東廡先賢之列提升至大成殿十哲之次，見〔清〕馬齊、張廷玉、蔣廷錫等編：《清實錄·聖祖實錄》（北京：中華書局，1985 年），冊六，卷 249，總頁 466，康熙 51 年正月丁巳條。康熙如此崇尚理學，影響他最深的應是理學名儒熊賜履，有關康熙崇尚理學的論述請參看陳祖武：《清初學術思辨錄》（北京：中國社會科學出版社，1992 年），頁 37–43。

30　《樂善堂全集·庚戌年原序》，《清高宗御製詩文全集》，頁 1。

31　《清高宗御製詩文全集·樂善堂全集定本·序》，頁 3。

〈朱子資治通鑑綱目序〉、〈大學衍義補序〉(以上見卷七)，〈樂善堂記〉、〈恭
跋性理精義〉、〈跋朱子大學章句〉(以上見卷八)，〈擬程明道請修學校尊師
儒取士箚子〉、〈擬胡安定致經義治事二齋記〉、〈擬尹和靖六有齋記〉(以上
見卷九) 全為討論宋學 (主要是道學) 之作。即位初期的作品，也以討論宋
學問題為主，《御製文初集》卷一、卷二所收的〈經筵御論〉，幾乎全為心性
道德經世之作，如卷一的〈導之以德齊之以禮有恥且格〉、〈兢兢業業一日二
日萬幾〉、〈德惟善政政在養民〉、〈以義制是以禮制心〉、〈一日克己復禮天
下歸仁焉〉、〈子曰性相近也習相遠也〉、〈居之無倦行之以忠〉；[32] 卷二的〈致
中和天地位焉萬物育焉〉、〈自天子以至於庶人壹是皆以修身為本〉、〈夫子
之道忠恕而已矣〉、〈自誠明謂之性自明誠謂之教〉、〈易簡而天下之禮得矣〉
等，[33] 都是具體的顯例。

乾隆早期關注宋學的作品極多，此處不便多引，只舉最具代表性的文
獻，這就是乾隆五年 (1740 年) 的上諭，他說：

> 朕命翰詹科道諸臣，每日進呈經史講義，原欲探聖賢之精蘊，為致
> 治寧人之本。道統學術無所不該，亦無所不貫，而兩年來諸臣條舉經
> 史，各就所見為說，而未有將宋儒性理諸書切實敷陳，與儒先相表裏
> 者。蓋近來留意詞章之學者尚不乏人，而究心理學者蓋鮮。……總因居
> 恆肆業，未曾於宋儒之書沈潛往復，體之身心，以求聖賢之道，故其見
> 於議論止於如此。夫治統原於道統，學不正則道不明。有宋周、程、
> 張、朱子於天人性命大本大原之所在，與夫用功節工 (目) 之詳，得孔、
> 孟之心傳，而於理欲、公私、義利之界，辨之至明。循之則為君子，悖
> 之則為小人。為國家者，由之則治，失之則亂，實有裨於化民成俗、修
> 己治人之要，所謂入聖之階梯，求道之塗轍也。學者精察而力行之，則
> 蘊之為德行，學皆實學；行之為事業，治皆實功。此宋儒之書所以有功

---

32 〈經筵御論〉，《清高宗御製詩文全集・御製文初集》，卷 1，頁 1–18。
33 〈經筵御論〉，《清高宗御製詩文全集・御製文二集》，卷 2，頁 1–19。

後學，不可不講明而切究之也。今之說經者，間或援引漢唐箋疏之說。夫典章制度，漢唐諸儒有所傳述考據，固不可廢；而經術之精微，必得宋儒參考而闡發之，然後聖人之微言大義，如揭日月而行也。惟是講學之人有誠有偽，誠者不可多得，而偽者託於道德性命之說欺世盜名，漸啟標榜門戶之害。此朕所深知，亦朕所深惡。然不可以偽託者獲罪於名教，遂置理學於不事，此何異於因噎而廢食乎！……學者正當持擇審處，存誠去偽，毋蹈徇外鶩名之陋習。崇正學則可以得醇儒、正人心、厚風俗，培養國家之元氣，所係（繫）綦重，非徒口耳之勤，近功小補之術也。[34]

此處強調宋代周、程、張、朱子等人得孔、孟之心傳，深究天人性命大本大原之所在，其學有裨於化民成俗、修己治人之要，是入聖之階梯、求道之塗轍。因此宋儒之書所以有功後學，不可不講明而切究之。他固然不否定典章制度，必待漢唐諸儒傳述考據，但經術之精微則必須由宋儒闡發，如此才能得聖人之微言大義。一言以蔽之，漢、宋學雖說各有所長，但宋學才真正能掌握聖人思想之精微。此時乾隆尊崇宋學的態度極為明顯，自不待言，[35] 這種學術傾向持續了相當漫長的時間，甚至於到乾隆三十七年（1772 年）正月，下詔網羅蒐集天下之遺書時，所下的上諭依然強調：「其歷代流傳舊書，有闡明性學治法，關繫（係）世道人心者，自當優先購覓。至若發揮傳注，考覈

34　中國第一歷史檔案館編：《乾隆朝上諭檔》，北京：檔案出版社，1991 年，第一冊，1600 條，頁 648。案：「節工」，《清實錄・高宗實錄》（北京：中華書局，1986 年）（卷 128，總頁 875–876）、〔清〕王先謙編：《東華續錄》（上海：上海古籍出版社《續四庫全書》本，1995 年）（冊 372，總頁 48）、文海出版社輯：《大清十朝聖訓・高宗皇帝聖訓》（台北：文海出版社，1965 年）（卷 13，總頁 255–256）等，均作「節目」，今從之。

35　次年（乾隆六年，1741 年）正月初四日上諭要求直省督撫學政留心采訪天下書籍，以廣石渠天祿藏書時，重點仍在宋學，即「元明諸賢以及國朝儒學，研究六經，闡明性理」的著作。見《乾隆朝上諭檔》，第一冊，頁 693，1675 條，乾隆六年正月初四日。又見於慶桂等編：《清實錄・高宗實錄》（北京：中華書局，1985 年），卷 134，總頁 941，乾隆六年正月庚午條。

典章，旁暨九流百家之言，有裨實用者，亦應備為甄擇。」[36] 足見執政前期他對宋學的支持是何等堅定了。

（二）乾隆後期轉而崇尚漢學

所謂「後期」，主要從乾隆三十八年（1773 年）開始，一直到乾隆六十年（1795 年）決定次年禪位為止。這二十多年中，乾隆的經學態度具有極大的轉變，最具體的證據就保存在乾隆持續撰寫的詩文裏。

乾隆的詩文作品卷帙浩繁，不易卒讀，其中乾隆三十八年以後的作品明顯異於以前。這些詩文最引人注意的特徵是，一反過去三十多年支持宋學的態度，轉而肯定並推崇漢學，尤其對漢代經師在經學上的成就倍加讚譽，不下於昔日之肯定宋學。如乾隆四十二年（1777 年）十月，乾隆在〈題朱彝尊《經義考》〉詩中即說：

> 秦燔弗絕殆如繩，未喪斯文聖語曾。疑信雖滋後人議，述傳終賴漢儒承。天經地緯道由託，一貫六同教以興。蕘閣炎劉校誠艱，竹垞昭代撰堪稱。存亡若彼均詳注，文獻於茲率可徵。遠紹旁搜今古會，棻膏繼晷歲年增。考因晰理求其是，義在尊經靡不勝。枕葃寧惟茲汲鑒，闡崇將以示孫曾。[37]

乾隆此處說「疑信雖滋後人議，述傳終賴漢儒承」，明確肯定了漢儒在傳經上的地位。其後乾隆再作〈題授經臺〉時，他依然強調「漢以傳經著，諸儒授受資。」[38] 足見此時他對漢學在經學傳承上的功勞極為肯定，不在昔日推崇

36　中國第一歷史檔案館編：《纂修四庫全書檔案》（上海：上海古籍出版社，1997 年），〈諭內閣著直省督撫學政購訪遺書〉（軍機處上諭檔），乾隆三十七年正月初四日，頁 1–2。案：〔清〕慶桂等編：《清實錄・高宗實錄》乾隆三十七年正月條，「流傳舊書」後，多一「內」字，見是書卷 900，總頁 4–5。

37　〈題朱彝尊《經義考》〉，《清高宗御製詩文全集・御製詩四集》，卷 43，頁 26。

38　《清高宗御製詩文全集・御製詩五集》，卷 2，頁 24。

宋學之下。

重視漢學的另一具體實例，即是極度推尊後漢的經學大師鄭玄，〈注經臺行館六韻〉（庚子，乾隆四十五年）：

> 幾宇叢祠野甸隅，康成往跡試評乎。賈生以後殊董子，秦火之餘賴漢儒。一室操戈多異論，出奴入主不同趨。網羅喜爾猶精核，囊括刪他有藏蕪。學者識歸洙泗路，行人欣遇費蒙途。何來館舍於傍建，不説事成深慚吾。
>
> 自注云：「漢儒首稱賈、董，然賈以〈治安策〉，董以〈天人三策〉及《春秋繁露》，未嘗治經也。其餘注經家，史稱其『守文之徒，滯固所稟，異端紛紜，……疑而莫正。』惟康成『括囊大典，網羅眾家，刪裁繁誣，刊改漏失，自是學者略知所歸』云云。是康成在漢儒中最為有功經學，以視賈、董，正復難為優劣也。」[39]

此處雖説鄭玄與賈誼、董仲舒在漢儒中優劣軒輊，難分高下，但推崇鄭玄之情溢於言表，相較於前期唯獨崇敬董仲舒，[40] 有着明顯的差異。兩漢以下，歷代學者多半推尊賈誼、董仲舒，班固《漢書·董仲舒傳》更標榜董氏為漢代「群儒首」。相形之下，鄭玄雖有傳經之功，基本上學術評價不及賈、董。乾隆此時套用《後漢書·鄭玄列傳》的評語「括囊大典，網羅眾家，刪裁繁誣，刊改漏失，自是學者略知所歸」以肯定鄭氏的經學成就，儼然已對鄭玄刮目相看，青睞有加。不僅如此，乾隆先則説「述傳終賴漢儒承」，此時又説「秦

39　〈注經臺行館六韻〉，《清高宗御製詩文全集·御製詩四集》，卷67，頁21。

40　乾隆早年極為推崇董仲舒，如〈讀董江都賢良三策〉：「世之論者謂漢儒通曉經術，宋儒深於理學。夫窮經即所以明理，而理學未嘗不衷之於經術，漢之董子、宋之程朱，又豈可以經術理學限哉？」（《清高宗御製詩文全集·樂善堂全集》，卷9，頁10。）詩文中屢次為董仲舒的懷才不遇抱不平，如〈讀董仲舒傳〉：「不問蒼生問鬼神，猶蒙宣室席前親。誰知寂寞江都相，老抱《春秋》一遠臣。」（《樂善堂全集》，卷28，頁15）；又如〈詠史十首之二·董仲舒〉：「建章奏對策天人，帝眷名儒禮獨親。誰使江都終老去，千秋史論恨平津。」（《樂善堂全集》，卷29，頁6。）

火之餘賴漢儒」，更說「康成在漢儒中最為有功經學」，極力推尊鄭玄的同時，也明確肯定漢儒傳經的地位。乾嘉時代，漢學旗幟大張，漢學家更為推崇鄭玄，鄭氏業已超越董仲舒，成為漢儒第一人，這是當時漢學界的共識。究其所以，乾隆的大力表彰，極可能有推波助瀾之效。

最令人注意的是，就在肯定漢學的同時，乾隆的詩作中也不時出現了對宋代大儒朱熹的不滿，如〈題毛公祠〉（甲辰，乾隆四十九年，1784 年）：

> 野店籠喬樹，毛公故里云。其傍行館築，恰稱駐車欣。設匪光斯價，於何尊所聞。新安別立傳，得失半相分。
>
> 自注云：「毛《傳》《詩序》自漢相傳，至唐、宋諸儒俱無異詞。惟朱子作《詩經集傳》，以為毛萇始引《詩序》入經，齊魯韓三家之《傳》絕，而毛說孤行，讀者傳相尊信，無敢擬議，有所不通，則為之委曲遷就云云。於是別立解說，如〈鄭風〉則自〈緇衣〉以下，惟六篇與舊說相仿，餘十五篇悉以淫奔斥之。蓋泥於『鄭聲淫』之一語，以致拘而過當，遂與漢、唐諸儒歷傳舊說顯相牴牾，亦不得云有得無失也。……」[41]

毛《傳》、《詩序》為漢儒注經重要典範，在漢代經學具有指標作用，其地位不言可喻。在解經的方法上，乾隆是傾向漢學的，他曾說：「解經依注無為異，取古誠今有足多。」[42]朱熹作《詩集傳》，不信《詩序》，又憑「鄭聲淫」一語，就將〈鄭風〉大部分詩作打入冷宮，斥為「淫詩」，這種作法實頗有獨斷之嫌。乾隆僅說：「新安別立傳，得失半相分。」看似輕描淡寫，其實已對宋學家專斷自為、自信太過的作風，表示了相當的不滿，這由按語所云「拘而過當，遂與漢唐諸儒歷傳舊說顯相牴牾，亦不得云有得無失也」一語，可以清楚看出。

除了上述的例子外，乾隆晚年詩文中對以程朱為代表的道學家的批評，

---

41 《清高宗御製詩文全集・御製詩五集》，卷 2，頁 26。
42 〈題絜齋《毛詩經筵講義》〉，《清高宗御製詩文全集・御製詩四集》，卷 31，頁 32。

也大量增加，以下再舉三例以明之，如：

1.〈題道存齋〉（乙未，乾隆四十年正月，1775 年）

　　堯舜與湯武，各離五百歲。（原注：舉成數也。）見知與聞知，若斷復若繼。無乎或有乎，子輿致深意。漢唐無足稱，濂洛開其邃。續之關與閩，斯傳賴弗墜。然而余更思，道固在天地。仁者見謂仁，知者見謂知。夫豈係乎時，傳不傳殊致。因識道恆存，匪為說逞異。[43]

宋儒自稱得聖賢不傳之秘，上承堯舜以來下迄孟子的聖賢道統，中間刻意略過了漢唐以來的傳經之儒，由濂洛關閩諸理學大家逕接孔孟統緒（「漢唐無足稱，濂洛開其邃。續之關與閩，斯傳賴弗墜。」）此一道統傳承，乾隆原本深信不疑，此時卻明言「道固在天地」，至於是否能傳道得道全繫乎當時學者之用心及努力與否，「仁者見謂仁，知者見謂知」，與其時代關係不大。乾隆此處已排除宋儒所謂獨傳聖賢心法的舊說，改採漢、宋之學者言經究學各有所見的新觀點，立場大為不同。

2.〈三月清明節三候：虹始見〉（己亥，乾隆四十四年二月，1779 年）

　　天地緣何淫氣行，晦翁茲語我疑生。（原注：《毛詩・蝃蝀》篇，毛《傳》謂：「婦過禮則虹氣盛，君子見戒而懼，故莫敢指。」鄭《箋》云：「虹，天地之戒，尚無敢指，均於風人，比義相合。」朱子《集傳》乃以「為天地之淫氣，殊害於理」。夫虹乃日光雨氣相薄而成，並無淫義。即如天地絪縕，萬物化生，乃陰陽二氣妙合而凝，皆正道非淫氣也。若相合即以為淫，是夫婦人倫之始，亦當以淫目之。則《魯論》所云「關雎樂而不淫」，孔子論定，豈亦不足徵耶？總由朱子說《詩》，不免居而過當。見是篇為刺淫奔，遂以所比之物亦引而附麗之，失正解矣。然邶、

43　《清高宗御製詩文全集・御製詩四集》，卷 25，頁 34。

鄘、衛三國詩尚從〈小序〉也。其與至〈鄭風〉，則自〈緇衣〉以下，惟六篇與舊說相仿，餘十五篇悉以淫奔斥之。其與〈小序〉合者，不過〈東門之墠〉及〈溱洧〉二篇，外此雖〈風雨〉之思君子、〈子衿〉之刺學校廢、〈揚之水〉之閔無臣，亦目為淫奔。而於〈將仲子〉之刺莊公、〈山有扶蘇〉諸篇之刺忽，皆置其國事而不問，豈誦《詩》尚論之義哉？蓋朱子泥於「鄭聲淫」一語，凡鄭詩之以人言者，無不屬之淫奔。不知「鄭聲淫」乃言其聲，非言其詩也。鄭衛之聲，大率近於淫靡，非特桑、濮、溱、洧本屬蕩佚之詞，即令取二南之〈關雎〉、〈鵲巢〉諸篇奏之，亦安能舍其土風而別從正始乎？因辨虹為淫氣，而引伸觸類及此，並非有意推尋，惟折衷於至理而已。）春深律暖致斯見，日映雲輕因以成。西宇朝隮必其雨，東方暮現定為晴。武夷亭慢空中架，蹕此居然到玉京。[44]

此處明指朱熹由於力持「鄭聲淫」一語，因此解鄭詩時，處處以有色眼光看待。乾隆指出孔子所謂「鄭聲淫」，所稱的是鄭詩的音樂而非鄭詩的文字，他並以二南的〈關雎〉、〈鵲巢〉為例，同樣也有蕩佚之詞，卻不能說二詩也是淫詩。由於緊守「鄭聲淫」而過當，因此朱熹《詩集傳》在解釋《毛詩·蝃蝀》篇時，將「蝃蝀」（虹）解為「為天地之淫氣，殊害於理」。這是極大的誤解。乾隆認為「虹乃日光雨氣相薄而成，並無淫義」，此詩本為刺淫奔之作，朱熹「遂以所比之物亦引而附麗之，失正解矣」。

---

44 《清高宗御製詩文全集·御製詩四集》，卷57，頁9。按：《總目》《欽定詩義折中》提要云：「我皇上幾暇研經，洞周奧奧，於漢以來諸儒之論，無不衡量得失，鏡同異別。伏讀御製七十二候詩中〈虹始見〉一篇，有「晦翁茲語我疑生」句，句下御注於《詩集傳》所釋「蝃蝀」之義，亦根據毛、鄭，訂正其訛，反覆一二百言，益足見聖聖相承，心源如一。是以諸臣恭承彝訓，編校是書，分章多準康成，徵事率從〈小序〉，使孔門大義上溯淵源，卜氏舊傳遠承端緒。」足見乾隆此詩意見，為館臣敬謹遵行，守而勿失。影響之大，可以概見。見《欽定四庫全書總目》第一冊，卷16，總頁1–347。

3.〈讀《周易》枯楊生稊辨詰〉

《易・大過》之九二曰：「枯楊生稊。」王弼注云：「楊之秀也。」孔穎達謂：「枯槁之楊，更生少壯之稊，取象顯而易見。」陸德明《經典釋文》從之。考〈夏小正〉云：「正月柳稊稊也者，發孚也。」戴德自釋其文，確然可信，足與弼《注》相發明。且微獨王、孔之說為然也，唐以前諸儒講《易》者莫不然。即鄭康成書作「荑」，而解為「木更生」。虞翻詁作「稊」，而解為「楊葉未舒」，辭雖小異，義實不相遠也。惟朱子《本義》以「稊」為「梯」，且訓為「根」，謂「榮於下者」，其說本於程子。而程子則舉劉琨〈勸進表〉「發繁華於枯荑」為證。夫琨信筆為文，無與《易》理，然亦未明言「根」義，而「荑」之訓又為「草」。琨所謂「枯荑」，安知非在彼而不在此？其不足據，審矣。程、朱之意，不過以卦體二爻初陰在下，遂以為下生根稊，而於五爻老陰在上，則以為上生華秀。夫以二之比初為老夫得女妻，五之比六為老婦得士夫，可也。若拘上下爻之象，以根稊華秀分上下而言，則不可。朱子不又云乎：「榮於下則生於上。」既曰「生於上」，非秀而何？翰植物之性，其生莫不由根而幹而枝而芽蘖，若舍稊秀而專言「梯」，且訓為「根」，則所云「生於上」者何所指乎？考之朱震《河上易傳》曰：「二變而與初二成艮。巽，木在土下，根也。枯楊有根，則其稊秀出稊，稊出楊之秀也。」震未嘗不兼言根，而引而至於稊，則較程、朱之說為賅舉矣。間嘗綜爻象之辭而覆按之，生稊必當以弼《注》為正。蓋陽雖過而濟以陰，故能成生發之功，譬枯陽之生稊始弗秀，而具生生不已之象，猶老夫得女妻之過以相與也，故無不利也。「五爻生華」，直當作「華絮」解。陸佃《埤雅》云：「柳華一名絮」，是其義矣。蓋楊而至於華絮，其生意已過，自此以往，將就衰落，故不可久也。亦猶老婦得士夫之可醜也。則以象辭釋爻辭，其義自合；即以卦體證爻象，亦無弗合。又何必泥程、朱之曲解為梯乎？但「稊」之為字，雖今時所行，《大戴禮》亦從「木」，然詁解無異義，或出刊寫之譌。而張參《五經文字》則列「稊」於禾部。唐國子學石經，本漢鴻都之遺，最為近古。而木旁之「梯」，則《說文》、《廣韻》

並訓「木階」，與「發榮」義無涉，亦不可以不正。[45]

乾隆透過扎實的舉例與論證分析，說明《易·大過》之九二曰：「枯楊生稊。」當以王弼注、孔穎達正義所云的「楊之秀也」為正解。朱熹《易本義》依據程頤《易傳》以「稊」為「梯」，且訓為「根」，謂「榮於下者」所作的注解，根本是穿鑿附會的曲說，甚不足取。

就上述所舉例證，可以看出乾隆本於實事求是的實證精神，將漢學家的治學方法盡情發揮，與當時的考證學者幾無二致。就此而言，乾隆批評程朱，進而轉為排斥宋學，事實上其來有自，不是沒有原因的。

四、試論乾隆經學思想轉變的原因

乾隆三十八年（1773 年）開館纂修《四庫全書》之後，乾隆詩作中，不僅推崇道學的作品大量減少，[46] 並且多次出現對程朱意見的質疑。乾隆思想何以會有如此巨大的改變，這種轉變的原因究竟何在？這是以下所要處理的問題。

就筆者閱讀相關史料的心得，乾隆思想發生轉變，原因固然極多，將這些林林總總的因素歸納起來，主要可從兩方面觀察，其一是乾隆本人治學的基本態度，其二是《四庫全書》的纂修。前者可說是內在因素，而後者則是外在因素，內在因素的堅持與外在因素的刺激，二者交相激盪，因而觸發了乾隆思想的明顯轉變。以下就這兩項因素分別說明。

---

45 《清高宗御製詩文全集·御製文二集》，卷 33，頁 8。

46 唯一的例外是乾隆四十年（1775 年）所作的〈題宋版《朱子資治通鑑綱目》〉詩：「涑水創為開基例，紫陽述訂益精微。直傳一貫天人學，兼揭千秋興廢機。敬勝治兮怠勝亂，念茲是耳釋茲非。三編惟此遵綱紀，輯覽曾無越範圍。鋟出新安留面目，舉增天祿有光輝。外王內聖斯誠備，勿失服膺永敕幾。」見《清高宗御製詩文全集·御製詩四集》，卷 26，頁 19–20。

（一）內在因素：乾隆凡事必求其真的性格，導致其治學態度的轉變。

　　乾隆會由崇宋學轉為尊漢學的基本原因，與其治學堅持求真而且一以貫之，終身堅持不變的態度，關係極為密切。

　　宋儒重視心性修養，要求從修養個人的德行開始，以此為基礎，再逐步擴展到家庭、國家以迄於平天下，《大學》所揭櫫的格物、致知、誠意、修身、齊家、治國、平天下八條目，就是儒家孔孟以來標榜的最高理想，歷代每一個儒者莫不以此為戮力以赴的目標。在這個理想下，儒者嚮往的不僅是一個掌握最高權力的君主，更要求君主本身道德修養近乎完美，成為所有人的表率。所以儒家理想的君主，同時也是聖人，兼有政、教兩方面的最高標準，是民眾的最高典範。因此，翻開歷代典籍，可以發現儒者討論政治時，甚少用「治理」，最常使用的反而是「教化」二字，孔子所謂的「導之以政，齊之以刑，民免而無恥；導之以德，齊之以禮，有恥且格」[47]以及「君子之德風，小人之德草，草上之風必偃」[48]即是最具體的描述。宋學（以程朱道學為主），自稱上接堯舜孔孟以來的傳承，所秉持與追求的就是此一目標。若以「真、善、美」三美德為人類追求理想的話，宋儒所尋求的較偏於「善」，此因他們要求的是個人德行的完美，而非探究知識的正確無誤，這是宋學顯而易見的特色。自從周敦頤標榜「聖人可學」[49]起，道學家莫不以「學為聖人」為最高職志，風氣既開，宋代以下的學者幾乎個個要做聖人，元明時期「學做聖人」的風氣極盛，這是主要的原因。相較之下，漢學家雖亦有「學為聖人」的壓力，亦不否認「善」的重要性，但在治經以求聖人之道時，必定講究經書訓詁名物的真確無誤，以「真」為第一義，比較傾向於「真」的方面，這是宋學與漢學二者治經明顯的差異。此一差異自然影響到一心求真的乾隆皇帝。

---

47 〈為政篇〉，朱熹撰：《四書章句集注・論語集注》（台北：大安出版社 1986 年影印北京中華書局本），卷 1，頁 54。
48 〈顏淵篇〉，《四書章句集注・論語集注》，卷 6，頁 138。
49 〈聖學第二十〉，周敦頤撰：《周敦頤集》（北京：中華書局，1990 年），頁 29。

　　乾隆即位後，早期作品中以宋學關心的主題為範圍，少有專論考據之作的現象開始有了變化，《御製文初集》收入的是乾隆元年（1736 年）至乾隆二十八年（1763 年）的作品，除了《經筵御論》的內容仍維持原有修身養心、知人論世的風格之外，其他的著述則有程度不同的改變。[50]《御製文初集》中與即位前作品最大的差異在於「考辨」類體裁的文字首度出現，原本《樂善堂全集定本》中佔極大篇幅的「論」與「說」兩類體裁文字，在《御製文初集》中已大幅度減少。[51] 其中所收的四篇作品：〈黃子久富春山居圖真偽辨〉、〈西域地名考證敍概〉、〈茅山正訛〉、〈古泮池證疑〉[52] 都是不折不扣的考辨文字，這種道學家鄙視為「玩物喪志」[53] 的作品，在浸淫道學已久的乾隆文集中出現令人意外。此外，《御製文初集》所收的〈經解問〉與〈史論問〉，[54] 所問的不是道學家關心的經世致用，反而將重點置於「記誦故實」的口耳之學上，[55] 這也不是宋學作風。就此而論，乾隆即位後，他本人好辨真偽、考故實的興趣傾向已經慢慢浮現，在位時間日久，此類作品也隨之增多。足見此時他堅持「求真」的性格，已非昔日所受教育所能約束，並逐漸顯露出來。

50　參看《清高宗御製詩文全集‧御製文初集》，卷 3，頁 1–19。

51　《樂善堂全集定本》僅有的六篇「論」、「說」作品中，〈黃鍾為萬事根本論〉名雖為「論」，內容已偏向考據「黃鍾」的形製為主。至於〈古長城說〉、〈穿楊說〉兩篇文字，前者考證木蘭附近的蒙恬古長城，後者考證《戰國策》所載古神射手養由基「百步穿楊」說，「是世間情理必無之事」，都可說是辨真偽、考事實之作。

52　《清高宗御製詩文全集‧御製文初集》，卷 14，頁 10–17。

53　〈二先生語一〉，《河南盛氏遺書》，程顥、程頤撰：《二程集》（北京：中華書局，1984 年），卷 1，頁 8 載：「弟子凡百完好皆奪志。至於書札，於儒者事最近，然一向好著，亦自喪志。如王、虞、顏、柳輩，誠為好人則有之，曾見有善書者知道否？平生精力一用於此，非惟徒廢時日，於道便有妨處，足知喪志也。」

54　《清高宗御製詩文全集‧御製文初集》，卷 14，頁 1–5。

55　如〈經解問〉：「傳《周易》者有四家，其興廢可得考歟？《書》何以有古文、今文之別？《詩》何以有齊、魯、韓、毛之殊？《春秋》左氏、公、穀而外，又何以有鄒氏、夾氏、鐸氏、虞氏之類，諸家分門別派其說可悉數歟？……」。〈史論問〉：「《史記》、《漢書》成於遷、固，不自遷、固始也，開之者誰，補之者誰，注解之者又誰也？范《史》一書與馬、班並稱『三史』，而袁宏、荀悅之作獨不可媲美歟？陳壽之《志》，帝魏退蜀，正統已紊，孰稱其是，孰正其非，可與三史並傳歟？即三史之書，又果無遺憾歟？」

　　《御製文二集》所收是乾隆皇帝乾隆二十九年（1764 年）至乾隆五十年（1785 年）的作品，這段時期正是編修《四庫全書》前後，論述文字大量增加。除了《經筵御論》依然有宋學痕跡之外，[56] 其他形式的作品體裁雖無太多改變，內容則有極大的調整。「論」、「說」類的文字大量增加，計四卷之多（卷 3–6），後兩卷除一文（卷 6〈古稀說〉）外，全為考辨之作，[57] 前二卷中，也有如〈湯武論〉、〈齊桓公論〉、〈論重瞳〉、〈論漢光武廢郭后事〉等考論真偽的文字。[58] 又如「按語」、「識語」類作品中，收入的〈河源按語〉、〈河源簡明語〉、〈《道命錄》識語〉等篇，[59] 其實也都是考證文字。至於考辨類的作品，分量更是大增，計五卷之多（卷 21–25）。[60] 除此之外，其他文字雖無考辨之名，卻有考辨之實者也所在多有。[61] 這種考辨文字大量增加的現象，正可證明乾隆皇帝本人學術興趣的改變。此時他關切的主要是知識上的真偽，而非倫理道德方面的完美與否問題，這種態度反映到經學思想上就是逐漸遠離宋學而親近漢學。

　　《御製文三集》所收是清高宗乾隆五十一年（1786 年）至乾隆六十年（1795 年）的作品，此時《經筵御論》部分的文字大為減少，內容較諸過去

56　雖說如此，《經筵御論》也已出現質疑宋儒的文字，如卷 1 的〈輔相天地之宜〉，卷 2 的〈仁者先難而後獲〉即認為宋儒所解未必盡善，必須加以補足。

57　如卷 5 所收〈烏斯藏即衛藏說〉、〈玉璞抵鵲說〉、〈麋角解說〉、〈鄂博說〉、〈雜說〉、〈小春說〉、〈開泰說〉、〈五明扇說〉、〈師說〉，卷 6 所收〈千里馬說〉、〈蒐苗獮守說〉、〈三老五更說〉、〈記里鼓車說〉、〈雲上於天解〉，名雖為「說」，其實全都是考辨之作。唯一例外的是卷 6 的〈古稀說〉。

58　《清高宗御製詩文全集・御製文二集》，卷 4，頁 1。

59　《清高宗御製詩文全集・御製文二集》，卷 19，頁 1–6。

60　《御製文二集》卷 21 至卷 25，全為考證辨偽性質文章。如：卷 21：〈陽關考〉、〈天竺五印度考訛〉、〈熱河考〉、〈濟源盤谷考證〉。卷 22：〈灤河濡水源考證〉、〈吳道子畫《天龍八部》中四部圖卷考證〉、〈《書・小序》考〉。卷 23：〈濟水考〉。卷 24：〈三傳晉假道伐虢辨〉、〈廣陵濤疆域辨〉、〈《翻譯名義集》正訛〉、〈三韓訂謬〉。卷 25：〈國風正誤〉、〈夫餘國傳訂訛〉、〈程敏政重修觀音寺記訂訛〉、〈濮議辨〉、〈民嶽三丈石闕辨〉。

61　如〈國學新建辟雍圜水工成碑記〉（《御製文二集》，卷 30，頁 9–10），以《詩》、《書》未有記載為據，證明天子臨辟雍不應與養三老五更之禮並行，同時指出舊說實為杜佑《通典》一家之私言，並非公論。

也有大幅度的調整，其中充滿對道學家（尤其是朱子）說法的質疑，所收錄的二十條文字中即有八條如此。[62] 本集中考辨性質文字大幅度增加，由於作品太多，不便一一詳舉。就中最值得一提的有兩處，其一是卷 3、4 的「說」，除〈十全老人之寶說〉外，其餘各篇全為考證文字，內中〈圭瑁說〉、〈搢圭說〉、〈反蘇軾超然臺記說〉、〈復古說〉、〈像設說〉、〈卜筮說〉[63] 六篇為系列文字，全為翻案文章，在文末乾隆更加上跋語：「近作數篇，似有意與古論異，然胥非新奇可喜之言，而皆平易據理之論。聊附書之，以待後世通儒之究正耳。」[64] 已完全一副學者口吻，可見其對自己的考證極有信心。

這些文章中，尤其值得一提的是卷 14「雜著」所收的〈涇清渭濁紀實〉一文：

　　近賦〈心鏡〉詩，因用〈邶風〉「涇清渭濁」事。（今按：〈谷風〉：「涇以渭濁，湜湜其沚。」）以詩義觀之，則涇清渭濁也。而朱《注》則以為渭清涇濁，大失經義。夫「以」者何？因也。「涇以渭濁」，可知涇本清而因渭濁。如左以右累，是左者因右而受累；賢以邪累，是賢者因邪而受累也；伊、洛以河渾，是伊、洛本澄，入黃河而為渾流也。如是者原不可僂指數。而朱子則讀書明理，何乃顛倒涇、渭之清濁，一至此乎！然此非獨朱子誤也，蓋鄭康成《箋》，本謂涇清渭濁。（原注：鄭《箋》云：「涇水以有渭，故見渭濁。」是康成明言渭濁，不言涇濁，其以為涇清可知。自唐陸德明、孔穎達諸人，因之沿訛，而經意遂失。）自唐時始因誤解鄭《箋》而顛倒其說，其後入主出奴，紛如聚訟，益不可考。朱子因訛傳訛，後人更不敢議其是非。非余細繹以字之義，定當

62 《清高宗御製詩文全集·御製文三集》，卷 1，頁 1–18，所收的〈仁者安仁知者利仁〉、〈安而後能慮慮而後能得〉、〈子在其聞韶三月不知肉味曰不圖為樂之至於斯也〉、〈回也聞一以知十賜也聞一以知二〉、〈大禹謨允執厥中〉、〈至誠無息不息則久〉、〈顯諸仁藏諸用〉、〈小德川流大德敦化〉等文。
63 《清高宗御製詩文全集·御製文三集》，卷 3，頁 9–16，卷 4，頁 1–9。
64 《清高宗御製詩文全集·御製文三集》，卷 4，頁 8–9。

為涇之清因渭而濁為是。然余亦不肯遽以為是，命陝西巡撫秦承恩，身至二河自甘省入陝省之源，辨其清濁。今據具摺貼說呈覽，實涇清渭濁，於是余之疑始解而心始安。因命附錄承恩之摺於後，以誌其詳。設有人議承恩遵旨為遷就曲說者，可親至二河自甘省入陝省之源視之，則是非顛倒立辨。朕當治承恩之罪，不怙過也。[65]

本文是乾隆醉心於考證的典型範例。全篇主題在辨明《詩經‧邶風‧谷風》：「涇以渭濁，湜湜其沚。」詩中所云的涇、渭兩水，究竟是「涇清渭濁」還是「涇濁渭清」？朱子《詩集傳》云：「以，與。……涇濁渭清，然涇未屬渭之時，雖濁而未甚見，由二水既合，而清濁益分。」[66]由於對朱子說法存疑，乾隆因此就這個問題做了堪稱縝密的考訂工作。他先說：「夫『以』者何？『因』也。」並且舉了「左以右累」、「賢以邪累」、「伊洛以河渾」三個句型完全相同的例子，用以證明「以」即是「因」的意思。接着再舉出鄭玄的注解，證明「涇清渭濁」是漢人的說法，原本無誤。「涇清渭濁」之所以變成「涇濁渭清」，出自於唐代孔穎達、陸德明的誤解。朱熹撰著《詩集傳》時，習焉不察，未加辨明，因而沿襲了唐人的錯誤，也影響了後來的學者。

討論到此，可以明顯看出乾隆所用的解經方式，正是典型的漢學考證方法。[67]不僅如此，為了證明這個問題，乾隆甚至動用了政治資源，下令陝西巡撫秦承恩親赴甘肅、陝西，實地勘查涇、渭二水源頭究竟孰清孰濁？所得結果的確是「涇清渭濁」，而非朱熹注解所說的「涇濁渭清」。這種以書本文獻與實地勘測配合的實證方式，將漢學家實事求是的治學態度與方法發揮得淋

65　《清高宗御製詩文全集‧御製文三集》，卷 14，頁 3。

66　朱熹撰：《詩集傳》（台北：台灣中華書局，1971 年），卷 2，頁 21。

67　對於自己的論述，乾隆極為滿意，本文卷末的〈紀實卷附錄〉即說：「讀書明理豈易言哉？適書此卷，至鄭《箋》云：『涇水以有渭，故見渭濁』句，恍然有誤。設如於『渭』字下增一『而』字，或以『有』字易為『入』字，明曰『涇水以入渭，故見渭而濁』，何等直截！則其本義易明，亦無唐宋以來之紛如聚訟矣。千載注疏家似此者亦多矣，豈能一一正之？擲筆矍然，附錄於此。」見《清高宗御製詩文全集‧御製文三集》，卷 14，頁 3。

漓盡致，甚至尤有過之。就此看來，乾隆晚年的學術興趣與治學方法，已完全是漢學面目，無怪乎他會對以程朱為代表的宋學再三表示不滿了。

（二）外在因素：因編纂《四庫全書》博覽宋儒著作，導致對程朱道學的極度反感，轉而貶宋崇漢。

乾隆三十七年（1772 年）正月下詔收天下之書時，乾隆應朱筠的建請，同意自《永樂大典》中輯出宋元罕見稀有著作，[68] 次年即正式編纂《四庫全書》。當時乾隆曾裁定四庫館臣所提，《永樂大典》所輯出各書詳細校正後分為應刊、應抄、應刪三項的建議，並要求其中應刊、應抄各本，必須繕寫正本後進呈御覽，經他核定後再做定奪。[69]《四庫全書總目》的〈凡例〉曾說：「是書卷帙浩博，為亙古所無。然每進一編，必經親覽；宏綱巨目，悉稟天裁。

68　〈安徽學政朱筠奏陳購訪遺書及校核《永樂大典》意見摺〉（宮中硃批奏摺，乾隆三十七年十一月二十五日），中國第一歷史檔案館編：《纂修四庫全書檔案》，頁 20。又〈諭著派軍機大臣為總裁校核《永樂大典》〉（軍機處上諭檔，乾隆三十八年二月初六日），中國第一歷史檔案館編：《纂修四庫全書檔案》，頁 55。〈命校《永樂大典》因成八韻示意〉（有序）云：「翰林院庋有《永樂大典》一書，蓋自皇史宬移貯者，初不知其名也。比以搜訪遺籍，安徽學政朱筠以校錄是書為請。廷議允行。奏既上，勅取首函以進見。其採掇蒐羅極為浩博，且中多世不經見之書，雖原冊亡什之一，固不足為全體累也…因命內廷大學士等為總裁，掄選翰林官三十人分司校勘。先為發凡起例，俾識所從事，蕪者芟之，厖者釐之，散者裒之，完善者存之，已流傳者弗再登，言二氏者在所擯。取精擇醇，依經史子集為部次，俟其成，付之剞劂，當以《四庫全書》名之。」《清高宗御製詩文全集·御製詩四集》，卷 11，頁 24。

69　〈辦理四庫全書處奏遵旨酌議排纂四庫全書應行事宜摺〉（《辦理四庫全書檔案》，乾隆三十八年閏三月十一日），中國第一歷史檔案館編：《纂修四庫全書檔案》，頁 74。〈經畬書屋即事〉詩（癸巳，三十八年）小注：「昨下詔訪求遺書，安徽學政朱筠言：『翰林院貯有《永樂大典》，中多秘笈。』及檢閱，果然。惜其依韻旁羅，貪多濫列，體裁不能精當。因派翰林等分校，命內廷大學士等總其成。悉取《大典》所載完善本及內府舊儲、外省採購各種，詳為校勘，分別應刊、應鈔，按經史子集分別彙目，名曰《四庫全書》。並取《大典》所載，世所罕見之書，以次呈閱，仍酌其純駁，題詩卷端，評正之。」《清高宗御製詩文全集·御製詩四集》，卷 15，頁 15。

定千載之是非，決百家之疑似。」⁷⁰ 此事並非虛語。從《清高宗御製詩文全集》所保存的大量題詠古書的作品來看，收入《四庫全書》的許多書籍，的確都經過乾隆本人過目，乾隆也留下許多題詠的詩作。

在編修《四庫全書》以及《四庫全書總目》的過程中，雖然乾隆皇帝並未實際參與編書工作，但從購訪遺書、校核《永樂大典》起，在歷次上諭中，他就一再強調「將書名摘出，撮取著書大旨，敍列目錄進奏，俟朕裁定」⁷¹，「據《四庫全書》館總裁，將所輯《永樂大典》散片各書進呈，朕詳加批閱」⁷²，「昨《四庫》館進呈裒集《永樂大典》散篇，內有《麟臺故事》一編」⁷³，「昨《四庫全書薈要》處呈進鈔錄各種書籍，朕於幾餘批閱」⁷⁴。由此看來，在編書過程中，自《永樂大典》中輯出的宋儒著作，大部分都經乾隆親覽過，可證《四庫全書》的編輯，乾隆介入極深，乾隆四十年（1775年）的〈用十二辰本字題《四庫全書》有序〉詩中小注所說的：「年來征勦金川，軍書籌筆，幾無暇晷。然館臣每次進書，遇善本，輒題詠及之。且幾餘批閱，常為訂其譌誤，仍與公務兩不相妨也。」⁷⁵ 即是最清楚的明證。

就在這個閱讀與核定古書（尤其是宋儒作品）的過程中，乾隆原本堅定不二的信念遭遇到以程頤為代表的宋儒極大的挑戰，二者之間發生了無可避

70 就《清高宗御製詩文全集》目錄所載，乾隆所題詠的古書約有七十餘種，大部分集中在開始編纂《四庫全書》這部大書，也就是乾隆三十八年（1773年）以後的十多年之間。此一時期的詩作，有關題詠古書者極多，可參閱該書《御製詩四集·五集》。
71 同上書，頁56–58，〈論內閣《永樂大典》體例未協著添派王際華裘曰修為總裁官詳定條例分晰校核〉，乾隆三十八年二月十一日。
72 同上書，頁473–474，〈論內閣《學易集》等有清詞一體跡涉異端抄本姑存刊刻從刪〉，乾隆四十年十一月十六日。
73 〔清〕永瑢、紀昀等：《四庫全書總目提要》（台北：台灣商務印書館，1983年影印武英殿原刊本），總頁1–6，乾隆四十一年六月初一日上諭。案：本條上諭，《纂修四庫全書檔案》失收，惟該書同年6月26日〈大學士舒赫德詳議文淵閣官制及赴閣閱抄章程摺〉曾引述。
74 〈論內閣著總裁等編刊《四庫全書考證》〉，乾隆四十一年九月三十日，中國第一歷史檔案館編：《纂修四庫全書檔案》，頁537–538。
75 《清高宗御製詩文全集·御製詩四集》，卷29，頁34–35。

免的矛盾。原因在於宋代士大夫強烈的「以天下為己任」的觀念，乾隆既不認同也無法接受。自范仲淹首揭「先天下之憂而憂，後天下之樂而樂」[76] 起，宋代士大夫，幾乎都有這種強烈的集體意識，[77] 程頤原本即主張「帝王之道也，以責任賢俊為本，得人而後與之同治天下。」[78] 他雖非此一信念的首倡者，但卻終身奉行不渝。因此，在宋哲宗元祐元年（1086 年）的〈論經筵第三劄子·貼黃二〉中，程頤明確表示了自己的態度，他說：

> 臣以為，天下重任，唯宰相與經筵：天下治亂繫宰相，君德成就責經筵。[79]

程頤的此一理想，其激烈程度其實遠不及王安石主張的士之「道隆而德駿者，……雖天子北面而問焉，而與之迭為賓主」[80] 那麼驚世駭俗、離經叛道。即便如此，這種論調依然觸怒了念念不忘以天下為己任，完全不容他人置喙的乾隆皇帝。

乾隆曾說：「自讀宋儒書，始知朱與程。詔我為學方，立敬與存誠。空言信何補，要道在躬行。矧茲繼百王，君師任非輕。」[81] 又曾說：「士不通經不足用，況予身繫作君師。」[82] 詩文中一再君、師並舉，可見他關心的是在立敬修

76　〈岳陽樓記〉，范仲淹：《范文正公集》（台北：台灣商務印書館《四部叢刊·正編》本，1979 年），卷 7，總頁 57。

77　參看余英時：《朱熹的歷史世界──宋代士大夫政治文化的研究》（台北：允晨文化實業公司，2003 年），頁 313–337，上篇「通論」第四章〈君權與相權之間──理想與權力的互動〉。

78　程顥、程頤撰：《二程集·河南程氏經說》（北京：中華書局，1984 年），卷 2，頁 1035。

79　程顥、程頤：《二程集·河南程氏文集》，卷 6，頁 540。

80　〈虔州學記〉，王安石：《臨川先生文集》（台北：華正書局，1975 年影印香港中華書局本），卷 82，頁 858–860。

81　〈撿近稿偶誌〉，《清高宗御製詩文全集·御製詩初集》，卷 27，頁 6–7。

82　〈經畬書屋即事〉，《清高宗御製詩文全集·御製文四集》，卷 15，頁 15。

身的基礎上，如何能「作之君，作之師」，[83] 作天下人的表率，以達到天下治平的終極目的。正因如此，當他接觸到程頤的這段言論，尤其是「天下治亂繫宰相」一語，不啻狠狠批了他的逆鱗，為之勃然大怒。

在〈書程頤論經筵箚子後〉一文中，乾隆說：

> 其貼黃所云：「天下治亂繫宰相，君德成就責經筵」二語，吾以為未盡善焉。蓋「君德成就責經筵」是矣，然期君德之成就，非以繫天下之治亂乎？君德成則天下治，君德不成則天下亂，此古今之通論也。若如頤所言，是視君德與天下之治亂為二事，漠不相關者，豈可乎？而以繫之宰相！夫用宰相者，非人君其誰為之？使為人君者，但深居高處，自修其德，惟以天下之治亂付之宰相，己不過問。幸而所用若韓、范，猶不免有上殿之相爭；設不幸而所用若王、呂，天下豈有不亂者？此不可也。且使為宰相者，居然以天下之治亂為己任，而目無其君，此尤大不可也。[84]

乾隆是信從「權者，上之所挾以治四海者也，太阿不可倒持」[85] 的人，他雖然可以勉強容忍程頤所謂「君德成就責經筵」這種理念，但不可能有與臣下分享權力的念頭。他既不能接受宋儒「士大夫與天子共治天下」的觀念，當然更反對程頤所提出的「天下治亂繫宰相」這種論調。他強調宰相既然是人君所用，就只能是人君治理天下的工具，自然談不上身繫天下之治亂安危。因此，對於程頤的這種主張，乾隆的強烈回應是「目無其君」，根本就違背了他堅持的君臣人倫。對一個自幼深受程朱道學教育的皇帝而言，以這種語氣批評夙所敬佩的前賢，是相當罕見的，可想而知這件事對乾隆的衝擊

---

83 〈泰誓上〉，孔穎達等：《尚書正義》，（台北：藝文印書館，1965 年影印阮刻《十三經注疏本》）。卷 11，頁 4–6。

84 《清高宗御製詩文全集‧御製文二集》，卷 19，頁 7–8。

85 〈題董其昌字書告身〉，《清高宗御製詩文全集‧御製文二集》，卷 18，頁 1–2。

有多大！〈書程頤論經筵劄子後〉收在《御製文二集》中，與〈《道命錄》識語〉同在卷 19，二者都為乾隆三十八年（1773 年）的作品，這正是開始編修《四庫全書》之後的事。

李心傳晚年的《道命錄》一書，是導致乾隆不滿的又一部宋人著作。

《道命錄》主題在探討道學（理學）的興廢，此前雖有元程榮秀增補刻本傳世，聲聞不彰，乏人注意。在這部遺作中，李心傳以「道命」名篇的用意非常清楚，他認為程頤之學上承周、孔以來的道統，伊川之學就是周、孔之學，也就是聖聖相傳的所謂「道學」。[86] 這個意見其實來自於程頤，[87] 身為程學後人的李心傳完全接受此一觀念，並將其具體落實在著作命名上，此舉卻大大觸怒了乾隆皇帝。

乾隆三十八年正式開始編纂《四庫全書》後，館臣從《永樂大典》中輯出許多罕見的佚書，並依上諭陸續呈獻給乾隆過目，《道命錄》就是其中之一。有別於其他呈上各書的是，乾隆對這部乏人問津的著作卻極為關注，他不僅題詩，還撰文批評了這部不太受人重視的書籍，[88] 這種現象相當特別。在〈題《道命錄》序〉（癸巳，三十八年，1773 年）中，乾隆說：

> 宋李心傳集當時論伊川程子之事二十餘條，其言毀譽各半，名之曰《道命錄》。意在推尊伊川，以道屬之，而以命惜之，過矣。夫「天命謂性，率性謂道。」道即由於天命，非命之外別有所謂道也。故董仲舒云：

86　《道命錄·自序》說：「子曰：『道之將行也與，命也；道之將廢也與，命也。』故今參取百四十年之間，道學廢興之故，萃為一書，謂之《道命錄》。蓋以為天下安危、國家隆替之所關繫者，天實為之，而非惇、京、檜、侂之徒所能與也。」

87　程頤：〈明道先生墓表〉云：「周公沒，聖人之道不行；孟軻死，聖人之學不傳。道不行，百世無善治；學不傳，千載無真儒。……先生生千四百年之後，得不傳之學於遺經，志將以斯道覺斯民。」，《二程集·河南程氏文集》卷 11，頁 639。

88　〈《道命錄》識語〉（乙未，乾隆四十年）云：「昨命詞臣校勘《永樂大典》，得李心傳《道命錄》一冊，集當時論伊川程子之事，以道屬之，而以命惜之，所見不衷於理，曾題詩帙首，並序而正其失。」《清高宗御製詩文全集·御製文二集》，卷 19，頁 3。

「道之大原出於天，天不變，道亦不變。」實為篤論。若心傳所謂「命」，乃窮通禍福之命，即孔子所罕言。顧以附屬於道，亦小之乎論道矣。或者曰：孔子不云乎：「道之將行也與，命也；道之將廢也與，命也。」何嘗不相提並論？不知孔子之言，正申明道之行與廢，由於率性復命之能與不能，而不繫於公伯寮之沮與不沮，公伯寮其如夫子之率性復命何！故朱子亦謂：命有兩種。其意則引而未發。且二程氏之品誼亦正不同，明道純粹，不露圭角；伊川則不免於客氣，致有洛、蜀之黨。夫黨豈君子所宜有？如東漢之黃憲、徐稚，不入黨錮之中，其矯然拔俗，誠有足取。彼顧廚俊及互相標榜，適以自害，然猶出於小人之中傷也。若伊川之與蘇軾皆係正人，乃至門戶分歧，而憑附之徒遂至彼此攻訐不已，顯然操同室之戈，亦獨何哉？夫以道學而流為黨援，其弊至無所底止，非清流之福，更非國家之福。所繫於世俗人心者甚鉅，而心傳道命之說，尤不衷於道。因題是編，並為之序而正之。[89]

他之所以抨擊《道命錄》，原因有二：其一是程頤的品誼不及其兄程顥，「明道純粹，不露圭角；伊川則不免於客氣」，乾隆此處所用的「客氣」一詞，其實具有貶抑的意味，[90] 在早年的〈明道程子論〉一文中，乾隆即已認為：「然雍容沖邃，規模宏闊，有自然之矩者，則伊川若遜於明道焉。」[91] 所以，儘管他肯定程頤的《易傳》，[92] 卻一直認為程頤不及其兄程顥。其二是程頤雖是「正

89　〈題《道命錄》序〉，《清高宗御製詩文全集·御製詩四集》，卷 13，頁 22–24。

90　《左傳·定公八年》：「（陽）虎曰：『盡客氣也。』」杜預《注》云：「言皆客氣，非勇。」楊伯峻云：「客氣者，言非出於衷心。」可見「客氣」一詞的本意是有貶義的。見楊伯峻撰：《春秋左傳注》（北京：中華書局，1990 年），冊 4，頁 1565。

91　〈明道程子論〉，《清高宗御製詩文全集·樂善堂全集定本》，卷 6，頁 7。

92　乾隆雖曾在〈讀《周易》「枯楊生稊」辨詁〉中批評程朱解《易·大過》之九二曰「枯楊生稊」有曲解之處，（《御製文二集》，卷 33，頁 8–11）但基本上他對程氏《易傳》是相當肯定的，這由他題宋版《周易程傳》〉（癸卯，48 年）的小注所云：「言《易》者入於奇。朱子矯之，以為特爲卜筮，故每爻必言占者得之，亦未免過正。蓋易理無不包，實不奇。予以《程傳》為得之。」（《清高宗御製詩文全集·御製詩四集》，卷 93，頁 9）可以清楚看出。

人」，但因「客氣」關係，與蘇軾意見不合，導致洛、蜀黨分，門戶分歧，對於世俗人心的影響極大，這使得一心一意「作之君，作之師」的乾隆耿耿於懷，無法接受。

前述乾隆五年（1740年）的上諭中，乾隆曾有「治統源於道統，學不正則道不明」的表示，也同意周、程、張、朱上承孔孟道統的說法。但由於對程頤已有成見，因此當他見到李心傳的上述說法時，自然難以認同。稍後於〈題道命錄〉詩的「《道命錄》識語」，乾隆依然堅持己見，強調李心傳「所見不衷於理」，[93] 可見他對李心傳以程頤承擔道學興廢的作法，根本就不贊成。由於乾隆排斥《道命錄》的態度非常堅決，館臣自然不敢違逆，因而《四庫全書》未收此書，僅將其列入存目，[94] 原因即在於此書不僅以程頤個人進退作為道學隆興與否的代表，更認為程氏導致洛、蜀黨分，門戶對立，流弊滋生，既非清流之福，更非國家之福，應負最大的責任。

上舉二例之外，他如唐仲友的《帝王經世圖譜》、[95] 滄州樵叟的《慶元黨禁》[96] 以及陳鼎的《東林列傳》等書，[97] 乾隆都曾仔細閱讀並撰有詩文，抒發己見，表達他對宋儒門戶之見過深、黨同伐異，開啟後世結黨講學的風氣極端不滿。[98] 凡此種種，積累極多，都對乾隆的思想造成極大衝擊，也使得他的態度因而調整，由原本的極端尊崇宋學，一轉而為傾向漢學。

透過上述內在因素與外在因素二方面的說明，大致可以觀察出乾隆皇帝的思想從早年到晚年的確有一個相當清楚的發展過程。這個發展以乾隆三十

---

93 〈《道命錄》識語〉，《清高宗御製詩文全集‧御製文二集》，卷19，頁3。
94 〈《道命錄》提要〉云：「其大旨不出門戶之見，其命名蓋以孔子比程、朱，然於道命之義，亦未得其解。御製〈序〉及〈識語〉已闢之至悉，茲不具論焉。」《四庫全書總目提要》，卷59，總頁2–320。
95 〈題《帝王經世圖譜》〉，《清高宗御製詩文全集‧御製詩四集》，卷14，頁4–5。
96 〈題《慶元黨禁》〉（甲午），《清高宗御製詩文全集‧御製詩四集》，卷21，頁13–14。
97 〈題《東林列傳》〉，《清高宗御製詩文全集‧御製文二集》，卷18，頁4–5。
98 詳見拙撰：〈乾隆皇帝與漢宋之學〉，《清代經學與文化》（北京：北京大學出版社，2005），頁156–192。

七、八年蒐集天下遺書開館編纂《四庫全書》為界，在此以前，身為皇子與即位前期，所接受的是程朱道學由涵養自身以至治國平天下的政治道德教育，時時秉持「作之君，作之師」的理念以教化天下百姓。此時乾隆雖然念茲在茲以天下蒼生為念，但與生俱來關心事情的真偽，要徹底辨明真相的想法始終橫亙於心，未嘗或忘，因而文集中不時出現一些考訂文字。開館修《四庫全書》之後，由於事必躬親的個性，使得他在日理萬機的餘暇，依然關切修書，參與檢核群書（尤其是《永樂大典》輯出的佚書）的工作。博覽群書之下，除了宋儒著作，乾隆也大量接觸到非宋學的書籍，這對他產生相當程度的刺激，因而引起他的反省與回應。在漫長的修書期間（乾隆三十八年開館，至乾隆四十六年第一部《全書》告成，1773–1781），浸淫群書既多且廣，乾隆的思想自然受到影響。從上舉《御製文初集》、《御製文二集》以迄《御製文三集》，乾隆思想發展的軌跡顯然可見，表現在經學上最明顯的變化就是治學態度逐漸往漢學傾斜，不再如過去毫無保留的支持宋學。

五、乾隆經學思想轉變對《四庫全書》與《總目》的影響

　　在《四庫全書》編纂的過程中，由於堅持「求真」的個性，加上大量閱讀宋元著作的衝擊，二者交融，對乾隆的經學態度有極大的影響，已如上述。那麼，乾隆本人的觀念是否也對《四庫全書》的編輯與《四庫全書總目》的編纂有所影響呢？若從學術史角度觀察，這是難以迴避也不能不面對的問題。以下就此略作討論。

　　除編輯《四庫全書》及彙整各書提要以編纂《四庫全書總目》出於乾隆裁示之外，在編書的過程中，乾隆經常審閱《四庫》館臣奏上由《永樂大典》輯出的宋元佚書與其他善本古籍，每有會心即吟詩作文抒發所得，或對這些古籍加以評論。檢閱乾隆的詩文集，其中保留了大量的詩文評論，瀏覽所

及，僅經部即有：程頤《易傳》（〈題宋版《周易程傳》〉，《御製詩四集》卷93，頁9。乾隆四十八年）等二十二部書籍。[99] 這二十二部書籍，乾隆於涉獵之後，逐部皆有詩題詠評論。這些御製詩文所表達的乾隆個人讀書心得，許多都被《四庫》館臣奉為圭臬，據以論述，成為撰寫或修改該書提要的最高指導原則。以下就以《易》類《乾坤鑿度》為例，略作說明。

乾隆的〈題《乾坤鑿度》〉云：

> 乾坤兩鑿度，撰不知誰氏。矯稱黃帝言，倉頡為修飾。以余觀作者，蓋後於莊子。《南華》第七篇，率已揭其旨。儵忽鑿七竅，竅通混沌

99　其餘二十一部為：1. 徐氏《易傳燈》（〈題《易傳燈》〉，《御製詩四集》卷45，頁4。乾隆四十三年）、2. 易祓《周易總義》（〈題易祓《周易總義》八韻〉，《御製詩四集》卷19，頁10。乾隆三十九年）、3. 趙汝楳《周易輯聞》（〈題宋影鈔《周易輯聞》〉，《御製詩四集》卷28，頁31。乾隆四十年）、4.《乾坤鑿度》（〈題《乾坤鑿度》〉，《御製詩四集》卷13，頁6。乾隆三十八年）、5. 毛晃《禹貢指南》（〈題《禹貢指南》六韻〉，《御製詩四集》卷17，頁11。乾隆三十九年）、6. 夏僎《尚書詳解》（〈題宋版《尚書詳解》〉，《御製詩四集》卷97，頁19。乾隆四十八年）、7. 傅寅《禹貢說斷》（〈題傅寅《禹貢說斷》六韻〉，《御製詩四集》卷19，頁26。乾隆三十九年）、8. 袁燮《絜齋家塾書抄》（〈題袁燮《絜齋家塾書抄》〉，《御製詩四集》卷45，頁13。乾隆四十三年）、9. 陳經《尚書詳解》（〈題陳經《尚書詳解》〉，《御製詩四集》卷17，頁32。乾隆三十九年）、10. 袁燮《絜齋毛詩經筵講義》（〈題《絜齋毛詩經筵講義》〉，《御製詩四集》卷31，頁32。乾隆四十年）、11. 何楷《詩經世本古義》（〈題何楷《詩經世本古義》〉，《御製詩四集》卷87，頁19。乾隆四十七年）、12. 聶崇義《三禮圖集注》（〈題聶崇義《三禮圖》〉，《御製詩四集》卷95，頁17。乾隆四十八年）、13. 夏休《周禮井田譜》（〈題夏休《周禮井田譜》〉，《御製詩四集》卷14，頁33。乾隆三十八年）、14. 孫覺《春秋經解》（〈題孫覺《春秋經解》六韻〉，《御製詩四集》卷17，頁5。乾隆三十九年）、15. 程公說《春秋分紀》（〈題宋版《春秋分紀》〉，《御製詩四集》卷36，頁33。乾隆四十年）、16. 王元杰《春秋讞義》（〈題王元杰《春秋讞義》〉，《御製詩四集》卷45，頁26。乾隆四十三年）、17. 楊甲《六經圖》（〈題宋版《六經圖》八韻〉，《御製詩四集》卷25，頁32。乾隆四十年）、18. 袁熹《此木軒四書說》（〈題《此木軒四書說》〉，《御製詩四集》卷46，頁13。乾隆四十三年）、19. 徐鍇《說文解字篆韻譜》（〈題《說文解字篆韻譜》〉，《御製詩四集》卷23，頁7。乾隆三十九年）、20. 郭忠恕《佩觿》（〈題宋版郭忠恕《佩觿》〉，《御製詩四集》卷95，頁14。乾隆四十八年）、21. 婁機《班馬字類》（〈題影宋鈔《班馬字類》〉，《御製詩四集》卷46，頁3。乾隆四十三年）等。

死。乾坤即儵忽，混沌實太始。乾坤既鑿開，太始斯淪矣。言《易》祖
〈繫辭〉，頗覺近乎理。靈圖測陰陽，乃或述讖緯。有純亦有疵，稽古堪
資耳。黃震著《日抄》，所論正非鄙。欽若斯足徵，撫卷勵顧諟。[100]

《乾坤鑿度》本為緯書，以前未聞，宋時始有著錄，晁公武《郡齋讀書志》謂
《乾鑿度》：「按唐《四庫書目》有鄭玄注《書》、《詩緯》，及有宋均注《易緯》，
而無此書。」又謂《坤鑿度》：「題曰包羲氏先文，軒轅氏演古籒文，倉頡修。
按《隋》、《唐志》及《崇文總目》皆無之，至元祐《田氏書目》始載焉。當
是國朝人依託為之。」[101] 可見此書出於後人之手，並非先秦舊籍。乾隆以《莊
子‧應帝王》儵、忽鑿混沌為據，判定此書作者後於莊子。上意如此，館臣
即據此立說，謂：

> 伏讀御製〈題《乾坤鑿度》〉詩，定作者後於莊子，而舉〈應帝王〉
> 篇所云儵、忽、混沌，分配乾坤太始，以推求鑿字所以命名之義。援据
> 審核，折衷至當。臣等因考《列子》、《白虎通》、《博雅》諸書，……則
> 儵、忽、混沌，實即南華氏之變文，作《鑿度》者，復本其義而緣飾之
> 耳。仰蒙聖明剖示，精確不刊，洵永為是書定論矣。[102]

如此一來，在館臣恭奉聖意下，原本歷代學者視為後出之書的《乾坤鑿度》，
就一躍而為時代晚於《莊子》的珍稀古書，身價大為提高。不僅如此，為了
大力配合乾隆謂讖緯「有純亦有疵，稽古堪資耳」的評論，館臣特地在《易》
類六《易緯坤靈圖》後加注了一段按語：

---

100 〈題《乾坤鑿度》〉，《清高宗御製詩文全集‧御製詩四集》，卷 13，頁 6。
101 以上引文，見晁公武撰、孫猛校證：《郡齋讀書志校證》（上海：上海古籍出版社，
    2006 年第三次印刷），頁 7。
102 《乾坤鑿度》二卷提要，永瑢、紀昀等撰：《欽定四庫全書總目提要》（台北：台灣商
    務印書館，2001 年影印武英殿刻本二刷），卷 6，總頁 1–154。

儒者多稱讖緯，其實讖自讖，緯自緯，非一類也。讖者詭為隱語，預決吉凶。……緯者經之支流，衍及旁義。《史記·自序》引《易》：「失之毫釐，差之千里。」《漢書·蓋寬饒傳》引《易》「五帝官天下，三王家天下」，注者皆以為《易緯》之文，是也。蓋秦漢以來，去聖日遠，儒者推闡論說，各自成書，與經原不相比附。如伏生《尚書大傳》、董仲舒《春秋陰陽》，核其文體，即是緯書。特以鮮有主名，故不能託諸孔子。……胡應麟亦謂「緯讖二書雖相表裏而實不同」，前人固已分析之，後人連類而譏，非其實也。[103]

此處館臣不惜打破前人早已論定的讖緯性質，將讖書與緯書離析為二，強調前者「詭為隱語，預決吉凶」類似荒誕不經的預言；而後者則為經之支流，與經原不相比附，各自成書。甚至將緯書的地位提高，與伏生《尚書大傳》、董仲舒《春秋陰陽》相提並論。此論點固然有其合理性，亦極具學術價值。原其所以然，只不過是在絕對權力之下，為迎合君上觀點，揣摩上意所作的說解而已。

《乾坤鑿度》之外，其他經書亦有類似例子，如乾隆曾撰〈題毛晃《禹貢指南》六韻〉一詩，其小注曾提及：「晃是編於山水原委考證明當，不泥諸儒附會之說，故朱子《書》說、蔡氏《集傳》多用之。」[104] 館臣於毛晃《禹貢指南》提要即援以為據，亦謂：「是書……於古今山水之原委，頗為簡明。雖生於南渡之後，僻處一隅，無由睹中原西北之古跡，一一統核其真。而援據考證，獨不泥諸儒附會之說，故後來蔡氏《集傳》多用之，亦言地理者所當考證矣。」[105] 不僅對乾隆意見亦步亦趨，甚至連行文造語亦頗多雷同之處，不敢有違，可謂善於體察上意矣。

---

103 《易》類六《易緯坤靈圖》後案語，永瑢、紀昀等撰：《欽定四庫全書總目提要》，卷6，總頁 1–158。
104 〈題毛晃《禹貢指南》六韻〉，《清高宗御製詩文全集·御製詩四集》，卷17，頁9。
105 毛晃《禹貢指南》四卷提要，永瑢、紀昀等撰：《欽定四庫全書總目提要》，卷11，總頁 1–256。

又如經部《春秋》類收有元王元杰撰《春秋讞議》九卷，文溯閣本書前提要[106]全據《四庫全書初次進呈存目》提要。[107]然乾隆於戊戌年（四十三年，1778 年）閱及此書，並撰〈題王元杰《春秋讞義》〉詩，略云：「讞有評獄義，獄實刑之引。《春秋》豈其然，求精失之遠，夢得已一誤。元杰（王）重儻允。後賢議前賢，辯駁恣口吻。類此各標長，充棟奚能盡。」[108]館臣遂於修訂原書提要時，刪去「其宗旨概可見矣」以下文字，改為：「恭讀御題詩注，以程朱之重儻目之，允足破鄉曲豎儒守一先生之錮見。又其書襲葉夢得之謬，以『讞』為名，亦經御題嚴闢，尤足以戒刻深鍛鍊，以法家說《春秋》者。以其謹守舊文，尚差勝無師瞽說，故仍錄存之，而敬述聖訓，明正其書如右。……」亦為明顯例子。

他如乾隆曾撰有〈書小序考〉一文，主張「〈詩序〉既非夫子所作，則〈書序〉亦定非夫子所作。」理由在於若〈書序〉辭義精於〈詩序〉，則有可能出於孔子。但是「今〈書序〉遠遜〈詩序〉，朱子亦以為非夫子所作，而馬端臨且謂〈詩序〉不可廢，〈書序〉可廢。是知〈書序〉乃出於漢儒所為。」[109]此一論證既無具體證據，推論亦有瑕疵，其實未必可信。但上意如此，館臣自然視之若拱璧，立即反映在《總目》上，《四庫全書薈要‧總目》經部《詩》類案語即說：「伏讀御製〈書小序考〉，謂〈書序〉遠遜〈詩序〉，且有取於馬端臨『〈詩序〉不可廢』之說，聖論折衷，萬古定評矣。」[110]此後《總目》凡有涉及〈詩序〉、〈書序〉處，即以乾隆此說為定，再無討論必要。乾隆觀點對學術影響之大，於此可見。

106 王元杰撰《春秋讞議》提要，《金毓黻手定本文溯閣四庫全書提要》（北京：中華全國圖書館文獻縮微複製中心，1999 年影印康德二年遼海書社排印本），頁 137。

107 王元杰撰《春秋讞議》九卷提要，《四庫全書初次進呈存目》（台北：台灣商務印書館，2012 年影印台北國家圖書館藏原鈔本），經部頁 487。

108 〈題王元杰《春秋讞義》〉，《清高宗御製詩文全集‧御製詩四集》，卷 45，頁 26。

109 以上引文俱見〈書小序考〉，《清高宗御製詩文全集‧御製文二集》，卷 22，頁 13。

110 王際華等：《四庫全書薈要》（台北：世界書局，1985 年影印摛藻堂《四庫全書薈要》本），「總目一」，總頁 111。

經部而外，其他三部所收各書，乾隆也有許多題詠，如史部《慶元黨案》（〈題《慶元黨案》〉，《御製詩四集》卷 21，頁 13。乾隆三十九年）的提要說：「恭讀御題詩章，於揖盜開門再三致意，垂訓深切，實為千古定評。講學之家，不能復以浮詞他說解矣。」[111] 又如《道命錄》（〈《道命錄》識語〉，乙未，乾隆四十年《御製文二集》卷 19，頁 3）；〈題《道命錄》〉（《御製詩四集》卷 13，頁 22，乾隆三十八年）亦然。子部《帝王經世圖譜》（〈題《帝王經世圖譜》有序〉，《御製詩四集》卷 14，頁 3。乾隆三十八年）的提要說：「仲友此編，可徵其學有根柢矣。自宋以來，儒者拘門戶之私，罕相稱引，沈埋蠹簡，垂數百年。一旦自發其光，仰邀宸翰，且特命剞劂，以廣其傳。豈非真是真非，待聖人而後定哉。臣等編次之餘，既仰欽睿鑒高深，且以慶是書之遭遇也。」[112] 集部《宋景文集》（〈題元憲《景文集》並各書其卷首有序〉，《御製詩四集》卷 41，頁 8。乾隆四十二年）的提要說：「祁兄弟具以文學名，當時號『大宋』、『小宋』。今其兄庠遺集已從《永樂大典》採掇成編，祁集亦於蠹蝕之餘得以復見於世。雖其文章足以自傳，實亦幸際聖朝表章遺佚，乃得晦而再顯，同邀乙夜之觀，其遭遇之奇，良非偶然也。」[113] 這些意見，對館臣撰述提要的影響，也明顯可見。其他例子尚多，不一一列舉。

提要如此，其他資料也有類似現象，《纂修四庫全書檔案》所收的大量檔案已可見出乾隆在編修《四庫全書》過程中的各種指示與訓令，他所關切的問題幾乎無所不包，成書具在，可以參看，此處不贅。《纂修四庫全書檔案》之外，《四庫總目》卷首所附的聖諭，也蒐集了大量與修書有關的指示，如乾隆三十七年正月初四日所頒的上諭，清楚說明了收書的原則：排除不收的有「坊肆所售舉業時文及民間無用之族譜、尺牘、屏障、壽言等類，又其人本無

---

111 《慶元黨案》一卷提要，永瑢、紀昀等撰：《欽定四庫全書總目提要》，卷 57，總頁 2–283。

112 《帝王經世圖譜》十六卷提要，永瑢、紀昀等撰：《欽定四庫全書總目提要》，卷 135，總頁 3–860。

113 《宋景文集》六十二卷《補遺》二卷《附錄》一卷提要，永瑢、紀昀等撰：《欽定四庫全書總目提要》，卷 152，總頁 4–100。

實學，不過嫁名馳騖，編刻酬倡詩文，瑣屑無當者，均無庸採取」，更明確要求所收書以「其歷代流傳舊書，內有闡明性學治法、關繫世道人心者，自當首先購覓。至若發揮傳注、考覈典章，旁暨九流百家之言，有裨實用者，亦應備為甄擇為主。」[114] 這是因為開始編書時，乾隆猶篤信宋學，故以宋學著作為主，漢學著作猶在其次。乾隆轉為尊崇漢學後，〈凡例〉所謂「說經主於明義理，然不得其文字之訓詁，則義理何自而推？論史主於示褒貶，然不得其事跡之本末，則褒貶何據而定？……所錄者，率以考證精核，辯論明確為主。庶幾可謝彼虛談，敦茲實學。」[115] 也正是館臣順應上意的具體寫照。

不僅如此，由於乾隆在〈題《曲洧舊聞》四首〉[116] 與〈題顧憲成解《論語》四勿〉[117] 詩中批評了宋儒排除異己堅持門戶之見，館臣接着即在〈凡例〉中說：

> 漢唐儒者，謹守師說而已。自南宋至明，凡說經講學論文，皆各立門戶，大抵數名人為之主，而依草附木者囂然助之。朋黨一分，千秋吳越漸流漸遠，並其本師之宗旨亦失其傳，而釁隙相尋，操戈不已，名為爭是非，而實則爭勝負也。人心世道之害，莫甚於斯。伏讀御題朱弁《曲洧舊聞》「致遺憾於洛黨」，又御題顧憲成《涇皋藏稿》「示炯戒於東林」，誠洞鑒情偽之至論也。我國家文教昌明，崇真黜偽，翔陽赫燿，陰翳潛消，已盡滌前朝之敝俗，然防微杜漸，不能不慮遠思深，故甄別

---

114 以上引文見〈論內閣著直省督撫學政購訪遺書〉（乾隆三十七年正月初四日，軍機處上諭檔），中國第一歷史檔案館：《纂修四庫全書檔案》，頁 1–2。
115 《四庫全書‧凡例》，永瑢、紀昀等撰：《欽定四庫全書總目提要》，卷首 3，總頁 1–37。按：〈凡例〉首條即云：「八載以來，不能一一殫記。」乾隆三十八年正式開始編纂《四庫全書》，據以推算，則〈凡例〉應撰於乾隆四十六年之前，蓋是年二月十三日前，《四庫》館首次進呈《四庫全書總目》，見〈論內閣著將列朝御纂各書分列各家著撰之前並將御題四庫諸書詩文從總目卷首撤出〉（乾隆四十六年二月十三日，軍機處上諭檔），《纂修四庫全書檔案》，頁 1289。
116 〈題《曲洧舊聞》四首〉，《清高宗御製詩文全集‧御製詩四集》，卷 23，頁 1。按：此詩繫於乾隆甲午（三十九年，1774）。
117 〈題顧憲成解《論語》四勿〉，《清高宗御製詩文全集‧御製詩四集》，卷 55，頁 20。

遺編，皆一本至公，剗除畛域，以預消芽蘗之萌。[118]

此處極力抨擊宋儒「凡說經講學論文，皆各立門戶」，導致各分朋黨，操戈不已，反而不如「漢唐儒者謹守師說」。

他如乾隆在〈題胡宿《文恭集》〉中說「教坊致語寧忠告，道院青詞實異端」，要求「存其正者刊行，全集抄存可耳」。[119]館臣不僅如影隨形迅速執行，刪除宋人文集中所收青詞，又在〈凡例〉中強調：「二氏之書，必擇其可資考證者，其經懺章咒，並凜遵諭旨，一字不收；宋人朱表青詞，亦概從刪削。」[120]凡此種種，都足以證明乾隆在編纂《四庫全書》與《四庫全書總目》涉入之深、影響之大，這是討論《四庫全書》與《四庫全書總目》編纂時顯而易見，也是必須重視的事實。[121]

六、結語

探討清代中葉學術，一般都將目光聚焦在所謂「戴、段、錢、王」四大家的身上，極少注意到官方的學術態度。戴震、段玉裁、錢大昕、王鳴盛誠然為漢學巨擘，對當下及後來的考古學風影響極大，此事自然無可否認。但是，這些學者雖然成就傲人，也是當時學界景仰的典範，論起在政治、社會，甚至學術界的實際影響力，可能就難以跟獨攬天下大權的乾隆皇帝相

---

118 《四庫全書‧凡例》，永瑢、紀昀等撰：《欽定四庫全書總目提要》，卷首 3，總頁 1–38。

119 〈題胡宿《文恭集》〉，《清高宗御製詩文全集‧御製詩四集》，卷 28，頁 8。按：此詩繫於乾隆乙未（四十年，1775）。

120 《四庫全書‧凡例》，永瑢、紀昀等撰：《欽定四庫全書總目提要》，卷首 3，總頁 1–37。

121 乾隆皇帝對《四庫全書總目》的影響無所不在，詳細論述請參看拙撰：〈乾隆皇帝與漢宋之學〉，《清代經學與文化》，頁 156–192。此不贅述。

比擬。

　　乾隆皇帝雖不以經學名家，但他自幼所受的經史教育，卻使得他對經學不僅深具興趣，並且樂於發表自己的意見。見於《清實錄‧高宗實錄》、《乾隆朝上諭檔》、《高宗御製詩文全集》以及其他著述中有關於學術（以經史為主）的討論指不勝屈，在歷代皇帝中居冠，可見其著述之豐碩。爬梳上述文字，可以發現乾隆對清代經學有不小的影響。舉例而言，宋學與漢學學風各有長短，走向也有所不同，此事固然開端甚早，也有蹤跡可循，但公開且正式比較二者差異的，卻是乾隆五年的上諭。過去學界一直認為挑起清代漢宋之爭的是江藩的《漢學師承記》與方東樹的《漢學商兌》，事實不然，真正揭舉漢宋對峙的，其實是《四庫全書總目》的〈經部總敘〉。在此文中，敘述過歷代經學六變之後，隨即高舉大纛，比較漢、宋學的差異：

　　　　要其歸宿，則不過漢學、宋學兩家，兩家互為勝負。夫漢學具有根柢，講學者以淺陋輕之，不足服漢儒也。宋學具有精微，讀書者以空疏薄之，亦不足服宋儒也。消融門戶之見，而各取所長，則私心袪而公理出，公理出而經義明矣。[122]

此一觀點，有其所本，究其源頭，其實來自於乾隆五年的上諭：

　　　　今之說經者，間或援引漢唐箋疏之說。夫典章制度，漢唐諸儒有所傳述考據，固不可廢；而經術之精微，必得宋儒參考而闡發之，然後聖人之微言大義，如揭日月而行也。[123]

二者相較，可見《四庫全書總目》的觀點是乾隆上諭的具體呈現與深化。舉

---

122 〈經部總敘〉，永瑢、紀昀等撰：《欽定四庫全書總目提要》，卷 1，總頁 1–53。
123 中國第一歷史檔案館編：《乾隆朝上諭檔》第一冊，1600 條，頁 648。

此一端，即可看出乾隆在《四庫全書總目》的編纂過程中所扮演的角色，與其影響力之既廣且深了。本文之所以探討乾隆思想的變遷，原因在此。

通過上述的討論，可以知道乾隆學術思想的特色有三：一、讀書必求甚解，絕不苟且隨便，得過且過，甚至存惑於心。二、歷代注疏紛如聚訟，各有所偏，以注疏解經，未若以經解經。三、參用殊方語言文字，以解決經史疑難問題。這三個特色，共同顯現出乾隆在研究學術上堅持「求真」，絕不妥協的態度。由於這種執意求真的個性，在中年以後愈加明顯；再加上編纂《四庫全書》時大量閱讀了《永樂大典》中輯出的宋儒佚書，使得他對宋儒思想滋生不滿，因此逐漸走出原本深信不疑的宋學影響，轉而走向漢儒的考證訓詁之學。因此，我們可以發現乾隆的學術思想（以經學為主）有前後期的差異，其轉變就在乾隆下令開始纂修《四庫全書》之後，此前篤信宋學，且時有言論維護宋學；開始修書之後，則轉而趨向漢學，作品中也出現攻擊宋儒的文字。前後二期的差異極為明顯，也呈現乾隆思想前尊宋學後崇漢儒的現象。

經學傾向的改變，加上乾隆的影響無所不在，終於導致《四庫全書》與《總目》的學術立場也隨之而變，由修書初始標榜以「闡明性學治法、關繫世道人心」的宋學著作為主，轉而關注「發揮傳注、考覈典章」的漢學作品，〈凡例〉中大量出現的崇漢抑宋言論，正反映出館臣此一態度。究其所以，根本原因就在於乾隆的學術態度，這是探討清代中期學術發展時，不能不面對的一個問題。

引用書目

清高宗：《清高宗御製詩文全集》，台北：國立故宮博物院，1976 年影印原刻本。

孔穎達等：《尚書正義》，台北：藝文印書館，1965 年影印阮刻《十三經注疏》本。

范仲淹：《范文正公集》，台北：台灣商務印書館《四部叢刊・正編》本，1979 年。

周敦頤：《周敦頤集》，北京：中華書局，1990 年。

王安石：《臨川先生文集》，台北：華正書局，1975 年影印香港中華書局本。

程顥、程頤撰：《二程集》，北京：中華書局，1984 年。

晁公武撰、孫猛校證：《郡齋讀書志校證》，上海：上海古籍出版社，2006 年第三次印刷。

朱熹：《詩集傳》，台北：台灣中華書局，1971 年。

朱熹：《四書章句集注》，台北：大安出版社，1986 年影印北京中華書局本。

馬齊、張廷玉、蔣廷錫等編：《清實錄‧聖祖實錄》，北京：中華書局，1985 年。

慶桂等編：《清實錄‧高宗實錄》，北京：中華書局，1986 年。

永瑢、紀昀等撰：《四庫全書初次進呈存目》，台北：台灣商務印書館，2012 年影印台北國
　　家圖書館藏原鈔本。

《金毓黻手定本文溯閣四庫全書提要》，北京：中華全國圖書館文獻縮微複製中心，1999 年
　　影印康德二年遼海書社排印本。

永瑢、紀昀等撰：《欽定四庫全書總目提要》，台北：台灣商務印書館，2001 年影印武英殿
　　刻本二刷。

王際華等編：《四庫全書薈要》，台北：世界書局，1985 年影印摛藻堂《四庫全書薈要》本。

中國第一歷史檔案館編：《乾隆朝上諭檔》，北京：檔案出版社，1991 年。

中國第一歷史檔案館編：《纂修四庫全書檔案》，上海：上海古籍出版社，1997 年。

嚴可均：《全上古三代秦漢三國六朝文》，北京：中華書局，1991 年五刷本。

王先謙編：《東華續錄》，上海：上海古籍出版社，1995 年《續四庫全書》本。

文海出版社輯：《大清十朝聖訓‧高宗皇帝聖訓》，台北：文海出版社，1965 年。

楊伯峻撰：《春秋左傳注》，北京：中華書局，1990 年。

余英時：《朱熹的歷史世界——宋代士大夫政治文化的研究》，台北：允晨文化實業公司，
　　2003 年。

陳祖武：《清初學術思辨錄》，北京：中國社會科學出版社，1992 年。

夏長樸：〈乾隆皇帝與漢宋之學〉，《清代經學與文化》，北京：北京大學出版社，2005 年，
　　頁 156—192。

單周堯先生《尚書》研究述略

錢宗武

揚州大學文學院

　　單周堯先生在精研文字、音韻、訓詁之學的基礎上着力於《左傳》研究和出土文獻研究。近幾年，單先生對《尚書》學研究頗多關注，連出佳構，尤以〈清華簡《説命上》箋識〉、[1]〈「尚書」本為「唐書」説管窺〉[2]以及〈尚書校釋譯論管窺〉[3]三篇論文，為《尚書》學界矚目。時逢先生古稀壽誕，謹就三篇宏論撮其要略，並揭單先生對《尚書》學之襄助，以彰先生功德。

一、考證文字，補漏訂訛

　　《尚書》文字問題尤為紛擾。段玉裁《古文尚書撰異序》指出《尚書》文字曾罹七厄：「秦之火，一也；漢博士之抑古文，二也；馬、鄭不注古文逸篇，三也；魏晉之有偽古文，四也；唐正義不用馬、鄭用偽孔，五也；天寶之改字，六也；宋開寶之改釋文，七也。」[4]皮錫瑞《經學通論·尚書》指出：「治《尚書》不先考今古文分別，必至茫無頭緒，治絲而棼。故分別今古文，

1　載《揚州大學學報》（人文社會科學版）2014 年 3 月第 18 卷第 2 期，第 54 頁至第 59 頁。

2　此為單周堯先生參加貴州「《尚書》與清華簡」國際學術研討會會議論文。

3　此為單周堯先生參加第四屆國際《尚書》學學術研討會的會議論文。

4　（清）段玉裁：《古文尚書撰異》，皇清經解本。《清經解·清經解續編》第四冊，上海：上海書店，1988 年，第 1 頁。

為治《尚書》一大關鍵。」[5]而文字問題是《尚書》研究中最基礎的問題，只有先考訂《尚書》文字，才可能分辨今古文異文，才可能探討今古文學。

單先生於小學用力頗深，且尤以文字學見長，先生治《書》，直入《尚書》研究最緊要之處，解疑正訛，繽紛卓識。

《尚書校釋譯論》於《堯典》「朞三百有六旬有六日」注曰：

> 《史記・五帝本紀》作「歲三百六十六日」，係譯用簡明語。《漢書・律曆志》則作「歲三百有六旬有六日」，只易朞為歲。唐寫《釋文》作：「朞，本又作朞，皆古朞字，居其反。《說文》作稘，云復其時期也。」吳校語：「按稘為稘之省文，今《說文》作『稘，復其時也』。『時』下無『期』字，疑元朗所見本有之。朞，《齊侯中罍》文：『天子曰朞則爾朞。』正作朞字。」薛氏本作「百」。為《說文》古文期字。內野本「朞」作「朞」，二「有」字作「ナ」。唐寫《釋文》：「ナ，古有字。」甲骨文、金文中「ナ」皆可作有字用。

單先生對此補注訂訛：

1、關於「朞」。劉起釪先生僅說明見於唐寫本《經典釋文》，而未審其形之可疑：若此字是會意字，則「开」何解？若此字是形聲字，則「开」、「日」何者為聲符？單先生指出，「朞」字係「冎」（「期」字古文，從日丌聲）之訛字，「朞」上半之「开」係「亓」（「丌」字古文）之訛。單先生熟稔古文字形，如此說解，怡然理順，可補劉著校釋之疏漏。

2、關於「朞」、「朞」、「百」。劉起釪先生但引唐寫本《經典釋文》認為「朞」為「朞」之古字，沒有說明二者與「百」的關係。單先生則明確指出，「朞」當為「冎」之異體，「朞」又「朞」之異體。「冎」從日丌聲，「朞」從日其聲，二字形符相同，而聲符「其」、「丌」古同音，故極可能為異體字。至

5　（清）皮錫瑞：《經學通論》，北京：中華書局，1954 年，第 47 頁。

於「碁」，單先生結合王筠「古文多隨筆之變，彼省此增，不須執泥」的論斷，通過大量甲金文例證說明「古文字中作☉形者或省一筆作○，作○形者或增一筆作☉」，從而斷定「碁」字下「口」形當由「日」演化而來。條分縷析，有理有據。

3、劉起釪先生引吳士鑒《唐寫本經典釋文校語》謂「稘」為「稘」之省文，單先生則指出此係誤字而非省文。「誤字」與「省文」概念不同，二者不可混淆。劉著未察吳說之誤，單先生予以指正，顯示出一絲不苟的治學態度。

4、對於「ナ」，單先生指出古「有」字當為「又」。從實際使用看，甲金文中可作「有」字用者亦為「又」；而從形音義關係看，「ナ」、「又」形音義皆不相同，而「有」從「又」聲，故「ナ」非「有」之古字。唐寫《釋文》之所以作「ナ」，是由於「有」篆上半之「ᆿ」楷寫作「ナ」而致誤。單先生通過字理分析與用例舉證，澄清誤說；同時指出「有」之作「ナ」係漢字形體演變帶來的轉抄訛誤，說解甚確。

《堯典》「碁三百有六旬有六日」句，《尚書校釋譯論》的注語僅僅二百餘字，單先生能夠發現四處訛誤，與他扎實的文字學功底密切相關。這「文字學功底」一方面來自文字材料的大量積累和歸納；而另一方面則來自對歷代文字學研究論著的深入研讀。例如王筠「古文多隨筆之變，彼省此增，不須執泥」一語，單先生在〈清華簡《說命上》箋識〉中也有徵引，可見其在古文字研究中應用之廣。

又如清華簡〈說命上〉：「惟弢人得說于傅巖。」整理者認為「弢」為《說文》「弼」字古文「𢈫」的簡省，引《荀子·臣道》注：「弼，所以輔正弓弩者也。」弼人當為與製弓有關的職官。

單先生先摘引黃傑說，推斷「弢」可類比上博簡《周易》「弦」，二字同為會意字，且同為「射」之異體，「弢人」即「射人」；隨後下按語，細繹「射」字形義，以證實其說。單先生指出，射字金文「象用手拉弓搭箭形；隸變誤把弓形變成身字，手變成寸，箭丟掉了。」清華簡「弢」字從弓從攴，「同樣丟掉了箭」，而「從攴與從又、從寸取意相同。」儘管《說文》謂「攴，小

擊也」，但並非所有從攴之字均與涉擊義，有些字從攴，僅僅是表示某種動作和行為，如數、改、赦、敍。單先生引徐灝《說文解字注箋》：「從攴之字，多非擊義；攴訓小擊，理有難通……疑本象手有所執持之形，故凡舉手作事之義皆從之，因用為撲擊字耳。」驗諸「弢」字，若合符節：「『弢』從『攴』，蓋亦舉手拉弓搭箭之意。」單先生討源納流，細析字理，從看似紛亂無序的各異字形中梳理出清晰脈絡，説解甚確。

二、博聞強識，取精用弘

單先生不僅具有扎實的小學功底，在《尚書》研究中還展示出深廣的文獻功底。羅香林先生《尚書名義釋》駁斥「尚書」即「上古之書」，指出：

> 以上古之書為《尚書》，義雖較捷，然《墨子・明鬼篇》明謂「尚書夏書，其次商、周之書」，夏、商、周皆朝代名，而謂所連舉之「尚書」，獨為「上古」之尚，是不近實也。上古一詞，以古為詞根，上為附益，依俗定制，當云「古書」，而不為「尚書」。

羅香林先生意在通過《墨子》此文佐證「尚」與「夏」、「商」、「周」同為朝代名，進而論證其「『尚書』本為『唐書』」說的觀點。而單先生則指出：

> 先秦但稱《書》，無稱《尚書》者，《尚書》之稱，蓋始於漢。《墨子・明鬼下》：「尚書夏書，其次商、周之書。」王念孫《讀書雜誌》云：「『尚書夏書』，文不成義。『尚』與『上』同，『書』當為『者』。言上者夏書，其次則商、周之書也。此涉上下文『書』字而誤。」其說是也。

單先生首先強調先秦《尚書》但稱《書》這一文獻學常識，隨後引王念

孫説。王念孫但以「文不成義」質疑「尚書夏書」，而單先生則指出《墨子・明鬼》中「尚書」一語的出現有悖文獻學常識。同時單先生於諸家注疏中獨引王念孫之説，亦可謂慧眼獨具。單先生僅僅臚列兩條證據，就指出羅香林先生説解的疏漏，惜墨如金，論證有力。

又如《清華簡・説命上》：「甫為失仲使人。」針對「使人」一詞，單先生引棗莊廣播電視台王寧説，認為此句中「使人」和殷墟卜辭中常見的「使人」相關，指出「使人」就是派人往某地辦事的意思，而被派遣的人也可稱為使人。王氏臚列有若干甲文例證，單先生贊成其説，且又從傳世文獻中補充三條例證：

1.《左傳》宣公十三年：清丘之盟，晉以衛之救陳也，討焉。使人弗去，曰：「罪無所歸，將加而師。」

單先生引楊伯峻《春秋左傳注》謂「使人」為「晉使來責衛者」，「使人」作「去」這個動作行為的主動者，名詞無疑。

2.《左傳》襄公二十七年：鄭伯享趙孟於垂隴，子展、伯有、子西、子產、子大叔、二子石從。趙孟曰：「七子從君，以寵武也。請皆賦，以卒君貺，武亦以觀七子之志。」子展賦〈草蟲〉。趙孟曰：「善哉，民之主也！抑武也，不足以當之。」伯有賦〈鶉之賁賁〉。趙孟曰：「床第之言，不踰閾，況在野乎？非使人之所得聞也。」

單先生引楊注謂「使人」指代表晉君與盟之趙孟。分析語法結構，「使人」也是個名詞。

3.《呂氏春秋・慎大覽・貴因》：武王使人候殷，反報岐周曰：「殷其亂矣。」武王曰：「其亂焉至？」對曰：「讒慝勝良。」武王曰：「尚未

也。」又復往，反報曰：「其亂加矣。」武王曰：「焉至？」對曰：「賢者出走矣。」武王曰：「尚未也。」又往，反報曰：「其亂甚矣。」武王曰：「焉至？」對曰：「百姓不敢誹怨矣。」武王曰：「嘻！」遽告太公。太公對曰：「讒慝勝良，命曰戮；賢者出走，命曰崩；百姓不敢誹怨，命曰刑勝。其亂至矣，不可以駕矣。」故選車三百，虎賁三千，朝要甲子之期，而紂為禽，則武王固知其無與為敵也。因其所用，何敵之有矣？

武王至鮪水。殷使膠鬲候周師，武王見之。膠鬲曰：「西伯將何之？無欺我也。」武王曰：「不子欺，將之殷也。」膠鬲曰：「曷至？」武王曰：「將以甲子至殷郊，子以是報矣。」膠鬲行。

分析句法結構，「武王使人候殷」同於「殷使膠鬲候周師」，「始」皆為使令動詞，「人」與「膠鬲」皆為兼語。動賓詞組演繹了「使人」形成的語法過程。單先生指出：武王使人候殷，所使之人，即為候殷之使人；殷使膠鬲候周師、武王，膠鬲即為候周師、候武王之使人。單先生還進一步分析，由此可見，「使人」任務不一。殷用膠鬲為候武王之使人，若濃縮為「用膠鬲為武王使人」，似亦非無可能，此猶美國派遣某人為駐中國之大使，可濃縮為「派遣某人為中國大使」也。清華簡〈說命上〉首二句「惟殷王賜說於天，甬為失仲使人」，蓋謂殷王獲說於天，用為討伐失仲之使人也。

三例中，前兩例「使人」具有名詞性，後一例「使人」具有動詞性，正與王說相呼應。事實上，單先生不僅利用傳世文獻為出土文獻提供佐證，展示出深廣的文獻積累，同時還能夠對有限的文獻資料進行最大程度的挖掘。王寧已經闡釋過「使人」名詞義與動詞義之間的關係。單先生一方面用傳世文獻予以驗證，若合符節；同時還分析出「使人」不是固定職官，而是針對不同具體事務而臨時任命。基於此，「武王使人候殷」，所使之人，即為候殷之使人；而「殷使膠鬲候周師、武王」，膠鬲即為候周師、候武王之使人。明確這一點後，單先生將「殷使膠鬲候周師」合理改寫為「殷用膠鬲為候武王之使人」，並結合現代漢語語例指出「殷用膠鬲為候武王之使人」存在改

寫為「殷用膠鬲為候武王使人」的可能。現代漢語是由古代漢語發展而來，單先生深諳古今漢語的傳承性和延續性，合理運用現代漢語分析古代漢語疑難問題，溝通古今，慧心卓識。值得注意的是，單先生在此處也強調這僅僅是合情推理而非定論，思維縝密，態度嚴謹，絕非尋常好尚以今律古者可比。最後，單先生由「殷用膠鬲為候武王使人」類比清華簡〈說命上〉「甬為失仲使人」，指出「甬為失仲使人」即用（說）為討伐失仲之使人，文從理順。

三、情繫《書》學，殫精竭慮

單周堯先生不僅撰寫《尚書》學論文，還積極支持、參加和推動《尚書》學研究活動。2014 年 5 月，國際《尚書》學會與曲阜師範大學在曲阜共同主辦第三屆國際《尚書》學學術研討會，單先生作為特邀嘉賓蒞會並作題為〈《尚書》研究：任重道遠，薪火有傳〉的大會主題報告。

單先生首先引述吉林大學古籍所王連龍先生於 2003 年發表的〈近二十年來《尚書》研究綜述〉一文，認為當時《尚書》學仍有許多問題亟待解決，諸如在新材料不斷發現的背景下如何正確評價《尚書》在中國學術史上的地位，如何認識今古文問題，如何盡早編纂出一部科學性更強的《尚書》新注釋本，如何在更廣泛的當時社會背景中去研究《尚書》等等，可見當代《尚書》學研究之「任重道遠」。隨後則以發表於《揚州大學學報》的〈經典回歸的永恆生命張力——《尚書》學文獻整理研究及其當代價值〉作為回應：《尚書》的詮釋思潮與時代思潮息息相關。歷代對《尚書》基本理念和價值觀的詮釋相對穩定，顯示出《尚書》持久的活力，又對《尚書》基本理念和價值觀進行了適當的推陳出新，顯示出《尚書》的巨大思想張力。《尚書》的文本表達、《尚書》的延伸詮釋、《尚書》研究者的時代體驗，這三者形成了一個充滿張力的互動系統，充滿了永恆的、鮮活的生命力。在這一系統中，國故

得以整理，思想得以延伸，傳統得以承繼，文化得以傳揚，學術得以發展，價值在回歸中更顯價值，經典在回歸中更顯經典。單先生贊成《尚書》學文獻整理的策略需要求「真」、求「全」、求「新」。近年來，國內外不少學者圍繞清華簡等出土文獻中的《尚書》學文獻或類《尚書》學文獻展開多課題研究，取得了豐碩的研究成果。2010年，國際《尚書》學會成立，作為第一個專門的《尚書》學學術研究機構，開展了一系列學術活動，有力推動了《尚書》學和《尚書》學文獻的研究。單先生充滿激情地肯定國際《尚書》學會學術活動的重大意義，高屋建瓴地揭示了《尚書》學研究的現狀、特點和發展方向。

學問傳承並非朝夕之功，而是有賴於一代一代持之以恆的不懈努力。單先生展望《尚書》學研究未來，同樣從「任重道遠」以及「薪火有傳」兩個方面展開。單先生主要針對香港地區經籍研究，指出他自己上大學時「一年級上學期讀『中國經學史』和『尚書』，下學期讀『禮記』，然後在二、三年級讀『易經』、『詩經』、『春秋三傳』，大學三年，讀遍五經」；而「現在環顧香港各所大學，遍開五經的院校可以說完全沒有」。此外，「現在香港各大學的研究生，研習經籍的顯著比以前少」。香港官方教育對經學的弱化顯然影響了學生的知識結構和興趣方向。但同時「情況也有樂觀的一面」。單先生指出：「近二十年，有不少熱心人士，提倡『兒童讀經』，現已初見成效，讀經風氣已遍及海峽兩岸三地，以至亞洲其他地區，以至歐美，讀經教育已成為青少年教育的一股新興潮流，許多父母都願意讓他們的子女接受經典教育，以收熏陶之效。過去播下的種子，現已屆收成階段。」單先生指出如今許多十幾歲的少年朋友「能背誦《易經》和《四書》的全部經文，以及《詩經·國風》的所有詩篇」，他堅信經典誦讀的普及一定能夠使經學引進在未來繼續發揚光大。單先生的報告縱論古今，由此及彼，峰迴路轉，高潮迭起。他對當下經籍教育既飽含憂思，卻又充滿信心，給無數後學以莫大激勵。

2014年10月，國際《尚書》學會與清華大學在貴州師範大學舉行「《尚書》與清華簡」國際學術研討會，單先生亦親臨會議做主題演講。會議期間，

單先生與宗靜航先生等商討，促成第四屆國際《尚書》學學術研討會在香港舉行的動議。會後，又不辭勞苦，積極參加盧鳴東先生主持的會議籌備活動。

2016 年 4 月 19 日，在香港浸會大學，第四屆國際《尚書》學學術研討會隆重開幕，單先生親書「尚書精研」隸書橫幅一幀惠贈國際《尚書》學會。書作經緯分明，結字嚴整，筆法細膩，集金石氣、書卷氣於一體，表達了對近年來《尚書》學研究的認可、支持，以及對《尚書》學未來的誠摯祝願。單先生自始至終參加會議全過程，隨時現場指導，會議取得巨大的成功。來自海內外的《尚書》研究者八十餘人，齊聚香江之畔，誦說《書》義，摩研箋傳，體現出當代知識份子對傳統學術的執着和忠誠，也體現出「寥寥三千年，氣象挽可回」的復興之願。與會學者提交大會論文六十五篇，研究內容涉及《尚書》學與史學、文學、經學、訓詁學、語言學、文化學等多個領域，既反映出《尚書》學研究的新進展新路向，又反映出發掘經典國學新價值的時代訴求。這次會議成為《尚書》學研究史上一座新的里程碑。毫不誇張地說，單先生是這座豐碑的主要奠基人。

單周堯先生的《書》學研究不僅顯示出深厚的文字學功底和淵博的文獻積累，更閃耀着一個思想者睿智的思想靈光。單周堯先生千方百計地支持《尚書》學研究和國際《尚書》學會的學術活動，真實地展現了一個守望者復興傳統文化的時代責任感和強大的道德力量。單周堯先生的學術理想已然熔鑄於他的自然生命之中。時值單先生古稀之慶，衷心祝願先生萬福安康，益壽延年，衷心祝願經典研習薪火相傳，生生不息！

章太炎對三體石經認識與
《尚書》研究

虞萬里

上海交通大學人文學院

　　章太炎 1908 年在日本講授《說文》，以段注為教本，融文字聲韻訓詁於一爐，旁徵博引，酣暢淋漓。唯對《說文》中之古文，頗少涉及。及 1922 年底洛陽出土大塊三體石經《尚書》與《春秋》殘石，引起太炎先生關注，與于右任、胡樸安、吳承仕等往復討論石經文字、石碑形製行款，引起他對《古文尚書》之新的看法，當時寫下著名的《新出三體石經考》一書，之後又有《太史公古文尚書說》和《古文尚書拾遺定本》諸作。可以說，三體石經殘石之出土，是引起太炎先生對《古文尚書》認識與研究之關鍵，故有必要對其接觸三體石經殘石之前後作一番梳理探究。關於太炎與三體石經之關係，予友蔣秋華教授有《章太炎與魏三體石經》一文，從文獻學角度梳理太炎經眼拓本前後及所著《新出三體石經考之始末》，搜羅資料非常詳盡。筆者擬在蔣文基礎上，略予增補，並着重闡發太炎對三體石經認識發展和對《尚書》研究。

一、章太炎所見三體石經拓本之時間脈絡

　　光緒十八年（1892）在洛陽龍虎灘發現一塊三體石經《君奭》殘石，拓本流傳於學者與古董商之間，範圍有限。雖時有見解和題跋，而真正著成文

章者，則是二十多年後的王國維《魏石經考》。1922 年底洛陽出土三體石經《尚書·無逸》、《君奭》和《春秋》殘石，卻是轟動一時，整個學界為之振奮，傳拓、著錄、研究者不乏其人。作為學術領袖、眾望所歸的魁首章太炎先生，自然有人會將殘石拓本贈與過目。就今所見資料，是李根源（1879–1965）最早贈與，且是光緒殘石《無逸》。太炎與易培基書翰云：

> 近三體石經忽有數碑現世，此實怪絕。先是民國十一年，李印泉贈我一冊，乃《尚書·君奭篇》百廿餘字，字頗蠹蝕，而紙墨不過三數十年。然《君奭》為《隸續》所未錄。怪問李君，則云：「從長安作客得之，終不能尋其根也。」[1]

後著《新出三體石經考》則云：

> 民國十年，友人騰沖李根源以長安肆中所得石本《君奭》古文、篆、隸一百有十字贈余，獨出《隸續》外，余甚奇之。恨已剪戳成冊，無由識碑石形狀。久之，知其石出洛陽龍虎灘民家，嘗以繫牛，印師劉克明始識之，卒歸黃縣丁氏。後得攝影本，於是識其行列部伍也。[2]

李根源贈其《君奭》拓本，與易培基書謂在民國十一年，後云民國十年。立足於 1923 年 5 月 17 日，謂「近三體石經忽有數碑現世」，當指 1922 年底出土之大塊石經，而云「先是民國十一年」，則即 1922 年，無須用「先是」表示，《新考》改為「民國十年」，於文理較順，是知李根源在民國十年（1921）

1　章太炎《章太炎論魏正始三體石經書》，《國學叢刊》第一卷第三集，1923 年，第153 頁。《章太炎全集·書信集》，上海人民出版社 2017 年版，下冊，第 868 頁。

2　章炳麟《新出三體石經考》，《華國月刊》第一卷第一期，1923 年，第 1 頁。《章太炎全集》，上海人民出版社 2014 年版，第 536 頁。按，太炎此文先在《華國月刊》發表，時間在 1923 年，後幾經修訂，成今所見本，對照兩者，文字頗多異同，今文字從後者。

在長安舊肆中獲得《君奭》拓本，以贈太炎。由於拓本已經剪裱，無法「識碑石形狀」，以詢李氏，亦無能明其所以。後始獲知是出於龍虎灘民家，為篆刻手劉克明率先識得。由上得知，光緒發現之《君奭》拓本，太炎遲至二十九年後方始獲睹，時已在洛陽大塊《無逸》、《君奭》殘石發現之後。

太炎獲睹大塊《無逸》、《君奭》三體石經拓本，係由于右任贈送。前文與易培基書又云：

> 今年三月，偶以此事語于右任，右任即取六大幅見贈。《尚書》則《多士》、《君奭》、《無逸》，《春秋》則僖公經、文公經，悉《隸續》所不載，而完好過於李本。問其故，則云：「去歲有人在洛陽廁牖中，見其石壁有古篆文，設法壞壁，得一石，以示人，知為三體石經。洛陽居民轉相傳告。或云：某廟某寺亦有石壁，文字相近。因共壞之，復得二石。此即得石後所拓也。其石或入官，或歸富人，分散矣。」因歎清世諸老校剔石經，不為不勤，獨於此未及，真所謂掎（掎）檢星宿，遺一羲娥者也。[3]

于右任所增六張大塊石經拓本，《新考》謂「十二年，新安張鈁又屬三原于右任以石經拓本六紙未裝者贈余」，[4]可揣張鈁欲于右任轉贈在 1923 年 3 月之前，及太炎與于右任談起石經一事，于氏「即取六大幅見贈」。然據于氏轉述石經發現原委，也是人云亦云，含混不清。所謂在洛陽廁牖中所發現，係光緒《無逸》殘石趙漢臣之說，「某廟某寺亦有石壁，文字相近，因共壞之，復得二石」，係《多士》、《君奭》、《無逸》、《春秋》大石一剖為二者。傳說將前後相差三十年之事縮合為一，可見當時傳說之紛紜。及其撰寫《新考》，已問過張鈁。鈁告之云：

3　章太炎《章太炎論魏正始三體石經書》，《國學叢刊》第一卷第三集，1923 年，第153 頁。

4　章太炎《新出三體石經考》，《章太炎全集》，第 536–537 頁。

　　民國十一年十二月二日，洛陽東南碑樓莊下朱圪塔邨民鬮藥，得石經於土中，為巨石一，其文表裏刻之，以其重，斷為二，他碎石亦一散於公私。[5]

千唐誌齋主人張鈁本河南新安人，所收皆精品，[6] 其所聞最近事實。[7] 太炎亦認為與史實相符，故捨棄于說，而將張說寫入《新考》。

　　此後，太炎屢委王廣慶代為蒐集石經拓本，1923 年 12 月 21 日致王書云：

　　　　未出石經，既在黃霜地中，正應設法。彼既不敢發掘，應厚與工貲。如其未釁，宜將原地照時價二三倍買得，則發掘之權，亦在己矣。凡此不宜惜小費也。[8]

太炎之所以函商王廣慶不惜工本，竭力蒐集，實因充分認識到三體石經之價值。在 1924 年 3 月 24 日與王函中表露的更坦誠：

　　　　叔治來，惠致手書並丁氏所得石經摹本及三體鼎足書各件。丁氏本甚佳，向來未得原型，今始獲之，欣喜之至。……望與伯英熟商，更籌良策。如能更有所得，則寶藏盡出，非徒以為美觀，實於經學有無窮之益；所謂一字千金者，並非虛語。如其難得，來書所謂已出土者尚有八千餘字，望設法摹得之。[9]

5　章太炎《新出三體石經考》，《章太炎全集》，第 537 頁。
6　張鈁所收魏三體石經之精美程度遠過於孫海波所影印者，見潘永耀《張鈁舊藏三體石經考述》，載《東方藝術》2009 年第 6 期。
7　據王廣慶題三體石經未裂本跋文，謂「張伯英（鈁）商之公私各界擬建亭于城西北隅武廟中覆之」，可見張鈁於碑石情況知之甚悉。未裂本題跋藏上海圖書館。
8　章太炎《與王宏先書》，《文獻》1991 年第 2 期。此據《章太炎全集・書信集》，下冊，第 1050 頁，下同。
9　章太炎《與王宏先書》之二，《章太炎全集・書信集》，下冊，第 1051 頁。

前從李根源處獲得丁氏《君奭》拓本並不清楚，此時王廣慶為重覓佳拓，並寄贈《堯典》品字式拓本。所謂於經學有無窮之益，其價值一字千金，是其已深刻認識到三體石經發現之意義。故會如前函敦促王廣慶不惜工本蒐求之。

太炎先生自得三體石經以來，由古文字形更引及《古文尚書》，浸潤之而不能忘懷，恆四處搜尋不已。1932 年 7 月於潘景鄭書云：「僕自得三體石經及《釋文》殘卷後，亦頗欲窮問斯事。」[10] 1936 年潘景鄭贈其洛陽續出三體石經《尚書・無逸》和《春秋・僖公》一石二面拓本兩張。太炎於《書洛陽續出三體石經後》云：「民國二十五年春，余因潘生承弼得洛陽續出三體石經拓本兩紙……此石出土後，為人攜至上海，故潘生由上海碑估得之。其年四月，章炳麟記。」[11] 此殘石亦與大塊相銜接，在大碑之左下端。因為所獲在太炎去世前數月，不堪克補入《新考》。

就所見太炎自述而言，其由友朋、學生處所獲睹之三體石經，大致集中在《尚書・無逸》、《君奭》和《春秋》之僖公、文公殘碑。其他如品字式《堯典》等，必有所聞亦有所見，然未為其專門記述者，蓋另有原因。

二、章太炎對三體石經拓本之認識過程

當太炎初得李根源所贈《君奭》拓本時，並未做任何研究。及從張鈁轉手于右任獲得《無逸》、《君奭》和《春秋》僖公、文公拓本時，始有感想。1923 年 5 月 17 日致易培基函，附以兩點感想：一謂《春秋》殘石中古文「狩」、「叵」、「介」三字之古文形體，經與《說文》校覈，皆不見收。認為「非獨裨助小學，亦庶窺麟筆古書」。[12] 二是誤據已剖開的殘石以每面十五行行三

10　章太炎《與潘景鄭書（一）》，《章太炎全集・書信集》，下冊，1186 頁。

11　章太炎《書洛陽續出三體石經後》，《制言》第十六期，第 1 頁。

12　章太炎《章太炎論魏正始三體石經書》，《國學叢刊》第一卷第三集，1923 年，第 153 頁。

十三字計算字數，謂一碑九百九十字，《水經注》記載四十八碑，足以容《尚書》、《春秋》二經。又謂宋代蘇望所得《桓公》篇有《傳》，而《左傳》有十七萬字，則絕非四十八碑所能容。先生此時計算，未能將一字三體考慮在內，故不可為典要。

至 6 月 7 日在《國學週刊》上發表《與于右任論三體石經書》，計算與前略異，謂：

> 按，今所謂碑石皆中斷，每面各十五行，每行只三十餘字。就本經文字對質，原石一行當有六十字。碑面各十五行，則千八百字，而三體相除則一碑只經文六百字也。《春秋》萬八千字，已須三十石，益以《尚書》二十九篇，當得六十餘石。且皇祐蘇望所摹，今見於《隸續》者，《春秋》亦兼有傳，左氏全《傳》十七萬言，合之《春秋》、《尚書》，當三百餘石矣。[13]

此翰與前引致易翰相差僅二十天，已着眼於上下中斷，校覈經文，算出每行六十字。然因贈者未告明原由，仍懵於殘石已經直斷中剖，依前以每面十五行計之。又相信蘇望所説有《左傳》，遂推算需三百餘石，而謂「《御覽》引戴延之《西征記》稱碑三十五枚，表裏《尚書》、《春秋》二部；酈道元《水經注》稱碑四十八枚，以今驗之，戴、酈已不見全部矣」。至於古文字形，謂「屇」、「乂」二字與《説文》合；而「狩」、「盧」、「潮」、「蔡」、「濮」、「款」皆用古文聲近通假之字。另「夏」、「恒」皆用《説文》未錄、鐘鼎未見之古文。他由此得出結論：「以此知《書》本壁中，《春秋》本張蒼所獻。」而感歎「漢世秘府所藏，特於斯一見之也」。此較之前翰計算，已注意一字三體，其他則仍不明底裏。太炎之推算曾遭致胡樸安質疑。胡氏從陳巢南處獲得拓

13　章太炎《與于右任論三體石經書》，《國學週刊》，上海國學研究社，民國 12 年 6 月 7 日星期三。

本，以《水經注》所載尺寸較量拓本大小，僅得其半，因謂每面當有三十行以上，若以三十行行六十字計，須得一百八十三石。[14] 胡氏又謂論者謂《左氏傳》當未刻盡，僅刻至桓公，故其碑與《水經注》所記相近。[15] 胡樸安所謂論者，當指王國維《魏石經考》之説，然此時太炎似未見王《考》。

胡氏書翰刊於 8 月 15 日，[16] 章太炎接受其意見，於 9 月 15 日《華國月刊》創刊號上刊登《新出三體石經考》之一，云：「行列不壞，每面無慮三十三行。」[17] 其與于右任書亦云：「前示胡君樸安論三體石經書，以事多未理。其云每面至少當三十行者，是也。」自述其所以以十五行計者，是「前得拓本時，以紘先述之不詳，[18] 未知其直斷，後始發覺，故於《新出三體石經考》中已為更正。[19] 大致以每面三十三行，以百六十餘碑容《尚書》、《春秋經傳》，與樸安説不甚異」。[20]《華國月刊》第二期《新考》之二云：「蓋一百六十餘碑而後足容古文篆隸六十三萬字。以校戴、酈所見，三四倍有餘。」[21] 與《與于右任

---

14 胡樸安在 1923 年 12 月 23 日題於拓本下方之跋文亦云：「前見太炎與右任論三體石經書，知三體石經新近出土。即從右任處通得拓本六紙，顧皆斷裂，唯《尚書》兩紙存字稍多。以文字排比求之，知每行六十字。太炎謂每碑十五行，碑之都數當為三百石。余證以碑之尺寸，意擬每碑三十行或三十行以上。碑之都數當為一百八十餘石。曾作書與右任論之詳矣。今右任得橫斷未直裂拓本，出以示余。受而讀之，每碑果三十四行，竊喜意擬之不謬。」此跋見上圖藏三體石經未裂本拓本真跡，見附圖。

15 胡樸安《與于右任論三體石經書》，《國學週刊》，上海國學研究社，民國 12 年 8 月 15 日星期三。

16 胡氏書翰自署 8 月 11 日。

17 章炳麟《新出三體石經考》，《華國月刊》第一卷第一期，第 2 頁。

18 按，紘先，王廣慶字。王氏於民國 12 年 12 月寫成《洛陽先後出土三體石經記》，並於同月 25 日題跋於未裂本三體石經拓本，二文皆記及未裂本十三張，為謝榮章命白姓者鑿裂之。太炎謂其述之未詳，當在 12 月前也。

19 章太炎在未裂拓本上題云：「是軸乃未斷本也。凡三十二行，石經初出時所摹。未幾，以私運不便，即被鑿裂，故所見皆中斷。」可見太炎見此拓本時，親驗其行款，謂為三十二行，前此《華國月刊》上運三十三行，已當糾正。章太炎題跋本藏上海圖書館。見附圖。

20 章炳麟《與于右任論三體石經書》，《華國月刊》第一卷第四期，1923 年，第 44 頁。按，十年後，錢玄同為之抄錄時，改為「每面三十二行」，見章炳麟《新出三體石經考》，《章太炎全集》，第 538 頁。

21 章炳麟《新出三體石經考》，《華國月刊》第一卷第二期，第 1 頁。

書》合。然太炎仍不同意胡樸安所說《左傳》刻至桓公而止之說。不信原因
是「唐叔手文曰『虞』，見《左氏・昭公傳》，而《傳》首《孔疏》引此石經
『厹』字，則知唐時尚見石經《昭公傳》也」。[22]

　　至於三體石經之書者，所關甚重。太炎與于右任書云：「《魏略》稱邯鄲
淳善許氏字旨，是其徵也。」[23] 似以正始三體石經為邯鄲淳所書。胡樸安謂三
體石經為邯鄲淳所書一說，顧炎武、馮登府、萬斯同等早已否定，尤其是萬
斯同據胡三省《通鑑注》推算邯鄲淳元嘉元年（151）為度尚作《曹娥碑》，
元嘉至正始（241）九十餘年，所書已不可能。謂：「太炎先生認邯鄲淳所書，
僅據《魏略》，未偏核各書也。」[24] 但太炎仍堅持己見，云：「淳之年壽，吾
嘗以《魏略》考之，黃初初為博士，據《藝文類聚》錄淳所作《受命述》及
《上受命述表》，是淳存于黃初時甚明，其年且九十矣。下逮正始之中，亦財
二十餘年，其弟子逮事淳者，是時尚眾，得據淳所寫古文經典，因以迻書上
石。是故江式直稱石經為淳所建，明文字指授所自也。」[25] 雖然堅持，但已從
淳書降而為「得據淳所寫古文經典，因以迻書上石」。誰迻書上石，含混不
清。至在改本《新考》中，又詳考邯鄲淳生平行歷及師傳弟子，云：

　　　　《魏志》：潁川邯鄲淳附王粲傳，注引《魏略》：淳一名竺，字子叔，
　　善蒼雅蟲篆、許氏字指、四體書勢。又稱建初中，扶風曹喜篆書少異李
　　斯，而亦稱善。邯鄲淳師焉，略究其妙。韋誕師淳而不及也。蔡邕亦采
　　斯、喜之法，為古今雜形，然精密閒理不如淳。此則淳書獨步漢魏。嘗
　　寫壁經，而弟子迻以入石，其筆法淵茂，弟子所不能至，故云「轉失淳

22　章炳麟《與于右任論三體石經書》，《華國月刊》第一卷第四期，1923 年，第 44 頁。
23　章太炎《與于右任論三體石經書》，《國學週刊》，上海國學研究社，民國 12 年 6 月
　　7 日星期三。
24　胡樸安《與于右任論三體石經書》，《國學週刊》，上海國學研究社，民國 12 年 8 月
　　15 日星期三。
25　章太炎《與于右任論三體石經書》，《華國月刊》第一卷第四期，第 2 頁。

法」，非謂字體有失也。[26]

指出淳之書法獨步漢魏，壁經為其早已寫就，正始上石，乃是弟子迻入。之所以要寫《古文尚書》，是因為與盧植一樣，不滿於熹平時蔡邕專刊今文經。故其繼考蔡邕與邯鄲淳之年齒相若，淳、邕（蔡邕）同時而有聲聞，邕仕而淳隱。淳在黃初初被文帝立為博士，石經古文，本淳所寫，及二十多年後之正始立石，淳或卒或老不能書，乃由其弟子東海王霖、韋誕、江瓊之輩迻淳所寫上石。邕立一字石經，用今文經傳，盧植已非之。故「淳之寫古文經以待摹刻，其亦與植同旨而近規邕之失」。[27]三體石經之書者，因史闕有間，問題極為複雜，非一時所能釐清。太炎詳考邯鄲淳之師承及學脈，是在王國維之外最早也最詳盡的考證文字，可備石經學史之參證。

1922年底大塊三體石經出土後，洛陽家家掘地尋寶，作偽之事也趁勢而起。當時傳拓交流，真偽莫辨。太炎較早認識到流傳中有偽石。1924年9月與弟子吳承仕書時即指出：「前歲之冬，石經既出，隨有偽作殘片者，自洛陽來。僕因與原石相比，往往取三四字摹刻之，以是不信。」可見其特別警惕偽刻殘石。三體石經豎刻體式外，另有一種品字式，羅振玉、王國維皆信其真，且多方解釋。太炎與吳承仕云：「隨有偽作三體，以『品』字式作之者，其篆體肥俗，或疑宋時嘉祐石經，然此不應出於洛陽，且行列亦不合，決知其偽。乃羅叔蘊、王國維等尚信之，豈真不辨篆法工拙邪？蓋習于好奇，雖偽者必仞之也。」[28]又與王廣慶云：「鼎足書者，恐出後人偽造，觀其篆法拙滯，唐人尚不作此體，夢英、張有時帶此種筆法，然亦不盡爾也。若非土人炫三體石經之奇，贗作欺人，則必金元人書，適與正始石經同沉地窟耳。」[29]因謂古董商作偽，致使流傳拓本真偽參半，所以他特別警惕，對識別殘石拓

26　章太炎《新出三體石經考》，《章太炎全集》，第541–542頁。
27　章太炎《新出三體石經考》，《章太炎全集》，第548頁。
28　章太炎《與吳承仕書》之四十五，《章太炎全集・書信集》，上冊，第440頁。
29　章太炎《與王宏先書》之二，《章太炎全集・書信集》，下冊，第1051頁。

本有自己一個準則，謂「僕意除丁氏所得者及朱圪塔村所得二石外，如有殘餘，必其篆法瘦逸，而又非在曾得之石之中者，且其文義可讀者，然後始信為真」。[30] 故其《新出三體石經考》所論所考，不及其他碎石拓本，即秉持此一原則。

三、章太炎《新出三體石經考》

從太炎先生與易培基書中提及《春秋》殘石中《說文》所無之「狩」、「咺」、「介」古文，知其對三體石經古文形體極感興趣。1923 年 8 月胡樸安《與于右任論三體石經書》已從于右任口中得悉「太炎尚有考證七千餘言，於文字學極有發明」，[31] 可見其獲睹三體石經伊始，即與友朋粗論其形製行款時，已對古文進行較為細緻之考證。故《新考》以古文字形為重心，兼及《古文尚書》字體書寫者、碑石形製、行款及史實。該文首在《華國月刊》第一期刊出，後復連載三期，共約八千字許，與于右任所說相較，略有增補，主要為回應胡樸安質疑而後有所修正與增益。前面三千餘字係形製行款及史實考證，後有 113 條古文考證，一條疑文。刊出後，太炎仍續有修訂。1933 年錢玄同代為用隸書重抄修訂本，刊入《章氏叢書續編》。修訂本與《華國月刊》本相校，形製行款及史實部分增益一二千字，主要是補入邯鄲淳弟子一節與「清末鄭珍作《汗簡箋正》」以下論字形一節，其他亦略有增刪。古文考證部分增入十四條，都計 127 條，闕文二條。

所增條目文字如下：

1、年（二，初刊本疑文迻入）

---

30 章炳麟《與弟子吳承仕論三體石經書（一）》，《華國月刊》第二卷第四期，1925 年，31–35 頁。

31 胡樸安《與于右任論三體石經書》，《國學週刊》，上海國學研究社，民國 12 年 8 月 15 日星期三。

2、用（八）

3、至（十一）

4、罔（十五）

5、衛（三十二）

6、後（三十七）

7、猒（四十四）

8、酗、酒、哉（五十四）

9、保、惠（五十五）

10、綽（六十五）

11、道（七十七）

12、平（八十九）

13、丑（九十九）

14、瑕（一百十）

15、葬（一百十八）

16、麎（一百十九）

17、震（一百二十六）

18、女（一百二十七）

刪去三條：

1、公（八）

2、無（十八）

3、罔（八十六）

　　就修訂本 127 條而言，其中有一條而涉二字三字者，故實際所考訂古文字形不止此數。對古文字形考釋，大多先從《說文》入手，與《說文》古文、籀文字形校戡異同，再加以解釋，時引鐘鼎銘文、秦漢石刻、敦煌殘卷字形對照作解，對孫星衍所說及清儒說字有不同者，亦隨文駁斥。《華國月刊》所刊係早期初稿，所作詮解較為簡單。茲選取較詳者一條為例，如：

四十一、《無逸》文王卑服。服作⬚，《春秋·文公經》叔服，亦作⬚。

考釋：⬚本從用。此筆勢小異。中似女字。然《說文》「備」之古文作⬚，正從女。則意古文⬚字亦或有從女者也。女上加一橫畫，猶秦權安字作⬚，女旁又加一直畫也。⬚服古同聲相借。《易》服牛乘馬，《說文》作犕牛。《左氏》伯服，《史記》作伯犕。

太炎先生從初接觸三體石經拓本，開始撰寫《新考》中古文考釋，到刊登於《華國月刊》，僅約半年許。或因拓本模糊，字形不清，或因一時思慮未周，僅是與《說文》勘同異，大輅椎輪，顯得粗疏。後經十年磨勘，在文字考釋上有很多新的突破。有原未詳其字形，而後作出新解者，如：

《華國月刊》本一百：狄侵齊，狄作⬚。釋云：「未詳。《汗簡》右旁形小異。」《續編》本對「⬚」字有認識，解云：「古狄、翟互相借。翟本雉名，引申為羽飾衣。此蓋羽飾衣正字。從半羽，一者，題識也，與卒同意。借為狄字。凡三見。」

有在原來條目上增解一字者，如：

《華國月刊》本六十五、遠念，遠作⬚，僅詮釋遠字。《續編》本七十二改成：弗永遠年天畏，遠作⬚，畏作⬚，既解遠，又釋畏。

有修正石經文句者，如：

《華國月刊》本六十八、天難忱，忱作⬚，「天難忱斯」，乃《詩·大雅·大明》文。《續編》本七十五改成：天難諶，難作⬚，諶作⬚。「天難諶」乃《君奭》文。

更多的是在原考釋的基礎上進一步增益證據，加強論證，使古文字形之構形
與流變更加清晰。如其最初與易培基書中提及的「介葛盧」一條，介字《華
國月刊》上云：

> 介作齡。從攴從柰。柰瑕古文示也。按《漢司隸校尉楊淮碑》隸字
> 皆作栽。隸介聲不相近，當由夷音變遷。《周官》夷隸掌役，牧人養牛馬
> 與鳥言。鄭司農引介葛盧聞牛鳴事為證。然則葛盧實夷隸之長官，猶司
> 隸隸本職役，因以為國名。猶漢時司隸校尉，後遂以名其所統爾。徒以
> 夷語侏離，呼隸為介。《春秋》書從中國，讀從主人。故書而音介。此篆
> 隸所以仍作介也。《公羊》、《穀梁》，經由口授，則直以介代隸矣。[32]

至《續編》本又增加一段云：

> 或問隸何以音轉為介。答曰：示聲之字多變作喉音，如狋作牛肌
> 切，祁作渠脂切是也。隸字聲變則如計，再由脂部轉泰，遂讀如介。此
> 在華夏亦有之，《桓公傳》：大夫有貳宗，士有隸子弟，隸即介字。《記·
> 曾子問》所謂孝子某為介子，某薦其常事。傳所謂寡君之貴介弟，是其
> 義也。貳、介皆訓副，非與隸之義。以隸為介，則聲轉相借明矣。[33]

初稿只是引證文獻，修訂稿乃為解釋聲韻關係及互轉音理，使介、隸兩字之
聲韻通轉關係得以清晰明瞭。個別考證增補量較大。如「寧于上帝，寧作🀲」
一條，《華國月刊》本只云「從衣從心，未詳其說」，《續編》本則衍成 363
字之一篇完整考證。[34] 一百多字的古文考釋，類此不少。太炎作《新考》，似

32　章太炎《新出三體石經考（四）》，《華國月刊》第 8 頁。
33　章太炎《新出三體石經考》，《章太炎全集》，第 636 頁。
34　章太炎在 1924 年 10 月 14 日覆吳承仕翰中已對三體石經「寧」字有解釋，《續編》
　　本應是在此基礎上引而伸之。《章太炎全集·書信集》，上冊，第 43 頁。

未見王國維《魏石經考》一文，至少初撰時未見，故其所釋與王國維所考亦互有出入。

四、章太炎三體石經《尚書》研究

與一字隸書之熹平石經不同，三體石經以古文、篆文、隸書一字三體直下排列。一字而有三體，頗令人遐想自戰國至秦漢之古本《尚書》因應不同時代通行不同字體抄錄流傳之軌跡。1924 年，弟子吳承仕致翰太炎，謂正整理敦煌本《堯典釋文》，涉及馬鄭異文，並問石經古文。此時太炎正與于右任、胡樸安等往復討論三體石經碑式、文字，得緼齋之說，不僅首肯，更提出一個奇特而未經人道之想法：

> 恐當時說經，與宋人鐘鼎款識相近。首列摹本，次則真書，後則釋文。行款雖不必同，而三者必皆完備。摹本者，即迻寫壁經也。真書者，即以己意訓讀本也。釋文者，即己所作傳注也。是故馬鄭本見於《經典釋文》者，皆其訓讀之本，而非其迻寫壁經之本也。東晉之時，馬鄭所迻寫者已亡，然尚知訓讀之本非真壁經。而梅氏所獻，多與石經相會，是以信之不疑爾。[35]

漢代經師傳經，文本分摹本、真書、釋文，此前人所未言。然此時尚云「恐當時說經」，乃即興而談，是未定之辭。兩月以後，緼齋再上書，提出「古今《尚書》，原本皆古文，傳習一皆今字」之想法。太炎覆書重申此說，定義更加周延，謂：

---

35 章太炎《與吳承仕書》，《章太炎全集・書信集》，上冊，第 442–443 頁。此翰末署 10 月 14 日。

　　鄙意昔人傳注本與經文別行。古文家每傳一經，計有三部，與近世集鐘鼎款識者相類。其原本古文，經師摹寫者，則猶彼之摹寫款識也。其以今字迻書者，則猶彼之書作今隸也。其自為傳注，則猶彼之釋文也。但彼於一書中分作三列，而此乃分為三書耳。[36]

同一古文本，經師在研習、傳授過程中，演而為三：摹錄本與古文本同，迻寫隸書成今文本，自為傳注則成釋文本。摹寫之古文本和迻寫之今文本、傳注之釋文本雖與三體石經之古文、篆文、隸書不一一對應，但確從三體石經得到啟發。此一啟發所得，使經典古文本之流傳擁有更廣闊之途徑，而不再像傳統所認為古文本流傳一線單傳，不絕如縷。他繼而云：

　　伏書舊簡，蓋未嘗傳之其徒，所傳者祇其迻書今字之本。孔書舊簡雖入秘府，而摹寫古文之本，與迻書今字之本，必並存之。

其所以如此認為，是從盧植不滿熹平石經所刊今文而上疏所說「古文科斗，近於為實，而厭抑流俗，降在小學。中興以來，通儒達士，班固、賈逵、鄭興父子，並敦悅之」得到啟發。因為摹寫古文與今字之本並存，所以東漢初年班固、賈逵、鄭興、鄭眾並能見而敦悅。既然連班、賈、兩鄭亦能見而敦悅，則孔安國所傳《古文尚書》一系能持有古文本更在情理之中。一師而多徒，故一本散化多本，東漢時古文學之興起，並非無源之水。許慎能在《說文》中廣泛記錄壁中古文字形，是其必見摹寫本之證。所以「追論原始，則古今文皆是古文。據漢世所傳授者，則古文家皆摹寫原文，而今文家直迻書今字，實有不得強同者矣」。

　　今古文文本分界清晰之後，進而論其注釋訓讀。太炎提出：「至同一古文

36　章太炎《與吳承仕論尚書古今文書》第一書，諸祖耿整理《太炎先生上述說》附錄，中華書局 2013 年版，第 205 頁。《章太炎全集·書信集（上）·與吳承仕（五十）》，第 446 頁。

經典而諸家文字或異，此乃其訓讀之殊，非其原文之異，《經典釋文》所云某家作某者是也。」[37] 訓讀之字代入經文，則成為一種變異的文本。[38] 這種文本，太炎亦認為是古文本。他強調云：

> 古文家所讀，時亦謂之古文。此義為余所摘發，治古文者不可不知。蓋古文家傳經必依原本鈔寫一通，馬融本當猶近真，鄭玄本則多改字。

從理論上而言，古文家所讀，總屬於古文系統。然此處太炎所說，乃指其文本，即古文家釋讀而成之文本，亦謂之古文本。其所以特別強調，是針對清人治《尚書》者皆以馬鄭為宗，以馬鄭為古文，因馬鄭與史公文不同，故指史公為今文。太炎先舉馬鄭之不同為例云：

> 案馬與鄭不同，同出壁中，馬讀曰某，鄭讀曰某，讀不同即曰馬作某鄭作某，此讀法不同，非原本不同也。史公與馬鄭異者，亦以此故。杜林精小學，馬從之，故與史公不同也。譬如鐘鼎拓片，各人讀不同，錄為文章，或作甲，或作乙，非拓片不同也。孫星衍《續古文苑》錄鐘鼎，嚴可均書亦錄鐘鼎而文不同，此其例也。史公與馬鄭不同，其故在此。[39]

以孫、嚴鐘鼎錄文為例，此孫嚴以後下至今日所有研治鐘鼎銘文者皆能瞭然

---

37 章太炎《與吳承仕論尚書古今文書》第一書，諸祖耿整理《太炎先生上述說》附錄，第 206 頁。
38 筆者於 2013 年撰寫《六朝〈毛詩〉異文所見經師傳承與歷史層次——以陸德明〈毛詩音義〉為例》（刊第四屆國際漢學會議論文集《出土材料與新視野》，台北，中央研究院，2013 年 12 月），發現數十例經師以訓讀改寫經文例子。太炎所說某家作某，是尚未改寫經文，而《毛詩釋文》中直有將訓讀之字代入經文，另成壹文本者。
39 章太炎《尚書略說》，諸祖耿整理《太炎先生尚書說》，第 17 頁。

明白者。各家同釋一銅器銘文，恆各據其文字通假與文義理解而寫成釋文，雖互不相同，而銘文仍是一種，摹錄之文亦相同，非因各家所讀之釋文而異。以此況馬鄭異讀，以此況馬鄭與史公異讀，皆可明瞭乃「讀法不同，非原本不同」。立足於此，乃可以證史公與馬鄭不同，並非就是今文。太炎以為，史公從孔安國問故，其必得安國古文之傳，故《史記》所傳必有古文在其中，援據其證云：

> 杜林精小學，然謂史公更可信者，於時孔壁初出，史公得從安國問故也。《漢書》云遷書五篇皆古文，今案《殷本紀》錄《湯誥》，《湯誥》伏生所無，世稱逸書，馬融以為絕無師說者也。又錄《湯征》，《湯征》孔壁所無，漢人亦稱為逸書，而史公均載之，則史公所見古文，不僅五篇矣，以故古文之學，史公為可信。[40]

所有以上證詞，全為段玉裁而發，皆因段氏劃然分別漢代《尚書》今古文派別，而將馬遷歸為今文派，以為「馬、班之書皆用歐陽、夏侯字句，馬氏偶有古文說而已」也。[41] 以三體石經之古文篆隸序次啟發西漢經師摹本、師傳訓讀和釋文本，而後知古文家所讀，亦謂之古文本。從而推知史公從安國問故，故《史記》所存多古文。《史記》所存多古文，並非可以騰口說，故復撰著《太史公古文尚書說》一卷，蒐輯引證二十五條，謹錄一例以明之：

40　章太炎《尚書略說》，諸祖耿整理《太炎先生尚書說》，第 17 頁。

41　段玉裁《古文尚書撰異序》云：「若兩漢博士治歐陽、夏侯《尚書》，載在令甲，漢人詔冊章奏皆用博士所習者。至後漢衛、賈、馬、鄭迭興，古文之學始盛。約而論之，漢諸帝、伏生、歐陽氏、夏侯氏、司馬遷、董仲舒、王襃、劉向、谷永、孔光、王舜、李尋、楊雄、班固、梁統、楊賜、蔡邕、趙岐、何休、王充、劉珍皆治歐陽、夏侯《尚書》者，孔安國、劉歆、杜林、衛宏、賈逵、徐巡、馬融、鄭康成、許慎、邵、徐幹、韋昭、王粲、虞翻皆治《古文尚書》者，皆可參互鉤考而得之。」復又揭示馬遷偶用古文。《清經解》卷五六七，上海書店 1988 年版，第四冊，第 1 頁中。

　　《周本紀》述《書序》：「成王既伐東夷，息慎來賀，王賜榮伯，作賄息慎之命。」

　　太炎說云：馬本亦作「息慎」，《大戴禮記・五帝德》，史公謂之古文，固作「息慎」矣。《少閒》篇及《春秋》內外傳則作「肅慎」，今本作「肅慎」，後人依《春秋傳》改讀。[42]

今本是否必依《春秋傳》改，更可廣徵而定，然史公之用古文，似可無疑。經此引證，他更進而謂「史公所錄，乃壁中原本，馬鄭各以訓詁改本經，故各不同」。[43] 當然，僅僅二十餘條之證，是否可以得出如此結論？劉向云《尚書》異文七百餘條，朝前省視，是否史公皆用古文？朝後印證，是否馬鄭皆係訓詁改經本？此乃至今無法解決之歷史文獻懸案。但太炎先生之思路，完全顛覆了清以來對《尚書》今古文學者傳承之認識，開拓了《尚書》學史研究之視野。此種啟迪性很強的思維，得之於他對三體石經古文篆隸直行而下之體味，得之於鐘鼎銘文、摹錄本與釋文本啟發。

　　此種認識與啟發，他在所著《古文尚書拾遺後序》中有所表述：

　　余始以為《尚書》必不可通，未甚研精也。弟子歙吳承仕獨好古文，先以敦煌所得《堯典釋文》推定枚氏隸古，又參東方足利諸本增損文字，以為壁中書雖亡，其當與此不遠。嘗以質余，余甚是之。其後自洛陽得三體石經殘碑，發見古文真跡，以校枚氏《堯典》，多相應，知其所以取信士大夫者，非妄而獲是。恨清時段、孫諸師未見也。[44]

太炎先生年輕時以《尚書》必不可通，故未甚研精，而專精《左傳》。所說吳承仕好《古文尚書》，參覈章吳往返書翰，1924 年太炎覆吳翰云：「接手札

42　章太炎《太史公古文尚書說》，《章太炎全集》，第 254 頁。
43　章太炎《尚書略說》，諸祖耿整理《太炎先生尚書說》，第 17 頁。
44　章太炎《古文尚書拾遺後序》，《章氏叢書續編》，第 1 頁。

及《尚書集釋自序》，烽火之中尚能弦歌不輟，真不愧魯諸生矣。《尚書》今古文除《說文》所引、正始石經所書者，難信為古文真本。」[45] 同年 10 月 14日覆吳翰云：「兩接手書，云將唐本《堯典釋文》補證吳闕，此事僕先亦有志為之，以偽古文不足邵，故未着筆。」[46]《後序》所謂以《堯典釋文》質余，時當 1924 年 10 月也。此時太炎已著《新出三體石經考》，[47]《後序》所謂「其後自洛陽得三體石經殘碑，發見古文真跡，以校枚氏《堯典》，多相應」，實際當是先得三體石經並著《新考》，復屢得吳氏書翰討論《尚書》，又得其《堯典釋文》書而切磋之。今《古文尚書拾遺》有 24 條討論《堯典》古文，即此翰所謂「以校枚氏《堯典》，多相應」也。《拾遺》著成 1932 年 7 月（據《後序》），未在雜誌上發表，1933 年收入《章氏叢書續編》，後續有修訂增補，1936 年 6 月太炎去世，於 9 月間出版《制言》第二十五期「太炎紀念專號」，將《古文尚書拾遺定本》置於卷首，既為紀念，亦示不能再修訂而成最後定本。

由以上所述太炎先生研精《尚書》歷程，可知其對於今古文《尚書》之態度。當時很多人因為三百年《古文尚書》公案之終結，多認為《尚書孔傳》不足信而不可讀。太炎自得三體石經之後，審思兩漢經師文本傳寫和流傳方式後認為：

> 古文可見者惟三體石經，三體石經宋時出土，今洛陽又有出土者，然仍不全。其解說有史公之書在。馬鄭注雖不全，近人有輯本，古文較今文易講，然進路不能離開偽孔，離即不能知真本如何也。[48]

45　章太炎《與吳承仕書》之三十一，《章太炎全集·書信集》上冊，第 421 頁。

46　章太炎《與吳承仕書》之四十七，《章太炎全集·書信集》上冊，第 442 頁。

47　前此 8 月 9 日《與吳承仕書》之三十五已云：「年來著述頗稀，唯《三體石經考》、《清建國別記》自覺精當。」可見於《新考》頗為自得，今觀續後時有增訂，且亦已告知吳氏。

48　章太炎《尚書略說》，諸祖耿整理《太炎先生尚書說》，第 21–22 頁。

他覺得，無論如何，世所謂偽《古文尚書》，因為與三體石經有關，還存有西漢孔安國與司馬遷之一脈，所以講《尚書》「進路不能離開偽孔，離即不能知真本如何」。太炎之所以認為古文較今文易講，是因為三體石經與《古文尚書》有密切關係，之所以認為三體石經與《古文尚書》關係密切，與他對《古文尚書》之作者指認有一定關聯。而他對《古文尚書》作者之認定，又與三體石經拓本和弟子吳承仕《尚書傳孔王異同考》有關。

《古文尚書》及《孔傳》之作者，三百年來諸說紛紜，有指為皇甫謐、王肅、晉孔安國、孔晁等等，尤以丁晏指證王肅偽造說最為流行。1924 年10 月 14 日與吳承仕書曾云：「以三體石經相校，偽古文相類者多，蓋其書本出於鄭沖，沖於文帝初已仕，則石經之立，其所親見，因是作偽亦多取於石經。是以東晉獻書時，人不疑其妄。」[49] 云鄭沖文帝時已仕，尚未深考其行歷，故云「蓋」者，亦臨書即興之語。12 月 26 日太炎致吳承仕翰，已有進一步認識：

> 枚氏偽《古文尚書》本之鄭沖。沖於魏文帝為太子時已官文學，至晉泰始十年而歿。何氏《論語集釋》與沖同集，而正始石經立於是時，正沖所親見。偽古文都取石經文字，事勢宜然。東晉時所謂馬鄭《尚書》者，但作今字，而真本典型已絕，偽書乃適與石經相似，由是被人尊信。[50]

太炎為何在此重提偽《古文》本之鄭沖，主要是三體石經刊刻時，為鄭沖所親見，而偽《古文》與石經文字相似。然此一話題之起因，亦尚可深究。1925 年 3 月 5 日太炎致吳承仕翰云：

49　章太炎《與吳承仕書》之四十七，《章太炎全集·書信集》上冊，第 442 頁。
50　章太炎《與吳承仕論尚書古今文書》，《太炎先生尚書說》，第 206–207 頁。

　　所論《偽孔傳》作於何人，昔人或疑為鄭沖，或曰王肅。肅之說與偽孔既有異同。沖在魏世，與何晏同纂《論語集解》，而孔氏《論語訓說》世所不傳，獨於斯時見之，疑《論語訓說》與《尚書傳》皆沖所託也。沖年最老壽，逮晉世為三公，三體石經之立，正沖所親見者，其多所采亦宜。肅卒於甘露元年，亦在石經立後，《論語集解》引肅說已多。肅之視沖，則行輩為先，故《偽傳》亦多取肅義。肅善賈馬而薄鄭氏，今偽書文字顧有異于馬同于鄭者，宜必沖所定也。[51]

就所引「所論《偽孔傳》作於何人」一句思之，似吳承仕上書中有所問。吳致章書今不可見。然觀下文「《偽傳》亦多取肅義」、「偽書文字顧有異于馬同于鄭者」而揣摩之，是吳上書確有此問。何以言之？吳承仕於 1920 年前後撰寫《經籍舊音辨證》，太炎先生嘗「歎其精審」，由撰《辨證》而關注孔傳、王肅注異同，進而作《尚書傳王孔異同考》，《異同考》初刊於 1925 年 5 月《華國月刊》第二卷第七期，推算其 3 月 5 日前上書太炎時已成稿。《異同考》羅列一百多條王、孔異同而辨析之，以證明偽孔傳與王肅無關。《孔傳》既非王肅所偽造，必另有其人。何人克堪此任，此吳氏所以欲問於乃師者。再朝前推移，1924 年 12 月 26 日太炎覆書時，吳氏《異同考》已在撰著中，既以別白王肅非《偽孔傳》之撰者，亦必有究為何人之問，故太炎前書「枚氏偽《古文尚書》本之鄭沖」之語亦可能是答吳氏所問。二書前後相隔三月，期間正是太炎專注三體石經《無逸》、《君奭》古文字形和古文文本之時。因吳所問，遂逐漸形成鄭沖偽造《古文尚書》之思想。此後一個月間，太炎沉思偽《古文》之作者，一再致書吳檢齋以暢談自己觀點。4 月 3 日致書云：

　　鄙意欲知孔書為誰作，當稽之實事，不容以疑事相質。案《堯典正義》引《晉書》云：「晉太保公鄭沖，以古文授扶風蘇愉，愉字休預，授

51　章太炎《與吳承仕論尚書古今文書》，《太炎先生尚書說》，第 207 頁。

> 天水梁柳，字洪季，柳授城陽臧曹，字彥始，曹授汝南梅賾，字仲真，
> 遂於前晉奏上其書而施行焉。」又引《晉書・皇甫謐傳》云：「姑子外弟
> 梁柳邊得《古文尚書》，故作《帝王世紀》，往往載孔傳五十八篇之書。」
> 此載籍實事也。疑王肅曾見其書者，陸孔二家推度之辭也。然則孔書出
> 於鄭沖，此為誠證。沖上《論語集解》，已偽造孔安國訓，亦其比例也。[52]

所謂「疑王肅曾見其書者，陸孔二家推度之辭」，亦即回答吳承仕已考出《孔傳》絕非王肅偽造，而另求偽造者之問。然《古文尚書》牽涉面太廣，要一言定鼎，勢必有各種歧出而難以解釋者。如甘露元年，帝幸太學問鄭沖、鄭小同《堯典》「粵若稽古」一事，王肅解為「堯順考古道而行之」，與孔傳同。高貴鄉公曹髦之稱王肅而不稱孔安國，是鄭沖授帝讀時未云是孔傳。太炎解釋云：「沖雖偽作《孔傳》，未敢以是授帝，蓋時有鄭小同同授《尚書》，不可欺也。」諸如此類，太炎也多方解釋，以證成己說。此是《古文尚書》公案之大問題，無法在此一一細辨。

五、結語

　　1992 年第一塊三體石經《尚書・君奭》殘石被發現，適當太炎撰寫《膏蘭室札記》時，《札記》四卷四五百條，僅第二五九《御衡不迷》、第四七四《一人冕執劉》兩條涉及《尚書》。前一條時同意劉申受之說，後一條則釋劉即矛也。太炎先生自謂早年於《尚書》「未甚精研」，亦有以也。自民國十年李根源將《君奭》拓本贈予太炎，引起其注意，旋即又收到張鈁請于右任轉贈的新出三體石經《尚書・無逸》、《君奭》殘石拓本，開始對殘石古文和《尚書》進行研究，撰寫《新出三體石經考》一書。在研究過程中，他深刻認

52　章太炎《與吳承仕論尚書今古文書》，《太炎先生尚書說》，第 211 頁。

識到三體石經對經學研究之價值，敦請王廣慶不遺餘力地為他蒐集三體石經殘石。太炎對三體石經之研摹，始而由古文字體之考釋，追尋石經古文之書手，衍及兩漢經師寫本於傳授，繼而辨析司馬遷《史記》所用今古文，因而有《太史公古文尚書說》和《古文尚書拾遺定本》二書。方當其接觸浸潤於三體石經時，弟子吳承仕正研究《經典釋文》和《尚書》，撰成《尚書傳王孔異同考》，否定了丁晏所定的王肅偽造說，上書乃師請問偽《古文》作者，促使其思考此一棘手問題。王肅偽造說既被事實否定，三體石經用三體尤其是古文書寫《古文尚書》，其所立正當曹魏中期，與王肅同時既負碩望又為高貴鄉公曹髦講授經典的經師鄭沖是親見石經鐫刻、熟知古文字形者，因懷疑其為偽《古文》之作俑者，並收集多方事例來證成其說。儘管偽《古文尚書》之造作、流傳是一件極其複雜的歷史公案，未必就此定讞。但在二十世紀二三十年代，章太炎、吳承仕師弟因接觸、研精敦煌《尚書釋文》殘卷，尤其是三體石經《尚書‧無逸》、《君奭》等殘石，由檢齋否定王肅偽造說，因而太炎提出鄭沖作俑說，成為《尚書》學研究史上一個不容忽視的節點。

附圖：

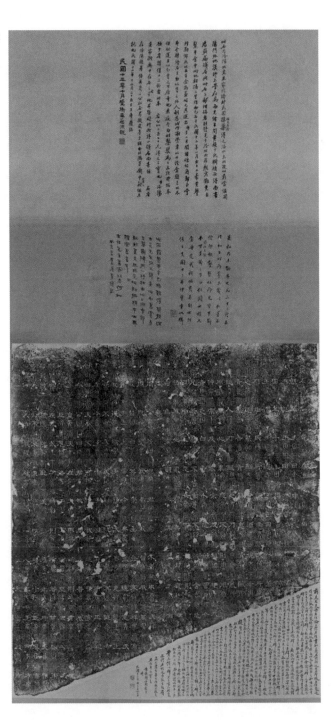

甲骨
金文學

從甲骨文看殷人的圓周觀念

黃競新、何彥均

羽珍甲骨古文化研究學會

前言

大約在八十年代後期至九十年代前期，筆者在香港大學修讀哲學博士，那時候常會到學校出席研討會。在座的紳士淑女們每個人都「衣冠楚楚」，當時還以為他們是老師輩，坐在那兒一動也不敢動，後來才知道這一群都是有「身分」的學長、姐。

每次出席，都會留意牆壁上張掛的董作賓先生墨寶，上面用甲骨文清晰的寫着：「東土受年，南土受年，西土受年，北土受年。」當時只是景仰董老的為人，深愛他的遺墨，卻沒有注意到字裏的深層意義。漸漸由於「跨領域」的研究，發現「東」、「南」、「西」、「北」的連續出現，是一個非常完整的「圓周」觀念。因為對這些問題感到興趣，回家後翻查資料，原來有些前輩也寫過文章，[1] 但董老這一片卻少人提及。後來又發現卜辭中有「東、西」和「南、北」連辭的，當時嘗試在桌上塗鴉，原來它們是兩條直線相交於「O」點，且互為「直角」，這是一個十分清晰的「垂直」觀念；也看到有「八方方位」的卜辭，但因時間與篇幅所限，而且跟本篇主旨無關，故僅就以下四片卜辭

---

1 如胡厚宣〈甲骨文四方風名考〉、楊樹達〈甲文中之四方神名與風名〉、嚴一萍〈卜辭四方風新義〉、陳邦懷〈四方風名〉、于省吾〈釋四方和四方風的兩個問題〉等。

為論：

—四土（《合集》36975）

—四⿱十亅（《合集》33208）

—四方（《南地》1126）

—四風（《合集》14294）

其餘另文探索。

年來，就這些問題曾零零散散寫了一些東西。值單師七秩壽辰，心想「甲骨文」也是他的摯愛，於是把相關資料整理而成是篇，期盼單師及學人們多加賜正。

一、甲骨文中的「四土」

在甲骨文中看到了「東土」、「南土」、「西土」、「北土」的出現，「土」一般指社神而言，「東、南、西、北」則指方位。

1-1-1. 己巳，王卜貞：⍁歲，商受□，王囚曰：吉！[2]

---

2 「己巳」：殷人以十干十二支組成六十個日名，周而復始，計算日子，這是殷人曆法的一大創思。「王卜貞」：本片是第五期卜辭，「王」當指「帝辛」而言；「卜」，卜問，占卜；「貞」，正也，貞卜之意。這裏指時王親自貞卜。「⍁」：一個「□」表示缺一字，兩個「□」表示缺兩字，「⍁」表示缺字數不明。「歲」：卜辭中有兩種意義，一是年歲的意思，另一是祭名，「歲」祭在甲骨文中有三種現象，一是年終之祭，二是豐收感恩之祭，三是祖先生卒日期的祭祀。「商」：甲骨文中為地名，辭見「大邑商」、「天邑商」等。「受□」：「受」，接受，「受」後缺文，應有「年」字，「受年」指接受好年成。「王囚曰」：「王」視兆文後說。「吉」，吉祥，姚孝遂《殷墟甲骨刻辭類纂》隸作「告」，實誤。

2. 東土受年。[3]

3. 南土受年，吉！[4]

4. 西土受年，吉！[5]

5. 北土受年，吉！[6] ······························《合集》36975

董老曾將該片卜辭之四個主句「東土受年。南土受年，吉！西土受年，吉！北土受年，吉！」以書法寫成：

北	西	南	東
土	土	土	土
受	受	受	受
年	年	年	年

張掛在香港大學中文系演講室的牆壁上。該片陳夢家在《殷墟卜辭綜述》「政

3　「東」，《說文》謂「從日在木中」（《說文解字注》，【漢】許慎撰，【清】段玉裁注，上海古籍出版社影印經韻樓藏版，2004 年 10 月第 13 次印，六篇上，頁 66B），甲骨文「𡿪」象實物囊中，束具兩端之形（諸家考釋詳見《甲骨文字集釋》，李孝定，台北：中央研究院歷史語言研究所，民 80，卷 6，頁 2029–2031；《甲骨文字詁林》，于省吾，北京：中華書局，1996 年 5 月第一版，第四冊，頁 3010–3011）卜辭中假借為方位辭，指東方。「土」，即「社」字，指社神。

4　「南」，《說文》謂「艸木至南方，有枝任也」（《說文解字注》，【漢】許慎撰，【清】段玉裁注，上海古籍出版社影印經韻樓藏版，2004 年 10 月第 13 次印，六篇下，4B）。甲骨文「𤴑」象鐘鎛一類樂器（諸家考釋詳見《甲骨文字集釋》，李孝定，台北：中央研究院歷史語言研究所，1911 年，卷 6，頁 2079–2098；《甲骨文字詁林》，于省吾，北京：中華書局，1996 年 5 月第一版，第四冊，頁 2859–2872），卜辭假借為方位辭，指南方。

5　「西」，《說文》謂「鳥在巢上」（《說文解字注》，【漢】許慎撰，【清】段玉裁注，上海古籍出版社影印經韻樓藏版，2004 年 10 月第 13 次印，十二篇上，頁 4A）。甲骨文「𢍞」形象鳥巢，指太陽下山，百鳥歸巢之時，有日落西山之意（諸家考釋詳見《甲骨文字集釋》，李孝定，台北：中央研究院歷史語言研究所，1911 年，卷 12，頁 3505–3508；《甲骨文字詁林》，于省吾，北京：中華書局，1996 年 5 月第一版，第二冊，頁 1029–1033），卜辭中假借為方位辭，指西方。

6　「北」，《說文》謂「　也。從二人相背」（《說文解字注》，【漢】許慎撰，【清】段玉裁注，上海古籍出版社影印經韻樓藏版，2004 年 10 月第 13 次印，八篇上，頁 44A）。甲骨文「𠈌」象兩人相背，是「背」字的初文（諸家考釋詳見《甲骨文字集釋》，李孝定，台北：中央研究院歷史語言研究所，1911 年，卷 8，頁 2699–2700；《甲骨文字詁林》，于省吾，北京：中華書局，1996 年 5 月第一版，第一冊，頁 140–142），卜辭中假借為方位辭，指北方。

治區域」一章曾引用。[7]

胡厚宣〈殷卜辭中所見四方受年與五方受年考〉一文中說：

> 東土、南土、西土、北土四方，是順着太陽移動的方向而言。以商
> 與東、南、西、北四方，同組並貞，也是占卜五方是否受年的卜辭。[8]

葉文憲〈商人的方土觀及其演變〉一文又說：

> 卜辭中有許多求東南西北四土受年的卜辭，但不見求東南西北四方
> 年的卜辭，足見在武丁和祖庚祖甲時期商人關於土和方的觀念是有區別
> 的。如果祈求的物件是王畿受年卜辭，都指明「中商受年」、「大邑受
> 年」、「今歲商受年」、「我受年」、「今歲我受年」等等，或者具體指明
> 某地受年。因此，與大邑商相提並論的四土當是王畿外，東南西北四個
> 方向的商朝國土。[9]

其後研究者漸多，但對「土」字隸說，皆有未的，如：宋鎮豪〈商代的王畿、
四土與四至〉[10]、李雪山〈商後期王畿行政區劃研究〉[11]、郭旭東〈甲骨文中的求
年、受年卜辭〉[12]、王震中〈商代的王畿與四土〉[13]、周書燦〈商朝國家結構與國

---

7 《考古學專刊甲種第二號‧殷墟卜辭綜述》，陳夢家，北京：中華書局，1988 年，頁
   319。

8 胡厚宣，〈殷卜辭中所見四方受年與五方受年考〉，《中國文化與中國哲學》，北京：
   東方出版社，1986 年 12 月，頁 54–61。

9 葉文憲，〈商人的方土觀及其演變〉，《殷都學刊》1988 年第 4 期，頁 8–14。

10 宋鎮豪，〈商代的王畿、四土與四至〉，《南方文物》，江西省文物考古研究所，1994
   年第 1 期，頁 48、55–59。

11 李雪山，〈商後期王畿行政區劃研究〉，《鄭州大學學報（哲學社會科學版）》，第 34
   卷第 2 期，2001 年 3 月，頁 99–105。

12 郭旭東，〈甲骨文中的求年、受年卜辭〉，《農業考古》2006 年第 01 期，頁 106–113。

13 王震中，〈商代的王畿與四土〉，《殷都學刊》2007 年第 4 期，頁 1–13。

土構造〉[14]、〈商代外服制探討〉[15] 及〈從外服制看商代四土的藩屬體制與主權形態〉[16] 等，都以政治區域為論點，而未及方位。

　　諸家之説，除胡厚宣氏曾以太陽運行説明東、南、西、北外，各家對方位辭皆無説，實則該片重點不在「土」字，而在「東、南、西、北」。「土」即社神，也有性器官崇拜的意義。本篇強調的「東南西北」連辭，其實那是一個非常完整的圓周觀念。

二、甲骨文中的「四�」

　　第二片甲骨目前藏在中央研究院，屈師翼鵬認為是習刻，但六、七十年來研究人潮源源不斷。

　　　2-1-1. 甲子卜，王从東𢧻，乎（呼）侯𢦔。[17]
　　　　2. 乙丑卜，王从南𢧻，乎（呼）侯𢦔。
　　　　3. 丙寅卜，王从西𢧻，乎（呼）侯𢦔。
　　　　4. 丁卯卜，王从北𢧻，乎（呼）侯𢦔。
　　　　5. 卜𤝔[18]
　　　　6. 卜𤝔

14　周書燦，〈商朝國家結構與國土構造〉，《殷都學刊》2001 年第 4 期，頁 10–16。

15　周書燦，〈商代外服制探討〉，《河北大學學報：哲學社會科學版》，第 28 卷第 2 期，2003 年 6 月，頁 98–101。

16　周書燦，〈從外服制看商代四土的藩屬體制與主權形態〉，《中國邊疆史地研究》，2010 年第 3 期，頁 1–8。

17　「𢧻」：于省吾隸定為「戈」，（詳參見《雙劍誃殷契駢枝三編》，于省吾，載《殷契駢枝全編》，台北：藝文印書館，1975 年 11 月再版，頁 13。）後人皆從其説，實則甲骨文時代字型未定，「戈」、「戌」、「戍」、「戉」、「伐」等同字，故疑為「戌」字，「从（從）」，甲骨文有「主」「從」之意，一般用作跟隨。「乎（呼）」：呼喚，命令之意，多用於王族及職官。「侯𢦔」：「侯」，諸侯；「𢦔」諸侯名。

18　「𤝔」：可隸作「兕」，動物名。

7. 卜𢆶

8. ☐辰卜☐。……………………………………………《合集》33208

該片原出中央研究院歷史語言研究所殷墟第一至九次發掘所得，收入《殷墟文字甲編》第 622 片。[19] 于省吾《雙劍誃殷契駢枝三編》在「釋四戈」一條曾引用該片，將「𠂤」釋為「戈」：

> 戈為殷代之方國⋯⋯四戈乃方國名。[20]

其後從其說者甚眾，管燮初在 1953 年出版的《殷虛甲骨刻辭的語法研究》也以此為例證，將該文隸定為「戈」。[21]1956 年，陳夢家在《殷墟卜辭綜述》「政治區域」一章亦隸定為「戈」，並附言曰：

> 《說文》或、域一字，西周金文或、域、國一字，從𨔶或回，戈聲，前者象疆界或邑外四垣之形。卜辭的四戈疑是四或四國，但因為於四戈乎諸侯出伐，則「戈」當指邊境之地。[22]

1962 年，屈師翼鵬於《殷虛文字甲編考釋》中指出該片為習刻，其原因有三：

> 此片全部疑皆習刻者所為，蓋此骨背面無灼痕，正面無兆璺，其非

---

19 《中國考古報告集之二・小屯第二本・殷虛文字甲編圖版》，董作賓，中央研究院歷史語言研究所，1976 年，第 622 片。

20 《雙劍誃殷契駢枝三編》，于省吾，載《殷契駢枝全編》，台北：藝文印書館，1975 年 11 月再版，頁 13。

21 《殷虛甲骨刻辭的語法研究》，管燮初，北京：中國科學院，1953 年，頁 11。

22 《考古學專刊甲種第二號・殷墟卜辭綜述》，陳夢家，北京：中華書局，1988 年，頁 320–321。

卜辭一也。書法幼稚，必初習刻者所為，其非卜辭二也。自甲子至丁卯連卜從東南西北戈乎侯，似非真正卜辭所宜之現象，三也。至於三個兕字之出於習刻者所為，更可一望而知。戈疑或（域）之省。[23]

1994 年，宋鎮豪〈商代的王畿、四土與四至〉一文亦引用該片，並隸定作「戈」，指「四戈」是「四土」外周邊商朝若接若離彈性伸縮邊地，[24] 張興照〈甲骨文所見殷人空間觀念〉從其說。[25]

其後，黃天樹《殷墟王卜辭的分類與斷代》則疑「𠦪」字與征伐有關，說：

> 戈，《綜述》（321 頁）疑或（域）之省，非是。戈在這裏應為動詞，其義與征伐有關。[26]

吳振武〈《合》33208 號卜辭的文字學解釋〉贊成其說，並補充云：

> 「戈」當攻伐或攻擊講，現存典籍無徵。受 1978 年湖北隨縣曾侯乙墓所出竹簡啟發，筆者認為，這種用法的「戈」字，實應讀作「𢿿」。[27]

而張娟〈《甲骨文合集》33208 片辨偽及釋讀〉一文也同意「𠦪」應作「殺伐」解，另就「𣥏」字，整理出以下觀點：[28]

---

23 《殷虛文字甲編考釋》，屈萬里，台北：聯經出版社，1984 年 7 月初版，上冊，頁 172–173。

24 宋鎮豪，〈商代的王畿、四土與四至〉，《南方文物》，江西省文物考古研究所，1994 年第 1 期，頁 48、55–59。

25 張興照，〈甲骨文所見殷人空間觀念〉，《黃河科技大學學報》第 19 卷第 4 期，2017 年 7 月，頁 56–63。

26 《殷墟王卜辭的分類與斷代》，黃天樹，台北：文津出版社，1991 年，頁 39–41。

27 吳振武，〈《合》33208 號卜辭的文字學解釋〉，《史學集刊》，2002 年 2 月第 1 期，頁 20–23。

28 張娟，〈《甲骨文合集》33208 片辨偽及釋讀〉，《劍南文學：經典閱讀》，四川，2012 年第 8 期，頁 67–68。

關於𢦏字的意思，目前有五種觀點，分列如下：

1. 屈萬里先生在《殷虛文字甲編考釋》認為𢦏是諸侯之一。

2. 管燮初先生在《殷虛甲骨刻辭的語法研究》中疑為「伐」的異體，是「侯」所發出的動作，陳夢家先生也認為是「出伐」的意思。

3. 有學者看到往往在卜辭中，前面用「征」、「伐」、「敦」，後面用「𢦏」，認為「征」、「伐」、「敦」是前提，「𢦏」是結果，是「戰勝、勝利」之義。持這種觀點的有吳振武先生、管燮初先生、張政烺先生、蔡運章先生。

4. 有學者看到「𢦏」後面接的都是具體的城邑，如「𢦏望乘邑（7071）」，認為「𢦏」是「傷害、翦、殘」的意思，持這種觀點的有陳劍先生、王顯先生、單周堯先生。

5.《甲骨文字典》解釋為「災害」。

而該文作者認同第三種觀點。

諸家對「□」字隸定為「戈」，皆無異說。實則，甲骨文「□」（戊）、「□」（戌）、「□」（戍）、「□」（伐）、「□」（或）等字同形，卜辭如：

2-1-2. 戊戌卜，穷（賓）貞：㞢于父乙。………………《合集 1854》

2-1-3. 叀戍馬乎（呼）眔往。………………………………《合集 27966》

2-1-4. 貞：乎（呼）多臣伐 方。……………………………《合集 615》

2-1-5. 乙亥卜，永貞：令或來歸。…………………………《合集》4268》

「戈」疑為「戍」字，片中有指「侯□」前往戍邊之意。但本文在於討論殷人對圓周觀念之運用，即「東、南、西、北」的順序出現，與「戈」字無涉。若該片果為習刻，更明顯表示圓周觀念已在習刻者印象中普遍形成。

三、甲骨文中的「四方」

第三片卜辭為南地出土，原收在《小屯南地甲地甲骨》第 1126 片：

3-1-1. 南方。[29]

　2. 西方。

　3. 北方。

　4. 東方。

　5. 商。

　6. 王弜米。[30]

　7. 米。

　8. 弜米。

　9. 米。

　10. 丁丑貞，以伐☐。[31]

　11. 丙戌貞，父丁其歲。[32]

　12. ☐擒☐弜☐于☐ [33]‥‥‥‥‥‥‥‥‥‥‥‥‥‥‥‥《南地》1126

宋鎮豪〈商代的王畿、四土與四至〉[34] 及他的學生張興照〈甲骨文所見殷人空間觀念〉[35] 皆曾習用。其他研究者，如：朱彥民〈「殷」「商」名辨〉[36]、張國碩

29　「方」：方位。

30　「弜」：否定辭，與「勿」、「弗」、「不」同義。「米」：一般指稻米，此處不知何義。

31　「以」，此處有「用」之意，「伐」在甲骨文中有多義，一指征伐，一為祭名，「伐」下附有數名者，有舞「伐」或步「伐」之義，多是五或十的倍數。

32　「父丁」：此為第四期物，父丁即第三期之「康丁」。「其」，語辭，不具義。

33　「于」，介辭。

34　張興照，〈甲骨文所見殷人空間觀念〉，《黃河科技大學學報》第 19 卷第 4 期，2017 年 7 月，頁 56–63。

35　宋鎮豪，〈商代的王畿、四土與四至〉，《南方文物》，江西省文物考古研究所，1994 年第 1 期，頁 48、55–59。

36　朱彥民，〈「殷」「商」名辨〉，《南開學報》1998 年 01 期，1998 年 2 月，頁 34–39。

〈殷商國家軍事防禦體系研究〉[37]、張曉楹《商代行政區劃研究》[38]、王震中〈商代的王畿與四土〉[39] 及〈論商代複合制國家結構〉[40] 和朱歧祥〈談甲骨文「中」的觀念〉[41]……等，都從政治制度、王畿國土等方面立論，卻無人提及片中的方位辭。

　該片卜辭從「南」開始，以「東」結束，實際上也是一個非常完整的圓周觀。

四、甲骨文中的「四風」

甲骨文中的「四風」是爭議最多的一片，研究人員也不少。

　　4-1-1. 東方曰析，風曰劦；[42]

　　　2. 南方曰鬂（夾），風曰𡆥（光）；[43]

　　　3. 西方曰𢀸，風曰彝；[44]

　　　4. □□□伏，風曰殴。[45]……………………………………《合集》14294

37　張國碩，〈殷商國家軍事防禦體系研究〉，《鄭州大學學報（哲學社會科學版）》第 38 卷第 6 期，2005 年 11 月，頁 158–162。

38　《商代行政區劃研究》，張曉楹，李民指導，鄭州大學中國古代史碩士論文，2000 年，頁 6。

39　王震中，〈商代的王畿與四土〉，《殷都學刊》2007 年第 4 期，頁 1–13。

40　王震中，〈論商代複合制國家結構〉，《中國史研究》2012 年 03 期，頁 31–46。

41　朱歧祥，〈談甲骨文「中」的觀念〉，《甲骨文與殷商史（新六輯）》，2016 年，頁 131–135。

42　本片隸定從胡厚宣，〈甲骨文四方風名考〉，（《責善半月刊》第二卷，第十九期，成都：齊魯大學國學研究所，1941 年，頁 2–4。又見《甲骨學商史論叢初集》，齊魯大學國學研究所，1944 年 3 月，頁 369–382。）「曰」，用法與今「曰」同；「析」，此處為東方之名；「風」：卜辭中象鳥形，即「鳳」字，假借為「風」；「劦」，與「劦」同，卜辭常用作祭名，為五種周祭之一，此處借作東方風名。

43　「鬂」：南方之名；「𡆥」：南方風名。

44　「𢀸」：西方之名；「彝」：西方風名。

45　「□」：此處所缺應為「北方曰」三字。「伏」：北方之名；「殴」：北方風名。

該片原為「劉善齋」所藏，胡厚宣 1941 年發表〈甲骨文四方風名考〉一文謂
郭沫若疑該片為偽刻，[46] 故未收入《殷契粹編》，[47] 主要原因是無鑽鑿痕跡，但
句法完整，文例與第一期相同，並以中央研究院第十三次所得武丁時龜甲證
之，[48] 確定該片非贗。

1954 年，楊樹達〈甲文中之四方神名與風名〉又就該片為胡氏補充，他
在總結中云：

> 一、殷人以為草木各有神為職司，其神為四，分司四季……二、殷
> 人早以四時分配四方，為《堯典》所自本。[49]

1956 年，胡厚宣又發表〈釋殷代求年於四方和四方風的祭祀〉一文，補充
己說：

> 原骨頂端殘缺。通版沒有鑽鑿灼兆的痕跡，文辭中也沒有關於貞
> 卜的字樣，疑當與殷契卜辭 165 片的干支表，和殷契粹編 113 片的翌祭
> 表，同為備查用的一種記事刻辭。

胡氏又說：

> 這種四方名和四方風名，也見於武丁時另一塊大龜腹甲……這塊大
> 龜腹甲，係由六碎片拼合而成，全龜大體完整，僅尾端和右橋，略有殘
> 缺。六辭都是武丁時某年一月丁亥日所卜，每辭各卜四兆，辭末一二三

46　胡厚宣，〈甲骨文四方風名考證〉，《甲骨學商史論叢初集》，河北教育出版社，2002
　　年，上冊，頁 369–382。

47　《考古學專刊：甲種第 12 卷·殷契粹編》，郭沫若，科學出版社，1965 年。

48　見《甲骨文合集》14295 片。

49　楊樹達，〈甲文中之四方神名與風名〉，《積微居甲文說》，北京：中國科學院，1954
　　年，頁 52–57。

四等數字記兆序，內是貞人名，原辭亦缺數字，但互相參照，仍然可以補讀。[50]

其後研究者甚多，如：1957 年嚴一萍發表的〈卜辭四方風新義〉[51]、1959 年陳邦懷的〈四方風名〉[52]、1979 年于省吾的〈釋四方和四方風的兩個問題〉[53]、1985 年李學勤〈商代的四風與四時〉[54] 和 1988 年連劭名〈商代的四方風名與八卦〉[55] 等，但都從方名和風名着手。

1988 年，饒師選堂也就該片撰文，他在〈四方風新義〉中將殷代的四方風和西方的四方風帶上關係：

> 人類對於四方（Four quarters）之觀念產生甚早，華夏與西亞及印度在遠古文化史上都同樣有四方風的名稱。先説西亞，巴比侖的《開闢史詩》（*Enumaeils*）第四版裏面已出現四方風（Four winds），東、西、南、北四方風具有無上威力，是上神安排來對付反叛者蒂阿默（Tiamat）的武器。[56]

及後，也有馮時的〈殷卜辭四方風研究〉[57]、鄭傑祥〈商代四方神名和風各新證〉[58]、周曉陸〈釋東、南、西、北與中——兼説子、午〉[59]、江林昌〈甲骨文四

50　胡厚宣，〈釋殷代求年於四方和四方風的祭祀〉，《復旦學報：人文科學》，1956 年第 1 期，頁 49–86。

51　嚴一萍，〈卜辭四方風新義〉，《大陸雜誌》第 15 卷第 1 期，1957 年，頁 1–7。

52　陳邦懷，〈四方風名〉，《殷代社會史料徵存》，天津人民出版社，1959 年。

53　于省吾，〈釋四方和四方風的兩個問題〉，《甲骨文字釋林》，北京：中華書局，1979 年，頁 123–128。

54　李學勤，〈商代的四風與四時〉，《中州學刊》1985 年第 5 期，頁 99–101。

55　連劭名，〈商代的四方風名與八卦〉，《文物》1988 年第 11 期，頁 40–44。

56　饒宗頤，〈四方風新義〉，《中山大學學報》1988 年第 4 期，頁 67–72。

57　馮時，〈殷卜辭四方風研究〉，《考古學報》，1994 年第 2 期，頁 131–154。

58　鄭傑祥，〈商代四方神名和風各新證〉，《中原文物》，1994 年第 3 期，頁 5–11。

59　周曉陸，〈釋東、南、西、北與中——兼説子、午〉，《南京大學學報：哲學・人文・社會科學版》，1996 年 11 月第 3 期，頁 70–76。

方風與古代宇宙觀〉⁶⁰、趙曉明等〈甲骨文中的四方〉⁶¹ 和楊華〈上古中國的四方神崇拜和方位巫術〉⁶² 等文，都曾以該片為論。

筆者受前輩學人啟發，亦於 1988 年的國科會計劃中與劉廣英教授合作撰寫《殷商季風氣候彙考》，⁶³ 以風向、風季、風區、風力和風勢等作跨領域的研究，但都未及殷人的圓周觀。

筆者贊同殷人的方位觀，尤其胡厚宣提到與太陽運行相對應的關係，但學者們都很難跳離方位觀。

結語

本篇客旅成文，資料容有未足，僅就以上四片卜辭為論。筆者在師範時代，以數學為主修，歷年來，也就甲骨文中的數學資料寫了一些東西。值單師七秩壽辰，本擬就數學方面撰文，先完成《甲骨文數學篇》一書，其餘慢慢整理。

撰文期間，謝謝何彥均先生的資料彙整及打校全文，並識辛勞。

60 　江林昌，〈甲骨文四方風與古代宇宙觀〉，《殷都學刊》1997 年第 3 期，頁 21–25。

61 　趙曉明、宋芸、喬永剛、宋秀英，〈甲骨文中的四方〉，《山西農業大學學報（社會科學版）》第 7 卷第 4 期，2008 年，頁 346–358。

62 　楊華，〈上古中國的四方神崇拜和方位巫術〉，《南京師範大學文學院學報》2011 年 3 月第 1 期，頁 8–19。

63 　黃競新，《殷商季風氣候彙考》，1988 年度國家科學委員會補助專題研究計劃報告。計劃編號：NSC-77-0202-M-006-06 P.1-121（台灣），1989 年。

説炗（鑄）

朱歧祥

東海大學中文系

〈花東 314〉　　(2) 乙亥卜：叀貯見眔匕？用。一

　　　　　　　(3) 貯炗？一

炗字作 🔆，从火。花東甲骨一般都用作「子炗」，字借為人名。我在《殷墟花園莊東地甲骨校釋》〈正補〉〈247〉版按語中認為這可能是花東子的名字，並引「子炗」和「子」具備相同的文例，大量見用於同版和共同接觸的人和事為證。[1] 唯獨〈314〉一版用例奇特，不得其解。及黃天樹先生〈花園莊東地甲骨中所見的若干新資料〉一文，有一小段話談到〈314〉(3) 辭，黃先生釋讀作「賈金」，並簡單引用唐蘭先生懷疑「金」「从火从今」的想法，套入此一炗字，又説：「賈，動詞，義為交換。金很可能指青銅，『賈金』指交換青銅原料。」[2] 但至於是要用甚麼來交換，可惜黃文並沒有進一步説明。從此，一般學界對此字的釋讀都定為金字，似乎花東甲骨有金字已不是一個問題。然而，觀察〈314〉版共八條卜辭，除了 (2)(3) 辭外，其他六辭都屬於祭祀卜辭。(2)(3) 二辭獨立成一類，應成組理解。下面先分析 (3) 辭的「貯」字的用法。

1　參朱歧祥《殷墟花園莊東地甲骨校釋》，頁 1003。東海大學中文系語言文字研究室。2006 年 7 月。

2　文見《陝西師範大學學報》，第 34 卷第 2 期，59 頁。2005 年 3 月。

　　貯，从宁从貝，早期學界隸作貯。字與宁屬同字，二字見於同版對貞可證，如：

〈花東 007〉　（6）丁未卜：新馬其于貯見又？用。一
　　　　　　　（7）丁未卜：新馬于宁見又？不用。一
〈花東 367〉　（2）癸亥卜：新馬于宁見？
　　　　　　　（3）于貯見？
〈花東 352〉　（3）于宁見？
　　　　　　　（4）于貯見？

由「于某地」、「自某地」的用例，花東甲骨的貯字大都只見用作名詞地名。貯地盛產馬匹，用為貢牲。該區在當日無疑是屬於花東子的勢力範圍：

〈60〉　（3）乙丑：自貯馬又剩？
　　　　（4）亡其剩貯馬？
　　　　（7）自貯馬其又死？子曰：其又死。
〈63〉　自宁三。

「自貯馬」，即來自貯地的馬；「自宁三」，是指自宁地進貢的龜版三塊。字也用為族稱：「多宁」，是一聯邦性的多支族眾組合。如：

〈255〉（6）乙亥卜：弜呼多宁見？用。

「呼多宁見」，是花東子呼令多宁族進行貢獻。
　　由以上句例，足證甲骨文的貯、宁字用為地名、族稱，且都一律作為名

詞，沒有動詞的用法，字即使從李學勤先生等改隸定為「賈」字，[3] 自然也沒有所謂買賣、交換這種後來晚出的動作意思。

要了解〈314〉（3）辭「貯𠬝」的意思，首先應由對應的（2）辭入手。（2）辭卜問「叀貯見眔匕？」一句，似應是省略、移位兼具的變異句型，也不好了解。但相同文例的另一〈391〉版，給予我們一個解決釋讀問題的切入口。

〈391〉版共 11 辭，主要是屬於祭祀卜辭，唯獨（7）（8）（9）三辭自成一組，是有關花東子貢獻物品與上位者的卜辭：

> 〈391〉（7）庚辰卜：叀貯見眔匕？用。一
> 　　　　（8）庚辰卜：叀乃馬？不用。
> 　　　　（9）叀乃馬眔貯見？用。一

〈391〉的（7）辭與〈314〉的（2）辭命辭恰好的相同，成為我們可以了解〈314〉版內容的重要橋樑。花東甲骨常見「貯見」成詞，其中「于貯見」、「自貯見」的句例，自然可以明確理解為「獻於貯地」、「獻自貯地」的介賓前置句型。〈391〉（7）辭的「叀貯見」用法不同，句子由語詞「叀」字帶出，其功能與介詞「于」「自」並不一樣，無法明確判斷句中的「貯」字的性質是主語抑賓語前置。然而，同版的（9）辭一完整句子提供我們再一個解決研究的契機。（9）辭的「叀乃馬眔貯見？」一句，「見」字用為動詞，讀為獻。[4] 眔，即逮，及也，用為連詞，連接前後兩個名詞「乃馬」和「貯」。「叀」，在此理應作為強調賓語前置的句首語詞。這一句型無疑是甲骨文中常見的一個移位句，由常態語序的對比，清楚明白「貯」字在這一甲骨版中的功能，是作為名詞，屬於貢品一種，與「乃馬」一詞相對等。將（9）辭掌握的句意投射回同版的（7）辭中，就能客觀的知道（7）辭的命辭「叀貯見眔匕？」一句，應是「叀

3　參李學勤〈魯方彝與西周商賈〉，文見《史學月刊》1985 年第 1 期。
4　見字作ℱ，一般學界從裘錫圭先生説字從人立作視。但視字在此實無法通讀上下文。

貯罘匕見？」的意思，亦即「見（獻）貯罘匕？」一常態句的變異句型。句中的「貯」，和「匕」是對立的一併用作貢品。由字形看，貯象貝在宁中，貝又有書於宁外，字是指一架子（宁）貯存的貝，匕則可能是匙字，或為人字。〈391〉版（7）至（9）辭卜問的內容是，花東子的獻物是用貯和匕，或單獨用乃馬，又抑或是用乃馬和貯。由〈391〉版諸辭的互較，我們可以充分明白〈314〉版（2）辭的內容和「貯」字作為貢品的獨特用法，但進一步置諸〈314〉版（3）辭簡省的「貯炅？一」一句，在解釋上仍存在困難。就常態思路看，〈314〉版（2）（3）辭同時卜問，卜序相同，二辭刻寫位置對應，應屬同版對貞的關係。（2）辭命辭內容是「（子）見貯罘匕」的意思，其中子與子炅屬同人異名，而炅只用為花東子的私名。因此，相對的（3）辭中「貯」字應理解為貢品、「炅」字作為主語人名的用法，在語意上是清楚的。如此，（3）辭的「貯炅？」一句，自應解讀為「重貯子炅見？」的移位省略句，意即卜問花東子獻貯一事的安否。

　　透過以上句例的交錯對比，最終能通讀〈314〉版的（2）（3）辭。貯字在花東甲骨中除了常態地名、族名的功能外，仍有用為貢物的可能。至於這借為私名的炅字，其本義又會是甚麼？目前學界據黃天樹先生說，認為此字是金字初文，字從火從今聲。然而，對比觀察兩周金文的金字，容庚《金文編》卷十四金字共收錄多達 81 個字例，字的主要結構都是從全從二虛筆，前者為獨體，分開書寫從八的僅只有二三例，如：全〈過伯簋〉和全〈孚尊〉。[5]而金部中如鑄字從金的 18 例、釬字從金的 3 例、鑑字從金的 2 例、鐈字從金的 7 例、鐘字從金的 53 例等，所從的金旁都嚴格作獨體形，並不分書。因此，金字的部件分析常態應作「從全從二」，字不應據特例理解為從八。何況，今字的常態古文字形都作「八」，亦不作如此。《說文·金部》：「金，五色金也。……西方之行。生於土，從土；ナ又注，象金在土中形；今聲。」段注：「象形而不諧聲。」可見漢魏以後學界是依據金字篆體的拆解才附會

───────────

5　參容庚《金文編》卷 14，頁 905–922。中華書局，1985 年 7 月。

為同音的「今聲」，但《說文》所收重文的古文，金字仍从獨體，而及至清代的段玉裁亦認為字的結構屬象形而並非形聲。周法高《金文詁林》十四卷金字下引勞榦先生言，謂字象坩鍋傾出鎔銅液於范內之狀，[6] 似可供參考。因此，古文字金字的來源，實指銅而並不是金，字的音讀自不可能从今聲。由字形的理解，字从全从二。二或示銅塊、銅液形。無論如何，二部件均不表任何聲符。花東甲骨的灾字，自然與兩周以降的金字字形牽連不上任何關係。

灾字从火，上半所从常態的倒口形與今字無涉。然則，灾字可能的本義又為何？古文字相同或相近的部件，要表達的實意不見得都相當，需要分別由形體的常態組合和用例來考量。對比花東甲骨的各字有作 (參〈60〉、〈276〉、〈371〉諸版)，是一般作字形的異體，象倒止（示人）返坎穴之形。如此，倒口形有象住所。灾字作，自可理解為「象火燒坎穴住所之形」，字隸作灾，視作災禍的災字初文。同時，甲文的倒口形亦有象容器的倒置，如合字作〈370〉，象二盛器交合之形是。灾字亦可理解為「火燒倒置的盤皿類容器之形」，對比甲金文的鑄字之形：〈英2567〉一版甲骨的和周金文〈芮公壺〉的，正象雙手持倒皿燒烤鑄造的樣子，此又可視同單純的鑄字初文。目前觀察，灾字較有條件擬測為災字或鑄字的本形。然而，因為此字在花東甲骨中只借為花東子的私名，而私名的產生理論上是以選取正面意義的用字為常，災字卻屬負面的禍害用意，鑄字則有冶煉使精致完成的正面意思。況且，甲文中已另有常見的災字作、、諸形。因此，兩兩相對考量，花東甲骨的人名「灾」，字的本義似以理解作鑄造青銅的「鑄」字較為恰當。而花東甲骨的擁有者「子灾」，應讀為「子鑄」。

6　參周法高《金文詁林》卷14，頁1978–1982。中文出版社，1981年10月。

試談兩周金文「盂」的幾類異構字

鄧佩玲

香港大學中文學院

「盂」乃先秦時期的常見銅器器類之一，其定名是根據銘文所載之自名。青銅盂的共同特徵是器身渾圓、敞口、深腹、平底，下接圈足，大多有附耳或立耳。根據考古出土可知，銅盂的使用開始於殷周時期，歷經西周、春秋及戰國數代。而且，在典型的盂類器以外，自名為「盂」的銅器尚包括食器、酒器及水器，種類多樣，不一而足。雖然盂是先秦禮儀活動常用的禮器，但由於文獻記載的差異，過去學者在盂實質用途的問題上曾經提出不同意見。

就金文「盂」的字形而言，最為習見的寫法為從「皿」、「于」聲之「盂」。茲列出其部分字例如下，以資參考：

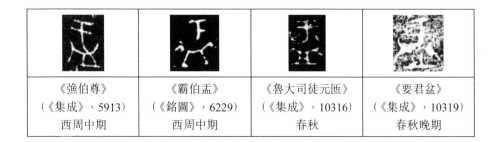

《強伯尊》	《霸伯盂》	《魯大司徒元匜》	《要君盆》
（《集成》，5913）	（《銘圖》，6229）	（《集成》，10316）	（《集成》，10319）
西周中期	西周中期	春秋	春秋晚期

然而，在兩周金文中，「盂」字亦有不少例子並非書作「盂」，當中，數量較多者有「盂」及「盂」兩類字形。「盂」是「盂」最為習見的寫法，普遍出現於兩周彝銘，而「盂」及「盂」分別要下逮西周晚期及春秋早期始見使用，兩類字形應該是在「盂」的基礎上發展而來的異構。

「盂」字見於西周晚期《蘇公簋》，春秋中期《子誵盆》蓋銘及器銘所見

「盂」字則分別作「🖐」及「🖐」。我們認為，從其構造原理來說，「🖐」、「🖐」、「🖐」可以歸納為同一類字形：

《蘇公簋》	《子諆盆》
（《集成》，3739）	（《集成》，10335）
西周晚期	春秋中期

《蘇公簋》所見「🖐」字，吳大澂釋作「羞」，[1] 劉心源無釋，[2] 郭沫若認為是王妃名，字不識，[3] 羅福頤則隸定為「🖐」。[4] 雖然「🖐」與「盂」的寫法有明顯的差異，但我們認為此字仍宜釋為「盂」。

《蘇公簋》銘文云：

　　穌（蘇）公乍（作）王改🖐殷，永寶用。

西周中期《滋簋》（《集成》，10310）銘文能為此問題提供重要佐證：

　　滋乍（作）盂殷，其萬年子子孫孫永寶用。

《蘇公簋》與《滋簋》在器形上皆為銅簋，銘文文例基本相同，皆以「X殷」作為自名。在兩篇銘文中，「殷」前一字分別書作：

1　吳大澂：《憲齋集古錄》，見劉慶柱、段志洪、馮時主編：《金文文獻集成（第12冊》，北京：線裝書局，2005年，頁193。
2　劉心源：《奇觚室吉金文述》，見劉慶柱、段志洪、馮時主編：《金文文獻集成（第13冊）》，北京：線裝書局，2005年，頁185。
3　郭沫若：《兩周金文辭大系圖錄考釋》，上海：上海書店出版社，1999年，頁242。
4　羅福頤：《三代吉金文存釋文》，香港：問學社，1983年，卷7，頁11。

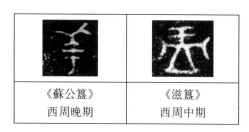

《蘇公簋》	《滋簋》
西周晚期	西周中期

透過上述兩篇銘文的對照，我們可以印證「⿱」應該是「盉」字的異構，當即「盉」字。

《子諆盆》所見「⿱」及「⿱」二字，張光裕認為兩者所從之「⿱」可釋作「皿」。[5] 在兩周金文中，「皿」為非常習見的偏旁，《陳伯元匜》「⿱（盉）」所從之「皿」書作「⿱」（《集成》，10267），而《陳璋壺》「⿱（盉）」則從「⿱」（《集成》，9975），「皿」的寫法均與《蘇公簋》「⿱」上半部所從之「⿱」存在一定差異。但是，如果再仔細考察商周彝銘所見偏旁「皿」，我們發現以下例子：

（鑄）	（盤）	（盂）
《仲爍盨》	《伯考父盤》	《曾子原彝簠》
（《集成》，4399）	（《集成》，10108）	（《集成》，4573）
西周中期	西周中期	春秋晚期
（盂）	（盡）	（鑄）
《蔡侯申鎛》	《商鞅量》	《鑄客鼎》
（《集成》，222）	（《集成》，10372）	（《集成》，2297）
春秋晚期	戰國	戰國晚期

5 張光裕：〈從⿱字的釋讀談到盨、盆、盂諸器的定名問題〉，《雪齋學術論文集》，台北：藝文印書館，1989 年，頁 143–152。

從上述拓本可知，字形中偏旁「皿」的寫法與「[illegible]」所从之「[illegible]」基本脗合；而且，近出戰國楚簡字形亦能為「[illegible]」乃「皿」之說提供新證明：

（寧）	（監）	（盍）
郭店《緇衣》20	郭店《語叢二》32	上博《競公瘧》2

因此，借助金文與楚簡字形的參證，我們大致能夠確定「[illegible]」上部所从之「[illegible]」確實可釋為「皿」。至於《子諆盆》所見「盂」分別書作「[illegible]」及「[illegible]」，上部所从之「[illegible]」或許亦是「皿」之異構：

《吳盉》 （《集成》，9407） 西周早期	《季嬴霝德盉》 （《集成》，9419） 西周中期	《 匜》 （《集成》，10285） 西周晚期

在上述金文「盉」字字例中，所从之「皿」與「[illegible]」的寫法較為接近，可以證明「[illegible]」、「[illegible]」上半部所从應該是「皿」。此外，張光裕曾經就《子諆盆》所見「[illegible]」、「[illegible]」的結構作出詳細解釋，所言甚是，可資參考：

> ……第二行第四字，原銘作[illegible]，則應是「盂」字，非「宁」字，[illegible]是皿形，而「[illegible]」乃「于」字反文，置于皿下，並利用皿字下一橫畫，借為「盂」字頂上一筆，足見書手之匠心獨運，這與泉幣文字中「武」、「露」、「閑」等布幣，利用該布本身正面中間的直紋，配合字形的結構，作為該字的筆畫，同屬創意之作（參拙著《先秦帛幣文字辨疑》1970 年

146-149 頁），只是簋銘的盂字更具變化罷了。[6]

此外，在春秋金文中，「盂」尚有書作「🔣」之形，該寫法最早見於春秋早期《齊良壺》，並為其後不少彝銘所採用：

《齊良壺》 （《集成》，9659） 春秋早期	《黃仲酉壺》 （《銘圖》，1229） 春秋晚期	《王子申盞》 （《銘圖》，4643） 春秋	《楚王酓審盞》 （《新收》，1809） 春秋

「🔣」上半部從之「🔣」與《子諆盆》「🔣」頗為類近，而《㝬匜》「盂」字書作「🔣」（《集成》，10247），所從之「皿」與「🔣」中之「🔣」亦甚為相似，由是可進一步印證「🔣」相當於《子諆盆》所見「🔣」字。有關「🔣」字的構形，我們可以參考陳斯鵬的分析：

> 案：黃仲酉壺「盂」之寫法已見於王子申盞、齊良壺等，實是在上「皿」下「于」的寫法（已見於子諆盆、蘇公盂簠）的基礎上贅加「皿」旁而成。[7]

由是可見，無論是「🔣」抑或「🔣」，它們都是在文字發展過程中自「🔣」演變出來的異構。

除此之外，西周晚期《齊侯盂》所見「盂」字書作「🔣」：

6　張光裕：〈從🔣字的釋讀談到簋、盆、盂諸器的定名問題〉，頁 143–144。

7　陳斯鵬、石小力、蘇清芳：《新見金文字編》，福州：福建人民出版社，2012 年，頁151。

《齊侯匜》
（《集成》，10283）
西周晚期

　　《齊侯匜》器形明顯為匜，但卻自名為「■」。「■」字的構形獨特，杜廼松認為字所從之「⺄」為「勺」，「盉」從「皿」、「勺」，「于」聲，與「匜」是一音之轉，乃其別名。[8] 陳劍認為匜之所以自名為「盂」，實是因古音通假所致。[9] 雖然不少學者釋「■」所從之「⺄」為「勺」，但我們認為「⺄」應當是「升」：

～于乓文取（祖）考	二斗五～少半～	爰積十六尊（寸）五分尊（寸）壹為～
《昚簋》	《王后中官鼎》	《商鞅量》
（《集成》，4194）	（《集成》，936）	（《集成》，10372）
西周中期	戰國晚期	戰國

從上述例子可知，金文「升」的寫法與「■」所從之「⺄」基本相合，故「■」應當隸定為「盎」。至於學者曾經以為「⺄」是聲符，但結合上古音的考察，「⺄」在字形中應該不具有任何表音的作用：[10]

8　　杜廼松：《談銅器定名中的一些問題》，《故宮博物院院刊》，1979 年 1 期，頁 82。

9　　陳劍：《青銅器自名代稱、連稱研究》，《中國文字研究（第一輯）》，南寧：廣西教育出版社，1999 年，頁 339。

10　擬音據 William H. Baxter and Laurent Sagard, Baxter-Sagart Old Chinese reconstruction, version 1.1 of 20 September 2014. URL: http://ocbaxtersagart.lsait.lsa.umich.edu. 。

盂	*[ɢ]ʷ(r)a
升	*s-təŋ
匜	*laj

從上述擬音可知，「升」與「匜」讀音差距較大，古書中未嘗見有兩字相通之例，故確實無法從通假角度作出解釋。既然「▓（盌）」字從「于」，我們認為「于」是聲符，整字仍當讀「盂」。陳昭容曾經指出「升」是勺類，可作為挹注器，表示挹取的義符，整字結構説明盂的內容物需以斗取用，類似的例子有「▓」、「▓」（《師克盨》4467）及「▓」（《彔伯𪓐父盨》4443）。[11] 其實，季旭昇曾經解釋「升」字當「象以『斗』挹酒登進祭神之意」，[12] 而以下的金文字形亦有助我們理解「盌」字中「升」的含義：

（盠）	（盠）
用追孝～祀 《癲鐘》 （《集成》，247） 西周中期	其～祀大神 《癲簋》 （《集成》，4176） 西周中期

「▓」、「▓」的字形基本相同，僅偏旁「升」、「斗」之差別，古文字「升」、「斗」本來有別，「𢎥」內無橫劃者為「斗」，有橫劃作「𢎥」是「升」，正如《説文》云：

　　𢆡（斗），十升也。象形，有柄。

11　陳昭容：《從古文字材料談古代的盥洗用具及其相關問題──自淅川下寺春秋楚墓的青銅水器自名説起》，《中央研究院歷史語言研究所集刊》，2000 年 71 本 4 分，頁 868。

12　季旭昇：《説文新證》，福州：福建人民出版社，2010 年，頁 975。

　　　　　🔣（升），十龠也。从斗，亦象形。[13]

但是，由於「升」字从「斗」，「升」、「斗」關係相當密切，作偏旁時經常有相互通用之例，而在東周文字中，「升」有書作「🔣」，「斗」亦有書作「🔣」，兩字偶會相混。[14] 因此，我們可以推斷「🔣」、「🔣」兩字皆當為一字之異體，根據辭例可知，「🔣」、「🔣」有祭祀之意，所從之「升」、「斗」及「皿」表示以斗從「皿」中取物，象徵祭祀儀式中的挹注動作。

　　因此，《齊侯匜》所見「🔣」大概可理解為从「升」、「皿」，「于」聲的字。雖然如此，字形所從之「皿」究竟盛載何物？該器自名為「盥🔣（盂）」，銅匜屬於沃盥禮器，我們由是懷疑整字乃表示以斗挹取器皿裏的水，表示沃盥儀式。商代晚期《寢小室盂》（《集成》，10302）銘文「盂」字亦可為挹水之說提供佐證：[15]

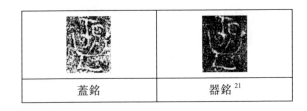

| 蓋銘 | 器銘[21] |

銘文拓本雖然較為模糊，但字中所從之「斗」仍然隱約可見，該字可隸定為「🔣」。正如前文所言，「斗」、「升」皆表示挹注之器，古文字中可以互通，故《寢小室盂》「🔣」與《齊侯匜》「🔣」可以視為同一字之異構。

　　《寢小室盂》是現存最早的銅盂，該器通高達 41.3 厘米，器形較大，銘文僅有四字，皆屬其自名的文字：

13　〔漢〕許慎撰，〔宋〕徐鉉校定：《說文解字（附檢字）》，北京：中華書局，1963 年，頁 300。
14　參黃德寬主編：《古文字譜系疏證》，北京：商務印書館，2007 年，頁 363–364。
15　台北中央研究院「殷周金文暨青銅器資料庫」云：「《集成》缺器內底拓片，今據《古器物研究專刊》補之。」

帚（寢）小室盉（盂）。

《寢小室盂》記載之行禮地點為「帚（寢）小室」，「小室」應該是「寢」裏的一個房間，而《聽盂》嘗記有「下癎（寢）」（《新收》，1072），由此可推測「寢」可分為「上寢」、「中寢」及「下寢」。古漢語中「寢」是一個多義詞，同時兼指宮室及寢室，但因《寢小室盂》與其他盥洗器具一併出土，研究者大多認為「寢」是周王寢室，「寢盂」乃是放置於寢室的盥洗器。例如，董作賓注意到與《寢小室盂》同出的器物包括銅盤、銅勺、陶餅及面具，認為此組器物皆「王之寢宮中盥洗小室的用具」，盤盂用以貯水，勺以挹水，陶餅用以去垢，面具為盥洗室之裝飾。[16] 陳夢家雖然不完全贊同董說，但認為「此組與盥洗有關，是對的」，然而「人面具之為盥洗室的裝飾以及陶器為去垢擦具，似屬於想像」，陳氏復提出「寢小室」當是王寢（或即大室）中的小室，小室是與大室相連的一間盥洗室。[17] 此外，陳昭容認為秦都咸陽宮殿建築遺址曾經建有室內水池，水池應該是作浴室之用，由是可為「盂」、「寢」的關係提供證據。[18] 因此，既然《齊侯匜》和《寢小室盂》分別用「盤」、「盉」作為自名，古文字「升」、「斗」可通，兩者當屬一字異體，而兩銅器器類雖然不同，但皆是用為水器，故「盤」、「盉」二字皆可解釋為象徵以挹注器從器皿中取水進行沃盥的儀式，同讀為「盂」。

16　董作賓：《甲骨學六十年》，載裘錫圭、胡振宇編校：《中國現代學術經典・董作賓卷》，石家莊：河北教育出版社，1996 年，頁 173。

17　陳夢家：《殷代銅器三篇》，《考古學報（第七冊）》，1954 年，頁 24。

18　陳昭容：《從古文字材料談古代的盥洗用具及其相關問題——自淅川下寺春秋楚墓的青銅水器自名說起》，頁 868–869。

經學

《周易》「後得主」、「即命」、「井谷射鮒」、「匕鬯」討論
——《經義述聞》經學討論系列之一

張其昀

揚州大學文學院

高郵王念孫、王引之喬梓之學術成就主要在於訓詁與校勘之學方面——是皆屬於小學，然亦涉及經學。其小學成就，有清一代，堪稱翹楚；經學成就，亦達到非凡水準。王氏喬梓之學術成就，集中體現於著名的「王氏四種」之中。《廣雅疏證》、《讀書雜誌》與《經傳釋詞》主要屬小學範圍；而《經義述聞》則橫跨經學與小學兩個領域。筆者不揣淺陋，選取《經義述聞》中關於經學的部分條目，進一步展開討論，以期於王氏之學有所發揚，於經學研究有所貢獻。

謀劃中「討論」有多篇，此其第一。《周易》，採用魏王弼韓康伯注、唐孔穎達等正義《周易正義》本，見載於阮元校刻《十三經注疏》。[1]《經義述聞》，採用王氏家刻道光七年重刻本之影印本。[2] 文中援引《周易正義》的內容與《經義述聞》的條目，均以圓括號標出頁碼及其欄位。引文概由筆者自行或參酌原句讀標誌施加新式標點符號。

1　《十三經注疏》，北京：中華書局，1980 年。
2　《經義述聞》，南京：江蘇古籍出版社，1985 年。

後得主（頁5，上欄）

　　《坤‧彖辭》：「君子有攸往，先迷後得主。」《周易述》曰：「《震》為主。《序卦》曰：『主器者，莫若長子，故受之以《震》。』是《震》為主也。《剝》窮上反下為《復》，《復》初體《震》，故後得主。」**引之謹案**：長子主器，但可謂之器主耳，豈得便謂之主！《坤》之六爻，皆可變而為陽，何獨舉初爻之變言之乎！惠說非也。細繹經文，上言「有攸往」，下言「得主」，蓋謂往之他國，得其所主之家也。《大戴禮‧曾子制言上》篇：「曾子門弟子或將之晉，曰：『吾無知焉。』曾子曰：『何必然。往矣，有知焉謂之友，無知焉謂之主。』」盧注曰：「且客之而已。」昭三年《左傳》：「豐氏故主韓氏。」杜注曰：「豐氏至晉。舊以韓氏為主人。」定六年《傳》：「昔吾主范氏，今子主趙氏。」《孟子‧萬章》篇：「孔子於衛主顏讎由，微服而過宋，主司城貞子。」又曰：「吾聞觀近臣以其所為主，觀遠臣以其所主。」趙注曰：「遠臣自遠而至，當主於在朝之臣賢者。」蓋既有所往，則有所主之家。《明夷》初九曰：「有攸往，主人有言。」是也。君子之有攸往也，必有所主，得其所主則安。《坤》之變而之他也，亦必以陽為主。得其所主則順，故《坤》之《象》曰「君子有攸往，先迷後得主」也。先迷者，始猶未得所主也；後得主者，其後乃得之也【先、後，猶言始、終。凡經言「先號咷而後笑」，「先張之弧，後說之弧」，皆是也。正義謂「先為在物之先，後為在物之後」，失之】。既得所主，則朝夕依之。故《文言》又曰：「後得主而有常也。」

討論

　　《坤‧彖辭》：「君子有攸往，先迷後得主。」（頁17，下欄）惠棟《周易述》所謂「《剝》窮上反下為《復》」者，指《剝》☷☶之覆卦為《復》☷☳。《復》下體為《震》，《易‧說卦》曰：「《震》一索而得男，故謂之長男。」（頁94，下欄）正義曰：「索，求也。《坤》初求得《乾》氣為《震》，故曰長男。」（頁94，下欄）所謂「長子」即長男也（昀案：《乾》☰老陽為父，《坤》☷老

陰為母。老陽之變，自下而索，即《震》，為長男；餘則自中而索，即《坎》，為中男；自上而索，即《艮》，為少男。老陰之變，自下而索，即《巽》，為長女；自中而索，即《離》，為中女；自上而索，即《兌》，為少女）。鼎為和齊生物成新之器也，當由長子主之，是《震》純卦☳次於《鼎》卦☲之義也。然主器者不得徑謂之主，是其「主」字當另有所指。

　　主者，非「為主」也，乃「所主」也，「所以為主人」也。得主者，非「得為主」也，乃「得其所以為主人」也。馮諼寄食孟嘗君門下，藺相如舍於繆賢，伍員入吳而遇闔閭，亦皆是「得主」也。對於此象辭有多種解釋。唐李鼎祚《周易集解》卷二引虞翻曰：「坤，臣道也，妻道也，後而不先。先則迷失道矣，故曰先迷；陰以陽為主，當後而順之則利，故曰後得主利。」[3]（是為將「得主」後之「利」字與「主」字連讀）北宋倪天隱《周易口義》卷一：「夫乾者天道，坤者地道。言之人事，則《乾》為君、為父、為夫，《坤》為臣、為子、為婦。言其分，則君唱而臣和，父作而子述，夫行而婦從。若臣先君而唱，子先父而作，婦先夫而行，則是亂常道也。若能處其後而順行其事，不為事先，則得其主，守而不失為臣、為子、為婦之道也。」[4]南宋張浚《紫巖易傳》卷一：「聽唱而應，臣之事也。然唱之不以道，亦可應乎！坤之先迷，厥旨安在哉！其戒夫君心未格而強之以難行者耶！君子必先正君，君正道合，上以正而唱，下以正而應，得主之道，莫加於此矣。」[5]是虞氏以臣道、妻道求索「主」之義，倪氏並以臣道、子道、婦（妻）道求索之，張氏則獨以臣道求索之。虞氏、倪氏以「後」為「後於主」也，張氏以「後」為「主正而後」也。然而將其卦辭「君子有攸往，先迷，後得主，利。西南得朋，東北喪朋，安貞吉」貫通起來看，其義實關乎君子及其所以為主者（即「客」及「主」）。是君子所以為主者，即「得朋」、「喪朋」之「朋」也。「朋」與「友」，析言則別（如南朝梁皇侃《論語集解義疏》卷一引鄭玄之説：「同師

3　《周易集解》，北京：九州出版社，2003 年，頁 42（以下只標書名、頁碼）。

4　《周易口義》，長春：吉林出版集團有限責任公司，2005 年，頁 24，下欄。

5　《易璇璣》《紫巖易傳》合刊本，同上，頁 8，下欄。

為朋，同志為友」[6]），渾言則同。此「朋」即「友」也。君子與其所以為主者可以成為朋友（「主」即「朋」）。不計身份差別的朋友，即屬這種朋友。《莊子‧內篇‧德充符》記魯哀公語曰：「吾與孔丘，非君臣也，德友而已矣。」[7]如其說，孔子與哀公是也。《戰國策‧燕策一》記郭隗對燕昭王語曰：「王者與友處。」[8]意謂成就王業的君主將賢人當作朋友，其所說的賢人與其君主亦是也。綜上所述而約言之，「後得主」之「主」非「主從」之「主」，乃「主客」之「主」。《坤‧文言》曰：「坤至柔而動也剛，至靜而德方。坤道其順乎！承天而時行。」（頁 18，下欄）柔、靜、順、承，是《坤》之德也。然量時而動，其動則剛而不悖，其德則方而不邪。順也者、承也者，後之謂也。臣於君而和其唱、子於父而述其作、妻於夫而從其行，固是也。然而，客於主，亦當守其《坤》之德。服從於主之意志，竭力以事主，是也。有所行動，當以「先迷」為戒。比如，若有所建言於主，不可先吐為快，否則可致喧賓奪主之嫌；當從容擇機而行，是為動而有方。《文言》曰：「後得主而有常，含萬物而化。」（頁 18，下欄）意謂退讓抑制，不為物先，不妄動，守其恆理，含養萬物而德化光大（孔穎達正義語）。這是《坤》之德之通義，為臣、為子、為婦及為客之道，概莫外乎此。

即命（頁 10，上欄）

《訟》九四：「不克訟，復即命，渝，安貞吉。」虞注曰：「失位，故不克訟。渝，變也。不克訟，故復位，變而成《巽》。《巽》為命令，故復即命渝。」王注曰：「反從本理，變前之命。」【正義曰：「反從本理」者，釋「復

6　《論語集解義疏》，北京：中華書局，1985 年，頁 3。

7　《莊子集解》，《諸子集成》本，北京：中華書局，1954 年，頁 35（以下只標書名、頁碼）。

8　《戰國策》，上海：上海古籍出版社，1998 年，頁 1064。

即」之義。復，反也；即，從也。「本理」，謂原本不與初訟之理。「變前之命」者，解「命渝」也。渝，變也。「前命」，謂往前共初相訟之命】**引之謹案**：王讀「復即」為句，文義未安。虞以「復即命渝」為句，而謂變《乾》成《巽》以復其位【九四變，則上體成《巽》】，亦以迂迴失之。三五互而成《巽》，何待變《乾》而後成《巽》乎！九四，《巽》之中畫。巽者，順也，施命者也。復猶歸也【九二「不克訟，歸而逋」】。即，就也。歸而順以及物，就初六而命之，故曰「復即命」。以剛就柔，以順化險，則在下者亦變而不訟矣，故曰「渝」。渝者，初爻受命而變其志也。《否》九四：「有命，無咎。」王注曰：「夫處《否》而不可以有命者，以所應者小人也。有命於小人，則消君子之道者也。今初志在君，處乎窮下，故可以有命。」正義曰：「初六志在於君。守正不進，處於窮下。今九四有命命之，故無咎。」亦謂九四命初六也，與此「即命」正同義【凡《易》言「王三錫命」、「大君有命」、「自邑告命」、「有孚改命」，皆謂命令也。或謂命為正理，失之。王注「反從本理」，是釋「復即」二字，非釋「命」字也】。《金縢》曰：「今我即命于元龜。」謂就元龜而命之也【《洪範》所謂「乃命卜筮」也。某氏傳謂「就受三王之命」，失之】。《雒誥》曰：「今王即命曰：『記功宗。』」謂就雒邑而命之也，可為四爻即命於初爻之證。

討論

　　《訟》九四：「不克訟，復即命，渝，安貞吉。」（頁24，下欄）王氏釋義與舊訓大不同。「即」，虞翻注之意釋為「就」（表示行為之對象）、王弼注則釋為「從」，王氏亦同於虞而釋為「就」；「命」，虞翻注、王弼注以為「前命」（己方以前的命令），孔穎達正義解虞、王則以為「本理」（即「正理」），王氏以為「命令」（命令他方）；「渝」，虞翻注謂變《乾》成《巽》以示命令，王弼注以為自己「變前之命」，王氏以為他方「受命而變」。「復」，釋為「反」（返）、釋為「歸」無異。孔穎達正義「本理」云云，顯然是對王弼注之誤解。因為字詞訓詁之不同，所以句讀亦有異。王弼讀「復即」為句，虞翻以「復

即命渝」為句，是皆未安。今案：《訟》卦作☲，《坎》下《乾》上。《象》曰：
「天與水違行，訟。」（頁 24，中欄）《子夏易傳》卷一曰：「相違而與處，事
訟之象也。」[9] 孔穎達正義曰：「天道西轉，水流東注，是天與水相違而行。象
人彼此兩相乖戾，故致訟也。」（頁 24，中欄）雖孔氏解其爻辭說或未確，
然是說則簡而有當。此卦主旨即謂爭訟。爭訟者相逼近，當觀象於乘承上下
爻之間。可與四為訟者為三，而六三本處於兩剛之間而自危，順從於上九以
自保，無爭訟之志，故九四無與為訟者而「不克訟」。九四往訟不克而歸，
九二亦往訟不克而歸，然二者所處之形勢不同。九二與九五為敵應，本無外
援優勢，且原居《坎》險之中，雖上體為《離》，然火不容於水，其險無改，
故「不克訟，歸而逋」。九四本為上《乾》之下爻，又其下體為《離》，自秉
剛明之才。九四又為互體《巽》之中爻（虞翻謂九四變六四，與九五、上九
成《巽》，實在是太過迂迴）。巽之言順也，此謂順應「不克訟」之形勢而不
強訟。《巽》又為號令（南宋沈該《易小傳》卷一上：「《巽》，風也。風者，
天之號令」[10]），故謂「施命者」也。何所施命？自然是就其所與應者初六而施
命。是王氏之所以釋「即」為「就」，釋「即命」為「就初六而命之」也。
初六爻辭曰：「不永所事，小有言。」《象》曰：「不永所事，訟不可長也。雖
小有言，其辯明也。」這是說，無心長久爭訟，然而已牽涉於爭訟之中；雖
言辭不多，但已辯析分明（其得九四正應，形勢有利）。九四以剛明之才，
順應形勢而施命於初六，欲初六終止已經開始的爭訟，不再繼續。初六終止
爭訟，罷其欲訟之志，是為「渝」。罷其爭訟，兩造皆安，悉安於正，是為
吉，故曰「安貞吉」。「即命」，謂九四就初六而施命，《易》學家前已有作如
是解者。如南宋趙彥肅《復齋易說》卷一曰：「初六自辯，不待己言，聽上之
命訟，變而靜，故吉。」[11] 是王氏之解，實有所繼承焉。

9　《子夏易傳》，《叢書集成初編》本，北京：中華書局，1991 年，頁 16。
10　《周易本義》《易小傳》合刊本，長春：吉林出版集團有限責任公司，2005 年，頁 6，
　　下欄。
11　《周易玩辭》《復齋易說》合刊本，同上，頁 9，下欄。

井谷射鮒（頁 28，上欄）

九二：「井谷射鮒。」王弼注曰：「谿谷出水，從上注下，水常射焉。井之為道，以下給上者也。而無應於上，反下與初，故曰『井谷射鮒』。鮒，謂初也。」釋文：「射，食亦反；徐食夜反；鄭、王肅皆音亦，云：『厭也。』」**引之謹案**：《説文》「壑」字從谷，谷猶壑也。《莊子·秋水》篇説「埳井之鼃」曰：「擅一壑之水，而跨跱埳井之樂。」壑即谷也，井中容水之處也。《秋水》篇又曰：「井魚不可以語於海者，拘於虛也。」【俗本改「魚」為「鼃」。辨見《讀書雜誌》】《呂氏春秋·諭大》篇曰：「井中之無大魚也，新林之無長木也。」井中無大魚，故鄭注曰：「所生魚無大魚，但多鮒魚耳。言微小也。」【見劉逵《吳都賦》注】射，謂以弓矢射之也。《易》凡言「射隼」、「射雉」皆然，「射鮒」不應獨異。《呂氏春秋·知度》篇曰：「非其人而欲有功，譬之若射魚指天而欲發之當也。」《淮南·時則》篇曰：「命漁師始漁，天子親往射魚。」《説苑·正諫》篇曰：「昔白龍下清泠之淵，化為魚。漁者豫且射中其目，白龍上訴天帝。天帝曰：『魚固人之所射也。』」是古有射魚之法也。射而取之，有所得矣。然得於下而無應於上，故《象傳》謂之「無與」也。左思《吳都賦》曰：「雖復臨河而釣鯉，無異射鮒於井谷。」「射鮒」與「釣鯉」並言，其為射而取之明矣。蓋晉以前治《易》者，本有是説，故太沖用之也。鄭、王諸家或訓為「注射」，或訓為「厭」，皆不得其解而為之辭。又**案**：子夏傳曰：「井中蝦蟇呼為鮒魚也。」【見正義】「井中蝦蟇」，《莊子》所謂「埳井之鼃」也，不聞名為「鮒魚」。子夏傳非也。

討論

《井》九二：「井谷射鮒。」（頁 60，上欄）射，王弼訓為「注射」，鄭玄、王肅訓為「厭」。而《解》上六「射隼」、《履》六五「射雉」，「射」，皆謂以弓矢射之也；「射鮒」，自不應獨異，「注射」、「厭」（厭勝）皆非此「射」之義。鮒，王弼以為指「初（爻）」。「隼」、「雉」皆可獵之實物，「鮒」亦

不應獨異，當指魚而不應指「初（爻）」。是王引之據《易》之文例以解經者也。「射鮒」與「釣鯉」並言，「釣」為釣而取之，「射」則為射而取之矣。是王引之據其文脈以解經者也。今案：《墨子·公輸》：「（荊）江漢魚鱉黿鼉為天下富，宋所為無雉兔鮒魚者也，此猶粱肉之與糟糠也。」[12]《埤雅·釋魚》：「鮒，小魚也，即今之鯽魚。」[13]「谷」、「壑」為見、匣喉牙音旁紐，侯魚旁轉，音近義通。「壑」、「谷」皆水所鍾之處，「井谷」自是指井中容水之處也。《井》卦作䷯，《巽》下《坎》上。南宋林栗《周易經傳集解》卷二十四：「《坎》為谷。」[14] 是本卦有「谷」之象。唐李鼎祚《周易集解》卷四十八載虞翻曰：「《巽》為鮒。鮒，小鮮也。」[15]（「小鮮」即小魚）《井》九三、六四、九五為互《離》。《周易集解》卷四十載虞翻曰：「《坎》為弓，《離》為黃矢。」[16] 是本卦亦有「射鮒」之象。「射鮒」即射魚，惟井中無大魚，故謂之。然據之可知古之有射魚之事也。關於古之是否有射魚之事，經學界意見不一。左氏《春秋經·隱五年》曰：「春，公矢魚於棠。」[17] 杜預注曰：「書陳魚，以示非禮也。」[18] 左氏《傳》曰：「公將如棠觀魚者。」[19] 是杜預解「矢」為「陳」，即《書·大禹謨》「皋陶矢厥謨」[20] 之「矢」；左氏解「矢」為「觀」。今案：陳魚以便觀之，「陳魚」與「觀魚」，其實一也。公羊、穀梁《春秋經·隱五年》即皆曰：「春，公觀魚於棠。」[21] 西漢焦延壽《焦氏易林》卷四有語曰：「操筍搏鯉，荷

12　《墨子閒詁》，《諸子集成》本，頁 294。
13　《埤雅》《漢隸字源》合刊本，長春：吉林出版集團有限責任公司，2005 年，頁 10，上欄。
14　《周易經傳集解》，《四庫全書》本，上海：上海古籍出版社，第 12 冊，頁 318，下欄（以下只標書名、冊數、頁碼及欄位）。
15　《周易集解》，頁 413。
16　《周易集解》，頁 349。
17　《十三經注疏》，北京：中華書局，1980 年，頁 1726，上欄（以下只標書名、頁碼及欄位）。
18　《十三經注疏》，頁 1726，上欄。
19　《十三經注疏》，頁 1726，中欄。
20　《十三經注疏》，頁 134，中欄。
21　《十三經注疏》，頁 2207，上欄；頁 2369，中欄。

弓射魚，非其器用，自令心勞。」[22] 清惠士奇《惠氏易説》卷五解焦氏之語曰：
「言捕狸不以笱，罔（網）魚不以弓。」[23] 是以古無射魚之事者也。而以古有射
魚之事者則以為「矢魚」之「矢」即「矢繳」之「矢」，是「矢魚」即射魚
也。《淮南·時則訓》曰：「季冬之月，命漁師始漁，天子親往射漁，先薦寢
廟。」[24]「射漁」亦即射魚。《史記·秦始皇本紀》曰：「（上）乃令入海者齎捕
巨魚具，而自以連弩候大魚出而射之。至之罘，見巨魚，射殺一魚。」[25] 是則
明言射魚之事。《漢書·武帝紀》曰：「（上）自尋陽浮江，親射蛟江中，獲
之。」[26] 是由射蛟亦可推知古之有射魚之事也。南宋葉夢得《葉氏春秋傳》卷
二傳「五年春，公矢魚於棠」曰：「『矢魚』，公羊、穀梁作『觀魚』，左氏
作『矢魚』，當從左氏。矢，射也。古者天子諸侯將祭，必親射牲因而獲禽，
亦以共祭。春，獻魚之節也。公將以盤遊託射牲以祭焉，以公為荒矣。」[27] 南
宋黃仲炎《春秋通説》卷一亦曰：「矢魚者，射魚也。何以知其射魚也？觀《左
氏》載臧僖伯之諫，其專及於蒐田獮狩、治兵振旅，末云『鳥獸之肉，不登
於俎；皮革齒牙，不登於器。則君不射，古之制也』，以是知其為射魚也。」[28]
是《左氏傳》以「矢魚」為「觀魚」，而黃氏則以《左氏》所引之文證其「矢魚」
為「射魚」。王應麟《困學紀聞》卷六引朱熹曰：「據《傳》言『則君不射』，
是以弓矢射之，如漢武親射蛟江中之類。」復按謂：「《淮南·時則訓》：『季
冬，命漁師始漁，天子親往射魚。』則左氏『陳魚』之説非矣。」[29] 是左氏《春
秋經》「矢」字則是，然《傳》曰「觀魚」則非。今據《井》九二「井谷射鮒」，

22　《焦氏易林》，《四庫全書》本，第 808 冊，頁 405，下欄。

23　《惠氏易説》，《四庫全書》本，第 47 冊，頁 736，下欄。

24　《淮南子》，《諸子集成》本，頁 83。

25　《史記》，北京：中華書局，1959 年，頁 263。

26　《漢書》，北京：中華書局，1962 年，頁 196。

27　《葉氏春秋傳》《春秋辨疑》合刊本，長春：吉林出版集團有限責任公司，2005 年，
　　頁 127，下欄。

28　《春秋通説》《春秋臣傳》合刊本，長春：吉林出版集團有限責任公司，2005 年，頁
　　14，下欄。

29　《困學紀聞》，長春：吉林出版集團有限責任公司，2005 年，頁 130，上欄。

亦可證古之確有射魚之事也。又**案**：射，謂以弓矢射之也。鮒，謂小魚。射而取之，有所得矣。九二乘於初六，以陽乘陰為得，故謂「得於下」；然九二與九五不應，故謂「無應於上」，是即「無與」之謂也。

匕鬯（頁 29，下欄）

《震‧彖辭》：「不喪匕鬯。」「匕」有二說。鄭注曰：「升牢於俎，君匕之，臣載之。」【見集解】王注曰：「匕，所以載鼎實。」此以匕為出牲體之器也。許氏《說文》曰：「鬯，以秬釀鬱艸，芬芳條 【各本誤作「攸服」】，以降神也。從凵，凵，器也；中象米；匕所以扱之」；引《易》曰：「不喪匕鬯。」此以匕為取鬯酒之器也。**引之謹案**：許說為長。匕謂柶也。《說文》曰：「柶，匕也。」又曰：「匕，一名柶。祭祀之禮，尸祭鬯酒，則以柶扱之。」《天官‧小宰》：「凡祭祀，贊王祼將之事。」鄭注曰：「凡鬱鬯，受，祭之啐之奠之。」疏曰：「謂王以圭瓚酌鬱鬯獻尸，后亦以璋瓚酌鬱鬯獻尸。尸皆受，灌地降神，名為祭之。」是尸受鬯酒有祭之之禮。祭之則必以柶扱酒矣。《士冠禮》：「冠者即筵坐，左執觶，右祭脯醢，以柶祭醴三。」疏曰：「三祭者，一如昏（婚）禮始扱一祭又祭再祭也。」是其例也。匕所以扱鬯酒，故以「匕」、「鬯」並言。不然，則祭器多矣，何獨取於匕乎！鬯，亦器也，謂圭瓚也。圭瓚以盛鬯酒，因謂圭瓚為鬯。《春官‧大宗伯》：「凡祀大神，享大鬼，祭大示，涖玉鬯，省牲鑊，奉玉齍。」玉齍，謂玉敦也；玉鬯，謂圭瓚也【鄭注分「玉」「鬯」為二，以玉為禮神之玉，失之。辯見《周官》】。《周語》：「有神降于莘，王使大宰忌父帥傅氏及祝史奉犧牲玉鬯往獻焉。」韋注曰：「玉鬯，鬯酒之圭。長尺二寸，有瓚，所以灌地降神之器。」《說文》作「瑒」，云：「圭尺二寸，有瓚，以祀宗廟者也。」是圭瓚得謂之鬯也。匕有淺斗【鄭注《士冠禮》曰：「柶，狀如匕。」又注《少牢饋食禮》曰：「疏匕、挑匕，

皆有淺斗，狀如飯橾」】，瓚槃大五升【見《春官‧典瑞》注】，皆器之仰受者也。《震》上二畫中虛，下一畫承之，正象仰受之器。上下皆《震》，象匕從瓚上扱取酒也。言「匕鬯」而不及他器者，《祭統》曰「獻之屬莫重於祼」，故以祼器言之。

討論

　　《震‧彖辭》：「震驚百里，不喪匕鬯。」（頁 62，上欄）王弼注曰：「威震驚乎百里，則是可以不喪匕鬯矣。匕，所以載鼎實。鬯，香酒，奉宗廟之盛也。」（頁 62，上欄）王說本於鄭玄注。唐李鼎祚《周易集解》卷五十一載鄭氏注曰：「人君於祭之禮，匕牲體薦鬯而已，其餘不親也。升牢於俎，君匕之，臣載之。鬯，秬酒，芬芳條鬯，因名焉。」[30] 說《易》者多主此說，或據之而更有所闡發。比如，孔穎達正義引三國吳陸績曰：「匕者棘匕，撓鼎之器。先儒皆云，匕形似畢但不兩歧耳，以棘木為之，長二尺，刊柄與末。《詩》云『有捄棘匕』是也。用棘者，取其赤心之義。」（頁 62，上欄）北宋程頤《周易程氏傳》卷四曰：「匕以載鼎實升之於俎，鬯以灌地而降神。」[31] 明胡廣《周易傳義大全》卷十八曰：「匕所以舉鼎實，鬯以秬黍酒和鬱金所以灌地降神者也。」[32] 今案：載鼎實之器確有名匕者。如：《詩‧小雅‧大東》：「有饛簋飧，有捄棘匕。」[33] 朱熹注：「棘匕，以棘為匕，所以載鼎肉而升之於俎也。」[34] 是也。然《說文》解「鬯」字所謂扱米之器亦名匕。是匕作為扱器，可以扱米，亦可以扱酒、扱水，扱其他可飲食之物（扱酒、扱水等，一般用「汲」字而不用「扱」）。《說文》謂之「一名柶」。《管子‧弟子職》曰：「左

30　《周易集解》，頁 434。

31　《周易程氏傳》，北京：九州出版社，2010 年，頁 206。

32　《周易傳義大全》，《四庫全書》本，第 28 冊，頁 497，上欄。

33　《十三經注疏》，頁 460，中欄。

34　《詩經集傳》《詩傳遺說》合刊本，長春：吉林出版集團有限責任公司，2005 年，頁 101，上欄。

執虛豆，右執挾匕。」[35] 是也。《三國志・蜀志・先主傳》載曹操與劉備（先主）論及「今天下英雄，唯使君與操耳」、「先主方食，失匕箸」。[36] 亦是也。總之，「匕」之名一也，實則二也。《說文》「匕」字段玉裁注曰：「按《禮經》，匕有二：匕飯匕黍稷之匕蓋小，《經》不多見。其所以別出牲體之匕，十七篇中屢見，喪用桑為之，祭用棘為之，又有名『疏』、名『挑』之別，蓋大於飯匙。其形製略如飯匙，故亦名匕，鄭所云『有淺斗，狀如飯樸』者也；以之別出牲體謂之匕載，猶取黍稷謂之匕黍稷也。」[37] 信矣其說。試比方為說，出牲體（即載鼎實）之匕猶今之勺子，取鬯酒之匕猶今之羹匙。王引之以為「不喪匕鬯」之匕為取鬯酒之器，而非出牲體之器，是也。

　　「匕」有異解，「鬯」亦有異解。許氏《說文》所謂「鬯，以秬釀鬱艸」云云，是鬯指酒也；《周禮・天官・小宰》鄭注所謂「鬱鬯」、賈疏所謂「以璋瓚酌鬱鬯」，亦是也。於《震・象辭》「不喪匕鬯」之「鬯」，王弼注所謂「香酒」、鄭玄注所謂「秬酒，芬芳條鬯」，是以為鬯指酒也。鬯指酒之外，亦可以指香草。《詩・大雅・江漢》：「釐爾圭瓚，秬鬯一卣，告于文人。」[38] 毛傳云：「鬯，香草也。」[39]「不喪匕鬯」孔穎達正義：「《王度記》云：『天子鬯，諸侯薰，大夫蘭。』以例而言，則鬯是草明矣。」（頁62，上欄）另唐人史徵《周易口訣義》卷五亦曰：「鬯是香草，取之釀酒，祭廟之用也。」[40]（「鬯」是香草，故「尸祭鬯酒」之「鬯酒」即指鬯草釀造之酒矣）於「不喪匕鬯」之「鬯」，王引之則以為既非指酒，亦非指草，而是指器，與匕一樣。「鬯」之可以指器，王引之首先舉《周禮・春官・大宗伯》「涖玉鬯，省牲鑊，奉玉齍」之語為證。其意謂，玉齍謂玉敦也，玉鬯謂圭瓚也。是乃據下文「玉齍」之為玉之齍之文例，知「玉鬯」之為玉之鬯。王氏繼則舉《國語・周語》「奉

35　《管子校正》，《諸子集成》本，頁 316。

36　《三國志》，北京：中華書局，1959 年，頁 875。

37　《說文解字注》，上海古籍出版社，頁 385，上欄。

38　《十三經注疏》，頁 574，上欄。

39　《十三經注疏》，頁 574，上欄。

40　《周易口訣義》，《叢書集成初編》本，北京：中華書局，1985 年，頁 59。

犧牲玉鬯」及其韋注證明「玉鬯」之為器。程頤所謂「鬯以灌地而降神」、胡廣所謂「鬯以秬黍酒和鬱金所以灌地降神」，亦皆以鬯為指器也。王氏復指出，《説文》「瑒」亦即「鬯」也。今案：「鬯」、「瑒」為透、定舌音旁紐、陽部疊韻，音本相通，其説可從。將「不喪匕鬯」之「鬯」解為「香草」者不多，而解為「酒」者甚多。《震》純卦，上下體皆《震》，皆象仰受之器，卦圖本無酒之象。王氏據卦圖所為之説，亦可為「鬯」指器而非指酒之一證。

論《周易·同人》九五「大師克相遇」之和同思想

謝向榮

香港能仁專上學院

中國傳統文化向來強調「以和為貴」之思想，追求「和諧」之境界。「以和為貴」，語出《論語·學而》所載有子（有若，前 518–？）之言：「禮之用，和為貴。」[1]「和」之思想，推而廣之，則可成「天下之達道」，故《禮記·中庸》曰：「喜怒哀樂之未發，謂之中；發而皆中節，謂之和；中也者，天下之大本也；和也者，天下之達道也。致中和，天地位焉，萬物育焉。」[2] 在儒家思想中，人生在世，自當以人倫為本，故《孟子·公孫丑上》曰：「天時不如地利，地利不如人和。」[3] 蓋「天地之和」，尚不及「人和」重要。相關思想，屢見於不同古籍，毋庸贅述。

《周易》被尊為群經之首、三玄之冠，對中華傳統文化之影響，舉足輕重。考《周易》全經六十四卦中，正有〈同人〉一卦，特別闡釋「和同於人」之思想，其義理至今仍備受重視，研究者眾。

---

1 何晏注，邢昺疏：《論語注疏》〔影印清嘉慶二十年 [1815] 南昌府學重刊宋本《十三經注疏》附校勘記〕（台北：藝文印書館，1973 年 5 月），總頁 8 上。標點為筆者所加。

2 鄭玄注，孔穎達疏：《禮記注疏》〔影印清嘉慶二十年 [1815] 南昌府學重刊宋本《十三經注疏》附校勘記〕（台北：藝文印書館，1973 年 5 月），總頁 879 上。標點為筆者所加。

3 趙岐注，孫奭疏：《孟子注疏》〔影印清嘉慶二十年 [1815] 南昌府學重刊宋本《十三經注疏》附校勘記〕（台北：藝文印書館，1973 年 5 月），總頁 72 上。標點為筆者所加。

〈同人〉卦以「和同」為旨，惟居中得正之九五爻言「同人先號咷而後笑，大師克相遇」，[4] 諸家多以「大軍克敵制勝」釋之。此解似與「同人」之卦時未合，而「武力制服」與「和同於人」間之矛盾，似亦不易圓說。因此，本文擬就「大師克相遇」之訓釋獻疑，並略陳管見，試對傳統文化之「和同」思想作出反思，以就正於方家。

一、〈同人〉卦義綜論

〈同人〉卦體☰，內卦為離，為火；外卦為乾，為天。天氣上騰，火炎亦然，二氣相同，故有和同之象。《雜卦傳》：「同人，親也。」[5] 直接點出〈同人〉以「親和」為卦時。《周易集解》於〈同人〉卦辭「同人于野」下亦引鄭玄（127–200）曰：

> 乾為天，離為火。卦體有巽，巽為風。天在上，火炎上而從之，是其性同于天也。火得風，然後炎上益熾。是猶人君在上施政教，使天下之人和同而事之。以是為人和同者，君之所為也。故謂之「同人」。[6]

又於《彖傳·同人》「同人」二字下引《九家易》曰：

> 《九家易》曰：謂乾舍于離，同而為日。天日同明，以照于下。君子則之，上下同心，故曰「同人」。[7]

4　王弼、韓康伯注，孔穎達疏：《周易注疏》〔清嘉慶二十年 [1815] 南昌府學重刊宋本《十三經注疏》附校勘記〕（台北：藝文印書館，1973 年 5 月），總頁 45 下。標點為筆者所加。

5　王弼、韓康伯注，孔穎達疏：《周易注疏》，總頁 189 上。

6　李道平：《周易集解纂疏》（北京：中華書局，1994 年 3 月），頁 179–180。

7　李道平：《周易集解纂疏》，頁 180。

鄭玄言「天」、「火」同向上升，《九家易》言「天」、「火」同見光明，均旨為說明其異中見同之象，故二者形態雖異，而終究可以「和同」也。人與人相交，亦是如此，若僅就形態、性情而言，可謂人人各異；惟只要彼此存在共通點，即可和氣同聲，成為友好。

〈同人〉卦體內離而外乾，乾為剛健，離為文明，正點出君子之交應當以文明、健康為本，堅守中正原則，方可導民向善。因此，《大象傳》曰：「天與火，同人；君子以類族辨物。」[8]《彖傳‧同人》曰：

> 「同人」，柔得位得中而應乎乾，曰同人；[同人曰]（向榮案：疑為衍文）：「同人于野，亨。利涉大川」，乾行也；文明以健，中正而應，君子正也；唯君子為能通天下之志。[9]

說明君子之交，「文明以健，中正而應」，故能「類族辨物」，「通天下之志」。

〈同人〉卦辭：「同人于野，亨。利涉大川，利君子貞。」[10]《說文》釋「冂」[11]字曰：「邑外謂之郊，郊外謂之野，野外謂之林，林外謂之冂。象遠界也。」「同人于野」，野為郊外，引申為遠，謂和同之境界至為遠大，疑指君主與城郊外之異族求同，避免干戈傷亡。六二上應九五，君民同心，剛柔並濟，天下一家，無遠弗屆，無往不利，故曰「亨，利涉大川」。君王在位，宜加持守和同美德，方可化干戈為玉帛，避免生靈塗炭，故曰「利君子貞」。《周易集解》於〈同人〉卦辭「利涉大川，利君子貞」下引崔覲（生卒年不詳）曰：

> 以離文明而合乾健。九五中正，同人於二。為能「通天下之志」，

8　王弼、韓康伯注，孔穎達疏：《周易注疏》，總頁 44 下。

9　王弼、韓康伯注，孔穎達疏：《周易注疏》，總頁 44 下。

10　王弼、韓康伯注，孔穎達疏：《周易注疏》，總頁 44 上。

11　許慎：《說文解字》〔影印清同治十二年 [1873] 陳昌治刻本〕（北京：中華書局，1963 年 12 月），卷 5 下頁 10（總頁 110 下）。標點為筆者所加。

故能「利涉大川，利君子之貞」。[12]

又帛書《二厽子》引孔子（前 551– 前 479）言：

> 卦曰：「同人于野，亨，利涉大川。」孔子曰：「此言大德之好遠也。
> 所行□□□□遠，和同者眾，以濟大事，故曰『利涉大川』。」[13]

正強調「和同」應以「離文明」合「乾健」之德，其境界應當遠大，方可聚
合大眾，濟成大事。

和同之境既然要遠大，則和同之眾必夥。大眾互有自性，態勢各異，若
人人執於己見，不能異中見同，則必難以和同。因此，〈同人〉所謂「和同於
人」，實有捨己從人之意。《周易集解》於《彖傳‧同人》「唯君子為能通天
下之志」下引崔覲曰：

> 「君子」謂九五。能捨己同人，以「通天下之志」。若九三、九四，
> 以其人臣，則不當矣。故爻辭不言「同人」也。[14]

正點出君子能「捨己同人」，始能「通天下之志」也。《尚書‧大禹謨》曰：

> 帝曰：「俞！允若茲，嘉言罔攸伏，野無遺賢，萬邦咸寧。稽于眾，
> 舍己從人，不虐無告，不廢困窮，惟帝時克。」[15]

12　李道平：《周易集解纂疏》，頁 180。
13　廖名春：〈帛書《二厽子》釋文〉，《帛書〈周易〉論集》（上海：上海古籍出版社，
　　2008 年 12 月），頁 373。
14　李道平：《周易集解纂疏》，頁 182。
15　孔安國傳，孔穎達疏：《尚書注疏》〔影印清嘉慶二十年 [1815] 南昌府學重刊宋本《十
　　三經注疏》附校勘記〕（台北：藝文印書館，1973 年 5 月），總頁 52 下。

又《孟子·公孫丑上》曰：

> 孟子曰：「子路，人告之以有過則喜。禹聞善言則拜。大舜有大焉，善與人同。舍己從人，樂取於人以為善。自耕、稼、陶、漁以至為帝，無非取於人者。取諸人以為善，是與人為善者也。故君子莫大乎與人為善。」[16]

正指出賢君之偉大，在其「善與人同」；而與人和同，則須有「捨己從人」之精神，方可成事，故「君子莫大乎與人為善」。

欲和同於人者，對象應當廣泛，境界應當遠大，態度應當寬和，方可異中求同，促進社會和諧。〈同人〉一卦，正以闡明上述和同之理為旨，為方便討論，謹列全卦諸爻辭如下：

> 初九：同人于門，无咎。
> 六二：同人于宗，吝。
> 九三：伏戎于莽，升其高陵，三歲不興。
> 九四：乘其墉，弗克攻，吉。
> 九五：同人先號咷而後笑，大師克相遇。
> 上九：同人于郊，无悔。[17]

初九「同人于門，无咎」，以陽剛居初爻，故以「門」為喻，鼓勵君子初出門即主動與人和同，可無咎害。六二「同人于宗，吝」，以陰爻居陰位，爻性卑退，略嫌被動，境界未夠遠大，僅於朋黨小眾間親比，未免吝嗇遺憾。《論語·為政》：「子曰：君子周而不比，小人比而不周。」[18] 正可與此爻爻義合

---

16 趙岐注，孫奭疏：《孟子注疏》，總頁 67。
17 王弼、韓康伯注，孔穎達疏：《周易注疏》，總頁 44–45。
18 何晏注，邢昺疏：《論語注疏》，總頁 18 上。

觀。九三「伏戎于莽」而「三歲不興」，九四「乘其墉」而「弗克攻」，均強調與人和同，當以溝通為重，宜柔不宜剛，更不可訴諸武力以解決紛爭。

至於〈同人〉九五，處於君位，居中得正，與下正應，至合「和同於人」之卦時。惟如此重視和同之賢君，爻辭卻繫之以「號咷」、「大師」等負面辭意，到底應如何理解？

二、〈同人〉九五爻意綜論

〈同人〉九五：「同人先號咷而後笑，大師克相遇。」[19]「號咷」，概指哭叫聲，《説文》曰：「咷，楚謂兒泣不止曰噭咷。」[20] 陸德明《經典釋文》曰：「號咷，嗁呼也。」[21] 諸家對此多無異議。「同人先號咷而後笑」，概指和同者先哭而後笑也。

和同者何以「先號咷而後笑」，概與後句「大師克相遇」相關。《象傳》曰：「大師相遇，言相克也。」[22]《周易集解》於〈同人〉九五《象傳》下引侯果（生卒年不詳）曰：

> 乾德中直，不私于物，欲天下大同。方始同二矣，三四失義而近據之，未獲同心，故「先號咷」也。時須同好，寇阻其途，以言相克，然後始相遇，故「笑」也。[23]

又王弼（226–249）《周易注》曰：

19　王弼、韓康伯注，孔穎達疏：《周易注疏》，總頁 45 下。
20　許慎：《説文解字》，卷 2 上頁 7a（總頁 31 上）。
21　陸德明：《經典釋文》（北京：中華書局，1983 年 9 月），頁 21。標點為筆者所加。
22　王弼、韓康伯注，孔穎達疏：《周易注疏》，總頁 45 下。
23　李道平：《周易集解纂疏》，頁 186。

　　《象》曰：「柔得位得中，而應乎乾，曰同人。」然則體柔居中，眾之所與；執剛用直，眾所未從，故近隔乎二剛，未獲厥志，是以「先號咷」也。居中處尊，戰必克勝，故「後笑」也。不能使物自歸而用其強直，故必須大師克之，然後相遇也。[24]

又孔穎達（574–648）《周易正義》曰：

　　「同人先號咷」者，五與二應，用其剛直，眾所未從，故九五共二，欲相和同，九三、九四，與之競二也。五未得二，故志未和同於二，故「先號咷」也。「而後笑」者，處得尊位，戰必克勝，故「後笑」也。「大師克相遇」者，不能使物自歸己，用其剛直，必以大師與三、四戰克，乃得與二相遇。此爻假物象以明人事。[25]

又朱熹（1130–1200）《周易本義》曰：

　　五剛中正，二以柔中正，相應於下，同心者也。而為三四所隔，不得其同，然義理所同，物不得而間之，故有此象。然六二柔弱而三四剛強，故必用大師以勝之，然後得相遇也。[26]

　　諸家所釋，大意相近，均訓「克」為克敵，謂九五與六二相應，惟受九三、九四所阻隔，故「先號咷」；後以大軍戰克對手，終可與下相遇，故「後笑」也。

　　考現當代學者所論，亦頗有從傳統訓釋，訓「克」為克敵、戰勝者，如黃壽祺（1912–1990）、張善文《周易譯注》，譯〈同人〉九五爻曰：「九五，

24　王弼、韓康伯注，孔穎達疏：《周易注疏》，總頁 45 下。
25　王弼、韓康伯注，孔穎達疏：《周易注疏》，總頁 45 下。
26　朱熹：《周易本義》（北京：中華書局，2009 年 11 月），頁 81。

和同於人，起先痛哭號咷，後來欣喜歡笑，大軍出戰告捷，志同者相遇會合。」並釋曰：

> 先號咷，而後笑，大師克相遇——號咷，音嚎啕 háo táo，疊韻聯綿詞，形容大聲痛哭，又作「號啕」、「嚎啕」、「嚎咷」等；大師，大軍；克，戰勝。這三句說明九五陽剛中正、尊居「君位」，與六二同心相應，但因三、四為敵欲爭，開初不能會合而「號咷」悲痛，直至克敵制勝之後纔與六二「相遇」而「笑」。[27]

南懷瑾（1918–2012）、徐芹庭《周易今注今譯》則曰：

> 同人的第五爻（九五）。先有叫喚哭泣而後來歡笑的象徵。它又象徵著大軍的師旅，克勝而相遇。……所謂大軍師旅的相遇，那是說內外上下互相克勝而致於和同的象徵。[28]

黃、張、南、徐諸氏，均釋「大師克相遇」為九五以大軍攻克對手，而後得與六二相遇也。

此外，又有訓「大師克相遇」之「克」為「終」者，如陳鼓應、趙建偉《周易今注今譯》譯〈同人〉九五曰：「聚眾者先悲傷而後欣喜，大眾最終被聚合在一起。」並釋云：

> 同人先號咷而後笑，大師克相遇：「同人」，與卦辭及初、二、上之「同人」意思小異，在此指「同人」者、聚眾者。「號咷」，痛哭、悲傷。

27　黃壽祺、張善文：《周易譯注》（修訂本）（上海：上海古籍出版社，2001 年 9 月），頁 128。

28　南懷瑾、徐芹庭：《周易今注今譯》（修訂本）（台北：台灣商務印書館，1984 年 8 月），頁 103。

「師」，眾。「克」，最終。「遇」，合、聚合。聚眾者最初「號咷」，所謂「三歲不興」也；「後笑」，所謂「大師克相遇也」。[29]

陳、趙二氏，訓「克」為「最終」，謂大師終可相聚，故得破涕為笑也。案：「大師」當指大軍，《周易》本有〈師〉卦，亦專論師旅之事；陳、趙概指「大師」為一般大眾，似可斟酌。又李零《死生有命　富貴在天：〈周易〉的自然哲學》譯此爻曰：

> 陽爻五，集合軍隊，為甚麼先失聲痛哭，後破涕為笑，原來是大軍終於會師了。[30]

李氏譯「大師克相遇」為「大軍終於會師」，顯亦以「終」訓「克」。與此訓相近，諸家又有訓「克」為「能」者，如高亨（1900–1986）《周易古經今注》曰：

> 先號咷而後笑者，先悲後喜也。《旅》上九云：「旅人先笑後號咷。」先喜後悲也。可以參證。《爾雅·釋言》：「克，能也」，此殆古代故事。蓋有一軍被敵人圍攻，將就殲滅，相聚大哭，乃突圍而走，幸與援兵相遇，而轉敗為勝，故曰「同人先號咷而後笑，大師克相遇」。[31]

又周師錫䪨《易經詳解與應用》注「大師克相遇」云：「師：眾；此指軍隊。克：能。」並譯此爻曰：

29　陳鼓應、趙建偉：《周易今注今譯》（北京：商務印書館，2005 年 11 月），頁 137。

30　李零：《死生有命　富貴在天：〈周易〉的自然哲學》（香港：香港中文大學出版社，2013 年 1 月），頁 64。

31　高亨：《周易古經今注》，載董治安編《高亨著作集林》第 1 卷（北京：清華大學出版社，2004 年 12 月），頁 239。

眾人起初嚎啕大哭，後來破涕為笑。大軍終能勝利會師。[32]

又楊軍《周易今讀》曰：

「大師克相遇」，大部隊最終是能夠相遇的，就是大部隊交鋒進行決戰。

還有一種解釋，說「克」是戰勝，想要先哭後笑，必須是大部隊打了勝仗，而後才能遇到跟你達成共識的人，有一個令人滿意的結果。……「大師相遇」代表大部隊決戰，暗指二爻和五爻之間的決戰。二爻是全卦唯一一個陰爻，是卦主；五爻雖然不是卦主，卻處在君位，五爻由於中正，又有其他的陽爻幫助，在戰鬥中是處於上風的，它能夠克制住卦主二爻，這是「言相克也」，說的是它能夠克制對手。[33]

案：訓「克」為「終」或「能」，大旨相近，故楊軍釋「大師克相遇」為「大部隊最終是能夠相遇的」，將「最終」與「能夠」合言；周師注文謂「克：能」，譯文則謂「終能」，其理相同。至於辭意，高亨釋「大師」為援軍，謂己方得與援軍相遇，終能戰勝敵方；周師謂「大軍終能勝利會師」，亦暗示此爻當有戰事；楊軍釋「克」為「終能」，又兼取傳統舊說「戰勝」義，謂大軍終能「相遇」者，蓋指九五、六二終可「決戰」，顯亦以戰事釋「相遇」之意，與傳統以九五、六二相應以釋「相遇」之意不同。

由此可見，無論訓「大師克相遇」之「克」為「攻克」、「戰勝」，抑或訓為「最終」、「能夠」，由於「大師」有「大軍」之意，諸家多視此爻有戰事之意味。李零《死生有命 富貴在天：〈周易〉的自然哲學》曰：「舊注都以為是講我攻敵城，我想，這是理解反了。」[34] 認為舊注有誤，疑〈同人〉當

32　周師錫輹：《易經詳解與應用》（香港：三聯書店，2005 年 12 月），頁 208–209。

33　楊軍：《周易今讀》（上海：上海人民出版社，2015 年 4 月），頁 239。

34　李零：《死生有命 富貴在天：〈周易〉的自然哲學》，頁 65。

指「集合軍隊」，而各爻所言，概指己方被攻，從節節敗退，到最終以大軍擊退敵軍。李氏所論，頗有新意，惟其説不但謂〈同人〉九五有戰事，甚至主張全卦應以「集合軍隊」為卦義，與「和同於人」之卦德明顯不合。

楊軍《周易今讀》認為〈同人〉九五「先號咷而後笑，大師克相遇」，乃指九五與六二終可進行對決，九五爻性剛強，佔得上風，終於戰勝六二，故謂先哭而後笑；其所以「笑」者，乃因終可戰勝對手，得以讓別人與自己達成共識，促成令人滿意之結果，所論尤覺霸道，亦與〈同人〉「和同於人」之卦德不合。

綜上所述，諸家均以〈同人〉九五「大師克相遇」為大軍攻戰之意，其所和同者，僅指援軍或志同道合之眾而已；至於敵軍，敗亡收場，似無疑問。惟正如前文所述，〈同人〉以「和同」為卦德，而與人和同，固以溝通為上，宜柔不宜剛，更有異中求同、捨己從人之善德。〈同人〉九五處於君位，居中得正，與下正應，至合「和同於人」之卦時，斷無訴諸武力之理。諸家釋〈同人〉九五「大師克相遇」為大軍交戰者，似非確論。

三、〈同人〉九五爻意重考

《論語・子路》載孔子之言曰：「君子和而不同，小人同而不和。」[35] 真正之和同，絕非只與合己意者同流，而漠視其他異己，甚至以武力克勝之，使其屈服肯首；真正之和諧，亦絕非令社會只存在一種聲音、一種意見，而應是讓社會百花盛放，讓眾人各勝擅場，縱有不同意見，卻仍然能互相尊重、互相包容，此方為「和而不同」。否則，若只願與己方或援軍和同，對敵方則執意攻伐，實乃「霸道」而非「王道」，其志其情，則僅達〈同人〉六二「同人于宗，吝」之境界，距離〈同人〉「同人于野，亨」之卦旨遠矣。程頤

35　何晏注，邢昺疏：《論語注疏》，總頁 119 上。

（1033–1107）《周易注》釋〈同人〉九五曰：

> 大師克相遇，五與二正應，而二陽非理隔奪，必用大師克勝之，乃
> 得相遇也。云「大師」、云「克」者，見二陽之強也。九五君位，而爻
> 不取人君同人之義者，蓋五專以私暱應於二，而失其中正之德，人君當
> 與天下大同，而獨私一人，非君道也。又先隔則號咷，後遇則笑，是私
> 暱之情，非大同之體也。二之在下，尚以同於宗為吝，況人君乎？五既
> 於君道无取，故更不言君道，而明二人同心，不可間隔之義。[36]

程頤謂九五以大軍克勝九三、九四兩支阻礙己方之敵爻，然後得以與六二相
合，故曰「大師克相遇」。惟程頤又指出，〈同人〉九五處於君王之位，理當
與天下大同，惟九五卻以「大師」攻克敵方，此乃私暱之情，僅類於六二「同
人于宗」之意，既不合君道，亦不合大同之體。案：程頤謂〈同人〉九五以
大師攻克敵方之舉並不合大同精神，所論甚確，可見「大師克相遇」之傳統
訓釋，值得商榷。惟程頤不疑傳統訓釋有誤，而謂九五不合君道，故爻辭不
特言君道云云，則可謂曲辯，恐不可從。

　　與程頤之說類近，今人秦敬修《周易卦解》亦注〈同人〉九五曰：

> 卦唯六二一陰，而諸陽皆欲與之同，二五正應，為三四所隔，不得
> 相遇，以致悲傷號咷，不能自已。然邪不勝正，久必相逢，唯是三、四
> 過強，必用大師克勝之，去其阻力，然後可以與二相遇，此見三、四之
> 強也。夫天下之事，公則平，而私則爭，故「同人于野」則「亨」，「于
> 宗」則「吝」，九五以剛健中正之姿，乃以繫於私暱，而無以通天下之
> 志、行大同之道，乃至形成戰爭之局，與強暴混戰，戰勝然後遂其相遇
> 之願，得其笑語之樂，此以不知大同之道所致也。以九五之剛健中正，

36　程頤：《周易程氏傳》（北京：中華書局，2011 年 5 月），頁 78。

一涉於私同，遂引起大戰之禍，而失其君人之度，是而君子「和而不同」也。[37]

案：秦氏指出，傳統訓〈同人〉九五「大師克相遇」為大師克勝敵軍之説，以武力制勝然後求取和同，乃「繫於私昵」，「涉於私同」，「失其君人之度」，「無以通天下之志、行大同之道」云云，至確。惟秦氏指出「私同」之弊外，又謂「剛健中正」之九五「必用大師克勝」九三、九四，肯定其「引起大戰之禍」，則可謂自相矛盾，亦不可從。

考明人唐鶴徵（1538–1619）《周易象義》一書，亦指出〈同人〉「和同」之理，當指天下大同，其境界至為遠大，而絕非僅與志同道合者和同。唐氏注卦辭「同人于野，亨，利涉大川，利君子貞」云：

> 人本大同，一有欲愛，則異見起而險心生矣。〈同人〉五陽一陰，惟一陰之獨應乎九五，三、四之所以有爭，惟一陰之得位得中而應乾，乃相與以正。九五之所以能同人，卦以五為主，二為用，何言乎「同人于野」也？惟「野」則曠，而絕无封域畛畔。以此同人，无復人我之限矣，焉得不「亨」？乾有「野」象，使天下之人心皆然，君子亦何難同？惟其見可欲則爭，爭則機械百出，而人之險不可測矣。惟從此險處而能喻之使同，乃為真同。三之「伏戎」、四之「乘墉」，皆險機也。惟五能涉之，而使之「克相遇」以成大同之道，故曰「利涉大川」。[38]

唐氏指出，〈同人〉卦辭「同人于野」，乃謂和同之境界應當廣遠，「絕無封域畛畔」，「無復人我之限」。〈同人〉九三「伏戎于莽」、九四「乘其墉」，

37　秦敬修：《周易卦解（修訂版）》（北京：社會科學文獻出版社，2016 年 1 月），頁99。標點與原文略異。

38　唐鶴徵：《周易象義》，《四庫全書存目叢書》經部第 10 冊（濟南：齊魯書社，1997年 3 月），卷 2 頁 11a（總頁 281）。標點為筆者所加。

均有爭戰之險，惟九五能從險中求同，「克相遇」以成大同之道，此方為「真和同」也。唐氏所言，合情合理，誠為的論。

如前所述，唐鶴徵《周易象義》謂九五能涉險而使九三、九四「克相遇」以成大同之道，然則「克相遇」當作何解？唐氏注〈同人〉九五「同人先號咷而後笑，大師克相遇」云：

> 九五正能「同人于野」、「利涉川」、「利貞」之君子，焉能視三、四之「伏戎」、「乘墉」漫不為休戚哉？先之以「號咷」，即孟子所謂「垂涕泣而道之」也。惟其中而且直，以正同人，而不為私暱之狗，故曰「同人之先，以中直也」。中則乾五之中，直則乾動之直也。卒得其安行反則，乃樂而笑。其戚其喜，亦惟在於人之同不同，絕无一毫，人我見正，所謂「于野」之同也。以此通天下之志，焉得不通大眾？焉得不相遇哉？
>
> 「克」，能也；「遇」，合也。三、四屈而從善之機，亦有不可泯者，故曰「言相克也」，猶言「相能」也。不特五之同人，人亦盡同于五矣。此所謂「于野」之同也。舊言用大師克勝之，乃得相遇，甚非。天下无殺伐以求合之理。[39]

案：《爾雅‧釋言》曰：「克，能也。」[40]《説文》曰：「遇，逢也。」[41] 人與人相逢相交，可以交好為友，亦可交惡為敵，從無絕對。傳統訓釋先入為主，以為大軍相遇必指打仗，其實不然。《孟子‧告子下》：「我將有所遇焉。」朱熹注曰：「遇，合也。」[42] 又《戰國策‧秦策》載秦臣營淺（生卒年不詳）謂秦王曰：「王何不謂楚王曰：『魏許寡人以地，今戰勝，魏王倍寡人也。』王何不

39　唐鶴徵：《周易象義》，《四庫全書存目叢書》經部第 10 冊，卷 2 頁 14（總頁 283）。

40　郭璞注，邢昺疏：《爾雅注疏》〔影印清嘉慶二十年 [1815] 南昌府學重刊宋本《十三經注疏》附校勘記〕（台北：藝文印書館，1973 年 5 月），總頁 44 上。

41　許慎：《説文解字》，卷 2 下頁 3b（總頁 40 上）。

42　朱熹：《四書章句集注》（北京：中華書局，1983 年 10 月），頁 340。

與寡人遇？」[43] 高誘（生卒年不詳）注亦云：「遇，合也。」[44] 是唐氏釋「克相遇」
為「能相合」，信而有徵，可從。

據此，〈同人〉九五「大師克相遇」，實當指「大軍能相合」。一般而言，
兩軍相遇，多會爆發戰爭。但凡戰爭，不論最終輸贏，兩軍難免各有死傷，
絕非美事，故有「號咷」之憂。惟〈同人〉以和同為旨，九五居中得正而有
應，至合和同之卦時，能同人于野，包容異己，化干戈為玉帛，實現真正大
同。止戰息戈，社會和樂融融，同心同德，乃萬民福祉，故有「後笑」之喜。
就卦象言，〈同人〉卦體☲，內離外乾，離為戈兵，九五君位，故有「大師」
之象。軍隊剛烈，戰事凶險，故言「先號咷」。惟九五居中得正，合乎和同
卦時，二、五正應，由剛烈之乾體下應往文明之離體，上下相合，象徵戰事
不起，故言「後笑」。

綜而述之，〈同人〉九五乃借剛猛好戰之大軍亦能和同相合一事為喻，突
出〈同人〉強調和同之卦德，並昭示大眾當以同人之精神為念，不應妄起爭
執動武之理也。此解從訓詁、義理、象數諸端，均有所據，亦與〈同人〉之
卦時密合。相反，舊解謂大軍必得克勝敵軍，始得與己方相遇云云，認同通
過爭戰殺伐以求和合，絕無道理，斷不可從。

誠如《論語‧顏淵》所載孔子之言：

> 季康子問政於孔子曰：「如殺無道，以就有道，何如？」孔子對曰：
> 「子為政，焉用殺？子欲善，而民善矣。君子之德風，小人之德草。草上
> 之風，必偃。」[45]

君子要感動人心，乃依據其自身德行，焉有以爭戰殺伐求合之理？《左傳‧定
公十年》載孔子於「夾谷會盟」中以禮勝兵，大義凜然之表現，其文曰：

43　范祥雍：《戰國策箋證》（上海：上海古籍出版社，2006 年 12 月），上冊，頁 388。
44　范祥雍：《戰國策箋證》，上冊，頁 390。
45　何晏注，邢昺疏：《論語注疏》，總頁 109 下。

十年春，及齊平。夏，公會齊侯于祝其，實夾谷。孔丘相。犁彌言于齊侯曰：「孔丘知禮而無勇，若使萊人以兵劫魯侯，必得志焉。」齊侯從之。孔丘以公退，曰：「士兵之！兩君和好，而裔夷之俘以兵亂之，非齊君所以命諸侯也。裔不謀夏，夷不亂華，俘不干盟，兵不逼好。于神為不祥，于德為愆義，于人為失禮，君必不然。」齊侯聞之，遽辟之。

將盟，齊人加于載書曰：「齊師出竟而不以甲車三百乘從我者，有如此盟！」孔丘使茲無還揖，對曰：「而不反我汶陽之田、吾以共命者，亦如之！」

齊侯將享公。孔丘謂梁丘據曰：「齊、魯之故，吾之何不聞焉？事即成矣，而又享之，是勤執事也。且犧、象不出門，嘉樂不野合。而既具，是棄禮也；若其不具，用秕稗也。用秕稗，君辱；棄禮，名惡。子盍圖之！夫享，所以昭得也。不昭，不如其已也。」乃不果享。齊人來歸鄆、讙、龜陰之田。[46]

齊魯同盟，正為和同之時。惟齊臣犁彌（生卒年不詳）以為，孔子知禮而無勇，遂遊說齊景公以武力劫持魯定公，企圖於和盟之時，借武力以逼迫對方就範。強齊以武屈人，魯侯大難當前，戰事似乎一觸即發，兩軍氣氛緊張。惟方此之時，孔子直斥齊侯之非，曉以大義，終成功以禮勝兵，化險為夷；魯軍先號咷而後笑，順利與齊國和同，堪為一時佳話。由此可見，縱然大軍當前，對方企圖發動戰爭，孔子始終反對武爭，堅持以理服人，促成真正和同。

與孔子化解齊魯夾谷會盟之難類近，〈同人〉九五「同人先號咷而後笑，大師克相遇」，亦旨為借大軍尚能和同相合為喻，突顯真正之和同思想。鄧秉元《周易義疏》曰：

46　杜預注，孔穎達疏：《左傳注疏》〔影印清嘉慶二十年 [1815] 南昌府學重刊宋本《十三經注疏》附校勘記〕（台北：藝文印書館，1973 年 5 月），總頁 976 下 –977 下。標點為筆者所加。

夫同人者，大同也，必同中而有異，否則否道也，不足以言同人。
故雖遇異己而能容之，是真可以通天下之志矣。其象如大小兩軍相值，
其小者不欲來同，或反來攻，故為大者所平，是所謂「號咷」也。惟平
之而非滅之，反禮遇之，使合天命攸歸，而不失一體之義，故其自身亦
得保全，是所謂「後笑」。孟子云：「以大事小者，樂天者也。以小事大
者，畏天者也。樂天者得天下，畏天者保其國。」其是之謂乎！相遇，
言相禮遇也。克，能。蓋同人所以濟否，小人之道雖否隔而不通，然其
情未嘗無理，惟不知相互本可大同，故逾越其分，而成己私，是所謂義
利、理欲之辨也。故同人之濟否，非以強力征服，惟使之返本而有得
可也。[47]

鄧氏釋「克」為「能」，又釋「相遇」為「相禮遇」，認為「大師克相遇」指
九五以大軍平定小軍，惟「非以強力征服」，而乃「反禮遇之」，「使之返本
而有得」也。案：鄧氏釋「相遇」為「相禮遇」，似有增字為訓之嫌，可待
斟酌。惟鄧氏主張〈同人〉乃求「大同」，必定於異中求同，雖遇異己亦能
容之，否則不合和同之道，不足以言同人等，則為確論；其主張以禮平兵，
與孔子於齊魯夾谷會盟之主張相同，亦可備一說。

四、結論

總而言之，中國傳統文化向來重視「以和為貴」思想，力求建立「和諧」
社會。相關思想，古籍屢見，而位居群經首列之《周易》中，亦有〈同人〉
一卦，專門闡釋「和同於人」之思想，其義理至今仍備受重視，研究者眾。

〈同人〉卦以「和同」為旨，九五位列君王之位，居中得正而上下相應，

47　鄧秉元：《周易義疏》（上海：上海古籍出版社，2011 年 12 月），頁 110。

至合同人之卦時，猶如一位重視和諧思想之賢君。惟九五爻辭「同人先號咷而後笑，大師克相遇」，舊解或訓「克」為「克勝」，直釋「大師克相遇」為「大軍克敵制勝，而得與己方部隊或援軍相遇」，謂九五克勝九三、九四，而得與六二相應；或訓「克」為「能」、「終」，或合言「終能」，以為兩軍相遇即指彼此交戰，謂九五經過與九三、九四相爭，終能與六二相應。相關訓釋，似均與「同人」之卦時未合，其所謂和同者，並不包括敵軍，而僅指援軍或志同道合之眾而已，其主張頗值商榷。

事實上，〈同人〉之卦時以「和同」為旨，而與人和同，固以溝通為重，宜柔不宜剛，有異中求同、捨己從人之善德。〈同人〉卦辭曰：「同人于野，亨。利涉大川，利君子貞。」所謂「同人于野」，乃指君子和同之境界理應遠大無邊，方可亨通。又〈同人〉六二曰：「同人于宗，吝。」從反面說明僅與同宗同志和同者，並非真正大同，令人遺憾。由此可見，〈同人〉九五「大師克相遇」，舊解謂大軍必得克勝敵軍，始得與己方相遇云云，認同通過爭戰殺伐以求和合之道，離經旨甚遠矣。

本文指出，欲和同於人者，對象應當廣泛，境界應當遠大，態度應當寬和，能夠異中求同，而絕非僅與志同道合者和同。〈同人〉一卦，正以闡明上述和同之理為旨，故卦中六爻，無一能以武力成事，九三「伏戎于莽」而「三歲不興」，九四「乘其墉」而「弗克攻」，均強調與人和同，當以溝通為重，斷不可訴諸武力解決。

至於九五「同人先號咷而後笑，大師克相遇」，「克」當訓「能」，「遇」有「合」義，「大師克相遇」即「大軍能相合」之意。一般而言，兩軍相遇，多會爆發戰爭。但凡戰爭，不論最終輸贏，兩軍難免各有死傷，絕非美事，故有「號咷」之憂。惟〈同人〉以和同為旨，九五居中得正而有應，至合和同之卦時，能同人于野，包容異己，化干戈為玉帛，實現真正大同。止戰息戈，社會和樂融融，同心同德，乃萬民福祉，故有「後笑」之喜。就卦象言，〈同人〉卦體☲，內離外乾，離為戈兵，九五君位，故有「大師」之象。軍隊剛烈，戰事凶險，故言「先號咷」。惟九五居中得正，二、五正應，由剛烈

之乾體下應往文明之離體，上下相合，象徵戰事不起，故言「後笑」。此解從訓詁、義理、象數諸端，均有所據，亦與〈同人〉之卦時密合。

當今之世，人心紛亂，社會特別強調和諧思想。惟所謂「和諧」，究竟何解？其對象如何？境界如何？誠如上文所述，舊訓〈同人〉九五「大師克相遇」為克勝敵軍，如此和同，只願與己方或援軍和同，對異己則執意攻伐，實乃「霸道」而非「王道」，其志其情，僅達〈同人〉六二「同人于宗，吝」之境界，並非卦辭「同人于野，亨」所主張之大同。其實，真正之和同，絕非只與合己意者同流，而漠視其他異己，甚至以武力克勝之，使其屈服肯首；真正之和諧，亦絕非令社會只存在一種聲音、一種意見，而應是讓社會百花盛放，讓眾人各勝擅場，縱有不同意見，卻仍然能互相尊重、互相包容，和而不同。如此，方為真正大同，社會才能真正和諧。

申而論之，〈同人〉九五處身君王之位，居中得正，契合卦時，故能重視同人之精神，持守和同美德，化干戈為玉帛，避免生靈塗炭。《繫辭傳》曰：

> 「同人先號咷而後笑。」子曰：「君子之道，或出或處，或默或語。二人同心，其利斷金；同心之言，其臭如蘭。」[48]

作為上位者，其一言一行，或默或語，或出或處，均可對下屬造成重大影響。〈同人〉九五「大師克相遇」者，乃借大軍能相合之事為喻，昭示在位者應當持守和同美德之理。君子玩味此爻，宜加反思，當人擁有一定權位時，既有能力改變大局，可以與人和同，上下同心，引導大眾和平向善；亦可執意妄為，上下相爭，指使大軍赴死收場。不過，既然連剛猛好戰之大軍亦能和同相合，一般普羅大眾又有何不可放下？何以屢要固執相爭，為難自己？總之，不論份位如何，君子待人處事，均應當深思反省，一念天堂，一念地獄，不能不慎。

---

48 王弼、韓康伯注，孔穎達疏：《周易注疏》，總頁 151 下。

今本與帛書《繫辭傳》字、詞選釋

朱冠華 [1]

香港道教學院

一、釋簡

　　《上繫》第一章「坤以簡能」，虞翻《注》：「簡，閱也。」[2] 簡訓閱，《廣雅·釋言》同。《尚書·湯誥》「惟簡在上帝之心」，孔穎達《疏》引鄭玄《論語·堯曰》「簡在帝心」注，云：「言天簡閱其善惡也。」[3] 劉寶楠《論語正義》引何晏《注》云：「以其簡在天心故」，並云：「是簡有閱訓」，[4] 與朱子《四書集注》：「簡，閱也」同。《周禮·天官·小宰》：「二曰聽師田以簡稽」，《注》引鄭司農曰：「簡，猶閱也。」[5] 是簡，或簡閱連用，是有察閱、鑒閱義，「簡在帝心」，猶云「君履后土而戴皇天，皇天后土實聞君之言（《左傳》僖公十五文）」之意。

1　朱冠華 Chu Koon Wah（1952–），廣東高要人。香港嶺南大學中文系畢業，香港大學中文系哲學碩士，香港珠海書院文史研究所文學碩士及博士。師承陳湛銓、蘇文擢、唐君毅、單周堯等教授習經史哲學與文字學。曾任香港大學助理研究員，中小學教師，浸會大學中文系兼任講師，現任香港道教學院教授。著有《風詩序與左傳史實關係之研究》、《劉師培春秋左氏傳答問研究》。
2　李道平：《周易集解纂疏》（北京：中華書局·1994 年），卷八·頁 545。
3　孔安國《傳》·孔穎達《疏》:《尚書正義》（《十三經注疏》本·台北藝文·1982 年）·卷八·頁 113。
4　〔清〕劉寶楠：《論語正義》（上海：上海書店·1986 年）·卷二十三·頁 413。
5　〔清〕孫詒讓：《周禮正義》（北京：中華書局·1987 年）·卷五·頁 167。

　　但此説與《易》義不合。《説卦傳》第四章言：「乾以君之，坤以藏之」，是坤之德為含藏，故虞翻《上繫》第一章「坤以簡能」注云：「陰藏為簡。簡，閱閱也。《坤》閱藏物，故『以簡能』矣。」[6] 又《下繫》第一章曰：「《坤》，隤（同頹，安然靜翕之貌）然示人簡矣。」虞翻彼《注》亦曰：「簡，閱也。『坤以簡能』，閱內（容納）萬物，故『示人簡（簡即閱，含藏，非簡單之謂）』者也。」蓋坤德要以容閱、含藏，即包容為能事，故言「簡能」。《詩·邶風·谷風》：「我躬不閱，遑恤我後。」毛《傳》：「閱，容也。」鄭《箋》：「我身尚不能自容，何暇憂慮到我以後。」閱謂容閱（雙聲）、容納、容身。「單言閱，絫言容閱（陳奐《詩毛氏傳疏》）」虞翻以陰藏、簡閱，釋「坤以簡能」。《易》以乾為君，坤為臣；簡能、簡閱、閱內，屬於人臣服務於人君之應有態度。《孝經》言臣子「進思盡忠，退思補過」，一方竭盡所能以事上，同時要為人主含藏過失、分謗受愆，並暗中替人君修瑕補漏、抹痕掩飾。須知「忠臣不顯諫」，言事務須委婉曲折，絕對不能犯顏直諫，避免揄揚君惡；又要令對方知所改善者之間，取得平衡，確是一種生存藝術。所以如此者，正因為屬於坤陰的臣屬，「陰雖有美含之，以從王事，弗敢成也。地道也，妻道也，臣道也。地道無成而代有終也。（《坤文言》）」所謂敢言直諫，成就大臣巍然岸然風範，流芳後世的，在於僥倖遇上少數氣度恢宏，英明睿哲的領袖，但歷史上畢竟屈指可數。通常因為直言得禍，身陷大不敬罪，[7] 身敗名裂者居多。面對「履虎尾」，「朽索深淵」，「可食以酒肉者，可隨以鞭捶；可授以官祿者，可隨以鈇鉞」種種生命威脅、功名利祿的患得患失，當官為臣的，不能不時刻「括囊無咎，慎不害也」，官愈大而口愈密，變得無甚尊嚴，漸漸喪失對是非公義的自主抉擇。王弼《頤卦·初九》注：「守道則福至，求祿則辱來。」莊子説的：「擎跽曲拳（《人間世》文），敢不為邪！」孟子説

6　同注2。

7　《漢書》記師丹「浸不合上意，將軍中朝臣皆對曰：『忠臣不顯，大臣奏事不宜漏泄，令吏民傳寫流聞四方。「臣不密則失身」，宜下廷尉治。』事下廷尉，廷尉劾丹大不敬。」卷八十六·頁 3507–8。

的：「有事君人者，事是君則為容悅者也（《盡心上》文）」，朱子《集注》：「阿殉以為容，逢迎以為悅，此鄙夫之事、妾婦之道也。」堂堂丈夫淪為鄙夫、妾婦的奴顏屈膝，初由「陰藏、簡閱」，變得枉己直尋，「以道殉乎人」；更進而扭曲成為「長君之惡其罪小，逢君之惡其罪大（《告子下》文）」的偏差。無他，古者君權定於一尊，「惟辟作福，惟辟作威，惟辟玉食（《書·洪範》文）」，那些受爵位的，「依世則廢道，違俗則危殆」，把作為人民公僕的應有擔荷擱置一旁。帛書《繆和》記孔子稱：

> 君者，人之父母也；人者，君之子（29 行）也。君發號出令，以死力應之，故曰「亓子和之」。「我又好爵，吾與璽贏之」者，夫爵祿在君、在人，君不徒□（敬），臣不〔徒忠，聖君之使〕亓人也，訢焉而欲利之；忠臣之事亓君也，驪然而欲明之。驪訢交洞，（30 行）此聖王之所以君天下也。故《易》曰「鳴鶴陰，亓子和之；我又好爵，吾與璽贏之」，亓此之胃乎？[8]

當時的人君貴無與尊，富無與敵，用人分財，俱出其手，故言「我有好爵，吾與爾靡之」。人臣享爵食祿於朝，為爵祿，故稱「好爵」。一解：爵為酒器（酒杯）。蓋有酒爵，即有爵位。酒爵之義又取爵之鳴節節足足，則亦飛鳥之義。帛書以「爵」為爵位，刑德八柄，爵祿居一，可通。在爵祿授受方面，君臣之間，有一種嚴格權利義務規限：當人君「訢焉而欲利之」，「我又好爵，吾與璽贏之」，一旦人臣獲得分潤，就必須捨身忘私，義無反顧對人君「摩頂放踵」的絕對效忠。例如「君發號出令，（臣子）以死力應之」，故曰「亓子和之」，才是「忠臣之事亓君也，驪然而欲明之」的正確態度。才能達到君臣之間「驪訢交洞，（30 行）此聖王之所以君天下也」的爵祿施予最佳目

8　此據廖名春釋文。見廖著〈帛書《周易》論集·帛書《繆和》釋文〉（上海古籍 2008 年），頁 393。

的。人君與之，受惠者亟宜「銜恩遇，進款（坦）誠；援青松以示心（忠），指白水而旌信」，[9] 所謂「以死力報之」。因此，「祿厚者責重，爵尊者神勞」，所得愈多，付出愈鉅。[10] 即使人臣所受者分明是「從君於昏」，如荀息所謂：「吾聞事君者，竭力役事，不聞違命。君立臣從，何貳之有？（《國語·晉語一》文）」甚至因此「送命」，亦不得有怨，「天威不違顏咫尺」，「天可讎乎」？周公撻伯禽以教成王，用心良苦；管仲樹塞門，有反坫，無非替齊桓分謗。帛書《衷》言：「尚受而順，下安而靜」，又謂「見亞（受辱），墨（同默）然弗反（30 行）」，基於人臣「食人酒肉，受人官祿，為人所制」，平時「進思盡忠，退思補過」，尚須具備「容閱」之德，議事要在辭達又不違牾之間取得平衡，方能示忠保命。無他，「地道也，妻道也，臣道也」，「求祿則辱來」，[11]「地道無成而有終」之故。作為臣下的，即大多數因為面對生命威脅、利害得失，漸而失去分辨是非、敢言直說的勇氣；把私人利益，凌駕於道德擔荷、國家民族利益之上。以致於處事因循苟且，見利忘義，甚至從君之惡而無所不用其極。《詩·曹風·蜉蝣》謂：「蜉蝣掘閱，麻衣如雪。」毛《傳》：「掘閱，容閱也。」鄭《箋》：「掘閱，掘地解閱。」孔《疏》：「謂開解而容閱，義亦通也。」掘閱疊韻，容閱雙聲，故可通。馬瑞辰《毛詩傳箋通釋》引段玉裁曰：「掘閱、容閱，皆聯綿字，如《孟子》之言容悅」。[12] 以蜉蝣掘地藏閱其身，臣子則以麻衣藏君之惡；麻衣喻深衣，諸侯之服。榮華由於順旨，故其服美如雪。正正寫象臣下「從命病君為之諛」的病態。殊不知在舉世皆上瞞下欺，難得見有臨大節不可奪，本諸天理良知，直陳利害的社稷之臣，則家國的亂亡無日可以預見。故下二句云：「心之憂矣，於我歸說」，《箋》言：

---

9   《文選》劉孝標《廣絕交論》。

10 詳拙著〈讀帛書《周易》經傳拾得〉·華夏國際易道研究院·清華大學·北京大學合辦〈第五屆中國國際易道論壇·論文集〉·2014.8·16-17·頁 237–76。

11 語出王弼《頤卦·初九·爻辭·注》，原文云：「夫安身莫若不競，修己莫若自保，守道則福至，求祿則辱來。」宋·王應麟《困學紀聞》：「至哉斯言！可書諸紳。」清·閻若璩《注》：「按，宋·李孟傳亦常取斯四言誡其子孫云。」

12 馬瑞辰：《毛詩傳箋通釋》（北京：中華書局 1989 年）·卷十五·頁 437。

「說，猶舍息也。」《釋文》：「說，音稅。」謂前景堪虞，「吾未知所稅駕也」。[13]

二、釋彖、才

《上繫》第三章言：「彖者，言乎象者也」，[14]「彖」，指文王《卦辭》，又《上繫》第十一章「繫辭焉，所以告也」，虞翻《注》：「謂繫《彖象》之辭」，李道平曰：「謂文王所作《彖辭》、《象辭》也。」[15]《彖辭》、《象辭》即卦象下之辭，謂繫於伏羲卦象下之辭，[16]與《十翼》中的「《彖傳》」不同。如《乾》☰象之下，曰：「《乾》，元，亨，利，貞。」《坤》☷象之下，曰：「《坤》，元，亨，利牝馬之貞。君子有攸往，先迷後得主，利。西南得朋，東北喪朋。安貞吉。」解釋卦德義之辭，稱為《彖辭》，即《卦辭》。

虞翻於此章「彖者，言乎象者也」《注》曰：

「在天成象」，「八卦以象告」。《彖》說三才，故「言乎象」也。[17]

13　《史記》李斯語。
14　同注 2，頁 550。
15　同注 2，頁 607。
16　《經典釋文》引馬融曰：「《彖》辭，卦辭也。」《左傳》襄公九年孔《疏》：「《周易》卦下之辭謂之為《彖》」。《周易正義》引褚氏（梁褚仲師）、莊氏說：「彖，斷也。斷定一卦之義，所以名為『彖』也。但此『彖』釋《乾》與『元，亨，利，貞』之德。但諸儒所說，此『彖』分解四德（指《彖傳》），意各不同。今按，莊氏之說，於理稍密，依而用之。（卷一・頁 33）」又《繫辭傳》此句下《疏》言：「《彖》謂卦下之辭，言說乎一卦之象也。」《周易集注》：「《彖辭》，文王卦下所繫之辭也。」明・唐順之《稗篇》引鄭樵〈卦辭作於文王〉曰：「卦者，掛也，言垂掛物象以示人，故謂之卦。《卦辭》亦謂之《繫辭》，言文王繫屬其文辭於逐卦之下。亦謂之《彖辭》。彖者，抽也。言抽出《易》中吉凶悔吝之事，謂之彖。《易繫》曰：『易之興也，其於中古乎？作《易》者其有憂患乎？』又曰：『《易》之興也，其當殷之末世，周之盛德耶？當文王與紂之事耶？』蓋謂文王遭羑里之拘而作卦耳，此《卦辭》為文王之明驗也。」（卷三・《四庫全書》電子版）
17　同注 2，頁 550。

「在天」之象，是指「未畫」之象，虞翻稱羲皇據日月，納甲而見此本有「八卦」天然之象，稱為「未畫」之象，繼而畫成「八卦以象告」，為「已畫」之象；「兩象」賅天、地、人三才之事，納宇宙於人生而告人吉凶。《經》凡稱言、告，虞《注》謂皆有表達、告訴之意。謂文王作《彖辭》，「舉立象（爻象）之統（韓康伯語。[18] 謂如絲般統紀，頭緒）」，緣先聖哲賢「意志」，「兼三才而說兩象」，故「言乎象也」。[19] 帛本《繫辭》作「緣者，言如馬者也」，又今本《繫辭》「易者，象也」，帛本亦作「是故《易》也者，馬」，劉大鈞釋「馬」為「象」，[20] 可信。[21]

又按《下繫》第三章「彖者，材也」《注》云：

> 彖說三才，則三分天象，以為三才，謂天地人道也。[22]

釋「彖者，材也」而謂「彖說三才」，與此章「彖者，言乎象者也」注一致，以「材」為「三才」省文，不作「裁斷」解，李道平同之，且謂：「材，當讀為才，即三才也。」[23] 才者天降之才，即《說卦傳》之三才，及孟子論性，「不

---

18 〔唐〕王弼注・孔穎達：《周易注疏》（《十三經注疏》本・台北藝文 1982 年），卷八，頁 174。

19 崔憬於《上繫》第十二章「繫辭焉以盡其言」注，亦曰：「文王作卦、爻之辭，以繫伏羲立卦之象。象既盡意，故辭以盡言也。」同注 2・頁 609–10。

20 劉大鈞：〈今、帛竹書《周易》綜考・帛、今本《繫辭》異同考〉，上海古籍出版社，2005 年・頁 157。

21 冠華按，馬字之古文、籀文同作「𩡧」（段玉裁《注》改作「𢑀、影」）；而古文豫「𧰨」之偏旁「象」字作「𧰨」，其形與馬字，只差「彡」字，容易形近致誤。且象訓效，馬字亦有象徵義，故可通。《鴻範・五行傳》論「馬者，兵象。」《禮・投壺》：「為勝者立馬」，元・陳澔《禮記集說》云：「『立馬』者，謂取算以為馬（籌碼），表其勝之數也。」見《禮記集說》（台北・世界書局 1976 年），卷十，頁 317。廖名春歸咎於「帛本書寫隨便」，非是。同注 8，見〈帛書《周易繫辭傳》異文初考〉，頁 312。

22 同注 2・頁 634。

23 同上注。

能盡其才」之才，[24] 於《經》文「象」與「材」之間增一「説」字，將「材」釋作「才」，並非添文解《經》，而實恪守《經》旨。

　　《易經》譽為群經之首，「道」學根源，初由伏羲觀月圓缺，「觀變於陰陽而立卦」，把「畫前卦 (據月光暗、陰陽)」初三震庚、初八兌丁、十五乾甲；十六巽辛、二十三艮丙、三十坤乙，變成「已畫卦」，即三畫之《震》☳、《兌》☱、《乾》☰、《巽》☴、《艮》☶、《坤》☷諸象。[25] 如圖：

「畫前」之象，即「在天成象」之象；「象也者」之象，指「已畫」之像，像似「畫前卦」，不外陰陽，即○、●與☰、☷，「懸象著明莫大乎日月」，○表十五圓月，●表三十月晦。其他則象月亮光暗程度變化，利用三爻演變，涵蓋天、地、人三才變化，所謂「《易》道在天，三爻足矣」。內裏又連環緊扣，揭櫫天道盈虛、消長、進退，「无平不陂，无往不復」，「終則有始，天行也」的自然規律。當事物發展至極限，又從相反方向發展，「終則有始，天行也」。清楚見到，世變乃圓形而非直線發展，初由羲皇默察天道陰陽盈虛消長之機，剛柔動靜循環往復之理，見「道」甚篤，畫成《易》象，納宇宙於人生，謂之天人合一，即所謂「人能弘道，非道弘人」。由於當時未有文字，象外無辭，羲皇的工作仍未完成，尚待後來文王、周公繫上《卦》、《爻》辭，緣象說三才，[26] 加上孔子的《十翼》，所謂「《易》更三聖，世歷三古」，

24　《孟子·告子上》文。並參惠棟《周易述·易微言下》(北京：中華書局 2007 年)，卷廿三，頁 488。

25　《上繫》第一章「在天成象，在地成形，變化見矣」，虞翻《注》：「謂日月在天成八卦：《震》☳象出庚，《兌》☱象見丁，《乾》☰象盈甲，《巽》☴象伏辛，《艮》☶象消丙，《坤》☷象喪乙，《坎》☵象流戊，《離》☲象就己，故『在天成象』也。」

26　《説卦傳》第二章云：「立天之道曰陰與陽，立地之道曰柔與剛，立人之道曰仁與義。」同注 2，頁 691。

一部《周易》到此整體完成。當中如何從夏、商二代因革損益？包涵了多少《連山》、《龜藏》遺留？礙於文獻不足，無從稽考。而今本《周易》的六十四卦，三百八十四爻，實「與天地準，故能彌綸天地之道」，「範圍天地之化而不過，曲成萬物而不遺」，「和順於道德而理於義，窮理盡性以至於命」，正如魏伯陽《周易參同契·若夫至聖章·第三十五》所說：

> 若夫至聖，不過伏羲，始畫八卦，效法天地；文王帝之宗，結體演爻辭；夫子庶聖雄，十翼以輔之。三君天所挺，迭興更御時；優劣有步驟，功德不相殊。[27]

魏公之論，正為「三聖」作《易》，先聖、後聖的「聯繫性」關係作注腳。

問題在於，作為辭、象之間的橋樑，所謂「象者，言乎象者也」的「象」字，最具爭議。按《說文·彑部》（卷九下·頁197）：「彖，豕走也。從彑，豕省。」段玉裁《注》據梁·顧野王《玉篇》作「豕走挩也」，[28] 且云「恐是《許書》古本如此。」《玉篇》並添一義謂：「才也」。但彖之本義為豬跑挩，顯「非《易傳》之『彖』」甚明。[29] 後儒又有訓彖作斷者，孔穎達《周易正義》於《易·彖》曰「大哉乾元」引褚氏（梁褚仲師）、莊氏說：「彖，斷也。斷定一卦之義，所以名為『彖』也。」皆是以意為之，似難合轍，故清儒段玉裁曰：「《周易·卦辭》謂之彖，……古人用彖字，必系假借，而今失其說。」[30] 可見彖之訓作斷、作才，猶未足令人饜心息喙。

27　東漢·魏伯陽：《周易參同契彙刊》（北京：中州古籍出版社·1990年）·頁21。

28　此是脫失本字。《說文·肉部》（卷四下·頁88）：「脫，消肉臞（『臞，少肉也。』）也。」《手部》（卷十二上·頁254）：「挩，解挩也。從手，兌聲。」又《奞部》（卷四上·頁77）：「奪（𡙇），手持佳失之也。從又，從奞。」今俗作奪，從寸。此是走脫、奪失之奪。又《攴部》（卷三下·頁68）：「敓（𢿿），彊取也。」此是搶奪正字。江淹《別賦》：「使人意奪神駭，心折骨驚。」

29　本惠棟《讀說文記》（簡稱《惠記》）。見《說文詁林》引·卷九下·頁4250。

30　〔清〕段玉裁：《說文解字注》（上海：上海古籍出版社·1981年）·卷九下·頁457。

　　按「象」，帛書《繫辭》(37 行) 作「緣」，[31] 今從「緣」。《說文‧糸部》(卷十三上‧葉 275)：「緣，衣純也。從糸，彖聲。」段玉裁《注》：「緣者，沿其邊而飾之也。」[32] 引申為依循，沿襲。《廣雅‧釋詁四》：「緣，循也。」《莊子‧列禦寇》：「緣循、偃仰、困畏」，郭象《注》：「緣循，杖物而行者也。」又《養生主》：「緣督以為經」，成玄英《疏》：「緣，順也。」《韓非子‧解老篇》：「夫緣道理以從事者無不能成。」意謂文王「緣」順「兩象」而說「三才」，與《經》言文王「觀象繫辭」一貫。又《下繫》第十一章『《易》之興也，其當殷之末世，周之盛德耶？當文王與紂之事耶』，虞翻注亦曰：「謂文王書《易》六爻之辭也。」[33] 六爻之辭，應包括《卦辭》。《淮南子‧要略》：「今《易》之《乾》、《坤》，以窮道通意也。八卦，足以識吉凶，知禍福矣。然而伏羲為之六十四變（高誘《注》：「八八變為六十四卦，伏羲示其象。」），周室增以六爻（謂文王、周公演羲皇六十四卦之象，而作卦爻辭），所以原測淑清之道（淑清謂天），而捃逐（即捃拾，謂搜尋）萬物之祖也。」《史記‧周本紀》：「西伯蓋即位五十年，其囚羑里，蓋益《易》之八卦為六十四卦。」唐‧張守節《史記正義》：「《乾鑿度》（《易緯》）云：『垂皇策者羲，益卦演德者文（益卦，謂增益《卦辭》），成命者孔也。」李道平謂「象兼三才而說兩象」者，[34] 指文王沿住伏羲所見「未畫卦」，變成「已畫卦」，所本之思維、落想，由「象外無辭」，寫成《象辭》，而此三才之說，早於「未畫卦」之「天象」已分，故據卦象述說一卦義理才德，故言「象者，言乎象者也」。

31　見陳長松：〈帛書《繫辭》釋文〉，《道家文化研究》第三輯（上海古籍 1993 年版），頁 417。及廖名春〈帛書《周易繫辭傳》異文初考‧帛書《周易》論集（上海古籍 2008 年版）‧頁 314。及廖著〈帛書《周易》論集‧帛書《繫辭》釋文〉（上海古籍 2008 年版）‧頁 379。
32　同注 29‧卷十三上‧頁 654。
33　同注 2‧頁 677。
34　同注 2‧頁 550。

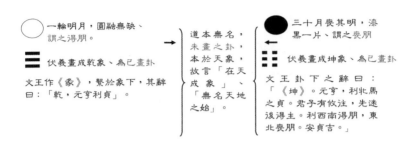

舉譬言之，十五圓月，一輪明月，圓融无缺，《參同契》云：「十五乾體就，盛滿甲東方；蟾蜍（音詹余，又作蟾諸，癩蝦蟆）與月兔（上弦抑下弦則缺一），日月氣雙明（坎正位衝離。謂「月幾望」）。」義皇於此象下，用一☰符號表之，象徵完美，文王作《彖》，即緣此義而說曰：「乾，元亨利貞」，表示希望、理想、準則。相對言之，月三十喪明，漆黑無光，義皇於此象下，用一☷符號表之。文王《彖辭》，即謂其卦德曰迷、亟宜從順、容閱。由月亮必受日光，人於黑暗處亦須借助電筒之類照明，「如人有目，日光明照，見種種色」，開拓前路，不能妄作。惟從陽則能先迷後得，若純陰而行，必與龍戰，故宜利永貞，從順於陽之謂。

緣字從彖得聲，古音同在元部。朱駿聲謂彖通作腞。[35]腞同脪。《集韻·沒韻》：「脪，或作腞。」是彖，本作緣，讀若盾，蓋因輾轉傳抄致誤。段玉裁《說文解字注》於「彖」字注，[36]錄引上、下《繫》第三章之文，悉據虞翻《注》而無異辭，卻仍滯於劉瓛「彖者斷也」之說，實於虞《注》未能細讀。由孔穎達不取虞《注》以來，從此「萬物紛錯，眾言淆亂」，令人無所適從。即「彖」之一字，久已失其正解，幸得帛書出土，合諸虞翻解義，才得復見其真意所在。

至於「才」字，上文已言「材」為「三才」省文，不作「裁斷」解，李道平同之，且謂：「材，當讀為才，即三才也。」[37]依漢儒訓詁慣例，凡「讀

35　朱駿聲：《說文通訓定聲·乾部第十四》（武漢古籍 1983 年），頁 739。

36　同注 29，卷九下，頁 457。

37　同注 2，頁 634。

為」、「讀作」者，俱是義變，不取原義（讀若、讀如是音變，義不變），知材，應作「才」，專指「三才」，謂文王作《彖辭》述羲皇之「兩象」，[38] 義兼「三才」，即《下繫》第十章「《易》之為書也，廣大悉備，有天道焉，有人道焉，有地道焉」，及《說卦傳》「是以立天之道曰陰與陽，立地之道曰柔與剛，立人之道曰仁與義，兼三才而兩之」之意。但「三才」之「才」字本義為何？又須加以說明。按《說文・木部》（卷六上・葉119）：「材，木梃也。[39]從木，才聲。」是材指木幹、木料成材者。徐鍇《繫傳》：「木之勁直堪入於用者。」《正字通・木部》：「材，木質幹也。其入于用者曰材。」杜甫《古柏行》詩：「志士幽人莫怨嗟，古來材大難為用」，是「材具」、「材用」義，字，當作材。又《才部》：「才，艸木之初也。從丨（音囟）上貫一。將生枝葉。一，地也。」徐鍇曰：「上一，初生歧枝也。下一，地也。」段玉裁《注》：「引申為凡始之偁。」其義取象艸木剛剛露出地面情狀，與「耑（耑）」字義近，[40] 引申作初始之意。孟子言「人之有是四端也，……若火之始然，泉之始達（《孟子・公孫丑上》文）」。由「三才」最初見於天，猶言「三始」、「三初」。[41] 今俗借作「纔」，[42] 非是。蓋謂文王「緣」羲皇「兩象」而言說陳述「三才」，「三始」，探究陰陽，謂之「窮理盡性」；後人學《易》行《易》之誼，謂是「將以順性命之理（二句皆《說卦傳》文）」。

---

38 《淮南子・要略》：「伏戲為之六十四變（八八變為六十四卦，伏羲示其象）周室增以六爻（周室謂文王也），所以原測淑清之道而揚逐萬物之祖也。」

39 「梃，一枚（木幹，不包括枝葉）也。從木，廷聲。」（卷六上・頁119）「枚，幹也。可為杖。從木，從攴（俗作扑）。《詩・（大雅・旱麓）》曰：『（莫莫葛藟），施于條枚』。」（卷六上・頁118）「幹，築牆耑木也。從木，倝聲。」俗作幹（卷六上・頁120）。

40 《說文・耑部》（卷七下・葉149）：「耑，物初生之題也。上象生形，下象其根也。」徐鉉曰：「中，地也。」此耑倪、耑緒、兩耑之本字。段玉裁注「古發端字作此，今則端行而耑廢，乃多用耑為專矣。」又《立部》（卷十下・頁216）：「端，直也。」此端正本字。

41 《說文・刀部》（卷四下・頁91）初字注云：「初，始也。從衣，從刀。裁衣之始也。」

42 《說文・糸部》（卷十三上・頁271）：「纔，帛雀頭色。一曰微黑色，如紺。纔，淺也，讀若讒。」

三、釋賾、亞

《上繫》第八章「聖人有以見天下之賾」，又曰「言天下之至賾而不可惡（亞）也」。虞翻《注》曰：「賾謂初。」[43] 又曰：「至賾无情，陰陽會通，品物流宕，以乾開坤，《易》之至也。」[44] 又《上繫》第十一章「探賾索隱」，虞《注》並同。[45] 按情，實也。[46]「元」伏於初（謂道、《姤》初，出成《復》初），故「賾」謂初；《姤》時陰表陽裏，不見不聞，故「无情」，「无情」即无實，知是一種「氣態」，所謂「變化始於氣象」，謂為「乾元」，陽氣生化開端，乃「施生之陽」，[47] 故虞《注》引「在天成象（《上繫》第一章文）」為説。《乾鑿度》：「太初者，氣之始也（肉眼所不見）。」李道平《疏》引《法言》范望《注》云：「陽氣潛在地下，養萬物之根荄，故云化在賾」，[48] 可證。由於「其初難知，其上易知（《下繫》第九章）」，特義皇慧目肅清，獨具隻眼，見人所不能見，故「有以見天下之賾」。賾字，於《繫辭傳》凡五見，《十三經》本俱作賾，《釋文》：「賾，《九家》作冊，京作嘖。」孔《疏》謂：「賾，謂幽深難見。」[49] 與虞《注》義近。按《説文・口部》（卷二上・頁 34）嘖字注云：「嘖，大呼也。從口，責聲。謮，嘖或從言。」無賾字，惠棟《九經古義・周易下》云：「《經》賾字皆當作嘖。《釋名》曰：『冊，賾也。』是冊與賾通。」[50] 解家多以賾與嘖

43　同注 2・頁 566。

44　同注 2・頁 568。

45　同注 2・頁 604。

46　《莊子・大宗師》：「夫道，有情有信，無為無形。」情訓實。

47　韓康伯《説卦傳》「立天之道曰陰與陽，立地之道曰柔與剛」注云：「『在天成象，在地成形』（《上繫》第一章文）。陰陽者，言其氣；剛柔者，言其形。變化始於氣象，而後成形；萬物資始乎天，成形乎地。」孔《疏》云：「天地生萬物之理，須在陰陽必備。是以造化闢設之時，其立天之道有二種之氣：曰成物之陰，與施生之陽也；其立地之道有二種之形：曰順承之柔，與持載之剛也。」

48　同注 2・頁 566。

49　《荀子・正名》：「故愚者之言，芴然（勿、忽二音，忽然，無根本貌）而粗，嘖然而不類（比類，無譜），諮諮然而沸（音沓，多言鼎沸）。」楊倞《注》：「嘖，或曰與賾同，深也。」

50　惠棟《九經古義》（《皇清經解》本）・頁 3811。

通，[51] 訓作深，如陸機《演連珠》：「天地之賾，該於六位。」三國‧魏薛口等《范式碑》：「探賾研機，罔深不入」。但賾之本義與《易》義不合，終覺未安。近代出土馬王堆帛書《繫辭》，「賾」字兩作「業」，筆者認為從「業」者為近。《說文‧丵部》業字注云：「大版也。所以飾縣鐘鼓，捷業如鋸齒（段《注》：「鉏鋙相承，謂捷業如鋸齒也。象之故從丵。」），以白畫之，象其古鉏鋙相承也。從丵，從巾，巾象版。《詩》曰：『巨業維樅』（《大雅‧靈台》文。巨，作虡）。魚怯切。」[52]《爾雅‧釋詁上》：「業，敘也，緒也。」《廣雅‧釋詁一》：「業，始也。」清‧郝懿行《爾雅義疏》云：「業者大版，又篇卷也。版作鋸齒，捷業相承；篇有部居，後先相次，皆有敘義。《孟子》云：『有業屨』，趙岐《注》：『業，次業也。』蓋謂作之有次序矣。緒者，與敘聲義同。《說文》云：『緒，絲耑也。』蓋有耑緒可以次敘，故敘又訓緒也。緒、敘古通用。」[53] 是業有序，緒義。《史記‧太史公自序》：「項梁業之，子羽接之。」業、接，猶言父作子述。又《留侯世家》：「父曰：『履我！』良業為取履，因長跪履之。」《索隱》：「業，猶本先也。」皆與虞《注》兩訓「賾」謂初意合，初即緒。蓋《易》氣從下生，畫卦下而上，聖人得其統業，見其耑緒而紬繹之，[54] 並從微而顯，近而遠，依次敘列，故字當作「業」者為合。上言《九家易》賾，作冊。《釋名‧釋書契》曰：「冊，賾也。」[55] 是冊與賾、賾字通。疑業之古文作𣍽，與古文冊（𠕋）字形近；朱起鳳撰《辭通》謂「古賣字作𧷴（賣）」，[56] 即與業之《三體石經》𣍽 三體石經 君奭 及其古鉢 𣍽 相近，三字或因此致訛。

按《說卦傳》第六章：「神也者，妙萬物而為言者也。」李道平曰：「陰陽，

51　徐鉉校本《說文解字後附》「二十八字俗書訛謬不合六書之體」云：「賾，《周易疏義》云深也。按，此亦假借之字，當通用嘖。」李富孫《易經異文釋五》（《皇清經解續篇》本‧頁 6250），宋翔鳳《周易攷異二》（《皇清經解續篇》本‧頁 4365）並同之。

52　〔漢〕許慎：《說文解字》（香港‧中華書局 1972 年）‧卷三上‧頁 58。

53　郝懿行《爾雅義疏》（上海古籍出版社 1983 年）‧上之一‧頁 15。

54　亦作抽繹。《漢書‧谷永傳》：「燕見紬繹。」顏師古《注》：「紬，讀曰抽。紬繹者，引其端緒也。」

55　見《四庫全書》電子版‧卷十九。

56　朱起鳳撰：《辭通》（長春古籍書店 1982 年）‧卷二十三‧頁 143。

謂乾坤也。蓋陽隱陰初，即乾坤之元。『妙』即『微』也。《申鑒》曰：『理微謂之妙』是也。」[57] 妙，《説文》無，《弦部》（卷十二下‧葉 270）：「玅（𢇍），急戾也。从弦省，少聲。」段注謂通作玅，曰：「《類篇》：『精微也。』則為今之妙字。妙，或作玅，是也。」《老子》第一章：「故常無欲，以觀其妙。」王弼《注》：「妙者，微之極也（『絜靜精微，《易》教也。』）。」唐‧白居易《動靜交相養賦》：「故老氏觀妙，顏氏知幾。」妙，訓微，則字亦通作「眇」。《説文‧目部》（卷四上‧葉 73）：「眇，一目，小也。」《楚辭‧劉向〈九嘆〉》：「承皇考之妙儀。」王逸《注》：「妙，一作眇。」妙猶嘖（賾），俱指初。陰陽未兆，隱伏於初，謂之幾微，為妙、為嘖，與此「陽隱陰初，即乾坤之元」同。謂聖人以神易鉤深致遠，一斑窺全豹，有以知之，於此，則以「象」表出之；於彼，則發而為震言，曉諭於世，故「妙萬物而為言」。《易》教在於「絜靜精微」，通過見嘖、齋戒與洗心，有以得之。

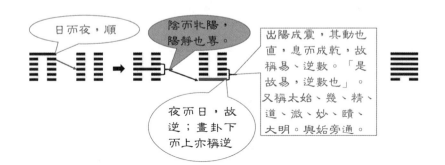

「惡」，荀爽作「亞」，[58] 與帛書《繫辭》作「亞」（11 行）同。[59]《説文‧亞部》（卷十四‧葉 307）：「亞，醜也。象人局背之形。賈侍中説，以為次第也。」又《心部》（卷十下‧葉 221）：「惡，過也。從心，亞聲。」烏各切。

---

57 同注 2‧卷十‧葉 698。
58 《釋文》：「惡，荀作亞。言天下之至動而不可亂也。眾家本並然。」
59 此據廖名春釋文。同注 8‧頁 376。

按，亞、惡相通，[60] 惠棟《九經古義‧周易下》云：「古亞字皆作惡。荀氏以惡為亞，故訓為次。」[61] 上言陽在初稱元，嘖猶元、猶道。以嘖字從責得聲，字可通作蹟。[62]《詩‧小雅‧沔水》「念彼不蹟，載起載行」，毛《傳》：「不蹟，不循道也。」是蹟、嘖為「道」，「道」何「惡」之有？故取賈逵說，以為「次第」義為長，與上言業有敍義相承。初由「聖人有以見」之，始以爻畫卦象表彰，復經文、周繫以《卦》《爻》辭，舉凡道之幽邃深遠、難見難知之處，均可從辭、象表達而不致於錯亂，又與下文「不可亂」之說，相對成義。

云「言天下之至動而不可亂者」，虞翻《注》言：「『動』，舊誤作『嘖』」，[63] 其說甚是。「道有變動，故曰爻」，動，指爻畫變動。[64] 如所周知，陽施陰受，陽唱陰和為《易》爻變動之主從先後一貫原則，虞《注》引「六二之動，直以方」，《坤‧六二‧小象》文，證以陽動陰，陰須從陽，無「先發」事例。[65] 陽直陰方，上言《易》氣從下生，畫卦下而上。《乾》陽入《坤》初成《復》震，動至二成《臨》（☷、☷、☷、☷）。《臨》☷之初、二為陽、為直，

60　姚配中《周易姚氏學》：「亞即醜惡字，與訓次者實一字。從心者，乃過惡字。」（見《皇清經解續篇》本）‧卷十四‧頁 10176。《尚書大傳》（《萬有文庫》本‧葉 32）卷五‧《周傳七‧大誓》：「太子發升于舟，鼓鐘惡、觀臺惡、將舟惡、宗廟惡。」鄭玄《注》：「惡，讀為亞。亞，次也。觀臺，靈臺，知天時占候者也。宗廟，遷望。」（漢儒訓詁，以讀若、讀如為音變，讀作、讀為為義變。）

61　同注 49‧頁 3811–2。

62　郝懿行《爾雅義疏》云：「凡聲同、聲近、聲轉之字，其義多存乎聲。」同注 52‧頁 5。

63　同注 2‧頁 568。李道平《周易集解纂疏》云：「『動』舊作『嘖』，《鄭本》也。《九家》本亦作『冊』。皆誤，故不從。」按許慎《說文解字序》亦作「知天下之至賾而不可亂也」，段《注》以為是《易‧繫辭傳》文（實許君已有刪改，遷就己意，是自鑄偉辭）。按《上繫》第八章云：「聖人有以見天下之賾，而擬諸其形容；聖人有以見天下之動，而觀其會通；言天下之至賾而不可惡也，言天下之至動而不可亂也」，分言初嘖與變化，相對成義，字句整齊。阮元《校勘記》：「《正義》云：『謂天下至賾變動之理』，又云：『以文勢上下言之，宜云「至動而不可亂也」』，云『宜云「至動」』，則不作『賾』可知。【王弼注‧孔穎達疏《周易注疏》（《十三經注疏》本‧台北藝文 1982 年）‧卷五十三‧頁 162】」

64　上文「聖人有以見天下之動」，虞《注》：「『動』謂六爻矣。」同注 2‧頁 567。

65　《書‧牧誓》：「（武）王曰：古人有言曰：『牝雞無晨，牝雞之晨，惟家之索。』」

三至上體坤、為方，是「六二之動，直以方」。以，猶且也。[66] 正是由於《乾》流《坤》形，「陰感陽而開為方」的結果。要是六二先動，則卦成《師》坎（☷、☵），不但初、二失位，己亦置身《坎》險之中，故言「不習无不利」。習，指《習坎》，乃《坎卦》省文，謂不成《坎》亦无不利，可見依次而「不可亂」有由。

茲再有相對一義，陽變陰、陰變陽，爻正得位，為「變動以利言」之原則，屬於正例。但確有「不可亞」（不能依常理排序）、出於「行權」理由，若《乾》☰、☷二「時舍」（不得升五），[67] 孔子成為「素王」；《家人》☲、《漸》☶九三權變，[68] 受上成《既濟》☲，又不可為典要，屬於變例。

四、釋靡

《上繫》第八章：「鳴鶴在陰，其子和之。我有好爵，吾與爾靡之」。[69]
此四句亦見於出土帛書《繆和》，曰：

> 吳孟問先〔生曰〕：《易·中覆（孚）》之九二亓（其）辭（辭）曰：「鳴鶴在陰，亓子和之；我又好爵，吾與璽贏之。」[70]

今本《周易·中孚·九二·爻辭》，文字基本與帛書相同，惟「爾」，帛

---

66 裴學海：《古書虛字集釋》（北京中華書局 1954 年版），上冊，卷一，頁 18。

67 亦有為貪圖利益而「謅變」，如《噬嗑》☲六二「噬膚滅鼻」（本姚配中說，同注 60，卷七，頁 10108），《旅》☲九三「喪羊於易」之類。

68 虞翻《家人☲·上九·注》：「謂三已變，與上易位成《坎》☵。」同注 2，頁 354–5。又《漸☶·上九·注》：「謂三變受，成《既濟》，與《家人·象》同義。」李道平曰：「（初已變）三已得位，又變受上，權也。不當變而變，故云『權也』。《繫下》曰：『巽以行權』，《漸》、《家人》皆體《巽》，故『權變无怪』也。」同注 2，頁 471。

69 此《中孚》☲九二爻辭。

70 同注 8，頁 393。

書作「璽」。「靡」，帛書作「嬴」。前者，蓋二字形近易譌。嬴，本訓瘦；今與肥對文，因「分肥」故瘦。[71] 又嬴與纍通，《易‧大壯‧九三》「羝羊觸藩，嬴其角」，孔《疏》：「嬴，拘纍纏繞也。」以纍訓嬴，「拘纍纏繞」，即是束作一團，故與虞翻訓「靡，共也」意近。《詩‧衛風‧氓》：「三歲為婦，靡室勞矣。」靡，音磨。[72]《韓詩》訓共，與虞《注》同，李道平謂「本孟喜《易注》」。《釋文》云「京作劘」。靡與劘通，《篇海類編‧器用類‧刀部》：「劘，分割也」。分割即共享，帛書正言君臣，則「共」猶秦穆公語三良「生共此榮，死共此哀」之共。[73]

五、釋貢、先

《上繫》第十一章云「六爻之義易以貢」者，韓康伯曰：

> 貢，告也。六爻之變易，以告吉凶也。[74]

韓康伯訓「貢」作「告也」，清王引之非之，以為「遍考書、傳，無訓貢為告者，殆失之矣。」主張「貢，功之借字。成也。」[75] 按《釋文》，「『貢』，京（房）、陸（績）、虞（翻）作工，荀（爽）作功。」云「虞（翻）作工」

---

71 《北史‧王昕傳》：「昕體素甚肥，遭喪後，遂終身羸瘠。」
72 按靡，古音讀磨，《說文》無靡、磨，止作「礣」《石部》（卷九下‧頁195）：「礣，石磑也。」「磑，礣也。」《莊子‧馬蹄篇》：「夫馬，喜則交頸相靡。」成玄英《疏》：「靡，摩也。」《釋文》：「相靡，如字。」能「交頸相靡」，即能共處，是靡、磨、摩、礣音義相通。
73 唐張守節《史記‧秦本紀‧正義》引東漢應劭曰：「秦穆公與群臣飲，酒酣，公曰：『生共此樂，死共此哀。』於是奄息、仲行、鍼虎許諾。及公薨，皆從死，《黃鳥》詩所為作也。」
74 同註2‧頁597。
75 王引之：《經義述聞》（《皇清經解》本）卷二‧頁12603。

者，與帛書同，[76] 今虞翻《本》及《十三經》本俱已作「貢」。張惠言曰：「『工』未聞，惠徵士讀與『功』同。」[77] 是亦同於王說。愚意字當作「工」，《說文・工部》（卷五上・葉100）：「工，巧飾也。象人有規榘也，與巫同意。工，古文工從彡。」[78] 工有規矩法度之義，蓋「巧者不過習者之門」，如「積斲削而為工匠」、嚴守「大匠不為拙工改廢繩墨」的專業人士，非「不恆其德」者可比。故徐鍇曰：「為巧必遵規矩法度然後為工，否則目巧也。巫事無形，失在於詭，亦當遵規榘，故曰（工）『與巫同意。』」所謂「易以工」，「易」訓「易了」，「以」猶且也；一為「又且」之義，[79] 屬於「連詞」。依語法慣例，連詞是將兩個「性質」相同字詞連類一起。「易以工」說明「揲蓍筮法」並非「迷信」；世俗所譏的「迷信」，大抵認為不科學、不合情理。據下文虞《注》云「『聖人』謂庖犧。以蓍神知來，故以先心」，是謂聖人根據「大衍之術」、揲蓍布卦得出六七八九之數，畫成六爻，「以蓍神知來」。其過程與所得吉凶結果清楚了然，自有「規矩法度」，而非隨手指畫而「告」人。在情理上言，其「告」也是「直告」，「重德輕筮」，[80] 絕不會因媚俗而違情曲筆，阿意曲從。《蒙卦・卦辭》說的：「匪我求童蒙，童蒙求我。初噬告，再三瀆，瀆則不告。」占者宜先細讀。至於所用「蓍草」，首尾俱圓（張華《博物志》：「以末大於本者為主。」），天性直立，並列而無空隙。梁朝・范筠〈咏蓍詩〉：「數變不可偶，性直誰能紆（屈曲。《說文》：「紆，詘也。」）。」正正描繪其德性之「直」，當不亞於龜卜，知者當無如「楚靈投龜訴天（《左傳》昭公十三年）」，由於不能人協龜從而遷怒於此；後世或用竹棒替代，終有未及。

云「聖人以此先心，退藏于密，吉凶與民同患」者，虞翻曰：

76　同註 8・頁 377。

77　張惠言：《周易虞氏義》（《皇清經解》本）・冊 18・頁 13335。

78　字又通作矩。又《工部》（卷五上・頁 100）：「巨，規巨也。從工，象手持之。榘，巨，或從木矢。矢者，其中正也。」古文作巨。

79　同註 63。

80　詳拙著〈孔子眼中的卜筮〉・《周易研究》・2002 年第六期・頁 24–33。

「聖人」謂庖犧。以蓍神知來，故以先心。陽動入巽，巽為退伏，坤為閉戶，故「藏密」。謂齊於巽以神明其德。陽吉陰凶，坤為民，故「吉凶與民同患」，謂「作《易》者，其有憂患」也。[81]

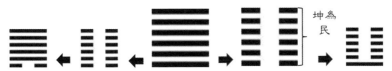

陽動入巽辛為退伏，坤為闔戶、
為閉藏齊巽神明其德。陽吉陰凶。
坤為民，故吉凶與民同患。

坤為
民

以乾闢坤出復震七之神，
復見天地之心，故先心

三句義括三事：所得筮占，有助啟發判斷來事；斷事之前，先行齊戒攝心，退藏於密；其事關係民生禍福，人君、管治者身繫百姓福祉，范文正公「先天下之憂而憂，後天下之樂而樂」似之，故吉凶與民同患，感應無窮。

「先心」，今虞翻《本》同，《十三經》本作「洗心」，帛書《繫辭》(21 行)則作「佚心」。[82] 惠棟《九經古義·周易下》云：「『聖人以此先心』，《漢石經》作『先心』，自注云：諸家皆同，[83] 唯韓伯作『洗』，非。」[84] 按惠說可信。《說文·水部》：「洗（㴑），洒足也。」與《易》義無涉。又先字注云：「先（先），前進也。」在前曰先，與《詩》「予曰有疏附，予曰有先後」，[85] 及《兌·彖辭》

81　同注 2，頁 597。

82　同注 8。

83　《釋文》：「『洗』，王肅、韓悉禮反（音駛）。京、荀、虞、董（魏·董過）、張（晉·張璠）蜀才作先（音蘚），《石經》同。」

84　同注 49，頁 3812。

85　《詩·大雅·緜》文，曰「予曰有疏附，予曰有先後，予曰有奔走，予曰有禦侮。」孔《疏》：「先後者，此臣能相導禮儀，使依典法在君前後。」《釋文》：「先，蘇薦反。注同。」朱子《詩經集傳》六音「去聲」。按，不讀平聲，則音去聲。

「說以先民，民忘其勞」之「先」音義相近，有引導、啟發之意，[86] 亦與虞《注》「以著神知來，故以先心」合。王引之《經義述聞》云：「作『先』之義為長。蓋先猶導也，此謂著卦六爻也。聖人以此先心者，心所欲至，而卜筮先知，善為之導然，猶言『是興神物，以前民用也。』先或作洗，乃字之假借，猶先馬之通作洗矣。」[87] 其作洗、佚者，蓋因字形而誤。據強運開編《說文古籀三補》稱：「失、佚古通。《秦‧詛楚文》：『淫失甚亂』。按《說文》作『淫泆』，是佚、洗古並與失通。」[88] 按先，𠑺、𠑺 秦公子白盤、𠑺 詛楚文、《說文》作𠑺；失，𠑺 楊區 𠑺 譚區 𠑺 詛楚文，《說文》作𠑺，兩字字形極似，故易溷。虞《注》謂「以著神知來，故以先心」，此承上「六爻之義易以工」來，謂據此揲著布卦所得，產生靈感，作為判斷來事，以飾其政的啟發，所謂「引而信之，觸類而長之」。劉大鈞釋作「佚樂自娛其心」，[89] 不獨與下文「吉凶與民同患」不相銜接，亦與《易》為憂患之書，及「作《易》者其有憂患」之精神違牾。

六、釋絪縕

按《下繫》第五章云：「天地壹壹，萬物化醇；男女構精，萬物化生。」壹、壹，字本作𤮯𤮯（𤮯壹），此從虞翻《本》，今《十三經注疏》本作絪縕、

86　《周禮‧夏官‧大司馬》：「若師有功，則左執律，右秉鉞，以先，愷樂獻于社。」鄭玄注：「先，猶道也。」孫詒讓《正義》：「《說文‧先部》云：『先，前進也。』引申為前道之義。《郊特牲‧注》云：『先謂倡道之也。』《詩‧大雅‧緜‧傳》云：『相道前後曰先後。』（孫詒讓《周禮正義》卷 56‧冊九‧頁 2354。）」《管子‧權修》：「明智禮，足以教之，上身服以先之。」尹知章注：「所以率先於下也。」宋王安石《本朝百年無事札子》：「躬以簡儉為天下先。」《尚書大傳》記孔子曰：「文王得四臣，丘亦得四友焉。自吾得回也，門人加親，是非胥附與？自吾得賜也，遠方之士日至，是非奔輳與？自吾得師也，前有輝後有光，是非先後與？自吾得由也，惡言不至於門，是非禦侮與？文王有四臣以免虎口，丘亦有四友以禦侮。」

87　同注 73。

88　強運開編：《說文古籀三補》（台北：商務印書館‧1976 年）‧卷第十二‧頁三。

89　同注 20‧頁 157。

絪縕，帛書作昷。本指天地元陽之氣潛動醞釀情狀，屬於動態而非靜態。二字可作及物動詞用，以為「生命」始於天氣下降，地氣上升，陽施陰受，一闔一闢；陽為吉，陰為凶。《集韻》：「天地合氣也。」[90] 如造化中「大橐籥」，[91] 成為生化之機，化成男女、雌雄、牝牡，[92] 再衍生萬物。二字見於《說文·壹部》，曰：「壹，壹壺也。從凶，從壺，壺不得泄，凶也。《易》曰：『天地壹壺。』」[93] 比喻於壺中陰陽二氣演變之形（天地一宇宙，象大氣層包裹之形；人生亦一宇宙，象人軀體之形），以「壺」取象天地、人身。段玉裁（1735–1815）《說文解字注》有所刪改，曰：「壹，壹壺也。從凶，從壺，壺不得渫也。《易》曰：『天地壹壺。』」[94] 於「從壺」下增「壺」字。改「泄」作「渫」，又刪「凶」字，且謂「虞翻以《否》之閉塞釋絪縕」，其說不可據，茲先從文字上說。

　　段玉裁三改之中，僅「渫」字可取，餘皆可商。泄，《說文·水部》云：「泄（洩），水。受九江博安洵波，北入氏，從水，世聲。」[95] 通作洩，《說文》無，《廣韻·祭韻》：「泄，水名。洩，泄同。」是「泄」本水名，與經義無涉。段氏改作渫者，《水部》云：「渫（渫），除去也。從水，枼聲。」[96]（《文選》張衡〈南都賦〉李善《注》引《說文》作「渫，去除也。」）段氏彼注云：「按凡言泄漏者，即此義之引申，變其字為泄耳。」則此改極恰當。至如「壺」字，音菌。本義是宮中道，《口部》云：「壺（壺），宮中道。從口，象宮垣道上之形。《詩·大雅·既醉》曰『室家之壺』。」[97] 段氏因「壹、壺」字注文有

90　王文考《魯靈光殿賦》「包陰陽之變化，含元氣之烟熅」，張載《注》：「烟熅，天地之蒸氣也。」（卷十一·頁 171）又張平子《思元賦》「天地烟熅，百卉含葩」，舊注（李善《注》：「未詳注者姓名」。）：「烟熅，和貌。」（頁 220）

91　《道德經》第五章：「天地之間，其猶橐籥乎？虛而不屈，動而愈出。」

92　佛、道有謂「四生六道」，「若卵生，若胎生，若濕生，若化生；若有色，若無色；若有想，若無想；若非有想，非無想。」

93　同注 51·卷十下·頁 214。

94　丁福保：《說文詁林》（台北：商務印書館·1976 年）·頁 4589 引。

95　同注 51·卷十一上·頁 227。

96　同注 51·卷十一上·頁 237。

97　同注 51·卷六上·頁 129。

「不得泄」而增壺字，以附會閉塞之意。今知不然者，《國語‧周語下》正引
《既醉》詩四句，曰：「其類維何？室家之壺。君子萬年，永錫祚胤。」並謂：
「壺也者，廣裕民人之謂」釋之，韋昭《注》謂「言孝子之行，先於室家族類
以相致，乃及於天下也。」[98] 正是家齊而國治，孝子之行由室家之致，肔畎於
國中，又有由內而外、近而遠義，故徐灝《說文解字注箋》即斥其「引內言
不出於閫，尤為迂謬」，[99] 誠中其非。至段氏刪去「凶」字，最見刪文改經之
失。今人林光義《文源》云：「按『凶』字象氣在壺中，欲上騰形，非凶字。」[100]
按「凶」，借為「訩」。[101]《爾雅‧釋詁下》：「鞠、訩、溢，盈也。」郝懿行《義
疏》：「《說文》云：『盈，滿器也。從乃，秦以市買多得為乃。』是乃有多益
之意，與滿義近。故《墨子‧經上篇》云：『盈莫不有也。』《詩‧鵲巢》及《匏
有苦葉‧傳》並云：『盈，滿也。』《禮‧祭義‧注》：『盈，猶溢也』，與訩
之訓為盈又同。」[102] 是凶通作訩，有盈溢、盈滿義，初由絪縕潛動醞釀而生，
猶《莊子‧在宥》「從容無為而萬物炊累」，及陳白沙「從靜中養出端倪」之
意，絕非壅閉湫砥可達。清‧鈕樹玉《段氏說文注訂》及徐承慶《說文解字
注匡謬》均非段氏「壺」與「凶」之刪補，有理可信，而王筠《說文解字釋例》
竟以段氏「此語非體天地之撰，通神明之德者，不能道也。其識直出許君上
矣」（並見《說文詁林》引），令人費解。

　　段《注》又云：「虞翻以《否》之閉塞釋『絪縕』；趙岐亦以閉塞釋『志壹』、
『氣壹』」，[103] 其說不可信，茲從兩點分述：

　　（一）、云：「虞翻以《否》之閉塞釋『絪縕』」者，此實出於段氏對虞翻
《注》的誤解，理由有二：一是「天地壹壼，萬物化醇；男女搆精，萬物化生」

98　《國語》（上海：上海古籍出版社‧1978年），頁117–8。

99　同注92，頁2727引。

100　同注92，頁4589引。

101　朱駿聲《說文通訓定聲》：「訩，段借為凶。」（武漢‧武漢市古籍書店影印1983年），
　　　頁52上。

102　同注49，頁14–5。

103　同注29，卷十下，頁495。

四句，[104] 壹蠹，化醇；搆精，化生屬於因果關係。從《易》理言，《否》乃表天地上下，[105] 又表「天地不交」，乃閉塞不通之象。據《否·象辭》「天地不交而萬物不通也，上下不交而天下無邦也」，又《序卦傳》：「物不可以終通，故受之以《否》。」凡言不交、不通、「天下無邦」，即是亡國滅種之象，何來「化醇」、「化生」功效？孔穎達曰：

> 絪縕，相附著之義。唯二氣氤氳，共相和會，萬物感之變化而精醇也。[106]

顯然，從「《否》之閉塞釋絪縕」，於理不合，虞翻豈有不知？其次是，虞翻釋「絪縕」義，僅見於此章，其於「天地壹 ，萬物化醇」下《注》稱：

> 謂《泰》上也。先説《否》，《否》反成《泰》，故不説《泰》天地交，萬物通，故『化醇』」。[107]

段氏謂「虞翻以《否》之閉塞釋絪縕」，實據虞《注》「先説《否》」一句而來；究此句之真意為何？最為關鍵。段氏既取虞翻《注》，就應依據虞氏解卦不以一卦為具足，「象外生象」慣例，[108] 順藤摸瓜，拾階而上，不容斷章。李道平《周易集解纂疏》言：「此明所説十一爻之序也。主論陽吉陰凶，故明《姤》《復》

---

104 同注 2·頁 652。
105 《序卦傳》：「有天地」，虞翻《注》：「謂天地《否》☰☷也。」其卦下坤上乾，上天下地。《上繫》第一章：「天尊地卑，乾坤定矣。卑高以陳，貴賤位矣。」謂上下尊卑，其象為《否》。」
106 同注 18·頁 171。
107 同注 2·頁 652。
108 説本亭林先生，彼謂「卦爻外無別象」，主張「夫子未嘗增設一象，荀爽、虞翻之徒，穿鑿附會，象外生象。」其説不可從。朱子《詩》：「若識無中含有象，許君親見伏羲來」，不無所見。黃汝成《集釋》亦言：「《易》理閎深，曲包道藝。觀象玩占，義或有取爾。」見〔明〕顧炎武撰·〔清〕黃汝成集釋《日知錄集釋》（台北·世界書局 1972 年），頁 4。

《否》《泰》之幾」。[109] 所謂「先說《否》」，屬於「總結」語，實由《否》至《損》、《益》，經歷「十一爻」更迭變化而來；由陽生於《復》，陰生於《姤》，皆不離於《否》，故「先說《否》」。及至《泰》、《損》時述「絪縕」之義，實非出於《否》。茲又不煩羅列其象變軌跡，以明其所得義理之方式如下：

1. 《易》曰：「憧憧往來，朋從爾思。」此《咸卦》九四爻辭，《否》之三上易成《咸》（與《否》有關）。[110] 李道平稱：「《下繫》（第五章）十一爻首《咸》，皆《復》《姤》時也。」[111] 此說《咸》，實賅《復》、《姤》（專指兩卦初爻）。「尺蠖之詘」、「龍蛇之蟄」，蓋初陽出《復》震（☳），陰伏藏《姤》☴，十二消息卦所表禍福倚伏，憂喜聚門，最具《易》學切戒憂危意義。

2. 《易》曰：「困于石，據於蒺藜，入于其宮，不見其妻，凶。」此《困》六三爻辭，虞翻於《困‧卦辭》下注云：「《否》二之上，乾坤交，故通也。（亦與《否》有關）」[112]

3. 《易》曰：「公用射隼于高庸之上，獲之，無不利。」上言《困》從《否》二之上而來，《困》二再變成《萃》。以《萃》三有鳥獸行，於是《萃》五來懲之而成《解》，明《解》亦與《否》有關。

4. 《易》曰：「履（履）校滅趾，无咎。」此《噬嗑》初九爻辭。其卦來源，虞翻《下繫》第五章《注》云：「謂《否》五之初，成《噬嗑》市。」[113] 又《噬嗑‧卦辭》下注，亦云「《否》五之坤初，坤初之五」同（亦與《否》有關）。[114]

---

109 同注 2‧頁 652。
110 虞翻《咸‧卦辭》下注：「（《否》）坤三之上成女，乾上之三成男。」李道平曰：「卦自《否》來，坤三之上成兌女，乾上之三成艮男。三上易位。」同注 2‧頁 314。
111 同注 2‧頁 636。
112 同注 2‧頁 420。
113 同注 2‧頁 644。
114 同注 2‧頁 237。

5.《易》曰：「何校滅耳，凶。」此《噬嗑》上九爻辭，凡三陰三陽之卦皆從《否》來，故虞《注》「子曰，小人不恥不仁，不畏不義」，亦言「謂《否》䷋也」。[115] 緣下文接言《噬嗑》䷔，故虞《注》云先言《否》䷋。十二消息卦，《乾》為積善，始於《復》震而成於《泰》。《坤》積惡，初由《姤》巽而成於《否》，故與《否》關係密切。

6.《易》曰：「其亡其亡，繫于包（苞）桑。」此《否》九五爻辭，謂《否》將反《泰》而先成《益》。（䷋、䷒、䷓、䷖）

7.《易》曰：「鼎折足，覆公餗，其形渥，凶。」此釋《鼎卦》九四爻辭，其卦五爻皆吉，獨九四凶，故次《否》。《鼎》體《大過》，與《姤》有關。《姤》初即「惡先」，（三變成《否》）《否》之始（明與《否》有關）。

8.《易》曰：「介于石，不終日，貞吉。」此釋《豫》四爻辭。上言「鼎折足」緣於不知幾。幸「《豫》四知幾反《復》初」，《復》即善始，再息成《泰》，故繼而說《損》。（䷇\䷒、䷓、䷖）

9.《易》曰：「不遠復，无祇悔，元吉。」此承上言《復》初而來，謂卦息成《泰》，《泰》象陰陽交而表「天地絪縕」；《泰》之初上成《損》，是陰陽再交，象「男女搆精」事。故下文即說《損》。

10.《易》曰：「三人行，則損一人；一人行，則得其友。」此《損卦》六三爻辭。卦從「《泰》初之上，損下益上」而來，[116]《注》言「謂《泰》上也」。[117] 謂《否》已反《泰》，天地交而萬物亨通，故言「天地壹𧊒，萬物化醇」。繼而《泰》初之上成《損》，又為天地再交而「男女搆精，萬物化生」之象。於時坤地之象已包藏于天中，可不必說《泰》而說《損》。猶上文條列十爻而兼十一事，實於首項說《咸》前已賅《姤》，故末項言《損》不再言《泰》，學者自可互文見義，類推而得。漢儒認為《繫辭傳》原不分章節

---

115 同注 2，頁 644。
116 同注 2，頁 373。
117 同注 2，頁 652。

（見李道平《周易集解纂疏》本），文字連環緊扣，不主割裂，與帛書正同。今所見上、下篇各分十二章，乃後儒所分。上述「十一爻之序」，見得此章之卦與卦間互相連繫：自一至七項要不離於《否》；自八迄終，經由《否》反《泰》，再成《損》、成《益》，生成萬物，已不在《否卦》之世矣。此說，亦有合於《老子》「道生一，一生二，二生三，三生萬物」，所言宇宙生化歷程，及《易》學「其道屢遷，變動不居」精義，可以互相發明。

《老子》「道生一」，「一」即道、太極，於《易》象為《既濟》。《說文》「一」字注云：「惟初太始，道立於一，造分天地，化成萬物。」其云「造分天地，化成萬物」，即已落入「一生二」狀態。謂道生天地、陰陽，應賅括《否》《泰》二卦言。以「《否》、《泰》，反其類也（《雜卦傳》文）」，加上「《否》、《泰》二卦同體，文王相綜為一卦」，[118] 故前儒視同一卦。但二者又有分辨：要以《否》表「陰陽始分，天地始制（同製，造也）」。[119]《易》謂之「天地不交」，《莊子》謂之「天氣不和，地氣鬱結（《在宥》）」，仍處於靜態時期；但生化之序，卻由此發軔，靜極生動，故「先說《否》」。至於「二氣氤氳，共相和會」，「陰陽既判，品物流形」，[120] 即《泰》時天氣下降，陽氣上升，《莊子》

天氣不下，地氣不上之謂《否》，「天地不交而萬物通」。

言「肅肅出乎天，赫赫發乎地，兩者交通成和而物生焉（《田子方》）」情狀，周濂溪詩：「當年太極揭為圖，萬有皆生於一無；動靜互根誰是主？試於靜處下功夫。」明動生於靜。李道平謂「《泰》本陰陽（初次）交通之卦」，[121] 由「《否》反成《泰》」，是「道有變動」，「變動不居」之必然。頓時即由曩昔滓溟鴻濛，一變而為活潑潑生命勃興，產生「三生萬物」，則「謂《泰》上也。天地交，萬物通，故『化醇』。」謂《泰》初之上成《損》，李道平本虞《注》

---

118 本來知德說，見《易經來注圖解》（台北：惠文書局・1976 年）・卷三・頁 204。
119 李道平引崔駰《達旨》說。同注 2・頁 642。
120 同上注。
121 同注 2・頁 653。

指「是陰陽再交」事，[122] 因出《益》震（謂《損》二之五成《益》☷），萬物出震（三生萬物），增益不已，[123] 故云「萬物化生」。禪宗：「有情來下種，因地果還生」，亦視下種於地而生果，為三個歷程。李道平補充說：

> 一者，太一、天也。二謂陰陽（《否》、《泰》俱見）。太一分為兩儀，故「一生二」。二與一為三，故「二生三」（《損》為三）。《穀梁傳》：「獨陰不生，獨陽不長，獨天不生，三合然後生」，故「三生萬物」。[124]

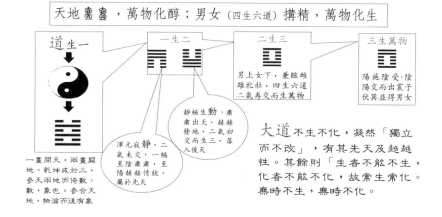

以「二與一為三」，一謂道，「太一分為兩儀」，《泰》初即道，《泰》初之上，乃道合《泰》中二儀，結合成《損》，並列為三，屬於先天地生化階段，謂之形上結合。虞注「男女構精，萬物化生」又云：

---

122 《下繫》第五章「天地絪縕，萬物化醇；男女構精，萬物化生」，虞翻《注》曰：「謂《泰》初之上成《損》（☶、☷），艮為男☶，兌為女☷，故『男女構精』，（《泰》）乾為精，《損》反成《益》，『萬物出震』，故『萬物化生』也。」同上注。

123 《序卦傳》：「有天地，然後有萬物；有萬物，然後有男女；有男女，然後有夫婦；有夫婦，然後有父子；有父子，然後有君臣；有君臣，然後有上下；有上下，然後禮儀有所錯。」

124 同注 2．頁 95。

謂《泰》初之上成《損》，艮為男，兌為女，故「男女搆精」。乾為
精。《損》反成《益》，萬物出震，故「萬物化生」也。[125]

以《泰》初之上成《損》，《損》時「艮男居上，兌女在下，男女位正」，[126]
陽施陰受為「搆精」；「《損》反成《益》，萬物出震，故『萬物化生』也」。
《損》、《益》屬後天、形而下地步。可見「天地壹壼，萬物化醇」生於《泰》，
在前，故曰「泰者，通也（《序卦傳》文）」，其事不在《否》閉發生。[127] 合
《泰》時先天之「天地絪縕，萬物化醇」，與後天《損》、《益》「男女搆精，
萬物化生」事，納宇宙於人生，《繫辭傳》總謂之「言
致一也（《下繫》第五章文）」。指言天地陰陽氣生，
到男女搆精之胎生，其理一致，揭示我國獨特的宇宙

天氣下降，地氣上
升謂之《泰》，「天
地交而萬物通。

起源說。獲見虞翻解卦，向來不以一卦一象為具足，必涉及該卦來源及多重
象變、「象外之象」以闡述其思路演變；往往牽涉二至三、四卦，乃至上言十
一卦不等，方能鴻纖畢現。否則許多意象視野均無法開展，其義理亦無法全
盤掌握。實有得於「闔戶謂之坤，闢戶謂之乾，一闔一闢謂之變，往來不窮
謂之通（《上繫》第十一章文）」旨趣。反觀段氏只株守於一卦一象，無視闔
闢之理，難免觸處榛蕪；以此探求絪縕旨趣，「猶鷦鴧已翔乎寥廓，而羅者猶
視乎藪澤（司馬相如〈難蜀父老〉文）」。故必須在觀念、研究方法上作出改
變，終無以「開之大路」，不可見《易》。

（二）、段氏又云：「趙岐亦以閉塞釋『志壹』、『氣壹』」者，按《孟
子·公孫丑上》言：「志壹則動氣，氣壹則動志也」，趙岐《注》：「孟子言
壹者，志氣閉而為壹也。志閉塞則氣不行，氣閉塞則志不通」，[128] 段《注》本

125 同注 2·頁 653。
126 虞翻《損卦·卦辭·注》同注 2·頁 373。
127 李道平《損卦·六三·爻辭·疏》云：「『天地』謂《泰》乾、坤，『男女』謂《損》艮、
　　兌。天地交則化醇，男女合則化生，故『言致一也』。」同注 2·頁 378。
128 趙岐·孫奭：《孟子注疏》（《十三經注疏》本·台北藝文 1982 年版）卷三上·頁
　　54。

此。然清．焦循《孟子正義》以為：「趙氏讀『壹』為『噎』，《說文・口部》云：『噎，飯窒也。』《一切經音義》引《通俗文》：『塞喉曰噎。』」[129] 是焦循（1763–1820）以為趙岐實據「噎」訓「閉塞」，並非據「薏」字作解。此說，宋翔鳳（1776–1860）同之，直以趙岐《注》錯誤，其《孟子趙注補正二》稱：「按壹，讀為《賈誼傳》『壹鬱其誰語』之壹。《說文》：『薏，薏薏也。』今《易》作絪縕、壹鬱、壹薏，並聲轉。」[130] 原因在於，「噎」是閉塞不動，「壹薏」是靜而能動，與《孟子》「動氣」，「動志」的戁「動」性吻合。故宋翔鳳又補充說：「使北辰不動，則恆星不能周天；心而不動，則庶事不能就理。如告子之不動心，即莊周所謂槁木死灰，豈足以應萬事乎！」[131] 正正需要由戁「動」方能產生作用。董仲舒《春秋繁露・循天之道》亦云：「天之氣常動而不滯，是故道者亦不宛氣」，[132] 宛，讀作鬱，正與噎義合，而與氣動義反。孟子早已洞悉到，志氣二者，乃互動機栝，亟宜兩下兼重交養，他說：「夫志，氣之帥也；氣，體之充也。夫志至焉，氣次焉」。以志為本，氣是末。兩者兼有主從、相從之義。至，及也，達也。次，止、舍也。[133] 謂志到則氣到，氣動亦志動。孟子清楚指出：「志壹則動氣，氣壹則動志也。今夫蹶者趨者，是氣也，而反動其心。」力主以志為帥，氣則役於帥；一方要「持其志」，又要「無

129 焦循：《孟子正義》（《皇清經解》本．台北：復興書局 1972 年）．頁 11906。

130 宋翔鳳：《孟子趙注補正二》（《皇清經解續編》本．台北：復興書局 1972 年）．頁 4491。

131 《莊子・齊物論》：「形固可使如槁木，而心固可使如死灰乎？」同上注引。

132 蘇輿著：《春秋繁露義證》（台北．河洛圖書出版社 1974 年版）．卷十六．頁 21．

133 明・陳祖綬《近聖居四書燃犀解》曰：「夫志居倡而至焉，則氣居應而次焉。未有帥至而兩卒旅之眾不次焉者矣，未有志至而氣不次焉者。（見網上〈美國哈佛大學哈佛燕京圖書館藏中文善本匯刊〉．頁 376）」此以「志至」之至為至到，「氣次」之次為次舍。（孫詒讓曰：「凡次、舍對文義異，散文亦通。」見《周禮正義》卷六．葉 213）」，焦循《正義》據毛奇齡《逸講箋》云：「『至』為來至之『至』，志之所至，氣即隨之而止，正與趙氏下注，『志嚮氣隨』之意合。（《皇清經解》．葉 11907）」《易・旅卦・六二・爻辭》「旅即次」，《九家易注》：「次，舍。」同注 2．頁 491。《書・泰誓中》：「王次於河朔」，《孔傳》：「次，止也。」即止舍於河朔。

暴其氣」。[134] 於是朱子《集注》對「壹」字重新作解，他稱：「壹，專一也。孟子言志之所向專一，則氣固從之；然氣之所在專一，則志亦反為之動」，亦突顯志、氣互動，二者「不相離也」，「又適相須也」之膠漆特色。[135] 此趙岐釋《告子上》「大人、小人」章，亦必連繫於「耳目之官」上說，要「比方天所與人情性」，[136] 方為正確月旦評，焦循謂：「趙氏恐人舍耳目之聽視，而空守其心思，此趙氏深知孟子之恉，有以發明之也。」可謂知言。[137]

　　朱子之壹，不是數字上一二三之一，是靜中有動，潛移默化之壹。《說文·壹部》（卷十下·葉214）：「蠱，專壹也。[138] 從壺，吉聲。」「專一」與蠱壹，同在呼吸正常、暢順的條件下才能發展。若有「閉塞」，即有所壅閉湫底，血氣集滯，[139] 便無復互動作用。從《易》理言，「《乾》為易」，馬瑞辰《毛詩傳箋通釋·周頌·天作》「岐有夷之行」，據《毛傳》「夷，易也」。

---

134 趙岐《注》：「暴，亂也。」暴，字應作暴，《說文·本部》（卷十下·頁215）：「暴（篆書之本，與楷書之本字相近），疾有所趣也。從日出本廾之。」引申為性急與脾氣暴燥、易怒之意。通作虣、㬥。又《日部》（卷七上·頁139）：「暴（曓），晞也。從日，從出，從収，從米。曓古文暴從日，麃聲。」俗作曝，是曝曬、彰顯、呈露之正字。

135 焦循《孟子正義》引毛奇齡《逸講箋》說：「心為氣之主，氣為心之輔，志與氣不相離也。然而心之所至，氣即隨之，志與氣又適相須也。（《皇清經解》·葉11907）」

136 朱子《集注》：「『此天』之『此』，舊本多作『比』，而趙《注》亦以『比方』釋之。今本既多作『此』，而注亦作『此』，乃未詳孰是。」冠華按，作「比方」者是。此章言人之個體中，有大小、貴賤、輕重之「天與」，人當分之而辨之，識其先後之次者。俞樾《群經評議》曰：「比之言次也。」方，《說文》：「（方），併船也（「併，並也。」並，應作『竝』，『竝，併也。』）。象兩舟省而總頭形。」「比方之所與我者」，省賓語，猶言人當比併而次分『天』之所與我之賦稟。趙岐《注》云：「比方天所與人情性，先立乎其大者，謂生而有善性也；小者，情慾也。善勝惡，則惡不能奪。」則「比方」之具鱗次櫛比義甚明。

137 同注128·頁12117。

138 段玉裁改作「嫥壹」，可從。《說文·寸部》（卷三下·頁67）：「專，六寸簿也。從寸，叀聲。一曰專，紡專。」是專本書簿之稱。又《女部》（卷十二下·頁262）：「嫥，壹也。從女，專聲。一曰嫥嫥。」

139 《左傳》昭公元年：「勿使有所壅閉湫底，以露其體。」杜預《注》：「壹之則血氣集滯。」此以「壹」為血氣集滯，使不得宣散者。

以「易」即《說文》「佼傷」之「傷」，[140] 並據莊述祖引《易緯注》「『佼傷，無為』，是佼傷為寂然無為之稱」。[141] 準此，「乾，其靜也專，其動也直」，「陽在陰中稱專」，「專」，即「佼傷」狀態。但「專」之後即有動直之變，故專又與傳通，[142] 有傳續義。謂《剝》乾入《坤》（《剝》之上九「碩果不食」，留為種子，故五入《坤》三成《謙》，《謙》之二、四陰而包陽），過程如母親懷孕般牝育，「其在嬰孩，氣專志一」，漸以滋長，終出《復》初。

乾五入坤三成《謙》，陰包陽為勢，謂勢局也。出陽成震為大，是以大生焉。

惠棟《惠氏讀說文記》說：「壹與一同，即初也。（《復》之）初九，吉之先見者也。」[143]「先見」，蓋賅括後來終息成《乾》之逐漸成長過程；是靜而動，謂之「專一」、蠹壹。從人事言，朱子的專「壹」，猶《荀子．解蔽》「虛壹而靜」之「壹」，屬於處事積久成德的肇端。「將事道者之壹則盡」，通過持續發展作為永恆的延續，要求一以貫之，心無旁鶩。要是「心枝（歧）則無知」，必須「擇一而壹焉」，此所以「好書者眾矣，而倉頡獨傳」之由。焦循亦訓壹為專一，他指「持其志使專壹而不貳，是為志壹。守其氣使專壹不貳，是為氣壹」，[144] 勉人擇善固執，堅持到底。志猶意，意到則氣到，都是惑「動」的情態，《丹經》所謂「真意往來無間斷，知而不守是功夫」，明云意氣同時往來不輟，切勿墨守一隅，執滯閉隔。

至於志、氣互為影響的具體情狀，《莊子．人間世》孔子教顏子「心齋」之道最詳，他說：「若一志，無聽之以耳而聽之以心；無聽之以心而聽之以

---

140 《說文．人部》（卷八上．葉 166）：「傷（傷），輕也。从人，易聲。一曰交傷。」以豉切。

141 見馬瑞辰《毛詩傳箋通釋》（北京：中華書局，1989 年）卷二十八，葉 1050 引。

142 專通傳，有傳續義。《呂氏春秋．季冬紀》：「專於農民，無有所使」，陳奇猷《呂氏春秋校釋》引于省吾曰：「專、傳古字通。《論語．學而》『傳不習乎』。」陳奇猷校釋：《呂氏春秋校釋》（學林出版社，1984 年），卷十二，頁 620。

143 同注 92，頁 4590 引。

144 同注 128，頁 11907。

氣。聽止於耳，心止於符。氣也者，虛而待物者也（謂煉精化氣，煉氣化
神，煉神還虛，皆從無生有，謂之待物）。唯道集虛。虛者，心齋也」。[145]
「一志」即志一、專壹，是氣生的先決條件。要做到意志集中，除了聽止於
耳、心之外，還要「墮（隳）肢體，黜聰明，離形去知，同於大通，此謂坐
忘」，[146] 心齋坐忘，即修真家的「意守」，佛家的「云何應住，云何降伏其心」
的下手功夫，下一步便是「真意」釿合二氣，使之「緣督以為經」地周流運
行，[147] 絪縕變化。就是《悟真篇》說的：「黃婆自解相媒合，遣作夫妻共一心」
境況；[148] 稍一「分心」，便會氣散神馳，前功盡廢。此理，董仲舒《春秋繁露‧
循天之道篇》說得更為翔實，他稱：「故養生之大者，乃在愛氣，氣從神而
成，神從意（心志）而出，心之所之謂意，意勞者神擾，神擾者氣少，氣少
者難久矣」，[149] 這種神、意、氣合一議論，可與孟子志動氣論互相發明。外此
其餘，使其氣遭到如蹶（仆跌）、趨（疾走）之類沖激，[150] 其心必然劇烈跳動。
又如人處於極度悲傷、憤怒、情緒波動時，亦會引致體內產生天翻地覆變
化，即《陰符經》所謂「人發殺機，天地反覆」，為之腸斷，為之裂眥；為
之「思慮不自得，中道不成章」，甚至有「一把無名火，燒盡功德林」的災
難性惡果，皆出於暴氣而反動其心，使其心如平原放馬，「僨驕不可係」。故
若求其圓滿無漏，必須於持正其志之外，更無暴亂其氣。段《注》但以「壹」
為閉塞，無視志氣「慼動」，潛相影響的因果關係，此亦緣於遺象言理所致。

---

145 郭慶藩編：《莊子集釋》（台北：河洛圖書出版社 1974 年）‧頁 147。
146 見《大宗師》篇顏子語。同上注‧頁 284。
147 《莊子‧養生主》文。《集釋》引王船山曰：「緣督者，以清微纖妙之氣，循虛而行，
　　止於所不可行，而行自順，以適得其中。」同上注‧頁 117。
148 黃國鎮師著：《道教內丹學》（香港青松出版社 2004 年）‧頁 109。
149 同注 131‧卷十六‧頁 23。
150 《說文‧足部》（卷二下‧葉 46）：「蹶（𧿁），僵也。從足，厥聲。一曰跳也（「跳，
　　蹶也。一曰躍也。」）。亦讀若蹷。𧾒蹶或從闕。居月切【癸（動也），厥（僵也）
　　二音。】。」又《走部》（卷二上‧頁 35）：「趨，走也。」

七、釋耜、服

《下繫》第二章云「斵木為耜，揉木為耒。耒耨之利，以教天下，蓋取諸《益》䷩」者，虞翻曰：

> 《否》四之初也。巽為木、為入，艮為手，乾為金。手持金以入木，故「斵木為耜」。耜止所蹈，因名曰耜。艮為小木，手以撓之，故「揉木為耒」。耒耜，籽器也。巽為號令，乾為天，故「以教天下」。坤為地，巽為股、進退。震足動耜，艮手持耒，進退田中，耕之象也。益萬物者，莫若雷風，故法風雷而作耒耜。[151]

再要強調的是，古今釋「耜」者聚訟紛紜，但本文一律規限於虞《注》及《易》象範疇，以免泛濫無歸。謂「《否》四之初」，指《否》而成《益》，目的亦是合二卦之象作解（如上圖）。「斵木為耜」，「耜」帛書《繫辭》作「枱」，[152]《説文·木部》（卷六上·頁121）枱字注云：「枱，耒耑也。從木，台聲。」或作梩。大徐曰：「今俗作耜。」[153] 按耜，篆文作㭒，古書「己」、「已」、「巳」三字篆形相近，己作㠴，已作㠲，㠲又倒作巳。㠲即以。《集韻》有「枱」字，與「耜」之從以、已、台同，蓋因楷變而混，故亦相通（耜字之有多種寫法，顯示該物於當時極為流行，依各鄉各例，故名稱大同小異）。《莊子·

---

151 同注 2·頁 624。

152 同注 8·頁 379。

153 耑，掘土的農具。《方言》五：「耑，燕之東北朝鮮、洌水之間謂之𣂁（斸），宋魏之間謂之鏵，或謂之鏵；江淮、南楚之間謂之耑，沅湘之間謂之畚。……東齊謂之梩。」《韓非子·五蠹》：「禹之王天下也，身執耒耑以為民先。」

天下篇》：「禹親自操橐耜，而九雜天下之川。」[154] 橐，《說文‧橐部》（卷六下‧葉 128）：「橐（𠥱），囊也。」盛土器。耜即枱臿、鍬。《韓非子‧五蠹》：「禹之王天下也，身執耒臿以為民先。」耒臿亦應為枱臿。[155]《益》巽為木、為入，《否》艮為手，乾為金（初以木製，後來加上金屬於耜的首部）。由《否》而《益》，手持金以入木，臿頭為金屬，故「斲木為耜」，制臿之象。耜是耒枱的首部，故名枱臿，又名鍬鋪（鍬，又作鍪。闊曰䥥，窄曰鍬，細曰草鍬），起土工具。云「耜止所蹢，因名曰耜」者，耜與止音近，蹢，跐蹢，踐履。[156] 謂耜止於所履之處，人用腳踩耜以翻鬆土壤，《詩》言「率履不越」，[157]《莊子‧胠篋》「耒耨之所刺」，[158] 又《外物篇》「人之所容足耳，然則廁（音側，足旁）足而塹（又作墊，掘也）之致黃泉」，[159] 謂之「刺」、「塹」，是用足踩耜掘地之狀。《益》震為足，以足踏臿，「因名曰耜」。曹植《藉田賦》：「尊趾勤於耒枱，玉手勞於耕耘」，謂之「尊趾」，是其證。耜之不訓作鋤犁者，鋤是用手操作，與「耜止所蹢」，「震足動耜」不合。又耒是枱上的柄（耒枱一物），[160] 乃揉曲木而成。犁雖亦曲木，但體積較粗，與《否》艮為小木不符。上引《莊子‧胠篋》「耒耨之所刺」，《釋文》：「耒，李云：『犁也。』一云：『耜柄也』」，[161] 可證。又艮為手、手以撓之，故「揉木為耒」。揉，謂使木條彎曲或伸直之稱，本字作煣。《說文‧火部》（卷十上‧頁 209）：「煣，屈申木

---

154 《釋文》：「九，音鳩。本亦作鳩，聚也。雜，崔云：『所治非一，故曰雜也。』郭嵩燾曰：『言雜匯諸川之水，使同會於大川，故曰九雜天下之川。』」按九，經籍多作鳩，《書‧堯典》：「共工方鳩僝（音撰，具也）功」謂方方聚具其功。鳩乃勼之叚借。《說文‧勹部》（卷九上‧葉 187）：「勼（𠣐），聚也。」

155 《御覽》八十二引耒臿作木畚。又單指木製盛土器言。

156 晉‧左思《吳都賦》：「跐蹢竹柏，獱獺（奔走也）杞柟。」跐，同曳。唐人避太宗諱，多有改世字作曳（如泄、洩）。呂向《注》：「跐蹢，踐躒也。獱獺，奔走也。」明‧彭大翼《山堂肆考》：「言踐躒於竹柏，奔走於杞楠之間也。」踐躒，即踐履。《說文‧車部》（卷十四上‧頁 302）：「躒，車所踐也。」段玉裁曰：「踐者，履也。」

157 《詩‧商頌‧長發》文。

158 同注 141，頁 343-4。

159 同注 141，頁 936。

160 《禮‧月令》：「孟春之月，天子親載耒耜。」鄭玄《注》：「耒，耜之上曲也。」

161 同注 141，頁 343-4。

也。從火柔，柔亦聲。」「揉木為耒」，謂用火加熱，使木變柔彎曲成耒。《說文·耒部》（卷四下·頁93）：「耒，手耕曲木也。從木推丰【「丰，艸蔡也。象艸生之散亂也。讀若介」（卷四下·頁93）《艸部》（卷一下·頁25）「芥，菜也。」】。古者垂作耒耜，以振民也（即「耒耨之利，以教天下」義）。」[162] 桂馥《義證》謂：「耒為上耜上之曲木，所恃以發土者耜也。」可證耒乃用火屈木而成的木柄，故「手以撓之」。

「揉木為耒，耒耨之利」，帛書《繫辭》作「楺木為耒耨，耨耒之利」。[163]《釋文》：「『為耒』，本或作『揉木為之耒耨』（與帛書相近）」。按《集韻·有韻》引「《說文》：『屈申木也。』或作楺。」《淮南子·氾論》：「楺輪建輿，駕馬服牛」。是揉、楺、煣字通。今本《繫辭》少一「耨」字，蓋省文、互文見義。耒、耨實為二物，「揉木」一詞貫兩義；耒與耨俱以「揉木」為之。《說文》無耨，只作鎒。《木部》（卷六上·頁121）：「櫌，摩田器也。奴豆切。」或作鎒。又《蓐部》（卷一下·頁27）：「薅，拔去田艸也。」籀文作茠，或體作茠。用作披去田艸器具。《釋名·釋用器》：「耨，似鋤，嫗耨禾也。」王先謙《疏證補》：「耨去艸不容滅裂（魯莽），懼其傷禾也，嫗有愛護苗根之誼。」[164]

耨

云「耒耜，籽器」者，籽，或作秄、芓，指培土。謂「耒耜」用於培土「離本」，[165] 給植物根部予以培養之工具。《益》巽為風、為號令，《否》乾為

---

162 《說文·手部》（卷十二上·頁254）：「振，舉，救也。」此賑災之本字。《貝部》（卷六下·頁130）：「賑，富也。從貝，辰聲。」今《三國志·魏志·文帝紀》「冀州饑，遣使者開倉廩振之。」又云：「貧者振之。」《晉書·王羲之傳》：「開倉振貸」，俱用本字。

163 同注8。

164 《禮·樂記》：「煦嫗覆育萬物。」鄭玄《注》：「以氣曰煦，以體曰嫗（合言呵護）。」

165 《詩·小雅·甫田》：「今適南畝，或耘或耔。」《毛傳》：「耔，離本也。」離，《釋文》作壅，禾根也。離本，謂離（壅培）其根本。《說文·禾部》（卷七上·頁145）：「秄，壅禾本。」徐鍇《繫傳》：「古文言耘秄是也，以土壅根也。秄之言字（字乳、孳乳）也，養之也。」謂給禾苗的根部培土。《篇海類編·地理類·土部》：「壅，培也。」《論衡·道虛》：「物黃，人雖灌溉壅養，終不能青。」唐白居易《東坡種花二首》之二：「劃（剗）土壅其本，引泉溉其枯。」

天，風行天下，故「以教天下」。《否》坤為地，《益》巽為股、進退。《益》震足動耜，艮手持耒，進退往來田中，耕稼耘耔之象。由《否》而《益》，卦體風雷。《說卦傳》：「雷以動之，風以散之（第四章）」，[166] 又曰：「動萬物者，莫疾乎雷；橈萬物者，莫疾乎風（第六章）」。[167] 謂耒耜翻鬆泥土之功能，有似雷風，動土，「故法風雷而作耒耜」。

《下繫》第二章「服牛乘馬，引重致遠，……蓋取諸《隨》」數句，虞翻曰：

> 《否》上之初也。《否》乾為馬、為遠，坤為牛、為重，坤初之上為「引重」，乾上之初為「致遠」。艮為背，巽為股，在馬上，故「乘馬」。巽為繩。繩束縛物，在牛背上，故「服牛」。出《否》之《隨》，「引重致遠，以利天下」，故取諸《隨》。[168]

服，帛書《易傳》作「備」，《說文·牛部》（卷二上·頁29）作牜葡，引《易》曰：「『牜葡牛乘馬』。從牛，葡聲。」《玉篇》云：「牜葡，服也。」則以（漢時）今字釋古義。《否》上之初成《隨》，《否》上參乾為馬，下體坤為牛。虞翻以《隨》之三四五互巽繩，二三四互艮為背，為《否》坤牛之背；巽繩束縛物，並加在牛背上，故「服牛」。又《隨》巽為股，艮為馬背，在《否》乾馬上，為「乘馬」之象。又以《否》之初、上升降分表「引重（初升）」、

---

166 散，讀作霰，吹散、流通。
167 橈，曲撓，繞也。使之曲撓偃仰。
168 同注 2·頁 628。

拉，牽挽之形；[169]「致遠（上降為詣遠）」之狀，[170] 分明是控制牛隻馬匹事，莊子謂之「落馬首，穿牛鼻（《秋水》）」，皆因「以人滅天」，使牛馬隨人意而行，故謂之隨。則「服」當訓作「治」，字應作「𠬝」。《詩‧周南‧關雎》：「求之不得，寤寐思服」，馬瑞辰《毛詩傳箋通釋》「以服為𠬝之假借」，[171] 其說甚正。《說文‧又部》（卷三下‧頁 64）：「𠬝（𦐇），治也。從又，從卪。卪，事之節也。」服，俗字。字當𦨕。《說文‧舟部》（卷八下‧頁 178）：「𦨕（𦨕），用也。一曰車右騑，所以周旋。從舟，𠬝聲。」古文作𦨕。𠬝，服又可相通。《詩‧周南‧葛覃》：「為絺為綌，服之無斁」，鄭玄《箋》：「服，整也。」整即治理。《韓非子‧說疑》：「故有道之主，遠仁義，去智能，服之以法。」謂以法治國，優於仁義智能。

　　至帛書《易傳》「服」作「備」，《說文》作「犕」者，上引《詩‧關雎》「寤寐思服」，及《大雅‧文王有聲》「自西自東，自南自北，無思不服」。服，古讀如白，與備、犕古音同在之部，之入聲職德部，服、備、犕三字古音聲近，故可互通。[172]

結語

　　拙文據今本與帛書《繫辭》，進行探索的問題凡七項十一條，其核心目標，主要在於選擇篇中關鍵性的字詞作正確、合理的分析研究，從而掌握聖賢經教、義理之所在。一如清儒所稱：訓詁明則義理明。由於古籍經後人傳

---

169 《說文‧弓部》（卷十二下‧頁 270）：「引，開弓也。從弓丨。」徐鉉曰：「象引弓之形。」段玉裁《注》：「此引而上之丨也（引而上行讀若囟，引而下行讀若退），為會意。丨亦象矢形。」《韓非子‧人主》：「夫馬之所以能任重引車致遠者，以筋力也。」

170 《說文‧夊部》（卷五下‧頁 112）：「致，送，詣也。從夊，從至。」

171 同注 12‧卷二‧頁 34。

172 《後漢書‧皇甫嵩傳》：「義真犕未乎？」李賢《注》：「『犕』，即古『服』字也。」

抄、或者羼入致訛誤者甚多，造成文字上的齟齬難通，大大妨礙了學者對《經》義的掌握；實有通過訓詁方式，找出上述字詞的正解、正讀，作為疏通隔閡的必要。茲從上文考察所得，提出三事，供初學者參考：

一、《易》理與文字考證並重

首先要指出的是，由於拙文探討的是《易》學範疇，多取虞翻注解，必須從辭、象之間，交代字詞的本源出處，不容苟且。如所周知，漢儒解《易》，最重辭、象關係，沒有一字無來處，即解《經》不能躍離於卦象之外，隨意指畫。《上繫》第十二章孔子說：「書不盡言，言不盡意；然則聖人之意，其不可見乎？」「書」，指卦象，「謂書《易》之動（爻變）」；言，文、周卦爻之辭；意，庖犧之意。學者若果純粹說「象」，架空於文字；抑偏重文、周卦爻之辭，無視於卦象，皆「不足以盡庖犧之意」。換言之，千里之行，始於足下，學《易》者下手即須從掌握辭、象關係開始，不憚其煩，詳細驗證，異日「涉於江而浮於海，望之而不見其崖，愈往而不知其所窮（《莊子·山木篇》）」，又「神而明之，存乎其人」。大抵羲皇之時，「《易》起於畫（卦畫符號），捨畫無以見易（上言畫表月亮光暗，盈虛消漲度，不離九六之變）」，[173] 象外無辭。於是文、周緣象說三才，「繫辭焉以盡其言」，然後聖人「五盡」可得而及。顧炎武《與友人論易書一》說：

> 盡天下之書皆可以注《易》，而盡天下注《易》之書不能以盡《易》，此聖人所以「立象以盡意」，而夫子作《大象》，多於卦爻之辭之外，別起一義以示學者。使之觸類而通，此即舉隅之說也。天下之變無窮，舉而措之天下之民者亦無窮；若但解其文義而已，韋編何待於三絕哉。[174]

---

173 見翁注《困學紀聞》引李舜臣《隆山易本傳·自序》。
174〔明〕顧炎武《顧亭林詩文集·文集》·香港·中華書局 1976 年·頁 46。

所謂聖人「五盡」：即盡意、盡情、盡言、盡利、盡神者，[175] 皆在辭象之間得之。

二、文字聲訓，不可或缺

韓愈稱：「讀書為文，宜略識字。」文字學是一切學問基礎，字且未識，他亦可知。張之洞說：「由小學入經學者，其經學可信。」曾國藩《家書·諭紀澤》亦謂：「欲讀周、漢古書，非明於小學，無可問津。」此一卓識，早在北齊時人已揭之，顏之推《顏氏家訓·書證篇》云：「大抵服其（指許君《說文》）為書，隱括（矯正邪曲之器。）有條例，剖析窮根源。鄭玄注書，往往引其為證。若不信其說，則冥冥不知一點一畫，有何意焉。」[176] 都是極精議論，確切不移。先通文字音訓之學，掌握考據學的權柄，然後可以稽古明經。明經則可以大義舉，適道而可與立。斯亦陳石士所謂「以考證佐義理，義理乃益可據（《太乙舟文》卷五·〈復賓之書〉）」。如此類推，不談辭象訓詁而侈談《易》理，不過如蟪蛄之說年。[177] 若能追源《經》術，通於《小學》，認真考據，自不會鹵莽滅裂，向俗訛謬，率爾亂扛，動輒責罵經典錯謬，目古人不通，非古悖道。覈諸馬王堆帛書，戰國楚簡，今本之《周易》無論在字數、句數，大抵相同；則往者之隨意刪字改經、添文解經者，其陷於誣妄聖賢，貽誤後學者多矣。

---

175 《莊子·天道篇》：「桓公讀書於堂上，輪扁斲輪於堂下，釋椎鑿而上問桓公曰：『敢問公之所讀者何言邪？』公曰：『聖人之言也。』曰：『聖人在乎？』公曰：『已死矣！』……桓公曰：『寡人讀書，輪人安得議乎？有說則可，無說則死。』輪扁曰：『臣也以臣之事觀之，斲輪徐則甘而不固，疾則苦而不入，不徐不疾，得之於手而應之於心，口不能言，有數存焉於其間，臣不能以喻臣之子，臣之子亦不能受之於臣，是以行年四十而老斲輪，古之人與其不可傳也死矣。然則君之所讀者，古人之糟魄已夫。』」《淮南子·氾論訓》：「誦先王之詩書，不若聞得其言；聞得其言，不若得其所以言；得其所以言者，言弗能言也。故道可道者，非常道也。」《注》：「常道言，深隱幽冥不可道也，猶聖人之言，微妙不可言也。」

176 北齊顏之推撰·王利器集解：《顏氏家訓集解》（上海古籍出版·1980 年）·頁 458。

177 《莊子·逍遙遊》：「朝菌不知晦朔，蟪蛄不知春秋，此小年也。」謂寒蟬春生夏死，夏生秋死，故不知有一年的時光。

三、善用《許書》的義訓、古籀文字

在現存《繫辭傳》中，的確存有許多知其然而不知所然，一直令人費解的字詞；即使前賢如何染翰操觚，英華內竭地加以詮釋，總是無法令人愜服，受到撻擊。今日尚幸帛書《易傳》的出土，令學人多了一些思考空間，有助解決疑難。據拙文考察所得，舉凡今、帛字異者，均可從古、籀等形音義處探究，求其義理之所當然，從而選擇適當字詞以表象聖賢恉意。

根據許慎《說文解字·序》所稱，由「（周）宣王太史籀，著《大篆》十五篇，與古文或異。至孔子書《六經》」期間，雖有「古文」（段玉裁謂由倉頡所造，即後來壁中書真古文，與近世出土的戰國楚簡文字），與「籀文」之間差異；由於經過「孔子書《六經》，左丘明述《春秋傳》，皆以古文，厥意可得而說也」，所謂「意」，即「《六經》之文皆道（宋黃震《日鈔》語）」之「意」，經聖賢「言必遵修舊文而不穿鑿」的審慎處理，得以保留。問題在於「其後諸侯力政，……。分為七國，……言語異聲，文字異形」，尤其於秦人滅學，「書同文字（《史記·秦始皇本紀》文）」，經歷「隸變」與「楷變」之後（經典多出秦後，始皇改皐作罪之類），文字在「形義」、「筆意」上，殆不可考；[178] 再有如鮱者省之，不可者改之；或仍之，或省改之。細察古文字具有形象、聲音及意象三美，確為「經藝之本，王政之始」，稱之為載道工具、中國文化靈魂不為過。礙於「《倉頡》多古字，俗師失其讀（《漢志》文）」，當時譯者徒據字形，忽略其義，故「能否以還聖經之舊」，保留「竊取之義」？最為關鍵。傳說劉向校書天祿閣，太乙真人為之燃藜，總不免見偏、錯判之可能，何況檃栝識力更在劉向之下者！

拙文特別強調從《說文》下手。由於許君志在存古，書中除保留一字的古訓外，更搜羅該字的其他書體面貌，孜見古今字形、字義源流變化，又博引群經諸子申明用字事例，作為文字鑑定正誤準則。若能精讀此書，同樣可

---

178 沈括《夢溪筆談》卷十七·《書畫》條稱：「古文自變隸，其法已錯亂，後轉為楷字，愈益訛舛，殆不可考。」不無所見。

據之考校出土簡帛文獻。一方追溯其外形，一方探究其聲、義，固本窮源，當有神會。先師文擢公嘗言：「文字學，必須為《經》學服務！」許慎《說文解字》一書，正正大派用場。加上清末民初的《說文詁林》，匯集先儒研究《說文》成果之大成，更宜善加利用。拙文即循此道進行思考研究，雖未敢謂有所創獲，輔翼前修；只是後生逢辰，得見竹書簡帛出土，為前人所未及睹，略存十一於千百，何其多幸！礙於愚魯末學，錯陋在所難免，亦冀知者不吝斧正賜教為盼。

《漢書》顏師古注引《易》研究

陳雄根

香港中文大學中國語言及文學系

一、前言

顏師古乃唐代經學家與史學家。顏氏注《漢書》,一改前代注家競騁己說之陋習。顏氏〈漢書敍例〉云:

> 六藝殘缺,莫覩全文,各自名家,揚鑣分路。是以向、歆、班、馬、仲舒、子雲所引諸經或有殊異,與近代儒者訓義弗同,不可追駁前賢,妄指瑕纇,曲從後說,苟會扃塗。今則**各依本文,敷暢厥指**,非不考練,理固宜然,亦猶康成注《禮》,與其《書》、《易》相偝,元凱解《傳》,無係毛、鄭《詩》文。以類而言,其意可了。……
>
> 近代注史,競為該博,多引雜說,攻擊本文,至有詆訶言辭,掎摭利病,顯前修之紕僻,騁己識之優長,乃效矛盾之仇讐,殊乖粉澤之光潤。今之注解,翼贊舊書,一遵軌轍,閉絕歧路。[1]

顏氏有感前人注《漢書》,多引雜說,以為博洽,甚或詆訶《漢書》本文,有乖文本原意,故顏氏注《漢書》,「各依本文,敷暢厥指」,「翼贊舊書,一

---

1 漢‧班固撰,唐‧顏師古注:《漢書》(北京:中華書局,2007 年),頁 3。

遵軌轍，閉絕歧路」。本文試從《漢書》顏注引《易》，及所下說解，分析顏氏如何闡釋《易》義及《漢書》隱括《易》文之意蘊。顏氏注《易》，與孔穎達疏《易》，或同或異，本文特比對二家之注，較其優劣。又《漢書》及顏注引《易》，間與今本《易》文相異，此中或涉《易》義之不同理解，本文亦加論列，俾治《易》者參考焉。

二、顏師古注引《易》體例

顏氏於〈漢書敘例〉介紹其注《漢書》之體例云：

> 凡舊注是者，則無間然，具而存之，以示不隱。其有指趣略舉，結約未伸，衍而通之，使皆備悉。至於詭文僻見，越理亂真，匡而矯之，以袪惑蔽。若汎說非當，蕪辭競逐，苟出異端，徒為煩冗，祇穢篇籍，蓋無取焉。舊所闕漏，未嘗解說，普更詳釋，無不洽通。[2]

依上引文，知顏氏注《漢書》體例，共有五端：（1）舊注是者，則具而存之。（2）舊注未盡完備，則加補充說明。（3）舊注越理亂真，則下己說以解蔽。（4）舊注無足道者，則不予取錄。（5）前人未曾解說之處，更為詳釋。據本文蒐集所得，顏師古注《漢書》引《易》，共193例，顏氏所下《易》注，基本符合以上所說之體例。今試就其注《漢書》引《易》之體例，具體分析如下：

（1）注明《漢書》引《易》出處

《漢書》引《易》，顏注文本所引《易》文出處，不另解釋，共38例。如：

2　同上注。

1.1 **本文**：《易》曰：「立天之道，曰陰與陽。」（〈律曆志上〉，961）³

注文：師古曰：《易·說卦》之辭。（962）⁴

按：今《易·說卦》：「是以立天之道曰陰與陽。」（383）⁵

1.2 **本文**：《易》曰：「縣象著明，莫大於日月。」（〈五行志下之下〉，1494）

注文：師古曰：「《上繫》之辭也。」（1495）

按：今《易·繫辭上》：「縣象著明莫大乎日月。」（340）

1.3 **本文**：臣聞《易》曰：「安不忘危，存不忘亡，是以身安而國家可保也。」故賢聖之君，博觀終始，窮極事情，而是非分明。（〈楚元王傳〉1950）

注文：師古曰：「《易·下繫》之辭。」（1951）

按：今《易·繫辭下》：「是故君子安而不忘危，存而不忘亡，治而不忘亂，是以身安而國家可保也。」（362）《漢書》乃節錄《繫辭下》原文。

1.4 **本文**：故「臣弒君，子弒父，非一朝一夕之故，其漸久矣」。（〈司馬遷傳〉，2717）

注文：師古曰：「《易·坤卦》文言之辭。」（2719）

按：今《易·坤文言》：「臣弒其君，子弒其父，非一朝一夕之故，其所由來者漸矣。」（36）《漢書》引《易》，稍異其詞。

3　本文所引《漢書》文例及顏師古注，均以北京中華書局 2007 年版為底本，引文後注以篇名及《漢書》頁碼，外加括號。

4　顏師古注文後出《漢書》頁碼，外加括號。

5　本文所引《周易》文例及注疏，本魏·王弼注，孔穎達疏，十三經注疏整理委員會整理：《周易正義》（北京：北京大學出版社，2000 年第一版）。引文後出《周易正義》頁碼，外加括號。

（2）注《漢書》引《易》出處，另下訓釋

《漢書》原文引《易》，顏注除引《易》文出處外，另加注釋，共 70 例。如：

2.1 **本文**：《易》曰：「先王以作樂崇德，殷薦之上帝，以配祖考。」（〈禮樂志〉，1038）

注文：師古曰：「此〈豫卦〉象辭也。殷，盛大也。上帝，天也。言王者作樂，崇表其德，大薦於天，而以祖考配饗之也。」（1039）

按：顏注《漢書》引《易》出〈豫卦〉象辭，並釋其義。今《易·豫卦》：「《象》曰：雷出地奮，豫。先王以作樂崇德。殷薦之上帝，以配祖考。」（101）

2.2 **本文**：是故用日少而畜德多。（〈藝文志〉，1723）

注文：師古曰：「畜讀曰蓄。蓄，聚也。《易·大畜卦》象辭曰：『君子以多識前言往行，以畜其德。』」（1723）

按：顏注「畜」之音義，並指「畜德」乃出《易·大畜卦》象辭。今《易·大畜卦》：「《象》曰：『天在山中，大畜。君子以多識前言往行，以畜其德。』」（141）

2.3 **本文**：《易》曰：「渙汗其大號。」言號令如汗，汗出而不反者也。今出善令，未能踰時而反，是反汗也。（〈楚元王傳〉，1943–1944）

注文：師古曰：「此《易·渙卦》九（四）〔五〕爻辭也。言王者渙然大發號令，如汗之出也。」（1945）

按：顏注《漢書》引《易》出《易·渙卦》九（四）〔五〕爻辭，其釋「渙汗其大號」，乃敷暢《漢書》釋《易》之義。今《易·渙卦·九五》：「渙汗其大號。渙，王居无咎。」（280）

2.4 **本文**：故《易》曰「后以財成輔相天地之宜，以左右民」。（〈貨殖傳〉，3679）

注文：師古曰：「〈泰卦〉象辭也。后，君也。左右，助也。言王者資財用以成教，贊天地之化育，以救助其眾庶也。左右讀曰佐佑。」（3681）

按：顏注《漢書》引《易》出〈泰卦〉象辭，釋其文義，並注「左右」之讀音。今《易·泰卦·象》：「后以財成天地之道，輔相天地之宜，以左右民。」（79）《漢書》引《易》略去「天地之道」四字。

（3）引《易》以證《漢書》本文，然未明言出處

引《易》以證《漢書》本文所言《易》理，然未完全交代《易》文出處，共 6 例。如：

3.1 **本文**：元者辭之所謂大也。（〈董仲舒傳〉，2502）

注文：師古曰：「《易》稱『元者善之長也』，故曰辭之所謂大也。」（2503）

按：顏氏引《易》以釋《漢書》隱括之《易》義，然未明言《易》文出處。今《易·乾文言》：「元者善之長也。」（14）

3.2 **本文**：贊曰：《易》著吉凶而言謙盈之效，天地鬼神至于人道靡不同之。（〈外戚傳下〉，4011）

注文：師古曰：「《易·謙卦》曰『天道虧盈而益謙，地道變盈而流謙，鬼神害盈而福謙，人道惡盈而好謙』。」（4011）

按：顏氏引《易》以釋贊辭之義，然未明言乃出《易·謙卦》象辭。今《易·謙卦》象辭：「天道虧盈而益謙，地道變盈而流謙，鬼神害盈而福謙，人道惡盈而好謙。」（95）

（4）闡釋《漢書》本文所言《易》義

解釋《漢書》本文所言《易》義。又《漢書》引《易》不見今本《易》文者，

亦加注明。共 13 例。如：

4.1 **本文**：《易》有八卦，〈乾〉〈坤〉六子，水火不相逮，靁風不相誖，山澤通氣，然後能變化，既成萬物也。（〈郊祀志下〉，1268）

注文：師古曰：「〈乾〉為父，〈坤〉為母。〈震〉為長男，〈巽〉為長女，〈坎〉為中男，〈離〉為中女，〈艮〉為少男，〈兌〉為少女，故云六子也。水火，〈坎〉〈離〉也。靁風，〈震〉〈巽〉也。山澤，〈艮〉〈兌〉也。逮，及。誖，亂也。既，盡也。靁，古雷字也。誖音布內反。」（1268–1269）

按：顏注釋〈乾〉〈坤〉六子及八卦相錯關係，另釋「靁」乃「雷」之古字及「誖」之切音。今《易‧說卦》：「天地定位，山澤通氣，雷風相薄，水火不相射，八卦相錯，數往者順，知來者逆，是故易逆數也。」（384）

4.2 **本文**：說曰：木，東方也。於《易》，地上之木為〈觀〉。（〈五行志上〉，1318）

注文：師古曰：「〈坤〉下〈巽〉上，〈觀〉。〈巽〉為木，故云地上之木也。」（1319）

按：〈觀卦〉坤下巽上，顏氏注巽為木，以明《漢書》「地上之木為〈觀〉」之義。顏氏以巽為木，說本《說卦》：「巽為木。」（390）《漢書》所言〈觀〉之取象，與《觀‧象傳》云「風行地上，觀」（115）不同。《說文‧目部》：「相，省視也。……《易》曰：『地可觀者莫可觀於木。』」[6]《說文》引《易》，今《易》無此文，此殆《漢書》言〈觀卦〉取象之本。

4.3 **本文**：《易經》十二篇，施、孟、梁丘三家。（〈藝文志〉，1703）

注文：師古曰：「上下經及十翼，故十二篇。」（1704）

按：顏注《易經》十二篇之內容。

6　漢‧許慎撰，宋‧徐鉉校定：《說文解字》（香港：中華書局，1989 年），頁 72 下。

4.4 本文：故《易》曰『差以毫釐，謬以千里』。（〈司馬遷傳〉，2717）

注文：師古曰：「今之《易經》及彖象繫辭，並無此語。所稱《易緯》者，則有之焉。斯蓋《易》家之別說者也。」（2719）

按：顏注《漢書》引《易》不見今之《易》文。

（5）顏氏引前人注釋《漢書》引《易》之義，再自注《易》文出處

共 7 例。如：

5.1 本文：京房《易傳》曰：「『幹父之蠱，有子，考亡咎。』」（〈五行志下之上〉，1473）

注文：韋昭曰：「蠱，事也。子能勝父之事，是為有子，故考不為咎累。」師古曰：「《易‧蠱卦》初六爻辭也。」（1473）

按：顏氏先引韋昭注京房《易傳》引文之義，然後自注《易》文乃出〈蠱卦〉初六爻辭。今《易‧蠱卦‧初六》：「幹父之蠱，有子考无咎，厲，終吉。」（110）

5.2 本文：《易》曰：「屯其膏，小貞吉，大貞凶。」……王者遭衰難之世，有飢饉之災，不損用而大自潤，故凶。」（〈谷永杜鄴傳〉，3470）

注文：孟康曰：「膏者所以潤人肌膚，爵祿亦所以養人者也。小貞，臣也。大貞，君也。遭屯難飢荒，君當開倉廩，振百姓，而反吝，則凶；臣吝嗇，則吉。《論語》曰：『出內之吝，謂之有司。』」師古曰：「《易‧屯卦》九五爻辭。」（3471）

按：顏氏先引孟康注詳釋《漢書》引《易》意蘊，然後自注《易》文乃出〈屯卦〉九五爻辭。今《易‧屯卦‧九五》：「屯其膏，小貞吉，大貞凶。」（43）

（6）顏氏援前人注釋《漢書》引《易》之義，並自注《易》文出處，再下己訓

共 20 例。如：

6.1 本文：（賢人）在下位，則思與其類俱進，《易》曰「拔茅茹以其彙，征吉」。在上則引其類，在下則推其類。（〈楚元王傳〉，1945）

注文：鄭氏曰：「彙音謂。彙，類也。茹，牽引也。茅喻君有潔白之德，臣下引其類而仕之。」師古曰：「此〈泰卦〉初九爻辭。征，行也。茹音汝據反。」（1946）

按：顏氏先引鄭氏注《易》文所喻君臣之德，再注《易》文出〈泰卦〉初九爻辭，並釋「征」字之義與讀音。今《易·泰卦·初九》：「拔茅茹，以其彙，征吉。」（79）

6.2 本文：贊曰：公孫弘、卜式、兒寬皆以鴻漸之翼困於燕爵。（〈公孫弘卜式兒寬傳〉，2633）

注文：李奇曰：「漸，進也。鴻一舉而進千里者，羽翼之材也。弘等皆以大材初為俗所薄，若燕爵不知鴻志也。」師古曰：「《易·漸卦》上九爻辭曰：『鴻漸于陸，其羽可以為儀。』鴻，大鳥。漸，進也。高平曰陸。言鴻進於陸，以其羽翼為威儀也。喻弘等皆有鴻之羽儀，未進之時，燕爵所輕也。」（2634）

按：顏氏引李奇注《漢書》贊語所隱《易》義，然後自注所隱之《易》見〈漸卦〉上九爻辭，進而闡發《漢書》贊語暗引此爻之義，乃喻公孫弘等懷鴻儀之材，未進之時，為俗所輕。今《易·漸·上九》：「鴻漸于陸，其羽可用為儀，吉。」（257）

6.3 本文：靁電皆至，天威震耀，五刑之作，是則是效。（〈敘傳〉下，4242）

注文：劉德曰：「〈震〉下〈離〉上，〈噬嗑〉，利用獄。雷電，取象天威也。」師古曰：「《易》象辭曰『雷電，〈噬嗑〉，先王以明罰敕法』，故引之。」（4242）

按：顏氏先引劉德注《漢書》原文義本〈噬嗑〉，然後引〈噬嗑〉象辭以申其義。今《易・噬嗑》象辭：「『雷電』『噬嗑』，先王以明罰勑法。」（120）

6.4 **本文**：（韓）安國壯趾，王恢兵首。（〈敍傳〉下，4253）

注文：孟康曰：「《易》『壯于趾，征凶』。安國臨當為丞相，墮車，蹇。後為將，多所傷失而憂死。此為不宜征行而有凶也。」師古曰：「『壯于趾』，〈大壯〉初九爻辭也。壯，傷也。趾，足也。直謂墮車蹇耳，不言不宜征行也。」（4253）

按：顏氏先引孟康注「壯趾」本出《易》「壯于趾，征凶」，並以韓安國墮車蹇足征凶事以印證《易》義。繼而注《易》文出〈大壯〉初九爻辭，並注「壯趾」之義。今《易・大壯卦・初九》：「壯于趾，征凶有孚。」（174）

（7）引前人注以釋《漢書》援《易》之義，不下己注

引前人注以釋《漢書》援《易》之義，顏氏以前人注解已足，故不復下己注。共 24 例。如：

7.1 **本文**：吾知所樂，獨樂六龍，六龍之調，使我心若。（〈禮樂志〉，1059）

注文：應劭曰：「《易》曰『時乘六龍以御天』。武帝願乘六龍，仙而升天，曰『吾所樂獨乘六龍然，御六龍得其調，使我心若』。」（1060）

按：顏氏引應劭注援《易》以釋《郊祀歌》之〈日出入〉之意蘊。今《易・乾卦》：「〈象〉曰：時乘六龍，以御天。」（8）

7.2 **本文**：建〈乾〉〈坤〉之貞兆兮，將悉總之以羣龍。（〈揚雄傳上〉，

3539）

注文：張晏曰：「〈乾〉六爻悉稱龍也。」（3540）

按：顏氏引張晏注「羣龍」乃〈乾〉之六爻。今《易·乾卦》彖辭：「時乘六龍，以御天。」（8）又《乾文言》：「『時乘六龍』，以御天也。」（25）「六龍」喻〈乾卦〉六爻。

7.3 本文：昔秦燔《詩》《書》以立私議，莽誦《六藝》以文姦言，同歸殊塗，俱用滅亡，皆炕龍絕氣，非命之運。」（〈王莽傳〉下，4194）

注文：服虔曰：「《易》曰『亢龍有悔』，謂無德而居高位也。」（4195）

按：顏氏引服虔援《易》以釋《漢書》「炕龍」乃喻王莽「無德而居高位」。今《易·乾卦·上九》：「亢龍有悔。」（8）

7.4 本文：榮如辱如，有機有樞。（〈敍傳〉下，4253）

注文：劉德曰：「《易》曰『樞機之發，榮辱之主也』。」張晏曰：「乍榮乍辱，如，辭也。」（4253）

按：顏氏引劉德援《易》指出《漢書》本文出處，復引張晏注「榮如辱如」之義。今《易·繫辭上》：「樞機之發，榮辱之主也。」（325）

（8）引前人注以釋《易》義，並下己說

共 7 例。如：

8.1 本文：《易》本隱之以顯。（〈司馬相如傳〉，2609）

注文：張揖曰：「作八卦以通神明之德，是本隱也。有天道焉，有地道焉，有人道焉，以類萬物之情，是之顯也。」師古曰：「之，往也。」（2610）

按：顏氏先引張揖注本文「《易》本隱之以顯」之意蘊，然後補充注「之」義。

8.2 **本文**：復心弘道，惟賢聖兮。（〈敍傳〉上，4224）

注文：應劭曰：「《易》曰：『復其見天地之心乎！』《論語》曰：『人能弘道。』」師古曰：「復音扶目反。」（4225）

按：顏氏引應劭援《易》注《漢書》「復心」之義，然後自注「復」之切音。

（9）顏氏引《易》以明《漢書》正文之義

共 4 例。如：

9.1 **本文**：出德號，省刑罰。（〈司馬相如傳〉，2572）

注文：師古曰：「德號，德音之號令也。《易·夬卦》曰『孚號有厲』是也。」（2573）

按：顏氏引《易·夬卦》以明「德號」之義。今《易·夬卦》：「揚于王庭，孚號有厲。」（211）

9.2 **本文**：惟天軌之不辟兮，何純絜而離紛！（〈揚雄傳上〉，3516）

注文：師古曰：「天軌，猶言天路。辟，開也。離，遭也。紛，難也。言天路不開，故使純善貞絜之人遭此難也。《易》曰：『天地閉，賢人隱。』辟讀曰闢。」（3516）

按：顏氏先釋「惟天軌之不辟兮，何純絜而離紛」之義，並引《易》以明其理。今《易·坤文言》：「天地閉，賢人隱。」（38）

（10）辨前人說《易》之非

共 4 例：

10.1 **本文**：秦繼其後，獨不能改，又益甚之，重禁文學，不得挾書，棄捐禮誼而惡聞之，其心欲盡滅先王之道，而顓為自恣苟簡之治。（〈董仲舒傳〉，2504）

注文：蘇林曰：「苟為簡易之治也。」師古曰：「此說非也。苟謂苟於權利也，簡謂簡於仁義也。簡易〈乾〉〈坤〉之德，豈秦所行乎？顓與專同。」（2505）

按：顏氏先引蘇林注「苟簡之治」為「苟為簡易之治」，繼辨其說之失，指「苟簡」乃「苟於權利」、「簡於仁義」，並謂簡易乃〈乾〉〈坤〉之德，非暴秦之政。今《易‧繫辭上》云：「乾以易知，坤以簡能。易則易知，簡則易從。」（304–305）乃顏氏謂「簡易乃〈乾〉〈坤〉之德」所本。

10.2 **本文**：垂統理順，易繼也。（〈司馬相如傳〉，2601）

注文：張揖曰：「垂，縣也。統，緒也。理，道也。文王重《易》六爻，窮理盡性，縣於後世，其道和順，易續而明，孔子得錯其象而象其辭也。」師古曰：「統業直言所垂之業，其理至順，故令後嗣易繼之耳，非謂演《易》也。」（2602）

按：《漢書》本文「垂統理順，易繼也」，張揖以為乃文王演《易》，顏氏謂本文乃指所垂之業其理至順，故後嗣易繼，非張揖所謂演《易》也。《孟子‧梁惠王下》：「君子創業垂統，為可繼也。」[7]殆《漢書》所本。

10.3 **本文**：有司致法將軍請獄治，朕惟噬膚之恩未忍，其上票騎將軍印綬，罷歸就第。（〈佞幸傳〉，3736）

注文：孟康曰：「《易》曰『噬膚滅鼻』。噬，食也。膚，膏也。喻爵祿恩澤加之，不忍誅也。」師古曰：「孟說非也。《易‧噬嗑卦》九二爻辭曰『噬膚滅鼻』。噬膚者，言自齧其肌膚。詔云，為明是恭后之親，有肌膚之愛，是以不忍加法，故引噬膚之言也。」（3737）

按：《漢書》本文乃哀帝下詔免丁明將軍之職，詔云「朕惟噬膚之恩未

7　漢‧趙岐注，宋‧孫奭疏，十三經注疏整理委員會整理：《孟子注疏》（北京：北京大學出版社，2000 年），頁 75。

忍」，孟康以為「喻爵祿恩澤加之，不忍誅也。」顏氏以孟說為非，謂「明是恭后之親」（按：丁明為恭皇后之兄，哀帝之舅），有肌膚之愛，故王不忍加法，此乃詔文引《易·噬嗑卦》九二爻辭「噬膚滅鼻」之意。

10.4 **本文**：彫落洪支，底劇鼎臣。（〈敘傳〉下，4239）

注文：服虔曰：「彫落洪支，廢退王氏也。底，致也。《周禮》有屋誅，誅大臣於屋下，不露也。《易》曰『鼎折足，其形渥，凶』，謂誅朱博、王嘉之屬也。」晉灼曰：「劇，刑也。」師古曰：「劇者，厚刑，謂重誅也，音握。服言屋下，失其義也。」（4240）

按：《漢書》本文「底劇鼎臣」典出《易·鼎卦·九四》：「鼎折足，覆公餗，其形渥。」（244）服虔據《周禮》，[8] 訓「劇」為「誅大臣於屋下」，顏氏謂「劇」當訓厚刑，音握，非服注所言「屋下」之意。

三、顏注引前人《易》注而未明言之文例

顏氏援引前人《易》注，例見上節，所引前人《易》注，計共十一家，包括服虔（3）、[9] 應劭（19）、劉德（6）、鄭氏（3）、李奇（4）、張揖（2）、蘇林（3）、張晏（10）、如淳（2）、孟康（13）、韋昭（2），對保留古注甚具意義。顏氏云：「凡舊注是者，則無間然，具而存之，以示不隱。」[10] 然顏氏亦間有引用前人之說而未明言者，茲條列如下：

8　《周禮·秋官·司烜氏》：「邦若屋誅。」賈公彥疏：「『屋誅』，謂甸師氏屋舍中誅，則王之同族及有爵者也。」文見漢·鄭玄注，唐·賈公彥疏，十三經注疏整理委員會整理：《周禮注疏》（北京：北京大學出版社，2000 年），頁 1145–1146。

9　「服虔（3）」表示顏師古引服虔共三例。他皆仿此。

10　見〈漢書敘例〉，漢·班固撰，唐·顏師古注：《漢書》（北京：中華書局，2007 年），頁 3。

1. **本文**：《易》曰：「通其變，使民不倦。」（〈武帝紀〉，169）

注文：師古曰：「此《易下繫》之辭也。言**通物之變，故能樂其器用，不解倦也。**」（169）

按：《易‧繫辭下》：「通其變，使民不倦。」韓注：「通物之變，故樂其器用，不解倦也。」（352）此顏氏襲用韓康伯注也。

2. **本文**：《易》曰：「參天兩地而倚數。」（〈律曆志上〉，963）

注文：師古曰：「《易‧說卦》之辭也。倚，立也。**參謂奇也，兩謂耦也。七九陽數，六八陰數。**」（963）

按：《易‧說卦》：「參天兩地而倚數。」韓注：「參，奇也。兩，耦也。七、九陽數，六、八陰數。」（381）此顏氏襲用韓注也。

3. **本文**：貞天下於一，同海內之歸。（〈律曆志上〉，972）

注文：師古曰：「**貞，正也。**《易下繫》之辭曰『天下之動貞夫一者也』，言皆以一為正也。又曰『天下同歸而殊塗，一致而百慮』，言塗雖殊其歸則同，慮雖百其致則一也，故志引之云爾。」（972）

按：《易‧繫辭下》：「吉凶者，貞勝者也。」韓注：「貞者，正也，一也。」（348）顏氏訓「貞」義亦暗用韓注。

4. **本文**：〈乾〉稱「飛龍」，「鴻漸于般」，朕意庶幾與焉。（〈郊祀志上〉，1224）

注文：師古曰：「飛龍在天，〈乾卦〉九五爻辭也。鴻漸于般，〈漸卦〉六二爻辭也。**般，山石之安者。**」（1224）

按：《易‧漸‧六二》：「鴻漸于磐。」王注：「磐，山石之安者。」（255）顏氏釋「般（磐）」義乃襲用王弼注。

5. **本文**：伯廖告人曰：「無德而貪，其在《周易》〈豐〉之〈離〉，弗過

之矣。」（〈五行志中之上〉，1379）

　　注文：張晏曰：「〈離〉下〈震〉上，豐。上六變而之〈離〉，曰『豐其屋，蔀其家』也。」（1379）

　　師古曰：「**言無道德而大其屋，不過三歲，必滅亡也。**」（1379）

　　按：《漢書》本文見《左傳》宣公五年。〈豐卦〉之第六爻由陰變陽，而為〈離卦〉。杜預注：「〈豐・上六〉曰：『豐其屋，蔀其家，闚其戶，闃其無人，三歲不覿，凶。』義取無德而大其屋，不過三歲必滅亡。」[11] 此顏注襲用杜注之例。

　　6. **本文**：《易》曰：「占事知來。」（〈藝文志〉，1773）

　　注文：師古曰：「〈下繫〉之辭也。言有事而占，則**覩方來之驗也**。」（1773）

　　按：《易・繫辭下》：「占事知來。」韓注：「玩其占事，則覩方來之驗也。」（377）此亦顏注襲用韓注也。

　　7. **本文**：明主所宜獨用，難與二人共也。故曰：「顯諸仁，臧諸用。」（〈眭兩夏侯京翼李傳〉，3170）

　　注文：師古曰：「《易・上繫》之辭也。道周**萬物，故曰顯諸仁；日用不知，故曰藏諸用**也。」（3171）

　　按：《易・繫辭上》：「顯諸仁，藏諸用。」韓注：「衣被萬物，故曰『顯諸仁』。日用而不知，故曰『藏諸用』。」（318）顏注承韓注而稍異。

　　8. **本文**：《易》不云乎？「日新之謂盛德，生生之謂易。」予其饗哉！（〈王莽傳〉下，4154）

11　周・左丘明傳，晉・杜預注，唐・孔穎達正義，十三經注疏整理委員會整理：《春秋左傳正義》（北京：北京大學出版社，2000 年），頁 706。

注文：師古曰：「《下繫》之辭。**體化合變，故曰日新。**」（4154）

按：《易·繫辭上》：「日新之謂盛德，生生之謂易。」韓注：「體化合變，故曰『日新』。」（319）顏注襲用韓注。

以上八例，其中有五例涉及《易繫辭》，一例涉及《説卦》，顏氏之注，均引用韓康伯注而未道明，殆非偶然之失也。

四、顏注誤記《易》文出處

顏注引《易》，多具言出處，態度嚴謹，僅個別引文誤記《易》文爻數或《易》傳之編次，茲臚列如次：

1. **本文**：然諸侯原本以大，末流濫以致溢，小者淫荒越法，大者睽孤橫逆。（〈諸侯王表〉，395）

注文：師古曰：「《易·睽卦》九四爻辭曰：『睽孤，見豕負塗。』」（395）

按：《易·睽卦》「睽孤，見豕負塗」乃上九爻辭（191），非九四爻辭。

2. **本文**：《易》曰：「渙汗其大號」。言號令如汗，汗出而不反者也。（〈楚元王傳〉，1943–1944）

注文：師古曰：「此《易·渙卦》九四爻辭也。」（1945）

按：「渙汗其大號」當為《易·渙卦》九五爻辭（280），非九四爻辭。《漢書》北京中華版已作校改。

3. **本文**：《易》曰：「負且乘，致寇至。」（〈董仲舒傳〉，2521）

注文：師古曰：「此《易·解卦》六二爻辭也。」（2523）

按：「負且乘，致寇至」乃《易·解卦》六三爻辭（198）。《漢書》北京

中華版已作校改。

4. **本文**：臣聞《易》曰：「天地以順動，故日月不過，四時不忒；聖王以順動，故刑罰清而民服。」（〈魏相丙吉傳〉，3139）

注文：師古曰：「〈豫卦〉彖辭也。忒，差也。」（3140）

按：此乃〈豫卦〉彖辭，非象辭。《易·豫卦》：「《彖》曰：『天地以順動，故日月不過，而四時不忒；聖人以順動，則刑罰清而民服。』」（99）

5. **本文**：《易》曰：「時止則止，時行則行，動靜不失其時，其道光明。」（〈眭兩夏侯京翼李傳〉，3188）

注文：師古曰：「此〈艮卦〉象辭也。言動止隨時則有光明也。」（3188）

按：此乃〈艮卦〉彖辭，非象辭。《易·艮卦》：「《彖》曰：艮，止也。時止則止，時行則行，動靜不失其時，其道光明。」（250）

6. **本文**：傳曰：「正家而天下定矣。」（〈匡張孔馬傳〉，3340）

注文：師古曰：「《易·家人卦》之象也。」（3341）

按：此亦〈家人卦〉彖辭（185），非象辭。《漢書》北京中華版已作校改。

7. **本文**：有司致法將軍請獄治，朕惟噬膚之恩未忍，其上票騎將軍印綬，罷歸就第。（〈佞幸傳〉，3736）

注文：師古曰：「《易·噬嗑卦》九二爻辭曰『噬膚滅鼻』。」（3737）

按：「噬膚滅鼻」乃六二爻辭，非九二爻辭。《易·噬嗑·六二》：「噬膚滅鼻，无咎。」（121）

8. **本文**：《春秋》記地震，《易繫》〈坤〉動，動靜辟翕，萬物生焉。（〈王莽傳〉中，4142）

注文：師古曰：「辟音闢。闢，開也。翕，收斂也。《易·上繫》之辭曰：

『夫〈坤〉，**其動也闢，其靜也翕，是以廣生焉。**』故莽引之也。翕脅之聲相近，義則同。」（4142）

按：《易・繫辭上》：「夫坤，**其靜也翕，其動也闢，**是以廣生焉。」（321）顏注引《繫辭上》「其靜也翕，其動也闢」，二句前後互置。

9. 本文：《易》不云乎？「日新之謂盛德，生生之謂易。」予其饗哉！（〈王莽傳〉下，4154）

注文：師古曰：「《下繫》之辭。體化合變，故曰日新。」（4154）

按：此乃《上繫》之辭，非《下繫》之辭。《易・繫辭上》：「日新之謂盛德，生生之謂易。」（319）

五、顏氏注《易》與孔疏之同異

《新唐書・儒學傳上》：「初，（孔）穎達與顏師古、司馬才章、王恭、王琰受詔撰《五經》義訓凡百餘篇，號《義贊》，詔改為《正義》云。」[12] 據此，可知顏氏曾參與《五經正義》之撰。今以《漢書》顏注《周易》與《周易》孔疏較而觀之，有合有不合，茲分別舉例言之。

（1）顏注同於孔疏

1.1 本文：地之中數乘者，陰道理內，在中饋之象也。（〈律曆志上〉，963）

注文：師古曰：「饋字與饋同。《易・家人卦》六二爻辭曰：『无攸遂，在中饋』，言婦人之道，取象於陰，**無所必遂，但居中主饋食而已，**故云然。」

12　宋・歐陽修、宋祁撰：《新唐書》（北京：中華書局，1975年），頁 5644。

（964）

　　按：《易・家人・六二》：「无攸遂，在中饋，貞吉。」（186）孔疏：「六二履中居位，以陰應陽，盡婦人之義也。**婦人之道**，巽順為常，**无所必遂**。其所職主，**在於家中饋食供祭而已**，得婦人之正吉，故曰『无攸遂在中饋貞吉』也。」（186）顏、孔釋〈家人卦〉六二爻辭之義基本相同。

　　1.2 本文：《易》曰：「有嘉折首，獲（非）〔匪〕其醜。」言美誅首惡之人，而諸不順者皆來從也。」（〈傅常鄭甘陳段傳〉，3017）

　　注文：師古曰：「〈離〉上九爻辭也。嘉，善也。醜，類也。言王者出征，克勝斬首，多獲非類，故以為善。」（3018）

　　按：《易・離・上九》：「王用出征，有嘉折首，獲匪其醜，无咎。」（161）孔疏：「『有嘉折首，獲匪其醜』者，以出征罪人，事必尅獲，故有嘉美之功，折斷罪人之首，獲得匪其醜類，乃得『无咎』也。」（162）顏、孔釋〈離卦〉上九爻辭皆美克勝斬首，多獲非類。

　　1.3 本文：《易》曰：「時止則止，時行則行，動靜不失其時，其道光明。」（〈眭兩夏侯京翼李傳〉，3188）

　　注文：師古曰：「此〈艮卦〉象辭（按：「象辭」當為「彖辭」之誤）也。**言動止隨時則有光明也**。」（3188）

　　按：《易・艮卦》：「《彖》曰：艮，止也。時止則止，時行則行，動靜不失其時，其道光明。」孔疏：「用止之法，不可為常，必須**應時行止，然後其道乃得光明也**。」（250）顏、孔釋〈艮卦〉彖辭義同。

　　1.4 本文：故《易》曰「后以財成輔相天地之宜，以左右民」。（〈貨殖傳〉，3679）

　　注文：師古曰：「〈泰卦〉象辭也。**后，君也。左右，助也**。言王者資財用以成教，贊天地之化育，以救助其眾庶也。左右讀曰佐佑。」（3681）

按：《易・泰卦》：「《象》曰：『后以財成天地之道，輔相天地之宜，以左右民。』」

(78) 孔疏：「后，君也。……左右，助也，以助養其人也。」(79) 顏、孔釋「后」及「左右」義同。

1.5 **本文**：「備物致用，立成器以為天下利，莫大乎聖人。」(〈貨殖傳〉，3679)

注文：師古曰：「《上繫》之辭也。備物致用，**謂備取百物而極其功用。**」(3681)

按：《易・繫辭上》：「備物致用，立成器以為天下利，莫大乎聖人。」(340) 孔〈疏〉：「**謂備天下之物，招致天下所用，**建立成就天下之器，以為天下之利，唯聖人能然。」(340–341) 顏、孔釋《繫辭上》「備物致用」義同。

1.6 **本文**：(王莽) 因曰：「《易》言：『伏戎于莽，升其高陵，三歲不興。』『莽』，皇帝之名。『升』謂劉伯升。『高陵』謂高陵侯子翟義也。言劉升、翟義為伏戎之兵於新皇帝世，猶殄滅不興也。」(〈王莽傳〉下，4184)

注文：師古曰：「〈同人卦〉九三爻辭也。莽，平草也。**言伏兵戎於草莽之中，升高陵而望，不敢前進，至于三歲不能起也。**」(4184)

按：《易・同人・九三》：「伏戎于莽，升其高陵，三歲不興。」(87) 孔疏：「但九五剛健，九三力不能敵，故**伏潛兵戎於草莽之中，升其高陵。**『三歲不興』者，唯升高陵以望前敵，量斯勢也，縱令更經三歲，亦不能興起也。」(88) 顏、孔釋〈同人卦〉九三爻辭義同。

（2）顏注異於孔疏

2.1 **本文**：然諸侯原本以大，末流濫以致溢，小者淫荒越法，大者睽孤橫逆。(〈諸侯王表〉，395)

注文：師古曰：「《易·睽卦》九四爻辭曰：『睽孤，見豕負塗。』睽孤，乖剌之意。睽音工攜反。」（395）

按：《易·睽卦·上九》：「睽孤。見豕負塗。」王注：「**處睽之極，睽道未通，故曰『睽孤』。**」（191）孔疏同王注。孔氏乃就〈睽卦〉上九爻辭立注，顏氏則就《漢書·諸侯王表》「大者睽孤橫逆」文，訓「睽孤」為「乖剌」，此蓋「睽孤」之引申義。

2.2 **本文**：《易》金火相革之卦曰「湯武革命，順乎天而應乎人」。（〈律曆志上〉，979–980）

注文：師古曰：「〈離〉下〈兌〉上，故云**金火相革**。此〈革卦〉象辭。」（980）

按：《易·革卦》：「《象》曰：『湯武革命，順乎天而應乎人。』」（238）又，孔疏按〈革卦〉《象傳》「革，水火相息」釋卦名：「此就二體釋卦名也。**水火相息**，先就二象明革。息，生也。火本乾燥，澤本潤濕，燥濕殊性，不可共處。若其共處，必相侵尅。既相侵尅，其變乃生，變生則本性改矣。水熱而成湯，火滅而氣冷，是謂『革』也。」（237）顏氏則據《漢書·律曆志上》「金火相革」釋〈革卦〉之象。〈革卦〉下〈離〉上〈兌〉，兌象金，離象火，火炎上而鎔金，金因火焠煉而成器，故為革。按八卦所屬五行為：乾、兌為金，艮、坤為土，坎為水，離為火，震、巽為木。

2.3 **本文**：《易》稱「裒多益寡，稱物平施。」（〈食貨志下〉，1185）

注文：師古曰：「〈謙卦〉象辭。**裒，取也。**言取於多者以益少者，故萬物皆稱而施與平也。裒音薄侯反。」（1186）

按：《易·謙卦》：「〈象〉曰：地中有山，謙。君子以裒多益寡，稱物平施。」（96）孔疏：「『裒多』者，君子若能用此謙道，則裒益其多，言多者得謙，物更**裒聚**，彌益多也。故云『裒多』，即謙尊而光也，是尊者得謙而光大也。『益寡』者，謂寡者得謙而更進益，即卑而不可踰也。是卑者得謙而

更增益，不可踰越也。『稱物平施』者，稱此物之多少，均平而施，物之先多者而得其施也，物之先寡者亦得其施也，故云『稱物平施』也。」(96) 觀〈謙卦〉之象，乃山在地下，見抑高舉下，損過以益寡不及。施於人事，則衰取多者，以益寡者，權衡物之多寡以均其施與，使得其平。孔疏釋「衰」為「衰聚」，誤；顏氏訓「衰」為「取」，乃切《易》義。

2.4 本文：杜鄴說（王）商曰：「『東鄰殺牛，不如西鄰之禴祭』，言奉天之道，貴以誠質大得民心也。行穢祀豐，猶不蒙祐；德修薦薄，吉必大來。……」(〈郊祀志下〉，1262)

注文：師古曰：「此《易・既濟》九五爻辭也。**東鄰，謂商紂也。西鄰，周文王也。**禴祭，謂禴煮新菜以祭。言祭祀之道莫盛修德，故紂之牛牲，不如文王之蘋藻也。禴音籥。」(1263)

按：《易・既濟・九五》：「東鄰殺牛，不如西鄰之禴祭，實受其福。」(295) 孔疏：「牛，祭之盛者也。禴，殷春祭之名，祭之薄者也。九五居既濟之時，而處尊位，物既濟矣，將何為焉？其所務者，祭祀而已。祭祀之盛，莫盛修德。九五履正居中，動不為妄，修德者也。苟能修德，雖薄可饗。假有**東鄰**不能修德，雖復殺牛至盛，不為鬼神歆饗；不如我**西鄰**禴祭雖薄，能修其德，故神明降福，故曰『東鄰殺牛，不如西鄰之禴祭，實受其福』也。」(295–296) 顏以「東鄰」、「西鄰」實指商紂、周文王，孔則以之為假設之辭。

2.5 本文：《易》曰：「方以類聚，物以羣分。」(〈郊祀志〉，1268)

注文：師古曰：「《易・上繫》之辭也。**方謂所向之地。**」(1269)

按：《易・繫辭上》：「方以類聚，物以羣分。」(303) 孔疏：「**方，謂法術性行，**以類同聚，固方者則同聚也。物，謂物色羣黨，共在一處，而與他物相分別。」(303) 顏氏訓「方」為「所向之地」，乃據《漢書・郊祀志》言所祀神祇，按其所處方位而分，並以類相從。孔疏則據《繫辭上》立言，「方」(法術性行) 屬抽象範疇，「物」(物色羣黨) 屬具體形態，二者均以羣、

類相分合。

2.6 本文：《易》曰：「定天下之吉凶，成天下之亹亹者，莫善於蓍龜。」「是故君子將有為也，將有行也，問焉而以言，其受命也如嚮，無有遠近幽深，遂知來物。非天下之至精，其孰能與於此！」（〈藝文志〉，1771）

注文：師古曰：「皆〈上繫〉之辭也。**亹亹，深遠也。**言君子所為行，皆以其言問於《易》。受命如嚮者，謂示以吉凶，其應速疾，如響之隨聲也。**遂猶究也。**來物謂當來之事也。嚮與響同。與讀曰豫。」（1771）

按：《易·繫辭上》：「探賾索隱，鉤深致遠，以定天下之吉凶，成天下之亹亹者，莫大乎蓍龜。」（341）孔疏：「案〈釋詁〉云：『**亹亹，勉也。**』言天下萬事，悉動而好生，皆勉勉營為，此蓍龜知其好惡得失，人則棄其得而取其好，背其失而求其得，是成天下之亹亹也。」（341）顏訓「亹亹」為「深遠」，孔訓「亹亹」為「勉」。今觀〈繫辭〉上文所言「探賾索隱，鉤深致遠」二句，乃指卜筮之功，誠如孔疏所言：「卜筮則能闚探幽昧之理，故云探賾也。……卜筮能求索隱藏之處，故云索隱也。」（341）則下文「成天下之亹亹」句，「亹亹」當言幽深致遠之意，故顏訓「亹亹」為「深遠」，當較孔疏訓「勉」為合。又《易·繫辭上》：「是以君子將有為也，將有行也，問焉而以言。其受命也如響，无有遠近幽深，遂知來物。非天下之至精，其孰能與于此？」（333）孔疏：「『遂知來物』者，物，事也。然《易》以萬事告人，人因此**遂知**將來之事也。」（334）顏訓「遂」為「究」，孔以常義訓之，義皆可通。

2.7 本文：及至衰世，解於齊戒，而屢煩卜筮，神明不應。故筮瀆不告，《易》以為忌；龜厭不告，《詩》以為刺。（〈藝文志〉，1771）

注文：師古曰：「解讀曰懈。齊謂曰齋。屢讀曰屢。」又曰：「《易·蒙卦》之辭曰『初筮告，再三瀆，瀆則不告』，言童蒙之來決疑，初則以實而告，**至於再三，為其煩瀆，乃不告也。**」（1771）

按：《易‧蒙卦》：「蒙：亨。匪我求童蒙，童蒙求我。初筮告，再、三瀆，瀆則不告。」（44）孔疏：「『再、三瀆，瀆則不告』者，師若遲疑不定，或再或三，是褻瀆，瀆則不告。童蒙來問，本為決疑，**師若以廣深二義再三之言告之，則童蒙聞之，轉亦瀆亂，故不如不告也。**」（44）顏氏釋「再三瀆」，謂童蒙再三問筮，乃褻瀆神靈。孔氏則謂師以廣深二義再三之言以告童蒙，童蒙之人聞之褻瀆而煩亂。揆之《漢書‧藝文志》本文及《易》文，顏說於義為合。

2.8 **本文**：《易》曰：「渙汗其大號」。言號令如汗，汗出而不反者也。（〈楚元王傳〉，1943–1944）

注文：師古曰：「此《易‧渙卦》九（四）〔五〕爻辭也。**言王者渙然大發號令，如汗之出也。**」（1945）

按：《易‧渙卦‧九五》：「渙汗其大號。渙，王居无咎。」（280）孔疏：「『渙汗其大號』者，人遇險阨，驚怖而勞，則汗從體出，故**以汗喻險阨也**；九五處尊履正，在號令之中，能行號令，以散險阨者也，故曰「渙汗其大號」也。」（280）孔氏以汗喻險阨，其說甚晦。顏氏據《漢書》訓「渙汗其大號」為散發號令如汗之出而不反。顏注較孔疏為勝。

2.9 **本文**：《易》曰「終日乾乾，夕惕若厲」，公之謂矣。（〈王莽傳〉上，4059）

注文：師古曰：「〈乾卦〉九三爻辭也。乾乾，自強之意。惕，懼也。**厲，病也。**」

按：《易‧乾卦‧九三》：「君子終日乾乾，夕惕若厲，无咎。」（5）孔疏：「在憂危之地，故『終日乾乾』，言每恆終竟此日，健健自強，勉力不有止息。『夕惕』者，謂終竟此日後，至向夕之時，猶懷憂惕。『若厲』者，若，如也；**厲，危也。**言尋常憂懼，恆如傾危，乃得无咎。」（5）顏訓「厲」為病，孔訓「厲」為危。按《乾文言》：「故乾乾因其時而惕，雖危无咎矣」（19），

則「厲」宜訓作危，孔疏為合。

　　2.10 本文：（韓）安國壯趾，王恢兵首。（〈敍傳〉下，4253）

　　注文：孟康曰：「《易》『壯于趾，征凶』。安國臨當為丞相，墮車，蹇。後為將，多所傷失而憂死。此為不宜征行而有凶也。」師古曰：「『壯于趾』，〈大壯〉初九爻辭也。**壯，傷也**。趾，足也。直謂墮車蹇耳，不言不宜征行也。」（4253）

　　按：《易・大壯卦・初九》：「壯于趾，征凶有孚。」（174）孔疏：「**壯者，強盛之名**。」（174）又曰：「趾，足也。初在體下，有如趾足之象，故曰『壯于趾也』。施之於人，即是在下而用壯也。」（175）〈大壯卦〉：「大壯，利貞。」〈大壯卦〉☰乾下震上。虞翻曰：「陽息〈泰〉也。壯，傷也。大謂四，失位為陰所乘，兌為毀折，傷。與五易位乃得正，故『利貞』也。」李道平疏：「陽自〈泰〉三息四成〈大壯〉，故云『陽息〈泰〉也』。陽息過盛而為陰傷，故云『壯，傷也』。物過則傷，不云傷而云壯者，陰陽之辭也。揚子《方言》曰：『凡草木刺，北燕朝鮮之閒謂之策，或謂之壯。』郭璞注云：『今淮南亦呼壯為傷。』是也。陽大陰小，大謂四，陽息至四也。以陽居四為『失位』，五陰乘之，陰氣賊害，又互兌為毀折，故稱傷。四當升五，與五易位，陽乃得正，故『利貞也』。」[13] 顏釋「壯」為傷，乃據《漢書・敍傳下》文立訓，與孔釋「壯」為強盛之義迥異。

六、《漢書》、顏注引《易》與今《易》異文

　　《漢書》、顏注引《易》，與今《易》文或異，此中牽涉字之假借及《易》

13　清・李道平撰，潘雨廷點校：《周易集解纂疏》（北京：中華書局，1998 年），頁 333。

義之不同詮釋。茲將《漢書》及引《易》及顏注引《易》與今《易》異文分列如下：

（1）《漢書》引《易》與今《易》異文

1.1《漢書》引《易》：后以**裁**成天地之道，輔相天地之宜，以左右民。（〈律曆志上〉，961）

今《易》：《易‧泰卦》：「《象》曰：『后以**財**成天地之道，輔相天地之宜，以左右民。』」（78）

按：顏氏無注「裁」之義。「財」當為「裁」之假。孔疏：「后，君也。於此之時，君當翦財，成就天地之道。」（79）「翦財」即「剪裁」之意。

1.2《漢書》引《易》：又曰「治**曆**明時」，所以和人道也。（〈律曆志上〉，980）

今《易》：《易‧革卦》：「《象》曰：澤中有火，革。君子以治**歷**明時。」（238）

按：顏注僅言「治曆明時」出〈革卦〉象辭。孔疏：「『君子以治歷明時』者，天時變改，故須歷數，所以君子觀茲革象，修治歷數，以明天時也。」（238）「歷」當為「曆」之假。

1.3《漢書》引《易》：〈乾〉稱「飛龍」，「鴻漸于**般**」，朕意庶幾與焉。（〈郊祀志上〉，1224）

今《易》：《易‧乾‧九五》：「飛龍在天，利見大人。」（7）《易‧漸‧六二》：「鴻漸于**磐**。」（255）王注：「磐，**山石之安者**。」（255）

按：顏注「般」為「山石之安者」，與王注同。「般」為「磐」之假。

1.4《漢書》引《易》：《易》有八卦，〈乾〉〈坤〉六子，水火**不相逮**，靁

風不相誖，山澤通氣，然後能變化，既成萬物也。（〈郊祀志下〉，1268）

今《易》：《易‧說卦》：「天地定位，山澤通氣，雷風**相薄**，水火**不相射**，八卦相錯，數往者順，知來者逆，是故易逆數也。」（384）

按：「雷風相薄」，《周易集解》曰：「謂震巽。『同聲相應』，故相薄。」[14]「水火不相射」，《周易集解》曰：「謂坎離。射，厭也。水火相通……故『不相射』也。」[15]《漢書》引《易》，「靁風不相誖」，不相誖逆，自能相應，故與今《易》「雷風相薄」義同。至於「水火不相逮」，《爾雅‧釋言》：「逮，及也。」[16]「不相逮」即不相及，故「水火不相逮」與今《易》「水火不相射」意剛相反。按：帛書《周易》作「火水相射」，[17]與《漢書》作「水火不相逮」意同。

1.5《漢書》引《易》：孔子曰：「君子居其室，出其言不善，則千里之外違之，況其邇者虖！」（〈五行志中之上〉，1376）

今《易》：《易‧繫辭上》：「子曰：『（君子）居其室，出其言不善，則千里之外違之，況其邇者乎。』」（325）

按：今《易‧繫辭上》「子曰」，《漢書》作「孔子曰」；「乎」，《漢書》作「虖」。《集韻‧模韻》：「乎，古作虖。」[18]

1.6《漢書》引《易》：京房《易傳》曰：「『〈復〉，**崩來無咎。**』自上下者為崩，厥應泰山之石顛而下，聖人受命人君虜。」（〈五行志中之上〉，1400）

---

14 清‧李道平撰，潘雨廷點校：《周易集解纂疏》（北京：中華書局，1998 年），頁 692。

15 同上注。

16 晉‧郭璞注，宋‧邢昺疏，十三經注疏整理委員會整理：《爾雅注疏》（北京：北京大學出版社，2000 年），頁 82。

17 帛書《周易‧易之義》第四章：「火水相射。」見鄧球柏：《帛書周易校釋（增訂本）》（長沙：湖南出版社，1996 年），頁 461。

18 宋‧丁度等編：《宋刻集韻》（北京：中華書局），頁 25 下 15。

注文：師古曰：「〈復卦〉之辭也。今〈易〉崩字作朋也。」（1400）

今《易》：《易·復卦》：「復：亨。出入无疾，**朋**來无咎。」（130–131）

按：「无」與「無」通。王注：「『朋』謂陽也。」按：〈復卦〉**䷗**下震上坤，黃壽祺、張善文《周易譯注》：「朋，指陽。卦中一陽初動上復，羣陰引以為朋，故曰『朋來』；陰陽交合，『復』道暢通，故『无咎』。」[19] 今《易·復卦》「朋來无咎」，《漢書》作「崩來無咎」，釋義不同。按：帛書《周易》作「掤來。无咎」，[20]「掤」疑為「崩」之異體，「掤來。无咎」，義當與京房《易傳》「崩來無咎」同。

1.7 **《漢書》引《易》**：《易》曰：「先王作樂崇德，殷薦之上帝，以享祖考。」（〈藝文志〉，1711）

今《易》：《易·豫卦》：「《象》曰：雷出地奮，豫。先王**以**作樂崇德，殷薦之上帝。以**配**祖考。」（101）

按：《漢書》引《易》「先王作樂崇德」，今《易·豫卦》象辭作「先王以作樂崇德」，多一「以」字，其義不別。《漢書》引《易》「以享祖考」，今《易》作「以配祖考」。《爾雅·釋詁》：「享，獻也。」[21]「以享祖考」即以獻祖考。孔疏：「『以配祖考』者，謂以祖考配上帝。」（101）

1.8 **《漢書》引《易》**：《易》曰：「定天下之吉凶，成天下之亹亹者，莫**善於**蓍龜。」

「是故君子將有為也，將有行也，問焉而以言，其受命也如**嚮**，**無**有遠近幽深，遂知來物。非天下之至精，其孰能與**於**此！」（〈藝文志〉，1771）

今《易》：《易·繫辭上》：「探賾索隱，鉤深致遠，以定天下之吉凶，成

19　黃壽祺、張善文：《周易譯注》（上海：上海古籍出版社，2004 年），頁 189。

20　鄧球柏：《帛書周易校釋（增訂本）》（長沙：湖南出版社，1996 年），頁 244。

21　晉·郭璞注，宋·邢昺疏，十三經注疏整理委員會整理：《爾雅注疏》（北京：北京大學出版社，2000 年），頁 58。

天下之亹亹者，莫**大乎**蓍龜。」（341）

《易‧繫辭上》：「是以君子將有為也，將有行也，問焉而以言。其受命也如響，无有遠近幽深，遂知來物。非天下之至精，其孰能與于此？」（333）

按：《漢書》連引《易‧繫辭上》兩段文字，其中「莫善於蓍龜」，今《易》作「莫大乎蓍龜」，意義微別。另「其受命也如嚮」，今《易》作「其受命也如響」。顏注：「嚮與響同。」（1771）知「嚮」乃「響」之借。至於「無」與「无」、「於」與「于」，乃一字異文耳。

1.9《漢書》引《易》：穆生曰：「《易》稱『知幾其神乎！幾者動之微，吉凶之先見者也。君子見幾而作，不俟終日。』……」（〈楚元王傳〉，1923）

今《易》：《易‧繫辭下》：「子曰：『知幾其神乎？……幾者，動之微，吉之先見者也。君子見幾而作，不俟終日。』（363）

按：《漢書》引《易‧繫辭下》「幾者動之微，吉凶之先見者也。君子見幾而作，不俟終日。」今《易》「吉」下無「凶」字，孔疏作此解釋：「此直云吉不云凶者，凡豫前知幾，皆向吉而背凶，違凶而就吉，无復有空，故特云吉也。諸本或有凶字者，其定本則無也。」（363）然《易‧繫辭下》於「君子見幾而作，不俟終日」下接云：「《易》曰：『介于石，不終日，貞吉。』介如石焉，寧用終日，斷可識矣。」（363）孔疏：「『介如石焉，寧用終日，斷可識矣』者，此夫子解釋此爻之時，既守志耿介，如石不動，**纔見幾微，即知禍福**，何用終竟其日，當時即斷可識矣。」「纔見幾微，即知禍福」，乃謂見事之微，即可預見吉凶矣，故知今《易‧繫辭下》「吉之先見者也」句，「吉」下當有「凶」字。

1.10《漢書》引《易》：故賢人在上位，則引其類而聚之於朝，《易》曰「飛龍在天，大人**聚**也」。（〈楚元王傳〉，1945）

今《易》：《易‧乾‧九五》象辭：「『飛龍在天』，大人**造**也。」（13）

按：《漢書》引〈乾卦〉九五象辭「大人聚也」，今《易》「聚」作「造」，

一字之別，直接影響對「大人」一詞之詮釋。顏注：「此〈乾卦〉九五象辭也。言聖王正位，臨馭四方，則賢人君子皆來見也。」（1946）此訓「大人」為「賢人君子」。孔疏：「『飛龍在天，大人造』者，此亦人事言之。『飛龍在天』，猶聖人之在王位。造，為也。唯大人能為之而成就也。」（13）則釋「大人」為聖人、為王者。

1.11《漢書》引《易》：《易》曰：「古之葬者，厚衣之以薪，臧之中野，不封不樹，後世聖人易之以棺槨。」（〈楚元王傳〉，1952）

今《易》：《易・繫辭下》：「古之葬者厚衣之以薪，葬之中野，不封不樹，喪期无數，後世聖人易之以棺椁。」（355）

按：《漢書》引《易・繫辭下》「臧之中野」，「臧」與「葬」通；又「後世聖人易之以棺槨」，「槨」與「椁」同。《漢書》引《易》，無「喪期无數」句，或省略之。

1.12《漢書》引《易》：故「臣弒君，子弒父，非一朝一夕之故，其漸久矣」。（〈司馬遷傳〉，2717）

今《易》：《易・坤文言》：「臣弒其君，子弒其父，非一朝一夕之故，其所由來者漸矣」。（36）

按：《漢書》引《易・坤文言》，與今《易》文字互有出入，然文義無別。

1.13《漢書》引《易》：臣聞《易》曰：「天地以順動，故日月不過，四時不忒；聖王以順動，故刑罰清而民服。」（〈魏相丙吉傳〉，3139）

今《易》：《易・豫卦》：「《象》曰：天地以順動，故日月不過，而四時不忒；聖人以順動，則刑罰清而民服。」（99）

按：《漢書》引〈豫卦〉象辭，與今《易》文字微別，「聖王」今作「聖人」，觀象辭文義，「聖人」能以理順而動，刑罰清明，百姓服從，知「聖人」即「聖王」也。

1.14《漢書》引《易》：《易》曰：「日中見昧，則折其右肱。」（〈王商史丹傅喜傳〉，3372）

今《易》：《易‧豐卦‧九三》：「豐其沛，日中見沫，折其右肱，无咎。」（266）

按：《漢書》引〈豐卦‧九三〉「日中見昧」，「昧」，今《易》作「沫」。王注：「沫，微昧之明也。」（266）「沫」為「昧」之假。

1.15《漢書》引《易》：《易》曰：「**危者有其安者也，亡者保其存者也。**」（〈谷永杜鄴傳〉，3458）

今《易》：《易‧繫辭下》：「子曰：『**危者，安其位者也。亡者，保其存者也。**』」（362）

按：《漢書》引《易‧繫辭下》，與今《易》文略異，然皆言安必思危，存不忘亡，乃可保其安存。

1.16《漢書》引《易》：故《易》曰「后以財成輔相天地之宜，以左右民」。（〈貨殖傳〉，3679）

今《易》：《易‧泰卦》象辭：「后以財成**天地之道**，輔相天地之宜，以左右民。」（79）

按：《漢書》引〈泰卦〉象辭，「財成」之下缺「天地之道」四字，顏注：「言王者資財用以成教，贊天地之化育，以救助其眾庶也。」（3681）訓「財」為「資財」。孔疏：「『后以財成天地之道』者，……后，君也。於此之時，君當翦財，成就天地之道。『輔相天地之宜』者，相，助也。當輔助天地所生之宜。『以左右民』者，左右，助也，以助養其人也。『天地之道』者，謂四時也，冬寒、夏暑、春生、秋殺之道。……君當財節成就，使寒暑得其常，生殺依其節，此天地自然之氣，故云『天地之道』也。」（78–79）「翦財」與「財節」之「財」，即「裁」之借。如顏氏之注，則《漢書》引《易》，似斷章取義，非〈泰卦〉象辭原意。

　　1.17《漢書》引《易》：司徒（王）尋初發長安，宿霸昌廄，亡其黃鉞。尋士房揚素狂直，乃哭曰：「此經所謂『喪其齊斧』者也！」（〈王莽傳〉下，4178）

　　今《易》：《易‧巽卦‧上九》：「巽在牀下，喪其**資**斧，貞凶。」（275）

　　按：《漢書》引《易‧巽卦‧上九》「喪其齊斧」，顏師古引應劭注：「齊，利也。亡其利斧，言無以復斷斬也。」（4178）「喪其齊斧」，今《易》作「喪其資斧」，王弼「資」字無訓。孔疏曰：「『喪其資斧』者，斧能斬決，以喻威斷也，巽過則不能行威命。命之不行，是喪其所用之斧，故曰『喪其資斧』也。」（275）顏注引應劭注訓「齊斧」為利斧，孔氏訓「資斧」為用斧。按：「資訓」宜訓為利斧，其理如下：

　　（一）〈巽卦‧上九〉「喪其資斧」，孔疏謂「斧能斬決」，則「資斧」當為利斧。〈旅卦‧九四〉：「旅于處，得其資斧，我心不快。」（270）王注：「斧所以斫除荊棘，以安其舍者也。」斧以斫除荊棘，則「資斧」當為利斧。（二）陸德明《經典釋文》：「《子夏傳》及眾家並作『齊斧』。」[22] 故《易》〈旅卦〉及〈巽卦〉，「資斧」古或作「齊斧」，「資」古音屬精母脂部，「齊」古音屬從母脂部，[23] 二字旁紐疊韻，故「資」當為「齊」之假。

　　1.18《漢書》引《易》：上嫚下暴，惟盜是伐。（〈敍傳〉下，4245）

　　今《易》：《易‧繫辭上》：「小人而乘君子之器，盜思奪之矣。上慢下暴，盜思伐之矣。」（328）

　　按：《漢書》引《易‧繫辭上》「上嫚下暴」，今《易》作「上**慢**下暴」。《説文‧女部》：「嫚，侮易也。」[24] 孔疏「上慢下暴」云：「小人居上位必驕慢，

22　唐‧陸德明：《經典釋文》（北京：中華書局，1983 年），卷二，頁 22 上（總頁 29）。

23　「資」與「齊」之上古音據郭錫良《漢字古音手冊》（北京：北京大學出版社，1986 年）得之。

24　漢‧許慎撰，宋‧徐鉉校定：《説文解字》（香港：中華書局，1989 年），頁 264 上。

而在下必暴虐。」（328）「嫚」與「慢」通。

1.19《漢書》引《易》：雖戒東南，終用齊斧。（〈敍傳〉下，4246）

今《易》：《易・巽卦・上九》：「巽在牀下，喪其資斧，貞凶。」（275）

按：顏注：「《易》云『喪其齊斧』，故引以為辭。」（4247）「齊斧」與「資斧」通，即利斧。說見上 1.17 例。

1.20《漢書》引《易》：錯之琑材，智小謀大。（〈敍傳〉下，4252）

今《易》：《易・繫辭下》：「德薄而位尊，知小而謀大，力小而任重，鮮不及矣。（362）

按：《漢書》引《易・繫辭下》「智小謀大」，今《易》「智」作「知」，「智」與「知」通。

1.21《漢書》引《易》：六世耽耽，其欲浟浟。（〈敍傳〉下，4257）

今《易》：《易・頤卦・六四》：「虎視耽耽，其欲逐逐。」（146）

按：《漢書》引《易・頤卦・六四》「其欲浟浟」，今《易》作「其欲逐逐」。顏注：「浟浟，欲利之貌也。……浟音滌。今《易》浟字作逐。」（4257）據顏注，「浟」音滌，「滌」與「逐」古同音，屬定母覺部。[25] 又，出土竹本《周易》「逐逐」作「攸攸」，[26] 與「浟浟」形近。「攸」與「浟」當亦同音。

（2）顏注引《易》與今《易》異文

2.1 **本文**：絪縕玄黃，將紹厥後。（〈揚雄傳上〉，3538）

---

25 「滌」與「逐」之上古音據郭錫良《漢字古音手冊》（北京：北京大學出版社，1986 年）得之。

26 馬承源主編：《上海博物館藏戰國楚竹書》（三）（上海：上海古籍出版社，2003 年），頁 171。

顏注引《易》：師古曰：「絪緼，天地合氣也。玄黃，天地色也。《易‧下繫辭》曰：『天地絪緼，萬物化淳。』〈坤〉文言曰：『玄黃者，天地之雜色也，天玄而地黃。』將，大也。言天地之氣大興發於祭祀之後。絪音因。緼音於云反。」(3538)

今《易》：《易‧繫辭下》：「天地絪緼，萬物化醇。」(364–365)《坤文言》：「夫玄黃者天地之雜也，天玄而地黃。」(39)

按：《漢書》「絪緼玄黃」，顏注「絪緼」出《易‧繫辭下》：『天地絪緼，萬物化淳。』又注「玄黃」出《坤文言》「玄黃者，天地之雜色也」(3538)。「萬物化淳」，今《易》作「萬物化醇」，「淳」與「醇」通。「天地之雜色也」，今《易》無「色」字，按「雜」下古本有「色」字，當以有「色」字為合。今《坤文言》：「夫玄黃者天地之雜也，天玄而地黃。」「天玄而地黃」，指天色玄而地色黃，故玄黃乃指天地之雜色。

2.2 **本文**：《春秋》記地震，《易繫》〈坤〉動，動靜辟翕，萬物生焉。(〈王莽傳〉中，4142)

顏注引《易》：師古曰：「辟音闢。翕，收斂也。《易‧上繫》之辭曰：『夫〈坤〉，**其動也闢，其靜也翕**，是以廣生焉。』故莽引之也。翕脅之聲相近，義則同。」(4142)

今《易》：《易‧繫辭上》：「夫坤，**其靜也翕，其動也闢**，是以廣生焉。」(321)

按：顏氏引《易》「其靜也翕，其動也闢」二句前後互置，或就《漢書》「動靜辟翕」先「動」後「靜」而然也。

2.3 **本文**：紛屯邅與蹇連兮，何艱多而智寡！(〈敍傳〉上，4216)

顏注引《易》：師古曰：「《易‧屯卦》六二爻辭曰『屯如邅如』，〈蹇卦〉六四爻辭曰『往蹇來連』，皆謂險難之時也。邅音竹延反。連音力善反。」(4216)

今《易》：《易‧屯卦‧六二》：「屯如邅如。」（41）《易‧蹇卦‧六四》：「往蹇，來連。」（195）

按：顏氏引〈屯卦〉六二爻辭「屯如亶如」，今《易》作「屯如邅如」，「亶」、「邅」通。

2.4 本文：占往知來，幽贊神明。（〈敍傳〉下，4261）

顏注引《易》：師古曰：「《說卦》曰『昔者聖人之作《易》也，幽贊**於**神明而生蓍』，言欲深致神明之道，助以成教，故為蓍卜也。」（4261）

今《易》：《易‧說卦》：「昔者聖人之作《易》也，幽贊于神明而生蓍。」（380）

按：顏氏引《說卦》「幽贊於神明」，今《易》「於」作「于」，乃一字異體。

七、結論

顏師古注《漢書》引《易》，共 193 例，多指出所引《易》文出處，部分引例另加訓釋，包括《易》文含義，字、詞注音，古今字辨等。顏氏所指《漢書》援《易》出處，大多徵引明確。個別《漢書》引《易》出處偶有出錯（見第四節），僅屬微瑕而已。

顏氏援引前賢注《漢書》引《易》解說，於保存前人注《易》勝義，甚有功焉。如《漢書‧五行志下之上》：「京房《易傳》曰：『「**幹**父之**蠱**，有子，考亡咎。」子三年不改父道，思慕不皇，亦重見先人之非。』（1473）京房《易傳》引《易》出〈蠱卦‧初六〉，顏氏引韋昭注以申其說：「蠱，事也。子能勝父之事，是為有子，故考不為咎累。」韋昭訓「蠱」為事，乃本《序卦》「蠱者，事也。」（395）；韋氏訓「幹」為「勝」，此亦與《廣雅‧釋詁》訓「斡

（幹）」為「正」[27] 義近（見第二節 5.1 例）。又如〈王莽傳下〉引《易‧巽卦‧上九》「喪其齊斧」，「齊斧」，今《易》作「資斧」。顏注引應劭注訓「齊斧」為利斧，較孔氏訓「資斧」為用斧為善（見第六節 1.17 例）。至於前人注《漢書》對《易》之理解或有謬誤，顏氏亦加指出（見第二節 10.1 至 10.4 例），此皆有助讀者正確認知對《漢書》文本之義理。顏氏援引前人《易》注，多具其名，然亦間有引用前人之說而未明言者（見第三節），此乃其疏失也。

《漢書》引《易》，多以明治道、君臣之義或人事得失，顏氏每引前人之注以申明此理。如〈谷永杜鄴傳〉記谷永援《易‧屯卦‧九五》「屯其膏，小貞吉，大貞凶」，指出民饑饉而不恤之患，顏氏引孟康注釋此爻辭之義，進而闡發谷永引《易》本旨，在說明「其遭屯難飢荒，君當開倉廩，振百姓，而反吝，則凶；臣吝嗇，則吉」之理（見第二節 5.2 例）。又如〈楚元王傳〉引〈泰卦〉初九爻辭「拔茅茹以其彙，征吉」，顏氏引鄭氏注：「茅喻君有潔白之德，臣下引其類而仕之。」（見第二節 6.1 例）然顏氏偶或對《漢書》所引《易》文之義，未加闡發者。如〈五行志下之上〉：「京房《易傳》曰：『經稱「觀其生」，言大臣之義，當觀賢人，知其**性行**，推而貢之，否則為閉善不與，茲謂不知，厥異黃，厥咎聾，厥災不嗣。』……」（1450）顏氏僅言「觀其生」乃「《易‧觀卦》上九爻辭。」（1450）按：京房《易傳》將〈觀卦〉「觀其生」之「生」訓為「性行」，顏氏僅指出「觀其生」之出處，而未及注意「生」之訓。「生」與「性」通，古書每見其例。如《荀子‧勸學篇》：「君子生非異也，善假於物也。」「生」讀為性。[28] 又如同書〈修身篇〉：「以治氣養生。」「生」亦與「性」同。[29]

27　《廣雅‧釋詁》：「幹，正也。」見清‧王念孫《廣雅疏證》（北京：中華書局，1983年），頁 11 下。

28　清‧王念孫《讀書雜志》（江蘇：江蘇古籍出版社，1985 年）之〈荀子第一‧勸學〉「生」條下云：「『君子生非異也，善假於物也。』念孫案：生讀為性。《大戴記》作『性』。」（頁 630）

29　清‧王念孫《讀書雜志》之〈荀子第一‧修身〉「以修身自名」條下云：「『以治氣養生』……《韓詩外傳》作『以治氣養性』與生同。」（頁 635）

顏氏曾參與《五經正義》之撰，然以《漢書》顏注《周易》與《周易》孔疏比較而觀，有合有不合，其不合之處，益見顏氏對《易》之識見，更勝孔疏。如〈謙卦〉象辭「君子以裒多益寡」，顏氏訓「裒」為取，更勝孔疏訓「裒」為聚。（見第五節2.3例）。又如《易‧繫辭上》：「成天下之亹亹」句，顏氏訓「亹亹」為深遠，亦勝於孔疏訓「亹亹」為勉（見第五節2.6例）。以上二例，除反映顏氏對《易》識見之高，亦可見顏氏注《漢書》抱持「翼贊舊書」之宗旨。

《漢書》、顏注引《易》，與今《易》或存異文，此中有文字之假借，如《易‧泰卦》象辭「后以財成天地之道」，「財」，《漢書》作「裁」，「財」乃「裁」之借字（見第六節1.1例）。又如《易‧漸‧六二》「鴻漸于磐」，《漢書》作「鴻漸于般」，「磐」為本字，「般」為借字（見第六節1.3例）。又如《易‧頤卦‧六四》：「虎視眈眈，其欲逐逐。」「逐逐」，《漢書》作「攸攸」，與出土竹本《周易》作「攸攸」形近（見第六節1.21例）。顏氏訓「攸攸」為「欲利之貌」，於義為近。孔疏：「『其欲逐逐』者，既養於下，不可有求，其情之所欲逐逐然，尚於敦實也。」(146) 所釋甚晦。虞翻云：「逐逐，心煩貌。」[30] 似非其義。今人對「其欲逐逐」之訓，或以為「其欲亦悠悠而遠，志在捕取它獸，以填其頤。」[31] 或以為「迫切求物接連不絕」，[32] 不一而足。按：「逐逐」疑為「攸攸」後起本字，《說文‧辵部》：「逐，追也。」[33] 「逐」之本義為追逐，引申有追求、跟隨之意。「其欲逐逐」之「逐逐」，當訓作跟隨而攫取獵物之意。

異文之出現，亦反映前人對《易》義之不同理解，如《易‧說卦》：「雷風相薄，水火不相射」，《漢書》作「水火不相逮，靁風不相誖」，「相薄」與「不相誖」義近，「水火不相射」與「水火不相逮」義正相反，今出土帛書《周

30　清‧李道平撰，潘雨廷點校：《周易集解纂疏》（北京：中華書局，1998年），頁288。

31　高亨：《周易大傳今注》（濟南：齊魯書社，2002年），頁199。

32　黃壽祺、張善文：《周易譯注》（上海：上海古籍出版社，2004年），頁214。

33　漢‧許慎撰，宋‧徐鉉校定：《說文解字》（香港：中華書局，1989年），頁41下。

易》作「火水相射」，與《漢書》作「水火不相逮」意同。觀水火之性，互不相容，《說卦》「水火不相射」，似當作「水火相射」為合。（見第六節 1.4 例）又今《坤文言》：「夫玄黃者天地之雜也」，顏氏引《坤文言》則作「玄黃者，天地之雜色也」，多一「色」字。揆之《坤文言》上下文義，則知此句似當以有「色」字為合（見第六節 2.1 例）。

　　顏師古雖非以《易》名家，然觀其注《漢書》有關《易》義，或注《漢書》引《易》出處，或自下訓解，或援引前人注《易》以申其義，皆嚴謹有度，所釋《易》義，既切《漢書》引《易》之旨，亦不乏個人獨得之見。綜觀《漢書》顏注有關《易》義各例，雖間有所失，然瑕不掩瑜，顏注能敷暢《漢書》引《易》隱括之意蘊。前人譽顏氏注《漢書》，乃班固之功臣，為不虛矣。

「天地之心」漢宋解

徐興無

南京大學文學院

一、天地之心

《禮記·禮運》：

> 人者，天地之心也，五行之端也，食味、別聲、被色而生者也。[1]

鄭玄注《禮運》「故人者，其天地之德，陰陽之交，鬼神之會，五行之秀氣也。」[2] 曰：「言人兼此氣性純也。」注此句曰：「此言兼氣性之效也。」孔穎達《正義》曰：「此一節以前文論人稟天地五行氣性而生，此以下論稟氣性之有效驗，各依文解之。」[3] 概言之，鄭玄以人生天地之間，稟純粹之氣性，故有心志活動之功能，此功能亦即天地之知覺。孔穎達疏引王肅曰：「人於天地之間，如五藏之有心矣。」[4] 然此心志之內涵為何？《禮運》並未明言。

「天地之心」或「天心」之類的觀念本非儒家所創，見諸戰國秦漢間文

1　孔穎達《禮記正義》卷二十二《禮運》，阮元校刻《十三經注疏》，北京，中華書局影印本，1980，頁 1424。

2　頁 1423。

3　頁 1424。

4　頁 1424。

獻，多屬道家和陰陽家思想，往往與「天道」對舉，比喻天之意志。如《管子‧版法解》：

> 法者，法天地之位，象四時之行，以治天下……故曰：「凡將立事，正彼天植。」天植者，心也。天植正則不私近親，不孽踈遠……欲見天心，明以風雨。故曰：「風雨無違，遠近高下，各得其嗣。」[5]

故「天道」為自然，「天心」為無私。又如《文子》一書，亦頗有此語。〈道原〉云：「真人者……懷天道，包天心，噓吸陰陽，吐故納新，與陰俱閉，與陽俱開，與剛柔卷舒，與陰陽俯仰，與天同心，與道同體。」[6]〈精誠〉云：「故大人，與天地合德，與日月合明，與鬼神合靈，與四時合信，懷天心，抱地氣，執沖含和，不下堂而行四海，變易習俗，民化遷善，若出諸己，能以神化者也。」[7]〈上仁〉云：「故不言而信，不施而仁，不怒而威，是以天心動化者也。」[8]〈上禮〉云：「聖人初作樂也，以歸神杜淫，反其天心。」[9]《淮南子》中亦有所見。〈泰族〉云：「故聖人者，懷天心，聲然能動化天下者也。」[10]〈要略〉云：「所以覽五帝三王，懷天氣，抱天心，執中含和，德形於內，以莙凝天地，發起陰陽。」[11]

5　顏昌嶢，《管子校釋》卷二十一，長沙，嶽麓書社，1996，頁510。

6　杜道堅，《文子纘義》卷一，《四部備要》本。

7　《文子纘義》卷二。按《淮南子‧泰族》作：「故大人者，與天地合德，日月合明，與鬼神合靈，與四時合信，故聖人懷天氣，抱天心，執中含和，不下廟堂而衍四海，習易俗，民化而遷善，若性諸己，能以神化也。」

8　《文子纘義》卷十。按，此句亦見諸《淮南子‧泰族》。

9　《文子纘義》卷十二。按《淮南子‧泰族》作：「唯聖人能盛而不衰，盈而不虧。神農之初作琴也，以歸神；及其濫也，反其天心。」

10　劉文典，《淮南鴻烈集解》，北京，中華書局，1989，頁664。

11　劉文典，《淮南鴻烈集解》，頁706。

二、天志仁

　　錢賓四先生指出：「《易傳》與《戴記》之宇宙論，實為晚周以迄秦皇漢武間儒家所特創，又另成為一種新的宇宙論。此種新宇宙論，大體乃採用道家特有之觀點，而又自加以一番之修飾與改變，求以附合儒家人生哲學之需要而完成。」[12] 故「天地之心」亦最早現於這兩部儒家文獻中。《戴記》見諸《禮運》，而《易傳》所言見諸《復卦・象傳》，其曰：

　　　　反復其道，七日來復，天行也。利有攸往，剛長也。復，其見天地之心乎？[13]

其他儒家論禮說詩，亦有襲用「天心」觀念者。如《說苑・反質》曰：「聖王承天心，制禮分也。凡古之卜日者，將以輔道稽疑，示有所先，而不敢自專也。」又曰：「《詩》云：『鳲鳩在桑，其子七兮。淑人君子，其儀一兮。』《傳》曰：『鳲鳩之所以養七子者，一心也。君子之所以理萬物者，一儀也。以一儀理物，天心也。五者不離，合而為一，謂之天心。』」[14] 要之，上述「天心」皆為天道之顯現，即為「道心」。

　　在戰國秦漢間以陰陽五行構成的宇宙觀念中，天與人同構相應，由前引諸文獻可見，諸子皆以天心可以體現為聖人或聖王之心志，漢儒進而賦予「天心」以道德內涵，以為仁政的根據。董仲舒始定「天心」為「仁」。《春秋繁露・俞序》曰：

12　〈《易傳》與《小戴禮記》中之宇宙論〉，錢穆《中國學術思想史論叢・卷二》，合肥，安徽教育出版社，2004，頁 19。

13　孔穎達，《周易正義》卷三，《十三經注疏》，頁 38。

14　向宗魯，《說苑校證》卷二十，北京，中華書局，1987，頁 512–513。

霸王之道，皆本於仁。仁，天心，故次以天心。[15]

又以「天志」一詞代指「天心」，「天志」雖見諸《墨子》，但此處內涵已轉為儒家者言，〈天地陰陽〉曰：

天志仁，其道也義。[16]

天道即上引《象傳》中所言「天行」。故天之心為仁，天之道為義。分而言之，天有仁義；總而言之，天唯有一仁而已。〈王道通三〉曰：

是故王者唯天之施，施其時而成之，法其命而循之諸人，法其數而起事，治其道而以出法，治其志而歸之於仁。仁之美者在於天。天，仁也。[17]

董仲舒歸仁於天，實以仁為天之意志，故又以占測災異之術推考天心。《漢書·董仲舒傳》載其《對策》曰：

國家將有失道之敗，而天乃先出災害以譴告之，不知自省，又出怪異以警懼之，尚不知變，而傷敗乃至。以此見天心之仁愛人君而欲止其亂也。[18]

董仲舒不僅以《春秋》為推證災異，測知天意之術，且以《詩》作為占測之具。《春秋繁露·堯舜不擅移湯武不專殺》曰：

---

15 蘇輿撰，鍾哲點校，《春秋繁露義證》卷六，北京，中華書局，1992，頁 161。
16 《春秋繁露義證》卷十七，頁 467。
17 《春秋繁露義證》卷十一，頁 329。
18 班固撰，顏師古注，《漢書》卷五十六，頁 2498。

　　《詩》云：「殷士膚敏，祼將於京。侯服于周，天命靡常。」言天之無常予，無常奪也。[19]

〈必仁且智〉曰：

　　災者，天之譴也；異者，天之威也。譴之而不知，乃畏之以威。《詩》云：「畏天之威」，殆此之謂也。[20]

〈天道無二〉曰：

　　天之常道，相反之物也，不得兩起，故謂之一。一而不二者，天之行也……人孰無善？善不一，故不足以立身。治孰無常？常不一，故不足以致功。《詩》云：「上帝臨汝，無二爾心。」知天道者之言也。[21]

〈天地陰陽〉曰：

　　《春秋》舉世事之道，夫有書天（盧文弨疑此處文有脫誤）之盡與不盡，王者之任也。《詩》云：「天難諶斯，不易維王。」此之謂也。夫王者不可不知天。知天，詩人之所難也。天意難見也，其道難理。是故陰陽、出入、實虛之處，所以觀天之志。辨五行之本末順逆、小大廣狹，所以觀天道也。[22]

故在董仲舒看來，詩人正是知天心、知天道的人，故齊詩、讖緯發揮而

19　《春秋繁露義證》卷七，頁 220。
20　《春秋繁露義證》卷八，頁 259。
21　《春秋繁露義證》卷十二，頁 347。
22　《春秋繁露義證》卷十七，頁 467。

為「詩者天地之心」之説，輔之以「四際五際」之術，以推測天心。如《詩緯・含神霧》曰：

> 詩者，天地之心，君德之祖，百福之宗，萬物之戶也。[23]

又曰：

> 孔子曰：詩者，天地之心。刻之玉板，藏之金府。[24]

《詩緯推度災》曰：

> 建四時五際而八節通。卯酉之際為革政，午亥之際為革命。神在天門，出入候聽。[25]

《漢書・眭兩夏侯京翼李傳》載翼奉奏《封事》曰：

> 臣奉竊學齊《詩》，聞五際之要《十月之交》篇，知日蝕、地震之效昭然可明，猶巢居知風，穴處知雨，亦不足多，適所習耳。[26]

23　[日] 安居香山、中村璋八《緯書集成》，上冊，頁 464，石家莊，河北人民出版社，1994。按，本文所引讖緯悉據安居香山、中村璋八《緯書集成》，除有異文，不注明原始出處。

24　《緯書集成》，頁 464。按此條出《太平御覽》卷第八百四〈珍寶部〉三引。《後漢書・崔駰列傳》「乃將鏤玄珪，冊顯功」李賢注引《詩含神霧》曰：「刻之玉版，藏之金府。」范曄撰，李賢等注，《後漢書》卷五十二，北京，中華書局標點本，1965，頁 1713。

25　《緯書集成》，上冊，頁 469。

26　班固撰，顏師古注，《漢書》卷七十五，頁 3172。

三、為天地立心

漢儒雖然創發仁為天心之新義，但天心何以為仁？漢儒並無發明，故於《禮運》所言「人者，天地之心也」無所措意，至宋儒始有創發。王應麟《困學紀聞》卷五釋《禮運》曰：

> 「人者，天地之心也。」仁，人心也。人而不仁，則天地之心不立矣。為天地立心，仁也。[27]

按伯厚所云「仁，人心也」一句，出《孟子·告子上》，[28] 宋儒於此特加注意，楊時《龜山語錄》卷二曰：

> 問《論語》言仁處，何語最為親切。曰：皆仁之方也。若正所謂仁，則未之嘗言也。故曰：子罕言利與命與仁。要道得親切，唯孟子言仁人心也最為親切。

朱子《朱子語類》此句亦多有討論，如「敬之問『仁人心也』。曰：『仁是無形跡底物事，孟子恐人理會不得，便說道只人心便是，卻不是把仁來形容人心，乃是把人心來指示仁也』。」「問楊氏謂『孟子言「仁，人心也。」最為親切』。『竊謂以心之德為仁則可，指人心即是仁，恐未安。』」[29]《孟子集注》卷十一曰：

> 仁者心之德，程子所謂心如穀種，仁則其生之性是也。然但謂之

27　王應麟著，翁元圻等注，欒何群、田松青、呂宗力校《困學紀聞》，卷五，上海，上海古籍出版社，2008。

28　孫奭《孟子注疏》，《十三經注疏》，頁 2752。

29　黎靖德編，王星賢點校《朱子語類》，第八冊，卷五十九。頁 1405–1406。

仁，則人不知其切於己，故反而名之曰人心，則可以見其為此身酬酢萬變之主，而不可須臾失矣。[30]

宋儒以仁為心之德，生之性，實以仁為人心之本體，或徑名之為人，以為人之本體、人之為人之理。此理可再證之於朱子釋《孟子·盡心下》「仁也者，人也。合而言之道也」一句。此句諸儒皆以行仁之事解之。趙岐《章句》曰：

> 能行仁恩者，人也。人與仁合而言之，可以謂之有道也。

孫奭《疏》曰：

> 此章指言仁恩須人，人能弘道也。孟子言為仁者，所以盡人道也，此仁者所以為人也。蓋人非仁不立，仁非人不行。合仁與人而言之，則人道盡矣。《楊子》云：「仁以人同。」[31]

故趙、孫之解「仁」，皆作動詞。然朱子《孟子集注》卷十四曰：

> 仁者，人之所以為人之理也。然仁，理也；人，物也。以仁之理，合於人之身而言之，乃所謂道者也。程子曰：「中庸所謂率性之謂道是也。」[32]

故宋儒所云「仁，人心也」，非指人之心志，非指愛人之心，而是指人心應有之理。據此，倘若天地之心為仁，此仁亦當為天心之本體、天心之理，而

30　朱熹《四書章句集注》，頁 323，中華書局，1983。
31　孫奭《孟子正義》卷十四《告子上》，阮元校刻《十三經注疏》，頁 2774。
32　朱熹《四書章句集注》，頁 367。

非實然意義上的天之心志。伯厚之前，已有此意識。黃東發《黃氏日鈔》卷二十八《讀禮記》於「人者，天地之心也」一段下錄陳氏之言曰：「凡果實之心皆名曰人，字亦作仁，故天地之心亦名曰人。」

如此，伯厚則進而援引橫渠「為天地立心」並創為新說：人既為天地之心，天地之本體則為人、為仁，「為天地立心」即「為天地立仁」。故賦予宇宙意義者實為人類之道德，非如董子僅以天賦予人類道德，此一差別，實為漢宋儒學之涇渭。伯厚重考證，為清儒所推崇。四庫館臣稱其「能知漢唐諸儒，本本原原，具有根柢」，「又知洛閩諸儒，亦非全無心得」。[33] 然其注《禮運》一節，全不本漢唐經說，以程宋義理創為新解。劉申叔以宋儒說經，雖「以空理相矜，亦間出新義；或詭乖經旨，而立說至精」，[34] 其斯之謂耶？

33　《四庫全書總目》「子部雜家類」。

34　劉師培《漢宋學術異同論》，萬仕國點校《儀征劉申叔遺書》第 4 冊，頁 1591。揚州，廣陵書社，2014。

今本《尚書孔傳》字詞訓釋瑣談

宗靜航

香港浸會大學中文系

對於今本《尚書孔傳》之成書，歷代學者多有懷疑。然而，「漢代的今文、古文《尚書》均已失傳，要研究兩漢的《尚書》經文，惟賴《孔傳》；要研究隋唐以前的《尚書》傳注，非賴《孔傳》不可。《孔傳》經文未必全為真，其傳文卻不失為真。」[1] 由此可知，《孔傳》在研讀《尚書》上，當有其重要之作用。本文是在結合前輩學者之研究成果，通過《孔傳》對《尚書》「既」[2]字之訓釋，探討有關問題，提供資料，供學術界參考。

今本《尚書》「既」字共九十見，[3] 為方便論述，茲把有關之《尚書》經文和《孔傳》對抄引錄如下：

> 1 堯典　　　　　　　　九族既　睦平　章　百姓 [4]
> 　　孔傳　既已也百姓百官言化九族　而　平和章明

1　周國林、史振卿《漢唐之際孔氏家學與〈尚書〉流變》，《孔子學刊》，第 1 輯，2010 年，頁 222。

2　「既」字在今本《尚書》（包括佚文）共九十七見，排於字頻表第 51 位。參劉殿爵教授、陳方正：《尚書逐字索引》，香港商務印書館，1995 年，頁 307。比「既」字用例多的有「惟」、「于」、「曰」、「不」、「王」等《尚書》常用字，可見「既」字之用例也不算少。

3　據《尚書逐字索引》所列「既」字共九十七見，惟其中七次見於所輯之《尚書》佚文，不在本討論範圍之內。參劉殿爵教授、陳方正：《尚書逐字索引》，香港商務印書館，1995 年，頁 127。另《尚書詞典》因只收「今文《尚書》二十八篇正文」，故所列「既」字於《尚書》只共六十見。參周民：《尚書詞典》，四川人民出版社，1993 年，頁 100–101。

4　阮元：《尚書注疏》（南昌府學版），台灣藝文印書館，頁 20。

2 舜典[5] 　　　　　　　　　　輯　　　　　五瑞
　孔傳　輯斂既盡覲見班還后君也舜斂公侯伯子男之　瑞圭璧

　舜典　既　月　乃日　覲四岳　群　牧　班　瑞于群后[6]
　孔傳　盡以正月中乃日日見四岳及九州牧監還五瑞於諸侯與之正始

3 禹貢　冀州　　　　既　　　載　　壺口[7]
　孔傳　　　堯所都也先施貢賦役載於書壺口在冀州

4 禹貢　既修　　太原　　　　　至于岳　　　　　　　　陽[8]
　孔傳　　　高平曰太原今以為郡名　　岳太岳在太原西南山南曰陽

5 禹貢　恆衛　　既　從[9]
　孔傳　　　二水已治從其故道

6 禹貢　大陸　既　　作[10]
　孔傳　大陸之地已可耕作

5　據《經典釋文》所載，「江左中興，元帝時豫章內史枚賾奏上孔傳《古文尚書》，
　亡《舜典》一篇，購不能得，乃取王肅注《堯典》從「慎徽五典」以下分為《舜典》
　篇以續之，學徒極盛。……永嘉喪亂，眾家之《書》並滅亡，而《古文孔傳》始
　興，……近惟崇《古文》，馬、鄭、王《注》遂廢。今以孔氏為正，其《舜典》一篇，
　仍用王肅本。」參黃師坤堯、鄧師仕樑：《新校索引經典釋文》，台灣學海出版社，
　1988年，上冊，頁8下。所以今本《舜典》注並非孔傳，不過，為了方便論述，也
　一併抄錄。
6　阮元：《尚書注疏》（南昌府學版），台灣藝文印書館，頁36。
7　阮元：《尚書注疏》（南昌府學版），台灣藝文印書館，頁77–78。
8　阮元：《尚書注疏》（南昌府學版），台灣藝文印書館，頁78。
9　阮元：《尚書注疏》（南昌府學版），台灣藝文印書館，頁79。
10　阮元：《尚書注疏》（南昌府學版），台灣藝文印書館，頁79。

7 禹貢　九河　既　　道 [11]

　　孔傳　河水　分為九道在此州界平原以北是

8 禹貢　雷夏　　既澤灉沮　　會同 [12]

　　孔傳　雷夏澤名　　灉沮二水會同此澤

9 禹貢　　　　　　　　　　　　桑土既蠶是降丘宅土 [13]

　　孔傳　地高曰丘大水去民下丘居平土就桑　　蠶

10 禹貢　嵎夷　既　　　略灉淄　　其　道 [14]

　　孔傳　嵎夷地名　用功少曰略灉淄二水復其故道

11 禹貢　大野　既　　豬東原底　　平 [15]

　　孔傳　大野澤名　水所停曰豬東原致功而平言可耕

12 禹貢　彭蠡　既豬　　陽　鳥　　　　攸居 [16]

　　孔傳　彭蠡澤名　　隨陽之鳥鴻鴈之屬冬月所居於此澤

13 禹貢　　　　　　　　三江既入　　震澤底定 [17]

　　孔傳　震澤吳南大湖名言三江已入致定為震澤

11　阮元：《尚書注疏》（南昌府學版），台灣藝文印書館，頁 80。
12　阮元：《尚書注疏》（南昌府學版），台灣藝文印書館，頁 80。
13　阮元：《尚書注疏》（南昌府學版），台灣藝文印書館，頁 80。
14　阮元：《尚書注疏》（南昌府學版），台灣藝文印書館，頁 81。
15　阮元：《尚書注疏》（南昌府學版），台灣藝文印書館，頁 81。
16　阮元：《尚書注疏》（南昌府學版），台灣藝文印書館，頁 82。
17　阮元：《尚書注疏》（南昌府學版），台灣藝文印書館，頁 82。

14 禹貢　　篠　　簜　　　　既敷 [18]

　　孔傳　篠竹箭簜大竹水去已布生

15 禹貢　　沱　　　潛　　既　　　道 [19]

　　孔傳　沱江別名潛水名皆　復其故道

16 禹貢　　伊　　　洛　　　瀍澗　　　　　　　　既

　　孔傳　伊出陸渾山洛出上洛山　澗出澠池山瀍出河南北山四水

　　禹貢　　　　　入于河 [20]

　　孔傳　合流而入　河

17 禹貢　　滎　　波既　　　豬 [21]

　　孔傳　滎澤波水已成遏豬

18 禹貢　　岷　　嶓　　　　既　　藝 [22]

　　孔傳　岷山嶓冢皆山名水去已可種藝沱潛發源此州入荊州

19 禹貢　　沱潛　　　　既　　道 [23]

　　孔傳　沱潛發源此州　入荊州

20 禹貢　　　弱水既西 [24]

　　孔傳　導之　西流至於合黎

18　阮元：《尚書注疏》（南昌府學版），台灣藝文印書館，頁82。

19　阮元：《尚書注疏》（南昌府學版），台灣藝文印書館，頁83。

20　阮元：《尚書注疏》（南昌府學版），台灣藝文印書館，頁85。

21　阮元：《尚書注疏》（南昌府學版），台灣藝文印書館，頁85。

22　阮元：《尚書注疏》（南昌府學版），台灣藝文印書館，頁85。

23　阮元：《尚書注疏》（南昌府學版），台灣藝文印書館，頁85。

24　阮元：《尚書注疏》（南昌府學版），台灣藝文印書館，頁86。

21 禹貢　漆沮　　既從　　灃水攸同 [25]

　　孔傳　漆沮之水已從入渭灃水所同同之於渭

22 禹貢　荊岐既旅 [26]

　　孔傳　　　已旅祭言治功畢此荊在岐東非荊州之荊

23 禹貢　三危　　既　宅三苗　　丕　敍 [27]

　　孔傳　西裔之山已可居三苗之族大有次敍美禹之功

24 禹貢　四　　　隩既　宅 [28]

　　孔傳　四方之宅　已可居

25 禹貢　九　　　澤既陂 [29]

　　孔傳　九州之澤已陂障無決溢矣

26 胤征　既醜　有夏　　　　　　　　復　歸于亳 [30]

　　孔傳　　醜惡　其政不能用賢故　退還

27 湯誓　湯既勝　　　　　夏 [31]

　　孔傳　湯　承堯舜禪代之後

25　阮元：《尚書注疏》（南昌府學版），台灣藝文印書館，頁 86。
26　阮元：《尚書注疏》（南昌府學版），台灣藝文印書館，頁 86。
27　阮元：《尚書注疏》（南昌府學版），台灣藝文印書館，頁 86。
28　阮元：《尚書注疏》（南昌府學版），台灣藝文印書館，頁 90。
29　阮元：《尚書注疏》（南昌府學版），台灣藝文印書館，頁 90。
30　阮元：《尚書注疏》（南昌府學版），台灣藝文印書館，頁 105。
31　阮元：《尚書注疏》（南昌府學版），台灣藝文印書館，頁 109。

28 湯誥序　　　　　湯既黜夏　　命[32]

　　孔傳　黜退也　　　退　其王命

29 伊訓序　　　　　　　　　　成湯既沒　太甲　　元年

　　孔傳　太甲太丁子湯孫也太丁未立而卒及　湯　沒而太甲立稱元年

　　伊訓序　伊尹作伊訓肆命徂后[33]

　　孔傳　　　　　　　　　凡三篇其二亡

30 太甲序　太甲既立　　　　不明[34]

　　孔傳　　　　不用伊尹之訓不明居喪之禮

31 太甲中　　　既往　　　背　　師保之訓弗克于厥初

　　孔傳　言己[35]已往之前不能修　　德　　於其初

　　太甲中　尚　賴匡救之德圖惟厥終[36]

　　孔傳　今庶幾賴教訓之德謀　　終於善悔過之辭

32 咸有一德　伊尹既復政　　厥辟[37]

　　　　孔傳　　　還政太甲

32　阮元：《尚書注疏》（南昌府學版），台灣藝文印書館，頁 112。

33　阮元：《尚書注疏》（南昌府學版），台灣藝文印書館，頁 113。

34　阮元：《尚書注疏》（南昌府學版），台灣藝文印書館，頁 116。

35　參《尚書正義》（十三經注疏），北京大學出版社，2000 年，頁 252。

36　阮元：《尚書注疏》（南昌府學版），台灣藝文印書館，頁 118。

37　阮元：《尚書注疏》（南昌府學版），台灣藝文印書館，頁 119。

33 沃丁序　沃丁　　　　　既　　　　　　　　葬伊尹于亳[38]
　　孔傳　沃丁太甲子伊尹既致仕老終以三公禮葬

34 盤庚上　曰我王　來　　　　　　　　既爰宅于茲[39]
　　孔傳　　我王祖乙　居耿爰於也言祖乙已　居於此

35 盤庚上　　　　　　乃既先惡于民
　　孔傳　群臣不欲徙是　先惡於民恫痛也不徙則禍毒在汝身

　　盤庚上　乃　奉　其　恫　汝悔　　　身何　及[40]
　　　孔傳　　徙奉持　所痛而　悔之則於身無所及

36 盤庚中　古我先后既勞乃祖乃父[41]
　　孔傳　　　　　　　勞之　　　共治人

37 盤庚下　盤庚既遷奠厥攸居乃正厥　　　　　位[42]
　　孔傳　　　　　　定其所居　正　郊廟朝社之位

38 盤庚下　今我既羞告爾　　　于朕志若否　　　　罔　有弗欽[43]
　　孔傳　　　　　已進告汝之後順於汝心與否當以情告我無敢有不敬

38　阮元：《尚書注疏》（南昌府學版），台灣藝文印書館，頁 121。
39　阮元：《尚書注疏》（南昌府學版），台灣藝文印書館，頁 126。
40　阮元：《尚書注疏》（南昌府學版），台灣藝文印書館，頁 128。
41　阮元：《尚書注疏》（南昌府學版），台灣藝文印書館，頁 132。
42　阮元：《尚書注疏》（南昌府學版），台灣藝文印書館，頁 133。
43　阮元：《尚書注疏》（南昌府學版），台灣藝文印書館，頁 134。

39 説命上　既免喪其惟弗言[44]

孔傳　除喪　猶不言政

40 説命下　既　　　　　乃遜　于荒野入宅于河[45]

孔傳　既學而中廢業　遜居　田野　　　河洲也

説命下

孔傳　其父欲使高宗知民之艱苦故使居民間

41 高宗　民有不若德　　不聽罪　　天既孚命正厥德[46]

孔傳　　　不順德言無義不服罪不改修天已信命正其德謂有永有不永

42 西伯　西伯既戡黎[47]

孔傳　　　　　近王圻之諸侯在上黨東北

43 西伯　　　天既　詑我殷　　命[48]

孔傳　故知天已畢詑　殷之王命言將化為周

44 微子序　　　殷既錯天命[49]

孔傳　錯亂也

44　阮元：《尚書注疏》（南昌府學版），台灣藝文印書館，頁 139。
45　阮元：《尚書注疏》（南昌府學版），台灣藝文印書館，頁 141–142。
46　阮元：《尚書注疏》（南昌府學版），台灣藝文印書館，頁 143。
47　阮元：《尚書注疏》（南昌府學版），台灣藝文印書館，頁 144。
48　阮元：《尚書注疏》（南昌府學版），台灣藝文印書館，頁 144。
49　阮元：《尚書注疏》（南昌府學版），台灣藝文印書館，頁 145。

45 泰誓上　犧牲粢盛既于凶　　盜 [50]

　　孔傳　　　　　　　　凶人盡盜食之而紂不罪

46 武成　既生魄　　　　　　　　庶邦冢君暨百工受　命于周 [51]

　　孔傳　　　魄生明死十五日之後諸侯　與百官受政命於周明一統

47 武成　予小子既獲仁人　　　　　　　　　　　　敢祇承上帝

　　孔傳　　　　　　仁人謂大公周召之徒略路也言誅紂　敬承天意

　　武成　以遏亂略 [52]

　　孔傳　以絕亂路

48 武成　既戊午師逾　孟津癸亥陳　于商郊

　　孔傳　　　　　自河　　　至　朝歌出四百里五日而至赴敵宜速

　　武成　俟天休命 [53]

　　孔傳　待天休命謂夜雨止畢陳

49 洪範　凡厥正　人既富方穀 [54]

　　孔傳　凡其正直之人既當以爵祿富之又當以善道接之

50 洪範　　日月歲時既易 [55]

　　孔傳　是三者　已易喻君臣易職

50　阮元：《尚書注疏》（南昌府學版），台灣藝文印書館，頁 153。
51　阮元：《尚書注疏》（南昌府學版），台灣藝文印書館，頁 161。
52　阮元：《尚書注疏》（南昌府學版），台灣藝文印書館，頁 162。
53　阮元：《尚書注疏》（南昌府學版），台灣藝文印書館，頁 162。
54　阮元：《尚書注疏》（南昌府學版），台灣藝文印書館，頁 173。
55　阮元：《尚書注疏》（南昌府學版），台灣藝文印書館，頁 178。

51 分器序　武王既勝殷邦諸侯班宗　彝

　　孔傳　　　　　　　　　賦宗廟彝器酒罇賜諸侯

　分器序　作分器[56]

　　孔傳　　　言諸侯尊卑各有分也亡

52 金縢　既克　商二年　王有疾弗　豫[57]

　　孔傳　　　伐紂明年武王有疾不悅豫

53 金縢　武王既喪　　　　　管叔及其群弟　乃流言於國[58]

　　孔傳　武王　死周公攝政其弟管叔及蔡叔霍叔乃放言於國以誣周

　公以惑成王

54 大誥　若考作室　　　　　既底法厥子乃弗肯　堂

　　孔傳　以　　作室喻治政也父已致法　子乃不肯為堂基

　大誥　矧肯構[59]

　　孔傳　況肯構立屋乎不為其易則難者可知

55 微子之命序　成王既黜殷命殺武庚[60]

　　孔傳　　　　　　　　　一名祿父

56 嘉禾序　周公既得　　　命禾　旅天子　之命

　　孔傳　　　已得唐叔之　禾遂陳成王歸禾之命而推美成王善則稱君

56　阮元：《尚書注疏》（南昌府學版），台灣藝文印書館，頁 179。

57　阮元：《尚書注疏》（南昌府學版），台灣藝文印書館，頁 185。

58　阮元：《尚書注疏》（南昌府學版），台灣藝文印書館，頁 188。

59　阮元：《尚書注疏》（南昌府學版），台灣藝文印書館，頁 193。

60　阮元：《尚書注疏》（南昌府學版），台灣藝文印書館，頁 195。

嘉禾序　　　　　　　　　作　　嘉禾 61

孔傳　天下和同政之善者故周公作書以善禾名篇告天下亡

57 康誥序　成王既伐　管叔蔡叔 62

孔傳　　　　　　減三監

58 康誥　有厥罪小乃不可不殺乃有大罪非終乃惟眚災適

孔傳

康誥　爾既　　道　極厥辜時　　乃不可殺 63

孔傳　汝盡聽訟之理以極其罪是人所犯亦不可殺當以罰宥論之

59 梓材　惟曰　　　若　　稽田既勤　敷　菑惟其陳　修

為厥疆　畎 64

孔傳　言為君監民惟若農夫之考田已勞力布發之惟其陳列修治

為其疆畔畎壟

梓材

孔傳　然後功成以喻教化

60 梓材　若　作室家既勤　垣墉惟其　塗墍茨 65

孔傳　如人為室家已勤立垣墻惟其當塗墍茨蓋之

61　阮元：《尚書注疏》（南昌府學版），台灣藝文印書館，頁 196。
62　阮元：《尚書注疏》（南昌府學版），台灣藝文印書館，頁 200。
63　阮元：《尚書注疏》（南昌府學版），台灣藝文印書館，頁 202。
64　阮元：《尚書注疏》（南昌府學版），台灣藝文印書館，頁 212。
65　阮元：《尚書注疏》（南昌府學版），台灣藝文印書館，頁 212。

61 梓材　　　　　若作梓　材　　既勤　樸　斲　惟其　塗
丹　臛[66]
孔傳　為政之術如　梓人治材為器已勞力樸治斲削惟其當塗以漆
丹以朱

梓材
孔傳　而後成以言教化亦須禮義然後治

62 梓材　今王惟曰先王既勤用明德懷　為夾[67]
　　孔傳　　　　言文武已勤用明德懷遠為近汝治國當法之

63 梓材　庶邦　享　　　　　作兄弟　　方　來　　亦既
用　　明德[68]
　　孔傳　眾國朝享於王又親仁善鄰為兄弟之國萬方皆來賓服亦已奉
用先王之明德

64 梓材　皇天既付　　中國民　越　厥疆土　于先王　　肆[69]
　　孔傳　大天已付周家治中國民矣能遠拓其界壤則於先王之道遂大

65 召誥　惟　　　　二月　　　　　既　望[70]
　　孔傳　周公攝政七年二月十五日日月　相望因紀之

66　阮元：《尚書注疏》(南昌府學版)，台灣藝文印書館，頁212。
67　阮元：《尚書注疏》(南昌府學版)，台灣藝文印書館，頁213。
68　阮元：《尚書注疏》(南昌府學版)，台灣藝文印書館，頁213。
69　阮元：《尚書注疏》(南昌府學版)，台灣藝文印書館，頁213。
70　阮元：《尚書注疏》(南昌府學版)，台灣藝文印書館，頁218。

66 召誥　厥既得　卜則經營[71]
　　孔傳　其已得吉卜則經營規度城郭郊廟朝市之位處

67 召誥　　　　　　　　　厥既命殷庶庶殷丕作[72]
　　孔傳　殷之民大作言勸事其已命殷

68 召誥　　天既遐終大邦殷之命茲殷多先哲王　　在天[73]
　　孔傳　言天已遠終　　殷　命此殷多先智王精神在天不能救者以
紂不行敬故

69 召誥
　　孔傳　夏禹能敬德天道從而子安之禹亦面考天心而順之

　　召誥　今時　　　　　　既墜厥　命[74]
　　孔傳　今是桀棄禹之道天已墜其王命

70 召誥　今時既墜厥　命[75]
　　孔傳　　　　　墜其王命

71 洛誥序　召公既相宅　　周公　　往　營成周　使來告　　卜[76]
　　　孔傳　召公先相宅卜之周公自後至經營作之遣使　　以所卜吉
兆逆告成王

71　阮元：《尚書注疏》（南昌府學版），台灣藝文印書館，頁218。
72　阮元：《尚書注疏》（南昌府學版），台灣藝文印書館，頁219。
73　阮元：《尚書注疏》（南昌府學版），台灣藝文印書館，頁220。
74　阮元：《尚書注疏》（南昌府學版），台灣藝文印書館，頁221。
75　阮元：《尚書注疏》（南昌府學版），台灣藝文印書館，頁221。
76　阮元：《尚書注疏》（南昌府學版），台灣藝文印書館，頁224。

72 洛誥　　公　既定宅　伻來來視予　　卜　休恆吉　我　　二
　　人共貞 [77]
　　孔傳　言公前已定宅遣使來來視我以所卜之美常吉之居我與公
　　共正其美

73 多士序　成周　　既成遷殷頑民
　　孔傳　洛陽下都　　　殷大夫士心不則德義之經故徙近王都教誨之

　　多士序　周公以　王命誥　　作　　　多士 [78]
　　孔傳　　　稱成王命告令之所　告者即眾士故以名篇

74 無逸　　　　　　　　　　　　　　乃逸　　乃諺　既誕
　　孔傳　小人之子既不知父母之勞力　為逸豫遊戲乃叛諺不恭已欺誕
　　父母

　　無逸　否　則　侮厥父母曰昔　之人無　聞知 [79]
　　孔傳　不欺則輕侮其父母曰古老之人無所聞知

75 君奭　　　　弗弔　天降喪　于殷殷既墜　厥　命 [80]
　　孔傳　言殷道不至故天下喪亡於殷殷已墜失其王命

76 君奭　我有周　　既受 [81]
　　孔傳　我有周道至已受之

77　阮元：《尚書注疏》（南昌府學版），台灣藝文印書館，頁 225。
78　阮元：《尚書注疏》（南昌府學版），台灣藝文印書館，頁 236。
79　阮元：《尚書注疏》（南昌府學版），台灣藝文印書館，頁 240。
80　阮元：《尚書注疏》（南昌府學版），台灣藝文印書館，頁 244。
81　阮元：《尚書注疏》（南昌府學版），台灣藝文印書館，頁 244。

77 君奭　公曰君奭我聞在昔成湯既　　受命[82]

　　孔傳　　　　　　　　　　已放桀受命為天子

78 蔡仲之命序　蔡叔　　　既沒[83]

　　　孔傳　　以罪放而　卒

79 將蒲姑序　成王既踐奄　將遷其君　　　　　　於蒲姑

　　　孔傳　　　已滅奄而　徙其君及人臣之惡者於蒲姑蒲姑齊地
近中國教化之

　　將蒲姑序　　　　　　　　　　周公告召公作　將蒲姑[84]

　　　孔傳　言將徙奄新立之君於蒲姑　　告召公使此冊書告令之亡

80 周官序　成王既黜殷命　　　　　　滅淮夷

　　孔傳　　　　黜殷　在周公東征時滅淮夷在成王即政後事相因
故連言之

　　周官序　　　　　　　　　還歸在豐　作周官　周　　官[85]

　　　孔傳　成王雖作洛邑猶還　　西周　　言周家設官分職用人
之法

81 賄肅慎之命序

　　　　　　孔傳　海東諸夷駒麗扶餘馯貊之屬武王克商皆通道焉成
王即政而叛

82　阮元：《尚書注疏》（南昌府學版），台灣藝文印書館，頁 245。
83　阮元：《尚書注疏》（南昌府學版），台灣藝文印書館，頁 253。
84　阮元：《尚書注疏》（南昌府學版），台灣藝文印書館，頁 254。
85　阮元：《尚書注疏》（南昌府學版），台灣藝文印書館，頁 269。

賄肅慎之命序　武王既伐東夷　　肅慎　来賀[86]
　　　孔傳　　王　伐而服之故肅慎氏來賀

82 君陳序　周公既沒　　　　　　　命君陳分　正東郊成周
　　　孔傳　　　　成王重周公所營故命君陳分居正東郊成周之邑
里官司

　　君陳序　作君陳　　　君陳[87]
　　　孔傳　作　書命之　臣名也因以名篇

83 君陳　　　凡人　　　未見聖　若不克　見既見聖　亦不克
由聖[88]
　　　孔傳　此言凡人有初無終未見聖道如不能得見已見聖道亦不能
用之所以無成

84 顧命　王曰嗚呼　疾大漸　惟幾　病日臻　　既彌留恐不獲誓
　　　孔傳　自　嘆　其疾大進篤惟危殆病日至言困甚已久留

　　顧命　言　　　　　　　嗣　　兹　予　審訓命汝[89]
　　　孔傳　言無瘳廖恐不得結信出言嗣續我志以此故我詳審教命汝

85 顧命　兹　　既受　命　還[90]
　　　孔傳　　此群臣已受賜命各還本位

86　阮元：《尚書注疏》（南昌府學版），台灣藝文印書館，頁 272。
87　阮元：《尚書注疏》（南昌府學版），台灣藝文印書館，頁 273。
88　阮元：《尚書注疏》（南昌府學版），台灣藝文印書館，頁 274。
89　阮元：《尚書注疏》（南昌府學版），台灣藝文印書館，頁 276。
90　阮元：《尚書注疏》（南昌府學版），台灣藝文印書館，頁 277。

86 康王之誥序　　　康王既尸天子

　　　　孔傳　尸主也　　　主天子之正號既受顧命群臣陳戒

　康王之誥序　遂　誥諸侯作康王之誥[91]

　　　　孔傳　遂報誥之　　　　　　因事曰遂

87 康王之誥　群公既皆聽　命相揖趨出[92]

　　　　孔傳　　已　聽誥命　　趨出罷退諸侯歸國朝臣就次

88 畢命　　　　　　既歷三紀世　變　風移　四方無　虞

　　孔傳　言殷民遷周已經三紀世代民易頑者　　漸化四方無可度之事

　畢命　予一人以寧[93]

　　孔傳　我天子用安矣十二年曰紀父子曰世

89 畢命　嗚呼　　罔曰弗克惟　既厥心[94]

　　孔傳　　人之為政無曰不能惟在盡其心而已

90 秦誓　番番良士旅力既愆　我　尚有之[95]

　　孔傳　　　力已過老我今庶　　勇武番番之良士雖幾

欲有此人而用之

　　為了能準確掌握上引資料，茲歸納為下表：

91　阮元：《尚書注疏》（南昌府學版），台灣藝文印書館，頁 288。
92　阮元：《尚書注疏》（南昌府學版），台灣藝文印書館，頁 290。
93　阮元：《尚書注疏》（南昌府學版），台灣藝文印書館，頁 290。
94　阮元：《尚書注疏》（南昌府學版），台灣藝文印書館，頁 292。
95　阮元：《尚書注疏》（南昌府學版），台灣藝文印書館，頁 315。

釋作	上引資料編號	合計
已	1、5、6、13、14、17、18、21、22、23、24、25、31、34、38、41、43、50、54、56、59、60、61、62、63、64、66、67、68、69、72、74、75、76、77、79、83、84、85、87、88、90	42 次
盡	2、58、89	3 次
先	3、71	2 次
×	4、7、8、9、10、11、12、15、16、19、20、26、27、28、29、30、32、35、36、37、39、42、44、45、46、47、48、51、52、53、55、57、65、70、73、78、80、81、82、86	40 次
既	33、40、49	3 次
	總計	90 次

至於「既」字見於《尚書》各篇和孔傳所訓釋之具體情況，茲歸納為下表：

	篇名	總數	已／數	盡／數	先／數	×／數	既／數
1	堯典	1	1				
2	舜典	1		1			
3	禹貢	23	11		1	11	
4	胤征	1				1	
5	湯誓	1				1	
6	湯誥序	1				1	
7	伊訓序	1				1	
8	太甲序	1				1	
9	太甲中	1	1				
10	咸有一德	1				1	
11	沃丁序	1					1
12	盤庚上	2	1			1	
13	盤庚中	1				1	

（續上表）

	篇名	總數	已／數	盡／數	先／數	×／數	既／數
14	盤庚下	2	1			1	
15	説命上	1				1	
16	説命下	1					1
17	高宗肜日	1	1				
18	西伯戡黎	2	1			1	
19	微子序	1				1	
20	泰誓上	1				1	
21	武成	3				3	
22	洪範	2	1				1
23	分器序	1				1	
24	金縢	2				2	
25	大誥	1	1				
26	微子之命序	1				1	
27	嘉禾序	1	1				
28	唐誥序	1				1	
29	康誥	1		1			
30	梓材	6	6				
31	召誥	6	4			2	
32	洛誥	2	1		1		
33	多士序	1				1	
34	無逸	1	1				
35	君奭	3	3				
36	蔡仲之命序	1				1	
37	將蒲姑序	1	1				
38	周官序	1				1	
39	賄肅慎之命序	1				1	
40	君陳序	1				1	
41	君陳	1	1				

（續上表）

	篇名	總數	已／數	盡／數	先／數	×／數	既／數
42	顧命	2	2				
43	康王之誥序	1				1	
44	康王之誥	1	1				
45	畢命	2	1	1			
46	秦誓	1	1				
		90	42	3	2	40	3

　　據上引資料，《孔傳》對《尚書》「既」字，除不作解釋和重用經文「既」字外，多數釋作「已」（共四十二次），只有少數用例釋作「盡」（兩次，另一次見於《舜典》王肅注）或「先」（兩次）。「既」字可釋作「盡」，有古書用例和字典為據，[96] 至於釋作「先」，似不見錄於字典。《孔傳》釋「既」為「先」，見於《禹貢》（上引第 3 條）和《洛誥序》（上引第 71 條）。

　　　　禹貢　冀州　　　　既　　　　載　　　壺口 [97]
　　　　孔傳　　　　堯所都也先施貢賦役載於書壺口在冀州

「既載壺口」是說「從壺口開始施工以後」，[98]《孔傳》以「先施貢賦役」，應是據上下文說明文意。

　　　　洛誥序　召公既相宅　　　周公　　往　營成周　使來告　　　　　卜 [99]
　　　　孔傳　召公先相宅卜之周公自後至經營作之遣使　　　　以所卜
　　吉兆逆告成王

96　參《漢語大字典》第 4 冊，頁 1148；宗福邦：《故訓匯纂》，北京商務印書館，2003年，頁 1005。
97　阮元：《尚書注疏》（南昌府學版），台灣藝文印書館，頁 77–78。
98　錢宗武：《今古文尚書全譯》，貴州人民出版社，1990 年，頁 71。
99　阮元：《尚書注疏》（南昌府學版），台灣藝文印書館，頁 224。

《洛誥序》傳文「召公先相宅」，應是本於《召誥序》「成王在豐，欲宅洛邑，使召公先相宅」。[100] 從事情先後來說，正是「召公先相宅」，周公才往營成周，傳文也是說明文意。

《孔傳》釋為「已」之「既」字，在今本《尚書》各篇中最先見於《堯典》（上引第 2 條）：

堯典　　　　　　九族既　睦平　章　百姓 [101]
孔傳　既已也百姓百官言化九族　而　平和章明

《孔傳》在「既」字最先出現之處標明「既已也」，而在往後「既」字解作「已」字之四十一處用例中，並沒有再說「既已也」，而是直接隨文翻譯，前後體例非常統一。在《孔傳》釋「既」為「已」的眾多用例中，《西伯戡黎》（上引第 43 條）一條值得討論。

西伯　　　天既　訖我殷　　命 [102]
孔傳　故知天已畢訖　殷之王命言將化為周

對於《西伯戡黎》中之「既」字，有學者意見與《孔傳》相同，[103] 但似乎更多學者認為應是「表示推度，相當於『其』、『將』」，並多以俞樾《群經平議》

100 阮元：《尚書注疏》（南昌府學版），台灣藝文印書館，頁 218。
101 阮元：《尚書注疏》（南昌府學版），台灣藝文印書館，頁 20。
102 阮元：《尚書注疏》（南昌府學版），台灣藝文印書館，頁 144。
103 有學者把這句譯作「老天既然終止了我們殷國的命運」，參屈萬里先生：《尚書今注今譯》，台灣商務印書館，1969 年，頁 66。

為據。[104] 俞樾說：

> 是時殷猶未亡乃云既訖我命，義不可通。古書既與其每通用。禹貢
> 濰淄其道，史記夏本紀作既道。詩常武篇徐方既來荀子議兵引作徐方其
> 來，並其證也。天既訖我殷命，當作天其訖我殷命。蓋以格人元龜，罔
> 敢知吉。故推度天意如此也。此篇以天其訖我殷命發端，猶微子篇以
> 殷其弗或亂正四方發端也。皆事前推度之辭。若作既訖則似乎事後之
> 論矣。[105]

俞氏以「禹貢濰淄其道，史記夏本紀作既道。詩常武篇徐方既來荀子議兵引
作徐方其來」，證明「既」與「其」通用，是沒有問題的，但如據此而認為《夏
本紀》、《常武》之「既」字，或《禹貢》、《議兵》之「其」字，都是解作
「將」、「推度」之意，則是有問題的。因為《禹貢》「濰淄其道」或《夏本紀》
「濰淄既道」，都是說「濰淄二水復其故道」，[106] 即「濰水、淄水也都疏通」；[107]
《常武》「徐方既來」或《議兵》「徐方其來」，都是說「徐國已來告服」，[108]「徐
國已經來歸順」，[109] 其中之「既」和「其」，都應釋作「已」。至於《西伯戡黎》
之文意，《孔傳》以為是「文王率諸侯以事紂，內秉王心，紂不能制，今又克
有黎國，迫近王圻，故知天已畢訖殷之王命，言將化為周」，[110] 祖伊正是從商

---

104 參《漢語大字典》第 4 冊，頁 1148；宗福邦：《故訓匯纂》，北京商務印書館，2003
  年，頁 1005。顧頡剛指「既，通其，將要。」參顧頡剛：《尚書校釋譯論》，北京中
  華書局，2005 年，第 2 冊，頁 1049。錢宗武先生說：「既，恐怕，大概。」並把句
  子譯為「天意恐怕要滅亡我們殷商了」。參錢宗武：《今古文尚書全譯》，貴州人民
  出版社，1990 年，頁 193–194。《史記・殷本紀》曾直接引述這句《尚書》原文，所
  以對判斷是否應釋「既」為「已」，沒有幫助。參《史記》，北京中華書局，1959 年，
  第 1 冊，頁 107。
105 俞樾：《群經平議》，《續修四庫全書》，第 17 冊，卷 24，頁 63。
106 阮元：《尚書注疏》（南昌府學版），台灣藝文印書館，頁 81。
107 王利器：《史記注譯》，三秦出版社，1996 年，第 1 冊，頁 35。
108 阮元：《毛詩注疏》（南昌府學版），台灣藝文印書館，頁 693。
109 《荀子》（中國古典名著譯注叢書），廣州出版社，2001 年，頁 92。
110 阮元：《尚書注疏》（南昌府學版），台灣藝文印書館，頁 144。

紂之惡行和文王之戡黎，知道皇天已離棄殷商。祖伊希望對商紂道出天意，使其知過而改，祈皇天回心轉意。所以，把《西伯戡黎》「天既訖我殷命」中之「既」釋作「已」，或也有其道理。

宋代經筵《尚書》講義對人君修身治國之道的影響
——以《中庸》解《尚書》

何銘鴻 [1]

文藻外語大學應用華語文系

一、前言

　　《尚書》乃中國古代極重要的一部經典，其書記載着先秦、遠古之歷史、政理，為帝王之嘉謀要略，其典、謨、訓、誥諸辭，亦為中國各體散文之始祖。宋代經筵制度完備之後，《尚書》更是經筵講讀的固定教材之一，而解讀過程中，更是融入了宋代特有的理學發展特色——即以〈中庸〉與〈大學〉來解經。北宋自司馬光已將〈中庸〉之說與《尚書》作為同等重要的「帝王之學」，其後至北宋晚期，乃至南宋，當理學發展愈趨成熟之時，以〈中庸〉、〈大學〉作為經筵進講的材料，乃至用來解《尚書》要義的情況，也就愈加明顯。經筵講官在解釋經典時，強調〈中庸〉、〈大學〉的思維，並藉經筵進講以傳播的方式，可說是與宋代《尚書》學的發展及宋代理學發展的情形，呈現一致的方向。同時，亦可看出經筵進講的材料與內容，呈現彼此交

1　何銘鴻，台灣文藻外語大學應用華語文系兼任助理教授；台北市立大學中國語文學系文學博士。

融的樣貌。本文主要就〈中庸〉融入《尚書》講義的狀況，作出初步的梳理。

二、以〈中庸〉解《尚書》之情形

（一）

《欽定四庫全書總目》載：「《中庸說》二篇，見《漢書・藝文志》。戴顒《中庸傳》二卷，梁武帝《中庸講疏》一卷，見《隋書・經籍志》。」[2] 可知《禮記》中的〈中庸〉是目前所知最早的單行本之一，且因為梁武帝宗教信仰的關係，《中庸講疏》一直被許多學者認為是一部以闡釋儒家義理與佛教教理相呼應的著作。一般思想史與學術史的學者普遍認為，〈中庸〉最初從《禮記》中抽出來，加以詮釋，與佛道思想的影響有很大的關係。例如葉國良先生曾云：「宋代新經學的建立者，如二程子、張載、朱子等人，在其未服膺孔、孟之前，曾經逃禪學仙，因而熟悉二氏的哲學架構，當他們重新闡釋儒學時，他們特別重視《易經》、〈中庸〉、〈大學〉等著作，並從其中紬繹出蘊藏在儒家經典中的形上哲學……朱子合〈大學〉、《論語》、《孟子》、〈中庸〉為《四書》，即蘊含着此一意味。在此之後，在漢代本屬『傳』、『記』的《四書》，在群經中的地位反而超過了五經……正因《四書》的組合，涵蓋了形上形下哲學二者，比起其他各經，較能成其體系。宋人大談心、性、理、氣，又高論天地變化之理，與先秦漢唐儒者大異其趣，而這正是宋儒學術的特色之一。」[3] 此處雖就《四書》統言之，但〈中庸〉、〈大學〉實已涵蓋其中。而關於北宋前期的佛道交融的情形，錢穆（1895–1990）先生的《中國學術思想

2　（清）永瑢、紀昀等：《欽定四庫全書總目・經部・四書類1》（台北市：藝文印書館，1997年9月影印國立故宮博物院藏武英殿本），卷35，頁727。

3　葉國良：〈宋代的經學〉，《經學通論》（台北縣：國立空中大學，1997年8月）第22章，頁575–576。

史論叢（五）》中〈讀智圓《閒居篇》〉與〈讀契嵩《鐔津集》〉[4] 二篇文章有詳細論述，茲不贅言。

以北宋一朝而言，經筵講讀內容未見有〈大學〉、〈中庸〉獨立進講者，一般都是以《禮記》作為進講的經典，而所講論的內容，即着重在〈大學〉、〈中庸〉之篇章。一直要到南宋之後，才開始有〈大學〉、〈中庸〉獨立進講的情況。以〈中庸〉而言，其進講記錄最早可見於宋真宗年間：

> 翰林侍講學士、刑部侍郎、兼國子祭酒邢昺，以羸老步趨艱梗，見上自陳曹州故鄉，願給假一歸視田里，俟明年郊禋……壬子，即拜工部尚書，知曹州，職如故，遷其班在翰林學士上。入辭日，賜襲衣、金帶。是日，特開龍圖閣，召近臣宴崇和殿，上作詩二章賜之，預宴者咸賦。昺視壁間《尚書》、《禮記》圖，指〈中庸篇〉曰：「凡為天下國家有九經。」因陳其大義，上嘉納之。[5]

翰林侍講學士邢昺，因年老欲告假返鄉，得真宗首肯，故除其工部尚書之職，並知曹州，入辭日，賜宴崇和殿之時，見壁上之《禮記》圖所載，因指〈中庸篇〉第二十章「凡為天下國家有九經」之語，為皇帝及眾臣陳述帝王修身治國之大義，「上嘉納之」。〈中庸〉中所謂的「凡為天下國家有九經」，即是：修身、尊、親親、敬大臣、體群臣、子庶民、來百工、柔遠人、懷諸侯。故所言「九經」明顯的是指向「帝王內聖外王之道」。這裏必須注意的是，在崇和殿中與《禮記》圖同時所掛的是《尚書》圖，《尚書》是帝王治世要典，無庸贅言，而就兩者同時張掛而言，其同為帝王治世之道，亦可謂昭然。

4　見錢穆：《中國學術思想史論叢（五）》（台北市：三民書局，2013 年 7 月）。

5　（宋）李燾：《續資治通鑑長編》（北京市：中華書局，1995 年 4 月），卷 66，頁 1483。

（二）

　　筆者曾分析《尚書》經筵所記載講官進講的篇章，以〈無逸〉篇的 14 次佔最多，並云：「可知歷來講官之所以偏好此篇，當與勉勵帝王勤勞政事，以民為念的想法有關，因此每於新帝上位之後，必有講官講授本篇，或繪圖以進，供帝王隨時觀覽，記念在心。要之，圖文並呈，以求其效。」[6]《尚書》一經歷來即為帝王治國之要典，當無疑義，而就整部《尚書》而言，〈無逸〉實為眾多篇章之中最受經筵講官所重視的。除了經書文字之講讀外，史載將《尚書》文字予以「圖像化」的，亦多屬〈無逸〉：

> 　　（仁宗天聖九年〔1031〕七月癸酉）翰林侍講學士兼龍圖閣學士、兵部侍郎孫奭……嘗畫〈無逸〉圖以進，帝施於講讀閣。[7]
>
> 　　（仁宗景祐二年〔1035〕正月癸丑）置邇英、延義二閣，寫《尚書·無逸》篇於屏。[8]
>
> 　　（仁宗皇祐四年〔1052〕十二月甲午）先是，邇英閣講《尚書·無逸》。帝曰：「朕深知享國之君宜戒逸豫。」楊安國言舊有〈無逸〉圖，請列於屏間。帝曰：「朕不欲坐席背聖人之言，當別書置之左方。」因命丁度取《孝經》之〈天子〉、〈孝治〉、〈聖治〉、〈廣要道〉四章對為右圖。乃令王洙書〈無逸〉，知制誥蔡襄書《孝經》，又命翰林學士承旨王拱臣為二圖序，而襄書之。至是，洙、襄皆以所書來上。[9]

此處欲呈現的是《尚書》對於帝王之道，非僅以文字講說呈現，更曾以圖、文並呈的方式置於帝王的宮殿，以為鑒戒之意。如上述所云，此種將《尚書》

6　何銘鴻：《宋代經筵〈尚書〉講義研究》（台北市：台北市立大學中國語文學系博士論文，2017 年 1 月）第三章第二節，頁 84、86。

7　（宋）李燾：《續資治通鑑長編》，卷 110，頁 2564。

8　（宋）范祖禹：《帝學》（《文淵閣四庫全書》（電子版），上海市：上海人民出版社《四庫全書》電子版，1999 年 11 月），卷 4。

9　（宋）李燾：《續資治通鑑長編》，卷 173，頁 4184。

與《禮記》並列，亦或者説〈無逸〉與〈中庸〉共置的方式，證明了兩者具有相輔相成的關係，都是帝王修己成聖的大法。

再觀以下幾條資料，可見得自宋太宗開始，即有賜新科進士書卷之例，而所賜有〈中庸〉與〈大學〉篇章，尤其至仁宗天聖八年（1030）之後，更以〈中庸〉與〈大學〉「間賜」，「著為例」，可見得二篇之為帝王所重視，並用以「御賜」新科進士：

> （太宗淳化三年〔992〕三月）辛丑，又覆試諸科，擢七百八十四人，並賜及第……進士孫何而下……時詔刻《禮記·儒行》篇，賜近臣及京官受任於外者，並以賜何等，另為座右之戒。[10]
>
> （仁宗天聖五年〔1027〕四月）辛卯，賜新及第人聞喜燕於瓊林苑，遣中使賜御詩及〈中庸〉篇一軸。上先命中書錄〈中庸〉篇，令張知白進讀，至修身治人之道，必使反覆陳之。[11]
>
> （仁宗天聖五年〔1027〕四月）二十一日，賜新及第〈中庸〉一篇。[12]
>
> （仁宗天聖八年〔1030〕四月）四日，賜新及第進士〈大學〉一篇，自後與〈中庸〉間賜，著為例。[13]

上引第二條之資料，亦見於宋人羅從彥（1072–1135）的《羅豫章文集》之中：「仁宗嘗賜及第進士王堯臣等聞喜宴於瓊林苑，遣內侍賜以御詩，又各人賜〈中庸〉疏一軸，自後遂以為常。初帝將以〈中庸〉賜進士，命輔臣錄本，既上，使宰相張知白讀之，至修身治人之道，必命反復陳之，當傾聽終篇始罷。」[14]而所載之重點是放在〈中庸〉所闡釋的「修身治人之道」，加上北宋

10　（宋）李燾：《續資治通鑑長編》，卷33，頁734–735。
11　（宋）李燾：《續資治通鑑長編》，卷105，頁2439。
12　（宋）李燾：《續資治通鑑長編》，卷105，頁2439。
13　《宋會要輯稿·選舉》2之7，冊107。
14　（宋）羅從彥：《羅豫章文集》卷之4〈尊堯錄4〉，《叢書集成初編》（台北市：新文豐出版公司1988年影印《四明叢書》本），頁45。

之時，賜及第進士〈中庸〉、〈大學〉篇已漸成為慣例，可見得北宋自仁宗之後，在官方之學中，〈中庸〉與〈大學〉便開始有脫離《禮記》而單獨存在的情形，同時亦與《尚書》一經呈現相輔相成之勢，此乃因其義理有可為相通之處而互為闡釋，故此一情形也就順理成章了。

至於南宋時進講〈中庸〉的情況，依所得史料記載有：

> （孝宗乾道三年〔1167〕）講筵官上奏，願選《禮記》中切要者講之，如〈王制〉、〈學記〉、〈中庸〉、〈大學〉之類，先次進講。[15]
>
> （孝宗淳熙四年〔1177〕）朕在宮中，只看經史，機務之外，只好讀書，講〈泰〉之九二，而明君子小人之辨；講〈萃〉之上六，而知盛衰治亂之由；讀〈禹貢〉，因大禹之勤儉，而戒人主之貪心；讀〈中庸〉「為天下國家九經」一段，而知治道之最切進正觀諫。[16]
>
> （理宗寶慶三年〔1227〕）工部侍郎朱在（朱熹之子）進對，奏人主學問之要，理宗曰：「先卿〈中庸序〉言之甚詳，朕讀之不釋手，恨不與同時。」[17]
>
> （度宗咸淳三年〔1267〕）正月戊申，帝詣太學謁孔子……令禮部尚書陳宗禮、國子祭酒陳宜中進讀〈中庸〉。[18]

從上述資料可知，南宋孝宗之時，雖仍將〈大學〉、〈中庸〉視為《禮記》之一篇，但是已經明顯地將兩篇的重要性突顯出來，尤其對於〈中庸〉「凡為天下國家有九經」一段的重視，再與〈大學〉所言「物格而後知至，知至而後意誠，意誠而後心正，心正而後身修，身修而後家齊，家齊而後國治，國治

15　（清）徐松：《宋會要輯稿・崇儒》（北京市：中華書局，1957 年 11 月），頁 393。

16　（宋）留正，（清）阮元輯：《增入名儒講義皇宋中興兩朝聖政》（南京市：江蘇古籍出版社 1988 年影印《宛委別藏》本），卷 57，頁 1791。

17　（元）脫脫：《宋史》（台北市：鼎文書局，1980 年 1 月），卷 41，〈本紀第 41〉，〈理宗 1〉，頁 789。

18　（元）脫脫：《宋史》，卷 46，〈本紀第 46〉，〈度宗 1〉，頁 820。

而後天下平」的進路互相對應，如此，便與帝王之學所要求的修身治國之意完全契合了。因此，在經筵講說之時，將《尚書》與〈大學〉、〈中庸〉之理有相通之處，互為援用，以闡發帝王格物致知乃至治國平天下之要理，便更加普遍。理宗時戴栩上〈聖學疏〉所述一段，尤可明白此一道理：

> 所謂講學者，〈中庸〉、〈大學〉其首也。……夫〈中庸〉、〈大學〉一理也，〈中庸〉之九經，即〈大學〉所以治國平天下者也，〈大學〉之毋自欺，即〈中庸〉之「莫見乎隱，莫顯乎微」者也。書二而理一，陛下能自得師，則優遊饜飫，皆是實誼，左右逢源，莫非妙用，惟當使此誠此敬無一息不存耳。[19]

可見得在經筵講讀時，〈中庸〉、〈大學〉二者之理，實有異曲同工之妙，書二而理一，始於修身，終於治國平天下，所謂「〈中庸〉之九經，即〈大學〉所以治國平天下者也」。

（三）

再進一步看，〈中庸〉與《尚書》之所以能相通之處，還有一個地方是最明顯的，即理學家所強調的《尚書‧大禹謨》。《尚書‧大禹謨》云：「人心惟危，道心惟微，惟精惟一，允執厥中。」[20] 此十六字歷來為理學家視為聖人傳心之法，其說與《荀子‧解蔽篇》有相通之處，《荀子‧解蔽篇》云：「昔者舜之治天下也，不以事詔而萬物成。處一危之，其榮滿側；養一之微，榮

19　（宋）戴栩：《浣川集》，卷4，〈奏疏‧聖學疏〉（《文淵閣四庫全書》（電子版））。

20　案：《尚書‧大禹謨》之文，據明代中期梅鷟、清初閻若璩及後代學者之考證，屬《偽古文尚書》篇章，當時雖有學者如吳棫、朱熹等疑之，但並未成為公認之定論，反為理學家所重。關於古文《尚書》論斷的問題，筆者亦曾撰有：〈《審核古文尚書案》述評——兼談古文《尚書》之真偽問題〉一文（《經學研究論叢》第17輯，台北市：台灣學生書局，2010年7月），對於近人張岩所撰翻案文章：《審核古文尚書案》一書，舉出若干出土文獻之證據，加以批駁。

矣而未知。故《道經》曰：『人心之危，道心之微。』危微之幾，惟明君子而後能知之。」荀子引《道經》強調人心道心危微之幾，惟明君子而後能知之。此又與〈中庸〉所言「道」「莫見乎隱，莫顯乎微」之義相通。而〈大禹謨〉「允執厥中」之義，復與〈中庸〉所言「中也者，天下之大本也；和也者，天下之達道也。致中和，天地位焉，萬物育焉」及「君子中庸，小人反中庸。君子之中庸也，君子而時中；小人之中庸也，小人而無忌憚也」等所言之「中」義可通。

然講官解《尚書》，非僅就〈大禹謨〉一篇與〈中庸〉可通之處而言，又與《尚書》各篇章中凡論及「中」字之義者相牽引，互為解釋。如〈仲虺之誥〉「建中於民」、〈洪範〉「皇極」、〈酒誥〉「作稽中德」、〈君牙〉「民心罔中，惟爾之中」等。此一情形自北宋中期以後逐漸明顯。北宋中期，講官論及〈大禹謨〉之時，仍是以孔門之「德」義為重，如文彥博〈進尚書孝經解劄子〉所陳〈大禹謨〉之要義，即言：「禹、稷、皋陶共事舜帝，君臣同寅，咸有一德，故矢厥謨，成厥功……舜、禹之所以為聖帝明王以此。」[21] 范存仁《尚書解》[22] 講義論及〈大禹謨〉一篇時，則以「為君難，為臣不易」、「任賢勿貳，去邪勿疑」、「唯好生之德可以服民心」、「惟德動天，無遠弗屆」等要義，為皇帝陳之。至哲宗末年，時任右諫議大夫兼侍講的楊時（於高宗時除工部侍郎，復兼侍講），其〈書義序〉云：「可傳於後世者且載於百篇之《書》，今其存者五十有九篇。予竊以一言蔽之，曰『中』而已矣。」[23] 對於《尚書》要義，楊時已明顯將「允執厥中」之「中」義進而與〈中庸〉之「中」義做更密切的結合，其云：

　　堯之咨舜曰：「天之歷數在爾躬，允執其中，四海窮困，天祿永終。」

21　（宋）文彥博：〈進尚書孝經解劄子〉，《全宋文》（曾棗莊、劉琳主編，上海市：上海辭書出版社，2006 年 8 月）卷 651，冊 30，頁 294。
22　（宋）范存仁：《尚書解》，《全宋文》，卷 1545，冊 71，頁 284–285。
23　（宋）楊時：〈書義序〉，《全宋文》，卷 2675，冊 124，頁 249。

舜亦以命禹。夫三聖相授，蓋一道也。……〈仲虺之誥〉稱湯曰「建中於民」，箕子為武王陳〈洪範〉，曰「皇建其有極」，然則帝所以為帝，王之所以為王，率此道也。予故以一言以蔽之，曰中而已矣。[24]

楊時此處以聖人之道，「一言以蔽之，曰中而已矣」，並進一步謂其所謂之「中」，乃「時中」之義，[25] 可知楊時將《尚書》之「中」義與〈中庸〉所言「君子而時中」等同視之。又楊時之〈尚書經筵講義——吉人為善節〉中，即明引〈大學〉之文以進講：「古之欲明明德於天下者，必先於致知，致知所以明善也。欲致其知，非學不能。故傅説之告其君曰『念終始典於學』以此。」[26] 可知楊時於進講之時，結合《尚書》與〈中庸〉、〈大學〉之義，較之北宋中期，已更加明顯。

再如高宗紹興九年（1139），中書舍人兼侍講的劉一止（1078–1160），在其進講的〈立政講義〉中，亦明引〈中庸〉之説：「〈中庸〉曰：『庸德之行，庸言之謹，有所不足，不敢不勉，有餘不敢盡。』皆取諸常也。」[27] 所引「〈中庸〉之文，雖欲言帝王當行天地之常道，蓋亦取諸於「中」義。又，理宗朝兼崇政殿説書的徐元杰，在淳祐五年（1245）乙巳正月二十四日進講時，亦引〈中庸〉為説：「（咨訪廣、識認真、發用審、把握定）此即〈中庸〉博學、審問、慎思、明辨、篤行之大意。……〈中庸〉所謂『惟天下至聖為能聰明睿知，足以有臨』，此是言人主天資之盛。」[28] 此徐元杰引〈中庸〉之理説《尚書》，蓋以帝王之學，亦當以「博學、審問、慎思、明辨、篤行」之理為之。再觀理宗朝，任崇政殿説書、侍講的徐鹿卿，在其〈尚書講義〉中，亦論及「格心之學」、「治亂之分，不在天而在身，不在著而在微」、「精微傳心

24　（宋）楊時：〈書義序〉，《全宋文》，卷 2675，冊 124，頁 249。
25　（宋）楊時：〈書義序〉，《全宋文》，卷 2675，冊 124，頁 250。
26　（宋）楊時：〈書義序〉，《全宋文》，卷 2675，冊 124，頁 249。
27　（宋）劉一止：〈立政講義〉，《全宋文》，卷 3264，冊 152，頁 219。
28　（宋）徐元杰：〈乙巳正月二十四日進講日記〉，《全宋文》，卷 7757，冊 336，頁 327。

之蘊」[29] 等。可以見得到了南宋理學發展成熟的時候，引〈中庸〉與〈大學〉來解《尚書》的情況，便愈發常見。

三、小結

再回到北宋中期來看，司馬光在神宗變法晚期，曾撰有〈中和論〉一文，其文曾引〈大禹謨〉「危微精一」與〈中庸〉的文字，將《尚書》與〈中庸〉結合，作為全篇論述的重點：

> 君子從學貴於博，求道貴於要，道之要，在治方寸之地而已。〈大禹謨〉曰：「人心惟危，道心惟微，惟精惟一，允執厥中。」危則難安，微則難明，精之所以明其微也，一之所以安其危也，要在執中而已。〈中庸〉曰：「喜怒哀樂之未發謂之中，發而皆中節謂之和。」君子之心，於喜怒哀樂之未發，未始不存乎中，故謂之中庸。庸，常也。以中為常也。及其既發必制之以中，則無不中節，中節則和矣。是中和一物也，養之為中，發之為和，故曰：「中者，天下之大本也；和者，天下之達道也。」智者知此者也，仁者守此者也，禮者履此者也，樂者樂此者也，政者正其不能然者也，刑者威其不從者也，合而言之謂之道。道者，聖賢之所共用也，豈惟人哉。[30]

司馬光此文除了引〈大禹謨〉文字之外，並大量引用〈中庸〉的說法，強調「中」與「和」對於為學、修身、治國之重要性，勸導人君以「中」、「和」作為治國的最高指導原則，同時，也可以看出司馬光已將〈中庸〉之說與《尚

---

29 （宋）徐鹿卿：〈癸未進講〉、〈戊寅進講〉，《全宋文》，卷 7673，冊 333，頁 228–229。

30 （宋）司馬光：《傳家集・中和論》（《文淵閣四庫全書》電子版），卷 64。

書》作為同等重要的「帝王之學」，其後至北宋晚期，乃至南宋，當理學發展愈趨成熟之時，以〈中庸〉、〈大學〉作為經筵進講的材料，乃至用來解《尚書》要義的情況，也就愈加明顯。

　　本文所論，除見得經筵講官得君行道之理想，必須先得皇帝全力支持，方可實現之外；其強調〈中庸〉乃至〈大學〉的思維，並藉經筵進講以傳播的方式，可說是與宋代《尚書》學的發展及宋代理學發展的情形，呈現一致的方向。同時，亦可看出經筵進講的材料與內容，呈現彼此交融的樣貌。

陳振孫《尚書》學探微

何廣棪

新亞研究所

壹、緒言

余攻治陳振孫及其《直齋書錄解題》用力頗勤，費時亦甚久。初則探研其生平及著作，並版行《陳振孫之生平及其著述研究》一書，[1] 以為知人論世及鑽研直齋學術之基礎；近廿餘年來則絡繹撰作與出版《陳振孫之經學及其〈直齋書錄解題〉經錄考證》[2]、《陳振孫之史學及其〈直齋書錄解題〉史錄考證》[3]、《陳振孫之子學及其〈直齋書錄解題〉子錄考證》[4]、《陳振孫之文學及其〈直齋書錄解題〉集錄考證》。[5] 其後又發表相關論文十餘篇，相繼收入拙著《碩

1　1993 年 10 月，新北市，文史哲出版社出版。後經修訂，2009 年 3 月，交新北市，花木蘭文化出版社印行，收入《古典文獻研究輯刊八編》。

2　1997 年 3 月，新北市，里仁書局出版。後經修訂，2006 年 3 月，交新北市，花木蘭文化出版社印行，收入《古典文獻研究輯刊二編》。

3　2006 年 9 月，新北市，花木蘭文化出版社印行，收入《古典文獻研究輯刊三編》。

4　2007 年 3 月，新北市，花木蘭文化出版社印行，收入《古典文獻研究輯刊四編》。

5　此書屬國家科學委員會民國 87 年度專題計劃，（NSC87-2411-H211-002），後修訂完竣，收入花木蘭文化出版社 2010 年 3 月印行之《古典文獻研究輯刊十編》中。

堂文存三編》[6]、《四編》[7]、《五編》[8]、《六編》[9]中。

　　2007 年 11 月 17 日至 18 日於台北市舉行「第五屆中國經學研究會國際學術研討會」，余以〈陳振孫《易》學之研究〉為題，謹就振孫之《易》學著作、《易》學淵源、《易》學特色與見地，及振孫對各家《易》學著作之評價等項，撰就論文在會上宣讀。此次之撰作，其體例略仍舊貫，下分「陳振孫之《尚書》學著作」、「陳振孫《書解》內容之推究」、「宋儒與陳振孫對《古文尚書》之辨偽及其淵源」、「陳振孫《尚書》學之特色與見地」、「陳振孫《尚書》學之闕失」五項以作探討，並以〈陳振孫《尚書》學探微〉為題，敬撰拙文，奉獻單周堯教授七秩華誕，虔為祝壽。

貳、本論

一、陳振孫之《尚書》學著作

　　有關陳振孫著作，元人脫脫《宋史・藝文志》一無著錄，以迄清人黃虞稷、倪燦撰、盧文弨考訂《宋史藝文志補》則僅著錄：

6　《碩堂文存三編》收有〈近年來有關陳振孫及其著述研究之新探索〉。1995 年 6 月 15 日，台北市，里仁書局印行。

7　《碩堂文存四編》收有〈陳振孫生卒年新考〉、〈劉貢父「不徹薑食」、「三牛三鹿」二語考——讀《直齋書錄解題》札記〉。2001 年元月，台北市，文史哲出版社印行。

8　《碩堂文存五編》收有〈讀陳振孫《直齋書錄解題》札記〉、〈讀陳振孫《直齋書錄解題》續札〉、〈讀陳振孫《直齋書錄解題・詩類》札記〉、〈讀陳振孫《直齋書錄解題・語孟類》札記〉、〈談「虬戶銑谿體」——讀《直齋書錄解題》札記〉、〈呂昭問小考——讀《直齋書錄解題》札記〉、〈尤袤與陳振孫之學術情緣〉、〈南宋有兩「陳振孫」——讀《陳容壙志》、《陳容墓志銘》書後〉。2004 年 9 月 15 日，台北市，里仁書局印行。

9　《碩堂文存六編》收有〈宋匪躬四考——讀《直齋書錄解題》札記〉、〈《陳振孫之經學及其〈直齋書錄解題〉經錄考證》增訂本後記〉、〈《陳振孫之史學及其〈直齋書錄解題〉史錄考證》後記〉。2007 年 9 月 15 日，新北市，花木蘭文化出版社印行。

　　　　陳振孫《直齋書錄解題》五十六卷。今分二十二卷。[10]

而其餘著作均付闕如。

　　考陳振孫《尚書》學著作，南宋周密《志雅堂雜鈔》卷下、〈書史〉則記載有三條，其一云：

　　　　直齋所著書有言《書解》一冊，《易解》、《繫辭錄》、《史鈔》。[11]

案：周密字公瑾，其父周晉字明叔，與振孫過從甚密，振孫曾借閱晉所藏〈張氏十詠圖〉，後撰跋而歸之。周密年輕時則嘗接聞振孫之道範聲欬，故密對振孫生平及著述情事，知悉頗詳，拙著《陳振孫之生平及其著述研究》已考論及之。[12]

　　周密此條謂振孫著有《書解》一冊，所言應可信。

　　其二云：

　　　　子昂云：「高恥堂有《易說》，《詩》、《書解》之類尤好。」[13]

案：此條所記之「子昂」，即趙孟頫。孟頫字子昂，湖州人，與周密同鄉里，年齒又相及。文中所言之「高恥堂」，即高斯得，《宋史》卷四百九、〈列傳〉第一百八十六有傳。其〈傳〉且載斯得有「《恥堂文集》行世」。[14]至此條所云「《詩》、《書解》」，乃《詩解》、《書解》之省稱。《書解》，疑即前條所載之

10　見《宋史藝文志‧補‧附編》（上海：商務印書館，1957 年 12 月初版），頁 546。

11　見《粵雅堂叢書》，第一集，《志雅堂雜鈔》卷下，清咸豐三年刻本，頁 13A。

12　同注 1，文史哲出版社本，第四章〈陳振孫之戚友與交游〉、第三節〈陳振孫學術上之友朋〉，頁 301–306。

13　同注 11，頁 13B。

14　見脫脫《宋史》卷 409、〈列傳〉第 168〈高斯得〉，（台北市：鼎文書局，1994 年 6 月 8 版），頁 12328。

直齋《書解》也。

其三云：

> 姚子敬處有恥堂《易膚説》，又有《增損杜佑通典》，甚佳。其家只有一本，恐難借出。又有唐仲友《兩漢精華》，有陳木齋《詩話鈔》、直齋《書傳》、雪林《詩家糾繆》。[15]

案：此條之「姚子敬」，《宋史》無傳，事跡無可考。惟有關高恥堂著作，《宋史》本傳寫作《詩膚説》、《增損刊正杜佑通典》。[16] 或恥堂既撰《易膚説》，又撰《詩膚説》；至所記《增損刊正杜佑通典》，則應與杜佑《通典》同屬一書，或文字有所增損耳。又此條所載「直齋《書傳》」，疑與《書解》同，非為二書也。

惟振孫《書解》亦有被稱作《尚書説》者，清人朱彝尊《經義考》卷八十三、〈書〉十二著錄：

> 陳氏振孫《尚書説》，佚。[17]

《書解》、《尚書説》，二者應同屬一書。近人陳樂素撰〈《直齋書錄解題》作者陳振孫〉，謂《書解》與《尚書説》「未詳是否一書」，[18] 所言似過於矜慎。

據上所考，則振孫確撰有《書解》一冊，周密《志雅堂雜鈔》卷下、〈書史〉謂高恥堂、姚子敬均藏有之，其言可信。《書解》或稱《書傳》，亦稱《尚

---

15 同注 11，頁 14A。

16 同注 14。

17 見《四部備要·經部·經義考》（上海市：中華書局據揚州馬氏刻本校刊本），冊 11，卷 83，頁 3A。

18 陳樂素文，發表於 1946 年 11 月 20 日《大公報·文史周刊》。此處轉引自徐小蠻、顧美華點校本《直齋書錄解題》（上海市：上海古籍出版社，1987 年 12 月），附錄二，頁 695–696。

書說》，三者乃同書而異名，否則，則書寫偶有不同耳。

二、陳振孫《書解》內容之推究

陳振孫撰《書解》一冊，南宋時猶存，元時袁桷尚研讀之。嗣後，其書流傳則不絕如縷。清初朱彝尊《經義考》雖著錄有振孫《尚書說》（即《書解》），而標明「佚」，疑其時書已不復存霄壤間矣！

振孫此書雖佚，竊以為其書之內容似仍可得以窺探端倪者。考袁桷《清容居士集》卷二十一、〈序・龔氏四書朱陸會同序〉載：

> 《五經》專門之說不一，既定於石渠、鴻都，嗣後學者靡知有異同矣。……《書》別於今文古文，晉世相傳，馴致後宋時則有若吳棫氏、趙汝談氏、陳振孫氏疑焉，有考過千百年而能獨明者也。……至治二年八月辛未袁桷序。[19]

同書卷二十八、〈墓誌銘・劉隱君墓誌銘〉又載：

> 《五經》之學，由宋諸儒先緝續統緒，《詩》首蘇轍，成鄭樵；《易》首王洙，東萊呂祖謙氏後始定十二篇；胡宏氏辨《周官》，余廷椿乃漸次第；《書》有古文今文，陳振孫掇拾援據，確然明白，言傳心者猶依違不敢置論。[20]

案：袁桷字伯宗，生於南宋度宗迄元泰定帝時，《元史》卷一百七十二、〈列傳〉第五十九有傳。其〈傳〉謂：「桷在詞林，朝廷制冊勳臣碑，多出其手。所著有《易說》、《春秋說》、《清容居士集》。泰定四年（1327）卒，年六十

---

19 見《景印文淵閣四庫全書》（台北市：台灣商務印書館，1986 年），第 1203 冊，卷 21，頁 286–287。
20 同上注，頁 380–381。

一。」[21] 是桷既善屬文，兼研治經學，其生卒年代又距振孫匪遙，故所考論直齋治《尚書》學，其言必有依據，應可相信。

如上所推論，袁桷所言既可信，據之以推究《書解》，則振孫此書，其內容必有考證及《尚書》今、古文與其書真偽者。惟《書解》已亡，余不獲已，頗擬據《直齋書錄解題》（以下簡稱《解題》）卷二、〈書類〉所載資料以作探微，庶或可推求得《書解》內容之一二。

考《解題》卷二、〈書類〉所著錄書籍，凡二十九種，欲藉之以推考《書解》內容，則以其中第一種「《尚書》十二卷、《尚書注》十三卷」條至為重要。茲不妨分段迻錄之，並試予闡說，以作推究《書解》之依據。

《解題》卷二、〈書類〉「《尚書》十二卷、《尚書注》十三卷」條[22]載：

> 漢諫議大臣魯國孔安國傳。初，伏生以《書》教授，財二十九篇，以〈舜典〉合於〈堯典〉，〈益稷〉合於〈皋陶謨〉，〈盤庚〉三篇合為一，〈康王之誥〉合於〈顧命〉，實三十四篇。

案：此乃振孫考伏生《今文尚書》之篇數。謂《今文尚書》初「財二十九篇」，後釋出〈舜典〉、〈益稷〉、〈康王之誥〉，則增多三篇；〈盤庚〉分為三，又多出二篇，是共增五篇。二十九加五，故《今文尚書》「實三十四篇」。

又載：

> 及安國考論魯壁所藏，始出〈舜典〉諸篇，又定其可知者，增多二十五篇，引〈序〉以冠諸篇之首，定為五十八篇。

案：此條考論魯壁所藏《古文尚書》篇數。振孫認為既經孔安國考論之《古

21　見宋濂等《元史》卷172、〈列傳〉第59〈袁桷〉（台北市：鼎文書局，1993年10月7版），頁4025–4026。

22　此條載見徐小蠻、顧美華點校《直齋書錄解題》，頁26–27。

文尚書》，其內實已有〈舜典〉、〈益稷〉、〈康王之誥〉等文，是《今文尚書》所訂三十四篇均在安國所見《古文尚書》內。惟《古文尚書》另多出《今文尚書》所闕之二十五篇，是則安國所見《古文》，合〈序〉而言，凡五十九篇。後安國引〈序〉以冠每篇之首，改定為五十八篇，斯則安國考論原藏魯壁《古文尚書》之實況也。

又載：

> 雖作《傳》既成，會巫蠱事作，不復以聞，故未嘗列於學官，世亦莫之見也。

案：此言孔安國據《古文尚書》以作《傳》，而遇巫蠱事，乃無以聞。其學既不列學官，所為《傳》，「世亦莫之見」。讀《漢書·武帝本紀》，固知巫蠱事發生於征和二年（西元前 92 年）秋七月，[23] 是安國獻《孔傳》，乃在巫蠱事發生前。

又載：

> 考之〈儒林傳〉，安國以《古文》授都尉朝，弟弟相承，以及塗惲、桑欽；至東都，則賈逵作《訓》，馬融、鄭康成作《傳》、《注解》，而逵父徽實受《書》於塗惲，逵傳父業，雖曰遠有源流，然而兩漢名儒皆未嘗實見孔氏《古文》也。

案：此乃據《漢書·儒林傳》、《後漢書·儒林列傳》及孔穎達《尚書正義》以考兩漢《古文尚書》之授受，振孫並謂其間雖「遠有源流」，然「兩漢名儒皆未嘗實見孔氏《古文》」，蓋以其書既深藏石渠、鴻都中，故即當世名儒

23　事見班固《漢書》卷六、〈武帝紀〉第 6（台北市：鼎文書局，1995 年 1 月 8 版），頁 208–209。

亦莫能得而見之矣！

又載：

> 豈惟兩漢，魏、晉猶然，凡杜征南以前所注經傳，有援〈大禹謨〉、
> 〈五子之歌〉、〈胤征〉諸篇，皆云《逸書》；其援〈泰誓〉者，則云今〈泰
> 誓〉無此文，蓋伏生《書》亡〈泰誓〉，〈泰誓〉後出。或云武帝末，民
> 有獻者；或云宣帝時，河內女子得之，所載白魚火烏之祥，實偽書也。
> 然則馬、鄭所解，豈真《古文》哉！故孔穎達謂賈、馬輩惟傳孔學三十
> 三篇，即伏生《書》也，亦未得為孔學矣。

案：此言即魏、晉經師亦皆未得見孔安國《古文》，故凡杜預前所注《尚書》
有引古文〈大禹謨〉、〈五子之歌〉、〈胤征〉、〈泰誓〉者，恐皆為偽書也；
即賈、馬、鄭玄所傳注，亦僅能據伏生《尚書》三十三篇（即《今文經》），
而非孔氏《古文》（即增多之二十五篇）。〈泰誓〉又後出，原非伏生《尚書》
所有，故其所載「白魚火烏之祥」，實偽書也。

又載：

> 穎達又云：「王肅注《書》，始似竊見孔《傳》，故於亂其紀綱以為。
> 太康時，皇甫謐得《古文尚書》於外弟梁柳，作《帝王世紀》往往載
> 之。蓋自太保鄭沖授鄭愉，愉授梁柳，柳授臧曹，曹授梅賾，賾為豫章
> 內史，奏上其《書》，時已亡〈舜典〉一篇。至齊明帝時，有姚方興者，
> 得於大航頭而獻之；隋開皇中，搜索遺典，始得其篇。夫以孔注歷漢末
> 無傳，晉初猶得存者，雖不列學官，而散在民間故耶？」

案：振孫此處所引「穎達又云」之文，實取自《尚書注疏・虞書》疏，而內

容則有刪削，文字亦多所異同。[24] 是則穎達固誤以王肅所竊見之孔《傳》為真孔《傳》、皇甫謐所得之《古文尚書》為真《古文》矣！

又載：

> 然終有可疑者，余嘗辨之。

案：是振孫不信孔穎達之言，而終疑魏、晉後所流傳《古文尚書》與孔《傳》為偽，故撰成《書解》以辨之。余嘗竊考曾得讀振孫《書解》之袁枏所撰文，其一則曰：「《書》別於今文古文，……陳振孫氏疑焉，有考過千百年而能獨明者也。」此殆袁氏推譽振孫能疑古文之偽，謂其於千百年後考之而能獨明。其二則曰：「《書》有今古文，陳振孫氏掇拾援據，確認明白。」此則不惟謂振孫能考《古文》之偽，且掇拾資料，援以為據，以證《今文》之真，而其對《古》、《今》文兩者之考證，皆「確認明白」。由是推之，足見振孫《書解》之內容，實涵蓋考辨《尚書》今、古文及其書真偽，而非僅獨辨古文之偽而已也。

振孫已明言魏、晉後所傳《古文尚書》為可疑，並嘗辨之。至其所撰《書解》內容有考及《今文尚書》為真者，斯則仍可覓取相關旁證以申說之。《解題》卷二、〈書類〉著錄：

> 《南塘書說》三卷，趙汝談撰。疑古文非真者五條。朱文公嘗疑之，而未若此之決也。然於伏生所傳諸篇亦多所掊擊觝排，則似過甚。[25]

案：此條於前既讚揚趙汝談疑古文非真，謂其勇決有過於朱子者；然後半則責其於伏生今文「多所掊擊觝排，則似過甚」。以是觀之，則振孫於《尚書

24　見阮元《重刊宋本尚書注疏附校勘記》（嘉慶二十年江西南昌府學開雕本），〈堯典〉第一，頁 3B。

25　同注 22，頁 34。

今文經》之真，固堅信不疑，所說情見乎辭矣！故余謂振孫《書解》之內容
必有考論及今文者。

綜上所推考，則振孫《書解》一書，內容應甚富贍，惜書既亡，故亦
不可具悉。竊以為其書必有考及今、古文之篇章與篇數、伏生《書》與孔
《傳》，及今、古文之授受，並着重考證《尚書》之偽古文與真今文者。余僅
據《解題》所載及袁桷《清容居士集》相關資料，以推究《書解》內容有如
上述，尚希能不遠於事實。

三、宋儒與陳振孫對《古文尚書》之辨偽及其淵源

宋儒疑《古文尚書》之偽，朱彝尊謂始於宋人吳棫。朱撰《經義考》卷
八十、〈書〉九著錄：

> 吳氏棫《書裨傳》，〈宋志〉十二卷，《授圖經》十三卷。未見。《一
> 齋書目》有之。王明清曰：「吳棫才老，舒州人。」……按：說《書》疑
> 古文者自才老始，其書《萊竹堂目》尚存。[26]

是其證。《書裨傳》一書，《解題》卷二、〈書類〉著錄：

> 《書裨傳》十三卷，太常丞建安吳棫才老撰。首卷舉要曰〈總說〉，
> 曰〈書序〉，曰〈君辨〉，曰〈臣辨〉，曰〈考異〉，曰〈詁訓〉，曰〈差
> 牙〉，曰〈孔傳〉，凡八篇。考據詳博。[27]

吳棫，《宋史》無傳。清陸心源《宋史翼》卷二十四、〈列傳〉第二十四、〈儒
林〉二載棫「紹興間始除太常丞」，[28] 則棫乃南宋高宗時人。竊疑其書八篇中，

26　同注 17，冊 11，卷 80，頁 5B–6A。
27　同注 22，頁 30。
28　見陸心源《宋史翼》（北京市：中華書局，1991 年 12 月第一版），頁 255。

如〈總說〉、〈書序〉、〈孔傳〉諸篇皆應考及《古文尚書》之偽者，故振孫
譽棫「考據詳博」。而朱子早於振孫，亦盛推才老書。朱子曰：「吳才老《書
解》，徽州刻之。才老於考究上極有功夫，只是義理上看得不仔細。」又曰：
「吳才老說〈胤征〉、〈康誥〉、〈梓材〉等篇，辨證極好，但已看破〈小序〉
之失，而不敢勇決，復為〈序〉文所牽，殊覺費力耳！」[29] 朱子所言才老「考
究上極有功夫」，直齋與之所見略同；又謂其「辨證極好，但已看破〈小序〉
之失」，蓋朱子此說，大抵多就才老辨《古文》之偽而作推譽，惟亦嫌其「義
理上看得不仔細」，又「不敢勇決，復為〈序〉文所牽」，則朱子所分析甚翔
實，所考較直齋為細密。

　　宋人《古文尚書》辨偽工作，朱子實繼吳棫之後，而其所考論之成果，
均見《晦庵書說》中。此書由弟子黃士毅集成。《解題》卷二、〈書類〉著錄：

> 《晦庵書說》七卷，朱熹門人黃士毅集其師說之遺，以為此書。……
> 又嘗疑孔安國《傳》恐是假，〈書小序〉決非孔門之舊，安國〈序〉決非
> 西漢文章；至謂與《孔叢子》、《文中子》相似，則豈以其書出於東晉之
> 世故耶？非有絕識獨見不能及此。至言《今文》多艱澀，《古文》多平
> 易，伏生倍文暗誦，乃偏得其所難，而安國考定於科斗古書錯亂磨滅之
> 餘，反專得其所易，此誠有不可曉者。[30]

據是，則知朱子所辨偽，既謂孔《傳》、〈書小序〉皆不可靠；安國〈尚書序〉
非西漢文章；又謂《今文》艱澀，《古文》平易，伏生背誦偏得其難，安國
考定古書於錯亂磨滅之餘，而反專得其所易，此誠至不可曉。是朱子識見之
透徹，與立論之勇決，遠出才老之上，無怪振孫許為「非有絕識獨見不能及
此」。由是推之，則振孫撰《書解》以考究《古文》之偽，雖遠推其本於吳

29　同注 17，「吳氏棫《書裨傳》」條引。
30　同注 22，頁 32。

才老。然余深究振孫辨偽之主要淵源，實導自朱文公者也！

趙汝談字履常，號南塘。所撰《南塘書說》三卷亦辨《書》今、古文之真偽，《解題》有著錄，前已引及之，茲不再錄。汝談，宋孝宗時人。《宋史》卷四百一十三、〈列傳〉第一百七十二有傳。其〈傳〉謂「汝談天資絕人，沉思高識，自少至老，無一日去書冊。其論《易》，以為為占者作；《書》〈堯〉、〈舜〉二典宜合為一，禹功只施於河洛，〈洪範〉非箕子之作；《詩》不以〈小序〉為信；《禮記》雜出諸生之手；《周禮》宜傅會女主之書。要亦卓絕特立之見」。[31] 據是，汝談固遍通群經，而尤深於《尚書》者。振孫譽其疑古文非真，雖朱子亦未及其勇決。袁桷亦將之與才老、直齋並稱，謂其所考《尚書》今、古文，皆「有考過百年而能獨明者」。[32] 其後余又得讀劉後村序趙虛齋注《莊子·內篇》，曰：「往歲水心葉公講學，析理多異先儒，《習學記言》初出，南塘趙公書抵余曰：『葉猶是同中之異，如某則真異耳！』余駭其言而未見其書也。端平初，余為玉牒所主簿，葉為卿，攝郡右銓，趙為侍郎，朝夕相親，稍窺平生論著。于《書》、《易》皆出新義，雖伊、洛之說不苟隨，惟《詩》與朱子同。且語余曰：『莆人惟鄭漁仲善讀書，子可繼之，勿為第二流人。』余謝不敢當。」[33] 觀此，足證南塘治經多出新義，不肯為第二流人。振孫撰《書解》亦勝在敢疑，至其求新與勇決，應有淵源南塘者，故趙、陳二人治《尚書》，所獲業績，恐亦彼此相埒也。

綜上所考，則振孫於《古文尚書》之辨偽，固與吳、朱、趙三人為同道，而其淵源朱、趙之跡，似猶斑斑可考也。

31　見脫脫《宋史》卷413、〈列傳〉第172〈趙汝談〉（台北市：鼎文書局，1994年6月8版），頁12396。

32　同注22。

33　見王梓材、馮雲濠撰《宋元學案補遺》（台北市：世界書局，1974年7月再版），卷69，〈滄州諸儒學案補遺上·補文懿南塘先生汝談〉，頁2470。

四、陳振孫《尚書》學之特色與見地

陳振孫《尚書》學之特色，上言及其在辨偽方面已表現出敢疑、求新與勇決，茲無妨再據《解題》舉例，以證成其治《尚書》學仍有其他特色與見地。

(一) 對與《尚書》學相關著作之真偽表示高度懷疑

振孫治《尚書》敢疑，不惟體現於《古文尚書》與孔《傳》上，其對與《尚書》相關著作之真偽，亦多存疑，且每辨其不足信。《解題》卷二、〈書類〉著錄：

> 《汲冢周書》十卷，晉五經博士孔晁注。太康中，汲郡發魏安釐王冢所得竹簡書，此其一也。今京口刊本，以〈序〉散在諸篇，蓋以仿孔安國《尚書》。相傳以為孔子刪書所餘者，未必然也。文體與古書不類，似戰國後人依仿為之者。[34]

此辨《汲冢周書》非孔子刪書所餘，以其文體與古書不類，遂疑為「似戰國後人依仿為之者」。

又著錄：

> 《古三墳書》一卷，元豐中，毛漸正仲奉使京西，得之唐州民舍。其辭詭誕不經，蓋偽書也。《三墳》之名，惟見於《左氏》右尹子革之言。蓋自孔子定書，斷自唐、虞以下，前乎唐、虞，無證不信，不復采取，於時固以影響不存，去之二千載，而其書忽出，何可信也？況皇謂之「墳」，帝謂之「典」，皆古史也，不當如毛所錄，其偽明甚。人之好奇，有如此其僻者，晁公武云張商英偽撰，以比李筌《陰符經》。[35]

此辨《古三墳書》乃偽書，其辭詭誕不經，固明證矣！況孔子定書時，此書

34　同注 22，頁 28。
35　同注 22，頁 28–29。

已影響不存乎？去之二千載而書於元豐中忽出，何可信耶？至晁公武謂乃張
商英偽撰，晁說見《郡齋讀書志》卷第四、〈經解類〉「《三墳書》七卷」條，
不備錄。

又著錄：

> 《尚書精義》六十卷，三山黃倫彝卿編次。或書坊所託。[36]

此又疑《尚書精義》乃書坊偽託，非黃倫編次。是振孫所疑之書固不少，惟
其辨言皆有據，可昭徵信。

（二）主張治《尚書》須博極群書，長於考訂

《解題》卷二、〈書類〉著錄：

> 《石林書傳》十卷，尚書左丞吳郡葉夢得少蘊撰。博極群書，彊記絕
> 人。《書》與《春秋》之學，視諸儒最為精詳。[37]

此推譽夢得「博極群書，彊記絕人」，故所撰《石林書傳》最為精詳也。

又著錄：

> 《二典義》，尚書左丞山陰陸佃農師撰。為王氏學，長於考訂。待制
> 游，其孫也。[38]

振孫每醜詆王安石，陸佃雖「為王氏學」，然所撰《二典義》，探究〈堯典〉、
〈舜典〉，而能「長於考訂」，振孫仍肯定之。

又著錄：

---

36 同注 22，頁 33。
37 同注 22，頁 30。
38 同上注。

> 《書辨訛》七卷，樞密院編修官鄭樵漁仲撰。其目曰〈糾繆〉四，
> 〈闕疑〉一，〈復古〉二。樵以遺逸召用，博物洽聞，然頗迂僻。居莆之
> 夾漈。[39]

漁仲治學雖迂僻，然博物洽聞，故亦稱讚之。又前引吳棫撰《書裨傳》十三
卷，其書「考據詳博」，振孫亦視為棫書之優點也。

又著錄：

> 《無垢尚書詳說》五十卷，禮部侍郎錢塘張九成子韶撰。無垢諸經
> 解，大抵援引詳博，文義瀾翻，似乎少簡嚴，而務欲開廣後學之見聞，
> 使不墮於淺狹，故讀之者亦往往有得焉。[40]

子韶書「援引詳博，文義瀾翻」，雖少簡嚴，亦賞譽之，蓋讀其書者每有所
得也。

（三）主張治《尚書》須不詭隨前人傳注，惟亦不應主觀獨斷

《解題》卷二、〈書類〉著錄：

> 《禹貢論》二卷、《圖》二卷，程大昌撰。凡論五十三篇，後論八篇，
> 圖三十一。其於江、河、淮、漢、濟、黑、弱水七大川，以為舊傳失
> 實，皆辯證之。淳熙四年上進。宇宙廣矣，遠矣，上下數千載，幅員數
> 萬里，身不親歷，耳目不親聞見，而欲決於一心，定於一說，烏保其皆
> 無牴牾？然要為卓然不詭隨傳注者也。[41]

程氏《禹貢論》，成於宋孝宗淳熙四年（1177），所著書能不詭隨前人傳注，

39　同上注。
40　同注 22，頁 31。
41　同上注。

振孫以「卓然」二字褒之。然於其治此書時,未經考察調查,而「欲決於一心,定於一說」,治學態度不免流於主觀獨斷,振孫則大不以為然。

　　以上據《解題》資料以推考振孫治《尚書》之特色,所得者三:即對與《尚書》學相關著作之真偽表示高度存疑,一也;治《尚書》須博極群書,長於考訂,二也;治《尚書》須不詭隨前人傳注,惟亦不應主觀獨斷,三也。上述三項特色,想亦為振孫《書解》所具備。

　　振孫治《尚書》除具上述三項特色外,猶有下列若干見地,茲不妨仍據《解題》以資探微,並略申管見如下:

　　1. 治《尚書》須注重版本,並覓求善本
　　《解題》卷二、〈書類〉著錄:

　　　　《汲冢周書》十卷,晉五經博士孔晁注。……今京口刊本,以〈序〉散在諸篇,蓋以仿孔安國《尚書》。[42]

此言《汲冢周書》有京口刊本,並謂其書特色乃以〈序〉散在諸篇,殆仿孔安國《古文尚書》也。

　　又著錄:

　　　　《東萊書說》十卷,呂祖謙撰。……世有別本全書者,其門人續成之,非東萊本書也。[43]

此言《東萊書說》有別本全書,乃門人續成者,與此書不同。

　　又著錄:

42　同注 22,頁 28。
43　同注 22,頁 31。

> 《尚書大傳》四卷，漢濟南伏勝撰。大司農北海鄭康成注。凡八十有
> 三篇。……印版刓缺，合更求完善本。[44]

此言所得書「印版刓缺」，宜另求完善本。是皆振孫治《尚書》重視版本之證。

2. 訓釋《尚書》不可彊通

《解題》卷二、〈書類〉著錄：

> 《晦庵書說》七卷，朱熹門人黃士毅集其師說之遺，以為此書。晦庵
> 於《書》一經獨無訓傳，每以為錯簡脫文處多，不可彊通。呂伯恭《書
> 解》不可彊通者，彊欲通之。嘗以語伯恭而未能改也。[45]

此條之「呂伯恭」，指呂祖謙；《書解》，即前引之《東萊書說》。伯恭解《尚
書》，每於不可彊通處，仍彊欲通之，朱子規之而未能改。振孫最傾倒朱子，
此條所載如此，固可推悉其殊不以伯恭所為為允也。

3. 評《尚書》有透露其政治主張者

《解題》卷二、〈書類〉著錄：

> 《書義》十三卷，侍講臨川王雱元澤撰。其父安石序之曰：「熙寧三
> 年，臣安石以《尚書》入侍，遂與政。而子雱實嗣講事，有旨為之說以
> 進。八年下其說，太學頒焉。」雱蓋述父之學。王氏《三經義》，此其
> 一也。初，熙寧六年，命知制誥呂惠卿充修撰經義，以安石提舉修定。
> 又以安石子雱、惠卿弟升卿為修撰官。八年，安石後入相，新傳乃成，
> 雱蓋主是經者也。王氏學獨行於世者六十年，科舉之子熟於此乃合程

---

44 同注 22，頁 28。
45 同注 22，頁 32。

度。前輩謂如脫墼然，案其形模而出之爾。士習膠固，更喪亂乃已。[46]

振孫於王安石及其新政，深表不滿。此條記述其子王雱《書義》成書經過甚詳，惟毫不掩飾評安石將《三經義》用於科舉，以箝制學術，膠固士習，為禍之烈達六十年，延至高宗南渡後乃已。振孫反對王氏之政治主張固甚明顯，而抨擊之言亦至猛烈。

4. 評論〈書類〉書籍，亦有借題發揮，隱約批評時政者
《解題》卷二、〈書類〉著錄：

　　《東坡書傳》十三卷。其於〈胤征〉，以為羲和貳於羿，而忠於夏；於〈康王之誥〉，以釋衰服冕為非禮。曰：「予於《書》見聖人之所不取，而猶存者有二。」可謂卓然獨見於千載之後者。又言：「昭王南征不復，穆王初無憤恥之意，哀痛惻怛之語；平王當傾覆禍敗之極，其居與平康之世無異，有以知周德之衰，而東周之不復興也。」嗚呼！其論偉矣。[47]

此條力崇東坡評〈胤征〉、〈康王之誥〉，所論至當，以為乃「卓然獨見於千載之後者」；其後又藉東坡評昭王、穆王、平王史事，以影射靖康之難，及徽、欽二帝之北狩，暗示宋高宗「初無憤恥之意，哀痛惻怛之語」；至宋室南渡，「當傾覆禍敗之極」，統治者猶與居「平康之世無異」，乃知「宋」德之衰，而「南宋」之不可復興也。全篇借題發揮，所批評矛頭則隱然指向高宗。

5.《解題》評論中，另有隱約揭露宋高宗與秦檜間不尋常關係者
《解題》卷二、〈書類〉著錄：

46　同注 22，頁 29。
47　同注 22，頁 29–30。

《陳博士書解》三十卷，禮部郎中陳鵬飛少南撰。秦檜子熺嘗從之遊。在禮部時，熺為侍郎，文書不應令，鵬飛輒批還之。熺浸不平。鵬飛說書崇政殿，因論《春秋》母以子貴，言《公羊》說非是。檜怒，謫惠州以沒。今觀其書，紹興十三年所序，於〈文侯之命〉，其言驪山之禍，申侯啟之，平王感申侯之立己，而不知其德之不足以償怨；鄭桓公友死於難，而武公復娶於申。君臣如此，而望其振國恥，難矣。嗚呼！其得罪於檜者，豈一端而已哉！[48]

此條乃藉陳鵬飛解說〈文侯之命〉之辭，隱約揭露高宗與秦檜間不尋常關係。平王、武公者，暗喻宋高宗；申侯者，暗喻秦檜；鄭桓公者，暗喻徽、欽二帝。高宗市恩於秦檜，置父、兄北狩之辱於腦後，優遊歲月，不振國恥。《解題》曰：「君臣如此，而望其振國恥，難矣。」此數句雖為陳鵬飛〈序〉中語，實乃振孫借以抒發一己憤懣者。是則振孫憂國傷時之衷懷，固已形諸楮墨間矣！

6. 評《尚書》學著作，每寓其褒貶之見，間亦評論及撰者之為人

振孫對歷代《尚書》學著作，於《解題》書中，每有褒貶之評論，本文前已引述及其謂蘇軾《東坡書傳》「可謂卓然獨見於千載之後者」；謂陸佃《二典義》「視諸儒最為精詳」；謂吳棫《書裨傳》「考據詳博」，斯皆褒譽之例也。至謂王雱《書義》用於科舉以膠固士習，使治《尚書》者「如脫墼然，案其形模而出之」；謂鄭樵《書辨訛》「頗迂僻」；謂程大昌撰《禹貢論》，「身不親歷，耳目不親聞見，而欲決於一心，定於一說，烏保其皆無牴牾」；至趙汝談《南塘書說》，則「於伏生所傳諸篇亦多所掊擊觝排，則似過甚」，斯又其貶斥之例也。

然振孫治《尚書》褒貶之見，於《解題》中猶有可述者。《解題》卷二、

〈書類〉著錄：

> 《尚書講義》三十卷，參政金壇張綱彥正撰。政和四年上舍及第，
> 釋褐授承事郎，以三中首選，除太學官。其仕三朝，歷蔡京、王黼、秦
> 檜三權臣，皆不為之屈。紹興末乃預政，年八十四而終。此書為學官
> 時作。[49]

此條既考及彥正之書乃任學官時所作，又褒譽其為人不畏權臣也。

又著錄：

> 《書説》七卷，禮部尚書會稽黃度文叔撰。度篤學窮經，老而不倦。
> 晚年制閫江淮，著述不輟，時得新意，往往晨夜叩書塾，為友朋道之。[50]

此條推譽文叔「篤學窮經，老而不倦」，又謂其「著述不輟，時得新意」，往
往「為友朋道之」，斯則讚美文叔能追求朋友間切磋琢磨之樂也。

又著錄：

> 《柯山書解》十六卷，柯山夏僎元肅撰。集二孔、王、蘇、陳、林、
> 程頤、張九成及諸儒之説，便於舉子。[51]

此又謂元肅之書能集諸家之大成，材料齊備，「便於舉子」用以考試參研也。

五、陳振孫《尚書》學之闕失

惟振孫治《尚書》亦有所失，如撰《袁氏家塾讀書記》二十三卷之袁覺，

49　同注 22，頁 32。
50　同注 22，頁 33。
51　同注 22，頁 33–34。

與撰《潔齋家塾書鈔》十卷之袁燮本同胞兄弟，均為袁文之子。《解題》一則
曰：「未詳何人。」次則曰：「當亦是潔齋之族耶？」此甚失考者也。[52] 又如《梅
教授書集解》三冊，《解題》於其撰者亦謂「未詳何人」。余頗疑其人即梅杞，
蓋杞於理宗淳祐元年（1241）嘗任諸王宮教授，人稱「梅教授」。[53] 如上述錯
誤，《解題》仍有，請參考拙著《陳振孫之經學及其〈直齋書錄解題〉經錄考
證》第五章，其中猶存例證；囿於篇幅，不擬多舉矣。

叁、結論

十年前，余既撰就〈陳振孫《易》學之研究〉，今又以〈陳振孫《尚書》
學探微〉為題撰成此篇。周密《志雅堂雜鈔》卷下、〈書史〉載振孫所著書有
《書解》、《易解》、《繫辭錄》，則振孫固擅《易》、《書》等經學，且有著述
傳世也，其《書解》一書，高斯得、姚子堂輩猶收藏及之。惟《書解》其後
不知所蹤，雖博涉群書如朱彝尊者亦無緣得見。彝尊所撰《經義考》，云其
書已佚，是振孫《書解》或散佚於清初前矣。

有關《書解》之內容，余據《解題·書類》之材料，暨袁桷《清容居士集》
所收〈龔氏四書朱陸會同序〉、〈劉隱君墓誌銘〉二文以作探微。大抵《書解》
以考證《今文尚書》、《古文尚書》之真偽為主，間亦考及二書於兩漢、魏晉
間之授受源流。因原書已佚，上述探微之論，亦未敢確信其無訛也。

振孫對《古文尚書》之辨偽，固上承吳棫，《解題》卷二、〈書類〉著錄
才老所撰《書裨傳》十三卷，譽其「考據詳博」。惟振孫之《尚書》學，實
淵源於朱子。《解題》中評論《晦庵書說》，認為朱子辨偽確當，「非有絕識

---

52 請參拙著《陳振孫之經學及其〈直齋書錄解題〉經錄考證》（台北市：里仁書局，
    1997 年 3 月初版），頁 380–382。
53 同上注，頁 383–384。

獨見不能及此」。至趙汝談之疑古文非真，振孫服其「勇決」；至於汝談掊擊詆排今文，並疑其書非真，振孫則大不以為然。

振孫之《尚書》學仍有三點特色，如對《尚書》學相關著作之真偽表示高度存疑，一也；主張治《尚書》須博極群書，長於考訂，二也；又治《尚書》須不詭隨前人傳注，亦不應主觀獨斷，三也。

振孫治《尚書》仍有六點見地，如主張治《尚書》須注重版本，覓求善本，一也；訓釋《尚書》不可彊通，二也；治《尚書》於評論間透露其政治主張，三也；評論〈書類〉書籍，借題發揮，隱約批評時政，四也；《解題》評論文詞中，隱約揭露宋高宗與秦檜間不尋常關係，五也；對歷代《尚書》學著作作評論，《解題》中每寓褒貶之見，間亦評論及撰者之為人，六也。

上述有關振孫《尚書》學之特色與見地，拙文中均列舉例證，一一闡釋說明。至振孫治《尚書》學偶有所失，余亦略舉其例以言之。

2017 年 10 月 22 日撰於香港新亞研究所

倪元璐《尚書》經筵講章析論

陳恆嵩

東吳大學中國文學系

一、前言

　　《尚書》是一部彙編虞、夏、商、周四代歷史文獻的典籍，內容主要皆為政府誥命公文檔案，記錄古代聖君賢王治國理政的事跡，古人因「二帝三王治天下之大經大法皆載此書」，[1] 以為其治道理法可藉以疏通知遠，適於執政者處理政事，因而受歷代君王及聖賢所重視。《尚書》文字雖因時代久遠，辭句艱澀古奧，解讀惟艱，然仍被列為儒家五經之一，不僅為士子科舉考試重要科目，也是歷代君王培育儲君所必讀的典籍。

　　明朝的開國君主朱元璋（1328–1398）出身民間，幼年貧困失學，憑藉機遇及個人的努力學習，師儒的輔佐，終獲成功，他深感教育對帝王的領導統御的密切關聯。由於皇儲貴冑或功臣子弟，將來負有保家衛國之重責大任，格外對皇儲教育極為重視。[2] 他親自規定「儒臣進講《四書》，以《大學》為先；

1　（宋）蔡沈撰：〈九峰蔡先生書集傳序〉，《書集傳》，見朱傑人編：《朱子全書外編》（上海：華東師範大學出版社，2010年9月），頁1。

2　朱元璋於洪武二年四月命教官授諸子經，而功臣子弟亦令入學，且說：「人有積金，必求良冶而範之；有美玉，必求良工而琢之。至於子弟有美質，不求明師而教之，豈愛子弟不如金玉也？蓋師所以模範學者，使之成器，因其材力，各俾造就。朕諸子將有天下國家之責，功臣子弟將有職任之寄。教之之道，當以正心為本，心正則萬事皆理矣。苟道之不以其正，為眾欲所攻，其害不可勝言。卿等宜輔以實學，毋徒效文士記誦辭章而已。」參見（明）余繼登撰：《典故紀聞》（北京：中華書局，1997年12月），卷2，頁30–31。

《五經》以《尚書》為先」，[3] 足見他對帝王或皇儲教育的重視，也多麼看重《尚書》裏所蘊涵的治國理念與方略。

經筵為皇帝御前講席，也是一種特殊的教育制度與政治制度，影響後世深遠。而經筵講義即經筵講官們為皇帝講經授史時所留下的講稿。近年研究經筵者多着重在制度的形成與其對政治影響的關係的論述，學術界討論明代經筵制度的文章，已有不少成果，[4] 然亦大多是着重在經筵制度的形成與政治關係等層面的探討，較乏從經書講義的實際內容作分析者。

倪元璐（1593–1644）為明末崇禎朝重要的政治家，其書法成就相當傑

3　（明）黃佐撰：〈講讀合用書籍〉，《翰林記》（台北：台灣商務印書館，影印文淵閣《四庫全書》本，1986 年 3 月），卷 9，頁 7 上。

4　有關研究明朝經筵制度的碩士論文，計有孟蓉撰：《明代經筵日講制度述論》（上海：上海大學碩士論文，2005 年 5 月）；蕭宇青撰：《明代的經筵制度》（廣州：華南師範大學歷史文化學院碩士論文，2007 年 5 月）；徐婷撰：《明代經筵講史與帝王歷史教育研究》（曲阜：曲阜師範大學碩士論文，2013 年 4 月）；宋興家撰：《明代經筵日講中的聖王期待》（長春：東北師範大學碩士論文，2015 年 5 月）。單篇論文有楊業敬撰：〈明代經筵制度與內閣〉，《故宮博物院院刊》1990 年第 2 期（1990 年 7 月），頁 79–87；張英聘撰：〈略述明代的經筵日講官〉，《邢台師專學報》1995 年第 4 期（1995 年 11 月），頁 14–16 轉 45；張英聘撰：〈試論明代的經筵制度〉，《明史研究》第 5 輯（1997 年 5 月），頁 139–148；朱子彥撰：〈明萬曆朝經筵制度述論〉，《社會科學戰線》2007 年第 2 期（2007 年 2 月），頁 122–128；朱鴻林撰：〈高拱與明穆宗的經筵講讀初探〉，《中國史研究》2009 年第 1 期（2009 年 2 月），頁 131–147；晁中辰撰：〈明「經筵」與「日講」制度考異〉，《東岳論叢》2012 年第 7 期（2012 年 7 月），頁 95–99；文琦：〈明代經筵制度新論〉，《廣東技術師範學院學報》2012 年第 5 期（2012 年 8 月），頁 40–43；陳時龍撰：〈天啟皇帝日講考實〉，《故宮學刊》2013 第 2 期（2013 年 6 月），頁 155–166；廖峰撰：〈顧鼎臣中庸首章經筵解讀〉，《唐山師範學院學報》第 32 卷第 3 期（2010 年 5 月），頁 66–68；許靜撰：〈明清經筵制度特點研究〉，《聊城大學學報（社會科學版）》2013 年第 2 期（2013 年 3 月），頁 78–87；許靜撰：〈試論明清經筵制度的發展演變〉，《明清論叢》2014 年第 1 期（2014 年 4 月），頁 143–156；廖峰撰：〈洪範經筵的政治性思考——以大禮議後期「汪佃事件」為中心〉，《貴州大學學報（社會科學版）》2014 年第 3 期（2014 年 5 月），頁 15–18；唐華榮撰：〈明代經筵制度化成因新論〉，《現代企業教育》2015 年 1 月下期（2015 年 1 月 28 日），頁 479–480；謝貴安撰：〈明熹宗經筵日講述論〉，《學習與探索》2015 年第 10 期（總第 243 期；2015 年 10 月），頁 145–152；謝貴安撰：〈明代經筵和日講講官的選任條件〉，《明清論叢》第 15 輯（2015 年 12 月），頁 25–52；潘婧瑋撰：〈約束與反約束——明朝經筵特點分析〉，《黃岡職業技術學院學報》第 18 卷第 3 期（2016 年 6 月），頁 64–66 等。

出，在當時備受肯定，世人將他與黃道周（1585–1646）、王鐸（1592–1652）並稱晚明書法三大家，後代學者大都推崇其書法的成就，探究其書法成就及其書風形成的原因，完全缺乏探討倪元璐的學術思想及其他各方面的內容。

歷代經筵制度的研究，近年來在大陸研究風氣相當興盛，然研究者幾乎都着重在經筵制度的形成，及其對政治影響等層面上作論述，較缺乏對實際經筵講義內容的分析，職是之故，本文嘗試就倪元璐存留之《尚書》經筵講義內容作探索，說明倪元璐經筵講章的內容形式、闡釋經文要義，以及對崇禎皇帝施政的評議及殷殷勸戒之義，藉此以清楚了解其講授《尚書》時偏重的篇章，及《尚書》學對帝王教育試圖達成「德成而教尊，教尊而官正，官正而國治」的深刻意義，以呈顯《尚書》在經筵發揮其經世致用方面的真實面貌。

二、倪元璐與崇禎帝經筵講讀

倪元璐，字玉汝，別號鴻寶，又號園客，浙江上虞人。為明末崇禎朝相當重要的政治家與書法家。生於明神宗萬曆二十一年（1593），幼時即聰慧穎異，異於常人。五歲時隨曹太夫人習《毛詩》，嫺熟成誦。其父隨事命對，皆能應聲立就，不假思索。

明熹宗天啟二年（1622）中進士，與黃道周同出太史韓日纘門下。[5] 後授翰林院庶吉士，任翰林院編修，充經筵展書官。崇禎元年（1628），元璐請求毀去《三朝要典》，驅逐來宗道（萬曆 32 年進士）、楊景辰（1580–1629）等閹黨。崇禎六年（1633），遷左諭德，充日講官，進右庶子。崇禎七年（1634），以制實制虛各八策上疏，指陳時政得失，為溫體仁（1573–1639）

5　（清）計六奇撰：〈倪元璐〉，《明季北略》卷 21〈殉難文臣〉，引自（清）倪會鼎撰、李尚英點校：《倪元璐年譜》（北京：中華書局，1994 年 3 月），附錄，頁 92。

所忌。崇禎八年（1635），遷國子監祭酒。崇禎九年（1636），溫體仁授意劉孔昭藉封典事訐發元璐之私，因而遭到罷職，去官閒住。在家賦閒六年，悠遊田園生活。爾後因李自成（1606–1645）、張獻忠（1606–1647）等流寇侵擾中原，而北方滿清大舉進兵叩關。崇禎十五年（1642），重新任命元璐為兵部右侍郎，兼翰林院侍讀學士。次年至京，面陳制敵機宜。五月，破格提拔為戶部尚書，兼翰林院學士，仍充任日講官。崇禎十七年（1644年）三月，李自成攻陷京師，倪元璐面對國家殘破局勢，深感孤臣無力回天，於是整肅冠服束帶拜闕，大書案上曰：「南都尚可為。死，吾分也，勿以衣衾斂。暴我屍，聊志吾痛。」遂南向坐，取帛自縊而死。以死殉國，保全其名節。享年 52 歲。

倪元璐先後兩次擔任經筵日講官，第一次於崇禎六年（1633），遷左諭德，充日講官。元璐初值講筵，講「派彼奪其情」三節，闡發經文之義時，文中提及：「因考成而吏急催科，則非省刑；以兵荒死徙而賦額如初，則非薄斂。」溫體仁認為文章太長，欲加以刪除，又以不渾成命修改。倪元璐堅持不改，講章往返數次爭辯，元璐不得已說：

> 啟沃自講官事，此後不渾成，更有甚于此者，設有進規中堂之言，中堂亦命改乎？必欲改者，惟有自陳求罷耳。[6]

倪元璐堅持講章由講官撰寫，闡述經義，直言進諫規勸以啟沃君德智慧，為經筵講官的職責所在，不容許他人干涉改動。溫體仁表面上雖未劾參倪元璐，內心始對之銜恨，隱忍俟機報復，經過幾年等待，終在崇禎九年（1636）唆使劉孔昭參劾，以此倪元璐遭到罷免。

倪元璐最後一次擔任經筵講官在崇禎十五年（1642），倪元璐入宮進講《尚書》，為明思宗講解《尚書》的內容與義理，試圖提供君主經書中治國理

6　（清）倪會鼎撰、李尚英點校：《倪元璐年譜》，卷 1，頁 20。

民的統治綱領與方法。崇禎十七年（1644）時，倪元璐以大司農充日講講官，講《孟子》「生財有大道」一節，極力敷陳加派聚斂之害，崇禎疑其諷刺，質問元璐説：「書講得好，但今邊餉匱絀，壓欠最多，生之者眾，作何理會？君德成就責經筵，不宜奪漫。」元璐回答説：「聖明御世，不妨經權互用。臣儒者，惟知守道之誠，藏富于國耳。」崇禎不懌而罷。[7] 倪元璐對於朝廷中所出現的弊端，均能秉持其耿直個性、忠君報國的信念，確實指陳施政缺失，絕不懷利以事君，得崇禎不以為忤，甚至獲得嘉許。然因晚明國家窮亂衰頹，社會動盪不安，倪元璐雖「持論侃侃，中立不阿」，終究與世齟齬而不能獲得大用，加上時局壞亂已極，始被任職，然當世貪吏橫行，嚴刑賦斂，益以崇禎急功近利，疑忌成性，啟告密紛紜之害，致倪元璐無所措其手，最後僅能「以身殉國，以忠烈傳于世」。

三、倪元璐《尚書》經筵講章內容分析

宋代程頤（1033–1107）曾説：「人主居崇高之位，持威福之柄，百官畏懼，莫敢仰視，萬方承奉，所欲隨得。苟非知道畏義，所養如此，其惑可知。」[8] 他又説：「天下重任，惟宰相與經筵，天下治亂係宰相，君德成就責經筵。」[9] 人君居至高之位，掌威福之柄，若恣意肆虐，百姓將生靈塗炭，民不聊生。唯有賴經筵對君德的養成與教導，作用與重要性，可見它與國家社稷的關係相當密切。

倪元璐少師鄒元標（1551–1624），長大後又從劉宗周（1578–1645）、黃

7　（清）倪會鼎撰、李尚英點校：《倪元璐年譜》，卷 4，頁 70。

8　（宋）程頤撰：〈上經筵劄子〉，（宋）程顥、程頤撰：《河南程氏文集》，收入《二程集》（北京：中華書局，2006 年 9 月），卷 6，頁 539–540。

9　（宋）程顥、程頤撰：《河南程氏文集》，《二程集》，卷 6，頁 539–540。又參見（清）畢沅等編撰：《續資治通鑑》（台北：洪氏出版社，1981 年 5 月），卷 79，〈宋紀〉七十九，頁 1994。

道周諸名儒遊。從學均以古人相期許，而尤留心於經濟。擘畫設施，皆可見諸施行，非經生空談浮議者可比。其詩文奏疏所論多軍國大計、興亡治亂之所關。然當天啟、崇禎之時，朝廷君子小人並進，黨派恩怨相尋，置君國不顧而致力爭門戶。倪元璐於崇禎六年，入宮進講《尚書》，為君主明思宗講解《尚書》的內容與義理，提供經書中治國理民的統治綱領與方法。從倪元璐講義觀之，認為廟堂之務在端本澄源，平政刑，修教化。其提綱挈領，企求君王能「辨別賢奸」知人之策，及制治就亂之道，「無以喜怒混淆吏治，銓衡無以愛憎顛倒人才」。由於晚明國家窮亂衰頹，社會動盪不安，元璐「持論侃侃，中立不阿」，終究「齟齬不得大用」，然因時世壞亂已極，始見委任，貪吏橫行，嚴刑賦斂，益以崇禎急功，疑忌法，啟告密紛紜之害，致無所措其手，最後僅能「以身殉國，以忠烈傳于世」。

倪元璐擔任經筵講官的時間並不長，因受奸佞干擾而去職，以致淵博學識無法有效的獲得發揮，講讀期間所存世的講章並不多，今可見者僅《倪文貞講編》三卷，含經筵及日講講章兩部分，觀其內容均為《尚書》及《孟子》講章。其《尚書》講義今僅存〈皋陶謨〉、〈大禹謨〉、〈無逸〉及〈說命〉數篇而已。至於前面提及的講題內容，未見《倪文貞講編》之中，可見保存的講章並不完整，相當可惜。

綜觀全卷內容，各篇講章的寫作體例相同，先摘錄《尚書》篇章經文，次則約略解釋經文字辭意義，再次則講述經文大旨，闡釋所蘊涵之大義，最後作者據文義加以推衍，引申啟沃君主德智之語，表達講筵官對皇帝施政的關心與期望。倪元璐與當時名儒遊，從學均以古人相期許，而尤留心於經濟，其詩文奏疏所論多軍國大計、興亡治亂之所關，非經生空談浮議者可比。為確實了解其《尚書》經筵講章呈顯的思想義涵，以下詳細分析其內容。

（一）人君治道之綱領在知人與安民

書籍為古人一生智慧的結晶，世人要增進個人的智慧，最快的方法就是閱讀書籍。然經生學士博覽子史，刻苦惕勵，目的在參加科舉考試以獲取功

名。而人君生長富貴之家，掌握威福之權柄，無須涉經籍以取功名。兩者讀書的目的截然不同，內容方法自然應有所差異。宋代范祖禹（1041–1098）就指出兩者的不同之處，他說：

> 人君讀書學堯、舜之道，務知其大指，必可舉而措之天下之民，此之謂學也。非若人析章句、考異同、專記誦、講應對而已。[10]

為君者讀書目的在「學堯、舜之道」，深刻理解典籍要旨，學習掌握治國理民的技巧及處理政事的能力，並將此道理實際運用在治理國家百姓，而非耗費精力在無謂「析章句、考異同、專記誦、講應對」上面。程頤亦云：

> 帝王之學與儒士異尚。儒生從事章句文義，帝王務得其要，措之事業。蓋聖人經世大法，備在方策，苟得其要，舉而行之，無難也。[11]

同樣以為帝王所學非如儒生的注重章句文義，而是在書中所保存的經世大法，並且需將其施治於民。明代王鏊（1450–1524）也有類似觀點，他說：

> 或謂貴為天子矣，尚何事於學？殊不知庶人之學與不學，係一家之興廢。人主之學與不學，係天下之安危。夫天人性命之理，古今治亂是非得失成敗，皆具于書，未有不讀而能知者，自古聖帝明王，未有不由學者也。[12]

---

10 （宋）范祖禹撰：《帝學》（台北：台灣商務印書館，影印文淵閣《四庫全書》本，1986 年 3 月），卷 3，頁 3 下。

11 （明）胡廣等撰：〈聖學〉，《性理大全》（京都：中文出版社，1981 年），卷 65，頁 19 下引。

12 （明）王鏊撰：〈時事疏〉，《震澤集》（台北：台灣商務印書館，影印文淵閣《四庫全書》本，1986 年 3 月），卷 19，頁 12 上－下。

天人性命之理，古今治亂是非得失成敗之由，皆具於書，難怪不讀書就無法獲得足夠的治國知識技能。薛瑄（1389–1464）也認為選擇「有學術純正、持己端方、謀慮深遠、才識超卓、通達古今、明練治體者」，值經筵，進講《四書》、《尚書》等經史典籍，「務要詳細陳說聖賢修己治人之要，懇切開告帝王端心出治之方。以至唐、虞、三代、漢、唐、宋以來人君行何道而天下治安，為何事而天下乖亂，與夫賞善罰惡之典，任賢去邪之道，莫不畢陳于前」。[13] 經書中雖有「聖賢修己治人之要」、「帝王端心出治之方」，如何擷取精華，使皇帝有「朝夕緝熙啟沃之力」，進而能「正心以正朝廷，正朝廷以正百官，正百官以正萬民」的功效。

倪元璐就認為〈皋陶謨〉篇所說「知人安民」可作為帝王為治的綱領，他說：

> 人君治道多端，其大者只有兩件，一在知人，一在安民。蓋人之才品不同，心術各別，若知之不明，如何得舉措民服，所以要知人。萬邦黎庶皆仰賴大君為主，若安之無道，如何得本固邦寧，所以要安民。[14]

倪元璐要言不繁的講明人君要施政舉措使民服，關鍵在「知人」，而欲本固邦寧，首要在「安民」。但如何才能做到「知人安民」呢？倪元璐進一步解釋說：

> 蓋知不是淺淺的知，直把這個人的肺肝伎倆，分毫俱鑑別不差，何等明哲，以是而用人，則大小得宜。舉天下極不齊的人品，偏是他安頓妥當，這叫做「能官人」。安不是小小的安，直把民間所苦水旱盜賊等

---

13 （明）薛瑄撰：〈上講學章〉，《薛瑄全集·文集》（太原：山西人民出版社，1990 年），卷 24，頁 951。

14 （明）倪元璐撰：〈經筵〉，《倪文貞講編》（台北：台灣商務印書館，1986 年 3 月），卷 1，頁 1 下 –2 下。

事，一一替他消弭無害，何等恩惠。由是萬邦黎庶，心生愛戴。若人人有個聖明天子在其胸中，這叫做「黎民懷之」。既哲且惠，智仁兼盡，此時眾賢集於朝，百姓和於野，人心丕變，邦本輯寧，雖有黨惡如驩兜者，亦皆改行從善矣，何足憂乎？有昏迷如有苗者，亦皆感化歸服矣，何必遷乎？有好言善色大包藏奸惡的人，亦皆變狡詐而為誠實矣，又何足畏乎？蓋本計不失，則萬化俱臻。帝王所謂得一以為天下貞者，道固如此。以臣觀之，二者之間，尤是知人一件最為綱領。……在皇上的知人，第一要知輔臣，而輔臣第一要知六部大臣。[15]

倪氏詳細解說〈皋陶謨〉篇內容，認為君主治理國家的方法雖多，最主要僅有知人與安民兩項。知人在知輔臣，能知人自然能分辨明哲奸佞，用人大小得宜。君主舉措得宜，自然獲得萬邦黎庶的心生愛戴。倪氏又說：

> 帝王制治之法最為簡要，只是認定一個宰相，宰相得人，自然正己率屬，同心集事，賢才輩出，治理日隆矣。然而百僚之中，意見不齊，議論紛錯，若要相臣一一與之同心，誠有甚難。臣謂惟在相臣以虛公之心，審別邪正而已。蓋其人是個正人，雖或才有不逮，可以忠義激之。力有未盡，可以功令懾之，黽勉同心，無不可者。若其人是個邪人，或敗名喪節，不顧廉隅；或附逆保奸，敢犯公論者，如此之徒，雖欲與之同心，而彼之所志必不在君父，所營必不在職業，勢必至于欺君賣友，亂政殃民，豈可概示休容？惟有決計去之耳。昔舜相堯，一日而除四凶，孔子相魯，七日而誅少正卯。今日執政大臣必須有這等手段，然後可以救時致治。臣愚敢以知人善任望之皇上，以抑邪扶正望之二三大臣。每蒙皇上申誡諸臣勿狥情面，勿持兩可，惟於邪人不狥情面，斯於正人有同心之功，惟於邪正不持兩可，斯於君德有匡正之益。二三大臣

15　（明）倪元璐撰：〈經筵〉，《倪文貞講編》，卷 1，頁 1 下－2 下。

果能始終敬承明命，追踪傅説，又何難哉？[16]

倪元璐再三強調人君為治綱領首要在知人，能知人自然「能官人」。而「能官人」最簡要的做法，首先就是任用正人為宰相，充分授權，分層負責，如此才能君臣同心，黽勉戮力為國。

倪元璐在經筵進講時，特別針對知人與任用宰相兩點不厭其煩的詳細說明，其故何在？蓋當天啟、崇禎之時，朝廷君子小人並進，黨派恩怨相尋，置君國不顧而致力爭門戶。崇禎即位於危難之際，隨時處在內憂外患之中，造成其性格猜忌多疑，用人不專，內閣大臣更替頻繁，崇禎一朝十七年，據孫承澤（1592–1676）《春明夢餘錄》所載錄崇禎帝任用的內閣大臣有五十人之多，[17]「更換閣臣殆無虛日，致使中樞政事紊亂和敗壞。沒有一個穩定的中樞機構又怎能統率百官？又怎能君臣協心」？[18] 從倪元璐講義觀之，可知他認為廟堂要務在端本澄源，平政刑，修教化。提綱挈領，主在企求君王能「辨別賢奸」的知人之策，專心不疑，才能使國家本固安寧。

（二）制治救亂之道，在強固根本，榮其枝葉

〈大禹謨〉，自宋以來，學者雖頗疑其偽篇，倪元璐以為內容「分明是一篇保邦制勝的韜略」，他説：

> 伯益此説分明是一篇保邦制勝的韜略，然卻不曾一言説及如何講武，如何詰戎，全在提挈廟堂上的精神，故其立言極有次第，先在克己省躬，次之進賢去邪，又次之審謀慎慮，終之以收拾民心，而控制四方

16　（明）倪元璐撰：〈日講〉，《倪文貞講編》，卷3，頁2下–3下。

17　（清）孫承澤撰、王劍英點校：《春明夢餘錄》（北京：北京古籍出版社，1992年12月），卷23，〈內閣一〉，頁334。

18　秦愛叔撰：〈崇禎皇帝的性格缺陷與帝國的滅亡〉，《內蒙古農業大學學報（社會科學版）》2010年第2期（總第50期，2010年4月），頁333。

之術已盡于是矣。[19]

倪元璐認為伯益所言極有層次，控制四方之術在「克己省躬、進賢去邪、審謀慎慮、收拾民心」四點。然而崇禎「清心寡慾，視民如傷，又復宵旰孜孜，效法帝舜的治天下」，卻是「秦、豫盜賊揭竿披猖，財盡民窮，兵驕將懦」，[20]國家社稷危急艱難如此，崇禎往往遇挫折容易退縮，召集閣臣做戒咨嗟一番，即聽任改變既有原則與政策。倪元璐建議崇禎凡事應該從問題的根本方向去解決，而不可因驚懼張皇，致一切苟且權宜，失去處理國政應有的原則，他說：

> 蓋臣聞制治救亂之道，有根本，有枝葉。何謂根本？振挈紀綱，激勵志氣，辨別賢奸，宣布德澤，昭明公道，此是根本。何謂枝葉？缺兵求兵，缺餉求餉，以兵治兵，以餉治餉，此是枝葉。枝葉雖不可廢，卻須本根強固，則枝葉自榮。[21]

倪元璐認為「缺兵求兵，缺餉求餉，以兵治兵，以餉治餉」只是頭痛醫頭，腳痛醫腳的權宜之計，僅能治標，不能治本，並非治理國家的長久之計，而應「振挈紀綱，激勵志氣，辨別賢奸，宣布德澤，昭明公道」，才是根本之策。倪元璐又勸告崇禎要：

> 遵守成法，簡飭身心，好生為德，主善為師。不以君予之無速效而參用小人，不以邪人之有小能而流毒善類，不以小恩小善而傷國家之大體，不以私喜私怒而逆天下之公心，如此則廟堂精神提挈於上，施之刑

---

19 （明）倪元璐撰：〈經筵〉，《倪文貞講編》，卷1，頁5下－6上。
20 （明）倪元璐撰：〈經筵〉，《倪文貞講編》，卷1，頁6上。
21 （明）倪元璐撰：〈經筵〉，《倪文貞講編》，卷1，頁6上－6下。

政，自有條理，而又守之以恆，持之以慎，何憂不治平乎！[22]

倪元璐殷切叮嚀崇禎帝，凡事不可因個人愛憎等私欲情緒而妨害天下之公心，「無以喜怒混淆吏治，銓衡無以愛憎顛倒人才」，[23]「小臣不敢萌攀附之心，大臣不能施要結之術」，[24] 端本澄源，平政刑，修教化，這樣對國家社稷才是根本解決的制治救亂之道。

（三）明末致亂在加派，圖治之道在省刑薄斂

崇禎時期，由於外有後金騷擾，內有流寇叛變，當此內憂外患之際，為求弭平變亂，軍費糧餉支出自然增多。崇禎為籌措軍費，增加人民的稅賦，導致百姓無法負荷，叛變時起。倪元璐有鑒於此，經常在經筵講章中，透過對《尚書》經文的解讀，提出對當時施政的批評，他說：

> 皇上好生洽民，勵精宵旰，如傷若保，未或過之，而適當多事，民窮盜起，推其禍亂之源，總起于加派。[25]

又說：

> 而今海內之民，日窮且亂者，其故總由于有司之不肖。夫不肖非僅貪吏也，如催科有常法，而惟事嚴刑；正賦有常供，而又加橫取。[26]

崇禎年間民窮盜起，倪氏認為根源起於朝廷加派。崇禎年間加派主要有三大項：一為遼餉之續增，二為剿餉之開征，三為練餉之開征。三項加派數額巨

22　（明）倪元璐撰：〈經筵〉，《倪文貞講編》，卷1，頁6下。
23　（明）倪元璐撰：〈日講〉，《倪文貞講編》，卷3，頁7上。
24　（明）倪元璐撰：〈日講〉，《倪文貞講編》，卷3，頁6上–6下。
25　（明）倪元璐撰：〈經筵〉，《倪文貞講編》，卷1，頁8上。
26　（明）倪元璐撰：〈日講〉，《倪文貞講編》，卷3，頁5上。

大，搜括殆盡，使得百姓無力負擔。再加上官吏藉催科之便，貪污橫取，更使吏治敗壞。倪元璐藉機勸說崇禎要針對國家的「內治外寧」作改革，他說：

> 內治必責之有司，有司之賢者，無事自能撫綏，有事自能守禦。上有德意，必能宣布。上有苛令，必能調停。保甲農桑，自然興舉，而風勵有司之道在明賞罰。今貪吏未盡懲治，誠使內責銓衡，外責撫按，嚴甄別懲勸之法，而絕包苴竿牘之私，以墨敗官者，立與糾劾，果有循卓異等者，加以殊擢，如此則民受吏之福，不受吏之患矣。外寧者守邊，宜合數路連為首尾，而勿聽其畫界自全，禦寇宜責巡撫，各保一方，而勿咎其鄰國為壑。蓋互相援，則聲以有所倚而壯，故守易為功。各自守則賊以無所歸而窮，故勦易為力。因之廣屯鑄勤募練，既可寬省調運，又以安集流亡。至于馭將之法，尤責明其賞罰，責其致力于戰，而不敢縱暴于民，如此則民被兵之利，不被兵之害矣，此目前切要之政也。惟在皇上振紀綱，修教化，信詔令，一事權，求大奸而赦小過，惠京師，以綏四方。[27]

他提出「內治必責之有司之賢者」，而「外寧者守邊，宜合數路連為首尾，而勿聽其畫界自全，禦寇宜責巡撫，各保一方，而勿咎其鄰國為壑」，明賞罰，使將領致力于戰爭，而不敢施暴於良民，如此才能大小諸臣齊盡心力，各盡其職。並勸告崇禎要愛惜人才，不要「急考成而沒治行」。

27　（明）倪元璐撰：〈經筵〉，《倪文貞講編》，卷1，頁8下－9下。

四、結論

綜合上文的論述，有關倪元璐經筵講章內容之分析，可得以下幾點的結論：

其一，倪元璐自幼時即聰慧穎異，與黃道周同出太史韓日纘門下。少師鄒元標，長大後又與劉宗周、黃道周諸名儒遊，均以古人相期許。厭棄當世阿諛附勢之風，注重氣節。讀書博聞強記，留心經濟，對於軍國大計、興亡治亂之學尤所關注。最後面對國破家亡的局面，深感無力回天，選擇殉國以明其心志，以保全其名節，成為後世讀書人的典範。

其二，倪元璐認為控制四方之術在「克己省躬、進賢去邪、審謀慎慮、收拾民心」四點。倪元璐鑒於崇禎遇挫易退縮，改變既有原則，就建議崇禎處理國政應從問題的根本去解決，不可驚懼張皇，致一切苟且權宜之計，僅能治標不能治本，而應「振挈紀綱，激勵志氣，辨別賢奸，宣布德澤，昭明公道」，才是解決國家問題的根本長久之計。

其三，崇禎年間，北有後金騷擾，內有流寇叛變，內憂外患交迫，為弭平變亂，加派人民的稅賦，以籌措軍費，官吏藉機混水摸魚，貪污橫生，導致百姓叛變時起。倪元璐有鑒於此，藉經筵講章對《尚書》經文的解讀，提出對當時施政的批評，省刑薄斂為國家圖治之道，並提出「內治必責之有司之賢者」，「外寧者守邊，宜合數路連為首尾，而勿聽其畫界自全，禦寇宜責巡撫，各保一方，而勿咎其鄰國為壑」，明賞罰，使大小諸臣齊一心力，各盡其職。

參考書目

一、專書

1.（宋）范祖禹撰：《帝學》（台北：台灣商務印書館，影印文淵閣《四庫全書》本，1986 年 3 月）。

2.（宋）程顥、程頤撰：《二程集》（北京：中華書局，2006 年 9 月）。

3.（宋）蔡沈撰：《書集傳》，收入朱傑人編：《朱子全書外編》（上海：華東師範大學出版社，2010 年 9 月）。

4.（明）胡廣等撰：《性理大全》（京都：中文出版社，1981 年）。

5.（明）薛瑄撰：《薛瑄全集》（太原：山西人民出版社，1990 年）。

6.（明）王鏊撰：《震澤集》（台北：台灣商務印書館，影印文淵閣《四庫全書》本，1986 年 3 月）。

7.（明）黃佐撰：《翰林記》（台北：台灣商務印書館，影印文淵閣《四庫全書》本，1986 年 3 月）。

8.（明）倪元璐撰：《倪文貞講編》（台北：台灣商務印書館，1986 年 3 月）。

9.（明）余繼登撰：《典故紀聞》（北京：中華書局，1997 年 12 月）。

10.（清）孫承澤撰、王劍英點校：《春明夢餘錄》（北京：北京古籍出版社，1992 年 12 月）。

11.（清）畢沅等編撰：《續資治通鑑》（台北：洪氏出版社，1981 年 5 月）。

12.（清）倪會鼎撰、李尚英點校：《倪元璐年譜》（北京：中華書局，1994 年 3 月）。

二、學位論文

1. 孟蓉撰：《明代經筵日講制度述論》（上海：上海大學碩士論文，2005 年 5 月）。

2. 蕭宇青撰：《明代的經筵制度》（廣州：華南師範大學歷史文化學院碩

士論文，2007 年 5 月）。

3. 徐婷撰：《明代經筵講史與帝王歷史教育研究》（曲阜：曲阜師範大學碩士論文，2013 年 4 月）。

4. 宋興家撰：《明代經筵日講中的聖王期待》（長春：東北師範大學碩士論文，2015 年 5 月）。

三、單篇論文

1. 楊業敬撰：〈明代經筵制度與內閣〉，《故宮博物院院刊》1990 年第 2 期（1990 年 7 月），頁 79–87。

2. 張英聘撰：〈略述明代的經筵日講官〉，《邢台師專學報（綜合版）》（1995 年 11 月），頁 14–16 轉 45。

3. 張英聘撰：〈試論明代的經筵制度〉，《明史研究》第 5 輯（1997 年 5 月），頁 139–148。

4. 朱子彥撰：〈明萬曆朝經筵制度述論〉，《社會科學戰線》2007 年第 2 期（2007 年 2 月），頁 122–128。

5. 朱鴻林撰：〈高拱與明穆宗的經筵講讀初探〉，《中國史研究》2009 年第 1 期（2009 年 2 月），頁 131–147。

6. 晁中辰撰：〈明「經筵」與「日講」制度考異〉，《東岳論叢》2012 年第 7 期（2012 年 7 月），頁 95–99。

7. 文琦：〈明代經筵制度新論〉，《廣東技術師範學院學報》2012 年第 5 期（2012 年 8 月），頁 40–43。

8. 陳時龍撰：〈天啟皇帝日講考實〉，《故宮學刊》2013 第 2 期（2013 年 6 月），頁 155–166。

9. 秦愛叔撰：〈崇禎皇帝的性格缺陷與帝國的滅亡〉，《內蒙古農業大學學報（社會科學版）》2010 年第 2 期（總第 50 期，2010 年 4 月），頁 40–43。

10. 廖峰撰：〈顧鼎臣中庸首章經筵解讀〉，《唐山師範學院學報》2010 年

第 3 期（2010 年 5 月），頁 66–68。

11. 許靜撰：〈明清經筵制度特點研究〉，《聊城大學學報（社會科學版）》2013 年第 2 期（2013 年 3 月），頁 14–16 轉 45。

12. 許靜撰：〈試論明清經筵制度的發展演變〉，《明清論叢》2014 年第 1 期（2014 年 4 月），頁 143–156。

13. 廖峰撰：〈洪範經筵的政治性思考——以大禮議後期「汪佃事件」為中心〉，《貴州大學學報（社會科學版）》2014 年第 3 期（2014 年 5 月），頁 15–18。

14. 唐華榮撰：〈明代經筵制度化成因新論〉，《現代企業教育》2015 年 1 月下期（2015 年 1 月 28 日），頁 479–480。

15. 謝貴安撰：〈明熹宗經筵日講述論〉，《學習與探索》2015 年第 10 期（總第 243 期，2015 年 10 月），頁 145–152。

16. 謝貴安撰：〈明代經筵和日講講官的選任條件〉，《明清論叢》第 15 輯（2015 年 12 月），頁 25–52。

17. 潘婧瑋撰：〈約束與反約束——明朝經筵特點分析〉，《黃岡職業技術學院學報》第 18 卷第 3 期（2016 年 6 月），頁 64–66。

論朱熹《詩集傳》的情境解經
——以《王風》〈揚之水〉為例

車行健

國立政治大學中文系

一、前言

牟潤孫（1908-1988）曾對朱熹的《詩集傳》做過如此的評述：

> 朱子撰《毛詩集傳》頗有為當時世事而發的議論，借着注釋《詩經》
> 評論時事、發揮個人的思想理論，與程頤的撰《易傳》，體例頗相類似。
> 這正是漢儒通經致用之學。[1]

事實上，朱熹（1130-1200）在經注中闡述其「為當時世事而發的議論」似乎
是頗為顯露的舉措，不少學者都不約而同地注意到類似的現象，如日本德川
時代儒者中井履軒（積德，1732-1817）就嘗稱呼他這類的解經方式為「有為
之言」，不過他卻從詮釋的客觀性與妥效性（validity）的角度，批評朱熹的

1　牟潤孫：〈論朱熹顧炎武的注解詩經〉，《注史齋叢稿》（北京：中華書局，2009 年增
　　訂本），下冊，頁 606。

「有為之言」,「不可以解經」。[2]

　　「有為之言」大體上就是牟潤孫所謂的「為當時世事而發的議論」,而所議論的內容又可分為「評論時事」和「發揮個人的思想理論」這兩類。在拙著《釋經以立論——漢代毛鄭詩經經解的思想探索》的第一章〈論《詩經》經解中的義理〉中,吾人在前賢的基礎上進一步申述了這種解經方式的特質及其具體內容:

　　　　經注中的有為之言既是解經者在其身處之歷史情境中,其思想意識與經典內容產生之交織互動所興發出的思想創造,吾人不妨把這個過程稱之為「義理感發」。所謂義理感發,範圍很廣,從個人一己存有之感受到對宇宙人生問題嚴肅探索後之學思體悟都可以包含進來。就存有感受而言,可以包括感發者針對個人之心境、時局之慨歎、政治之敏感、出處進退之考量……等情況所做之切身省察與思慮。……這種「有為之言」是因詮釋者對其存在處境持有某種強烈而深刻的感受所不得不發的,……。而就學思體悟而言,則可涵括感發者之政治理念、學術傾向與主張,以及針對抽象哲學問題之思辨,甚至理論之建構……等,不一而足。[3]

可見關乎「個人一己存有感受」的有為之言,包含的範圍很廣,不僅限於「評論時事」一端。而「對宇宙人生問題嚴肅探索後之學思體悟」的有為之言亦

2　語見氏撰:《孟子逢原》,《日本名家四書註釋全書》(関儀一郎編,東京都:鳳出版,1973 年),第 10 卷,頁 40。關於「有為之言」在解經學中所關涉之相關理論問題的反省及檢討,請參拙著:《釋經以立論——漢代毛鄭詩經經解的思想探索》(臺北:里仁書局,2011 年),第 1 章,〈論《詩經》經解中的義理〉。

3　見拙著:《釋經以立論——漢代毛鄭詩經經解的思想探索》,頁 18-19。案:「存有感受」一詞,拙著原作「存在感受」。所謂存有,係取存有學 (ontology) 的概念。ontology 一詞,臺灣學界多譯為存有學,故將「存在感受」改為「存有感受」。又「學思體悟」一詞,原書作「思想表達」,因前者涵義較後者廣,能適切反映關乎解經者在學術思想層面上的義理感發情況,故逕以前者取代後者。

包含表達個人的學術思想、闡揚其所服膺之理念主張，甚至透過注經的方式來建構一己之理論體系等。

既然解經者的有為之言是因其義理感發而產生，而之所以解經者會生發強烈的義理感發，自然與其所身處的具體時空情境有着緊密的關聯，由此而產生濃厚深沈的存有感應。雖然關乎解經者個人心境、時局慨歎、政治敏感、出處進退考量等所做之切身省察與思慮主要屬於所謂「存有感受」之有為之言，但涉及解經者政治理念、學術傾向與主張，以及理論建構等屬於所謂「學思體悟」的有為之言，亦不能完全與解經者對其存在環境之感應脫離關係。只是相對來說，學思體悟的有為之言，較之存有感受的有為之言，更多的是出自其理性客觀的反省思辨，其屬於個人一己的存有感受相對較少，或解經者刻意出自冷靜自制的聲吻筆調，而較少顯露其存有的感受。

就理論上而言，這兩類的有為之言都與解經者的存有感受有密切的關係，都是因應其與存在環境的互動而產生義理的感發，而終致藉由解經的方式來表露一己之心得理念。但就現實來看，存有感受的有為之言其與解經者存在環境的關聯密度較強，學思體悟的有為之言則較弱，甚至不明顯。但也不能一概而論，還是要看具體的案例而定。無論如何，從經典詮釋的角度來看，欲了解解經者在經注中所闡發的有為之言，仍是要透過解經者與外在存在環境互動感應的種種關係與實際過程之掌握，方能得其肯綮。落實到具體的解經實況中來看，即是對解經者所身處的「解經情境」的理解與把握。解經者常根據其在解經當下所身處的特殊具體情境（即解經情境），包含存有感受之所由生發之存在情境與學思體悟所涵蘊之思想、學風之情境，以及由此情境觸發衍生出的存有感受與學思體悟來從事經典詮解的工作，這樣的解經行為或方式或可稱做「情境解經」。透過對解經者（如朱熹）在解經時所運用的「情境解經」之分析掌握，相信應可在相當程度上有助於對解經者的解經作為及其成果做深入認識與體會。

以下試以朱子詮釋《詩經》《王風》〈揚之水〉為例，說明他如何藉由情境解經的方式，來對這首詩做出有別於傳統漢唐《詩》說的特殊詮釋，從而

表露出他的存有感受的有為之言。至於學思體悟的有為之言情境解經之分析，則另俟他文為之。

二、朱熹的詮釋

《王風》〈揚之水〉的原文如下：

> 揚之水，不流束薪。彼其之子，不與我戍申。懷哉懷哉，曷月予還歸哉？
>
> 揚之水，不流束楚。彼其之子，不與我戍甫。懷哉懷哉，曷月予還歸哉？
>
> 揚之水，不留束蒲。彼其之子，不與我戍許。懷哉懷哉，曷月予還歸哉？[4]

此詩詩旨大義，《毛詩序》釋之曰：

> 〈揚之水〉，刺平王也。不撫其民而遠屯戍于母家，周人怨思焉。[5]

東漢鄭玄（127-200）的《毛詩箋》亦在《毛詩序》的基礎上做了更加詳密的申釋：

> 怨平王恩澤不行於民，而久令屯戍不得歸。思其鄉里之處者，言周人者，時諸侯亦有使人戍焉。平王母家申國，在陳、鄭之南，迫近彊

4　《毛詩注疏》（毛公傳、鄭玄箋、孔穎達疏，南昌府學本，臺北：藝文印書館，1993年），卷 4 之 1，頁 9b-10b。

5　《毛詩注疏》，卷 4 之 1，頁 9a。

楚。王室微弱而數見侵伐，王是以戍之。[6]

毛鄭之外，漢代主流的三家《詩》學於此詩則「無異義」。[7]唐代孔穎達（574-648）的《毛詩正義》亦大體依循毛鄭的詮釋方向，沒有太大的歧異。由此可知，由漢至唐，基本上對這首詩的理解仍是放在周平王不撫恤百姓，役使國人戍守母家申國，致使戍夫征卒心生怨懟，故詩人作詩以譏刺之。從題材內容來看，仍是典型的行役詩。

到了宋代之後，學風轉變，學者對漢唐經注開始質疑，北宋歐陽修（1007-1072）《詩本義》首開風氣，其於《王風》〈揚之水〉一詩，質疑鄭玄：「不原其意，遂以『不流束薪』為恩澤不行于民，且激揚之水本取其力弱，不能流移束薪，與恩澤不行意不」類。他認為鄭玄是因為「泥於『不撫其民』，而不考詩之上下文義」，以致有此誤解。歐陽修雖批判鄭玄之箋釋，但詮釋的方向還大致是遵照《詩序》的闡釋，認為是「周人以出戍不得更代而怨思爾」。而其原因則是「東周政衰，不能召發諸侯，獨使周人遠戍，久而不得代爾」。[8]這個重點是漢唐《詩》說沒有的。

稍後於歐陽修的蘇轍（1039-1112）雖也沿襲了漢人的詮釋架構，但強調的重點亦由不撫其民而使周人怨思，轉為王室權威衰弱，無法號令諸侯，其曰：

> 周之盛也，諸侯聽役於王室，無敢違命。及其衰也，雖令而不至，平王未能使諸侯宗周而強使戍申焉，宜諸侯之不從也。其曰彼其之子，

6　《毛詩注疏》，卷 4 之 1，頁 9a。
7　王先謙（1842-1917）：《詩三家義集疏》（吳格點校，北京：中華書局，1987 年），卷 4，〈揚之水〉，頁 321。
8　以上俱見歐陽修：《詩本義》（《通志堂經解》本，臺北：大通書局據康熙十九年刻本影印，1972 年再版），卷 3，頁 9b。

不與我戍申，周之戍者怨諸侯之不戍之辭也。[9]

本是周之戍人怨恨平王強使戍申、甫、許等國，蘇轍一轉為周之戍人抱怨諸侯之不戍也。自己的國家不自己保衛，卻反倒要周王室幫他們守禦，也難怪這些來自王畿之征夫戍卒要怨聲載道了。蘇轍將詮釋的重點完全由周人怨懟平王轉為歸怨諸侯，而其背後的因素則是王室權威墜落，諸侯不尊王室，周王也無能役使諸侯。蘇轍對這點的強調可說是承襲自歐陽修的觀點，但明顯有更加強化的意味。

理學家程頤（1033-1107）則於此詩的理解一方面繼承了漢人批判平王偏厚母家的傳統說法，另一方面也與蘇轍一樣站在周人的角度，抱怨諸侯不共戍申國，其云：

> 周人勞於戍申，而怨思。諸侯有患，天子命保衛之，亦宜也。平王獨思其母家耳，非有王者保天下之心也，人怨宜也。況天子當使方伯鄰國保助之，豈當獨勞畿內之民？故周人怨諸侯之人不共戍申也。[10]

程頤與毛鄭一樣，皆著眼於平王役使周人戍守母家申國，但關於周人怨思的原因，程頤卻從漢人單純的不撫恤百姓，不施恩澤於民，轉為強調平王出於私心獨厚母家，並非王者保天下之正大光明的動機。周人除了對平王心生怨恨之外，也同時對諸侯之人不共戍申心懷不滿，與蘇轍之說類似，但卻少了歐陽修與蘇轍皆共同指出的整體時代背景：王室衰微，無法號令諸侯。

北宋學者雖開始與漢唐舊說立異，但依然保有毛鄭原有之詮釋架構。到了宋室南渡之後的朱熹，方對這首詩做出方向完全不同的詮解，其在《詩集

9 　蘇轍：《詩集傳》（宋淳熙七年蘇詡筠州公使庫刻本，收入《續修四全書》經部第56冊，上海：上海古籍出版社影印，1995年），卷4，頁3b。

10　程頤：《詩解》（收入《二程集》〔王孝魚點校，北京：中華書局，1981年〕，《河南程氏經說》卷3），頁1056。

傳》中云：

> 申侯與犬戎攻宗周而弒幽王，則申侯者，王法必誅不赦之賊，而平王與其臣庶不共戴天之讎也。今平王知有母而不知有父，知其立己為有德，而不知其弒父為可怨，至使復讎討賊之師，反為報施酬恩之舉，則其忘親逆理，而得罪於天已甚矣。又況先王之制，諸侯有故，則方伯連帥以諸侯之師討之；王室有故，則方伯連帥以諸侯之師救之。天子鄉遂之民，供貢賦，衛王室而已。今平王不能行其威令於天下，無以保其母家，乃勞天子之民遠為諸侯戍守，故周人之戍申者又以非其職而怨思焉。則其衰懦微弱而得罪於民，又可見矣。[11]

保留在呂祖謙（1137-1181）《呂氏家塾讀詩記》中的朱熹早年《詩集解》舊說，大意略同於《詩集傳》，但文字敍述次序及詳略稍有不同，一併引錄，以供參照：

> 先王之制，諸侯有故，則方伯連帥以諸侯之師討之；王室有故，則方伯連帥以諸侯之師救之。天子鄉遂之民，供貢賦，衛王室而已。平王微弱，威令不行於天下，無以保其母家，而使畿甸之民遠為諸侯戍守，周人以非其職而怨思也。
>
> 又況幽王之禍，申侯實為之，則平王所與不共戴天讎也。乃不能討，而反戍焉。愛母忘父，其悖理也亦甚矣，民之怨也，豈不亦以

---

11 朱熹：《詩集傳》（朱杰人校點，收入《朱子全書》第 1 冊，朱杰人等主編，上海：上海古籍出版社、合肥：安徽教育出版社，2010 年修訂本），頁 464。

此歟！[12]

除了北宋人原有的強調王室微弱，威令不行於諸侯的詮釋重點外，朱熹還特別着重批判平王未積極追咎申侯勾結犬戎弒父幽王的罪過，竟將原應用於「復讎討賊之師」，卻反做為「報施酬恩之舉」。朱熹對此用了極強烈的道德字眼譴責周平王：「忘親逆理，得罪於天」。

　　比較朱熹前後階段的詮釋文字可知，在較早的《詩集解》時期，朱熹仍是順隨着北宋諸子的詮釋方向，將詮釋的主要重點放在闡述王室微弱，平王不能行其威令於諸侯這一主旨上。而譴責平王不能討賊復讎的義旨，則僅是做為一次要或附屬的重點。此由文字段落前後順序的安排上，可約略看出端倪。但隨其思想的演進及對此詩理解的深化，到《詩集傳》時期中，他反而將討賊復讎的義旨放置在文字段落的前面，一躍而為他對詩最主要的詮釋重點。平王不能行威令的主旨反倒調到後面，變成詮釋次要或附屬的重點了。

　　無獨有偶，朱熹弟子蔡沈（1167-1230）所作的《書集傳》，其於〈文侯

12　呂祖謙：《呂氏家塾讀詩記詩集傳》（常熟瞿氏鐵琴銅劍樓藏宋刊本，收入《四部叢刊續編》經部第 9-11 冊，臺北：臺灣商務印書館，1966 年），卷 7，頁 6a-b。案：關於朱熹《詩集解》之相關說明又參束景南：《朱熹佚詩詩文全考》，收入《朱子全書》，第 26 冊，頁 99。原文輯錄見頁 179。又案：束景南又從嚴粲（1197- ？）《詩緝》中輯錄所謂朱熹《詩集解》的佚文：「先王之訓，諸侯有故，則方伯連率以諸侯之師討之；王室有故，則方伯連率以諸侯之師救之。天子鄉遂之民，供貢賦，衛王室而已。今平王微弱，威令不行於天下，無以保其母家，乃勞天子之民，遠為諸侯屯守，故周人之戍申者以非其職而怨思也。又況申侯實啟犬戎以致驪山之禍，乃平王及其臣民不共戴天之讎也。今平王知有母而不知有父，知其立己為有德，而不知其弒父為可怨，至使復讎討賊之師反為報施酬恩之舉，則其絕滅天而得罪於民，又益深矣。」（頁 179-180）嚴氏所引段落先後次序同於呂書，但文字詳密，又近於《詩集傳》。嚴氏《詩緝》成於淳佑四年（1244），距淳熙十四年（1187）《詩集傳》首次刊行，已近六十年，嚴氏於此詩所引是否確為《詩集解》舊文，似尚難遽以論定。束景南所持理由僅為嚴書乃仿呂書而成，故其書中所引「朱曰」、「朱氏曰」，必為朱熹主《毛序》說之《詩集解》，而非黜《毛序》說之《詩集傳》。（頁 99）然此實不能一概而論，即以朱熹釋〈揚之水〉一詩而論，無論是舊說之《詩集解》，或新說之《詩集傳》，皆已不主《毛序》說，如此又如何就能判定嚴粲書中所引必為《詩集解》，而非《詩集傳》？

之命〉一篇，亦對周平王做出與朱熹在〈揚之水〉中類似的抨擊：

> 愚按：《史記》幽王娶於申而生太子宜臼。後幽王嬖褒姒，廢申后，
> 去太子。申侯怒，與繒、西夷犬戎攻王而殺之。諸侯即申侯而立故太子
> 宜臼，是為平王。平王以申侯立己為有德，而忘其弑父為當誅，方將以
> 復讎討賊之眾而為成申成許之舉。其忘親背義，得罪於天已甚矣，何怪
> 其委靡頹墮而不自振也哉！然則是命也，孔子以其猶能言文武之舊而存
> 之歟？抑亦以示戒於天下後世而存之歟？[13]

觀蔡沈之聲氣口吻，何其相似朱熹，不只是觀念上的近似，甚至在某些詞句
用語上，也明顯有延襲朱熹之跡。由此可知此當是紫陽一脈的一貫立場。

〈文侯之命〉的著成時代和主旨，《書序》釋之曰：「平王錫晉文侯秬鬯圭
瓚，作〈文侯之命〉」。[14]《尚書偽孔傳》亦云：「幽王為犬戎所殺，平王立而東
遷洛邑，晉文侯迎送安定之，故錫命焉」。[15] 唐代孔穎達的《尚書正義》則在
前人說法的基礎上，做了更清楚細密的疏釋：

> 幽王嬖褒姒，廢申后，逐太子宜臼，宜臼奔申。申侯與犬戎既殺幽
> 王，晉文侯與鄭武公迎宜臼立之，是為平王，遷於東都。平王乃以文侯
> 為方伯，賜其秬鬯之酒，以圭瓚副焉，作策書命之。史錄其策書，作
> 〈文侯之命〉。[16]

---

13 蔡沈：《書集傳》（嚴文儒校點，收入《朱子全書外編》第 1 冊，朱杰人等主編，上
　　海：上海古籍出版社、合肥：安徽教育出版社，2010 年），頁 264。
14 《尚書注疏》（偽孔安國傳、孔穎達疏，南昌府學本，臺北：藝文印書館，1993 年），
　　卷 20，頁 1a。
15 《尚書注疏》，卷 20，頁 1a。
16 《尚書注疏》，卷 20，頁 1a。

可見漢唐經師的主流詮釋方向皆對此篇的背景及文義做一較忠實的申述[17]，並未及於平王在復讎討賊方面的檢討，更未對平王的歷史定位做嚴厲的道德譴責。然而蔡沈卻做出有異於漢唐經師的詮釋，將焦點轉移至平王行為事蹟之批判，一如朱熹對〈揚之水〉的詮釋，師徒二人皆將攸關周平王的經書篇章，將詮釋的焦點轉移至對平王東遷史事之評價。這究竟反映着什麼情況？又突顯什麼意義？確實頗耐人尋味。

三、朱熹詮釋的檢討

朱熹對〈揚之水〉的詮釋，誠然獲得不少支持，如清代的顧廣譽（1800-1867）就深然其說，以為「尤足發明詩辭所未及」。[18]然而從詮釋的妥效性的角度來檢討，朱注確實有其可議之處，誠如清儒姚際恒（1647- 約1715）所指出的：

> 據《序》謂「刺平王使民戍母家，其民怨之，而作此詩」。《集傳》因謂「申侯為王法必誅」，及謂「平王與申侯為不共戴天之仇」。此等語

17　除了平王錫晉文侯秬鬯圭瓚的詮釋之外，漢人對此篇另有所謂周襄王命晉文公之書的解釋，此說始發自《史記》〈晉世家〉，《新序》〈善謀篇〉說同《史記》。關於此問題，屈萬里（1907-1979）先生在〈尚書文侯之命著成的時代〉文中曾有詳細的辯證，其謂歷代注解《尚書》的人，採用《書序》之說者多，尊信《史記》、《新序》之說者少。而其結論亦斷定：「〈文侯之命〉是周平王錫晉文侯之書，而非周襄王錫命晉文公之書。」（《書傭論學集》〔臺北：聯經出版事業公司，1984年〕，頁86-87、101）。相關討論又見氏撰：《尚書集釋》〔臺北：聯經出版事業公司，1983年〕，頁262-263）。按：周襄王命晉文公之書的詮釋方向不為蔡沈採用，故本文不擬做進一步之討論。

18　顧廣譽：《學詩詳說》（光緒三年刻本，收入《續修四庫全書》「經部詩類」第72冊，上海：上海古籍出版社，1995年），卷6，頁6b。

與詩旨絕無涉，何曉曉為？[19]

比較毛鄭和北宋諸儒的詮釋，其皆共同承認此詩為周人怨刺平王之詩，毛鄭將怨刺理由置於平王不撫恤百姓，不施恩澤於民，役使百姓久戍母家申國。北宋諸儒亦大體接受此說，但將周人之怨更擴充至對諸侯之人之不共戍申，而其背後更大的原因就是王綱不振，平王威令不行於諸侯。諸侯不聽令於王室，致使平王只得役使自己的子民戍守申國，而不得不招致民怨。此二解皆與詩文有較直接的關聯，所解皆在經內所涵文義或所涉之事義中。毛鄭只純由詩文所反映的王畿戍人直觀的心情感受出發，所抱怨譏刺的是為政者加諸在百姓上的負擔，算是較直接切合詩文的詮釋。但北宋諸儒則較此更加深了一層，其所詮釋者超越詩中主人公的直觀情緒反應，而是作詩者在此詩中所欲傳達的對整個時勢現況的理性深刻反省。其所突顯的王室威令不行於諸侯的訊息，在此詩的表面文字上是沒有的，但結合對此詩所產生的背景及當時整體歷史發展的掌握，則北宋諸儒做出如此的詮釋也是符合此詩的內在深層的意義。可以說，如此的解讀是此詩表面涵義的內在的、邏輯的必然發展。這兩種詮釋皆可說切合詩義，皆有涉於詩旨。

但朱熹的詮釋則不然，他對平王的作為及事蹟所做的評判皆不在此詩之內在意義脈絡之中，所解並不在經內所涵文義或所涉之事義中，誠如顧廣譽所說，是對詩辭所未及處所做的「發明」。因而其所解，與其說是在解經，不如說是在論史——論〈揚之水〉所關涉之相關歷史人物及歷史事件之是非功過。其所論的內容很明顯就是朱熹的有為之言，朱熹對此詩的詮釋確實是運用了所謂的情境解經。然則朱熹的解經情境為何？

諸橋轍次（1883-1982）嘗對宋室南渡之後的國情局勢與經書解釋的對應關係做了如下的觀察：

19　姚際恒：《詩經通論》（顧頡剛點校，收入《姚際恒著作集》第 1 冊，臺北：中央研究院中國文哲研究所，1994 年），卷 5，頁 135。

一言以蔽之，南宋的經解用力於復讎思想的發揚。當時的學者無論是誰，都以復讎報國為職志。……南宋學者感慨國運衰微而鼓吹復讎思想的，不只是對《春秋》的解釋而已，於《詩經》、《尚書》、《論語》、《孟子》的解釋也是如此。[20]

在《詩經》的經解中，他直指朱熹在《詩集傳》對〈黍離〉、〈揚之水〉、〈式微〉等詩的注釋中，「宣揚復讎思想」。[21]朱熹於〈黍離〉與〈式微〉二詩的注釋是否有宣揚復讎思想，不易從其經解文字敍述中看出，但《王風》〈揚之水〉之意向所指，是十分清楚明確的。對照朱熹自己的議論，更可以印證這點。黃榦（1152-1221）〈朱熹行狀〉記載朱熹於孝宗隆興元年（1163）受詔入對，其中即言道：

君父之讎不與共戴天，乃天之所覆，地之所載，凡有君臣、父子之性者，發於至痛不能自已之同情，而非專出於一己之私。然則今日所當為者，非戰無以復讎，非守無以制勝，是皆天理之同然，非人欲之私忿也。[22]

束景南《朱熹年譜長箋》將朱熹舊作《詩集解》稿成時間繫於此年中，而受詔入對時間則為同年十一月六日[23]，而在此前一年的高宗紹興三十二年（1162），他在因孝宗即位後下詔求直言的情況下，於八月七日上封事，此即

20　諸橋轍次：〈唐宋的經學史〉，收入安井小太郎等撰：《經學史》（連清吉、林慶彰合譯，臺北：萬卷樓圖書公司，1996 年），頁 138-141。牟潤孫在〈兩宋春秋學之主流〉一文中亦有類似的觀察，其云：「宋儒說經，皆能因事致戒，借古以諷今，為體用兼備之學，不僅治《春秋》者然也。至于尊王復仇，本為《春秋》之義，今乃遍及于他經，謂其受泰山、安定之影響固可，謂其受時代環境之刺激亦未嘗不可。」（見氏撰：《注史齋叢稿》，上冊，頁 87。）

21　諸橋轍次：〈唐宋的經學史〉，頁 141。

22　黃榦：〈朱熹行狀〉，收錄於束景南《朱熹年譜長箋》（上海：華東師範大學出版社，2001 年），下冊，引文見頁 1468。

23　束景南：《朱熹年譜長箋》，上冊，頁 298-299、306。

著名的〈壬午應詔封事〉，他在其中直言道：

> 祖宗之境土未復，宗廟之讎恥未除，戎虜之姦謀不常，生民之困粹
> 已極，方此之時，陛下所以汲汲有為，以副生靈之望者，當如何哉！

他為宋孝宗提出了：「帝王之學不可以不熟講」、「脩攘之計不可以不早定」，
以及「本原之地不可以不加意」的建議。其中關於脩攘之計，他的看法如下：

> 今日之計不過乎脩政事、攘夷狄而已矣，非隱奧而難知也。然其計
> 所以不時定者，以講和之說疑之也。夫金虜於我有不共戴天之讎，則其
> 不可和也，義理明矣。[24]

類似的言論在隆興和議成後的次年，即乾道元年（1165）六月所撰就的〈戊
午讜議序〉中，有更為激切的表露：

> 君臣父子之大倫，天之經，地之義，而所謂民彝也。……然則其有
> 君父不幸而罹於橫逆之故，則夫為臣子者所以痛憤怨疾而求為之必報其
> 讎者，其志豈有窮哉！
> 故記《禮》者曰：「君父之讎，不與共戴天；寢苫枕干，不與共天下
> 也。」……國家靖康之禍，二帝北狩而不還，臣子之所痛憤怨疾，雖萬世
> 而必報其讎者，蓋有在矣。[25]

這些言論與朱熹注釋《詩經》的時間頗為一致，甚至「不共戴天」之語更反

24　以上俱見朱熹：〈壬午應詔封事〉，《晦庵先生朱文公文集》卷11，《朱子全書》，第
　　20冊，頁571、573。相關繫年見束景南：《朱熹年譜長篇》，上冊，頁281-282。
25　朱熹：〈戊午讜議序〉，《晦庵先生朱文公文集》卷75，《朱子全書》，第24冊，頁
　　3618。

覆出現在經注和政策建言中，由此可知，朱熹對〈揚之水〉所做的情境式的詮解以及所表達的有為之言，不只是其議論周平王行為事蹟的「史論」，更可看做是其針對南宋政局的「政論」。

面對南宋如此的政治局勢，激發起朱熹強烈的民族情緒與復讎雪恥的意識，他自然也從中涵具濃厚的存有感受，這也是他當下所身處的現實情境。當其身處此情境中，一旦與經典相遭遇，而欲從事對經典的理解與詮釋的作為時，他便很容易對經典中所載之古人古事的相關情境觸發出種種的興發感應。順隨着此興發感應去解經，將所感應的內容展現在經典的詮解中。將現實的此情境投射在經典中的彼情境；復又從經典中的彼情境興發出對現實此情境的感應，二者交相反覆，來回循環，古為今所用，今因古所感，這就是所謂的情境解經。而這正是朱熹詮釋轉向的背景與其在經典詮釋上的意義。

朱熹這樣的即史論即政論式的詮釋，中井履軒稱之為「持論」，雖然在他看來，「解經與持論異，宜討本文正意。」[26] 但既然是像朱熹這類大思想家所持的論，仍然有其在學術思想史上的重要意義與價值。其實朱熹透過〈揚之水〉的經注所發表的政論，他的現實目的就是向南宋執政當局提出復讎的訴求。表面上朱熹在經注中批判周平王不積極復讎討賊的行為，所隱含於文字背後更激進的訴求應就是責問周平王為何不「西伐」以收復舊土？但此訴求與其說是東周時代的問題，不如說更是南宋時代的問題，意即朱熹向南宋執政當局提出為何不「北伐以收復舊土」的問題。[27]

朱熹透過注疏、詮釋的方式來向當代提出的問題，在後代反倒引起了熱烈的回響。顧炎武（1613-1682）在《日知錄》中有云：

26　中井履軒：《孟子逢原》，頁 69。

27　李隆獻嘗對宋代經生的復仇觀做了一番梳理，其云：「宋代經生在經義解說上，因時代因素，自也沾染了復仇思想；而其議論焦點特別集中在周平王身上，正與當時標榜復國仇的時代意識密切相關，具體可見經學與歷史、政治、時局密不可分的關係。」（見氏撰：《復仇觀的省察與詮釋：宋元明清編》〔臺北：臺大出版中心，2015年〕，頁 49）。他稱此為經生「藉古喻今」、「古為今用」，通經致用觀念的具體呈現。（同上，頁 48。）

〈文侯之命〉（平王）報其立己之功，而望之以殺攜王之效也。……
今平王既立於申，自申遷於雒邑，而復使周人為之成申，則申侯之伐，
幽王之弒，不可謂非出於平王之志者矣。當日諸侯但知其冢嗣為當立，
而不察其與聞乎弒為可誅。虢公之立王子余臣，或有見乎此也。自文侯
用師，替攜王以除其偪，而平王之位定矣。後之人徒以成敗論，而不察
其故，遂謂平王能繼文武之緒，而惜其棄岐豐七百里之地，豈謂能得當
日之情者哉！孔子生於二百年之後，蓋有所不忍言，而錄〈文侯之命〉
於《書》，錄〈揚之水〉之篇於《詩》，其旨微矣。《傳》言平王東遷，
蓋周之臣子美其名爾。綜其實不然。凡言遷者，自彼而之此之辭，盤庚
遷于殷是也。幽王之亡宗廟社稷，以及典章文物，蕩然皆盡，鎬京之地
已為西戎所有，平王乃自申東保於雒，天子之國與諸侯無異，而又有攜
王與之頡頏，並為人主者二十年，其得存周之祀幸矣，而望其中興哉！
（原注：如東晉元帝不可謂之遷於建康。） [28]

顧炎武論述的脈絡雖非直接討論朱熹關於〈揚之水〉的經注是非得失。但他
對平王與聞弒父及棄岐、豐之地而不復的批判，可說是與朱熹同一聲調者。
至於他認為孔子錄〈揚之水〉於《詩》有微旨，更是間接接受認同朱熹詮釋
的明證。關於虢公立余臣事，據梁玉繩《史記志疑》云：

案：《竹書》「幽王五年，王世子宜臼出奔申。八年，王立襃姒之子
伯服為太子。十一年，申人、鄫人及犬戎入宗周弒王，殺王子伯服，執
襃姒以歸。申侯、魯侯、許男、鄭子立宜臼於申，虢公翰立王子余臣於
攜，是為攜王。二王並立。平王元年，東徙洛邑。二十一年，晉文侯殺
余臣」。史公不錄攜王，疎矣。嘗論申侯者，平王不共戴天之仇也，乃
始奔於申，繼立於申，終且為之成申，不可謂非與聞乎弒矣，借手脛

28　顧炎武撰：《日知錄》（嚴文儒、戴揚本校點，收入《顧炎武全集》第 18 冊，上海：
　　上海古籍出版社，2011 年），卷 2，〈文侯之命〉，頁 119-120。

殭，無殊推刃。虢公明冠履大義，獨立余臣，輔相二十年之久，真疾風勁草哉！使當時晉、許、鄭皆如虢公，則廢宜臼而奉携王，周有祭主，世有人倫，豈不偉歟！余方怪當時群侯之替余臣，而《史》並削余臣不書，毋亦昧於《春秋》之義乎？[29]

梁玉繩此論雖在評論《史記》所載平王東遷史事，然其議論的基調，亦一如顧炎武，略同於朱熹。只是與朱熹不同的是，朱熹指責的重點在於平王忘親逆理，將復讎討賊之師，做為回報申侯立己之恩的舉動。而梁氏更嚴於君臣大義，痛責平王與聞弒父，虢公擁立余臣為深明大義之舉。至於顧炎武的重點更在感歎平王無力中興。

但也有站在不同立場來看待此問題的，崔述（1740-1816）一則在《讀風偶識》中對朱熹立論的基礎——申侯與弒幽王事——加以辨駁，認為此事本之《史記》，而《史記》又采之《國語》史蘇、史伯之言。但他認為經傳固無此事，《詩》、《書》又或多缺略，《左傳》往往及東遷時事而不言此，《國語》專記周事而亦無之。他質疑此非常之大變，周轍之所由東，何以經傳皆無一言及之？但只旁見於《國語》〈晉〉、〈鄭〉史伯、史蘇二人逆料之語？因而他高度懷疑此事之真實性。[30] 一則復在《豐鎬考信錄》中詳辨申侯召戎滅周之說，認為此事揆諸人情，徵諸時勢，皆不宜有。他的理由是：

> 申在周之東南千數百里，而戎在周西北，相距邈越，申侯何緣越周而附於戎！……王師伐申，豈戎所能救乎！……申與戎相距數千里，而中隔之以周，申安能啟戎；戎之力果能滅周，亦何藉于申之召乎！申之南，荊也。當宣王時，荊已強盛為患，故封申伯于申以塞其衝。周衰，

29　梁玉繩撰：《史記志疑》（賀次君點校，北京：中華書局，1981 年），第 1 冊，頁 103-104。

30　崔述：《讀風偶識》（收入顧頡剛編訂：《崔東壁遺書》，上海：上海古籍出版社，1983 年），卷之三，頁 552-553。

申益微弱；觀〈揚水〉之篇，申且仰王師以戍之。當幽王時申畏荊自保之不暇，何暇反謀王室！且申何不近附于荊以抗周，而乃遠附于戎也？……宜臼既逐，伯服得立，則亦已矣。幽王何故必欲殺其子而後甘心也？……況宜臼之於王，父子也，申侯之於王，君臣也，王逐宜臼，聽之而已，申侯亦不應必欲助其甥以傾覆王室也。君臣、父子，天下之大綱也；文、武未遠，大義猶當有知之者。況晉文侯、衛武公，當日之賢侯也，而鄭武公、秦襄公亦皆卓卓者，宜臼以子仇父，申侯以臣伐君，卒弒王而滅周，其罪通于天矣。此數賢侯者當聲大義以討之；即不然，亦當更立幽王他子或宣王他子，何故必就無君之申而共立無父之宜臼哉？……然則戎之滅周非一朝一夕之故。蓋緣幽王昏縱淫暴，掊克在位，久矣失民之心，是以戎來侵伐而不能禦；日漸蠶食，至十一年而遂滅；戎之力自足滅周，初不待於申侯之怒也。乃世之論者遂據此以為平王與於弒父；其戍申也，以為平王德其立己而忘不共戴天之仇，其亦過矣！[31]

因而崔述遂根據他所認定的史實，結合當時的時勢，從而為〈揚之水〉詩中所謂平王役使周人戍申之舉的必要性做了如此的辯護：

申與甫、許皆楚北出之衝；而申倚山據險，尤為要地。楚不得申，則不能以憑陵中原，侵擾畿甸。……宣王之世，荊楚漸強，故封申伯於申以塞其衝。平王之世，楚益強而申漸弱，不能自固，故發王師以戍之耳；非以申為舅故而私之也。不然，戍申足矣，又戍甫戍許何為者？……然則申、呂二國皆楚北衝，惟許地稍近內；然楚師度申、呂而北則必經許。……由是言之，平王之戍三國，非私之也。……惜乎說經者不考其時勢而但以己意度之者多也！[32]

---

31 崔述：《豐鎬考信錄》（收入顧頡剛編訂：《崔東壁遺書》），卷之七，頁 246-247。
32 崔述：《讀風偶識》，卷之三，頁 552。

又說：

> 蓋因荊楚日強，漸有蠶食中原，窺伺畿甸之勢，故戍三國以遏其
> 鋒。以為私其母家，固已失之；因《序》此言遂謂之為忘讎報施，則更
> 冤矣。[33]

方玉潤（1811-1883）也持類似的見解，其云：

> 經文明明言戍申、戍甫、戍許，而《序》偏云「戍于母家」，致啟
> 《集傳》忘讎逆理之論，是皆未嘗即當日形勢而一思之耳。夫周轍既東，
> 楚實強盛。京洛形勢，左據成皋，右控崤函，背枕黃河，面俯嵩高。則
> 申、甫、許實為南服屏蔽，而三國又非楚敵，不得不戍重兵以相保守，
> 然後東都可以立國。……平王此時不申、甫、許是戍而何戍耶？[34]

崔述和方玉潤皆從戰略形勢的考慮，一自楚國北上發展，一自東周南疆防守
的角度，各自為平王戍申、甫、許之舉的合理性做了有力地說明。

崔述和方玉潤皆不約而同地批評包括朱熹在內的後世說經者欠缺對當時
時勢或形勢詳細考察的做法，不能僅憑己意度之。因而，若從當日的時勢背
景來看的話，則朱熹提出的問題，對東周時來說，或許不一定是正當的問
題。果如崔述所論辯的，則西周之滅，也不一定就是申侯召戎所致者，如此
一來，就無與乎朱熹所昌言之復讎討賊，忘親逆理的問題，而平王戍申等國
亦自有其戰略的必要性，關乎到中原華夏諸國的安危。

更有甚者，暫不考慮申侯是否啟戎以滅西周，以及東周初年荊楚對華夏
諸國的威脅等狀況，單就朱熹詮釋所可能隱含的言外之意，後來由顧炎武加
以顯題化的問題：周平王何不西伐以收復宗周舊土？然將此問題置諸當時的

33　崔述：《讀風偶識》，卷之三，頁 553。
34　方玉潤：《詩經原始》（北京：中華書局，1986 年），上冊，頁 194-195。

形勢，亦可能同樣是一不正當的問題。蓋平王東遷，王室衰微，此固是事實，然對身處郡縣制，習慣大一統中央集權的宋明清人，向處於封建制的周平王質問，只可責以平王有無或能否中興復讎的問題，卻似不宜責其何不光復舊土的問題，因為被犬戎所攻佔的宗周舊土，已封給秦，且後來也被秦所收復，所謂宗周舊土，名義上仍屬於王土。據《史記》〈秦本紀〉所載：

> （秦襄公）七年春，周幽王用褒姒廢太子，立褒姒子為適，數欺諸侯，諸侯叛之。西戎犬戎與申侯伐周，殺幽王酈山下。而秦襄公將兵救周，戰甚力，有功。周避犬戎難，東徙雒邑，襄公以兵送周平王。平王封襄公為諸侯，賜之岐以西之地。曰：「戎無道，侵奪我岐、豐之地，秦能攻逐戎，即有其地。」與誓，封爵之。襄公於是始國，與諸侯通使聘享之禮，……十二年，伐戎而至岐，卒。生文公。……十六年，文公以兵伐戎，戎敗走。於是文公遂收周餘民有之，地至岐，岐以東獻之周。[35]

許倬雲據此認為：

> 平王東遷後，宗周故地未嘗全失。秦襄公、文公兩世與戎戰。秦文公十六年，終於盡收周餘民。岐以西已由平王封秦為諸侯，秦獻岐山以東於周。是以周人舊有畿輔之地，只少岐西一帶。[36]

此外，對仍身處「封建親戚，以蕃屏周」（《左傳》僖公二十四年富辰語[37]）制度的東周王室而言，亦不存在收復宗周舊土的問題，誠如杜正勝所指出的，周代尚無後世「領土國家」以後的國家觀念，周王不能控制列國，諸侯的力

---

35 司馬遷撰、裴駰集解、司馬貞索引、張守節正義：《新校本史記三家注》（點校本，臺北：鼎文書局，1993 年 7 版），卷 6，〈秦本紀〉，頁 179。
36 許倬雲：〈周東遷始末〉，《求古編》（臺北：聯經出版事業公司，1982 年），頁 110。
37 《左傳注疏》（杜預注、孔穎達疏，南昌府學本，臺北：藝文印書館，1993 年），卷 15，頁 18b。

量也難以達到采邑。究其實乃因為：

> 周人代殷之際因去氏族共同體時代未遠，把氏族共同體的許多觀念
> 套上天下共主的實際情形，乃演出幾百年的城邦歷史。氏族共產，所以
> 土地要「分封」給親戚；諸侯「受民受疆土」，也認為這些土、民都是
> 氏族共有的財產。推溯到最後根源，坐鎮在宗周的那個「國」是一切國
> 的母體，所以詩人要歌頌「溥天之下莫非王土，率土之濱莫非王臣。」
> （《小雅》〈北山〉）[38]

因而，朱熹、顧炎武此問題亦同樣是犯了如崔述所批評的「不考其時勢而但
以己意度之者」的毛病，亦即以後律古，用後世熟悉的思想、觀念、意識，
來看待古代的狀況，如光復舊土、還我河山、北伐、統一等，又如顧炎武以
東晉南遷史實來相比喻。

　　若只從純粹的説經論史來看，崔述、方玉潤的批評自然合情合理，被批
評者也當俯首貼耳，虛心受教。但朱熹所提出之問題，卻不只是單純的經典
詮釋和歷史評論，其意向所指，具有其濃厚的現實的意義。他的問題是向當
代人提出的，他所責問者與其說是東周平王，勿寧說是南宋君主。因而其問
題雖看似不具正當性，但對當時人而言，卻是合理且有意義的問題。朱熹這
種做法，其實也是「借事言理」的思想表達方式——借東周平王之事，言南
宋執政當局如何處理和戰、復讎之理。

四、結論

　　情境解經的價值與意義並不完全在解經者如何的貼近經文本身，對經典

38　杜正勝：《周代城邦》（臺北：聯經出版事業公司，1981 年），頁 124。

做出「正確的」、「客觀的」及「有效的」詮釋。相反地，若從這樣的標準來看待運用情境式的解經方式，則多半會做出如中井履軒對朱熹經注的批評：「有為之言，不可以解經。」但弔詭的是，對經典詮釋妥效性的追求，朱熹一如中井履軒，他不但如此要求自己，也以此去看待前賢的經注。前者如其自詡己注經如天平稱等般的準確，所謂「添一字不得，減一字不得」、「如秤上稱來無異，不高些，不低些」。[39] 後者如其批評程頤的經解，「自成一書」[40]，「是據他一時所見道理恁地說，未必便是聖經本旨。」[41] 程頤解經時誠然有「據他一時所見道理恁地說」的義理衝動或義理不得不然的感發，但朱熹何嘗沒有？而這些有為之言的解經表現並沒有因此而減損程頤與朱熹經注的價值。相反地，若從思想史與哲學史的角度來看，這反而是其經注的最大價值，也是影響後世極大，備受世人重視的地方。

　　就〈揚之水〉一詩而論，朱熹因應其現實情境「所見道理恁地說」的有為之言，主要是牽涉到時局、政治的事務，也就是牟潤孫所謂的「評論時事」或吾人所謂的「存有感受的有為之言」。他藉由注經的方式，來發表他對周平王行為與事蹟的史論。然史論往往就具有高度的現實意義，因而也就具有政論的性質。史論的內容常受到論史者的時代意識所影響，不同時代的人面對同一史事，常會做出截然不同的歷史判斷。同樣是評論平王東遷事，蘇軾（1037-1101）亦嘗有〈論周東遷〉一文，然其評論重點渾不似朱熹斷斷於討賊復讎之理上，而是致歎於平王失計，放棄故土東遷，終致國力不振。蘇軾強調的重點在領土完整性的重要，甚至以富民之家子孫，雖不幸有敗，即使乞假以生，亦終不敢議其田宅作喻。[42] 其議論一如其父蘇洵（1009-1066），認

39　以上俱見黎靖德輯：《朱子語類》卷 19，《朱子全書》第 14 冊，頁 655。
40　黎靖德輯：《朱子語類》卷 19，《朱子全書》第 14 冊，頁 656。
41　黎靖德輯：《朱子語類》卷 105，《朱子全書》第 17 冊，頁 3445-3446。
42　蘇軾：《蘇軾文集》（孔凡禮點校，北京：中華書局，1986 年），第 1 冊，頁 151-153。

為六國破滅的原因在於以土地賂秦。[43] 蘇氏父子的言論皆非單純地論史，其言外之意當然是指向了北宋不能積極收復北方失土，以致國力難振的政治現實困境。但朱熹面臨的現實情境已不同於北宋，故對周平王的看法也不會僅以平王失土東遷為重點，反而還要進一步檢討平王在討賊復讎上面的曖昧消極態度與作為。可見議論往往隨情境而改變，史論如此，經解中的有為之言亦如此。

不過情境解經學的研究亦有其運用的侷限及限制，這其中最大的問題就是解經者身處之情境與所詮解之經典內容的內在關聯性不易證成，例如劉歆新學是否確如康有為（1858-1927）所批評的為「飾經佐纂」；[44] 而杜預（222-284）又是否如焦循（1763-1820）所抨擊的，因為黨附司馬氏，故於注《左傳》時為司馬氏曲為飾說？[45] 當解經者的解經文字不明確，或所言太過籠統抽象，誠然不易判斷是否為情境式的解經，如諸橋轍次認為朱熹《詩集傳》對〈黍離〉、〈式微〉二詩的注釋亦同〈揚之水〉一樣，寓有復讎的思想，然而這個判斷卻很難從朱熹的經注文字敍述脈絡中去證成。但是去除因經注文字表達造成判斷障礙的狀況不論外，證成情境解經最大的關鍵就是解經者當下身處及感受的現實情境與經典的情境是否可以找到相關聯之處？這種關聯性愈高，則解經者運用情境解經的可能性也愈高，反之則愈低。當然，百分之百，完全一致的關聯性在現實上是不可能有的，任何的情境解經都不可避免是一種「以今律古」的做法，解經者也很難不會犯了崔述所謂的「以己意度之者」的毛病。但除非從事純粹客觀的解經活動，無事乎「律」，亦無所「度」。否則只要解經者有所「律」或有所「度」，將其「此一時」的情境與

43　蘇洵：〈六國論〉，《嘉佑集》（收入《三蘇全集》，京都：中文出版社據道光十二年眉州三蘇祠刊本影印，1986 年），卷 3，頁 5a-6a。

44　康有為：《新學偽經考》（朱維錚、廖梅編校，上海：中西書局，2012 年），頁 3。

45　焦循：《春秋左傳補疏・序》，收入《重編本皇清經解》（庚申補刊本，臺北：漢京文化事業公司，1980 年），卷 1159，頁 1a-b。

經典「彼一時」的情境連繫起來，他就很有可能在從事情境的解經活動。[46] 找出這種關聯，證成解經者在運用情境式的解經方式，並說明分析此具體情境為何，解經者又如何受此情境的感發來從事經典詮解的工作，而所詮解的具體內容又為何？與經典原義的關係、距離如何？以及如此詮解的意義、價值為何？………這些就是情境解經學的工作任務與主要探討的內容。

46　對此問題的相關反省與討論另參拙著：《釋經以立論──漢代毛鄭詩經經解的思想探索》，頁 199-202。

清代三家《詩》分類理論中以《爾雅》為《魯詩》説平議

張錦少

香港中文大學中國語言及文學系

一、引言

　　清代三家《詩》學研究與三家《詩》佚文遺説輯佚工作相輔相成。漢代《詩經》傳授有魯、齊、韓、毛四家可考，東漢之季，鄭玄（127-200）箋《毛詩》，由是《毛詩》獨尊，三家《詩》學日趨式微。《齊詩》亡於魏，《魯詩》亡於西晉，[1]《韓詩》亡於南、北宋間。由於三家《詩》的文字、訓詁、詩説皆已散佚，所以學者研究三家《詩》首先要從輯佚開始。三家《詩》輯佚的工作，始於南宋王應麟（1223-1296）的《詩攷》，後經范家相（1715-1769）、[2]阮元（1764-1849）、陳壽祺（1771-1834）、陳喬樅（1809-1869）父子等人窮搜博考，成果豐碩，兩漢三家《詩》佚文遺説於是蔚然可觀，而王先謙（1842-1918）《詩三家義集疏》則集其大成。學者面對材料眾多的三家《詩》經文《詩》説，分門別類是首要的工作。所謂「分類」，指的就是將輯錄自

1　《隋書·經籍志》：「《齊詩》魏代已亡，《魯詩》亡於西晉，《韓詩》雖存，無傳之者。唯《毛詩鄭箋》，至今獨立。」〔唐〕魏徵、長孫無忌等撰：《隋書》（臺北：藝文印書館據清乾隆武英殿刊本複印，1956 年），卷三十二，頁 475 上 a。

2　筆者案：范家相生卒年據陳鴻森：〈清代學術史年考〉，《大陸雜誌》1993 年第 87 卷第 3 期，頁 8。

他書的《詩經》佚文遺說，分別歸入魯、齊、韓三家。舉例來説，輯自《文選注》引《韓詩》、《韓詩章句》的材料，便歸入《韓詩》一類去，即所謂「直引法」，[3]這類注明家數的材料最可靠。然而清人輯佚得來的材料，很多是沒有注明家數的。其中清人輯錄的三家《詩》材料不少來自《爾雅》、《説文》、《方言》、《廣雅》、《玉篇》等語文專書，這些專書彙集大量故訓資料，清人往往將其視作是兩漢以來三家《詩》學者對《詩經》經文字詞的訓釋材料。當中清人認為《爾雅》屬《魯詩》之學，舉凡他們認為《爾雅》某條訓釋與《詩》相關的，即認定為《魯詩》學者的訓釋。不過這些語文專著明確引《詩》並加訓釋的例子並不多，更沒有注明所釋何家。清人卻以「師承」、「推臆」、「刪去」三法將《爾雅》、《方言》歸入《魯詩》，《玉篇》歸入《韓詩》，《説文》則泛屬三家。這樣的分類到底有沒有問題呢？《爾雅》為《魯詩》之學清人的看法最為一致，本文之撰，即以此為突破口，以傳世及出土文獻為證據，驗證清代三家《詩》分類理論中以《爾雅》為《魯詩》説是否成立。

二、問題的提出

《爾雅》是中國最早一部匯編故訓的專書。《爾雅》十九篇「較全面地分類編纂了先秦至西漢的大量的訓詁資料」。[4]郭璞（276-324）《爾雅注》云：

> 夫《爾雅》者，所以通詁訓之指歸，敍詩人之興詠，緫代之離詞，辨同實而殊號者也。[5]

3　筆者案：台灣學者賀廣如歸納清人三家《詩》輯佚分類方法為「直引法」、「師承法」、「推臆法」和「刪去法」，釋義明晰，所論甚詳，本章所論歸屬方法即據賀氏的說法，詳參賀氏：〈馮登府的三家《詩》輯佚學〉，《中國文哲研究集刊》2003 年第 23 期，頁 305-336。又〈論王先謙《詩三家義集疏》之定位〉，《人文學報》2003 年第 28 期，頁 87-124。

4　胡奇光、方環海：《爾雅譯注·前言》（上海：上海古籍出版社，1999 年），頁 3。

5　〔晉〕郭璞注，〔宋〕邢昺疏：《爾雅注疏》（北京：北京大學出版社，2000 年），頁 2。

邢昺（932-1010）《疏》云：

> 案《爾雅》所釋，徧解六經，而獨云「敘詩人之興詠」者，以《爾雅》之作多為釋《詩》。[6]

現在學者大致同意《爾雅》除了訓釋《五經》外，還旁及其他先秦古籍，如《楚辭》、《莊子》、《管子》、《呂氏春秋》、《尸子》等，邢昺所說的「徧解六經」並不盡然。不過《爾雅》十九篇中確有不少專門訓釋《詩》的材料，例如《釋訓》。整部《爾雅》有 26 條訓詁條目直接引用《詩》的文字，然後加以訓釋，或釋詞義，或釋興喻義，[7] 當中見於《釋訓》的就有 15 條。可見《釋訓》與《詩》

6　《爾雅注疏》，頁 2。
7　分別是：

序號	《爾雅》		《詩》	
	篇目	內容	篇目	內容
1.	《釋詁》	謔浪笑敖，戲謔也。	〈終風〉	謔浪笑敖。
2.	《釋訓》	委委、佗佗，美也。	〈君子偕老〉	委委佗佗。
3.	《釋訓》	子子孫孫，引無極也。	〈楚茨〉	子子孫孫，必替引之。
4.	《釋訓》	藹藹、萋萋，臣盡力也。噰噰喈喈、民協服也。	〈卷阿〉	菶菶萋萋，雝雝喈喈。
5.	《釋訓》	顒顒卬卬，君之德也。	〈卷阿〉	顒顒卬卬。
6.	《釋訓》	如切如磋，道學也。如琢如磨，自修也。瑟兮僩兮，恂慄也。赫兮咺兮，威儀也。有匪君子，終不可諼兮。道盛德至，善民之不能忘也。	〈淇奧〉	如切如磋，如琢如磨，瑟兮僩兮，赫兮咺兮，有匪君子，終不可諼兮。
7.	《釋訓》	既微且尰。骭瘍為微，腫足為尰。	〈巧言〉	既微且尰。
8.	《釋訓》	是刈是濩。濩，煮之也。	〈葛覃〉	是刈是濩。
9.	《釋訓》	履帝武敏。武，迹也。敏，拇也。	〈生民〉	履帝武敏。
10.	《釋訓》	張仲孝友。善父母為孝，善兄弟為友。	〈六月〉	張仲孝友。

的關係較其他篇章密切。陳喬樅在《魯詩遺說攷·自序》中說：

> 《爾雅》亦《魯詩》之學。漢儒謂《爾雅》為叔孫通所傳，叔孫通，
> 魯人也。臧鏞堂《拜經日記》以《爾雅》所釋《詩》字訓義為《魯詩》，
> 允而有徵。[8]

11.	《釋訓》	有客宿宿、言再宿也。有客信信、言四宿也。	〈有客〉	有客宿宿，有客信信
12.	《釋訓》	其虛其徐，威儀容止也。	〈北風〉	今本作「其虛其邪」。
13.	《釋訓》	猗嗟名兮，目上為名。	〈猗嗟〉	猗嗟名兮。
14.	《釋訓》	式微式微者，微乎微者也。	〈式微〉	式微式微。
15.	《釋訓》	徒御不驚，輦者也。	〈車攻〉	徒御不警。
16.	《釋訓》	襢裼，肉袒也。暴虎，徒搏也。	〈大叔于田〉	襢裼暴虎。
17.	《釋天》	是禷是禡，師祭也。	〈皇矣〉	是禷是禡。
18.	《釋天》	既伯既禱，馬祭也。	〈吉日〉	既伯既禱。
19.	《釋天》	乃立冢土，戎醜攸行。起大事，動大眾，必先有事乎社，而後出謂之宜。	〈緜〉	迺立冢土，戎醜攸行。
20.	《釋天》	振旅闐闐。出為治兵，尚武威也；入為振振，反尊卑也。	〈采芑〉	振旅闐闐。
21.	《釋水》	河水清且瀾漪。大波為瀾，小波為淪，直波為徑。	〈伐檀〉	河水清且漣漪。
22.	《釋水》	江有沱，河有灉，汝有潰。	〈江有汜〉	江有沱。
23.	《釋水》	濟有深涉，深則厲，淺則揭。揭者，揭衣也。以衣涉水為厲，繇膝以下揭，繇膝以上涉，繇帶以上為厲。	〈匏有苦葉〉	濟有深涉，深則厲，淺則揭。
24.	《釋水》	汎汎楊舟，紼纚維之。紼，纁也。纚，緌也。	〈采菽〉	汎汎楊舟，紼纚維之。
25.	《釋草》	果臝之實，栝樓。	〈東山〉	果臝之實。
26.	《釋畜》	既差我馬。差，擇也。	〈吉日〉	既差我馬。

8　〔清〕陳壽祺撰、陳喬樅述：《三家詩遺說攷》，《續經解毛詩類彙編》據光緒十四年
　　（1888）南菁書院《皇清經解續編》本複印（臺北：藝文印書館，1986年），冊3，
　　總頁2329上b。

臧鏞堂即臧庸（1767-1811），考《拜經日記》並未直言《爾雅》釋《詩》多《魯詩》，惟總覽《拜經日記·〈爾雅〉注多〈魯詩〉》、〈《爾雅》《毛詩》異文〉、〈雅注毛鄭異文〉諸篇，則知臧氏確以《爾雅》釋《詩》訓詁多為《魯》義。〈《爾雅》《毛詩》異文〉云：

> 《爾雅·釋訓》一篇釋《詩》之訓詁，漢初傳《爾雅》者，皆今文之學，故與《毛詩》不同。後世三家既亡，《爾雅》之文不可盡考。[9]

臧氏於是「審其音義相同，或別見他書者」，首先指出《釋訓》某條所釋何《詩》，然後徵引他書可證成《釋訓》詩說者。如《釋訓》「媞媞，安也」，臧氏云：

> 此釋〈葛屨〉「好人提提」也。《楚辭·七諫》注云：「媞媞，好貌也。《詩》曰：『好人媞媞。』」[10]

臧氏以為《楚辭》王逸（89-158）《注》多《魯詩》說，說見〈《楚辭章句》多《魯詩》說〉，[11] 由是《釋訓》此條亦《魯詩》說。又如《釋訓》「爞爞，熏也」，臧氏云：

> 此釋〈雲漢〉「蘊隆蟲蟲」也。《詩·釋文》曰：《韓詩》作「烔」，《廣雅·釋訓》曰：「烔烔，憂也。」然則作「爞爞」者，蓋《魯詩》也。[12]

9　〔清〕臧庸：《拜經日記》，《續修四庫全書》冊 1158 據 嘉慶二十四年（1819）武進臧氏拜經堂刻本複印（上海：上海古籍出版社，1995 年），卷十二，頁 16b，總頁 168 下 b。

10　《拜經日記》，卷十二，頁 17b，總頁 169 上 b。

11　《拜經日記》，卷七，頁 13-22，總頁 114 下 -119 上。

12　《拜經日記》，卷十二，頁 18a，總頁 169 下 a。

至於《爾雅》諸注，臧氏於〈《爾雅注》多《魯詩》〉明言樊光《爾雅注》引《詩》「蓋本《魯詩》」，[13]〈雅注毛鄭異文〉亦以郭《注》引《詩》多《魯詩》。考《爾雅》的訓釋，特別是《釋訓》一卷，毫無疑問與《詩》詁關係密切，然而《爾雅》未嘗言及所釋《詩》句的依據，臧庸何以如此肯定《爾雅》與《魯詩》的關係呢？臧氏輯錄樊光、孫炎、李巡三家《爾雅注》成《爾雅漢注》三卷，有〈錄《爾雅漢注》序〉曰：

> 余聞之先師鄭公曰：《爾雅》者，孔子門人所作，以釋六藝之言。揚子雲亦云：孔子門徒游、夏之儔所記。作《雅》之人，斯為定論矣。[14]

準此，臧氏認為：第一，先有《詩》後有《爾雅》；第二，《爾雅》是孔子門人所作。而清人論《爾雅》與《魯詩》關係者，大抵皆相沿臧說，王先謙於《詩三家義集疏》亦屢言「《爾雅》，《魯詩》之學」，他在《集疏》裏把他認為《爾雅》某條與《詩》相關的材料，一律視為《魯詩》的經文或訓釋，如《集疏‧淇奧》「綠竹猗猗」下引《爾雅‧釋草》「菉，王芻」，王氏云：「《爾雅》，《魯詩》之學，明魯正字，毛借字。」即王氏以為《魯詩》作「菉竹猗猗」，並訓「菉」為「王芻」。[15]又如《集疏‧考槃》「考槃在澗」下引《爾雅》「盤，樂也」，王氏云：「《爾雅》，《魯詩》之學，知魯作『盤』也。」[16]再如《集疏‧碩人》「膚如凝脂」下引《爾雅‧釋器》「冰，脂也」，王氏云：「《爾雅》，《魯詩》之學，蓋魯『凝』作『冰』。」[17]又如《集疏‧隰有萇楚》「樂子之無知」下，王氏云：「魯說曰：『知，匹也。』〔……〕『知，匹也』者，《釋詁》文。」[18]

13　《拜經日記》，卷四，頁 17b，總頁 87 下 b。

14　〈錄《爾雅漢注》序〉，見《拜經堂文集》，卷二，原書無頁碼，總頁 515 下 a。

15　〔清〕王先謙著，吳格點校：《詩三家義集疏》（北京：中華書局，1987 年），上冊，頁 266。

16　《詩三家義集疏》，上冊，頁 275。

17　《詩三家義集疏》，上冊，頁 281。

18　《詩三家義集疏》，上冊，頁 489。

是王氏亦以為《魯詩》訓「知」為「匹」。又如《集疏・皇矣》「作之屏之，其菑其翳」下，王氏云：「《釋木》：『木自斃柛，立死菑，蔽者翳。』〔……〕《爾雅》，《魯詩》之學，魯義當如此。」[19] 這樣的例子在《集疏》裏比比皆是。從臧庸到王先謙，清人把《爾雅》和《魯詩》的關係用王先謙的話來說，是「《詩》在《雅》前，故訓多本魯義」，[20] 這比前揭臧庸的〈錄《爾雅漢注》序〉的說法就更明確了。王先謙的意思是說先有《魯詩》，後有《爾雅》，《爾雅》釋《詩》即本《魯詩》一家。如今《魯詩》詁訓不見存，於是《爾雅》順理成章成為窺探《魯詩》之學的典籍。如此，則論證《爾雅》是否訓釋《魯詩》，最直接的方法是弄清楚兩個問題：第一，「《詩》在《雅》前」當無疑問，但這個《詩》指的是不是就是《魯詩》；第二，「《爾雅》，《魯詩》之學」具有明顯的排他性，而《毛詩》有《毛詩故訓傳》見存，兩者比較，《爾雅》的訓釋又是否絕異於《毛詩》詁訓呢？以下我們檢論這兩個問題。

三、研究方法

《爾雅》僅錄訓釋材料，沒有註明所釋典籍的名稱和內容。郭璞作注，間引書證以證成訓詁，[21] 至宋人邢昺始廣引書證，就《釋訓》一篇而言，邢氏以為「（《釋訓》）所釋，多釋《詩》文」，[22] 故疏解詞義時，多引錄《詩》句，如「蕭蕭、翼翼，恭也」一條，邢氏引《大雅・思齊》「蕭蕭在廟」和《大明》

19　《詩三家義集疏》，下冊，頁 853。
20　《詩三家義集疏》，上冊，頁 490。
21　郭璞沒有引詩句注解《釋訓》，只於「凡曲者為罶」一條引《毛詩》傳「罶，曲梁也」。（《爾雅注疏》，頁 128。）郭《注》引詩的例子如《釋詁》：「弘、廓……，大也」條，郭《注》云：「《詩》曰：『我受命溥將。』又曰：『亂如此幠』，『為下國駿厖』，……。」（《爾雅注疏》，頁 10-11。）
22　《爾雅注疏》，頁 104。

「維此文王，小心翼翼」以證。[23]《釋訓》116 條材料，邢昺引《詩》以證的就有 109 條。[24]《釋訓》較諸其他十九篇，與《詩》的關係最密切。除了上舉 15 條明引《詩》句的材料外，比較邢《疏》所引《詩》與相關《釋訓》條目，可以發現《釋訓》主要輯錄訓釋《詩》的材料。[25]

筆者先據邢昺《爾雅疏》，以《釋訓》為綱，逐條整理邢昺所引《詩》句，以見《釋訓》與《詩》的關係。另外，詳列西漢四家《詩》詁訓，毛《傳》、鄭《箋》據孔穎達《毛詩正義》本。[26]三家《詩》說不見存，清人輯本中以王先謙《詩三家義集疏》最完備，故據以載錄。以上資料排比整理成附錄「《爾雅‧釋訓》與四家《詩》資料彙編」（篇幅所限，本文沒有載錄），是本文立論的基礎。

四、《爾雅》的編者和成書年代

《爾雅》的編者是誰？這個問題歷來有三種說法，分別是張揖（生卒年不詳）的「周公所著」說、[27] 鄭玄「孔子門人所作」說[28] 和宋人朱翼（生卒年不詳）「漢儒所作」說。[29]對《爾雅》編者的討論，必然涉及成書年代問題。假如「周

23　《爾雅注疏》，頁 104。

24　邢昺沒有引《詩》以證的共 7 條，分別是附錄第 22、27、28、37、78、85 和 86 條。

25　本文原有附錄「《爾雅‧釋訓》與四家《詩》資料彙編」，茲為省篇幅而刪去。

26　〔漢〕毛亨傳、〔漢〕鄭玄箋、〔唐〕孔穎達疏：《毛詩正義》。北京：北京大學出版社，2000 年。

27　〔魏〕張揖〈上《廣雅》表〉云：「昔在周公，纘述唐虞，宗翼文武，剋定四海，勤相成王，踐阼理政，日昃不食，坐而待旦，德化宣流，越裳羹貢，嘉禾貫桑，六年制禮，以導天下。著《爾雅》一篇，以釋其意義。」見〔清〕王念孫：《廣雅疏證》（北京：中華書局，1983 年），頁 3 上 a。

28　孔穎達《毛詩正義》引鄭玄說：「玄之聞也，《爾雅》者，孔子門人所作，以釋六藝之言，蓋不誤也。」《毛詩正義》，頁 299-300。

29　〔清〕朱彝尊《經義考》引朱翼的說法：「《爾雅》非周公之書也。〔……〕蓋是漢儒所作，亦非中古也。」見朱彝尊：《經義考》（北京：中華書局，1998 年），卷二百三十七，頁 1201。

公所著」説成立的話，那麼《爾雅》便當成書於西周了。另外，當我們説《爾雅》成書年代，指的是今本《爾雅》還是更早版本的《爾雅》呢？胡奇光、方環海在《爾雅譯注・前言》歸納出五種關於《爾雅》成書年代的説法：

> 一、西周成書説，即周公作説。
> 二、戰國初期成書説，即孔子門人作説。
> 三、戰國末年成書説。
> 四、西漢初年成書説。
> 五、西漢中後期成書説。[30]

胡氏等利用《尸子》和《呂氏春秋》的材料，考訂《爾雅》成書的時代，從《爾雅》多處採用《尸子》的名物訓詁以及《爾雅・釋天》、《釋地》選詞立目與《呂氏春秋》相同這兩項證據，把《爾雅》初稿成書年代定於戰國末、秦代初。[31] 管錫華的《爾雅研究》更從名學與語言學的關係、傳世戰國中後期文獻與《爾雅》相比較、《爾雅》反映的事物和思想等三方面，論證了《爾雅》成書的年限。[32] 考《爾雅・釋地》「河西曰雝州」，「雝」通「雍」。陸德明云：「《周禮》及《爾雅》皆無梁州，則雍州兼有梁州之地也。〔……〕漢時改雍州為梁州。」「雝州」乃漢以前的地名。[33] 又 1978 年在湖北隨縣擂鼓墩戰國曾侯乙墓出土的漆箱蓋上有二十八星宿名稱的篆文，據學者研究，蓋上二十八星宿的次序，跟成書於戰國末年的《呂氏春秋・有始覽》裏列舉的次序暗合。[34] 我們把它跟

30　《爾雅譯注》，頁 3-4。
31　《爾雅譯注》，頁 4-7。
32　管錫華：《爾雅研究》（合肥：安徽大學出版社，1996 年），頁 18-22。
33　〔唐〕陸德明：《經典釋文》（北京：中華書局，1983 年），頁 420 下。
34　王健民、梁柱、王勝利：〈曾侯乙墓出土的二十八宿青龍白虎圖象〉，《文物》1979 年第 7 期，頁 41。

《爾雅‧釋天》比較，發現三者次序都相同。[35] 結合學者的研究和上文列舉的例證，本文認為《爾雅》成書不會早於戰國末年這個説法比較穩妥。既然《爾雅》成書上限是戰國末年，那麼「周公所著」和「孔子門人所作」的説法便不能成立。至於《爾雅》成書的下限比較容易推定。東漢趙岐在《孟子題辭》上提到：

> 孝文皇帝欲廣游學之路，《論語》、《孝經》、《孟子》、《爾雅》皆置博士。[36]

《爾雅》在漢文帝時既置博士，最少證明《爾雅》在文帝以前已經成書而且傳習有素。我們説《爾雅》成書於戰國末、秦初這一段時間，指的是《爾雅》的初稿。事實上，《爾雅》是一部故訓匯編，不是一時一地由一人手編的作品，從戰國末年起至西漢初年，經過增補潤色，後來可能仍有補訂，才有今本《爾雅》的面貌。

---

35 下表「曾」代表曾侯乙墓漆箱蓋；「呂」代表《呂氏春秋》；「爾」代表《爾雅》。

曾	角	亢	氐	方	心	尾	箕	斗	牽牛	伏女	虛	危	西縈	東縈	圭	婁女	胃	矛	蹕	此隹	參	東井	與鬼	酉	七星	素	翼	車
呂	角	亢	氐	房	心	尾	箕	斗	牽牛	婺女	虛	危	營室	東壁	奎	婁	胃	昴	畢	觜嶲	參	東井	輿鬼	柳	七星	張	翼	軫
爾	角	亢	氐	房	心	尾	箕	斗	牽牛	玄枵	虛	/	營室	東壁	奎	婁	/	昴	畢	/	/	/	/	/	/	/	/	/

漆箱蓋二十八宿篆文釋文據譚維四《曾侯乙墓》（北京：文物出版社，2001 年），頁154-155。

36 〔漢〕趙岐注，〔宋〕孫奭疏：《孟子注疏》（北京：北京大學出版社，2000 年），頁11。

五、四家《詩》說的淵源

漢代言《詩》者，最早的有魯、齊、韓三家。三家《詩》中，申培公治《魯詩》，授《詩》於高祖、呂后之時，[37] 時代最早，文帝時為博士；[38] 轅固生治《齊詩》，景帝時為博士；[39] 韓嬰治《韓詩》，文帝時為博士，景帝時擔任常山王太傅。[40] 至於《毛詩》，《史記·儒林列傳》不著一辭，後人以為較三家《詩》晚見。《漢書·儒林傳》始記「平帝時，又立《左氏春秋》、《毛詩》、逸《禮》、古文《尚書》，所以罔羅遺失，兼而存之，是在其中矣。」[41]

四家《詩》學在西漢的淵源和傳承不是本文論述的重點，不過在討論《釋訓》與四家《詩》關係的時候，我們得先弄清楚四家《詩》的源頭和各家《詩》說成書的年代，以便釐清彼此因襲損益的關係。《漢書·藝文志》云：

> 漢興，魯申公為《詩》訓故，而齊轅固、燕韓生皆為之傳。或取《春秋》，采雜說，咸非其本義。與不得已，魯最為近之。三家皆列於學官。又有毛公之學，自謂子夏所傳，而河間獻王好之，未得立。[42]

據班固所言，四家《詩》皆有傳且成書當在漢初。現分述如下：

37　《史記·儒林列傳》云：「申公者，魯人也。高祖過魯，申公以弟子從師入見高祖于魯南宮。呂太后時，申公游學長安，與劉郢同師。」〔漢〕司馬遷：《史記》（北京：中華書局，2014 年），頁 3765。

38　《漢書·楚元王傳》云：「文帝時，聞申公為《詩》最精，以為博士。」〔漢〕班固：《漢書》（北京：中華書局，2002 年），頁 1922。

39　《史記·儒林列傳》：「清河王太傅轅固生者，齊人也。以治《詩》，孝景時為博士。」《史記》，頁 3767。

40　《史記·儒林列傳》：「韓生者，燕人也。孝文帝時為博士，景帝時為常山王太傅。」《史記》，頁 3768。

41　《漢書》，頁 3621。

42　《漢書》，頁 1708。

5.1 魯詩

《漢書·楚元王傳》云：

> 楚元王交字游，高祖同父少弟也。好書，多材藝。少時嘗與魯穆
> 生、白生、申公俱受《詩》於浮丘伯。伯者，孫卿門人也。及秦焚書，
> 各別去。[43]

又云：

> 文帝時，聞申公為《詩》最精，以為博士。元王好《詩》，諸子皆
> 讀《詩》，申公始為《詩》傳，號《魯詩》。[44]

顏師古（581-645）注曰：

> 凡言傳者，謂為之解說，若今《詩毛氏傳》也。[45]

從班固的敘述，我們知道：第一、申培公之《詩》受自浮丘伯，而浮丘伯是
荀卿的學生，如此《魯詩》學當源於荀卿。第二、申培公在文帝的時候曾有
《詩傳》。

5.2 齊詩

《史記·儒林列傳》云：

---

43 《漢書》，頁 1921。
44 《漢書》，頁 1922。
45 《漢書》，頁 1922。

> 清河王太傅轅固生者，齊人也。以治《詩》，孝景時為博士。[46]

《漢書・儒林傳》云：

> 轅固，齊人也。以治《詩》孝景時為博士。〔……〕諸齊以《詩》顯
> 貴，皆固之弟子也。昌邑太傅夏侯始昌最明，自有傳。[47]

有關《齊詩》學的記載均自轅固生始，無先秦淵源可考。至於轅固生的《詩
傳》當成書於景帝初年。

5.3 韓詩

《漢書・儒林傳》記《韓詩》云：

> 韓嬰，燕人也。孝文時為博士，景帝時至常山太傅。嬰推詩人之
> 意，而作《內外傳》數萬言，其語頗與齊、魯間殊，然歸一也。[48]

韓嬰「推詩人之意」而成《內外傳》，其書當成於文帝時。又清人汪中（1745-
1794）〈荀卿子通論〉謂：「《韓詩》之存者，《外傳》而已，其引荀卿子以說《詩》
者四十有四。由是言之，《韓詩》，荀卿子之別子也。」[49] 近人林耀潾從《韓詩
外傳》引《詩》形式、襲用改寫《荀子》原文、思想觀念幾方面，得出「《荀
子》對《韓詩外傳》深具影響之論，可以成立矣」的結論。[50] 由是觀之，《韓詩》
亦源於《荀子》。

---

46 《史記》，頁 3122。
47 《漢書》，頁 3612。
48 《漢書》，頁 3613。
49 〔清〕汪中著，王清信、葉純芳點校：《汪中集》（臺北：中央研究院中國文哲研究所
　　籌備處，2000 年），頁 118。
50 林耀潾：《西漢三家詩學研究》（臺北：文津出版社有限公司，1996 年），頁 219。

5.4 毛詩

據《漢志》所載:「毛公之學,自謂子夏所傳,而河間獻王好之,未得立。」[51] 河間獻王劉德是漢景帝的兒子,景帝二年封王,那麼在此之前,《毛詩》已經出現,並且有所傳授。陸德明《經典釋文·序錄》引三國時候徐整的話:

> 子夏授高行子,高行子授薛倉子,薛倉子授帛妙子,帛妙子授河間人大毛公,毛公為《詩故訓傳》於家,以授趙人小毛公,小毛公為河間獻王博士,以不在漢朝,故不列於學。[52]

徐整是最早談及《毛詩》傳承情況的人。其後陸璣《毛詩草木鳥獸蟲魚疏》提出另一個説法:

> 孔子刪《詩》授卜商,商為之序以授魯人,魯身授魏人李克,克授魯人孟仲子,仲子授根牟子,根牟子授趙人荀卿,荀卿授魯國毛亨,亨作《詁訓傳》以授趙人毛萇,時人謂亨為大毛公,萇為小毛公。以其所傳,故名其《詩》曰《毛詩》。[53]

綜觀這兩段文字,對《毛詩》傳承系統的描述相異甚大,但有以下兩點基本相同:第一、《毛詩》源出子夏。第二、毛亨作《毛詩詁訓傳》以授毛萇。1994 年上海博物館從香港購入一批戰國楚簡,其中有《孔子詩論》一篇,李學勤認為「《詩論》的作者,能引述孔子論《詩》這麼多話,無疑和子思一般,有着與孔子相當接近的關係。符合這個條件,能傳《詩》學的人,我認

---

51 《漢書》,頁 1708。
52 《經典釋文》,頁 10 上。
53 〔吳〕陸璣:《毛詩草木鳥獸蟲魚疏》,見《四庫全書》(上海:上海古籍出版社,1987 年),第 70 冊,頁 21。

為只能是子夏。」[54] 此外，這批竹簡中有一篇叫《民之父母》的，內容見於《禮記・孔子閒居》，「記載了子夏向孔子請教的五個問題，內容環扣『民之父母』。」[55] 而子夏一開始就引《詩・大雅・泂酌》：「幾（凱）俤君子，民之父母」句。過去學者認為子夏傳《詩》的說法得到了出土文獻的證明，子夏可以說是戰國以來《詩》學流傳的源頭，《毛詩》源於子夏是可信的。當然，從子夏到毛亨，[56] 期間相隔二百多年，當中《毛詩》一系的傳受情況是怎樣的？汪中據陸璣的說法，認為「《毛詩》，荀卿子之傳也。」[57] 俞樾（1821-1906）〈《荀子詩說》序〉也說：

> 荀卿傳《詩》實為《毛詩》所自出。〔……〕今讀《毛詩》而不知荀義，是數典忘祖也。[58]

羅焌（1884-1935）《諸子學述・荀子弟子考》列韓非子、李斯、陳囂、毛亨、浮丘伯、張蒼五人為荀子弟子，並謂「毛亨之傳為《毛詩》，浮丘伯之傳為《魯詩》、為《穀梁春秋》，張蒼之傳為《左氏春秋》。兩漢儒林，多屬荀子之支與流裔。」[59]《魯詩》傳自荀子是沒有疑問的，而學者現在一般傾向《毛

---

54 李學勤：〈《詩論》的體裁和作者〉，收上海大學古代文明研究中心、清華大學思想文化研究所編：《上博館藏戰國楚竹書研究》（上海：上海書店出版社，2002 年），頁 56。

55 馬承源主編：《上海博物館藏戰國楚竹書（二）》（上海：上海古籍出版社，2002 年），頁 151

56 子夏生於公元前 507 年，卒於公元前 420 年（據錢穆：《先秦諸子繫年》（北京：商務印書館，2001 年），頁 593。）毛亨生卒年無考，然毛亨傳毛萇，毛萇於景帝二年（公元前 155 年）或以後任河間獻王博士，以此推算，毛亨傳《詩》當在公元前 205-155 年期間，與子夏相遠最少 215 年。

57 《汪中集》，頁 117。

58 〔清〕俞樾：《荀子詩說》，收嚴靈峯編輯：《荀子集成》（臺北：成文出版社有限公司據清光緒二十五年《春在堂全書》影印，1977 年），第 35 冊，頁 1。

59 羅焌：《諸子學述》（長沙：嶽麓書社，1995 年），頁 244。

詩》也傳自荀子。[60]

《毛詩》雖晚出，然其《詩》學不晚於三家《詩》。至於《毛詩詁訓傳》由毛亨所撰，成書當於西漢初年。[61]《隋書・經籍志》云：

> 漢初，有魯人申公，受《詩》於浮丘伯，作《詁訓》，是為《魯詩》。齊人轅固生亦傳《詩》，是為《齊詩》，燕人韓嬰亦傳《詩》，是為《韓詩》，終于後漢，三家並立。漢初又有趙人毛萇善《詩》，自云子夏所傳，作《詁訓傳》，是為「毛詩古學」，而未得立。後漢有九江謝曼卿，善《毛詩》，又為之訓。東海衛敬仲，受學於曼卿。先儒相承，謂之《毛詩・序》，子夏所創，毛公及敬仲又加潤益。鄭眾、賈逵、馬融，並作《毛詩傳》，鄭玄作《毛詩箋》。《齊詩》，魏代已亡；《魯詩》亡於西晉；《韓詩》雖存，無傳之者。唯《毛詩》鄭《箋》，至今獨立。[62]

《隋志》概括了漢初四家《詩》學的情況。《毛詩》雖後出，然自東漢鄭玄為之作《箋》以後，反而獨行於世，三家《詩》逐漸式微，《齊詩》亡於魏代，《魯詩》亡於西晉，而《韓詩》除《韓詩外傳》外，餘皆亡於北宋。

60　如戴維《詩經研究史》說：「而《毛詩》的毛亨，據陸璣之說，也是傳自荀子，以《毛傳》與《荀子》一書引《詩》論《詩》對比，確然」。見《詩經研究史》（長沙：湖南教育出版社，2001 年），頁 47。
　　又如洪侯湛《詩經學史》：「（毛亨）相傳其詩學傳自荀卿，通常稱為《毛詩》，西漢初期開門授徒，所著《詩故訓傳》傳之趙人毛萇」。見《詩經學史》（北京：中華書局，2002 年），頁 178。
　　又如袁長江《先秦兩漢詩經研究論稿》：「魯、毛二詩多傳自荀子。且《毛傳》取義多出荀子引詩義。」見《先秦兩漢詩經研究論稿》（北京：學苑出版社，1999 年），頁 169。

61　此說據杜其容：〈《詩毛氏傳》引《書》考〉，《學術季刊》1955 年第 4 卷第 2 期，頁 21-23。

62　《隋書》，卷三十二，頁 475 上 a。

5.5 小結

上文第四及第五節分別對傳世文獻有關《爾雅》成書的年代以及四家《詩》承傳關係的記載做了一個梳理。我們可以總結為兩點，並由這兩點引申出另外兩點的反思：第一，《爾雅》初稿在戰國末、秦初這一段時間已經出現了，那麼《爾雅》訓釋的肯定是在戰國末、秦初這段時期，甚至應該說早於這段時期的《詩》的材料。那麼這是否意味着在這段時期已經有一個比較穩定的《詩》的傳本？第二，除《齊詩》無先秦淵源可考外，漢代的《魯詩》、《韓詩》、《毛詩》都與荀子關係密切。那麼漢代今古文《詩》學事實上是否如清人所呈現的如此截然不同，又三家《詩》的遺文異義又是否如清人所判斷的如此井然可考呢？

六、出土文獻與先秦《詩》學

與先秦《詩》學研究相關而又已經發表的出土文獻，主要有 1973 年馬王堆三號墓出土的帛書《五行》；[63] 1977 年阜陽漢簡《詩經》；[64] 1993 年湖北荊門郭店楚簡《五行》、《緇衣》、《性自命出》；[65] 1994 年上海博物館藏楚簡

63　出土於馬王堆三號墓的帛書《五行》抄寫年代大致在秦亡至漢高祖劉邦卒年之間，其成書年代則更早。帛書《五行》分為經、說兩個部分，其中經的部分與郭店簡《五行》大同小異。目前學者大致同意《五行》經的部分即荀子在《非十二子》中所攻擊的子思、孟軻的五行學說，其成書年代當距離孟子生活時代不遠。

64　阜陽漢簡《詩經》1977 年出土於安徽阜陽雙古堆一號漢墓，墓主是西漢第二代汝陰侯，時間下限是文帝十五年（公元前 165 年），共簡 170 餘條，殘損嚴重。經與傳世本《毛詩》對校，知其有《國風》、《小雅》兩種。而與《毛詩》及見存的三家《詩》比較，簡文不僅有大量異文，且簡序與今傳本也有很大的不同。簡文用漢隸抄寫，又考慮到秦始皇三十四年禁傳《詩》、《書》，到漢惠帝四年方廢除「挾書令」，則阜陽漢簡《詩經》成書當在惠帝四年到文帝十五年之間。

65　郭店楚簡 1993 年出土於湖北荊門郭店一號楚墓，共八百餘枚，多為儒家典籍。其中《五行》與帛書《五行》經的部分一致相同。又《緇衣》與今本《禮記·緇衣》幾乎相同，大量引用《詩經》。至於《性自命出》是一部佚籍，主要討論詩歌與音樂對人性的薰陶作用。

《孔子詩論》、《緇衣》，以及 2019 年最新公佈出版的安徽大學藏戰國竹簡《詩經》。[66]

　　美國學者柯馬丁（Martin Kern）藉由比較今本《毛詩》與這幾批抄寫年代在戰國中晚期至秦漢時期的出土文獻的異文，提出了一個相當新穎且饒具參考意義的看法，他說：

> 　　在我看來，已經出土的《詩》的材料，有助於我們思考有關《詩》傳播的某些假想，其中最主要的一個觀點就是：到公元前二世紀初，在文化精英中存在一個多多少少已經定型了的《詩》的寫本。如果這個觀點不能成立的話，那就更不用討論公元前四世紀末的情況了。[67]

柯氏認為《詩》在先秦至西漢主要是以口耳相傳的，例如「西漢早期著名的《詩》家申培的傳記中所記載的，他只口授《詩》而沒有傳下自己說《詩》的書面文字」。[68] 他在仔細分析了馬王堆、郭店、上博簡帛中引《詩》異文之後，發現這些出土文獻引用的《詩》句充滿了文本差異，這跟傳世先秦秦漢文獻裏高度穩定的引《詩》不相一致，所以他懷疑遲至秦漢時期《詩》還沒有一個穩定的的寫本，即便有寫本，寫本也只是「口傳的一部分，具有幫助口傳的作用」，[69] 傳世文獻所呈現的用字一致性「說明了《詩》在漢或漢以後基於

66　與先秦《詩》學研究關係密切的是上海博物館 1994 年從香港文物市場購得的一批楚簡，自 2001 年起每年整理出版一冊，第一冊包括《孔子詩論》、《緇衣》，當中《緇衣》與郭店簡及傳世本《緇衣》分別不大。至於《孔子詩論》共 29 枚完、殘竹簡，約 1006 字，涉及大約 60 篇詩，是迄今為止發現的最早的論《詩》專著。此外，2019 年 8 月安徽大學漢字發展與應用研究中心出版了《安徽大學藏戰國竹簡（一）》，公佈了 93 支簡，簡文內容為《詩經》國風部分，共存詩 57 篇，是目前發現的時代最早，存詩數量最多的抄本。

67　柯馬丁著、王平譯：〈出土文獻與文化記憶——《詩經》早期歷史研究〉，載姜廣輝主編：《經學今詮四編》（《中國哲學》第 25 輯）（瀋陽：遼寧教育出版社，2004 年），頁 112。

68　〈出土文獻與文化記憶——《詩經》早期歷史研究〉，頁 126。

69　〈出土文獻與文化記憶——《詩經》早期歷史研究〉，頁 126-127。

《毛詩》（而出現）的一種標準化」，[70] 是沒有歷史根基的漢室，為了歷史、文化和政治的合法化，「通過《詩》的欽定詮釋得以完成，特別是通過對《毛詩》的詮釋而完成」。[71] 柯氏在另外一篇專文裏，以〈關雎〉為例，把這個看法說得更具體，他說：

> 雖然我們知道組成公元前三百年左右的《詩》是與流傳的《毛詩》同音字詞；但是，一旦除去《毛傳》的單字訓詁，我們就無法弄清這些到底是哪些字詞。換句話說，把我們對《孔子詩論》的解讀建立在我們對《毛詩》的理解上，這種慣用研究程式根本上就是自相矛盾，站不住腳的。〔……〕因為這一文本根本就不是「原文」，或存在先於《毛傳》訓詁注釋。這一文本流傳的形式和意義是通過《毛詩》和鄭玄的《毛詩傳箋》纔存在的；我們手頭沒有《詩》的原文。我們所有的只是《毛詩》——一部通過一種特殊的詮釋方式構築的文本。[72]

柯馬丁主張早期的《詩》以口耳相傳的形式流傳並沒有問題，而且符合一定的事實，但是他在專文裏引據的《漢書》「凡三百五篇，遭秦而全者，以其諷誦，不獨在竹帛故也」數語，除了證明《詩》可以藉由諷誦而流傳，同時也說明在先秦時候，《詩》已經是以著於竹帛的形式來流傳了。安大簡《詩經》的發現說明了「戰國早期之前《詩經》定本就已經形成是毫無疑問的」[73] 至於他舉傳《魯詩》的申培為例，指申培「只口授《詩》而沒有傳下自己說《詩》的書面文字」，但《漢書·楚元王傳》明確稱「申公始為《詩》傳，號《魯

---

70 〈出土文獻與文化記憶——《詩經》早期歷史研究〉，頁 132。
71 〈出土文獻與文化記憶——《詩經》早期歷史研究〉，頁 144。
72 柯馬丁著、馬寧譯：〈從出土文獻談《詩經·國風》的詮釋問題：以〈關雎〉為例〉，《中華文史論叢》2008 年第 1 輯（總第 89 輯），頁 269。
73 黃德寬、徐在國主編：《安徽大學藏戰國竹簡（一）》（上海：中西書局，2019 年），前言，頁 5。

詩》」，顏師古注曰：「凡言傳者，謂為之解說，若今《詩毛氏傳》也。」[74] 此外，柯氏指出漢室通過詮釋《詩》的方法，使之經典化，從而達到幫助政權在歷史、文化和政治上的合法化的目的，而在建構經典的背景下，才需要明確的固定的寫本。但是在《毛詩故訓傳》面世以前，《爾雅》已經出現了。而《爾雅》釋《詩》毫無疑問也是在一個固定或者比較固定的寫本下完成的，即使這個寫本可能只限於一個比較小的範圍內流通。趙爭在讚許柯馬丁的理論「非常具有啟發性」後，也承認官方或許有一《詩經》「定本」，他說：「由尹灣漢簡〈神烏賦〉引《詩》、武威漢簡《儀禮》引《詩》、東漢銅鏡〈碩人〉詩銘的《詩》文異文情形可知，《詩經》『定本』的影響當多限於官方，民間的《詩經》流傳仍保有漢初書寫不穩定的狀態。」[75]

我們釐清了在戰國末、秦初這段時期，甚至應該說早於這段時期已經有一個比較穩定的《詩》的傳本，其在方法學上的意義，在於排除了《爾雅》釋《詩》的材料是在漢代《詩經》詮釋系統建構以後才出現的可能。換言之，「《詩》在《雅》前」的「《詩》」如果指的是漢代才出現的《魯詩》詮釋系統的話，那麼這個命題就不成立了。以下我們回答另一個問題：《爾雅》的訓釋與《毛詩》詁訓的關係。由於《爾雅》中的《釋訓》與《詩》的關係最密切，我們把討論的範圍具體集中在《釋訓》一篇上。

七、《釋訓》與《毛詩》

清人葉德輝（1864-1927）《石林集》云：

74　《漢書》，頁 1922。
75　趙爭：〈兩漢《詩經》流傳問題略論──以阜陽漢簡《詩經》為中心〉，《大連理工大學學報》（社會科學版）2013 年第 4 期，頁 120。

《釋訓》一篇專為釋《詩》而作。[76]

《釋訓》一篇共 116 條，筆者參考邢昺《爾雅疏》，把邢《疏》認為《釋訓》某條釋某詩的材料逐條抽出，排比整理成附錄，發現《釋訓》的釋義或釋意與《詩》相應的達 109 條，佔 94%，可見《釋訓》一篇與《詩》的關係非常密切。總括來説，《釋訓》釋《詩》的體例可以分為以下幾方面：

7.1 訓釋《詩》句的疊詞的詞義

《釋訓》以「AA，BB，C 也」的形式訓釋《詩》句的疊詞。每條訓釋材料中的被釋詞，多見於不同《詩》句，如：[77]

條目	《釋訓》	篇目	詩句	《毛傳》
1	明明、斤斤，察也。	常武	赫赫明明。	明明然察也。
		執競	斤斤其明。	斤斤，明察也。

「明明」見於《大雅・常武》「赫赫明明」，「斤斤」見於《周頌・執競》，而《釋訓》以「察」字訓釋。又如：

條目	《釋訓》	篇目	詩句	《毛傳》
6	廱廱、優優，和也。	思齊	雝雝在宮。	雝雝，和也。
		雝	有來雝雝。	按：《毛傳》無釋，鄭《箋》云：「雝雝，和也。」
		長發	敷政優優。	優優，和也。

訓釋材料中的被釋詞有時來自同一首詩，如：

條目	《釋訓》	篇目	詩句	《毛傳》
20	委委、佗佗，美也。	君子偕老	委委佗佗。	委委者，行可委曲蹤也。
		君子偕老	委委佗佗	佗佗者，德平易也。

又如：

76　〔清〕謝啟昆：《小學考》（上海：漢語大詞典出版社，1997 年），卷三，頁 29 下 a 引。
77　本文所用例子據附錄，「條目」指《釋訓》第幾條。

條目	《釋訓》	篇目	詩句	《毛傳》
40	居居、究究，惡也。	羔裘	羔裘豹袪，自我人居居。	居居，懷惡不相親比之貌。
		羔裘	自我人究究。	究究，猶居居也。

此外，《釋訓》共有 6 條材料是先引整句《詩》，然後訓釋句中某個詞的詞義，分別是：

條目	《釋訓》	篇目	詩句	《毛傳》
90	是刈是濩。濩，煮之也。	葛覃	是刈是濩。	濩，煮之也。
91	履帝武敏。武，迹也。敏，拇也。	生民	履帝武敏。	武，迹也。
		生民	履帝武敏。	敏，疾也。
93	有客宿宿，言再宿也。有客信信，言四宿也。	有客	有客宿宿。	一宿曰宿。
		有客	有客信信。	再宿曰信，欲繫其馬而留之。
97	猗嗟名兮，目上為名。	猗嗟	猗嗟名兮。	目上為名，目下為清。
98	式微式微者，微乎微者也。	式微	式微式微。	式，用也。
100	徒御不驚，輦者也。	車攻	徒御不驚。	徒，輦也。

7.2 敍詩人之興詠

「敍詩人之興詠」出郭璞《爾雅注》，邢昺《疏》釋云：「若『噰噰喈喈』，以興民協服也；其『其虛其徐』，以詠威儀容止也。」[78] 邢昺所舉的兩個例子均見《釋訓》。[79]《釋訓》「敍詩人之興詠」有兩種形式：其一是先列《詩》句

---

78 《爾雅注疏》，頁 2。
79 「噰噰喈喈」見第 63 條，「其虛其徐」見第 96 條。

中的疊詞，然後加以釋意。如：

條目	《釋訓》	篇目	詩句	《毛傳》
62	丁丁、嚶嚶，相切直也。	伐木	伐木丁丁。	丁丁，伐木聲也。
		伐木	鳥鳴嚶嚶。	嚶嚶，驚懼也。

郭璞《爾雅注》云：「丁丁，砍木聲。嚶嚶，兩鳥鳴，以喻朋友切磋相正。」[80]〈伐木〉一詩以伐木和鳥鳴之聲起興，以喻朋友之間切磋相正之情。

又如：

條目	《釋訓》	篇目	詩句	《毛傳》
63	藹藹、萋萋、臣盡力也。	卷阿	藹藹王多吉士。	藹藹猶濟濟也。
		卷阿	菶菶萋萋，雝雝喈喈。	梧桐盛也，鳳凰鳴也。臣竭其力，則地極其化，天下和洽，則鳳凰樂德。

郭《注》云：「梧桐茂，賢士眾，地極化，臣竭忠。」[81]鄭《箋》云：「王之朝多善士藹藹然，君子在上位者率化之，使之親天子，奉職盡力。」[82]而「菶菶萋萋」指梧桐樹枝葉茂盛，以喻賢士眾多。

另一種形式就是先列《詩》句，然後加以解釋，例如：

條目	《釋訓》	篇目	詩句	《毛傳》
61	顒顒卬卬，君之德也。	卷阿	顒顒卬卬。	顒顒，溫貌。卬卬，盛貌。

「顒顒卬卬」出《大雅·卷阿》，其詩曰：「顒顒卬卬，如圭如璋，令聞令望。豈弟君子，四方為綱。」鄭《箋》云：「令，善也。王有賢臣，與之相切瑳，體貌則顒顒然敬順，志氣則卬卬然高朗，如玉之圭璋也。」[83]

《釋訓》116 條，其中有 15 條明確引出《詩》句，或訓釋詞義，或說明句意，這除了方便我們確定該條《釋訓》材料所釋何《詩》外，還客觀證明

---

80 《爾雅注疏》，頁 114。
81 《爾雅注疏》，頁 114。
82 《毛詩正義》，頁 1332。
83 《毛詩正義》，頁 1330。

了《釋訓》多為釋《詩》的材料。不過，如果學者對《釋訓》哪一條材料訓釋哪一首《詩》的看法不一致，那麼《釋訓》與哪一家《詩》的關係便容易言人人殊。邢昺舉出他認為《釋訓》所訓釋的《詩》共 211 句，和王先謙《詩三家義集疏》對比，我們發現該 211 句詩，王氏舉《釋訓》以釋的只有 127 句，相合率只有 60%，例如：

條目	《釋訓》	篇目	詩句	《詩三家義集疏》
32	坎坎、墫墫，喜也。	伐木	坎坎鼓我，蹲蹲舞我。	《魯詩》蹲作墫。《釋訓》：「坎坎、墫墫，喜也。」此魯訓。
34	旭旭、蹻蹻，憍也。	巷伯	驕人好好。	「魯好作旭」者，《釋訓》：「旭旭，憍也。」即「好好」之異文。
40	居居、究究，惡也。	羔裘	羔裘豹袪，自我人居居。	《魯説》曰：居居、究究，惡也。《釋訓》文。

而有 84 句邢《疏》所舉的《詩》句，王氏並沒有以《釋訓》釋之，例如：

條目	《釋訓》	篇目	詩句	《詩三家義集疏》
3	穆穆、肅肅，敬也。	雝	至止肅肅。	無釋
7	兢兢、憴憴，戒也。	小旻	戰戰兢兢。	無釋
12	番番、矯矯，勇也。	崧高	申伯番番。	無釋

在王先謙看來，「肅肅，敬也」、「兢兢，戒也」、「番番，勇也」等《釋訓》材料並非用來解釋《魯詩》這些詩句。換句話說，不同學者對《釋訓》訓釋何詩既然有不同的看法，自然影響對《釋訓》與《魯詩》關係的判定。「《爾雅》屬《魯詩》」的說法基於《爾雅》訓釋材料與《詩》句的配對，如果配對標準未能取得一致，那麼我們就很難肯定《爾雅》與《魯詩》的必然關係。

王國維（1877-1927）《觀堂集林·別集一·書毛詩故訓傳後》云：

《毛詩故訓》多本《爾雅》。[84]

《爾雅》中的訓詁條目固多訓釋《詩》，釋義與《毛傳》亦大多相合。就《釋訓》一篇，《毛傳》與《釋訓》在釋義和釋意兩方面有不少相同或相近的地方，現據附錄比較如下：

1. 被釋詞和訓釋詞完全相同的共 36 條，如：

條目	《釋訓》	篇目	詩句	《毛傳》
6	廱廱、優優，和也。	長發	敷政優優。	優優，和也。
7	兢兢、憴憴，戒也。	小旻	戰戰兢兢。	兢兢，戒也。
10	業業、翹翹，危也。	雲漢	兢兢業業。	業業，危也。
11	惴惴、憢憢，懼也。	黃鳥	惴惴其栗。	惴惴，懼也。
14	洸洸、赳赳，武也。	谷風	有洸有潰。	洸洸，武也。
26	丕丕、簡簡，大也。	執競	降福簡簡。	簡簡，大也。
89	既微且尰。骭瘍為微，腫足為尰。	巧言	既微且尰。	骭瘍為微，腫足為尰。

2. 被釋詞相同，訓釋詞相近的共 49 條，如：

條目	《釋訓》	篇目	詩句	《毛傳》
1	明明、斤斤，察也。	執競	斤斤其明。	斤斤，明察也。

84　王國維：《觀堂集林》（北京：中華書局，1959 年），第四冊，頁 1126。

條目	《釋訓》	篇目	詩句	《毛傳》
9	晏晏、溫溫，柔也。	氓	言笑晏晏。	晏晏，和柔也。
		抑	溫溫恭人。	溫溫，寬柔也。
12	番番、矯矯，勇也。	崧高	申伯番番。	番番，勇武貌。
25	祁祁、遲遲，徐也。	谷風	行道遲遲。	遲遲，舒行貌。
35	夢夢、訰訰，亂也。	正月	視天夢夢。	王者為亂夢夢然。
40	居居、究究，惡也。	羔裘	羔裘豹袪，自我人居居。	居居，懷惡不相親比之貌。
53	栗栗，眾也。	良耜	積之栗栗。	栗栗，眾多也。
63	藹藹、萋萋、臣盡力也。噰噰、喈喈，民協服也。	卷阿	菶菶萋萋，雝雝喈喈。	梧桐盛也，鳳凰鳴也。臣竭其力，則地極其化，天下和洽，則鳳凰樂德。
73	翕翕、訿訿，莫供職也。	召旻	皋皋訿訿。	訿訿，窳不供事也。
75	抑抑，密也。	賓之初筵	威儀抑抑。	抑抑，慎密也。
95	美士為彥。	羔裘	邦之彥兮。	彥，士之美稱。

比較這四十九條材料，我們發現《毛傳》的訓釋比《釋訓》詳細。《釋訓》中的訓釋詞多數是單音節詞，而《毛傳》則以雙音節詞加以訓釋，而且《毛傳》所用的雙音節詞，其中一個語素和《釋訓》相同。例如《釋訓》第 1 條「斤斤，察也。」《毛傳》云：「斤斤，明察也。」鄭《箋》云：「明察之君，斤斤如也。」[85] 斤斤是昕昕的假借，有精明的樣子。又如《釋訓》第 53 條「栗栗，眾也。」《毛傳》云：「栗栗，眾多也。」《毛傳》除了用雙音節詞為訓外，還用「貌」這個術語形容事物的形狀，[86] 如《釋訓》第 12 條「番番，勇也。」

---

85 《毛詩正義》，頁 1537。

86 周大璞《訓詁學初稿》對「貌」的解釋是「形容事物的形狀，其所解釋的都是形容詞或副詞。」《訓詁學初稿》（武昌：武漢大學出版社，1995 年），頁 173。

《毛傳》云：「番番，勇武貌。」又如第 25 條：「遲遲，徐也。」《毛傳》云：「遲遲，舒行貌。」漢語詞匯的發展，先秦以前以單音節為主，其後因為事物日益多，「為了明確使用，往往以同義的詞來結合，用別的詞來區別，構成一個複音詞。」[87] 漢語詞匯由單音節詞走向雙音節詞是一個自然的現象。《毛傳》訓釋詞較《釋訓》多雙音節詞，可以佐證《爾雅》成書先於《毛傳》。

《毛傳》多本《爾雅》，指的是毛亨作《傳》，吸收了《爾雅》匯編訓詁的成果，就好像我們現在訓釋古籍，參考詞典一樣。《爾雅》是當時一部詁訓匯編，[88] 自然為毛亨及其他治《詩》學者所參考。據此推論，《爾雅》不可能專釋《魯詩》，凡《魯詩》詁訓與《爾雅》相同者，當是治《魯詩》學者因襲《爾雅》。

小結

臧庸、陳喬樅、王先謙等學者把《爾雅》和《魯詩》的關係看作是，先有《魯詩》，後有《爾雅》，《爾雅》釋《詩》即本《魯詩》。今《魯詩》詁訓不見存，於是《爾雅》順理成章成為窺探《魯詩》之學的典籍。然而《爾雅》初稿成書於戰國末、秦初這一段時間，且代有增益。雖然《魯詩》、《韓詩》、《毛詩》之學皆源於荀子，但兩漢四家《詩》學，是在漢興以後才有，在《爾雅》最初成稿之際，尚無魯、齊、韓、毛《詩》學之分，則《爾雅》釋詩不可能專據某家《詩》。再者，《爾雅》既非成於一時一人之手，則《爾雅》自亦非一家之言。即使成於一人之手，也不見得專主一家。如雅學要籍《廣雅》，是魏博士張揖仿《爾雅》體例，廣《爾雅》所未備而作，其中《廣

87　劉景農：《漢語文言語法》（北京：中華書局，1998 年），頁 3。

88　據管錫華《爾雅研究》統計，《爾雅》一書有 10791 字，訓列 2219 個。見《爾雅研究》（合肥：安徽大學出版社，1996 年），頁 38。

雅》釋《詩》，雖有與《毛詩》相同之例，然異於《毛傳》、鄭《箋》者亦復不少。陳師雄根取《廣雅》釋《詩》與毛、鄭異義之例，詳加考釋，指出：「《廣雅》之訓異於毛、鄭者，或據三家詩以正其失。」[89] 又謂：「《廣雅》釋詩或與韓詩同。」[90] 可見成於一人之手的《廣雅》亦不見得專主一家。清人謂《爾雅》專釋《魯詩》並不可信，如果《魯詩》訓詁同於《爾雅》，當是治《魯詩》學者採用《爾雅》，而非《爾雅》因襲《魯詩》說，把《爾雅》歸入《魯詩》說並不恰當。

89　陳師雄根：〈《廣雅》釋《詩》與毛、鄭異義考〉，載《華學》第九、十合輯（上海：上海古籍出版社，2008年），第 5 冊，頁 1898。

90　〈《廣雅》釋《詩》與毛、鄭異義考〉，頁 1899。

俞樾釋《詩》二則述評

劉玉國

東吳大學大文系

一、前言

　　《詩·小雅·杕杜》「期逝不至，而多為恤」，《正義》釋「多為恤」為「多為憂」；以「多」為本字解；清·俞樾（1821-1907）駁之，以為「多」當讀為「祇」，祇，適也，「多為恤」者，「適使我憂傷而已」。又〈小雅·蓼蕭〉「既見君子，為龍為光」，《傳》、《箋》、《正義》皆訓「龍」為「寵」，俞樾亦駁之，謂「龍」當以本字解之，「龍」、「光」同為「君象」，皆用以指稱天子也。本文彙蒐相關內證、旁證，兼從句構、語境辨析之，庶幾能得其正詁，俾利從違。

二、俞說述評

（一）「期逝不至，而多為恤」條（〈小雅·杕杜〉）

　　《正義》曰：「女室家言本與我期，已往過矣；於今猶不來至，由是而使我念之，多為憂，以致病矣。」

　　樾謹按：此「多」字當讀為「亦祇以異」之「祇」；祇，適也。言本與我期者，欲有知有歸期而不憂也；今期已往而猶不至，則適使我憂傷而

已。「多」與「祗」古同聲而通用，詳見《襄二十九年左傳》及《論語・子張》篇。《正義》若云「多為憂」，則不辭矣。[1]

案：此則蓋俞氏謂《正義》詁〈小雅・杕杜〉「而多為恤」為「多為憂」[2]為「不辭」，故改從「因聲求義」，謂「多」當讀為古同聲之「祗」，祗，適也；「祗為恤」者「適使我憂傷而已」也。

評曰：多，古音為端紐歌部；祗，照紐脂部。[3] 齒音者古當歸入舌頭音，[4]歌脂旁轉，[5]「多」與「祗」古音甚近而通用，可釋為「適」，確如俞氏所指，見於《左傳・襄公二十九年》「祗見疏也」及《論語・子張》「多見其不知量也」之相關《注》、《疏》中；[6] 惟〈杕杜〉「多為恤」之「多」是否必須視為「祗」之通假字，否則便為「不辭」，則可待商榷。就句構言之：「多為恤」（「多」以本字視之）為「副詞＋動詞＋名詞」；與此相類之句，《詩》中尚有〈小雅・六月〉之「吉甫燕喜，既多受祉」，[7] 以及〈大雅・桑柔〉之「多我覯痻，孔棘

1　〔清〕俞樾撰：《群經平議・毛詩》，中國詩經學會編：《詩經要籍集成》（北京：學苑出版社，2002 年）冊 35，頁 224。

2　〔清〕阮元重刊宋本：《十三經注疏、毛詩注疏》（臺北：藝文印書館，1955 年），頁 341。

3　向熹編著：《詩經古今音手冊》（天津：南開大學出版社，1988 年），頁 39、247。

4　陳新雄曰：「錢氏（大昕）所謂古人多舌音，後代多變齒音者，乃指照穿神審禪五紐而言也，此五紐之字，黃侃以為當歸入舌頭端透定諸紐。」李芳桂所著《上古音研究》，亦有類似之言。〔見氏著：《古音研究》（臺北：五南圖書出版有限公司，1999 年），頁 545。〕

5　陳新雄撰：《古音學發微》（臺北：嘉新水泥公司文化基金會，1972 年），頁 1046。

6　《左傳・襄公二十九年》：「公曰：『欲之而言叛，祗見疏也。』」《正義》曰：「…言武子自欲得之，而誣言其叛，多見疏外我也。多見疏，猶《論語》云『多見其不知量也。』服虔本作『祗見疏』，解云：『祗，適也。』晉宋杜本皆作『多』，古人多、祗同音。」（《十三經注疏・左傳注疏》，頁 665。）《論語・子張》：「人雖欲自絕，其何傷於日月乎？多見其不知量也。」《注》曰：「言人雖自絕棄於日月，其何能傷之乎？適足自見其不知量也。」《正義》曰：「據此《注》，意似訓『多』為『適』，所以多得為適者，古人多、祗同音；『多見其不知量』，猶《襄二十九年・左傳》云：『多見疏也』，服虔本作『祗見疏』，解云：『祗，適也。』晉宋杜本皆作『多』。」（《十三經注疏・論語注疏》，頁 174。）

7　《十三經注疏・毛詩注疏》，頁 360。

我圍」[8]（「多我覯痻」當即是「我多覯痻」之倒裝）[9]；此外，《左傳‧桓公五年》之「君子不欲多上人，況敢陵天子乎！」[10]《穀梁傳‧文公十六年》之「以文為多失道矣」[11]等皆是。而其中之「多」皆當以本字解之，並無「不辭」之虞。次就上下文句觀之：「期逝不至，而多為恤」上承「匪載匪來，憂心孔疚」，[12]義脈上堪稱相互為文，「多為恤」義即「憂心孔疚」，「多」實與「孔」相應。而「多為恤」、「多受祉」、「多覯痻」等句構上顯與《論語》「多見其不知量也」、《左傳》「多（祇）見疏也」不同，後者須以通假字求解，前者實不必多此轉折。

更就詩情言之，詩曰：

> 有杕之杜，有睆其實。王事靡盬，繼嗣我日。日月陽止，女心傷止。……王事靡盬，我心傷悲。卉木萋止，女心悲止。……王事靡盬，憂我父母。……匪載匪來，憂心孔疚。期逝不至，而多為恤。……[13]

詩寫國事繁重，征夫戍役于外，歸期難卜，「父母愁憂，妻子傷嘆，憤懣之恨，發動于心；慕積之思，痛于骨髓。」[14]而末章之「憂心孔疚」、「而多為恤」正所以總結全詩之傷痛憂憤之情。若依俞樾釋「多」為「祇」，謂：「今期已往，而猶不至，則適使我憂傷而已」，力道失於弱，實難承此大任；《箋》云：「君子至期不裝載，意不為來，我念之憂心甚病。」[15]「憂心甚病」，方足以呼

8　《十三經注疏‧毛詩注疏》，頁654。
9　「多我覯痻」與〈邶風‧柏舟〉「覯閔既多」（《十三經注疏‧毛詩注疏》，頁75）意同，「多我覯痻」當即是「我多覯痻」的倒裝。（近代《詩經》學者王宗石便謂「『多我』為『我多』的倒文。」〔氏著《詩經分類詮釋》（長沙：湖南教育出版社，1993年），頁680。〕
10　《十三經注疏‧左傳注疏》，頁107。
11　《十三經注疏‧穀梁傳注疏》，頁112。
12　《十三經注疏‧毛詩注疏》，頁341。
13　《十三經注疏‧毛詩注疏》，頁340、341。
14　〔清〕王先謙撰：《詩三家義集疏》，《詩經要籍集成》冊41，頁290。
15　《十三經注疏‧毛詩注疏》，頁341。

應「憤懣之恨、慕積之思」；而「憂心甚病」者，即「憂心孔疚」，即「多為恤」。「多」字仍當從《正義》，以本字解為是。

（二）「為龍為光」條（〈小雅・蓼蕭〉）

《傳》曰：「龍，寵也。」《箋》云：「為龍為光，言天子恩澤光耀，被及己也。」《正義》曰：「為君所寵遇，為君所光榮。」

樾謹按：經言「為龍為光」，不言「為所寵，為所光」，《傳》、《箋》之義似均與經文語義未合。此「龍」字仍當讀如本字。《廣雅・釋詁》：「龍，日，君也。」「為龍為光」猶云「為龍為日」，竝君象也。賈子〈容經〉篇曰：「龍也者，人主之譬也。」《禮記・祭法》篇「王宮祭日也」，鄭《注》曰：「王，君也；日稱君。」是龍、日為君象，古有此義。變日言光，以協韻也。《周易・説卦傳》「離為日」，而虞《注》於〈未濟〉六五及〈夬象傳〉竝曰「離為光」，於需象辭則曰「離，日為光」，是日與光義得相通。《文選》張孟陽〈七哀〉詩「朱光馳其陸」，《注》曰：「朱光，日也。」陸士衡〈演連珠〉「重光發藻」，《注》曰：「重光，日也。」詞賦家以日為光，非無本矣。光與明同義。《禮記・禮器篇》「大明生于東」，《注》曰：「大明，日也。」日謂之光，猶謂之明也。光與景亦同，《文選》王元長〈曲水詩序〉「揆景緯以裁基」，《注》曰：「景，日也。」日謂之光，猶謂之景也。此言「遠國之君，朝見於天子」，故曰「既見君子，為龍為光」，「龍」、「光」竝以天子言也。〈柏舟〉篇「母也天只」，《傳》曰：「天猶父也。」彼變父言天以協韻；此變日言光亦取協韻，《詩》固有此條例矣。乃《昭十二年・左傳》叔孫昭子説此詩有曰「宴語之不懷，寵光之不宣」，則已同毛《傳》義。《左傳》晚出，先儒致疑，若斯之類，恐未可據。[16]

案：本則係以〈小雅・蓼蕭〉詩中但言「為龍為光」，未言「為所寵，

---

16 《群經平議・毛詩》，《詩經要籍集成》冊 35，頁 224。

為所光」而不然《傳》、《箋》、《正義》等釋「龍」為「寵」，釋「為龍為光」為「為君所寵，為君所光」，[17] 而謂「龍」當讀如本字。復援《廣雅．釋詁》「龍、日，君也。」[18] 賈誼〈新書．容經〉篇「龍也者，人主之譬也。」[19]《禮記．祭法》鄭《注》「王，君也；日稱君。」[20] 等相關資料，明「龍」、「日」均為君象。復舉《周易．說卦傳》「離為日」，[21] 虞翻《注》「離為光」[22] 及《文選》相關詩句與其《注》「朱光，日也」[23] 等，明「日」、「光」、「景」之通用。卒謂「為龍為光」乃因協韻而變「日」為「光」，「龍」與「光」皆稱「天子」也。

評曰：俞氏所舉各該資料，確足以說明「龍、日為君象，古有此義」；惟此「古」究竟何所指，必須斷代明確，不容含混。《書．湯誓》：「有眾率怠，弗協，曰：『時日曷喪？予及汝皆亡！』」[24]《韓非子．內儲說上七術第三十》：「將見人主者夢見日。」[25]《呂氏春秋．慎大覽第三》：「末嬉言曰：『今昔天子夢西方有日，兩日相與鬥，西方日勝，東方日不勝。』伊尹以告湯。」[26] 以上三例，或可視為先秦已有「日為君象」之說之佐證。（惜俞氏未及此）惟此則釋詞，俞說是否允妥，結穴之處在「龍」不在「日」；蓋「龍」字若非俞樾所

---

17 《十三經注疏．毛詩注疏》頁 349。

18 徐復主編：《廣雅詁林》（南京：江蘇古籍出版社，1998 年），頁 2。

19 〔漢〕賈誼撰，彭昊、趙勖校點：《賈誼集》（長沙：岳麓書社，2010 年），頁 74。

20 《十三經注疏．禮記注疏》，頁 797。

21 《十三經注疏．周易注疏》，頁 186。

22 王新春撰：《周易虞氏學》（臺北：頂淵文化事業有限公司，1999 年）下冊，頁 1093。

23 張孟陽〈七哀〉詩「朱光馳北陸」，翰曰：「朱光，日也。」陸士衡〈演連珠〉「重光發藻」，李善注曰：「重光，日也。」王元長〈曲水詩序〉「揆景緯以裁基」，《注》曰：「景，日也。」（見〔梁〕蕭統撰，〔唐〕李善等注：《增補六臣註文選》〔臺北：華正書局，1977 年〕，頁 428、1022、870。）

24 《十三經注疏．尚書注疏》頁 108。孔《傳》注曰：「眾下相率為怠惰，不與上和合，比桀於日。」（同書頁 108。）

25 張覺撰：《韓非子校疏》（上海：上海古籍出版社，2010 年）上冊，頁 584。太田芳注曰：「《詩．柏舟》『日居月諸』，《傳》：『日，君象也。』」（同書頁 584。）

26 陳奇猷撰：《呂氏春秋新校釋》（上海：上海古籍出版社，2002 年）上冊，頁 850。陳奇猷注曰：「以上文伊尹告湯東西日鬥，西方日勝，東方日不勝之文觀之，亦可知東方指桀之國，而湯國在西方也。」（同書頁 859）可知文中之日，分指湯與桀，為君之象。

言為「帝象」，則俞氏「變日為光，光即日，與龍皆指稱帝王」之說，便失去依附，難以成立。而俞氏所舉有關「龍為帝象」之二項論據，曹魏‧張揖（？—？）之《廣雅》、西漢‧賈誼（西元前 200-169）之《新書》皆屬漢世撰著；翻檢先秦古籍，卻未見相類之概念陳述。先以《詩經》觀之，除「為龍為光」外，「龍」字共七見，〈鄭風‧山有扶蘇〉「山有橋松，隰有遊龍。」[27]〈秦風‧小戎〉「龍盾之合。」[28]〈周頌‧載見〉「龍旂陽陽，和鈴央央。」[29]〈周頌‧酌〉「時純熙矣，是用大介，我龍受之。」[30]〈魯頌‧閟宮〉「龍旂承祀，六轡耳耳。」[31]〈商頌‧玄鳥〉「龍旂十乘，大糦是成。」[32]〈商頌‧長發〉「受小共大共，為下國駿厖，何天之龍。」[33] 從各該句之句語觀之，顯而易見並無「龍為君象」者，其餘各書有「龍」字出現者如下表列：

書名	龍字出現次數	龍字用義	用例舉隅	備註
《周易》	36	神獸名	「飛龍在天」、「龍蛇之蟄」等	劉殿爵主編：《周易逐字索引》（香港：商務印書館、2006 年），頁 159。
《尚書》	5	人名、神獸名、山名	「讓于夔龍」、「至于龍門」等	十三經辭典編纂委員會編纂：《十三經辭典‧尚書卷》（西安：陝西人民出版社，2010 年），頁 660。

27　《十三經注疏‧毛詩注疏》，頁 172。毛《傳》：「龍，紅草也。」（同書頁 172。）

28　《十三經注疏‧毛詩注疏》，頁 237。毛《傳》：「龍盾，畫龍其盾也。」（同書頁 237。）

29　《十三經注疏‧毛詩注疏》，頁 735。《箋》：「交龍為旂。」（同書頁 735。）

30　《十三經注疏‧毛詩注疏》，頁 752、753。《箋》：「龍，寵也。來助我者，我寵而受用之。」（同書頁 753。）

31　《十三經注疏‧毛詩注疏》，頁 778。

32　《十三經注疏‧毛詩注疏》，頁 794。

33　《十三經注疏‧毛詩注疏》，頁 802。《箋》：「龍當作寵，寵，榮名之謂。」（同書頁 802。）

（續上表）

書名	龍字出現次數	龍字用義	用例舉隅	備註
周禮	9	神獸名、龍形或有龍形圖案之物、馬之名、山名	「澤國用龍節」、「馬八尺以上為龍」等	《周禮逐字索引》，頁 234。
儀禮	6	神獸名、龍形或有龍形圖案之物	「天子乘龍」、「載龍旂」等	《儀禮逐字索引》，頁 244。
禮記	19	神獸名、龍形或有龍形圖案之物	「天子龍袞」、「左青龍而右白虎」等	《禮記逐字索引》，頁 450、451。
孟子	6	神獸名、人名、「壟」之通用字	「蛇龍居之」、「獨於富貴之中有私龍斷焉」等	《十三經辭典・孟子卷》，頁 795。
荀子	11	神獸名、人名、旗名	「蛟龍生焉」、「曹觸龍斷於軍」等	《荀子逐字索引》，頁 371。
墨子	7	神獸名	「龍生（於）廟」、「殺黑龍於北方」等	《墨子逐字索引》，頁 392。
管子	20	神獸名、旗名、地名	「龍旗九游」、「龍夏以北」等	《管子逐字索引》，頁 581。
韓非子	14	神獸名、人名	「關龍逢斬」、「飛龍乘雲」等	《韓非子逐字索引》，頁 476。
莊子	7	神獸名、人名	「龍合而成體」、「昔者龍逢斬」等	王世舜、韓慕君編《老莊詞典》（濟南：山東教育出版社，1993 年），頁 355。
呂氏春秋	36	神獸名、人名、地名	「公孫龍對曰」、「鑿龍門」等	《呂氏春秋逐字索引》，頁 474。
晏子春秋	4	神獸名	「與龍蛇比」、「乘龍而理天下」等	《晏子逐字索引》，頁 211。

以上諸書中之「龍」皆與《詩》一致，無以「龍」為「君象」。[34] 而明確謂帝王為「龍」，將帝王與龍合為一體，則權輿乎秦末漢初：《史記・秦始皇本紀》中之「祖龍」即是秦始皇，[35]《史記・高祖本紀》則載記了高祖劉邦係「龍神之種」：

> 高祖，……姓劉氏，字季。父曰太公，母曰劉媼。其先劉媼嘗息大澤之陂，夢與神遇。是時雷電晦冥，太公往視，則見蛟龍於其上。已而有身，遂產高祖。[36]

此謬稱「龍種」的政治神話，遂開後世帝王為「真龍天子」之傳承，龍專屬「君象」之禁臠，於焉始成。[37] 是俞樾所言「龍為君象，古有此義」之「古」，上限實不逾「秦漢」，《詩經》年代，殆無此概念。

如前所舉，《詩》中「龍」字之用，除作本字解，亦有作「寵」之通借者，

34　《韓非子・說難》曰：「夫龍之為蟲也，柔可狎而騎也，然其喉下有逆鱗徑尺，若人有嬰之者則必殺人。人主亦有逆鱗，說者能無嬰人主之逆鱗則幾矣。」（《韓非子校疏》上冊，頁 247、248）《史記・晉世家》載介之推事有言：「介之推從者憐之，乃懸書宮門曰：『龍欲上天，五蛇為輔。龍已生雲，四蛇各入其宇，一蛇獨怨，終不見處所。』」〔楊家駱主編：《史記附札記》（臺北：鼎文書局，1979 年），頁 1662。〕《史記・老子韓非列傳》：「孔子去，謂弟子曰：『鳥，吾知其能飛；魚，吾知其能游；……至於龍，吾不能知，其乘風雲而上天。吾今日見老子，其猶龍邪！』」（《史記附札記》，頁 2140。）從以上前二則，知先秦時期已有將「龍」與「君王」相比，惟細繹其義，只是取「龍」譬況，亦有以龍相比，推崇老子之學養道德超凡入聖，可見先秦並無「以龍為君象」之說。民俗學者吉成名曰：「秦代以前，雖然已經形成了把專制君王比作龍的習俗，但是還沒有形成把龍當作專制皇權的象徵的習俗。」〔氏著：《中國崇龍習俗》（天津：天津古籍出版社，2002 年），頁 184。〕

35　《史記・秦始皇本紀》：「秋，使者從關東夜過華陰平舒道，有人持璧遮使者曰：『為吾遺滈池君。』因言曰：『今年祖龍死。』使者問其故，因忽不見。」《集解》：「蘇林曰：『祖，始也。龍，人君象，謂始皇也。』應劭曰：『祖，人之先。龍，君之象。』」（《史記附札記》，頁 259、260。）

36　《史記附札記》，頁 341。《索隱》按：「《詩含神霧》云『赤龍感女媼，劉季興。』」（同書頁 342。）

37　吉成名曰：「把龍當作專制皇權的象徵，這種習俗是西漢初年形成的，其標志是劉邦將自己的身世與龍聯繫起來。」（《中國崇龍習俗》，頁 184、185。）

《周頌‧酌》「我龍受之，蹻蹻王之造」[38]《商頌‧長發》「受小共大共，為下國俊厖，何天之龍」[39] 是也。而「甲骨文借『龍』為『寵』，寵乃後起的分別字。」[40] 又周器《遲父鐘》「不顯龍光」之銘文之「龍光」與〈蓼蕭〉「為龍為光」極類，[41] 金文之「龍光」即「寵光」，[42] 毛《傳》釋「為龍為光」之「龍」為「寵」，衡之以二重證據法，其詁可從。

復從〈蓼蕭〉詩之句構、語境觀之，詩曰：

> 蓼彼蕭斯，零露湑兮。既見君子，我心寫兮。燕笑語，是以有譽處兮。蓼彼蕭斯，零露瀼瀼。既見君子，為龍為光。其德不爽，壽考不忘。蓼彼蕭斯，零露泥泥。既見君子，孔燕豈弟。宜兄宜弟，令德壽豈。……[43]

就上引〈蓼蕭〉詩前三章之句構觀之，「既見君子，我心寫兮」、「既見君子，為龍為光」與「既見君子，孔燕豈弟」顯為疊章對句，其義脈宜當相類，首章「既見君子，我心寫兮」之「我」，乃「諸侯自我」，[44] 謂「既見天子，我則

---

38 鄭《箋》：「龍，寵也。」（《十三經注疏‧毛詩注疏》，頁 753。）于省吾氏引邲鐘「喬喬其龍」，張孝達讀為「蹻蹻其寵」，亦謂「我龍受之」應讀作「我寵受之」。〔見氏著：《詩經楚辭新證》（臺北：木鐸出版社，1982 年），頁 88、89 之「我龍受之，蹻蹻王之造，載用有嗣」條之說解。〕

39 《傳》云：「龍，和也。」《箋》曰：「龍，寵也。」（《十三經注疏‧毛詩注疏》，頁 802。《大戴禮‧衛將軍文子》引該詩，「何天之龍」正作「何天之寵」）。〔方向東撰：《大戴禮記匯校集解》（北京：中華書局，2008 年）上冊，頁 645。〕王先謙據陳喬樅「《大戴記》師傳與《齊詩》同為后蒼所授」之言，謂《箋》即據《齊詩》改毛。〔清‧王先謙撰：《詩三家義集疏》（臺北：明文書局，1988 年）下冊，頁 1112。〕

40 于省吾撰：《甲骨文字釋林‧釋「鼎龍」》（北京：中華書局，2009 年），頁 240。

41 〔清〕陳奐注「為龍為光」曰：「《詩》龍光，龍讀為寵；為寵為光，為寵光也。」氏著：《詩毛氏傳疏》（臺北：學生書局，1967 年）冊（一），頁 436。

42 于省吾曰：「周器《遲父鐘》的『不顯龍光』，應讀作『不顯寵光』。《詩‧蓼蕭》『為龍為光』的毛《傳》，和《詩‧酌》『我龍受之』的鄭《箋》，并訓『龍』為『寵』。」（《甲骨文字釋林‧釋「鼎龍」》，頁 240。）

43 《十三經注疏‧毛詩注疏》，頁 349。

44 《詩毛氏傳疏》冊（一），頁 435。

盡輸其歸嚮之誠也。」[45] 三章「既見君子，孔燕豈弟」謂「既朝見君（天）子，我心皆甚安而樂易。」[46] 是承接「既見君子」之各該下句，所陳述者皆「諸侯朝見天子後之心境、感受」；二章之「為龍為光」既與之疊章相對，其義蘊自當與「我心寫兮」、「孔燕豈弟」相類，所述者亦當為諸侯之心情。俞樾謂「龍」、「光」並指天子，顯與詩之章構句法相舛。必若毛《傳》、鄭《箋》之釋為「寵光」（朝見天子，甚覺榮寵），方覺貼切。以是，《左傳・昭公十二年》：「宋華定來聘，……享之，為賦〈蓼蕭〉，弗知又不答賦。昭子曰：『必亡！宴語之不懷，寵光之不宣，令德之不知，同福之不受，將何以在？』」[47]《蓼蕭》詩之「龍光」，《左傳》正作「寵光」，而俞樾曰：「叔孫昭子說此詩，有曰『寵光之不宣』，則已同毛《傳》義。《左傳》晚出，先儒致疑；若斯之類，恐未可據。」比對前述，俞氏之言，方屬不可據之妄語，難以服人。

三、結語

　　以上俞氏兩則釋詞，皆以各該字是否為通假字為其論辯核心。惟「通假字之判讀」，除須考慮「有無相應本字之用例」外，句構、相類句例、語境、內證、旁證乃至斷代等，皆須兼而用之，以為判定之資。「期逝不至，而多為恤」條中，俞氏單以「多」、「祇」通假有前例可尋，便逕謂「多」為借字，「祇」為本字，以茲相解，雖當句亦能文從字順，然衡之上下文義及全詩意旨，終欠貼切，不若《正義》原解穩妥。「為龍為光」條中，徒取漢人之說為據，未克蒐檢比對、察辨「龍為君象」之說形成之歷史脈絡，以致混後於前，以今律古。此兩則之失，宜為吾輩解詁古籍者戒。

---

45 《詩三家義集疏》下冊，頁 598。
46 《詩三家義集疏》下冊，頁 598。
47 《十三經注疏・左傳注疏》，頁 789。

由「中聲」、「和樂」與「遺音」
探討秦漢的樂教思想

林素娟[1]

國立成功大學中國文學系

一、前言

先秦至漢代的樂教中，以樂論道、以樂論自然天地及倫理關係的和諧、以樂論修身，有其深厚的傳統，而「中」與「和」是最重要的關鍵詞。中聲、中音、和音、和樂……關係着人與自然、身心修養以及教化的核心問題。《左傳》、《國語》、《荀子》、《禮記》、《呂氏春秋》、《淮南子》等相關文獻論「中和」時往往涉及樂與身心修養以及樂教課題。而此時所謂「樂」並不僅只於後代狹義之「音樂」，其牽涉詩、舞、樂共同的表現形式，同時也涉及「德」、「禮」、倫理、文理之課題。秦漢時期有關禮樂論述中，樂與禮、德的關係密切，如《禮記・樂記》謂：「知樂則幾於禮也」、「禮樂皆得謂之有德」，在禮與德之實踐中，樂顯然居於基礎且關鍵的地位。戰國乃至秦漢時期論禮樂的文獻「中」「和」同時包含了自身與自然、自身與他人「和」之關係。〈樂記〉論樂之「和」也包含着自身因物而感動中，性情如何保持「和」的修養課題。因此，本文透過「中和」之樂教這個先秦以來論修養及教化的核心觀念，以思考如何在情之應感與禮之規範間、在具體的處身情境中保持自然與自身間、性情與物間、自身與他人間「和」的關係，這對於思考如何透過禮儀而進行修養與

1　本文撰寫期間接受科技部專題研究計劃補助（編號：105-2410-H-006-080）。其中內容並曾發表於《臺大中文學報》，第五十八期。

教化課題具有重要意義。值得注意的是，《禮記·樂記》論「中」「和」與同樣被視為至樂的「遺音」二者關係十分密切，涉及了「無」之思想於禮樂中的意義，於上承先秦並開啟漢代以後音樂的性情論、美學修養、審美論，具有關鍵意義。因此，本文以「中和」與「遺音」作為秦漢樂教的核心議題。

有關《禮記·樂記》的作者歷來爭議很多，學者或認為是《公孫尼子》所作[2]，或認為其中部分篇章出自《公孫尼子》[3]，或取信於《漢書·藝文志》認為《禮記·樂記》乃「武帝時，河間獻王好儒，與毛生等共采《周官》及諸子言樂事者，以作樂《記》」[4]，而被認為是河間獻王劉德與毛生采拾《周官》及諸子之說而成。就思想層面而言，學者或認為《禮記·樂記》中公孫尼子之遺說部分與《孟子》之養氣論密切相關，《孟子》深受《公孫尼子》之養氣論的影響，而向超越面向轉化[5]；或主張樂與易道有密切的關係，特別是《繫辭》。[6] 或認為《公孫尼子》中的部分段落反映着戰國儒家的思想。即使學者所持見解有所差異，但就其篇章之流傳來看，《禮記·樂記》雖保有先秦《公孫尼子》之遺文，卻不能免於漢人之雜抄與編纂，其間同時反映着由先秦至漢代樂教思想的多種面向，可以視為漢代對先秦樂教思想的續承和轉化。

《禮記·樂記》雖保留了先秦時期論樂的重要思想，但其間經過秦漢諸子

2　如李學勤：〈公孫尼子與易傳的作者〉，《文史》第 35 輯（北京：中華書局，1992 年），認為〈樂記〉為公孫尼子所作，並承《漢書·藝文志》認為其乃「七十子之弟子」。

3　如郭沫若認為〈樂記〉十一篇源自荀子之前的公孫尼子，但仍有許多部分顯示了漢儒雜抄雜纂的痕跡。詳參〈公孫尼子與其音樂理論〉，《青銅時代》（重慶：文治出版社，1945 年 9 月）。葉國良主張《樂記》中的〈樂化〉篇出自《公孫尼子》，其餘十篇，來源和時代頗為分歧，並認為公孫尼子應是孔孟之間的人物。詳參〈公孫尼子及其論述考辨〉，《臺大中文學報》，第 25 期，（2006 年 12 月），頁 25-50。

4　〔漢〕班固，〔唐〕顏師古注：《漢書》（臺北：鼎文書局，1977 年 12 月），卷 30〈藝文志「六藝」樂〉，頁 1712。

5　楊儒賓亦主張〈樂記〉源自《公孫尼子》，而《公孫尼子》的養氣理論，影響了《孟子》。但《公孫尼子》強調血氣心知、性情身體，就感性存在論樂，又與《孟子》論性之超越面不同。詳參楊儒賓：〈論公孫尼子的養氣說－兼論與孟子的關係〉，《清華學報》，新 22 卷第 3 期（1992 年 9 月）。

6　如李學勤指出《禮記·樂記》與《易傳》關係十分密切，詳參《周易經傳溯源》（長春：長春出版社，1992 年 8 月），頁 80。

的補充和闡發，因此既反映着《左傳》、《國語》、《荀子》等有關樂與自然、
樂與教化的論述，同時也與《呂氏春秋》、《淮南子》等秦漢論樂之思想可相
參酌。〈樂記〉中部分段落甚至與《荀子》、《繫辭》、《呂氏春秋》、《淮南子》
文句有所重合。[7] 尤其中、和與遺音説，既上承先秦樂教思想，同時又在漢代
注解中有所轉化。若由中、和於先秦的使用來看，中聲、中音、和音、和樂
往往由音樂所帶來的感受性而言，而「中和」一詞連用，如《禮記·樂記》：
「中和之紀，人情所不能免也」，則指音樂所帶來的性情之應感及倫理關係而
言（詳後文）。若「中和」在先秦、漢代的語境中與音樂所帶來的性情之應
感及倫理關係密不可分，則其密切關係着身之感受性、情之應感的情境性。
值得注意的是：先秦乃至漢代論樂之中和時，其與身體的感受性、情境性的
深刻縮結，這些論述與由體用論的立場思考的「中和」説，不論對心性的認
識，以及採取的工夫徑路上均有十分明顯的不同。

　　《禮記·樂記》透過樂而展現「通倫理」、「聲音之道與政通」、「知樂
則幾則禮矣」的理想。透過中音、和樂展開了樂與自然、樂與血氣之和、
樂以通倫理、樂與政通等修養與教化的複雜課題。在論及和樂時，與其密
切相關的「遺音」、「遺味」在漢代後更與美學修養、文藝、審美理論之
建構息息相關。[8] 由於對「遺音」、「遺味」的理解不同，學者或理解為餘

7　故而本文在論述上以秦漢時所涵攝的樂教思想作為探討，不陷於細部的時代和作者
　　論爭。但在引用上，仍依孔疏所從之皇侃説分篇為十一篇，雖然此十一篇之篇名、
　　次第不無爭論，如孔疏謂：「《樂記》十一篇之次第與《別錄》不同」、「鄭目錄十一
　　篇略有分別，仔細不可悉知」、「按《別錄》：《禮記》四十九篇，〈樂記〉第十九，
　　則〈樂記〉十一篇入《禮記》也在劉向前矣。至劉向為《別錄》時，更載所入《樂記》
　　十一篇，又載餘十二篇，總為二十三篇也。」孔疏所從皇侃之分篇雖然不無爭議，
　　但本文仍依孔疏標示十一篇之篇名，以方便在論述上對於前代思想的發展脈絡進行
　　對比和綜觀。以上引文詳參〔漢〕鄭玄注，〔唐〕孔穎達疏：《禮記注疏》（臺北：藝
　　文印書館，2001 年，影印阮元核刻《十三經注疏附校勘記本》，以下簡稱《禮記》），
　　卷 37〈樂記〉，頁 662、667。
8　如陶禮天：〈《樂記》的音樂美學思想與「遺音遺味」〉，《首都師範大學學報》，（2006
　　年第 1 期），頁 89-92，認為「遺音遺味」對於古代文藝審美理論具有重要意義。王
　　禕認為《樂記》之「遺音遺味」展現「味」的文藝審美論，詳參王禕：〈《禮記·樂記》
　　「遺音遺味説與「味」的文藝審美〉，《澳門理工學報》，2011 年第 1 期。

音、餘味，淡音、淡味，無聲、無味，棄音、棄味。《禮記‧樂記》所論的遺音、遺味，初指祭祀中所使用的大樂與至味，但「遺」如何詮解，學者多有不同看法。由「餘」理解「遺」音，與由「無」、「淡」、「棄」理解的「遺」音頗有不同。以「餘音」作為解釋者，多強調德與中和，上承先秦論樂之和的傳統，同時以文、質之辯的脈絡進行思考。至於由「無」、「淡」、「棄」理解「遺音」，很容易令人聯想《老子》：「道之出口，淡乎其無味」、「味無味」、「大象無形」的貴無思想。[9]或者如《莊子‧齊物論》：「有以為未始有物者，至矣，盡矣，不可加矣」、「無成與虧，故昭氏之不鼓琴也」[10]，未始有物、不鼓琴，故無成與虧。及至有物，則由「未始有封」而進入「有封」、「有是非」，一步步趨向「道之所以虧也」的歷程，這樣的解釋脈絡對物及形式不採取積極態度。漢代學者在解釋大樂、至樂時，顯現出深受先秦以來論和樂、中聲、德音之說的影響，但融入貴無思想，甚至摻入絕音、棄味說，以解釋中和之樂與遺音。如《呂氏春秋》、《淮南子》雜揉儒道之說，至漢末、魏晉嵇康、阮籍、王弼論樂時，「和」摻入歸根復靜而返向內在之精神內修，以及虛無、齊物等面向，[11]可視為會通儒道思想的

9　如王禕：《《禮記‧樂記》研究論稿》（上海：上海人民出版社，2011 年 9 月），頁 297 解釋「遺音遺味」為「至樂無聲」，認為其揭示：「文不重要，重要的本，同樣是視而不見，聽之不聞，不言卻無處不在的本質道理」。

10　〔清〕陳壽昌輯：《南華真經正義》（臺北：新天地，1977 年 7 月），頁 27。

11　湯用彤認為嵇康、阮籍所謂自然之第一義乃為混沌、玄冥，「『玄冥』者，『玄』為同，『冥』為一，引而申之謂在本體上無分別、無生死、無動靜、無利害；生死、動靜、利害為一，那有分別，此與莊子「齊物」相同。玄冥是 primitive state（原初狀態），是自然的，非人為的，猶如未經雕刻之玉石（樸）。」詳參湯用彤撰，湯一介等導讀：《魏晉玄學論稿》（上海：上海古籍出版社，2001 年 6 月）〈貴無之學〉，頁 148。頁 149 又謂：「嵇阮之學未脫漢人窠臼，道器有時間上先後，故道器可分為二截，既崇太古之道，乃反後天之器」。在此思想脈絡下「和」是自然而脫離人文之造作，與儒家論樂之「和」，重於教化，乃在諧和差異而成就禮文之「流而不息」、「合同而化」並不相同。有關嵇康論「樂」，學者還有不同主張，如牟宗三以本體論脈絡理解「和」（詳下文）。

表達。[12] 宋、明以降至清代，學者有以「淡和」理解「中正之音」並作為修養工夫者[13]，可視為「淡」音解釋「和」樂的後續發展。

「和」在先秦樂教的文獻中即具有不住於兩端，並不斷容納差異、相濟共成以顯其變化的特質。[14]《禮記‧樂記》謂和樂能達到「百物皆化」、「流而不息」的變化特質，歸結了前代如《國語》「聲味生氣」的傳統。而「和」之弔詭（paradox）表達，反映了樂教中，論性情應感於物的容受差異性，以及自然、物與性情的辯證關係（詳後文）。值得注意的是，先秦思想家在論樂之「和」時，「無」之思想也居於重要地位，甚至「無」也就是「和」的理想表述。如《論語》中的「無與」與「無能名」，透過「無」而展現天地化育。楚簡《民之父母》或《禮記‧孔子閒居》中「無聲之樂」的「三無」之表述，此「無」、「遺」與「進」、「文」有其辯證的關係，正可以展現透過「和」以思考禮樂之文化論述的重要特質。

「中和」、「遺音」思想的探討，展開了儒家的修身、教化以及審美的相關論述，在「中和」、「遺音」的詮解上，亦反映了由先秦至漢代思想的融通

12　以嵇康〈聲無哀樂論〉及〈答養生論〉來看，其強調「和心足于內，和氣見了外」，以及重視移風易俗，表現出對儒、道思想的會通，如吳冠宏謂：「筆者認為〈聲論〉最後的答難，在移風易俗上表現出儒道對話的義涵，正可以提供我們重新看待嵇康在玄學史乃至儒道會通思想上的角色扮演。」詳參《走向嵇康—從情之有無到氣通內外》（臺北：國立臺灣大學出版中心，2015），頁171。蕭馳：《玄智與詩興》（臺北：聯經，2011），頁185謂：「生當『大道沈淪』之際的叔夜，其人格本質其實體現了何、王之後玄學中另一種儒道思想的會通。故而其莊子，可視作於『顏子之學為獨契』的莊子。」

13　詳參李美燕：〈儒家樂教思想中「和」的意涵之流變述論：以隋唐至明清為考察對象〉，收入方勇主編《諸子學刊》第六輯（上海：上海古籍出版社，2012年3月），指出周敦頤透過「主靜」、「無欲」的修養工夫以達於「淡和」境界。汪烜以「欲心平」、「躁心釋」來理解「淡和中正之音」。朱熹以「淡」救「和」樂所可能帶來的淫之時弊。「和」以「淡」進行理解，並以「主靜」作為工夫，可視為本文所涉及以「淡音」理解「和樂」說的後續發展。

14　「和」在辯證中不斷保持差異的運動說，可以回應朱利安（François Jullien）有關中國文人和諧觀缺乏批判性的相關批評。或何乏筆認為「和」過度強調和諧性，使氣的差異性和流動性未能充分彰顯的相關批判。詳參何乏筆：〈平淡的勇氣：嵇康與文人美學的批判性〉，《哲學與文學》，37卷9期（2010年9月），頁141-153。

和轉化過程，[15] 其為修養及美學的重要課題，本文即以此進行探討。

二、陽而不散、陰而不密：
不住兩端的「中」、「和」之特質

「中」「和」在先秦及漢代的文獻中時常出現，在論樂時「中」、「和」尤其是關鍵的概念，但何謂「中」、「和」？後代理學在解釋「中」、「和」時往往以心性之本體及其發用來說明道體及修養工夫，尤其以解釋《中庸》：「喜怒哀樂未發，謂之中，發而皆中節，謂之和。中也者，天下之大本也。和也者，天下之達道也。致中和，天地位焉，萬物育焉」最為經典。朱子在詮釋中、和時以心性本體及其發用來詮釋：

> 蓋天命之性，萬理具焉，喜怒哀樂，各有攸當。方其未發，渾然在中，無所偏倚，故謂之中；及其發而皆得其當，無所乖戾，故謂之和。謂之中者，所以狀性之德，道之體也，以其天地萬物之理，無所不該，故曰天下之大本。謂之和者，所以著情之正，道之用也，以其古今人物之所共由，故曰天下之達道。[16]

朱子將「中」視為道之本體、性體，為萬物之理與大本，而「和」視為性體之發用。但若對查漢代鄭玄對於「中」之解釋：「中為大本者，以其含喜怒哀

---

15 漢代學者論「遺音」之貴無思想，其文句上明顯蛻自《老子》。「無」的思想在道家思想中是個核心概念，但如何理解道家思想中之「無」，是否適合理解為形式之取消或減殺？則不是本文所能討論的重點。本文將呈現漢代以降學者有關「遺音」的解釋，並說明先秦儒家文獻中也有「無」之相關概念的使用，其內涵與形式之減殺和消泯極為不同。

16 趙順孫：《四書纂疏・中庸纂疏》（臺北：文史哲出版社，1981 年），頁 306。

樂，禮之所由生，政教自此出也」[17]，則可以明顯看出其間的不同。鄭玄所指之「中」仍是喜怒哀樂作為禮教的基礎，並非指向道體或性之本體。秦漢人注解「中」時有以「衷」解之，如《呂氏春秋・適音》解釋何謂「適」時，即謂「衷音之適」，但何謂「衷音」？文中引用《國語・周語》：「大不出鈞，重不過石」來說明「中聲」。《說文解字》將「衷」解為「衣之中」。由「衷」理解「中」，更能表現「中」與內心之動的密切關係。[18]「適音」即「和樂」，即篇首開宗明義：「樂之務在於和心，和心在於行適」[19]。亦可以看出，「中」、「衷」與「心」密切相關，與情境中之感受性不可割離。楊儒賓即謂：「這些文獻所用的「中和」多意指禮樂的性情依據及其發用之中節，與心體之說不直接相關。《中庸》是同時代文獻，理當共享類似的字義」[20]。事實上若再對查《周禮・春官・大司樂》：「以樂德教國子中、和、祇、庸、孝、友」，鄭注：「中，猶忠也。和，剛柔適也。祇，敬。庸，有常也」[21]，「中」、「和」意指透過樂音而使國子能性情諧和而敬誠，「中」與「和」皆不從心性本體立論。又以「中和」一詞連用來看，如《荀子》中四次出現「中和」一詞連用，且均在論樂及倫理、治道等脈絡中，《荀子・勸學》謂「樂之中和」與詩、書、禮、春秋「在天地之閒者畢者」，所謂「中和」，楊倞注為：「使人得中和悅也」[22]。〈勸學〉定義《詩》為：「中聲之所止」，「中聲」之說，已見於《左傳・昭公元年》論樂能達致「平和」、「節百事」時（詳後文）。另外，《荀子・王制》謂「中和者，聽之繩也」，以「聽」的脈絡來理解「中和」，亦可見其與

---

17 《禮記》，卷 31〈中庸〉，頁 879，鄭玄注。

18 段玉裁：《說文解字注》〈衷〉（臺北：洪葉文化出版公司，1998 年 1 月），頁 399，由內衣引申為內在，段注謂其「假借為中字」。內在之衣與引申的內心之衷懷，都具有身體及情感的向度。

19 王利器：《呂氏春秋注疏》（成都：巴蜀書社，2002 年 1 月），卷 5〈適音〉，頁 521。

20 楊儒賓：〈屈原為什麼抒情〉，《臺大中文學報》，第 40 期（2013 年 3 月），頁 129。

21 〔漢〕鄭玄注，〔唐〕賈公彥疏：《周禮注疏》（臺北：藝文印書館，2001 年 12 月，影印阮元校刻《十三經注疏附校勘記本》，以下簡稱《周禮》），卷 12〈春官・大司樂〉，頁 337。

22 王先謙：《荀子集解》（北京：中華書局，1988 年 9 月），卷 1〈勸學〉，頁 12。

聲音之道密切相關。楊倞注「中和」為：「寬猛得中」、「言君子用公平中和之道，故能百事無過」[23]，則關係「聽」而帶起的心志之動，以及聲音之道與治道相通的樂教課題。《荀子・致士》：「中和察斷以輔之，政之隆也」，亦在論政教之背景下進行理解。[24]《荀子・樂論》謂樂為：「中和之紀也，人情之所必不免也」、「樂中平則民和而不流」[25]。以上「中和」皆置於樂所帶來人情之感受性及引生的倫理性而言。《禮記・樂記》亦謂樂為「中和之紀，人情所不能免也」，《中庸》有：「致中和，天地位焉，萬物育焉」之說，二者所謂「中和」亦皆從倫理脈絡進行立說。再如《周禮・師氏》論及國子之教育，以三德教國子：「一曰至德，以為道本。二曰敏德，以為行本，三曰孝德，以知逆惡」，所謂「至德」鄭注為：「中和之德，覆燾持載含容者也。孔子曰中庸之為德，其至矣乎」[26]。此處「中和」由其含容來理解；「中和」被視為德之發展的理想狀態。「中」德亦謂之「至」德，學者常將「中」、「和」解為「至」、「極」，德之「極」、「至」正顯現在中和的含容中（詳後文）。至於《禮記・樂記》唯一一次出現「中和」一詞連稱，其文脈為：「故樂者，天地之命，中和之紀，人情之所不能免也」，鄭玄只簡單注解「紀」為「摠要之名」，孔穎達加以解釋謂：「樂和律呂之聲，是中和紀綱」[27]，這是順著前文脈絡而言節奏行列得其正、進退得宜，依然是從教化、倫理角度進行解釋。〈樂記〉中單獨出現「和」則有多次，而且「和」是〈樂記〉中至為關鍵的核心概念，如：「樂者，天地之和也」、「和，故百物皆化」、「大樂與天地同和，大禮與天地同節」、「和，故百物不失」。又如謂「審一以定和」，孫希旦謂「一」為「中

23　《荀子集解》，卷 5〈王制〉，頁 151。

24　《荀子集解》，卷 9〈致士〉，頁 262。值得注意的是，政之「隆」即政之「中」，牽涉對於「中」之特質的理解。（詳後文）

25　《荀子集解》，卷 14〈樂論〉，頁 380。

26　《周禮》，卷 14〈地官・師氏〉，頁 210。

27　《禮記》，卷 39〈樂記〉，頁 701。樂為「中和之紀」亦見於〔清〕王先謙，沈嘯寰，王星賢點校：《荀子集解》（北京：中華書局，1988 年 9 月），卷 14〈樂論〉，頁 380。

聲」。「中聲」與「和」的關係密切（詳後文）。在以上脈絡，和與中的關係密切，皆就樂音而言，時常連成一詞。[28] 事實上，《禮記・樂記》以「和」作為其核心概念，與其密切相關者，如：中、節、適等，皆在於倫理及修身中被理解，而不從體用論脈絡下進行理解。以下對樂之和、中的特質進行說明。

（一）不住於兩端的生氣之和

《禮記・中庸》：「喜怒哀樂之未發，謂之中；發而皆中節，謂之和」[29]，所謂「中」與「和」，朱熹以道體、本心與其發用之體用關係理解之。朱熹之理解方式與《禮記・樂記》由「百物皆化」、「百化興焉」來談「和」，一偏重於強調先在的本質之理，，另一則強調變化的動態之理，二者有所不同。〈樂記・樂論〉、〈樂禮〉論樂之和強調「化」之特質：

> 樂者，天地之和也；禮者，天地之序也。和，故百物皆化；序，故群物皆別。樂由天作，禮以地制。過制則亂，過作則暴，明於天地，然後能興禮樂也。[30]
>
> 地氣上齊，天氣下降，陰陽相摩，天地相蕩，鼓之以雷震，奮之以風雨，動之以四時，煖之以日月，而百化興焉。如此，則樂者天地之和也。[31]

〈樂記〉由自然天地之興、化言「和」，而反對過與不及。「和」乃就「百化興焉」、「百物皆化」、「興禮樂」而言。樂能化育萬物是先秦以來即已存在的傳統思想，若參考《禮記・樂記》的其他段落，可以發現，在言樂之「和」

28　先秦時不論中、和分言，或「中和」連為一詞，均與樂音所帶來的感受性以及引生的倫理、教化脈絡相關。「中」、「和」、「中和」不但皆可指樂音所帶來的感受性及心性狀態，亦皆可指倫理、教化之理想狀態，其意涵關係密切，甚至相互訓解。

29　《禮記》，卷 31〈中庸〉，頁 879。

30　《禮記》，卷 38〈樂記〉，頁 669。

31　《禮記》，卷 38〈樂記〉，頁 672。

時，往往採取不停滯於二極的「而不……」之句式。[32]〈樂記‧樂禮〉由不偏於兩極而言聖：「樂極則憂，禮粗則偏矣。及夫敦樂而無憂，禮備而不偏者，其唯大聖乎」[33]，鄭注謂：「樂，人之所好也，害在淫夸。禮，人之所勤也，害在倦畧」，即孔疏所謂「物極則反」，若能達到厚於樂、備於禮，但同時卻不走向過與不及之兩端，才能達到「無憂」、「不偏」的「和」之境界。〈樂記‧樂禮〉下文緊接提及「天高地下，萬物散殊而禮制行矣；流而不息，合同而化而樂興焉」，孔疏謂：「天地萬物流動不息，合會齊同而變化者也。樂者調和氣性，合德化育，是樂興也」[34]。故云樂之「和」在於將散殊之萬物「和」而化育，使其流而不息。事實上，這樣不停滯於兩極的否定表達以保持流動化育的「和」之思想，在〈樂記〉中多次出現，如〈樂化〉：

> 樂也者，動於內者也，禮也者，動於外者也。故禮主其減，樂主其盈。禮減而進，以進為文；樂盈而反，以反為文。禮減而不進則銷；樂盈而不反則放。故禮有報而樂有反。禮得其報則樂，樂得其反則安。禮之報，樂之反，其義一也。[35]

〈樂化〉被學者視為七十子後學公孫尼子所作，[36]故而此則可反映先秦時期儒學七十子的思想。樂由於是內心感物而動，故云動於內。禮由於着重於與他

---

32 王禕：《《禮記‧樂記》研究論稿》，頁 360 謂「中」的句式中，「都隱含着對立辯證的中和之用原理」，認為《樂記》將貴賤、善惡、動靜、天地、陰陽對舉，主要在於呈現辯證統一的體用關係，其解釋「禮之報，樂之反，其義一也」，認為：「不變的內在本質和可變的外在表現，即本質和現象的意義上來使用體用范疇」（頁 369）。因此謂：「體用對立而統一的階段性成果，同樣在《樂記》中闡述得透徹詳細。」（頁 370）。王禕以「和」屬「用」的層次，以「中」為「體」，論述結構其實與唐宋以降，尤其理學所使用的體用模式差異不大。本文認為「和」並未有統一的固定、本質樣態，「而不」之句式，正是要展現禮樂之「和」的既非此亦非彼，雙重否定的辯證關係。

33 《禮記》，卷 37〈樂記〉，頁 670。鄭注、孔疏。

34 《禮記》，卷 37〈樂記〉，頁 671。

35 《禮記》，卷 39〈樂記〉，頁 699。

36 詳參葉國良：〈公孫尼子及其論述考辨〉，前揭文。

人的關係，故云動於外。禮表現於向內之自我節制，樂表現於情感的向外的和諧的感染性。但向內的自我逆返和節制必須以向外的動力作為調節，故而以「進」為文，鄭注為「自勉強」，在向內收攝中而仍保有向外的動力。相反的，樂在情感的流動時，必須同時「自抑止」，即向內之逆反，以節制為文。以此來看，減與進、盈與反，同時俱在，此之狀態謂之「和」[37]。「和」能保持樂音之差異性，並能辯證而弔詭（paradox）地保存相反之諸質性。[38] 所謂「文」鄭注為「美也、善也」，即是在進與反之間流動而能臻於善境。孔疏更為清楚，謂：「禮既減損，當須勉勵於前進」、「樂主其盈，當須抑退而自反」、「自進則和樂不至困苦」、「反則安靜而不流放」、「禮能自進，樂能自反，其義於中和之義一也，言俱得其中，故云一也」[39]。孔穎達掌握到所謂「中和」之義，是動態表現在進與返之間，既不流蕩亦不自限，「中」並非意味有一固定的行事律則或兩端之中點，而是在進與返之間不斷來回調整和流動。〈樂記・樂化〉下文謂先王制樂之方是在：「使其聲足樂而不流，使其文足論而不息」[40]，使得禮樂不但能表達感情，並能夠保持情感的動能，同時能使禮文能保持不息的創造動力。禮樂之教的理想也在於不偏於某一極端，而達到〈樂記・樂言〉所謂：「合生氣之和，道五常之行，使之陽而不散，陰而不密，剛氣不怒，柔氣不攝。四暢交於中，而發作於外，皆安其位而不相奪也。」[41] 此部分亦透過連續的「而不」之句式，表達陰、陽、剛、柔等相異之特質能通達於「中和」而不相侵犯，不走向任一極致，如此才能達到「生氣之和」的境界。

37　下文論「遺音」，《呂氏春秋》謂其為「進乎音」，亦是「減」與「進」同時俱存，以之為「和」的展現。

38　「和」以其看似矛盾的弔詭表達方式，正為了表達其不住於任一固定質性，而同時保存相反諸質性，透過「而不」之句式，同時否定兩端，而達於不斷「化」與創造的狀態。此如〈樂記〉所謂：「窮本知變，樂之情也」。

39　《禮記》，卷 39〈樂記〉，頁 699，孔疏。

40　《禮記》，卷 39〈樂記〉，頁 700。

41　《禮記》，卷 38〈樂記〉，頁 680。

（二）中聲、中德與和而不同

前文提及孔穎達掌握到所謂「中和」之義，是動態表現在進與返之間，既不流蕩亦不自限，「中」、「和」並非意味有一固定的行事律則，而是在進與返之間不斷來回調整和流動。若以陰陽氣化來說，陽具有發散的特質，其一往不返則散而不收，陰具有聚和的特質，推衍至極，則密藏而無所發揚。如何同時保有陽之發散與陰之逆返，並在情境中與之辯證，即所謂不固定於一端，而不斷在諸多對立中同時保有其否定固態化的辯證性。《禮記·樂記》：「故樂者，審一以定和，比物以飾節；節奏合以成文」，又謂：「和敬」、「和順」、「和親」為「先王立樂之方」[42]。但「審一以定和」，「一」不適合理解為整體之「一」，孫希旦將其解釋為「中聲」[43]。但何謂「中聲」？這個詞在《左傳·昭公元年》時已提及：

> 先王之樂，所以節百事也。故有五節，遲速本末以相及，中聲以降，五降之後，不容彈矣。於是有煩手淫聲，慆堙心耳，乃忘平和。……君子之近琴瑟以儀節也，非以慆心也。[44]

「中聲」，孔疏定義為：「中和之聲」，其以五聲之協奏遲速本末相及為代表。透過中和之聲使得百事皆得其調節，身心處於有節律的諧和狀態。「樂」與「節」不處於對立關係，[45] 樂表現於應事之節，以琴瑟使得身心能得其節律，

---

42 《禮記》，卷 39〈樂記〉，頁 700。
43 〔清〕孫希旦，沈嘯寰，王星賢點校：《禮記集解》（北京：中華書局，1989 年 2 月），卷 38〈樂記〉，頁 1033。
44 〔晉〕杜預注，〔唐〕孔穎達疏：《春秋左傳正義》（臺北：藝文印書館，2001 年 12 月，影印阮元核刻《十三經注疏附校勘記本》，以下簡稱《左傳》），卷 41〈昭公元年〉，頁 708。
45 王禕認為「禮、樂」是辯證關係、「『和』與『節』是禮樂對立統一的最主要表現」。詳參《《禮記·樂記》研究論稿》，頁 328。本文認為禮與樂、和與節，事實上並非處於對立關係，「和」並非「節」之對反面，亦未有固定統一之點謂「和」，「和」是保持着不落於極端的流動和諧、化育的狀態，其運動的同時即已保持着「節」之作用。

而不過度，即杜預注：「為心之節儀，使動不過度」。秦漢時如《呂氏春秋》、《淮南子》論樂之節、適亦承此思想。（詳後文）

先秦時論音聲，強調中聲、中音，而能引發中德，如《左傳·昭公元年》、《國語·周語下》不論就中聲而論身氣之和，抑或由樂而論德之中，其所謂「中」皆非指向某一特定的方法或位置。如《國語》中提及「中音」乃為「德音」，能合神人：

> 夫政象樂，樂從和，和從平。聲以和樂，律以平聲。……物得其常曰樂極。極之所集曰聲，聲應相保曰和，細大不踰曰平。……於是乎氣無滯陰，亦無散陽，陰陽序次，風雨時至，嘉生繁祉，人民龢利，物備而樂成，上下不罷，故曰樂正。[46]
>
> 夫有和平之聲，則有蕃殖之財。於是乎道之以中德，詠之以中音，德音不愆，以合神人，神是以寧，民是以聽。[47]

所謂「樂從和」，《國語·周語下》謂：「聲音相保曰龢」，是以聲音相諧調為「和」。[48]「德」則由「中」來理解，「中德」，韋昭訓解為：「中庸之德」；「中音」為「中和之音」。而所謂「樂極」，「極」被訓解為「中」，得其中和之常，謂樂極。「樂極」之音乃為眾聲之所集，能同時聲應而相安。[49]「中」字仍著眼

46　徐元誥，王樹民，沈長雲點校：《國語集解》（北京：中華書局，2002 年 6 月），卷 3〈周語下〉，頁 111。

47　《國語集解》，卷 3〈周語下〉，頁 112。

48　「和」又作「龢」字，《說文解字注》2 篇下，頁 86 謂：「調也。從龠禾聲，讀與和同。樂龢也」，段玉裁謂：「經傳多假『和』為『龢』」。「龢」字從「龠」，《說文解字注》，2 篇下，頁 85 謂：「樂之竹管，三孔，以和眾聲也，從品龠，侖理也。」從「龠」與樂相關，樂能諧和眾聲，以通倫理。段玉裁並謂「龤訓龢，龢訓調，調訓龢，三字為轉注。龤、龢作諧和者，皆古今字變，許說其未變之義也。」和、諧、調三字轉相為注，龢、和為古今字，「和」字《說文解字注》，2 篇上，頁 57 訓為「相應也」。「聲音相保曰龢」指的是聲音相諧調為「和」。

49　韋昭注解「保」為安也。「言中和之所會集曰正聲也」，因此樂極的中和之聲會集諸聲而相安，謂之和樂。詳參《國語集解》，卷 3〈周語下〉，頁 111。

於使眾聲相應而不偏於一極之「和」的狀態;「平」指如大小不同的差異狀態能夠相互共濟,而不相侵凌。在強調中道及平和裏,使得萬物皆能和諧而得到涵養,天地神人在中聲的「和」的感通中,各得其所,從而表現為中德和樂極。以樂之「中和」而詮釋樂之在「天地之閒者畢矣」的道德之極、樂之極的狀態,在《荀子‧勸學》中也承此脈絡,如:「故學至乎《禮》而止矣。夫是之謂道德之極。《禮》之敬文也,《樂》之中和也,《詩》、《書》之博也,《春秋》之微也,在天地之閒者畢矣。」[50] 這裏值得注意的是《禮》、《樂》、《詩》、《書》、《春秋》之極,乃在於學之狀態,並以禮為道德之極,崇禮的態度明顯。禮具體展現於經典以及揖讓周旋間,「使人得中和」、「廣記土風鳥獸草木及政事」、「褒貶沮勸」的文化實踐中。「極」與「畢」,既表現於敬、和,也表現於博、微等看似相反的特質中。

韋昭注解「樂極」,「極」訓解為「中」,樂之極致的展現即是樂之中和的狀態,謂得其「中」。[51] 有關「中」不陷於一極,而能濟眾物,《易‧節‧彖傳》以「節」加以說明:「當位以節,中正以通,天地節而四時成。節以制度,不傷財,不害民」,〈象〉也謂:「甘節之吉,居位中也。上六苦節,貞凶悔亡」[52],不是一味離散,也不是一味節制,而強調「中」,使得物能在辯證的關係中不斷的發展和進行,若一味強調節制則容易陷入「苦節不可貞,其道窮也」的苦境。《易‧序卦》論述天地萬物生化之理,表達此種不停滯於任一點的態度最為明顯。其間不斷強調萬物之生化「不可以終……」,即不以一端推至極至,如:「震者,動也,物不可以終動,止之。故受之以艮。艮者止

50　〔清〕王先謙,沈嘯寰,王星賢點校:《荀子集解》,卷 1〈勸學〉,頁 12。

51　如《呂氏春秋注疏》,卷 6〈制樂〉,頁 636 中提及「至樂」,高誘注為「至和之樂」。〈明理〉謂「五帝三王之於樂盡之矣」,所謂「盡之」高誘注為「極」。「至」與「極」均當從「和」加以理解。詳參:《呂氏春秋注疏》,卷 6〈明理〉,頁 656。以《禮記‧中庸》,頁 897-898、879 來看,亦有相類之述表:「極高明而道中庸」,鄭玄注「中庸」,為「中和之為用」,極高明之德展現於中和之行中。

52　〔魏〕王弼,〔唐〕孔穎達疏:《易經注疏》(臺北:藝文印書館,2001 年 12 月,影印阮元核刻《十三經注疏附校勘記本》,以下簡稱《易經》),卷 6〈節〉:《彖傳》、《象傳》,頁 132-133。

也，物不可以終止，故受之以漸」、「渙者，離也，物不可以終離，故受之以節。節而信之，故受之以中孚」、「有過物者必濟，故受之以既濟。物不可窮也，故受之以未濟」[53]。「終」指窮盡至極致。萬物生化之理「不可窮也」、「不可以終」，即《易傳》強調動中有止，止中有漸，不可窮盡，是永未完成的「未濟」之運動狀態。《易傳》中對於天地四時之「節」的體會，視為君子德行的依循之道，由天地之節，而體會出「君子以制數度，議德行」[54]。《禮記‧樂記》論「和」樂時，亦強調變動、生生層面，「不可以終」的化育狀態，學者認為〈樂記〉與《易傳》尤其是〈繫辭〉關係密切，二者在論述自然與人事，均強調變動、生生等層面，以及辯證的世界觀。[55]

在論樂之「和」時，「和」是否指向「同一」狀態，值得關注。《禮記‧樂記‧樂論》謂：「大樂與天地同和，大禮與天地同節」，樂之「和」有自然天地之向度，鄭玄謂：「言順天地之氣與其數」。[56] 但此處出現「同和」一詞，必須追問「同」與「和」的關係為何？以能清楚理解「和」之特質。「和」與「同」的關係若往前溯源，《左傳‧昭公二十年》晏嬰向齊侯解釋「和」與「同」的差異，是極具代表性的一段論說。其中認為「同」乃指同一、專一，「和」則是容納差異彼此相成的狀態。其論「和」亦由音樂着眼，謂：「若琴瑟之專壹，誰能聽之？」強調「同之不可也」。晏嬰曾對於齊侯的提問：「和與同異乎？」進行說明：

> 異。和如羹焉，水火醯醢鹽梅以烹魚肉，燀之以薪，宰夫和之，齊

---

53 《易經》，卷 9〈序卦〉，頁 188。

54 《易經》，〈節〉，《象傳》，頁 132。

55 相關研究詳參李學勤：《周易經傳溯源》（長春：長春出版社，1992），頁 80。張岱年：〈論《易大傳》的著作年代與哲學思想〉，《中國哲學》第 1 輯（1979），頁 121。趙東栓：〈《易傳》的哲學體系與〈樂記〉的文藝理論體系〉，《孔子研究》（2002 年第 2 期）。黃倫生：〈論《周易》與〈樂記〉中的三重對應關係〉，《學術論壇》（1989 年，第 5 期）。王褘：《《禮記‧樂記》研究論稿》，頁 91，也指出〈樂記〉承襲了《易傳》「對立統一辯證觀、天人合一世界觀」。

56 《禮記》，卷 37〈樂記〉，頁 668。

之以味，濟其不及，以洩其過。君子食之，以平其心，君臣亦然。君所謂可而有否焉，臣獻其否以成其可，君所謂否而有可焉，臣獻其可以去其否，是以政平而不干，民無爭心。故《詩》曰：「亦有和羹，既戒既平」。鬷嘏無言，時靡有爭。先王之濟五味，和五聲也。以平其心，成其政也。聲亦如味，一氣、二體、三類、四物、五聲、六律、七音、八風、九歌，以相成也。清濁、大小、短長、疾徐、哀樂、剛柔、遲速、高下、出入、周疏以相濟也。君子聽之以平其心，心平德和，故《詩》曰：「德音不瑕」。[57]

此處值得注意的是「聲亦如味」，開啟後來以味、聲論教化、修養、審美的前聲。這裏以五味、五聲之理而喻治身與治國，其基礎在於「聲味生氣」[58]。以聲、味調和體氣，達到鐘聲以「知和」、視聽之「和」、氣「和」而不佚、「心平德和」的狀態。晏嬰以調羹來喻「和」，在調和眾味、眾音時，必須容納異質、異聲，一如施政，必須容納不同的意見，才能達到「平而不干」，使得清濁、小大、疾徐、哀樂、剛柔、遲速、高下、出入、周疏，諸種差異乃至相反質性皆能被保存而彼此「相濟」的狀態，才能達到不偏於一端，「心平德和」的境界。「平而不干」與《國語·周語》：「細大不踰曰平」、「和從平」均在說明「和」表現於諸種特質皆能相得而不相互侵犯的狀態。這在〈樂記·樂論〉表達為：「殊事合敬」、「異文合愛」，禮樂在殊異之事與文中體現。[59]

再以《左傳·襄公二十九年》季札至魯觀樂時論樂之「至」，以十多個並列之「而不」句式，來傳達五聲之「和」的理想，來說明「和」的特質：

為之歌《齊》，曰：「美哉，泱泱乎，大風也哉。表東海者，其大公乎？國未可量也……」為之歌《小雅》，曰：「美哉，思而不貳，怨而不

---

57 《左傳》，卷 49〈昭公二十年〉，頁 858-861。
58 《國語集解》，卷 3〈周語下·單穆公諫景王鑄大鐘〉，頁 109。
59 《禮記》，卷 37〈樂論〉，頁 668。

言，其周德之衰乎？猶有先王之遺民焉。」為之歌《大雅》，曰：「廣哉，
熙熙乎，曲而有直體，其文王之德乎？」為之歌《頌》曰：「至矣哉，直
而不倨，曲而不屈，邇而不偪，遠而不攜，遷而不淫，復而不厭，哀而
不愁，樂而不荒，用而不匱，廣而不宣；施而不費，取而不貪；處而不
底，行而不流。五聲和，八風平，節有度，守有序，盛德之所同也」。[60]

所謂「和」，以二種異質之特質的辯證和諧為其展現。如廣者至於極致則宣，
但既具有廣之特質，而同時具有不宣的精神，謂之「和」。曲者推至極致則
屈，但此二種特質能不偏於一端而和諧展現，謂之「和」。季札評點《頌》
樂接連以十數個「而不」之句式，將看似相反相背的特質進行辯證的表達，
以不偏於一端而理解「和」，而此盛德之和能達到五聲「和」，八風「平」的
理想。季札的表達在先秦時並非少見，前引被學者視為公孫尼子所作的〈樂
記・樂化〉即以「而不」之句式表達「減」與「進」、「盈」與「反」同俱在
的狀態。前引〈樂記・樂言〉亦描述「和」以連續的如「陽而不散，陰而不密」
的「而不」之句式。《呂氏春秋・本味》通篇透過至味而言王道，其中亦舉伯
牙鼓琴，鍾子期知音之事，旨在言「非獨琴若此也，賢者亦然。雖有賢者，
而無禮以接之，賢奚由盡忠？」並透過先秦時廣為流傳的伊尹以滋味說湯之
事，而言聖人之道。其中謂：

> 凡味之本，水最為始。五味三材，九沸有變，火為之紀。時疾時
> 徐，滅腥去臊除膻，必以其勝，無失其理。調和之事，必以甘酸苦辛
> 鹹，先後多少，其齊甚微，皆有自起。鼎中之變，精妙微纖，口弗能
> 言，志弗能喻。若射御之微，陰陽之化，四時之數。故久而不弊，熟而
> 不爛，甘而不噥，酸而不酷，鹹而不減，辛而不烈，澹而不薄，肥而不
> ……天子不可彊為，必先知道。道者止彼在己，己成而天子成，天子成

---

60 《左傳》，卷 39〈襄公二十九年〉，頁 669-671。

則至味具。故審近所以知遠也，成己所以成人也。聖人之道要矣，豈越越多業哉！[61]

《呂氏春秋・本味》透過甘酸苦辛鹹五味之調和，而言聖王應合陰陽之化、四時之數，達到「和」之理想狀態。「和」之理想狀態則以成列「……而不……」之語句表達。「至味」的調和象徵天子以「調和之事」成己而成人的過程，高誘注：「天下貢珍，故至味具」，至味在「其齊甚微，皆有自起」的「和」之狀態中成就。[62]

三、遺音、遺味所展現的「餘」、「無」之思想

（一）中和之音與遺音、遺味

《禮記・樂記》以中和為樂的理想，前文已提及中和的特質，乃在不停住於任一端的不息創造。〈樂記〉思考至樂還有「遺音」之說，「遺音」說與「中和」關係如何？這牽涉如何理解儒家思想中的「遺」、「無」、「餘」等重要概念。〈樂記〉的「遺音」、「遺味」說，不強調「極音」、不享受「致味」、大羹「不和」，與前文所謂之「中和」似乎相差甚遠，甚至「相反」：

是故，樂之隆，非極音也；食饗之禮，非致味也。清廟之瑟，朱弦而疏越，壹倡而三嘆，有遺音者矣。大饗之禮，尚玄酒而俎腥魚，大羹

61　《呂氏春秋注疏》，卷 14〈本味〉，頁 1403-1450。

62　陳奇猷認為高誘釋「天子不可彊為，必先知道」，為「順天命而受之，不可以彊取也」，是儒家以仁義王天下之道的立場，而與道家伊尹學派所主「素王九主之道」有別。從高誘所注，可以看出漢代士人對於「至樂」、「至味」由仁義之道、聖王治道解釋的進路。陳奇猷主張詳參《呂氏春秋校釋》，卷 14〈本味〉，頁 742-743、765-766。

不和，有遺味者矣。是故先王之制禮樂也，非以極口腹耳目之欲也，將以教民平好惡而反人道之正也。[63]

鄭注：「隆猶盛也」、「極，窮也」，最隆盛之樂並非窮極於音聲享受，最隆盛之味，並非追求於耳目之欲。「極」在此指極於口腹耳目之欲。宗廟之聲樂、滋味，形式至「質」，如孔疏所謂：「疏越，弦聲既濁，瑟音又遲，是質素之聲，非要妙之響」[64]。大饗之祭中，強調以盛味獻先祖，盛味卻是不調和五味之羹湯，以及由露氣所凝成的玄酒。[65] 表達虔敬與盛情的聲與味，卻是至「質」的聲與味。其中牽涉的關鍵是「遺」字如何理解。以下就幾種主要說法進行說明：

(1) 餘音、餘味：以文、質對比進行解釋

漢代的鄭玄注乃至後來孔疏，解「遺」為「餘」，為「餘音、餘味」。如孔疏：「樂聲雖質，人貴之不忘矣；食味雖惡，人念之不息矣。是有遺音、遺味矣」。[66] 此解釋乃以文、質對比，以玄酒、大羹、腥魚、疏越之質，而強調質之中有使人「念之」之餘味、餘音。孫希旦解為：「故食饗未嘗不致味，而其隆者，則在於玄酒、腥魚，以反先代質素之本，而不在於致味也。樂在於示德，故不極音而有餘於音；禮在於反古，故不極味而有餘於味也。」[67] 亦即不讓欲望窮盡，而留下餘味、餘音。

將遺音、遺味解為餘音、餘味，其詮釋方式常是質、文對比，玄酒、腥魚以其形式之質素而對比於一般食饗之繁複的追求。以文、質對比來解釋「大羹不和」，在《禮記》中時常出現，如〈禮器〉：「有以素為貴者，至敬無

---

63 出於《樂記·樂本》，詳參《禮記》，卷 37〈樂記〉，頁 665。
64 出於《樂記·樂本》，詳參《禮記》，卷 37〈樂記〉，頁 666。
65 玄酒即「明水」，詳參《周禮》，卷 5〈天官·冢宰·酒正〉，賈疏，頁 78。《周禮》，卷 36〈秋官·司烜氏〉，頁 550，「以鑑取明水於月」，即取「陰陽之潔氣」，明水為夜氣所凝，用於祭祀，即玄酒。
66 《禮記》，卷 37〈樂記〉，頁 666。孔穎達疏。
67 孫希旦：《禮記集解》，頁 983-984。

文，父黨無容，大圭不琢，大羹不和，大路素而越席，犧尊疏布冪樿杓，此以素為貴也。」[68]「素」指質素，相對於「文」的形式繁複。「質」素還同時有「本」之意涵，在《荀子‧禮論》以：「大饗，尚玄尊，俎生魚，先大羹，貴飲食之本也」[69]，謂大饗之禮尚玄尊、齊大羹為「貴本而親用」。〈禮論〉中並謂：「貴本之謂文，親用之謂理，兩者合而成文，以歸大一，夫是之謂大隆」。「本」，王先謙解為「造飲食之初」，既「貴本」又能「親用」，則一方面保有禮儀制定之初衷，同時又照顧到人情之所需，此謂之「文」。值得注意的是，所謂禮之「大隆」，實即是禮之「大中」之表現。《荀子》中多次出現禮、政之「隆」皆有「中」之意涵。如《荀子‧致士》謂治民時，以「寬裕而多容」為「政之始」，並輔以「中和察斷」，能達到「政之隆」，「隆」，王念孫解為「政之中」[70]，指能「中和」才能達到為政之中。對察《荀子‧正論》謂「天下之大隆，是非之封界，分職名象之所起」，「大隆」在上文「無隆正，則是非不分而辨訟不決」，以及下文是非、名象之封界的脈絡下，「隆」應解為「中」，「大隆」指「大中」、「隆正」指「中正」。[71]〈禮論〉以「清廟之歌」為例，謂：「貴本之謂文，親用之謂理，兩者合而成文，以歸大一，夫是之謂大隆」，「大隆」在此處亦應解為「大中」，即所謂同時達致貴本、親用合而成文的狀態，也只有如此才能達於禮之隆盛。司馬貞謂：「隆，盛也。得禮文理，歸於太一，是禮之盛也」[72]，乃是能同時具足「貴本」與「親用」而達到文理大盛的理想。於是「貴本」之至「質」，同時也能是至「文」的表現，禮

---

68 《禮記》，卷 23〈禮器〉，頁 455。

69 《荀子集解》，卷 13〈禮論〉，頁 351。

70 《荀子集解》，卷 9〈致士〉，頁 262。王先謙並謂楊倞以「政之崇高」釋「隆」為誤。

71 《荀子集解》，卷 12〈正論〉，頁 342。《荀子》中出現三次「隆正」，皆在能定是非的脈絡下，如《荀子集解》，卷 7〈王霸〉，頁 220-221：「君臣上下，貴賤長幼，至于庶人，莫不以是為隆正，然後皆內自省以謹於分」以此為「禮法之樞要」。又卷 15〈解蔽〉，頁 408：論是非、曲直時謂：「天下有不以是為隆正也，然而猶有能分是非、治曲直者邪？」「隆正」，王先謙謂「猶中正」，應為正解。

72 此處之「本」、「大一」皆應解為禮制之初，而「理」王先謙解為「合宜」，皆不作本體論的解釋。以上引文詳參《荀子集解》，卷 13〈禮論〉，頁 352。

之極盛乃是同時具足文、質的「大中」狀態，而「大一」亦是對中和理想狀態的表達。在這個理解脈絡下，遺音是樂之「中和」的表現。

（2）遺音、遺味與德音、進乎音

遺音、遺味說，不但常在文與質的對比下進行理解，同時往往與「德音」密切相關。《呂氏春秋·適音》中有一段論及大饗及清廟之樂，謂：「清廟之瑟，朱弦而疏越，一唱而三歎，有進乎音者矣」、「大羹不和，有進乎味者也」[73]。此段文句與〈樂記〉相同，但將「遺音」、「遺味」改為「進乎音」、「進乎味」，「遺」被理解為「進」。「進乎音」、「進乎味」，張守節正義以「德音」作為理解：「此音有德，傳於無窮，是有餘音不已」。又云：「所重在德本，不在音，是有遺餘音，念之不忘也」、「遺亦餘也。此著質素之食禮，人主誠設之道，不極滋味，故尚明水而腥魚，此禮可重，流芳竹帛，傳之無已，有餘味。」[74]張守節之說上承鄭注，同時由「德」音而論餘音。在質、文的相對之下，以質素為「進」、以質素為「文」。「進乎音」與「遺乎音」看似相反，但正如〈樂記〉：「禮減而進」、「樂盈而反」，「減」與「進」、「盈」與「反」二者看似相反，卻同時能和諧運動，以成就禮、樂一般，「遺乎音」正可以「進乎音」。在此脈絡下，遺音即可與和樂相參。王利器謂：「一曰進，一曰遺，文若不同，實則相輔相成」，此詮釋能得大饗至音、至味之要旨。同時又能將「至味」、「至音」轉為音、味之精微、深層化：「將謂音也、味也，那得有至矣、盡矣之一日也。進乎音進乎味者，謂此音此味之上有音有味也，所謂更上一層樓者也；遺乎音遺乎味者，謂此音此味之外有音有味也，所謂山外復有山者也。」[75]王利器之音外音、味外味，較張守節重德、禮之背景，涵有更多美學意涵；「進」不只於感官的層次，更翻進一層，體味精微之音。《呂氏春秋》之「適音」，即如其開篇所謂「和心」、「行適」、「樂無太，平和者是也」的「和」音。「進乎音」者在於體會「和」之德音。而「和」音

---

73 《呂氏春秋注疏》，卷 5〈適音〉，頁 531、533。
74 《呂氏春秋注疏》，卷 5〈適音〉，頁 532。
75 《呂氏春秋注疏》，卷 5〈古樂〉，頁 532-533。

如前文所謂，能將多種不同甚至相反的特質加以容納而彼此相濟。高誘注解「文王之廟，肅然清靜，貴其樂和，故曰有進乎音」[76]。「樂和」是在「進」與「遺」相反相成的脈絡下進行理解。《呂氏春秋》強調和樂的薰陶，是儒家論樂教中重要的一環，但工夫上仍偏向精神內修，如〈音初〉強調：「君子反道以修德，正德以出樂，和樂以成順，樂和而民鄉方矣」，「反道以修德」，在工夫上採取逆反向內的方式；又論「音成於外而化乎內」，「內」為心，外之樂乃是對於心之引誘，故工夫向內逆返，以避免物所帶來之誘惑。這與《淮南子‧原道》：「外與物化，而內不失其情」、「得其內者也。是故以中制外，百事不廢，中能得之，則外能收之」較為接近。亦可顯現其中思想同時涵攝儒道的複雜性。[77]

（二）忘音、忘味與無音、淡味

漢代乃至魏晉時期，學者論樂之「和」或論人之「中和」氣象時，往往將「中和」、「德音」與平淡、無味密相切關。其中在論及至樂之「遺音」、「遺味」如何理解時，顯現思想的差異和豐富性。「遺」解釋為「餘」或「無」，二者之解釋的不同，牽涉思想上以及工夫逕路的不同。以平淡、無味論道，極易令人想到《老子》：「道之出口，淡乎其無味，視之不足見，聽之不足聞，用之不足既」（35 章）、「為無為，事無事，味無味」（63 章），以無味之味而言道。無味之味，是官能不只於「五味令人口爽」之狀態，而能體味「道」之「味」。《莊子》外篇之〈天地〉謂：「無聲之中獨聞和焉，故深之又深而能物焉，神之又神而能精焉，故其與萬物接也，至無而供其求」，「和」乃在無聲之中而得，至虛無而能應。清人陳壽昌注解為：「形聲之外，別有見聞。深之又深，神之又神。所謂道德上通而智故消滅也」[78]，「道」之味是在感官

---

76 《呂氏春秋注疏》，卷 5〈適音〉，頁 531。
77 《呂氏春秋注疏》，卷 6〈音初〉，頁 635-636。劉文典，馮逸，喬華點校：《淮南鴻烈集解》（北京：中華書局，1997 年 5 月），頁 11、31-36。
78 《南華真經正義》，頁 179。

之味的歇息後的更深層、精微之味。停滯於感官之求索，則無法體味精微之味，儒道皆有此主張，但《老子》與《莊子》文句中，不論〈齊物論〉「未始有物」、「無成與虧」而言琴音之至矣，或外篇之「無聲之中」而聞「和」，基本上，對於物、形聲採取消極態度，陳壽昌所謂「形聲之外」而聞道，亦在此脈絡下理解。

（1）無聲、無味與棄音、棄味

《淮南子‧泰族》言大羹之和、朱弦漏越，從「無聲」、「無味」來進行理解：

> 大羹之和，可食而不可嗜也。朱弦漏越，一唱而三嘆，可聽而不可快也。故無聲者，正其可聽者也；其無味者，正其足味者也。吠聲清於耳，兼味快於口，非其貴也。故事不本於道德者，不可以為儀；言不合乎先王者，不可以為道；音不調乎《雅》、《頌》者，不可以為樂。[79]

後半部言《雅》、《頌》之樂，是上承先秦言德音的傳統，但值得注意的是：「無聲者，正其可聽者也；其無味者，正其足味者也」，正以其「無」而顯其聲與味，為無音之音、無味之味。

大樂、大羹被視為至音、至味，在秦漢時期之解釋，時常摻入「無」與「忘」的色彩，如漢初《淮南子‧說林》亦言至音、至味：「至味不慊，至言不文，至樂不笑，至音不叫，大匠不斲，大豆不具，大勇不 」，主要在強調「所重者在外，則內為之掘」、「嗜慾在外，則明所蔽矣」，因此「聽有音之音者聾，聽無音之音者聰」，但與神明通的聖人，則是「不聾不聰」。《淮南子》被認為帶有西漢初道家黃老的色彩，此則由外內之對比，而強調「視於無形，則得其所見矣。聽於無聲，則得其所聞矣」[80]，是以外在形式的無，

---

79 《淮南鴻烈集解》，卷 20〈泰族〉，頁 693-694。
80 以上引文詳參《淮南鴻烈集解》，卷 17〈說林〉，頁 557。

以助成內之官能的覺知。漢時劉敞則由「忘」之角度進行理解：「《清廟》之瑟，美其德而忘其音；大饗之禮，美其敬而忘其味」。清代王引之《經義述聞》則謂：「『進乎音者』，則所貴者不在音、『進乎樂』則所貴者不在味」，應理解為「不尚音與味，非謂其有餘音、餘味」[81]。這個說法與「無音之音」、「無味之味」的「貴其未發」與「貴其未呈」的「貴無」之說相近，甚至被理解為「凡音之所極者，皆樂之殺耳」[82]，強調對於形式的減殺與消解，「未發」、「未呈」、「樂之殺」、「不尚」皆表達對於音樂形式的消極態度。

　　以上解釋常被認為與道家貴無思想相近，與《老子》「大音希聲」之說相承。若對察十四章「視之不見名曰夷，聽之不聞名曰希，搏之不得名曰微」，河上公注：「無色曰夷，無聲曰希，無形曰微」[83]，王弼注：「聽之不聞名曰希，不可得聞之音也。有聲，則有分，有分則不宮而商矣。分則不能統眾，故有聲者，非大音也。」對「大象無形」的注解：「故象而形者，非大象」，其注解對於有分之音、有形之象皆採取消極態度。[84] 這其間當然牽涉如何理解《老子》、《莊子》之「無」，「未始有物」、「無」聲之中所體會的至矣、盡矣如何理解，以及「無」是否意味着全然否定，或是透過否定之遮撥，以達到對於「音」、「味」之肯定的問題。但由中和理解遺音與無，與由「大音希聲」、「大象無形」理解的「無」，一採取「樂不耐無形」，重視樂的表現對性情的

81　〔清〕王引之：《經義述聞》（南京：江蘇古籍出版社，2000 年 9 月），頁 365。陳奇猷：《呂氏春秋校釋》（臺北：華正書局，1985 年 8 月），卷 5〈適音〉，頁 281-282，則認為「進」當為「遺」之誤，並從鄭玄「遺音」之解。

82　如方愨謂為「樂之殺」，以為「極音則無餘音，致味則無餘味」，周諝以「遺音」即所謂：「未發者，無章之音也」、「遺味」為「所謂未呈者，無味之味也」，詳參衛湜：《禮記集說》，《文淵閣四庫全書》（臺北：臺灣商務印書館，1983 年 12 月）經部，卷 92，頁 4-6。如此脈絡解釋之「無」則較從形式之「未呈」、「無餘」、「殺」來進行理解。

83　余培林譯注：《新譯老子讀本》（臺北：三民書局，2001 年 10 月），頁 30。王褘以：「遺音遺味」說應作「忘（棄）音忘（棄）味」解，認為「『無音無味』說與老子之『大音希聲』有很大的相似之處」，詳參王褘：〈《禮記‧樂記》「遺音遺味」說與「味」的文藝審美〉，頁 119。

84　王弼注：《老子道德經》（臺北：中華書局，1966 年），第 41 章，頁 5。

影響，另一則是聽於無聲之聲，二者對樂之形式及修養皆持不同態度，其間的差異也同時牽涉儒、道對於音樂理論的相關思想之辨析。

（2）平淡與中和之音

將「中和」、「德」、「無味」密切相關以論人物品鑑及美學者，在漢末魏初，劉劭《人物志》可為代表，其開篇論人之血氣、情性，以「中和」為最貴：「中和之質，必平淡無味，故能調成五材，變化應節」，「中和」被理解為具有「平淡」、「無味」的特質。下文又謂中庸之質「五常既備，包以澹味」，劉昺注：「惟淡也，故五味得其和焉」[85]。以「和」為和眾味，同時不以自身之味強勢介入他味，使得眾味得以諧和。這於前文述及《左傳・昭公二十年》透過樂之「和」而論教化，「德音」之「和」具有「平而不干」的特質時可見其端。《人物志・體別》又謂：「中庸之德，其質無名，故鹹而不鹼，淡而不𩟔，質而不縵，文而不繢。能威能懷，能辨能納，變化無方，以達為節」[86]對於中庸之德的說明，亦如先秦以來論中和時採「而不」之句式，以顯其不拘於一格而能變化無窮盡，此中庸之德，實即中和之德。劉劭《人物志》將中和、平淡導引出觀人、品評的人物美學。論「中和之質」所具備「變化應節」實即「和」之不住兩端以保持運動的顯現。《人物志》中「平淡」、「無味」、「無名」實已摻入《老子》「淡乎無味」等貴無之說，然其由「中和」論「平淡」、「無味」仍上承儒家論「中和」之樂的傳統。

以「平淡」論「德」在魏晉時期並不罕見，如阮籍〈樂論〉：「乾坤易簡，故雅樂不煩，道德平淡，故無聲無味。不煩則陰陽自通，無味則百物自樂。日遷善成化而不自知」[87]，〈樂論〉通篇論樂教之移風易俗，上承秦漢論樂教之旨，但所使用之「易簡」、「不煩」、「平淡」、「無味」、「自通」、「自化」、「不自知」，強調平淡、無味之貴無思想。魏晉時雖言至樂、和樂，但往往有

85　劉劭撰，劉昺注：《人物志》（臺北：三民書局，2008 年 5 月），〈九徵〉，頁 8。

86　《人物志》，〈體別〉，頁 21。

87　詳參《全上古三代秦漢三國六朝文・全三國文》（北京：中華書局，1999 年 10 月），卷 46〈阮籍〉，頁 1313-1314。

別於儒家所論的和樂，如嵇康，〈答向子期難養生論〉：

> 以大和為至樂，則榮華不足願也。以恬淡為至味，則酒色不足欽
> 也。苟得意有地，俗之所樂，皆糞土耳，何足戀哉⋯⋯故以榮華為生
> 具，謂濟萬事不足以喜耳。此皆無主於內，借外物以樂之，外物雖豐，
> 哀亦備矣。有主於中，以內樂外，雖無鍾鼓，樂已具矣。故得志者，非
> 軒冕也；有至樂者，非充屈也。得失無以累之耳。[88]

此引文中，雖引〈樂記〉以「和」樂為至樂，但「和」之內涵，並不着重於
納眾味或眾聲之和諧相濟。若能得「意」，則言與象、樂之形式皆「何足戀」。
是得意而忘象，得意而忘言。嵇康所謂「和」具自然虛無之狀態，故而謂：
「聲音以和平為體，而感物無常，心志以所俟為主，應感而發。然則聲之與
心，殊塗異軌，不相經緯，焉得染太和於歡戚，綴虛名於哀樂哉？」太和為
自然之和諧，無人情之歡戚。[89]人情之哀樂、歡戚，以及名言乃是一種「染」
與「綴」。由此來看，至音、至味乃在形式之簡淡中，能夠「無累」，無所掛
礙，能回歸於大通（「和理日濟，同乎大順」），「和」乃就其大通之虛靜而
言。嵇康所謂「和」之主張，在三國時亦非特例，如王弼在論有無、中和、
大樂時，亦謂：「故至和之調，五味不形；大成之樂，五聲不分，中和備質，
五材無名也。」[90]《老子指略》中雖未反對形式之文，但要在「無主」，得意

---

88 《全三國文》，卷 48，〈嵇康・答向子期難養生論〉，頁 1327。

89 牟宗三：《才性與玄理》（臺北：學生書局，1985 年 4 月），第九章，〈嵇康之名理〉
探討〈聲無哀樂論〉，頁 346 謂：「『和』以韻律之度定，此即聲音之體性也」，頁
347：「和聲客觀自存，『吹萬不同，而使其自己』〈齊物論語〉，即其自身惟以「韻
律之和」為體性也。」以「存有形態」或「客觀性形態」理解嵇康之「和」樂。牟
先生對「和」之解釋有其對儒、道思想的判讀，但本文認為嵇康之「和」實有深刻
的先秦論「和」樂之背景，同時會通儒道思想。此「和」是否須要放在「本體」論
脈絡進行理解，則是本文希望再重新思考的問題。有關《呂氏春秋》、《淮南子》以
及魏晉時論樂及「和」所涉歸根復靜的工夫，以及其中對儒家「德」與「和」之說
的轉化，由於所涉複雜，無法於本文中細部分析，將另撰文探討。

90 〔魏〕王弼，樓宇烈校釋：《王弼集校釋》（北京：中華書局，1980 年 8 月），頁 625。

以忘言，大象無象。[91] 在此貴無思想下，和樂工夫在於致虛守靜，對於禮樂形式並不抱持積極態度。

以上所論，由「中和」之音解釋「遺音」，以至質而能至文，遺音乃能進乎音，固然上承先秦時期論樂之傳統，即使以「無」解釋「遺音」、「遺味」者，仍不時出現如《淮南子》着重於雅頌之樂，以德音解釋遺音的現象。以「樂之殺」、棄味、棄音等否定音聲、文理的角度解釋「遺音」、「遺味」，在理解儒家禮樂之說，並不是理想的解釋方式。因為儒家並未否定音聲文禮之表現，《論語・述而》言孔子在齊聞韶樂，「三月不知肉味」，乃感嘆「不圖為樂之至於斯也」。此處樂之美使人得到專注之至樂，而忘了口欲之追求，邢昺疏謂：「不圖為樂之至於斯，美之甚也」[92]。韶樂指舜樂，是古聖王之樂，也是士子教育中重要陶養身心之樂。韶樂既屬於德音之列，能滿足深度的文化情感和欲望，是以較為淺層之口體之欲被暫時忘卻，此即程樹德所謂：「當聞韶之候，契虞帝九成之功……好古敏求，學而不厭，俱於忘肉味中見之矣」。[93] 韶樂之質，相對於淫樂之文，所展開的不是對樂之否定，而是「好古敏求，學而不厭」的好學之興發。《荀子・樂論》謂：「樂也，人情之所必不免也」、「樂則必發於聲音，形於動靜」，並以人「性術之變盡是矣」，對於聲音、動靜採取積極肯定的態度。甚至認為：「樂者，聖人之所樂也，而可以善民心，其感人深，其移風易俗」[94]，樂是性術之變、善民心、移風易俗的關鍵。而《禮記・樂記》則明白指出：「樂不耐無形」對樂的表現形式及其對於性情的影響持，持肯定態度。

---

91 《王弼集校釋》，頁 195。
92 〔魏〕何晏，〔宋〕邢昺：《論語注疏》，卷 7〈述而〉，頁 62。這也使得朱子對此條文獻發出了疑問，並增加「學之」二字作解：「不知肉味，蓋心一於是而不及乎他也」，則此條意涵轉為「學」之專注。《四書章句集注》（臺北：大安出版社，1999年 12 月），卷 4，頁 129。
93 程樹德：《論語集釋》（北京：中華書局，1990 年 8 月），卷 13〈述而〉，頁 458。
94 《荀子集解》，卷 14〈樂論〉，頁 379、381。

四、適音、節樂以善民心、易風俗

秦漢時論樂之和與節的關係，亦明顯上承先秦論中和之樂的傳統。樂之「和」展現於「節」中，此說法在秦漢時期論樂時一再被提及。如《呂氏春秋》有關樂之「和」與「適」關係的說明：「形體有處，莫不有聲。聲出於和，和出於適。」、「和適，先王定樂，由此而生」。「適」，高誘訓為「節」。王利器引劉咸炘說：「萬籟不同而成樂者以和也，究何以為和，當更有以表之，其參差不同而能成和者，自有一一恰當之則，此固不可以言明者也。下文言「必節嗜慾」，節即適，此恰當之則，即天然之則也。」[95] 使萬物在差異的運動中能自然形成規則，此規則非由外在施予，亦非一套固定不變的規則，而是隨情境不同而有不同的回應和調適，故曰：「不可以言明」、「天然之則」。「適」是就其面對萬籟不同之情性的調節而言；「和」乃在於尊重萬物殊性，而得其諧和。《爾雅‧釋樂》即謂：「和樂謂之節」，邢昺疏：「八音克諧，無相奪倫謂之和樂」[96]。「無相奪倫」出自《尚書‧堯典》：「八音克諧，無相奪倫，神人以和」，孔安國傳謂：「倫，理也。八音能諧，理不錯奪」[97]，殊異之音既能保持其理而不錯奪，但又能維持和諧之道，謂之「和」。有關樂之和，王利器引劉咸炘之說，謂：

> 宇宙一大樂也。樂之所由成，和與節也，和合而節分，同而異，統一而變化，是書之調貫眾家，亦如制樂也，故此篇名為《大樂》，而舉和適公平之義。[98]

---

95 《呂氏春秋注疏》，卷 5〈大樂〉，頁 500-501。

96 〔晉〕郭璞注，〔宋〕邢昺疏：《爾雅注疏》（臺北：藝文印書館，2001 年 12 月，影印阮元核刻《十三經注疏附校勘記本》）卷 5〈釋樂〉，頁 83。

97 《尚書》，卷 3〈舜典〉，頁 46。（按，此〈舜典〉，由〈堯典〉分出，故正文仍稱〈堯典〉）。

98 《呂氏春秋注疏》，卷 5〈大樂〉，頁 495。

和與節的關係如前文所述是看似相反而相成的關係，其「同而異」、「統一而變化」。同與異、統一與變化同時被保持，八音雖殊，但不相侵奪。也因此「和」能保持樂音之差異性，並能辯證而弔詭（paradox）地保存相反之諸質性。《呂氏春秋‧大樂》中強調「和」的文獻還很多，但都置於天地、陰陽之和的教化背景下立論，並不強調氾濫不節制的感情：「凡樂，天地之和，陰陽之調也」、「務樂有術，必由平出。平出於公。公出於道，故惟得道之人，其可與言樂乎！亡國戮民，非無樂也，其樂不樂」、「大樂，君臣父子長少之所歡欣而說也。歡欣生於平，平生於道」[99]。亡國之音失其平和，以至於使得百姓眾庶亦失其平和與其長養，因而謂之「戮民」，由於失去樂之教化精神，而謂「其樂不樂」。

《呂氏春秋》着重大樂之「和」、「節」之說，在漢初的《淮南子》中也一再見到，如《淮南子‧本經》：「夫人相樂，無所發覷，故聖人為之作樂以和節之」樂在於調節人和人間的倫理關係，「和」與「節」同時仍保持對差異和變化的尊重。《呂氏春秋》在談音樂時，即指出：「何謂適？衷音之適也。何謂衷？大不出鈞，重不過石，小大輕重之衷也……衷也者適也，以適聽適則和矣。樂無太平和者是也。」〈適音〉中多次以「衷」替代「中」，並在「和」的脈絡下理解「中」與「適」，「無太」、「平和」明顯帶出心的向度。所謂「適」，高誘注為「中適」。適音，在於使聽者能感受到和諧的中道，[100]即所謂「和」。「樂無太」指樂無太過，若「太鉅、太小、太清、太濁皆非適也」[101]。而音之適與否在於情志之反應：「太鉅則志蕩」、「太小則志嫌」、「太

---

99 《呂氏春秋注疏》，卷 5〈大樂〉，頁 504、502、505-506。

100 《呂氏春秋注疏》，卷 5〈適音〉，頁 527-528。所謂「衷音」亦有中聲之意，此時論音聲，強調中聲、中音，而引發中德，故而《左傳‧昭公元年》、《國語‧周語下》不論就中聲而論身氣之和，或由中音論德，均強調「中」。「樂無太平和者是也」，學者或認為「平」為衍字，或以「乎」釋之，均指樂無太過，而強調「和」。

101 《呂氏春秋注疏》，卷 5〈適音〉，頁 527。〔劉宋〕范曄，〔唐〕李賢等注：《後漢書》（臺北：鼎文書局，1981 年 4 月），卷 34〈梁統傳〉，頁 168：「衷之為言，不輕不重之謂也。」

清則志危」、「太濁則志下」，而適音即指中音，能夠達到「和心」而「行適」
的功效。[102] 也由於「適音」由心志之「和」與否來判定，《淮南子‧氾論》指
出先王之法度亦因不同的時代風土而有不同的回應，並非一成不變。即使所
尚之樂，也因本諸人情及風土的不同而不同：

> 常故不可循，器械不可因也，則先王之法度，有移易者矣……堯
> 《大章》、舜《九韶》、禹《大夏》、湯《大濩》、周《武象》，此樂之不
> 同者也。[103]

由樂而言之法度，亦仍保持着樂的相互倫理的情境性，並同時強調其由感物
而生，和而不相犯奪，並保有活潑的回應情境的可能。樂之法度「常故不可
循」而「有移易者」。

由以上來看，漢代學者雖言「大味必淡」、「本味」、「至味」，已受到
「貴無」思想的影響，但其中也承續先秦重視德以言樂之和的傳統。和、節、
適、着重於變化、化育，同時強調回應情境的能力，與不相侵凌的相互倫
理性。事實上，《禮記》中言禮樂並不乏由「不」、「無」以進行表達者，但
「不」、無」並不是對樂音形式的否定：

> 古之學者比物醜類，鼓無當於五聲，五聲弗得不和。水無當於五
> 色，五色弗得不章。學無當於五官，五官弗得不治。師無當於五服，五
> 服弗得不親。
> 君子大德不官，大道不器，大信不約，大時不齊。察於此四者，可
> 以有志於學矣。[104]

---

102 以上引文詳參《呂氏春秋注疏》，卷 5〈適音〉，頁 522-527。故而〈適音〉開宗明
　　義即謂：「故樂之務在於和心，和心在於行適」，頁 521。
103《淮南鴻烈集解》，卷 13〈氾論〉，頁 423-425。
104《禮記》，卷 36〈學記〉，頁 656。

第一段引文「鼓無當於五聲」，「當」鄭注為「主」，鼓不「主」於五聲，但「五聲不得鼓則無諧和之節」，故而並不否棄器物及其表現。大道不拘於器用，君子不治於一官，學者於人倫日用「比物醜類」，主要在於興發「學」。而此中「無」、「不」皆不作完全的否定解釋，孔疏解為「以學為本」，正相應於「學」記之宗旨。

五、流而不息，合同而化：中和與無聲之樂的理想

透過「無」、「不」等否定表達，以言禮與德，在先秦時期頗為常見，並不囿於後來所謂的道家經典[105]。透過「不言」及「無」以傳達禮樂教化，如《論語》言聖王堯舜之德與其教化如天德般「不與」、「無能名」以行其至德。《論語》不但有孔子對天無言化育的讚嘆和嚮往：「天何言哉？四時行焉，百物生焉，天何言哉？」[106] 在論及堯舜禹等聖王之治時，認為理想的聖王之道乃在：「有天下也而不與焉」。[107]《論語》中論「無為」、「不與」、「無能名」，乃不強

---

105 學者研究指出，先秦時期並沒有明確的道家學派，莊子道家說始於漢代，相關論述詳參楊儒賓：《儒門內的莊子》（臺北：聯經出版事業公司，2016 年 2 月）。「無」在先秦儒家論政教及禮樂中亦有其重要意義。但儒家所謂之「無」與「絕」、「去」等完全否定式的表達有別。（詳後文）

106 〔魏〕何晏，〔宋〕邢昺：《論語注疏》（臺北：藝文印書館，2001 年 12 月，以下簡稱《論語》），卷 17〈陽貨〉，頁 157。

107 學者或以為戰國時儒家學者言「天德」等受到老、莊道家思想之影響，如佐藤將之：〈天人之間的帝王——《莊子》和《荀子》的「道德」觀念探析〉，《漢學研究》第 31 卷第 1 期（2013 年 3 月），頁 22，認為荀子：「大幅引進《莊子》所提倡的『德』和『道德』概念（即「萬物生成的根源和動力，亦即與天地的作用一樣的力量」）於自己的思想中，但同時身為儒學之繼承人，荀子對其儒學傳統價值意義的『德』也予以肯定。」將「德」所具有的天地之道動的層面均視為來自《莊子》，認為儒家之「德」只限於傳統倫理之價值意義。然而對天道的體會是先秦思想的共通文化土壤所孕育，並不限定於道家思想。《論語》所謂「有天下也而不與焉」，並非道家思想影響下的產物。更何況，先秦時期，嚴格的思想壁壘並未形成，思想的激盪和流動本屬自然現象，未可以後來道家思想的特色而推論之前的影響軌跡。

加人欲之擾，而使萬物得以展現其德，是為禮之極致的展現。戰國時儒家典籍中論「無」的精神，亦有深刻的展現。尤其如《上海博物館藏戰國楚竹書·民之父母》、《禮記·孔子閒居》中孔子為子夏講述禮樂之本原乃在「五至」與「三無」。「無」皆不就形式的否定或棄絕進行解釋；而所謂「至」是由情感志氣之運動進行理解。《郭店楚簡》、《上博簡》等戰國中期以降的思孟後學，提出情為詩、禮、樂之基礎。《上海博物館藏戰國楚竹書·民之父母》與今本《禮記·孔子閒居》中文多重出，可以作為戰國時期儒家學說的表現。原文由子夏問孔子《詩經》中「凱弟君子，民之父母」而始，孔子以民之父母「必達於禮樂之原，以至五至、以行三無」，通篇透過「五至」、「三無」、「五起」、三「無私」而論禮之精神。學者或以此篇為戰國儒家「蓄意地將以詩－禮－樂為核心的文化理念置於『性與天道』論的基礎上。」並認為三無、五至之說「它在儒家思想的重大意義乃是確立了儒家重視的文化概念（詩禮樂）在人性論上有本體論的意義」。[108] 亦即將「五至」、「三無」以本體論角度進行理解，於是〈孔子閒居〉不只從主體立論而言禮樂，亦由世界的根基立論，而言禮樂秩序已內具於自然之運行中，故而師法自然即在於尋求此一秩序，尋求道德起源之依據。然而此說法對於「五至」之「至」乃採取「逆返地到達」，言達於禮樂之本體，而對於自然與禮的關係又採取體用論架構，此架構雖可以挺立禮樂形上學，但禮樂之生生不息、合同而化的「中」、「和」之化育等層面則較薄弱。更重要的是，若回到先秦、漢代的語境，如前文所述，中和、心性不採「本體」及形上、形下之論述模式，工夫亦非由下而上、由末而本逆返地到達，而總在情感、身體、人倫日用的具體實踐中成就。前文已論及「中和」於漢代如鄭玄的注解與朱熹體用論的解釋大相逕庭。若置先秦典籍，「中和」往往與樂音以及由此帶起的身體感受性密切相關，並由此而言修養及教化課題。若回到《民之父母》的文獻來看，「五至」：

---

108 楊儒賓：〈詩－禮－樂的「性與天道」論〉：《中正漢學研究》2013 年第 1 期（2013 年 6 月），總第 21 期，頁 27。

　　　　物之所至者，志亦至焉；志之所至者，禮亦至焉；禮之所至者，樂亦至焉；樂之所至者，哀亦至焉，哀樂相生，君子以正，此之謂五至。[109]

即接物時志意生發，對於接物時所產生的志意能夠覺察，由此而形諸於名言、禮樂。作為「民之父母」最重要的是調節人民於接物時之「哀樂」。[110] 五至若能得到實踐，則禮文之形式的封限亦皆可以得到超越，而達於所謂「三無」。

　　對比來看，〈孔子閒居〉中「五至」與《民之父母》次第稍有不同：

　　　　志之所至，詩亦至焉。詩之所至，禮亦至焉。禮之所至，樂亦至焉。樂之所至，哀亦至焉，哀樂相生，是故正。明目而視之，不可得而見也，傾耳而聽之，不可得而聞也。志氣塞乎天地，此之謂五至。[111]

與《民之父母》之「五至」相參，一為物－志－禮－樂－哀，另一為志－詩－禮－樂－哀。二者之別在於〈民之父母〉由回應物而言志之至，正是〈性自命出〉所提及的「心無定志，待物而後作」[112]。〈孔子閒居〉則由志之動而言詩與樂等名言的生成，二者皆認為禮、樂的本原在於情感、志意。[113] 情感、志意有其氣之感通的基礎，故而謂之「氣志」。禮樂雖然因應於世教而有種種之

---

109 此簡文之隸定採取季旭昇主編，陳霖慶、鄭玉姍、鄒濬智合撰：《上海博物館藏戰國楚竹書（二）讀本》（臺北：萬卷樓圖書股份有限公司，2004 年 7 月），頁 2。

110 由物引生志意，而言治民之道。「至」應當理解為志意運動「塞乎天地」的歷程，而不當解為逆返於道體。

111 《禮記》，卷 51〈孔子閒居〉，頁 860。

112 荊門市博物館：《郭店楚墓竹簡》（北京：文物出版社，1998 年 5 月），〈性自命出〉，頁 179。《郭店楚簡・性自命出》等以「情」作為禮的基礎，透過情而論述道、德、形、身，此時以氣論情性，形氣與親親、仁民、愛物密切相關。此時所謂「情」並不只是情緒、情欲義涵，並同時打開了情感性、道德、身體性以及文化創造的面向。

113 唐君毅：《中國哲學原論・原性篇》（臺北：臺灣學生書局，1989 年 11 月），頁 105-107 謂：所謂「五至」乃指：「情志為禮樂之本之旨，故結以哀樂相生」，在重情志之脈絡中，而言情志能「充塞於禮樂之中，洋溢於禮樂之外」，「無」指無盡之感通狀態。

制度與形式之要求，然而詩、禮、樂之本，在於原初情感；禮樂之理想，亦由氣志感通而言之，此由「三無」可以得其理解：

> 無聲之樂，氣志不違；無體之禮，威儀遲遲；無服之喪，內恕孔悲。無聲之樂，氣志既得；無體之禮，威儀翼翼；無服之喪，施及四國。無聲之樂，氣志既從；無體之禮，上下和同；無服之喪，以畜萬邦。無聲之樂，日聞四方；無體之禮，日就月將；無服之喪，純德孔明。無聲之樂，氣志既起；無體之禮，施及四海；無服之喪，施于孫子。[114]

至高之樂，並非限封於弦律音聲，而實就是情之感通與流行。至盛之禮，並非儀式的進退一成規、一成矩，而實在於和同之氣的交流。最動人的服喪，不在於喪服的質料或是喪期的長短，而是在「內恕孔悲」——整個存在全化為對至親的仁愛與不捨。「三無」並非對於詩、禮、樂形式之否定，而強調達到無所終極的感通狀態。學者甚至以「精神的空間中之空處，而環繞於諸境物之外之雰圍之中之餘情」作為理解，而謂「精神空間之空處」指無意志之目的性、計算性，不求結果與報償，而使心靈有所感通，作無盡之伸展。[115] 如此理解，正契合以餘音解釋適音、中音、進了音。「無」非指向對形式之否定，而是跳脫於慣常之形式及計算性思維、理性思維，而達於無盡的感通與創造。

「無聲之樂」能使氣志「不違」、「既得」、「既從」、「既起」，由氣志不

---

114 《禮記》，卷 51〈孔子閒居〉，頁 861。

115 唐君毅理解「三無」為「氛圍的虛境」使得情感意韻得以不落實於目的性，而迴盪不已、無所終極。此種自然流行而無目的之情：「此情則為不更以歸於任何實踐之行為目的，而自然流行生發，以充塞洋溢於天地間，而無已者」於此「三無」反而是對於情之遍潤與無所不在的最大肯定。同時詩、禮、樂的究極處，乃是感通之情、一體之仁的遍潤。唐君毅以「無」理解「餘情」，同時既去除了僵化的禮樂形式、目的，但同時此「充餘之情」能無已的創造、無盡的感通。詳參唐君毅：《生命存在與心靈境界》下冊，《唐君毅全集》（臺北：臺灣學生書局，1994 年 11 月），卷 24，頁 314-317。「無」同時具有對形式的超越和對形式的創造，對禮樂、道德的超越，但又臻於道德之極的「弔詭」（paradox）展現。

違而達致和諧而興起動力。「無體之禮」由威儀之遲遲、翼翼中表現，而達於上下「和同」，於日月推移的「無與」與「無能名」中施及四海。「無服之喪」在深刻對先人的怨愛中，推之於四國、萬邦，而不斷綿延。《說苑·修文》亦提及三無，其強調「誠」之感通：「孔子曰：『無體之禮，敬也；無服之喪，憂也；無聲之樂，懼也。不言而信，不動而威，不施而仁，志也。鐘鼓之聲，怒而擊之則武，憂而擊之則悲，喜而擊之則樂。其志變，其聲亦變。其志誠，通乎金石，而況人乎？』」[116] 在至誠之氣志感通中，鐘鼓之聲能通乎金石，而成就一「誠」之流行的宇宙。誠之「三無」能達到「修文」，亦可見「無」並非對「文」的否定，「無」與「文」不相違背，而是相成，其正如《樂記·樂情》所謂：「著誠去偽，禮之經也」[117]，「無」在於去偽而成全禮文。

所謂「無聲之樂」，〈孔子閒居〉引《詩·周頌·昊天有成命》：「成王不敢康，夙夜基命宥密」，言成王不敢懈怠，「夙夜基命宥密」，毛傳解為：「基，始；命，信；宥，寬；密，寧也」，即夙夜匪懈地修養始、信、寬、寧等德行。鄭玄解為：「夙夜謀為政教以安民，則民樂之」。孔疏謂：「言早夜謀為政教於國，民得寬和寧靜，民喜樂之，於是無鐘鼓之聲而民樂，故為『無聲之樂』」[118]。可以看出，無聲之樂已超越有形之樂音，而達到無形之化育的階段。至於「無體之禮」，則引《詩·邶風·柏舟》，此句《毛傳》解為：「君子望之儼然可畏，禮容俯仰各有威儀耳。棣棣，富而閑習也。物有其容，不可數也」[119]。亦指禮儀之極致，已超越其形式，不可以形式計量。至於「無服之喪」則引《詩·邶風·谷風》，言民人有喪，皆急於救助，言情之感通而興起深度的實踐動力，已超越喪禮的儀文形式。此三段引《詩》皆是「斷章取義」，亦可以看出其時《詩》所具有的豐富面向和活潑的詮釋空間。禮

---

116 向宗魯：《說苑校證》（北京：中華書局，2000 年 3 月），卷 19〈修文〉，497。
117《禮記》，卷 38〈樂記〉，頁 684。
118 以上引文詳參孔穎達：《毛詩正義》（臺北：藝文印書館，2001 年 12 月，影印阮元核刻《十三經注疏附校勘記本》，以下簡稱《毛詩》），卷 19〈周頌〉，頁 716。《禮記》，卷 51〈孔子閒居〉，頁 861。
119《毛詩》，卷 2〈國風〉，頁 74。

儀之極致已超越了禮儀制度、個人的威儀實踐，而無有終點的「氣志既起」、「施于孫子」並充塞四海。[120] 充塞於四海之禮，如〈孔子閒居〉中所謂：

> 天有四時，春秋冬夏，風雨霜露，無非教也。地載神氣，神氣風霆，風霆流形，庶物露生，無非教也。[121]

由自然流行之無所偏私：「天無私覆，地無私載，日月無私照」[122] 而興發無私之德。德行、教化至於深妙處，能達到「志氣塞乎天地」、「清明在躬，氣志如神」。氣志之動，已不再偏限於個體，而能協于天地、通於人倫。禮與樂的最高境界，在於人倫日用中，在誠及德的體驗中，以緣情制禮。經過了無為、不與的洗禮，將能更具有展現生生不息、合同而化的「和」之流動與文明創造的向度。

《民之父母》、《禮記·孔子閒居》將詩、禮、樂之本原，回歸於氣志、情感的流動，其能充塞天地、施及四海，使得不同狀態的存在，皆能在此氣志、情感的流動感通中，不斷地氣志奮發興起，生生變化。聖人在此大化流行之氣中，體知並示現此流行之氣，所呈現的境界即是：「清明在躬，氣志如神」[123]，此時的志意並非封限的自我之展現，而實是氣化流行之體現。

將詩、禮、樂視為氣志流行與展現，〈樂記〉在思考樂之向度時，不時提及此流行不息之氣的感通，乃是樂教的至深之理：

> 天高地下，萬物散殊而禮制行矣。流而不息，合同而化，而樂興

---

120 此部分《民之父母》與〈孔子閒居〉文脈安排不同，〈孔子閒居〉將「正明目而視之，不可得而見也。傾耳而聽之，不可得而聞也。志氣塞乎天地」，置於五至的脈絡。而《民之父母》則將傾耳而聽之，不可得而聞也；明目而視之，不可得而視也，而得既塞於四海矣」，置於三無的脈絡。以其工夫、實踐次第和境界來看：《民之父母》的層次較為清晰。

121 《禮記》，卷 51〈孔子閒居〉，頁 862。

122 《禮記》，卷 51〈孔子閒居〉，頁 861。

123 《禮記》，卷 51〈孔子閒居〉，頁 862。

焉。春作夏長，仁也。秋斂冬藏，義也。仁近於樂，義近於禮。樂者敦
和率神而從天，禮者別宜居鬼而從地。故聖人作樂以應天，制禮以配
地，禮樂明備，天地官矣。[124]

樂教的精神乃在流變不息，化育感通，使得散殊之萬物皆能得其「和」。故
孔穎達疏解此句時，即謂：「樂者調和氣性，合德化育。」樂使人之存在皆在
氣化中相互感通，以此言仁；而德即是生生不息的化育，樂音以此能「通倫
理」[125]。「和樂」具備變化的特質，在秦漢典籍中並非少見，如《荀子・樂論》、
〈樂記・樂情〉明揭：「窮本知（極）變，樂之情也」[126]。〈樂記・樂論〉：「大樂
必易、大禮必簡」。「易」如何解釋？鄭注：「易簡若於清廟大饗然」[127]。此精神
與《易・繫辭》：「乾以易知，坤以簡能」相通，乾坤變化之道在於易簡之理，
同時也是變易之理。[128] 大樂之「易簡」與「變易」為「和」音、德音的重要特質。

六、結論

「中和」是理學中的重要概念，其以本體及其發用，來說明道體及修養工
夫。理學者在解釋《中庸》時，「中和」亦被放在體用論的脈絡進行理解。然

---

124 《禮記》，卷 37〈樂記〉，頁 671
125 《禮記》，卷 37〈樂記〉，頁 665：「凡音者，生於人心者也，樂者，通倫理者也。」
　　音為人心之氣志的展現，而樂則能在氣化流行中，通於倫理之道。
126 《荀子集解》，卷 14〈樂論〉，頁 382：「窮本極變，樂之情也」、《禮記》，卷 38〈樂
　　記〉，頁 684：「窮本知變樂之情也。」
127 《禮記・樂記》，卷 37，頁 668。《淮南子・本經》也有「大樂必易，大禮必簡」之說。
128 《周易注疏》，卷 7〈繫辭上〉，頁 144。「易」之三義：簡易、變易、不易。《周易正
　　義・序》引鄭玄《易贊》、《易論》：「易一名而含三義。易簡，一也，變易，二也，
　　不易，三也。」鄭玄又云：「周易者，言易道周普，無所不備。」引文詳參《周易注
　　疏》〈序〉，頁 3-5。又如（日）安居香山、中村璋八：《緯書集成》（石家莊：河北
　　人民出版社，1994 年 12 月），〈樂叶圖徵〉，頁 562，「大樂必易」，宋均注：「凡樂
　　皆代易之，故必易」，釋「易」為更改、變易。

而若能推究先秦時有關中和之論述，可以發現其展現了與體用論模式十分不同的關於心性及修養的思考。樂之「中」「和」説，在先秦時已有豐厚的背景，《左傳》、《國語》、《周禮》、《荀子》論中、和、中和時，往往與樂音之感受性及引生的倫理性密切相關。論中音、中德、德音，和樂往往透過調和音聲、和眾味脈絡被理解。如《國語·周語下》：「聲應相保曰龢」，「龢」、「和」為古今字。「龢」字從「龠」，「龠」為樂器，意為以管樂「和眾聲」。「和」，《説文解字》曰：「聲相應」，「和」之造字在原初亦與聲音相諧調為其原初意涵。而「和」、「調」、「諧」三字往往轉相為注。以造字來看，「和」最初乃指眾聲相諧和。在先秦的文獻中，「和」亦往往出現於樂音相和的脈絡，但「和」之相諧調同時保存着對於不同的尊重，其強調「平而不干」、「周疏以相濟」。如《左傳·昭公二十年》晏嬰以琴瑟之相和，強調「和」是容納差異，此相成的狀態，其與「同」所尚之「專一」不同。在調和眾味、眾音時，必須容納異質、異聲，一如施政，必須容納不同的意見，才能達到「平而不干」，使得清濁、小大、疾徐、哀樂、剛柔、遲速、高下、出入、周疏，諸種差異乃至相反質性皆能被保存而彼此「相濟」的狀態。多種差異特質以相成，彼此相濟，而不相互干擾，才能使心能不偏於一端，達到「心平德和」的境界。和與節關係，則透過看似相反的分與合、同與異、統一與變化來説明，二者同時保持看似相反相成，以成其變化。和與適關係亦如此，適音達到行適，具有能回應情境的能力，適音即德音，是諧和相濟、平而不干的和樂。也由於「和」指調和眾聲，平而不干，故而論「和」時往往採取不極於兩端的「而不」之句式，《左傳》季札論頌樂時多達十數個「而不」句式並列，以言「和」樂。《呂氏春秋》論「適音」為「中音」，〈本味〉論鼎中之變亦透過大量「而不」句並列，以言至味。《淮南子》論至味、至音亦有類似現象。《禮記·樂記》論樂之「和」時亦大量透過「而不」之句式，使得禮之減與進、盈與反，同時被保存。「禮減而進，以進為文」、「樂盈而反，以反為文」，中、和並非一固定之位置，而在進與反間不斷來回運動。達到《禮記·樂記》所謂：「合生氣之和，道五常之行，使之陽而不散，陰而不密，

剛氣不怒，柔氣不攝。四暢交於中，而發作於外，皆安其位而不相奪。」陰、陽、剛、柔相異之特質能通達於中而不相侵犯，但亦不走向任一極致，任一運動皆保持着向其逆返或外放的動力。如此才能達到「生氣之和」的境界。「中和」之初意，以聲音之諧調的身體性、情境性、差異性而被理解，其反映秦漢之際樂教思想，重視情感、身體之感受性，在人性與教化議題上有深刻啟發。在論中、和時，不同於就超越面向言性者，而凸顯了差異、多元、流變的傾向。

與「中和」之樂密切相關的還有對「遺音」、至樂的思考。《禮記‧樂記》在漢代的編纂不可避免滲入秦漢學術思想，其中論大饗之樂時，不強調「極音」、不享受「致味」、大羹「不和」，而能有「遺音」、「遺味」。「遺音」之解釋，或解為「餘音」、「無音」、「絕音」、「淡音」。解「遺」為「餘」，以漢代鄭玄為代表。此解釋乃以文、質對比，相對於「文」的形式繁複；「質」素還同時有「本」之意涵。這個解釋早在《荀子‧禮論》論「清廟之歌」時謂其同時滿足「貴本」、「親用」，是禮之「大隆」，是為禮之「中和」的表現，其同時能包含至質與至文，於至質中而能成就至文。《呂氏春秋‧適音》論及大饗及清廟之樂，以「進乎音」理解「遺音」，二者看似相反，但正如〈樂記〉：「禮減而進」、「樂盈而反」，「減」與「進」、「盈」與「反」二者看似相反，卻同時能和諧運動，以成就禮、樂一般，「遺乎音」正可以「進乎音」。同時「適音」為《呂氏春秋‧適音》開篇所謂能達到「和心」、「行適」、「平和」的「和」音。學者還有將「進乎音」解為：「此音此味之上有音有味也，所謂更上一層樓者也」，即音外音、味外味。以「餘」、「遺」或「進」解釋「遺音」，「減」與「進」、「盈」與「反」的和諧運動，正是「中」、「和」的表現，同時也是文質彬彬的禮之大隆的同時兼及至質與至文之理想。

將〈樂記〉中「遺音」解為「餘音」並非唯一的解釋方式，漢代時期即出現以「忘」、「淡」、「棄」來進行的理解，學者或認為應解為「不尚音與味，非謂其有餘音、餘味」，其發展至後來，而有「凡音之所極者，皆樂之殺耳」的說法。以「棄音、棄味」或「忘音忘味」解釋「遺音」、「遺味」，這和《老

子》：「大音希聲」、「道之出口，淡乎無味」，《莊子》：「無聲之中獨聞和」說相承。在漢代時受到黃老道家思想影響，在《淮南子》等漢代學者論樂音時，亦多有表現。但此時雖仍強調樂之「無」、「淡」，卻也承續先秦論中聲、和樂的傳統，以聲味論道、以樂之「和」論教化以及修身，並以德音與中、和解釋大樂與遺音。但仔細推究，以「棄」、「忘」、「無」解釋「遺音」者，其思想受老莊影響較深，對於禮樂之形式及樂音之於性情的涵養部分，較持消極態度。「和」亦多由去除感官嗜欲之干擾，而達致的大通境界而言。《淮南子》乃至魏晉論「和」樂時，工夫皆採取逆返向內，以復歸於「靜」、「淡」之道，對禮樂採取消極的態度。此不同於先秦以來論「和」樂，重視對性情之調養與移風易俗，以樂論治道強調容納差異「平而不干」，以和樂修養則重視對於情境的回應而「通倫理」，並以「樂不耐無形」，對音樂之表現及其對性情修養的影響持肯定態度。

以學派發展來看，先秦時期尚未形成嚴格的學派意識，思想間處於高度的對話和互文下，「無」固然為《老》、《莊》的核心思想，但「無」在先秦儒家論政教及禮樂中亦有其重要意義，《論語》中言聖王之教化如天地之化育「不與」、「無能名」。出土文獻中《民之父母》與《禮記·孔子閒居》論及「五至」、「三無」，以思考禮樂之「無」，可作為探討先秦至漢代儒學中「無」之思想的發展。儒家所謂之「無」與「絕」、「去」、「棄」等完全否定的表達有別。「無」並不在對形式進行否定，而在不停滯於感官追求，達於「無盡」的感通狀態。以「無聲之樂」來看，實上承先秦論「和」樂的背景，在教與德的脈絡下，由聲、味而論德與教化，同時以「無」之思想以解釋樂教與修身。此上承先秦之和樂說，下啟魏晉後之由聲味論人之美學，以及六朝由味論文藝之風。由中和而理解遺音、遺味，對於「和」、「中」、「適」如何「平而不干」、如何能保持「變化應節」，同時保持「學」之動力為其主要關懷。樂之和、適、節均強調變化與回應情境的能力。同時，「和」與「同」有所區別，以保存差異互相諧調，彼此相濟以共成變化為其特質。遺音、遺味由至質而至文，「貴本之謂文」，遺音能納眾音，遺味方能體味精微之味，開啟魏

晉時以中和論平淡之味的人物品鑑之美學。中和之音、味將不斷往還於樂之初衷與應事之節中，「貴本而親用」而達到情文俱盡，感通之情與一體之仁遍潤，在具體情境關係中變化應節的理想。

引用書目

一、傳統文獻

〔漢〕班固，〔唐〕顏師古注：《漢書》，臺北：鼎文書局，1977 年 12 月。

〔漢〕許慎，〔唐〕段玉裁注：《説文解字注》，臺北：洪葉文化出版公司，1998 年 1 月。

〔漢〕鄭玄注，〔唐〕孔穎達疏：《禮記注疏》，臺北：藝文印書館，2001 年 12 月，影印阮元校刻《十三經注疏附校勘記本》。

〔漢〕鄭玄注，〔唐〕賈公彥疏：《周禮注疏》，臺北：藝文印書館，2001 年 12 月，影印阮元校刻《十三經注疏附校勘記本》。

〔漢〕鄭玄注，〔唐〕孔穎達疏：《毛詩正義》，臺北：藝文印書館，2001 年 12 月，影印阮元校刻《十三經注疏附校勘記本》。

〔魏〕王弼，樓宇烈校釋：《王弼集校釋》，北京：中華書局，1980 年 8 月。

〔魏〕王弼，〔唐〕孔穎達疏：《易經注疏》，臺北：藝文印書館，2001 年 12 月，影印阮元校刻《十三經注疏附校勘記本》。

〔魏〕王弼注：《老子道德經》，臺北：臺灣中華書局，1966 年。

〔魏〕何晏，〔宋〕邢昺：《論語注疏》，臺北：藝文印書館，2001 年 12 月，影印阮元校刻《十三經注疏附校勘記本》。

〔魏〕劉劭，劉昺注：《人物志》，臺北：三民書局，2008 年 5 月。

〔晉〕杜預注，〔唐〕孔穎達疏：《春秋左傳正義》，臺北：藝文印書館，2001 年 12 月，影印阮元校刻《十三經注疏附校勘記本》。

〔晉〕郭璞注，〔宋〕邢昺疏：《爾雅注疏》，臺北：藝文印書館，2001 年 12 月，影阮元校刻《十三經注疏附校勘記本》。

〔劉宋〕范曄，〔唐〕李賢等注：《後漢書》，臺北：鼎文書局，1981 年 4 月。

〔宋〕朱熹:《四書章句集注》,臺北:大安出版社,1999 年 12 月。

〔宋〕趙順孫:《四書纂疏・中庸纂疏》,臺北:文史哲出版社,1981 年。

〔宋〕衛湜:《禮記集說》,臺北:臺灣商務印書館,1983 年 12 月,《文淵閣四庫全書》本。

〔清〕王引之:《經義述聞》,南京:江蘇古籍出版社,2000 年 9 月。

〔清〕王先謙,沈嘯寰,王星賢點校:《荀子集解》,北京:中華書局,1988 年 9 月。

〔清〕孫希旦,沈嘯寰,王星賢點校:《禮記集解》,北京:中華書局,1989 年 2 月。

〔清〕陳壽昌輯:《南華真經正義》,臺北:新天地書局,1977 年 7 月。

〔清〕嚴可均《全上古三代秦漢三國六朝文》,北京:中華書局,1999 年 10 月。

二、近人論著

〔日〕安居香山、中村璋八:《緯書集成》,石家莊:河北人民出版社,1994 年 12 月。

〔日〕佐藤將之:〈天人之間的帝王──《莊子》和《荀子》的「道德」觀念探析〉,《漢學研究》
　　第 31 卷第 1 期（2013 年 3 月）。

王利器:《呂氏春秋注疏》,成都:巴蜀書社,2002 年 1 月。

王禕:〈《禮記・樂記》「遺音遺味說與「味」的文藝審美」〉,《澳門理工學報》2011 年第 1 期。

王禕:《《禮記・樂記》研究論稿》,上海:上海人民出版社,2011 年 9 月。

牟宗三:《才性與玄理》,臺北:學生書局,1985 年 4 月。

向宗魯:《說苑校證》,北京:中華書局,2000 年 3 月。

何之筆:〈平淡的勇氣:嵇康與文人美學的批判性〉,《哲學與文學》37 卷 9 期（2010 年 9 月）。

余培林譯注:《新譯老子讀本》,臺北:三民書局,2001 年 10 月。

李美燕:〈儒家樂教思想中「和」的意涵之流變述論:以隋唐至明清為考察對象〉,收入方勇
　　主編:《諸子學刊》第六輯,上海:古籍出版社,2012 年 3 月。

李學勤:〈公孫尼子與易傳的作者〉,《文史》第 35 輯,北京:中華書局,1992 年。

李學勤:《周易經傳溯源》,長春:長春出版社,1992 年 8 月。

季旭昇主編,陳霖慶、鄭玉姍、鄒濬智合撰:《上海博物館藏戰國楚竹書(二)讀本》,臺北:
　　萬卷樓圖書股份有限公司,2003 年 7 月。

吳冠宏:《走向嵇康－從情之有無到氣通內外》,臺北:國立臺灣大學出版中心,2015 年 9 月。

唐君毅:《生命存在與心靈境界》下冊:《唐君毅全集》,臺北:臺灣學生書局,1994 年 11 月。

唐君毅:《中國哲學原論・原性篇》,臺北:臺灣學生書局,1989 年 11 月。

徐元誥、王樹民、沈長雲點校:《國語集解》,北京:中華書局,2002 年 6 月。

荊門市博物館：《郭店楚墓竹簡》，北京：文物出版社，1998 年 5 月。

張岱年：〈論〈易大傳〉的著作年代與哲學思想〉，《中國哲學》第 1 輯（1979 年）。

郭沫若：〈公孫尼子與其音樂理論〉，《青銅時代》，重慶：文治出版社，1945 年 9 月。

葉國良：〈公孫尼子及其論述考辨〉，《臺大中文學報》第 25 期（2006 年 12 月）。

陳奇猷：《呂氏春秋校釋》，臺北：華正書局，1985 年 8 月。

陶禮天：〈《禮記・樂記》的音樂美學思想與「遺音遺味」〉，《首都師範大學學報》2006 年第 1 期。

湯用彤撰，湯一介等導讀：《魏晉玄學論稿》，上海：上海古籍出版社，2001 年 6 月。

程樹德：《論語集釋》，北京：中華書局，1990 年 8 月。

黃倫生：〈論〈周易〉與〈樂記〉中的三重對應關係〉，《學術論壇》1989 年第 5 期。

楊儒賓：〈屈原為什麼抒情〉，《臺大中文學報》第 40 期（2013 年 3 月）。

楊儒賓：〈詩－禮－樂的「性與天道」論〉，《中正漢學研究》2013 年第 1 期（2013 年 6 月）。

楊儒賓：〈論公孫尼子的養氣說－兼論與孟子的關係〉，《清華學報》新 22 卷第 3 期（1992 年 9 月）。

楊儒賓：《儒門內的莊子》，臺北：聯經出版公司，2016 年 2 月。

趙東栓：〈《易傳》的哲學體系與〈樂記〉的文藝理論體系〉，《孔子研究》（2002 年第 2 期）。

劉文典，馮逸，喬華點校：《淮南鴻烈集解》，北京：中華書局，1997 年 5 月。

從祭祀類型談東周的祭祖齋戒日程 [1]

鄭雯馨

國立政治大學中國文學系

一、前言

　　祭祀，向為古之大事。祭祀前，進行齋戒，淨化身心，乃「交於神明」。[2] 宗廟常祀的齋戒，分為二階段：散齋七日、致齋三日，又稱戒、宿。如《禮記·禮器》說：「三月繫，七日戒，三日宿，慎之至也」。[3] 鄭玄注：

> 戒，謂散齋。宿，致齋也。（《禮記》，鄭注，卷 24，頁 467）

〈坊記〉也說：「七日戒，三日齊」[4]，散齋七日稱「戒」，致齋三日稱「宿」。然則齋戒日程何以稱為戒宿？

1　本文寫作期間承中央研究院計畫補助經費，投稿至《政大中文學報》，渥蒙匿名審查者提供寶貴建議，使本文減少缺失，謹此一併申謝。

2　《禮記·祭統》，卷 49，頁 832。按：本文所引《十三經注疏》，皆據〔清〕阮元審定，盧宣旬校：《重刊宋本十三經注疏》（臺北：藝文印書館，1955 年），為兼顧版面簡潔與清晰說明，《十三經注疏》的引文將以「《書名·篇名》，卷次，頁碼」表示經文；以「《書名·篇名》，注者或疏者，卷次，頁碼」表示注者或疏者的解釋，並附於引文後。

3　《禮記·禮器》，卷 24，頁 467。

4　《禮記·坊記》，卷 51，頁 869。

根據甲骨文，戒字為雙手持戈警戒之狀，[5]《說文解字》釋為「戒，警也。持戈以戒不虞」，[6] 以人持戈表示處於警戒狀態，慎防不測，以免除憂患。因而復有戒除、禁止之意，如《論語·季氏》：「少之時，血氣未定，戒之在色。」[7] 布達警戒、注意事項，則為告誡、告知等義，如《儀禮·士冠禮》：「主人戒賓。」[8] 據甲骨文，宿字象人睡在室內席子上，《說文解字》釋為：「宿，止也。」[9] 住宿停留之意，引申為隔夜的，如《毛傳》：「一宿曰宿，再宿曰信。」[10] 住宿停留，使人得到較長的休息時間，因而宿字又有長久之義，如宿艾、宿舊等。

從禮儀實踐觀之，戒為布達注意事項使人防備，當再次宣導戒命，使戒命長久地停留在人心，使人奉行，亦可稱「宿」。此為戒、宿的基本相對關係。在宗廟常祀，除了上述的告知宣導外，齋戒亦為戒宿的事項之一，故時以戒宿指稱散齋、致齋的日程及其活動。據《禮記·祭義》「散齊七日以定之，致齊三日以齊之」，先七日散齋、後三日致齋。七日散齋，「不御」、不聆聽音樂、不弔喪，旨在收攝徵逐聲色享受的欲望，減少情緒起伏以安定身心。[11] 是而「戒」之所以為散齋七日，係指謹慎地齊一心志，「防其邪物」，收攝欲望等事。而「宿」為致齋三日，取其「止」義，《禮記·祭統》說：

> 不齊，則於物無防也，嗜欲無止也。及其將齊也，防其邪物，訖其嗜欲，耳不聽樂，故〈記〉曰：「齊者不樂。」言不敢散其志也。心不苟慮，必依於道；手足不苟動，必依於禮。（《禮記》，卷 49，頁 831-832）

---

5 許進雄：《簡明中國文字學》（臺北：學海出版社，2000 年），頁 234。
6 〔漢〕許慎著，〔清〕段玉裁：《說文解字注》（臺北：洪葉文化，1998 年），篇 3 上，頁 105。
7 《論語·季氏》，卷 16，頁 149。
8 《儀禮·士冠禮》，卷 1，頁 6。
9 同上註，篇 7 下，頁 344。
10 《毛詩詁訓傳·周頌·有客》，卷 19，頁 737。
11 《禮記·祭統》，卷 49，頁 831-832。

祭祀者身心「訖其嗜欲」，而思先人之笑語、居處、志意等，停止日常雜務而「晝夜居於內」，「專致其精明之德」，默想受祭者的形象，使自己進入「祭如在」的情境，「見其所為齊者」，宛如真實的臨在感，和神明感應溝通，以「交於神明」。[12] 是以就齋戒而言，戒宿可包含告知齋戒日程、齋戒注意事項等義涵，內涵相當豐富。

目前所見，唐人賈公彥最早整合各階層戒宿日程，然清人從違不一。賈氏說：

> 但天子、諸侯，前期十日卜得吉日，則戒諸官散齊。至前祭三日，卜尸得吉，又戒宿諸官，使之致齊。士卑不嫌，故得與人君同三日筮尸，但下人君，不得散齊七日耳。大夫尊，不敢與人君同，直散齊九日，前祭一日筮尸，并宿諸官致齊也。（《儀禮》，賈疏，卷 47，頁 559）

宗廟常祀的日期由卜筮決定，一旦決定祭日，執禮者將進行齋戒，成為連續性的禮儀流程。在此認知下，賈氏認為各階層的齋戒禮有所不同：其一，天子、諸侯前期十日，卜得吉日，戒諸官散齋七日；祭前三日，卜問尸的人選得吉，致齋三日。其二，士禮無戒、不行七日散齋，而行三日致齋，故在祭前三日筮尸。其三，大夫禮介於士與國君（諸侯）之間，行散齋九日；前祭一日，筮問尸的人選，得吉，致齋一日。[13] 準此，階級為決定戒宿日程的關鍵。若然，《禮記‧禮器》所言的「七日戒，三日宿」僅適用於天子、諸侯，大夫、士不行此禮。清人胡培翬沿賈氏舊說，而黃以周、孫詒讓等提出上下通行十日齋戒，遂為禮學爭議之一（詳下文）。

12　林素英師：《古代祭禮中之政教觀——以《禮記》成書前為論》（臺北：文津出版社，1997 年），頁 212-215。

13　韓碧琴認為「大夫下人君」所指為筮尸，而非賈公彥所言的齋戒日程，並據《儀禮正義》、《禮經釋例》，認為散齋七日，致齋三日，乃禮之通例。其說甚是。本文謹據韓說進而分梳日程問題。見韓碧琴：〈《儀禮》〈少牢饋食禮〉、〈特牲饋食禮〉儀節之比較研究〉，《國立中興大學臺中夜間部學報》第 3 期（1997 年 11 月），頁 10。

　　清人的爭議尚未解決，近年出土戰國中晚期江陵望山楚簡使齋戒日程的討論更為豐富。望山一號墓主悼固為楚悼王的曾孫，身分相當於下大夫或士，[14] 墓簡上記載：

> ……歸玉簡大王。己巳內齋。……（簡 106）
> ……祭廄，甲戌。己巳內齋。……（簡 137）
> ……己巳。甲子之日內齋。……（簡 155）
> 辛未之日野齋。……（簡 156）[15]
> ……君，戠牛。己未之日卜。庚申內齋。（簡 132）[16]

出現內齋、野齋等詞，為傳世文獻所未見。

　　整理者以為：

> 疑野指城外，內指所居宮室。[17]

野、內指相對的齋戒空間。而商承祚從「散齊於外，致齊於內」，齊戒地點內外有別的空間觀點，提出「內齋」為致齋，「野齋」為散齋。[18]

　　于成龍比較新蔡和望山竹簡說：

14　湖北省文物考古研究所：《江陵望山沙塚楚墓》（北京：文物出版社，1996 年），頁 211-214。

15　上述四條簡文，見同上註，頁 243、244、245。按：本文所引望山楚簡皆據《江陵望山沙塚楚墓》，除必要的討論外，不重複出注，俾使行文簡潔。

16　舒之梅、劉信芳將簡 90 與簡 132 拼接為「乙丑之日賽禱先君，戠牛。己未之日卜。庚申內齋」。見舒之梅、劉信芳：〈望山一號墓竹簡校讀記〉，收於曾憲通主編：《饒宗頤學術研討會論文集》（香港：翰墨軒，1997 年），頁 54-55。惟此段拼合因簡文寬度、缺口等面向考量，學界仍有異議，因而下文擬就較無爭議的簡 132 進行討論。

17　湖北省文物考古研究所、北京大學中文系編：《望山楚簡》（北京：中華書局，1995 年），頁 99。

18　商承祚：《戰國楚竹簡匯編》（濟南：齊魯書社，1995 年），頁 234-235。從商說者，如徐文武：《楚國宗教概論》（武漢：武漢出版社，2001 年），頁 45。劉信芳：《楚系簡帛釋例》（合肥：安徽大學出版社，2011 年），頁 266-267。

一、楚人祭禱齋戒始於卜日之次日；二、齋戒日數為祭前 5 日。此與三禮所記不同。《周禮·天官·大宰》曰：「前期十日，帥執事而卜日，遂戒。」又《儀禮·少牢饋食禮》：「筮旬有一日。」可知周人卜日即齋，為祭前 10 日。《周禮》是王禮，《儀禮·少牢饋食禮》，據鄭注是諸侯卿大夫之禮，故知齋戒十日通於周人尊卑上下。上揭楚簡（按：望山簡132、137，與新蔡簡 134 ＋ 108）……所出墓葬的等級分別是士與封君。是楚人齋戒 5 日也尊卑相同。楚人始行齋戒之日及日數與周人有異，此是楚人變禮抑或是祈禱有別於正祭不可考。然而在祭前行「卜日」及「齋戒」兩事，與周人相同。[19]

于氏認為楚人祭祀禮俗存在卜日→齋戒→祭禱的先後順序，此同於周人；楚簡上齋戒始於卜日次日、齋戒五日，則與周人不同，箇中差異可能來自地域或祭祀類型，原因「不可考」。其後，賈海生從類型觀點指出常祀齋戒十日，禱疾亦行齋戒，「只不過是否散齋七日、致齋三日則不得而知」。[20]

關於「野」齋、「內」齋的界定，邴尚白以為似與「是須居於內室的區別有關」，並以為楚簡上內齋五日可能有禮俗依據或反映楚國習俗。同時邴氏指出楚人習慣將齋戒（至少是「內齋」）記在祭禱紀錄的最後，如簡 137 的「甲戌」為祭禱日期，「己巳內齋」在甲戌前五日；簡 155 的「己巳」也是祭禱日，在五日前的「甲子之日」行內齋，此為時人熟悉的禮俗。[21]

針對于成龍之說，楊華指出歷代對祭祀進程存在二種看法：第一，自天子至於士，各級貴族採用的日期皆同，吳廷華、胡培翬等持此說。第二，天子、諸侯、大夫和士各級貴級採用的日期不同。楊氏據賈疏，列表如下：[22]

---

19 于成龍：《楚禮新證——楚簡中的紀時、卜筮與祭禱》（北京：北京大學考古文博學院博士論文，2004 年），頁 70。

20 賈海生：〈禱疾儀式的主要儀節〉，收於賈海生：《周代禮樂文明實證》（北京：中華書局，2010 年），頁 272。

21 上述詳參邴尚白：《葛陵楚簡研究》（臺北：國立臺灣大學出版中心，2009 年），頁 249-250。

22 上述詳參楊華：《古禮新研》（北京：商務印書館，2012 年），頁 157-158。

表一：楊華先生整理之各級貴族祭祀進程

	前十一日	前十日	前三日	前一日	祭日
天子	筮祭日	散齋七日	筮尸、致齋三日		祭
諸侯	筮祭日	散齋七日	筮尸、致齋三日		祭
大夫	筮祭日	散齋九日		筮尸、致齋	祭
士	筮尸、致齋				祭

　　楊氏認為楚簡內容「又與以上任何一個等級的貴族之禮皆不相符」，難以理解，遂據《禮記・祭統》「君致齊於外，夫人致齊於內」，語帶保留地說：

　　　　若將野齋理解為男子之致齋，內齋理解為女子之致齋，也不失為一種解釋。但還有待於更多的出土材料來印證。[23]

此說為理解野齋、內齋提供另一種觀點。

　　晏昌貴說：

　　　　望山簡 137、155、106 以及葛陵簡均將齋事寫在禱事之後，從時間上看，乙丑—己未、甲戌—己巳、己巳—甲子、乙亥—庚午，其間隔均為 56 天，……這恐怕不是偶然的。齋日與禱日相隔的時間如此之久，則「齋」恐非祭禱前的準備活動。[24]

晏氏視齋為療病之法，行於禱祠之後，復舉《儀禮・既夕禮・記》「有疾，疾者齊，養者皆齊」、《墨子・天志》「天子有疾病禍祟，必齋戒沐浴……以祭祀天鬼」、馬王堆帛書《五十二病方》，以及道教文獻為證。

　　據上可知，楚簡的齋戒涉及空間、時間等向度，就本文所關注的齋戒日

23　同上註，頁 159。

24　晏昌貴：《巫鬼與淫祀：楚簡所見方術宗教考》（武漢：武漢大學出版社，2010 年），頁 239。

程而言，前人研究成果揭示出下列面向：其一，楚與周人（中原）的地域區別。其二，正祭與祈禱／變禮之類型觀點。其三，性別觀點。其四，醫療的養疾之法。以地域區別來説，傳世文獻記載晉、秦、趙、齊等國皆行非十日之齋（詳下文），因而地域的可能性不高。就性別而言，若野齋、內齋分屬男、女之致齋，則望山簡 154「……日所可以齋。……」，未冠以「內」、「野」的齋戒，將由何人施行？且古代社會以男性為主要行禮者，望山簡的內齋多於野齋之意義為何？因而性別似未能解決此問題。從醫療養疾來説，端正情性、安養心神的齋戒，誠可為療病法之一。然何以《儀禮》中「健康的」養者亦齋，而《墨子》所載的齋戒乃行於祭前，而非祭祀之後。因而本文擬從祭祀類型的觀點，並採邴尚白「楚人慣將齋戒日期記載於祭禱之後」説，觀察望山、包山、葛陵等楚簡的齋戒日程。

就祭祀祖先而言，可分為常祀、因祭兩類。「常祀」為具有固定時間、儀節流程的祭祀，如月祭、時享；「因祭」係指因應特殊事件而舉行的祭祀，如戰爭、出行、疾病等。[25]「禱」屬於因祭。禱為第一次的祈福祭，祠為遂願後的回報之祭，或稱賽禱；二者泛稱為禱祠。[26] 戰國時期，楚地九店 56 號墓〈日書〉簡 26 有「禱祠」，簡 41 又有「祭祀、禱祠」，[27]「祭祀」係指常祀，「禱祠」為因祭。[28] 此可對應《禮記·曲禮上》：「禱祠、祭祀，供給鬼神，非禮不誠不莊」[29]，以及《戰國策·趙策二》「張儀為秦連橫説趙王」章，趙王曰「寡人年少，奉祠、祭之日淺」。[30] 可知楚簡與《禮記》、《戰國策》所載的祭祀類型相

25　林素英師：《古代祭禮中之政教觀——以《禮記》成書前為論》，頁 175-205。

26　如《周禮·春官·喪祝》：「掌勝國邑之社稷之祝號，以祭祀、禱祠焉。」賈公彥解釋説：「祭祀謂春秋正祭，禱祠謂國有故祈請。求福曰禱，得福報賽曰祠。」（《周禮·春官·喪祝》，賈疏，卷 26，頁 397-398）。

27　邴尚白：《楚國卜筮祭禱簡研究》（新北：花木蘭文化，2012 年），頁 5。

28　陳偉：「祭祀為常規之祭，禱祠係非常之事，乃是兩個相關而又彼此有別的概念。」見陳偉：〈楚人禱祠記錄中的人鬼系統以及相關問題〉，收入陳昭容主編：《古文字與古代史》第 1 輯（臺北：中央研究院歷史語言研究所，2007 年），頁 365。

29　《禮記·曲禮上》，卷 1，頁 14-15。

30　〔漢〕劉向集錄：《戰國策》（臺北：里仁書局，1982 年）。

同，常祀、因祭之別亦適用於楚國。是以傳世三《禮》的宗廟常祀與楚簡的禱祠，當可從常祀、因祭加以理解。

以常祀、因祭的類型討論齋戒日程，時或面臨資料不足的限制。目前所見的古代典籍並非以祭祖為主題而彙整集結，且古人「常事不書」，[31] 許多日常祭祀不一定加記錄，因而本研究執着於定量分析的意義較小。此外，李亦園指出中國祭祖禮的儀式説：

> 儀式行為或日常生活上並不一定把所有存在於理念層次的各種原則都表達出來，只有在特殊的情況下，不同的原則才視環境的需要而被強調以作為調適的方法。[32]

當遭遇外在的刺激，特殊或不同的原則方有機會浮現，祭祖儀式的特殊表現乃至潛藏的禮意結構如吉光片羽般珍貴。一旦出現時，不宜以數據分析的概念視為孤證或摒棄，而當從意義的層面嘗試探討其作用與價值。

為了較為完整地探討齋戒日程的議題，本文擬先釐清三《禮》各階級宗廟常祀的戒宿日程，並從因祭的角度觀察楚簡禱祠的齋戒日數，及其與常祀的異同。文中第二、三、四節，探討天子、諸侯、士、大夫宗廟常祀的齋戒日程。由於大夫常祀齋戒為歷代爭議所在，故置於士之後討論，便於對照比較，俾使論述周延。第五節，從因祭的角度探討楚簡齋戒日程。最後，綜合討論常祀、因祭齋戒的異同，嘗試勾勒齋戒面貌。

---

31 《公羊傳》桓公八年：「八年春，正月己卯，烝。烝者何？冬祭也。春曰祠，夏曰礿，秋曰嘗，冬曰烝。常事不書，此何以書？譏。」（《公羊傳》，卷 5，頁 59）桓公十四年：「乙亥，嘗。常事不書，此何以書？譏。」（《公羊傳》，卷 5，頁 65）

32 李亦園：〈中國家族與其儀式：若干觀念的檢討〉，《中央研究院民族學研究所集刊》第 59 期（1985 年 6 月），頁 60。

二、天子諸侯宗廟常祀的戒宿日程

以下分述天子、諸侯宗廟常祀的齋戒日程。

（一）天子

《周禮‧天官‧大宰》載：

> 祀五帝，……前期十日，帥執事而卜日，遂戒。及執事，眂
> 濯。……享先王亦如之。（《周禮》，卷2，頁35-36）

祀五帝時，大宰「掌百官之誓戒」，告知齋戒開始，警敕恭敬於職務，以防
瀆職、失禮。[33] 祀五帝、享先王時，太宰的職務相同，是可知天子祭先王的戒
宿流程。

上文中的「期」，指祭日。「前期十日」，乃以祭祀當日為基準，捨祭祀
當日不計，[34] 逆推十日。「卜日」為占卜祭祀日期之禮。古人以干支計日，《穀
梁傳》哀公元年說：

> 我以十二月下辛，卜正月上辛。如不從，則以正月下辛，卜二月上
> 辛。（《穀梁傳》，卷20，頁199）

捨祭日之「辛」不計，逆推十日，適為行占卜之「辛」，占卜日的天干同於
祭日。至於「戒」，鄭玄說：

---

33 〔清〕孫詒讓：《周禮正義》第1冊（北京：中華書局，2008年），卷4，頁140。
34 詳參〔清〕夏炘：《學禮管釋》，收於藝文印書館編：《續經解三禮類彙編》第1冊（臺
　　北：藝文印書館，1986年），頁302，「釋前期三日」條。黃以周：《禮書通故》第2
　　冊（北京：中華書局，2010年），頁779。

　　　既卜，又戒百官以始齊。(《周禮》，鄭注，卷 2，頁 35)

　　　戒之日，卜之日也。(《周禮》，鄭注，卷 34，頁 518)

鄭玄認為卜、戒同日舉行，卜得祭日後，告誡百官準備開始齋戒。

　　賈公彥的計日法，則略有不同。《周禮・天官・大宰》：「前期十日，帥執事而卜日，遂戒。」賈氏說：

　　　「前期」者，謂祭日前夕「為期」。云「前期十日」者，即是祭前十一日，大宰帥宗伯、大卜之屬、執事之人而卜日。又言「遂戒」者，謂祭前十日，遂戒百官始齊。凡祭祀，謂於祭前之夕為期，今言「前期十日」者，明祭前十一日卜，卜之後日遂戒，使散齋、致齋。(《周禮》，賈疏，卷 2，頁 35)

賈氏計算日期的基準分別為「前期」、「祭前」二種：「前期」指祭祀前一天傍晚，天子與百官確認祭祀時間的「為期」禮；「祭前」乃以祭祀當日為基準計算日期。所謂「前期十日」，是從為期禮當日逆數十天（含當日計），而此則相當於祭祀當日前十一天，故云「祭前十一日」。「卜之後日遂戒」，可知戒施行於卜日禮之次日，即祭前十日。

　　比較鄭、賈之說：第一，鄭玄的「期」指祭祀當日，「期前」的數法不計該日。賈氏的「期」指「為期」禮，合計該日。惟據《儀禮》經文，廟祭中的「前期十日」、「前期三日」、「為期」的「期」字，皆指「祭祀當日」，而非「為期」之日，且計日時不列入祭日。是從鄭玄所言。第二，相較於鄭玄卜、戒同日，賈公彥指出「祭前十一日」卜日，「祭前十日」戒百官始齊，認為卜、戒異日。二人對齋戒的歧見連帶地影響「宿」的施行，詳下文詳論。

　　《周禮・春官・大史》明確地指出進行重要祭祀時，「戒及宿之日，與群執事讀禮書而協事」，戒為散齋七日，宿為致齋三日，大史在散齋首日、致

齋首日，與群執事讀禮書、確認流程與事宜，俾使禮儀和諧。[35] 是知天子行十日齋戒。

　　相較於男子齋戒，《周禮·春官·世婦》載世婦「豫告」女宮齋戒。[36] 賈公彥細述：

> 此亦祭前十日戒之，使齊。祭前三日，又宿之，故宿、戒並言。（《周禮》，賈疏，卷 21，頁 329）

可知婦人齋戒與男子同。綜上所述，卜、戒之日雖存有異説，但天子廟祭齋戒的流程皆為：卜日（前期十日）→戒→宿→祭祀當日。茲以丁日祭為例，整理如下表：

表二：鄭注、賈疏的天子廟祭進程比較

天干日	祭祖日程	天子廟祭的進程（鄭玄）	天子廟祭的進程（賈公彥）
丁		卜日、戒	卜日
戊			戒
己			
庚			
辛			
壬			
癸			
甲		宿	
乙			宿
丙		為期	為期
丁	祭日	祭祀	祭祀

---

35 《周禮·春官·大史》，賈疏，卷 26，頁 402。
36 《周禮·春官·世婦》，鄭注，卷 21，頁 329。

（二）諸侯

關於諸侯的齋戒，[37]《禮記・祭統》說：

> 是故先期旬有一日，宮宰宿夫人。夫人亦散齊七日，致齊三日。
> （《禮記》，卷 49，頁 832）

以丁日祭祀為例，「先期旬有一日」指在前旬的丁日占卜可否，若不計祭祀當日，則占卜與祭日的關係為「前期十日」；若包含祭祀當日計算，則為「旬又一日」。[38]「宮宰宿夫人」的「宿」，鄭玄說：

> 宿，讀為「肅」。肅，猶戒也。戒輕肅重也。（《禮記》，鄭注，卷49，頁 832）

此宮宰之「肅」為恭敬地告知夫人。而「夫人亦散齊七日，致齊三日」的「亦」，乃相對於「君」，可知諸侯及其夫人皆行十日齋戒。

三、士宗廟常祀的戒宿日程

由於大夫少牢饋食禮戒宿日程為歷代爭議所在，因而本文先說明士的宗廟常祀，並據此對照下文的大夫禮。

依《儀禮・特牲饋食禮》經文，士人廟祭與戒宿的相關流程如下：筮日→（戒尸？）→筮尸（前期三日）→宿尸→宿賓→視濯、視牲、為期（前期一日）→祭祀當日。由於經文簡要，筮日禮、宿尸與宿賓的時間，乃至戒尸

37　清人孫希旦據禮文視此為諸侯禮，見〔清〕孫希旦：《禮記集解》（北京：中華書局，1998 年），卷 47，頁 1240。

38　〔清〕孫詒讓：《周禮正義》第 1 冊，卷 4，頁 143。

之有無等較不明確，下文將逐一討論，以彰顯戒宿禮儀的細節。

首先為筮日禮。經由占筮擇定祭日，謂之筮日。〈特牲饋食禮〉說：「若不吉，則筮遠日，如初儀」，[39] 未言具體日期。依《禮記·曲禮》，卜筮擇定吉日，在十日外舉行禮儀（不計卜筮日）稱「遠某日」，十日內舉行則稱「近某日」。[40] 是則〈特牲饋食禮〉云「若不吉，則筮遠日」，則士行占筮之日，當為前期十日的「近某日」。

第二，戒尸之有無。在宗廟常祀中，尸為受祭者的孫輩，[41]「戒尸」乃告知所有可為尸的對象，即受祭者之諸孫，準備齋戒與祭祀相關事宜。由於〈特牲饋食禮〉未載戒尸儀節，賈公彥以為士人得上同國君「三日前筮尸」，復「下人君」不得七日散齋，即士無「戒」之儀節。[42] 然〈士冠禮〉賈疏復云：

> 無戒而直有宿者，〈特牲〉文不具，其實亦有戒也。（《儀禮》，賈疏，卷 1，頁 7）

二說自相矛盾。今據《禮記》〈坊記〉與〈禮器〉的齋戒流程、《儀禮》經文「宿者必先戒」之例，[43]〈特牲饋食禮〉有「宿尸」，則當行戒尸，屬「文不具」，[44] 故上宗廟常祀當戒尸。

第三，筮尸與宿尸。〈特牲饋食禮〉載：

> 前期三日之朝，筮尸，如求日之儀。（《儀禮》，卷 44，頁 520）

39 《儀禮·特牲饋食禮》，卷 44，頁 520。
40 《禮記·曲禮》，卷 3，頁 59。
41 《儀禮·特牲饋食禮》，鄭注，卷 44，頁 520。
42 《儀禮·少牢饋食禮》，賈疏，卷 47，頁 559。
43 《儀禮·士冠禮》，鄭注，卷 1，頁 7。
44 〔清〕胡培翬：《儀禮正義》第 3 冊（南京：江蘇古籍出版社，1993 年），卷 34，頁 2092。

參〈士冠禮〉鄭注「前期三日，空二日也」，[45] 捨祭日不計，逆推三日是為「前期三日」。鄭玄解釋祭前三日筮尸的原因說：

> 三日者，容宿賓、視濯也。（《儀禮》，鄭注，卷 44，頁 520）

祭前三日舉行筮尸，是為了施行後續的宿賓、視濯，俾使禮儀從容有節。另一方面，「筮尸」是從眾多可為尸的諸孫之中，透過占筮擇定由哪一人為尸。然後主人親自前往告知該人擔任尸者，是為「宿尸」。由於主人是受祭者之子，而尸者是孫輩，身為尊者的主人親往通知卑者，深表誠敬之意。

為檢視鄭說的禮儀進程，謹對照〈特牲饋食禮〉經文：

> 前期三日之朝，筮尸，如求日之儀。……乃宿尸。主人立于尸外門外，子姓兄弟立于主人之後，北面東上。……宿賓。賓如主人服，出門左，西面再拜。……厥明夕，陳鼎于門外，北面北上（按：主人視濯視牲）。……請期，曰：「羹飪。」告事畢。賓出，主人拜送。夙興，主人服如初，立于門外東方，南面視側殺（按：祭祀當日）。（《儀禮》，卷 44，頁 520-523）

由於「乃」為緩辭，[46] 無法確知宿尸、宿賓的日期係為前期三日，還是前期二日。同時，經文的「前期三日」是相對於祭日，屬逆推（數往日）；而「厥明夕」、「夙興」則是順數（數來日），綜合不同的計日方式，易致混淆。因而本文擬從較為明確的「前期三日」筮尸、「厥明夕」的視濯視牲與請期、「夙興」視殺舉祭等時間點談起，以辨別行禮日程。

首先，「厥明夕」、「夙興」二者時序相連，顯示為前後相連的二日。「夙

---

45 《儀禮·士冠禮》，鄭注，卷 1，頁 7。
46 《儀禮·特牲饋食禮》，賈疏，卷 44，頁 521。

興」為祭祀當日，那麼「厥明夕」當為祭祀前一日，即主人於前期一日行審視器物是否潔淨、豕牲是否豐肥健康的視濯視牲禮，繼而「請期」，與宗族、賓客確認祭祀時間。

其次，士、大夫之祖先常祀中，主人有司將擔任三獻之賓，[47]因而主人亦須在祭前確定由何人擔任「賓」並告知，謂之「宿賓」。〈特牲饋食禮〉經文的「宿賓」下接「厥明夕」，可知「宿賓」與「厥明夕」諸儀並非同日，而是前後相連的二日。「厥明夕」是前期一日，那麼宿賓當行於前期二日。

其三，前期三日筮尸畢，行宿尸；前期二日，行宿賓。那麼宿尸是在前期三日舉行，還是在前期二日？參考階級、禮儀進程相同的〈士冠禮〉，[48]鄭玄解釋宿賓、宿贊者說：[49]

宿之，以筮賓之明日。(《儀禮》，鄭注，卷1，頁7)

筮、宿異日，或因有數位可為加冠之賓者，占筮不必然一次就得到吉兆，須要預留一些時間。同樣地，在廟祭中，從諸位為可尸者占筮出一位得吉兆者，可能也須相當時間，故於筮尸之明日，行宿尸。

---

47 《儀禮·特牲饋食禮》經文載主人宿賓之辭：「某薦歲事，吾子將涖之，敢宿。」鄭玄注：「言吾子將臨之，知賓在有司中。今特肅之，尊賓耳。」(《儀禮》，鄭注，卷44，頁521)。「有司，士之屬吏也。」(《儀禮》，鄭注，卷44，頁520)。〈少牢饋食禮〉的賓，「純臣也」(《儀禮》，鄭注，卷50，頁596)。《禮記·禮運》「仲尼與於蜡賓」，孔穎達解釋說：「以祭祀欲以賓客為榮，故雖臣亦稱『賓』也。」(《禮記》，孔穎達正義，卷21，頁412)

48 冠禮行告廟儀式，參林素英師：《古代祭禮中之政教觀——以《禮記》成書前為論》，頁183-184。先秦到東漢期間，繼嗣禮舉行齋戒，參張明嫏：《先秦齋戒禮研究》(臺北：國立臺灣大學中國文學系博士論文，2010年)，頁85-92。

49 賈公彥從「乃」字的語法說明筮尸與宿尸異日，復因經文無「厥明」之文區隔宿尸與宿賓，認為二者同日(《儀禮》，賈疏，卷44，頁521)。惟「乃」字語法實見仁見智，故參鄭注〈士冠禮〉。承鄭說，清人褚寅亮、胡培翬具體論述〈特牲饋食禮〉日程，如胡氏引褚氏之言後，復云：「下文夙興，主人視側殺，是祭日也。又厥明夕，視濯、視牲，是祭前一日也。宿尸宿賓在『厥明夕』之前，是祭前二日也。」見〔清〕胡培翬：《儀禮正義》第3冊，卷34，頁2090。

　　總結上述，謹整理禮儀流程如下：筮日、戒尸（前期十日）→筮尸（前期三日）→宿尸、宿賓（前期二日）→視濯視牲、為期（前期一日）→祭祀當日。可知士之宗廟常祀，戒、宿兩有，至於具體的日程，詳下文。

四、大夫宗廟常祀的戒宿日程

　　根據《儀禮》經文，少牢饋食禮的流程如下：筮日（前期十日）、戒諸官→宿戒尸（前期二日）→筮尸、宿尸、為期（前期一日）→祭祀。由於大夫廟祭齋戒為歷代爭議所在，下文將歷時性地說明鄭玄、賈公彥及清人對經文的見解與爭議，以見觀點之遞嬗。

　　首先，筮日與戒。〈少牢饋食禮〉說：

> 　　筮旬有一日。……吉則史韇筮。……乃官戒，宗人命滌，宰命為酒，乃退。（《儀禮》，卷47，頁557-558）

筮日禮畢，告戒諸官備辦事宜，並進行齋戒。[50]

　　其次，宿尸。〈少牢饋食禮〉載：

> 　　宿。前宿一日，宿戒尸。明日朝筮尸，如筮日之禮。……吉則乃遂宿尸。既宿尸，反為期于廟門之外。……明日主人朝服即位于廟門之外，東方南面。（《儀禮》，卷47，頁558-560）

第一個「宿」字的意思，鄭玄說：

> 　　宿，讀為肅。肅，進也。筮日既戒諸官以齋戒矣，至祭前一日，又

　　戒以進之，使知祭日當來。（《儀禮》，鄭注，卷 47，頁 558）

該「宿」字為主人告戒「諸官」提醒祭日當來。經文的「前宿一日，宿戒尸」，
鄭玄說：

　　　　皆肅諸官之日。又先肅尸者，重所用為尸者，又為將筮。（《儀
　　禮》，鄭注，卷 47，頁 559）

「前宿一日，宿戒尸」，在宿前一日（即祭前二日），提醒可為尸者隔日將進
行筮尸。經文「吉則乃遂宿尸」，是指祭前一日，行筮尸之禮，得吉則宿尸。
換言之，鄭玄認為經文「前宿一日，宿戒尸」為插敘，故置於「宿」、「明日
朝筮尸……宿尸」之間。按照儀節先後，當為：宿戒（祭前二日）→筮尸、
宿尸、宿諸官（祭前一日）→祭祀當日。為使脈絡清楚，以「丁」日祭祀為
例，整理士、大夫祭禮的日程為：

表三：鄭玄《儀禮注》的特牲饋食禮與少牢饋食禮進程

天干日　＼　諸儀節	特牲饋食禮進程	少牢饋食禮進程
丁（前期十日）	筮日、戒尸	筮日、戒諸官
戊		
己		
庚		
辛		
壬		
癸		
甲（前期三日）	筮尸	
乙	宿尸、宿賓	宿戒尸
丙	視濯視牲、請期	筮尸、宿尸、為期
丁（祭日）	祭祀	視殺視濯、陳具、祭祀

　　鄭玄比較士與大夫禮的差異為：其一，士禮祭前三日筮尸，大夫祭前一日筮尸，源於「大夫下人君」。其二，士在祭前一日視濯，而大夫在祭祀當天視濯，「與士異」。[51] 二者透露出尊卑影響禮數之意。

　　在此脈絡下，賈公彥遂云：

> 　　大夫尊，不敢與人君同，直散齋九日，前祭一日筮尸，并宿諸官致齋也。（《儀禮》，賈疏，卷 47，頁 559）

賈氏一方面指出「齋戒」日數反映身分尊卑，如大夫下人君，故散齋九日，致齋一日。另一方面，「前祭一日筮尸，并宿諸官致齋也」，筮尸與宿諸官，不僅在流程上有先後關係，且具有確定進入致齋日程的作用。宋代學者李如圭、清人任啟運、胡培翬均從賈說。[52] 另有部分學者意識到賈說未能契合《禮記》的「七日戒，三日宿」，因而重新解釋，如盛世佐、黃以周、孫詒讓等。遵從賈說者，下文不重複說明；異於賈說者，謹列舉觀點鮮明者加以論述，繼而覆覈〈少牢饋食禮〉經文。

（一）推演「宿戒」日期諸說

　　部分學者從經文的「宿戒」一詞着眼，重新探討日程。如盛世佐基於《禮記》「七日戒、三日宿」，認為「宿」既有三日，而宿戒在宿的前一天，那麼宿戒應在祭祀前四天，並說：

51　上述詳參《儀禮・少牢饋食禮》，鄭注，卷 47，頁 559。

52　〔宋〕李如圭：《儀禮集釋》（臺北：大通書局，1970 年），卷 28，頁 2300。〔清〕任啟運：《禮記章句》，收於《四庫全書存目叢書》編纂委員會編纂：《四庫全書存目叢書》第 103 冊（臺南：莊嚴文化，1997 年），卷 8，頁 188。〔清〕胡培翬：《儀禮正義》第 3 冊，卷 37，頁 2239-2240。按：胡氏亦略見矛盾，其云：「除去祭日，則止十日，故筮日即使之齋，乃得散齋七日，致齋三日也。」〔清〕胡培翬：《儀禮正義》第 3 冊，卷 37，頁 2238。

> 前祭四日，廣戒凡可為尸者，而後筮之。筮得吉，又宿之，皆異於士禮者也。宿戒，猶豫戒也。[53]

盛氏指出祭前四天，先行告戒可為尸者，其後在祭前三天，筮尸、宿尸，使行齋戒。宿戒為「豫戒」，取事先告知之意，異於與齋戒相關的宿尸。又如秦蕙田認為「宿戒」在祭祀前三天，賈公彥、盛世佐「俱非」。[54] 由於盛世佐祭前四日說、秦蕙田祭前三日說，不符《儀禮》經文的祭前二日，因而本文未從其說。

清人黃以周指出：

> 自天子至于士，筮日在祭前十日，所以容散齋、致齋之期也。……祭前之宿，有一日二日之別，非致齋之名。賈《疏》士無散齋，固謬；大夫九日散齋，一日致齋，尤為杜撰。
>
> 宿非散齋、致齋之名，齋在筮日，〈坊記〉云「七日戒，三日齋」，筮在旬有一日，足容其七日戒、三日齋之期，故注曰「筮日既戒諸官以齋戒矣」，且以明宿為肅而進之，非致齋之名，故大夫宿可在前一日也。……宿與齋渾言通，析言別。《記》曰「七日戒，三日宿」，宿訓申戒，鄭注亦以致齋言之。〈少牢〉之宿與齋有別，故鄭注特訓為「進」。[55]

黃氏之言要點有二：其一，天子至於士通行十日齋戒，齋戒之日始於筮日當天，結束於祭前一日。其次，黃氏以「渾言通、析言別」解釋宿與齋的關係。析言有別，如〈少牢饋食禮〉祭前一日「宿尸」，「宿」為「肅」，即「進」、邀請前來之意，非致齋之名。就「渾言通」來說，《禮記》「七日戒，三日宿」

---

53 〔清〕盛世佐：《儀禮集編》，收於〔清〕紀昀、永瑢等編：《景印文淵閣四庫全書》第 111 冊（臺北：臺灣商務印書館，1983 年），卷 37，頁 589。

54 〔清〕秦蕙田：《五禮通考》（桃園：聖環圖書，1994 年），卷 110，頁 3 上、4 下 -5 上。

55 〔清〕黃以周：《禮書通故》第 2 冊，頁 776、778-779。

的「宿」，為再次告知並提醒致齋。

孫詒讓則提出更為周延的見解：上下通行「七日戒、三日宿」，廟祭的階級差異表現在其他細節，而非齋戒日程。據鄭注《周禮・秋官・大司寇》「戒之日，卜之日也」，孫氏認為「誓戒與卜同日」，即筮日當天，行戒尸、戒百官之事，同時也是散齋的始日。十日齋戒的情形為：

> 若祭日用己，則先一旬之己日始散齋，至乙日，散齋期滿。次丙日始致齋，至戊日致齋期滿，即祭前一日，是二齋適盡十日也。[56]

可知孫氏承襲黃以周「齋在筮日」之說。至於戒、宿的意思，據《禮記・祭統》：「是故先期旬有一日，宮宰宿夫人。夫人亦散齋七日，致齋三日。」鄭注「宿讀為肅，肅猶戒也，戒輕肅重也」，孫詒讓說：

> 彼「宿」在先期旬有一日，即是散齋之戒而謂之宿。〈少牢饋食禮〉「前宿一日，宿戒尸」，彼宿戒亦止一事，則宿、戒義得通也。[57]

孫氏認為宿、戒二字意思相通，試圖消弭戒、宿、宿戒的爭議。

黃、孫二位學者明確地指出上下通行十日齋戒，為後人思考齋戒日程，提供重要觀點。而二者意識到戒、宿字義在禮儀情境中有渾言析言、宿戒義得通等不同表現，也有助於後續辨析。

（二）〈少牢饋食禮〉「宿」、「宿戒」覆覈

綜觀齋戒爭議皆源自〈少牢饋食禮〉的解讀，因而本文擬重新審視經文，進而探討齋戒日程，以期推本溯源釐清問題。

56　詳參〔清〕孫詒讓：《周禮正義》第 1 冊，卷 4，頁 141-143；第 11 冊，卷 66，頁 2758。

57　同上註，第 6 冊，卷 41，頁 1686-1687。

1. 經文解讀

〈少牢饋食禮〉説：

> （1）宿。（2）前宿一日，宿戒尸。（3）明日朝筮尸，如筮日之禮。……吉則乃遂宿尸。既宿尸，反為期于廟門之外。……明日主人朝服即位于廟門之外……（《儀禮》，卷 47，頁 558-560。為便於討論，引文中的（1）、（2）、（3）為筆者所加）

鄭玄認為（2）「前宿一日，宿戒尸」是插敍之語，故置於（1）、（3）兩個性質、日期相同的禮儀活動之間。鄭玄所言有理，卻不免周折。對照他篇經文，或許能有不同的想法。

第一，是（1）「宿」字的意思。參照《儀禮·士冠禮》記載筮賓畢：

> 乃宿賓。賓如主人服，出門左，西面，再拜。主人東面答拜，乃宿賓。賓許。主人再拜。（《儀禮》，卷 1，頁 7）

第一個「乃宿賓」，朱子説「言主人往而宿之，以日下事」，[58] 預告即將進行的禮儀。第二個「乃宿賓」，方為主人宿賓之儀。《儀禮·聘禮》載：

> 及期，夕幣。使者朝服，帥眾介夕。……史讀書展幣，宰執書，告備具于君，授使者。使者受書，授上介。公揖入。（《儀禮》，卷 19，頁 227）

---

58 〔宋〕朱熹：《儀禮經傳通解》，收於朱傑人等主編：《朱子全書》第 2 冊（上海：上海古籍出版社；合肥：安徽教育出版社，2002 年），卷 1，頁 47。

出聘前一天的傍晚，使者受幣。「夕幣」二字，為「題下事也」，[59] 實際的禮儀活動為「使者朝服」以下，至「公揖入」。從純粹記載禮儀行為的觀點，「乃宿賓」、「夕幣」等詞當去除，卻咸見於各儀節之間的銜接點，可知編寫者有意提示讀者後續的禮儀節目。〈少牢饋食禮〉的第一個「宿」字，亦當作如是觀。元人敖繼公說：

> 此「宿」當在宿尸之後，言於此者，為下文節也。[60]

該「宿」字相當於標題，預示後續禮儀節目，而非實質進行的禮儀。

第二，「前宿一日，宿戒尸」的「宿戒」界定。根據《儀禮》經文，賈公彥說：「『前宿一日，宿戒尸者』，是前祭二日。」[61]

《儀禮》三篇「記」文皆有「宿戒」之詞，由於〈少牢饋食禮〉正面陳述「前宿一日，宿戒尸」，一日之中，毋須既戒又宿，「宿戒」句讀不宜斷開，故異於〈公食大夫禮·記〉的「不宿，戒」，而同於〈鄉飲酒禮·記〉、〈鄉射禮·記〉的「不宿戒」。[62] 二篇禮儀記載主人戒賓而無「宿」，「記」文云：「不宿戒。」鄭玄注：

> 再戒，為宿戒。禮，將有事，先戒而又宿戒。（《儀禮》，鄭注，卷10，頁103）
> 能者敏於事，不待宿戒而習之。（《儀禮》，鄭注，卷13，頁146）

59　〔元〕敖繼公：《儀禮集說》，收於〔清〕徐乾學等輯：《通志堂經解》第33冊（臺北：大通書局，1969年），卷8，頁19084。

60　同上註，卷16，頁19320。清人劉台拱說同，見〔清〕劉台拱：《經傳小記》，收於《續修四庫全書》編纂委員會編：《續修四庫全書》第173冊（上海：上海古籍出版社，1995年），卷2，頁237。

61　《儀禮·少牢饋食禮》，賈疏，卷47，頁558。

62　《儀禮》〈公食大夫禮·記〉，卷26，頁314；〈鄉飲酒禮·記〉，卷10，頁103；〈鄉射禮·記〉，卷13，頁146。

相對於第一次告知的「戒」,「宿戒」是第二次告知警。〈少牢饋食禮〉經文雖無「戒尸」的記載,但「宿戒尸」是第二次告知,可反推當有戒尸,經書省文而已。

進言之,士、大夫廟祭未載戒尸、戒賓,當與筮日畢即戒有關。〈特牲饋食禮〉筮日時,參與者包含子姓、兄弟、有司群執事,鄭注:

> 所祭者之子孫。言「子姓」者,子之所生。小宗祭而兄弟皆來與焉,宗子祭則族人皆侍。(《儀禮》,鄭注,卷 44,頁 519)

尸為受祭者的孫輩,賓為主人有司,出席筮日禮為常事。筮日畢,告知在場的尸、賓準備用物與齋戒,為標準流程,毋須另書。

綜上所述,〈少牢饋食禮〉説:

> 宿。前宿一日,宿戒尸。明日朝筮尸,如筮日之禮。……吉則乃遂宿尸。(《儀禮》,卷 47,頁 558-559)

第一個「宿」字預示後續的禮儀節目,非實質進行者。「宿戒尸」為再次通知,可反推有「戒」禮。占筮得吉「乃遂宿尸。……既宿尸,反為期于廟門之外……明日主人朝服即位于廟門之外」,可知宿尸、為期二者皆在祭前一日。由於戒宿的具體事項,視禮儀種類、禮儀進程、行禮者身分而調整。[63] 因而「宿戒」告知的內容為邀請或齋戒,及其與宿尸的關係,詳下文討論。

2. 齋戒日程

上述推算齋戒日程者,可分成兩種:一種認為日數反映身分尊卑,如賈公彥、李如圭、胡培翬。另一種以為上下通行十日齊戒,如黃以周、孫詒讓

---

63 詳參〔清〕凌廷堪:《禮經釋例・通例下》(臺北:中央研究院中國文哲研究所,2004 年),卷 2,頁 139。

等。前者，除了與《禮記》矛盾外，也缺乏傳世文獻佐證。而後者之所以圍繞着「宿」、「宿戒」紛紛立説，正是出於《禮記》「七日戒、三日宿」的日程，不符合〈少牢饋食禮〉經文。更具體地説，在於認定「二齊適盡十日也」，[64] 即作足七日、三日的齋戒，而日數算法卻與經文不一。

為便於説明，今以「丁」日行禮為例，整理〈特牲饋食禮〉、〈少牢饋食禮〉的日程如下表：

表四：鄭玄《儀禮注》的特牲饋食禮與少牢饋食禮進程

天干日（日程） ＼ 諸儀節	特牲饋食禮進程	少牢饋食禮進程
丁（前期十日）	筮日、戒尸	筮日、戒諸官
戊		
己		
庚		
辛		
壬		
癸		
甲（前期三日）	筮尸	
乙	宿尸、宿賓	宿戒尸
丙	視濯視牲、請期	筮尸、宿尸、宿諸官、為期
丁（祭日）	祭祀	視殺視濯、陳具、祭祀

學者對於齋戒七、三日數的設想，與《儀禮》經文不全然相符。依黃以周、孫詒讓之説，筮日即齋，從前旬丁日至癸日適為七日，然《儀禮·少牢饋食禮》於癸日（前期四日）未記載相關活動，且從前旬丁日至經文記載「宿戒尸」的乙日，散齋將長達八日，不符「散齋七日」之説。同時〈少牢饋食禮〉經文載祭前二日方行「宿戒」，依孫氏之説，致齋將只有二日。《儀禮》經文與學者經説形成矛盾，是以回歸問題的根源——日期計算，並設想「筮日即

---

64 〔清〕孫詒讓：《周禮正義》第 1 冊，卷 4，頁 143。

戒」是否即行散齋？即得到「戒」的指示與真正實踐散齋是否同日？是以下文將從齋戒的觀點探討戒宿日程。

（1）散齋之「戒」的日期

「戒」，為主人首次告知行禮者祭祀日期、準備器物。在古代的廟祭進程中，也蘊涵施行齋戒之意。

從禮意來說，根據《禮記‧郊特牲》，賈公彥指出郊祭卜日得吉後，天子的行程為：

> 卜日在澤宮，又至射宮，皆同在旬有一日，空十日，故後日乃齋。（《儀禮》，賈疏，卷16，頁187）

澤宮與射宮之別，有待商議。[65] 但賈氏留意到前期旬有一日，王在廟、澤、庫門、路寢等各處行禮，行程相當繁忙，故散齋當在占卜的次日。雖然，行程繁忙和散齋無必然關係，但就禮意而言，齋戒乃為收攝欲望、「不敢散其志也」，[66] 緊湊的行程實無益於敬慎、齊一心志，賈氏所言不無道理。[67]

就禮儀實踐而言，從天子至士之廟祭，其尸、賓為主人之子輩、臣屬，受令而行，自無疑義。惟各級官員，宗族是否能在筮日得吉後，立即變更既定的公私行程，[68] 不御、不弔喪、不聞樂，特別是外國使臣來訪，聘禮、燕禮當用樂之際？參照其他禮儀以觀古人行事，〈聘禮〉記載從卿受命為使臣到實

65　詳參袁俊傑：《兩周射禮研究》（北京：科學出版社，2013年），頁292。

66　《禮記‧祭統》，卷49，頁831-832。

67　《禮記‧祭統》「及時將祭，君子乃齊。」孔穎達說：「謂四時應祭之前，未旬時也。」（《禮記‧祭統》，孔穎達正義，卷49，頁832）四季常祭的祭日之前，還沒有滿一旬的時候。然而，「未旬」的未，宋本作「末」（《禮記‧祭統》，卷49，頁842，阮元〈校勘記〉），有版本的問題，故僅供參酌。

68　〈少牢饋食禮〉說：「若不吉，則及遠日，又筮日如初。」鄭注：「及，至也。遠日，後丁若後己。」（《儀禮‧少牢饋食禮》，鄭注，卷47，頁558）筮日不一定一次就得到吉兆，可能要多次占筮方得吉，可知筮日本身不僅就得花上一些時間，也無法預測是下旬還是後旬（下下旬）舉行祭祀，那麼宗族、家臣等也就不容易事先規劃或取消一些既定公務。

際出行，至少隔兩日以上的時間。[69] 期間，包含各級官員確認出行預算、準備財用與饋贈禮品，使者告禰與行神、受命受圭璋等禮儀。可知「受命」與實踐，得相隔一段時日。因此散齋行於筮日禮的次日，即祭日當旬首日，較為合理。

簡言之，本文以為筮日當天所行的「戒」，指公開地告誡賓客、百官、尸、宗族等祭祀日期，使之謹慎籌備；而「散齋」意義的戒，則在次日舉行。一方面，有助於達到齋戒淨化身心的目的。另一方面，次日行散齋，將使整個齋戒過程在同一旬之內完成。[70] 旬，是天干十日的一個循環，表示遍也、盡也。長達一旬的齋戒，與天道循環的一個段落相應，意謂着身心淨化圓滿完成，可與鬼神溝通。[71]

(2) 宿戒尸、宿尸與致齋日數

據上文，士禮的宿賓、宿尸等，於祭前二日舉行。若「宿」與致齋有關，則致齋的第三天，即為祭日，致齋並未作足三日。由於齋戒是個人澄淨身心，滌蕩感官欲望以交神明的重要修為，若致齋不足，將涉及虔敬與否的道德評價，因而關係重大。但「三日宿」是否必然為整三日？以三年之喪來說，「三年之喪，二十五月而畢」，[72]「三年之喪」事實上並非滿三年三十六個月，

---

69 姚範說：「命使之後，夕幣之前，中間具齋幣、治行李、整車徒，容有旬日，使介、從旅得以庀其家事。」按：姚氏之說，見於〔清〕王士讓：《儀禮糾解》，收於《續修四庫全書》編纂委員會編：《續修四庫全書》第 88 冊，卷 8，頁 160。胡培翬根據經文「及期，夕幣」一語，說：「據此，則行無定期。故經但云『及』也。」見〔清〕胡培翬：《儀禮正義‧聘禮》第 2 冊，卷 16，頁 950。

70 據目前所見，明人郝敬亦云：「先祭十一日，守宮之官『預告』君與夫人齋戒。散齋七日，致齋三日，故須十一日前告也。」見〔明〕郝敬：《禮記通解》，收於《四庫全書存目叢書》編纂委員會編纂：《四庫全書存目叢書》第 87 冊，卷 16，頁 573。明末清初王夫之說：「旬有一日者，齊凡十日，先一日戒之也。」齋戒共十日，提前一天告誡之。見〔明〕王夫之：《禮記章句》，收於〔明〕王夫之：《船山全書》第 4 冊（長沙：岳麓書社，2011 年），卷 25，頁 1150。

71 關於齋戒的淨化功能，詳參林素娟：〈飲食禮儀的身心過渡意涵及文化象徵意義—以三《禮》齋戒、祭祖為核心進行探討〉，《中國文哲研究集刊》第 32 期（2008 年 3 月），頁 177-179。張明嫏：《先秦齋戒禮研究》（臺北：國立臺灣大學中國文學系博士論文，2010 年）。

72 《禮記‧三年問》，卷 58，頁 961。

而是「越三年」，跨越三個年頭即可。又，《儀禮・士喪禮》鄭注「既殯之明日，全三日始歠粥矣」，[73] 始死日、第二日、第三日，仍未「全三日」，因此皆不食粥，至第四日成服乃食。易言之，鄭玄意識到古人計日着重於時間跨度的特色，因此強調「全三日」。準此，「三日宿」很可能是「越三日」，[74] 而不必然是「全三日」、「足三日」。[75]

從「越三日」的觀點來看，士人在祭前二日「宿」。以丁日祭為例，從乙日施行致齋，至丁日早晨舉行祭祀，在時間的跨度上為乙、丙、丁共三日致齋。

大夫廟祭於祭前二日命人宿戒尸、祭前一日親自宿尸，連續二天重複告知尸。鄭玄與賈公彥雖解為「大夫尊儀益多」，[76] 然行禮重視莊敬恭儉而不煩，於祭前二日、祭前一日反覆叮嚀，若無用意，豈非徒增困擾？就禮序而言，「宿戒尸」是相對於「戒」的第二次告知。在齋戒禮儀的觀點下，「宿戒尸」具有致齋的意義。大夫先宿戒尸後筮尸，即大夫之尸先行致齋，進入身心更為專注、意念祖先的階段後，再卜筮詢求祭祖先願意憑依之尸，[77] 將比士禮先筮尸後致齋益形慎重，而且更有可能選出合適的尸。[78] 旁參《尚書大傳》亦可證致齋期間得行祭祀之說，其云：

---

73 《儀禮・士喪禮》，鄭注，卷 37，頁 438。

74 此類計日法，又見於《尚書・召誥》：「惟太保先周公相宅，越若來三月，惟丙午朏。越三日戊申，太保朝至于洛卜宅。厥既得卜，則經營。越三日庚戌，太保乃以庶殷攻位于洛汭。越五日甲寅，位成。」（《尚書・召誥》，卷 15，頁 218）丙午、丁未、戊申，及戊申、己酉、庚戌，在時間上適為三日，故以其跨度而言「越三日」，下文「越五日甲寅」亦同。

75 目前所見，相近於「全三日」計日法，還有《周禮・天官・大宰》：「縣治象之灋于象魏，挾日而斂之。」鄭注：「從甲至甲謂之挾日，凡十日。」（《周禮・天官・大宰》，鄭注，卷 2，頁 33）筆者曾據此對照《儀禮》〈特牲饋食禮〉、〈少牢饋食禮〉的齋戒日程，或見牴牾，是以未從。

76 《儀禮・少牢饋食禮》，鄭注、賈疏，卷 47，頁 558。

77 章景明：《周代祖先祭祀制度》上冊（臺北：國立臺灣大學中國文學系博士論文，1973 年），頁 104。

78 《儀禮・少牢饋食禮》鄭注：「重所用為尸者，又為將筮。」（《儀禮・少牢饋食禮》，鄭注，卷 47，頁 559）

　　六沴之禮，散齋七日，致齋，新器絜以祀，用赤黍。三日之朝，於
中庭祀四方，從東方始，卒於北方。[79]

「新器絜以祀，用赤黍」，為「視濯」。「三日之朝」為致齋三日的早上，在中
庭進行祭祀。因而致齋期間得行祭禮。[80]

　　「吉則乃遂宿尸」的「宿」，係指祭前一日筮尸，確定由何人擔任尸，主
人親往告知。從尊卑來看，誠如方苞所言士地位低，助祭者少，故籌備過程
事必躬親，參與筮尸、宿尸、宿賓、視濯視牲等，逐日皆有當行之禮，投入
的時間與心力較巨；而大夫階層「官宿其職」，有固定的人員負責祭祀事務，

79 〔清〕陳壽祺：《尚書大傳輯校》，收於〔清〕王先謙主編：《皇清經解續編》第 6 冊（臺
　　北：復興書局，1972 年），卷 2，頁 4133-4134。鄭注：「《禮志》『致齋三日』，《周禮》
　　凡祭祀前期十日，宗伯率執事卜日，是為齋一旬乃祀也。今此致齋即祀者，欲得容
　　三祀也。蓋八日為致齋期，九日朝而初祀，亦旬有一日，事乃畢也。」（陳壽祺：《尚
　　書大傳輯校》引鄭注，卷 2，頁 4134）可知鄭玄《尚書大傳注》與《儀禮》經文不
　　符。以丁日祭為例，《尚書大傳注》指出甲日致齋，對照到《儀禮》，該日士行筮尸，
　　大夫無事。若從《尚書大傳注》，則不符合《儀禮》〈士冠禮〉、〈特牲饋食禮〉經文
　　「筮、宿」為相連的不同二日，即甲日筮尸、乙日宿。另一方面，鄭玄《儀禮注》、
　　《尚書大傳注》推算的日期亦略有矛盾。《儀禮·士冠禮》注說「宿之以筮之明日」、
　　〈特牲饋食禮〉注說筮尸在祭前三日，空二日以「容宿賓、視濯視牲」，筮尸與宿尸
　　異日。若從《尚書大傳注》的數法，以丁日祭為例，甲日將為筮尸之日，又是致齋
　　之始，則宿尸必需提前到甲日進行，形成筮尸、宿尸同日，而異於《儀禮注》。由
　　於《尚書大傳》原文為王者祖祭「六沴」之禮而非祭祖，且原文與鄭注俱為輯佚，本
　　文著重於「致齋得行祭祀」的現象加以探討。
80 《禮記·郊特牲》載孔子說：「三日齊，一日用之，猶恐不敬。二日伐鼓，何居？」
　　孔穎達釋為：「致齊三日，專其一心，用以祭祀，猶恐為敬不足。」（《禮記·郊特
　　牲》，孔穎達正義，卷 25，頁 489）將〈郊特牲〉的「一日用之」的「一」解為專
　　一心志默想先人，「日」則無形中被視為衍字。《孔子家語》更為完整地記載：「季桓
　　子將祭，齊三日，而二日鐘鼓之音不絕。冉有問於孔子。子曰：『孝子之祭也：散齋
　　七日，慎思其事，三日致齋而一用之，猶恐其不敬也。而二日伐鼓何居焉？』」「三
　　日致齋而一用之」的主語為三日致齋，那麼「一用之」當為「一日用之」的省略，
　　係從上文「三日」而省，與〈郊特牲〉原文相應。以十日齋戒的流程觀之，〈郊特牲〉
　　的「三日齊，一日用之」、《孔子家語》的「三日致齊而一用之」，當指為期三日的
　　致齋當中，一日用來祭祀。「三日齊，一日用之，猶恐不敬」係依照正規禮儀，猶恐
　　誠敬不足，以對照季桓子「二日伐鼓」的違禮。是知致齋第三日得行祭祀。見舊傳
　　〔漢〕王肅：《孔子家語·公西赤問》，收於蕭天石主編：《中國子學名著集成·珍本
　　初編》第 21 冊（臺北：中國子學名著集成編印基金會，1978 年），卷 10，頁 452。

故主人只參與祭前一日的宿尸，及祭祀當日活動。[81] 此適反映：

> 明大夫尊，肅尸而已。其為賓及執事者，使人肅之。(《儀禮》，鄭
> 注，卷 47，頁 559)

相關人員各司其職，順利完成祭禮，更顯大夫身分尊貴，行事有節。

簡言之，宿的義項包含：其一，行禮者施行致齋三日。其二，卜筮確定何人為尸者後，主人告知使之來。士之宿尸，二項並行。大夫之宿尸，分別為之，《儀禮》遂謂前者為「宿戒尸」，後者為「宿尸」。

總結上述，大夫少牢饋食禮因「宿戒」一詞可反推有「戒」。祭前十日，筮日確定祭祀日期，主人戒諸尸與戒諸官，使知祭日、備物及齋戒。散齋行於戒尸之次日。前期二日「宿戒尸」，執事者提醒可為尸者施行致齋。前期一日，筮尸確定某人為尸，大夫親自「宿尸」邀請對方擔任祭祀之尸，當日稍晚與諸官確認祭祀日期，即「為期」。至祭祀當天，適致齋三日，在身心潔淨的狀態下，致禮於先人。

禮為實踐之學，身分的尊卑藉由具體可見的儀節、名物展現。「名位不同，禮宜異數」，稍有差池，則尊卑易位，故須嚴格區分天子、諸侯、大夫、士的儀物。但若逐項細分，禮有時而窮，行禮者亦不復記憶，遑論實踐。是而產生尊卑同禮而不被視為僭越，如「士不辟國君」；或禮義不因尊卑而異，故上下通行，如為父服三年之喪。歷代學者對宗廟常祀齋戒的爭議，當源於別貴賤、同尊卑這二種觀點的錯綜。據上文討論，從天子至士，宗廟常祀皆行七日散齋（戒）、三日致齋（宿）。

---

81 〔清〕方苞：《儀禮析疑》，收於〔清〕紀昀、永瑢等編：《景印文淵閣四庫全書》第109 冊，卷 16，頁 264。

五、因祭祖先的戒宿日程

下文擬先探討傳世文獻中因應事件致禮於祖先而行齋戒的日數，以作為後續觀察戰國楚簡禱祠祖先齋戒的背景。

（一）傳世文獻中因祭祖先的齋戒日程

1. 因遷廟、即位而齋戒

三年之喪畢，亡者之主遷入新廟、孝子正式繼承就主人之位，生死各得其倫，[82] 因而一併討論。

遷新亡者之主於廟時，《大戴禮記·諸侯遷廟》說：

> 成廟。將遷之新廟，君前徙三日齊，祝、宗人及從者皆齊。[83]

可知諸侯與執事者齋戒三日。非嫡子繼位亦齋戒以示慎重，如《史記·秦始皇本紀》載秦二世亡，趙高欲立二世兄子公子嬰為秦王，令子嬰「齋五日」廟見而受王璽以即位。[84]《史記·楚世家》載楚共王無適子而有寵子五人，請諸神決定主社稷者，「召五公子齋而入」，[85] 亦類此。

2. 因巡狩、戰爭而齋戒

天子出兵征戰與返國所行告廟之禮，與巡狩同，故並觀之。《禮記》載天子諸侯征戰前，告祖禰，係「為人子者出必告」。[86] 若然，則天子諸侯出境前

82　詳參拙著：《論《儀禮》禮例研究法──以鄭玄、賈公彥、凌廷堪為討論中心》（臺北：國立臺灣大學中國文學系博士論文，2013 年），頁 192-221。

83　〔清〕王聘珍：《大戴禮記解詁·諸侯遷廟》（北京：中華書局，2004 年），卷 10，頁 198-199。

84　〔漢〕司馬遷著，〔劉宋〕裴駰集解，〔唐〕張守節正義，〔唐〕司馬貞索隱：《新校史記三家注·秦始皇本紀》（臺北：世界書局，1993 年），卷 6，頁 275。

85　同上註，卷 40，頁 1709。

86　《禮記·曲禮上》，卷 1，頁 19。

當齋而告廟。《孔叢子·巡狩篇》載天子巡狩而返説：

> 歸，反舍於外次，三日齋，親告於祖禰，用特。[87]

天子歸返都城，齋戒三日而告祖禰。漢代賈誼《新書》勸諫君王攻打匈奴，戰勝「然後退齋三日，以報高廟」，[88]與《孔叢子》説相應。以諸侯而言，《左傳》莊公四年，楚武王伐隨國前，「將齋」心蕩而告夫人鄧曼。以卿大夫言之，《淮南子·兵略》載將軍受命出征，祝史太卜須先「齋宿三日」，方能於太廟占卜授鼓旗之日；將軍凱旋，雖蒙君寬宥顓斷於外之罪，仍視戰勝情形而齋服，「大勝三年反舍，中勝二年，下勝期年」。[89]

3. 因策命而齋戒

《禮記·祭統》載君王獎賞有功德之臣，「必賜爵祿於大廟」，禮畢，臣子「受書以歸，而舍奠于其廟」。[90]可知爵祿的施、受者皆當告廟行禮。《史記·齊太公世家》載齊桓公召管仲佯欲殺之，實欲用之，管仲「齋祓而見桓公」，受大夫之位而任政。[91]《管子》〈小匡〉則言齊桓公「齋戒十日，將相管仲」。[92]

另參《史記》載劉邦為漢王時，欲拜韓信為大將，蕭何建議：「擇良日，

87　舊傳〔秦〕孔鮒著，傅亞庶校釋：《孔叢子校釋》（北京：中華書局，2011 年），卷 3，頁 152。

88　〔漢〕賈誼撰，閻振益、鍾夏校注：《新書校注·解縣》（北京：中華書局，2011 年），卷 3，頁 128。

89　〔漢〕劉安等著，劉文典撰：《淮南鴻烈集解·兵略》（臺北：文史哲出版社，1992 年），卷 15，頁 518-519。

90　《禮記·祭統》，卷 49，頁 836。

91　〔漢〕司馬遷著，〔劉宋〕裴駰集解，〔唐〕張守節正義，〔唐〕司馬貞索隱：《新校史記三家注·齊太公世家》，卷 32，頁 1486。

92　〔周〕管仲著，黎翔鳳校注：《管子校注·小匡》上冊（北京：中華書局，2004 年），卷 8，頁 445-446。

齋戒，設壇場，具禮，乃可耳。」[93] 當時軍行於南鄭，無廟，故設壇場策命。是知君王策命大臣時，為示鄭重，當齋戒以告祖。

4. 因異象請旨而齋戒

晉文公出田，道遇大蛇，以為上天示警，漢代賈誼《新書·春秋》載晉文公「乃歸，齋宿而請於廟」；劉向《新序·雜事二》則云「還車反，宿齋三日請於廟」。[94] 晉文公齋戒三日而向祖先請求指示。[95]

5. 因疾病舉禱而齋戒

傳世文獻中亦見因疾病舉禱而行齋戒者，如《史記·周本紀》載武王病重：

> 周公乃祓齋，自為質，欲代武王，武王有瘳。[96]

周公齋戒祓除，向三王舉禱。《說苑·君道》言上天示警，楚昭王將有災患，令尹司馬「宿齋沐浴」，[97] 齋戒三日，祈以身代之。《墨子·天志》則云「天子有疾病禍祟，必齋戒沐浴，潔為酒醴粢盛以祀天鬼」，[98] 反映因疾病舉禱而

93　〔漢〕司馬遷著，〔劉宋〕裴駰集解，〔唐〕張守節正義，〔唐〕司馬貞索隱：《新校史記三家注·淮陰侯列傳》，卷 92，頁 2611。

94　〔漢〕賈誼撰，閻振益、鍾夏校注：《新書校注》，卷 6，頁 249。〔漢〕劉向著，石光瑛校釋：《新序校釋》上冊（北京：中華書局，2001 年），卷 2，頁 217。

95　傳世文獻記載齋宿的用語多元，除上引《新書》、《新序》外，《禮記·內則》載國君世子生，「三日卜士負之吉者，宿齋，朝服，寢門外詩負之」（《禮記·內則》，卷 28，頁 534），接子禮前三日，卜得士之吉者，進行宿齋，於行禮當日朝服揹負世子。是知「宿齋」為宿齋三日。上引《淮南子·兵略》言征事而有「齋宿三日」。可見宿齋、齋宿、宿齋三日、齋宿三日為異名同實。以此觀之，《禮記·玉藻》見君「宿齋戒」（《禮記·玉藻》，卷 29，頁 548），與《左傳》哀公十四年載孔子三日齋而請哀公伐齊，相應，當為三日齋，而非清人孫希旦所說「前夕齊戒」的一日齋。見〔清〕孫希旦：《禮記集解》中冊，卷 29，頁 788。

96　〔漢〕司馬遷著，〔劉宋〕裴駰集解，〔唐〕張守節正義，〔唐〕司馬貞索隱：《新校史記三家注·周本紀》，卷 4，頁 131。

97　〔漢〕劉向撰，向宗魯校證：《說苑校證》（北京：中華書局，2009 年），卷 1，頁 23。

98　〔清〕孫詒讓：《墨子閒詁》上冊（北京：中華書局，2001 年），卷 7，頁 198。

齋戒之深入人心。此外，《儀禮‧既夕禮‧記》言：「有疾，疾者齊。養者皆齊。」[99] 當家人患有重病時，面對人生中的重大事件，疾者與養者皆齋戒，以敬重蕭穆的態度處之。

（二）楚簡所見禱祠祖先的齋戒日程

以動機來看，楚簡禱祠祖先的齋戒情形可分為二類。

其一，因病舉禱而齋。墓主為封君的葛陵楚簡載：

> 夏栾之月，己丑之日，以君不懌之故，就禱三楚先純一牂，嬰之兆玉。壬辰之日禱之。……（乙一：17）[100]

「就」有即、靠近、趨向之意，「就禱」疑泛指前往祈禱或準備祈禱。[101] 依照先卜筮祭日而後齋戒、祭祀的習慣，「己丑之日」當為占問祭日、祭品之日，[102] 並在占問得吉後進行相關準備。「壬辰之日禱之」為實際舉禱的日子，「之」指禱祠的鬼神，如葛陵簡乙一：17 為「三楚先」。若然，齋戒當從己之次日「庚」至「壬」，共三日。[103]

墓主為左尹（大夫）的包山楚簡中，明確記載占卜與禱祖時間者為簡220-225，西元前 317 年 11 月「己酉之日」，因墓主昭佗有心疾，占卜作祟鬼神，於 11 月「丙辰」日，「與禱於親王父司馬子音」與「殤東陵連囂子雙」。[104] 依楚人之習，己酉日占卜，丙辰日禱祭，當於庚戌日齋戒，共齋七日。

---

99 《儀禮‧既夕禮‧記》，卷 40，頁 473。

100 邴尚白：《葛陵楚簡研究》，頁 55。

101 邴尚白：《葛陵楚簡研究》，頁 253。

102 宋華強：《新蔡葛陵楚簡初探》（武漢：武漢大學出版社，2010 年），頁 80。

103 若上說不誤，葛陵簡乙一：4 於己丑「就禱陳宗」、乙一：28 於己丑「就禱靈君子」等鬼神，而皆於「壬辰之日禱之」，亦齋戒三日。相關詞例，參劉信芳：《楚系簡帛釋例》，頁 260。

104 釋文詳參劉彬徽、彭浩、胡雅麗、劉祖信：〈包山二號楚墓簡牘釋文與考釋〉，收入湖北省荊沙鐵路考古隊：《包山楚簡》（北京：文物出版社，1991 年）。

其二，舉禱原因不明者。葛陵楚簡記載禱祖之齋，如：

> ……甲戌闢，乙亥禱楚先與五山。庚午之夕內齋。（甲三：134、108）[105]

「闢」字有二解。其一，「闢」為開門之意，[106] 如《尚書·堯典》「詢于四岳，闢四門」、《左傳》宣公二年「晨往，寢門闢矣」。[107] 古代廟門無事則閉，此指開廟門以便進行視滌、為期等準備。其二，「闢」釋為「閡」，讀為「向」，「甲戌閡（向）乙亥」指甲戌、乙亥連續相接的兩天，詞例相近者如：

> ……庚申之昏以迄辛酉之日禱之（甲三：109）
> 戊申之夕以迄己……（甲三：126、零95）[108]

其他楚簡或未涉及禮儀日數，但反映行禮於黃昏，可能延續到次日者如：

> ……昏歸玉簡〔大王〕……（望山107）
> 甲午之夕（天星觀490、1055、1092）
> 癸巳之夕（天星觀1071、1083）[109]
> 甲申之夕，賽禱宮地主一㹠，賽禱行一白犬（秦M99：1）[110]

---

105 邴尚白：《葛陵楚簡研究》，頁43。
106 于成龍：《楚禮新證—楚簡中的紀時、卜筮與祭禱》，頁70。
107 《尚書·堯典》，卷3，頁43。《左傳》，卷21，頁364。
108 上述詳參袁金平：《新蔡葛陵楚簡字詞研究》（合肥：安徽大學博士論文，2007年），頁16-17。
109 上述二條見晏昌貴：《巫鬼與淫祀：楚簡所見方術宗教考》，附錄一「天星觀卜筮祭禱簡釋文輯校」，頁365-366。
110 晏昌貴：《巫鬼與淫祀：楚簡所見方術宗教考》，附錄二「秦家嘴卜筮祭禱簡釋文輯校」，頁374。楚人於黃昏舉行祭禱，可另參葛陵乙二：6、乙二：13、乙二：31、乙三：60、乙四：36。

這不僅呼應《楚辭‧離騷》:「巫咸將夕降兮,懷椒糈而要之」,[111] 更揭示部分禱祠從當天黃昏進行到次日,長達二天,漢人猶承此習。[112] 是以本文承此說。庚午日齋戒,甲戌禱祠,共齋五日。

墓主為士的望山楚簡中,向祖先致禮的齋戒有二條:

……歸玉簡大王。己巳內齋。……(簡 106)[113]

……君,戠牛。己未之日卜。庚申內齋。(簡 132)[114]

因簡 106 殘缺,暫時弗論。而簡 132,「己未」占卜,「庚申」齋戒,可知卜筮祭日禮的次日,舉行齋戒。[115]

據上述傳世文獻可知,古人因諸多事由而舉行齋戒告祖,齋戒日數不等,或三日、五日、十日。楚簡中的禱祠齋戒未足十日,乃因祭性質使然,與傳世文獻相應。下文將進一步針對祖先的常祀與因祭比較異同,並嘗試說明可能義涵。

---

111 〔宋〕洪興祖:《楚辭補注》(臺北:藝文印書館,1996 年),卷 1,頁 66-67。

112 詳參楊華:《古禮新研》,頁 328。晏昌貴:《巫鬼與淫祀:楚簡所見方術宗教考》,頁 246-247。

113 目前所見,宗廟常祀罕以玉為固定祭品。《國語‧楚語下》說:「玉足以庇蔭嘉穀,使無水旱之災則寶之。」韋昭注:「玉,祭祀之玉。」舊題〔周〕左丘明:《國語》(臺北:宏業書局,1980 年),卷 18,頁 581-582。按:依〈楚語下〉「水旱之災」和韋注所言,玉得用於特殊祭祀,以祈福消災,故據此視望山簡 106 為禱祠。

114 因簡 132 上端殘缺,禮儀細節與「君」的身分不明,僅知以特牛向某君致禮。依望山楚簡中「君」字出現四次,除簡 132 不明外,多指祖先,如「先君」二次、封地於菽陵的「菽陵君」一次,故視簡 132 之「君」為祖先。菽字之釋讀,從劉信芳《楚系簡帛釋例》,頁 58。

115 顏世鉉:〈郭店楚簡散論(一)〉,收於武漢大學中國文化研究院編:《郭店楚簡國際學術研討會論文集》(武漢:湖北人民出版社,2000 年),頁 103。

六、從祭祀類型談戒宿日程的異同

據上述，從天子至士的宗廟常祀皆行散齋七日（戒）、致齋三日（宿）。戰國時期南方也存在常祀齋戒十日的觀念，如《莊子·人間世》曾藉孔子之口，以「祭祀之齋」比對「心齋」，特別是〈達生篇〉記載祝宗人對將為牢牲的彘說：

> 汝奚惡死？吾將三月豢汝，七日戒，三日齊，藉白茅，加汝肩尻乎彫俎之上，則汝為之乎？[116]

此得與〈禮器〉「三月繫，七日戒，三日宿，慎之至也」相參。「三月豢汝」，為祭祀前三個月擇牲豢養，同於〈禮器〉「三月繫」，及《國語·楚語》觀射父答楚王豢豢「遠不過三月」，近不過十日。[117]「七日戒」為散齋七天，即〈禮器〉的「七日戒」。「三日齊」為致齋三天，即〈禮器〉之「三日宿」。「藉白茅，加汝肩尻乎彫俎之上」則為祭祀當日，以白茅為藉，置牲體於俎上。上述反映戰國時期南方存在着祭祀之齋、十日齋戒等觀念。

相較於常祀十日齋戒，楚簡的禱祠齋戒日數略有參差，下文擬辨別異同。

第一，望山簡 132 載「己未」卜筮，「庚申」齋戒，可知卜筮日禮之次日，舉行齋戒，與常祀同。

第二，葛陵簡甲三：134、108「……甲戌闢，乙亥禱楚先與五山。庚午之夕內齋」，顯示先齋戒後祭祀的進程，同於廟祭常祀。

第三，葛陵簡乙一：17 於「己丑」日占卜，「壬辰」日禱；包山簡 220-225 於「己酉」占卜，「丙辰」日禱，可知常祀卜筮祭日禮、祭日同一天干的作法，或許不適用於禱祭。

---

116 王叔岷：《莊子校詮》中冊（臺北：中央研究院歷史語言研究所，1988 年），頁 690-691。
117 舊題〔周〕左丘明：《國語·楚語下》，卷 18，頁 567。

第四，葛陵簡甲三：134、108 載庚午日齋戒，甲戌禱祠，共齋五日；葛陵簡乙一：17 齋三日；包山簡 220-225 齋七日，皆異於常祀齋戒十日。

另一方面，關於常祀與因祭祖先的齋戒日程異同原因，以行禮動機而言，常祀主於報本感謝之情與人倫制度的運作，禱祠則針對戰爭、疾病、異象等特定的、不易預測的事件，目的性與針對性較高，時間也可能較為急迫，因而行禮程序或異於常祀。而齊桓公欲任管仲「齋戒十日」，策命由君王決定，得預知、預行其事，故日數與常祀相同，表示慎重。

七、結論

先秦兩漢文獻記載戒宿的資料頗為豐富，除了《儀禮》之外，《禮記》、《莊子》具體記載七日戒、三日宿，而《禮記》、《淮南子》、《新序》亦提及三日宿，可知受到相當程度的實踐。惟戒、宿在禮儀實踐中，分別包含告知邀請、準備禮儀事物、施行齋戒等面向，復因禮儀種類、行禮者身分而採取或有同異的作法，使得歷代對《儀禮》宗廟常祀戒宿與齋戒的討論迭出爭議。另一方面，近年出土的戰國楚簡為討論齋戒提供新材料之餘，也帶來新課題。基於前賢的研究成果，本文從常祀、因祭的類型觀點，嘗試梳理祭祀祖先的齋戒日程。謹述所得如下：

就宗廟常祀而言，從天子到士通行十日齋戒。目前所見，天子、諸侯施行十日齋戒，其具體細節因資料不足而未能細論。本文僅據《儀禮》梳理士、大夫宗廟常祀的齋戒流程：在卜日、筮日禮當天，告知可為尸者、賓客、宗族、執事者祭祀日期，是為「戒」告知義的施行日。卜筮日禮次日，乃施行散齋，以便相關人員調整與預排公私事宜。士人祭前三日筮尸、擇定為尸者；祭前二日宿尸、宿賓，邀請尸與賓，並請施行致齋。大夫於祭前二日命人「宿戒尸」，提醒施行致齋；祭前一日「筮尸」擇定尸的人選，主人親「宿

尸」，邀請尸。簡言之，宿的義項包含：其一，行禮者施行致齋三日。其二，主人邀請使之來。士於同日並行二項，大夫則分別於二日為之。士、大夫祭前二日施行致齋，至祭祀當天，適致齋三日，在身心潔淨的狀態下，致禮於先人。

從宗廟因祭來說，傳世文獻中因遷廟、即位、巡狩、戰爭、策命、異象、疾病而致禮於祖先的齋戒日數，多為三日、五日等。此或與因祭多針對特定、不易預測的事件，性質不同，目的性較強，且時間也可能較為緊迫，故異於常祀的十日齋戒。惟齊桓公策命管仲行十日齋戒，乃因策命由君王決定，得預知並準備相關事宜，故齋戒十日以表重視。而戰國楚簡齋戒日數的情形，或三日、五日、七日，同樣呼應傳世文獻的祖先因祭。

進言之，戰國楚簡記載卜筮日期、齋戒日、禱祠日等訊息，有助於辨知祖先常祀與因祭的異同。相同者，如「卜筮選定祭日→齋戒→祭祀」的流程，及卜筮禮之次日，施行齋戒。相異者，如常祀中卜筮祭日禮、祭祀當日為同一天干，禱祠或不適用；常祀齋戒日數為十日，禱祠則或三日、五日、七日等呈現不固定的情形。

上述異同，除了反映古人針對常事與特殊事件的認知與因應之道外，[118] 也可思考祭禮具有的特殊表現及其時代意義。

因革損益雖為禮儀性質，卻也帶來研究上的挑戰。禮書記載之所以紛歧，部分源於禮儀民俗長久的層次累積，因社會演變因素，各種禮儀的存廢或變形種種不一。[119] 惟祭禮因與鬼神交通，為達成有效溝通，也為表示敬意、祈求福祉，具有相當濃厚的保守性，因而變化的幅度較小。《禮記・禮運》說「祝嘏莫敢易其常古，是謂大假」、[120]《國語・楚語》指出掌管祭禮的宗伯，以

---

118 詳參拙著：〈因祭視域中的包山楚簡禱祠祖先祭品考〉，《東吳中文學報》第 32 期（2016 年 11 月），頁 1-30。

119 葉國良師：《禮學研究的諸面向》（新竹：國立清華大學出版社，2010 年），頁 49、85、94。梁釗韜：〈祭禮的象徵和傳襲──民族學的文化史研究〉，收於梁釗韜：《梁釗韜民族學、人類學研究文集》（北京：民族出版社，1994 年），頁 58。

120 《禮記・禮運》，卷 21，頁 421。

遵循舊制為使命，「心率舊典」、「使復舊常」、「不忘舊」，[121] 不僅顯示祭禮有「常」制，更意味着祭祀以保守、守舊為要。

　　另一方面，祭祀關係着政治的權威，是權力的具象化，不易瞬息萬變。戰國時期雖產生「貴族陵夷，布衣卿相」的階級流動，惟執政者仍須將權威與地位具象化以集權於中央，因而表徵世系傳承、大小宗之別、政治地位高下、與鬼神溝通能力的祭祀仍備受重視，如《荀子‧禮論》便特別講究祭禮與喪禮。[122] 此外，《史記》指出戰國末期時君世主「營於巫祝，信禨祥」，[123] 多從事於祈禳求福，可見禱祠相當盛行。換言之，戰國時期，祭禮及其潛藏安頓人倫秩序、表現權力地位、安撫人心等作用，可能並未隨亂世而消解，反而因確立政權的正當性或人心惶惶求助於鬼神而益形穩固。[124]

121　舊傳〔周〕左丘明：《國語‧楚語下》，卷 18，頁 560、562、563。

122　上述詳參楊寬：《戰國史》（臺北：臺灣商務印書館，2000 年），頁 266。按：卡奈迪恩觀察 19 世紀英國皇家禮儀的轉變，指出在急遽變遷危機與混亂的時代，透過禮儀「將無能但受人尊敬的君主再現為永恆的統一與國家團結的象徵，乃是可能與必須的」，而儀式的連續性（傳統、守舊）也具有穩定人心的效果。可知時代的變遷與混亂，有時更可能助長禮儀的保存或實踐。見〔英〕大衛‧卡奈迪恩（David Cannadine）：〈禮儀的脈絡、表演與意義：英國君主政治與「傳統的創制」（c.1820-1997）〉，收於〔英〕霍布斯邦（Eric Hobsbawm）等著，陳思文等譯：《被發明的傳統》（臺北：城邦文化，2002 年），頁 133-213。

123　〔漢〕司馬遷著，〔劉宋〕裴駰集解，〔唐〕張守節正義，〔唐〕司馬貞索隱：《新校史記三家注‧荀卿列傳》，卷 74，頁 2348。

124　另參葬制，蒲慕州認為「僭禮」本質上仍承認周代禮制所代表的價值，才會爭取不屬於自己身分的葬制，並說：「在封建秩度開始崩解之時，舊禮制仍然在人們的意識形態中佔有主要的地位，因而有諸侯要以稱王為提升自身地位之手段，也就是說，舊秩序雖然開始崩解，舊意識型態仍有其勢力，這也是為何自春秋時代以來就開始走下坡的豎穴墓可以一直延續到東漢時代才算結束的原因。」見蒲慕州：《墓葬與生死：中國古代宗教之省思》（北京：中華書局，2008 年），頁 262、265。Lothar Von Falkenhausen 看法相近，見〔美〕Lothar Von Falkenhausen，〔日〕吉本道雅譯：《周代中國の社會考古學》（京都：京都大學學術出版社，2006 年），頁 289-290。禮制是漸變，而非驟變；在漸變的過程中，舊有的禮制仍在意識型態中佔有一席之地，並表現於具體形式上。李峰指出東周時期天子式微，列侯爭強，但延續自西周、相同傳統的禮樂同化仍在持續中，僭禮或地方性的風俗並未突破整個禮儀系統，反而保留相當的共性，成為秦、漢帝國統一的基礎。詳參李峰：《西周的滅亡》（上海：上海古籍出版社，2007 年），頁 334。

徵引文獻

專著

1. 〔周〕管仲 Guan Zhong 著，黎翔鳳 Li Xiangfeng 校注：《管子校注》*Guanzi jiaozhu* 上冊，北京 Beijing：中華書局 Zhonghua shuju，2004 年。

2. 舊傳〔秦〕孔鮒 Kong Fu 著，傅亞庶 Fu Yashu 校釋：《孔叢子校釋》*Kongcongzi jiaozhi*，北京 Beijing：中華書局 Zhonghua shuju，2011 年。

3. 舊傳〔周〕左丘明 Zuo Qiuming 著，〔三國〕韋昭 Wei Zhao 注：《國語》*Guoyu,* 臺北 Taipei：宏業書局 Hongye shuju，1980 年。

4. 〔漢〕司馬遷 Sima Qian 著，〔劉宋〕裴駰 Pei Yin 集解，〔唐〕張守節 Zhang Shoujie 正義，〔唐〕司馬貞 Sima Zhen 索隱：《新校史記三家注》*Xin jiao shiji sanjia zhu*，臺北 Taipei：世界書局 Shijie shuju，1993 年。

5. 〔漢〕許慎 Xu Shen 著，〔清〕段玉裁 Duan Yucai：《說文解字注》*Shuowen jiezi zhu*，臺北 Taipei：洪葉文化 Hongye wenhua，1998 年。

6. 〔漢〕賈誼 Jia Yi 撰，閻振益 Yan Zhenyi、鍾夏 Zhong Xia 校注：《新書校注》*Xinshu jiaozhu*，北京 Beijing：中華書局 Zhonghua shuju，2011 年。

7. 〔漢〕劉向 Liu Xiang 著，石光瑛 Shi Guangying 校釋：《新序校釋》*Xinxu jiaoshi* 上冊，北京 Beijing：中華書局 Zhonghua shuju，2001 年。

8. 〔漢〕劉向 Liu Xiang 集錄：《戰國策》*Zhan Guo Ce* 臺北 Taipei：里仁書局 Liren shuju，1982 年。

9. 〔漢〕劉安 Liu An 等著，劉文典 Liu Wendian 撰：《淮南鴻烈集解》*Huainan honglie jijie*，臺北 Taipei：文史哲出版社 Wenshizhe chubanshe，1992 年。

10. 舊傳〔漢〕王肅 Wang Su：《孔子家語》*Kongzi jiayu*，收入蕭天石 Xiao Tianshi 主編：《中國子學名著集成‧珍本初編》*Zhongguo zixue mingzhu jicheng, zhenben chubian* 第 21 冊，臺北 Taipei：中國子學名著集成編印基金會 Zhongguo zixue mingzhu jicheng bianyin jijinhui，1978 年。

11. 〔宋〕朱熹 Zhu Xi：《儀禮經傳通解》*Yili jingzhuan tongjie*，收入朱傑人 Zhu Jieren 等主編：《朱子全書》*Zhuzi quanshu* 第 2 冊，上海 Shanghai：上海古籍出版社 Shanghai guji chubanshe；合肥 Hefei：安徽教育出版社 Anhui jiaoyu chubanshe，2002 年。

12.〔宋〕李如圭 Li Rugui：《儀禮集釋》Yili jishi，臺北 Taipei：大通書局 Datong shuju，1970 年。

13.〔元〕敖繼公 Ao Jigong：《儀禮集説》Yili jishuo，收入〔清〕徐乾學 Xu Qianxue 等輯：《通志堂經解》Tongzhitang jingjie 第 33 冊，臺北 Taipei：大通書局 Datong shuju，1969 年出版。

14.〔明〕郝敬 Hao Jing：《禮記通解》liji tongjie，收於《四庫全書存目叢書》編纂委員會 Siku quanshu cunmu congshu bianzuan weiyuanhui 編纂：Siku quanshu cunmu congshu 第 87 冊，臺南 Tainan：莊嚴文化 Zhuangyan wenhua，1997 年。

15.〔明〕王夫之 Wang Fuzhi：《禮記章句》Liji zhangju，收於〔明〕王夫之 Wang Fuzhi：《船山全書》Chuanshan quanshu 第 4 冊，長沙 Changsha：岳麓書社 Yuelu shushe，2011 年。

16.〔清〕方苞 Fang Bao：《儀禮析疑》Yili xiyi，收入〔清〕紀昀 Ji Yun、永瑢 Yong Rong 等編：《景印文淵閣四庫全書》Yingyin wenyuange siku quanshu 第 109 冊，臺北 Taipei：臺灣商務印書館 Taiwan shangwu yinshuguan，1983 年。

17.〔清〕王士讓 Wang Shirang：《儀禮紃解》Yili xunjie，收入《續修四庫全書》編纂委員會 Xu xiu siku quanshu bianzuan weiyuanhui 編：《續修四庫全書》Xu xiu siku quanshu 第 88 冊，上海 Shanghai：上海古籍出版社 Shanghai guji chubanshe，1995 年。

18.〔清〕王聘珍 Wang Pinzhen：《大戴禮記解詁》Dadai liji jieggu，北京 Beijing：中華書局 Zhonghua shuju，2004 年。

19.〔清〕任啟運 Ren Qiyun：《禮記章句》Liji zhangju，收入《四庫全書存目叢書》編纂委員會 Siku quanshu cunmu congshu bianzuan weiyuanhui 編纂：《四庫全書存目叢書》Siku quanshu cunmu congshu 第 103 冊，臺南 Tainan：莊嚴文化 Zhuangyan wenhua，1997 年。

20.〔清〕阮元 Ruan Yuan 審定，盧宣旬 Lu Xuanxun 校：《重刊宋本十三經注疏》Chongkan songben shisanjing zhushu，臺北 Taipei：藝文印書館 Yiwen yinshuguan，1955 年。

21.〔清〕胡培翬 Hu Peihui：《儀禮正義》Yili Zhengyi 第 2、3 冊，南京 Nanjing：江蘇古籍出版社 Jiangsu guji chubanshe，1993 年。

22.〔清〕夏炘 Xia Xin：《學禮管釋》Xueli guanshi，收入藝文印書館 Yiwen yinshuguan 編：《續經解三禮類彙編》Xu jingjie sanlilei huibian 第 1 冊，臺北 Taipei：藝文印書館 Yiwen yinshuguan，1986 年。

23. 〔清〕孫希旦 Sun Xidan：《禮記集解》*Liji jijie*，北京 Beijing：中華書局 Zhonghua shuju，1998 年。

24. 〔清〕孫詒讓 Sun Yirang：《周禮正義》*Zhouli zhengyi* 第 1、6、11 冊，北京 Beijing：中華書局 Zhonghua shuju，2008 年。

25. 〔清〕秦蕙田 Qin Huitian：《五禮通考》*Wuli tongkao*，桃園 Taoyuan：聖環圖書 Shenghuan tushu，1994 年。

26. 〔清〕凌廷堪 Ling Tingkan：《禮經釋例》*Lijing shili*，臺北 Taipei：中央研究院中國文哲研究所 Zhongyang yanjiuyuan zhongguo wenzhe yanjiusuo，2004 年。

27. 〔清〕盛世佐 Sheng Shizuo：《儀禮集編》*Yili jibian*，收入〔清〕紀昀 Ji Yun、永瑢 Yong Rong 等編：《景印文淵閣四庫全書》*Yingyin wenyuange siku quanshu* 第 111 冊，臺北 Taipei：臺灣商務印書館 Taiwan shangwu yinshuguan，1983 年。

28. 〔清〕陳壽祺 Chen Shouqi：《尚書大傳輯校》*Shangshu dazhuan jijiao*，收入〔清〕王先謙 Wang Xianqian 主編：《皇清經解續編》*Huangqing jingjie xubian* 第 6 冊，臺北 Taipei：復興書局 Fuxing shuju，1972 年。

29. 〔清〕黃以周 Huang Yizhou：《禮書通故》*Lishu tonggu* 第 2 冊，北京 Beijing：中華書局 Zhonghua shuju，2010 年。

30. 〔清〕劉台拱 Liu Taigong：《經傳小記》*Jingzhuan xiaoji*，收入《續修四庫全書》編纂委員會 *Xu xiu siku quanshu* bianzuan weiyuanhui 編：《續修四庫全書》*Xu xiu siku quanshu* 第 173 冊，上海 Shanghai：上海古籍出版社 Shanghai guji chubanshe，1995 年。

31. 王叔岷 Wang Shumin：《莊子校詮》*Zhuangzi jiaoquan* 中冊，臺北 Taipei：中央研究院歷史語言研究所 Zhongyang yanjiuyuan lishi yuyan yanjiusuo，1988 年。

宋華強 Song Huaqiang：《新蔡葛陵楚簡初探》*Xin cai geling chujian chutan*，武漢 Wuhan：武漢大學出版社 Wuhan daxue chubanshe，2010 年。

32. 李峰 Li Feng：《西周的滅亡》*Xizhou de miewang*，上海 Shanghai：上海古籍出版社 Shanghai guji chubanshe，2007 年。

33. 林素英師 Lin Suying：《古代祭禮中之政教觀—以《禮記》成書前為論》*Gudai jili zhong zhi zhengjiaoguan: yi Liji chengshu qian weilun*，臺北 Taipei：文津出版社 Wenjin chubanshe，1997 年。

34. 邴尚白 Bing Shangbai：《葛陵楚簡研究》*Geling chujian yanjiu*，臺北 Taipei：國立臺灣大學出版中心 Guoli taiwan daxue chuban zhongxin，2009 年。

35. ———：《楚國卜筮祭禱簡研究》*Chuguo bushi jidao jian yanjiu*，新北 New Taipei：花木蘭文化 Huamulan wenhua，2012 年。

36. 徐文武 Xu Wenwu：《楚國宗教概論》*Chuguo zongjiao gailun*，武漢 Wuhan：武漢出版社 Wuhan chubanshe，2001 年。

37. 晏昌貴 Yan Changgui：《巫鬼與淫祀：楚簡所見方術宗教考》*Wugui yu yinsi: chujian suo jian fangshu zongjiao kao*，武漢 Wuhan：武漢大學出版社 Wuhan daxue chubanshe，2010 年。

38. 袁俊傑 Yuan Junjie：《兩周射禮研究》*Liangzhou sheli yanjiu*，北京 Beijing：科學出版社 Kexue chubanshe，2013 年。

39. 商承祚 Shang Chengzuo：《戰國楚竹簡匯編》*Zhanguo chuzhujian huibian*，濟南 Jinan：齊魯書社 Qilu shushe，1995 年。

40. 梁釗韜 Liang Zhaotao：《梁釗韜民族學、人類學研究文集》*Liang Zhaotao minzuxue, renleixue yanjiu wenji*，北京 Beijing：民族出版社 minzu chubanshe，1994 年。

41. 許進雄 Xu Jinxiong：《簡明中國文字學》*Jianming zhongguo wenzixue*，臺北 Taipei：學海出版社 Xuehai chubanshe，2000 年。

42. 湖北省文物考古研究所 Hubeisheng wenwu kaogu yanjiusuo、北京大學中文系 Beijing daxue zhongwenxi 編：《望山楚簡》*Wangshan chujian*，北京 Beijing：中華書局 Zhonghua shuju，1995 年。

43. 湖北省文物考古研究所 Hubeisheng wenwu kaogu yanjiusuo：《江陵望山沙塚楚墓》*Jiangling wangshan shazhong chumu*，北京 Beijing：文物出版社 Wenwu chubanshe，1996 年。

44. 楊華 Yang Hua：《古禮新研》*Guli xinyan*，北京 Beijing：商務印書館 Shangwu yinshuguan，2012 年。

45. 楊寬 Yang Kuan：《戰國史》*Zhanguo shi*，臺北 Taipei：臺灣商務印書館 Taiwan shangwu yinshuguan，2000 年。

46. 葉國良師 Ye Guoliang：《禮學研究的諸面向》*Lixue yanjiu de zhu mianxiang*，新竹 Hsinchu：國立清華大學出版社 Guoli qinghua daxue chubanshe，2010 年。

47. 賈海生 Jia Haisheng：《周代禮樂文明實證》*Zhoudai liyue wenming shizheng*，北京 Beijing：中華書局 Zhonghua shuju，2010 年。

48. 蒲慕州 Pu Muzhou：《墓葬與生死：中國古代宗教之省思》*Muzang yu shengsi: zhongguo gudai zongjiao zhi xingsi*，北京 Beijing：中華書局 Zhonghua shuju，2008 年。

49. 劉信芳 Liu Xinfang：《楚系簡帛釋例》*Chuxi jianbo shili*，合肥 Hefei：安徽大學出版社 Anhui daxue chubanshe，2011 年。

50.〔美〕Lothar Von Falkenhausen，〔日〕吉本道雅 Yoshimoto Michimasa 譯：《周代中国の社會考古学》*Syudai cyugoku no syakai kouko gaku*，京都 Kyoto：京都大学学術出版社 Kyoto daigaku gakujutsu syupansya，2006 年。

51.〔英〕霍布斯邦 Eric Hobsbawm 等著，陳思文 Chen Siwen 等譯：《被發明的傳統》*Bei faming de chuantong*，臺北 Taipei：城邦文化 Chengbang wenhua，2002 年。

期刊論文

1. 李亦園 Li Yiyuan：〈中國家族與其儀式：若干觀念的檢討〉"Zhongguo jiazu yu qi yishi: ruogan guannian de jiantao"，《中央研究院民族學研究所集刊》*Zhongyang yanjiuyuan minzuxue yanjiusuo jikan* 第 59 期，1985 年 6 月。

2. 林素娟 Lin Sujuan：〈飲食禮儀的身心過渡意涵及文化象徵意義—以三《禮》齋戒、祭祖為核心進行探討〉"Yinshi liyi de shenxin guodu yihan ji wenhua xiangzheng yiyi: yi san *Li* zhaijie, jizu wei hexin jinxing tantao"，《中國文哲研究集刊》*Zhongguo wenzhe yanjiu jikan* 第 32 期，2008 年 3 月。

3. 鄭雯馨 Zheng Wenxin：〈因祭視域中的包山楚簡禱祠祖先祭品考〉"Yinji shiyu zhong de baoshan chujian daoci zuxian jipin kao"，《東吳中文學報》*Dongwu zhongwen xuebao* 第 32 期，2016 年 11 月。

4. 韓碧琴 Han Biqin：〈《儀禮》〈少牢饋食禮〉、〈特牲饋食禮〉儀節之比較研究〉"Yili4.'Shaolaokui shili,' 'Teshengkui shili'yijie zhi bijiao yanjiu"，《國立中興大學臺中夜間部學報》*Guoli zhongxing daxue taizhong yejianbu xuebao* 第 3 期，1997 年 11 月。

會議論文集

1. 陳偉 Chen Wei：〈楚人禱祠記錄中的人鬼系統以及相關問題〉"Churen daoci jilu zhong de rengui xitong yiji xiangguan wenti"，收入陳昭容 Chen Zhaorong 主編：《古文字與古代史》*Guwenzi yu gudaishi* 第 1 輯，臺北 Taipei：中央研究院歷史語言研究所 Zhongyang

yanjiuyuan lishi yuyan yanjiusuo，2007 年。

2. 舒之梅 Shu Zhimei、劉信芳 Liu Xinfang：〈望山一號墓竹簡校讀記〉"Wangshan yihaomu zhujian jiaodu ji"，收入曾憲通 Zeng Xiantong 主編：《饒宗頤學術研討會論文集》*Rao Zongyi xueshu yantaohui lunwen ji*，香港 Hong Kong：翰墨軒 Hanmoxuan，1997 年。

3. 顏世鉉 Yan Shixuan：〈郭店楚簡散論一〉"Guodian chujian sanlun yi"，收入武漢大學中國文化研究院 Wuhan daxue zhongguo wenhua yanjiuyuan 編：《郭店楚簡國際學術研討會論文集》*Guodian chujian guoji xueshu yantaohui lunwen ji*，武漢 Wuhan：湖北人民出版社 Hubei renmin chubanshe，2000 年。

學位論文

1. 于成龍 Yu Chenglong：《楚禮新證──楚簡中的紀時、卜筮與祭禱》*Chuli xinzheng: chujian zhong de jishi, bushi yu jidao*，北京 Beijing：北京大學考古文博學院博士論文 Beijing daxue kaogu wenbo xueyuan boshi lunwen，2004 年。

2. 袁金平 Yuan Jinping：《新蔡葛陵楚簡字詞研究》*Xin cai geling chujian zici yanjiu*，合肥 Hefei：安徽大學博士論文 Anhui daxue boshi lunwen，2007 年。

3. 張明娜 Zhang Minglang：《先秦齋戒禮研究》*Xianqin zhaijieli yanjiu*，臺北 Taipei：國立臺灣大學中國文學系博士論文 Guoli taiwan daxue zhongguo wenxue xi boshi lunwen，2010 年。

4. 章景明 Zhang Jingming：《周代祖先祭祀制度》*Zhoudai zuxian jisi zhidu* 上冊，臺北 Taipei：國立臺灣大學中國文學系博士論文 Guoli taiwan daxue zhongguo wenxue xi boshi lunwen，1973 年。

5. 鄭雯馨 Zheng Wenxin：《論《儀禮》禮例研究法──以鄭玄、賈公彥、凌廷堪為討論中心》Lun *Yili* lili yanjiu fa: yi Zheng Xuan, Jia Gongyan, Ling Tingkan wei taolun zhongxin，臺北 Taipei：國立臺灣大學中國文學系博士論文 Guoli taiwan daxue zhongguo wenxue xi boshi lunwen，2013 年。

箋釋與新證
——《三禮》出土文獻與傳世史料釋義之探究

程克雅

臺灣東華大學中國語文學系

一、前言

關於「《三禮》注釋」的既有議題，在《三禮》既有的傳箋注疏等典籍中經歷久遠以來的論究和累積，可謂成果斐然。在傳世典籍的闡述中，由《鄭注》、《孔疏》在禮之章句與禮之節文的排列比較，到清代學者《三禮》新疏、《禮書通故》等彙整考述，「《三禮》論述」所衍生的「禮之源起」、「禮之器物」、「禮之節文」等說禮相關考釋也仍然方興未艾。

近年來關於先秦兩漢經典研究，環繞着新出文獻與文物的議題與材料不斷有新的進展。在眾多學者投入《三禮》的傳世文獻與出土文獻的對比和商榷之際，回顧既有議題，開發新觀點與詮釋，是本文擬以古訓考辨與「禮義」議題為聚焦，進行《三禮》論述為題的設想，藉由「新證」之法門，探究章句訓釋與詩旨詩義的闡發。

本文將以《三禮》古訓考辨與《三禮》論述為主要探究主題，以傳世《三禮》注疏與《三禮》出土文獻為研究對象。藉由王國維、于省吾等二十世紀初的學者研究典籍既已開展的「新證」方法，從傳世文獻的注釋學系譜脈絡對照現當代新出文獻的校理及釋讀，探究其中的異同；並從而藉以申論禮

義要旨的流衍及其於《三禮》詮釋史的意義。在研究相關《三禮》學的史料方面，從二十世紀所出土與新發現之金石《三禮》相關文獻、簡牘帛書之引《禮》、說《禮》與《三禮》相關典籍、敦煌文書之《三禮》相關典籍寫本、可資探究的對象茲略依時代先後列舉如下：

出土《三禮》文獻	傳世《三禮》文獻	發現年代	材料年代
殷商甲骨祭祀刻辭	參見《周禮·春官·太祝》記載	1899 年至今	B.C.1400-1100 年 [2]
商周青銅禮器及銘文	參見《周禮·地官·舍人》、《禮記·禮器》記載	《考古圖》著錄傳世彝器（1092年）；科學發掘（二十世紀至今）[3]	B.C.1250-221 年
《郭店楚簡》:《緇衣》、《五行》、《郭店楚簡》:《性自命出》、《六德》、《尊德義》《語叢一》、《語叢二》	傳世本《禮記·緇衣》傳世本《禮記·中庸》傳世本《禮記》文句雷同	1993 年	B.C.300 年 [4]

1　見《殷墟卜辭綜述》（北京：中華書局，1988 年）。又參常玉芝：《商代周祭制度》（北京：中國社會科學出版社，1987 年）。

2　見馬承源：《商周青銅器銘文選》（北京：文物出版社，1990 年）。另又參陳佩芬撰：《夏商周青銅器研究》（上海：上海古籍出版社，2004 年）。

3　見李學勤：《先秦儒家著作的重大發現》、《郭店楚簡與儒家經籍》、《荊門郭店楚簡中的〈子思子〉》，收入《中國哲學》第 20 輯，《郭店楚簡研究》專號。又參：廖名春《新出楚簡試論》（臺北：台灣古籍出版有限公司，2001 年）。

（續上表）

出土《三禮》文獻	傳世《三禮》文獻	發現年代	材料年代
《上海博物館所藏戰國楚竹書（一）》 《性情論》 《緇衣》 《武王踐祚》 《上海博物館所藏戰國楚竹書（二）》《民之父母》 《子羔》 《魯邦大旱》 《顏淵問於孔子》	傳世本《禮記·中庸》 傳世本《禮記·緇衣》 傳世本《大戴禮記·武王踐祚》 《孔子家語·論禮》及《禮記·孔子閑居》	1994 年	B.C.320-B.C.190 年 [5]
清華大學所藏戰國竹簡《耆夜》	「飲至」禮	2008 年	B.C.305 ± 30 年 [6]
《馬王堆帛書·五行篇》	「慎其獨」與《禮記·中庸》《禮記·大學》以及《禮記·禮器》文句比勘	1973 年	B.C.186-B.C.168 年 [7]
武威漢簡《儀禮》[8]	《儀禮》簡本 469 枚：甲本 398 枚包括《士相見》、《服傳》、《特牲》、《少牢》、《有司》、《燕禮》、《泰射》7 篇；乙本 37 枚《服傳》一篇；丙本 34 枚《喪服》一篇	1959 年	B.C.165 年

4　見彭林：〈郭店楚簡與《禮記》的年代〉，《中國哲學》，第 21 輯，2000 年 1 月與彭林：《三禮研究入門》（上海：復旦大學出版社，2012 年）；另又參邢文：〈《禮記》的再認識——郭店、上博楚簡中與《禮記》有關的文獻〉（《上古文明研究》）。

5　見彭林：〈清華簡《耆夜》飲至禮辨析〉，《中正漢學研究》第 23 期（臺灣：中正大學中文系，2014 年 6 月）。

6　見梁濤：《出土文獻與君子慎獨——慎獨問題討論集》（桂林：灕江出版社，2012 年）。

7　見沈文倬：〈《禮》漢簡異文釋〉，《文史》第三十三、三十四、三十五、三十六輯，1990-92 年，頁 19-56、47-93、49-79、101-123。李維棻：〈武威漢簡文字考辨〉，《輔仁大學人文學報》1 期，1970 年 9 月，頁 269-282。高明：〈據武威漢簡談鄭注《儀禮》今古文〉，《傳統文化與現代化》，1996 年第 1 期，頁 26-40。

（續上表）

出土《三禮》文獻	傳世《三禮》文獻	發現年代	材料年代
《肩水金關漢簡》	《齊論語》互見《禮記‧聘義》文句	1973 年	B.C.140-B.C.87 年[9]
《岳麓書院所藏秦簡》[10]	《占夢書》互見《周禮‧春官‧宗伯》文句	2007 年	A.D.50-A.D.100 年
《漢石經》《儀禮》殘碑	戴德本《儀禮》[11]	1940 年代	A.D.175-A.D.183 年
敦煌文書《禮記》	存《禮記》經、注、傳、音、正義[12]	1908 年	A.D.405-A.D.1002 年
吐魯番《禮記》殘卷	《禮記》[13]	1966 年	A.D.627 年 -

　　在以上的出土文獻實證及學者的整理和對勘研究中，首先可以得到一個初步的看法，那也就是在商周時期以來見於載籍的各種與禮相關的論述及事義，也經見於不同的出土文獻當中，形成共同語典來源於《三禮》的情況。

　　其次，若依據上表歷來爬梳出土文獻中與《三禮》相關的連繫，參考王國維在《觀堂集林》〈釋史〉、〈釋豊〉的觀察，古代典籍和出土文獻間的禮之典章與禮之事義，頗可參互相證，有謂：

　　　　卿士本名史也，又天子諸侯之執政通稱御事，而殷冀卜辭則稱御史，是御事亦名史。……〈曲禮〉天子建天官先六大，曰：大宰、大宗、

8　參見：王楚甯、張予正：〈肩水金關漢簡《齊論語》的整理〉，《中國文物報》2017年8月11日，第六版。又見於尉侯凱：〈讀《肩水金關漢簡》零札七則〉，《西華大學學報（哲學社會科學版）》2017年第1期。

9　見陳松長：《嶽麓書院所藏秦簡綜述》，《文物》2009年第3期。

10　見馬衡：〈從實驗上窺見漢石經之一斑〉，收入《凡將齋金石叢稿》（北京：中華書局，1977年）；及參見劉文獻：《漢石經儀禮殘字集證》（臺北：嘉新水泥公司文化基金會出版，1969年）。

11　見許建平：〈從敦煌寫本《禮記音》殘卷看六朝時鄭玄《禮記注》的版本〉，《敦煌經學文獻論稿》（杭州，浙江大學出版社，2016年）。

12　見劉波：〈普林斯頓大學東亞圖書館藏吐魯番文書唐寫本經義策殘卷之整理與研究〉，《文獻》2011年第03期，頁10-23。

大史、大祝、大士、大卜。典司六典。《注》：此蓋殷時制。大史與大宰
同掌天官，固當在卿位矣。《左傳・桓十七年》：天子有日官，諸侯有日
御，日官居卿以底日以日官為卿，或亦殷制周，則據〈春官・序官・大
史〉……其中官以大史為長；秩以內史為尊。內史之官雖在卿下，然其職
之機要，除冢宰外，實為他卿所不及。自《詩》、《書》、彝器觀之，內
史實執政之一人，其職與後漢之後之尚書令、唐宋之中書舍人、翰林學
士、明之大學士相當，蓋樞要之任也。此官周初謂之作冊，其長謂之尹
氏，尹氏從又執丨象筆形，《說文》所載尹之古文作𦈢，雖傳寫訛舛未可
盡信，然其下猶為聿形可互證也。持中為史，持筆為尹，作冊之名亦與
此意相會，試詳證之：《書・洛誥》「王命作冊逸祝冊」又「作冊逸告」「作
冊」二字《偽孔傳》以「王為冊書」釋之。〈顧命〉「命作冊度」《傳》亦
以「命史為冊，書法度」釋之。孫氏詒讓《周官正義》始云：「尹逸蓋為
內史，以其所掌職事言之，謂之作冊。」始以作冊為內史之異名。余以
古書及古器證之，孫說是也。案：《書・畢命・序》「康王命作冊，畢分
居里，成東郊，作畢命。」《漢書・律歷志》引逸〈畢命豐刑〉曰：「王
命作冊豐刑」《逸周書・嘗麥解》亦有「作笑」。此皆冊一官之見於古書
者。其見於古器者，則癸亥父己鼎云：「王賞竹冊豐貝」；寰卣云：「王
姜命作冊，寰安夷伯」；吳尊蓋云：「宰朏右作冊吳入門」皆以作冊二字
冠於人名上，與書同例。而吳尊蓋之作冊吳，虎敦、牧敦皆作內史吳，
是作冊即內史之明證也。亦稱作冊內史：師艅敦「王呼作冊內史冊命師
艅。」允盂「王在周命作冊錫允圍□□」；亦稱作命內史：刺鼎「王呼作
命內史冊命刺」是也。內史之長曰內史尹，亦曰作冊尹：師兌敦「王呼
內史尹冊命師兌」，師晨鼎「王呼作冊尹冊命師晨」，允敦「王受作冊尹
者俾冊命允」是也。亦單稱尹氏：《詩・大雅》「王謂君氏命程伯休父」，
頌鼎、寰盤「尹氏受王命書」，克鼎「王呼尹氏冊命克」，師𤲬敦「王呼
尹氏作冊命師𤲬是也」。或稱命尹：伊敦「王呼命尹邦冊命伊」是也。作
冊尹氏皆《周禮》內史之職，而尹氏為其長。其職在書王命與秩祿命官，
與大師同秉國政。故《詩・小雅》曰：「赫赫師尹，不平謂何？」又曰：「尹

氏大師，維周之氏，秉國之鈞。」詩人不欲斥王，故呼二執政者而告之。師與尹乃二官。與〈洪範〉之「師尹惟日」〈魯語〉「百官之政事師尹」同，非謂一人。而師其官，尹其氏也。《書·大誥》「肆予告我友邦君，越尹氏、庶士、御事，多方諸爾四國，多方越爾殷侯尹民」民當為氏字之誤也。尹氏在邦君殷侯之次，乃侯國之正卿，殷周之間已有此語，説詩者乃以詩之尹氏為大師之氏，以春秋之尹氏當之不亦過乎。且春秋之尹氏亦世掌其官，因以為氏耳。然則尹氏之號本於內史書之庶尹、百尹，蓋推內史之名以名之，與卿士、御士之推史之以名之者同。然則前古官名多從史出，可以覘古時史之地位矣。[13]

在以上所引證的文篇中，王國維在「比校」考察殷商青銅器銘文文例與《詩》、《書》和《周禮》職官名義考辨實例，逐一加以說釋對比辭例，並舉證青銅器銘文中的詞例加以證説，在傳世文獻和出土文獻之間利用語詞的參引互見，在訓釋未知或未釋的字義，可以得到互相證成的效用，也同時可以藉着參稽互見的情形，推衍相近的異文，達成文句的順解，了解成語專名或是形式不甚固定的套語在《詩》、《書》等古代典籍裏運用及傳抄或傳播的樣態。王國維藉《說文解字》再就字義的探究和古代人事的關係加以闡釋，〈釋豊〉一篇中又謂：

　　……此諸字皆象二玉在器之形。古者行禮以玉，故《說文》曰：「豐，行禮之器」，其説古矣。惟許君不知玨字即玨字，故但以從豆象形解之，實則豊從玨在凵中，從豆乃會意字而非象形字也。盛玉以奉神人之器謂之𣪘，若豊；推之而奉神人之酒醴亦謂之醴，又推之而奉神人之事通謂之禮。其初當皆用𣪘若豊二字（卜辭之醴豊，醴字從酉，則豊當假

---

13 見王國維：《觀堂集林》〈釋史〉，《觀堂集林》卷六，《王國維遺書》第一冊（上海：上海古籍出版社，1917 年），頁 14-15。

為酒醴字）。其分化為「醴」、「禮」二字，蓋稍後矣。[14]

另一方面，在考察二重證據的方面方面，不僅同辭名義或異名同辭的詞例在《周禮》職官名稱中可以施之以考述，在字源的理據上可以求證成的脈絡，成語套語等異文對勘，也是參比互證的要依據：

> 《詩》、《書》為人人誦習之書，然於六藝中最難讀。……漢魏以來諸大師未嘗不強為之說，然其說終不可通，以是知先儒亦不能解也。其難解之故有三：訛闕，一也。古語與今語不同，二也。古人頗用成語，其成語之意義，與其中單語分別之意義又不同，三也。唐宋之成語，吾得由漢魏六朝人書解之，漢魏之成語，吾得由周秦人書解之。至於《詩》、《書》，則書更無古於是者。其成語之數數見者，得比校之而求其相沿之意義，否則不能贊一辭。[15]

藉着習用成語現象求取《詩》、《書》書面語言含義之外，值得對照比勘的文書現象，以求跨越不同典籍的樊籬，了解古代圖書的傳抄形態，這種當時語言的習用現象也會形成另一種互為徵引的史料，在輯證推勘時，能為上古典籍尋求經見相沿的詞語意義，有利於訓解《三禮》相關文篇，也有益於建立典籍的形制和結構。

二、歷史文獻回顧

清人究心《三禮》古訓與《三禮》的相關文獻史料與語文考釋可謂在典

14　見王國維：《觀堂集林》〈釋豐〉，《觀堂集林》卷六，《王國維遺書》第一冊（上海：上海古籍出版社，1917 年），頁 14-15。

15　同上註。

籍訓釋中尤繁複，迭有辨證駁議。相關論述在傳世文獻研究的階段就一直是
學者競相探掘的主題，在楊天宇《鄭玄三禮注研究》、鄧聲國《清代儀禮文
獻研究》與潘斌《二十世紀中國三禮學史》等著作之中，極力強調並展現探
驪《三禮》古訓和古傳注中的禮義訓解的重要，也在其著作中進行《三禮》
學史的回顧，提出以二十世紀考古發現全方位地促進了《三禮》研究的進步；
卻也在現代學術意識與《三禮》傳注訓詁的重新省視中，仍然肯定「禮之起
源」議題為核心，「禮之文」、「禮之具」、「禮之意」（語本黃侃《禮學略說》）[16]
等為主要論述主軸，建構具備科學觀念、文學觀與文化視野的傳注訓詁，凸
顯現代學術意識主導《三禮》學術史研究的見解。[17]

　　俞偉超、高明嘗撰〈周代用鼎制度研究〉，詳說列鼎制度中的差序規
制。[18] 而後，李健民亦述〈藏禮於器：夏商周時期青銅器禮制思想〉一文，強
調着重結合文化語境與禮器和禮義詮釋，以重視傳世載籍訓釋材料和方法的
成果為研治《三禮》基礎，再進行二重證據的對治。他認為青銅禮器的體制
是青銅文化的核心內涵；而青銅禮器則涵蓋烹飪食器、酒器、水器和樂器。
青銅禮器專為王室及上層貴族所用，推闡其組合與數量的差異是劃分權利和
地位區別的重要表象，從而形成等級森嚴的禮制。[19] 唯此一進路不僅上承漢唐
舊注傳疏，也同樣在清人的語文新疏中不斷訂正與實踐。，而為當前出土文獻
《三禮》釋文釋義的必經之途。

　　陳麗桂撰《近四十年出土簡帛文獻思想研究》、楊朝明撰《出土文獻與

16　黃侃〈禮學略說〉謂：「有禮之意，有禮之具，有禮之文。」，文載《文藝叢刊》（中
　　央大學）2 卷 2 期，1936 年 1 月。收入《黃侃論學雜著》（北京：中華書局，1964 年）。
17　見楊天宇：《鄭玄三禮注研究》（上海：上海古籍出版社，2004 年）、鄧聲國：《清代
　　儀禮文獻研究》（上海：上海古籍出版社，2006 年）；潘斌：《二十世紀中國三禮學史》
　　（南京：南京大學出版社，2016 年）。
18　見俞偉超、高明：〈周代用鼎制度研究（上）（中）（下）〉，《北京大學學報》（哲學
　　社會科學版）1978 年第 1 期（1978 年 2 月），頁 84-98、1978 年第 2 期（1978 年 4
　　月），頁 84-97、1979 年第 1 期（1979 年 2 月），頁 83-96。
19　李健民：〈藏禮於器：夏商周時期青銅器禮制思想〉，《中國社會科學報》，2014 年
　　12 月 08 日 16:47 http://collection.sina.com.cn/jczs/20141208/1647172590.shtml。

儒家學術研究》、楊華著《新出簡帛與禮制研究》、曹建墩著《先秦禮制探賾》等著述，充分涵蓋《三禮》學的古今面向，又於回顧二十世紀《三禮》學基於新出文獻研究成果，展望未來的發展，倡議〈《三禮》出土文獻和古籍整理〉文中重申李學勤、胡平生、廖名春等學者在王國維的二證據與新證方法基礎下，歷來積累的考證與史料的整理成果，視出土《三禮》文獻的零拾與古文字考訂，與古籍整理的目標息息相關，亦為《三禮》學不可忽視的一重要取向。[20]而裘錫圭〈考古發現的秦漢文字資料對於校讀古籍的重要性〉一文，就西漢時代學者即知以孔所出古文校以流傳之今文經籍，歷數出土與傳世文獻相證的歷程，說明傳世古籍和考古發現之古書間校讀的四種情況：一是同一書的古今本；二是雖非一書但同出一源同記一事之本；三是藉由古代文字資料得以闡明傳世古書之詞義或訂正錯誤；四是古代文字資料表現用字和書寫習慣可據以校讀古書。[21]再又如單周堯〈古文字與國學典籍之訓詁及整理〉也指出七項古文字的運用：其一是過古文字之初形加深讀者之理解；其二是根據古文字字形以確定典籍文字之無誤；其三是據古文字研究以知古代傳箋之然否；其四是據古文字字形以定古箋注之甲乙；其五是據古文字研究以提供古音之證據；其六是據古文字以闡釋前人時賢之解疏；其七是據古文字闡釋詞義以補人時賢之不足。[22]以上古文字考釋與古書校讀乃着重將具體的

20　見陳麗桂：《近四十年出土簡帛文獻思想研究》（臺灣：五南書局，2013 年）、楊朝明：《出土文獻與儒家學術研究》（臺灣：五南書局，2007 年）、楊華：《新出簡帛與禮制研究》（臺灣：五南書局，2007 年）與曹建墩：《先秦禮制探賾》（天津：天津人民出版社，2010 年）。在博碩士論著方面，亦有西山尚志：《可以和傳世文獻相對照的先秦出土文獻研究》，山東大學博士論文，2009 年。與單育辰：《楚地戰國簡帛與傳世文獻對讀之研究》（北京：中華書局，2014 年）。黃武智：〈上博楚簡「禮記類」文獻研究〉，中山大學中國文學系研究所博士論文，2008 年。顏世鉉：《戰國秦漢簡帛校讀方法研究》，台灣大學博士論文，2012 年。黃庭頎：《春秋青銅禮器銘文演變研究》，臺灣大學中國文學研究所博士論文，2015 年。劉洪濤：〈上博竹書《民之父母》研究〉，北京大學碩士論文，2008 年等。

21　見裘錫圭：〈考古發現的秦漢文字資料對於校讀古籍的重要性〉，《中國社會科學》1980 年五期。

22　見單周堯：〈古文字與國學典籍之訓詁及整理〉，《中國訓詁學報》2013 年。

方法施用於出土文獻與傳世《三禮》學及其傳注疏之研究、訓詁與解經方法和新出早期《三禮》原初文獻的語文考訂，係當前學術探究之要務。在彭林《中國古代禮儀文明》一文中，揭出四項議題：「禮樂文化的性質問題」、「禮樂文化之現代價值」、「古代禮儀文化之民族特色」、「古代禮樂思想與東亞文明」[23]，在這四項議題而言，也可說是當前研議《三禮》學文獻當務之急。考察《三禮》各書篇什次第家數、了解《三禮》篇章文體、探究《三禮》典籍結構之形成與地域情境，考掘《三禮》禮義與文明反映，也在現今新出《三禮》文獻的第一手輯錄和董理之時，形成問題意識主軸。

三、《三禮》古訓考辨與出土文獻新證

在《三禮》古訓考辨與新證兩相對應的前提下，茲就《三禮》語文箋證與「文篇」、「文體」、「文字」、「文義」推闡等方面，進行有關的論述回顧和考察。

（一）《三禮》語文箋證與「文篇」與「文義」推闡

郭店楚簡《性自命出》中得以印證傳世文獻《禮記·檀弓下》的章句為：

> 喜斯陶，陶斯奮，奮斯詠，詠斯猶，猶斯舞；舞，喜之終也。慍斯憂，憂斯戚，戚斯歎，歎斯辟，辟斯踊；踊，慍之終也。[24]

《禮記·檀弓下》的章句為：

23　見彭林：《中國古代禮儀文明》（北京：中華書局，2004 年）。
24　荊門市博物館編著：《郭店楚墓竹簡》（北京：文物出版社，1998 年）。

有子與子游立，見孺子慕者，有子謂子游曰：「予壹不知夫喪之踴也，予欲去之久矣。情在於斯，其是也夫？」子游曰：「禮：有微情者，有以故興物者；有直情而徑行者，戎狄之道也。禮道則不然，人喜則斯陶，陶斯詠，詠斯猶，猶斯舞，舞斯慍，慍斯戚，戚斯嘆，嘆斯辟，辟斯踴矣。品節斯，斯之謂禮。人死，斯惡之矣，無能也，斯倍之矣。是故制絞衾、設蔞翣，為使人勿惡也。始死，脯醢之奠；將行，遣而行之；既葬而食之，未有見其饗之者也。自上世以來，未之有舍也，為使人勿倍也。故子之所刺於禮者，亦非禮之訾也。」[25]

以上相關論述自彭林撰文，釋讀出土文獻之出典與檀弓篇有子與子游問「情」之所在語文獻互見關聯而略有不同，更揭出多種古籍述引此段文句，並足以參稽互證的現象，由此可見相關文篇在戰國時期早期儒學文獻的傳播與樣貌。[26] 而文篇中核心之提問在於子游語回應有子「刺於禮」喪禮節文之「辟踴」。進而在「踴，慍之終也。」這一出土文獻的文句中，對照《禮記》「品節斯，斯之謂禮。」是謂為禮道之禮義。

出土文獻中亦有非書籍整段的文字，而是篇章片段的引述。正如前文所及裘錫圭撰文所說，有同書異本、異本同源的情況。例如：干禁帝，張了正〈肩水金關漢簡《齊論語》的整理〉一文即提到藉着《論語》的整理和對勘互證，也有對應於禮書的篇段，足以資考證文獻的流行地域及思潮的原初形態，有謂：

肩水金關漢簡所見《齊論語》失傳章句簡八「之方」章（「☐之方也思理自外可以知☐」），此章見《説文・玉部》「（玉）有五德：潤澤以溫，

25　楊天宇：《禮記譯注》（上海：上海古籍出版社，1997年）。

26　見彭林：〈經田遺秉偶拾〉，《學林漫錄》，14輯（北京：中華書局，1998年）。彭林：〈禮緣何而作〉，《文史知識》，第12期。彭林：〈始者近情終者近義——子思學派對禮的理論詮釋〉，《中國史研究》第3期）等篇闡釋。

仁之方也；觀理自外，可以知中，義之方也；其聲舒揚，專以遠聞，智之方也；不橈而折，勇之方也；銳廉而不技，絜之方也」。《說文》釋義時多引《論語》、《逸論語》，此章或亦為《說文》引用《齊論語》。另見《孔子家語‧問玉》、《禮記‧聘義》與《荀子‧法行》，三書所載內容較《說文》為多，在引述此句前有「子貢問於孔子曰」及「孔子曰」，故此章或當屬《齊論》。[27]

《禮記‧聘義》對於「玉有五德」的篇段，則謂：

> 玉有五德：溫潤而澤，有似於智；銳而不害，有似於仁；抑而不撓，有似於義；有瑕於內，必見於外，有似於信；垂之如墜，有似於禮。[28]

這兩段也可見雖言論所引述的文句或詳或略，但西漢末期的竹簡所載遺，也有助於判斷其引述的文獻流派和相同來源的傳世文獻脈絡，進而有益於詮釋相關的經籍及推衍其文義。

（二）《三禮》語文箋證與「文體」

青銅器銘文種類各別，文體亦異；新出簡帛反映戰國秦漢以來典籍書證，亦或有載記，足以映證《三禮》禮文與其文例。藉不同的文本相互對勘，可以鉤稽其中有以共引《詩》、《書》文例表現者，有以共為祝嘏、禱祠、冊命等文例表現者，亦有與禮類傳世書籍文句類似或雷同者。以各本〈緇衣〉篇相對勘，尤以傳世本《禮記‧緇衣》引〈說命〉以見其文篇體裁，對於其內容的揣度和簡文的順序皆有勘訂參正的作用。

《禮記‧緇衣》引《兌命》語曰：「惟口起羞，惟甲冑起兵，惟衣裳在笥，

---

27 見王楚甯、張予正：〈肩水金關漢簡《齊論語》的整理〉，《中國文物報》2017 年 8 月 11 日，第六版。又見 http://www.gwz.fudan.edu.cn/Web/Show/3084

28 楊天宇：《禮記譯注》（上海：上海古籍出版社，1997 年）。

惟干戈省厥躬。」在這段文字中，學者皆注意所及，對讀不同的《古文尚書》《説命》在經籍中互見徵引的情形。[29]〈清華簡《説命》與傳世典籍引文對讀〉一文中加以參比諸書，有曰：

> 清華簡本《説命中》六──七簡，作「作（且）隹（惟）口起戎出好，隹（惟）干戈作疾，隹（惟）愸戴（載）病，隹（惟）干戈生（眚）辟（厥）身」。郭店簡本、上博簡（一）本《緇衣》均無。
>
> 《禮記·緇衣》引《兑命》曰：「爵無及惡德，民立而正事，純而祭祀，是為不敬。事煩則亂，事神則難。」郭店簡本、上博簡（一）本《緇衣》均無。清華簡本《説命》亦無。
>
> 《古文尚書》之《説命中》作：「官不及私昵，惟其能；爵罔及惡德，惟其賢。慮善以動，動惟厥時。有其善，喪厥善。矜其能，喪厥功。惟事事乃其有備，有備無患。無啟寵納侮，無恥過作非。惟厥攸居，政事惟醇。黷于祭祀，時謂弗欽。禮煩則亂，事神則難。」
>
> 《禮記·文王世子》引《兑命》曰：「念終始典於學。」此句不見清華簡本，見於《古文尚書》之《説命下》。
>
> 《禮記·學記》引《兑命》曰：「學學半。」此句不見清華簡本，見於《古文尚書》之《説命下》，與上一句連在一起，作「惟敩學半，念終始典於學」。
>
> 《禮記·學記》引《兑命》曰：「敬遜務時敏，厥休乃來。」此句不見清華簡本，見於《古文尚書》之《説命下》，作「惟學遜志，務時敏，厥脩乃來」，是編聯時將文句做了改動。

29　關於先秦古籍互見徵引的整理，見何志華、朱國藩、樊善標等人主編：「先秦兩漢典籍重見資料系列」、「先秦兩漢文獻引經叢書系列」、「專題研究系列」、「漢達古籍研究叢書」（香港：中文大學中國文化研究所中國古籍研究中心編輯及製作，2005-2007年）。該叢書以「逐字索引系列叢書」之文獻纂編基礎，為先秦兩漢古籍傳布之圖像提供了全面的觀照進路。

因此該篇在排比諸《禮記》文句與引用情形之後，認為所引的後四條文字均不見清華簡本《說命》，當是別有所本。推測是《說命》其它篇章中的文句，故判斷先秦時期流傳的《說命》原本非僅只於三篇之數。[30]

單周堯先生撰有〈清華簡《說命上》箋識〉，則綜合運用出土文獻資料和古文字資料，演繹古字形義演變之跡，藉由「惟殷王賜說于天」、「甬為失仲使人」、「王命厥百工向，以貨徇求說于邑人」、「惟弨人得說于傅嚴」四段的詳密考查，徵得出土殷甲骨刻辭及青銅器銘文，着重文字字形和文篇關鍵字詞名義的勘訂，以箋識之法釐析相關字詞，方得以順讀解析茲篇簡文。[31] 在傅說故實與傳說的原型與不同篇章敍事研究方面，清華簡的問世，一方面彌補了傳世文獻之不足，一方面卻又牽引起後出《古文尚書》偽撰的爭議公案。釋文考釋、語譯之外，相關文篇文義與傳世文獻的對比，至今亦因此而有文義方面的不同延伸。[32]

（三）《三禮》語文箋證與「文字」通假和語例考辨

欲會通釋讀《三禮》語文，需取徑於傳世傳注箋證與今人「文字」通假和語例考辨。而王國維和于省吾在古籍中加之以證的訓釋方法則尤為人所重視，也因此得到不少重新識讀古書文句，明辨章句涵義的成果。

乂與刈字和辟與辭字，見於《說文解字·艸部》「艾」下，而其中文字通假說法紛紜，《詩經·周頌·訪落》「朕未有艾」與出土銘文之「保辟」字又有不同說釋。清代學者徐灝撰《讀書雜釋》嘗考經籍所見艾乂字與《說文解字》釋義，梳理其正字與借字之別，有謂：

30　參見知北游撰：〈清華簡《說命》與傳世典籍引文對讀〉，文篇首發見：
http://blog.sina.com.cn/s/blog_57c4f8f10101i5u3.html
31　單周堯：〈清華簡《說命上》箋識〉，《揚州大學學報》（人文社會科學版）2014 年 2 月。
32　見邱彥儒：《先秦「傅說」記述研究》，臺灣南投：暨南大學中文系碩士論文，2015年。

　　按《説文·草部》云：「艾，冰臺也。」《丿部》云：「乂，芟草也。從丿，從乀，相交。刈，乂或從刀。」乂，正字；刈，或體字；艾，借字也；古多通用。又，乂治之乂，《説文》作嬖。懲艾之艾，《説文》作㦰。今則以乂為治嬖之嬖，而以艾為㦰懲之㦰。是以古人借字為正字，而不識本字也。[33]

徐氏之説，惟就正字與借字作分別，至王國維《觀堂集林·卷六·釋辥·上》方有更深入的考辨和理據，有謂：

　　彝器多見辥字。毛公鼎云：「𥏻辥厥辥」又云：「辥我邦我家」克鼎云：「辥王家」又云：「保辥周邦」宗婦敦云：「保辥𨺚國」晉邦盒云：「保辥王國」其字或作辥，或作辥，余謂此經典中之乂艾本字也。〈釋詁〉：「乂，治也，艾，相也，養也。」《説文》「嬖，治也，從辥乂聲。《虞書》曰：『有能俾嬖』是經典乂字壁中古文作嬖」。此嬖字蓋辥字之譌。初以形近譌為辥，後人因辥讀與辥讀不同，故又加乂以為聲，經典作乂作艾，亦辥之假借。《書·君奭》之「用乂厥辥」即毛公鼎之「𥏻辥厥辥」也。〈康誥〉之「用保乂民」、〈多士〉、〈君奭〉之「保乂有殷」、〈康王之誥〉之「保乂王家」、《詩·小雅》之「保艾爾後」即克鼎、宗婦敦、晉邦盒之保辥也。「辥」厥辥之，辥用相義；保辥之辥兼相養二義，皆由治義引申。其本義當訓為治。殷虛卜辭有𨝹字，其字從𠂤從𨑃，與辥字從人從旁同意。𠂤者眾也，金文或加從止蓋，謂人有𨑃𠂤以止之，故訓治，或變止為屮，與小篆同中者，止之譌。猶奔字盂鼎作𡘾，從三止。克鼎及石鼓文均變而從三屮矣。《説文》不知「嬖」為辥之譌字，以辥之本義系於嬖下，復訓辥為臬，則又誤以之𨑃本義為辥之本義矣。[34]

33　于省吾：《澤螺居詩經新證》（北京：中華書局，1982 年），頁 82。
34　王國維：《觀堂集林·卷六·釋辥·上》。

于省吾《澤螺居詩經新證》「朕未有艾」（《詩經·周頌·訪落》）則順承王國維之説再加以説釋，有謂：

> 鄭箋：「艾，數，我於是未有數，言遠不可及也。」
> 　按：艾之本字應作辥，詳王國維〈釋辥〉。《詩》、《書》之「保乂」、「保艾」即克鼎、宗婦鼎、晉邦盦之「保辥」。全文凡言辥，多係夾輔之意。毛公鼎「亦唯先正克辥厥辟」，言亦為先正克輔其君也。克鼎「諫辥王家」，言協輔王家；「保辥周邦」，言「保輔周邦」。「朕未有辥」言「朕未有輔」。予將就之，繼猶叛渙」言予將就之，而未能合。正自謂其無所輔也。「維予小子，未堪家多難」，蓋時變方殷，思復周公，成王已有悔心矣。箋訓艾為數，戴震讀艾為刈，錢大昕訓艾為歷，均非達詁。

為例，他先舉列《詩經》鄭箋之説，再援引《詩》、《書》傳世典籍，勘證詳考出土文獻，也檢視清人戴震、錢大昕之訓解，對鄭箋和前人之説未密之處加以辨正。由此《詩經·周頌·訪落》中的文句方能就禮典徵之於詩的角度加以申述其義。韓高年、鄧國仝撰〈周初冠禮儀式樂歌及儀式誦辭考論——以《周頌》四詩與《周書·無逸》為中心〉一文，謂今傳《三禮》雖未能盡考周初禮制之全貌，然而尚有見存於《詩》、《書》之中禮儀，《周頌》之《閔予小子》、《訪落》、《敬之》、《小毖》四詩為天子的加冠踐阼之禮即是其例。此四首可以推闡其周成王冠禮儀式樂歌；《尚書·無逸》則是周公在該儀典中告誡成王的誦辭。[35]

于省吾《澤螺居詩經新證》又考「是以有譽處兮」（《詩經·小雅·白華之什·蓼蕭》、《詩經·小雅·北山之什·裳裳者華》）之「譽」字義，他先舉列《詩經》傳箋之説，再援引各種傳世典籍，勘證詳考出土文獻，從而檢視清人之訓解：

35　韓高年、鄧國均撰：〈周初冠禮儀式樂歌及儀式誦辭考論——以《周頌》四詩與《周書·無逸》為中心〉《西北師大學報：社會科學版》（蘭州）2011 年 6 期。

鄭箋：「是以稱揚德美，使聲譽常處天子。」（〈蓼蕭〉）「是則君臣相與，聲譽常處也。」（〈裳裳者華〉）

按：譽、與古通。《禮記・射義》「《詩》曰：則燕則譽」，鄭注：「譽或為與」齊鎛「𦥯鄩之民人都啚」，與即譽。古从口从言，一也。是假𦥯為與也。《書・堯典》「佁與」，《漢書・古今人表》作「柏譽」。《韓非子・有度》「忘主之外交以進其與」，《管子・明法》與作譽。《荀子・儒效》「比周而譽俞少」，王念孫謂譽即與字。

「與處」乃古人語例。〈旄丘〉「何其處也，必有與也」，〈葛生〉「誰與獨處」，〈黃鳥〉「不可與處」皆其證也。〈蓼蕭〉，「既見君子，我心寫兮，燕笑語兮，是以有譽處兮。」〈裳裳者華〉：「我覯之子，我心寫兮，我心寫兮，是以有譽處兮」二詩皆言相見之後，情孚意愜，無寂寞之憂，故云是以有與處兮。《箋》訓譽為聲譽，《集傳》引蘇氏以譽為豫，並非。[36]

在此比輯各經典語例之說擇取勝義，以訂鄭箋釋「譽」讀如字之誤，以「譽」當為「與」之假字，取其「與處」義；不取「讚譽」義。更駁正《詩集傳》以「譽」為「豫」之說。藉考釋出土銘文中「譽」、「與」二字通用，歸納其語例互見多本典籍，而且形成經見常用語例的「是以有譽處兮」為「與處」之義，在前後文語境中更具有順解的作用和涵義。

于省吾《澤螺居詩經新證》「報我不述」（《詩經・邶風・日月》）為例，他先舉列《詩經》傳箋之說，再進行援引與詳考：

毛傳：述，循也。

鄭箋：不循，不循禮也。

按：述、墜音近字通。《書・酒誥》：「今惟殷墜厥命。」盂鼎：「我聞殷述命」。《書・君奭》「乃其墜命」之墜，魏石經古文作述。金文墜

---

36 于省吾：《澤螺居詩經新證》（北京：中華書局，1982 年），頁 27。

作豙，述乃假字，邿公華鐘「恕穆不豙于乐身」，師袁簋「師袁虔不豙」，
彔伯戎簋「女肇不豙」。是不豙乃周人語例。《廣雅・釋詁》:「墜，失也。」
報我不失。言必須報我也。與上「寧不我報」及「俾也可忘」意正相同。
若云「報我不循禮」則疏也。[37]

　　比輯各經典語例之說擇取勝義，在本文中則以訂鄭箋釋「述」字，以「述」
當為「豙」之假字，取其「墜失」義；不取「述循」義。就其他詞例較常用，
而且形成經見用例的「報我不述」為「不失」之義，在前後文語境中更具有
順解的作用和涵義。

　　《三禮》古訓考辨與新證的進路在清代學者累積輯校和彙釋開展，由以上
之例可見，《三禮》中經籍用字與經文文義的考辨，對於篇旨與禮義的詮釋至
關緊要，無論是文篇中聲音之道與政通的涵意、具德行之君子的身份和地域
關聯和語境，乃至一字之形容、一語之容儀，都在文篇輾轉引述前後文脈意
蘊中佔重要的釋義作用與位置。新證之法和篇旨的詮釋也因而密切相關，足
資藉以訂古注箋疏之誤，也可以申說展延其精義。

四、結語

　　裴錫圭先生嘗撰〈考古發現的秦漢文字資料對於校讀古籍的重要性〉一
文，回顧清代以來，清人新疏中對於新證方法的實踐，早已歷歷可數。例
如：清人程瑤田撰理《考工創物小記》藉實物與繪圖考證文獻載記，重視史
料學同考古學相結合、王筠撰《說文釋例》、《文字蒙求》皆涉及六書之分類
問題，由出土文獻如鐘鼎銘文來印證象形字「畫成其物，隨體詰屈」之形體
概念；並謂象形字大致與許慎的界說相合。錢大昕之侄錢坫也得阮元門人周

37　于省吾：《澤螺居詩經新證》（北京：中華書局，1982 年），頁 11。

中孚之推重，謂其：「十蘭精於考古，所得古器有以證文字之源流，辨經史之訛舛者，因仿《博古》《集古》及《薛氏法帖》諸編，摹其形制，文字為之考釋。」要在於「摹其形制」。[38] 因可見清代乾嘉時期之着重考據校勘之學者，早就將其理諸經新疏與箋釋的方法延入二重證據的實踐，同時以此實證達成具體的考釋成果。另外，楊樹達在《積微居小學述林·溫故知新說》更有謂：

> 夫曰「溫故而知新」者，先溫故而後知新也。優遊涵泳於故業之中，而新知忽湧焉。[39]

由以上學者所述來看，無論是不同的文獻與典籍流傳的講論，或是出土篇什與《三禮》事類文義的配當與質疑，在此時戰國秦漢簡帛陸續出現並且得到文字的釋讀整理同時，只有分析多重來源，掌握多元論述趨向，方能在眾多新出土異本文獻與傳世圖書的相互考證和對比下，為《三禮》研讀與考述，開啟溫故知新的傳述與推闡。

38　見裘錫圭：〈考古發現的秦漢文字資料對於校讀古籍的重要性〉，《中國社會科學》1980 年五期。

39　見楊樹達：《積微居小學述林·溫故知新說》（上海：上海古籍出版社，2007 年）。

《左傳》詩禮意象研究
——〈南山有臺〉與「樂只君子」

陳　韻

中正大學中國文學系

一　緒言

人生而有情，情味、意念、心志等合之為「意」，或靜或動，或感性，或理性，不易具其形象，亦難以言辭遍致之，是故「聖人立象以盡意」[1]。藉外在客觀之「象」，顯示內在主觀之「意」，感於物而心與之徘徊，則此「象」與其「意」和諧交融。「意在象中」，乃至「意在象外」者，屢見於三百篇；賦詩以明其意，則盛於春秋時代。

《左氏襄公二十年傳》記載，季武子（季孫宿）如宋報聘，歸復命，魯襄公享之，賦〈南山有臺〉而「武子去所」：

> 冬，季武子如宋，報向戌之聘也。褚師段逆之以受享，賦〈常棣〉之七章以卒。宋人重賄之。歸，復命，公享之，賦〈魚麗〉之卒章；公賦〈南山有臺〉，武子去所，曰：「臣不堪也。」[2]

1　《周易·繫辭上》，《十三經注疏附校勘記·周易注疏》（臺北：藝文印書館，1976年），頁158。

2　《十三經注疏附校勘記·左傳注疏》（臺北：藝文印書館，1976年），頁588-589。

〈南山有臺〉見錄於《毛詩・小雅・南有嘉魚之什》[3]，或以其為「樂得賢者」[4]之詩，或視其為「亦燕饗通用之樂」[5]，而數見於各章之「樂只君子」[6]，備受矚目。

　　盱衡春秋時勢，「王道衰，禮義廢，政教失，國異政」[7]，齊晉稱霸，秦楚逞威，而魯自東門襄仲殺文公嫡子、立其庶子宣公以後，政在大夫，政在季氏，乃至民不知君。

　　「王者之迹熄而詩亡，詩亡然後春秋作」[8]，而「詩之所至，禮亦至焉」[9]，「敬行其禮，道之以文辭，以靖諸侯，兵可以弭」[10]。揖讓之際，以詩諭志見意，所可以樂歌之詩，必有知、仁、聖、義、忠、和之道；本於六德，有德則樂，君子樂美其道，則能久長。

　　「〈南山有臺〉廢，則為國之基隊矣」[11]；燕禮而「歌〈南山有臺〉」[12]；季武子聞襄公賦〈南山有臺〉而曰「臣不堪也」[13]，其理安在？本論文擬就史之時代背景、國際情勢、魯國政局，詩之文辭內容、詩意內涵、表現手法，禮之外在形式、內在意涵、整體樣貌等面向，綜合探討，尋繹其「樂只君子」

3　《毛詩》列〈南山有臺〉於「小雅・南有嘉魚之什」，朱熹《詩集傳》列於「小雅・白華之什」，呂祖謙《呂氏家塾讀詩記》列於「小雅・南陔之什」。

4　《十三經注疏附校勘記・毛詩注疏・小大雅譜》（臺北：藝文印書館，1976 年），頁309。

5　朱熹：《詩集傳・小雅・白華之什・南山有臺》（臺北：臺灣中華書局，1991 年），頁111。

6　〈南山有臺〉全詩五章，每章六句。每章六句之中，各有兩句「樂只君子」。

7　〈詩大序〉：「至于王道衰、禮義廢、政教失、國異政、家殊俗，而變風變雅作矣。國史明乎得失之迹，傷人倫之廢，哀刑政之苛，吟詠性情以風其上。」（《十三經注疏附校勘記・毛詩注疏》，頁16。）

8　《十三經注疏附校勘記・孟子注疏・離婁下》（臺北：藝文印書館，1976 年），頁146。

9　《十三經注疏附校勘記・禮記注疏・孔子閒居》（臺北：藝文印書館，1976 年），頁860。

10　《十三經注疏附校勘記・左傳注疏・襄公二十五年傳》，頁622。

11　《十三經注疏附校勘記・毛詩注疏・小雅・南有嘉魚之什・六月・序》，頁357。

12　《十三經注疏附校勘記・儀禮注疏・燕禮》（臺北：藝文印書館，1976 年），頁173。

13　《十三經注疏附校勘記・左傳注疏・襄公二十年傳》，頁589。

之深義。

二 〈南山有臺〉情景交融之詩禮意象探析

關於〈南山有臺〉一詩，孔穎達認為：

> 《小雅·南山有臺》之篇，美成王之詩也。[14]

以形式結構而言，〈南山有臺〉全篇五章，每章六句：

> 南山有臺，北山有萊。樂只君子，邦家之基。樂只君子，萬壽無期。
> 南山有桑，北山有楊。樂只君子，邦家之光。樂只君子，萬壽無疆。
> 南山有杞，北山有李。樂只君子，民之父母。樂只君子，德音不已。
> 南山有栲，北山有杻。樂只君子，遐不眉壽。樂只君子，德音是茂。
> 南山有枸，北山有楰。樂只君子，遐不黃耇。樂只君子，保艾爾後。[15]

就寫作筆法而言，毛傳認為：「興也」[16]，鄭箋進一步說明：

> 興者，山之有草木，以自覆蓋，成其高大，喻人君有賢臣，以自尊
> 顯。[17]

以實用功能而言，〈南山有臺〉之興發，演繹於飲、燕典禮之中：

---

14 《十三經注疏附校勘記·禮記注疏·大學·孔疏》，頁 990。
15 《十三經注疏附校勘記·毛詩注疏·小雅·南有嘉魚之什》，頁 347。
16 《十三經注疏附校勘記·毛詩注疏·小雅·南有嘉魚之什·南山有臺》，頁 347。
17 《十三經注疏附校勘記·毛詩注疏·小雅·南有嘉魚之什·南山有臺》，頁 347。

　　　　鄉飲酒之禮。……乃閒歌〈魚麗〉，笙〈由庚〉；歌〈南有嘉魚〉，
　　笙〈崇丘〉；歌〈南山有臺〉，笙〈由儀〉。[18]
　　　　燕禮。……乃閒歌〈魚麗〉，笙〈由庚〉；歌〈南有嘉魚〉，笙〈崇丘〉；
　　歌〈南山有臺〉，笙〈由儀〉。[19]

就內容意涵而言，「得賢」為主軸：

　　　　〈南山有臺〉，樂得賢也。得賢則能為邦家立太平之基矣。[20]
　　　　〈南山有臺〉，言太平之治，以賢者為本。此采其愛友賢者，為邦家
　　之基，民之父母，既欲其身之壽考，又欲其名德之長也。[21]

孔子嘗謂「詩可以興」[22]，「興者，起也」[23]，詩「六義」[24] 之「興」，乃藉外物引
發啟動，以回應己心，融合客觀事物與主觀情意為一體，而後完成系統化之
感性意象。此種情景交融之意象，或可於〈南山有臺〉詩略窺一二。

　　〈南山有臺〉之景，有山坡，有植物；〈南山有臺〉之情，有和樂詠歎，
有無盡祝福。山景在南、在北，或以南北包四方，且無論南北，均非濯濯之
地，其上草木豐美，益顯山勢峨然。遠望縱覽，蓊鬱而拔乎其萃；登臨細
觀，則或有臺，或有萊，或有桑，或有楊，或有杞，或有李，或有栲，或有

18　《十三經注疏附校勘記・儀禮注疏・鄉飲酒禮》，頁 93。
19　《十三經注疏附校勘記・儀禮注疏・燕禮》，頁 173。
20　《十三經注疏附校勘記・毛詩注疏・小雅・南有嘉魚之什・南山有臺・序》，頁 347。
21　《十三經注疏附校勘記・儀禮注疏・鄉飲酒禮》鄭注（臺北：藝文印書館，1976 年），
　　頁 93。
22　《論語・陽貨》：「子曰：『小子何莫學夫詩？詩可以興、可以觀、可以群、可以怨，
　　邇之事父，遠之事君，多識於鳥獸草木之名。』」（《十三經注疏附校勘記・論語注
　　疏》（臺北：藝文印書館，1976 年），頁 156。）
23　〈詩大序〉孔疏：「司農又云：『興者，託事於物。』則興者，起也，取譬引類，起發
　　己心。詩文諸舉草木鳥獸以見意者，皆興辭也。」（《十三經注疏附校勘記・毛詩注
　　疏》，頁 15。）
24　〈詩大序〉：「故詩有六義焉：一曰風，二曰賦，三曰比，四曰興，五曰雅，六曰頌。」
　　（《十三經注疏附校勘記・毛詩注疏》，頁 15。）

杻，或有枸，或有楰，盡皆利於日用民生：「臺」，「可為蓑笠」[25]；「萊」，「葉可食」[26]；「桑」，葉可飼蠶，果實可食，木材可製器具；「楊」，木材用途廣泛，可作農具家具、屋舍棟樑，生存力極強；「杞」者，或指枸杞[27]，或指杞柳[28]，枸杞果實可食、葉根皮可入藥，杞柳則枝條可製日常用具；「李」，花可賞，果可食，木材可用；「栲」[29]，為優良用材；「杻」，「材可為弓弩幹」[30]；「枸」，果實「甘美如飴」[31]；「楰」[32]，木為建築良材，子等可入藥。凡此草木，種類繁

---

25 《毛詩·小雅·南有嘉魚之什·南山有臺》孔疏：「舍人曰：『臺，一名夫須。』陸機疏云：『舊說：夫須，莎草也，可為蓑笠。』」（《十三經注疏附校勘記·毛詩注疏》，頁 347。）

26 《毛詩·小雅·南有嘉魚之什·南山有臺》孔疏：「陸機疏云：『萊，草名。其葉可食，今兗州人烝以為茹，謂之萊烝。』」（《十三經注疏附校勘記·毛詩注疏》，頁 347。）

27 《毛詩·小雅·鹿鳴之什·四牡》：「翩翩者鵻，載飛載止，集于苞杞。」鄭箋：「杞，枸繼也。」（《十三經注疏附校勘記·毛詩注疏》，頁 318。）

28 《毛詩·國風·鄭·將仲子》：「將仲子兮，無踰我里，無折我樹杞。」鄭箋：「杞，木名也。」孔疏：「〈四牡〉傳云：『杞，枸繼。』此直云『木名』，則與彼別也。陸機疏云：『杞，柳屬也。生水傍，樹如柳葉，麤而白色，理微赤，故今人以為車轂。』」（《十三經注疏附校勘記·毛詩注疏》，頁 162。）

29 《毛詩·國風·唐·山有樞》：「山有栲」鄭箋：「栲，山樗。」孔疏：「郭璞曰：『栲似樗，色小而白，生山中，因名云。亦類漆樹，俗語曰櫄樗，栲漆相似如一。陸機疏云：『山樗與下田樗畧無異，葉似差狹耳。吳人以其葉為茗。方俗無明此為栲者，似誤也。今所云為栲者，葉如櫟木，皮厚數寸，可為車輻，或謂之栲櫟。』」（《十三經注疏附校勘記·毛詩注疏》，頁 217-218。）

「認識植物」網「火燒柯」：「別名：火燒柯、栲樹、……栲、……。」「用途：1.中低海拔綠化樹種：樹形優美，可供栽植為綠化庭園樹種。2.其樹皮及殼斗單寧含量高，為提煉『栲膠（單寧）』之重要原料而來（韻按：「而來」二字疑為衍文），可為魚網染料。3.木材用途：木材材質堅重，可供建築、車船及製作農具、工具柄之用。4.藥用：性味：種仁：甘、溫。效用：種仁：健胃消食。治脾胃虛弱，食慾不振，泄瀉。」

30 《毛詩·國風·唐·山有樞》：「隰有杻」鄭箋：「杻，檍也。」孔疏：「杻，檍也。葉似杏而尖，白色，皮正赤，為木多曲少直，枝葉茂好。二月中，葉疏，華如練而細蘽正白蓋樹。……人或謂之牛筋，或謂之檍，材可為弓弩幹也。」（《十三經注疏附校勘記·毛詩注疏》，頁 217-218。）

31 《毛詩·小雅·南有嘉魚之什·南山有臺》：「南山有枸」鄭箋：「枸，枳枸。」孔疏：「宋玉賦曰：『枳枸來巢。』則枸木多枝而曲，所以來巢也。陸機疏云：『枸樹高大似白楊，有子著枝端，大如指，長數寸，噉之甘美如飴，八月熟，今官園種之，謂之木蜜。』」（《十三經注疏附校勘記·毛詩注疏》，頁 347。）

32 《毛詩·小雅·南有嘉魚之什·南山有臺》：「北山有楰」鄭箋：「楰，鼠梓。」孔疏：「李

多，且各有其美質 —— 游目騁懷，見木材而思人才；見山林秀茂，思人才於國家之可貴 —— 山因多樣草木而有巍巍之姿，國以濟濟多士而能大治乂安，豈不祝願其光其熱傳之久長？且所見所思各有其倫類：

> 臺也、萊也，附地者也，故曰邦家之基；桑也、楊也，葉之沃若者也．故曰邦家之光；杞也、李也，多子者也，故曰民之父母；栲杻也、枸梀也，耐久者也，故曰眉壽、黃耉，非直協韻而已。[33]

非惟草木若是，放眼四顧，南山北山，厚重不遷而萬物生生不息，見山而明其本質、重其功用，當屬仁者，而樂山之仁者[34]，則「能近取譬」以立人達人[35]——「人道敏政，地道敏樹」[36]，山林尚且繁滋無倦，人若修身存道而無懈，令德高顯如山，則「高山仰止，景行行止」[37]，綿延不絕。是以君子居仁而治，有德有能，人所樂之。

巡曰：『屬梓一名楗。』郭璞曰：『楸屬也。』陸機疏曰：『其樹葉木理如楸，山楸之異者，今人謂之苦楸是也。』」（《十三經注疏附校勘記．毛詩注疏》，頁 347。）
「中國植物志」網「楸」：「木種性喜肥土，生長迅速，樹幹通直，木材堅硬，為良好的建築用材，可栽培作觀賞樹、行道樹，用根蘗繁殖。花可炒食，葉可餵豬。莖皮、葉、種子入藥……。」

33　竹添光鴻：《毛詩會箋》（臺北：大通書局，1975 年），頁 1049。

34　《論語．雍也》：「子曰：『知者樂水，仁者樂山；知者動，仁者靜；知者樂，仁者壽。』」（《十三經注疏附校勘記．論語注疏》，頁 54。）

35　《論語．雍也》：「子貢曰：『如有博施於民而能濟眾，何如？可謂仁乎？』子曰：『何事於仁？必也聖乎！堯舜其猶病諸。夫仁者，己欲立而立人，己欲達而達人，能近取譬，可謂仁之方也已。』」（《十三經注疏附校勘記．論語注疏》，頁 55。）

36　《禮記．中庸》：「哀公問政。子曰：『文武之政，布在方策。其人存，則其政舉；其人亡，則其政息。人道敏政，地道敏樹。……』」鄭注：「人之無政，若地無草木矣。」《十三經注疏附校勘記．禮記注疏》，頁 887。

37　《毛詩．小雅．甫田之什．車舝》，《十三經注疏附校勘記．毛詩注疏》，頁 485。

三 「樂只君子」體用相應之詩禮含意考察

「樂只君子」見於《毛詩》〈周南・樛木〉、〈小雅・南山有臺〉、〈小雅・采菽〉諸篇。〈樛木〉三章，有三「樂只君子」；〈采菽〉五章，有六「樂只君子」；〈南山有臺〉五章，有十「樂只君子」。本論文關注重點，在於〈南山有臺〉之「樂只君子」。

「樂只君子」或作「樂旨君子」，阮元（1764-1849）校勘謂：

> 石經、宋本、岳本，「只」作「旨」。案：十一年傳、昭十三年傳，引詩並作「旨」。[38]
>
> 宋本、岳本，「只」作「旨」。案：王氏詩攷引亦作「旨」。[39]

以下試舉數說，分就「樂旨君子」與「樂只君子」觀察其含意。

（一）「樂旨君子」

對於「樂旨君子，邦家之基」[40]，杜預（222-284（285））認為：

> 言君子樂美其道，為邦家之基。[41]

孔穎達（574-648）進一步表示：

> 旨，美也。言有樂美之德。君子以有樂美之德，故為邦家之基本

---

38 《十三經注疏附校勘記・左傳注疏・襄公・傳二十四年・校勘記》，頁 616。
39 《十三經注疏附校勘記・左傳注疏・昭公・傳十三年・校勘記》，頁 818。
40 杜預：《春秋經傳集解・襄公二十四年傳》（相臺岳氏本，卷十七，頁十）（臺北：新興書局有限公司，1990 年，頁 248）。
41 杜預：《春秋經傳集解・襄公二十四年傳》（相臺岳氏本，卷十七，頁十）（臺北：新興書局有限公司，1990 年，頁 248）。

也。……樂美君子者，言君子有可樂可美之德也。[42]

（二）「樂只君子」

1. (1) 對於「樂只君子」，朱熹（1130-1200）祝〈南山有臺〉為「燕饗通用之樂」，以「君子」為「賓客」，乃「所以道達主人尊賓之意」：

> 君子，指賓客也。[43]
>
> 此亦燕饗通用之樂，故其辭曰：南山則有臺矣，北山則有萊矣。樂只君子，則邦家之基矣。樂只君子，則萬壽無期矣。所以道達主人尊賓之意，美其德而祝其壽也。[44]

(2) 對於「樂只君子」，戴溪（1141-1215）認為「謂人君也」：

> 〈南山有臺〉，詩人言人君得賢，立太平之基，而享天下之福也。「樂只君子」謂人君也。人君勤于求賢，逸于任賢，既得賢矣，恭己無為，何樂如之，光于邦家，為民父母，既有遐壽，又有德音，子孫千億，保艾爾後，人君之福備于此矣。《禮記》曰：「大德必得其位，必得其祿，必得其名，必得其壽」，「德為聖人，尊為天子，富有四海之內，宗廟饗之，子孫保之」，此之謂也。[45]

(3) 對於「樂只君子」，楊伯峻（1909-1992）認為：

42　《十三經注疏附校勘記・左傳注疏・襄公二十四年傳》，頁 610。
43　朱熹：《詩集傳・小雅・白華之什・南山有臺》，頁 111。
44　朱熹：《詩集傳・小雅・白華之什・南山有臺》，頁 111。
45　戴溪：《續呂氏家塾讀詩記・卷二・讀小雅》（北京：中國書店，《新鐫經苑》第 35 冊，1991 年），卷二，頁四下至頁五上。

只，句末助詞，無義。此倒裝句。言君子樂只也。[46]

「樂只君子」為倒裝句，即「君子樂只」，只為句末助詞，無義。君子之所以樂，以其能為國家之根基也。[47]

2. (1) 對於「樂只君子，邦家之基」，杜預以為：

言樂與君子為治，乃國家之基本。[48]

孔穎達認為：

樂只君子，以其能為邦家之基也。今子產是君子之人所求樂者也。[49]

(2) 對於「樂只君子，邦家之基。樂只君子，萬壽無期」，鄭玄（127-200）認為：

「只」之言是也。人君既得賢者，置之於位，又尊敬以禮樂，樂之，則能為國家之本，得壽考之福。[50]

孔穎達進一步說明：

山以草木高大，君以賢臣尊顯，賢德之人光益若是，故我人君以禮樂樂是有德之君子，置之於位而尊用之，令人君得為邦家太平之基；以

---

46 楊伯峻：《春秋左傳注（修訂本）下冊・襄公二十四年傳》（臺北：洪葉文化事業有限公司，1993 年），頁 1089。

47 楊伯峻：《春秋左傳注（修訂本）下冊・襄公二十四年傳》，頁 1360。

48 《十三經注疏附校勘記・左傳注疏・昭公十三年傳》，頁 813。

49 《十三經注疏附校勘記・左傳注疏・昭公十三年傳》，頁 814。

50 《十三經注疏附校勘記・毛詩注疏・小雅・南有嘉魚之什・南山有臺》，頁 347。

禮樂樂是有德之君子，又使我國家得万壽之福，無有期竟，所以樂之
也。[51]

3. 對於「樂只君子，民之父母」，孔穎達以〈南山有臺〉「美成王」而認為：

《小雅・南山有臺》之篇，美成王之詩也。只，辭也。言能以己化
民，從民所欲，則可為民父母矣。[52]

（三）「樂旨君子」與「樂只君子」

對於「樂旨君子」與「樂只君子」，王先謙（1842-1917）認為：

旨與只，皆語詞。求樂謂以固其邦家為樂。[53]

上述諸說歧義，一為「只」、「旨」字辭之辨識，一為「君子」身分之認定，
而以後者為主。「只」或為語詞無義，或為指示代名詞「此」；「旨」或為語詞
無義，或為「美好」之義。至於「君子」身分，則或為人君，或為人臣，或
為賓客。

推求「樂只君子」含意，宜自詩之「體」與「用」分別觀察。「六義」中，

---

51 孔穎達《正義》全文為：「言南山所以得高峻者，以南山之上有臺，北山之上有萊，
以有草木而自覆蓋，故能成其高大，以喻人君所以能令天下太平，以人君所任之官
有德，所治之職有能，以有賢臣各治其事，故能致太平。言山以草木高大，君以賢
臣尊顯，賢德之人光益若是，故我人君以禮樂樂是有德之君子，置之於位而尊用
之，令人君得為邦家太平之基；以禮樂樂是有德之君子，又使我國家得万壽之福，
無有期竟，所以樂之也。」（《十三經注疏附校勘記・毛詩注疏・小雅・南有嘉魚之
什・南山有臺》，頁 347。）
52 《十三經注疏附校勘記・禮記注疏・大學》孔疏（臺北：藝文印書館，1976 年），頁
990。
53 王先謙：《詩三家義集疏》（臺北：藝文印書館，1973 年），頁 209。

「風雅頌」為「詩篇之異體」、「是詩之成形」；「賦比興」則「是詩之所用」[54]。

〈南山有臺〉為雅詩，且為小雅。雅詩「言王政之所由興廢」[55]，而「小雅所陳，有飲食賓客、賞勞群臣、燕賜以懷諸侯，征伐以強中國、樂得賢者、養育人材，於天子之政皆小事也⋯⋯詩人⋯⋯述其小事，制為小體」[56]，是故據詩之「體」而言，「樂只君子」以人臣為宜，然則溯其選賢任能之美，豈叫無視於人君？鄭、孔釋《毛詩・南山有臺》「樂只君子」，意指「樂是有德之君子」，而「君子」乃「賢者」，為人君之賢臣，有德有能，人君以禮相待；適才適所，人君尊而用之，君臣和睦，國運綿長，誠然可樂。

詩之「用」緣於詩之「體」，〈南山有臺〉以「興」見諸飲燕場合、人物品評及論述佐證等，則「樂只君子」或指賓客，或指人君，或指人臣。例如鄉飲酒禮與燕禮於間歌時，先歌〈魚麗〉，次歌〈南有嘉魚〉，後歌〈南山有臺〉，層層堆疊，表達禮遇賢者賓客之美意：

> 〈魚麗〉言大平年豐物多也，此采其物多酒旨，所以優賓也。〈南有嘉魚〉言大平君子有酒，樂與賢者共之也，此采其能以禮下賢者，賢者纍蔓而歸之，與之燕樂也。〈南山有臺〉言大平之治以賢者為本，此采其愛友賢者，為邦家之基、民之父母，既欲其身之壽考，又欲其名德之長也。[57]

---

54 〈詩大序〉孔疏：「風雅頌者，詩篇之異體；賦比興者，詩文之異辭耳。大小不同而得並為六義者，賦比興是詩之所用，風雅頌是詩之成形，用彼三事成此三事，是故同稱為義，非別有篇卷也。」（《十三經注疏附校勘記・毛詩注疏》，頁16。）

55 〈詩大序〉：「雅者，正也。言王政之所由興廢也。政有大小，故有小雅焉，有大雅焉。」（《十三經注疏附校勘記・毛詩注疏》，頁18。）

56 〈詩大序〉孔疏：「小雅所陳，有飲食賓客、賞勞群臣、燕賜以懷諸侯、征伐以強中國、樂得賢者、養育人材，於天子之政皆小事也。大雅所陳，受命作周，代殷繼伐，荷先王之福祿，尊祖考以配天，醉酒飽德，能官用士，澤被昆蟲，仁及草木，於天子之政皆大事也。詩人歌其大事，制為大體；述其小事，制為小體，體有大小，故分為二焉。」（《十三經注疏附校勘記・毛詩注疏》，頁18。）

57 《十三經注疏附校勘記・儀禮注疏・鄉飲酒禮》鄭注，頁93。

又如《禮記‧大學》引「樂只君子，民之父母」以申明君子絜矩之道、治國之要：

> 所謂平天下在治其國者，上老老而民興孝，上長長而民興弟，上恤孤而民不倍，是以君子有絜矩之道也。所惡於上，毋以使下；所惡於下，毋以事上。所惡於前，毋以先後；所惡於後，毋以從前。所惡於右，毋以交於左；所惡於左，毋以交於右。此之謂絜矩之道。詩云：『樂只君子，民之父母。』民之所好，好之；民之所惡，惡之。此之謂民之父母。[58]

仲尼曾解析子產於平丘會盟「合諸侯、藝貢事」為「禮也」，並以「樂只君子，邦家之基」評價子產該次表現「足以為國基矣」，而子產乃「君子之求樂者也」：

> 七月丙寅，……遂合諸侯于平丘。子產、子大叔相鄭伯以會。……及盟，子產爭承，……自日中以爭，至于昏，晉人許之。……既盟，……子產歸，……仲尼謂子產：「於是行也，足以為國基矣。詩曰：『樂只君子，邦家之基。』子產，君子之求樂者也。」且曰：「合諸侯、藝貢事，禮也。」[59]

依子產平丘事例及仲尼所論，則「樂只君子」意為深受人君器重之人臣。而子產於平丘會盟之前，曾致書晉范宣子，以「樂只君子，邦家之基」論為政以德：

> 范宣子為政，諸侯之幣重，鄭人病之。二月，鄭伯如晉，子產寓書

---

58 《十三經注疏附校勘記‧禮記注疏‧大學》孔疏，頁 987。
59 《十三經注疏附校勘記‧左傳注疏‧昭公十三年傳》，頁 809-813。

於子西，以告宣子，曰：「子為晉國，四鄰諸侯不聞令德，而聞重幣，僑也惑之。僑聞君子長國家者，非無賄之患，而無令名之難。……夫令名，德之輿也，德，國家之基也。有基無壞，無亦是務乎！有德則樂，樂則能久，詩云：『樂只君子，邦家之基。』有令德也夫！……象有齒以焚其身，賄也。」宣子說，乃輕幣。[60]

據范宣子為政身分，及子產書中所言「君子長國家者」，則「樂只君子」意指人臣。綜言之，詩之「用」具體呈現詩文之多元面向，其情境固然有別，「樂只君子」之人文底蘊，則始終以賢德仁者為核心。

四 〈南山有臺〉與「樂只君子」 於《左傳》詩禮意象之史事檢覈

《左傳》記載，春秋魯襄公為賦〈南山有臺〉，且喻為「樂只君子」之季武子（季孫宿），出身魯國季氏，而季氏源自魯桓公。季氏一族始於成季，卜者曾言「季氏亡，則魯不昌」：

成季之將生也，桓公使卜。楚丘之父卜之，曰：「男也。其名曰友。在公之右，間于兩社，為公室輔。季氏亡，則魯不昌。[61]

晉臣史墨曾綜述其間脈絡：

昔成季友，桓之季也，文姜之愛子也。始震而卜，卜人謁之曰：「生

---

60 《十三經注疏附校勘記·左傳注疏·襄公二十四年傳》，頁610。
61 《十三經注疏附校勘記·左傳注疏·閔公二年傳》，頁190。

有嘉聞，其名曰友，為公室輔。」及生，如卜人之言，有文在其手，曰
「友」，遂以名之。繼而有大功於魯，受費以為上卿。至於文子、武子，
世增其業，不費舊績。魯文公薨，而東門遂殺適立庶，魯君於是乎失
國，政在季氏。[62]

魯政在季氏，肇端於成季（成季友、季友、公子友、公子季友）。其時，魯
莊公薨、莊公太子子般卒[63]、莊公庶子閔公薨，經歷連串弒君動盪之後，成季
擁立魯僖公（莊公與成風之子）：

秋八月辛丑，共仲使卜齮賊公于武闈。成季以僖公適邾。共仲奔
莒。乃入，立之。……成風聞成季之繇，乃事之，而屬僖公焉，故成季
立之。[64]

成季相僖公，元年帥師敗莒師[65]，「公賜季友汶陽之田及費」[66]。而僖公「君臣
有道」──「以禮義相與」[67]，且「能復周公之宇」[68]施行善政──「能遵伯禽之
法，儉以足用，寬以愛民」[69]，「務勤農業，貴重田穀，牧其馬於坰遠之野，使
不害民田」[70]，是故：

62 《十三經注疏附校勘記‧左傳注疏‧昭公二十二年傳》，頁 233。
63 《左氏莊公三十二年傳》：「八月癸亥，公薨于路寢。子般即位，次于黨氏。冬十月己
未，共仲使圉人犖賊子般于黨氏。成季奔陳。立閔公。」（《十三經注疏附校勘記‧
左傳注疏》，頁 182。）
64 《十三經注疏附校勘記‧左傳注疏‧閔公二年傳》，頁 190-194。
65 《左氏僖公元年經》：「冬十月壬午，公子友帥師敗莒師于酈，獲莒挐。」（《十三經
注疏附校勘記‧左傳注疏》，頁 197。）
66 《十三經注疏附校勘記‧左傳注疏‧僖公元年傳》，頁 198。
67 《毛詩‧魯頌‧駉之什‧有駜‧序》：「有駜頌僖公君臣之有道也。」鄭箋：「有道者，
以禮義相與之謂也。」（《十三經注疏附校勘記‧毛詩注疏》，頁 765。）
68 《毛詩‧魯頌‧駉之什‧閟宮‧序》：「閟宮頌僖公能復周公之宇也。」（《十三經注
疏附校勘記‧毛詩注疏》，頁 776。）
69 《十三經注疏附校勘記‧毛詩注疏‧魯頌‧駉之什‧駉‧序》，頁 762。
70 《十三經注疏附校勘記‧毛詩注疏‧魯頌‧駉之什‧駉‧序》孔疏，頁 763。

　　　　魯人尊之，於是季孫行父請命于周，而史克作是頌。[71]

「季孫行父」即魯卿「季文子」（文子、季孫、行父），為成季之孫[72]，文公六年首見於《春秋》[73]，相宣公、成公二君，推動新稅制[74]，其家則「妾不衣帛，馬不食粟」；晉楚鄢陵之戰，以其「魯國社稷之臣也，若朝亡之，魯必夕亡」而化解晉魯僵局[75]；執政三十餘年[76]，於魯襄公五年去世時，以「無私積」而有「忠」名：

　　　　季文子卒。大夫入斂，公在位。宰庀家器為葬備，無衣帛之妾，無食粟之馬，無藏金玉，無重器備，君子以是知季文子之忠於公室也，相

71　《十三經注疏附校勘記‧毛詩注疏‧魯頌‧駉之什‧駉‧序》，頁 762-763。

72　《國語‧卷二‧周語中》「定王八年使劉康公聘于魯……季文子孟獻子皆儉……」韋昭注：「季文子，季友之孫、齊仲無佚之子季孫行父。」（上海師範大學古籍整理研究所校點（上海：上海世紀出版股份有限公司、上海古籍出版社，2007 年），頁 75-76。）

73　《左氏文公六年經》：「夏，季孫行父如陳。」（《十三經注疏附校勘記‧左傳注疏》，頁 312。）

74　《左氏宣公十五年經》：「初稅畝。」杜注：「公田之法，十取其一；今又履其餘畝，復十收其一。」《十三經注疏附校勘記‧左傳注疏》，頁 406。）
　　《左氏宣公十五年傳》：「初稅畝。非禮也。穀出不過藉，以豐財也。」杜注：「周法，民耕百畝，公田十畝，借民力而治之，稅不過此。」孔疏：「藉者，借也。民之田穀出共公者，不過取所借之田，欲以豐民之財，故不多稅也。既譏其稅畝，言非禮，乃舉正禮，言穀出不過藉，則知所稅畝者，是藉外更稅。」（《十三經注疏附校勘記‧左傳注疏》，頁 410。）

75　《左氏成公十六年經》：「甲午晦，晉侯及楚子、鄭伯戰于鄢陵。…… 九月，晉人執季孫行父，舍之于苕丘。……十有二月乙丑，季孫行父及郤犨盟於扈。」（《十三經注疏附校勘記‧左傳注疏》，頁 472。）
　　《左氏成公十六年傳》：「九月，晉人執季文子，舍之于苕丘。公還，待于鄆，使子叔聲伯請季孫于晉。郤犨曰：『苟去仲孫蔑而止季孫行父，吾與子國，親於公室。』對曰：『僑如之情，子必聞之矣。若去蔑與行父，是大棄魯國，而罪寡君也。若猶不棄而惠徼周公之福，使寡君得以事晉君，則夫二人者，魯國社稷之臣也，若朝亡之，魯必夕亡，以魯之密邇仇讎，亡而為讎，治之何及？』…… 范文子謂欒武子曰：『季孫於魯，相二君矣，妾不衣帛，馬不食粟，可不謂忠乎？……』乃許魯平，赦季孫。」（《十三經注疏附校勘記‧左傳注疏》，頁 480。）

76　季文子繼東門氏（公子遂、仲遂）執魯政，至襄公五年去世，共三十四年。

三君矣，而無私積，可不謂忠乎？[77]

「季孫宿」（季武子、武子、季孫、宿）承繼其父季孫行父，首見於魯襄公六年《春秋》[78]。執政之前，即「作三軍，三分公室，而各有其一」：

> 十一年春，季武子將作三軍，告叔孫穆子曰：「請為三軍，各征其軍。」
> 穆子曰：「政將及子，子必不能。」武子固請之。穆子曰：「然則盟諸？」
> 乃盟諸僖閎，詛諸五父之衢。正月，作三軍，三分公室，而各有其
> 一。三子各毀其乘。季氏使其乘之人，以其役邑入者無征，不入者倍
> 征。孟氏使半為臣，若子若弟。叔孫氏使盡為臣，不然不舍。[79]

執政之後（襄公十二年至昭公七年），復「舍中軍，卑公室」：

> 五年春王正月，舍中軍，卑公室也。毀中軍于施氏，成諸臧氏。
> 初，作中軍，三分公室，而各有其一。季氏盡征之，叔孫氏臣其子弟，
> 孟氏取其半焉。及其舍之也，四分公室，季氏擇二，二子各一，皆盡征
> 之，而貢于公。[80]

季武子「強且專政，國人事之如君」[81]，於魯昭公七年去世[82]之時，曾參之父曾點「倚其門而歌」：

77　《十三經注疏附校勘記‧左傳注疏‧襄公五年傳》，頁 515-516。
78　《左氏襄公六年經》：「季孫宿如晉。」（《十三經注疏附校勘記‧左傳注疏》，頁
　　516。）
79　《十三經注疏附校勘記‧左傳注疏‧襄公十一年傳》，頁 543-545。
80　《十三經注疏附校勘記‧左傳注疏‧昭公五年傳》，頁 742。
81　《十三經注疏附校勘記‧禮記注疏‧檀弓下》鄭注，頁 164。
82　「冬十有一月癸未，季孫宿卒。」（《十三經注疏附校勘記‧左傳注疏‧昭公七年
　　經》，頁 279。）

　　　　季武子寢疾，蟜固不說齊衰而入見，曰：「斯道也，將亡矣。士唯公門說齊衰。」武子曰：「不亦善乎！君子表微。」及其喪也，曾點倚其門而歌。[83]

季武子之後，其孫「季平子」（季孫意如）[84]、季平子之子「季桓子」（李孫斯）[85]，相繼執政，其間季氏族人怨季平子，郈氏、臧氏等大夫亦怨季平子，與魯昭公謀去季氏，未成而昭公出行「孫于齊」[86]；季氏家臣陽虎囚季桓子[87]，專政[88]而叛[89]。孔子嘗云：

83　《十三經注疏附校勘記・禮記注疏・檀弓下》，頁 164。

84　季武子之孫「季平子」（季孫意如），昭公十年首見於《春秋》：「秋七月，季孫意如、叔弓、仲孫貜帥師伐莒。」（《十三經注疏附校勘記・左傳注疏・昭公十年經》，頁 781。）
　　季武子之孫「季平子」（季孫意如），卒於定公五年：「六月丙申，季孫意如卒。」（《十三經注疏附校勘記・左傳注疏・定公五年經》，頁 958。）

85　季平子之子「季桓子」（季孫斯），定公六年首見於《春秋》：「夏，季孫斯、仲孫何忌如晉。」（《十三經注疏附校勘記・左傳注疏・定公六年經》，頁 960。）
　　季平子之子「季桓子」（季孫斯），卒於哀公三年：「秋七月丙子，季孫斯卒。」（《十三經注疏附校勘記・左傳注疏・哀公三年經》，頁 997。）

86　《左氏昭公二十五年經》：「九月己亥，公孫于齊。次于陽州。」（《十三經注疏附校勘記・左傳注疏》，頁 887。）
　　《左氏昭公二十五年傳》：「季公若之姊 …… 初，季公鳥娶妻 …… 故公若怨平子。季、郈之雞鬬。…… 故郈昭伯亦怨平子。臧昭伯之從弟會為讒於臧氏，而逃於季氏。…… 大夫遂怨平子。公若獻弓於公為，且與之出射於外，而謀去季氏。…… 告公。…… 叔孫昭子如闕，公居於長府。九月戊戌，伐季氏，…… 平子登臺而請 …… 弗許。…… 公使郈孫逆孟懿子，叔孫氏之司馬 …… 帥徒以往，陷西北隅以入，公徒釋甲執冰而距，遂逐之。孟氏使登西北隅，以望季氏，見叔孫氏之旌，以告。孟氏執郈昭伯，殺之于南門之西，遂伐公徒。…… 公曰：『余不忍也。』與臧氏如墓謀，遂行。己亥，公孫于齊。次于陽州。」（《十三經注疏附校勘記・左傳注疏》，頁 887-894。）

87　《左氏定公五年傳》：「六月，季平子行東野。還，未至，丙申，卒於房。…… 楊虎欲逐之，…… 九月，…… 乙亥，楊虎囚季桓子 …… 己丑，盟桓子于稷門之內。……」（《十三經注疏附校勘記・左傳注疏》，頁 958-959。）

88　《左氏定公七年傳》：「齊人歸鄆、陽關，陽虎居之以為政。」（《十三經注疏附校勘記・左傳注疏》，頁 962。）

89　《左氏定公八年傳》：「…… 陽虎欲去三桓，…… 陽虎劫公與武叔，以伐孟氏，…… 陽氏敗。陽虎說甲如公宮，取寶玉、大弓以出，…… 陽虎入于讙、陽關以叛。」（《十三經注疏附校勘記・左傳注疏》，頁 965-966。）

> 天下有道,則禮樂征伐自天子出;天下無道,則禮樂征伐自諸侯出。自諸侯出,蓋十世希不失矣;自大夫出,五世希不失矣;陪臣執國命,世希不失矣。天下有道,則政不在大夫;天下有道,則庶人不議。[90]

禮樂征伐不出於天子之態勢,考察朝聘會盟,尤可得其梗概,以魯君如列國而言:

> 春秋書公朝王所者二,如京師者一,而書公如齊十,如晉二十一,如楚二。比而觀之,由魯以知天下王室之微,諸侯之不臣,不待貶而自見矣。僖十年,公始朝齊,自後不朝齊,則朝晉,知盟主而不知有天王;迨襄昭之間,伯統亦衰,遂旅見而朝于楚,知蠻夷而不知有諸夏,此又世運之一大升降也。[91]

復以魯大夫出聘而言:

> 內大夫出聘五十有二,如齊十六,如晉二十四,如楚一,皆著其以聘事相始終,如邾、如陳、如莒、如杞各一,報聘也。公孫茲如牟,嬰齊如莒,行父如陳,聘且娶焉,春秋只書如,不正其以公事而行私事也。[92]

此「如晉二十四」之中,以晉悼公修禮復霸[93]時期之魯襄公任內最多,計有

90　《十三經注疏附校勘記・禮記注疏・檀弓下》,頁148。

91　顧棟高:《春秋大事表下・禮賓表・公如列國》(臺北:鼎文書局,1974年),頁491。

92　顧棟高:《春秋大事表下・禮賓表・聘列國》,頁493。

93　《左氏成公十八年傳》:「二月乙酉朔,晉悼公即位于朝。始命百官,施舍、已責,逮鰥寡,振廢滯,匡乏困,救災患,禁淫慝,薄賦斂,宥罪戾,節器用,時用民,欲無犯時。……使訓卿之子弟共儉孝弟。……使訓群騶知禮。凡六官之長,皆民譽

九次，九次之出聘大夫，以叔孫豹四次[94]居首，其次為季孫宿三次[95]，仲孫羯則有二次[96]。而繼齊桓公之後爭霸、並堅持「不鼓不成列」以致敗績之宋國[97]，魯大夫「正聘于宋五」[98]，以襄公任內之二次最多，出聘大夫分別為叔孫豹一次[99]、季孫宿一次[100]，其中又以「季孫宿如宋」[101]深具敦睦意義。

　　魯襄公二十年之「季孫宿如宋」，乃回應魯襄公十五年，宋向戌之來聘、尋盟[102]——報魯襄公二年「叔孫豹如宋」「通嗣君」[103]、尋魯襄公十一年亳之盟[104]。

也。舉不失職，官不易方，爵不踰德，師不陵正，旅不偪師，民無謗言，所以復霸也。」（《十三經注疏附校勘記・左傳注疏》，頁 486-488。）

94 叔孫豹於魯襄公四年、五年、十六年、二十四年出聘晉國。

95 季孫宿於魯襄公六年、九年、十九年出聘晉國。

96 仲孫玃於魯襄公二十八年、二十九年出聘晉國。

97 《左氏僖公二十一年傳》：「春，宋人為鹿上之盟，以求諸侯於楚。…… 秋，諸侯會宋公於盂。…… 於是楚執宋公以伐宋。冬，會于薄以釋之。」（《十三經注疏附校勘記・左傳注疏》，頁 241。）

《左氏僖公二十二年傳》：「冬十一月己巳朔，宋及楚人戰于泓。宋人既成列，楚人未既濟。司馬曰：『彼眾我寡，及其未既濟也，請擊之。』公曰：『不可。』既濟而未成列，又以告。公曰：『未可。』既陳而後擊之，宋師敗績。門官殲焉。國人皆咎公。公曰：『君子不重傷，不禽二毛。古之為軍也，不以阻隘也。寡人雖亡國之餘，不鼓不成列。』……」（《十三經注疏附校勘記・左傳注疏》，頁 248。）

98 顧棟高：「內大夫如宋八，因事而往三：致女一、葬共姬一、葬平公一。其正聘于宋五。」（《春秋大事表下・禮賓表・聘列國》，頁 495。）

99 叔孫豹於魯襄公二年出聘宋國。

100 季孫宿於魯襄公二十年出聘宋國。

101 《左氏襄公二十年經》，《十三經注疏附校勘記・左傳注疏》，頁 588。

102 《左氏襄公十五年經》：「十有五年春，宋公使向戌來聘。二月己亥，及向戌盟于劉。」（《十三經注疏附校勘記・左傳注疏》，頁 564。）

《左氏襄公十五年傳》：「十五年春，宋向戌來聘，且尋盟。」杜注：「報二年豹之聘，尋十一年亳之盟。」（《十三經注疏附校勘記・左傳注疏》，頁 565。）

103 《左氏襄公二年經》：「叔孫豹如宋。」（《十三經注疏附校勘記・左傳注疏》，頁 498。）

《左氏襄公二年傳》：「穆叔聘于宋，通嗣君也。」（《十三經注疏附校勘記・左傳注疏》，頁 499。）

104 《左氏襄公十一年經》：「鄭公孫舍之帥師侵宋。公會晉侯、宋公、衛侯、曹伯、齊世子光、莒子、邾子、滕子、薛伯、杞伯、小邾子伐鄭。秋七月己未，同盟于亳城北。」（《十三經注疏附校勘記・左傳注疏》，頁 543。）

《左氏襄公十一年傳》：「鄭人患晉、楚之故，…… 使疆場之司惡于宋。宋向戌侵鄭，大獲。…… 夏，鄭子展侵宋。四月，諸侯伐鄭。…… 鄭人懼，乃行成。秋七月，同盟于亳。……」（《十三經注疏附校勘記・左傳注疏》，頁 545。）

亳之盟同年，諸侯復有蕭魚之會[105]，自此，魯之於晉，或朝、或會伐、或會盟[106]，歲而有之；魯之於莒、於邾、於齊，則時遭彼等侵伐[107]，難有寧日，無

---

105 《左氏襄公十一年經》：「楚子、鄭伯伐宋。公會晉侯、宋公、衛侯、曹伯、齊世子光、莒子、邾子、滕子、薛伯、杞伯、小邾子伐鄭，會于蕭魚。」（《十三經注疏附校勘記・左傳注疏》，頁 543。）

　　《左氏襄公十一年傳》：「楚子囊乞旅于秦。秦右大夫帥師從楚子，將以伐鄭。鄭伯逆之。丙子，伐宋。九月，諸侯悉師以復伐鄭。鄭人使良霄、大宰石㸦如楚，告將服于晉，……楚人執之。……諸侯之師觀兵于鄭東門。鄭人使王子伯駢行成。甲戌，晉趙武入盟鄭伯。冬十月丁亥，鄭子展出盟晉侯。十二月戊寅，會丁蕭魚。庚辰，赦鄭囚，皆禮而歸之；納斥候，禁侵掠。晉侯使叔肸告于諸侯。」（《十三經注疏附校勘記・左傳注疏》，頁 546。）

106 (1)《左氏襄公十二年經》：「夏，晉侯使士魴來聘。公如晉。」（《十三經注疏附校勘記・左傳注疏》，頁 548。）

　　《左氏襄公十二年傳》：「夏，晉士魴來聘，且拜師。……公如晉朝，且拜士魴之辱，禮也。」（《十三經注疏附校勘記・左傳注疏》，頁 548-549。）

(2)《左氏襄公十三年經》：「十有三年春，公至自晉。」（《十三經注疏附校勘記・左傳注疏》，頁 554。）

　　《左氏襄公十三年傳》：「十三年春，公至自晉，孟獻子書勞于廟，禮也。」（《十三經注疏附校勘記・左傳注疏》，頁 554。）

(3)①《左氏襄公十四年經》：「十有四年春王正月，季孫宿、叔老會晉士匄、齊人、宋人、衛人、鄭公孫蠆、曹人、莒人、邾人、滕人、薛人、杞人、小邾人會吳于向。」（《十三經注疏附校勘記・左傳注疏》，頁 557。）

　　《左氏襄公十四年傳》：「十四年春，吳告敗于晉。會于向，為吳謀楚故也。」（《十三經注疏附校勘記・左傳注疏》，頁 557。）

②《左氏襄公十四年經》：「夏四月，叔孫豹會晉荀偃、齊人、宋人、衛北宮括、鄭公孫蠆、曹人、莒人、邾人、滕人、薛人、杞人、小邾人伐秦。」（《十三經注疏附校勘記・左傳注疏》，頁 557。）

③《左氏襄公十四年經》：「冬，季孫宿會晉士匄、宋華閱、衛孫林父、鄭公孫蠆、莒人、邾人于戚。」（《十三經注疏附校勘記・左傳注疏》，頁 557。）

　　《左氏襄公十四年經》：「冬，會于戚，謀定衛也。」（《十三經注疏附校勘記・左傳注疏》，頁 564。）

(4)《左氏襄公十六年經》：「三月，公會晉侯、宋公、衛侯、鄭伯、曹伯、莒子、邾子、薛伯、杞伯、小邾子于溴梁。戊寅，大夫盟。晉人執莒子、邾子以歸。……夏，公至自會。」（《十三經注疏附校勘記・左傳注疏》，頁 572。）

(5)《左氏襄公十八年經》：「冬十月，公會晉侯、宋公、衛侯、鄭伯、曹伯、莒子、邾子、滕子、薛伯、杞伯、小邾子同圍齊。」（《十三經注疏附校勘記・左傳注疏》，頁 576。）

107 (1)《左氏襄公十二年經》：「十有二年春王二月，莒人伐我東鄙，圍台。季孫宿帥師救台，遂入鄆。」（《十三經注疏附校勘記・左傳注疏》，頁 548。）

暇顧及朝聘往來之事，直至魯襄公二十年，「及莒平」[108]、「齊成」於澶淵之盟[109]、「伐邾以報之」[110]，爭端稍歇，自宜去怨繼好，例如魯之叔老（齊子）聘

---

(2)《左氏襄公十四年經》：「莒人侵我東鄙。」（《十三經注疏附校勘記·左傳注疏》，頁 557。）

(3)①《左氏襄公十五年經》：「夏，齊侯伐我北鄙，圍成。公救成，至遇。季孫宿、叔孫豹帥師城成郛。」（《十三經注疏附校勘記·左傳注疏》，頁 565。）

《左氏襄公十五年傳》：「夏，齊侯圍成，貳於晉故也。於是乎城成郛。」（《十三經注疏附校勘記·左傳注疏》，頁 566。）

②《左氏襄公十五年經》：「邾人伐我南鄙。」（《十三經注疏附校勘記·左傳注疏》，頁 565。）

《左氏襄公十五年傳》：「秋，邾人伐我南鄙，使告于晉。晉將為會以討邾、莒，晉侯有疾，乃止。冬，晉悼公卒，遂不克會。」（《十三經注疏附校勘記·左傳注疏》，頁 566。）

(4)《左氏襄公十六年經》：「齊侯伐我北鄙。……秋，齊侯伐我北鄙，圍成。」（《十三經注疏附校勘記·左傳注疏》，頁 572。）

(5)①《左氏襄公十七年經》：「秋，齊侯伐我北鄙，圍桃。高厚帥師伐我北鄙，圍防。」（《十三經注疏附校勘記·左傳注疏》，頁 574。）

②《左氏襄公十七年經》：「冬，邾人伐我南鄙。」（《十三經注疏附校勘記·左傳注疏》，頁 574。）

《左氏襄公十七年傳》：「冬，邾人伐我南鄙，為齊故也。」（《十三經注疏附校勘記·左傳注疏》，頁 575。）

(6)《左氏襄公十八年經》：「秋，齊師伐我北鄙。」（《十三經注疏附校勘記·左傳注疏》，頁 576。）

(7)《左氏襄公十九年經》：「十有九年春王正月，諸侯盟于祝柯。晉人執邾子。公至自伐齊。取邾田，自漷水。」（《十三經注疏附校勘記·左傳注疏》，頁 584。）

《左氏襄公十九年傳》：「十九年春，諸侯還自沂上，盟於督揚，曰：『大毋侵小。』執邾悼公，以其伐我故。遂次于泗上，疆我田，取邾田，自漷水歸之于我。」（《十三經注疏附校勘記·左傳注疏》，頁 584。）

108《左氏襄公二十年經》：「二十年春王正月辛亥，仲孫速會莒人，盟于向。」（《十三經注疏附校勘記·左傳注疏》，頁 587。）

《左氏襄公二十年傳》：「二十年春，及莒平。孟莊子會莒人，盟于向，督揚之盟故也。」（《十三經注疏附校勘記·左傳注疏》，頁 588。）

109《左氏襄公二十年經》：「夏六月庚申，公會晉侯、齊侯、宋公、衛侯、鄭伯、曹伯、莒子、邾子、滕子、薛伯、杞伯、小邾子盟于澶淵。秋，公至自會。」（《十三經注疏附校勘記·左傳注疏》，頁 587-588。）

《左氏襄公二十年傳》：「夏，盟于澶淵，齊成故也。」（《十三經注疏附校勘記·左傳注疏》，頁 588。）

110《左氏襄公二十年經》：「仲孫速帥師伐邾。」（《十三經注疏附校勘記·左傳注疏》，頁 588。）

《左氏襄公二十年傳》：「邾人驟至，以諸侯之事弗能報也。秋，孟莊子伐邾以報之。」（《十三經注疏附校勘記·左傳注疏》，頁 588。）

齊，即為「禮也」[111]，則「季孫宿如宋」以「報向戌之聘」，亦可見其「禮尚往來」[112]之義，所謂「報者天下之利也」[113]。

五　結語

「禮，所以守其國，行其政令，無失其民者也。」[114]立君、相君、乃至於出君，季氏一族左右春秋魯國，長達數世，「祿之去公室五世矣，政逮於大夫四世矣」[115]，而「民服焉」[116]，史墨分析其因，在於「世脩其勤」：

> 天生季氏，以貳魯侯，為日久矣，民之服焉，不亦宜乎！魯君世從其失，季氏世脩其勤，民忘君矣。[117]

魯襄公二十年冬，季武子聘宋復命，公享之而賦〈南山有臺〉，杜預以為：

---

111 《左氏襄公二十年經》：「叔老如齊。」（《十三經注疏附校勘記·左傳注疏》，頁588。）
　　《左氏襄公二十年傳》：「齊子初聘于齊，禮也。」杜注：「齊魯有怨，朝聘禮絕，今始復通，故曰『初』。繼好息民，故曰『禮』。」（《十三經注疏附校勘記·左傳注疏》，頁588。）
112 《禮記·曲禮上》：「太上貴德，其次務施報。禮尚往來，往而不來，非禮也；來而不往，亦非禮也。」（《十三經注疏附校勘記·禮記注疏》，頁15-16。）
113 《禮記·表記》：「報者天下之利也。」鄭注：「報謂禮也，禮尚往來。」（《十三經注疏附校勘記·禮記注疏》，頁909。）
114 《十三經注疏附校勘記·左傳注疏·昭公五年傳》，頁745。
115 《十三經注疏附校勘記·論語注疏·季氏》，頁148。
116 《左氏昭公三十二年傳》：「趙簡子問於史墨曰：『季氏出其君，而民服焉，諸侯與之。君死於外，而莫之或罪也。』」（《十三經注疏附校勘記·左傳注疏》，頁933。）
117 《十三經注疏附校勘記·左傳注疏·昭公三十二年傳》，頁233。

取其「樂只君子，邦家之基」、「邦家之光」，喻武子奉使能為國光輝。[118]

貳於魯之季氏世脩其勤，魯君視專政之季武子為「能為國光輝」，且「樂只君子」，然而此一以「仁者」為本質之「君子」，季武子足以當之乎？孟子嘗有言曰：

> 君子所以異於人者，以其存心也。君子以仁存心，以禮存心。仁者愛人，有禮者敬人。愛人者，人常愛之；敬人者，人常敬之。[119]

季武子存心如何？出聘他國，揖讓周旋——如宋報聘受享，賦〈常棣〉詩七章與卒章[120]，以喻兩國和睦，獲宋重賄；歸復命，魯君享之，則賦〈魚麗〉詩卒章[121]，以喻公命聘宋得時——應對無違，且得歡心，則季武子心存禮乎？「禮主於敬」[122]，行不踰節，而「行禮必為儀，為儀未是禮」[123]，審諟季武子之「三分公室」乃至「卑公室」，則其言行「為儀」而「未是禮」，魯襄公以「樂只君子」、「邦家之基」、「邦家之光」崇隆其聘宋之成果，欣慰之情可見，君弱臣強之勢，或亦得窺一斑，而季武子此時「去所」，且曰「臣不堪也」，則似猶存分際之心，知「禮者，所以定親疏、決嫌疑、別同異、明是非」[124]；似

118《十三經注疏附校勘記·左傳注疏·襄公二十年傳》，頁 588。
119《十三經注疏附校勘記·孟子注疏·離婁下》，頁 153。
120《毛詩·小雅·鹿鳴之什·常棣》八章，章四句。七章：「妻子好合，如鼓琴瑟。兄弟既翕，和樂且湛。」卒章：「宜爾家室，樂爾妻孥。是究是圖，亶其然乎。」（《十三經注疏附校勘記·毛詩注疏》，頁 322-323。）
121《毛詩·小雅·鹿鳴之什·魚麗》六章，三章章四句，三章章二句。卒章：「物其有矣，維其時矣。」（《十三經注疏附校勘記·毛詩注疏》，頁 342。）
122《十三經注疏附校勘記·禮記注疏·曲禮上》鄭注，頁 12。
123《左氏昭公二十五年傳》孔疏（《十三經注疏附校勘記·左傳注疏》，頁 888）。
124《十三經注疏附校勘記·禮記注疏·曲禮上》，頁 14。

猶存「為仁」之目於心 ——「非禮勿視，非禮勿聽，非禮勿言，非禮勿動」[125]，若「克己復禮」猶不絕如縷，則「樂只君子」之於季武子，庶幾名實略近焉。

後記：拙作首發於「單周堯教授七秩華誕國際學術研討會」，殊為榮幸。會中渥蒙諸位師長垂注勗勉，邀約刊載，無任感荷。今復以其修訂版見錄於《單周堯教授七秩華誕國際學術研討會論文集》，賡續請益，敬祈大方之家不吝賜正。

參考資料

一、（依冊數編號為序）

《十三經注疏附校勘記・周易注疏》（臺北：藝文印書館，1976 年）。

《十三經注疏附校勘記・毛詩注疏》（臺北：藝文印書館，1976 年）。

《十三經注疏附校勘記・儀禮注疏》（臺北：藝文印書館，1976 年）。

《十三經注疏附校勘記・禮記注疏》（臺北：藝文印書館，1976 年）。

《十三經注疏附校勘記・左傳注疏》（臺北：藝文印書館，1976 年）。

《十三經注疏附校勘記・論語注疏》（臺北：藝文印書館，1976 年）。

《十三經注疏附校勘記・孟子注疏》（臺北：藝文印書館，1976 年）。

二、（依作者時代為序）

（晉）杜預：《春秋經傳集解》（相臺岳氏本），臺北：新興書局有限公司，1990 年。

（宋）朱熹：《詩集傳》，臺北：臺灣中華書局，1991 年。

---

125 《論語・顏淵》：「顏淵問仁。子曰：『克己復禮為仁。一日克己復禮，天下歸仁焉。為仁由己，而由人乎哉？』顏淵曰：『請問其目。』子曰：『非禮勿視，非禮勿聽，非禮勿言，非禮勿動。』顏淵曰：『回雖不敏，請事斯語矣。』」（《十三經注疏附校勘記・論語注疏・顏淵》，頁 106。）

（宋）呂祖謙撰，（今人）梁運華點校：《呂氏家塾讀詩記》，《呂祖謙全集》第 4 冊，杭州：
　　　浙江古籍出版社，2008 年。

（宋）戴溪：《續呂氏家塾讀詩記》，《新鐫經苑》第 34－35 冊，北京：中國書店，1991 年。

（清）顧棟高：《春秋大事表》，臺北：鼎文書局，1974 年。

（清）王先謙：《詩三家義集疏》，臺北：藝文印書館，1973 年。

三、（依出版先後為序）

竹添光鴻：《毛詩會箋》，臺北：大通書局，1975 年。

楊伯峻：《春秋左傳注（修訂本）》，臺北：洪葉文化事業有限公司，1993 年。

上海師範大學古籍整理研究所校點：《國語》，上海：上海世紀出版股份有限公司、上海古籍
　　　出版社，2007 年。

四、（依本文注釋為序）

「認識植物」網

「中國植物志」網

試探東漢左傳學者論《春秋》書弒

宋惠如

國立金門大學華語文學系

壹、前言

先秦典籍書寫以下逆上之「弒」君用語，有時書「弒」，亦有書「殺」者，可見於《戰國策》、《韓非子》，即便在《春秋》三傳，亦是混同使用。[1]然而在《春秋》，如同段玉裁（1735-1815）所指：

> 惟其述《經》為訓，則必依《經》曰「弒」，無有作「殺」。如《左氏傳》：「書曰『弒其君』」、「書曰『弒君之子』」是也。《經》文于殺諸侯必曰：「弒」，二百四十二年，凡書弒二十有六。《春秋》正名之書也，周公之典曰：「放弒其君則殘之」，正其名曰「弒」，定其罪曰「殘」。殘者，掌戮所謂膊、焚、辜、肆也。惟其名正而後其罪定。書弒者，聖人所以殘之也。[2]

段氏認為《春秋》經文用字有其一定規則，是以指「《經》文于殺諸侯必曰：

1　請參考宋惠如：〈從《春秋》書「弒」論楊伯峻（1909-1992）書法觀〉，《中國學術年刊》第 35 期（秋季號），頁 96、97。

2　段玉裁：〈春秋經殺弒二字辯別考〉，《經韻樓集》卷四，《續修四庫全書》（上海：古籍出版社，2002 年），頁 620。

『弒』」，而且認為「正其名曰『弒』」、「書弒者，聖人所以殘之」，有正名的要求與定其罪的目的。

經文具有嚴格的用字與一定的書寫要求、目的，然而後人對《春秋》的解釋卻有着因時代、因觀念而異的詮釋。三傳有各異其面的詮釋說明，如在漢代董仲舒（前 179- 前 104）透過災異說解《春秋》書弒，亦藉由論《春秋》書「弒」與評議被弒之君、弒臣，並以極端的視弒為革命之論的，說明為君之道。[3] 如何解釋《春秋》書弒，在詮解者各異其世、亦異其思的差異下，透過他們的說明與解釋，或可映照當代對君權、君臣調和的種種思考。

特別是漢代政制本質上乃君主集權之治，董仲舒、劉向以來苦心經營以災異之說形成的一套控制皇帝的辦法，當成帝以災異說逼死翟方進，實際上在西漢末年轉移成為對宰相大夫的控制。[4] 往後，當政治的權力之網更形收束，愈往君主集中之時，東漢學者如何談論《春秋》中幾乎等同於革命論的弒君之說？實為一可觀察之問題。

根據李貽德（1783-1832）《春秋左傳賈服注輯述》、臧壽恭（1788-1846）《春秋左氏古義》、袁鈞《春秋左傳服注》與劉文淇（1789-1854）等《春秋左氏傳舊注疏證》所查，對《春秋》經書弒有所說明的，以賈逵（174 年 -228 年）7 條為多，其次為服虔（？）、劉歆（前 50-23）與許慎（58 年 -147）各 1 條，以劉（歆）賈（逵）許（慎）潁（容，生卒年不詳）為名的說解有 1 條。注說《左傳》者，賈氏 2 條、服氏 3 條。他們留存至今的對書弒例的經傳釋文非常少，至少有二種可能因素，一為東漢儒說本為輯佚之作，可能佚者多、存者少；一則他們本來就沒有對《春秋》書弒之例多做解釋。至於他們究竟是不曾做過解釋或政局使然而無法多做解釋，根據現有資料實是難以回答。

---

3   請參考蒙文通：〈儒家政治思想之發展〉，《古學甄微》，《蒙文通文集》第一冊（成都：巴蜀書社，1987 年，頁 165-202）、宋惠如：〈「何謂湯武弒？」──董仲舒《春秋繁露》「弒」論考〉（未刊稿）。

4   參考徐復觀：《兩漢思想史》（臺灣：學生書局，1978 年）卷 1，頁 261-265。

　　然而《春秋》書弒乃為其載事之重大議題，三傳以來以至於董仲舒皆於此深有所措意，而為解釋《春秋》經傳之儒者不能迴避的問題。筆者前此曾於《春秋》書弒與董氏論述有所探研[5]，今接其緒，對現存不多的東漢儒者之論，試加探詢。

　　東漢儒者釋《春秋》，本多並釋經傳[6]，論此書例的部分則多直釋經文之例。《春秋》書弒共二十五例，各家釋經傳之說，製表如下：

	賈逵	服虔	諸家之說
釋經之文			
隱四年/ 衛州吁弒其君完	1 弒君取國，故以國言之。		
桓二年/ 宋督弒其君	2 督有無君之心，故去氏。[7]		1 古《左氏》說，既沒稱字而不名，孔父先君死，故稱其字。[8]
桓三年	3 不書王，弒君，易祊田，成宋亂，無王也。元年治桓，元年治督，十年正曹伯，十八年終始治桓。[9]		

5　宋惠如：〈從《春秋》書弒論楊伯峻書法觀〉，《中國學術年刊》2013 年 09 月，35 期（秋），頁 81-107。宋惠如：〈從「九伐之法」到「稱君，君無道也」——論《春秋》的「書法」變革〉，《第三屆臺灣南區大學中文系聯合學術會議論文集》三（高雄：國立中山大學中文系，2014 年），頁 63-88。宋惠如：〈《漢書‧五志》之董仲舒《春秋》災異說——以論弒為中心〉，《當代儒學研究》2015 年 12 月，19 期，頁 67-102。宋惠如：〈董仲舒《春秋繁露》「弒君」說析論〉，《臺大中文學報》67 期，2019 年 12 月，頁 1-42。

6　程南洲指出，今可見賈氏、服氏之解詁者數百條，皆經傳參讀並釋。（氏撰：《東漢時代之春秋左氏學》（上海：華東師範大學出版社，2011 年）。頁 194、頁 451。

7　以上 1、2 二條，據李貽德：《春秋左傳賈服注輯述》，《續修四庫全書》冊 125（上海：上海古籍出版社，2002 年），頁 401、412。

8　本條釋文根據臧壽恭：《春秋左氏古義》，《續修四庫全書》冊 125（上海：上海古籍出版社，2002 年），頁 655。

9　同前註，頁 656。

（續上表）

莊八年／齊無知弒其君諸兒	4 不稱公孫，弒君取國，故以國言之。		
莊九年／齊人殺無知	5 君惡及國，稱國以弒；君惡不及國，則稱人以弒。		
莊十二／宋萬弒其君捷	6 未賜族。[10] 7 賈氏曰捷，《公羊》《穀梁》曰接。[11]		
僖十／晉里克弒其君卓		〈漢書古今表〉及《史記集解》引服注，並作「卓子」。疑用《左氏別類》[12]	
文十八／莒弒其君庶其			2 劉、賈、許、穎以為君惡及國朝，則稱國以弒；君惡及國人則稱人以弒。[13]
哀十四／齊陳恆弒其君壬于舒州	8 賈曰陳氏邑也。		
釋傳之文			
隱四／將修先君之怨于鄭		1 服云：先君，莊公也。（本《疏》）[14]	
莊十二／宋萬弒閔公于蒙澤	賈曰宋澤名。（《宋世家注》）[15]		

---

10 以上 4、5、6 三條，據李貽德：《春秋左傳賈服注輯述》，頁 428、429、431。

11 本條釋文根據臧壽恭：《春秋左氏古義》，頁 681。

12 臧壽恭：《春秋左氏古義》，頁 710。

13 劉文淇：《春秋左氏傳舊注疏證》，頁 592。

14 劉文淇：《春秋左氏傳舊注疏證》，頁 25。

15 據李貽德：《春秋左傳賈服注輯述》，頁 431。

（續上表）

| 昭十九/ 許世子止弒其君買 | | 2 禮，醫不三世不使。君有疾，飲藥臣先嘗之；親有疾飲藥，子先嘗之。公疾未瘳，而止進藥，雖嘗而不由醫而卒。故國史書弒告於諸侯。藥物不由，醫無所加壽，命有終。故曰舍藥物可也。一曰罪止非也，剌無良史，物贖為勿。止，實孝能盡心，事君舍藥，物（勿）以罪之。[16] | |
| 哀十年/ 齊人弒悼公，赴丁師，吳子三日哭于軍門之外 | | 3 諸侯相臨之禮。（《史記‧吳世家注》）[17] | |

　　歸納上表，今留存的漢儒古注對於《春秋》書弒的探討，可歸為幾類：
（一）「以國言之」、「以人言之」如上表賈逵釋經之第 1、5，諸家釋經第 2 說，並言取國與去氏說，如賈逵釋經第 4 說，（二）去氏、未賜族之說，如上表賈逵釋經第 2、6，諸家中之許慎說。（三）用字差異，賈逵釋經第 6、7 說，（四）釋人名、地名，賈逵釋經第 8 說、釋傳 1 說，服氏釋經說 1 則、釋傳第 1 說。（五）釋義，賈逵釋經第 3 說，服氏釋傳第 2、3 說。

　　上述關乎經傳釋義者在第（一）、（二）與（五）項。以下就諸家各類之說分為：「以國言之」、「以人言之」與並言取國者，其次討論「去氏」、「未賜族」，以及關乎釋義者三部分，參照杜預（222-285）、孔穎達（574-648），與臧壽恭、劉文淇、劉師培（1884-1919）之釋古義說，以進一步理解漢儒之

16　袁鈞校注指「《御覽‧皇親部‧太子類》考證曰：「此處多譌字，由字疑用字之譌，孝字疑未字之譌。」（氏輯注：《春秋傳服氏注》，《續修四庫全書》（上海：上海古籍出版社，2002 年），冊 7，卷 10，頁 19、20。

17　同上註，卷 12，頁 5。

説，冀見諸家説經解傳之立場。

貳、「以國言之」、「以人言之」與並言取國者

劉師培推崇並力主追復東漢《左傳》舊説，他在〈古春秋記事成法考〉中指出：

> 古代史官所記其書，均以「春秋」名。《墨子》佚文言：吾見百國
> 春秋（《隋書李德林傳引》）；《管子・山數》篇言「春秋」記成敗；《國
> 語・楚語》言教以「春秋」、〈晉語〉言羊舌肸明於「春秋」；《國策・周
> 策》言「春秋」記弒君以百數，均其徵也。……孔子所修魯史，以「春秋」
> 名，則其記事之法必符史官所記。故以經教授雖資口述，然經文而外恒
> 有附記之文，左明作傳即本於斯。[18]

基本上説明他對上古史官／書、《春秋》與《左傳》間關聯架構的看法；以《春
秋》之記事來自於上古史官之成法，孔子修《春秋》乃取自魯史，當時口述
《春秋》之附記文，是為《左傳》。

他對於宣公十八年《左傳》載「秋，邾人戕鄫子于鄫，凡自虐其君曰弒，
自外曰戕。」提到：

> 《春秋》書臣子弒君，或日或不日，先儒例逸，蓋不日均變例。至于
> 書葬與否，則杜預《釋例》大夫卒例引賈氏曰「日者，以罪廢命，大討
> 也」由此誼而推，則出奔之例日月詳者其惡深，日月略者其惡減。非惟
> 奔例為然……杜預《釋例》駁賈氏曰「公子慶父弒君出奔，應在大討，

---

18 劉師培：《劉申叔遺書》（南京：江蘇古籍出版社，1997年），頁1213。

而經不書日。何以又不説⋯⋯」不知慶父弒君，魯惡諱內惡，罪慶父以宣弒君之惡，則與內諱誼乖。弗得以此難賈氏也。[19]

主張東漢儒者認為弒君例中隱有日月例，以書日為應然，不書日為變例。基本上賈逵以詳書日月為惡之深者，但是杜預卻指出閔公元年慶父弒君，經文未載，僅於二年載其出奔莒，弒君此等大討之罪，何以未詳其日月以駁之。劉師培主漢説，是以以內諱例為之辯駁。換言之，《春秋》固然有弒君書日以顯其大討之罪的書法，但對孔子《春秋》而言，諱內惡的書法原則當更為優先。劉氏説甚有其據，《春秋》載弒君二十五，包括衛二次、宋三次、齊六次、晉三次、楚二次、莒二次、鄭、陳、吳二次、蔡、許、薛，皆為他國之記，魯國弒君之事皆不直接書弒，而在《左傳》中説明交代。

劉師培同時表示《左傳》在君臣舉政上的基本立場，認為責君特重，而特輕責臣民，其謂：

> 《左傳》一書責君特重而責臣民特輕。宣四年《傳》云「凡弒君稱君，君無道也；稱臣，臣之罪也。」杜《註》謂「稱國以弒，眾所共絕。」《釋例》中其説：「君所以繫民命也，然本無父子之恩，未有家人昵玩之愛，高下之隔，懸殊壅塞之否萬端，是以居上者降心以察下，表誠以感之，然後能相親也。若崇高自肆，群下絕望，情誼隔絕，是為路人，非君臣也。人心苟離則號位雖存，無以自固。故《傳》例曰：『凡弒君，稱君，君無道。』稱君者惟書君名，而稱國稱人以弒，言眾之所共絕也。」（賈劉許潁曰，則惡及國朝則書國以弒，惡及國人則稱人以弒）孔《疏》申杜義曰：「云弒君，君無道者，弒君之人固為大罪，欲見君之無道，罪亦合弒，所以懲創將來之君，兩其義。」疏釋傳例，義甚顯明。其云懲創將來之君，亦必古《左氏》説也。

其實是贊同杜《注》孔《疏》對《左傳》、《春秋》弒例的書法說明；主張君臣實際上無父子之恩，是以君王當表誠以感下，認同經傳書法含有懲創將來之君之意，雖未見今之《左傳》，而當為古《左傳》說。

他並駁斥歷來對杜預所釋《左傳》責君特重說的不滿，而且進一步申論《左傳》所主張的君主之任：

> 近世巨儒若顧氏復初（《春秋大事表》），焦氏理堂（《左傳補疏》），沈氏小宛（《左傳新注》），咸集矢征南以為袒助亂臣，違背名教。惟實應劉氏叔俯《春秋》說引《史記》自序之文以證，《左氏》君無道之旨，以為君失禮義，則失其所以為君。

以臣民視君為君的底線，在君不失禮義，君失其禮義則失其為君之實。劉師培舉《左傳》內文以證之：

> 予案襄十四年師曠曰天子愛民甚矣，豈可使一人肆於民上以縱其淫，以棄天地之性，即孟子殘賤之人謂之獨夫之旨。足證弒君稱君無道之義，是《左氏》此句之義，重於責君而非所以責臣也。⋯⋯予案隱公四年經云「冬十有二月，衛人立晉。」《左氏傳》云「書曰『衛人立晉』，眾也。」以證君由民立，與《公》《穀》相同。又宣四年經云「鄭公子歸生弒其君夷」，《左氏傳》云「凡弒君稱君，君無道也，稱臣，臣之罪也。」以儆人君之虐民與《公羊傳》之釋莒君被弒也，亦合若符節。曷嘗若迂儒一孔之論，視人君為無上之尊哉？

他認同孟子獨夫之旨，並以之解釋《春秋》《左傳》的弒君書法。再者，以君由民立，是以不當拘於名位之限，以君為無上之尊，而失《春秋》經傳責君特深之旨。

尤有甚者，劉師培認為《左傳》多有申張民權之說，他指出：

且《左氏傳》所載粹言，亦多合民權之說。……成十五年，晉人執曹伯，《左氏傳》云「不及其民也。凡君不道於其民，諸侯討而執之，則曰，某人執某侯，不然則否。」何一非警戒人君之詞乎？又定公八年《傳》云衛侯欲叛，晉公朝國人，使王孫賈問焉；哀元年《傳》云陳懷公朝國人而問焉曰，「欲與楚者右，欲與吳者左」，足證《春秋》之時，各國之中政由民議合於《周禮》詢危詢遷之旨。而遺文佚事咸賴《左傳》而始傳，則《左氏》之功甚巨矣。[20]

定八年晉公與哀元年陳懷公，皆曾諮詢「國人」以決斷國事。所謂「國人」，據學者研究指出，乃是排除貴族士大夫，而為由四民階級所組成的自由居民。[21] 是以當代諸侯之垂詢問政，尚具有《周禮·秋官·小司寇》所指：「小司寇之職，掌外朝之政，以致萬民而詢焉。一曰詢國危，二曰詢國遷，三曰詢立君。」[22] 之古風，君王舉政具有相當的民眾意志。再反觀成十五年，當時晉厲公與各國諸侯會盟共討弒太子自立的曹成公，然而《左傳》指《春秋》書「晉侯執曹伯」，是因為曹伯之惡未及於百姓，並說明《春秋》書法原則是「凡君不道於其民，諸侯討而執之，則曰『某人執某侯』。不然則否。」假若君之惡及於其民，而令諸侯討伐並拘執，則《春秋》書「某人執某侯」。因此當成十五年書「晉侯」而非「晉人」，非在此書法原則之內，是以曹伯之罪不及於民。由是，劉師培透過《左傳》之辭看出，當代對於人君要求之嚴厲，一旦惡及國人者，則為諸侯所共討，立場是責君特深者。

劉師培在以上論述中，特別提到漢儒賈逵、劉歆、許慎、潁容之說，「惡及國朝，則書國以弒；惡及國人，則稱人以弒」的書法原則，似乎是贊同漢儒說，卻沒有多加解釋。然而杜預並不完全認同漢儒所論與弒例相關的說

20　劉師培：《劉申叔遺書》，頁 307。

21　黃聖松：《左傳國人研究》（臺中市：天空數位圖書公司，2013 年），頁 167。

22　《十三經注疏》整理委員會：《周禮注疏》（北京：北京大學出版社，1999 年），頁 912。

法。漢儒說法如何？與杜預立場如何不同？以下試論之。

漢儒說例如前表列賈逵釋經之第 1、4、5 說，諸家釋經第 2 說，除第 1 條據孔《疏》外，後三條皆據杜預《春秋釋例》之「書弒例」所輯，共四則：

一、隱四年「衛州吁弒其君完」。賈逵「弒君取國，故以國言之。」

二、莊八年「齊無知弒其君諸兒」。賈逵「不稱公孫，弒君取國，故以國言之。」

三、莊九年「齊人殺無知」。賈逵「君惡及國，則稱國以弒；君惡不及國，則稱人以弒。」

四、文十八年「莒弒其君庶其」。「劉、賈、許、潁以為君惡及國朝，則稱國以弒；君惡及國人，則稱人以弒。」

其中第一、二、三則用語相似。賈氏與諸家皆着眼在經文書寫弒君者的方式。首先，稱「衛州吁」為「以國言之」，因其弒君取國，是以以國氏稱之。此例是罪責弒君之人。第二則同第一例，賈氏更直接指經文書無知「不稱公孫」之因，在取國。第三則，稱「齊人殺無知」，李貽德指出，因無知雖弒君，然罪不及國，是以稱人以弒，而弒殺同辭，此是分判被弒者之罪責，惡不及於國，是以稱「齊人」。[23] 第四例「莒」，與第三例正好相對，就被弒之君惡及於國，是以稱國氏「莒」，而不稱「莒人」。以上又可分為兩類，第一、二則乃評判弒君之臣，第三、四則乃評判被弒之君。

第一類，首先隱四年《春秋》書「衛州吁弒其君完」，對於賈逵指「弒君取國，故以國言之」，《左傳》沒有這個說法。《穀梁》則有：

　　戊申，衛祝吁弒其君完。大夫弒其君，以國氏者，嫌也，弒而代之也。[24]

23　李貽德：《春秋左傳賈服注輯述》，頁 429。

24　《十三經注疏》整理委員會整理：《春秋穀梁傳注疏》（北京：北京大學出版社，2000年），頁 20。

以國氏「衛」記州吁弒君，表示憎嫌州吁之取國代君。《公羊》亦謂：

> 戊申，衛州吁弒其君完。曷為以國氏？當國也。[25]

以州吁目的在當國，是以如其願以國氏稱之，藉以示其惡。二傳關注焦點在稱「衛」書國氏時，背後所隱託的罪責之意；當中有二個要素，一則以國氏，一則取國。是以相較起來，<u>賈逵的説法，看似與《穀梁》相當，卻又缺乏《穀梁》積極批判、指惡的「嫌也」此一要素。賈氏「故以國言之」，事實上更接近《公羊》「曷為以國氏？當國也」，故意以附和弒君者目的而指其國氏的方式反諷之。</u>

至於莊八年「齊無知弒其君諸兒」，《穀梁》説與隱四年州吁事件同。《公羊》無説。在《左傳》，雖沒有針對經文書國氏，或就取國之事等書法問題聲張其評議，卻經由長段述事、仲眾之口，嚴厲批判州吁「弒其君，而虐用其民，於是乎不務令德，而欲以亂成，必不免矣」[26]。莊八年齊無知弒君的《傳》釋中，亦詳述無知取齊侯而代之的種種行止。

劉文淇引洪亮吉説指出：

> 州吁、無知，亦《春秋》之始例。《正義》言諸弒君者，莊公以下皆不書氏，成公以下皆書氏，足申明賈義。[27]

劉文淇將州吁、無知視為《春秋》書弒始例，同意《正義》所引《春秋釋例》「氏族例」所稱，莊公以下不書氏與閔公以下皆書氏[28]，而以杜説正申明賈氏

25　《十三經注疏》整理委員會整理：《春秋公羊傳注疏》（北京：北京大學出版社，2000年），頁 51。

26　楊伯峻：《春秋左傳注》（北京：中華書局，1990 年），頁 36。

27　劉文淇：《春秋左氏傳舊注疏證》，頁 24。又，筆者案：「成公」當為「閔公」之誤。

28　杜預：《春秋釋例》，清乾隆敕刻武英殿聚珍本，頁 33。

説。劉氏的關注重心依循漢儒，解釋焦點在經文不稱州吁為公子、無知為公孫等不稱氏族的書法，是如賈氏所指責「弒君取國，故以國言之」之解。然而事實上，杜預的立場是：「推尋經文，自莊公以上，諸弒君者皆不書氏。閔公以下，皆書氏。亦足以明時史之異同，非仲尼所皆刊也。」[29] **以《春秋》未書氏族，乃史文詳略不同使然，沒有特殊意思。**劉文淇説顯然取杜説部分，卻又依從賈氏等之説；特別是賈氏説更接近《公》、《穀》二家之立説，對弒君者多有批評。

第二類，莊九年「齊人殺無知」[30] 與文十八年「莒弒其君庶其」，賈逵與諸儒主張被弒之君：「君惡及國，則稱國以弒；君惡不及國，則稱人以弒。」漢儒此處解釋，可視為以《左傳》宣四年「凡弒君稱君，君無道也；稱臣，臣之罪也」為通例的基礎上，當經文未稱臣，是以歸之於君惡，漢儒再進一步深入君惡的類型與程度。

但是《左傳》未有分別君惡類型與程度的書法説明，僅如文十六年解釋「書曰『宋人弒其君杵臼』，**君無道也。**」[31] 直接説明經文所稱之君為無道之君，此又與宣四年所列傳例書法一致且相呼應。至於對於「稱人」以弒，《左傳》未有其他説法。

反觀《穀梁》在成十八年有「稱國以弒其君，**君惡甚矣。**」之釋例[32]，《公羊》於文十八年亦提出「稱國以弒何？**稱國以弒者，眾弒君之辭。**」[33] 對於被弒君王之惡的狀況有所主張。二傳其實也可視之為在《左傳》宣四年論書弒通例基礎上，進一步提出經文書寫中，對弒君「稱國」的評判標準；以君惡

29　《十三經注疏》整理委員會整理：《春秋左傳正義》（北京：北京大學出版社，2000年），頁 96。

30　無知代襄公而立，此不稱君，乃如《左傳正義》所指：「諸侯不受先君之命而篡立，得與諸侯會者，則以成君書之，齊商人蔡侯班之屬是也。若未得接於諸侯，則不稱爵。楚公子棄疾殺公子比，蔡人殺陳佗，齊人殺無知，衛人殺州籲，公子瑕之屬是也。」（頁 268）

31　楊伯峻：《春秋左傳注》，頁 622。

32　《十三經注疏》整理委員會整理：《春秋穀梁傳注疏》，頁 275。

33　《十三經注疏》整理委員會整理：《春秋公羊傳注疏》，頁 368。

之甚，是以稱國，表示為眾所惡，為眾所弒。何以如此？便是賈氏等進一步
引申為「君惡及國」，是以「稱國」，為大惡之君的類型。由此可以看到，東
漢諸儒確實於二傳有所沿承。[34]

漢儒以稱人稱國有別，然而杜預自《左傳》視之，並不如此：

> 劉賈許頴以為，君惡及國朝，則稱國以弒，君惡及國人，則稱人以
> 弒。案傳，鄭靈、宋昭，經文異而例同，故重覆以同之。子弒其父，又
> 嫌異於他臣，亦重明其不異。既不碎辨國之與人，而傳云莒紀公多行無
> 禮於國，太子僕因國人以弒之，經但稱國不稱人，知國之與人，雖言別
> 而事一也。[35]

宣四年《經》書公子歸生（子家）弒靈公，實際上是公子宋弒君；所以書歸
生乃因子家為大夫，不能禦亂弭禍，非為臣之道。而文十六年《經》書宋人
弒昭公，實際上是襄夫人主之，繼立者為善名之公子鮑。這兩則《左傳》詳
述實際弒君之人，與《經》文相對照，所異者在一稱臣，一稱人，若依《傳》
文之述，亦可明其所以與罪責之所在。所謂「例同」則可見二事件《左傳》
皆稱君無道，所以《左傳》重覆指明《經》文書法，當中並無分別稱國與稱
人的分別。再者，文十八年《經》書「莒弒其君庶其」，《左傳》亦詳述其原
委「莒紀公子生大子僕，又生季佗，愛季佗而黜僕，且多行禮於國，僕因國
人以弒紀公。」紀公無道，太子僕因國人而弒君，是以《經》稱國，然而對
僕的行為與評價如何，《左傳》藉季文子之口論僕「夫莒僕，則其孝敬，則

---

34 根據謝德瑩考究，指出《公羊》主張「弒君者曷為或稱名氏？或不稱名氏？大夫弒
君稱名氏，賤者窮諸人；大夫相殺稱人，賤者窮諸盜。」以為稱人弒君是賤者，然
考之他例，親手弒君未必非賤者，如宋人弒其君杵臼，《左傳》指為君無道，主事
者為襄夫人，繼立者為多禮之公子鮑，故《公羊》之說不可從。（氏撰：〈春秋書弒
例辨〉，頁 21。）

35 杜預：〈書弒例〉《春秋釋例》，頁 55。

弒君父矣；則其忠信，則竊寶玉矣。」[36] 乃以之為不良。而經在此稱國而不稱人，可見稱國稱人不分。[37]

《春秋》書弒稱臣者（皆亦稱其國）共 10 則，據《左傳》論弒通例，可知此為深責亂臣之書寫，但是其判別標準，僅在稱臣或稱君之名。《春秋》弒君稱人者 4 則，僅稱國不稱臣者 3 則。對於稱臣亦稱國，《公羊》、《穀梁》二傳「嫌也」、諷其「當國也」，與東漢諸儒「以國言之」實承二傳批判亂臣說的立場，基本上也是深責亂臣的立場。其次，二傳與賈氏等，又再提出僅「稱國」為惡及於國的大惡之君，與「稱人」則惡不及國之君的分別。凡此，相對於《左傳》與杜預的簡要書法，二傳與賈氏等可以說是進一步繁化了《春秋》經文解釋，深造經文書例，是以杜預評議漢儒以為「先儒旁采二傳，橫生異例」。[38] 有趣的是，劉師培在這部分的論述，採杜預說，對所推崇東漢儒說僅幾語帶過，未有詳述。其先祖劉文淇也採杜預說補述漢儒說，亦未能有相當的說明，可以說，這部分的說法，劉氏家族一反其駁斥預說的立場，而傾向接受杜預說。杜預反對漢儒說的立場，在氏族例論及書弒時稱氏族與否中，有更清楚的表述。

叄、「去氏」與「未賜族」

對於弒君者之批判，東漢儒者，亦持「去氏」、「未賜族」之說，如前列表格賈逵釋經第 2、6 條。一則為桓二年《經》載「宋督弒其君與夷」事件，賈逵指「據督有無君之心，故去氏。」一則為莊十二年「宋萬弒其君捷」，

36　楊伯峻：《春秋左傳注》，頁 629-633。

37　據謝德瑩詳考程發軔認為稱人為有些人、稱國為全國兩者的分別，認為稱國乃是《春秋》之書，不責臣子，而以為為國除害，而以全國之人主其事的意思。（氏撰：〈春秋書弒例辨〉，頁 22、23。）

38　杜預：〈書弒例〉，《春秋釋例》，頁 55。

賈逵主「未賜族」之意。氏即為氏族之名，二者實為一事。[39]

首先，據《春秋釋例·氏族例》所載，對桓二年《經》載「宋督弒其君與夷」事件，賈逵指「據督有無君之心，故去氏。」[40]對未稱督之「華」氏，賈逵以為乃《春秋》去氏，以明督有無君之心。針對同一事件，許慎提出「古《左氏》說，既沒稱字而不名，孔父先君死，故稱其字。」[41]對孔父稱字說有所措意。

關於桓二年宋督弒君，據《左傳》「稱臣，臣之罪」之例，《春秋》深責宋華督是確定的，而賈逵所言，部分來自《左傳》同年記載「君子以督為有無君之心，而後動於惡，故先書弒其君。」[42]據此，賈氏再主張未書華督之氏，乃在深責華督。此外，許慎根據《左傳》所述，對宋督弒君事件中的另人物孔父之稱字，乃在指出孔子先宋君而死的事實，當中無甚褒貶。從書法來看，賈逵是在弒例原則再加「去氏」之則，許慎也是將《春秋》不書名，視為是某種立場的表示。換言之，皆認真斟酌《春秋》對書氏書名的寫作用語。然而其根據為何？

大夫弒君稱氏者有五，宣二年「趙盾弒其君夷皋」、宣十年「陳夏徵舒弒其君國」、襄二十五年「齊崔杼弒其君光」、襄二十六年「衛甯喜弒其君剽」、哀六年「齊陳乞弒其君荼」。[43]相較於此，大夫弒君未稱其氏者，為桓二年「宋督弒其君與夷」，未稱其氏「華」，莊十二年「宋萬弒其君捷」，未

---

39 杜預在〈氏族例〉中說明：「而稱之謂之氏，合而言之謂之族。子孫繁衍，枝布葉分，始承其本，末取其別，故其流至於百姓萬姓。」（《春秋釋例》，頁 33）。《左傳·隱公八年》「無駭卒」楊伯峻指出：族與姓氏之氏同義。（頁 60-62）又於《春秋左

40 李貽德：《春秋左傳賈服注輯述》，頁 412。

41 臧壽恭：《春秋左氏古義》，頁 655。

42 楊伯峻：《春秋左傳注》，頁 85。

43 此外，大夫弒君又及其大夫，書其名氏者，為僖九年「晉里克弒其君卓」，卓為晉獻公之子，為驪姬之子奚齊被殺後，荀息再立奚齊之弟卓，卓子被弒之時，獻公已葬而為成君。而經文在僖十年以前，大夫弒君，如隱四年「衛州吁弒其君完」、莊八年「齊無知弒其君諸兒」，州吁為公子，無知為公孫，猶未稱為公子、公孫。然僖十年之後後，如稱文元年「楚世子商臣弒其君頵」、文十四年「齊公子商人弒其君舍」。（參見竹添光鴻：《左氏會箋》（成都：巴蜀書社，2008 年），頁 58。

稱其氏「南宮」。在《公羊》和《穀梁》評議宋督事件時皆把焦點放在孔子先祖孔父上，特別是《穀梁》有謂：「何以知其先殺孔父也？曰子既死，父不忍稱其名，臣既死，君不忍稱其名。」[44] 的說法，與許慎「孔父先君死，故稱其字」之說相呼應。二傳對宋督弒君之罪僅在描述，未對其罪多加評述。

在宋萬事件上，《公羊》將之視為與宋督事類，其評議相同。《穀梁》則提出：「宋萬，宋之卑者也。卑者以國氏，及其大夫仇牧，以尊及卑也。[45]」將宋萬視為是卑位者，是以稱其國氏。同時，若從將南宮萬視為卑者這個角度來看，賈逵評議為「未賜族」，或有可能乃是如《穀梁》視其為卑者，故未賜族的角度來看。

相對於東漢諸儒，杜預並不同意漢儒在名氏上做文章的詮釋策略。他說：

> 尋按《春秋》，諸氏族之稱，甚多參差。而先儒皆以為例，欲托之於外赴，則患有人身自來者，例不可合，因以僻陋未賜族為說。[46]

對於《春秋》書氏族，當中有許多不一的情形，漢儒甚重視之並以之為例，然而當中有許多無法取得一致解釋，而「未賜族」乃為其中一種解釋。杜預舉例指出：

> 弒君不書族者四事，州吁、無知不稱公子、公孫，賈氏以為弒君取國，故以國言之。按公子商人亦弒君取國，而獨稱公子。宋督，賈氏以為督有無君之心，故去氏。按傳自以先書弒君，見義不在于氏也。宋

傳詞典》中簡要指出：「氏：一人之姓太多，於其後代子孫或賜之以氏，國因采邑、官位等改稱某氏。」（楊伯峻、徐提編：《春秋左傳詞典》（北京：中華書局，1985年），頁 151。

44　《十三經注疏》整理委員會整理：《春秋穀梁傳注疏》，頁 40。

45　同上註，頁 90。

46　杜預：〈氏族例〉，《春秋釋例》，頁 33、34。

萬，賈氏以為未賜族。按傳稱南宮長萬，則為巳氏，南宮不得為未賜族也。

弒君不書族有在州吁、無知、華督、南宮（長）萬。州吁、無知，賈逵以其弒君取國，故稱國。華督與南宮（長）萬，賈逵一以去氏，一以未賜族，然而文十四年《經》書「齊公子商人弒其君舍」稱國、氏、名，便是州吁、無知事件之反例，而宋萬在《傳》稱「南宮長萬」即已具氏族之名，是以不應為未賜族之故。

據此，杜預認為：

> 以此推之，知亦非仲尼所遺也。斯蓋非史策舊法，故無凡例。當時諸國以意而赴，其或自來聘使者，辭有詳略。仲尼修《春秋》，因采以示義。義之所起，則刊而定正之，否則即因而示之，不皆刊正也。

有氏與否，並不是孔子《春秋》有意識的加減，之所以如此，一為史策舊法，二為各國赴告辭有詳略，當中沒有孔子特加的書法與意義。

對弒君者之責，《左傳》已謂「稱臣，臣之罪也。」但是賈逵又在這之上，將書氏與否，視為是《春秋》褒貶的表示，而以去氏為責臣之書法。特別是如莊八年「齊無知弒其君諸兒」，賈逵認為《春秋》「不稱公孫，弒君取國，故以國言之。」以國言之，已為大惡，《經》文又不稱其公孫之氏，可見責惡之深。再者，同樣因為持守《春秋》變動氏族名乃有深義，所以許慎將《春秋》不稱孔父之名，視為是對孔子的正面肯定，《公羊》亦也持此說，對孔父大加探論，雖然許慎稱其說為「古《左氏》說」，卻不見《左傳》相關論述，實有可疑。漢儒採二傳之說，又可見於賈逵對未賜族的理解角度，又可歸於《穀梁》一脈的立場，與《左傳》評述全然無關。就此而言，杜預批評漢儒妄生義例確有其理。再者，漢儒專對弒君者的批評不少，顯然與劉師培弒君責君特深，是不同的詮釋方向。特別是劉師培有一明確的民本立場，對於《春

秋》責君特深多加申論，論述中雖稍引漢儒說，卻僅指出漢儒論君惡及國與否，稱國、稱人的分別一條，對於漢儒深責臣子之過者，則未加申論，大不同於他極力聲張恢復漢儒書法義例之說的立場[47]，就此而言，劉師培是有意識的擇取漢儒之說，略去漢儒責臣之說。因此可以說，至少在弒君書法上，劉氏立說省略漢儒責臣之說，或可視為一種消極否定。

肆、關乎釋義者

漢儒說義為多者，如第二節表格所列，共三條：賈逵釋《經》第 3 條，以及服虔釋《傳》第 2、3 條，與諸家之劉歆說。

首先，一般的情況下，《經》文在起始書時必書王，以表示所奉行的是天子班曆，然而在桓三年《經》文書「春，正月」，未書王。先理解不書王的特殊性，杜預說明：

> 其或廢法違常，失不班曆，故不書「王」。……經三年正月，從此盡十七年皆無「王」，唯十年有。二傳以為義。[48]

桓公年間，元年、二年、十年、十八年，此四年於春有王。九年春，無王，無月。其餘十三年，雖然春書月，悉皆無王，不書王的情況異常的多；杜預認為原因在於「廢法異常」。

對於不書王，《左傳》沒有特別說明，但是《公羊》《穀梁》多以為有義。

---

47 劉師培於〈春秋左氏傳古例詮釋〉中，提出「時月日例」、「名例」、「禮例」、「地例」、「事例」、「詞例」、「錯文見義」「變文」等，皆主漢說，於「序師法」中更推贊漢儒「劉賈許潁銳精幽贊，以經為作，大體概同，二鄭彭服，說亦名家，經傳相明，咸主義例詮微之要，莫尚於斯。」（《劉申叔遺書》，頁 328-335。）不僅主張詮釋《春秋》當主漢說，更在以漢儒義例說詮釋大義為要。

48 《十三經注疏》整理委員會整理：《春秋左傳正義》，頁 179。

如《穀梁》於桓元年指出：

> 桓無王，其曰王，何也？謹始也。其曰無王，何也？桓弟弒兄，臣弒君，天子不能定，諸侯不能救，百姓不能去，以為無王之道，遂可以至焉爾。元年有王，所以治桓也。[49]

以《春秋》稱王有重要意義，不書王表示無王之道，是如桓公弒兄、君，天子、諸侯皆不能理，是王道之不行。范甯（339 年 -401 年）注說的更仔細：

> 《春秋》上下無王者，凡一百有八。桓無王者，見不奉王法；餘公無王者，為不書正月，不得書王。桓初即位，若已見治，故書王以示義。二年書王，痛與夷之卒，正宋督之弒，宜加誅也。十年有王，正曹伯之卒，使世子來朝，王法所宜治也。十八年有王，取終始治桓也。

先說明《春秋》中有大量不書王的情況，特別提出桓公年間不書王，在其不奉王法。元年即位書王示義，二年書王在正宋督弒君之事，十年書王是因為曹桓公在九年遣世子朝魯，使諸侯不得不「以待人父之道待人之子」[50]，是以失正；為正曹桓公之卒，是以書王。

總上言，桓公年間不書王，基本上深責桓公是確定的。此外《穀梁》元年傳文表示天子不討，失王之道，意有責周室者，所以以桓年間不書王者為無王之道，而二年正宋督之弒、十年正曹伯之卒，乃為以王法正之的表示。《穀梁》的說法，雖然一致，但是解釋委實過於曲折。然而在范甯解釋中則失此意，只責桓公不奉行王法，而無責周室之意。有趣的是，對於桓三年不書王，《公羊》也沒有特別的解釋。但是何休（129 年－182 年）注文卻和《穀梁》

49　《十三經注疏》整理委員會整理：《春秋穀梁傳注疏》，頁 37。下引同。
50　同前註，頁 57。

相似：

> 無王者，以見桓公無王而行也。二年有王者，見始也。十年有王者，數之終也。十八年有王者，桓公之終也，明終始有王，桓公無之爾。不就元年見始者，未無王也。[51]

何休認為《春秋》深責桓公目無法，所以在二年、十年、十八年稱王，以示王法一直存在，只是桓公無道無法、置若罔聞而已。

就以上諸說對照賈逵的說法：

> 不書王，弒君，易祊田，成宋亂，無王也。元年治桓，元年治督，十年正曹伯，十八年終始治桓。[52]

可以見得是《穀梁》、何休一脈的說法，是以臧壽恭注謂：「《正義》又云先儒多用《穀梁》說」。劉文淇疏證桓三年無王之說，先羅列《穀梁》說、范甯說，杜預注與賈逵說，並指劉炫規杜汪，以為「此為無王者，正是闕文」，且指出「賈蓋兼用《穀梁》舊誼矣」。[53]

因此，分析賈說之源與其內容意旨，《左傳》《公羊》對於桓三年不稱王無傳，並不以桓公弒隱而立等一連串無道之事，透過不稱王以明其褒貶之意。相對的，《穀梁》特別關注桓公弒君，乃為天子不能定、諸侯不能的無王之況，是以見其說猶有責周天子之意。往後，何休深責魯桓公，全無責王之說。對諸侯而言，天子為其君，是以就這層面來說，《穀梁》猶有責君之意，至何休、賈逵則是責臣不責君了。

其次，昭十九《經》書「許世子止弒其君買」，事由為許悼公飲太子止

51　《十三經注疏》整理委員會整理：《春秋公羊傳注疏》，頁 89。
52　臧壽恭：《春秋左氏古義》，《續修四庫全書》冊 125，頁 656。下引同。
53　劉文淇：《春秋左氏傳舊注疏證》，頁 80。下引同。

所進之藥而卒，太子其後奔晉。《左傳》述此事原委，並特別說明書法之意：「書曰『弒其君』，君子曰：『盡心力以事君，舍藥物可也。』」[54] 服虔對此有一番說法。

服虔基本上是解《左傳》之文：

> 禮，醫不三世不使。君有疾，飲藥臣先嘗之；親有疾飲藥，子先嘗之。公疾未瘳而止進藥，雖嘗，而不由醫而卒。故國史書弒告於諸侯。原止之無惡，藥物不由醫，無所加壽，命有終。故曰舍藥物可也。一曰罪止非也，剌無良史，物贖為勿。止，實孝能盡心，事君舍藥，物（勿）以罪之。[55]

化先溯古禮如《禮記·曲禮》所載「醫不三世，不服其藥。」以及君、父有疾進藥，則臣、子先嘗之說[56]，指許世子恐怕未循禮而進藥。然而，許世子進藥，服氏謂其「雖嘗」，但是在《左傳》中實未明其親嘗與否？其說根據不知何來。再者，服氏謂「不由醫而卒」，應是根據《左傳》「飲大子止之藥」之述而來，可是這樣的引申並不恰當，因為許世子進藥是否由醫？實不能由《左傳》述文看出，更何況前已提出醫不三世不使，已失禮在先，若不由醫，豈不更罪加一等，而可見服氏在此對許世子之罪，實有深責之意。

那麼服氏「不由醫」的說法，是否有其它根據？他的根據應來自《穀梁》。《穀梁》謂：

> 曰子既生，不免乎水火，母之罪也；羈貫成童，不就師傅，父之罪也。就師學問無方，心志不通，身之罪也。心志既通，而名譽不聞，友

54　楊伯峻：《春秋左傳注》，頁 1402。
55　袁鈞輯、袁堯年補校：《春秋傳服氏注》卷 10，頁 19、20。
56　《十三經注疏》整理委員會整理：《禮記正義》（北京：北京大學出版社，2000 年），頁 175、176。

之罪也。名譽既聞，有司不舉，有司之罪也。有司舉之，王者不用，王者之過也。許世子不知嘗藥，累及許君也。[57]

主要指出作父母要承擔子輩之過，其中「有司舉之，王者不用，王者之過」，意與服虔所謂「不由醫」之說暗合，而「許世子不知嘗藥」，更可見服氏直承其說者。然而《穀梁》這段述說，實有深責做為君父的許君而非許世子之意。《穀梁》解釋《春秋》「冬，葬許悼公。日卒時葬，不使止為弒父也。」為許世子開解，而提出《春秋》記載許悼公死的日子，舉行葬禮的季節，是為了表示許君是正常薨卒，而不深責許世子之罪，而「不使止為弒父」。

是以，服虔說法中，一部分承《穀梁》直指許世子「不知嘗藥」、「不由醫」，以解釋「故國史書弒告於諸侯」《春秋》書弒之因，是為深責許世子的立場。另一部分解釋《左傳》所稱書法，提出「原止之無惡，藥物不由醫，無所加壽，命有終。故曰舍藥物可也。」[58] 解釋許世子無惡，即使不由藥物，許公仍無所加壽，是以許世子實可舍藥，由此釋《左傳》解書法之意，主要是同情許世子之立場。此外，服氏又提出另一可能說法。他說以《春秋》書弒不在罪責許世子，而在刺無良史，特別是「物贖為勿。止，實孝能盡心，事君舍藥，物（勿）以罪之」將《左傳》「舍藥『物』可也」，釋為「舍藥，『勿』可也」，認為許世子實可舍藥，然而卻因事孝盡心，進藥獲罪，是以不應勿罪責於他；這也是同情許世子的立場。服虔對於如何評價許世子弒君之書，既採部分《穀梁》說，對許世子有所罪責，卻又與他所解釋的《左傳》傳意的二種說法，立場正好相對，而可見服虔持論之游移。

杜預在此解釋的《左傳》之意，關注在「加弒者，責止不舍藥物」，如孔穎達釋之謂「言藥當信醫，不須己自為也。」[59] 深責許世子之不由醫：

57　《十三經注疏》整理委員會整理：《春秋穀梁傳注疏》，頁341。下引同。
58　袁鈞：《春秋傳服氏注》卷10，頁19、20。
59　《十三經注疏》整理委員會整理：《春秋左傳正義》，頁1589。

言為人臣子盡心盡力以事君父，如《禮記・文王世子》之為，即自足矣，如此則舍去藥物，已不干知，於禮可也。此許世子不舍藥物，致令君死，是違人子之道。故《春秋》書其弒君，解經書弒君之意也。[60]

對於古禮用藥的強調，更是杜預、孔穎達着力之處，如孔氏引《釋例》指出：

（《傳》）言「書曰『弒其君』」，則仲尼新意書弒也。實非弒而加弒者，責止事父不舍其藥物。言藥當信醫，不須己自為也。《釋例》曰：「醫非三世不服其藥，古之慎戒也。人子之孝，當盡心嘗禱而已，藥物之齊，非所習也。許止身為國嗣，國非無醫，而輕果進藥，故罪同於弒。雖原其本心，而《春秋》不赦其罪，蓋為教之遠防也。

對《春秋》何以對犯下無心之罪的許世子責以弒君之罪，乃由國家的高度、君臣的層次談許世子進藥的不恰當，影響所及乃是一國、全朝之政，怎能不由此為戒為鑑。相較之下，服氏則從父子之親的角度解釋《左傳》之言，而非從一國之政君臣的角度。就此而言，服氏說不僅有承《穀梁》，亦錯失國家君臣這一層解《春秋》應有的視域。

第三則，哀十年《左傳》書「齊人弒悼公，赴于師，吳子三日哭于軍門之外」，此事《春秋》未載，事出當時魯哀公會吳子、邾子攻齊，不久，齊人發佈訃告：悼公被弒。《史記・齊太公世家》亦載此事：「吳王夫差哭於軍門外三日，將從海入討齊。齊人敗之，吳師乃去。」[61] 所據來自《左傳》，服虔指其乃「諸侯相臨之禮。」[62] 而沈彤收此條服氏注亦來自《史記・吳世家注》。古禮有軍禮，然失傳甚多，今僅於《孔叢子》有〈問軍禮〉，可見比較相近的記載：

60 　同上註，頁 1589、1591。
61 　司馬遷：《史記》（北京：中華書局，1959 年），頁 1508。
62 　袁鈞：《春秋傳服氏注》，卷 12，頁 5。

王曰:「將居軍中之禮,勝敗之變,則如之何?」太師曰:「……若不幸軍敗,則馹騎赴告于天子,載鬐韇,天子素服哭于庫門之外,三日。大夫素服哭于社,亦如之。亡將失城,則皆哭七日。天子使使迎于軍,命將師無請命,然後將帥結草自縛,袒右肩而入,蓋喪禮也。」[63]

文中太師對王講述古禮中對於戰爭中勝敗之際的禮儀,指出敗軍者赴告天子之後,天子哭於庫門外三日,大夫則哭於社。若亡將失城,則哭七日。文中所說為天子與大夫之儀,但哭、三日之說,與《左傳》記載相類。[64] 然何以如此?竹添光鴻認為:

三日哭以誤齊,使不備也。舟師乘自海,正三日內事也,大江自江南通州入海,淮自淮安府安通縣入海,吳從此自山東登萊府界,即齊地。[65]

竹添氏的說法其實很有脈絡可循。吳子夫差本亦是弒君自立者,何以會施行如此諸侯古禮,《左傳》寫吳子三日哭,緊接着述寫吳大夫「帥舟師將自海入齊」,表明吳子狼虎之心,着實分明。服氏在此說明其為「諸侯相臨之禮」,實助《傳》意之發明。

總上所論,在賈逵的詮釋中,可見其部分援引《穀梁》說,卻未表示責君之意,乃依從何休深責魯桓公作為臣,深責其無王無道這一層面的看法。其次,服虔也同樣部分地繼承了《穀梁》指責許世子「不知嘗藥」、「不由醫」

---

63 歷來多以此書為偽,然如張之洞以之有依托不盡偽,今學者如黃懷信、李學勤認為此中多有上古文獻之遺。相關問題可參見李健、孫少華:《孔叢子真偽考》(《渤海大學學報》哲學科學版,2005 年 7 月,第 27 卷第 4 期),頁 31-36。

64 此外,《禮記・檀弓》亦載孔子曾述:朋友吾哭諸寢門之外,是以李貽德以異姓諸侯有朋友之誼,故曰友邦。其相臨之禮,若在國亦當哭諸寢門之外,今在師,故哭于軍門之外。(參考吳靜安:《春秋左氏傳舊注疏證續》(長春:東北師範大學出版社,2005 年),冊 4,頁 2053。此說可參看。

65 竹添光鴻:《左氏會箋》,頁 2326。

的立場，但是相對於杜預由國家層面、君臣倫處深責許世子之不明進退，服
虔則站在父子倫主要是同情許世子之立場，解釋《左傳》所書《經》例意。
最後，服虔論齊人弒悼公，吳子行諸侯三日哭之禮，則深得《傳》意，此固
與君臣倫之探討不相涉，卻可見其對古禮的掌握，可襄助對《傳》意的理解。

伍、結論

由本文上述分析與溯源，漢儒指出一、「以國言之」、「以人言之」，以
「稱國」為惡及於國的大惡之君，與「稱人」則惡不及國之君的分別，不僅有
超出《左傳》說，而且是根據《公》《穀》立說。二、對弒君者之責，賈逵又
去氏、未賜族為責臣之書法。根據亦是來自於二傳。三、今可見漢儒弒論之
釋義，不僅援引《穀梁》，甚至也依循何休說法。

杜預《春秋釋例》〈書弒例第十五〉歸納《春秋》、《左傳》論弒的書例，
總結中為：

> 故《傳》例曰：凡弒君，稱君君無道；稱臣臣之罪。稱君者惟書君
> 名，而稱國稱人以弒，言眾之所共絕也。稱臣者，謂書弒者主名，以垂
> 來世，終為不義而不可赦也。[66]

有三個關注重點，一、弒君稱君者，責君。二、弒君稱臣者，責臣。三、稱
國稱人以弒者，深責君為眾所絕。他並批評東漢儒者：「先儒旁采二傳，橫生
異例。」而認為「《左氏》義例止此而已。其餘小異，皆從赴也。」特別是
杜說第三則，其實是針對《公羊》《穀梁》說與漢儒分別稱國稱人以為例的取
消，目的回歸《左傳》宣十八所宣達的經文書弒筆法的說明，對二傳與漢儒

66　杜預：〈書弒例〉，《春秋釋例》，頁 55。下引同。

妄生書例後的廓清之說。

杜預的評論是合理的，同時也可以看到對《春秋》書弒書法的解讀，自《左傳》宣十八論《經》書法為基礎，《公羊》、《穀梁》已有繁化經文書法義例的傾向，何休亦有超乎《公羊》解釋的書法說法，而為賈逵等《左傳》學者所繼承。不僅如此，《穀梁》在文十四年謂「齊公子商人弒其君舍。……舍之不日，何也？未成為君也。」[67]《公羊》在文十八年載「弒則何以不日？不忍言也。」[68]主《春秋》書弒之日或存或缺，當中亦有書法義例可談，而有時月日例的提出。但是《左傳》中沒有不日書法的說明，杜預反對書日與不書日中有義例的說法，他的基本立場「承他國之告，既有詳略，且魯國故典，亦又參差，去其日月，則或害事之先後，備其日月，則古史有所不載，故《春秋》皆不以日月為例」[69]認為經文書日或備或略，沒有一定的規則可循，不當據見其參差而生例。當中有所書法義例，當準以傳文，不當妄生書例。然而根據東漢儒者亦主時月日例之說，劉師培循此亦指出：「《春秋》書臣子弒君，或日或不日，先儒例逸。蓋不日皆變例。」[70]認為東漢儒者當時於書弒之日或不日，是有所說例的。這恐怕也是劉師培困於其一貫依從東漢儒者之說的立場而形成的猜測之詞。

然而，雖然劉師培在書法義例的識別原則上循從漢儒說，以弒例中隱有日月例，但在說明義理與價值判準上則有其不同於東漢左傳學者的的立場。他根據《左傳》所釋，主張《春秋》深責君而非責臣，以古代民本思想的角度省察《春秋》、《左傳》之君臣觀之真實，雖然當中可能蘊有劉氏本具之近代民本思想之詮釋前見，但劉氏能跳脫他對漢儒例說的堅持與推崇，而以理校讀《春秋》弒君論之可能，亦是他此處不囿於漢儒說並超乎其上之處。

67　《十三經注疏》整理委員會整理：《春秋穀梁傳注疏》，頁 208、312。

68　《十三經注疏》整理委員會整理：《春秋公羊傳注疏》，頁 367。

69　杜預：〈士大夫卒〉，《春秋釋例》，頁 26。

70　同註 18。

　　最後，東漢《左傳》學的研究在現代其實有很大的困難，因為整體研究資料委實不多，但從弒君論做為一個切面來看賈逵等人詮釋《春秋》書法與《左傳》說的角度來看，東漢儒者參考《公羊》、《穀梁》二傳，甚至是何休的說解，彌縫各家之說以為解釋，是可以確定的。由弒論可折射出其人在君臣觀上的主張，他們繁衍《春秋》書法而形成多數深責臣的義例解釋，或許是漢代君主專權下形成的政治與思想主張上氛圍，此乃如錢穆先生所指「光武中興，不僅把新莽『發得《周禮》』的新聖典賤視了，即前漢聖典《公羊春秋》那些「存三統」、「作新王」一類的話漸漸變成當代的忌諱」[71]，是以弒君作為革命的一種型態，不能多論，亦復不能責君太深。然而這樣對於君臣倫理的解釋與書法詮釋恐怕亦不盡符合《春秋》《左傳》之意。

徵引文獻
（依古籍、專書、期刊，筆劃排列）

〔晉〕杜預：《春秋釋例》，聚珍版叢書，清乾隆敕刊本

〔漢〕司馬遷：《史記》，北京：中華書局，1959 年。

〔清〕李貽德輯述：《春秋左傳賈服注輯述》，《續修四庫全書》，上海：上海古籍出版社，2002 年。

〔清〕段玉裁：《經韻樓集》，《續修四庫全書》，上海：上海古籍出版社，2002 年。

〔清〕袁鈞輯、袁堯年補校：《春秋傳服氏注》，《續修四庫全書》，上海：上海古籍出版社，2002 年。

〔清〕臧壽恭：《春秋左氏古義》，《續修四庫全書》，上海：上海古籍出版社，2002 年。

〔清〕劉文淇：《春秋左氏傳舊注疏證》，北京：科學出版社，1959 年。

《十三經注疏》整理委員會：《周禮注疏》，北京：北京大學出版社，1999 年。

71　錢穆：《孔子與春秋》，收入《兩漢經學今古文評議》，《錢賓四先生全集》8（臺北：聯經出版社，1994-98 年），頁 287。

《十三經注疏》整理委員會整理：《春秋公羊傳注疏》，北京：北京大學出版社，2000 年。

《十三經注疏》整理委員會整理：《春秋穀梁傳注疏》，北京：北京大學出版社，2000 年。

《十三經注疏》整理委員會整理：《禮記正義》，北京：北京大學出版社，2000 年。

〔日〕竹添光鴻：《左氏會箋》，成都：巴蜀書社，2008 年。

吳靜安：《春秋左氏傳舊注疏證續》，長春：東北師範大學出版社，2005 年。

徐復觀：《兩漢思想史》，臺灣：學生書局，1978 年。

程南洲：《東漢時代之春秋左氏學》，上海：華東師範大學出版社，2011 年。

黃聖松：《左傳國人研究》，臺中市：天空數位圖書公司，2013 年。

楊伯峻：《春秋左傳注》，北京：中華書局，1990 年。

———、徐提編：《春秋左傳詞典》，北京：中華書局，1985 年。

蒙文通：《古學甄微》，《蒙文通文集》，成都：巴蜀書社，1987 年。

劉師培：《劉申叔遺書》，南京：江蘇古籍出版社，1997 年。

錢穆：《錢賓四先生全集》，臺北：聯經出版社，1994-8 年。

李健、孫少華：〈孔叢子真偽考〉（《渤海大學學報》哲學科學版，2005 年 7 月，第 27 卷第
　　4 期，頁 31-36。

宋惠如：〈從《春秋》書弒論楊伯峻書法觀〉，《中國學術年刊》2013 年 09 月，35 期（秋），
　　頁 81-107。

——〈從「九伐之法」到「稱君，君無道也」——論《春秋》的「書法」變革〉，《第三屆臺
　　灣南區大學中文系聯合學術會議論文集》三（高雄：國立中山大學中文系，2014 年），
　　頁 63-88。

——：〈《漢書·五行志》之董仲舒《春秋》災異說——以論弒為中心〉，《當代儒學研究》
　　2015 年 12 月，19 期，頁 67-102。

——：〈「何謂湯武弒？」——董仲舒《春秋繁露》「弒」論考〉（未刊稿）。

謝德瑩：〈春秋書弒例辨〉，《孔孟月刊》1987 年 2 月，第 25 卷第 6 期，頁 14-26。

古今文經學的盛衰交替與原因

鄭傑文

山東大學

一、古今文經學的盛衰交替發展

漢代秦立，尋求治安策。叔孫通依儒經作漢儀以整肅朝綱，初次顯示了儒家治經之學的社會政治功效；董仲舒結合陰陽五行学 作《春秋繁露》，迎合執政者統攝人心以鞏固政權的需要；儒家治經之學因此被執政者選中，由私學上升為官學，具備了主導社會潮流的獨尊地位。

西漢儒生沿習董仲舒的治經方法，發揮儒經以解釋災異，作緯書，造作讖言以求「今用」。其所傳習儒經用漢代今文寫成，故稱今文經，其學稱今文經學。

今文經學發展到西漢末，對儒經的解釋離原義越來越遠；加之它所依附的西漢政權風雨飄搖，士子們對今文經學越來越失望，故改習新發現的六國古文寫成的儒經。古文派與今文派的最大區別在於：它不以神學附會儒經，而是通過對經文的訓釋來探求經典原義；不神化孔子、周公，而是把孔子看作史學家、教育家，把周公作為制定經典的思想家。

漢代的古今文之爭，以東漢鄭玄立足於古文、兼收今文來遍釋群經，也可以説以古文派勝利而告終。從戰國儒家的傳經解經，到西漢今文家的附會儒經，再到東漢古文家的注經求原，成為經學史上的第一次古今文經學盛衰

交替發展。

　　魏晉時期，司馬昭岳父王肅向鄭玄經學發難，以今文經反「鄭學」之古文注，用古文經駁「鄭學」之今文釋；他遍注群經，形成聲勢浩大的「王學」。又由於司馬氏政治勢力的佐助，「王學」在魏末、西晉時期壓倒「鄭學」而成為官方學術的主導。王肅打的是「遵從馬融純粹古文經學」的旗號，但他為闡揚己說而偽造《聖證論》等儒家典籍，為迎合司馬氏取代曹魏而尋求學術「依據」，實際上是今文家風，在治學上遵從的是今文家法。從「鄭學」以古文經為主，到「王學」實際上秉承的今文家法，形成經學史上的第二次古今文經學盛衰交替發展。

　　南北朝隋唐時期，儒學獨尊的地位受到以玄學面目出現的道家學說和依傍道家學說站穩腳跟的外來佛學的挑戰，佛、道兩家學說在知識士子和執政者中有很大影響。儒學發展進入了漫長的低谷時期。南北朝隋唐經學的主要成就是疏解前人經注。自東晉起，鄭學又替代王學成為經學主流。東晉元帝設太學、立學官，除《周易》立王弼注、《左傳》立服虔注和杜預注外，《詩經》、《尚書》、《周禮》、《禮記》、《論語》、《孝經》皆立鄭玄注。南北朝隋唐儒生對疏解前人注文下了很大功夫，他們恪守「疏不破注」的律條，遵循着古文家學風，從孔穎達的《五經正義》，發展到「九經義疏」，皆疏釋細密，內容充實，材料豐富，可謂漢魏以來古文經學成就的大總結。從王肅偽造儒典而實際上秉承今文家學風，到南北朝隋唐學者遵循古文家學風疏解經注，形成經學史上的第三次古今文經學盛衰交替發展。

　　道家講超脫現實，會導致知識士子脫離社會而不為執政者所用；佛家講跳出三界，同樣使執政者難以用人。宋代執政者總結南北朝隋唐時期的經驗教訓，重新大倡尊孔讀經以教化民心，來鞏固統治。儒學第二次受到執政者垂青，進入持續高峰期，直到清末。從漢代儒學獨尊，到南北朝隋唐時期的儒釋道三足鼎立，再到宋元明清的以儒經取仕，形成經學發展史上的第二個馬鞍型曲線。

　　「九經義疏」的巨大成就使古文家的注疏之學發展到頂峰，後人難以超

越；宋代執政者推行以儒經取仕的同時，又用「經義論策」來擇取重臣。經義論策，即依傍儒經來闡發解決現實問題的策略，這是「疏不破注」的古文經學方法難以做到的。經學的發展和社會的需要都迫使儒生對舊有的學術方法進行改革。因此，懷疑舊注、重新探求經文原義的宋學應運而生。宋學破舊注、發新說、重義理，具有大膽懷疑精神，取得諸多成就。但其進一步發展，由改經注發展到徑改經文，如王柏著《詩疑》而刪《詩經》「淫奔詩」三十余首、蔡沈作《書經集傳》臆改《尚書》等。這實際上是今文經學家的治學傳統。陸九淵甚至宣揚「六經注我」，把經學當作宣揚自己思想的工具，有點全部推倒儒經注疏甚至經文的味道，因而使今文學方法也步入了死胡同，於是有清代乾嘉考據學的興起。

清代學者對宋學的徑改經文、增字解經、妄為「叶音」等解經法不滿，故重倡漢學，興起重疏證、重考辨之風。清初閻若璩考訂東晉梅賾所獻《古文尚書》為偽書，走的雖仍是宋學的「疑經」之路，但他那從大量文獻中搜尋書證、排比證據的做法，卻是漢代古文家學風。胡渭考定《河圖》、《洛書》為偽託，亦遵從漢代古文家的學術方法。這種將宋學疑經精神和漢學扎實學風結合起來的學術方法，導致了乾嘉考據學派的出現，由宋學的疑經、徑改經文即繼承今文家學風，到乾嘉考據之學實施古文家方法，形成了經學史上的第四次古今文經學盛衰交替發展。

二、古今文經學盛衰交替發展的原因

從西漢今文經學派獨踞經壇到東漢古文經學派取勝，由鄭玄古文家法到王肅今文家風，由南北朝隋唐儒生承古文學風作注疏到宋儒承今文家風求義理，再由宋學重義理到乾嘉學派重考據，形成了我國經學發展史上的四次古今文經學盛衰交替發展。

古今文經學的盛衰交替發展，首先是不同社會階段的不同文化需求造成的。儒學發端於大戰剛停、社會甫定的周初，穩定成為社會第一需要。周公制禮作樂、創宗法禮制學說，對穩定周初社會秩序有決定性意義；同時又強調重人尚德，對調節上下矛盾、協調人際關係有重要作用。儒學自萌生的那天起，就顯示出它在協調關係、教化人心、穩定社會方面的政治功用。

春秋時期學術下移，私學產生。孔子憂社會動盪，歎人心不古，重整原始儒學並加以發展，豐富為仁、禮、忠、德、孝、慈等道德條目，宣揚父慈子孝以協調家庭關係，提倡君德臣忠以調節上下矛盾，由此使天下人皆做仁人而守禮，從而達到天下大治，實現社會穩定。所以，每當新生王朝誕生需要安撫人心、穩定社會時，儒家學說往往被選中而作為官方指導思想。但是，也正是儒家學說過分強調不同社會地位的人各應恪守忠、孝、德、慈等做人標準，因而壓抑了人的自由本性，故爾每當儒學推行一段時間後，必然引起學人的厭倦和有識之士的抵制；又由於儒學過分強調社會秩序的規定性，一味追求社會穩定，所以在它推行一段時間後，又往往成為阻礙社會發展的教條而受到進步思想家的批判。如此等等，從而使得儒家治經之學幾度被社會冷落。

社會發展的不同階段性需求，是造成古今文經學盛衰交替發展的根本原因。

古今文經學的盛衰交替發展還由於儒家社會理想和學術理想的矛盾性。一方面，儒家追求「立萬世法」、「為帝王師」，以自家學說指導執政者確立統治理論以治理萬民，講求社會參與意識。所以，每當新王朝追求穩定、執政者尋求調節社會矛盾的指導思想時，儒家總會依據執政者的新需要和發展變化了的社會實際，引申和發揮儒經原義，改造舊說，追求儒學社會價值的重構。這成為歷代儒生的政治追求。

另一方面，儒家又以正統文化的承傳人自居。被奉為萬世師表的孔子，曾自詡「文王既沒，文不在茲乎」，並以能言夏禮、殷禮而自誇。孟子曾以孔門儒學的真傳人自居，荀子卻攻擊孟子及其師子思「不知其統」、「案往舊

造説」，篡改了孔學原義，而只有他荀子才承傳着孔學正宗。在這種風氣影響下，追求學術正宗品位、探求古經原義、爭當正宗傳人，成為後世儒生的學術追求。

實現儒家治經之學的社會價值就要不斷改造儒經原義，而追求儒經的原始品位卻要保持儒經原義。儒家社會理想和學術理想的矛盾，即追求實現儒家治經之學社會價值和追求保持儒家治經之學正宗學術品位的矛盾，是造成古今文經學盛衰交替發展的直接原因。

古今文經學的盛衰交替發展，還由於儒經的語言文字特點。儒經是用上古漢語寫成的。漢字是一種表意文字。「六書」中的「假借」、「轉注」之法，又使得多數漢字具有一字多義性，漢字字義的這種不確定性，使得同一漢字文詞可有兩種或更多的合理解釋。上古漢語文詞且為簡括，從而使儒經具有較大的可擴展性。這種可擴展性，既為今文經學附會經義提供了可能，又使得古文經學家弼正今文家説容易找到合理依據。

上古漢語的簡括性加強了儒經文句的含蓄性。同一文句，可作多類合理理解。如《論語·子罕》之「子在川上曰『逝者如斯夫，不舍晝夜』」，既可理解為歲月蹉跎、人生易老之悲歎，又可理解為時光匆匆、亟須奮發之誓言。這類文句在儒經中比比皆足，從而為今文家和古文家對儒經的不同解釋留下了可擴展空間。

儒家經典篇章多由短小章節綴成，難以通篇連貫理解，這也造成了儒經理解和解釋的可擴展性。儒經文字、語詞及文章結構的特點，既為今文經學家追求社會效應而附會、改篡經文提供了必要條件，也為古文經學家修正今文家説而追求學術效應提供了必要條件。社會不同發展時期對儒學的不同要求、儒家對儒學社會價值和學術價值的不同追求，也由於儒經的文字、語詞、文章特點造成的可擴張性而找到了結合點，造成了經學史上長久的古今文之爭。

今文家和古文家對經學的發展各有貢獻：沒有古文家，傳統的經學無法延續；沒有今文家，經學不能適應社會發展的需要，便會被當作文物擱置起

來。但是，今文家也絕對不能離開古文家而獨立存在：沒有古文家的訓釋考據，今文家的解釋發揮會離經愈來愈遠而最後與經無緣，從實際意義上斷送了經學。所以說，古文家的訓釋考據為經學的發展不斷提供「修正參數」，使它始終以「經學」的面目延續，而具有學術效應；今文家的解釋發揮使經學不斷與社會需求縮小差距，以免被現實拋棄，具有社會效應。兩者互相依賴，相持而長，造成了古今文經學的盛衰交替發展狀態。

朝鮮時期《春秋》「西狩獲麟」的經義詮釋
——漢代公羊學說中「新王」形象的塑造、消解和移用

盧鳴東

香港浸會大學中文系

一、引言

　　中國歷代經學家解讀儒家經典，每有匠心獨運，別出心裁之處，除了因為他們對經義理解和詮釋不同之外，也反映客觀環境對解經策略造成的影響，導致經義出現紛歧，這些因素包括治學風尚、政治形勢、社會風氣和地域文化等。同一部儒家經典中的人物形象被身處不同時代或不同地域的經學家注解，產生具時間連續性和地域差異性的解讀行為，而人物形象為了配合經義的需要，不斷創新和演變，已經與原來的有出入，甚至出現變形。

　　漢代公羊家重視《春秋》「微言大義」的發揮，他們通過《春秋》哀公十四年「西狩獲麟」的記載，揭示《春秋》垂法後王之旨，並把「獲麟」視為「新王」將至的符命，塑造出「新王」的人物形象。「新王」不是活生生的歷史人物，他只是漢代公羊家從注釋「西狩獲麟」經義中構思出來，服務於公羊學說的思想框架。始由董仲舒草創至何休沿襲改造至最終定型，「新王」的形象

在兩漢經歷了三次主要變化，由最初的「《春秋》當新王」，轉變為「赤帝當新王」，最終被詮釋為「漢高祖劉邦當新王」，當中演變的原因是受到當時「符命說」、五行學說和「讖緯注經」的風氣的影響，並與漢代政治形勢有着密切關係。

自漢代以後，公羊學說已不復盛行，隨着東漢覆亡，「讖緯立國」的政治預言淪為荒誕不經的謬論，促成「新王」的意義僅遺留於漢代昔日的經解之中，其價值已沒法經過《春秋》的傳世來驗證，也得不到後來經學家的接受和應用。宋代「舍傳取經」的讀經風氣盛行，例如歐陽修、二程和朱熹等都不論《三傳》異同，直尋《春秋》大義，這種治經風尚導致「新王」這個虛構人物徹底消解，影響所及遠至朝鮮半島。朝鮮儒生採取宋儒的解經方法，注解《春秋》多以胡安國《春秋傳》為主，他們雖然接受《春秋》傳法後王的要旨，但對於漢代符命和讖緯等學說，並不苟同。

「新王」的經義沒有隨着《春秋》東傳而行於朝鮮半島，然而，「西狩獲麟」沒有因此失去詮釋價值。《春秋》傳世千古，「西狩獲麟」的詮釋空間一直保持開放，它不屬於某一範疇的學科知識，一旦它抽離原來的語言環境，其活動幅度便不受制于經學平臺；換言之，在《春秋》成書以後，「西狩獲麟」的詮釋雖然主要是為了解釋經義，但它也存在着其他詮釋目的的可能。歷來文人好為才語，引經據典，比比皆見；韓愈〈獲麟解〉的寫成，重新建構「獲麟」的意義，而朝鮮士人受此啟迪，往往在他們的詩歌創作中傳承「獲麟」新義。這反映在「西狩獲麟」的域外詮釋中，由漢代公羊家提煉出來的「新王」形象，已不受到朝鮮士人的接受和重視，他們關注的是「獲麟」的新義如何自經學範疇轉移到文學體裁內使用。

二、「新王」形象的塑造

（一）《春秋》當新王

《春秋》曰：「十有四年，春，西狩獲麟」。「西狩獲麟」短短四字，在漢代公羊家眼中，其義精奧，隱含了孔子撰作《春秋》的用心。《公羊傳·哀公十四年》曰：

> 何以書？記異也。何異爾？非中國之獸也。然則孰狩之？薪采者也。薪采者則微者也，曷為以狩言之？大之也。曷為大之？為獲麟大之也。曷為獲麟大之？麟者，仁獸也。有王者則至，無王者則不至。有以告之曰：「有麕而角者。」孔子曰：「孰為來哉？孰為來哉？」反袂拭面，涕沾袍。顏淵死，子曰：「噫！天喪予。」子路死，子曰：「噫！天祝予。」西狩獲麟，孔子曰：「吾道窮矣。」……君子曷為為《春秋》？撥亂世，反諸正，莫近諸《春秋》。則未知其為是與？其諸君子樂道堯舜之道與？末不亦樂乎堯舜之知君子也。[1]

麟是仁獸，本為王者而來，如今被薪采者狩獲，《公羊傳》認為此事「怪異」，所以《春秋》加以記錄。《公羊傳》謂「有王者則至，無王者則不至」，麟的出現預示王者將至，而漢代公羊家便利用這個經義把「新王」詮釋出來。

西漢初年，《公羊傳》由胡毋生和董仲舒開始傳授，但胡毋生公羊學說已經散佚，其對「新王」形象是否曾有詮釋，不得而知；董仲舒採用「符應受命」之說，解釋「西狩獲麟」的經義。《春秋繁露·符瑞》曰：「有非力之所

---

[1] 〔漢〕何休注、〔唐〕徐彥疏：《春秋公羊傳注疏》，〔清〕阮元校刻：《十三經注疏》，北京：中華書局，1991 年，頁 2352-2354。

能致而自至者，西狩獲麟，受命之符是也。」[2] 又《賢良對策》記載：「臣聞天之所大奉使之王者，必有非人力所能致而自至者，此受命之符也。」[3] 根據董仲舒所言，符應出自天命，非人力能夠促成，凡是朝代更迭，新王將至，上天便降下符應，授命新王即位。這裏，董仲舒認為上天授命的「新王」是《春秋》。《春秋繁露・符命》曰：「西狩獲麟，受命之符是也。然後托乎《春秋》正不正之間，而明改制之義。」[4] 董仲舒根據「符命」立說，揭示《春秋》改制之義，由於它履行王者職權，因而具有「新王」身分。

董仲舒所以為《春秋》加冕，發明「《春秋》當新王」之義，使它成為繼周之後的新一代王者，受命即位，改革舊制，目的是借用「新王」這身分貫連起「大一統」、「存二王」、「通三統」和「孔子素王」等公羊學說。〈三代改制質文〉記載：

> 《春秋》上絀夏，下存周，以《春秋》當新王者奈何？曰：「王者之法必正號，絀王謂之帝，封其後以小國，使奉祀之；下存二王之後以大國，使服其服，行其禮樂，稱客而朝；故同時稱帝者五，稱王者三，所以昭五端，通三統也。」[5]

《春秋》新王代周而起，上繼夏、商、周三代。董仲舒曰：「《春秋》作新王之事，變周之制」。[6]《春秋》新王端正名號，變改周制，既顯示出「大一統」思想，亦進一步建構起「存二王」和「通三統」的意義。商、周與《春秋》時代接近，把它們統稱「三王」，使新一統通於前朝二統，據此「通三統」確立；商、周後人允准沿用自己朝代的禮樂服色，以「客」身分朝見新王，

2　〔漢〕董仲舒撰、〔清〕蘇輿疏證：《春秋繁露義證》（北京：中華書局，1992 年），頁 157。

3　〔漢〕班固撰、〔唐〕顏師古注：《漢書》（北京：中華書局，1995 年），頁 2500。

4　〔漢〕董仲舒撰、〔清〕蘇輿疏證：《春秋繁露義證》，頁 157。

5　〔漢〕董仲舒撰、〔清〕蘇輿疏證：《春秋繁露義證》，頁 198。

6　〔漢〕董仲舒撰、〔清〕蘇輿疏證：《春秋繁露義證》，頁 199。

則「存二王」昭明；夏代離開《春秋》已有三代，退居五帝之一，其後人藉其封國祭祀先祖。因《春秋》具備「新王」之名並行改制之義，而孔子是《春秋》作者，亦被冠上「素王」美號。《賢良對策》曰：「孔子作《春秋》，先正王而系萬事，見素王之文焉」。[7] 可見，《春秋》本是魯國史記，它不是人，也不是王，更不是一個朝代，它被董仲舒虛構作為新王，只是為了圓足其公羊學說的思想體系。

（二）赤帝當新王

兩漢之交，讖緯風行，范曄在《後漢書·方術列傳》記述了當時的情況：「漢自武帝頗好方術，天下懷協道藝之士，莫不負策抵掌，頊風而屈焉。後王莽矯用符命，及光武帝尤信讖言，士之赴趨時宜者，皆馳騁穿鑿，爭談之也」。[8] 自武帝取信方術，天下符應日滋，之後王莽篡漢稱帝，利用署名「赤帝行璽某傳予黃帝金策書」[9] 的銅櫃作為受命符應。《漢書·王莽傳》記載王莽當時發出的詔書：

> 予以不德，託于皇初祖考黃帝之後，皇始祖考虞帝之苗裔，而太皇太后之末屬。……赤帝漢氏高皇帝之靈，承天命，傳國金策之書，予甚祗畏，敢不欽受！[10]

自西漢昭帝開始，漢屬火德已是漢儒通說；眭弘指「漢家堯後，有傳國之運」[11]，帝堯居火德，漢室繼其後，故也屬火德；成帝時，甘忠可、夏賀良倡議漢家再授命之說，以為「漢家逢天地之大終，當更受命於天，天帝使真人

7　〔漢〕班固撰、〔唐〕顏師古注：《漢書·董仲舒傳》，頁 2509。
8　〔宋〕范曄撰、〔唐〕李賢注：《後漢書》（北京：中華書局，1995 年），頁 2704。
9　〔漢〕班固撰、〔唐〕顏師古注：《漢書·王莽傳》，頁 4095。
10　〔漢〕班固撰、〔唐〕顏師古注：《漢書·王莽傳》，頁 4059。
11　〔漢〕班固撰、〔唐〕顏師古注：《漢書·睦弘傳》，頁 3145。

赤精子，下教我此道」。[12] 赤是火德的物色，天帝使赤精子授命漢家，即表示漢居火德。班固曰：「火，漢氏之德也」。[13] 按照「五行相生」的規律，火能生土，因此，王莽溯源先祖族譜，自認是黃帝的後人，虞帝的族裔，並以土德自居，指漢高祖承授天命，以金策書任命黃帝為真天了。班固曰：「某者，高皇帝名也」。[14] 銅櫃上的「某」是指漢高祖劉邦，而「予」是指王莽。由於土莽是黃帝的後人，所以，他便可以順理成章地受命封王。

在王莽的新國敗亡後，東漢光武帝劉秀複以火德自居，也同樣根據符命起兵稱帝。《後漢書·光武帝紀》記載：「宛人李通等以圖讖說光武帝雲：劉氏複起，李氏為輔。……十月，與李通從弟軼等起于宛，時年二十八」。[15] 讖文中的「劉氏」指光武帝本人，「複起」指他繼承西漢國運，延續火德，復興漢室。建武元年，光武帝的舊書塾強華從關中奉《赤伏符》前來，符上寫上「劉秀髮兵捕不道，四夷雲集龍鬥野，四七之際火為主」的讖文[16]。從物色看來，《赤伏符》屬於火德的符應，它預示劉秀髮兵征討不道的亂臣，稱帝承接西漢德運。李賢注曰：「四七，二十八也。自高祖至光武初起，合二百二十八年，即四七之際也。漢火德，故火為主也。」[17] 劉秀根據《赤伏符》宣佈即位，並於翌年在洛陽築起高祖廟，「始正火德，色尚赤」，正式宣佈繼承漢家火德[18]。

讖緯和符命解釋了王莽、光武帝一統帝業是天命所歸，而五行學說解釋歷代興衰交替的秩序，說明了各代帝王德運的由來。顧頡剛採用五行相生的次序，整理出《世經》中古代帝王的德運排列[19]：

12　〔漢〕班固撰、〔唐〕顏師古注：《漢書·李尋傳》，頁 3192。
13　〔漢〕班固撰、〔唐〕顏師古注：《漢書·王莽傳》，頁 4113。
14　〔漢〕班固撰、〔唐〕顏師古注：《漢書·王莽傳》，頁 4095。
15　〔宋〕范曄撰、〔唐〕李賢注：《後漢書·光武帝紀》，頁 1-2。
16　〔宋〕范曄撰、〔唐〕李賢注：《後漢書·光武帝紀》，頁 21。
17　〔宋〕范曄撰、〔唐〕李賢注：《後漢書·光武帝紀》，頁 21。
18　〔宋〕范曄撰、〔唐〕李賢注：《後漢書·光武帝紀》，頁 27。
19　顧頡剛：〈五德終始說下的政治和歷史〉，《古史辨》第 5 冊（香港：太平書局，1962 年），頁 583-451。

顧頡剛「全史五德終始表」

木	（閏水）	火	土	金	水
1. 太皞伏羲氏	共工	2. 炎帝神農氏	3. 黃帝軒轅氏	4. 少皞金天氏	5. 顓頊高陽氏
6. 帝嚳高辛氏	帝摯	7. 帝堯陶唐氏	8. 帝舜有虞氏	9. 伯禹夏後氏	10. 商
11. 周	秦	12. 漢	13. 新		

　　五行與五帝配合，而五帝又是古代帝王的先祖。《春秋緯》曰：「天有五帝」。[20] 漢代讖緯家以金、水、木、火、土給五帝命名，以金為白帝、水為黑帝、木為蒼帝、火為赤帝、土為黃帝。《春秋緯·文耀鉤》曰：「太微宮有五帝坐星。蒼帝曰靈威仰，赤帝曰赤熛怒，黃帝曰含樞紐，白帝曰白招拒，黑帝曰汁光紀」。[21] 配合五行相生的規律，五帝各有德運，並作為《世經》中古代帝王的先祖，說明各朝代「相生」替代的次序。《春秋·元命苞》曰：「夏，白帝之子；殷，黑帝之子；周，蒼帝之子」。[22] 夏代屬金，為白帝子；金生水，故殷代屬水，為黑帝子；水生木，故周代屬木，為蒼帝子，如此類推，木生火，而漢代屬火，屬赤帝后人。

　　西漢初年，董仲舒以「獲麟」授命「《春秋》當新王」，旨在建立其公羊學說體系；時至讖緯盛行，《春秋》麟命已改，漢代讖緯家為了闡釋漢居火德，代周而立，於是「援經入緯」，在解釋「西狩獲麟」時，把「新王」的身分由《春秋》改為「赤帝」。《春秋緯》曰：

　　　　《經》十有四年春，西狩獲麟，赤受命，蒼失權，周滅火起，薪采得麟。[23]

「獲麟」是授命赤帝的符應。蒼帝屬木，物色青蒼；赤帝屬火，物色是赤，因

20　本社編：《緯書集成·春秋緯》（上海：上海古籍出版社，1994 年），頁 1010。

21　《春秋緯·文耀鉤》，頁 1864。

22　《春秋緯·元命苞》，頁 1852。

23　《春秋緯》，頁 1776。

木能生火，故赤帝受命即代表蒼帝失權。在古史系統中，周代是蒼帝之後，漢代是赤帝之後，如今「赤受命，蒼失權」，即預兆漢代周而立；又因為漢代德運是火，故曰「周滅火起」。《尚書緯‧中侯》曰：

> 夫子素案圖錄，知庶姓劉季當代周，見薪采者獲麟，知為其出，何者？麟者，木精；薪采者，庶人燃火之意，此赤帝將代周。[24]

有關「薪采者」的身分，《公羊傳》和董仲舒都沒有解釋，但讖緯家有獨特見解。《春秋緯‧演孔圖》曰：「蒼之滅也，麟不榮也。麟，木精也」。[25] 薪采者伐木謀生，麟為木精，蒼帝之屬，現今麟為薪采者獵得，代表蒼帝將亡。《春秋緯‧元命苞》曰：「姬昌，蒼帝之精」。[26] 因周是蒼帝后人，故獲麟預兆周代將亡；木能生火，火是赤帝德運，薪采者獲麟，寓意伐木燃火，赤帝將代蒼帝而立。因此，麟至是授命赤帝的符應，預示赤帝當上新王。比起董仲舒的來說，由漢代讖緯家塑造的「新王」形象，既混合了符命、五行等學說，並與古史帝王系統契合，如此曲折龐雜的經義解釋無疑是由兩漢政治形勢的轉變催生而成。

（三）漢高祖劉邦當新王

中元元年，天下大定，光武帝「宣佈圖讖於天下」[27]，確立東漢火德的正統。上有好者，下必有甚焉；經師莫不馬首是瞻，修習圖讖者日眾。根據《後漢書》記載，當時經師大儒多兼明圖讖，例如薛漢「世習《韓詩》」，「尤善說災異讖緯，教授常百人」；楊春卿「善圖讖學」，卿之子楊統從「周循學習師法，受《河洛書》及天文推步之術」，「統作《家法章句》及《內讖》二卷

---

24 《尚書緯‧中侯》，頁 1197。
25 《春秋緯‧演孔圖》，頁 1800。
26 《春秋緯‧元命苞》，頁 1851。
27 〔宋〕范曄撰、〔唐〕李賢注：《後漢書‧光武帝紀》，頁 84。

解說」，統之子楊厚「曉讀圖書，粗識其意」，足見其祖父三代皆通曉讖言；任安「受《孟氏易》，兼通數經」，「又從同郡楊厚學圖讖，究極其術」；樊英「習《京氏易》，兼明《五經》」，「以圖緯教授」；鄭玄「會融集諸生考論圖讖」等等[28]。東漢經師講授《五經》，兼明圖讖，此實為當時的治經風尚。雖然，也有些經師不談圖讖，可是，他們大多不被漢帝重用。《後漢書》記載尹敏曾對光武帝曰：「讖書非聖人所作，其中多近鄙別字，頗類世俗之辭，恐疑誤後生。」[29]事後，尹敏仕途「沉滯」。又如光武帝下詔桓譚議靈台之所，桓譚因「極言讖之非經」，險遭殺身之禍，後來被外放任六郡丞。[30]此外，鄭興「數言政事，依經守義，文章溫雅，然以不善讖故不能仕。」[31]因此，范曄曰：「鄭、賈之學，行乎數百年中，遂為諸儒宗，亦徒有以焉爾。桓譚以不善流亡，鄭興以遜辭僅免，賈逵能附會文致，最差貴顯。世上以此論學，悲矣哉！」[32]

風尚所趨，東漢經師綜合圖讖，櫽括緯候，講授經義，加上漢帝推波助瀾，召開白虎觀會議，詔令經師「以緯證經」，釐定《五經》異同。章帝建初元年，命經師評《三傳》得失，賈逵深言「《公羊》義短，《左氏》理長」，舊筆作《左氏長義》四十一條，具條奏之曰：「至光武皇帝，奮獨見之明，興立《左氏》、《穀梁》，會兩家先師不曉圖讖，故令中道而廢。……又《五經》家皆無以證圖讖明劉氏為堯後者，而《左氏》獨有明文」。[33]結果賈逵備受章帝嘉許，獲「賜布五百匹，衣一襲」，另授與學官之職，挑選「《公羊》嚴、顏諸生高才者二十人，教以《左氏》」[34]。對於東漢公羊家來說，此事絕不

28　〔宋〕范曄撰、〔唐〕李賢注：《後漢書·薛漢傳》，頁 2573；《後漢書·楊厚傳》，頁 1047-1048；《後漢書·任安傳》，頁 2551；《後漢書·樊英傳》，頁 2721；《後漢書·鄭玄傳》，頁 1267。
29　〔宋〕范曄撰、〔唐〕李賢注：《後漢書·尹敏傳》，頁 2558。
30　〔宋〕范曄撰、〔唐〕李賢注：《後漢書·桓譚傳》，頁 961。
31　〔宋〕范曄撰、〔唐〕李賢注：《後漢書·鄭興傳》，頁 1223。
32　〔宋〕范曄撰、〔唐〕李賢注：《後漢書·鄭興傳》，頁 1241。
33　〔宋〕范曄撰、〔唐〕李賢注：《後漢書·賈逵傳》，頁 1237。
34　〔宋〕范曄撰、〔唐〕李賢注：《後漢書·賈逵傳》，頁 1239。

光彩。

何休生於東漢順帝永建四年，上距白虎觀會議將近五十年。他是繼董仲舒後漢代公羊家的代表人物，肩負起振興公羊學的使命。他決心挽回《公羊傳》日漸式微的地位，回應《左傳》經師的肆意攻擊，為了重新獲得漢帝重視，順應當時治經風尚，於是採取讖緯注解《公羊》。《後漢書》指何休其學「皆經緯典謨，不與守文同說」。[35] 這說明何休改變公羊家法，駁斥公羊不曉圖讖的批評，在這引導下，「西狩獲麟」的經義產生了變化。在此之前，「西狩獲麟」已經過漢代讖緯家多番詮釋，而何休在沿襲舊說之餘，亦有創見。他執着「西」、「狩」兩字的經義，把「新王」的身分由赤帝轉變為漢高祖劉邦。《春秋公羊解詁‧哀公十四年》曰：

> 稱西言狩，尊卑未分，據無主名。西者，據狩言方地，類賤人象也。……據天子、諸侯乃吉狩，天王狩于河陽，公狩于郎是也。……上有聖帝明王，天下大平，然後乃至。夫子素案圖錄，知庶姓劉季當代周，見薪采者獲麟，知為其出，何者？麟者，木精，薪采者，庶人燃火之意。此赤帝將代周居其位，故麟為薪采者所執。西狩獲之者，從東方王於西也。東，卯。西、金象也。言獲者，兵戈文也。言漢姓卯金刀，以兵得天下。[36]

何休認為獲麟預示王者誕生，又認為麟為木精，而薪采者有燃火之意，赤帝將有天下，這些注解都是來自讖緯舊說。然而，他指出漢劉既是赤帝后人，漢高祖劉邦自然是繼周的新王人選。因此，他在獲麟的方位上展開詮釋，確定「薪采者」是漢高祖劉邦，其中以「西」類象賤人，示明高祖劉邦本為庶

---

35 〔宋〕范曄撰、〔唐〕李賢注：《後漢書‧何休傳》，頁 2553。
36 〔漢〕何休注、〔唐〕徐彥疏：《春秋公羊傳注疏》，頁 2352-2353。

人，其出身卑微，起於布衣。[37] 之後，他舉出例證[38]，指出僅有天子、諸侯狩獵才得以書「狩」，這是王者和諸侯專用的《春秋》書法，如今「西」者類象賤人，卻與「狩」文相合，可知「薪采者」殊非池中之物，將來的身分絕非是一般茂林樵夫，預示劉邦將居有新王之位。此外，何休說明劉邦起兵稱帝的經過，先以「西」居金位元作為根據，並配以「金勝木」五行相勝的規律，表示「薪采者」持斧伐木於西方；「薪采者」所以伐木於西方，是因為「西」主金，金又主兵。《春秋繁露・治亂五行》曰：「金幹木，有兵」。[39] 而何休解釋「獲」為「兵戈文也」，說明劉邦將以兵伐得天下，代周而起。同時，周為木德，位處東方，如今被金伐並作燃火之用，便帶出了「木生火」的五行相生變化；至於何休謂「東方王於西」，便是寓意高祖于東南應天子之氣而王，西行送徒至驪山之時，于豐沛之間聚眾起義的經過。

　　漢高祖劉邦在歷史上是不折不扣的新一代王者，其發跡稱王的史實，亦有史書明文記載，但當他落入何休的經義詮釋中，其形象變得神化怪誕，超脫現實，既扮演「薪采者」的角色，後又代周登上新王之位，這彷彿如神話傳說一般的人物，實在難以令人信服，但如此奧妙的佈局，悉心的解讀，又顯得天命所歸的新王形象更具體和實在。

37　何休以「西」類賤人之像是有其根據。董仲舒陰陽學說分天地為陰陽，兩者一出一入，一左一右，既不同謀亦不同位；陰陽之興起各為五行之金、木、水、火盡其職分，助長四時之生、養、成、藏，自是少陽主春，太陽主夏，少陰主秋，太陰主冬。由於陰陽有尊卑之別，天道「親陽而疏陰」，常以陽任歲事，陰守虛空，天下萬物莫不以此道運行。西由少陰所主，為卑賤之位，故知「薪采者」乃象類賤人。見《春秋繁露》中〈五行之義〉和〈天辨在人〉兩篇。〈天辨在人〉曰：「天下之尊卑隨陽而序位，幼者居陽之所少，老者居陽之所老，貴者居陽之所盛，賤者君陽之所衰，藏者言其不得當陽」。〔漢〕董仲舒撰、〔清〕蘇輿疏證：《春秋繁露義證》，頁 336。

38　此二例見《春秋》僖公二十八年曰：「天王狩于河陽」。又《春秋》桓公四年雲：「公狩于郎」。參《春秋公羊傳注疏》，頁 2262、2215。

39　〔漢〕董仲舒撰、〔清〕蘇輿疏證：《春秋繁露義證》，頁 383。

三、朝鮮經儒駁斥「新王」之說

兩漢之時，《公羊》、《谷梁》、《左傳》深受士人推崇，三家分立，傳授《春秋》，先後當上博士學官。但在千甲之外，朝鮮經儒對《二傳》評價不高，甚至把《公羊》學說視為異端邪說，毀多於譽。朝鮮英祖時，成海應（1760-1839）曰：「《春秋》三傳，互立門戶。《左傳》主事蹟；《公》、《谷》主義理。漢則《公》、《谷》盛而《左氏》微。晉、唐以來，《左氏》勝而《公》、《穀》泯。自孫複、劉敞諸儒，倡棄傳從經之訓，而《三傳》並行。然《左氏》尚辭之故，凡荒怪不經之辭多錯焉。《公》、《穀》主義之故，凡怪僻偏系之義多附焉」。[40] 成氏敍述《三傳》在歷代發展的盛衰，認為三家解經，各有弊病：《左傳》詳于史事，用辭每有浮誇失實，錯亂之處不少；《公羊》、《谷梁》主以明義，惟怪異偏執之義甚多。因此，成氏認為「今之讀《春秋》者」，於《三傳》之說當「各取所長而舍其短」。

朝鮮經儒研治《春秋》主要根據胡安國的《春秋傳》，他們把胡《傳》與《三傳》統稱為《春秋》「四傳」，雖然在名義上四者並列，但實際上胡《傳》的地位是高出《三傳》[41]。胡安國是程門私淑，其《春秋》學師承程顥、程頤二人，對於二程倡議「舍傳求經」，直尋《春秋》微言大義的解經方法，早於高麗晚年，朝鮮經儒已認識和接受。高麗儒臣李穡（1328-1396）的〈讀春秋〉記載：「獲麟當日涕沾襟，借魯明王筆力深。《三傳》異同吾已廢，伊川心是聖人心。」[42] 可見，《三傳》地位不及胡《傳》。二程認為孔子作《春秋》是為

40　〔韓〕成海應：〈讀書式〉，《研經齋全集》，《韓國文集叢刊》第 279 冊（漢城：韓國古典翻譯院，1986-1997 年），頁 265 上。

41　〔韓〕樸世采（1631-1695）：《春秋補編・序》曰：「及後左氏，記其事以著實跡；公羊氏，谷梁氏發其義以究歸趣，固亦多所出入矛盾，然於經之體用，可謂粗備矣。至於胡氏之傳，乃能晚出而深造之，大綱則本之孟氏，微辭則取之程傳，輒更輔以董、王諸儒、晉唐數家。辭嚴義正，緻密完具，雖未必脗合聖人之本意，抑在傳經，亦不可謂不躋其堂室者也」。《南溪集》卷 66，《韓國文集叢刊》第 140 冊，頁 358 下。

42　〔高麗〕李穡：〈讀春秋〉，《牧隱詩槁》卷 2，《韓國文集叢刊》第 3 冊，頁 533 頁。

後王制法[43]，他們不在意《三傳》價值，也不曾過問「新王」身分，這一看法影響到朝鮮經儒對《春秋》性質的定位。韓遁翁（1642-1709）在〈通鑑記疑〉中曰：「吾夫子立王綱於《春秋》，定天下之邪正，為百王之大法，絕筆於獲麟之後，寥寥千載，繼者絕無」。[44]許薫（1836-1907）在〈春秋記疑〉中指出孔子「自衛返魯，年六十八矣，……則春秋之作，亦當在是時。而麟雖不至，《春秋》不可不作也，此是寓王法之書，則麟為王者瑞」。[45]《春秋》是寓王法之書，至於「王者」是誰，並不是朝鮮經儒關注的課題。

比較《三傳》得失來說，朝鮮經儒認為《公羊》價值不及《左傳》、《谷梁》，原因是其附會失實，「以《傳》害《經》」。韓章錫（1832-1894）曰：

> 傳《春秋》者五家，而《三傳》獨列於學官。《三傳》之師，《公羊》學先行而最著，以為傳得其宗。蓋《左氏》記其事，《公》、《穀》發其義，《春秋》重褒貶，《公羊》之著於世宜哉？雖然，初誤於讖緯，啟符命，尊漢之陋，再誤於注疏，有傅會王魯之謬，支離破裂，讀者病焉。……餘故曰：「博辨不及《左氏》，精約不及《谷梁》」，余於《公羊》取二三策而已。[46]

自漢以來，傳授《春秋》僅餘三家，《鄒氏傳》和《夾氏傳》早已失傳，《公羊》最早立學官，盛於西漢，其宣導《春秋》微辭奧旨，理應是《春秋》經解的大本大宗，但經過漢代公羊家詮釋以後，其意義已變得比附牽強，不可

43　程頤曰：「由堯舜至於周，文質損益，其變極矣，其法詳矣。仲尼參酌其宜以為萬世王制之所折中焉，此作《春秋》之本意。」程顥曰：「昔者孔子傷時王之無政而作《春秋》，所以褒善貶惡，為後王法也」。〔宋〕程顥、程頤：《二程集》（北京：中華書局，1981年」，頁1200。

44　〔韓〕韓汝愈：〈經史記疑・通鑑記疑〉，《遁翁集》卷3，《韓國文集叢刊》續篇第44冊，頁479下。

45　〔韓〕許薫：《舫山先生文集》卷11，《韓國歷代文集叢書》第1047冊（漢城：景仁文化社，1999年），頁412。

46　〔韓〕韓章錫：〈讀公羊傳・獲麟辨〉，《眉山集》，《韓國經學資料集成》第141冊（漢城：成均館大學校大東文化研究所，1998年），頁753-754。

盡信。因此，韓氏要斥責的不是《公羊傳》本身，而是採用讖緯和符命等來注解《春秋》的一批漢代公羊家。對於「西狩獲麟」的經義解釋，朝鮮學者更是議論紛紜，十分不滿。張維（1597-1638）在〈漢儒傅會〉中曰：「漢儒以西狩獲麟，為周亡之畢。漢興之瑞，傅會至此，可一笑」。[47] 何休通過注解「西狩獲麟」經義，塑造出劉邦的「新王」形象，這本出於尊重漢室之心，視它為承天受命的表徵，然而，朝鮮經儒不接受此說，認為符命祥瑞之説不可足信，「西狩獲麟」既不是漢興的符瑞，《春秋》亦不寄寓「新王」之義。

在朝鮮半島的一遍輿論和駁斥的聲音中，何休受到的苛責是最嚴厲，這在 1682 年朝鮮肅宗下令黜祀何休于朝鮮文廟一事中，已露端倪。《續文獻通考》記載「肅宗八年夏五月，命黜公伯寮、荀況、馬融、何休、賈逵、王肅、王弼、杜預、吳澄、申党於文廟」。[48] 歸納來説，諸儒被黜祀朝鮮文廟有兩個原因：一是為官不仁，助紂為虐，伺候篡弒之君，如馬融、王肅、杜預；一是其學不經，違背偏離儒家之道，如荀子、王弼和何休。何休屬於後者，他的《公羊》學説被貶抑為「此亦異端邪説之流」[49]。此外，張維撰寫〈何休解公羊傳説甚怪誕〉一文，專門批評何休「以緯注經」的弊病，並曰：「何休《公羊傳》解曰：得麟之後，……知漢當繼大亂之後，故作撥難之法以授之。漢世讖緯家説，怪誕如此」。[50] 後來，成海應亦責備曰：「漢儒多以緯書釋經。

---

47 〔韓〕張維：〈溪谷先生漫筆‧漢儒傅會〉卷 1，《溪谷先生集》，《韓國文集叢刊》第 92 冊，頁 563 下。

48 〔韓〕洪鳳漢：〈學校考三〉，《東國文獻備考》卷 204，下冊，漢城：明文堂，1981 年，頁 378。

49 當時清城府院君金錫冑上劄論之曰：「荀況以性為惡，以禮為偽，毀子思、孟子，古之稱況者，必並稱曰荀、揚，而揚雄既已見黜于楊砥之一言，則況安得獨留乎？馬融為梁冀草奏殺忠臣李固，後為南陽太守以貪濁罪免。王弼祖述老、莊，與何晏倡清談而亂天下。王肅仕于魏，爵至徹侯而乃以女適司馬昭，又附司馬師畫策，討文欽、毋丘儉。杜預為司馬炎謀，主守襄陽，行饋遺，且盡殺江陵人，為臣則不純，以將則不義。何休所注《春秋》，黜周王魯，又注《風角》等書，班之於《孝經》、《論語》，此亦異端邪説之流，皆可罷也」。〔韓〕洪鳳漢：《東國文獻備考》，頁 378。

50 〔韓〕張維：〈溪谷先生漫筆‧何休解公羊傳説甚怪誕〉，《溪谷先生集》卷 1，《韓國文集叢刊》第 92 冊，頁 563 下。

東漢之初，又以讖立國，故釋經者欲以漢接周之統，妄加附會而然也」。[51] 時移世易，中、朝經儒處身異地，各有不同治經策略，彼此間對經義的解釋也難免有抵觸之處。由於朝鮮經儒不必在何休的立場上考慮「新王」產生的政治意圖，也不曾生活在兩漢之世，受到當時治經風尚的影響，因此，漢代之世，讖緯風行，在當時來説，雖不獨何休一人據此注經，但朝鮮經儒深信讖緯圖説荼毒聖人大義，其中認為何休公羊學説遺害尤深，必須在《春秋》的傳承中剔除殆盡。

例如，韓章錫指責何休在「西狩獲麟」的經義解釋中，附會讖緯，以為麟至是漢高祖劉邦受命為王的符應，這既矯誣《春秋》之義，又失於《公羊傳》傳承之旨。《眉山集·獲麟辨》記載：

> 嗚呼！世儒之傅會讖緯以為希世之諏者，一至此乎。麟，聖人之畜也。漢祖雖有撥亂開剏之功，詎可謂賢於孔子哉？一不可也。魯，仲尼之國也；哀公十四年，仲尼之時也。何為近舍目前之應，而遠取於二百年之後乎？二不可也。仲尼之生不得其時，故麟出亦不以時。若曰：「漢興之瑞，則寧有五災之用哉？」三不可也。聖人雖有知來之明，曷嘗歷歷指陳，如為技術家之為哉？……劉氏之興，雖知之未必言也。況未必知之乎。未必知之，不損於孔子矣，而乃苟且敷衍矯誣聖人之言，不但失之於經，而又失之於《公羊》之傳。[52]

站在尊孔的立場上，韓氏據以歷史考證，實事求是，就漢高祖當「新王」及《春秋》垂法漢劉之説的疑點，每項逐一駁斥。其一，漢高祖雖有撥亂興治之功，惟才德比不上孔子。其二，《春秋》是魯國史記，所載的是孔子身處時代的歷史，又新王符瑞出于魯哀公十四年，何以它應驗在二百年後漢高祖的

---

51 〔韓〕成海應：〈經解三·終獲麟説〉，《研經齋全集》卷 21，《韓國文集叢刊》第 273 冊，頁 520 上。

52 〔韓〕韓章錫：〈獲麟辨〉，《眉山集》，《韓國經學資料集成》第 141 冊，頁 755-756。

身上呢？其三，麟至不得其時，謂之不祥；孔子出生，其父叔梁紇死，可謂不得其時，又是不祥，若麟出是漢興的符瑞，當時又有其麼不祥的事情發生呢？。其四，《公羊傳‧哀公十四年》曰：「君子曷為為《春秋》？撥亂世，反諸正，莫近諸《春秋》」。何休注曰：「孔子仰推天命，俯察時變，卻觀未來，豫解無窮，知漢當繼大亂之後，故作撥亂之法以授之」。[53] 何休根據《演孔圖》得悉天命漢劉為王，因而孔子作《春秋》垂法漢帝。可是，孔子不是方技術士，何以能夠妙識神通，有預知未來的本領呢？韓氏認為，這些都是何休等漢儒為了諂媚、奉承漢帝的附會失實之說。

四、從經學到文學的詮釋——「聖賢」形象的塑造

在中國目錄學的分類中，自《漢書‧藝文志》把《春秋》納入《六藝略》，至清人《四庫全書》歸入經部，它一直屬於經部範疇，不被視為文學的一種。經學和文學從屬不同學科，本質各異，要旨不一。唐代韓愈倡言「文以明道」，對文章的能事多有創發，認為文章所載之人事具有傳道的功能，對此議題專門撰文論述，開闢了經文與文章之間通用的蹊徑。其中，他採用《春秋》「西狩獲麟」作為文章素材，撰寫了〈獲麟解〉，把「獲麟」的經義貫注入文學創作中。這種從經學過渡至文學的意義詮釋，在朝鮮時期的文學作品中是常見。不少朝鮮士人既是經生，又是文人；他們具備經學知識，也有創作詩、文的修養和能力，每能在閱讀儒家經典中，篩選經傳中的經義內容和人物故事，融入詩歌的創作中，視之為主題，或作為典故、比喻來使用。

高麗、朝鮮之際，士人有運用詩歌形式表達「西狩獲麟」的經義，申明《春秋》成書要旨，或評價《三傳》得失。卞季良（1369-1430）的〈夜坐有感〉首之四：

---

53 〔漢〕何休注、〔唐〕徐彥疏：《春秋公羊傳注疏》，頁 2354。

> 周衰王風下，禮樂隨已 。宣尼生其末，遑遑思反真。
>
> 世梗不得位，齊魯徒問津。既未化斯世，當慮啟後人。
>
> 假史寓王法，聖筆終獲麟。[54]

西周衰亡，典章制度、禮儀教化淪落，社會秩序、道德規範混亂。世道梗塞，孔子生於當時，未能拜相封侯，其道雖能廣泛地傳播于齊魯等地，卻不能用於各地諸侯，於是，他根據魯國歷史撰寫《春秋》，並透過「西狩獲麟」示明垂法後王的要旨。與此題材相近的朝鮮詩歌，有金時習（1435-1493）的〈讀春秋詩〉，此詩四十四句，今節錄如下：「偉哉大聖謹嚴筆，作于雅亡王跡滅。首建大義尊天子，大書特書王正月。攘夷討賊整紀綱，字字華袞與鈇鉞。……此皆聖人警後世，憂之也深慮之切。大建百工不易法，西狩獲麟是終訣」。[55]此外，李荇（1478-1543）的〈讀司馬溫公資治通鑒〉，也有此題旨：

> 不有經世書，孰知尊宗周。片言寓大法，非聖莫能修。
>
> 所以嘗自道，知我者《春秋》。獲麟筆久絕，良史不可求。[56]

聖人沒有史官職位，他僭越本分，託付《春秋》行天子褒貶賞罰之權，後人對他或將有毀譽褒貶的評價，但詩人仍然以「良史」之名稱美孔子，又把《春秋》視為「經世書」，認為聖人絕筆于「獲麟」，是表示《春秋》為后王立法之書。

評價《三傳》得失的朝鮮詩歌，例如有許薰（1836-1907）的〈讀春秋有感〉，此五言詩共四十八句，內容包含駁斥《公羊傳》及何休在「西狩獲麟」上的經義理解。今節錄如下：

---

54 〔韓〕卞季良：《春亭先生文集》卷1，《韓國歷代文集叢書》第39冊，頁56。

55 〔韓〕金時習：《梅月堂詩集》卷4，《韓國歷代文集叢書》第68冊，頁384-385。

56 〔韓〕李荇：《容齋先生集》卷3，《韓國文集叢刊》第20冊，頁394下。

> 噫噫周道衰，頹紐不復張。禮樂皆崩缺，彝倫竟複喪。
>
> 仲尼為是懼，把筆扶王綱。癢𤺾寓人權，宇𤲟嚴秋霜。⋯⋯
>
> 可笑公羊子，誤說獲麟義。反袂涕沾袍，聖人無是事。
>
> 何休踵厥謬，複證端門瑞。苟如說者說，圖讖何以異。
>
> 只使後來人，開喙駁其偽。鍾雲賣餅家，貫亦奮筆議。[57]

《公羊傳》指獲麟之時，孔「反袂拭面，涕沾袍」，聖人所以有如此反應，是他清楚知道其道將不行於世。但許熏質疑這是《公羊傳》杜撰，文獻不曾記載此事。至於何休根據《春秋緯・演孔圖》謂「得麟之後，天下血書魯端門」，把「天降血書」視為授命孔子制法的符應，兼據此詳述孔子授命漢劉的經過[58]。他批評這個說法也太過荒謬，圖讖解經，不可信實。他引用東漢章帝建初元年時，賈逵評「《公羊》義短，《左氏》理長」[59]，以及三國時鍾繇褒獎「《左氏》為太官廚」，貶斥「《公羊》為賣餅家」。[60] 的評論，用來說明《公羊傳》所引起的議論筆伐，全是因為其解經失誤而導致。

　　上述可見，朝鮮文人採用詩歌形式傳達《春秋》經義，與儒家的章句形式比較，主要區別在於經義形式載體不同。經文和詩歌的體裁雖然有異，但在根本的意義上，詩人的意圖仍然是為瞭解經釋義而來，新瓶舊酒，二者在意義上沒有多大區別。不過，當「西狩獲麟」僅用作為詩人的寫作材料，脫

---

57 〔韓〕許熏：《舫山先生文集》卷 2，《韓國歷代文集叢書》第 1046 冊，頁 205-206。

58 《春秋緯・演孔圖》曰：「得麟之後，天下血書魯端門，曰：趨作法，孔聖沒，周姬亡，彗東出，秦政起，胡破術，書記散，孔不絕。子夏明日往視之，血書飛為赤鳥，化為帛書，署曰：演孔圖，中有作圖制法之狀」。此符應從天降下，血書于魯國端門，謂周代覆亡，孔道不用而作《春秋》。秦始王統一天下，焚燒書籍，卻被二世胡亥敗亡，孔道憑藉《春秋》得以傳世。子夏前往觀之，就所見血書化為赤鳥，再變成帛書，署名「演孔圖」，圖中有制法的形狀，乃是授命孔子制法。之後，孔子便命弟子訪尋周代史記、各國寶書以制《春秋》之法。《緯書集成》，頁 1801。

59 〔宋〕范曄撰、〔唐〕李賢注：《後漢書・賈逵傳》，頁 1237。

60 《魏略》記載：「嚴幹善《公羊春秋》，時鍾繇好左氏，謂《左氏》為太官廚，《公羊》為賣餅家。數與幹會，辨析長短」。《魏略》為魏郎中魚豢私撰，久佚。〔唐〕劉知幾撰、〔清〕浦起龍釋：「賣餅太官」條卷 7，《史通通釋》第 1 冊，上海：上海古籍出版社，1978 年，頁 207。

離了原來的經義內涵時，經文的詮釋便隨着文學主題的需要產生變化，原來的經義元素亦將會被轉移使用，藉此配合詩歌主題的發揮，為詩歌賦予新義。

在一些朝鮮詩歌中，「西狩獲麟」的經義已發生變化，這一轉變反映朝鮮文人否定「新王」的存在，甚至漠視《春秋》垂法後王的價值，他們感到興趣的是「獲麟」的象徵味道，揣測牠是否帶有吉祥的意義。李尚毅（1560-1624）的五言詩記載：「黃竹是何祥，厭處煙火界。不祥也亦宜，吾聞〈獲麟解〉」。[61]「黃竹」是造紙原料及建築用材，屬於易燃物品，若它近於煙火地方，自然容易燃燒起來，使周邊毀於一旦。所以，黃竹是否吉祥，關鍵在於人們能否認識它的屬性並適當存放。詩中指出，此詩的寫成啟迪自韓愈的〈獲麟解〉，因此，黃竹是用來比喻若賢才不遇知己，便沒法展示它的才能。〈獲麟解〉曰：

> 雖然，麟之出，必有聖人在乎位，麟為聖人出也。聖人者必知麟，麟之果不為不祥也。又曰：麟之所以為麟者，以德不以形。若麟之出不待聖人，則謂之不祥也亦宜。[62]

麟的特質是以德行為本，不用形態畫分，牠的出現朝着聖人而來，以此，吉祥與否，主要視乎是否有聖人能夠把牠辨識出來。千里馬遇伯樂，片行可致千里，麟若得此知音，發揮所長，自然代表吉祥，相反，若不為聖人所用，牠便是不祥的象徵。這個題旨自韓愈〈獲麟解〉傳播至朝鮮半島，其用早見於高麗時代，之後由朝鮮詩歌傳承。高麗詩人閔思平（1295-1359）的一首七言詩，全詩十八句，今節錄當中八句：

> 把酒當歌金縷衣，莫嗟人事與心違。塞翁失馬焉知福，莊叟論魚孰

61　〔韓〕李尚毅：《少陵先生文集》卷 2，《韓國文集叢刊》續篇第 12 冊，頁 133 下。

62　〔唐〕韓愈：〈獲麟解〉，屈守元、常思春主編：《韓愈全集校注》第 3 冊（成都：四川大學出版社，1996 年），頁 1440。

謂非。

> 王相不曾讒寇准，歐公本欲擢劉幾。聖人亦有獲麟歎，明主尚憐飛
> 鳥依。[63]

此詩是懷才不遇之作。詩人把昔日的歷史融入詩句之中，其中引用宋真宗時寇准（961-1023）與金人訂下「澶淵之盟」，後來王欽若進讒，告知真宗這次盟約是「城下之盟」，宋人應視之為恥辱，最終寇准罷相而去。此外，劉幾（1008-1088）在宋英宗時是秦鳳總管，至神宗時任秘書監，後隱居嵩山玉華峰下長達二十年，當時朝中得令的歐陽修（1007-1072）沒有提攜他再次出仕。詩人認為明君惜才，常視未能「獲麟」為憾事，可是，寇、劉二人不得其時，朝中沒容身之處，處境窘迫，若然他們不曾被人進讒和冷落對待，必定會備受國君重用，貢獻國家。

士人不遇的哀歎在朝鮮文人詩作中也獲得共鳴。李縡（1680-1746）在〈述懷示同志〉中曰：「嶄嶄大行險，擾擾蠻觸哄。魯郊悲獲麟，虞廷無儀鳳。我生苦不辰，造物胡太弄。所幸為男子，有材宜梁棟。世事不如意，虛名但驚眾」。[64]詩中男子生不逢時，出仕無門，如「麟出」得不到明主一顧，不遇之情油然而生，但世事豈能盡人願，只是空有名聲，名實不符的人身居要位，倒是令人驚訝。朝鮮文人從「獲麟」的經義中詮釋出士人不得志的要旨，並進一步深化其義，寄望居官位者應該具備「聖賢」的素質。趙翼（1579-1655）在〈雜著‧獲麟解解〉中曰：

> 昌黎〈獲麟解〉，古來論文者，皆稱為奇作。……此篇亦豈只言麟
> 也，意必有所喻也。餘竊見其以麟之為祥，喻聖賢之為貴也。……麟為
> 聖人出也，聖人者必知麟，喻聖賢之出，必在聖人在位之時，卽是為聖

63　〔韓〕閔思平：《及庵先生詩集》卷 4，《韓國文集叢刊》第 3 冊，頁 76 上。
64　〔韓〕李縡：《陶庵先生集》卷 1，《韓國文集叢刊》第 194 冊，頁 10 下。

人出也，以氣類相感召也。聖人必知聖賢，亦以類故知也。蓋聖人在位，則必求聖賢，與之共治天下。而唯聖人知聖賢，故聖賢之出，必在此時也。夫其德與聖人類也，常人不知，而唯聖人知之，聖人之所必求也，聖人之所與共治天下也，其亦可貴也歟。……是麟之德也，若出不為聖人，則是其形雖麟，其德非麟也，故謂不祥宜也。若聖賢出不以時，則是亦其名雖賢，其德非賢也，何足貴也？蓋麟本祥也，賢本貴也，此則似而非也，故為不貴也。此一轉尤妙，譏有賢名而出處不以道者也，蓋一篇主意在此。[65]

趙翼的〈獲麟解解〉是在韓愈〈獲麟解〉的基礎上寫成，沿于麟是吉祥的象徵，擬出聖賢可貴的地方。《公羊傳》曰：「麟者，仁獸也。有王者則至，無王者則不至」。《傳》文之中，麟是獸不是人，但在趙翼筆下，麟被人格化，比喻為聖賢，因為麟是吉祥之物，所以，聖賢本身亦屬可貴。同時，麟是仁獸，為聖人而來，因與聖人氣類相感，故聖人必然知道麟的所在；聖賢與聖人才能德行相類，兩者俱佳，他來為聖人出仕，必然獲得聖人邀請，共治天下。這裏，趙翼說明人臣若是仁聖賢稟賦，入仕從政、必須輔佐明君，因為若明君不在位，士人出仕不時，則他徒有聖賢空名，其品德亦不為人知，不會受到國君賞識和尊重，猶如麟一般，僅存形貌，心中無實。因此，聖賢的賢與不賢，貴與不貴，決定於當時是否有明君在位，任用聖賢，彼此相輔相成，缺一不可。《論語‧泰伯》曰：「天下有道則見，無道則隱」。[66]這正好為趙翼之說作一注腳。

---

65 〔韓〕趙翼：《浦渚先生集》，《韓國經學資料集成》第 136 冊，頁 3-6。
66 〔魏〕何晏注、〔宋〕邢昺疏：《論語注疏》，《十三經注疏》第 19 冊，頁 182。

五、結語

終漢一代，《春秋》「新王」大凡三變：始于董仲舒倡議「新王受」，以《春秋》當新王，至兩漢之際，經儒大浩圖讖，申明王莽，光武帝是天命所歸，促使「新王」寶座落入赤帝手中。東漢標舉「以讖立國」，經師能以圖讖言經，定必受到漢帝嘉許，不能者則仕途暗淡，兼且《三傳》經師黨同伐異，每援緯解經，取悅帝心，當時的政治、社會環境，以及治經風尚，莫不與讖緯有關，受此影響之下，何休參用緯書注釋《公羊》，使漢高祖劉邦代替赤帝，晉身新一任「新王」。原于《公羊》本義，「新王」的出現是呼應「獲麟」是王者受命的符應，藉此帶出孔道不為世用，至有《春秋》寫成，垂法後王的要旨。至於「新王」所謂何人？本非經義要領，但最終所以產生千言萬語，經儒埋首為「新王」形象著說立論，個中變化，又非《公羊》意料所及。

時移勢易，異地更迭，昔日漢儒對《三傳》的尊崇，在朝鮮半島上已不復再。自唐代啖助、趙匡開「舍《傳》求《經》」的先河，到了二程、朱熹等宋儒也束《三傳》於高閣，直尋《春秋》大義，他們的解經方法受到朝鮮士人仿效、學習。朝鮮經儒尊崇胡安國《春秋傳》，並認為《公羊》不及《谷梁》和《左傳》，其中以何休公羊學說最為怪誕不經，當時已有朝鮮經儒專撰文章，抨擊其學；肅宗年間，何休因為其學沾染讖語圖說，被逐出朝鮮文廟配祀之列。「新王」形象歷經三變，最終由何休定型，但是，他的學說不被朝鮮經儒接受，導致「新王」的形象在朝鮮半島中徹底消解。

自韓愈〈獲麟解〉傳入朝鮮半島以後，「西狩獲麟」延續其文學意義，體現了它在文學範疇中的價值。在「獲麟」的詩旨上，朝鮮文人有兩種的不同詮釋意義：一是解釋經義為主，利用詩歌形式表達《春秋》傳世價值；一是給文學書寫服務，變動原來的經文意義，運用文學技巧表現「賢才不遇知己」的詩旨。隨着朝鮮文人共同體認「獲麟」的文學意義，對此新生的內涵存在共識，「懷才不遇」的主題也逐漸地被人們認識和接受，並在文學書寫中廣泛應用，「聖賢」形象亦因此變得清晰可見。

明代科舉考試中的《春秋》義與《左傳》關係初探

張曉生

臺北市立大學中國語文學系

一、引言

　　明代科舉考試重視對於經義的闡述，對於五經、《四書》義理均有標準的規定，這種以一家、一書的經典詮釋作為考試取士的依據，雖然在明清兩代一直不乏反省批判之聲，但是就考試本身而言，這種規定能夠形成相對穩定的閱卷尺度，以維護考試的公平性。明代科舉考試自洪武四年（1371）至崇禎十六年（1643）穩定舉辦各級考試，[1] 使士人得以舉業之成功作為讀書為學之現實目標，吸引着全國士子投身於舉業的競爭之中，並且對於明代的學術、文化及社會生活產生深遠影響。以科舉的《春秋》經義考試來說，胡安國（1074-1138）《春秋傳》長期作為程士的標準，對於明代的《春秋》學術產生了相當大的影響。當時的學者如王世貞（1526-1590）說：「至宋胡安國氏之傳出，宋儒隆而尸之，右文之代，乃遽用以頒學官、式多士，而

1　據朱保烱、謝沛霖編纂：《明清進士題名碑錄索引》（上海：上海古籍出版社，1980年），〈歷科進士題名錄‧明朝之部〉，頁 2415-2624。統計明代 276 年間共舉行 89 榜進士考試，共得進士 24610 人。

三氏皆絀矣。」，[2] 楊時秀（生卒年不詳，嘉靖十四年，1535 年進士）云：
「今世之業《春秋》者，皆宗胡氏，蓋遵明制也。窮鄉下邑之士，讀胡《傳》
矣，而鮮能復讀《左傳》，一或詰之，則茫然不知事之本末，謂之通經，可
乎？」，[3] 楊于庭（生卒年不詳，約明神宗萬曆年間在世）曰：「自胡氏列之
學官，而三傳絀矣。然徵事必於《左》，斷義必於《公》、《穀》，而若之何
華袞也、鈇鉞也，一切尸祝胡氏而無敢置一吻也？」[4] 在這些當時學者的意見
裏，除了表現對於胡《傳》獨尊的不滿之外，他們一致的對於因此而導致傳
統《春秋》三傳遭到忽視提出批評。筆者近年研讀明代《春秋》學術相關文
獻時，類似的意見的確時常可見，但是細究其實，似乎猶有可深論者。三傳
中《公羊傳》、《穀梁傳》以解經釋義為主，科舉既以胡《傳》為宗，為免與
功令相忤，士子不能兼習相亂，或許仍情有可原，[5] 但是《左傳》之記事往往
可說明經文之本末，即使是胡《傳》也必須以其記事作為裁斷經義之根據，
不可能輕廢，何以明代學者屢屢以「三傳皆絀」為嘆？那麼明代士子在準備
科舉考試，以及經義的試題與程文中，究竟《左傳》究竟是怎樣的角色與身
影？這個問題既關係到對於明代《春秋》經學深入而正確的理解，且以科舉
對明代文獻編輯與出版的深刻影響，若能掌握《左傳》在科舉經義考試中的
功能，則以此為脈絡，檢視明代《左傳》文獻的諸多樣態，或許可以開展出
不同的經學文獻視野。本文嘗試以臺灣學生書局於 1969 年出版之《明代登科

---

2 〔明〕王世貞：〈春秋左傳注評測義序〉，《弇州山人四部稿續稿》（臺北：臺灣商務
   印書館，1986 年，影印文淵閣《四庫全書》本），卷 52，頁 13 下。
3 〔明〕楊時秀：〈春秋集傳自序〉，見〔清〕朱彝尊撰，張廣慶等點校：《經義考》（臺
   北：中央研究院中國文哲研究所，1998 年），頁 437。
4 〔明〕楊于庭：〈春秋質疑自序〉，見〔清〕朱彝尊撰，張廣慶等點校：《經義考》，
   頁 437。
5 其實仔細閱讀胡安國《傳》，即可知他對於經文義理的裁斷取捨，依據《公羊傳》、
   《穀梁傳》之處仍多，胡氏在其書之〈敍傳授〉篇中已經明言：「故今所傳，事按《左
   氏》，義採《公羊》、《穀梁》之精者，大綱本《孟子》，而微詞多以程氏之説為證云。」
   〔宋〕胡安國著，錢偉彊點校：《春秋胡氏傳》（杭州：浙江古籍出版社，2010 年），
   頁 13-14。

錄彙編》中所刊錄的《春秋》經義程文為基礎資料，[6] 檢視應考士子如何運用《左傳》以解經作文，閱卷主試又如何看待《左傳》與《春秋》經義之間的關係，從文獻解讀以理解明代科舉考試中《左傳》在經義文中的功能。比較明確的掌握《左傳》與明代《春秋》經義考試的關係，就觀察明代《左傳》學術內涵而言，應是不可缺少的一個重要部分。

二、明代文獻所載科舉考試與《左傳》的關係

《明史‧選舉志》所載「科舉定式」，初場試《四書》義一道、經義四道，其中《春秋》經義主《左傳》、《公羊》、《穀梁》三傳、胡安國《春秋傳》及張洽《春秋集注》，永樂間頒行《四書五經大全》，廢注疏不用，《春秋》亦不用張洽《集注》，遂逐漸形成胡安國《春秋傳》獨大的局面。[7] 其中言及的《春秋》經義現象，在明人著作中時常談到。例如林希元（1481-1565）為徐世望（生卒年不詳，約 1526 年左右在世）《春秋文會錄》所作序文中說：

> 國朝明經取士，《春秋》初主《左氏》、《公》、《穀》、《胡氏》、張

6　近年來「科舉研究」已為學術研究的熱點，因而學者發表與編輯許多重要的研究著作以及資料文獻。以登科錄而言，除學生書局出版的《明代登科錄彙編》之外，寧波市天一閣博物館整理，由寧波出版社出版的《天一閣藏明代科舉錄選刊‧登科錄》（2006 年）、《天一閣藏明代科舉錄選刊‧會試錄》（2007 年），有許多資料為《明代登科錄彙編》所無，均為重要資料。惟本文撰寫時間限制，未能盡採遍錄，誠有不足之疏，當可期諸來日。

7　《明史》卷 46，〈選舉二〉：「初設科舉時初場試經義二道、《四書》義一道，二場論一道，三場 一道。中式後十日復以騎射書算律五事試之。後頒科舉定式，初場試《四書》義三道，經義四道。《四書》主朱子《集註》，《易》主程《傳》、朱子《本義》，《書》主蔡氏《傳》及古註疏，《詩》主朱子《集傳》，《春秋》主《左氏》、《公羊》、《穀梁》三傳及胡安國、張洽《傳》，《禮記》主古註疏，永樂間頒《四書五經大全》，廢註疏不用，其後《春秋》亦不用張洽《傳》，《禮記》止用陳澔《集說》。」〔明〕張廷玉等纂：《明史》（北京，中華書局，1974 年，點校本。），頁 1694。

洽《傳》，今則惟《胡氏》，業是經者，固不敢越《胡》而自為說。愚則謂若能兼采三《傳》，旁及諸家，會衷於道，縱不躡武宣、尼，聞韶忘味，或可望歷商賜，言詩起予。惜乎今之世，未見其人也。[8]

林希元在這段序文中所描述的科舉《春秋》經義標準的變遷，與《明史》所述一致。其中值得我們注意者，在於林希元對於《春秋》經義獨尊胡安國《春秋傳》而不讀三傳而感到遺憾。這一點誠為明代科舉以「專主一經」取士的問題。李維楨（1570-1624）為童蒙所編《春秋四傳童習》所撰寫的序文中也說：

> 左丘明之傳《春秋》也詳於事，事或失誣，然而聖人之指無傷也；胡安國之傳《春秋》也詳於理，理或失鑿而學者執以求之，畔聖人之指彌遠矣！……胡自南宋人語耳，三傳列於十三經為日已久，明興，文皇帝輯《春秋大全》，四傳布在學官，乃治舉子業者奉胡如聖書，其事則《左氏》，而《公》、《穀》廢矣！[9]

其中很明白的表示舉子獨重胡《傳》，而《左傳》敘事，能作為胡《傳》義理的事實依據而尚被傳習，至於《公羊》、《穀梁》則非科舉所重，幾遭廢置的情形。

所以他要童習者重新重視三傳，乃刻意不偏重胡《傳》，而採取四傳並采的方式編為一書，並說：「必以理勝若胡安國，崛起千載之下而欲據三氏上稱仲尼傳心弟子，所謂『童而習之，白紛如也』，敬謝不敏！」[10]相當直接的表現了對於當時科舉專守胡《傳》的不認同。林希元是明憲宗至世宗之間在

8　林穎政：《明代春秋著述考》（臺北：致知學術出版社，2014 年），錄林希元《林次崖文集》卷七〈春秋文會錄序〉，頁 149。此處略修改其斷句。

9　〔明〕李維楨，〈春秋四傳童習序〉，《大泌山房集》（國家圖書館藏，明萬曆間金陵刊本），卷 7，頁 19 上 -19 下。

10　同前書，卷 7，頁 20 上。

世，而李維楨則是明穆宗至熹宗時在世，可見在明代科舉的《春秋》經義考試上，偏重胡《傳》而輕三傳的現象是延續着整個明代的問題。

前述林希元與李維楨的看法如果可視為學者的觀點，那麼對於這種現象，官方的態度如何？我們看到在宣德五年（1430）會試中閱卷官蔣驥（1378-1430）評吳節《春秋》經義卷時，[11] 就已經對於當時考生或有不講《左傳》的情形提出批評：

> 治《春秋》者當參考諸《傳》，以《左氏》為案，而斷以《胡氏》，不可偏廢也。學者往往欲速就簡，或置《左氏》不講，殊不思豈有舍案而能斷者哉？此題實本《左氏》，場中知者甚少，獨此卷能發揮其旨，言簡而當，理合而明，特表而□□（？）。[12]

其中言「治《春秋》者當參考諸《傳》，以《左氏》為案，而斷以《胡氏》，不可偏廢也。」原本就是明初科舉定式的規定，其實胡安國在他自己《春秋傳》的「綱領」中也引述程頤的話說：「《春秋》傳為按，經為斷。」[13]，認為《春秋》之義理要回到經文所書為裁斷，其他各種傳注均只是輔助。但是在官方力量將胡安國《傳》選為義理標準之後，其地位就上升成為「經」的位階，以致無可質疑或反駁。《四庫全書總目》在〈春秋大全七十卷〉的提要中說：「有明二百餘年雖以經文命題，實以傳義立義。」[14] 即直指問題所在。我們從

---

11 本卷於評語之署名為「同考官蔣侍講」，據《宣德五年會試錄》主試官名錄，「同考試官」第一條題云：「行在翰林院侍講承直郎蔣驥」。寧波市天一閣博物館整理：《宣德五年會試錄》，在《天一閣藏明代科舉錄選刊‧會試錄》（寧波：寧波出版社，2007 年，據天一閣藏版影印本），第 2 冊，頁 1 上。

12 寧波市天一閣博物館整理：《宣德五年會試錄》，在《天一閣藏明代科舉錄選刊‧會試錄》，第 2 冊，頁 26 上。按，蔣驥評語文末因原本遭到蛀蝕而缺字，「特表而」之後第一字似為「出」字，又據明代經義文評語常例，其全文似應作「特表而出之」，惟缺文已不可明確辨識，謹以缺字處理，並附記於此以誌之。

13 〔宋〕胡安國著，錢偉彊點校：《春秋胡氏傳》，頁 10。

14 〔清〕紀昀等撰，四庫全書研究所整理：《欽定四庫全書總目》（整理本）（北京：中華書局，1997 年），頁 361。

蔣驥的評語中也可以觀察到，主持考試的官方也已經察覺如此偏重的現象，但是胡安國《傳》成為專尊是《春秋大全》以來逐漸形成的趨勢，《春秋大全》是明成祖敕纂，具有「祖制」的地位，不便加以變置，[16] 因而從命題與評選方面要求加強對於論斷經義所需的事實根據，也就是雖然經義用胡《傳》為斷，但是要以《左傳》作為「斷之按」，如此或可稍稍修正，回到原本訂定科舉規範的原意。萬曆二十年（1592）兵科給事中王士昌（1561-?）奏議科舉《春秋》義之考試命題任意傅合，導致經旨不明，考生但憑猜測，如同射覆，請明令要求並重胡《傳》與《左傳》，使義理斷制有其依據：

> 《春秋》一書，聖人傳心要典，匪《左氏》無以志其顛末，非《胡氏》無以闡其幽微，明經之士蓋兩重之。顧事實雖兼《左氏》，而意義則專宗《胡氏》者何也？以尊王賤霸、內夏外夷，抑□□貶之權，寓于片言隻字之內，彼有獨契其深者在也。我國家表章六經，頒布學官，而《春秋》以胡《傳》為宗，如《易》之朱《傳》、《書》之蔡《註》，有不得人異其學而師異其教。奈何邇來業經之士，穿鑿彌深，而主司之命題，支離尤甚。……蓋聖人心法大為背馳，而《胡氏》之意并失之矣。[16]

王士昌奏章中提到國家科舉要以一家之經說為宗，「有不得人異其學而師異其教」的目的在，這個看法應可解釋明代科舉從初期相對開放的經說演變成為各經專主一家的原因。對於王士昌的諫奏，禮部覆議重申官方並重胡《傳》與《左傳》的立場：

15　其實《五經大全》作為經解文獻本身並未得到長期的專用，明人以其篇帙浩繁，不易購置又不能盡睹而逐漸不用，轉而尊其所選的五經傳注。因此《五經大全》對於明代科舉考試所造成的影響不在於《大全》本身，而是通過它的選擇而造就的經傳權威。參侯美珍：〈明科場由尊《大全》到不讀《大全》考〉，《中國文化研究》2016 年第 2 期，頁 28-36。

16　〔明〕王圻：《續文獻通考》（濟南：齊魯書社，1997 年，《四庫全書存目叢書》影印明萬曆三十一年曹時聘等刻本），子部，第 188 冊，卷 172，〈經籍考〉，頁 25 下 -26 上。

士昌憤激于衷，反復辯論，欲行詞局諸臣詳校勘，擬請旨頒行遵守，誠于經學有裨。……應依其所擬，今後士子習學與主司命題，以聖經為主，而以胡《傳》為宗，博古之士，熟讀《左傳》以闡發題旨，期不失聖代表章至意。[17]

禮部的擬議在實際上只是重申科舉定式以來的官方態度，並無新意，但是如果我們將前述林希元，李維楨的感慨與憂心，與這裏所陳述的官方意見進行對比，就可以發現主政者意見一直試圖修正與導引士人學習《春秋》與經義考試的方向。

上述資料中所呈現的明代科舉考試《春秋》義專主胡《傳》是長期存在的事實，但是誠如李維禎與王士昌之言，《春秋》雖是聖人傳心之要典，但是如果沒有《左傳》所記載的史事以究其始末，就算是胡安國也無法憑空得出經義，從事舉業的士子如果只讀胡《傳》而缺乏春秋史事的根柢，那麼在《春秋》義考試中，許多聯屬多段經文以考驗士子對於其間義理脈絡的理解與判斷時，就會陷入憑空猜測的困境之中。[18] 因此從備考的實務來說，研讀《左傳》實有其必要。馮夢龍在《春秋定旨參新》的〈看經要訣〉云：「《左傳》不可不熟，若熟，則融化成詞，自然出人意表，不獨入其事實已也。」[19] 則基於考試中《左傳》在「事實」與「文辭」兩方面的功能，提點士子在準備考事實應熟讀《左傳》。劉績《春秋左傳類解・序》也說：「國家於《春秋》雖專以

17　〔明〕王圻：《續文獻通考》，卷 172，〈經籍考〉，頁 26 下。

18　這種題目叫做「合題」（或稱「雙題」），也就是一題之中聯屬兩段或兩段以上事、義相關的經文，要求考生將其中關聯的意義闡釋出來。這種題目中，出題者所聯屬經文之間的義理脈絡，雖然基本在胡《傳》中，也有可能是基於出題者自己的認知，因此這種題目最難掌握其主旨所在。目前可見的明代提供士子《春秋》應試準備的書籍，諸如梅之熉（1542-1605）《春秋因是》、鄒德溥（1549-1619）《春秋匡解》、馮夢龍（1574-1646）《春秋定旨參新》、張杞（生卒年不詳，萬曆 25 年，1597 年進士）《麟經統一篇》等書，其中均有大量對於「合題」解法與擬題的指點。

19　〔明〕馮夢龍撰，田漢雲、李廷先點校：《春秋定旨參新》（南京：江蘇古籍出版社，1994 年），〈看經要訣〉，頁 19。

胡《傳》取士，而考論往蹟，非《左氏》則何所於稽？近世士大夫崇尚文詞，至於字倣而句擬之，何其說之盛歟！」[20] 其中透露出當時《左傳》學術在科舉影響下的發展情形。閔遠慶（生卒年不詳，萬曆 14 年，1586 年進士）《左傳集要》更是節選《左傳》中與考試題目相關的段落，編成一書，並自述其用意：

> 《胡氏傳》，斷國是者也，《左氏傳》，又斷國是者之案也。二氏相距千有餘載，而互相為用。若經與緯，業《春秋》者，於《胡氏》單詞片語，靡不口誦而心惟之，悉獨《左氏》全書刪其繁而集其要也？是有說已。昔吾夫子之筆削，不盡二百四十年之行事，文定之宗旨，不盡夫子之筆削，《左氏》之記載，又未盡符文定之宗旨，今國家以文取士，士以文為羔雁，將斷為經、案為緯，以摹擬夫子之微義於萬一，則《左氏》之不必盡全書，亦猶《胡氏》之不必盡《春秋》也。濡囁玩索，若對羹牆，闖諸一臠之割，有餘味焉。故曰集要。若謂妄逞胸臆，簸而揚之，淘而汰之，即置百喙，奚辭於斧質哉？[21]

閔遠慶於此辨解其節選《左傳》所欲對應的就是胡《傳》，胡《傳》作為國家《春秋》功令的標準，而「《左氏》之記載，又未盡符文定之宗旨」，因此如果要用《左傳》的史事記載來輔助胡《傳》的《春秋》經義，從考試的實際需要來說，對於《左傳》進行刪節，以對應胡《傳》的內容，是可以理解的。閔遠慶也很明白這種作法會遭到質疑，但是在實用的要求下，他還是不避批評的編纂。除了這種節選《左傳》作為士子研習科舉《春秋》經義參考書的文獻之外，明代流行的《左傳》評點著作也被認為對於舉子業有所幫助。

---

20 〔明〕劉績：〈春秋左氏傳序〉，《春秋左傳類解》（國家圖書館藏，明嘉靖七年 1528 年崇藩刊本），頁 1 下 -2 上

21 〔明〕閔遠慶：〈左傳集要小敘〉，《左傳集要》（北京：北京出版社，2000 年，《四庫未收書輯刊》第陸輯影印明萬曆間刻本），頁 1 上 -3 下。

穆文熙（1528-1591）在晚明頗具知名度的《左傳》評點家，他的《左傳》評點著作主要是《左傳鴻裁》十二卷，原本是其「《四史鴻裁》」的一部分。穆文熙在《四史鴻裁·左傳序》中說他的《左傳》評點是「易編年為世家體」，[22]但是他在每一國下的篇章安排，完全是由一篇一篇的選文構成，其選文的前後安排，雖然大致是依時間序列，但是前後之間並無必然的聯繫。在形式上頗類於「世家體」史籍與如真德秀《文章正宗》一般「古文選本」體文獻的結合。此書是採用集評形式，除穆文熙自己的評語外，還採錄《公羊傳》、《穀梁傳》、司馬光、蘇軾、朱熹、呂祖謙、汪道昆、孫應鰲等人的意見。評語置於正文上欄，不與正文相雜。以筆者所見，穆文熙此書在晚明時期被改易書名，編成多種版本，其中如《春秋左傳評苑》三十卷，是與《國語評苑》六卷、《戰國策評苑》十卷合刻。《春秋左傳評苑》的內容，在結構上看起來是「分經之年與傳之年相附」的「春秋／左傳」原本架構，但是仔細觀察，這部書其實是兩個部分組合，《春秋左傳》部分是將杜預《春秋經傳集解》、陸德明《經典釋文》、朱申《春秋左傳詳節句解》整合於一編，而關於傳文的評點，則是將穆文熙《左傳鴻裁》原本的集評轉錄置於正文上欄與傳文相關的位置。如果根據鄭以厚在《春秋左傳評苑》卷末牌記所題，包含《春秋左傳》、《國語》、《戰國策》三書之「評苑」，呂鄭以厚」敬請名士精校之，以為兒輩舉業之一助也。書成而識者佳悅之，皆曰：『不當私也！』故梓之，公之四方，與同志者共也。」[23]由此可知，這是鄭以厚為兒輩科考而倩人改編穆文熙原書而成。鄭以厚為提供家中子弟準備舉業之需而編輯的這種《左傳》書籍，包含了經傳原文、杜《注》、《經典釋文》、朱申《春秋左傳詳節句解》以及穆文熙所集的評點。從考試實用的角度來看，書中的《春秋》、《左傳》

22　〔明〕穆文熙：《四史鴻裁·左傳序》，《四史鴻裁》（濟南：齊魯書社，1997年，《四庫全書存目叢書》影印明萬曆十八年朱朝聘《四史鴻裁》刻本），史部，第139冊，卷首，頁1下。

23　〔明〕穆文熙：《春秋左傳評苑》（濟南：齊魯書社，1997年，《四庫全書存目叢書》影印明萬曆二十年鄭以厚光裕堂刊本），子部163冊，卷30，頁29下。

經傳全文,是為了掌握經文的相應記事,亦即可以掌握與胡《傳》相應的記事內容;杜《注》及《經典釋文》是為了讀懂《左傳》內容;而朱申的《句解》則是南宋以來相當流行的《左傳》通俗注解,[24] 也就是以更淺白的言語解釋《左傳》,即作為杜《注》的輔助;至於穆文熙與諸家的評語,則是提供了多重角度閱讀《左傳》的觀點,或許有助於為文時對《左傳》敘事的解讀。如果我們把鄭以厚這樣的書籍作為一個晚明《左傳》科舉文獻的縮影,則與之相關的諸如眾多的《左傳》評點著作、[25] 南宋以來流行的朱申《春秋左傳詳節句解》、林堯叟《春秋左傳句解》,乃至明代出現合編杜預、林堯叟之書而有《左傳杜林合注》,[26] 甚至明代許多如《左傳》「紀事本末體」、「世家體」等

---

24 顧永新先生在《經典文獻的衍生與通俗化:以近古時代的傳刻為中心》中認為經學文獻在宋代以後形成兩個相對獨立又互相滲透影響的發展體系,一為「正經注疏」的傳刻與流衍,另一系則為宋元人的五經傳注、四書文獻及其通俗化的發展。以《左傳》來說,南宋林堯叟《春秋左傳句解》和朱申《春秋左傳詳節句解》是流行最廣的《左傳》通俗注解。見顧永新:《經典文獻的衍生與通俗化》(北京:北京大學出版社,2014 年),上冊,〈緒論〉,頁 28-29;第二章〈五經四書的衍生和通俗化〉,頁 428-467。

25 根據筆者所知的資料統計,《經義考》中所載明代《左傳》評點類著作共有王鏊《春秋詞命》3 卷、廖暹《春秋測》(卷數不詳)、唐順之《春秋始末》12 卷、汪道昆《春秋左傳節文》15 卷、孫應鰲《春秋節要》(卷數不詳)、王錫爵《左氏釋義評苑》20 卷、許孚遠《春秋詳節》8 卷、穆文熙《春秋左傳評林測義》30 卷、凌稚隆《春秋左傳註評測義》70 卷、楊伯珂《左傳摘議》10 卷、楊時偉《左傳賞析》2 卷、戴文光《春秋左傳標識》30 卷等 12 種;若再輔以《四庫全書總目》、《中國古籍善本書目》、《左傳論著目錄》、《中文古籍書目資料庫》中的資料,則可再增補鍾惺評《春秋左傳》30 卷、孫鑛《閔氏分次春秋左傳》15 卷、穆文熙《左傳鴻裁》12 卷、穆文熙《左傳鈔評》12 卷、穆文熙《春秋左傳評苑》30 卷、張鼐《鐫侗初張先生評選左傳雋》4 卷、張鼐《左傳文苑》8 卷、梅之煥《左傳神駒》8 卷、吳默《左傳芳潤》3 卷、湯賓尹《左傳狐白》4 卷、王世貞《左傳文髓》2 卷等 11 種。此外,選文家對於《左傳》摘選篇章施加評點以及《左》、《國》合論者尚未計算在其中,可見風氣之盛。惟此類書籍自清以來未受重視,亡佚甚多,實際數目當有待進一步精確統計。

26 據朱彝尊(1629-1709)《經義考》卷二〇七「《春秋杜林合注》」條以及《四庫全書總目》卷二十八「《左傳杜林合注》」條下所述,明朝天啟年間杭州舉人王道焜(生卒年不詳)、趙如源(生卒年不詳)將二書合輯,崇禎間杭州書坊刊刻流布,頗為風行。根據顧永新的研究,林堯叟的《左傳句讀直解》與杜預《春秋經傳集解》合輯之舉,早在天啟之前已經出現。見顧永新:《經學文獻的衍生和通俗化:以近古時代的傳刻為中心》,頁 457-464。

史籍型態的改編，[27] 這些文獻在明代中葉以後大量出現，是否皆有可能與科舉考試的需要有關？惟這樣的假設、推測雖然可能找到若干如鄭以厚所刻書，將數種文獻集於一處，明顯關聯科舉的證據加以證明，但是要全面釐清明代《春秋》、《左傳》文獻與科舉之間的關係，還有相當大需要努力的空間。

三、明代鄉、會試《春秋》義程文所見之《左傳》現象

上文對於筆者所見明代文獻中所呈現的《左傳》與科舉的關係進行了扼要的說明。簡要的說，在明代科舉考試中《左傳》扮演的角色是作為「經之按」，也就是《春秋》經文的史事依據。依照官方的規定，考題要從經文出，但是要考哪些經文？也就是哪些經文的義理內容值得闡發，以及其義理的裁斷標準，則是根據胡《傳》，在這種情形下，《左傳》其實是胡《傳》之按，是作為支持胡《傳》的史事本末。這種「舉《左傳》之事以說胡《傳》之義」的型態，是《左傳》在鄉會試《春秋》經義文中最常見的運用型態，茲取《明代登科錄彙編》為主，以其中所收登科錄中的程文為例加以說明：

---

27 明代這種「紀事本末體」、「世家體」史籍型態改編《左傳》的著作甚多，例如傅遜（生卒年不詳，約明世宗至神宗年間在世）《春秋左傳屬事》「事以題分，題以國分，傳文之後，各櫽括大意而論之。」其體例為分國記事，各國之事仍以時序排列先後；劉績（生卒年不詳，孝宗三年，1490 年進士）《春秋左傳類解》二十卷也是分國紀事，較特殊的是他的紀事不立標題，而以時間先後為序，每事之敘述則是先經後傳，並兼採《公》、《穀》二傳補充。鄭元勳（1604-1645）《左國類函》則是綜合《左傳》、《國語》資料，分立「君道」「臣道」「政治」「禍亂」「禮節」「人才」等 24 目，分類紀事，每目下再立事件標題；唐順之《左氏始末》則分「后」「宗」「宦」「倖」「奸」「弒」等 14 目，每目下再立事件標題，以分類紀事，每事並有隨文批解。孫范（生卒年不詳）《左傳分國紀事本末》也是先周後諸侯的分國紀事，每事亦立一標題加以標示。這些書籍的體例或有不同，但是其間有一個共同的現象，即是對於《左傳》中記事的重視，並希望這些事是以類編或知其本末的方式呈現，這與科舉考試的「雙題」型態頗為類似，其間關係值得深入研究。

正德十一年（1516）浙江鄉試，《春秋》題：「秋晉荀吳帥師伐鮮虞昭公十五年」士子江暉作文曰：

> 霸臣略遠而近正，《春秋》平詞以示法。此鮮虞之伐，非霸討，是以無襃；不納外叛，是以無貶，聖人用兵禦狄之略咸見矣。昔晉有大夫曰荀吳者，當昭之十五年而有事於鮮虞焉，《春秋》獨於是舉而襃貶無所加者，何也？蓋君子不登叛人，將以嚴君臣之分，王者不勤遠略，惟以限夷夏之防。有如荀吳者，顧能兼舉而兩盡乎！始焉假攘夷之謀，不免闢土以圖霸，繼焉卻叛臣之請，不欲獲城而遍奸。一則出兵無名，乖晉君天覆地載之義，一則見義有勇，勵鼓人主辱臣死之節。以常情阿君，而所伐者未嘗有侵掠之虜，何有於禦狄之略？視門庭之寇，若伯禽之征徐夷、宣王之征獫狁，殆不侔矣。以正兵加敵，而所仗者不恂好惡之言，何慊於用兵之道？視殄滅之謀，若林父之於潞氏，士會之於甲氏，固有間矣。夷夏之界雖不能恪守，而君臣之分實不忍泯棄。聖人作經至此，將欲襃之，則有禦狄之非，襃之不可也；從而貶焉，則又有用兵之善，貶之亦不可也。然得足以救失，而功可以掩過，故荀吳不以國舉，不以人稱，書氏、書名，無襃、無貶，所謂平詞以示法者如此。[28]

這道題目為看似一個單題，[29] 亦即只考一條經文，也就是一傳之義。但這條經文的胡安國《傳》中即牽連了宣公十五年及十六年兩條經文，使這個題目成

---

28 〔明〕彭流等編：《正德十一年浙江鄉試錄》（臺北：臺灣學生書局，1969 年，《明代登科錄彙編》影印明正德間刊本），第 5 冊，頁 2750-2753。

29 明清科舉《春秋》經義題大致有三種類型，一為單題，二為雙題，三為脫經題。毛奇齡對這三種題目的解釋為：「按，舊法：《春秋》四題，一單題，二雙題，一脫經題。單題者，單傳也；雙題者，和兩經為一題，而兩傳之語適相對也；脫經題者，題在此經，而是題之義，則在他經之傳中，即他經與此經俱無關也。」〔清〕毛奇齡：《春秋條貫篇》（國家圖書館藏，清康熙間書留草堂《西河合集》本），卷 1，頁 1 上。

為一題隱形的「合題」。[30] 其主旨約有數端：1. 晉國在宣公十五年滅赤狄潞氏，宣公十六年滅赤狄甲氏，以及此次攻伐鮮虞，均是用兵於夷狄，且三役皆為大夫率領，但或稱國（滅潞氏稱「晉師」）、或稱人（滅甲氏稱「晉人」）、或稱其名氏（伐鮮虞稱「晉荀吳」），書法不同，是因為前二者殄滅赤狄之二氏族，殘暴過甚，《春秋》書國、書人以貶之，而此荀吳伐鮮虞則是「平詞」，即無褒無貶。2. 胡《傳》認為「《春秋》於夷狄攘斥之，不使亂中夏則止矣」，[31] 所以濫伐四裔部族，《春秋》不許，至於荀吳加兵於鮮虞而不貶，是因為他「以正兵加敵而不納其叛臣」，有別於前兩次的殘暴不仁，所以不貶。3. 胡安國認為孔子在兩相權衡之下，就用「雖然記錄了晉國用兵於鮮虞」這件事以示儆戒，但是對於荀吳不納叛人的正大之舉特以書其名氏而著之，如此則一減一加，這段經文即以「平詞」示意。胡安國在昭公十五年這條經文之義給予「平詞」的論斷，其實是基於宣公十五、十六年兩事而比較之後的結果。江暉在經義文中所說「君子不登叛人」是《左傳・昭公十五年》所載：晉荀吳伐鮮虞時，圍鮮虞之屬國鼓國，鼓國中有人欲以城叛而歸附晉師，但荀吳認為「或以吾城叛，吾所甚惡也；人以城來，吾獨何好焉？」，「吾不可以欲城而邇姦，所喪滋多。」故拒絕了叛人。這就是胡《傳》的依據，也是江暉論述此題的根據。另江暉在文中提及「林父之於潞氏，士會之於甲氏」則分別是宣公十五年滅赤狄潞氏的主帥荀林父，以及宣公十六年滅赤狄甲氏的主帥士會，其人其事也都記載於《左傳》之中。在這個題目所呈現的胡《傳》之義與《左傳》之事的確存在着「經為斷，傳為按」的現象，《左傳》

30　胡安國在本經之下《傳》曰：「晉滅潞氏、甲氏及再伐鮮虞，皆用大夫為主將，而或稱人、或稱國、或稱其名氏，何也？以殄滅為期而無矜恤之意則稱人，見利忘義而以譎計欺詐行之則稱國，以正兵加敵而不納其叛臣則稱名氏。夫稱其名氏非褒之也，纔免於貶爾，而《春秋》用兵禦侮之罢咸見矣。」〔宋〕胡安國著，錢偉彊點校：《春秋胡氏傳》，頁 421。其中「晉滅潞氏」在宣公十五年，「晉滅甲氏」在宣公十六年。

31　《春秋・宣公十六年》：「晉人滅赤狄甲氏及留吁」，胡《傳》：「《春秋》於夷狄攘斥之，不使亂中夏則止矣。伯禽征徐夷，東郊既開而止；宣王伐獫狁，至于太原而止；武侯征戎瀘，服其渠帥而止。必欲盡殄滅之無遺種，豈仁人之心、王者之事乎？」〔宋〕胡安國著，錢偉彊點校：《春秋胡氏傳》，頁 289。

原本在三段經文的紀事均是直書其事，並未有釋經之語，而胡安國則組合、比較了這些事件解出了他所認為的經義，如此則可以說《左傳》在這裏功能成為了「資料書」，而「經」之斷變成了「傳」之斷。毛奇齡曾與人爭論科舉之《春秋》經義題為何要依據胡《傳》的義理脈絡，而不用《春秋》經文的脈絡？在他的《春秋條貫篇》中記載了當時人的看法：

> 子不聞宋人之廢《春秋經》乎？《春秋經》非他，斷爛之朝報也。朝報無緒，而其事又不相屬。無緒則不條，不相屬則不貫，不條不貫，則雖不斷爛，而不可為法，斷爛則廢矣，傳也者，蓋所以條貫之也。[32]

毛奇齡在此記載的意見未署其人名姓，或可視為由明至清初士人在《春秋》經義上的普遍看法。此時期的士人認為《春秋》經文的記事簡要，又隔涉年月，不易看出其間的關聯，只有透過胡《傳》的聯結詮釋才能條貫出義理脈絡，至於《左傳》的記事雖詳，但是也只有補充經文記事的功能，並非釋經之主體。江暉此文，閱卷官劉詔評[33]曰：「《春秋》中如荀吳不納叛者絕少，則此當有褒詞，而曰『纔免於貶』，此意固可推矣，況傳中『咸見』二字尤甚明白，場中作者率多昧焉。此作認理措詞俱合程度，是用錄出。」[34] 評文者基於江暉能從《左傳》之事而申論胡《傳》之義，尤其是他能結合三處經文、《左傳》記事以及胡《傳》的義理裁斷，將題目所本之胡《傳》中所謂「《春秋》用兵禦侮之畧咸見矣」的觀點發揮透徹而獲拔擢，從中可以得明代科舉考試《春秋》經義之出題、解題、作文及評選情形之一斑。

前引正德十一年浙江鄉試《春秋》義這一題，亦出現在嘉靖二十八年（1549 應天府鄉試中，也是用單題，士子邵圭潔作文主意同樣是敷演胡《傳》

---

32 〔清〕毛奇齡：《春秋條貫篇》，卷1，頁2上。
33 據《正德十一年浙江鄉試錄》之主試官名錄，劉詔為「陝西西安府華州渭南縣儒學教諭」。〔明〕彭流等編：《正德十一年浙江鄉試錄》，頁 2659。
34 〔明〕彭流等編：《正德十一年浙江鄉試錄》，頁 2750。

之義理，但是在文中他比江暉使用更多《左傳》史事以支持其論述：

> 霸臣用兵幾於道，《春秋》所以無貶焉。此荀吳圍鼓之兵近正而遠
> 姦，於道幾矣，《春秋》恕之也固宜。昔荀吳再伐鮮虞，而《春秋》書
> 其名氏，得免於貶者何？蓋不以鮮虞之伐為無罪，而以圍鼓之兵為有制
> 耳。夫兵莫大於得正也，三代之兵不可尚已，若荀吳圍鼓既久也，請以
> 城降而不受，且令備之，當時有以取城諫者而吳弗聽，豈無見耶？蓋守
> 國以民，使知方，君子將以愛其上也。鼓未屈而降，弗知義所矣。苟遂
> 取之，寧不貫惡耶？是故不受其降，愧二心也。令其繕守，知所務也。
> 邑可無取，民不可使懷貳，示之鼓，所以教國人也。逮其食竭力盡而後
> 取之，吳之事君，不為得乎。兵莫大於弭姦也，王者之師不可見已，
> 若吳加兵圍鼓也，有以城叛而不許，且令殺之，當時有以獲城說者而吳
> 弗從，又豈無見邪？蓋保國以城，不納叛，君子將嚴其分也。鼓欲以城
> 叛，是乃亂臣矣。苟遽納之，寧不廢義邪？是故始焉弗許，惡不正也。
> 繼焉必殺，勵無節也。城可無獲，亂不可使有階，弭之鼓，所以防天下
> 也。使其欲城邇姦而苟受焉，吳於大分，不為賊乎？是則以正加敵，非
> 貪然之兵矣，不納叛臣，非怖挑之志焉，大夫皆若而心，則亂賊之禍
> 熄，《春秋》特免其貶宜哉![35]

邵圭潔此文中的破題及承題，自「霸臣用兵幾於道，《春秋》所以無貶焉。」
至「蓋不以鮮虞之伐為無罪，而以圍鼓之兵為有制耳。」是用胡《傳》之義，
即是為作文之義定調，以下自「三代之兵不可尚已」至「不為賊乎」全用《左
傳》之事與文，以申述荀吳用兵有制，自「是則以正加敵」至「《春秋》特
免其貶宜哉」則是回照「《春秋》所以無貶焉」的題旨。可說是將《左傳》
之事與胡《傳》之義做了完整的結合。因此閱卷官李齡高評曰：「作者類多虛

---

35 〔明〕敖銑等編：《嘉靖二十八年應天府鄉試錄》，（臺北：臺灣學生書局，1969年，
《明代登科錄彙編》影印明嘉靖間本），第 11 冊，頁 5560-5563。

詞，獨此衍《左氏傳》為詳，能説荀吳當時用師意，宜錄之。」[36] 我們可以看到閱卷官所以取之的原因就在邵圭潔用《左傳》詳説胡《傳》所取之經義。嘉靖二十八年應天府鄉試距正德十一年浙江鄉試有三十四年之久，我們雖無明顯證據説明邵圭潔答題的經營方式是否受到程文以及評語的影響，不過這兩份試卷內容則可以作為觀察明代科舉考試《春秋》經義文使用《左傳》以申述胡《傳》義理的一種典型範例。[37]

例二、從現存明代登科錄中所收《春秋》經義文觀察，確實絕大部分的經題與義理取擇均從胡《傳》來，《左傳》主要作為事證以輔助義理之鋪陳。但是其中也有少數題目是以《左傳》本事為主，並由《左傳》記事而引伸解説經義。例如嘉靖十九年（1540）應天府鄉試，《春秋》經義題：「秋七月公會齊侯宋公陳世子欵鄭世子華盟于甯母僖公七年」胡《傳》於此年經下無傳，應試士子如欲發揮經義，必須利用《左傳》。《嘉靖十九年應天府鄉試錄》所錄程文云 [38]：

> 伯主講信而可以勸忠與孝焉，其美章矣！蓋君臣之分立則人作忠，父子之倫正則人作孝，此甯母之盟所以為可嘉歟！且甯母何以盟也？為

---

36 〔明〕敖銑等編：《嘉靖二十八年應天府鄉試錄》，頁 5560。

37 這種型態的《左傳》應用在明代《春秋》經義考試中相當常見，除正文所舉之外，例如弘治二年（1489）山東鄉試《春秋》經義題：「楚子蔡侯次於厥貉文公十年」，為單題，三傳中只有《左傳》於此一經文有記事之説明，士子王淵亦基於《左傳》之事申胡《傳》之義。見〔明〕凌樞等編：《弘治二年山東鄉試錄》，（臺北：臺灣學生書局，1969 年，《明代登科錄彙編》影印明弘治間本），第 3 冊，頁 1433-1436。嘉靖十年（1531）山西鄉試春秋》經義題：「作三軍襄公十有一年舍中軍昭公五年」為雙題，皆關於魯之軍制變化，其事皆在《左傳》中，考生王紳作文義主胡《傳》而事用《左傳》。見〔明〕莊一俊等編：《嘉靖十年山西鄉試錄》，（臺北：臺灣學生書局，1969 年，《明代登科錄彙編》影印明嘉靖間本），第 7 冊，頁 3894-3897。例證仍多，未及備述。

38 一般的會試或鄉試錄選程文會將閱卷官之姓氏與考生的姓名錄入，但《嘉靖十九年應天府鄉試錄》所有經義程文均僅有閱卷官姓氏而無作者姓名。見〔明〕張治等編：《嘉靖十九年應天府鄉試錄》，（臺北：臺灣學生書局，1969 年，《明代登科錄彙編》影印明嘉靖間本），第 9 冊，頁 4841-4907。

謀鄭也，以其忍於內攜而即楚也。吾嘗稽諸傳而有取於齊桓之舉矣。蓋定國本以戴翊王室，桓之烈蓋震乎天下也。鄭而貳之，則桓之謀為有名矣。苟挾主伯之威，馮強力以臨之，是亦暴焉者耳，其何以率人乎？幸而招攜之禮、懷遠之德，謀于仲而庸焉，以脩禮於庶邦，夫然後方諸侯官受方物，而莫敢不來享、莫敢不來王矣。以祀物則貢焉，以財物則貢焉，使天下皆知有王之尊而不敢貳者，其誰之功歟！噫！先王朝終講會以制財用之節，而四國是王，誠以德禮之不易耳。吾不意齊桓謀鄭之舉，而乃能以此為訓耶！故告鄭，以告庶邦也，庶邦正而王事克舉，臣道立矣，謂之曰可以勸忠，不其然乎！奸父命以附利人國，華之惡蓋浮於夷狄也，桓而信之，則鄭之人將有辭矣。夫主中夏之盟，總姦德以行之，是亦姦焉者耳，其何以令後乎？幸而禮信之言、崇德之義，閱于仲而改焉，以辭於子華，夫然後大姦不列於會，而進有以得鄭，退有以示後矣。以德刑則可令焉，以禮義則可記焉，使天下皆知有父之親而不敢奸者，其誰之功歟！噫！先王時會發禁以抑恣僻之行，而人紀肇脩者，誠以禮信之不替耳。吾不意齊桓伯者之流，而乃知從事於此耶！故正華以正庶民也，庶民興而邪慝不作，賊子懼矣，謂之曰可以勸孝，夫豈誣哉。[39]

此文之破題將經文義理定在「勸忠與孝」，而承題再分說囚為此盟能立君臣之分，故可以勸忠；能正父子之倫，則可以勸孝。以下兩大段分別以《左傳》於僖公七年（653 BCE.）齊桓公與諸侯會於甯母的記事來申述破題、承題所定之經旨。僖公七年甯母之盟的前因是僖公五年（655 BCE.）周惠王及其后愛少王子帶，欲廢太子鄭，齊桓公為維持宗法穩定，故會諸侯於首止，表示尊太子鄭以寧周。此舉使惠王不悅，又不能明白反對，故私下挑唆鄭文公離會即楚，以破壞盟會。僖公六年（654 BCE.）「諸侯伐鄭，以其逃首止之盟故也」，七年，「齊人伐鄭」，鄭國殺申侯以悅齊，秋而盟於甯母以謀鄭。前引

---

39 〔明〕張治等編：《嘉靖十九年應天府鄉試錄》，第 9 冊，頁 4891-4895。

程文中「蓋定國本以戴翊王室，桓之烈蓋震乎天下也。鄭而貳之，則桓之謀為有名矣。」即是此事。甯母盟會時，鄭文公派太子華與會聽命，但太子華欲與齊桓達成私下協議，若齊桓能協助子華滅鄭洩氏、孔氏、子人氏三族，則太子華願意「以鄭為內臣」，齊桓原欲許之，但是管仲以此盟會是基於尊王之禮與諸侯之信而為，若私卜與子華協議，是違背禮與信，且子華為臣、為子而以私心奸君、父之命，若許之，何以主中原之盟？故嚴詞拒之。上引程文所申明「甯母之盟在勸忠與孝」的經義，其實就在管仲勸諫齊桓公勿與子華私相授受的言論之中。因為此經沒有胡《傳》可據，故應考士子直接根據《左傳》記事內容而定經題之義，也得到閱卷官的認同。考試官龔用卿評曰：「可以發傳意之所未及」，其所言「傳意」應該就是指未釋此經的胡《傳》。這種經義題與答卷、評選實是最符合明代科舉定式的規定，但是在明代科舉考試中卻十分少見，不過也可以作為一個例證，說明明代科舉《春秋》經義考試中，並非全部都是以胡《傳》為標準以發題與評閱，《左傳》在其中除了扮演事證輔助的角色之外，也會作為經題義理的來源。

例三、前述兩例，例一為《左傳》有事，胡《傳》有義，士子取《左傳》之事以闡發胡《傳》之義。例二為《左傳》有完整記事而胡《傳》無傳，作文者直接取《左傳》中記事及言語以定題旨。《左傳》在明代科舉《春秋》義中的表現方式還有另一種型態，即《左傳》有事，胡《傳》有義，但是作文者與評選者均兼採《左傳》之事義與胡《傳》的褒貶，也就是《左傳》與胡《傳》兼重。嘉靖七年（1528）浙江鄉試《春秋》經義題為：「齊人伐我北鄙僖公二十有六年楚公子貞帥師伐鄭襄公八年」，士子羅洪之文曰

　　稱王命以卻敵，賢臣修辭之功；背伯信以從夷，大夫失職之罪。此展禽之卻齊，所以能安其國；而子駟之從楚，卒不免於身也。觀《春秋》所書，而得失見矣。當夫莒、衛請平，而我僖因背齊以從之，一盟于洮，再盟于向，而齊人逞忿之兵至矣。為魯者，苟如臧孫之謀，不以義服而徒以賂免，其何恥如之。幸而柳下惠有辭以應敵，而展喜實將膏

沐之禮，於是乎稱先王之命以對之。不曰「股肱周室之盟，載書猶在」則曰「糾合諸侯之舉，舊職未忘」果爾，其言未終，而齊師遂退。當是之時，室如縣磬，野無青草，魯幾無以為國。微惠也，誰安之？從容對應以抑強暴之鋒，偃息笑談而紓危亡之禍，辭之有益，蓋如此。傳曰：「不有君子，其能國乎」斯之謂矣！後此仲尼相魯，秉禮而化強齊，以惠方之，殆庶幾哉！當夫晉楚爭鄭，而鄭人復侵蔡以怒之，既敗其兵，又獲其將，而楚人問罪之師至矣。為鄭者，能如子展之謀，堅守老楚而杖信待晉，其誰曰不可？夫何公孫騑決謀以向楚，而諸卿共執牛耳之盟，於是乎背五會之信以從之。晉君方明，不能事也，而親我無成，楚師將歸，弗能待也，而鄙我是欲。果爾，為□未久，而晉師又至。自是之後，犧牲玉帛，待於二竟，鄭幾不免於亡，則騑也實為之。忽陪貳之尊，而日心市井之行；忘政本之重，而終遺社稷之憂。謀之不臧孰甚焉！《詩》曰：「誰生厲階，至今為梗。」斯之謂矣！後此子產相鄭，馳詞以當晉楚，以騑視之，不有愧哉？蓋未幾有西宮之難，騑與二卿死焉，君子謂斯人之宜及此久矣！《春秋》削其大夫，所以示當官失職者之戒也。[40]

此題為雙題，合僖公二十六年齊孝公伐魯與襄公八年楚公子貞伐鄭兩事於一處而論其義。其中僖公二十六年齊孝公伐魯之《左傳》即為著名的「展喜犒師」，襄公八年楚伐鄭的《左傳》主要在敘述鄭國面對楚帥，國內出現「親楚」與「親晉」兩種不同意見，並各有支持者，最後由子駟（公孫騑）決斷從楚，雖遣使伯駢告晉，但未獲諒解，最後遭到晉國率魯、齊、宋諸國伐鄭。這兩段經文的胡《傳》所解重點不同，僖公二十六年經文的胡《傳》認為衛國忘齊桓公救亡之恩，在桓公死後即開始私自結盟，與魯、莒盟于洮、向，招致齊孝公不滿而連兵伐魯；而魯國又未能省德自反，竟乞師於楚以抗齊，是「以

---

40 〔明〕陸粲等編：《嘉靖七年應天府鄉試錄》（臺北：臺灣學生書局，1969 年，《明代登科錄彙編》影印明嘉靖七年刊本），第 7 冊，頁 3527-3531。

蠻夷而殘中國」。故胡《傳》認為此經之義在貶魯、衛。[41] 襄公八年經文的胡安國《傳》則是以齊宣王問孟子「交鄰國有道乎」起義，將這段經文的義理歸向於批評其時鄭無賢臣以處晉楚兩大國，導致屢遭攻伐。[42] 我們可以看到在胡《傳》的系統中，這兩經之間並無明確可以溝通聯屬意義的地方，如果全遵胡《傳》勢必難以成文。羅洪此文是採用襄公八年胡傳中關於「賢臣」對國家存亡影響重大的意見為基礎，採用《左傳》「展喜犒師」的敍事，以展喜是魯之「賢臣」，在國家危難時可義正辭嚴以解國難，取之與鄭之子駟作為對比，形成正反對照的義理結構，以回應其文章所定之題旨：「稱王命以卻敵，賢臣修辭之功；背伯信以從夷，大夫失職之罪。此展禽之卻齊，所以能安其國；而子駟之從楚，卒不免於身也」這種處理方式可說是《左傳》、胡《傳》各取其事義之一半，也開展出《左傳》、胡《傳》之外的新解釋。閱卷官顯然對於羅洪嫻熟兩傳事義非常欣賞，故評之曰：「斐然之文，奇氣溢發，而敍事且極詳備，錄此以警世之學《春秋》而忽傳註者。」[43] 評卷者所重者在於能掌握《左傳》敍事以及對於經義的新解。並希望藉此重申學習《春秋》

---

41 《春秋·僖公二十六年》：「夏，齊人伐我北鄙。衛人伐齊。公子遂如楚乞師。」胡《傳》：「衛人報德以怨，伐齊之喪，助少陵長，又遷怒於邢而滅其國，不義甚矣。公既與其君盟于洮，又與其臣盟于向，是黨衛也。故齊人既侵其西又伐其北，齊師固亦非義矣。而僖公不能省德自反，深思遠慮，計安社稷，乃乞楚師與齊為敵，是以蠻夷殘中國也，於義可乎？其書『公子遂如楚乞師』，而惡自見矣。」〔宋〕胡安國著，錢偉彊點校：《春秋胡氏傳》，頁 185。

42 《春秋·僖公二十六年》：「冬，楚公子貞帥師伐鄭。」胡《傳》：「齊宣王問於孟子：『交鄰國有道乎』孟子曰：『有。惟智者為能以小事大，故太王事獯鬻，句踐事吳。以小事大，畏天者也。畏天者，保其國。』鄭介大國之間，困强楚之令，而欲息肩於晉，若能信任仁賢，明其刑政，經畫財賦，以禮法自守，而親比四鄰，必能保其封境，楚雖大，何畏焉？而子耳、子國加兵於蔡，獲公子燮，無故怒楚，所謂不修文德而有武功者也。楚人來討，不從則力不能敵，從之則晉師必至，故國人皆喜，而子產獨不順焉，以晉楚之爭鄭，自茲弗得寧矣。是以獲公子燮特書『侵蔡』以罪之，而公子貞來伐，鄭及楚平，不復書矣。平而不書，以見鄭之屈服於楚而不信也。犧牲玉帛，待於境上，以待强者而請盟，其能國乎？」〔宋〕胡安國著，錢偉彊點校：《春秋胡氏傳》，頁 347-348。

43 〔明〕陸粲等編：《嘉靖七年應天府鄉試錄》，第 7 冊，頁 3528。此評語為同考試官「福建福州府懷安縣儒學教諭陳岳」所下。

應重視《左傳》及其注疏。羅洪在這篇文章中表現出善於剪裁、聯屬，不完全違背功令標準又可寫出新意，較之諸多對於胡《傳》尺寸不敢輕移的文章，誠為難得。

四、結語

本文從明代文獻記載所呈現科舉考試《春秋》經義與《左傳》關係，並根據《登科錄》所錄《春秋》經義程文分析考生如何運用《左傳》的各種型態，大致可以對於本文所欲探討的主題得到以下初步的認識：

我們從本文所舉文獻資料以及科舉程文例證中可以瞭解，明代官方在科舉程式訂定之初即希望《春秋》經義能兼採多方，有事有義，雖然在歷史流衍的過程中形成了胡《傳》獨尊的情況，但是主事者始終有意識的希望透過政令之重申或是出題的引導，讓習經之士子可以熟讀《左傳》作為解經作文的史事依據。

透過程文的分析，可知《左傳》在《春秋》經義考試中最常用來做為支持胡《傳》義理論述的史事依據，但也有出題、作文全部依據《左傳》記載，並由此發揮經義，或是兼採胡《傳》與《左傳》之事義而另外開展其詮釋脈絡者。以後兩種情況言，謂明代科舉《春秋》全尊胡《傳》，可能必須再根據全面的資料進行深入分析，才可論定。

從以上的實證舉例中可以看到，《左傳》在明代科舉考試中仍然具有相當重要的價值，而明代《左傳》文獻所表現的眾多形式，其著作意識與動機雖然並不皆與應試相關，但是以本文所論及的《春秋》經義程文所呈現運用《左傳》的情形來看，因為《春秋》經義題常常會出雙題、合題，所以在準備考試的資料上，除了需要如梅之煃《春秋因是》、鄒德溥《春秋匡解》這類專門解說以及預擬雙題的參考書之外，考生還需要能提供《春秋》史事聯屬、

分類編輯的文獻，則明代諸多《左傳》「紀事本末體」或「類編」文獻應能符合其需要；而《左傳》杜預《注》與南宋以來發展出來的通俗化注解，則是讀懂《左傳》的基本支持，至於《左傳》文章自南宋真德秀編《文章正宗》選入《左傳》篇章之後，《左傳》之文一直是先秦古文的重要典範，明代也有許多繼踵者，如唐順之（1507-1560）《文編》收《左傳》文五十九篇、鍾惺（1574-1624）《周文歸》收《左傳》文八十五篇、方岳貢（?-1644）《國瑋集》收《左傳》文二百三十一篇。[44] 科舉文章講究模擬古人口氣的文章風格，備考士子在研習經義與練習寫作時，這類文獻可以提供如何的幫助？這些文獻如果從學術史、經學史鳥瞰的角度，可能是明代《左傳》學術多元紛呈、百花齊放的一個部分，若以「科舉經學」作為切入觀察的視角，這些文獻是否會具有某種脈絡之下的意義？釐清這些問題，對於明代《春秋》及《左傳》學術的發展及其特質，我們或許可以有不同於目前經學史論述框架下的理解。

44　文中舉例三書所收《左傳》文篇數，依據馬智全：《文章正宗編選左傳考論》（西北師範大學碩士論文，2007 年），頁 65-68 之整理、統計。

郝敬《春秋非左》析探

蔣秋華

中央研究院中國文哲研究所經學文獻研究室

一、前言

　　晚明學者郝敬（1558~1639），撰有大量的著作[1]，其學術成就，在明、清之際，是頗受注目的。如黃宗羲（1610~1695）謂郝敬的經著「疏通證明，一洗訓詁之氣，明代窮經之士，先生實為巨擘」[2]；又在《思舊錄》中，將其與黃道周（1585~1646）、何楷（1594~1645）並列為百年來難見的三位窮經之士[3]。其弟黃宗炎（1616~1686）於〈周易尋門餘論自序〉中，也極力稱賞郝氏的「《九經解》，其融會貫通，一洗前人訓詁之習」[4]。不過，當時也有人表示不滿之意，如錢謙益（1582~1664）〈與卓去病論經學書〉說：

　　　　若近代之儒，膚淺沿襲，繆種流傳，嘗見世所推重經學，遠若李本，近則郝敬，踳駁支蔓，不足以點兔園之冊，而當世師述之。[5]

1　有關郝敬的著作考證，參見拙著：〈郝敬著作考〉，《張以仁先生七秩壽慶論文集》（臺北：臺灣學生書局，1999 年），頁 601~686。

2　見黃宗羲：《明儒學案》（臺北：華世出版社，1987 年），卷 55〈諸儒學案下三〉，總頁 1314。

3　見黃宗羲：《思舊錄》，《黃宗羲全集》（杭州：浙江古籍出版社，1985 年），第 1 冊，頁 356~357。

4　見黃宗炎：《周易尋門餘論》（上海：上海書店，1994 年《叢書集成續編》本），卷 1，頁 1 上~1 下。

5　見錢謙益：《初學集》（上海：上海古籍出版社，1985 年），卷 79，總頁 1707。

他將郝敬與季本（1485~1563）相提並論，認為兩人的經學雖受世人推重，卻是「踳駁支蔓」，連作科考用書的資格都不配。姑不論其言是否得當，但從他所說「當世師述之」一語，亦可得知季、郝兩人的著作確實風行於一時。清初學者所撰寫的經解，也曾徵引不少郝敬的說法，有關郝敬的著作受到重視的情形，《京山縣志·儒林列傳》曰：

> 先生所著《九部經解》一百六十五卷、《山草堂》二十八種，嘉定陸元輔藏有全書，後歸秀水朱彝尊。其《九經解》暨《山草堂》中內編之《易領》、《問易補》、《學易枝言》、《毛詩序說》、《春秋非左》、《四書攝題》、《四書雜言》、《談經》諸種，《經義考》俱全收之。後開《四庫全書》，即據朱彝尊《經義考》，為之分別提要。《御纂詩經傳說》、《尚書傳說》、《春秋傳說》、《欽定三禮義疏》，採錄先儒箋注，郝敬皆與焉。道光間，《皇清經解》出，諸經學家如毛西河、閻百詩、陳啟源、翟灝、焦循，無不徵引郝氏《經解》，推為大儒。至海內私家纂輯諸經塾本，登載尤多。先生經學幾與孔安國、鄭康成埒名矣。此外，如《讀書通》、《史記瑣瑣》、《時習新知》、《小山草》，《四庫全書》均有提要。《康熙字典》採引《讀書通》者數十條，《欽定唐宋詩醇·杜詩》所錄郝敬評語，乃敬批選杜詩一種，據仇兆鰲本而採之也。《四書制義》復居可儀堂《百二名家》之一。考《明史·藝文志》、《通志·藝文志》所載楚人著述，以先生為最精博，實不愧通儒矣。[6]

據此可知，郝敬之撰著曾先後為清初學者陸元輔（1617~1691）及朱彝尊（1629~1709）所收藏，朱彝尊且將其經學作品，全部著錄於《經義考》中，後來清代御纂的幾部經解、字典、詩選，也都採錄郝敬的說法。阮元（1764~1849）編纂的《皇清經解》，所收錄的清初諸經學家的著作，亦曾徵

6　見沈星標等：《京山縣志》（清光緒八年刊本），卷13，頁2上~2下。

引不少郝敬的《經解》。官修的書志，所著錄的楚人之作，也屬他「最精博」。足見郝敬的著作確實深受世人所重視。

郝敬的眾多著述中，最具代表性的，自屬詮釋群經的《九部經解》。這一大套的論著，後世評價，褒貶不一，所以出現爭議，自然與時代學風的趨向，有極為密切的關係。因此，研究郝敬的著作，不僅可以認識他本身的學術觀點，也可以從中探索學術風氣變遷的景況。本文秉持闡揚郝敬學術思想的理念，選擇他在《春秋》學方面的著述，試予析論。

郝敬的《春秋》學著作，有《九部經解》中的《春秋直解》十五卷和《批點左氏新語》二卷。《春秋直解》其實包括三個部分：卷首相當於「凡例」之《讀春秋》五十餘條；前十三卷是就《春秋》經文所做的批評，屬於本論；末兩卷為《春秋非左》，則是專門針對《左傳》所做的評議，屬於附錄。其中《讀春秋》又被收錄於郝敬的《談經》中，而《春秋非左》則可以看作郝敬的另外一部專著[7]。十八世紀，《非左》即受到日本人的重視，將它獨立刊行，並於清末流傳回國[8]。《批點左氏新語》屬於評點性質的著作，涉及文學理論，筆者擬另外撰文討論。本文僅就《春秋非左》部分，並參考《讀春秋》，析論郝敬對《左傳》一書的評議。

二、《春秋非左》撰作的動機

從郝敬所定的書名來看，即相當明確的表達了他對《左傳》一書所具有的基本心態。「非左」一詞，正如同柳宗元（773~819）的《非國語》，都是

7　郝敬即將《非左》當成單獨的著作，曾言：「愚嘗摘取其誣，別為《非左》，以俟後之君子參焉。」見郝敬《春秋直解》（上海：上海古籍出版社，1995 年《續修四庫全書叢書》本），卷首，頁 4 上，〈讀春秋〉。

8　有關郝敬《春秋》方面著作的詳細考證，參見拙著：〈郝敬著作考〉，《張以仁先生七秩壽慶論文集》，頁 615~618、頁 639~644、頁 667~669；林穎政：《明代春秋著述考》（臺北：致知學術出版社，2014 年），頁 344~349。

帶着批判的眼光來審議的。仔細研讀《春秋非左》的內容，的確充滿了嚴厲的闢斥語，與其書名是相稱的。其撰寫的體例，大致是依據經文的前後次序，先引經說或史事，再舉出《左傳》的解說，然後提出自己的辨駁。茲舉一例，以見其詳：

> （隱公）元年夏四月，費伯帥師城郎，不書。《傳》曰：「非公命。」非也。凡內城，書，重守也。其不書，舊史略也。如謂非公命不書，魯事非公命者多矣。晚年三桓為政，非公命者什九，皆不書邪？[9]

這就是全書的基本評議方式，其餘各條不過或詳或略而已。

郝敬撰於明神宗萬曆三十八年（1610）六月朔日的〈春秋非左自序〉說：

> 《春秋》本事，自當依《左》，舍《左》如夜行，茫不知所之矣。《公》、《穀》尚例，無《左》則例無稽；《左》言事，而例始有據；《左》言例，而人始競為例矣。故《左》者，諸傳之嚆矢也。其材富而情豔，吊詭而好奇，世人喜之，謂羽翼聖經，其實風影猜度，去道離經遠，惟其假託丘明，人莫敢指，遇紕漏，寧掩飾呵護，而不知其為偽筆耳。[10]

他認為《左傳》是《春秋》本事的依據，若沒有《左傳》，則不知《春秋》的趨向。《公羊》、《穀梁》二傳也必須倚靠它來釋例，否則便無從稽察，其重要性自不待言。但是郝敬以為《左傳》的內容「風影猜度，去道離經遠」，實在無法擔負輔經的功能。究其原因，郝敬指出其書是出自偽託，並非常人所認定的左丘明所著。然而因為《左傳》後來地位日高，使得世人不敢質疑它與《春秋》關係的可信度。郝敬接着說：

9　見郝敬：《春秋非左》（北京：中華書局，1991 年《叢書集成初編》本），卷上，總頁 1。
10　見郝敬：《春秋非左》，卷首，頁 1。

> 《左傳》誠出丘明手，親炙先聖，同心之言，隻字不可易。隻字可易，即非丘明，況蹖駁舛謬，不可勝數，豈親承聖訓，見而知之者歟？[11]

因為《左傳》的內容與孔子的觀點乖違，所以郝敬認定其書不是出自孔子（前551~前479）口中所稱道的左丘明，因為此人若是「親炙先聖」、「親承聖訓」、「見而知之者」，必然是與孔子具有「同心之言」，其書中怎麼會出現甚多的「蹖駁舛謬」？他專就《左傳》非斥，為何對《公》、《穀》二傳未採取同樣的態度呢？〈春秋非左自序〉說：

> 《公》、《穀》則誠《公》、《穀》矣，《左》實非丘明也。知《左》之非丘明者，然後可與言《春秋》。[12]

原來《公》、《穀》二傳確實代表了彼此家派的言論，不會混淆視聽。至於《左傳》，則因屬後人偽託左丘明之作，其實根本不能作為左氏學的代表，更何況其影響力是那麼大，不僅世人迷惑，連治《公》、《穀》者也無法離開它而獨自立說。因此，為了止本清源，如何證明左丘明不僅未作《左傳》，而且與《春秋》無關，便成了郝敬撰作本書的動機。於是為了申明這個觀點，他展開了多達三百三十五條的論述，全面的批駁《左傳》的誤謬。

三、《左傳》作者非左丘明

《左傳》的作者，原本不成問題，一般人都相信是春秋時期孔子所稱贊

11　見郝敬：《春秋非左》，卷首，頁 1。
12　見郝敬：《春秋非左》，卷首，頁 1。

的左丘明。但是到了唐、宋以後，此一說法漸漸受到懷疑，出現了各種的揣測 [13]。不過那些都是零星的議論，直至郝敬才花費大量的心力，積極證明《左傳》非左丘明作。

以下依據研讀的結果，將郝敬《春秋非左》論述《左傳》非左丘明所著的主要論點，分項闡釋。

（1）年代斷限的差異

郝敬《非左》說：

> （哀公）十四年春，西狩獲麟。《公》、《穀》謂：「《春秋》終獲麟。」是矣。今《傳》終哀公二十七年，經終哀公十六年夏四月己丑孔丘卒，豈卒之日始絕筆乎？則信終于獲麟矣。終于獲麟，不宜獲麟後復有經。說者謂為舊史，然何其簡約肖經之甚也？經文簡，恃舊史詳，經必不準舊史也。今謂獲麟後二年所書即舊史，則獲麟前十二公之文，皆舊史矣，焉用仲尼筆削為也？正月書王，此新義也，獲麟後亦正月書王，其非舊史甚明。蓋《傳》以孔子本獲麟作經，欲引經終孔子，故續經至哀公十六年孔子卒，而《傳》直至哀公二十七年，將自成一家之書，原非專為輔經而作。若使丘明輔經作《傳》，經終則《傳》止，何為泛濫于獲麟之後乎？[14]

就撰作的體例而言，《左傳》如為傳解經書而作，則應與經相始終，然而《春秋》終於魯哀公十四年，《公羊》、《穀梁》二傳咸同，唯有《左傳》經文終於魯哀公十六年，多出兩年，《傳》文止於魯哀公二十七年，更是多出十三年。既然終止於獲麟之年，其後不當再有經文，有人以為多出兩年的記事，

---

13 有關唐、宋人對《左傳》作者的不同見解，可參朱彝尊：《經義考》（京都：中文出版社，1978 年），卷 169，頁 3 上 ~6 上所引諸家之說。

14 見郝敬：《春秋非左》，卷下，總頁 52~53。

屬於魯之舊史，郝敬乃反駁謂：「則獲麟前十二公之文，皆舊史矣，焉用仲尼筆削為也？」而且「正月書王」是《春秋》所有的新義，獲麟之後，仍是「正月書王」，可見《左傳》確非魯之舊史。郝敬因而認定其為「一家之書」，並非「輔經」之作。

郝敬《非左》又曰：

> 左丘明姓名見《論語》，子云：「左丘明恥之，丘亦恥之。」殆夫子先輩而嚴事之，故自名以附之，猶言「竊比我老彭」云爾。假使年相若，夫子卒于哀公十六年，七十有三，《春秋》絕筆于先二年，《傳》絕筆于哀公二十七年，後孔子卒又十二年，則是八十有五歲矣。八十五尚作《傳》，當以何年卒？是必年少于孔，與游、夏齒乃可。既與游、夏齒，當在弟子列，而七十子中無左丘明，則是孔子先輩，不為孔子作《傳》又甚明也。司馬遷謬信之，杜預因之，後世遂謂左丘明親見夫子，其言必可信，至于牽彊附合，以求通其說，而其誣《春秋》，誤後學多矣，不得不辨。[15]

他又據《論語》孔子所言，推斷左丘明如屬晚輩，何以七十子中不見其名；如為先輩，則年歲必高於孔子，若其卒年猶能撰述，則又要活過八十五歲以上，如此高壽，似有所難。然而「左丘明親見夫子」的說法，卻因司馬遷（前145~前86？）、杜預（222~285）的信從，誤導後人勉強彌縫經傳，所以他不得不予以辨正[16]。

15　見郝敬：《春秋非左》，卷下，總頁52~53。

16　郝敬注解《論語》孔子稱述左丘明此段話曰：「左丘，複姓，明，名，春秋世之賢者。於夫子為先進，故夫子自名以附之。司馬遷、班固、劉歆謂左丘明為魯大史，《春秋左傳》即其所作魯史也，於聖人為同心之言。準其凡例解經，及不合，寧背經，不敢背《左傳》，《春秋》之訛自此始。据夫子此言，謂明為魯大史，亦似；而謂《左傳》即左丘明之史，非也。蓋後人取舊史薈蕞潤色之，而託左丘明以傳耳。辭人之，于經義原未通曉，世儒艷其辭，轉相浮慕，更不折諸理與聖人之心，可嗤也。愚于《春秋》詳之矣。」可以與此處互參。見郝敬；《論語詳解》（上海：上海古籍出版社，1995年《續修四庫全書叢書》本），卷5，頁38下。

　　郝敬從《春秋》與《左傳》的年代斷限所呈現的差異情況，來研判兩者並非經與傳的相從關係。基於尊經與信孔的立場，作《傳》者既與孔子沒有密切關係，則《傳》之地位自然降低。如此一來，《傳》之與經不相合，便無需費心為之曲解了。

（2）不合禮制

　　郝敬是長於禮學的，《九部經解》中有《禮記通解》二十二卷、《周禮完解》十二卷、《儀禮節解》十七卷。姚際恒（1647~1715？）〈儀禮論旨〉說：

> 　　郝仲輿《節解》，訓釋詳明，為《儀禮》第一書，亦其《九經解》中第一書也。優于《儀禮》註、疏多矣，取其十之六五。[17]

推崇《儀禮節解》為歷來注解《儀禮》最佳的一部，並大量採錄於其《儀禮通論》中，足見郝氏精擅於禮。《非左》中對於《左傳》不合禮制的批判，處處可見。茲舉數例，以見一斑：

> 　　（隱公六年）京師來告饑，不書。公為請糴于宋、衛、齊、鄭。《傳》以為禮。非也。天子告國于諸侯，諸侯請糴于鄰國，卑矣，諱之，故不書，以為禮，是何禮歟？[18]
>
> 　　（隱公）八年秋七月庚午，宋公、晉侯、衛侯盟于瓦屋。《傳》稱鄭伯以齊人朝王為有禮，非也。夫諸侯不朝，霸者以之朝，又不以諸侯朝，僅以其人入見，則不敬莫大乎是，何禮之有？[19]
>
> 　　（隱公）十一年秋七月壬午，公及齊侯、鄭伯入許。《傳》稱鄭莊公使大夫百里奉許叔居許東偏為有禮也，非也。無故而分人之國，逐人之

17　見姚際恒：《儀禮通論》（北京：中國社會科學出版社，1998 年），頁 14。
18　見郝敬：《春秋非左》，卷上，總頁 2~3。
19　見郝敬：《春秋非左》，卷上，總頁 3。

君，出其君弟于其鄙，又使私人監之，何禮之有？[20]

（莊公元年）秋，築王姬之館于外。《傳》以為知禮，非也。莊公有親喪而主齊昏，王不當命，魯亦不當受命。父母之讎，不能枕戈，而反為讎人役，曾是謂知禮乎？[21]

（閔公）元年，《傳》曰：「不書即位，亂故。」非也。禮，新君踰年改元，朝正于廟，即位于廟，始成為君也。時閔公甫八歲，內亂，不行即位，故史無書。如《傳》言，則以公繼弑君，不請王命，經削之。夫位，大寶也，體元正始，君父之大事也，仲尼輒以臆舞文，自詭貶削，豈垂世之訓歟！[22]

（僖公）四年夏，許男新臣卒。《傳》曰：「許穆公卒于師，葬之以侯禮。」非也。是時諸侯從桓公伐楚侵蔡，蔡近許，許男病歸而卒于國。何以知之？凡諸侯卒于外，必書地。宣九年，晉侯卒于扈；成十三年，曹伯廬卒于師；襄十八年，曹伯負芻卒于師；二十六年，許男寧卒于楚師；二十三年，蔡侯東國卒于楚；定四年，杞伯成卒于會：皆書地。許男不地，故知卒于其國也。《傳》又曰：「凡死王事，加二等，於是有以袞斂。」春秋諸侯焉知王事？用禮焉知等？死內死外，總之，僭而已矣。[23]

（襄公）十二年冬，公如晉。《傳》曰：「朝，且拜士魴之辱，禮也。」非也。魯以諸侯朝于諸侯，晉以大夫報諸侯之朝，而又往拜其辱，此足恭，何可為禮？[24]

（襄公三十一年）鄭子皮使印段如楚告適晉，欲朝晉而畏楚，稟命耳。《傳》以為禮，何禮之有？[25]

20　見郝敬：《春秋非左》，卷上，總頁 3~4。
21　見郝敬：《春秋非左》，卷上，總頁 8。
22　見郝敬：《春秋非左》，卷上，總頁 11。
23　見郝敬：《春秋非左》，卷上，總頁 13。
24　見郝敬：《春秋非左》，卷下，總頁 37。
25　見郝敬：《春秋非左》，卷下，總頁 42。

由上舉數例，可見郝敬認為《春秋》與《左傳》對禮的認知頗有差距，而他總是嚴厲的駁斥《傳》說之不當，進而證成作《傳》之人實與孔子不相得。

（3）不知經有闕文

《春秋》常有闕文，致使文義不連貫，前人於此，或生出無數凡例，以為應對，或以「斷爛朝報」譏之，郝敬則認為舊史本有闕文，其例如下：

> （隱公元年）公子益師卒。《傳》曰：「公不與小斂，故不書日。」非也。不書日，史闕也；其書日，史詳也。大抵入春秋初，世遠事闕；襄、昭以後，世近史詳。經據史而已。漢司馬遷作〈三代世表〉曰：「疑則傳疑。」蓋其慎也。[26]

> （隱公）七年，滕侯卒。《傳》曰：「不書名，未同盟。」非也。按：宣公九年、成公十六年及此，三書滕子卒，皆不名，年遠史闕也；昭公以後，四書滕子卒，皆名，近故詳也。[27]

> （桓公）四年，秦人執芮伯。十年，納芮伯。經皆不書，其皆以不告邪？大抵秦、楚、晉遠，隱、桓世又遠，故其事多闕；齊、衛、宋、鄭諸國近，記聞較詳耳。[28]

> （襄公）六年春王三月壬午，杞伯姑容卒。《傳》曰：「始赴以名，同盟故。」非也。初，桓公十二年，盟杞侯于曲池，比卒，亦不名。魯、杞婚姻，何必同盟？《春秋》無此例，前所以不名者，世遠史闕也。[29]

> （襄公九年）是年秦侵晉，不書，史不備也。《傳》謂秦使士雃乞師于楚，以伐晉。子囊曰：「晉官不易方，舉不失選，六卿相讓，晉不可敵，事之而後可。」此非子囊之言，《傳》譽悼公之言也。是時晉、楚交構，晉招吳撓楚，楚連秦脅晉。吳近而詳，秦遠而闕耳。謂子囊辭秦，

26　見郝敬：《春秋非左》，卷上，總頁 1~2。
27　見郝敬：《春秋非左》，卷上，總頁 3。
28　見郝敬：《春秋非左》，卷上，總頁 6。
29　見郝敬：《春秋非左》，卷下，總頁 35。

非也。[30]

由於時世及地理的因素，導致史官獲取資料有難易的差別，取資於魯史的
《春秋》經，因而也受到影響，往往出現闕文。大致上，春秋初期因時代久
遠，保存的資料不夠完整，所以闕文較多，襄公、昭公以後，則較少闕文。
因此，對於同一記事，經文前後的不一致，郝敬認為需以史料的是否充足看
待，不必另生凡例，而為之穿鑿附會。地理的遠近，同樣也會造成史料取得
的便利與否，進而影響史官紀錄的詳略。然而《左傳》的作者，往往在闕文
處特加申解，郝敬認為都是不明瞭史有闕文的事實。另外，經文有時也會出
現脫漏的現象，如：

> （隱公）二年，紀子伯莒子盟于密，伯上當有闕文。《傳》因上文「紀
> 裂繻來逆女」，以繻訓帛，改伯從帛，謂「裂繻字子伯」。夫裂繻，紀之
> 大夫也，終春秋，未有書大夫先諸侯者，豈以裂繻先莒子乎？非也。[31]
>
> （桓公）五年春正月甲戌、己丑，陳侯鮑卒。《傳》曰：「再赴。」非
> 也。是時陳佗弒太子，《春秋》于弒逆絪有不書者，甲戌下必有闕文，當
> 云：「陳佗殺世子免。己丑，陳侯鮑卒。」《傳》謂為再赴，一人之死，
> 焉有兩期？紕漏若此，而託之丘明，千餘年人不察，可笑也。[32]

此二例中的經文，郝敬均以為有所闕漏，而《左傳》強自說解，郝敬遂闢其
不當。

（4）三晉人作

郝敬既不承認孔子所稱及的左丘明作《左傳》，那麼究竟為何人所作呢？

30　見郝敬：《春秋非左》，卷下，總頁 35~36。
31　見郝敬：《春秋非左》，卷上，總頁 2。
32　見郝敬：《春秋非左》，卷上，總頁 4~5。

他説：

> （成公二年）晉敗齊師于鞌，齊使賓媚人賂晉曰：「五霸之霸也，勤
> 而撫之。」按：成公時去桓、文未遠也，五霸尚未終，不應豫稱五霸，
> 此為後世語甚明。杜元凱遠引夏、商、豕韋、昆吾等解，終不悟《傳》
> 之為後人作也。[33]

此處「五霸之霸」，杜預以「夏伯昆吾，商伯大彭、豕韋，周伯齊桓、晉文」、
「齊桓公、宋襄公、晉文公、秦穆公、楚莊王」兩説並存，殆亦無法論斷。郝
敬則認為兩説不當，他的理由是：魯成公僅當春秋的中晚期，五霸事業尚未
完全終了，所以不該出現「五霸」的字詞。對於杜預的遲疑，郝敬譏其未能
明瞭《左傳》出自後人之手。郝敬《讀春秋》曰：

> 何謂五霸？或曰「夏昆吾，商大彭、豕韋，周齊桓、晉文」，此因
> 孟子言三王罪人，牽夏、商附會耳。孟子謂五霸桓、文為盛，是明指
> 桓、文先後同世諸侯。故或以為「齊桓、宋襄、晉文、秦穆、楚莊」五
> 君。今按：宋襄摧頹不振，不足稱霸。秦穆未預盟會，不在五列。據春
> 秋始末，蓋二百四十二年間，五強國無王者耳。隱公初年，周室東遷，
> 鄭莊公始射天子，專征伐，是霸之始也。閔、僖之間，齊繼之，晉又繼
> 之；成、襄以來，楚繼之；昭、定以來，吳、越繼之；至哀、定間，齊
> 絕、晉分、吳亡，而春秋終，五霸畢矣。故五霸者，終始春秋者也。[34]

此處是對五霸之不同傳説，所做較為詳細的分析。他採取《荀子·王霸篇》

33　見郝敬：《春秋非左》，卷下，總頁29。
34　見郝敬：《春秋直解》，卷首，頁4上~4下。

的説法，認為當指「齊桓公、宋襄公、晉文公、秦穆公、楚莊王」[35]。

　　郝敬又説：

> （僖公五年）《傳》稱虞公以道假晉，宮之奇諫，不聽，以族行，曰：
> 「虞不臘矣。」按：歲終獵取禽獸，祭先祖五祀曰臘，夏曰清祀，殷曰嘉
> 平，周曰蜡，秦曰臘。左丘明先秦，宮之奇又先丘明，安得預稱秦制？
> 其為後人語可知。[36]

　　臘是歲終時合祭眾神的祭祀。郝敬引《禮記・月令》：「臘先祖五祀。」又據《禮記・禮運》：「仲尼與于蜡賓。」《註》：「夏曰清祀，殷曰嘉平，周曰蜡，秦曰臘。」因而以臘祭為秦制，春秋之時不當出現，遂認為《左傳》為後人所作。

　　上舉二例，郝敬均以記事內容的晚出，懷疑《左傳》出自後人之手。然所謂「後人」，又當指誰？他説：

> （隱公）八年，晉曲沃莊伯伐翼，王命虢公伐曲沃，立哀侯。六年，
> 翼人立鄂侯。皆不書，史略也。經未嘗以為霸國加詳，而《傳》特為補
> 苴鋪張，唯恐失之，具本曾也，如雷霆鬼神，屈天子諸侯事之。大旨謬
> 矣，故愚疑是書三晉辭人作也。[37]
>
> （襄公四年）冬，公如晉。《傳》曰：「聽政因請屬鄫以助魯之賦，晉
> 許之。」按：諸侯于晉有常貢，子產壞晉館垣以納車，即貢幣之車也。
> 其賦重，故魯請鄫為助，晉許之。八年，公復如晉，聽朝聘之數。是晉
> 受諸侯朝貢，無異天子，而《傳》以為當然，可怪也。故愚謂《傳》本
> 晉人作耳。[38]

35　郝敬曰：「荀卿謂：『齊桓、晉文、楚莊、吳闔閭、越句踐為五霸。』近之。」見郝敬：
　　《談經》（上海：上海古籍出版社，1995 年《續修四庫全書叢書》本），卷 4，頁 21 上。
36　見郝敬：《春秋非左》，卷上，總頁 13。
37　見郝敬：《春秋非左》，卷上，總頁 2。
38　見郝敬：《春秋非左》，卷下，總頁 34。

郝敬發現《左傳》的文辭，頗有以晉為尊的跡象，《非左》當中於此類《傳》說，時時點明。因此，不得不讓他懷疑《左傳》出自三晉人之手。他又說：

> （閔公元年）晉獻公滅魏，以賜畢萬。卜偃謂萬為盈數，魏為大名，占其後必大。此市兒觀枚折字之語，以魏後為七國，因而附會之，故愚疑《傳》為戰國時三晉人之筆耳。[39]

此條以畢萬受封於魏，卜偃占其日後興盛。郝敬認為這種預言乃因後事而附會，所以主張《左傳》為戰國時三晉人所作。郝敬《讀春秋》曰：

> 《左傳》或出三晉辭人之手，故其說往往右晉，譽重耳、五臣，不啻口出。誇晉人功業，無異三王。子孫世受諸侯朝貢，卿大夫招權納賄、貪淫敗禮，皆鋪張其事，恬不以為怪。世儒遂謂《春秋》尊晉，仲尼獎霸，承迷至今，皆《左傳》誤之也。[40]

他根據《左傳》書中多贊揚晉之君臣，導致後人誤認為《春秋》以晉為尊，而孔子獎勵霸主，其實乃是《左傳》出自晉人手筆，才會出現這種錯覺。

（5）與孔子思想不合

《左傳》中的許多記事，與孔子的思想不合，郝敬據此否定其作者為《論語》所稱及的左丘明。他說：

> （僖公二十七年）《傳》稱子犯治晉，始入，教民。二年，欲用之，曰：「民未知義也，於是乎出定襄王。民未知信，於是乎伐原以示之信。民未知禮，於是乎大蒐以示之禮。然後用之，出穀戍，釋宋圍，一戰而

39　見郝敬：《春秋非左》，卷上，總頁 11～12。
40　見郝敬：《春秋直解》，卷首，頁 4 上～4 下。

霸，文之教也。」此言非也。重耳以魯僖公二十四年反國，二十八年救
宋，與楚戰于城濮，倉偟五載，補茸枝梧，朝不及夕，孔子謂：「善人教
民七年，僅可及戎。」子犯之教，抑何速化也？夫納王非教民之事，伐
原非肆信之舉，重耳殘忍刻薄，焉知禮、義、信？聽臣訟以囚君，而假
定王以求明義；攜曹、衛以閒楚，而借伐原以示信；要盟會以召王，而
託大蒐以習禮。所謂不能三年而察繱小功也。上好禮、義、信，則天下
襁負其子至，豈僅博一戰之利乎？道聽塗說，以獎霸功，曾丘明而持此
論歟？[41]

《左傳》詳記子犯治晉的功績，並以禮、義、信贊詡之。郝敬根據史實，認為
其所有作為與孔子之教相違，當不得禮、義、信的美稱，所以好惡與聖人同
的左丘明，應不致留下如此載錄。他又說：

　　左丘明姓名見《論語》，《論語》為聖人傳神之筆也，其曰：「子不
語怪、力、亂、神。」此孔氏之家法，六經之典刑，《春秋》之繩尺也。
今據《傳》皆犯此四者。如蛇鬥、石語、人死六日復生、玉變為石、柩
栿斗鷯之類，是語怪也。如曹黥董父、狄庀彌、帶薅緯、郭最、晉州
綽、邴蒍蜚、龐悍武夫，《傳》皆枚舉其人，是語力也。《春秋》雖為亂
臣賊子作，其于弒君賊父之事，皆詳審精確，必不得巳而後書，如有
疑，寧闕，寧從輕，如鄭子駟、楚子圍弒君之類，皆書君卒，而《傳》
皆直信不疑，其他貪淫黷亂諸委瑣事，經不及，而《傳》津津喜譚之，
是好語亂也。至于神降、鬼屬、卜筮、童謠、夢兆，種種杜撰，不一而
足，是好語神也。後世讖緯方術，作俑于此，使凶邪讒諂之徒，託占象
以誤忠良，造符命以助亂賊，皆以《左》為嚆矢。經術不明，流毒罔極，
聖人之慮，豈不遠哉？故夫編年指事，其功不可泯，而粉飾夸誕過情，

41　見郝敬：《春秋非左》，卷上，總頁 16~17。

瑕庛甚多，學者徵其事，勿溺其辭，超然遠覽，始可與言《春秋》矣。[42]

《論語・述而篇》謂孔子不語怪、力、亂、神，然綜觀《左傳》，怪、力、亂、神的事蹟，卻充斥全書之中。此條郝敬僅列舉《左傳》所犯孔子不言的數件各類誇誕之事，力勸學者勿過信其辭。此外，《非左》書中，對於各類預言的記事，多以「附會」稱之。如：

> （隱公七年）陳五父如晉蒞盟，歃如忘，洩伯謂：「必不免。」此因五父將弒而附會之。《傳》凡於人將死，必先撰為兆，秦、漢之後讖緯之濫觴也。[43]
>
> （成公）十三年春，晉侯使郤錡來乞師。《傳》稱：「將事不敬，孟獻子知郤氏亡。」以一人容止決一族之禍，雖聖知不及。此因晉將誅三郤附會之。獻子如周，周劉康公以成肅公受脤于社不敬，亦料其將死，果死。習誕成套，甚可厭也。[44]

他甚至還以佛教因果之說，來看待這類事件，如：

> （僖公）三十一年，衛遷于帝丘。《傳》稱：衛成公夢康叔曰：「相奪予享。」成公命祀相，以帝丘本顓頊之墟、夏后相之祖附會之。奪享似沙門因果語，何當以解經？[45]
>
> （宣公十五年）夏，秦人伐晉。《傳》稱：「晉魏顆敗秦師于輔氏，獲秦武士杜回。初，顆父犨病且死，欲以所愛妾殉，顆不從。及輔氏之戰，妾父化為鬼物，結草于路，以亢杜回，遂獲之。夜見夢于顆。」此

42　見郝敬：《春秋非左》，卷下，總頁 53。
43　見郝敬：《春秋非左》，卷上，總頁 3。
44　見郝敬：《春秋非左》，卷下，總頁 31。
45　見郝敬：《春秋非左》，卷上，總頁 17。

沙門因果語，豈仲尼不語之教？[46]

（成公）五年，晉放趙嬰于齊，嬰夢天神索祭，祭之明日見放，故免于死。此沙門誑愚俗語也。[47]

至於有人依據《左傳》來解《易》，郝敬也認為《左傳》並不知《易》。他說：

（僖公）十五年，《傳》稱秦穆公將伐晉，使卜徒父筮，卦遇〈蠱〉，占知必勝，遂虜晉惠公于韓。晉獻公嫁伯姬于秦，使史蘇筮，遇〈歸妹〉之〈睽〉，并懷公死高梁事，皆見于繇。凡《傳》載繇辭，頗類漢焦貢《易林》，與經不合。著策老變，亦後世筮家之法，不見于經。世儒據《左》解《易》，《左》實未知《易》也。[48]

郝敬以為《左傳》所記筮法、繇辭，乃類似漢代焦貢（贛）的象數《易》，這是經中未見的。他又說：

（襄公九年）夫人姜氏薨。《傳》稱姜以僑如之亂徙東宮，筮卦遇〈隨〉，引《易》曰：「元，體之長也；亨，嘉之會也；利，義之和也；貞，事之幹也。體仁足以長人，嘉會足以合禮，利物足以和義，貞固足以幹事。」此孔子〈乾卦‧文言〉名埋奧義，姜氏焉及此？況姜之徙在成公十六年，孔子尚未生也。晚贊《易》，作〈文言〉，距姜徙時，已八十餘年，姜安得此語而先稱之？則《傳》之為後人作甚明也。宋歐陽脩顧謂〈文言〉用穆姜語；楊儀因詆「元者，善之長」為害道；朱元晦謂古有是語，穆姜與孔子皆引之：寧詘〈文言〉，終不敢議《傳》；退孔子，遷就左丘明。千古耳食，賢愚共蔽，可笑也。[49]

46　見郝敬：《春秋非左》，卷上，總頁 19。

47　見郝敬：《春秋非左》，卷下，總頁 30。

48　見郝敬：《春秋非左》，卷上，總頁 14~15。

49　見郝敬：《春秋非左》，卷下，總頁 35。

由於郝敬深信《十翼》為孔子所撰，所以對早於孔子八十餘年的穆姜，引用
〈文言〉之語，認為是後人襲取孔子之言而作的。對於後人就此問題的解說，
凡是偏袒《左傳》的，他都不以為然。

（6）排楚不當

　　《左傳》充盈尊晉之辭，郝敬懷疑乃三晉辭人所作，而書中對於楚卻以
夷狄視之，多予嚴語斥責。這種偏頗的現象，他認為也不是孔子所有的。
他說：

> 　　（宣公三年）楚子伐陸渾之戎。《傳》稱：「王孫滿責楚子問鼎。」非
> 也。過周郊，問九鼎，其誰不然？遂以蔽楚子之罪，未見其允。陸渾害
> 王室，為晉私人。楚子伐之，王使勞之，蓋德之也。故其書法甚堂堂，
> 反以為罪，豢戎者不罪，而伐戎者罪之，可乎？[50]
>
> 　　（宣公九年）冬，楚子伐鄭，晉郤缺帥師救鄭。《傳》稱：「鄭伯敗楚
> 師于柳棼。」經不書。是《春秋》未嘗專重晉、鄭黜楚也，《傳》知有晉
> 而已。[51]
>
> 　　（宣公十年）楚子伐鄭。《傳》曰：「晉士會救鄭，逐楚師于潁北，諸
> 侯之師戍鄭。」此晉人之功，不書，是《春秋》未嘗專與晉也。[52]
>
> 　　（成公）十七年，鄭子駟侵晉，不書。衛為晉侵鄭則書，鄭與楚盟，
> 楚戍鄭不書，晉伐鄭則書，《春秋》不直晉曉然，豈得謂屏楚而專晉
> 邪？[53]

此處數條所述，均可發現《左傳》有尊晉抑楚的跡象，而《春秋》的書法，
郝敬認為並無責備楚國之辭，較為公允。郝敬《讀春秋》曰：

50　見郝敬：《春秋非左》，卷上，總頁 23。
51　見郝敬：《春秋非左》，卷上，總頁 25。
52　見郝敬：《春秋非左》，卷上，總頁 25。
53　見郝敬：《春秋非左》，卷下，總頁 32。

世儒既謂楚為夷，謂攘楚為霸，又謂楚與齊、晉并稱五霸，是自背
其說也。謂楚僭王、陵諸姬，無所逃罪，謂為夷狄，則楚未服也。楚為
夷，則江、漢、襄、鄧、淮、汝、徐、沛間皆夷矣。秦、漢以來，真人
輩出，大半楚產，仲尼雖不前知，豈其舉東南半壁盡割棄之？甚無謂
也。[54]

可見他對《左傳》貶抑楚國的作法，頗不以為然，遂極力為其開脫，甚至擡
出孔子，為之禦防。

以上所舉數項，乃《非左》中郝敬據以否定《左傳》為孔子所稱之左丘
明作的主要論點，其餘零星的議論尚多，為免過於繁瑣，便不再贅述了。

四、後人的批評

郝敬的《春秋非左》，以全力闢斥《左傳》非左丘明所作，這種懷疑的
精神是極為少見的。對於他的說法，後人也有不同的見解，以下試著從諸家
的評語，來探究其書的價值。

清初的姚際恒，於〈春秋論旨〉中說：

郝仲輿《春秋解》甚平庸，《非左》一帙，亦淺陋無當。其書專辨
（辨）楚之非夷，以己為楚人也，致（至）為可笑。按：楚本蠻方，蠻與
夷別，古南方皆蠻國，故孟子言南蠻，夷則遠為外國也。郝于蠻夷且未
辨，胡嘵嘵為？吳、越亦蠻也，今江浙文采富麗，且甲天下，人何以蠻
少之？而其人亦何嘗以蠻自歉邪？[55]

54　見郝敬：《春秋直解》，卷首，頁 14 下 ~15 上。
55　見《春秋通論》，卷首，《姚際恒著作集》（臺北：中央研究院中國文哲研究所籌備
　　處，1995 年），第 4 冊，總頁 8。

他對郝敬的《春秋》學論著，給予十分低的評價，同時鑒於《非左》書中力辨楚之非夷，乃譏郝氏因本身為楚人，致使其如此費心辯解。郝敬極力闢斥屏楚之不當，是否出於同鄉之誼，一時難以遽斷，然而姚氏所謂的蠻夷之分，則值得商榷。歷來治《春秋》經者，多半承認楚之稱王，乃不受天子約束，因而貶曰楚子，為聖人的褒貶凡例。而春秋時期的楚人，在與中原諸國的交涉當中，亦曾自覺本身遭受排擠的情況。因此，姚氏以孟子所言之南蠻，未將楚視作外國，與夷之待遇有別，又以後世南方之文采富麗，甲於天下，世人亦未以其為蠻而輕視之，故南人實不必自歉為蠻，因為這些都是以後人的心態立論的，未必能解消當時嚴分華夷的敵視情況。

日人賴山陽（1780~1832）〈書郝京山談經後〉說：

> 京山說經，非毛西河輩比，然與朱子為難，不覺成僻者同，《詩》、《易》是已，《書》說平允，《三禮》解尤有補，至《春秋》，盛辨孔子不斥楚，京山楚人，故云然，使孔子聞之，必閔而恕之。[56]

以一位日本學者，他也感受到郝敬《非左》中盛辨孔子未屏斥楚人，似有特殊情愫。他的這個論點，不知是否受到姚際恆的啟發，尚待進一步查證。

日人皆川愿（1734~1807）於 1766 年為刊刻《春秋非左》所寫的〈序〉說：

> 大抵世謂左氏為丘明者，始自司馬遷，而其實乃經傳之旨往往背馳，豈謂之曾受於夫子乎？杜預《集解》猶糾正《傳》文之失六事，則其非夫子同時之人者，亦已可以知矣。是以自唐啖助、趙匡痛訾之，以為秦後偽書，乃有虞臘、秦庶長之疑矣。宋儒由此犛摩，乃諸家《春秋》之學起焉。明儒復承而擴之，則其卒有郝氏而興乎其間者，固勢也，未足為奇也已。但專斥《左氏》，特成一書者，何休《膏肓》已還，其唯

---

56 《山陽先生書後》，卷中，頁 55，《賴山陽全書》（廣島：賴山陽先生遺蹟顯彰會，1931 年）。

此而已。則郝氏之有功於《春秋》也，豈又謂之淺鮮耶？今我邦人士讀書，率多以《左氏》為標的，而善治《左氏》，輒足名家矣。雖乃宿耆之儒，亦往往信《左》之誇張，眩《左》之浮華。若夫能去《三傳》之蔽惑，而直究乎夫子筆削之真旨，則數千百人未嘗夢見也，斯尤可歎也。顧《左氏》之言，其以此一破，則來者必有興者乎？若夫郝氏《春秋》之說，君子必有取捨焉。[57]

他從經學史發展的情形來看《非左》一書，認為郝敬此書的出現，其實是順着歷代學者對《左傳》的懷疑，一步步積累而成，乃勢所必致的。但是對他能專用一書來批駁《左傳》，則認為是相當罕見的。因此，他對郝敬此書，抱持推崇的心態，籲世人不當以膚淺的眼光看待，其實它是有功於《春秋》經的。以一位異域學者，做出如此崇高的評介，郝敬得此知音，可以感到無限欣慰了。

《四庫全書總目》說：

> 《春秋直解》十五卷，浙江汪啟淑家藏本，明郝敬撰。……是編前有〈讀春秋〉五十餘條，皆曰：「今讀《春秋》，勿主諸《傳》，先以字，但平心觀理，聖人之情，恍然自見。」蓋即孫復等廢《傳》之學，而又加甚焉。末一卷題曰〈非左〉，凡三百三十餘條，皆摘《傳》文之紕繆。其中如費伯城郎，駁《左氏》非公命不書之誤，其說甚辨。公為天王請糴於四國，不書者，諱之也，其說亦有理。凡此之類，不可謂非《左氏》諍臣。至於曲筆深文，務求瑕釁，如論賓媚人稱五霸一條，不信杜預豕韋、昆吾之說，必以宋襄、楚莊足其數，而謂五霸之名，非其時所應有。如此之類，則不免好為議論矣。[58]

57　見《春秋非左》，卷首，頁1~2。

58　見《四庫全書總目》（臺北：漢京文化事業有限公司，1981年），卷30，總頁170。

對於郝敬《春秋直解》廢棄諸家說解，直以己意為斷的方法，認為是較宋儒孫復（字明復，992~1057）廢棄《三傳》以解經，更為過分。至於《非左》部分，雖然也肯定其中某些說解，有其道理，不失為「《左氏》諍臣」，但依舊譏其「好為議論」，甚至有「曲筆深文，務求瑕釁」之弊。其後，周中孚（1768~1831）的《鄭堂讀書記》承襲《四庫全書總目》的論調，說郝敬的《非左》：「皆舉《傳》文之失，頗曲而中，而過為指摘者尚多。」[59]

張壽林（1907~？）說：

> 其持論固皆中理，足破諸家紛紜轇轕之陋。而矯枉過直，或並《左傳》之事寔亦疑之，則不免流於偏駁矣。又核非難《左氏》之失，如駁「費伯城郎，非公命，不書」之誤、「公為天王請糴於四國，不書者，諱之也」之失，其說皆往往中理，不失為《左氏》之諍臣。然其間曲筆深文，師心太過之處，亦復不少。統核全書，寔瑕瑜互見之作也。[60]

雖謂郝氏執論中理，卻又矯枉過正，故全書瑕瑜並現，仍不脫《四庫》館臣的見解。

上述幾家對郝敬《春秋非左》一書，多半評價不高，除了承認其中確有少數良好的見解，但是大部分的意見，仍是可議的。而這些評論幾乎都是相互沿襲的，只有日人皆川愿，因刊刻郝敬之書，為其校勘，在看完全書的情況下，他又參考了郝敬的《談經》，對郝敬的學術有比教深入的探討[61]，因而做出極度推崇的評語，其間所透露的訊息，值得玩味。

---

59 見周中孚：《鄭堂讀書記》（北京：中華書局，1993 年），卷 11，總頁 213。

60 見《續修四庫全書總目提要稿本》（濟南：齊魯書社，1996 年），第 20 冊，頁 443~444。

61 有關皆川愿研治郝氏著作的情形，可參考他為《春秋非左》所寫的〈序〉，見《春秋非左》，卷首，頁 1~2。

五、結語

前人研治《春秋》，大都依據所謂「三傳」——《左傳》、《公羊傳》、《穀梁傳》——來論說，不論是擇其一家，或是三家並採，抑是屏去三家，都與《三傳》脫離不了關係，端看論者如何立基而已。雖然自南宋以後，又出現了胡安國（1074~1138）的《春秋傳》，以科舉考試的官定教本優勢，儼然成為第四《傳》，但是《三傳》仍以出自先秦，為釋經的源頭，故治《春秋》者未能完全將其廢棄。

明人在科舉功令的影響下，有所謂的「四傳」之學，即於《春秋》三傳之外，再加上胡安國的《春秋傳》。當時的著作多圍繞胡《傳》立論，《四庫全書總目》即述及此類著作多種，尤其〈存目〉之中，這一方面的著作更是龐多。[62] 今日由《續修四庫全書叢書》、《四庫全書存目叢書》所收錄的明代《春秋》著作來看，其中大多數屬於與科舉相關之書，因其編纂的目的是為了科考，所以多半不夠用心，自然價值不高，一旦時代遷移，便失去原有的用處而不受重視了。

在科考氛圍籠罩之下，也有少數不受拘束的學者，潛心研究學術，撰著一家之言。其中在《春秋》學方面，郝敬的《春秋非左》一書，可說是一部非常特殊的著作。他從《左傳》解經未盡理想出發，進而懷疑其作者並非好惡與孔子同的左丘明，因而撰成有三百三十五條批駁《左傳》的論著，其目的便是希望藉由推翻左丘明作者的身份，以降低《左傳》的價值，喚起讀者只有仔細鑽研經書本身，才能獲得真解。

郝敬對《左傳》並非左丘明所做的探討，其實早就已經有人提出了，這只要翻看朱彝尊《經義考》所摘錄的諸家對《左傳》作者的蠡測，即可得知。或許提出類似觀點的人，所列舉的證據，不如郝敬的多，但是郝敬幾乎未曾

62　參見《四庫全書總目》，卷 30，總頁 169~172。

交代他受到那一位的啟示[63]，這不僅說明此一觀點是他自己創發的，同時也表明了他對於前人的研究是較為生疏的。因此，就《左傳》非左丘明所著這一點而言，郝敬的貢獻是為後來的研究，提供了較多的佐證，充分展現其個人治經的特色。

---

63 王子今認為郝敬之師李維楨（1547~1626）和鮑觀白，對其《左傳》學或有所影響，但未舉實際例證，尚待進一步考察。參見王子今：《明代左傳學研究》（長春：吉林大學博士論文，2017 年 5 月），頁 266~267。

《左傳》「旝動而鼓」沈欽韓注商榷

潘漢芳

香港大學中文學院

　　歷來訓釋《左傳》的學者眾多，其中杜預的《春秋經傳集解》，長期以來，是《左傳》注的權威。到了清代，研究《左傳》的學者，則多尊崇漢學，力求漢、魏舊注遺說，並以先秦典籍為證、以正杜《注》之失。沈欽韓（1775-1832）為清代中期學者，長於訓詁考據，所著《春秋左氏傳補注》，博采魏晉以來諸家學說，對《左傳》的字詞以及典章名物制度細加研析，是清代《左傳》研究重要專著之一。本文嘗試就《左傳》桓公五年「旝動而鼓」沈欽韓注作研究，略陳己見，以就正於專家學者。

　　《左傳》桓公五年云：

> 　　戰于繻葛。命二拒曰：「旝動而鼓！」蔡、衛、陳皆奔，王卒亂，鄭師合以攻之，王卒大敗。[1]

惠棟《春秋左傳補注》引賈逵說：

> 　　旝，發石，一曰飛石，范蠡《兵法》曰：「飛石重十二斤，為機發行二百步。」《說文》：「旝，建大木置石其上，發以機，以追敵也，从放，會聲。」[2]

1　《左傳注疏》（《十三經注疏》冊 6，臺北：藝文印書館，1965 年），頁 106 下。

2　惠棟：《春秋左傳補注》（《皇清經解》冊 5，臺北：復興書局，1961 年），頁 3733 下。

賈逵主要以范蠡《兵法》所說飛石，為「檻」字作解，許慎《說文》從賈說，亦以飛石釋「檻」：

> 建大木，置石其上，發以機，以追敵也。从放，會聲。《春秋傳》曰：「檻動而鼓」。《詩》曰：「其檻如林」。[3]

沈欽韓《春秋左氏傳補注》云：

> 尋賈逵、許慎之義，並以檻為發石，《後漢書·袁紹傳》：「曹操乃發石車。」章懷《注》：「今之拋車也。」《晉書·卞壺傳》：「賊峻造逆，戮力致討，身當矢檻。」則知古訓相承，以檻為石明矣。《唐書·李密傳》：「命護軍將軍田茂廣，造雲檻三百具，以機發石，為攻城械，號將軍礮。」獨杜預以檻為旐，漸染私說，穿鑿不經，而宋儒遂廢雅故。[4]

沈欽韓釋「檻」為發石，從賈逵、許慎之義。持這個說法的還有陸德明[5]、惠棟[6]、洪亮吉[7]、嚴蔚[8]、黃以周[9]、章太炎[10]、葉政欣[11]等。

然而，釋「檻」為發石或飛石，頗值得商榷。范蠡《兵法》已亡佚，但其文可見於《漢書·甘延壽傳》顏師古《注》云：

3　《說文解字》（北京：中華書局，1998 年），頁 140 下。
4　《春秋左氏傳補注》（《皇清經解續編》冊 9，臺北：藝文印書館，1965 年），頁 6662 上。
5　陸德明：《經典釋文》（《十三經注疏》冊 6），頁 106 下。
6　同註 2。
7　《春秋左傳詁》（《皇清經解續編》冊 4），頁 2880 下。
8　嚴蔚：《春秋內傳古注輯存》（《續修四庫全書》冊 122，上海：上海古籍出版社，1995 年），頁 14 上。
9　《禮通通故》（《續修四庫全書》冊 112）頁 419 上。《禮說》（《續修四庫全書》冊 112），頁 711 上。黃以周在兩書中，都依賈逵，以「飛石」解釋「檻」。
10　《春秋左傳讀》（《章太炎全集》冊 2，上海：上海人民出版社，1982 年），頁 136。
11　葉政欣：〈左傳「檻動而鼓」解〉，《成功大學學報》卷 15，1980 年，頁 1-4。

張晏曰：「范蠡《兵法》：『飛石重十二斤，為機發行二百步。』」[12]

所引與賈逵同。孔穎達《疏》云：

> 賈逵以旝為發石，一曰飛石，引范蠡《兵法》作飛石之事以證之。
> 《說文》亦云：「建大木，置石其上，發其機以追敵。」與賈同也。案：
> 范蠡《兵法》雖有飛石之事，不言名為旝也。[13]

在《隋書・經籍志》中，仍見有《兵法》一書，故有理由相信，在孔穎達的時候，《兵法》一書尚存，而孔穎達在參閱《兵法》全書後，才得出以上結論。依孔穎達所說，范蠡《兵法》中，並沒有說「飛石」即是「旝」。沈欽韓雖引《後漢書》、《晉書》及《唐書》等作據，但所引之書，皆未有明確的以「飛石」和「旝」等同。

從年代來看，范蠡為春秋末期人物，其書《兵法》應是春秋後期的作品，所記載的當為《左傳》後期的事。「旝動而鼓」事見魯桓公五年，為春秋早期戰役的情況，相信是在范蠡《兵法》成書之前。正如段玉裁所言：

> 飛石起於范蠡《兵法》，《左傳》云：「親受矢石」，恐尚非飛石。[14]

至於「旝」的解釋，馬融〈廣成頌〉云：

> 旃旝掺其如林。[15]

12　班固（32－92）：《漢書》（北京：中華書局，1962 年），頁 3007。

13　同註 1。

14　《說文解字注》（上海：上海古籍出版社，1993 年），頁 310 下。

15　馬融：《馬季長集》，張溥編：《漢魏百三名家集》冊 12（光緒己卯年（1879 年），信述堂重刊本），頁 19。

李貽德云：

> 《春秋傳》曰：「旝動而鼓。」許本侍中說也。〈大明詩〉曰：「片旝
> 如林。」馬融〈廣成頌〉云：「旐旝掺其如林。」旝與旐伍，則以為旗之
> 屬。[16]

杜預《注》云：

> 旝，旃也，通帛為之，蓋今大將之麾也，執以為號令。[17]

孔穎達《疏》云：

> 《周禮·司常》：「通帛為旝。」故云通帛為之，謂通用一絳帛無畫飾
> 也。[18]

可見「旝」為「旃」之類，通帛為之，是旌旗之屬。

對於以「旝」為旌旗這個說法，不少人都提出質疑。葉政欣認為古代甚
少有以「旝」為號令：

> 再就《左傳》文義觀之，「命二拒曰，旝動而鼓」，則是以旝為號令
> 也。旌旗之用於行陣，蓋重在表誌而已，鮮有用之於號令者，以其但能
> 憑目視，而目視有時而窮也。故號令進退必以金鼓行之，金鼓以聲用，
> 不必為視野所限也。[19]

---

16 《春秋左傳賈服注輯述》（《皇清經解續編》冊 12），頁 8814 下。
17 同註 1。
18 同註 1。
19 同註 11，頁 3。

孔穎達《疏》引成公二年《傳》，證明古代行軍以旌旗作號令：

> 張侯曰：「師之耳目，在吾旗鼓，進退從之。」是在軍之士，視將旗
> 以進退也。今命二拒，令旛動而鼓，望旗之動，鼓以進兵。明旛是可觀
> 之物。又旛字從扒，旌旗之類，故知旛為旛也。[20]

楊伯峻亦認為，行軍必以軍旗為號。《春秋左傳注》云：

> 《孫子‧軍爭篇》引〈軍政〉曰：「言不相問，故為金鼓，視不相見，
> 故為軍旗。夫金鼓，旌旗者，所以一人之耳目也，人既專一，則勇者不
> 得獨進，怯者不得獨退，此用眾之法也。」[21]

然而，行軍是否必有軍旗？孔穎達引《左傳》僖公二十八年，證明行軍必有
旌旗：

> 僖二十八年《傳》曰：「城濮之戰，晉中軍風于澤，亡大旆之左旃。」
> 是知戰必有旃，故以旛為旛也。鄭氏之言，自謂治兵之時出軍所建，不
> 麾戰陳之上，猶自用旆指麾，今時為軍，猶以旌麾號令，故云：「旛今大
> 將之麾，執以為號令也。」[22]

可見行軍必有旌旗（旛），旛為旛之類，故行軍必有旛，軍士望旛動而進退。
  孔穎達《疏》云：

> 且三軍之眾，人多路遠，發石之物，何以可見，而使二拒準之，為

20　同註 1。
21　《春秋左傳注》（北京：中華書局，1995 年），頁 792。
22　同註 1。

擊鼓候也。[23]

章太炎在《春秋左傳讀》則有所反駁：

> 夫建大木置石于其上，其高不減于旆，旆動可見，發石何不可見？
> 且機括之動，必有屬聲，發石則尤甚……既易見又易聞，比之用旆為便
> 矣。[24]

他認為發石之大木，亦可高如旆，而且發石聲響，士兵必可知。不過，筆者
認為戰場上敵方亦可能有發石車，當聽到巨響時，士兵又如何知道聲響是由
己方發石車發出，因而前進呢？若以「旝」為「旗」，「旝動而鼓」便可解作：
看見自己軍隊標誌的旗幟揮動便知擊鼓前進。

葉政欣又認為「旝動而鼓」的「旝」字，不一定從「㪬」：

> 《說文》引《詩》曰：「其旝如林。」今《毛詩‧大雅‧大明》篇「旝」
> 作「會」。毛《傳》釋「如林」為「眾」，不釋「會」字。鄭《箋》云：「盛
> 合其兵眾。」似以「合」釋「會」。毛《傳》蓋亦以會合意淺近，故不釋。
> 然則毛、鄭蓋不以「會」為「旝」矣……是《傳》文旝字及《詩》「其旝
> 如」字，或作檜作會，不必皆從㪬作旝。[25]

從音韻方面來看，「旝」和「會」韻母相同，確可互相通假。不過，根據《說
文》，「會」字本義為「合」[26]，但《傳》文「旝動而鼓」之「旝」，不可以此義
作解，故知《傳》意仍當依從「㪬」的「旝」字。孔《疏》云：

23　同註 1。
24　同註 10，頁 137。
25　同註 11，頁 2。
26　同註 3，頁 109 上。

旝字從㫃，旌旗之類，故知旝為旃也。[27]

又曰：

發石非旌旗之比。《說文》載之㫃部，而以飛石解之，為不類矣。[28]

「飛石」與「旌旗」本是二物，許慎把「旝」載於「㫃」部，並引《左傳》和《詩》作解，可見他也把「旝」解作「旗」屬，但他受學賈逵，故仍不免受賈說影響，因而出現以「飛石」解釋從「㫃」的「旝」字此等令人費解的説法。

由此可見，「旝動而鼓」的「旝」，當作旌旗解。賈逵釋「旝」為「飛石」並不合理，沈欽韓從其說，實未得「旝」字的確解。

---

27 同註 1。
28 同註 1。

讀于鬯《春秋左傳》《校書》小識

蕭敬偉

香港大學中文學院

　　有清一代，樸學大盛，清儒考證傳統經籍，成就超邁前代；羣經之中，又以《左傳》研究成果最為豐碩。晚清于鬯（1854-1910）所著《香草校書》凡六十卷，其中七卷即專門就《春秋左傳》詳加校訂，而創見紛呈。張壽林（1907-?）於《續修四庫全書總目提要》稱許于校，謂「其考訂事寔，校勘文字，皆時多創見」，「雖其間⋯⋯亦不免憑私意揣，疏於考證，然統核全書，終不失為瑕不掩瑜之作焉。」[1] 可見是書校理《左傳》，雖或不無可商，然亦有其重要價值。今不辭譾陋，謹就《香草校書》校訂《春秋左傳》部分，摘其於義未安之處，略申管見，以就正於方家。

一、甲午，治兵（莊八年《經》）

于氏云：

　　鬯案：「治兵」，《公羊》經作「祠兵」。竊疑此字《左》、《公》兩經實互誤。觀傳可知。《公羊傳》云：「祠兵者何？出曰祠兵，入曰振旅，其禮一也，皆習戰也。」明《公羊》經作「治兵」，不作「祠兵」。祠兵

1　中國科學院圖書館整理：《續修四庫全書總目提要（稿本）》（濟南：齊魯書社，1996 年），冊 20，頁 444 下 - 445 上。

則何以云習戰乎？《左傳》云：「治兵于廟，禮」。明《左》經作「祠兵」，不作「治兵」。治兵則何以云于廟乎？然則《傳》「治兵于廟」，亦必本作「祠兵于」。「祠兵于廟」蓋即小戴《王制》、《記》所謂「將出征」、「造于禰」與「受命於祖」者，故謂之禮，亦不得援《周禮・肆師職》祭表貉之說，以為祠蚩尤若黃帝也。（自注：今案：小戴《曲禮》《記》孔義引鄭駁《異義》云「《公羊》字誤以治為祠」，則《公羊》之誤，鄭已訂之，而未知其誤由《左氏》經也。）[2]

案：莊公八年《春秋》載：「八年春王正月，師次于郎，以俟陳人、蔡人。甲午，治兵。」《左傳》云：「八年春，治兵于廟，禮。」[3]《公羊》《經》則作「甲午，祠兵。」《傳》文云：「祠兵者何？出曰祠兵，入曰振旅，其禮一也，皆習戰也。」[4]《香草校書》本此謂《左》、《公》兩《經》「治」、「祠」二字互誤，蓋「治兵」為習戰軍旅之事，必不得行於廟，故《左氏經》當作「祠兵」，其義當如《禮記・王制》所載軍隊出征前先祭告祖廟。[5]

「治兵」究云何義，注家多有分歧。竹添光鴻（1842-1917）《左氏會箋》云：

> 昭十八年鄭人「簡兵大蒐，將為蒐除」，杜云：「治兵於廟，城內地迫，故除廣之。」《正義》因謂「此治兵於廟，欲就尊嚴之處，使之畏威用命耳。但軍旅之眾非廟內所容，止應告於宗廟，出在門巷習之。」然鄭大蒐，閱舉國之兵也；此治兵，習伐郕之眾。廟門外，即中門外，君

2　于鬯：《香草校書》（北京：中華書局，1984 年，2006 年重印）卷 37，頁 755。

3　見《春秋左傳正義》卷 8，《十三經注疏（整理本）》（北京：北京大學出版社，2000 年），頁 265 上、266 上。

4　見《春秋公羊傳注疏》卷 7，《十三經注疏（整理本）》（北京：北京大學出版社，2000 年），頁 157 上。

5　《禮記・王制》云：「天子將出征，類乎上帝，宜乎社，造乎禰，禡於所征之地。受命於祖，受成於學」。見《禮記正義》卷 12，《十三經注疏（整理本）》（北京：北京大學出版社，2000 年），頁 435 上。

在廟而誓，戒將校諸司，因以整勒一軍，不必疑軍眾非廟內所容也。鄭
伯伐許，授兵於大宮，大抵相類。若說告於廟而習於狀，於辭不穩矣。
慎戰故曰禮，非以于廟為禮也。[6]

上引杜（預，222-284）《注》、孔（穎達，574-648）《疏》皆以宗廟空間有限、
不能容軍旅之眾而為説，其意與于鬯同。竹添氏則認為「治兵」指「習伐郲
之眾」，魯君於廟門外訓戒將校，整勒軍眾，此乃慎戰之舉，故《傳》云「治
兵于廟，禮也」。此所釋《經》、《傳》義異於于鬯《校書》，惟二者對「治兵」
之理解則一。趙生群先生注《春秋》「治兵」云：「將出師，治兵以習號令。」[7]
釋義亦相同。傅隸樸先生則云：

　　趙匡説：「予以為兵車之眾，非廟中所容。」劉敞也説：「又言於廟，
夫廟中嚴矣，非治兵之地也。」不知《左氏》所言「治兵于廟」正同獻
俘於王，僖二十八年五月丁未晉文公「獻楚俘于王，駟介百乘，徒兵
千，鄭伯傅王，用平禮也。」按此時王在踐土行宮，行宮之內能容如此
多的兵車與俘虜嗎？所謂獻俘，不過舉行獻俘之禮於王前罷了，並不必
將俘虜人車一一交王過目。同樣「治兵于廟」，不過告治兵之禮於廟罷
了，並不必將人車全部操演於廟中。《公羊》以「治兵」為「祠兵」，正
是此義。趙、劉二氏所駁，未免望文生義，不知告廟禮數。[8]

傅先生認為「治兵于廟」《公羊》之「祠兵」，其事類近獻俘，指由國君告治
兵之禮於廟，而非全軍操演，故得行於廟中。其説略同於于鬯，惟不以《左
氏經》「治兵」為字誤。楊伯峻先生（1909-1992）《春秋左傳注》則指出《春
秋》、《左傳》言「治兵」，蓋有「每三年之大講武」、「將戰前之習武」、「用

6　竹添光鴻：《左氏會箋》（臺北：新文豐出版公司，1987年），第三，頁17。

7　趙生群：《春秋左傳新注》（西安：陝西人民出版社，2008年），頁94。

8　傅隸樸：《春秋三傳比義》（北京：中國友誼出版公司，1984年），頁234-235。

兵」等義，楊先生並謂：

> 此（引者案：指莊公八年《經》、《傳》之「治兵」）為將戰前之治
> 兵，蓋以伐郕。然與僖二十七年楚之治兵於睽、於蒍，宣十五年晉侯治
> 兵於稷，襄十九年楚子庚帥師治兵於汾，昭十三年晉治兵於邾南等有所
> 不同。諸治兵皆於郊野，而此則於廟。故《五經異義》引《左氏》說，
> 甲午治兵為授兵於廟。則此治兵僅指授兵而言。授兵必於太廟，隱十一
> 年《傳》「鄭伯將伐許，五月甲辰，授兵于大宮」可證。[9]

案隱公十一年《左傳》「授兵于大宮」，楊先生注云：「兵，武器。……古者
兵器藏于國家，有兵事則頒發；事畢，仍須繳還」。[10]則此「治兵于廟」，當
指在廟中頒發兵器。此義於《春秋經》、《傳》文意最合，又不煩改字，當為
確詁。[11]

楊先生《春秋左傳注》釋《春秋》「治兵」云：「『治兵』，《公羊》作『祠
兵』。《五經異義》引《公羊》說：『祠兵，祠五兵矛、戟、劍、楯、弓矢及
祠蚩尤之造兵者。』鄭玄（127-200）駁之曰：『祠兵，《公羊》字之誤，以治
為祠，因而作說如此。』」[12]《公羊》「祠兵」阮元（1764-1849）《校勘記》亦云：
「案《周禮》、《左傳》、《穀梁》、《爾雅》皆為『治兵』，知《公羊》是聲近
之誤。故《詩》箋、《周禮》注用《公羊》徑改作『治』，《詩》正義所言是
也。」[13]則知《公羊》「祠兵」之「祠」或本應如《左傳》作「治」，于鬯卻以
《左》、《公》兩經互誤，又謂《公羊》「其誤由《左氏》經」，恐皆不可從。

9　楊伯峻：《春秋左傳注》（修訂本）（北京：中華書局，1990 年第 2 版），頁 173。

10　楊伯峻：《春秋左傳注》（修訂本），頁 72。

11　今注家如陳克炯《左傳詳解詞典》（鄭州：中州古籍出版社，2004 年，頁 743）、陳
　　戍國《春秋左傳校注》（長沙：岳麓書社，2006 年，頁 97）皆從是說。

12　楊伯峻：《春秋左傳注》（修訂本），頁 172。

13　見《春秋公羊傳注疏》卷 7，《十三經注疏（整理本）》，頁 157 下。

二、未言（莊十四年《傳》）

于氏云

　　邕案：此言字實當訓笑。古言有笑義。《詩‧公劉》篇云：「于時處處，于時廬旅，于時言言，于時語語」，猶《斯干》篇之「爰居爰處，爰笑爰語」，是「言言」猶笑也。故《廣雅‧釋訓》「言言」、「語語」並訓為喜，喜猶笑也。《易‧震卦》云：「笑言啞啞」。《釋訓》云：「啞啞，笑也。」《易》言「笑言」，而《雅》專以笑訓「啞啞」，則言亦笑笑，蓋重言之曰言言，單言之但曰言，而皆有笑義。（自注：《爾雅‧釋樂》云：「大簫謂之言，簫之言笑也。」「大簫謂之言」，即「大笑謂之言」矣。彼陸釋云：言亦本作簅，從竹，則與笑字從竹又正一類。説笑字者謂竹為樂器，君子樂，然後笑。見玄應《大般涅槃經》《音義》。又與大簫之義合。）[14]

案：莊公十四年《左傳》：「蔡哀侯為莘故，繩息媯以語楚子。楚子如息，以食入享，遂滅息，以息媯歸。生堵敖及成王焉，**未言**。楚子問之，對曰：『吾一婦人而事二夫，縱弗能死，其又奚言？』楚子以蔡侯滅息，遂伐蔡。」[15] 于邕以《詩‧大雅‧公劉》「于時處處，于時廬旅，于時言言，于時語語」句，猶《詩‧小雅‧斯干》「爰居爰處，爰笑爰語」，謂「言言」猶「笑」；又據《廣雅‧釋訓》「言言」、「語語」並訓為「喜」，「啞啞」訓為「笑」，而《易‧震卦》有「笑言啞啞」句，遂推論「言」亦有「笑笑」義。《公劉》、《斯干》二句句意相仿，前人多有論及，惟僅以「于時言言」之「言言」與「爰笑」之「笑」對應，而謂「言言」猶「笑」，卻可商榷。另《廣雅‧釋訓》云：「言言、語語，喜也。」王念孫（1744-1832）《疏證》云：「《詩》曰『言笑晏

14　于邕：《香草校書》卷 37，頁 755-756。
15　見《春秋左傳正義》卷 9，《十三經注疏（整理本）》，頁 288。

晏』，又曰『笑語卒獲』，是『言』、『語』皆喜也，重言之則曰『言言』、『語語』。《大雅‧公劉篇》云：『于時處處，于時廬旅，于時言言，于時語語』，猶言『爰居爰處，爰笑爰語』耳」。[16]《釋訓》又云：「啞啞，笑也。」王念孫《疏證》云：「卷一云：『啞，笑也』，重言之則曰『啞啞』。《震‧象辭》云：『笑言啞啞。』」[17] 是據《廣雅》所載，「言」、「言言」皆可訓「喜」，「啞」、「啞啞」皆可訓「笑」，「言」、「言言」卻不得訓為「笑」，否則《釋訓》不必分列「喜也」、「笑也」二條。此外，《故訓匯纂》列舉「言」、「言言」自先秦至晚清之訓詁資料凡 137 條，惟無以「笑」訓「言」者。[18] 于鬯據《詩》及《廣雅》所載，謂《左傳》「未言」之「言」當訓「笑」，實欠確據，亦不可從。

杜《注》釋「未言」云：「未與王言。」[19] 惟《傳》文下記息嬀答楚文王語，則知杜《注》未必符合《傳》意。竹添光鴻《左氏會箋》即云，

> 本文楚子有問，夫人有對，則不可云不言矣。豈捫舌於平日，而至始開口耶？生子二人，同室數年，彼此不交一言，無是理也。《說文》：「直言曰言，論難曰語。」《周禮‧大司樂》注：「發端曰言，答述曰語。」據此則所云「未言」者，非噤不出聲也。楚子不問及，則夫人不自出言耳，故楚子久而怪之也。《喪服四制》云：「禮，斬衰之喪，唯而不對；齊衰之喪，對而不言。」鄭《注》：「言謂先發口也。」此亦一證。[20]

竹添氏本《禮記》鄭玄《注》「先發口」之訓，釋「未言」為「不自出言」，顯然較合情理。楊伯峻先生《春秋左傳注》釋「言」字義，亦採「先發口」

---

16 王念孫：《廣雅疏證》（南京：江蘇古籍出版社影印嘉慶王氏家刻本，2000 年）卷 6 上，頁 176 下 -177 上。
17 王念孫：《廣雅疏證》卷 6 上，頁 177 上。
18 參宗福邦、陳世鐃、蕭海波主編：《故訓匯纂》（北京：商務印書館，2003 年），頁 2100-2101。
19 見《春秋左傳正義》卷 9，《十三經注疏（整理本）》，頁 288 下。
20 竹添光鴻：《左氏會箋》，第三，頁 42-43。

之說。[21] 趙生群先生則云：

> 「未言」即未嘗言語。《會箋》舉《說文》、《周禮》、《禮記》各例，
> 不為無理，然皆「言」與「語」或「對」對舉，文義明白。《傳》但曰「未
> 言」，不必求之過深。楚子發問而後答言，亦不足怪。[22]

趙釋「未言」如杜《注》同，對竹添氏《會箋》之評說亦不為無理，惟於《傳》
意稍有未安。可備一說。

三、女公子觀之（莊三十二年《傳》）

于氏云：

> 岜案：「女」字蓋衍文。「公子觀之」，公子即子般也。則上下文義
> 一貫。若為女公子，如杜解謂子般妹，則上文但言生子般，不言生女。
> 此句突出女公子，實為不倫。既此言女公子觀之，不言子般同觀，而下
> 文又謂子般怒，亦不協。且下文云「圉人犖自牆外與之戲」，此必以孟
> 任割臂之事戲公子，故子般怒；不然，則所謂戲者，直是戲女公子矣。
> 無論國君之女，非圉人敢戲。就論文法，而上文特追敍孟任事，不亦成
> 贅設乎？又況雩，祭天也，講雩亦非女公子所得觀之事。故知此「女」
> 字為衍。子般又稱公子者，即猶下文叔牙又稱僖叔，季友又稱成季。《左
> 傳》通例如此，固不足異。[23]

21　楊伯峻：《春秋左傳注》（修訂本），頁199。楊先生並謂「于鬯《香草校書》謂言當
　　訓笑，誤。」（見頁198-199）
22　趙生群：《左傳疑義新證》（北京：人民文學出版社，2013年），頁56。
23　于鬯：《香草校書》卷37，頁759。

案：莊公三十二年《左傳》：「初，公築臺，臨黨氏，見孟任，從之。閟，而以夫人言，許之，割臂盟公。生子般焉。雩，講于梁氏，**女公子觀之**。圉人犖自牆外與之戲。子般怒，使鞭之。公曰：『不如殺之，是不可鞭。犖有力焉，能投蓋于稷門。』」杜預《注》云：「女公子，子般妹。」[24] 于鬯謂「女」字屬衍文，「公子」蓋指子般。細審其説，可商者約有以下數端：一、于氏謂《傳》文但言生子般，不言生女；此處突出女公子，未言與子般同觀，下文又謂子般怒，致文意不倫、不協云云。惟古人敍事，但記其要，且以簡潔為尚。例如定公四年《左傳》載：「楚人為食，吳人及之，奔，食而從之。」省去兩主語，讀者仍知其意。[25] 二、于氏謂圉人犖與之戲者，必以孟任割臂之事戲公子，故子般怒；若所戲者為女公子，則其為國君之女，必不敢戲。且所戲者非子般，則上文特追敍孟任事，即成贅設。惟孟任割臂盟公一事，乃追敍子般生母故事，不必與下文有所關連。《史記・魯世家》述此事，亦有孟女（案：即《左傳》之孟任）「割臂以盟」之情節，而與下文圉人犖戲梁氏女無涉。[26] 且其事於子般不為辱，何以圉人犖於其長大後，猶足相戲？至謂女公子乃國君之女，圉人必不敢戲；惟子般亦國君之子，且為他日之國君，何以圉人又敢戲之？下文記莊公謂「犖有力焉，能投蓋于稷門」，則知圉人犖以力大聞名，惟其自恃力大，故敢戲國君之女。三、于氏謂雩即祭天之禮，講雩非女公子所得觀之事。案杜預《注》云：「講，肄也。」孔穎達《疏》云：「文四年《傳》曰『臣以為肄業及之也』，肄謂習業，故講為肄。」[27] 楊伯峻先生《春秋左傳注》謂「講，猶今言講習、預習。舉行雩祭之先，預行演習其禮也」[28]，蓋本於此。故女公子所觀者乃雩祭之預習，非正式雩祭，于氏謂「講雩亦非

24　見《春秋左傳正義》卷 10，《十三經注疏（整理本）》，頁 343 上。

25　詳參拙著：〈讀章炳麟《春秋左傳讀》小識〉，載《孔子學刊》（第一輯），2012 年 12 月，頁 115-117。

26　詳見司馬遷（前 145- 約前 86）：《史記》（北京：中華書局，1982 年）卷 33，頁 1351。

27　見《春秋左傳正義》卷 10，《十三經注疏（整理本）》，頁 343 上。

28　楊伯峻：《春秋左傳注》（修訂本），頁 253。

女公子其所得觀之事」，恐亦難以成立。

于氏又據《史記‧魯世家》所載，另存二説。于氏云：

> 又案：《史記‧魯世家》云：「孟女生子斑。斑長，説梁氏女，往
> 觀。圉人犖自牆外與梁氏女戲。」據此則上文「雩」字當「長」字之誤。
> 「講」讀為媾，「媾于梁氏女」為句。「公子觀之」，公子亦指斑，斑即般
> 也。「觀之」，觀梁女，非觀雩也。如此，則《傳》與《世家》合。圉人
> 犖戲，依《世家》為戲梁女，然即謂戲公子、觀女，亦無不可。且雩似
> 不必講，講雩亦不當在梁氏。則其説宜備存之矣。（自注：或疑雩讀為
> 諤。《説文‧言部》云：諤，妄言也。諤媾連文，蓋非真為婚媾，即《世
> 家》言説意，不必改雩為長。説稍僻，亦可存。又案：《公羊》閔元年
> 《傳》云：犖曾淫于宮中，子般執而鞭之。言淫于宮中，則説又異。犖即
> 犖也。）[29]

茲錄《史記》相關原文於下：

> 三十二年，初，莊公築臺臨黨氏，見孟女，説而愛之，許立為夫
> 人，割臂以盟。孟女生子斑。斑長，説梁氏女，往觀。圉人犖自牆外與
> 梁氏女戲。斑怒，鞭犖。莊公聞之，曰：「犖有力焉，遂殺之，是未可鞭
> 而置也。」[30]

《史記‧魯世家》記斑（案：即《左傳》之子般）所觀、圉人犖所戲者乃梁氏
女，並無觀講雩之事，與《左傳》異。于鬯因謂《左傳》之「雩」乃「長」
字之誤，「講」當讀為「媾」，「女」字則屬上句，作「梁氏女」，即「公子」
所觀者。據于氏此説，則《傳》文當作「生子般焉。長，媾于梁氏女，公子

29　于鬯：《香草校書》卷37，頁759。
30　見司馬遷：《史記》卷33，頁1351-1352。

觀之。」惟《傳》文若依此讀，則「長」、「媾于梁氏女」、「觀之」屬同一主語，何以「觀之」前又有「公子」二字，致文句突兀如此？且于氏謂《左傳》誤「長」為「雩」，僅依《史記》所載推測，並無實據。從秦末漢初字形觀之，「雩」字作▨（《上博竹書一・緇衣》）、▨（《説文》小篆）、▨（《説文》或體），「長」字作▨（《上博竹書三・彭祖》）、▨（《上博竹書六・用曰》）、▨（《睡虎地秦簡・法律答問》）、𠱠、𠂹（《説文》古文）[31]，二字形體判然有別，不易相混。故知于氏此説，亦不可信。

于氏又謂《左傳》「雩」或讀為「謣」，意為「妄言」，與下文「媾」字連讀，「謣媾」即《世家》言説意云云。如此，則《傳》文當作「生子般焉。謣媾于梁氏女，公子觀之。」較之前説，此處文句更覺不可卒讀，顯見其誤。

另案：趙生群先生論及《左傳》、《史記》有關記載，認為《史記》文字多有訛誤。趙先生云：

> 此處（引者案：指《史記・魯世家》）記載，約《左傳》之文而有脱漏，有衍文，且有訛誤，幾於不可卒讀。言「般長，説梁氏女，往觀，圉人犖自牆外與梁氏女戲」，言辭累贅，扞格難通。若如《史記》所載，則但言「了雖説梁氏女，而圉人犖與之戲」可矣。《史記》脱「雩」，又誤「謣」為「説」，遂使「往觀」、「自牆外與之戲」無所依記而突兀不倫。……子、孫、兄、弟皆為男女通稱。諸侯之女，稱「女公子」，含義較「公子」更為明晰，不必以其少見而疑之。于鬯曰：「『女』字蓋衍文。」實誤。[32]

查《史記・魯世家》所述，雖與《左傳》略異，文意則尚清晰，似不如趙先生所言般「扞格難通」、「突兀不倫」。惟趙先生謂《左傳》「女公子」一語含

---

31 「雩」、「長」諸古文字形，採自香港中文大學人文電算研究中心「漢語多功能字庫」（http://humanum.arts.cuhk.edu.hk/Lexis/lexi-mf/）。

32 趙生群：《左傳疑義新證》，頁 63-64。

義明晰，不必因少見而置疑，則明顯較于邑以「女」字為衍文之說有理。

四、是服也狂，夫阻之曰，盡敵而反（閔二年《傳》）

于氏云：

　　邑案：此當讀「狂」字句，謂是服狂服也。狂，不正也。揚雄《太玄》蜀范望《集解》云：「不正稱狂。」是也。狂服者，不正之服也。「夫阻之曰」句，「夫」語辭，「阻」當讀為「詛」。《國語·晉語》韋解此頗可節取，云：「阻，古詛字。將服是衣，必先詛之。」是固讀「阻」為「詛」。惟「詛」「阻」自兩字，謂讀「阻」為「詛」則可，謂「阻」古「詛」字，則誤為同字，措語可商耳。「夫詛之曰」者，即是將服是衣而詛之，謂晉侯以偏衣服大子時而詛之也。「盡敵而反」即是其詛之辭也。杜解訓阻為疑，言雖狂夫猶知有疑，則失之迂曲，由誤以「狂夫」二字連讀，以「狂夫阻之」為句，句義不可得而解矣。韋氏讀「阻」字良得，而亦以彼文「狂夫」二字連讀，則其說雖可取，而其義亦非。彼文云「且是衣也，狂夫阻之衣也」，其言曰「盡敵而反」，以「狂夫阻之衣也」六字為句，引《周禮》方相氏為說，不亦遠乎！且與「盡敵而反」語皆不能接筍，不知彼文亦以「狂」字為句，「夫」亦語辭，「夫阻之衣也」，其言曰者亦正謂晉侯以偏衣服大子時而詛之也。自來讀此文者，皆誤孔義引服虔說，訓「阻」為「止」，亦以方相氏為說，尤為無當。[33]

案：閔公二年《左傳》：「晉侯使大子申生伐東山皋落氏。……大子帥師，公衣之偏衣，佩之金玦。……先丹木曰：『是服也，狂夫阻之。曰：「盡敵而

33　于邑：《香草校書》卷 38，頁 762。

反。」敵可盡乎？雖盡敵，猶有內讒，不如違之。』」杜預《注》云：「阻，疑也。言雖狂夫猶知有疑。」[34] 先丹木之言，于鬯謂應於「狂」字斷句，讀如「是服也狂。夫阻之曰：『盡敵而反。』」謂「狂服」為「不正之服」，以「夫」為語辭，「阻」從《國語》韋昭（204-273）《注》讀為「詛」，「盡敵而反」則乃晉獻公以偏衣服太子申生時詛咒之語云云。《說文·犬部》：「狂，狾犬也。」段玉裁（1735-1815）《注》云：「叚借之為人病之偁。」[35] 故「狂」於古籍皆見用於人或動物，卻不聞用於衣服。[36] 于氏據范望《太玄注》「不正稱狂」之語，以「狂」屬衣服，實於義難通。

　　至於「阻」究何義，古今注家之說不一。韋昭《國語解》云：「阻，古『詛』字。將服是衣，必先詛之。」[37] 案《國語·晉語一》載此事，以先丹木所言為僕人贊之語，而作「且是衣也，狂夫阻之衣也。其言曰：『盡敵而反。』」[38] 文字與《左傳》稍有出入，韋昭《注》語，亦未必合乎《左傳》文意。且按上文所論，《傳》文不當以「狂」字斷句，則于氏所謂「夫詛之曰」即「晉侯以偏衣服大子時而詛之」、「盡敵而反」即晉侯詛辭云云，自皆不能成立。服虔云：「阻，止也。……止此服，言君與大子以狂夫所止之服衣之。」[39] 竹添光鴻云：「阻者，怪怖而辟易之意。」[40] 章炳麟（1869-1936）則本服虔所訓「止」義，謂：「止猶箸也，謂箸衣也。『是服也，狂夫阻之』，言『是服也，狂夫箸之』也。」[41] 章氏以「止」、「箸」輾轉互訓，釋「止」為「箸」，意謂「箸衣也」，似較諸說為優。楊伯峻先生《春秋左傳注》云：「《爾雅·釋詁》：

34　見《春秋左傳正義》卷 11，《十三經注疏（整理本）》，頁 358 上 -360 上。
35　段玉裁：《說文解字注》（上海：上海古籍出版社，1988 年第 2 版），頁 476 下。
36　「狂」字古訓可參宗福邦、陳世鐃、蕭海波主編：《故訓匯纂》，頁 1412-1413。
37　上海師範大學古籍整理研究所校點：《國語》（上海：上海古籍出版社，1998 年）卷 7，頁 279。
38　上海師範大學古籍整理研究所校點：《國語》卷 7，頁 277-278。
39　見《春秋左傳正義》卷 11，《十三經注疏（整理本）》，頁 361 下。
40　竹添光鴻：《左氏會箋》，第四，頁 24。
41　章炳麟：《春秋左傳讀》，上海人民出版社編、姜義華點校：《章太炎全集》（上海：上海人民出版社，2014 年），頁 212。

『阻，難也。』狂夫阻之，謂狂夫亦難穿之。……阻之猶言著之，説詳《左傳讀》。」[42] 是亦同意章氏之説，而更進一層。

「狂」既不與「皐服也」連讀，則應與下字讀成「狂夫」。趙生群先生謂「『狂夫』指愚夫、愚人，並非指瘋狂之人」，蓋「『狂』訓『癡』，引申之則有『愚』意」。[43] 案《尚書·多方》「惟聖罔念作狂」孔穎達《疏》云：「狂者，下愚之稱。」[44]《詩·鄭風·山有扶蘇》「乃見狂且」孔《疏》云：「狂者，狂愚之人。」[45]《論語·陽貨》「其蔽也狂」邢昺（932-1010）《疏》云：「狂猶妄也。」[46] 是「狂」有「愚」、「愚妄」之意。以「愚夫」訓「狂夫」，亦當最合《傳》意。

五、夷吾不能守，盟而行（僖六年《傳》）

于氏云：

> 邑案：此盟字殊不可解。既不能守而行，與誰盟乎？與其徒則不必盟，且不得但著一盟字。若賈華，則伐屈者也，尤不當盟。上年《傳》云：「寺人披伐蒲，重耳踰垣而走，披斬其袪。」屈之華猶蒲之披也。夷吾奔，華不能斬已矣，焉有盟理乎？如謂賈華私於夷吾，則又不至於使不能守矣。又九年《傳》云：「齊隰朋帥師會秦師納晉惠公。秦伯謂郤芮曰：『公子誰恃？』對曰：『臣聞亡人無黨。』」孔義云：「秦伯問公子於晉國之臣，倚恃誰為內主也，對言夷吾無黨。」惟無盟，故無黨，若此

42　楊伯峻：《春秋左傳注》（修訂本），頁 271-272。

43　趙生群：《左傳疑義新證》，頁 69-70。

44　見《尚書正義》卷 17，《十三經注疏（整理本）》（北京：北京大學出版社，2000年），頁 543 下。

45　見《毛詩正義》卷 4，《十三經注疏（整理本）》（北京：北京大學出版社，2000年），頁 352 下。

46　見《論語注疏》卷 17，《十三經注疏（整理本）》（北京：北京大學出版社，2000年），頁 269 下。

時盟而行,則與盟者即其黨矣,何云無黨乎?反復其義,無一可通。疑「盟而行」三字直為衍文。且下文言「將奔狄」,則行義已見也。杜解云:「非不欲校,力不能守,言不如重耳之賢。」但釋「夷吾不能守」,而絕不及「盟而行」義,豈亦不能為説與?抑其所見本尚未衍此三字也?不然,則盟字必誤。[47]

案:僖公六年《左傳》:「六年春,晉侯使賈華伐屈。夷吾不能守,盟而行。」[48] 于鬯疑「盟而行」三字衍,或「盟」字有誤,原因有四:一、若與夷吾者乃其徒眾,則不必盟;二、若與盟者乃賈華,然賈華實伐屈者,致夷吾出走,必無與其盟之理;三、若謂賈華私於夷吾而盟,則不至使夷吾不能守而行;四、僖公九年《左傳》載郤芮謂夷吾無黨,可知此時無人與之盟,否則盟即有黨。考第二、三點皆以賈華為與夷吾盟者,此於文義而言絕無是理,可置之不論。(僖公十一年《左傳》載晉惠公夷吾「遂殺丕鄭、祁舉及七輿大夫,左行共華、右行賈華、叔堅、騅歂、纍虎、特宮、山祁,皆里、丕之黨也。」[49] 賈華在被殺之列,亦可見僖公六年未嘗與夷吾盟。)第四點據僖公九年《傳》文載郤芮答秦穆公「亡人無黨」之語,推斷夷吾於僖公六年末與人盟。案僖公九年《左傳》續云:「公謂公孫枝曰『夷吾其定乎?』對曰:『臣聞之,唯則定國。……今其言多忌克,難哉!』」[50] 吳闓生(1878-1949)《文史甄微》云:「是時眾望在重耳,不在夷吾,故重賂以求入。秦伯知其無援,特立而用之,故有誰懟之問。郤芮亦明知其不及重耳,而強為之詞,故曰詞多忌克也。」[51] 正説明郤芮答語乃欲使秦伯助夷吾入晉,其説並不足信。于鬯據郤芮之語,推論夷吾於出亡時未與人盟,亦自難成立。

　　于氏疑「盟而行」乃衍文之第一原因,乃夷吾不必與其徒盟。惟夷吾因

47　于鬯:《香草校書》卷 38,頁 767-768。
48　見《春秋左傳正義》卷 13,《十三經注疏(整理本)》,頁 398 上 -398 下。
49　見《春秋左傳正義》卷 13,《十三經注疏(整理本)》,頁 417 下 -418 上。
50　見《春秋左傳正義》卷 13,《十三經注疏(整理本)》,頁 413 上 -413 下。
51　引自楊伯峻:《春秋左傳注》(修訂本),頁 331。

不敵賈華而出亡，臨行前與屈人盟，以期屈人日後助己，實乃符合其人性格之舉。竹添光鴻因謂夷吾與屈人盟，欲其「必不背己而去」[52]；楊伯峻先生《春秋左傳注》亦謂夷吾「與屈人盟，約其以後相助」[53]，皆屬此意。案僖公五年《左傳》載：「及難，公使寺人披伐蒲。重耳曰：『君父之命不校。』乃徇曰：『校者，吾讎也。』踰垣而走。」[54] 重耳對待居地徒眾之心態，及蒲人忠於重耳之情，恰與夷吾、屈人關係形成一鮮明對比，是亦可見夷吾因不能守而與屈人盟，當符合《傳》意。于鬯疑「盟」字有誤，甚或「盟而行」三字衍，其說實不足據。

　　沈玉成（1932-1995）、劉寧二先生《春秋左傳學史稿》，對于氏《香草校書》推崇備至，謂「其校勘成就很高，具有鮮明的理校特色，考證方法接近王引之，而立論的大膽又在其上」，又謂「于鬯的考證方法自然會受到一般考據家的責難。但是，他的意見雖然常常缺乏必要的證據，卻言之成理，頗有啟發意義，比之那些拘守於文獻故紙、因循固守的章句小儒，其對經傳研究的貢獻要大得多。」[55] 綜合本文所論，于氏校理《左傳》，獨到之見既多，亦偶因疏於考證而致立論不無可商之處。張壽林謂《香草校書》「終不失為瑕不掩瑜之作焉」，實為確論。

52　竹添光鴻：《左氏會箋》，第四，頁 73。

53　楊伯峻：《春秋左傳注》（修訂本），頁 313。

54　見《春秋左傳正義》卷 12，《十三經注疏（整理本）》，頁 390 下。

55　沈玉成、劉寧：《春秋左傳學史稿》（南京：江蘇古籍出版社，1992 年），頁 301-302。

比事屬辭與中國敘事傳統

張高評

浙江越秀外國語學院中文學院

抒情，為中國文學的傳統；二十世紀以來，自陳世驤、高友工到王德威諸家，不斷演繹這個命題，幾乎成為常言。迨上海大學董乃斌主編《中國文學敘事傳統研究》專書，[1] 標榜敘事，持與抒情並立，認為可以平分中國文學之傳統。於是兩岸學者紛紛響應，申請研究計畫者有之，指導學位論文者有之，著成專書者有之。一時沸沸揚揚，大有風起雲湧之態勢。

綜觀其研究路數，大抵多借鑑西方敘事學與小說敘事學之元素，關注情節之推動，形象之塑造，對話之穿插，觀點之提示，主題之凸顯，基本上延續王靖宇《中國早期敘事文論集》[2]（後改名《中國早期敘事文研究》）之薪火，更張不多，變易不大。其他，楊義著《中國敘事學》；傅修延亦著《先秦敘事研究——關於中國敘事傳統的形成》、《中國敘事學》等書。[3] 雖宣稱「傳統」，取名「中國」，亦純就研究文本而言。細考其研究方法與詮釋策略，與西方之敘事學（narratology）、敘事研究並無二致。

中國敘事學，有源遠流長之敘事傳統，有門類豐富之敘事作品，以及自

---

1 董乃斌主編：《中國文學敘事傳統研究》（北京：中華書局，2012 年），導論《抒情傳統與敘事傳統的並存互動》，頁 12-19。

2 王靖宇：《中國早期敘事文論集》（臺北：中央研究院中國文哲研究所籌備處，1999 年），一、《中國敘事文的特性——方法論初探》，頁 6-21。

3 楊義：《中國敘事學》（北京：人民出版社，1997 年）；傅修延：《先秦敘事研究——關於中國敘事傳統的形成》（北京：東方出版社，1999 年），第五章第三節〈《春秋》記事與立法〉，頁 178、182、185；傅修延：《中國敘事學》（北京：北京大學出版社，2015 年），《導論：從西方敘事學到中國敘事學》，頁 1-37。

成體系之敍事理論。舉凡中國古典小說之研究者,皆知史傳敍事為志怪、傳奇、變文、話本、元明清小說之源頭;[4] 然古典小說如何接受史傳、如何反應為敍事?卻未嘗細考深論。除正史紀傳外,漢魏六朝樂府詩、志怪之敍事、隋唐兩宋之敍事歌行、碑傳記傳、傳奇、變文、話本,乃至於元明清之小說、戲曲,要皆不離敍事,或敍事文學之範疇,皆為中國敍事傳統之分支與流裔。[5] 然學界於此,多如斷港絕流,拔本塞源,未作追本溯源之探論,不無遺憾。

最近,筆者研究興趣轉向《春秋》經典詮釋學,始悟「屬辭比事」為上述課題之核心與津筏,可以縮合敍事、史學、古文,以及《春秋》書法而一之。《孟子‧離婁下》稱其事、其文、其義,為孔子作《春秋》之三元素。[6]《禮記‧經解》所謂「屬辭比事,《春秋》教」,[7] 堪稱破解系列議題之鎖匙與津筏。而破解系列議題的關鍵論述,即在清代章學誠(1738-1801)闡說的「《春秋》教」。雖然,章學誠《文史通義》並無所謂「《春秋》教」之篇目;然《文史通義》、《章氏遺書》不殫其煩闡說《春秋》教,筆者曾撰〈比事屬辭與章學誠之《春秋》教:史學、敍事、古文辭與《春秋》書法〉、〈屬辭比事與《春秋》之微辭隱義——以章學誠之《春秋》學為討論核心〉二文,[8] 論述其中原委,

---

4　陳平原:《中國小說敍事模式的轉變》(香港:中文大學出版社,2003 年),第七章〈「史傳」傳統與「詩騷」傳統〉,頁 189-214。

5　張高評策畫:「中國敍事學研究專輯」,《國文天地》第 33 卷第 5 期(總第 389 期,2017 年 10 月),《關於專輯》,頁 9。該期刊登兩岸三地學者 8 篇論文,除通論敍事傳統外,更研討《春秋》、《左傳》、《史記》、《三國志》、《文心雕龍》、中唐樂府詩之敍事傳統,頁 10-61。

6　〔戰國〕孟軻著,清焦循疏,沈文倬點校:《孟子正義》(北京:中華書局,1987、1996 年),卷十六《離婁下》,頁 574。

7　〔漢〕鄭玄注,〔唐〕孔穎達疏:《禮記注疏》,〔清〕阮元編:《十三經注疏》本(臺北:藝文印書館,1955 年),卷五〇《經解》:「屬辭比事,《春秋》教也者,屬,合也;比,近也。《春秋》聚合會同之辭,是屬辭;比次褒貶之事,是比事也。」頁 2(總頁 845)。

8　張高評:〈比事屬辭與章學誠之《春秋》教:史學、敍事、古文辭與《春秋》書法〉,國立中山大學《中山人文學報》第 36 期(2014 年 1 月),頁 31-58。張高評:〈屬辭比事與《春秋》之微辭隱義——以章學誠之《春秋》學為討論核心〉,《中國典籍與文化論叢》第 17 輯(2015 年 10 月),頁 152-180。

權作章氏「《春秋》教」之補白。細讀章學誠之學說，已為中國敘事傳統尋
獲一重要之學理依據。

一、《春秋》，為中國傳統敘事學的源頭

中國傳統敘事學之源頭，當推《春秋》。蓋古春秋記事成法，為「爰始
要終，本末悉昭」，[9] 孔子作《春秋》，就此筆削去取、因革損益，遂為自成一
家之歷史哲學。《春秋》有筆有削，故敘事往往史外傳心，致游、夏之徒不能
贊一辭；惟藉事之比、辭之屬可以推求書法。

自《左傳》、《史記》以降，歷代多視《春秋》為歷史性敘事之楷模，奉
《春秋》書法（或稱筆法）為經學敘事之法度，隱然自成一套具體可行之敘
事規則，可以用來衡量文學性敘事之標準。左丘明著《左傳》，以歷史敘事
解說聖人之《春秋》，有所謂「微而顯，志而晦，婉而成章，盡而不汙，懲
惡而勸善」五例；[10] 或先經以始事、或後經以終義、或依經以辯理、或錯經以
合異，先後措置，順理成章，敘事義法粲然大備。[11] 司馬遷著《史記》，以孔
子《春秋》為典範，敘事傳人多有得於「推見至隱」之《春秋》書法，[12] 以及

---

9 劉師培：《劉申叔先生遺書》（臺北：華世出版社，1975 年），第三冊，《左盦集》卷
二《古春秋記事成法攷》，頁 1（總頁 1445）。

10 〔周〕左丘明傳，〔晉〕杜預注〔唐〕孔穎達疏：《春秋左傳注疏》，〔清〕阮元：《十
三經注疏》本（臺北：藝文印書館，1955 年），「微而顯，志而晦，婉而成章，盡而
不汙，懲惡而勸善」五例。

11 〔清〕劉熙載：《藝概》（上海：上海古籍出版社，1978 年），卷一《文概》：「馬遷之
史，與《左氏》一揆。」《左氏》「先經以始事」、「後經以終義」、「依經以辯理」、
「錯經以合異」；在馬則「夾敘夾議，於諸法已不移而具。」頁 11〔晉〕杜預：《春
秋經傳集解序》，頁 18（總頁 11）〔清〕劉熙載著，徐中玉、蕭華榮校點：《劉熙
載論藝六種》（成都：巴蜀書社，1990 年），《藝概卷一・文概》「《左氏》釋經有此
五體，其實《左氏》敘事，亦處處皆本此意」，頁 40、43。

12 〔漢〕司馬遷著，〔日〕瀧川資言考證：《史記會注考證》（臺北：大安出版社，2011
年），卷一七《司馬相如列傳》「太史公曰」，頁 105（總頁 1264）。

《左傳》屬辭比事、詳略重輕、虛實互見諸書法義法，於是蔚為史傳文學之淵藪，敍事文學之星宿海。由此觀之，論說中國敍事學，推本溯源，當優先考察《春秋》、《左傳》，以及《史記》三部經典，[13] 所謂本立而道生，然後以之盈科而後進，較容易事半而功倍。

在章學誠看來，孔子所作《春秋》，不止是微辭隱義書法之所寄，也是中國史學的源頭、敍事藝術的淵藪，更是古文義法的濫觴。而書法、史學、敍事、古文四者，有一共同的交集，就是屬辭比事《春秋》教之體現。因此，研討上述四大課題，精準掌握「屬辭比事」之妙法，則思過半矣。有關這方面的論述，章學誠是這樣說的：

> 古人著述，必以史學為歸。蓋文辭以敍事為難。……然古文必推敍事，敍事實出史學，其源本於《春秋》比事屬辭。[14]

> 敍事之文，出於《春秋》比事屬辭之教也。……（歐陽脩）於《春秋》，馬、班諸家相傳所謂「比事屬辭」宗旨，則概未聞也。[15]

> 史家敍述之文，本於《春秋》比事屬辭之教。自陳（壽）、范（曄）以上，不失師傳。[16]

> 比事屬辭，《春秋》教也。必具紀傳史才，乃可言古文辭。[17]

《禮記》稱屬辭比事，章學誠變易為比事屬辭，較切合歷史編纂學、文章義法之操作程序。《文史通義》與《章氏遺書》闡說《春秋》教，一篇之中三致其意：分別列舉敍事之文、馬班相傳、史家敍述、紀傳史才，以為皆與比事屬

13　張高評：〈《春秋》《左傳》《史記》與敍事傳統〉，《國文天地》第 33 卷第 5 期（總第 389 期，2017 年 10 月），頁 16-24。

14　〔清〕章學誠：《文史通義》（香港：太平書局，1973 年），補遺《上朱大司馬論文》，頁 345

15　同上注，外篇三《與汪龍莊書》，頁 299-300。

16　〔清〕章學誠：《章氏遺書》，影印劉氏嘉業堂刊本（臺北：漢聲出版社，1973 年），《外編》，卷一《信摭》，頁三七下（總頁 836）

17　同上注，頁二六下（總頁 831）。

辭之《春秋》教密切相關。於是總括其義，曰：「古文必推敘事，敘事實出史學，其源本於《春秋》比事屬辭」。史學、敘事、古文，固皆源本於《春秋》比事屬辭。為問：《春秋》比事屬辭，如何又與上述三者相關？章學誠《文史通義·答客問上》所云，可以見其端倪：

> 史之大原本乎《春秋》，《春秋》之義昭乎筆削。筆削之義，不僅事具始末，文成規矩已也；以夫子義則竊取之旨觀之，……必有詳人之所略，異人之所同，重人之所輕，而忽人之所謹，……而後微茫杪忽之際，有以獨斷於一心，……此家學之所以可貴也。[18]

章學誠為清朝乾嘉時期卓越之文史評論大家，所著《文史通義》雖未有專篇論說「《春秋》教」，惟雜然散落諸篇，猶餘霞散成綺；集腋聚沙，亦可以成裘成塔。章氏論《春秋》之特質，剖析孔子筆削與《春秋》指義表達之關係，〈答客問上〉揭示極為明白。章學誠論《春秋》，強調五個重點：其一，《春秋》之義昭乎筆削；其二，筆削之義，雖然微茫杪忽，但可藉「具始末」之史事，「成規矩」之辭文表出；其三，詳略、異同、重輕、忽謹等之互見互顯，是「獨斷於一心」指義的外在書法；其四，具事、成文、指義衍生諸多流派，皆歸本於史學；其五，《春秋》獨斷，為一家之學；至於史之大原，則本乎《春秋》。可見《春秋》雖為別識心裁之歷史哲學，自成一家，然自有其敘事之法度，敘事之規則，可用以衡量書法、史學與敘事之標準。

（一）《春秋》之義，昭乎筆削

依劉師培之見，「爰始要終，本末悉昭」，為古春秋記事之成法。清趙翼（1727-1814）《陔餘叢考》論孔子修《春秋》亦云：「當時國史其文法大概本與《春秋》相似，孔子特酌易數字以寓褒貶耳。」且謂「孔子刪定《春秋》

---

18 〔清〕章學誠：《文史通義》，內篇四《答客問上》，頁 138。

之處」、「聖人改削之蹟」，即世所謂筆削者。[19] 由於《春秋》推見至隱，朱熹說：其中之微辭隱義「都不說破」，其義見諸言外。[20] 因此，孔子獨斷於一心之指義，遂曖而不明，鬱而不彰。縱然是孔門高足如子夏子游之長於文學，對於孔子「筆則筆，削則削」之《春秋》，亦不能贊一辭。

孔子參考魯史記，作成一萬六千餘言之《春秋》，過程必有筆削去取、修飾潤色。其編著原則，誠如東晉徐邈（344-397）《穀梁傳》注（清馬國翰所輯）所云：「事仍本史，而辭有損益」。[21] 孔子據魯史記纂修《春秋》，孟軻（？372-289B.C.）《孟子·離婁上》稱為「作」，且提示作成之《春秋》，包含其事、其文、其義三大元素。其事、其文與其義的創造性會通化成，《春秋》蔚為一部歷史哲學，而不再止是歷史。《春秋》這部歷史哲學經由筆削，指義遂「推見至隱」。如何求得筆削之義？是《春秋》學的重要課題。章學誠提示：筆削之義，體現在「事具始末，文成規矩」二大方面。換言之，探究其事其文、考察比事屬辭，即器求道，當可以有成。

歷史之發展，有漸無頓，所謂「履霜堅冰至，非一朝一夕之故」；劉師培稱古春秋記事成法，為「爰始要終，本末悉昭」，職此之故。惟孔子作《春秋》，體則編年，相關事蹟散漶不連貫。於是讀《春秋》，治《春秋》因應此一特色，利用比事屬辭書法，充分發揮系統思維，遂足以破解《春秋》之微辭隱義。破解之關鍵，在筆削指義之掌握；而憑藉「具始末」之史事，「成規矩」之辭文，可以體現《春秋》筆削之義，破解「都不說破」之「言外之義」。清孔廣森《春秋公羊通義》稱：「辭不屬不明，事不比不章」，[22] 因此事具始末，文成規矩，然後《春秋》之指義可以考索求得。而欲考求具始末之事，成規

19　〔清〕趙翼：《陔餘叢考》（臺北：世界書局，1970 年），卷二《春秋底本》，頁十一上。

20　〔宋〕黎靖德編，王星賢點校：《朱子語類》（北京：中華書局，1986 年），卷八三《春秋綱領》，頁 2149、2153。

21　〔清〕馬國翰：《玉函山房輯佚書》（揚州：廣陵書社，2004 年），經編·春秋類，晉徐邈：《春秋穀梁傳注義》，頁 1408。

22　〔清〕孔廣森：《春秋公羊通義》，輯入〔清〕阮元編：《皇清經解》（臺北：復興書局，1972 年），卷六九）一《春秋公羊經傳通義敍》，頁 7（總頁 9293）。

矩之文，若不運用屬辭比事之《春秋》書法，則不足以解讀與詮釋。

（二）筆削之義，藉具事、成文以表述

  《春秋》書法，探討「如何書」之法，與「何以書」之義。義，不憑空存有，實藉法以表出。換言之，為免徒託空言，「義」往往見諸行事。義因法見，「何以書」往往仰賴「如何書」傳達表述，猶即器求道，藉形傳神，因象見意。在形式技巧方面，「如何書」之《春秋》書法多方，如有無、詳略、異同、重輕、晦明、直曲、虛實、前後、偏全等等，要皆相反相對，而又相輔相成，如筆削、去取、因革、損益一般，運用屬辭比事之系統思維，可以「互發其蘊，互顯其義」。[23] 凡此，皆所謂「如何書」之法；憑藉「法」，可以考求「何以書」之「義」。二者合觀，即所謂「義法」。清朝方苞（1668-1749）著《春秋通論》、《春秋直解》，倡導古文義法，於是會通書法與文法而一之。[24]

  方氏說解《春秋》，固持比事屬辭之法；其論史學、敘事、古文，亦強調《春秋》「如何書」之法。一則曰「古人敘事，或順或逆，或前或後，皆義之不得不然」；再則曰「（《漢書‧霍光傳》）其詳略、虛實、措注，各有義法如此」；三則曰「記事之文，惟《左傳》《史記》各有義法。一篇之中，脈相灌輸，而不可增損。然其前後相應，或隱或顯，或偏或全，變化隨宜，不主一道」。上文所謂順逆、前後、詳略、虛實、隱顯、偏全之類，皆通全經而觀之，彼此烘托映襯，遂可以互發其蘊，互顯其義。書法、敘事、史學、古文辭，多以「如何書」推求「何以書」，朱子所謂：「以形而下者，說上那形而上者去」。[25] 論其要歸，多宗本於《春秋》之屬辭比事。

  近三年來，筆者致力於《春秋》經典詮釋之研究，聚焦於《春秋》指義

---

23 〔元〕趙汸：《春秋屬辭》，〔清〕納蘭成德編：《通志堂經解》本（臺北：大通書局，1970 年），卷八《假筆削以行權第二》，頁 1-2（總頁 14801）。

24 張高評：《比事屬辭與方苞論古文義法：以《文集》之讀史、序跋為核心》，《中國文化研究所學報》第 60 期（2015 年 1 月），頁 225-260。張高評：《比事屬辭與古文義法：方苞「經術兼文章」考論》（臺北：新文豐出版公司，2016 年），頁 1-556。

25 〔清〕黎靖德編，王星賢點校：《朱子語類》，卷六七《易》三《綱領下》，頁 1673。

之考求，知其方法有四：或以筆削示義，或以比事觀義，或以屬辭顯義，或以疏通知遠，探究終始而見言外之義，此之謂史外傳心。蓋魯史《春秋》無義，孔子《春秋》有義；所謂「義」，猶別識心裁，出於獨斷，成一家之言。故余英時稱《春秋》為歷史哲學，並非只是信史實錄。晚清《公羊》學者皮錫瑞（1850-1908）視《春秋》為「借事明義」之作，[26] 實有見而言然。

（三）史之大原，本乎《春秋》

孔子筆削魯史，作成《春秋》；史為經之所出，了無疑問。魯史《春秋》必有修纂體例，必有記事成法，孔子筆削魯史之際，必有一定質量之薪傳與接受，隱然化成而體現於聖人《春秋》之中。章學誠所謂「事具始末，文成規矩」者，即其中之一端，故論《春秋》之義曰「不僅」，涵蓋兼容可知。

《左傳》以歷史敍事解說《春秋》，杜預《春秋集解》拈出其解經法式，或先經、後經，或依經、錯經，開啟《史記》敍事無數法門。司馬遷《史記》，折衷於六藝，以《春秋》書法為史法；李晚芳《讀史管見》稱：司馬遷作《史記》，「自成一家，而屬辭比事亦深得《春秋》大意。」[27] 孫德謙《太史公書義法》以為「史書之屬辭比事，誠用《春秋》之法。」[28] 屬辭比事之《春秋》法，體現於《史記》敍事者，筆削去取化為詳略輕重，最為普遍而昭著。而詳略輕重之斟酌商量，則是孔子「竊取之義」轉換為馬遷史傳著述之指趣。試比較《史記》附見鄘通語於〈淮陰侯列傳〉，而屬辭比事、前後、詳略、重輕互見法之運用，亦由此可見。章學誠〈答客問上〉論「《春秋》之義，昭乎筆削」；移此說以考察《史記》傳韓信，《春秋》法之重輕、詳略、異同、忽謹，一一為司馬遷所運用，以昭明「淮陰之心乎為漢」之史義。

---

26 〔清〕皮錫瑞：《經學通論》（北京：中華書局，1954 年），頁 21-22。
27 李晚芳：《讀史管見·讀史摘微》，轉引自楊燕起、陳可青、賴長揚編：《歷代名家評史記》（北京：北京師範大學出版社，1986 年），頁 32。
28 孫德謙：《太史公書義法》（臺北：臺灣中華書局，1969 年），卷下《比事》，頁三七上至三九上（總頁 102-104）。

《春秋》一書，為史之大原；而「古人著述，必以史學為歸」，章學誠如是說。孔子《春秋》之書法，胎源於魯史筆法，《左傳》《史記》於自家史筆外，又繼承魯史與《春秋》之史筆與書法，其後濡染多方，影響深遠，章學誠謂：「傳述文字，全是史裁，法度謹嚴，乃本《春秋》家學」；又云：「古文必推敘事，敘事實出史學，其源本於《春秋》比事屬辭。」由此觀之，學者欲考索《春秋》書法，研究史學傳述，探討敘事藝術，闡發古文義法，比事屬辭之《春秋》教，可作登堂之階梯，入室之金鎖匙。

二、敘事、書法、史學、古文與《春秋》之教

就中國傳統敘事學而言，所謂敘事，有經學敘事、歷史敘事、文學敘事之不同。《春秋》、《左傳》、《史記》，為中國傳統敘事學之三大經典寶鑑，對於後代歷史敘事或文學敘事之影響與接受，鉅大而深遠。所謂傳統，「是它屬於過去，卻不斷作用於現代」；「中國敘事傳統初步奠定於先秦時期，關鍵在於先秦敘事中的許多基本特點，為後人承傳不息」。[29] 歷史敘事表現十分明顯，文學性敘事亦不遑多讓。本文所論敘事學，冠以「中國傳統」，即凸顯上述意義，以及本土之主體性。以下分三大層面，進行多元論證。

（一）屬辭比事與《春秋》詮釋學

屬辭比事，或作比事屬辭，典出《禮記・經解》，以為具備《春秋》教之素養者，多專擅於此特異功能。何謂屬辭比事？諸家說解不一，唐孔穎達（574-648）《禮記注疏》云：「屬，合也；比，近也。《春秋》聚合會同之辭，

29　傅修延：《中國敘事學》，第三章〈中國敘事傳統初露端倪於先秦時期〉，頁 69-74。
　　筆者據此歸納，先秦敘事提供後代之沃土有四：一、原生敘事；二、枝節故事；三、
　　敘事策略；四、形象塑造。

是屬辭；比次褒貶之事，是比事也。」[30] 堪稱經典訓釋，清儒説解，多從此化出。如姜炳璋《讀左補義》稱：「屬辭者，聚合其上下文之辭；比事者，連比其相類相反之事」；[31] 解詁最近鄭、孔二家。章學誠〈論文示貽選〉云：「夫比，則取其事之類也；屬，則取其言之接續也」；[32] 強調書法之取捨斟酌，自有發明之功。若論簡明切貫，則張應昌《春秋屬辭辨例編》之説：「聖經書法在聯屬其辭，排比其事，而義自見」。[33] 彼此參照，多可以相互發明。

綜合諸家之説解，闡釋「屬辭比事」之義界：凡載事之參伍懸遠者，必比次類及之；辭文之散渙橫梗者，宜統合連屬之，成為孔子作《春秋》之敍事法度。易言之，持宏觀之視野，用系統之思維，貫通全書而進行考察：連屬上下前後之文辭，類比、對比、比興相近相反之史事，合數十年積漸之時勢而通觀考索之，即可以求得《春秋》不説破之「言外之義」。簡言之，運用屬辭比事之法，主要目的在推求《春秋》之微辭隱義，時措從宜。因此，「惟義之求」，章學誠標舉為《春秋》之志業。

屬辭比事一詞，宋張洽，清張自超、方苞、章學誠、張應昌諸家或稱為「比事屬辭」，較切合書法形成之程序。就歷史編纂學而言，搜羅、取捨文獻史料，為著述之初步。大抵常事、合禮不書，異常、違禮乃書，此取捨史事之大凡。而其規矩準繩，則以「獨斷於一心」之指義為權衡、為斟酌，此即所謂筆削之道。待據以表述之文獻具備，比次排列相關史事方為可能。史事尨雜支離，不相統一，故必須如方苞義法所云：在「義以為經，而法緯之」之規範下，進行辭文之損益修飾。其方法，亦在著述指義之引導下，聚合、連綴上下、前後相關之文辭，以體現出孔子作《春秋》之微辭隱義。換言之，

---

30 〔漢〕鄭玄（注）、唐孔穎達（疏）：《禮記注疏》，阮刻《十三經注疏》本（臺北：藝文印書館，1955 年），卷五十《經解》，頁二上（總頁 845）。

31 〔清〕姜炳璋：《讀左補義》，影印同文堂刻本（臺北：文海出版社，1968 年），卷首《綱領下》，頁八下（總頁 106）。

32 〔清〕章學誠：《章氏遺書》，卷二九《論文示貽選》，頁七五下（總頁 752）。

33 〔清〕張應昌：《春秋屬辭辨例編》，《續修四庫全書》影印清同治十二年（1873）江蘇書局刻本（上海：上海古籍出版社，2002 年），卷首《進表》，總頁 1。

孔子據義以比事，即事而屬辭；後之解讀《春秋》者，遂據其事，憑其辭而得以觀其指義。作《春秋》如此，讀《春秋》、治《春秋》，以意逆志，自亦同此路數。所謂意在筆先，成竹在胸，「義以為經」云云，可以類比。因此，本文稱「屬辭比事」，蓋從俗；若稱「比事屬辭」，則從實。

《春秋》經典詮釋之法，漢唐以來，多主章句訓詁，以考據名物為宗，至中唐而有轉型之趨勢。啖助（724-770）、趙匡（？-770-？）輩，號稱以己意解經，不復因襲注疏，實則暗用屬辭比事之《春秋》教，並非無所依傍，師心亂談。趙宋開國，提倡儒學，經學呈現復興之態勢。由於宋型文化崇尚議論，追求創造，體現於《春秋》學之著述，遂變革訓詁考據為義理闡發。相較於漢唐之經典解讀法，宋儒雖未能忘情於章句考據之學，刊刻傳播漢唐注疏經傳，[34] 然更轉向義理學、性理學之闡發。

宋儒一方面博觀玩味漢唐注疏，一方面更自出議論，致力新異解經。兩者之間，存在不即不離，若即若離之關係。誠如《四庫全書總目》評邢昺《論語注疏》：「先有是《疏》，而後講學諸儒得沿溯以窺其奧。」[35]《孟子》所謂盈科而後進，深造而自得，即是宋儒經典詮釋之步驟與追求。《中庸》所謂「致廣大而盡精微」，朱熹之《詩集傳》、《四書集注》有之；宋儒孫復、程頤、劉敞、孫覺、葉夢得、胡安國諸家之詮釋《春秋》有之。經學詮釋之期待與據與義理兩端，正標識新平衡、新模式之尋覓與建構。無論義理或性理之經典詮釋，宋代《春秋》學之盡心致力，可謂創造性詮釋。而據以詮釋之利器，亦在屬辭比事之《春秋》教。宋儒創造性詮釋《春秋》，後世多受其影響，所謂宋學者是。影響所及，元、明、清諸家詮釋經典，多持屬辭比事之教以詮釋《春秋》。

34　傳世之宋刻經書，《左傳》注疏本有 27 種。《禮記》、《周禮》，各有 18 種、14 種。《尚書》、《周易》、《毛詩》之宋刻注疏本，亦有 10、8、8 種不等，可見印本傳媒之興盛，於閱讀、接受必有影響。詳參張麗娟：《宋代經書注疏刊刻研究》（北京：北京大學出版社，2013 年），頁 20-23；頁 410-413；頁 415-439。

35　〔清〕永瑢、紀昀等主纂：《四庫全書總目提要》（臺北：藝文印書館，1974 年），卷 25《論語正義》20 卷《提要》，頁 9（總頁 721）。

宋儒諸家詮釋解讀《春秋》之法，大多以經治經，間有以傳翼經者（如胡安國《春秋傳》），要皆以尋繹孔子作《春秋》之微辭隱義為依歸。綜觀其解經之方法，無論棄傳從經，或以傳翼經，大抵遵奉《禮記‧經解》「屬辭比事，《春秋》教也」為圭臬。或考察筆削，或排比史事，或連屬辭文，或探究終始，以之詮釋《春秋》，作為推求微言大義之要領與策略，此之謂經學敘事學。宋初詮釋《春秋》如此，推而至於宋元學者之詮釋《春秋》經典，乃至於明清之《春秋》詮釋學，亦多持「比事屬辭」之《春秋》教，以解讀《春秋》，發揮其中之微辭隱義。[36] 由此觀之，詮釋《春秋》經典，自有規矩準繩可循，清代漢學家指斥宋學之空疏臆斷，將可以豁免。

（二）史學敘事與比事屬辭

敘事，《周禮‧春官》、《周禮‧天官》、《說文解字》皆云：「敘，次第也。」清段玉裁（1735-1815）《注》：「次第謂之敘，經傳多假序為敘。」[37] 凡談吐行文涉及先後、次第者，其本字皆當作「敘」。故歷史或文學中，舉凡事件之次第作刻意措置安排，辭文之先後作巧妙調適設計者，皆得謂之「敘事」。敘事，不止於講說故事而已，其中尤重要者，當在史實安排之次第，辭文調適之先後。次第之安排，先後之調適，即是敘事的核心；如何作最佳之安排與調適，即是敘事之能事。清方苞說義法稱：「古人敘事，或順或逆，或前或後，皆義之不得不然。」順逆、前後云云，即是「言有序」之法。黃慶萱教授以「表意方法之調整，優美形式之設計」論修辭學，今借用其言以說敘事，堪稱恰當。

《史記‧十二諸侯年表序》稱孔子次《春秋》：「約其辭文，去其煩重，以

36 張高評：〈比事屬辭與明清《春秋》詮釋學〉，國立高雄師大經學所《經學研究集刊》第 20 期（2016 年 5 月），頁 17-52；張高評：〈比屬觀義與宋元《春秋》詮釋學〉，上海交通大學《經學文獻研究集刊》第 15 輯（2016 年 6 月），頁 81-114。

37 〔漢〕許慎（撰）、〔清〕段玉裁（注）：《說文解字注》，影印經韵樓藏版（臺北：洪葉文化事業公司，1998 年），三篇下《攴部》，「敘」字，頁四十上（總頁 127）；九篇下《广部》，「序」字，頁十四上（總頁 448）。

制義法」。[38] 辭文之約飾，史事之去取，自是義法制作之所據依，不唯史事、史義待文采以明，文采、史義亦待史事而後有憑依；史義之微茫恍忽，更有待史事之排比、辭文之修飾，方足以考索而得。舉凡以史學見長之史家與優質之史著，無不本於《春秋》，深於《春秋》。若以屬辭比事之書法解讀《左傳》、《史記》、《漢書》，持《春秋》書法詮釋《三國志》、《新五代史》、《資治通鑑》、《通鑑綱目》，料皆有此成效。

《左傳》以歷史敘事解說《春秋》，事具本末終始，「因以求義，《經》文可知」；以史翼經，其功足多。唐劉知幾（661-721）《史通》稱：「國史之美者，以敘事為上；而敘事之工者，以簡要為主。……然則文約而事豐，此述作之尤美者也。」[39] 拈出「文約事豐」作為敘事精工美妙之極致，看似其文與其事並列，實則側重其文之鍛煉而已。考察《史通》〈六家〉、〈敘事〉、〈申左〉、〈惑經〉、〈模擬〉、〈言語〉、〈雜說上〉諸什，多以《左傳》作為敘事之典範，其所標榜，多在言語修辭方面。如謂：「《左氏》為書，敘事之最」；稱揚《左傳》敘事之妙，在尚簡用晦，省字約文：

> 丘明受《經》，師範尼父。夫《經》以數字包義，而《傳》以一句成言；雖繁約有殊，而隱晦無異。故其綱紀而言邦俗也，則有士會為政，晉國之盜奔秦；邢遷如歸，衛國忘亡。其款曲而言人事也，則有犀革裹之，比及宋，手足皆見；三軍之士，皆如挾纊。斯皆言近而旨遠，辭淺而義深。雖發語已殫，而含義未盡。使夫讀者望表而知裏，捫毛而辨骨，覩一事於句中，反三隅於字外。晦之時義，不亦大哉！[40]

史以敘事為重，然事之表述若捨文辭則難為功。故《春秋》書法，以辭文為

---

38 〔漢〕司馬遷（撰）、〔日〕瀧川資言（考證）、水澤利忠（校補）：《史記會注考證附校補》（上海：上海古籍出版社，1986年），卷十四〈十二諸侯年表序〉，頁 6（總頁 352）。

39 〔唐〕劉知幾撰，〔清〕浦起龍釋：《史通通釋》（臺北：里仁書局，1980年），卷六《敘事》，頁 168。

40 同上注，卷六《敘事》，頁 173-174。

主，《左傳》示《春秋》五例，前四者涉及修辭；《公羊傳》、《穀梁傳》言書法，亦以屬辭為重。是以劉知幾《史通》論敍事，標榜尚簡，用晦，亦偏重「如何書」之修辭。《史通・敍事》說《左傳》敍事長於用晦，點明「字句」之修辭效應。進而論說用晦之道，謂略存、重輕，乃筆削去取、重輕詳略間，互發其蘊，互顯其義之《春秋》書法；謂一言、片語云云，亦文章修辭、書法屬辭之倫。其他，要皆綴文之工夫，屬辭之能事。由此觀之，劉知幾說敍事，偏重文章之修辭。換言之，事之比、辭之屬，構成敍事之要件；二者之中，仍以辭文之修飾為要。經學敍事、史學敍事之偏重言語修辭，所從來久矣。

　　情節之推動，形象之塑造，對話之穿插，觀點之提示，主題之凸顯，最為西方敍事學所提倡，而為近一世紀以來兩岸三地學者研究小說、戲劇，甚至史傳之所借鏡運用。一切涉及故事之演述，都關係次第之巧妙安排，先後之合宜調適。此種敍事策略，較諸傳統中國敍事學，有同有異。其最大不同，在於中國傳統敍事學，濫觴於《春秋》之記事，根本於《春秋》筆削之義在言外，體現為比事屬辭之書法，而轉化為史學、敍事、古文之支派與流裔。章學誠曾言：「敍事之文，出於《春秋》比事屬辭之教」；又謂：「敍事之文，比事屬辭，《春秋》教也」；「敍事之文，莫備於《左》、《史》」；「故學敍事之文，未有不宗《左》、《史》」；推崇《左傳》、《史記》之敍事藝術，以為乃敍事文學之宗師。前此，方苞評點《左傳》、《史記》，早有相似之論：一則曰「記事之文，惟《左傳》《史記》各有義法」；[41] 再則曰「序事之文，義法莫備於《左》《史》」；[42] 三則曰「（古文）義法最精者，莫如《左傳》、《史記》」。[43] 四則曰：「左氏精於義法，非漢唐作者所能望」；五則曰：「《左傳》

41　〔清〕方苞：《望溪先生文集》，《書五代史安重誨傳後》，頁二四下（總頁 42）。

42　〔清〕方苞：《望溪先生集外文》，卷四《古文約選序例》，頁十三下（總頁 310）、十五下至十六上（總頁 311）。

43　同上，《望溪先生集外文》，頁十三下（總頁 310）。

敘事之法，在古無兩」，[44] 方苞推崇《左》、《史》，以為敘事之典範，尤其對
《左傳》敘事、義法之表彰，皆強調即法以求義，着重「言有序」之闡發。

　　章學誠之「《春秋》教」，着眼於史學、敘事、古文，講究獨斷、史識、
心裁等創造性思維。其終極追求，則在經由「事具」「文成」之法，以尋繹微
辭隱義之所歸，比事屬辭正可作為上述課題之津筏與鎖匙。章學誠於課蒙學
文，提示敘事手法二十有三，以為「其法莫備於《左氏》」：

　　　　……敘事之文，其變無窮，故今古文人其才不盡於諸體，而盡於敘
　　事也。蓋其為法，則有以順敘者、以逆敘者、以類敘者、以次敘者、以
　　牽連而敘者、斷續敘者、錯綜敘者、假議論以敘者、夾議論以敘者；先
　　敘後斷、先斷後敘、且敘且斷、以敘作斷。預提於前，補綴於後；兩事
　　合一，一事兩分；對敘、插敘、明敘、暗敘、顛倒敘、迴環敘。離合變
　　化，奇正相生，如孫、吳用兵，扁、倉用藥，神妙不測，幾於化工。其
　　法莫備於《左氏》。而參考同異之文，亦莫多於《春秋》時事。是固學
　　文章者宜盡心也。[45]

文章之體有四，敘事、抒情、說明、描寫，四體之中以敘事文最難精工。敘
事呈顯客觀真實，如營建宮室舟車，自有分寸矩矱，不容師心任意。故章學
誠論課蒙學文，斷定「文章以敘事為最難。文章至敘事，而能事始盡；而敘
事之文，莫備於《左》、《史》」。推崇《左傳》、《史記》之歷史敘事，以為
可供學習敘事文之典範。「其變無窮」之美感享受。列舉敘事法二十三，以論
證敘事法之運用，當如「孫、吳用兵，扁、倉用藥」，隨物賦形，因事制宜，
且以「神妙不測，幾於化工」作為極致之追求。高懸理想敘事文之標準如此，
而推崇「其法莫備於《左氏》」。清劉熙載（1813-1881）《藝概・文概》云：

44　〔清〕方苞：《左傳義法舉要》（臺北：廣文書局，1977 年），卷一《韓之戰》，頁三
　　上（總頁 5）；《城濮之戰》，頁十上（總頁 19）。
45　〔清〕章學誠：《章氏遺書補遺》，《論課蒙學文法》，頁 1358。

「《春秋》文見於此,起義在彼。《左氏》窺此秘,故其文虛實互藏,兩在不測」;又云:「微而顯、志而晦、婉而成章、盡而不汙、懲惡而勸善;《左氏》釋經,有此五體。其實,《左氏》敘事,亦處處本此意。」[46] 謂《左傳》歷史敘事亦宗法其事之排比,其文之綴屬,藉「如何書」之法,以體見「何以書」之指義,亦不離屬辭比事《春秋》教之發用。經學敘事、史學敘事、文學敘事已會通為一,相濟為用,亦由此可見。

章學誠〈與汪龍莊書〉稱:「敘事之文,出於《春秋》比事屬辭之教也」;〈論課蒙學文法〉又謂:「敘事之文,比事屬辭,《春秋》教也」,提撕再三,足見敘事文與比事屬辭書法之關聯。章學誠〈與陳觀民工部論史學〉闡說歷史編纂學,着重抉擇去取,化裁調劑,此即筆削之書法,比事屬辭之《春秋》教,敘事之「離合變化,奇正相生」,史學敘事與文學敘事之相通相融,不難想見:

> 工師之為巨室,度材比於燮理陰陽;名醫之製方劑,炮炙通乎鬼神造化;史家銓次群言,亦若是焉已爾。是故文獻未集,則搜羅咨訪不易為功。……及其紛然雜陳,則貴決擇去取,人徒見著於書者之粹然善也,而不知刊而去者中有苦心而不能顯也。既經裁取,則貴陶熔變化,人第見誦其辭者之渾然一也,而不知化而裁者中有調劑,而人不知也。[47]

比事屬辭所以為詮釋《春秋》之不二法門者,蓋事之比、辭之屬,與孔子寄寓之指義之間,存在系統與要素、整體與局部之關係。無論作《春秋》、讀《春秋》、治《春秋》,發揮系統思維,從整體上掌握事與文,強調其事其文之結構功能,則思過半矣。章學誠〈與陳觀民工部論史學〉所言,亦同此理。史家之銓次群言,貴在「陶熔變化」,而敘事之文,亦貴在「其變無窮」,追

46　〔清〕劉熙載:《藝概》,卷一《文概》,頁1。

47　〔清〕章學誠:《文史通義・方志略例》,《與陳觀民工部論史學》,《章氏遺書》卷一四,頁280。

求「離合變化，奇正相生」;「神妙不測，幾於化工」。章學誠推崇《左傳》、《史記》之敘事文，皆有得於比事屬辭之《春秋》教，其中或有內在理路之關係。

方苞研治《春秋》書法，倡古文義法，推崇《左傳》、《史記》為敘事文之典範。方氏年長章學誠七十歲，於書法、敘事、古文、義法之主張，前後遙相契合。方苞說敘事文，特別標榜《左傳》、《史記》之敘事法，如云：

> 《左傳》敘事之法，在古無兩，宜於此等求之。蓋晉之告勝，王之謀勞晉侯，及晉聞王之出而留諸侯以為會盟，就中情事，若一一序入，則不勝其繁，而篇法懈散；惟於還至衡雍，先序王宮之作，則王至踐土，晉獻楚俘，可以順承直下。斬去一切枝蔓，而情事顯然，所謂神施而鬼設也。……試思若前無「作王宮」一語，此處如何入王之下勞，晉之獻俘。突起闌入，氣脈必為橫隔矣。[48]

敘事之道，最講究史事次第之措置，情節先後之安排，大抵不以時間順序作表述，而以類聚群分，順理成章為斟酌，此之謂「言有序」。方苞說《左傳》之敘事法，所以推崇為「在古無兩」者，即具有此妙。如《左傳》敘晉文公於城濮之戰既勝之後，此應之敘事，顯然未依事件發生之時間先後為次第。不用原敘而出類敘者，自以相承相關之史事為編比，順理成章為當然考量。敘事之注重情節位次之安排，亦由此可見。《左傳》敘秦晉韓之戰，亦講究史實安排之次第，篇章調適之先後，此之謂敘事。方苞云：「古人敘事，或順或逆，或前或後，皆義之不得不然！」[49]「言有序」之講究，此之謂敘事藝術。〈又書〈貨殖傳〉後〉論義法，稱：「前後措注，各有所當」，是所謂「言有序」，[50] 兩相參照，所謂敘事（序事），得之矣。方苞書〈安重晦傳〉後，所云

48　〔清〕方苞：《左傳義法舉要》，《城濮之戰》，頁十上至十下（總頁 19-20）。
49　同上，《韓之戰》，頁五上（總頁 9）。
50　〔清〕方苞：《望溪先生文集》，卷二《又書貨殖傳後》，頁二十上（總頁 40）。

「脈相灌輸，前後相應」，[51] 乃就系統思維而言，至於隱顯、偏全諸法，多隨指義而有變化，此即所謂「義以為經，而法緯之」。方苞說《左傳》、《史記》之義法，有如此者。

（三）古文義法與比事屬辭

清初金聖歎（1608-1661）為知名評點學家。曾手批《西廂記》，謂「我批《西廂》，以為讀《左傳》例也」。於是一編之中，三致其意焉。金聖歎評點戲曲小說諸敍事文學，極主張行文有法，着意於字法、句法、章法、部法之提示，曾言：「臨文無法，便成狗嗥，而法莫備於《左傳》。甚矣，《左傳》不可不細讀也！」如《西廂記》之移堂就樹、月度迴廊法，即《左傳》經前起傳、預敍、暗敍、逆攝成敗諸法。《左傳》之依經、錯經法，離合相生、藉賓形主，即是《西廂記》之獅子滾球法、《水滸傳》之欲合故縱法。《西廂記》之烘雲托月法，即《左傳》賓主、虛實、詳略、輕重諸不犯正位之法。《西廂記》之避實取虛法，即《左傳》〈周鄭交質〉篇之藉實影虛法，敍寫成敗利病之橫接法、旁溢法；晉楚鄢陵之戰「巢車之望」之運虛於實法。[52] 要之，《左傳》敍事藝術之美妙，得金聖歎批《西廂記》之推崇，而益發昭著。

方苞著有《春秋通論》、《春秋直解》、《春秋比事目錄》、《左傳義法舉要》四部《春秋》學專著。《四庫全書總目》論其研治《春秋》：「貫穿全經，按所屬之辭，合其所比之事，辯其孰為舊文，孰為筆削」；[53] 肯定方苞「以經求經，多有協於情理之平，則實非俗儒所可及」。方氏既以屬辭比事之法，推求《春秋》之筆削指義，於是轉化挹注於《左傳》、《史記》史傳文學之探討，自是順理成章，水到渠成。由此觀之，自經學敍事，轉為歷史敍事，再衍化為文

51　同上注，《書五代史安重誨傳後》，頁二四下（總頁 42）。

52　張高評：〈《西廂記》筆法通《左傳》──金聖歎《西廂記》評點學發微〉，《復旦學報》2013 年第 2 期（第 55 卷，總第 265 期，2013 年 4 月），頁 134-143。

53　〔清〕紀昀主纂：《四庫全書總目》（臺北：藝文印書館，1974 年），《春秋通論》提要，卷二九《經部春秋類四》，頁 23（總頁 603）。

學敘事，方苞之學思歷程、著述指向，以及操作策略，值得關注探究。

方苞論古文，以《六經》《語》《孟》為根源，《左傳》《史記》為典範，以唐宋八家古文為法式，據此而提倡古文義法。章學誠所謂古文，與此稍別：章氏曾云：「比事屬辭，《春秋》教也。必具紀傳史才，乃可言古文辭」；又謂：「古文辭必由紀傳史學進步，方能有得」，於是盛推《左傳》為「古文之祖」，《史記》、《漢書》、《三國志》「真古文辭之大宗」。由此觀之，章氏所謂「古文辭」，即比事屬辭《春秋》教之發揮與體現，與史學、敘事關係密切。方苞以《春秋》書法為史家筆法，復融合書法史筆以說古文義法。方、章二家所指，元素相近，脈絡相通，皆以比事與屬辭為中介環節。就古文而言，只是特別凸顯屬辭之發用而已。

方苞以「義法最精者」，推崇《左傳》、《史記》之古文；又稱許「序事之文義法莫備於《左》、《史》」，可見所謂義法、古文、敘事云云，自是三位一體。言序（敘）事，偏重比事；稱古文，傾向屬辭；云義法，則統括比事與屬辭而化用之，要皆為《春秋》教之發用與流裔。以韓愈、歐陽脩、王安石之工古文，俱以誌銘擅長，然若追本溯源而論之，方苞以為皆從《左傳》《史記》義法變化轉換而來。敘事文之義法既「莫備於《左》、《史》」，方苞提倡古文義法，遂主張「探《左》《史》之精蘊」，詳加規摹而研習之。所謂「《左》《史》之格調」，當指敘事之義法，紀傳史學之屬辭而言。拙著《比事屬辭與古文義法》一書，考察方苞《文集》讀史序跋之文，《左傳》《史記》評點之文，知所謂古文義法者，要皆《春秋》比事屬辭之轉化與體現，此之謂文學敘事學。

《望溪先生文集》，收錄若干讀史之序跋，以及與故舊門生之書信，知方苞論古文義法，實從比事屬辭之《春秋》書法轉化而來。如就《春秋》之筆削言，注重史事或書或不書之去取，而表現為重輕、詳略、虛實、顯晦之書法，以紀傳史學見稱之《史記》、《漢書》，多陰用此一義法。翻檢方苞《文集》，如〈讀《史記》八書〉、〈書〈淮陰侯列傳〉後〉、〈書〈漢書·霍光傳〉後〉、〈書〈王莽傳〉後〉諸什，司馬遷著《史記》，班固著《漢書》，多宗法《春

秋》筆削書法，以詳略去取，具事見義，此之謂歷史敍事學。

古文之典範，多在紀傳史學之敍事，此乃章、方二家之共識。敍事之本義，語源於《周禮》；移換為《春秋》之比事屬辭，則是注重措詞之秩序、倫序、順序、次序、序列，關注屬辭之序次、位次、比次、排列之講究。其中涉及尊卑、上下、內外、小大之等差，時間之早晚、先後、遲速、久暫，經由審慎斟酌，以作最適宜之敍述、表達、數說。凡此，皆方苞義法所謂「前後措注」、「言有序」之法。故方苞《左傳義法舉要》評《韓之戰》曰：「古人敍事，或順或逆，或前或後，皆義之不得不然。」順逆、前後位次之講究，即「言有序」，皆緣義而生，因義而發。方苞《文集》闡明古文義法，以讀《史記》、《漢書》、《五代史》之序跋為大宗，如〈書〈封禪書〉後〉、〈書〈孟子荀卿傳〉後〉、〈又書〈貨殖傳〉後〉、〈《五代史·安重晦傳》後〉、〈書〈王莽傳〉後〉，多發明《春秋》「前後措注，即辭觀義」之書法。〈與孫以寧書〉論述《史記》文獻之取捨，特提〈留侯世家〉明示後世「虛實、詳略之權度」，亦不出《春秋》筆削之藝術，因文取義之比事屬辭書法。

《春秋》書法之落實於紀傳史學，於方苞評點《左》《史》，大抵有三大層面：其一，筆削示義，衍為詳略互見，如《左傳義法舉要》評韓之戰、宋之盟；《史記評語》論〈高祖本紀〉、〈留侯世家〉、〈蕭相國世家〉、〈廉頗藺相如列傳〉、〈商君列傳〉、〈循吏列傳〉、〈司馬相如列傳〉、〈汲鄭列傳〉。[54]其二，比事措置，衍為先後位次，如《左傳義法舉要》評城濮之戰、邲之戰、鄢陵之戰；《史記評語》論〈呂后本紀〉、〈絳侯周勃世家〉、〈管晏列傳〉、〈呂不韋列傳〉、〈張丞相列傳〉、〈酷吏列傳〉皆是。[55]其三，約文屬辭，派生虛實損益，如《史記評語》論〈高祖本紀〉、〈曹相國世家〉、〈劉敬叔孫通列

---

54 〔清〕方苞：《方望溪先生全集》，《望溪集外文補遺》，卷二《史記評語》，頁十六下至二七上（總頁 433-39）。

55 〔清〕方苞：《望溪集外文補遺》，卷二《史記評語》，頁十七上至二八上（總頁 434-39）。

傳〉、〈刺客列傳〉、〈吳王濞列傳〉、〈淮南衡山列傳〉諸什，皆其例證。[56]

三、結語

　　研討中國傳統敘事學，學界多乞靈於西方之理論，關注情節之推動、形象之塑造、對話之穿插、觀點之提示、主題之凸顯等等。是否水土不服？姑且不論；然促使學界錯失敘事學之話語權，罹患文化之「失語症」，則是不乎之論。其實，《春秋》、《左傳》、《史記》為中國敘事傳統之三大寶典。《春秋》之作，為其事、其文、其義之會通；於是屬辭比事遂成詮釋《春秋》之方法。「史之大原」既本乎《春秋》，於是屬辭比事之《春秋》教，遂沾溉《左傳》、《史記》，而影響無窮。方苞〈書〈淮陰侯列傳〉後〉稱：「紀事之文，所以《左》、《史》稱最也」；若異中求同，則金聖歎、方苞、章學誠於《春秋》之書法、敘事之義法、古文之典範，觀點論述近似。由此觀之，文學敘事、歷史敘事、經學敘事同源共本，千年一脈，益信比事屬辭可作為中國傳統敘事學之理論基礎。

　　筆者著《比事屬辭與古文義法》，考察方苞之經術與文章，涉及《春秋》書法、史家筆法，以及文章作法。敘事學為其關鍵，比事屬辭則其核心。中國敘事傳統之理論基礎，大抵不離於是。章學誠所謂：「古文必推敘事，敘事實出史學，其源本於《春秋》比事屬辭。」經學敘事學，為傳統敘事學之祖始。主要考察孔子筆削魯史，而作成《春秋》。或筆或削之間，於其事，體現詳略、重輕、異同、常變之書法；於其文，表現損益、曲直、顯晦、虛實諸技法。無論其事或其文，多脈注綺交於指義。方苞論義法，所謂「義以為經，而法緯之」，法以義起，法隨義變。或筆或削，或書或不書之際，彼此互發其蘊，互顯其義。其後衍化，歷史敘事、文學敘事，皆其流裔。《左傳》

56　同上注，頁十六下至二六上（總頁 433-38）。

為歷史敘事之寶鑑，《史記》更衍化為歷史敘事、文學敘事之武庫與珠澤。方苞古文義法，以《左傳》、《史記》之歷史敘事為典範，為標榜，進而生發文學敘事學之理論。經學敘事學、歷史敘事學、文學敘事學之同源共本，千年一脈，由此可見一斑。中國敘事傳統如是，中國傳統敘事學，此中有之。

由此觀之，自《春秋》、《左傳》、《史記》三大敘事寶典開其端，經學敘事學、歷史敘事學、文學敘事學，屬辭比事之敘事書法已燦然大備。其後劉知幾《史通》論《敘事》，方苞義法說筆削，章學誠發揮比事屬辭之《春秋》教。尤其章學誠所謂「古文必推敘事，敘事實出史學，其源本於《春秋》比事屬辭」，遂成探論敘事學理論之經典話語。中國傳統敘事學既有其文獻足徵之文本，源遠流長之作品，更有具體可行之學理基礎，足以重建敘事學之精神家園。學界欲重建中國傳統敘事學之話語，重返敘事學之精神家園，不妨考察《春秋》經典詮釋、史傳文學、敘事歌行、小說戲曲研究若干創新視角。學界欲研發中國敘事傳統，尋覓新的學術生長點，比事屬辭之《春秋》教，可作行遠的跬步，登高的階梯。

《論語》中的「教」

李雄溪

嶺南大學

《説文解字》卷三下支部：「教，上所施下所效也。从攴从孝」。[1]段玉裁（1735-1815）《説文解字注》：「上施故从攴，下效故从孝」。[2]「教」字甲骨文作𢼊（甲1251）、𢼊（甲2651）、𢼊（前5.8.1）[3]，金文作𢼊（散盤）、𢼊（郾侯簋）[4]，為會意字。「教」的本義是作為動詞的「教導」，由此引申出很多其他不同的意義。王朝忠《漢字形義演釋字典》[5]圖示字義發展如下：

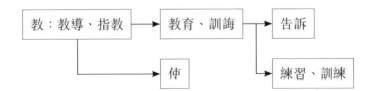

孔子有教無類，有萬世帥表之美譽。《論語》中提及「教」的地方共七處，包括《為政》：「舉善而教不能，則勸。」《述而》：「子以四教：文，行，忠，信。」《子路》：「『既富矣，又何加焉？』曰：『教之。』」《子路》：「子曰：『善人教民七年，亦可以即戎矣。』」《子路》：「以不教民戰，是謂之棄。」

1 　《説文解字》（香港：中華書局，1985年6月），頁69。

2 　《説文解字注》（南京：鳳凰出版社，2007年12月），頁226。

3 　中國科學院考古研究所編輯：《甲骨文編》（北京：中華書局，1989年3月），頁146。

4 　容庚編著；張振林、馬國權摹補：《金文編》（北京：中華書局，1985年7月），頁224。

5 　《漢字形義演釋字典》（成都：四川辭書出版社，2006年11月），頁1010。

《衛靈公》:「子曰:『有教無類。』」《堯曰》:「子曰:『不教而殺謂之虐。』」[6]
本文將探討「教」在《論語》中的各種涵義和用法。

　　為清眉目,以下表列楊伯峻(1909-1992)《論語譯注》和毛子水(1893-
1988)《論語今注今譯》兩家之譯文,以茲作對比。

論語原文	楊伯峻譯文	毛子水譯文
《為政》:「舉善而教不能,則勸。」	你提拔好人,教育能力弱的人,他們也就會勸勉了。[7]	在上位的人能夠舉用好人而教導才質差一點的人,人民便自己奮勉。[8]
《述而》:「子以四教:文,行,忠,信。」	孔子用四種內容教育學生:歷代文獻,社會生活的實踐,對待別人的忠心,與人交際的信實。[9]	孔子以這四件事教學生:古代傳下來的典籍;德行;忠誠;信實。[10]
《子路》:「『既富矣,又何加焉?』曰:『教之。』」	「已經富裕了,又該怎麼辦呢?」孔子道:「教育他們。」[11]	「人民富足了,次一步應該怎麼辦呢?」孔子說,「教育他們!」[12]
《子路》:「善人教民七年,亦可以即戎矣。」	善人教導人民達七年之久,也能夠叫他們作戰了。[13]	善人教導了人民七年,就可使他們執戈以衛國了![14]
《子路》:「以不教民戰,是謂棄之。」	用未受過訓練的人民去作戰,這等於糟踏生命。[15]	用沒有訓練好的人民去打仗,就等於白白犧牲他們![16]

6　《十三經辭典》(《論語》卷·《孝經》卷)(西安:陝西人民出版社,2002年12月),
　　頁91-92。
7　《論語譯注》(北京:中華書局,1983年),頁20。
8　《論語今註今譯》(臺北:商務印書館,2009年11月),頁29。
9　《論語譯注》,頁73。
10　《論語今註今譯》,頁123。
11　《論語譯注》,頁137。
12　《論語今註今譯》,頁237。
13　《論語譯注》,頁144。
14　《論語今註今譯》,頁249。
15　《論語譯注》,頁144。
16　《論語今註今譯》,頁250。

（續上表）

論語原文	楊伯峻譯文	毛子水譯文
《衛靈公》：「子曰：『有教無類。』」	人人我都教育，沒有〔貧富、地域等等〕區別。[17]	師的施教，不應以求教的人貴賤、貧富而有可不可的分別！[18]
《堯曰》：「子曰：『不教而殺謂之虐。』」	不加教育便加殺戮叫做虐。[19]	不先施教導而便行誅殺，叫做虐。[20]

　　單從兩家的譯文看，他們對《論語》中的「教」的詮釋甚為一致。大體上而言，根據上下文意，「教」可譯作「教育」、「教導」、「訓練」等意義。

　　楊伯峻的《論語譯注》附「論語辭典」，其中「教」字條下曰：「教導，訓誨：舉事而教不能，則勸」。[21] 楊書早出，加以「論語辭典」僅附於書後，限於體例，對字義並沒有十分細緻的分析。以下再羅列較後出的其中二本《論語》辭典的解釋，並作一比較。（見下頁表）

　　對比三本辭典，有以下幾點觀察：

　　（一）三部辭典中，李書釋義最為精簡。李書在「教」下簡單列出兩個義項，即作為動詞的「教育、教導」和作為名詞的「受過訓練的人」。至於其它兩部詞典，以「教」作「教育、教導」義時，再細分為不同的內涵。安書把「教」釋作「對民眾加以訓導、教化」和「學校教育，教誨」。前者出現五次，是對一般平民百姓的教導；後者出現兩次，指專門的正規教育。安書並沒有把所有句例列出來，然《述而》：「子以四教：文，行，忠，信」、《衛靈公》：「子曰：『有教無類。』」談及孔門的教學內容和孔子的教學理念，與其他例子言一般教育民眾的性質有所不同，應為後者。《十三經辭典》把作動詞的「教」劃分為兩義項：「把知識技能傳授給別人」、「教導，教誨」，正隱含因教育對象不同，內容不同、層次上有所分別。這種分類其實與安書的處理方法頗為

17　《論語譯注》，頁 361。
18　《論語今註今譯》，頁 300。
19　《論語譯注》，頁 211。
20　《論語今註今譯》，頁 361。
21　《論語譯注》，頁 276。

李運益《論語詞典》[22]	安作璋《論語辭典》[23]	《十三經辭典》《論語》卷[24]
包括①教育、教導（6）。2.20 舉善而~不能。7.25 子以四~：文、行、忠、信。13.9「既富矣，又何加焉？」曰：「~之。」13.25 善人~民七年，亦可以即戎矣。15.39 有~無類。20.2 不~而殺謂之虐。 ②受過訓練的人（1）。以不~民戰，是謂棄之。[25]	①對民眾加以訓導、教化（5）。《為政》二二〇：「舉善而教不能，則勸。」《堯曰》二〇‧二：「不教而殺之虐。」另見「教民」、「庶、富、教」②學校教育，教誨（2）。見「有教無類」、「四教」。孔子首創「私學」，從事教育活動五十年左右，形成了一套完整的教育思想體系。他的教育思想、教學態度、教學方法以及尊師愛生的師生關係、值得學習和借鑒。[26] 【教民】條下： ①對民眾進行教育和訓練（1）《子路》一三‧二九：「善人教民七年，亦可以即戎矣。」朱熹《集注》：「教民者，教之孝悌忠信之行，務農講武之法……民知親其上，死其長，故可以即戎：程子曰：『七年云者，聖人度其時可矣。如云期月三年，百年一世，大國五年，小國七年之類。皆當思其為如何乃有益。』」孔子主張教民，認為提高民眾在道德、文化以及耕戰等方面的素養，國家才能強盛。他反對「不教而殺」、「不戒視成」、「不教民戰」等做法。雖説教民是為使民更好地為統治階級服務，但對普及文化、提高人民素質，也有其積極意義。②經過教育訓練的民眾（1）。《子路》一三‧三〇：「以不教民戰，是謂棄之。」邢昺《疏》：「言用不習之民使之攻戰，必致破敗，是謂棄之。」參見「不教民」。[27]	〔動〕把知識技能傳授給別人（4）。《為政》：舉善而~不能，則勸。」《子路》：「既富矣，又何加焉？」曰：「~之。」《子路》：子曰：「善人~民七年，亦可以即戎矣。」 （二） ①〔動〕教導，教誨（2）。《述而》：子以四~：文，行，忠，信。《堯曰》：子曰：「不~而殺謂之虐。」②〔名〕教育（1）。《衛靈公》：子曰：「有~無類。」[28]

22 《論語詞典》（重慶：西北師範大學出版社，1993 年）。
23 《論語辭典》（上海：上海古籍出版社，2004 年）。
24 《十三經辭典》論語卷‧孝經卷（西安：陝西人民出版社，2002 年 12 月）。
25 《論語詞典》，頁 216。
26 《論語辭典》，頁 277。
27 《論語辭典》，頁 277-278。
28 《十三經辭典》論語卷‧孝經卷（西安：陝西人民出版社，2002 年 12 月），頁 91-92。

一致，能夠細緻闡釋詞義。不過，《十三經辭典》把《堯曰》：「不教而殺謂之虐。」放在「教導，教誨」一類，則頗令人費解。此例所談的是從政者的四惡，「不教」的對象應為一般民眾，此句與「舉善而教不能，則勸」、「善人教民七年，亦可以即戎矣」的用法理應不存在差異。

（二）李書以「受過訓練的人」來釋「教」，並用「以不教民戰，是謂之棄」為句例，似有不妥。楊伯峻指出「『不教民』三字構成一個名詞語，意思就是『不教之民』，正如《詩經·邶風·柏舟》「如匪澣衣」的『匪澣衣』一樣，意思就是『匪澣之衣』(不曾洗滌過的衣服)」。[29]「不教民」即沒有受過訓練的人，「教民」為定中結構。李書於「教」條之下釋曰「受過訓練的人」，會引起讀者的誤解，不如安書另立「教民」條為妥，安書指出「教民」分別指「對民眾進行教育和訓練」和「經過教育訓練的民眾」。前者為動賓結構，句例有《子路》「善人教民七年，亦可以即戎矣」；後者為定中結構，句例有《子路》「以不教民戰，是謂棄之」，這就十分清楚指出「教民」在《論語》中的兩種意思，其說甚為可取。

（三）《十三經辭典》把「有教無類」的「教」視作名詞，處理方式異於李書。「有 A 無 B」的一類句式，往往是「有」和「無」相對，皆為動詞，「A」和「B」具某種邏輯上的關聯。如《禮記·檀弓上》：「事君有犯而無隱」。之後《舊唐書·李勣傳》演為：「事君之義，有犯無隱」，《國語·晉書》「宣了口，百有卿之台而無其實」，陸機〈五等諸侯論〉載：「逮及中葉，愍其失節，割削宗子，有名無實」。又《後漢書·趙岐傳》「有志無時」、《晉書·樂志下》「有征無戰」皆為「有 A 無 B」的句式。[30]事實上，「有教無類」有異於與上述句式，「教」和「類」並沒有某種邏輯上的關聯。《十三經辭典》以「教」為名詞，「有」應為詞頭，並不作動詞。事實上，在先秦古籍如《尚書》、《詩經》、《左傳》中，「有」作詞頭頗多，王引之（1766-1834）《經傳釋詞》有廣

---

29 《論語譯注》，頁 144。

30 收列例子，皆可見於漢語大詞典編輯委員會編：《漢語大詞典》（上海：漢語大詞典出版社，1994 年 11 月），冊 6，頁 1146-1151。

引這方面的例子：「有，語助也。一字不成詞，則加有字以配之。若虞、夏、殷、周皆國名，而曰有虞、有夏、有殷、有周是也。（凡國名之上加有字者放此）推之他類，亦多有此。故邦曰有邦，（《書‧皋陶謨》曰：『亮采有邦。』又曰：『無教逸欲有邦。』）家曰有家，（《皋陶謨》曰：『夙夜浚明有家。』）室曰有室，（《立政》曰：『乃有室大競。』）廟曰有廟，（《易‧家人》《渙》二卦《象辭》竝曰：『王假有廟。』）居曰有居，（《書‧盤庚》曰：『民不適有居。』）方曰有方，（《多方》曰：『告猷爾有方多士。』）夏曰有夏，（《君奭》曰：『尚克修和我有夏』）。濟曰有濟，（《僖公二十一年‧左傳》曰：『實司大皞與有濟之祀。』）北曰有北，昊曰有昊，（《詩‧巷伯》曰：『投畀有北。』又曰：『投畀有昊。』）帝曰有帝，（《昭二十九年‧左傳》曰：『孔甲擾于有帝。』）王曰有王，（《書‧召誥》曰：『有王雖小。』）司曰有司，正曰有正，（《酒誥》曰：『庶士有正越庶伯君子。』）僚曰有僚，（《雒誥》曰：『伻嚮即有僚，明作有功。』）民曰有民，（《皋陶謨》曰：『予欲左右有民。』）眾曰有眾，（《湯誓》曰：『今爾有眾。』《盤庚》曰：『其有眾咸造。』）幼曰有幼，（《盤庚》曰：『無弱孤有幼。』）政曰有政，（《論語‧為政篇》引《書》曰『友于兄弟，施于有政。』）事曰有事，（《易‧震》六五曰：『無喪有事。』）功曰有功，（見上「有僚」下）比曰有比，（《盤庚》曰：『曷不暨朕幼孫有比。』）極曰有極，（《洪範》曰：『皇建其有極。』又曰：『會其有極，歸其有極』。）梅曰有梅，（《詩》曰：『摽有梅。』）的曰有的，（《賓之初筵》曰：『發彼有的。』）三宅曰三有宅，三俊曰三有俊，（《書‧立政》曰：『乃用三有宅，克即宅；曰三有俊，克即俊』）三事曰三有事，（《詩‧十月之交》曰：『擇三有事。』）說《經》者未喻屬詞之例，往往訓為有無之有，失之矣。」[31]《論語‧為政》也引《書》曰：「子曰：『書云：孝乎惟孝，友于兄弟，施於有政。』」「有教無類」中的「有」，應與這種用法一樣，這句的意思可簡單理解作「教育沒有分貴賤種類」。《十三經辭典》以「教」為名詞，是值得相信的分析。

---

31 《經傳釋詞》（香港：太平書局，1974 年 12 月），頁 74-75。

綜合以上所論，「教」在《論語》中七見，用本義，可作動詞，解作「教育」、「教導」，其中又可分為對平民的訓練和弟子的教育。前者包括《為政》：「舉善而教不能，則勸」、《子路》：「『既富矣，又何加焉？』曰：『教之。』」、《子路》：「子曰：『善人教民七年，亦可以即戎矣』」、《子路》：「以不教民戰，是謂棄之」、《堯曰》：「子曰：『不教而殺謂之虐。』」；後者有《述而》：「子以四教：文，行，忠，信」。此外，又可引申作名詞，解作「教育」，如《衛靈公》：「子曰：『有教無類』」。

《論語》鄉黨「立不中門」皇疏考正

古勝隆一

日本京都大學人文科學研究所

前言

《論語·鄉黨》云「立不中門，行不履閾」，皇侃《義疏》云如下：

> 謂在君門倚立時也。中門，謂棖闑之中也。門中央有闑，闑以礙門兩扉之交處也。門左右兩榬邊各豎一木，名之為棖。棖以禦車過，恐觸門也。[1]

其中「棖以禦車過，恐觸門也」一文，不同寫本或作「棖以禦車過，恐棖觸門也」，即「恐」字下有「棖」字，此為校勘上的小問題，本文擬比較幾本日本寫本以解決是非。另外，既然「棖」字一為「門左右兩榬邊」（皇侃語）之木，為何其下文要云「棖以禦車過，恐觸門也（一作「恐棖觸門也」）」？門左右之木與「（棖）觸門」的關係到底如何？本文試圖以訓詁材料來解釋此問題，並予以展示皇侃訓詁的特色。

---

[1] 此處《論語義疏》文引自日本武內義雄所校訂：《論語義疏；坿校勘記》（大阪：懷德堂記念會，1924 年）。

一、「根」字之歷代訓詁

《爾雅·釋宮》：「根謂之楔」，郭璞注云：「門兩旁木」；李巡云：「根謂梱上兩旁木」。[2] 又《禮記·玉藻》云：「君入門士介拂根」，其鄭注云：「門楔也」。訓「根」為「楔」是常見的訓詁，其意為「門兩旁木」。皇侃《論語義疏》亦承而益之曰：「門左右兩樞邊各豎一木，名之為根」。

《說文解字》六篇上〈木部〉云：「根，杖也。從木長聲。一曰，法也」。關於「根，杖也」之訓詁，段玉裁注云「未詳」；又對於《說文》「一曰，法也」之句，段氏亦云「未詳」，然後云：

> 《釋宮》曰：「根謂之楔」。《玉藻》注：「根，門楔也」。《鄭風》箋：「根，門梱上木近邊者」。按：門兩旁木，亦法之一端也。鄭說梱為門限，故曰「門梱上木」。[3]

按：《方言》卷三「根，法也」，郭璞注：「救傾之法」。戴震《方言疏證》云：

> 《說文》：「根，杖也。一曰，法也」，與郭注「救傾」意合。《廣雅》：「根，法也」，義本此。[4]

《說文》以「根」既訓為「杖」又訓為「法」，因此戴氏謂「根」、「杖」「法」三字意義上互有關係，俱有憑依之意。《廣雅·釋詁》云：「閑、埠、楷、式、祖、根、肖、容、拱、捄、術、臬、井、括、鷹、類、榜、略，灋也」，王

2　李巡說見於《毛詩·鄭風·丰》正義及《爾雅·釋宮》正義。

3　段玉裁：《說文解字注》（經韻樓本）第六篇上，五十葉右。

4　戴震：《方言疏證》卷三（《戴震全書》，合肥：黃山書社，1994 年），第 3 卷，頁 57。戴氏接而又云：「根、觢古通用。《考工記·弓人》：『維角觢之』，鄭注：『觢，讀如觢叱之觢』，疏云：『觢叱，取其正也，釋文：『觢，直庚反』』。

念孫《疏證》引《爾雅》、《方言》及《周禮・考工記》鄭注、賈疏等書以論其「棖，法也」之訓詁。[5]「棖」訓「法」，可能與「取其正」（賈公彥《周禮疏》語）有關。[6]

另外，《說文》「棖，杖也」之訓詁，今本《說文》俱作如此，惟玄應《一切經音義》引《說文》云：「棖，材也」[7]。華學誠《揚雄方言校釋匯證》引黃侃《蘄春語》：「今吾鄉謂門後衺柱一端當門中，一端鐏地者，曰門棖」而云：「是棖本柱名，因其功用而訓「法也」。[8] 如果《說文》原本作「棖，材也」，華氏此說可通。今本《說文》本文未必有誤，但玄應引文亦應有所據，可供參考。[9]

除了上引之一條以外，《廣雅・釋詁》又有「棖」字訓詁：「禦、禁、捘、閣、坐、沈、宿、蹟、矣、竣、挂、礙、鋪、脾、綝、処、咹、跱、棖、拘、渟、憤、趩、踏、扼、騴、駐、躍、券，止也」，王念孫《疏證》云：「棖者，距之止也」。[10]

總之，「棖」字本義為「楔」，即「門兩旁木」，另外又有「杖也（一作「材也」）」、「法也」、「止也」等訓詁。

此外，「棖」字與「敹」等字有通。《廣雅・釋詁》有一條：「觸、冒、搪、

5　王念孫：《廣雅疏證》（嘉慶年間王氏家刻本）卷一上，頁 11。

6　《周禮・考工記・弓人》：「維角党之，欲宛而無負弦」，賈疏：「先鄭云：党讀如掌距之掌。掌距，取其正也。車掌之掌，謂車輢之木亦取正也」。棖、党通用，詳於第二節。

7　玄應：《一切經音義》卷十（《大莊嚴經論音義》）：「棖上，宅庚反。案棖猶柱也。浮圖棖皆作此。《說文》：「棖，材也」」（徐時儀校注：《一切經音義三種校本合刊》，上海：上海古籍出版社，2008 年，頁 208。慧琳《音義》卷四十九略同，1371 頁）；其卷十九（《撰集百緣經音義》）：「塔振（棖），宅庚反。案棖猶柱也。浮圖棖皆是也。《說文》：「棖，材也。宜正作党」頁 406。（慧琳《音義》卷七十四略同，頁 1812）。本文引用《一切經音義》時，俱引自徐本。

8　華學誠匯證：《揚雄方言校釋匯證》（王智群，謝榮娥，王彩琴協編，北京：中華書局，2006 年），頁 236。

9　《篆隸萬象名義》卷三十一〈木部〉亦云：「棖，宅衡反。法也，隨也，材也」。或據顧野王：《玉篇》而作如此。見於《篆隸萬象名義》（北京：中華書局，1995 年），頁 122。

10　王念孫：《廣雅疏證》卷三下，頁 4。

穀、衝，挨也」，其王氏《疏證》云：

> 穀者，《眾經音義》卷三引《三倉》云：「敲，撞也」；卷十四引《字苑》云：「捈，觸也」。謝惠連〈祭古冢文〉：「以物捈撥之」，李善注云：「南人謂以物觸物為捈」。敲、捈並與穀通。[11]

郝懿行《爾雅義疏》亦引謝惠連〈祭古冢文〉李善注而論「捈」字云：

> 《論語》皇侃疏云：「門左右兩橫導各竪一木，名之為捈。捈以禦車過，恐觸門也」。然則捈訓為觸。《文選・祭古冢文》注：「南人以物觸物為捈」，是其義也。[12]

王、郝兩氏所引謝惠連〈祭古冢文〉（《文選》卷六十）云：「刻木為人，長三尺，可二十餘頭，初開見，悉是人形，以物捈撥之，應手灰滅」，李善釋「捈」字云：「南人以物觸物為捈也」。郝懿行湊合〈祭古冢文〉與《論語義疏》為一，訓「捈」為「觸」，頗有見處。

雖然以「捈」訓為「觸」並非其本義，但誠如王念孫所說，「捈」字與「穀」等字通，應該考慮「捈」字與其相關文字之關係。

二、與「捈」字音義有關諸字

漢語中有不少與「捈」字音、字義俱有關係的諸字，如「杚」、「掉」、「敲」、「攲」、「穀」、「毃」、「振」、「穀」、「樘」、「樿」、「敳」、「樑」、「㨃」、

11　王念孫：《廣雅疏證》卷四下，頁 23。
12　郝懿行：《爾雅義疏》（《郝氏遺書》本）中之一，頁 3。

「摚」、「蹚」等皆是。諸字之間的關係比較複雜，首先在此擬進行初步梳理。

上述諸字，語音相同或互相接近，[13] 語義卻有分歧，可以分為四類：

（一）訓為「楔」，如「根」字。

（二）訓為「揬」、「觸」、「刺」、「撞」等，如「打」、「捵」、「敤」、「敤」、「𢺃」、「振」、「榖」、「撑」、「㪣」等字。

（三）訓為「柱」，如「橕」、「樘」、「棠」、「樑」、「撑」等字。

（四）訓為「距」，如「逞」、「摚」、「蹚」等字。

以下將分別説明。

（一）訓為「楔」，如「根」字。

「根」，《廣韻》下平庚韻，直庚切（澄母），「門兩旁木」。《切一》，直庚反，「門傍木」。[14]《王一》、《王二》、《全本王韻》，直庚反，「門旁木」。[15]《爾雅・釋宮》：「根謂之楔」，郭璞注云：「門兩旁木」；李巡云：「根謂梱上兩旁木」。此應為「根」字本義。《説文解字》六篇上〈木部〉云：「根，杖（一本作材）也。從木長聲。一曰，法也」（前引）。《説文》所説應為別義。《篆隸萬象名義》，宅衡反，「法也，隨也，材也」。

（二）訓為「揬」、「觸」、「刺」、「撞」等，如「打」、「捵」、「敤」、「𢺃」、「榖」、「振」、「榖」、「㪣」等字。

「打」，《廣韻》下平耕韻，宅耕切（澄母）[16]。《説文・木部》云：「撞也[17]。

13　所有的字在《廣韻》庚、耕二韻之內。

14　《切一》、《王一》、《王二》等引自劉復等：《十韻彙編》（臺灣學生書局，1963 年）。庚韻見於其第 87-88 頁；耕韻見於其頁 89-91。

15　《全本王韻》引自龍宇純：《唐寫本全本王仁昫刊謬補缺切韻校箋》（香港中文大學，1968 年），下同。

16　「打」字，兩見於《廣韻》：下平耕韻〈打〉小韻，中莖切，云：「伐木聲也」；下平耕韻〈橙〉小韻，宅耕切，云：「《爾雅》曰：蠭打螘。郭璞云：赤駮蚍蜉」。下一音並無「撞也」等訓詁，疑脱。

17　大徐本《説文》「撞」作「樘」，《集韻》同。今據段説而改。

从木丁聲」，段注云：「《通俗文》曰：『撞出曰朾』，丈鞭、丈莖二切，與《說文》合。謂以此物撞彼物使出也。《三蒼》作敲，《周禮・職金》注作揨，他書作𢽳，作𢽲，實一字也」。[18]《大廣益會玉篇》云：「徒丁切，橦也。又音汀」。《集韻》云：「朾、揨、敲、揨、𢽲，《說文》：『橦也』。或作揨、敲、揨、𢽲」。

「揨」，《廣韻》下平耕韻，宅耕切（澄母），「撞也。觸也。敲、𢽳，並上同」。《王二》，直耕反，「撞。亦敲」。[19]《篆隸萬象名義》，宅耕切，「刺也。撞也」。《大廣益會玉篇》云：「揨，刺也。」

「敲」，《廣韻》同上。慧琳《一切經音義》卷十三（《大寶積經音義》）引《聲類》云：「敲，撞也。」[20]

「𢽳」，《廣韻》同上。

「𢽲」，《集韻》下平耕韻，除耕切（澄母），「𢽲、𢽳，揍也」。《廣雅・釋詁》云：「觸、冒、搪、𢽲、衝，揍也。」（《博雅音》「長庚」反）

「搄」，《廣韻》下平庚韻，直庚切（澄母），「搄觸」。《切一》，音與《廣韻》同，「觸」。《王二》，與《廣韻》同。《全本王韻》音與《廣韻》同，「觸也」。慧琳《一切經音義》卷六十五（《五百問事經音義》）引《韻詮》云：「搄，觸也。從手長聲」[21]《大廣益會玉篇》云：「搄，𤟥也」，[22]胡吉宣《玉篇校釋》云：「『𤟥也』者，𤟥即觸子。《切韻》『搄，搄觸』，本書原本無『搄』，

---

18 此下段氏又云：「朾之字，俗作打。音德冷、都挺二切。近代讀德下切，而無語不用此字矣」。《說文》無「打」字，僅見於《說文新附》中。

19 《全本王韻》誤作「揨，撞。亦作敲」。

20 徐時儀校注：《一切經音義》，頁 724。《聲類》十卷，魏左校令李登撰，見於《隋書・經籍志》。

21 徐時儀校注：《一切經音義》，頁 1656。《韻詮》為唐人武元之所著，《新唐書・藝文志》云：「武元之《韻銓》十五卷」。

22 「𤟥」字讀音有四：(1)《廣韻》上平模韻，倉胡切，「《公羊傳》曰：𤟥者曰侵，精者曰伐」；(2)《廣韻》上聲姥韻，徂古切，「牛角直下」；(3)《廣韻》入聲燭韻，尺玉切，即「觸」古文；及 (4)《集韻》平聲庚韻，鋤庚切，同。此處《玉篇》所云，相當於第 3 音，與「觸」同音同義。

振觸字作『敳』，在支部」[23] 據胡氏所說，顧野王《玉篇》似原不載「振」字 。[24]

「𣪊」，《集韻》下平庚韻，除庚切（澄母），「𣪊、振、橙」，《博雅》：挃也」。

「敞」，《全本王韻》平聲四十耕韻，直耕反，（澄母），「撞」。[25] 玄應《一切經音義》所引《三蒼》云：「敞，撞也」（前引）。

按：「朾」、「揁」、「敳」、「𣪊」、「敞」、「振」、「𣪊」、「敞」等俱有觸、撞等義，今根據聲符，分為兩類：

（1）「朾」、「揁」、「敳」皆以「丁」（包含「亭」）為聲符，上古音屬於耕部。[26]

（2）「𣪊」、「敞」、「敞」、「𣪊」皆以「尚」（包含「𦮃」、「棠」）為聲符；「振」以「長」為聲符，而「尚」、「長」等上古音俱屬於陽部。

（1）耕部與（2）陽部，上古時雖相鄰，語音不相通。至於東漢時期，來自陽部之開口二等字（如「行」、「羹」等）與合口二等字（如「橫」、「觥」等）轉入東漢時耕部。[27]「𣪊」、「敞」、「敞」、「𣪊」、「振」等原來上古陽部之字皆屬於開口二等，因此，東漢以後始轉入於耕部。換言之，東漢以後，以上兩類字始可通用。

又按：以上諸字見於《說文》者唯有「朾」字，因此本人推測：「朾」字為古字，其他「揁」、「敳」、「𣪊」、「敞」、「敞」、「𣪊」、「振」等字或為後起之字。古訓中，《廣雅》「𣪊，挃也」之訓較古。東漢以後文獻中，「揁」、「敳」、「𣪊」、「敞」、「敞」、「𣪊」、「振」（以及「棖」）等字的用例不少

23　胡吉宣：《玉篇校釋》（上海古籍出版社，1989 年），頁 1298。另外，胡氏利用慧琳《一切經音義》以收集相關資料，本稿受益甚大，然而不盡引證。

24　《篆隸萬象名義》亦不收錄此字。

25　龍宇純：《唐寫本全本王仁昫刊謬補缺切韻校箋》（頁 228-229）云：「《切三》、《王二》無此字。《廣韻》揁字或體有𣪊字，當與此為一字。《集韻》揁字或體作𣪊，又別出字𣪊云挃也，或體作敞」。

26　按照王力先生上古音韻部，下同。

27　王力：《漢語語音史》（商務印書館，2008 年），卷上「歷代的音系」第二章「漢代音系」，88-100 頁。

（詳後）。

（三）訓為「柱」，如「橕」、「樘」、「牚」、「橖」、「撐」等字。

「橕」，《廣韻》下平庚韻，丑庚切（徹母），「撥也。又橕柱也。」

「樘」，《廣韻》下平庚韻，丑庚切（徹母），「上同」（按：謂與「橕」字同）。《王一》、《王二》、《全本王韻》俱作「牚」字，丑庚反，「撥也（《王一》、《全本王韻》俱無「也」字）」。《説文》：「衺柱也」。《説文解字》木部云：「柱也。[28] 从木堂聲」。《篆隸萬象名義》，達庚反，云：「柱也。棺也。車弦轅也」。《集韻》云：「樘、橕、牚、橖，《説文》：衺柱也。」

「撐」，《集韻》下平庚韻，中庚切（知母），「撐、揎，柱也」。

（四）訓為「距」，如「趟」、「揎」、「蹚」等字。

「趟」，《廣韻》下平庚韻，直庚切（澄母），「距也。《周禮》曰：唯角趟之」[29]。《説文・木部》云：「距也。从止尚聲」。《篆隸萬象名義》，徒郎反，云：「距也。又棖也」。《集韻》云：「揎、趟、蹚，距也」。「趟」亦有支撐之義，應為其派生義。

以上用各種小學書來梳理相關字的字義為四類（基本上以各字本義為主）。

除了所上述本義之外，此四類亦有互相通假現象如下：

○第一類、第二類相通：

《廣雅》釋詁「觸、冒、搪、轂、衝，揍也」，王念孫《疏證》云：「《眾經音義》卷三引《三倉》云：「轂，撞也」；卷十四引《字苑》云「棖，觸也」，……並與轂通」（前引）。又玄應《眾經音義》卷一（《大集月藏分經音義》）

28　大徐本《説文》「柱」字上又「衺」字，據段説而刪。

29　按：《切一》、《王一》、《王二》、《全本王韻》俱無「趟」字。

云：「《字統》作根，丈庚反。根觸也」[30]；該書卷十四（《四分律音義》）亦云：「《字統》作振（根），丈庚反。振（根）觸也」。[31] 按：《字統》為北魏陽承慶所撰，見於《隋書·經籍志》[32]，其書載「根」字，而訓為「根觸也」。又慧琳《一切經音義》卷九十四（《續高僧傳音義》）云：「《韻略》云：『根亦觸也』。《古今正字》從木長聲也」。[33] 據此等例子，第一類「根」字有通於第二類者。

○第一類、第三類相通：

朱駿聲《說文通訓定聲》云：「根，略與樘同，柱也」。據朱氏，第一類與第三類字義相近。

○第一類、第四類相通：

《廣雅·釋詁》云：「禦、禁、……根、……，止也」（前引）。[34] 戴震《方言疏證》云：「根、棖古通用」。《考工記·弓人》：「維角棖之」，鄭注：「棖，讀如棖距之棖」，疏云：「棖距，取其正也」，釋文：「棖，直庚反」；華學誠《揚雄方言校釋匯證》謂「後世吳語中猶謂支撐曰根」（戴說及華說，並前引）。據此，第一類「根」字有通於第四類者。再者，《篆隸萬象名義》云：「棖，距也。又根也」。此則第四類「棖」字有通於第一類者。

---

30 徐時儀校注：《一切經音義》，頁 19。慧琳：《音義》卷十七（徐時儀校注：《一切經音義》，頁 804）略同。

31 徐時儀校注：《一切經音義》，頁 311。慧琳：《音義》卷五十九（徐時儀校注：《一切經音義》，頁 1566）略同。

32 《隋書·經籍志》云：「《字統》二十一卷，陽承慶撰」。陽承慶為陽尼從孫，官太學博士見《魏書·陽尼傳》。《字統》又載於謝啟昆《小學考》卷十五。

33 徐時儀校注：《一切經音義》，頁 2113。《隋書》經籍志等書目著錄夏侯詠《四聲韻略》，楊休之《韻略》，杜臺卿《韻略》等三種（詳見於《小學考》卷二十九），慧琳所引《韻略》，難以決定何書。《古今正字》為唐人張戩所著，書名見於唐人景審：〈一切經音義序〉。楊守敬：《日本訪書志》卷四〈《一切經音義》一百卷日本藏《高麗藏》本〉條云：「今就此書覆審，如張戩《考聲》、《集訓》、《古今正字》、《文字典說》、《文字釋要》等書，並隋、唐志所不載。」

34 錢大昭：《廣雅疏義》（黃建中、李發舜點校：《廣雅疏義》，中華書局，2016 年，頁 243）：「王延壽〈魯靈光殿〉賦：『枝棖杈枒而斜據』，張載注：『棖，或作根』。……是根棖皆有止義」。

○第二類、第三類相通：

「樘」，《廣韻》下平庚韻，丑庚切（徹母），「撐也。又樘柱也」（前引）。又玄應《眾經音義》卷二（《涅槃經音義》）引何承天《纂文》云：「樘，觸也」。[35] 又該書卷十五（《僧祇律音義》）標「敦觸」而云：「又作敨（敿）、根、樘、橕四形，同。丈衡反」。[36] 據此，第三類「樘」、「橕」等字有通於第二類者。

○第三類、第四類相通：

《說文·木部》云：「樘，柱也」，段注云：「蓋樘本柱名，如《靈光》：「枝樘杈枒而斜據」，枝樘與層櫨曲枅芝栭為儷。然則訓為柱無疑也。樘可借為距，猶柱可借為支柱，而支柱遂正釋樘。俗閒謂撐拄必用衺木，遂沾一衺字矣」。又錢繹《方言箋疏》云：「物將傾而以物距之謂之牚距，猶以兵距敵謂之牚距也。《漢書·匈奴傳》云，陳遵與單于『相牚距』，是也」。據段氏、錢氏，第三類「樘」字、「牚」等字有通於第四類者。

以上略述「根」、「振」、「樘」、「牚」等字的字義與其間的互相關係。[37]

二、俗語「根觸」、「振觸」

王雲路、方一新《中古漢語語詞例釋》載「振、根」，[38] 釋為「碰；觸；撞擊」，同時引用《生經》：「面赤眼正青，叫喚言猫時，吾衣毛則竪，輒避

35　徐時儀校注：《一切經音義》，頁 42。慧琳：《音義》卷二十五（徐時儀校注：《一切經音義》，頁 941）略同。

36　徐時儀校注：《一切經音義》，頁 331。

37　值得注意：目前並未發現第二類與第四類相通之證據。按《廣韻》下平庚韻〈樘〉小韻（直庚切）中有已述的三個字：「根，門兩旁木」（第一類）；「振，振觸」（第二類）；「牚，距也」（第四類）。「振」與「牚」俱為動詞，因易相混亂，中古時可能在用字上細心地區別。

38　王雲路、方一新：《中古漢語語詞例釋》（吉林教育出版社，1992 年），頁 81-82。

自欲藏，世世欲離卿，何意今相捩」[39]；《抱朴子‧內篇‧勤求》：「此亦如竊鍾捩物，鏗然有聲，恐他人聞之，因自掩其耳者之類也」等資料，又云：「捩字多見於佛經。捩又常與同義詞觸連用」。從此可知魏晉以來有用「捩」字（包含「根」、「毇」等字）以及「捩觸」等詞者。

《中古漢語語詞例釋》亦載「捩觸」，釋為「碰觸；撞擊」，[40]舉證《樂瓔珞莊嚴方便品經》、《佛說羅摩迦經》、《治禪病秘要法》、《菩薩念佛三昧經》、《大方等大集經》、《佛本行集經》、《菩薩本緣經》等佛經例子。[41]

另外，徐時儀《玄應〈眾經音義〉研究》中亦討論有關「根觸、樘觸」的問題[42]。徐氏謂根字本義是木柱，作動詞有支撐義，又云：「由『以物支撐』義引申而有『碰觸、撞觸』義」；「『碰觸』義與手有關，木、手形近，故又寫作捩」；「捩、觸同義，構成並列複合詞，多見於具有口語色彩的古白話文獻中」。

按：徐說可從。誠如徐氏所說，「木、手形近」，傳寫中往往有淆亂，但一些資料顯示當時確實有從木者，有四證：

（1）慧琳《一切經音義》（《根本說一切有部毘奈耶苾芻尼律音義》）揭「根觸」而云：「或以手」。此慧琳所據本作「根」之證。

（2）慧琳《一切經音義》（《續高僧傳音義》）揭「根觸」而云：「《古今正字》從木長聲」。此唐人張戩所撰寫《古今正字》作「根」之證。

（3）謝惠連「祭古冢文」，其文云：「刻木為人，長三尺，可有二十餘頭，初開見，悉是人形，以物根撥之，應手灰滅」，李善注「根」云：「南人以物觸物為根也」（已上所引）。《文選》諸本俱作如此，無有作「捩觸」者。此或為一證。

39　西晉竺法護譯，大正藏第 3 卷 74 頁下段。
40　《中古漢語語詞例釋》，頁 82－83。
41　《中古漢語語詞例釋》又云：「『捩觸』，唐以後仍習見，字多作「根觸」，有碰觸、觸犯和感觸二義」，而引用相關資料。見於該書頁 83。
42　徐時儀：《玄應〈眾經音義〉研究》（中華書局，2005 年），第 4 章「詞彙研究」第 3 節〈《玄應音義》方俗口語例釋〉，頁 373－378。

（4）皇侃解釋《論語》「立不中門」時，先解「棖」字為「門左右兩橏邊，各豎一木，名之為棖」，此為義訓，從《爾雅》所說；後又解釋云「恐棖觸門也」，此為聲訓，以物觸物之義。門兩橏邊木不宜從手，此為皇侃不作「振觸」之證。

然則南北朝隋唐時期，口語中有「棖觸」、「振觸」、「橕觸」等詞，義皆相同，然而皇侃的用字應為「棖觸」（詳後）。此則可視為漢語詞彙歷史中一個可貴的記錄。

四、皇侃《論語義疏》「恐棖觸門也」之異文與皇疏解經特徵

《論語・鄉黨》有一句「立不中門」，其皇侃《義疏》云如下：

> 謂在君門倚立時也。中門，謂棖闑之中也。門中央有闑，闑以礙門兩扉之交處也。門左右兩橏邊各豎一木，名之為棖。棖以禦車過，恐觸門也。闑東是君行之道，闑西是賓行之道也。而臣何君道，示係屬於君也。臣若倚門立時，則不得當君所行棖闑之中央，當中是不敬，故云「不中門」也。（武內義雄所校訂《論語義疏》）

《論語》經文僅云「立不中門」，不言及「棖闑」等，但皇氏之重點在於「棖闑」，而說明「棖」、「闑」。其中「棖以禦車過，恐觸門也」一文，《論語義疏》複數傳本有異文：[43]

作「棖以禦車過，恐觸門也」者。如天理圖書館所藏清熙園本，以及根

43　本文並不意圖全面比較所有的《論語義疏》寫本。現存《論語義疏》寫本有三十多種，詳見於影山輝國：〈まだ見ぬ鈔本《論語義疏》（一）〉（《實踐國文學》78 號，頁 64-70，2010 年 10 月）。

本遜志校寬文三年（1750）刊本、知不足齋叢書本、四庫全書本等，以及武內義雄所校訂本等皆是。

作「根以禦車過，恐根觸門也」者。如京都大學所藏清家文庫本、龍谷大學所藏文明年間寫本等皆是。

作「恐觸門也」、作「恐根觸門也」，似文意俱可通。雖然如此，本人認為：作「恐根觸門也」更為合適。第一，此句是用聲訓的方法來解釋「根」（即門左右兩樞邊之木）字的「得名之源」（此為龍宇純先生語）[44]，若無「根」字，其意不明顯。第二，一般來説，日本古寫本中衍字不如脱字之多。並且日本過去文人並不熟悉「根觸」一語，所以本人推測有「根」字並非日本人妄加的衍文。

一個問題值得討論：武內氏 1924 年出版的校本以龍谷大學藏本為底本，然而不少文字與龍谷本並不一致（至少數百處），卻與根本遜志校本一致。此種錯誤是武內校本的硬傷之一。[45]關於「根以禦車過，恐觸門也」一文，武內本亦沿襲根本遜志校本的錯誤。以後整理《論語義疏》的學者可留意於此。[46]

本人認為，此段皇疏特別顯示皇侃解經的特色：用前人未用的聲訓以説明某些詞「得名之源」。

日本早稻田大學收藏唐代寫本《禮記子本疏義》一卷，從此可知皇侃如何解釋《禮記》經注。喬秀岩教授根據此寫本指出皇侃學説之特徵，即其用

44　龍宇純：〈論聲訓〉（《清華學報》新 9 卷，第 1、2 期，1971 年），頁 86；又見於《絲竹軒小學論集》（中華書局，2009 年），頁 347。龍氏云：「後之一切聲訓，如《春秋繁露》、《白虎通》、《説文》及《釋名》諸書中「君，溫」、「日，實」、「天，坦」之類，莫非推求事物得名之源，亦即語言孳乳所自」。

45　高橋均先生討論武內校本的此種錯誤，詳見於高橋均《論語義疏の研究》（創文社，2013 年），附論二〈《論語義疏》の二種の校本、根本校正本と武內校本をめぐって〉，頁 527-540。

46　目前，高尚榘先生所校點《論語義疏》（北京：中華書局，2013 年）無疑是最好的《論語義疏》整理研究的成果。然而，高先生以武內本為其底本，因此，基本上沿襲武內本具有的錯誤。

聲訓解經。喬氏引用《禮記子本疏義》中兩條如下[47]：

> 名為絻者，絻，免也。若著之則成服，脫之猶是一寸布，以其可著
> 可免，故曰絻也。（《禮記・喪服小記》「男子絻而婦人髽」疏）
> 所以謂髽者，婦人著之則髽髽可憎，因為名耳。（同上）

在於《禮記子本疏義》，皇侃用聲訓的方式以說明「絻」、「髽」等詞得名之
由。同樣，在於《論語義疏》，皇侃先解「根」字為「門左右兩槏邊，各豎
木，名之為根」，此為義訓，從《爾雅》所說；後又解釋云「恐根觸門也」，
此為聲訓，以物觸物之義[48]。此種聲訓或不可妄從，但同時也明顯地反映出南
朝學術之風氣。

結語

小文所涉，僅僅纏繞於梁代學者皇侃所用的「根觸」一語，以下略著數
語以代結語。

一，《論語》鄉黨「立不中門」皇疏，寫本有作「根以禦車過，恐觸門也」
者，也有作「根以禦車過，恐根觸門也」者。兩者之中，後者為妥當。

二，皇侃所用的「根觸」是南北朝時口語，是一種並列複合詞。

三，皇侃既用義訓，又用聲訓以解釋「根」字。

另外，姑且記下此次所得本人心得：

一，讀《論語義疏》時，應注重校勘，應比較不同寫本以自己考正，

---

47 見於喬秀岩：《義疏學衰亡史論》（白峰社，2001 年），頁 193。
48 皇侃又以「根以禦車過」之句說明「根」字，本人推測皇氏沿用上引《廣雅・釋詁》
云：「禦、禁、……根、……，止也」之說。

中日版本以及整理本皆並非理想。尤其，若利用武內校本，以龍谷本對勘為妥[49]。

二，讀《論語義疏》時，應留意皇侃所用的南北朝口語詞彙。

三，讀《論語義疏》時，應留意皇侃所用的聲訓。

最後，本人相信，皇侃《論語義疏》是難得可貴的南朝經學文獻，值得更多學者注意。

---

[49] 龍谷大學圖書館在其網站提供龍谷本《論語義疏》之內容，開放給學者下載利用：
http://www.afc.ryukoku.ac.jp/kicho/cont_04/pages_04/v_menu/0403.html?l=2,2

析論《論語》音義中陸德明與朱熹的讀音異同

黃坤堯

香港能仁專上學院中文系

　　朱熹（1130-1200）《論語集注》十卷，除訓講大義外，為便學者入門，某些字詞都注出音義。朱熹音義多承用陸德明（555-627）《經典釋文》的讀音訓詁而又有所訂正，互有同異。陸德明《經典釋文》記錄各家的異音異義，固可提供學者選擇和參考；然而依他所訂的首音標準，其實也有嚴謹的審訂音義的意味。如果歸納陸德明異讀音義中的經典句例，我們不但可以了解陸德明當時的語法概念，同時也可以重建古代書音的異讀系統，掌握傳統經典的確詁。朱熹的方言可能跟陸德明不同，但他幾乎完全襲用了陸德明的異讀系統，而且更進一步的由博返約，訂出一個標準音，使音義搭配，更見嚴密。朱熹的《四書集注》是宋元明清一千年以來中國知識分子的必讀書，它不但影響了讀書人的思想，同時也規範了讀書人的讀音，儘管大家南腔北調，但異讀音義的區別標準卻沒有太大的差異。本文利用陸德明及朱熹在《論語》一書中的注音材料，參考《廣韻》的音義，追蹤考察唐宋讀音演變的軌跡，同時也剛好揭示出經典讀音由雜亂紛繁而漸趨穩定的結構系統。[1]

1　本文引用《論語》文句及音義全依朱熹：《論語集注》，《四書章句集注》（北京：中華書局《新編諸子集成》第一輯，1983 年 10 月）。陸德明：《經典釋文》據鄧仕樑、黃坤堯：《新校索引經典釋文》（臺北：學海出版社，1988 年 6 月）。引文先列新編總頁碼，次為原刻頁碼（再分 a,b），末為原刻行數。中、末兩項數字適用於檢索通志堂原刻各本。《廣韻》據余迺永：《互註校正宋本廣韻》（臺北：聯貫出版社，1974 年 10 月）。又參《新校互註宋本廣韻》（香港：中文大學出版社，1993 年）。

本文分為三部分：一、陸、朱同音者十二例；二、陸、朱異讀者二十七例；三、陸德明兩讀，朱熹選擇一讀者三十二例。共得七十二例。

一、陸、朱同音

傳統經典讀音有它的普遍性和穩定性，陸、朱同音的例子約佔五分之四以上，比比皆是。[2] 關於古代文物制度的專名及古漢語罕用的字詞等，朱熹多承用《釋文》的舊音，或注反切，或用直音，或標四聲，例如《論語·八佾》篇中「佾，音逸」〔八佾舞於庭〕、「撤，直列反」〔三家者以雍撤〕、「相，去聲」〔相維辟公〕等。此外他們的異讀系統也大體相似，陸德明異讀體系中區別兩字兩義或假借的異讀〔「說」、「樂」等〕、區別名詞和動詞的異讀〔「弟」、「妻」等〕、動詞異讀〔「見」、「從」等〕、虛詞異讀〔「焉」、「復」等〕的種種標準，朱熹幾乎都全盤採用。例如「長」字，如字讀長短之長，上聲讀長幼，人所共知；此外又有去聲一讀，陸德明專用來區別後帶數量詞標示長短的動補詞組，在《鄉黨》「必有寢衣，長一身有半」句中，陸德明讀「直亮反」（360-11b-5），朱熹亦注「去聲」（頁 119）。其實「長」字後帶數量詞的去聲用法非常罕見，在中古其他的音義著作之中，顏師古（581-645）、司馬貞、張守節等根本就沒有這個讀音；而李賢（651-684）、何超的去聲僅為「侈長」、「繁長」、「浮長」、「長物」等詞語作音，用法迥異。可見朱熹完全接受《釋文》的影響才會注出這個讀音。[3] 現在舉出陸、朱同音者十二例說明於下，以代凡例。

2　金周生：〈朱子《儀禮經傳通解》音韻再考—以《士冠禮》音注為例〉云：「在《儀禮經傳通解·士冠禮》這 186 個注音中，與《經典釋文》對應，注音用字完全相同的有 155 個，比例超過 83%，這不得不說是鈔錄該書的結果。至於注音用字有差異的 19 例，與不見於《釋文》的 12 例，就是我們需要檢視與討論的。」參 2017 紀念林尹教授學術研討會單篇論文。跟《論語》的情況剛好相合。

3　黃坤堯：《經典釋文動詞異讀新探》（臺北：臺灣學生書局，1992 年 9 月），頁 221。

1. 《學而》：「弟子入則孝，出則弟。」陸德明：「則弟：音悌，本亦作悌。」
   （345-1b-11）朱熹：「弟子之弟，上聲；則弟之弟，去聲。」（頁 49）
   案：「弟」字上、去兩讀區別名詞和動詞。（dì、tì）[4]

2. 《八佾》：「儀封人請見，曰：君子之至於斯也，吾未嘗不得見也。從
   者見之。」陸德明：「請見：賢遍反。」（346-4a-8）朱熹：「請見、見
   之之見，賢遍反。」又注云：「儀，衛邑。封人，掌封疆之官，蓋賢
   而隱於下位者也。……見之，謂通使得見。」（頁 68）
   案：「見」字有見、匣兩讀，乃通過尊卑的關係決定施事，再由施事
   訂出讀音。儀封人相對於夫子居卑位，陸、朱同讀匣紐。此乃動詞異
   讀之例。（jiàn、xiàn）

3. 《為政》：「曾是以為孝乎？」陸德明：「曾：音增。馬云：則。皇侃云：
   嘗也。」（345-2b-6）朱熹不作音，注云：「曾猶嘗也。」（頁 56）
   〔3a〕《八佾》：「曾謂泰山，不如林放乎！」陸德明：「曾謂：則登反，
   則也。」（346-3a-10）朱熹不作音，注云：「言神不享非禮，欲季氏知
   其無益而自止，又進林放以厲冉有也。」（頁 62）
   案：《廣韻》「曾」字兩讀；如字作滕切訓則也，昨棱切訓經也，同屬
   下平十七登韻。（頁 355）兩讀清濁不同，從母一讀限用於曾經義。
   陸、朱同讀精母，「曾」訓為嘗也。此乃虛詞異讀之例。（céng、zēng）

4. 《里仁》：「君子去仁，惡乎成名。」陸德明：「惡乎：音烏，注同。」
   （346-4b-3）朱熹：「惡：平聲。」注云：「何所成其名乎。」（頁 70）
   案：「惡」字有入聲、去聲及平聲三讀，平聲乃虛詞異讀。世界書局

4　附列現代注音，參劉冰瑩（1906-2000）、李鍌（1927-）、劉正浩、邱燮友（1931-）
　　編譯：《新譯四書讀本》（臺北：三民書局，1968 年 6 月修訂三版）。

本《四書集注》注「去聲」則有動詞厭惡義，誤。[5]（wū、wù）

5. 《學而》：「子夏曰。」陸德明：「子夏：戶雅反。」（345-2b-2）朱熹不
　　作音。（頁 50）

　　〔5a〕《為政》：「殷因於夏禮，所損益可知也。」陸德明：「於夏：戶
　　雅反，餘以意求之。」（346-3a-2）朱熹不作音。（頁 59）

　　案：「夏」字如字讀上聲，人名依如字讀；去聲僅限於春夏義。陸、
　　朱區別兩讀的標準相同。（xià）

6. 《八佾》：「三家者以雍徹。子曰：相維辟公，天子穆穆，奚取於三家
　　之堂。」陸德明：「雍：於容反。」「辟公：必亦反，君也，注同。」
　　（346-3b-7，8）朱熹不作音，注云：「雍，《周頌》篇名；徹，祭畢而
　　收其俎也。」「辟公，諸侯也。」（頁 61）

　　案：「雍」讀如字平聲，地名雍州讀去聲。「辟」字多音多義，「辟公」
　　一詞陸、朱訓義相同，《廣韻》必益切，訓君也，入聲二十二昔韻。
　　（頁 519）朱熹當亦讀幫紐。（bì）

7. 《里仁》：「君子之於天下也，無適也，無莫也，義之與比。」陸德
　　明：「莫：武博反。范寧云：適莫猶厚薄也。鄭云慕，無所貪慕也。」
　　（346-4b-6）朱熹不作音，注云：「莫：不肯也。」又引謝氏曰：「適，
　　可也；莫，不可也。苟無道以主之，不幾於猖狂自恣乎？」（頁 71）

　　案：朱熹「莫」字亦讀如字入聲，不必依鄭玄說改讀「慕」字；惟陸、
　　朱釋義各異。（mò、mù）

8. 《為政》：「學而不思則罔，思而不學則殆。」陸德明：「則殆：音待，

5　朱熹：《四書集注》（臺北：世界書局，1968 年 9 月），頁 21。

依義當作怠。」（345-2b-8）朱熹不作音，注云：「不習其事，故危而不安。」（頁 57）

案：《廣韻》上聲十六海韻「殆」、「待」、「怠」字同讀徒亥切，「殆」訓危也、近也；「怠」訓懈怠。朱、陸讀音相同，義則有別。（dài）

9. 《雍也》：「孟之反不伐，奔而殿。將入門，策其馬曰：非敢後也，馬不進也。」陸德明：「而殿：都練反，注同。」（348-7a-2）朱熹：「殿：去聲。」注云：「伐，誇功也。奔，敗走也。軍後曰殿。」（頁 88）

案：《廣韻》「殿」有兩讀：一為堂練切，訓宮殿；一為都甸切、軍在後曰殿；同屬去聲三十二霰韻。（頁 407，409）朱熹當讀端紐。（diàn）

10.《泰伯》：「師摯之始，關雎之亂，洋洋乎盈耳哉。」陸德明：「師摯：音至。」（349-9a-11）朱熹：「摯：音至。」（頁 106）

案：《廣韻》「摯」讀脂利切，去聲六至韻。（頁 349）世界書局本《四書集注》引作「摯：音志。」（頁 53）則至志不分，不關別義也。（zhì）

11.《鄉黨》：「君召使擯，色勃如也，足躩如也。」陸德明：「躩如：驅碧反，盤辟貌。」（350-11a-6）朱熹：「躩：驅若反。」注云：「擯，主國之君所使出接賓者。勃，變色貌。躩，盤辟貌。皆敬君命故也。」（頁 117）

案：《廣韻》「碧」在廿三錫韻，當改二十陌韻。「若」在入聲十八藥韻。《廣韻》云：「躩：盤辟貌，居縛切。」「躩：《說文》云：足躩如也，丘縛切。」皆在入聲十八藥韻。（頁 504）《釋文》陌藥不分，陸、朱實同一讀。（què）

12.《八佾》：「關雎樂而不淫，哀而不傷。」陸德明：「關雎：七餘反。」（346-4a-1）朱熹不作音。（頁 66）

〔12a〕《泰伯》:「師摯之始,關雎之亂,洋洋乎盈耳哉。」陸德明:「關雎:七餘反。」(349-9a-11)朱熹:「七余反。」(頁 106)

案:此條朱熹漏注,可據〔12a〕補音;而陸、朱同音也。(jū)

二、陸、朱異讀

陸、朱異讀的原因很多,或因音義的理解不同,其中「行」、「王」、「文」、「語」、「從」、「為」、「與」、「比」、「樂」、「識」、「舍」、「喪」、「參」、「辟」、「共」、「洒」、「穀」、「食」、「己」、「已」十九字都是常見的多音字,易於判斷。〔例 13-31〕其餘或因朱熹修訂陸德明的誤讀〔例如「麛」讀米俟反、「憮」音呼〕;或因語音變異,我們從朱熹的注音中發現有非敷不分〔「斐」音匪〕、盍合不分〔「盍」音合〕、全濁聲母消失〔「鞹」讀其郭反〕及全濁上聲變去的現象〔「荷」讀去聲〕;此外「脛」讀其定反、「騧」讀烏瓜反二例也可能是朱熹的誤讀或新增的俗音。

13.《學而》:「行有餘力,則以學文。」陸德明:「行有:下孟反,下云觀其行並注同。」(345-2a-1)朱熹不作音。(頁 49)下文「父沒,觀其行」,始注「去聲」(頁 51)。

〔13a〕《憲問》:「君子恥其言而過其行。」陸德明:「其行:下孟反,或如字。」(352-16b-8)朱熹:「行:去聲。」(頁 156)

案:「行」字平去兩讀區別名詞和動詞,陸德明將「行有餘力」之「行」理解為名詞,容或失當。(xíng、xìng)

14.《子路》:「子曰:如有王者,必世而後仁。」陸德明:「王者:于況反,又如字,注同。」(352-15a-5)朱熹不作音,注云:「王者謂聖人受命而興也,三十年為一世。仁謂教化浹也。」(頁 144)

案:朱熹「王」字讀平聲,與陸德明以去聲為首音者名動不同。

（wáng、wàng）

15.《子張》：「小人之過也必文。」朱熹：「文：去聲。」注云：「文，飾之也。」
（頁189）

案：陸德明「文」字不作音，蓋讀如字平聲。兩讀區別名詞和動詞不
同。（wén、wèn）

16.《子罕》：「法語之言，能無從乎？改之為貴。巽與之言，能無說乎？
繹之為貴。說而不繹，從而不改，吾末如之何也已矣。」陸德明：「法
語之：魚據反。」（349-10b-4）朱熹不作音，注云：「法語者，正言之
也；巽言者，婉而導之也。」（頁115）

案：何晏（190-249）《論語集解》引孔安國（173?-113? B.C.）曰：「人
有過以正道告之，口無不順從之，能必自改之，乃為貴。」又引馬融
（79-166）曰：「巽，恭也。謂恭孫謹敬之言，聞之無不說者，能尋繹
行之，乃為貴。」[6] 陸德明似將「語」字理解為動詞，後帶名詞「之」
字，則「語」讀去聲，訓告訴他。朱熹以「法語」與「巽言」對舉，
「語」為名詞，自然要讀如字上聲，不煩改讀了。（yǔ、yù）

17.《公冶長》：「道不行，乘桴浮于海，從我者其由與？」朱熹：「從、
好並去聲。」（頁77）陸德明不作音，即讀如字平聲。

案：「從」字如字訓聽從義，去聲訓從行義，兩讀同為動詞而意義相
關。此條大抵以朱讀為長。（cóng、zòng）

18.《八佾》：「射不主皮，為力不同科，古之道也。」朱熹：「為：去聲。」
注云：「射不主皮，《鄉射禮》文。為力不同科，孔子解禮之意如此
也。……科，等也。古者射以觀德，但主於中，而不主於貫革，蓋以
人之力有強弱，不同等也。」（頁65）

〔18a〕《八佾》：「邦君為兩君之好，有反坫，管氏亦有反坫。」陸德明：

---

6 邢昺：《論語注疏》（臺北：藝文印書館影嘉慶二十年〔1815〕江西南昌府學開雕《十
三經注疏》本，1955年），頁80。

「為兩：于偽反，又如字。」（346-4a-4）朱熹不作音，注云：「好謂好會。坫在兩楹之間，獻酬飲畢，則反爵於其上，此皆諸侯之禮，而管仲僭之，不知禮也。」（頁 67）

〔18b〕《先進》：「季氏富於周公，而求也為之聚斂而附益之。」陸德明：「為之：于偽反，又如字，注同。」（351-13a-3）朱熹：「為：去聲。」（頁 126）

〔18c〕《學而》：「為人謀而不忠乎？」陸德明：「為人：于偽反，又如字。」（345-1b-5）朱熹：「為：去聲。」（頁 48）

案：此條陸德明不作音，則讀如字平聲，為力即用力，訓動詞義。

〔18a〕「為」字訓舉行，有動詞義，朱熹讀如字平聲；陸德明以去聲為首音，則訓為了，有介詞義。二條大抵皆以朱讀為長。〔18b〕、〔18c〕陸、朱同讀去聲，此乃區別虛詞的異讀。（wéi、wèi）

19.《先進》：「論篤是與。君子者乎？色莊者乎？」陸德明：「是與：音餘。」（351-13a-9）朱熹：「與：如字。」注云：「言但以其言論篤實而與之，則未知其為君子者乎？為色莊者乎？言不可以言貌取人也。」（頁 128）

〔19a〕《鄉黨》：「君在，踧踖如也，與與如也。」陸德明：「與與：音餘。」（350-11a-5）朱熹：「與：平聲，或如字。」注云：「踧踖，恭敬不寧之貌。與與，威儀中適之貌。」（頁 117）

〔19b〕《微子》：「鳥獸不可與同群，吾非斯人之徒與而誰與？天下有道，丘不與易也。」陸德明：「徒與誰與：並如字，又並音餘。」（354-20b-7）朱熹：「與：如字。」注云：「言所當與同群者，斯人而已。」（頁 184）

案：《廣韻》「與」字三讀：其一讀如字余呂切，訓善也、待也、黨與也，動詞，上聲八語韻；（頁 256）其二羊洳切訓參與義，亦為動詞，去聲九御韻；（頁 363）其三以諸切，訓安气也，語末之詞，平聲九魚韻。（頁 68）此條「論篤是與」陸德明讀平聲，理解為虛詞；而朱熹

讀上聲，有黨與義；陸、朱釋義不同。〔19a〕「與與」同讀平聲，〔19b〕「徒與」「誰與」同讀如字上聲，則陸、朱訓義相同也。（yǔ、yù、yú）

20. 《為政》：「君子周而不比，小人比而不周。」陸德明：「不比：毗志反，下同。」（345-2b-7）朱熹：「比：必二反。」[7] 注云：「周，普遍也；比，偏黨也。皆與人親厚之意，但周公而比私耳。」（頁 57）

〔20a〕《里仁》：「君子之於天下也，無適也，無莫也，義之與比。」陸德明：「與比：毗志反。」（346-4b-6）朱熹：「比：必二反。」注云：「比：從也。」（頁 71）

案：《廣韻》「比」字多音多義：毗至切訓近也、阿黨也；必至切訓近也、併也，皆在去聲六至韻（頁 355）。陸德明至志不分，實同一讀，參上文「摯」字〔例 10〕；此外陸、朱更有聲紐並、幫之異。（bì）

21. 《雍也》：「知者樂水，仁者樂山。知者動，仁者靜。知者樂，仁者壽。」陸德明：「樂：音岳，又五孝反，注及下同。智者樂：五孝反，注同。」（348-7a-6）朱熹：「樂：上二字並五教反，下一字音洛。」注云：「樂，喜好也。」（頁 90）

案：《釋文》諸「樂」字的音義尚欠斟酌，自亂體例。朱熹訂正陸德明的讀音，動詞喜好義者注去聲五教反，形容詞注入聲音洛。（lè、yuè、yào）

22. 《述而》：「默而識之，學而不厭，誨人不倦，何有於我哉！」朱熹：「識：音志，又如字。」注云：「識，記也。默識謂不言而存諸心也。一說：識，知也，不言而心解也。前說近是。」（頁 93）

〔22a〕《述而》：「多聞擇其善者而從之，多見而識之，知之次也。」朱熹：「識：音志。」注云：「識，記也。」（頁 99）

7　《新編諸子集成》本原缺「比：必二反」條的注音，今據《四書集注》補，頁 10。

〔22b〕《衛靈公》：「女以予為多學而識之者與？」朱熹：「識：音志。」注云：「子貢之學，多而能識矣。」（頁 161）

〔22c〕《子張》：「賢者識其大者，不賢者識其小者。莫不有文武之道焉。」朱熹：「識：音志。」注云：「識，記也。」（頁 192）

案：「識」字四例陸德明全不作音，即讀如字入聲，訓知也。朱熹亦分兩讀，而訓義不同；此條「默而識之」朱熹以去聲音志為首音，訓記也。後三例朱熹亦全讀去聲，訓記也。[8]（shí、zhì）

23.《雍也》：「雖欲勿用，山川其舍諸？」陸德明：「其舍：音捨，注同，棄也。一音赦，置也。」（347-6b-6）朱熹：「舍：上聲。」（頁 85）

〔23a〕《述而》：「子謂顏淵曰：用之則行，舍之則藏，惟我與爾有是夫！」陸德明：「舍之：音赦，止也；一音捨，放也。」（348-7b-11）朱熹：「舍：上聲。」（頁 95）

案：「舍」字有上去兩讀，音義不同。此條「山川其舍諸」陸、朱同讀上聲，訓棄也。〔23a〕陸讀首音去聲，訓止也；朱讀上聲，訓不用也。（shě、shè）

24.《先進》：「顏淵死，子曰：噫！天喪予！天喪予！」陸德明：「天喪：如字，亡也。舊息浪反，下及注同。」（350-12b-9）朱熹：「喪：去聲。」注云：「悼道無存，若天喪己也。」（頁 125）

〔24a〕《憲問》：「子言衛靈公之無道也。康子曰：夫如是，奚而不喪？」陸德明：「不喪：息浪反，下同。又如字。」（352-16b-3）朱熹：「喪：去聲。」注云：「喪，失位也。」（頁 154）

案：「喪」字兩讀兩義，與「亡」字的兩義近似。《廣韻》息郎切訓亡

8　參黃坤堯：〈論「識」「幟」兩字的音義分化〉，《中國語文》1995 年第 6 期，頁 442-446。

也、死喪也，下平十一唐韻；（頁 180）又蘇浪切訓亡也，去聲四十二宕韻。（頁 428）兩讀同有喪失義，而平聲則限指死喪義。「天喪予」句陸德明讀如字平聲，則有死喪義；朱熹改讀去聲，僅以喪己為喻，比較通達。〔24a〕有失位義，陸、朱同讀去聲。（sāng、sàng）

25.《衛靈公》：「立，則見其參於前也。」陸德明：「參於：所金反，注同。」（353-17b-5）朱熹：「參：七南反。」注云：「參讀如毋往參焉之參，言與我相參也。」（頁 162）其指忠信篤敬。

案：「參」字多音多義。《廣韻》一讀所金切，訓參星，亦姓，下平二十一侵韻；（頁 220）又倉含切，訓參承、參觀也，下平二十二覃韻；（頁 221）《釋文》云：「曾參：所金反，又七南反。」（345-1b-5）則陸德明或以所金反一音為如字。陸、朱注音不同，而聲紐也有審、清之異。朱熹注七南反即《廣韻》倉含切，訓參觀也，音義相合。（shēn、cān、cēn）

26.《先進》：「師也辟。」陸德明：「也辟：匹亦反。」（351-13a-5）朱熹：「辟：婢亦反。」注云：「辟，便辟也，謂習於容止，少誠實也。」（頁127）

案：《廣韻》「辟」字三音：必益切訓君也、除也；芳辟切同「僻」字，訓誤也、邪僻也；房益切訓便辟，又法也。同屬入聲二十二昔韻。（頁 519）陸、朱讀並不同，訓解各異。（pì）

27.《為政》：「為政以德，譬如北辰，居其所而眾星共之。」陸德明：「眾星共：求用反。鄭作拱，俱勇反，拱手也。」（345-2b-1）朱熹：「共：音拱，亦作拱。」注云：「共，向也，言眾星四面旋繞而歸向之也。」（頁 53）

案：《廣韻》「共」字兩讀：一渠用切，訓同也、皆也，去聲二宋韻；

（頁 344）一居悚切，訓手抱也、斂手也，亦誦作「拱」字，上聲二腫韻；（頁 239）朱熹依鄭玄（127-200）讀，與陸德明讀如字者不同。（gòng、gǒng）

28.《子張》：「當洒掃應對進退。」陸德明：「洒掃：上色買反，又所綺反。正作灑。」（355-21b-1）朱熹：「洒：色賣反。」（頁 190）

案：《廣韻》「洒」字兩讀，一音先禮切，通「洗」字，訓洗浴，上聲十一薺韻；（頁 269）一音所賣切，訓洒埽，去聲十五卦韻。（頁 384）陸、朱上去不同。而陸氏上聲兩讀亦不同於《廣韻》的「洗」字。（sǎ）

29.《泰伯》：「三年學，不至於穀，不易得也。」陸德明：「於穀：公豆反，孔云善也。鄭及孫綽祿也。」（349-9a-9）又「不易：孫音亦，鄭音以豉反。」（349-9a-10）朱熹：「易：去聲。」注云：「祿，穀也。至，疑當作志。為學之久，而不求祿，如此之人，不易得也。」（頁 106）

案：「穀」字兩讀意義不同，陸德明依孔安國讀去聲，訓善也；朱熹從鄭玄及孫綽（320-377）讀如字入聲，訓祿也。參《憲問》：「邦有道，穀；邦無道，穀，恥也。」朱熹亦訓祿也。（頁 148）又「易」字入去兩讀，訓義不同，陸德明以孫綽入聲一讀為首音，似不可通；朱熹依鄭玄音讀去聲，是也。（gǔ、gòu；yì）

30.《鄉黨》：「肉雖多，不使勝食氣。」陸德明：「食氣：如字。《說文》作『既』，云小食也。」（350-11b-10）朱熹：「食：音嗣。」注云：「食以穀為主，故不使肉勝食氣。」（頁 120）

案：《釋文》此條僅注異文，「氣」一作「既」，訓小食也。《說文》作「旡」，云：「飲食逆氣不得息曰旡。」《廣韻》「氣」「既」同在去聲八未韻，章炳麟云：「稱食為吃，與既訓小食正同。吃從气聲，《論語》

『不使勝食既』，今作『食氣』。是氣聲字可借為既也」。[9]朱熹望文生訓，解作「飯氣」，似不可取。（shí、sì）

31.《憲問》：「鄙哉！硜硜乎！莫己知也。斯己而已矣。深則厲，淺則揭。」陸德明：「莫己：音紀。下斯己同。」（353-17a-4）朱熹：「莫己之己：音紀。餘音以。」注云：「譏孔子人不知己而不止，不能適淺深之宜。」（頁159）
案：陸、朱以讀音區別「己」「已」字形的不同，惟陸讀「斯己」，朱讀「斯已」，互有異文。（jǐ、yǐ）

32.《鄉黨》：「素衣麑裘。」陸德明：「麑：米倪反，鹿子也。」（350-11b-4）朱熹：「麑：研奚反。」注云：「麑，鹿子，色白。」（頁119）
案：《廣韻》「麑」讀五稽切，上平十二齊韻。（頁89）或疑《釋文》音誤，「米」字或為「牛」字；或改讀為「麛」字，《廣韻》「麛」讀莫兮切，鹿子，上平十二齊韻。（頁91）（mí、ní）

33.《微子》：「太子憮焉曰。」陸德明：「憮：音呼，又音武。」（354-20b-6）朱熹：「憮：音武。」注云：「憮然，猶悵然，惜其不喻己意也。」（頁184）
案：《廣韻》「憮」字兩讀：其一武夫切，訓空也，上平十虞韻（頁73）；其二文甫切，訓憮然失意貌，上聲九麌韻。（頁261）朱熹取後讀是也。又陸德明「音呼」殆即《廣韻》「幠」字，荒烏切，大也，上平十一模韻。（頁83）（wǔ、hū）

9　章炳麟（1869-1936）：〈丁未與黃侃書〉，參《太炎文錄初編》文錄卷二，《章太炎全集》（四）（上海：上海人民出版社，1985年9月），頁158。

34.《公冶長》：「斐然成章。」陸德明：「斐然：芳匪反。」（347-6a-4）朱
　　熹：「斐：音匪。」注云：「斐，文貌。」（頁81）
　　案：《廣韻》讀「敷尾切」。（頁255）上聲七尾韻。朱熹非敷不分。（fěi）

35.《公冶長》：「盍各言爾志？」陸德明：「盍：戶臘反。」（347-6a-8）朱
　　熹：「盍：音合。」注云：「盍，何不也。」（頁82）
　　案：《廣韻》「盍」讀胡臘切，訓何不也，入聲二十八盍韻。（頁536）
　　朱熹合盍不分。（hé）

36.《顏淵》：「文猶質也，質猶文也，虎豹之鞹，猶犬羊之鞹。」陸德明：
　　「鞹：苦郭反。孔云：皮去毛曰鞹；鄭云：革也。」（351-14a-5）朱熹：
　　「鞹：其郭反。」注云：「鞹，皮去毛者也。」（頁135）
　　案：《廣韻》「鞹」讀苦郭切，訓皮去毛，入聲十九鐸韻。（頁509）陸、
　　朱溪群不同。朱熹或已不辨全濁聲母。（kuò）

37.《憲問》：「有荷蕢而過孔氏之門者。」陸德明：「荷蕢：上胡我反；本
　　又作何，音同。」（353-17a-2）朱熹：「荷：去聲。」（頁158）
　　案：《廣韻》「荷」胡可切，訓負荷也，上聲三十三哿韻。（頁304）朱
　　熹改讀去聲，乃全濁上聲變去之例。（hè）

38.《憲問》：「以杖叩其脛。」陸德明：「脛：戶定反。」（353-17a-8）朱熹：
　　「脛，其定反。」（頁160）
　　案：《廣韻》「脛」字兩讀：一讀胡頂切，訓腳脛，上聲四十一迥韻；（頁
　　320）一讀胡定切，亦訓腳脛，去聲四十六徑韻。（頁432）陸德明讀
　　匣紐，是也；朱熹讀群紐疑誤。（jìng）

39.《微子》：「周有八士：……季騧。」陸德明：「季騧：古花反。」（355-

21a-6）朱熹：「騧：烏瓜反。」（頁 187）

案：《廣韻》「騧」字兩讀：一讀古蛙切，訓馬淺黃色，上平十三佳韻；（頁 93）一讀古華切，訓黃馬黑喙，下平九麻韻。（頁 166）陸德明讀見紐，是也；朱熹讀影紐疑誤。（guā、wā）

三、陸德明兩讀，朱熹選擇一讀

朱熹多承用陸德明舊音，而又有所選擇及刪汰。大抵朱熹首重辨義，其次審音。朱熹選音多依《釋文》首音，有時連反切用字也不改動；或取又音，則表示他對經義的理解不同。在下面一批多音字材料中，朱熹大都認同了陸德明的首音。其中「軏」字有點例外，但因「輗」「軏」同條，性質相似，不妨放在一起討論。現在我們可以依異讀類型重新編為六項：

甲、區別動詞和名詞：知。

乙、動詞異讀：近、遠、飲、惡、勞。

丙、虛詞異讀：一、焉、材。

丁、區別兩字兩義或假借：共（供）、數、亡、否、食、賈、拖、選。

戊、讀音不同，意義相同：輗、軏、饐、餲、盼、倗、唁、忮、棣、恂、坐、袗、叩、亢、訐、植。

己、類推作用或特殊詞語的讀音：出納、足恭、行行。

有些讀音《廣韻》只標一讀，例如「輗」、「饐」、「盼」、「忮」、「棣」、「恂」、「袗」、「叩」等，而陸德明摘錄馬融、鄭玄、王肅（195-256）、孔安國、何晏、王弼（226-249）、李充（?-350?）、衛瓘（220-291）、繆播（?-309）、韋昭（204-273）、梁武帝（蕭衍，464-549）、《字林》等諸家舊音，增加很多異讀，未必都有別義作用。大抵這可能只是一些古方言的痕蹟，或古書面語的殘餘成分，朱熹刪去又音，標出最通行的讀音，顯得簡明清暢，更

見實用。

40.《公冶長》:「子張問曰:令尹子文三仕為令尹,無喜色。三已之,無
慍色。舊令尹之政,必以告新令尹,何如?子曰:忠矣。曰:仁矣
乎?曰:未知,焉得仁。」陸德明:「未知:如字;鄭音智,注及下同。」
(347-5b-11)朱熹:「知:如字。」(頁80)
案:「知」字平去兩讀區別動詞和名詞。陸、朱同讀平聲,訓知理也。
(zhī、zhì)

41.《學而》:「信近於義,言可復也;恭近於禮,遠恥辱也。因不失其親,
亦可宗也。」陸德明:「信近:附近之近,下及注同,又如字。」「遠
恥:于萬反。」(345-2a-5,6)朱熹:「近、遠皆去聲。」(頁52)
〔41a〕《顏淵》:「舜有天下,選於眾,舉皋陶,不仁者遠矣。」陸德明:
「遠:如字,又于萬反,下同。」(351-14b-5)朱熹:「遠:如字。」(頁
139)
案:「遠」「近」字可依移動義區別兩讀。此條「信近於義」有移動義,
陸德明以去聲為首音;〔41a〕「遠」為形容詞,則以上聲為首音。朱
熹從之。(yuǎn、yuàn;jìn)

42.《八佾》:「子曰:君子無所爭,必也射乎。揖讓而升,下而飲,其爭
也君子。」陸德明:「而飲:王於鴆反,注同。又如字。」(346-3b-1)
朱熹:「飲:去聲。」(頁63)
案:去聲乃區別致使義的異讀,義為使飲。陸、朱皆依王肅讀。
(yǐn、yìn)

43.《里仁》:「苟志於仁矣,無惡也。」陸德明:「無惡:如字,注同;又
烏路反。」(346-4b-2)朱熹:「惡:如字。」(頁70)

案：兩讀有形、動之別。此句「惡」訓惡德，非厭惡義，陸、朱同讀入聲。（è、wù）

44.《子路》：「子路問政，子曰：先之，勞之。」陸德明：「勞之：孔如字，鄭力報反。」（351-14b-10）朱熹：「勞：如字。」又引蘇氏曰：「凡民之行，以身先之，則不令而行。凡民之事，以身勞之，則雖勤不怨。」（頁 141）

案：「勞」字兩讀，平聲有勞苦義，去聲有慰勞義、勞來義。兩讀有相關意義。「先之勞之」解以身作則，任勞任怨，陸、朱皆讀平聲。（láo、lào）

45.《公冶長》：「季文子三思而後行。」陸德明：「三思：息暫反，又如字。」（347-6a-2）朱熹：「三：去聲。」（頁 81）

〔45a〕《學而》：「吾日三省吾身。」陸德明：「三：息暫反，又如字。」（345-1b-4）朱熹不作音。

〔45b〕《鄉黨》：「山梁雌雉，時哉時哉。子路共之，三嗅而作。」陸德明：「三：息暫反，又如字。」（350-12b-1）朱熹不作音。

〔45c〕《先進》：「南容三復白圭，孔子以其兄之子妻之。」陸德明：「三復：息暫反，又如字。」（350-12b-6）朱熹：「三、妻並去聲。」（頁 124）

〔45d〕《微子》：「柳下惠為士師，三黜。人曰：子未可以去乎？曰：直道而事人，焉往而不三黜？枉道而事人，何必去父母之邦？」陸德明：「三：息暫反，又如字。」（354-20a-10）朱熹：「三：去聲。」（頁 183）

案：諸條陸德明皆兼注兩讀，大抵平聲為實詞，去聲為副詞。朱熹從陸德明讀去聲，〔45a〕、〔45b〕乃漏注，朱熹當讀去聲。（sān、sàn）

46.《公冶長》：「十室之邑，必有忠信如丘者焉，不如丘之好學也」。陸
德明：｜焉：如字，衛瓘於虔反，為下句首。」（347-6a-8）朱熹：「焉：
如字，屬上句。」（頁 83）

案：「焉」字有為紐（喻三）及影紐兩讀。為紐用作句末虛詞，有於
是義；影紐乃句首虛詞，有詢問義。六朝江南行此區別，而河北混同
一音。今國語只有陰平一讀，而粵語則保存陽平及陰平兩讀。陸、朱
皆讀為紐，並依異讀辨正句讀。（yān）

47.《公冶長》：「由也好勇過我，無所取材。」陸德明：「材：才、哉二音。」
（347-5a-11）朱熹：「材與裁同，古字借用。」注云：「故夫子美其勇，
而譏其不能裁度事理，以適於義也。」（頁 77）

案：陸德明兩讀，一為實詞，一為虛詞。朱熹改讀為「裁」字，蓋同
章有「不知所以裁之」之句，訓裁割正也。（頁 81）陸、朱同音而取
義不同。（cái、zāi）

48.《鄉黨》：「山梁雌雉，時哉時哉。子路共之，三嗅而作。」陸德明：「共
之：本又作供，九用反，又音恭。注同。」（350-12b-1）朱熹：「共：
九用反，又居勇反。」注云：「邢氏曰：『梁，橋也。時哉，言雉之飲
啄得其時。子路不達，以為時物而共具之，孔子不食，三嗅其氣而
起。』晁氏曰：『石經嗅作戛，謂雉鳴也。』劉聘君曰：『嗅當作臭，
古闋反，張兩翅也。見《爾雅》。』愚按如後兩說，則共字當為拱執
之義。然此必有闕文，不可彊為之說。姑記所聞，以俟知者。」（頁
122）

案：「共」字即「供」字。《廣韻》平去兩讀：一九容切，訓奉也、具
也、設也、給也、進也，上平三鍾韻；（頁 38）一居用切，訓設也，
去聲二宋韻；（頁 345）陸、朱同取供奉義，故以去聲為首音；陸德
明又讀平聲，則有供給義；朱熹又讀上聲，則通作「拱」字。（gòng、

gōng、gǒng）

49.《里仁》：「事君數，斯辱矣；朋友數，斯疏矣。」陸德明：「君數：何云：色角反，下同，謂速數也。鄭世主反，謂數己之功勞也。梁武帝音色具反，注同。」（347-5a-1）朱熹：「數：色角反。」又引程子曰：「數：煩數也。」（頁 74）

案：「數」字三讀：何晏讀入聲訓頻數，鄭玄讀上聲訓計也，梁武帝讀去聲訓筭數。陸、朱同讀入聲。（shuò）

50.《述而》：「亡而為有，虛而為盈，約而為泰，難乎有恆矣。」陸德明：「亡而為有：亡，如字，一音無。」（348-8b-1）朱熹：「亡讀為無。」（頁 99）

〔50a〕《雍也》：「今也則亡，未聞好學者也。」陸德明：「今也則亡：本或無亡字，即連下句讀。」（347-6b-3）朱熹：「亡與無同。」（頁 84）

案：《說文》云：「亡，逃也。」古籍或通作「無」字，意義不同。（wáng、wú）

51.《雍也》：「予所否者，天厭之！天厭之！」陸德明：「所否：鄭、繆力有反，不也。王弼、李充備鄙反。」（348-7a-9）朱熹：「否：方九反。」（頁 91）

案：《廣韻》「否」字兩讀：一符鄙切、並鄙切，塞也，上聲五旨韻；（頁 249，338）一方久切，不也，上聲四十四有韻。（頁 323）兩讀音義不同。（fǒu、pǐ）

52.《述而》：「飯疏食飲水，曲肱而枕之，樂亦在其中矣。」陸德明：「食：如字，謂菜食也。一音嗣，飯也。」（348-8a-6）朱熹：「食：音嗣。」

注云：「飯，食之也；疏食，粗飯也。」（頁 97）

〔52a〕《鄉黨》：「雖疏食菜羹瓜祭，必齊如也。」陸德明：「疏食：音嗣，
又如字。」（350-11b-11）朱熹：「食：音嗣。」注云：「古人飲食，每
種各出少許，置之豆閒之地，以祭先代始為飲食之人，不忘本也。」
（頁 120）

案：「食」字入去兩讀同為名詞，入聲泛指食物，去聲特指飯。(shí、
sì)

53.《子罕》：「子貢曰：有美玉於斯，韞匵而藏諸？求善賈而沽諸？子曰：
沽之哉！沽之哉！我待賈者也。」陸德明：「善賈：音嫁，一音古。」
（349-10a-10）朱熹：「賈：音嫁。」（頁 113）

案：《廣韻》「賈」字三讀：其一古疋切，姓也，上聲三十五馬韻；（頁
308）其二公戶切，商賈，上聲十姥韻；（頁 266）其三古訝切，賈人
知善惡，去聲四十禡韻。（頁 421）(jià)

54.《鄉黨》：「疾，君視之，東首，加朝服拖紳。」陸德明：「拖：本或作
拕，徒我反，又敕佐反。」（350-12a-6）朱熹：「拖：徒我反。」注云：
「病臥不能着衣束帶，又不可以褻服見君，故加朝服於身，又引大帶
於上也。」（頁 121）

案：《廣韻》「拖」讀吐邏切，訓牽車，去聲三十八箇韻。（頁 420）「拕」
讀移爾切，訓加也，離也，上聲四紙韻（頁 244）。陸、朱讀徒我反
者疑非此二字，或為《廣韻》「挆」字，徒可切，引也，上聲三十三
哿韻。（頁 304）(tuǒ)

55.《顏淵》：「舜有天下，選於眾，舉皋陶，不仁者遠矣。」陸德明：「選
於：息戀反，又息轉反，下同。」（351-14b-5）朱熹：「選：息戀反。」
（頁 139）

案：《廣韻》「選」字兩讀：其一思兗切，擇也，上聲廿八獮韻；（頁294）其二息絹切，去聲三十三線韻。（頁411）陸、朱皆取去聲。（xuǎn、xuàn）

56.《為政》：「大車無輗，小車無軏。」陸德明：「無輗：五兮反，轅端橫木以縛軛。《字林》五支反。」（345-2b-11）「無軏：五忽反，又音月。轅端上曲勾衡。」（346-3a-1）朱熹：「輗：五兮反；軏，音月。」（頁59）

案：《廣韻》「輗」一讀，五稽切，車轅端持衡木，上平十二齊韻。（頁89）「軏」字兩讀：其一魚厥切，車轅端出木也，入聲十月韻。（頁477）其二五忽切，訓輗軏，入聲十一沒韻。（頁481）《釋文》「輗」「軏」皆注兩讀，不別義；朱熹一取首音，一取又音。（ní；yuè）

57.《鄉黨》：「食饐而餲。」陸德明：「饐：於冀反。《字林》云：飯傷熱濕也，央菜、央冀二反。」「而餲：烏邁反，一音遏，《字林》乙例反。」（351-11b-8，9）朱熹：「食饐之食：音嗣。饐：於冀反，餲：烏邁反。」注云：「饐，飯傷熱濕也。餲，味變也。」（頁120）

案：《廣韻》「饐」字一讀乙冀切，去聲六至韻。（頁354）「餲」字四讀：其一於罽切，去聲十三祭韻；（頁378）其二於犗切，訓饐臭，去聲十七夬韻；（頁387）其三胡葛切，餅名；又烏葛切，訓食傷臭；同屬入聲十二曷韻。（頁483）《釋文》列出於紐三讀，意義相同；惟陸、朱則同取夬韻一讀為正音。（yì；ài）

58.《八佾》：「美目盼兮。」陸德明：「盼〔盼〕兮：普莧反，動目貌。《字林》云：美目也，又匹簡反，又匹莧反。」（346-3b-2）朱熹：「盼：普莧反。」注云：「盼，目黑白分也。」（頁63）

案：《廣韻》去聲三十一襉韻：「盼：美目，匹莧切。」（頁406）又

去聲十二霽韻：「盻：恨視，五計切，又下戾切。」「盻：恨視，胡計切，又五計切。」（頁372，3）「盻」、「盻」音義不同，當為兩字。《字林》「盻」字有上、去兩讀，不別義。（pàn）

59.《泰伯》：「狂而不直，侗而不愿，悾悾而不信，吾不知之矣。」陸德明：「侗而：音通，又敕動反，《玉篇》音同。」（349-9b-1）朱熹：「侗：音通。」注云：「侗，無知貌。愿，謹厚也。悾悾，無能貌。」（頁106）

案：《廣韻》「侗」字三讀：其一徒紅切，楊子《法言》云「倥侗顓蒙」；其二他紅切，大也；皆屬上平一東韻。（頁23，31）其三他孔切，訓直也，長大，上聲一董韻。（頁236）或無辨義作用。（tóng；kōng）

60.《子罕》：「顏淵喟然歎曰。」陸德明：「喟然：上苦位反，又苦怪反。」（349-10a-7）朱熹：「喟：苦位反。」（頁111）

案：《廣韻》「喟」字兩讀：其一丘愧切，大息也，去聲六至韻；（頁352）其二苦怪切，歎也，去聲十六怪韻。（頁385）或無辨義作用。（kuì）

61.《子罕》：「不忮不求，何用不臧。」陸德明：「不忮：之豉反，馬云：害也。《書》云：狠也，韋昭《漢書音義》音洎。」（349-10b-8）朱熹：「忮：之豉反。」注云：「忮，害也。求，貪也。臧，善也。」（頁115）

案：《廣韻》云：「忮：懷忮害心，《說文》：很也。」去聲五寘韻（頁346），僅一讀。「洎」字讀几利切及其冀切，同屬去聲六至韻。（頁353）韋昭音或無辨義作用。（zhì）

62.《子罕》：「唐棣之華，偏其反而。」陸德明：「唐棣：大計反，《字林》

大內反。」（349-10b-10）朱熹：「棣：大計反。」注云：「唐棣，郁李
也。」（頁 116）

案：《廣韻》只一讀，特計切，去聲十二霽韻。（頁 372）「內」字屬
去聲十八隊韻。《字林》音或無辨義作用。（dì）

63.《鄉黨》：「孔子於鄉黨，恂恂如也，似不能言者。」陸德明：「恂恂：
音荀，又音旬。溫恭之貌。」（350-11a-3）朱熹：「恂：相倫反。」注
云：「恂恂，信實之貌。」（頁 117）

案：《廣韻》讀相倫切，信也，上平十八諄韻；（頁 107）只有一讀。
（xún）

64.《先進》：「子路、曾皙、冉有、公西華侍坐。」陸德明：「侍坐：才臥
反，又如字。」（351-13a-11）朱熹：「坐：才臥反。」（頁 129）

案：「坐」字有上去兩讀，《廣韻》去聲「座」徂臥切訓牀座，名詞，
去聲三十九過韻。（頁 420）陸、朱同讀去聲乃全濁聲母上聲變去的
現象，不關別義也。（zuò）

65.《憲問》：「微管仲，吾其被髮左衽矣。」陸德明：「左衽：而審反，一
音而鳩反，下同。」（352-16b-1）朱熹：「衽：而審反。」（頁 153）

案：《廣韻》「衽」一讀，汝鴆切，訓衣衿，去聲五十二沁韻。（頁
440）陸、朱同讀上聲。（rěn；rèn）

66.《憲問》：「以杖叩其脛。」陸德明：「叩其：音口，又音扣。」（353-17a-8）
朱熹：「叩：音口。」（頁 160）

案：《廣韻》「叩」一讀，苦后切，訓叩頭，上聲四十五厚韻。（頁
327）。「扣」讀苦后切及苦候切，陸德明「音扣」，蓋讀去聲。（kòu）

67.《季氏》：「陳亢問於伯魚曰。」陸德明：「陳亢：音剛，又苦浪反。」（354-19a-1）朱熹：「亢：音剛。」（頁 173）

　　案：《廣韻》「亢」字兩讀，其一古郎切，下平十一唐韻；（頁 180）其二苦浪切，去聲四十二宕韻。（頁 428）（gāng）

68.《陽貨》：「惡訐以為直者。」陸德明：「訐以：居謁反，攻人陰私。《說文》云：面相斥。《字林》紀列反。」（354-20a-5）朱熹：「訐：居謁反。」注云：「訐謂攻發人之陰私。」（頁 182）

　　案：《廣韻》「訐」字三讀：其一居例切，去聲十三祭韻；（頁 379），其二居竭切，入聲十月韻；（頁 479）其三居列切，入聲十七薛韻。（頁 500）（jié）

69.《微子》：「植其杖而芸。」陸德明：「植其：音值，又市力反。」（354-20b-8）朱熹：「植：音值。」注云：「植，立之也。」（頁 185）

　　案：《廣韻》「植」字兩讀：其一常職切，訓種植也、立志也、置也，入聲二十四職韻；（頁 525）其二直吏切，種也，去聲七志韻。（頁 356）陸、朱同讀去聲。（zhì、zhí）

70.《堯曰》：「猶之與人也，出納之吝，謂之有司。」陸德明：「出：尺遂反，又如字，注同。」（355-22a-2）朱熹：「出：去聲。」注云：「均之以物與人，而於其出納之際，乃或吝而不果，則是有司之事，而非為政之體。」（頁 194）

　　案：《廣韻》「出」字兩讀：其一赤律切，訓進也、見也、遠也，入聲六術韻；（頁 474）其二尺類切，去聲六至韻。（頁 356）陸、朱同讀去聲（chuì、chū）

71.《公冶長》：「巧言、令色、足恭，左丘明恥之，丘亦恥之。」陸德明：

「色足：將樹反，又如字。注同。」（347-6a-7）朱熹：「足：將樹反。」注云：「足，過也。」（頁 82）

案：《釋文》「足」字的去聲原有區別動詞後帶名詞的作用，但「足」一詞則屬受語音類推作用影響而產生的異讀，反映某些特殊詞語的讀音。孔安國云：「足恭，便僻貌。」邢昺（932-1010）《論語注疏》云：「此讀足如字，便僻謂便習盤僻其足以為恭也。」又云：「便僻其足以為恭，謂前卻俯仰，以足為恭也。一曰：足，將樹切。足，成也，謂巧言令色以成其恭，取媚於人也。」（頁 46）（jù、zú）

72.《先進》：「閔子侍側，誾誾如也；子路、行行如也。」陸德明：「行行：胡浪反，剛貌。或戶郎反。」（350-12b-11）朱熹：「行：胡浪反。」注云：「行行，剛強之貌。」（頁 125）

案：《廣韻》「行」字有下浪切一讀，訓次第，去聲四十二宕韻。（頁 427）「行行」讀胡浪反乃特殊詞語的讀音，陸、朱審音一致。（hàng）

俞樾《群經平議·孟子》辨正三題 [1]

郭鵬飛

香港城市大學中文及歷史學系

德清俞樾（1821－1907），字蔭甫，號曲園，晚清樸學大家，徐世昌（1855－1939）《清儒學案·曲園學案》曰：「曲園之學，以高郵王氏為宗。發明故訓，是正文字而務為廣博，旁及百家，著述閎富，同、光之間，蔚然為東南大師」。[2]《群經平議》一書，是俞樾的代表作，可說是經籍訓釋的鉅著。是書仿效王引之（1766－1834）《經義述聞》而補其未及，識力之高，涉獵之廣，為《述聞》之後，從事經學者不可或缺的典籍。然而，智者千慮，容或有失，今就俞氏《群經平議·孟子》部分，檢其可議之處，略陳己見，以就正於方家。

一、申之以孝悌之義。

俞樾曰：

> 《章句》曰：「申重孝弟之義。」
>
> 樾謹按：「申」乃「約束之義」。《漢書·文帝紀》：「勒兵，申教令」，

1　本論文為「俞樾《群經平議》斠正」研究計劃部分成果，計劃得到香港政府研究資助局優配研究金資助（UGC GRF，編號：11404214），謹此致謝。

2　〔清〕徐世昌等編，沈芝盈，梁運華點校：《清儒學案》（北京：中華書局，2008 年），卷 183，〈曲園學案〉，頁 7033。

《元帝紀》「公卿其明察申敕之」，師古注竝以「申」為「約束」。《説文‧申部》：「申，神也。七月陰气成，體自申束。從臼自持也。」是申之訓束，乃其本義。「申之以孝弟之義」，謂以孝弟之義約束之也。《荀子‧仲尼篇》「疾力以申重之」，楊倞注曰：「申重，猶再三也」。趙氏以説此經「申」字，雖亦可通，然不如訓為「約束」更合古義矣。[3]

案：本篇原文出自《孟子‧梁惠王上》，曰：

> 謹庠序之教，申之以孝悌之義，頒白者不負戴於道路矣。

趙岐（約 108－201）曰：

> 庠序者，教化之宮也。殷曰序，周曰庠。謹脩教化，申之以孝悌之義。[4]

孫奭（962－1033）曰：

> 謹庠序者教化之宮，以申舉孝悌之義，而富以教之，則頭班班然而半白者不自負戴於道塗之間矣。」[5]

「申之以孝弟之義」之「申」，趙岐釋作「申重」，[6]俞樾認為當訓之為「約束」，

3　俞樾：《群經平議》，《續修四庫全書》（上海：上海古籍出版社據清光緒二十五年〔1899〕刻《春在堂全書》本影印，2002 年），〈經部‧群經總義類〉，第 178 冊，卷三十，頁 485 下。

4　《十三經注疏》第 8　《孟子注疏》（臺北藝文印書館景印清嘉慶 20 年【1815】重刊《十三經注疏附校勘記》，1981 年），頁 12。

5　《十三經注疏》第 8　《孟子注疏》，頁 13 上。

6　《爾雅‧釋詁》曰：「從、申、神、加、弼、崇，重也。」邢昺（932－1010）疏曰：「皆所以為重疊也。」見《十三經注疏》第 8　《爾雅注疏》，頁 21 上。

並引《漢書》〈文帝紀〉與〈元帝紀〉的顏師古（561 645）注作據。觀乎俞氏立論與舉證，均有可資商榷的地方。在舉證方面，〈文帝紀〉的原文曰：

> 十四年冬，匈奴寇邊，殺北地都尉印。遣三將軍軍隴西、北地、上郡，中尉周舍為衛將軍，郎中令張武為車騎將軍，軍渭北，車千乘，騎卒十萬人。上親勞軍，勒兵，申教令，賜吏卒。自欲征匈奴，群臣諫，不聽。皇太后固要上，乃止。[7]

顏師古注：

> 申謂約束之。[8]

此記文帝親自勞軍閱兵，「申教令」者，自是申明軍令。這可從《史記》找到佐證。《史記·司馬穰苴列傳》曰：

> 穰苴則仆表決漏，入，行軍勒兵，申明約束。約束既定，夕時，莊賈乃至。[9]

《史記》「申明約束」與〈文帝紀〉「申教令」含義相類，「申」是「申明」，而非「約束」，可知顏說不確。至於《漢書·元帝紀》，其文曰：

> 五年春三月，詔曰：「……方春農桑興，百姓（戮）〔勠〕力自盡之

7　班固（32－92）撰，顏師古注：《漢書》（北京：中華書局，1962 年），卷 4，〈文帝紀第四〉，頁 125-126。

8　班固撰，顏師古注：《漢書》，卷 4，〈文帝紀第四〉，頁 126。

9　司馬遷（前 145－？）撰，裴駰（南朝宋人，生卒年不詳）集解，司馬貞（唐人，生卒年不詳）索隱，張守節（唐人，生卒年不詳）正義：《史記》（北京：中華書局，2013 年）第 7 冊，頁 2611。

時也，故是月勞農勸民，無使後時。今不良之吏，覆案小罪，徵召證案，興不急之事，以妨百姓，使失一時之作，亡終歲之功，公卿其明察申敕之。」[10]

顏師古注：

> 申，重也，一曰約束之耳。[11]

《顏注》先以「重」釋「申」，再列「一曰：約束之耳」之說，而俞樾但取「約束」之辭，頗有誤導之嫌。今考《說文》訓「敕」為「誡」，[12]「申敕」，當是「告誡」之意。

以上就俞說論據提出異議，而本文「申之以孝弟之義」之「申」應為何義，需進一步探討。「申」有多義，何者為確詁，需從句式方面考察。今將先秦兩漢文獻中有關「申之以」的文例羅列出來，以作分析。

《左傳》成公十三年：

> 夏四月戊午，晉侯使呂相絕秦，曰：「昔逮我獻公及穆公相好，戮力同心，申之以盟誓，重之以昏姻。天禍晉國，文公如齊，惠公如秦。無祿，獻公即世。穆公不忘舊德，俾我惠公用能奉祀于晉。」[13]

10　班固撰，顏師古注：《漢書》，卷 9，〈元帝紀第九〉，頁 296。

11　班固撰，顏師古注：《漢書》，卷 9，〈元帝紀第九〉，頁 297。

12　丁福保（1874－1952）：《說文解字詁林》（北京：中華書局，2014 年）第 4 冊，頁 3651。

13　《十三經注疏》第 6 ，《左傳注疏》，頁 461 上。

二、《儀禮・士昏禮》：

父送女，命之曰：「戒之敬之，夙夜毋違命！」母施衿結帨，曰：「勉之敬之，夙夜無違宮事！」庶母及門內，施鞶，申之以父母之命，命之曰：「敬恭聽，宗爾父母之言。夙夜無愆，視諸衿鞶！」

鄭玄（127－200）注：

申，重也。[14]

三、《禮記・檀弓上》：

有子曰：「夫子制於中都，四寸之棺，五寸之椁，以斯知不欲速朽也。昔者夫子失魯司寇，將之荊，蓋先之以子夏，又申之以冉有，以斯知不欲速貧也。」[15]

四、《禮記・昏義》：

成婦禮，明婦順，又申之以著代，所以重責婦順焉也。

孔穎達（574－648）疏：

---

14 《十三經注疏》第 4 《儀禮注疏》，頁 64 下。
15 《十三經注疏》第 5 《禮記注疏》，頁 145 上。

申，重也。既明婦禮順又重加之以著代之義也。[16]

五、《荀子・議兵篇》：

凡受命於主而行三軍，三軍既定，百官得序，群物皆正，則主不能喜，敵不能怒，夫是之謂至臣。慮必先事而申之以敬，慎終如始，終始如一，夫是之謂大吉。[17]

唐・楊倞注：

謀慮必在事先，重之以敬，常戒懼而有備也。[18]

六、《荀子・正名篇》：

夫民易一以道而不可與共故，故明君臨之以勢，道之以道，申之以命，章之以論，禁之以刑。故其民之化道也如神，辨埶惡用矣哉！[19]

唐・楊倞注：

申，重也。[20]

16　《十三經注疏》第 5　《禮記注疏》，頁 1001 下。
17　王天海：《荀子校釋》（修訂本）（上海：上海古籍出版社，2016 年）下冊，頁 619。
18　王天海：《荀子校釋》（修訂本）下冊，頁 623。
19　王天海：《荀子校釋》（修訂本）下冊，頁 904。
20　王天海：《荀子校釋》（修訂本）下冊，頁 908。

七、《國語·魯語·臧文仲如齊告糴》：

> 魯饑，臧文仲言於莊公曰：「夫為四鄰之援，結諸侯之信，重之以婚姻，申之以盟誓，固國之艱急是為。鑄名器，藏寶財，固民之殄病是待。」

韋昭（204－273）注：

> 申，重也。[21]

八、《晏子春秋·外篇·景公稱桓公之封管仲益晏子邑辭不受第二十四》：

> 景公謂晏子曰：「昔吾先君桓公，予管仲狐與穀，其縣十七，著之於帛，申之以策，通之諸侯，以為其子孫賞邑。寡人不足以辱而先君，今為夫子賞邑，通之子孫。」[22]

九、《淮南子·兵略訓》：

> 凡此五官之於將也，猶身之有股肱手足也，必擇其人，技能其才，使官勝其任，人能其事。告之以政，申之以令，使之若虎豹之有爪牙，

---

21 上海師範大學古籍整理研究所點校：《國語》（上海：上海古籍出版社，1988 年）上冊，頁 157。案：此書以《四部備要》排印清代士禮居翻刻明道本為底本，用《四部叢刊》影印明代翻刻公序本參校而成。

22 吳則虞（1913－1977）編著，吳受琚、俞震校補：（增訂本）《晏子春秋集釋》（北京：國家圖書館出版社，2011 年）下冊，頁 376。

飛鳥之有六翮，莫不為用，然皆佐勝之具也，非所以必勝也。[23]

十、《管子‧權脩》：

賞罰不信於其所見，而求其所不見之為之化，不可得也。厚愛利足以親之，明智禮足以教之。上身服以先之，審度量以閑之，鄉置師以說道之。然后申之以憲令，勸之以慶賞，振之以刑罰。故百姓皆說為善，則暴亂之行無由至矣。[24]

趙守正曰：

申，申明。[25]

十一、《楚辭‧離騷》：

余雖好脩姱以鞿羈兮，謇朝誶而夕替。既替余以蕙纕兮，又申之以攬茝。亦余心之所善兮，雖九死其猶未悔。

東漢王逸注：

又，復也。言君所以廢棄己者，以余帶佩眾香，行以忠正之故也。

---

23 張雙棣：《淮南子校釋（增訂本）》（北京：北京大學出版社，2013 年）下冊，頁 1590-1591。

24 黎翔鳳（1901－1979）撰，梁運華整理：《管子校注》（北京：中華書局，2004 年）上冊，頁 50。

25 趙守正：《管子注譯》（南寧：廣西人民出版社，1982 年）上冊，頁 20。

然猶復重引芳茝，以自結束，執志彌篤也。

洪興祖（1090－1155）曰：

> 一云：「申，重也。攬，持也。」[26]

十二、《楚辭・九辯》曰：

> 離芳藹之方壯兮，余萎約而悲愁。秋既先戒以白露兮，冬又申之以
> 嚴霜。收恢台之孟夏兮，然欿儯而沈藏。[27]

洪興祖曰：

> 五臣云：「申，重也。」[28]

十三、《漢書・敘傳第七十上》：

> 有子曰固，弱冠而孤，作《幽通之賦》，以致命遂志。其辭曰：
> 曰乘高而遄神兮，道遐通而不迷，葛緜緜於樛木兮，詠《南風》以
> 為綏，蓋惴惴之臨深兮，乃《二雅》之所祗。既誶爾以吉象兮，又申之
> 以烱戒：盍孟晉以迨群兮？辰倏忽其不再。[29]

26　洪興祖撰，白化文等點校：《楚辭補注》（北京：中華書局，1983 年），頁 14。
27　洪興祖撰，白化文等點校：《楚辭補注》，頁 185-186。
28　洪興祖撰，白化文等點校：《楚辭補注》，頁 186。
29　班固撰，顏師古注：《漢書》，卷 100 上，〈敘傳第七十上〉，頁 4213-4215。

十四、《白虎通 · 嫁娶》：

> 父誡於阼階，母誡於西階，庶母及門內施鞶，申之以父母之命，命
> 之曰：「敬恭聽爾父母之言，夙夜無愆，視諸衿鞶。」去不辭，誡不諾
> 者，蓋恥之重去也。[30]

陳立（1809－1869）亦引《儀禮 · 士昏禮》「申之以父母之命」一段文字
以為之説。「申」當從鄭玄注為「重」之義。

綜上「申之以」句式的文例，「申」皆是加重、一再申明之意，並無約束
含義。本文「申之以孝弟之義」，亦應解作「向人們申明孝弟之義」。俞説
非是。

二、諸侯多謀伐寡人者，何以待之。

俞樾曰：

> 樾謹按：《爾雅 · 釋詁》「止，待也。」《論語 · 微子》篇「齊景公待
> 孔子」，《史記 · 孔子世家》作「止孔子」，是「待」與「止」同義。宣
> 王問「何以待之」，猶言何以止之，故孟子告之曰：「置君而後去之，則
> 猶可及止也。」[31]

案：本篇原文出自《孟子 · 梁惠王下》，曰：

30　陳立撰，吳則虞點校：《白虎通疏證》（北京：中華書局，1994 年）下冊，頁 462。
31　俞樾：《群經平議》，《續修四庫全書》，〈經部 · 群經總義類〉，第 178 冊，卷三十，
　　頁 520 下。

　　齊人伐燕，取之。諸侯將謀救燕。宣王曰：「諸侯多謀伐寡人者，何以待之？」孟子對曰：「臣聞七十里為政於天下者，湯是也。未聞以千里畏人者也。《書》曰：『湯一征，自葛始。』天下信之，東面而征，西夷怨；南面而征，北狄怨，曰：『奚為後我？』民望之，若大旱之望雲霓也。歸市者不止，耕者不變，誅其君而弔其民，若時雨降。民大悅。《書》曰：『徯我后，后來其蘇。』今燕虐其民，王往而征之，民以為將拯己於水火之中也，簞食壺漿以迎王師。若殺其父兄，係累其子弟，毀其宗廟，遷其重器，如之何其可也？天下固畏齊之彊也，今又倍地而不行仁政，是動天下之兵也。王速出令，反其旄倪，止其重器，謀於燕眾，置君而後去之，則猶可及止也。」[32]

本文記齊宣王取燕，諸侯興兵以救。宣王求教孟子對應之道。孟子建議「王速出令，反其旄倪，止其重器，謀於燕眾，置君而後去之，則猶可及止也」。「猶可及止」是指與諸侯戰爭之事便可及時停止。俞氏因「猶可及止」的「止」而指「何以待之」的「待」也應解作「停止」，並引《爾雅》、《論語》與《史記》的相關資料作據。

　　案：俞氏的說法可堪商榷。以下就這三條資料逐一檢討。《爾雅・釋詁》曰：

　　　　曁、竢、替、戾、厎、止、徯、待也。

郭璞（276-324）注：

　　　　《書》曰：「徯我后。」今河北人語亦然。替、戾、厎者，皆止也，止亦相待。[33]

---

32 《十三經注疏》第 8 《孟子注疏》，頁 44。
33 《十三經注疏》第 8 《爾雅注疏》，頁 23 上。

王引之（1766－1834）《爾雅述聞》曰：

> 家大人曰：「止又為竢待之待。《檀弓》：『吉事雖止不怠。』鄭注曰：
> 『止立俟事時也。』俟亦待也。襄二十三年《傳》齊矦將伐晉，『陳文子
> 見崔武子，曰：將如君何？武子曰：群臣若急，君於何有？子姑止之！』
> 子姑止之，猶言子姑待之也。」[34]

「止」是「相待」之意，郭璞、王念孫（1744－1832）所言甚確，《春秋左傳》
隱公元年「多行不義，必自斃！子姑待之」一語可作參證。[35] 由此可知，〈釋
詁〉「止，待也」之「待」是「等待」，並非「停止」。至於《論語‧微子》
的資料，其文曰：

> 齊景公待孔子曰：「若季氏，則吾不能；以季、孟之間待之。」曰：
> 「吾老矣，不能用也。」孔子行。[36]

又《史記‧孔子世家》的相關記載，文曰：

> 景公說，將欲以尼谿田封孔子。晏嬰進曰：「夫儒者滑稽而不可軌
> 法，倨傲自順，不可以為下；崇喪遂哀，破產厚葬，不可以為俗；游說
> 乞貸，不可以為國。自大賢之息，周室既衰，禮樂缺有間。今孔子盛容
> 飾，繁登降之禮，趨詳之節，累世不能殫其學，當年不能究其禮。君欲
> 用之以移齊俗，非所以先細民也。」後，景公敬見孔子，不問其禮。異
> 日，景公止孔子曰：「奉子以季氏，吾不能；以季、孟之間待之。」齊大
> 夫欲害孔子，孔子聞之。景公曰：「吾老矣，弗能用也。」孔子遂行，反

34　王引之：《經義述聞》（南京：江蘇古籍出版社，2000 年），頁 624 下。
35　《十三經注疏》第 6　《左傳注疏》，頁 36 下。
36　《十三經注疏》第 8　《論語注疏》，頁 164 下。

乎魯。[37]

裴駰曰：

> 孔安國曰：「魯三卿，季氏為上卿，最貴；孟氏為下卿，不用事。言待之以二者之間。」[38]

從「奉子季氏，吾不能；以季、孟之閒待之」此語，可知《論語》之「齊景公待孔子」之「待」與《史記》「景公止孔子」之「止」，均是「處侍」的意思。綜觀以上資料，可知俞樾所舉例證俱非。

今考先秦兩漢文籍，「何以待之」一語數出，可與《孟子》本文比合而觀者，今舉其例：

一、《國語·周語中·單襄公論郤至佻天之功》：

> 在禮，敵必三讓，是則聖人知民之不可加也。故王天下者必先諸民，然後庇焉，則能長利。今郤至在七人之下而欲上之，是求蓋七人也，其亦有七怨。怨在小醜，猶不可堪，而況在侈卿乎？其何以待之？[39]

韋昭注：

> 待，猶備也。[40]

37　司馬遷撰，裴駰集解，司馬貞索隱，張守節正義：《史記》第 6 冊，頁 2304。
38　司馬遷撰，裴駰集解，司馬貞索隱，張守節正義：《史記》第 6 冊，頁 2305。
39　上海師範大學古籍整理研究所點校：《國語》上冊，頁 84。
40　上海師範大學古籍整理研究所點校：《國語》上冊，頁 85。

二、《管子・輕重甲》：

> 桓公問於管子曰：「今傳戟十萬，薪菜之靡，日虛十里之衍。頓戟一
> 諜，而靡幣之用，日去千金之積。久之，且何以待之？」[41]

此「待」是「應付」之意。

三、《東觀漢記・馮衍》：

> 夫并州之地，東帶石陘關，北逼彊胡，年穀獨孰，人庶多資，斯四
> 戰之地、攻守之場也。如其不虞，何以待之？故曰：「德不素積，人不為
> 用。備不豫具，難以應卒。」[42]

此「待」亦是「應付」之意。此外，與「何以待之」句式相近的有「其誰云
待之」，如《國語・魯語下・襄公如楚》曰：

> 求說其侮，而亟於前之人，其釁不滋大乎？說侮不懦，執政不貳，
> 帥大釁以憚小國，其誰云待之？若從君而走患，則不如違君以避難。且
> 夫君子計成而後行，二三子計乎？有鑒楚之衍而有守圉之備，則可也；
> 若未有，不如往也。[43]

韋昭注：

> 懦，弱也。憚，難也。言楚人欲除其侮慢之恥，不懦弱，其執政之

41　黎翔鳳撰，梁運華整理：《管子校注》下冊，頁 1435。
42　吳樹平：《東觀漢記校注》（北京：中華書局，2008 年），下冊，頁 552。
43　上海師範大學古籍整理研究所點校：《國語》上冊，頁 191。

臣無二心。以楚大讎，為魯作難，其誰能待之？待，猶禦也。[44]

《說苑・正諫》有相關記載，文曰：

> 羋姓是嗣，王太子又長矣，執政未易，事君任政，求說其侮，以定
> 嗣君而示後人，其讎滋大，以戰小國，其誰能止之？若從君而致患，不
> 若違君以避難。且君子計而後行，二三子其計乎？有御楚之術，〔而〕有
> 守國之備則可，若未有也，不如行。[45]

《國語》「其誰云待之」，《說苑》作「其誰能止之」，「止」為「禦」之意。

綜上所言，「諸侯多謀伐寡人者，何以待之」之「待」是「應付」、「防備」的意思，而非如俞樾作「停止」解。俞樾實誤解《孟子》文意。

三、好色，人之所欲。

俞樾曰：

> 樾謹按：「好」乃「妃」字之誤。《漢書・賈誼傳》：「及太子少長，
> 知妃色。」師古注曰：「妃色，妃匹之色。」《大戴記・保傅》篇同。賈
> 子《新書》作「好色」，字之誤也。此云「好色，人之所欲」，其下云「人
> 悅之、好色、富貴」，又云「知好色則慕少艾」，「好」字竝當作「妃」。
> 「妃色」蓋古語，孟子、賈子竝有「知妃色」之文。後人不達古語，而改

44　上海師範大學古籍整理研究所點校：《國語》上冊，頁 192。
45　向宗魯（1895－1941）：《說苑校證》（北京：中華書局，1987 年），頁 234。

為「好色」，失之矣。[46]

案：本篇原文出自《孟子・萬章上》，曰：

> 萬章問曰：「舜往于田，號泣于旻天，何為其號泣也？」孟子曰：「怨慕也。」萬章曰：「『父母愛之，喜而不忘；父母惡之，勞而不怨。』然則舜怨乎？」曰：「長息問於公明高曰：『舜往于田，則吾既得聞命矣；號泣于旻天，于父母，則吾不知也。』公明高曰：『是非爾所知也。』夫公明高以孝子之心，為不若是恝，我竭力耕田，共為子職而已矣，父母之不我愛，於我何哉？帝使其子九男二女，百官牛羊倉廩備，以事舜於畎畝之中，天下之士多就之者，帝將胥天下而遷之焉。為不順於父母，如窮人無所歸。天下之士悅之，人之所欲也，而不足以解憂；好色，人之所欲，妻帝之二女，而不足以解憂；富，人之所欲，富有天下，而不足以解憂；貴，人之所欲，貴為天子，而不足以解憂。人悅之、好色、富貴，無足以解憂者，惟順於父母可以解憂。人少，則慕父母；知好色，則慕少艾；有妻子，則慕妻子；仕則慕君，不得於君則熱中。大孝終身慕父母。五十而慕者，予於大舜見之矣。」[47]

孫奭《疏》曰：

> 夫人少小之時，則知思慕父母。及長，知好其女色，則思慕其少艾。[48]

「好色，人之所欲」，俞樾據《漢書・賈誼傳》、《大戴記・保傅》篇，改《孟

46　俞樾：《群經平議》，《續修四庫全書》，〈經部・群經總義類〉，第 178 冊，卷三十，頁 538 下 -539 上。
47　《十三經注疏》第 8 《孟子注疏》，頁 160。
48　《十三經注疏》第 8 《孟子注疏》，頁 161 上。

子》本文作「妃色，人之所欲」，並引用《漢書》顏師古注，解「妃色」為「妃匹之色」。案：《漢書·賈誼傳》原文曰：

> 及太子少長，知妃色，則入于學。學者，所學之官也。[49]

「妃匹之色」意為「匹配之女色」，然此與「入于學」有何關係？《顏注》實語義不清。今按〈萬章〉篇「好色」數出，其意皆為美好的女色。下文「人悅之、好色、富貴，無足以解憂者」、「人少，則慕父母；知好色，則慕少艾」，則更見「好色」是正確的文字，「妃色」於義無解。

考先秦兩漢文獻，「妃色」只見於《漢書·賈誼傳》與《大戴禮記·保傅》篇，祖本來自賈誼《新書·保傅》[50]，而《新書·保傅》則作「好色」。[51] 因此，《漢書·賈誼傳》與《大戴禮記·保傅》寫作「妃色」，不足取信。王引之《經義述聞·大戴禮記》曰：

> 「及大子少長，知妃色」，《漢書》同。《賈子》「妃」作「好」。家大人曰：「案孟子論人，曰少曰知好色、曰有妻子。此説大子，亦曰幼、曰少長知好色、曰既冠成人，則作『知好色』是也。『好』『妃』字相似，故『好』譌作『妃』。顏注《漢書》曰：『妃色，妃匹之色。』於義未安。」[52]

王念孫所言甚確。「好色」為習見之詞，《孟子·梁惠王下》曰：

49　班固撰，顏師古注：《漢書》，卷48，〈賈誼傳第十八〉，頁2248。

50　閻振益、鍾夏曰：「《漢書·昭帝紀·注》：『賈誼作《保傅篇》，在《大戴記》。』何孟春曰：『本傳在《治安策》，《大戴禮》實取之。』」見二氏著：《新書校注》（北京：中華書局，2000年），頁168。

51　閻振益、鍾夏：《新書校注》，頁184。

52　王引之：《經義述聞》，頁273下。

> 寡人有疾，寡人好色。[53]

《論語·子罕》：

> 子曰：「吾未見好德如好色者也。」[54]

「好色」為愛美色。《禮記·大學》：

> 所謂誠其意者，毋自欺也，如惡惡臭，如好好色，此之謂自謙，故君子必慎其獨也！[55]

《漢書·杜周傳》：

> 欽為人深博有謀。自上為太子時，以好色聞，及即位，皇太后詔采良家女。[56]

「好色」為美色。

從上所言，「好色，人之所欲」，當如字，俞樾改為「妃色」，無論證據與文義，皆難以成立。俞氏此舉實好奇之甚。

---

53 《十三經注疏》第 8 《孟子注疏》，頁 35 下 -36 上。
54 《十三經注疏》第 8 《論語注疏》，頁 80 上。
55 《十三經注疏》第 5 《禮記注疏》，頁 983。
56 班固撰，顏師古注：《漢書》，卷 60，〈杜周傳第三十〉，頁 2667。

《新、舊五代史》載錄經學史料述略

馮曉庭

嘉義大學中國文學系

壹·前言

對於近日從事中國經學史研究的學者來說,「五代十國時期經學」可能是令人最為困惑的研究課題與範疇之一,如是狀況之所以出現,並非起緣於「五代十國時期」學問的高深難解,追究箇中道理可以發現,歷來學者的意見造成認知偏差當是主要原因之一,而相關文獻長期未受應有的重視則當為主要原因之二。

歷來學者於經學或經學史專著當中論述五代經學,時代稍早而影響較為顯著者,如皮錫瑞(1850-1908)的《經學歷史》、馬宗霍(1897-1976)的《中國經學史》,又如日人本田成之(1882-1945)的《支那經學史論》(中譯更名為《中國經學史》)、瀧熊之助的《支那經學史概說》(1934)(中譯更名為《中國經學史概說》),這些前輩學者的認知,大抵不超越「五代十國時期經學」毫無可觀的設想。於是,皮錫瑞如是說道:

> 經學自唐以至宋初,已陵夷衰微矣。[1]

1　〔清〕皮錫瑞撰:《經學歷史》(臺北市:學海出版社,1985 年 9 月),〈八·經學變古時代〉,頁 221。

馬宗霍如是説道：

> 自唐以《九經》取士，歷五代迄宋，其制不改，五代雖曰亂離，而鏤板之術，於時始行。……[2]

顯然，皮錫瑞與馬宗霍所見的「五代十國時期經學」，不但僅是「唐代經學」的遺續、內容無所更新，更呈現出衰頹朽敗的樣貌。此外，在馬宗霍的觀察中，此時與經學相關事務唯一尚能稱説載錄的，便是經書將隨着雕板印刷技術的成熟而具備廣泛傳播以及文字劃同統一性的可能性。

中國學者所知如此，日本學者所見亦是，在論述「宋初經學」之初，本田成之如是説道：

> 從唐亡，後梁、後唐、晉、漢、周五代，迭為興敗，兵亂繼續，凡五十餘年，由宋太祖趙匡胤統一天下。……其學問獎勵法，有似後漢底光武。[3]

所謂「五代，迭為興敗，兵亂繼續，凡五十餘年」、「宋太祖趙匡胤」、「其學問獎勵法，有似後漢底光武」，在戰亂頻仍、朝代屢更的五代十國時期，經學的發展毫無進益，直至趙宋立國之後，學術力見振興，本田成之對於「五代十國時期經學」的理解，較諸同時期的中國學者，可以説並無二致。本田成之之外，瀧熊之助也如是説道：

> 自唐亡之後，歷後梁（二世，十七年）、後唐（四世，十四年）、後

2　馬宗霍撰：《中國經學史》（臺北市：學海出版社，1985 年 9 月），〈第十篇·宋之經學〉，頁 107。

3　〔日〕本田成之撰，孫俍工（1894-1962）譯：《中國經學史》（臺北市：學海出版社，1985 年 9 月），〈第六章·唐宋元明底經學—第三節·宋底經學〉，頁 237-238。

晉（二世，十一年）、後漢（二世，四年）、後周（三世，十年）共五代，前後五十餘年。兵亂相踵，文運殆無可觀者。[4]

瀧熊之助為「五代十國時期經學」所下考語——「兵亂相踵，文運殆無可觀者」，相對於前述三者，言辭顯得益發激烈，其中意義不言可喻。

除了上述對於「五代十國時期經學」略有牽涉的四部專著之外，由安井小太郎（1858-1936）等人編撰的《經學史》[5] 一書，於討論「唐宋經學」（由諸橋轍次〔1883-1982〕撰寫）的篇章之中，對於該時期的經學發展狀態，全然未加着墨，而如此不設隻字的表現方式，正是諸家認定「五代十國時期經學」乏善可陳的最佳註腳。

相對於早期研究者論述的簡略而全般否定，近年學者觀察「五代十國時期經學」，鋪陳的內容業已有所更革。如程方平撰作的《隋唐五代的儒學》一書，就將五代視為「儒學改革」的時代，認為該時期的經學研究發展實況是：

> 五代時的經學教育處在唐宋兩個重要歷史時期之間，雖然數經戰亂，但仍頑強發展，繼承了隋唐時期經學教育的遺產和經驗教訓，為開啟宋學起了重要的作用。以往，總以為五代在教育及科舉的發展無甚可取，但在短短的五個朝代中均有健全的經學教育及科舉制度，並且各自運轉自如，這在整個教育史上亦屬罕見。[6]

在上列文字當中，「五代十國時期經學」不但維持了經學發展的命脈、保證了

4　〔日〕瀧熊之助撰，陳清泉譯：《中國經學史概說》（長沙市：商務印書館，1941 年 8 月），〈第六章‧唐宋之經學——第三節‧宋之經學概說〉，頁 251-252。

5　〔日〕安井小太郎等撰，林師慶彰、連清吉譯：《經學史》（臺北市：萬卷樓圖書公司，1996 年 10 月），〈第六章‧唐宋之經學——第三節‧宋之經學概說〉，頁 251-252。

6　程方平撰：《隋唐五代的儒學》（昆明市：雲南教育出版社，1991 年 12 月），〈第三章‧晚唐五代儒學改革的餘波及其影響〉，頁 159。

晚唐以來經學或儒學教育改革的延續，更有功於新興學術的啟動，其重要性以及作用性獲得明確的表述與關注。程方平對於「五代十國時期經學」的認知與評價，顯然與前輩所持大相逕庭。《隋唐五代的儒學》之所以能夠展現不同以往的觀察角度、提出異於前修、幾乎已成共識的見解，箇中道理或許不一而足，而考核其書，程方平能夠較為廣泛地徵引覽閱相關史料，按察事實詳加探研，則是最為重要的因素。[7]

《隋唐五代的儒學》之外，由吳雁南（1929-2001）等人編纂的《中國經學史》，雖然以「五代經學的低落」為書中關於「五代十國時期經學」的敘述釐定標目，但是仍然承認當時有關經學或儒學的學習風氣從未間斷，同時也認定經書的付諸板刊雖然是「一項基礎性的工作」，卻能收「為國學監生和士人習經提供一個定本」的功效。[8] 從基本認知上看，吳雁南等人對於「五代十國時期經學」的觀點與馬宗霍、本田成之等人可說無甚歧異，然而《中國經學史》於論述過程中多引相關史料為證，較諸前輩諸家的直觀論定，當然徵實可信。

前輩與晚近學者對於「五代十國時期經學」的描述所以有如是巨大的差池，或許牽涉到各自對於「經學」的定義，如「明經科」取士能否視為經學研究的元素，便關乎學者對於經學研究行為存在與否的判準；又如經學專籍曾見著錄暨傳世留存者甚少，便關乎學者對於「五代十國時期經學」評價的判準。從史實敘述的層面來說，認知概念的參差，固然足以造成鋪陳方向的違悖，然而，在史料憑據確實存在的狀態之下，歷史事件的「有」與「無」，絕對不可能出現南轅北轍、彼是我非的不同呈現，換言之，關於「五代十國時期經學」的敘述所以有所差池，研究者對於相關史料文獻的掌握，可能就是關鍵性的原因之一。設若針對目前常見的文字篇幅進行檢覈，的確可以發

7　該書頁 153 至頁 159，大量徵引相關史料文獻排比綜述，證明經學於「五代十國時期」仍見發揚。

8　吳雁南等撰：《中國經學史》（福州市：福建人民出版社，2001 年 9 月），〈第四章·隋唐經學的統一和變異〉，頁 267-268。

現某項趨勢，即前輩與晚近學者針對「五代十國時期經學」所施行的探究與討論，最大的區別便在於晚近學者能夠較為全面以及有效率地徵引使用文獻材料，進而獲致相對完整與客觀的結論。或許可以這麼說，有關「五代十國時期」經學不彰、零夷衰微的說法，其實是肇始於研究論說者對於相關文獻史料的忽略或失察，而這些忽略或失察，直接造成學者對於「五代十國時期經學」的忽略與興味澹然，也間接地促成「五代十國時期」經術不興的刻板印象，於是，「五代十國時期經學」的實質樣貌與影響後效，也就陷入長期缺乏關照的困境。

根據筆者粗略的觀察，歷來牽涉「五代十國時期經學」的文獻並非少數，如新舊《五代史》、《十國春秋》、《吳越春秋》、《五代會要》、《冊府元龜》、《全唐文》、《兼明書》等典籍，對於當時官方或民間的經學活動，都有相當分量的記載，設若能夠經過系統綜理，必定足以證明「五代十國時期」並非於經學全無表現的時代。由於學者已經能夠擇取相關文獻記載充當論證的實據與敘述的依歸，「五代十國時期經學」的真實面目與價值意義，因而逐漸略現規模。

從學術的連貫性與史實敘述的完整性來看，儘管「五代十國時期經學」的真正面貌與價值，逐漸在近來研究者有效掌握與運用文獻史料的研究方式之下有所呈現，但是各項論述基本上是以「唐代經學」的後續以及「宋代經學」的開端做為鋪陳的基調，並非專為探研「五代十國時期經學」而設，嚴格地說仍視之為「附屬」。在如是的情況之下，儘管與「五代十國時期經學」有關的史料文獻業已受到注目與採擇，但是仍然缺少全面性的檢視，「五代十國時期經學」的時代性與特殊性、「五代十國時期經學」在中國經學發展歷史當中應否被視為獨立環節等議題，也就難以伸張。

如眾所知，要徹底釐清「五代十國時期經學」的真正樣貌，最為理想的方法，當然是在不預設任何立場的狀態下全面檢閱有關的史料文獻，綜理耙梳、排比分析、據實陳述。而諸般文獻之中，名義上負責載

錄五代全般史實的《新、舊五代史》，由於成書時代甚早，[9] 載錄概括全期，應該可以稱為推究「五代十國時期經學」面目的重要依據。為收擴清「五代十國時期經學」初效，本文擬先行針對《新、舊五代史》篇章進行全面檢索，集結有關史料、類比數計，進而綜理辨析、鋪陳說解，藉以粗略勾勒描繪「五代十國時期經學」發展樣貌，並淺述其中義涵與啟示。

貳·《新、舊五代史》載錄經學史料分類

經過大致翻撿，初步得知《舊五代史》之中足以充當後世探研當時經學發展狀況的史料文字約莫八十九則，《新五代史》之中則存有三十三則（均不包含一則兼兩事者）。由於新、舊《五代史》指涉敘述的史事主體一致，難免有所重疊，所以一一百二十二則史文所關聯的事件名目，便不見得正如其數所示。設若根據關涉事務種類略加分析區別，則依其中結構可以綜成表略如下：

9　《舊五代史》成書於宋太祖（趙匡胤，927-976）開寶七年（974），時代距五代終結僅十四載，《新五代史》成書於宋仁宗（趙禎，1010-1063）皇祐五年（1053），年代雖然較晚，而徵引史料多元，於《舊五代史》有補足之功。本文徵引之《新、舊五代史》文字，全數依〔宋〕薛居正（912-981）等撰、〔清〕邵晉涵（1743-1796）等輯：《舊五代史》（臺北市：洪氏出版社，1977 年 10 月）；〔宋〕歐陽脩（1007-1072）撰：《新五代史》（臺北市：洪氏出版社，1977 年 10 月）為準，以下僅標明篇名、卷、頁，不再重複記錄版本。

文獻類別	《舊五代史》	《新五代史》	總數
帝王貴冑與經學	15	12	27
政府官員論制度	12	2	14
官方教育與科舉	12	0	12
經書印本的刊刻	3	1	4
孔子的崇敬祭祀	7	1	8
圖書文獻的蒐集	7	0	7
個別學者的載錄	33	17	50
總計	89	33	122

　　上表所示各項類別，只是依照筆者所見內容條列，而所謂全般一百二十二則，也僅只是通過筆者個人認知蒐擇而成，以管窺豹，能否正確詳實地呈現《新、舊五代史》所載經學史料的樣貌，當然需要再經檢證。

　　另一方面，儘管上表所列可能無法呈現《新、舊五代史》當中經學史料的精確結構，但是分析各個項目的數量以及相互之間的數差，或許可以獲致若干值得先行稱述的現象與討論鋪陳的指標：

　　其一，關於個別學者研究經學的事蹟，《新、舊五代史》中載錄最多，如是的現象當然與傳統正史篇幅大部分為「列傳」的資料結構有關。然而，倘若當時知識分子絕不從事經學研究活動，史傳也將無由記錄，《新、舊五代史》雖然不如其他史書設有〈儒林傳〉，但是出自各項「列傳」的五十則文字，說明了「五代十國時期」仍然存在着因為從事經學研究活動而受矚目書記的學者。

　　其二，帝王貴冑對於經書經學的關注，在《新、舊五代史》當中亦見載錄，可見「五代十國時期」雖然朝代更迭頻仍、人君率皆馬上治天下，兵馬倥傯、藩輔大抵奮武而無文，但是統治階級對於經書或者經學並未全然遺棄，儘管甚少推動鼓吹，而學術或許因此保有若干存在與發展的空間。

　　其三，資料結構顯示，五代政府建立制度、選取教育人才，在相當程度上仍然需要借重經書或經學，可見經學與經書仍然是「五代十國時期」重要

的文化現象，對當時社會依舊保有規範與指導作用，並未喪失其經典性的崇高地位。

叁·帝王貴胄與經學活動

《新、舊五代史》中與帝王貴胄涉入經學活動相關的記載，性質最為明確的，莫過於直接書寫統治階級人物從事經書學習事務，其中所述歸屬於帝王之家的篇章如：

> 安王友寧，字安仁。少習《詩》、《禮》，長喜兵法，有偶儻之風。（《舊五代史·梁書·宗室列傳·安王朱友寧》，卷 12，頁 161）
>
> 友倫幼亦明敏，通《論語》、小學，曉音律。（《新五代史·梁家人列傳·朗王存·子友倫》，卷 13，頁 134）
>
> 帝洞曉音律，常令歌舞于前。十三習《春秋》，手自繕寫，略通大義。（《舊五代史·唐書·莊宗本紀》，卷 27，頁 366）
>
> （帝）善騎射，膽勇過人，稍習《春秋》，通大義。（《新五代史·唐本紀·莊宗》，卷 5，頁 41）
>
> （高季興）謂賓佐曰：「制土百戰方得河南，對勳臣諸手抄《春秋》；又豎手指云：『我於指頭上得天下。』」（《舊五代史·周書·世襲列傳·高季興》，卷 133，頁 1752）
>
> 帝髫齓好讀《春秋》，略通大義。（《舊五代史·唐書·閔帝本紀》，卷 45，頁 613）
>
> 高祖鎮太原，命瑯琊王震以《禮記》教帝，不能領其大義，謂震曰：「非我家事業也。」（《舊五代史·晉書·少帝本紀》，卷 81，頁 1067）
>
> 重貴少而謹厚，善騎射，高祖使博士王震教以《禮記》，久之，不能通大義，謂震曰：「此非我家事也。」（《新五代史·晉本紀·出帝》，卷 9，頁 89）

壽王重乂，字宏理，高祖第三子也。幼岐嶷，好儒書，亦通兵法。
（《舊五代史·晉書·宗室列傳·壽王重乂》，卷 87，頁 1140）

綜和上列文字，則「五代十國時期」帝王宗室參經學活動的表象情狀，在
《新、舊五代史》的陳述之中可以初步分析如下：

其一，除了後漢以及後周，五代帝王宗室家人當中確實各有若干研讀經
書者，如後梁的朱友寧（？-916）、朱友倫（？-903），後唐的莊宗（李存勗，
885-926）、閔帝（李從厚，914-934），後晉的少帝（石重貴，914-974）、石
重乂（919-937）。

其二，「五代十國時期」帝王宗室所研讀的經書，有明確記錄的，包括
《詩經》、《禮》、《論語》、《春秋》、《禮記》等五種，而籠統的稱述則有「儒
書」一辭。

其三，帝王宗室接受經書教育者，欣然承教、信而好之者固然存在，混
沌不識、無所擷取者亦有所在。

帝王宗室以經書作為王孫教育的課本、以經學經述充當皇嗣養成的科
目，至少在漢代便可見其端倪，在經書與經學文化指導性與政治實用性全盤
確立的現實條件之下，皇家教育體系更加無法摒除經書研讀或經學研究的環
節，於是，各項史冊文獻於帝王宗室研討與崇尚經書經學的事蹟每多載述。
從史料一貫性的角度來說，正史之中有關帝王宗室從事經學活動的書錄，除
非內容特殊，實在沒有特別列舉、討論其中義涵的必要；然而，從比對相較
的角度來看，《新、舊五代史》所載經學材料較諸其他正史，在比例上明顯偏
低，是以字字珍玉，自是彌足寶貴，同時，在馬上治天下觀念強烈的現實環
境當中，帝王皇室居然對於經典學習一節仍能有所操持，事實載於史冊，對
於探討中國經學發展歷史的學者來說，其重要性益發可見。

前列史文除了能夠呈現經學文獻層面的表像性意義之外，設若進一步探
究，還可以獲至以下數項認識：

其一，自後梁伊始，雖然各代易幟頻仍、國祚短促，繼世傳位多不過四

嗣、享國視事久不過十載，而研讀經書者，代代有之。儘管如是的存續狀態無法證明「五代十國時期」皇家宗室確實視經書教育為統治階級養成的必要程序，也不能充任當時王孫必然全數接受經書教育的憑據，但是經書與經學教育的確存在於當時皇室教育體系之中，或許會對人君發揮若干影響，則是可以確認不疑的。

其二，從紀錄上看，五代皇室所研讀的經書，似乎並未展現一致性，也沒有展現所謂時代性，也就是說，當時統治階級之間，或許並不存在專崇某部經書的風氣。換言之，當時帝王宗室閱讀經書，擇取可能全憑一己所好，並未顧及時代以及文化等外在因素。唯一較為特殊的，就是後唐莊宗與閔帝一代皆好讀《春秋》，雖然都只能「通大義」，於道理無甚深入，但兩代君主喜好如斯，唐莊宗甚至手鈔《春秋》經文、展示群臣，是否可以就此認定後唐皇室重視《春秋》，抑或後唐皇室視《春秋》之學為「家族之學」、期盼藉此倡導風氣與建立價值觀，則是足堪思考、饒富趣味的議題。

其三，後唐莊宗研習《春秋》，手鈔《春秋》經文，示諸群臣，終而道出「我於指頭上得天下」之語，據《新、舊五代史》所載，則唐莊宗似乎認定能代後梁享國，全然筆因尊崇研讀《春秋》。後晉高祖（石敬瑭，892-942）為教育繼承人，延請國子監博士王震以《禮記》教授晉出帝，據《新、舊五代史》所載，則晉高祖雖於馬上得天下，而似乎仍然認定經書教育對於國家繼承人而言具備正面意義。儘管唐莊宗事實上是「血戰方得河南」，而「指頭上得天下」一語亦飽受高季興（858-929）等人批判，晉出帝經王震（一938-）教授，「久之」，仍「不能通大義」，終有「非我家事業也」之鳴，終究不能抹滅「五代十國時期」的確有若干君主對於經書經學有所重視的事實，經學以及經書對於當時統治階級的意義，也因此而有所呈現。

帝王與宗室研讀經書，事蹟載諸史冊，固然是皇家於經學研讀活動有所參與的直接證據，而若干表面上無關的間接敘述，也可以充當認識相關史事的力證，如後唐明宗（李嗣源，867-933）於訓示秦王李從榮（？-933）之際所道：

．

　　經有君臣父子之道，然須碩儒端士，乃可親之。吾見先帝好作歌
詩，甚無謂也。汝將家子，文章非素習，必不能工，傳於人口，徒取笑
也。吾老矣，於經義雖不能曉，然尚喜屢聞之，其餘不足學也。（《新五
代史·唐明宗家人列傳·秦王從榮》，卷 15，頁 136）

唐明宗於經書研讀一事是否卻有操作，《新、舊五代史》並無載錄，然而依循
「經有君臣父子之道」、「吾老矣，於經義雖不能曉，然尚喜屢聞之」、「其餘
不足學也」等語，則唐明宗於經書經學有所認識，或許是合理推斷。此外，
「詩歌」、「文章」與「經義」等三項唐明宗所提及的文化學習活動之中，唯
有「經義」一項受到肯定，或許也凸顯了當時統治階級對於經書經學的實質
觀點。

　　當然，經書經學的學習，或者說研習經學的學者，面對「五代十國時期」
的統治階級，也曾經遭受若干衝擊，如：

　　太祖平生不愛儒者。（《新五代史·雜傳·李琪·兄珽》，卷 54，頁
616）
　　帝與允明等謀誅楊邠、史弘肇等，議已定，入白太后。太后曰：「此
大事也，當與宰相議之。」李業從旁對曰：「先皇帝平生言，朝廷大事，
勿問書生。」（《新五代史·漢家人列傳·皇后李氏》，卷 18，頁 192）

所謂「平生不愛儒者」、「朝廷大事，勿問書生」，知識分子在當時的地位顯
然不及武人疆吏，儘管這些文字指涉的可能涵蓋全體知識分子而非專限於經
生，但是在忽視知識分子的政治與社會氛圍之下，經學活動的發展必受限
制，則是合理的推斷。前輩學者言及「五代十國時期經學」，大多懷抱着「陵
夷衰微」、「文運殆無可觀者」等觀點，或許正是如斯紀錄的作用與後效。

　　除了存記帝王宗室從事經學活動的相關史料之外，《新、舊五代史》還
載錄了若干與經學無直接關係，卻又息息相關的事件，即歷代政府對於孔子

（前 551- 前 479）的崇奉。歷代君主對於孔子的崇奉，確立於漢武帝（劉徹，156-87）獨尊儒術之後，對於孔子的崇奉，內容通常涵蓋三項：一是修築廟室，一是祭祀敬奠，一是冊封後嗣。檢詢《新、舊五代史》，關於孔子崇奉一事，較有意義的記載可以列舉如後：

（開平三年十二月）國子監奏：「創造文宣王廟，仍請率在朝及天下現任官僚俸錢，每貫每月赳一十五文，充土木之植。」允之。是歲，以所率官僚俸錢修文宣王廟。（《舊五代史·梁書·太祖本紀》，卷 5，頁 81）

（天成二年八月）以吏部郎中、襲文宣公孔邈為右諫議大夫。（《舊五代史·唐書·明宗本紀》，卷 38，頁 526）

孔邈，文宣王四十一代孫。（《舊五代史·唐書·孔邈列傳》，卷 69，頁 905）

（長興三年五月）以文宣王四十三代孫曲阜縣主簿孔仁玉為兗州龔邱令，襲文宣公。（《舊五代史·唐書·明宗本紀》，卷 43，頁 591）

（廣順二年六月）帝幸曲阜縣，謁孔子祠。既奠，將致拜，左右曰：「仲尼，人臣也，無致拜。」帝曰：「文宣王，百代帝王師也，得無敬乎！」即拜奠於祠前。其所奠酒器、銀鑪並留於祠所。遂幸孔林，拜孔子墓。帝謂近臣曰：「仲尼、亞聖之後，今有何人？」對曰：「前曲阜令、襲文宣公孔仁玉，是仲尼四十三代孫，有鄉貢《三禮》顏涉，是顏淵之後。」即召見。仁玉賜緋，口授曲阜令，顏涉授主簿，便令視事。仍敕兗州修葺孔子祠宇，墓側禁樵採。（《舊五代史·周書·太祖本紀》，卷 112，頁 1482）

（廣順二年六月）幸曲阜，祠孔子。（《新五代史·周本紀·太祖》，卷 11，頁 114）

根據上列條文，則五代五十四年之間（907-960），中央政府於孔子崇奉有關的三大事項，盡皆有所作為：

其一，國子監文宣王廟（地點應該在當時國都汴京）的造築工作，始於後梁太祖（朱溫，852-912）開平（907-910）年間，費用由官僚俸祿節出。

其二，孔子四十一世後人孔邈（？- 929）、四十三世後人孔仁玉（912-956）、顏淵（前 521- 前 481）後裔顏涉（—952—），均受冊封。

其三，後周太祖（郭威，904-954）於廣順二年（952）臨幸孔子故里曲阜，「謁孔子廟」、「拜孔子墓」。

從歷史發展的角度來說，五代帝王崇俸孔子，代表了對於歷史事實的繼承；從政府典制的角度來說，五代帝王崇俸孔子，代表了對於政府典制的遵行；兩者都不見得能夠證明皇室崇尚儒學或者帝王講掖學術。筆者以為，這些歷史事件存錄於史冊的最大意義，便是說明了「五代十國時期」的政治氛圍、文化風氣以及社會價值觀雖然因為兵燹叢生而有所更易，但是「反孔」、「反儒」或者「反經書」、「反經學」等意識卻未在當時的統治階層之間傳佈，也許正因為如此，「孔門之學」或者經書經學方能獲致存留的空間，以待日後發揚。

肆 · 政府援經論制與明經取士

自漢代以來，經書的權威性格逐漸完備，其內容也隨而成為中國地區文化發展、制度創建、社會構築、價值樹立的依歸與範式。是以，政府成員援引經書所載制定或論辯律法施行、政策推動、制度構成的實例，在史冊當中可謂屢見不鮮。檢覈《新、舊五代史》，政府成員根據經書所述訂定法式、考辨制度、決斷嫌疑的載錄不一而足，其中於經書關聯較深、較具經學研討義涵者，依時序先後計有「後晉議避諱」、「後晉議廟制」、「後周議珪璧」等三項，分款探析，或者亦能見「五代十國時期經學」之一斑。

一、後晉議避諱（《舊五代史·晉書·高祖本紀》，卷 77，頁 1014）

後晉高祖天福三年（938）二月，中書省官員針對避諱問題上書，所述重點如下：

> 《禮經》云：「禮，不諱嫌名，二名不偏諱。」《注》云：「嫌名，謂音聲相近，若禹與宇、邱與區也。二名不偏諱，謂孔子之母名徵在，言在不稱徵，言徵不稱在。」此古禮也。唐太宗二名並諱，玄宗二名亦同，人姓與國諱音聲相近是嫌名者，亦改姓氏，與古禮有異。

對於後晉所要執行的避諱之制，中書省臣僚的建議有二，一是遵循「古禮」，一是遵循「唐禮」。所謂古禮，便是依據《禮記·曲禮》所陳述的「禮，不諱嫌名，二名不偏諱」[10]等語為中心推演建置而成者。根據鄭玄的解釋，則「不諱嫌名」指的是不避諱「音聲相近」之字，「二名不偏諱」指的是「二名不一一諱也」。因此，「禹與宇（《十三經注疏》本「宇」作「雨」）、邱（《十三經注疏》本「邱」作「丘」）與區」音聲相近，書寫稱呼之際，無須避諱；孔子母名「徵在」，書寫稱呼之際，諱「徵」則不諱「在」、諱「在」則不諱「徵」。

至於「唐禮」，則是「二名並諱」、「人姓與國諱音聲相近是嫌名者，亦改姓氏」，書寫稱呼之際，既避「嫌名」，又行「偏諱」，顯然與《禮記》所言歧異。

議論上塵，晉高祖以為「二名及嫌名事」，「雖踰孔子之文」，但是「未

---

10 〔漢〕戴聖（—前 51—）編次，〔漢〕鄭玄（127-200）注，〔唐〕孔穎達（574-648）正義：《禮記·曲禮篇》，卷 3，頁 12 下。本文徵引的《十三經》暨相關說解原文，全數依清仁宗嘉慶二十年（1815）江西南昌府學刊《十三經注疏》本（臺北市：藝文印書館，1985 年 12 月影印）為準，以下僅標撰注者、書篇名、卷、頁，不再重複紀錄版本。

爽周公之訓」，裁示「依唐禮施行」，諱「二名及嫌名」。

二、後晉議廟制（《舊五代史・禮志》，卷 142，頁 1897-1903）

（一）段顒議廟制

後晉高祖天福二年（937）正月，由於國號初創，未立宗廟，中書省與門下省上書建請籌設相關制度典禮。二月，太常博士段顒（—937—）首發議論，認為：

其一，宗廟數額對於歷代政權來説，一向最難以確認訂定，施行宗廟制度，「須考《禮經》，以求故事」——必須遵循《禮經》的載錄，所行方能合乎禮制故實。經書中關於宗廟制度的記載，最早見於《尚書・舜典》，〈舜典〉云：「正月上日，受終於文祖。」[11] 所述正是「堯之廟」，然而並未明載其廟數額。經書中存宗廟數額之説者有二，一是《禮記・喪服小記》的四廟之説，一是《禮記》〈祭法〉、〈王制〉的七廟之説。

其二，〈喪服小記〉經文「王者禘其祖之所自出，以其祖配之，而立四廟」，則古制天子立宗廟四，而鄭玄《注》以為：「高祖以下至禰四世，即親盡也，更立始祖為不遷之廟，共五廟也。」則古制除「四親廟」之外，又立「始祖之廟」，其數額總計為五。

其三，《禮記・祭法》經文「王立七廟，……諸侯立五廟，……大夫立三廟，……適士二廟，……官師一廟」（卷 46，頁 8 上），〈王制〉經文「天子七廟，三昭三穆，與太祖之廟而七。諸侯五廟，二昭二穆，與太祖之廟而五。大夫三廟，一昭一穆，與太祖之廟而三。士一廟」（卷 12，頁 13 下），則古制天子立宗廟七。天子七廟之説，除了《禮記》之説，《孔子家語》、《春秋穀梁傳》也存其説；此外，《尚書・咸有一德》經文「七世之廟，可以觀德」（卷 8，頁 27 下），亦可證古制天子七廟之説。

---

11 舊題〔漢〕孔安國（前 156 - 前 74）傳，〔唐〕孔穎達正義：《尚書》，〈舜典〉，卷 3，頁 4 下。

其四，周捨（469-524）《禮疑義》兼記兩説，認為「天子立七廟，或四廟，蓋有其義也」——兩者都具備合理性。所謂「四廟」，則「從禰至高祖已上親盡」——由親父上至高祖，血親之義已盡，「故有四廟之理」。至於「七廟」，則是於「四親廟之外」，「緣自古聖王，祖有功、宗有德，更封立始祖」——由於先古聖王祖宗功德煊赫，子孫開國承家，緬懷「祖功宗德」，是以立廟崇祀；然而祖宗功德「不拘定數」，所以後世遂有「五廟、六廟」、「七廟、九廟」之制，綜其道理，於「四親廟」外別立他廟，目的在於「欲後代子孫觀其功德」，所以《尚書》方云「七世之廟，可以觀德」。

其五，「四廟」、「七廟」之制，原理等同，而「七廟」之制，「並通其理」，兩者皆有兼顧，是以建請設立宗廟七所，然而宗廟創制，茲事體大，所以「檢七廟、四廟二件之文」，陳請百官詳議。

（二）劉昫議廟制

段顒檢具「四廟」、「七廟」之説，而以「七廟」為宜的論説上塵之後，晉高祖敕令官員參詳，左僕射劉昫（887-946）等人有所疑義，以為：

其一，《禮記・王制》經文「天子七廟，諸侯五廟，大夫三廟」，孔穎達於《尚書正義》有所申述，認為：

> 周制之七（「之」字《十三經注疏》本無）者，太祖廟（「廟」字《十三經注疏》本無）及文王、武王之（「之」《十三經注疏》本作「二」）祧與親廟四；太祖，后稷也。商六廟，契及湯與二昭、二穆。夏則五廟，無太祖，禹與二昭、二穆而已。（卷 8，28 上）

如此，則夏、商、周三代，宗廟必立「四親」，而各緣祖宗功德，有所增益。宗廟數額，「自夏及周，少不減五，多不過七」——「五廟」、「六廟」、「七廟」之數，均合古禮。

其二，《禮記正義》以為：「天子七廟，皆（「皆」字《十三經注疏》本無）據周也。」（卷 12，頁 14 下）「七廟」之説，乃是周代制度，依據三代通行

禮法，則「五廟」、「六廟」、「七廟」皆合乎制度，「有其人則七，無其人則五」。三代以後，魏、晉、宋、齊、隋及唐初，「多立六廟或四廟」，所以建置如此，是因為建國初始，「無其人」，「不盈七廟之數也」。

其三，「四親」之制為宗廟基礎，於古禮有徵，是以建請設置「高祖以下四親廟」，至於「始祖一廟」，建置與否，則仍陳請天子垂示。

（三）張昭遠議廟制

劉昫等人陳請斟酌建置「始祖一廟」，御史中丞張昭遠（—937—）頗持疑義，上書議論道：

其一，《禮記‧王制》經文「天子七廟，三昭三穆，與太祖之廟而七」，鄭玄《注》以為：「此周制也。七者，太祖后稷及文王、武王與四親廟。」又以為：「商人六廟，契及成湯與二昭二穆也。夏后氏立五廟，不立太祖，唯禹與二昭二穆而已。」根據〈王制〉經文與鄭玄《注》的說釋，則商人、周人各自以稷、契為太祖，夏人無太祖，也無「追謚之廟」，那麼為「太祖」、亦即「始祖」立廟，並非定制。考諸史書，歷來各代宗廟，「都無始祖之稱」，僅商、周二代各自以稷、契為太祖，由此可知，不為「始祖」立廟，方式禮制之正。

其二，《禮記‧中庸》經文：

> 武王纘太王、王季、文王之緒，壹戎衣而有天下，……尊為天子，……宗廟饗之。……周公成文、武之德，追王太王、王季，祀先公（「祀先公」《十三經注疏》本作「上祀先公」）以天子之禮。（卷52，頁14下）

又《孝經‧聖治篇》經文：「周公郊祀后稷以配天。」[12] 就此觀之，周武王（姬

---

12 〔唐〕唐玄宗（李隆基，685-762）注，〔宋〕邢昺（932-1010）正義：《孝經‧聖治篇》，卷5，頁2上。

發，?－前 1043）「雖祀七世」——設立宗廟有七，但是「追為王號者，但四世而已」——僅只追尊后稷、太王、王季、文王四祖為「王」。如此舉措，與設「四親廟」之義相合。所以「自東漢以來，有國之初，多崇四廟」，所遵循的，便是周代宗廟之制。建請「創立四廟」，並推崇「四世之中名位高者為太祖」。

（四）劉昫再議廟制

張昭遠建請「創立四廟」之後，劉昫等人再發議論，以為：

其一，《禮記・王制》「天子七廟，三昭三穆，與太祖之廟而七」之說，依鄭玄《注》所言，確為「周制」，為周王室獨有之制。至於「四廟」，涵蓋的則是「高、曾、祖、禰四世」。《禮記・大傳》經文：「（武王）追王大王亶父、王季歷、文王昌。」（卷 34，頁 2 上）又因為「后稷為堯稷官，故祖尊為太祖」。這便是「周武王初有天下」之際，「追尊四廟」——設置四宗廟的明確紀錄。

其二，自漢、魏以來，至於周、隋，開國創業之君，宗廟設置，以四廟為制，所依循的，便是「周武王初有天下」，宗廟建置的本旨，是以建請依張昭遠所議，設置四廟，並不設立「始祖之廟」。

三、後周議珪璧（《舊五代史・禮志》，卷 143，頁 1910-1912）

後周世宗（柴榮，921-959）顯德四年（957）四月，朝廷敕令「禮官博士」等人「議祭器、祭玉制度以聞」，本次議論的焦點集中於祭典所使用的諸般玉器，論辯雙方的代表人物各自為國子祭酒尹拙（891-971）與國子博士聶崇義（—957—）。《新、舊五代史》所錄史文之中，尹拙與聶崇義論難的重心有二，一是「璧」的形制，一是「璜琮」的形制。

（一）尹拙議玉制

尹拙議論「璧」與「璜琮」形制，內容如下：

其一，蕭梁崔靈恩（—514—）撰《三禮義宗》，以為：「蒼璧所以祀天，其長十有二寸，蓋法天之十二時。」同時，後漢班固（32-92）編撰的《白虎通德論》、隋代牛弘（545-610）、潘徽（—605—）編撰的《江都集禮》，都

認為「璧皆外圓內方」[13]。綜合三家之說，則「璧」的直徑應為十二寸，形制當為「外圓內方」，確無疑義。

其二，《三禮義宗》又云：「璜琮所以祀地，其長十寸，以法地之數。其琮外方內圓，八角而有好。」則「琮」的形制應是「外方內圓」，呈「八角」之形，而當中有圓孔。

（二）聶崇義議玉制

對於尹拙的說釋，聶崇義不以為然，反駁糾正道：

其一，《周禮‧冬官‧玉人》經文：「璧……好三寸以為度。」「璧、琮九寸。」[14] 則璧有九寸之制，無可質疑，是以阮氏（？—？）與鄭玄《禮圖》都定璧之直徑為九寸。此外，《爾雅‧釋器》經文：「肉倍好謂之璧，好倍肉謂之瑗，肉好若一謂之環。」郭璞《注》以為：「好，孔也；肉，邊也。（二「也」字《十三經注疏》本無）」[15] 則《爾雅》雖然「不載尺寸之數」，但是綜合「璧好三寸」、「肉倍好謂之璧」等語，則「兩邊肉各三寸，通好共九寸」，璧的直徑為九寸，當是無可質疑。

其二，《周禮‧冬官‧玉人》經文：「琮八角而無好。」[16] 而賈公彥《周禮疏》及阮氏《禮圖》均不言琮內有孔。又琮、璜、珪、璧，「俱是祀天地之器」，而《爾雅‧釋器》說釋各式玉器，「唯言璧、環、瑗三者有好，其餘璜、琮諸器並不言之」，益發可證琮中無孔，而琮之形制「八角而無好」，甚為明確。

---

13 〔漢〕班固撰：《白虎通德論‧文質》（上海市：上海古籍出版社影印江安傅氏雙鑒樓藏元刊本，1990 年 11 月）：「方中圓外曰璧。」卷 7，頁 53 下。

14 〔漢〕鄭玄注，〔唐〕賈公彥（—652—）疏：《周禮‧冬官‧玉人》，卷 41，頁 4 下 - 5 上。

15 〔晉〕郭璞（278-324）注，〔宋〕邢昺（932-1010）正義：《爾雅‧釋器》，卷 5，頁 18 上。

16 《十三經注疏》本《周禮‧冬官‧玉人》無「琮八角而無好」一語，而有「璧琮九寸」（卷 41，頁 5 上）、「璧琮八寸」（卷 41，頁 6 上）、「瑑琮八寸」（卷 41，頁 7 上）等語。另外，《周禮‧春官‧大宗伯》經文：「以黃琮禮地」。鄭玄《注》：「琮八方像地。」（卷 18，頁 24 下）。推究聶崇義所論，則所謂「琮八角而無好」一語，或許是綜合這些文字、未經詳細查覈分別所致。

（三）田敏裁決優劣

尹拙與聶崇義論玉制，一方以為璧徑十二寸、琮八角中有孔，一方以為璧徑九寸、琮八角中無孔，兩者所論皆有所據。議論既出，責任太常卿田敏（880-971）裁決剖判，田敏認為尹拙所說雖云有所根據，然而聶崇義援引《周禮》正文，「其理稍優」，建請「從之」，聶崇義的意見於是成為政府建置祭祀玉器制度的依歸。

從討論發起的動機、目的以及討論者的身分來看，發生於「五代十國時期」的「後晉議避諱」、「後晉議廟制」、「後周議珪璧」等三大討論事件，所據儘管多為經書材料，然而政府制度建構或者法令調整的色彩濃厚，並非單純的經學討論案件。如是的議論角度，當然與兩漢政府所召開的「石渠閣會議」、「白虎觀會議」在本質上有所差池。雖然兩者都緣起於統治階級「經學為政治服務」的期盼，但是「石渠閣會議」與「白虎觀會議」至少是為了討論經學議題而設，會議的結果對於其後的經學發展有絕對性影響；而五代政府「議避諱」、「議廟制」、「議珪璧」，只是擇取經學材料作為制度法令建立或變革的參照或依據，姑且不論所舉學說受不受用，也不論如斯事件歷來多有，單就討論內容缺乏深入詮釋這一點來說，五代官員所為難於經學研究有所啟發，便已能輕易推知。

對於經書詮釋或經學研究而言，五代政府「議避諱」、「議廟制」、「議珪璧」，是不具備任何實質意義的；然而，對於試圖認識「五代十國時期經學」的研究者來說，《新、舊五代史》的有關記載，或許蘊藏了若干值得思考的面向：

其一，從後晉到後周，三次重要的討論，基本上與禮制的建構有關，而討論的對象既然是禮制，那麼載錄禮文獻的《三禮》，成為討論者徵引的資取，當然是合理的現象，同時，根據《三禮》文字討論國家制度，史書所載多有。因此，《新、舊五代史》當中出現相關記載，並不能證明「五代十國時期」《禮》學研究發達，政府官員當中嫻於「《禮經》」多，充其量只能說明當時知識分子尚能依據經書提出相關意見，讀經或研經者的確存在。另一方

面，《新、舊五代史》的紀錄說明了雖然這些論述參與者的言論都能有所依據，但是並未踰越前修所設，可見「五代十國時期經學」的確存在信古守舊性格。

其二，除了「後周議避諱」之外，「後晉議廟制」與「後周議珪璧」兩事，至少都有兩方相互論難，然而，在通盤檢閱論爭的過程與內容之後，可以發現相互論難的兩派，或者採用的材料一致、而解讀不同，或者援引的基本文獻參差，而無論何者，或許都可以視之為學術派別的歧異。然而，《新、舊五代史》的載錄當中，經學史上所謂「家法」、「師法」等學術派別的區隔，似乎並不存在。相互論難的兩方，並未在討論啟動之後勢如水火，而其意見也未在日後造成經書詮釋觀點分裂的事實。當然，無關仕進、非為經學，可能是數次論難之後波瀾不生的重要原因，但是當時經學處在「統一」日久的狀態之下，確實已無派別之分，或許是可以考慮的元素。

其三，後晉政府「議避諱」，官員以《禮記》所載「古禮」與「唐禮」進陳，晉高祖選擇了「唐禮」。〈曲禮〉所言「古禮」遭到否定，當然不能視為「五代十國時期」經學衰微、經書失卻文化權威性的表徵。而晉高祖用「唐禮」捨《禮記》，卻凸顯了若干所謂值得討論的現象。一是所謂尊經崇儒，對於統治階級而言，是否必然？二是人君帝王，在面臨經書所載以及其他選項之際，其判別標準若何？筆者以為，二者不但是探究「五代十國時期經學」必須注重的問題，也是研究任何一個時期經學歷史必須重視的環節。

從唐代起，「進士科」與「明經科」考試便是唐代擢拔人才的兩個主要方式，「進士科」考試以辭賦聲律的測驗為主，「明經科」考試則以經學為測驗範圍。「明經科」考試首重「帖經」，參與考試者必須默寫各經經文，在「經義」測試方面則是以「墨義」的方式進行，必須依照《正義》文句一字不易地回答問題，不許應考者稍有逾越。五代政府承繼李唐制度，科舉亦以「進士科」與「明經科」為主，《新、舊五代史》當中有關「明經科」取士的重要記錄有以下數則：

（天福五年四月）禮部侍郎張允奏，請廢明經、童子科，從之。因詔宏詞、拔萃、明算、道舉、百篇等科並停之。（《舊五代史·晉書·高祖本紀》，卷79，頁1040）

（天福五年四月）禮部侍郎張允奏曰：「明君側席，雖切旁求；貢士觀光，豈宜濫進。竊窺前代，未設諸科，始以明經，俾昇高第。自有《九經》、《五經》之後，及《三禮》、《三傳》已來，孝廉之科，遂因循而不廢，搢紳之士，亦緘默而無言，以至相承，未能改作。每歲明經一科，少至五百以上，多及一千有餘，舉人如是繁多，試官豈能精當。況此等多不究義，唯攻帖書，文理既不甚通，名第豈可妄與。且常年登科者不少，相次赴選者甚多，川縣之間，必無遺闕，輦轂之下，須有稽留，怨嗟自此而興，謗讟因茲而起。但今廣場大啟，諸科並存，明經者悉包於《九經》、《五經》之中，無出于《三禮》、《三傳》之內，若無釐革，恐未便宜，其明經一科，伏請停廢。」……敕明經、童子、宏詞、拔萃、明算、道舉、百篇等科並停。（《舊五代史·選舉志》，卷148，頁1979-1980）

（開運元年八月）詔復置明經、童子二科。（《舊五代史·晉書·出帝本紀》，卷83，頁1094）

（開運元年八月）詔曰：「明經、童子之科，前代所設，蓋期取士，良謂通規。爰自近年，暫從停廢，損益之機未見，卑龐之義空存。將闡斯文，宜依舊貫，庶臻至理，用廣旁求。其明經、童子二科，今後復置。」（《舊五代史·選舉志》，卷148，頁1980）

（廣順二年二月）禮部侍郎趙上交奏：「貢院諸科，今欲不試汎義，其口義五十道，改試墨義十道。」從之。

（廣順三年正月）趙上交奏：「進士元試詩賦各一首，帖經二十帖，對義五通，今欲罷帖經、對義，別試雜文二首、試策一道。」從之。

（廣順三年八月），刑部侍郎、權知貢舉徐台符奏：「請別試雜文外，其帖經、墨義，仍依元格。」從之。（《舊五代史·選舉志》，卷148，頁1981）

（顯德二年六月）禮部侍郎竇儀奏，請廢童子、明經二科及條貫考試次第，從之。（《舊五代史・周書・世宗本紀》，卷 115，頁 1531）

（顯德四年十月）詔懸制科凡三：其一曰賢良方正能直言極諫科，其二曰經學優深可為師法科，其三曰詳閑吏理達于教化科。不限前資、見任職官，黃衣草澤，並許應詔。時兵部尚書張昭條奏，請興制舉，故有是命。（《舊五代史・周書・世宗本紀》，卷 117，頁 1562）

上列各項之中，對於說明五代政府辦理「明經科」考試梗概頗有助益，若能仔細推敲，於「五代十國時期經學」，當有更深入理解，設若簡要統合諸般文字，則可檢得以下初步認識：

(一)「明經科」考試的興廢

其一，晉高祖天福五年（940）四月，罷「明經科」。

其二，晉出帝開運元年（944）八月，復置「明經科」。

其三，周世宗顯德二年（955）六月，罷「明經科」。

(二)「明經科」考試的內容

其一，考試科目類別：《五經》、《九經》、《三禮》、《三傳》。

其二，考試的方式：「帖經」——墨寫經書文字。「口義」——對考官背誦《正義》或《疏》文字。「墨義」——由「口義」改制，墨寫《正義》或《疏》文字。

(三)「明經科」考試廢黜的原因

其一，當時「每歲明經一科」及第中選者，「少至五百以上，多及一千有餘」，人數繁多，必然無法正確選拔優秀人才。

其二，參與「明經科」考試者，「多不究義」——對於經書義理大多無有深究，「唯攻帖書」——僅僅專攻墨寫經文疏文，「文理既不甚通」，實在不宜選取。

其三，因為「明經科」考試難度低，「常年登科者不少」，安插選官，難免有所愆遲，「怨嗟謗讟」因此滋生，實在不宜再行辦理。

　　針對《新、舊五代史》關於當時「明經科」考試的記載，尚可進一步解讀如下：

　　其一，「明經科」考試在後晉、後周兩度遭到罷廢，雖然廢黜的時間不長，且其間一度恢復，但是終五代之世仍未獲重啟，顯見該考試科目的確於當時政府選才並非最為緊要。中央政府對於「明經科」考試的輕忽、利祿的斷絕，是否會造成仕子對於「明經科」考試的鄙棄，甚或是對閱讀經書、專研經學的蔑視，頗堪推敲。

　　其二，「明經科」所以受到中央政府輕忽，原因在於選取的人才素質不佳，選取的人才素質不佳，則肇因於考試的方式不善。根據張允（—940—）的奏章，則當時「明經科」考試以「帖經」、「墨義」為主，考生專司背誦，便可及第中選，而及第中選者甚至可能連經書文理大義都不能通解。是以，在如此制度之下，不但政府無法藉以選拔優秀人才，經書研究與經學探討的高度與深度也可能會大受影響。

　　其三，因為中央政府鄙視「明經科」考試，便認定五代政府不重視經書研讀或經學研究、鄙視經生，事實上是錯誤的認知。周世宗顯德四年，政府應兵部尚書張昭（—957—）陳請，決議增設三個選拔人才的科別，一是「賢良方正能直言極諫科」、二是「經學優深可為師法科」、三是「詳閑吏理達于教化科」，不限資格，皆可應撰。三科當中「經學優深可為師法科」赫然在列，可見五代當中，至少後周政府對於深通經學的碩儒經師仍舊有所尊崇。此番政令的頒佈，可以凸顯當時社會或許的確存在「經學優深」的碩儒經師，也說明了閱讀經書與研究經學等學術活動確實有所存續，「五代十國時期」並非全然於經學毫無表現的時代。

　　除了辦理「明經科」考試、增設「經學優深可為師法科」選取人才之外，《新、舊五代史》還記載了五代政府開雕「經書印板」的史實四則，其文字如下：

　　（長興三年二月）中書奏：「請依石經文字刻《九經》印板。」從之。

（《舊五代史·唐書·明宗本紀》，卷43，頁588）

（乾祐元年五月）國子監奏《周禮》、《儀禮》、《公羊》、《穀梁》四經未有印板，欲集學官考校雕造。從之。（《舊五代史·漢書·隱帝本紀》，卷101，頁1343）

時以諸經舛繆，與同列李愚委學官田敏等，取西京鄭覃所刊石經，雕為印板，流布天下，後進賴之。（《舊五代史·周書·馮道列傳》，卷126，頁1658）

（田敏）以印本《五經》遺從誨，從誨謝曰：「予之所識不過《孝經》十八章爾。」敏曰：「至德要道，於此足矣。」敏因誦〈諸侯章〉曰：「在上不驕，高而不危，制節謹度，滿而不溢。」從誨以為譏己，即以大巵罰敏。（《新五代史·南平世家·高季興·子從誨》，卷69，頁858-859）

根據《新、舊五代史》的記載，則經書印板一事，內情如下：

其一，倡始自後唐明宗長興三年（932），主其事者為李愚（？-935）、田敏、馮道（833-954）等人。

其二，經書印板以唐「開成石經」為底本，預計刊刻《九經》（《周易》、《尚書》、《毛詩》、《禮記》、《春秋左氏傳》、《儀禮》、《周禮》、《春秋公羊傳》、《春秋穀梁傳》）文字。

其三，後漢隱帝（劉承佑，930-950）乾祐元年（948）五月，國子監奏稟「《周禮》、《儀禮》、《公羊》、《穀梁》四經未有印板，欲集學官考校雕造」，可見至少於漢隱帝之前，五代政府已經完成《周易》、《尚書》、《毛詩》、《禮記》、《春秋左氏傳》等《五經》印板的刊刻。又田敏曾經以「印本《五經》」贈予南平高從誨（891-948），高從誨於唐明宗天成二年（929）至後漢隱帝乾祐元年在位，又可證《五經》印本的完成必在乾祐元年以前。

五代政府開啟經書印板的開雕工作，不但為經書文字提供統一的板本，也保障了經書研讀以及經學研究等活動的留存與推廣。更重要的是，這項措

施啟迪了趙宋中央對於諸經《正義》以及《經典釋文》印板的雕造工作，應該可以說是「五代十國時期」對於後世經學發展產生最巨大影響的學術行為。

伍·五代十國時期的經學研究者

《新、舊五代史》不但記載了與官方有關的經學活動，也記錄了當時若干從事經學研究者的事蹟，以下便依史文所錄分類陳列：

（一）研讀《周易》者

1. 許寂

許寂，字閒閒，……汎覽經史，窮三式，尤明《易》象。……昭宗聞其名，徵赴闕，召對於內殿。……問《易》義。（《舊五代史·唐書·許寂列傳》，卷71，頁944）

2. 馬重績

馬重績，字洞微，……少學數術，明太一、五紀、八象，《三統大曆》。……晉高祖以太原拒命，廢帝遣兵圍之，勢甚危急，命重績筮之，遇〈同人〉，曰：「天火之象，乾健而離明。健者君之德也，明者南面而嚮之，所以治天下也。同人者，人所同也，必有同我者焉。《易》曰：『戰乎乾。』乾，西北也。又曰：『相見乎離。』離，南方也。其同我者自北而南乎？乾，西北也，戰而勝，其九月十月之交乎？」是歲九月，契丹助晉擊敗唐軍，晉遂有天下。……明年，張從賓反，命重績筮之，遇〈隨〉，曰：「南瞻析木，木不自續，虛而動之，動隨其覆。歲將秋矣，無能為也！」七月而從賓敗。（《新五代史·雜傳·馬重績》，卷57，頁664-665）

（二）研讀《尚書》者

1. 李愚

李愚，字子晦，……家世為儒。父瞻業，……以《詩》、《書》訓子孫。愚童齓時，謹重有異常兒，年長方志學，徧閱經史。（《舊五代史‧唐書‧李愚列傳》，卷 67，頁 890）

2. 馬重績

石昂，青州臨淄人也。家有書數千卷，喜延四方之士，士無遠近，多就昂學問……昂父亦好學，平生不喜佛說，父死，昂於柩前誦《尚書》，曰：「此吾先人之所欲聞也。」（《新五代史‧一行傳‧石昂》，卷 34，頁 371-372）

（三）研讀《毛詩》者

1. 李愚

李愚，字子晦，……家世為儒。父瞻業，……以《詩》、《書》訓子孫。愚童齓時，謹重有異常兒，年長方志學，徧閱經史。（《舊五代史‧唐書‧李愚列傳》，卷 67，頁 890）

2. 李保殷

李保殷，河南洛陽人也。昭宗朝，自處士除太子正字，……歷長水令、《毛詩》博士。（《舊五代史‧唐書‧李保殷列傳》，卷 68，頁 904）

（四）研讀《三禮》者

1. 王震

高祖鎮太原，命瑯琊王震以《禮記》教帝，不能領其大義，謂震曰：

「非我家事業也。」（《舊五代史・晉書・少帝本紀》，卷 81，頁 1067）

重貴少而謹厚，善騎射，高祖使博士王震教以《禮記》，久之，不能通大義，謂震曰：「此非我家事也。」（《新五代史・晉本紀・出帝》，卷 9，頁 89）

2. 顏涉

（後周太祖）謂近臣曰：「仲尼、亞聖之後，今有何人？」對曰：「……有鄉貢《三禮》顏涉，是顏淵之後。」（《舊五代史・周書・太祖本紀》，卷 112，頁 1482）

（五）研讀《春秋》者

1. 敬翔

（敬翔）見太祖，太祖問曰：「聞子讀《春秋》，《春秋》所記何等事？」翔曰：「諸侯爭戰之事耳。」太祖曰：「其用兵之法可以為吾用乎？」翔曰：「兵者，應變出奇以取勝，《春秋》古法，不可用於今。」（《新五代史・梁臣列傳・敬翔》，卷 21，頁 208）

2. 張希崇

張希崇，字德峰，幽州薊縣人也。……希崇少通《左氏春秋》。（《舊五代史・晉書・張希崇列傳》，卷 88，頁 1147）

張希崇字德峰，幽州薊人也。少好學，通《左氏春秋》。（《新五代史・雜傳・張希崇》，卷 47，頁 528）

3. 烏震

震略涉書史，尤嗜《左氏傳》。（《舊五代史・唐書・烏震列傳》，卷 59，頁 794）

震為人純質，少好學，通《左氏春秋》。（《新五代史・唐臣列傳・烏震》，卷 26，頁 279）

4. 張憲

張憲，字允中，晉陽人，……憲始童丱，喜儒學，勵志橫經，不舍晝夜。……弱冠盡通諸經，尤精《左傳》。（《舊五代史‧唐書‧張憲列傳》，卷 69，頁 911）

5. 史匡翰

史氏世為將，而匡翰好讀書，尤喜《春秋三傳》，與學者講論，終日無倦。（《新五代史‧唐臣列傳‧史建瑭‧子匡翰》，卷 25，頁 269）

（六）研讀《論語》者

1. 趙贊

幽州節度使趙德鈞奏：「臣孫贊，年五歲，默念《論語》、《孝經》，舉童子，於汴州取解就試。」（《舊五代史‧唐書‧明宗本紀》，卷 40，頁 547）

（七）研讀《孝經》者

1. 趙贊

幽州節度使趙德鈞奏：「臣孫贊，年五歲，默念《論語》、《孝經》，舉童子，於汴州取解就試。」（《舊五代史‧唐書‧明宗本紀》，卷 40，頁 547）

（八）「明經科」及第者

1. 淳于晏

淳于晏，以明經登第。（《舊五代史‧唐書‧淳于晏列傳》，卷 71，頁 943）

彥威客有淳于晏者，登州人也，少舉明經及第。（《新五代史‧雜傳‧霍彥威》，卷 46，頁 506）

2. 馬縞

馬縞，少嗜學儒，以明經及第。（《舊五代史‧唐書‧馬縞列傳》，卷 71，頁 942）

馬縞，不知其世家，少舉明經（《新五代史‧雜傳‧馬縞》，卷 55，頁 633-634）

3. 蘇禹珪

蘇禹珪，字玄錫，……父仲容，以儒學稱於鄉里，唐末舉《九經》，……禹珪性謙和，虛襟接物，克構父業，以《五經》中第。《舊五代史‧周書‧蘇禹珪列》，卷 127，頁 1674）

（九）「明經科」未及第者

1. 張衍

衍樂讀書為儒，始以經學就舉，不中選。（《舊五代史‧梁書‧張衍列傳》，卷 24，頁 325）

2. 吳巒

吳巒，字寶川，鄆州盧縣人也。少舉明經不中。（《新五代史‧唐臣列傳‧吳巒》，卷 29，頁 325）

3. 司徒詡

（司徒詡）少好讀書，通《五經》大義，弱冠應鄉舉，不第。（《舊五代史・周書・司徒詡列傳》，卷 128，頁 1691）

（十）「讀經書」者

1. 孫騭

孫騭，滑臺人。嗜學知書，微有辭筆。……雅好聚書，有《六經》、《漢史》洎百家之言，凡數千卷，皆簡翰精至，披勘詳定，得暇即朝夕耽翫，曾無少怠。（《舊五代史・梁書・孫騭列傳》，卷 24，頁 324）

2. 李延光

（李愚）與李延光相善，延光以經術事梁末帝為侍講，數稱薦愚，愚由此得召。（《新五代史・雜傳・李愚》，卷 54，頁 620）

3・崔梲

崔梲字子文，深州安平人也。……少好學，頗涉經史，工於文辭。（《新五代史・雜傳・崔梲》，卷 55，頁 632）

（十一）「學為儒、讀儒書」者

1. 王師範

師範雅好儒術，少負縱橫之學，故安民禁暴，各有方略，當時藩翰咸稱之。（《舊五代史・梁書・王師範列傳》，卷 13，頁 176）

2. 趙鳳

趙鳳，幽州人也，少為儒。（《舊五代史・唐書・趙鳳列傳》，卷 67，頁 889）

趙鳳，幽州人也，少以儒學知名。(《新五代史・唐臣列傳・趙鳳》，卷 28，頁 308)

3. 藥縱之

藥縱之，太原人，少為儒。(《舊五代史・唐書・藥縱之列傳》，卷 71，頁 941)

4. 張策

張策，字少逸，河西燉煌人也。父同，為唐容管經略使。策少聰悟好學，通章句。(《新五代史・唐六臣傳・張策》，卷 35，頁 377)

5. 張從訓

張從訓，字德恭。本姑臧人，其牛迴鶻別派，……從訓讀儒書，精騎射。(《舊五代史・晉書・張從訓列傳》，卷 91，頁 1204)

6. 薛融

薛融，汾州平遙人。性純和，以儒學為業。(《舊五代史・晉書・薛融列傳》，卷 93，頁 1233)

薛融，汾州平遙人也。少以儒學知名。(《新五代史・雜傳・薛融》，卷 56，頁 646)

7. 曹國珍

曹國珍，字彥輔，幽州固安人也。曾祖藹，祖瞻，父絢，代襲儒素。(《舊五代史・晉書・曹國珍列傳》，卷 93，頁 1234)

8. 李遐

李遐，兗州人也。少為儒，有節操。(《舊五代史・晉書・李遐列傳》，卷 93，頁 1236)

9. 劉晞

劉晞者，涿州人也。父濟雍，累為本郡諸邑令長。晞少以儒學稱於鄉里。(《舊五代史・晉書・劉晞列傳》，卷 98，頁 1317)

10. 龍敏

龍敏，字欲訥，幽州永清人。少學為儒，仕鄉里為假掾。(《舊五代史・漢書・龍敏列傳》，卷 108，頁 1427)

11. 張允

張允，鎮州束鹿人。父徵。允幼學為儒，仕本州為參軍。(《舊五代史‧漢書‧張允列傳》，卷 108，頁 1429)

12. 馮道

馮道，字可道，瀛州景城人。其先為農為儒，不恆其業。(《舊五代史‧周書‧馮道列傳》，卷 126，頁 1655)

13. 劉仁贍

劉仁贍，略通儒術，好兵書。(《舊五代史‧周書‧劉仁贍列傳》，卷 129，頁 1707)

14. 劉皥

(劉皥) 從儒學，好聚書。(《舊五代史‧周書‧劉皥列傳》，卷 131，頁 1722)

15. 張薦明

張薦明者，燕人也。少以儒學遊河朔。(《新五代史‧一行傳‧鄭遨‧張薦明附》，卷 34，頁 370)

根據上陳史文，則《新、舊五代史》所述經學研究者總計三十八人（《論語》、《孝經》重複），可以依其研讀性質區分為十一類，並其個別人數，則可製表如下：

類別	研讀周易	研讀尚書	研讀毛詩	研讀三禮	研讀春秋	研讀論語	研讀孝經	明經科及第	明經科未第	讀經書	學為儒讀儒書
數量	2	2	2	2	5	1	1	3	3	3	15

當然，如是的載錄絕對無法展現「五代十國時期」個別經學家從事經書研讀或經學研究的整體樣貌。例如有關「明經科」及第者部分，《新、舊五代史》僅述三人，而前文所引禮部侍郎張允奏書則稱每年「明經科舉人」，多者千餘，少者五百有餘，兩者比例，差異何啻百一。又如史文當中常見的段顒、田敏、尹拙、聶崇義等儒臣，儘管大多活躍於五代時期，然而因為身終

於宋，是以《新、舊五代史》無所記錄，終至無法見其經學研究梗概。又如段顒曾於唐明宗天成二年三月上表陳請「國學《五經》博士各講本經，以申橫經齒冑之義」（《舊五代史‧唐書‧明宗本紀》，卷38，頁520），可見當時《五經》具設博士，然而，史文之中僅見聶崇義與王震，其餘則毫無陳述，致令後世對於當時高階經學研究者的經學活動無可知悉。由此可見，《新、舊五代史》所載錄的史料或許確實不足。

另一方面，儘管《新、舊五代史》的記錄數量極少，無法確實完整展現當時個別經學研究者的經學活動，然而倘若仔細解讀諸般史料，對於當時的經學研究狀況仍可進行粗淺的推想。

其一，從比例上看，當時經學研究者研讀《春秋左氏傳》而為人所知者，比例最高，是否表示當時研讀《春秋》或者《春秋左氏傳》的風氣較其他各經為盛，頗值推敲深究。

其二，《新、舊五代史》當中記載研究者「學儒學」、「讀儒書」的比例最多，是否表示當時學者大多不具備精讀或者專研一經的能力，只能泛泛遍讀諸經。當然，如斯狀況是否可能肇因於「明經科」考試的範圍是《五經》、《九經》，研究者為了及第中選，只能致力於全體經書文字的背誦，無從針對單一經典進行深入探研，絕對是討論「五代十國時期經學」的重大議題。

其三，對於經學研究者學問的淵源、傳承等前代史書（尤其是《史記》、《漢書》、《後漢書》）所重視的環節，《新、舊五代史》完全沒有載述，如是的狀態之所以出現，史料的闕如與記錄的態度都可能是原因。然而，當時的經學研究環境，業已處在長時期統一於以《五經正義》為中心的經學體系之下，師法、家法的界限模糊，無論師承何人，經學的基本教材與詮釋立場盡皆一致，無需特別載錄師承，或者也是可以考慮的因素之一。

陸‧結論

　　平心而論，《新、舊五代史》所載錄的諸般資料，能否完全展現「五代十國時期經學」的整體樣貌，其答案不言可喻；換言之，設若僅僅依據存藏於《新、舊五代史》當中的經學史料，也難以掌握「五代十國時期經學」的發展脈動。就此而言，《新、舊五代史》對於經學史研究的意義，遠遜於其他史書，尤其是《史記》、《漢書》、《後漢書》。設若以《舊五代史》曾經亡佚、今存輯本的史料已然流失許多、是以造成文字不足徵考的現象一事為說，則《新五代史》全本尚存，所載更遜《舊五代史》輯本，益發證實《新、舊五代史》於探究中國經學史方面關於文獻史料的貢獻細微。

　　《新、舊五代史》提供的經學相關史料雖然稀少，但是在初步觀覽之後，仍可以就其中重要部分詳加推敲，而獲致若干值得注意的現象：

　　其一，即使資料結構可能較為鬆散，但是《新、舊五代史》之中關於帝王研讀經書、官員據經書議政、政府據經書取士、知識分子研讀經書探究經學的紀錄並非偶一。如是的狀態，顯然與前輩學者對於「五代十國時期經學」「陵夷衰微」、「殆無可觀」等看法出入頗鉅。而差異如斯，是否說明了前輩學者在論定「五代十國時期經學」之際，忽略了最基本的文獻查證工作，如果真是如此，則坊間諸多持同樣論點的中國經學史專著，其真實價值若和，有必要再受檢視。

　　其二，從《新、舊五代史》的記載之中，可以發現，近來學者在談論唐代後期與宋代初年經學之際最樂於稱道，以韓愈（768-824）、柳宗元（773-819）學說為主體的「新儒學」，以啖助（724-770）、趙匡（―776―）、陸淳（陸質，? - 806）為中心的「新《春秋》學」，以及歐陽脩、宋祁（996-1061）於《新唐書‧儒林傳》言及的「（唐代宗〔李豫，726-779〕）大曆（766-779）經學革新」，[17] 在《新、舊五代史》當中完全不見記載。倘使記載的失落肇因於

17　〔宋〕歐陽脩、宋祁撰：《新唐書‧儒林傳》（臺北市：洪氏出版社，1977 年 6 月），卷 200，頁 5707。

相關史文的亡佚，那麼自然沒有再行論述的必要；而設若使文原始結構便是如此，則其中便隱藏了饒富趣味的問題。前文所謂「韓、柳新儒學」，「啖、趙、陸新《春秋》學」以及「大曆經學革新」，於歐陽脩參與編輯的《新唐書》記載甚詳，於劉昫撰寫的《舊唐書》則所記簡略，從書寫者的角度來說，面對相同的事實，而書寫的內容較為詳細，極有可能關乎書寫者的喜好。歐陽脩既然於《新唐書》針對各項詳加敍述，那麼在撰寫《新五代史》之際，倘若有相關史實，略而不書，於理不合。就此而言，近來學者樂於稱述的「韓、柳新儒學」，「啖、趙、陸新《春秋》學」以及「大曆經學革新」，在「五代十國時期」可能毫無延續，或者說發展極為細微，並無可稱述之處（如啖助、趙匡等人研讀《春秋》，倡議打破《三傳》界限，則優而取，憑己意論斷，但是《新、舊五代史》所錄研讀《春秋》的五位研究者當中，有三位很明確是專研《春秋左氏傳》，可見啖助、趙匡的觀點不見得對研讀《春秋》者發揮作用）。設若如的推論能夠成立，則發生於唐代後期、被視為關乎經學發展的種種重要變革，是否真的如歐陽脩所說的那樣波瀾澎湃或者影響遍佈，就必須再行推敲了。

其三、《新、舊五代史》所收錄的經學史料當中，「五代十國時期」經學專著的紀載可謂絕無僅有，換言之，研究者無法依據《新、舊五代史》史文尋得任何經學專書。設若將相關因素歸之於《新、舊五代史》撰寫無錄個人專著之例，或歸之於「五代十國時期」文獻流傳不易，則以下三項正可駁斥其說：

> （賈緯）屬文之外，勤於撰述，以唐代諸帝《實錄》，自武宗已下，闕而不紀，乃採掇近代傳聞之事，及諸家小說，第其年月，編為《唐年補錄》，凡六十五卷。……緯有《集》三十卷，目曰《草堂集》，並所撰《唐年補錄》六十五卷，皆傳於世。（《舊五代史‧周書‧賈緯列傳》，卷131，頁1727-1729）

> 凝好飾車服，為文章以多為富，有《集》百餘卷，嘗自鏤板以行于

世，識者多非之。（《新五代史·雜傳·和凝》，卷 56，頁 640）

王仁裕集其平生所作詩萬餘首為百卷，號《西江集》。（《新五代史·雜傳·王仁裕》，卷 57，頁 662）

（顯德六年八月）高麗國遣使朝貢，兼進《別序孝經》一皆、《越工孝經新義》一卷、《皇靈孝經》一卷、《孝經雌圖》三卷。（《舊五代史·周書·恭帝本紀》，卷 120，頁 1595）

如此，則《新、舊五代史》於個人著述與外邦進獻圖書有所載記，而「五代十國時期」刊板已然盛行，雖然兵燹頻仍，而文獻傳遞或許未若漢、唐手鈔之艱困。相對地，史書之例與流傳受阻既然不是經學專著失錄的原因，那麼「五代十國時期」未嘗出現經學專著，或者未嘗出現具有影響值得書錄的經學專著，便是真確的原因。「五代十國時期」既然未曾出現具有份量的經學專著，無怪乎前輩學者論及此期經學，總是評價甚低。

※ 本文之撰寫，承蒙程師元敏、林師慶彰、蔣師秋華、楊師晉龍教誨訓示，獲益良多，謹此伸記，用致感佩，並銘謝悃。

清代新疏在經學史上的意義

張素卿

國立臺灣大學中國文學系

一、前言

　　清代學術以經學為中心，也以經學為最盛，「皇清經解」正、續編彙刊光緒初年以前之著作合計四百種、二千八百四十二卷，[1] 不能網羅無遺，卻也匯聚了一代學人可觀的經說成果。自光緒年間（1871-1908），即有倡議「集刊國朝經疏」之呼聲，近人或回顧、總結清朝經學之成果，亦往往標舉羣經「新疏」作為一代經說之代表。

　　舉其犖犖大者而言，如鄧實（字秋枚，1877-1951）綜述國學、國粹，認為清儒之中，「自惠、戴以來，諸儒治經，各守其家法，別為義疏」，「皆一代之絕作，曠古所僅見者也」[2]。皮錫瑞（1850-1908）論述清代經學，主張治經「惟有人治一經，經主一家」，而「漢注古奧，唐疏繁複，初學先看注疏，人必畏難，當以近人經說先之」，依此原則推演，則學者理當先從清人之羣經義疏入手，故云：「則《書》先看孫星衍《今古文注疏》，《詩》先看陳奐

1　道光五年至九年，阮元輯刻「皇清經解」，原收著作一百八十三種，計一千四百卷；咸豐十年庚申補刊本，增加著作七種，計八卷；同治九年庚午續刊本，又增加著作一種，計四卷。光緒十二年至十四年，王先謙輯刻「皇清經解續編」，共收著作二百零九種，計一千四百三十卷。

2　鄧實：〈國學今論〉，《國粹學報》第 1 年第 4 號（光緒 31 年 4 月），頁 6 下 - 7 下。

《毛氏傳疏》亦可」云云[3]。章炳麟（1869-1936）〈清儒〉列舉一代學術之代表，表彰諸經之新疏，並及新疏所本之書[4]；馬宗霍（1897-1976）又推闡章氏之説，指出清儒説經之書淵乎大觀，「皇清經解」正、續編已蒐集略備，而其中專門名家者，厥推諸經之新疏。[5]綜合鄧實等人之考察，清代經學之主流斷推惠棟（1697-1758）、戴震（1724-1777）以來之「漢學」典範，治經以輯佚、訓詁為基礎，注重名物、典章之考據，依循「古義」以解經，從而為羣經重撰義疏，於是形成有別於「十三經注疏」的清人注疏，故謂之「新疏」。梁啟超（1873-1928）更總結説：「清學自當以經學為中堅，其最有功於經學者，則諸經殆皆有新疏也。……此諸新疏者，類皆擷取一代經説之菁華，加以別擇結撰，殆可謂集大成」。[6]清代的經解著量既多，內容繁富而又多專門名家，因此，皮錫瑞、馬宗霍等經學史家，或鄧實、章炳麟、梁啟超等學術史家，論述清代學術之中堅——經學，率多以羣經新疏為其代表。章氏、馬氏都注意到新疏往往本於清儒之專門著作，梁氏更以「諸新疏者，類皆擷取一代經説之菁華」，扼要點明「新疏」薈萃清儒經説的學術特點。

從經學史的視域來審視，尤應強調「新疏」反映乾隆（1736-1795）以降「漢學」典範的解經觀念與方法，代表「漢學」學術社羣之研究成果。不僅如此，以羣經「新疏」為參照，可以具體呈現清代之「漢學」不僅與「宋學」立異，經説取向也有別於唐宋義疏，而且，絕非以恢復兩漢經學畫地自限。「新疏」作為清儒重新解釋經典的結晶，標誌着義疏學發展的又一波高峰。唯有揭開復古的面紗，才能正視「新疏」的面貌。

---

3 皮錫瑞撰、周予同注：《經學歷史》（北京：中華書局，1989 年），頁 344-345。
4 章炳麟：〈清儒〉，《訄書（重訂本）》（上海：人民出版社，1984 年，章太炎全集本），頁 159-160；並參《檢論》（同前書），頁 477-478。
5 馬宗霍：《中國經學史》（臺北：臺灣商務印書館，1986 年），頁 151-156。
6 梁啟超：《清代學術概論》（臺北：臺灣商務印書館，1985 年），頁 81-82。梁啟超認為清代「最有功於經學者」，首推新疏，並以為一代經學的「結晶體」，並參梁氏：《中國近三百年學術史》（臺北：華正書局，1984 年），頁 215-225。

二、宗「漢學」而撰「新疏」的潮流

　　清儒之羣經「新疏」，反映「漢學」典範之治經風尚，學者擺落宋以來之經解議論，轉宗漢儒之說，於是紛紛輯考古義，據以重撰義疏，蔚為一代潮流。乾隆九年（1744），惠棟《易漢學》稿成，撰寫〈自序〉，正式揭櫫「漢學」之幟；乾隆十四年（1749），朝廷詔舉經學之士，惠棟獲地方官舉薦，自述家學時也強調：傳經四世，而咸通「漢學」[7]。惠氏之學先在吳中傳播開來，學侶如沈彤（1688-1752）、王昶（1724-1806）、吳泰來（1730-1788），弟子如余蕭客（1729-1777）、江聲（1721-1799），先後羽翼唱和，又經王鳴盛（1722-1797）、錢大昕（1728-1804）、畢沅（1730-1797）、褚寅亮（1715-1790）、盧文弨（1717-1795）等後學之響應，「漢學」風氣遂由江南傳至北京[8]，又逐步擴展至安徽、陝西、浙江、福建、廣東，以及湖南、貴州、四川等地[9]。學風遞變，非一蹴可躋，治經宗「漢學」的風氣，乾隆初期唱自惠棟，行於江南，和之者眾，於是北傳南播，漸入於四川，已至光緒年間，歷時百餘年的時間。

　　乾隆年間是「漢學」典範由確立而盛行的關鍵期，風氣既盛，異議和批評亦隨之而來。惠棟生前，袁枚（1716-1798）曾致書指出：

7　詳參惠棟：〈易漢學自序〉及〈上制軍尹元長先生書〉，《松崖文鈔》，見漆永祥編校：《東吳三惠詩文集》（臺北：中央研究院中國文哲研究所，2006 年），頁 302-303，及頁 314-315。

8　余蕭客、江聲遊於惠棟之門，師事稱弟子，分別在乾隆十五年、二十年；而王鳴盛、錢大昕與王昶等人至蘇州也紛紛登門請益，甚至傳抄其著作，乾隆十九年成進士，進一步將惠氏之學流播北京。說詳拙著：《清代漢學與左傳學——從古義到新疏的脈絡》（臺北：里仁書局，2007 年），頁 34-37；並參說陳鴻森：〈余蕭客編年事輯〉，《中國經學》（桂林：廣西師範大學出版社，2012 年），第 10 輯，頁 68-71。

9　近來頗有學者以地域為線索，深入考察「漢學」學風之傳播進程，說參羅檢秋：《嘉慶以來漢學傳統的衍變與傳承》（北京：中國人民大學出版社，2006 年），頁 18-19；張循：〈義理與考據之間：蒙文通先生的經學歷程〉，《國學研究》23 卷（北京：北京大學出版社，2009 年），頁 389-431；及王惠榮：《晚清漢學羣體與近代社會變遷》（北京：中國社會科學出版社，2013 年），頁 35-38。

閣足下與吳門諸士厭宋儒空虛，故倡「漢學」以矯之。……第不知「宋學」有弊，「漢學」更有弊。宋偏于形而上者，故心性之說近玄虛；漢偏于形而下者，故箋注之說多附會。[10]

由此可見，惠棟標榜「漢學」以矯「宋學」之弊，此一學風當時已在吳中傳播開來。惠棟卒於乾隆二十三年，大約二十年後，程晉芳（1718-1784）陳述當時學風，有感而發地說：

海內儒家，昌言「漢學」者幾四十年矣。其大旨謂：唐以前書，皆寸珠尺璧，無一不可貴，由唐以推之漢，由漢以溯之周、秦，而九經、《史》、《漢》，注疏為之根本，宋以後可置勿論也。嗚呼！為宋學者未嘗棄漢、唐也，為漢學者獨可棄宋、元以降乎？[11]

翁方綱（1733-1818）於乾隆五十一年至五十九年間，先後提督江西、山東學政，屢屢重申：

愚意專守宋學者固非矣，專騖漢學者亦未為得也；至於通漢、宋之郵者，又須細商之。蓋漢、宋之學有可通者，有不可通者。以名物器數為案，而以義理斷之，此漢、宋之可通者也。……[12]

……慮或有轉事高談漢學而卑視宋儒者，其漸不可不防也。往時學

10　袁枚：〈答惠定宇書〉，《小倉山房文集》（南京：江蘇古籍出版社，1993年），頁306。

11　程晉芳：〈正學論〉之四，《勉行堂文集》（上海：上海古籍出版社，2002年，《續修四庫全書》影印清嘉慶二十五年刻本），卷1，頁293。案：翁方綱〈擬師說二〉篇末云：「故因魚門先生之論而附說之」，原附書於〈正學論〉第六篇之後，時在乾隆四十三年八月，說參沈津：《翁方綱年譜》（臺北：中央研究院中國文哲研究所，2002年），頁120。

12　翁方綱：〈書別次語留示西江諸生〉，《復初齋文集》（臺北縣：文海出版社，1969年，影印清光緒丁丑李氏重校本），卷15，頁636-637。並參沈津：《翁方綱年譜》，頁236及267。

者專肆舉子業，於訓詁攷證置之弗講，其弊固已久矣；今則稍有識力者，輒喜綱羅舊聞，博陳名物象數之同異，以充實為務，以稽古為長：是風會之變而日上也。而此時所最要之藥，則在於扶樹宋儒程、朱傳說，以衷漢唐諸家精義，是所關於士習人心者鉅。吾昨在山東，每按一郡，輒首舉此義以提倡多士，冀吾學侶之同之也。[13]

姚鼐（1732-1815）也曾評論説：

> 程、朱出，實於古人精深之旨，所得為多，而其審求文辭往復之情，亦更為曲當，非如古儒者之拙滯而不協於情也，而其生平修己立德，又實足踐行其所言，而為後世之所嚮慕，故元、明以來皆以其學取士。利祿之途一開，為其學者以為進趨富貴而已，其言有失，猶奉而不敢稍違之，其得亦不知其所以為得，斯固數百年來之陋習。然今世學者，乃思一切矯之，以專宗漢學為至，以攻駁程、朱為能。[14]

程晉芳、翁方綱與姚鼐均曾入四庫全書館纂修，但與朱筠、戴震、錢大昕等高談「漢學」者並非同調，以上引述，正可從批評者的眼光折射出當時確有一股標榜「漢學」的風氣。依程氏、翁氏、姚氏之考察，惠、戴諸儒專宗「漢

---

13 翁方綱：〈送吳石亭視學安徽序〉，《復初齋文集》卷 12，頁 468。案：翁氏於乾隆五十六年奉使視學山東，五十八年七月回京，參沈津：《翁方綱年譜》，頁 290 及 319。翁氏主張「扶樹宋儒程、朱傳說，以衷漢、唐諸家精義」，認為「攷訂之學，以衷於義理為主」，撰〈攷訂論〉上中下各篇，反復斯旨（詳見《復初齋文集》卷 7，頁 412-418），晚年，致書朝鮮使臣金正喜（1786-1856），類似的言論又再度重申，既言「千萬世仰瞻孔、孟心傳，自必恪守程、朱為指南之定程」，也説「處今日經學大備，六經如日中天之際，斷不可只管講性理道德之虛辭，況此皆前人所已講明者，不須今再講也。……今日文教昌明大備之際，考證為最要，考證即義理之學，不分二事。切勿空談。」（見沈津：《翁方綱年譜》嘉慶二十一年條引，頁 478-479）準此而言，翁方綱固然不滿「漢學」，但未嘗抹煞其力矯宋以來空談心性之弊的影響，認為「是風會之變而日上也」。
14 姚鼐：〈復蔣松如書〉，《惜抱軒詩文集》（上海：上海古籍出版社，2002 年，續修四庫全書影印山東省圖書館藏嘉慶 3 年刻增修本。），卷 6，頁 48-49。

學」，正是為了力矯「宋學」好言「心性」而流於空虛之弊，遂「卑視宋儒」，甚至「以攻駁程、朱為能」，解經主張「由漢以溯之周、秦」，亦即不以漢儒藩籬自限，而是藉以上溯七十子之大義、孔子之微言[15]，注重訓詁，長於考證，好言名物、象數，至於宋、元以降之經說則認為「可置勿論」也。如翁方綱之不滿「漢學」，力主「扶樹宋儒程、朱傳說，以衷漢唐諸家精義」，也承認「今則稍有識力者，輒喜網羅舊聞，博陳名物象數之同異，以充實為務，以稽古為長：是風會之變而日上也」。

這股專宗「漢學」的風氣自民間傳播開來，藉由學人之間相互影響推導，逐漸擴散[16]。高宗採納朱筠（1729-1781）等人建議，開立四庫全書館，延攬戴震、邵晉涵（1743-1796）等學者入館，這是「漢學」受當朝肯定的一大指標，士氣為之一振。然而，不可忽略的是四庫館中尚有許多宗「宋學」者[17]，而朝廷官學之獎掖其實有其限度，以總纂官紀昀（1724-1805）的說法為參照，可略窺其一斑。乾隆六十年（1795）十二月，武英殿本《四庫全書總目》刻竣，其〈經部總序〉正式提出經學之六期、兩家說，曰：

---

15 說參拙著：《清代漢學與左傳學——從古義到新疏的脈絡》，頁 11-16；及〈惠棟論《易》之「大義」與「微言」〉，《國文學報》第 56 期（2014 年 12 月），頁 126-127。

16 除了學者個別的交遊互動，依尚小明考察，學人遊幕是清代學術傳播的過程中相當值得注意的機制，關於幕府流動與漢學傳播之傳播，詳參《學人遊幕與清代學術》（北京：社會科學文獻出版社，1999 年），頁 198-202。如盧見曾、畢沅、朱筠、阮元等督撫、學政之幕府，往往邀集大批學者校書、刻書，藉由彼此之觀摩、切磋、競爭以精鍊所學，出版著作以集結成果，對於「漢學」的發展極具影響。雖然如此，各省督撫、學政之幕府活動未必都與「漢學」有關，而且前後任之間不具延續性，倡導的方向取決於督撫、學政本身之學術傾向，凡此，都跟朝廷官學的仍宗「宋學」顯然有關。

17 程晉芳、翁方綱與姚鼐均曾入四庫全書館纂修，與朱筠、戴震、錢大昕等時相過從，或討論經義，或詩文唱和，說參沈津：《翁方綱年譜》，頁 66-67。羅檢秋曾據翁方綱所述，推論翁氏「學術交往也由宋學家擴大到漢學羣體。宋學重鎮程晉芳、姚鼐等人與此類似。」（《嘉慶以來漢學傳統的衍變與傳承》，頁 37）如上所言，程、翁、姚等，雖與朱、戴、錢等治「漢學」交往，但並非同調，由此觀之，四庫全書館與其說是「漢學的大本營」，不如說是「漢學」、「宋學」兩大學術社羣角力爭鋒的舞臺，那麼，上文所引程晉芳、姚鼐對「漢學」的評述，就更具有切身觀察的意義。

> 自漢京以後，垂二千年，儒者沿波，學凡六變，……。要其歸宿，
> 則不過漢學、宋學兩家，互為勝負。……消融門戶之見而各取所長，則
> 私心祛而公理出，公理出而經義明矣。蓋經者非他，即天下之公理而
> 已。今參稽眾說，務取持平，各明去取之故。[18]

原先四庫館臣分纂各書提要，最後乃彙集書目並附提要，編為《四庫全書總
目》，這部《總目》不僅分類纂輯，而且四部、各類撰有總序、小序。其中，
〈經部總序〉對經學的分期、派別提出六變、兩家說——所謂「學凡六變」，
將兩漢至清乾隆期間之經學變遷，分為六期；然後，又要其會歸，大略分為
「漢學」、「宋學」兩家。〈經部總序〉對「漢學」、「宋學」兩家之長短各有評
述，最後，宣示消融門戶而持其平的超然立場。姑且不論先前分纂之各書提
要是否完全依循此一立場，《四庫全書總目》作為欽定的官修書目，〈經部總
序〉可以視為是官學立場的公開宣示。嘉慶元年丙辰（1796），紀昀擔任會
試正考官，他在〈丙辰會試錄序〉中再度表明官學之立場，曰：

> 至經義之中，又分二派：為漢儒之學者，沿溯六書，考求訓詁，使
> 古義復明於後世，是一家也；為宋之學者，辨別精微，折衷同異，使六
> 經微旨，不淆亂於群言，是又一家也。國家功令，五經傳注用宋學，
> 而十三經注疏亦列學官。良以制藝主於明義理，固當以宋學為宗，而以
> 漢學補苴所遺，糾繩其太過耳。如竟以訂正字畫，研尋音義，務旁徵遠
> 引以炫博，而義理不求其盡合，毋乃於聖朝造士之法稍未深思乎。[19]

經學分為「漢學」、「宋學」兩派，見之於《四庫全書總目》，總纂官紀昀於

---

18 紀昀等纂修：〈經部總序〉，《四庫全書總目》（臺北：臺灣商務印書館，1983-1986 年，
    影武英殿刻本），卷 1，頁 53-54。

19 紀昀：〈丙辰會試錄序〉，《紀文達公遺集》（上海：上海古籍出版社，2010 年，《清
    代詩文集彙編》影印清嘉慶十七年紀樹馨刻本），卷 8，頁 289。

〈丙辰會試錄序〉中重申此旨，饒具指標意義，清楚宣示了乾隆、嘉慶之際官學的基本立場。紀昀之說，一則申明「國家功令，五經傳註用宋學」，足見當時官學仍宗「宋學」，藉由科舉考試影響天下士子；二則強調「當以宋學為宗，而以漢學補苴所遺，糾繩其太過耳」，然則官學底線，不過以「漢學」補苴，實際上則是「十三經注疏亦列學官」而已。紀昀所理解的「漢學」，其長為注重音義訓詁，考證翔實；其弊在於一味旁徵博引，而未必合於義理；至於以「漢學」補苴，採取的範圍包含「十三經注疏」所代表的兩漢傳注與唐宋義疏[20]。嘉慶年間，學者商討「儒林傳」之纂修，阮元曰：

> 我朝列聖，道德純備，包涵前古，崇宋學之性道，而以漢儒經義實之，聖學所指，海內向風。御纂諸經，兼收歷代之說，四庫館開，風氣益精博矣。[21]

阮氏指陳「我朝列聖」、「御纂諸經」之宗尚，大抵與紀昀宣示之官學相脗合，亦謂：「崇宋學之性道，而以漢儒經義實之」，這與翁方綱對本朝官學的觀察也若合符節。翁氏云：

> 至我朝聖聖相承，稽古闡道，欽定諸經義疏，集條理之大成，實前古所未有。士生其間，研精正業，勿敢蹈岐趨。是以今日儒林之目，必以篤守程、朱為定矩也。……博綜馬、鄭而勿畔程、朱，乃今日士林之大閑也。[22]

---

20 〈經部總序〉所言「漢學」、「宋學」，如陳逢源所言：「就其時間而言，兩漢、魏晉至五代及清初可以說是屬於漢學流布的領域，而宋代、元以及明末則是宋學擅場時期。」說見〈乾嘉漢宋學之分與經學史觀關係試析——以《四庫全書總目‧經部總序》〉，收入林慶彰、張壽安主編：《乾嘉學者的義理學》（臺北：中央研究院中國文哲研究所，2003 年），頁 158。

21 阮元：〈擬國史儒林傳序〉，《揅經室集》（北京：中華書局，1993 年），頁 38。

22 翁方綱：〈與曹中堂論儒林傳目書〉，《復初齋文集》卷 11，頁 444-445。

翁氏依「我朝聖聖相承」與「欽定諸經義疏」所標舉之學術宗旨，指出：「必以篤守程、朱為定矩」，「博綜馬、鄭而勿畔程、朱」。換言之，以程、朱所代表的「宋學」為標準，不妨包容馬、鄭所代表之「漢學」，主、從明顯有別，既非平視漢、宋而兼採之，更無所謂專宗「漢學」。乾隆、嘉慶之際的官學顯然仍宗主「宋學」，唯對「漢學」表現寬容，實則侷限於明代以來兼採「十三經注疏」以救「理學」空疏之弊的思維[23]。乾嘉之際尚且如此，遑論道光以降，朝廷何曾復見獎掖優柔「漢學」之舉措？

然而，在惠棟「漢學」之影響下，學者固然不滿宋元明以來依程、朱理學解經之「宋學」，也無意拘守康熙、乾隆間欽定之「御纂七經」，甚至檢討不斷「十三經注疏」之得失，推動依「古義」而撰「新疏」之新趨勢，在此典範主導之下，由批判「宋學」開端，其積極企圖乃欲超唐而軼魏、晉，毅然直承兩漢[24]。那麼，由惠棟而來的「漢學」，何止於補苴「宋學」？實已分途而別驅；何嘗以「十三經注疏」畫地自限？實欲取彼而代之。相對的，惠棟所確立的是一套治經的學術典範，在此典範影響下的學者儼然形成一個學術社羣，依循特定的價值觀、解經進路以及治學方向，並有其慣用的學術話語，因此，我借用湯瑪斯·孔恩（Thomas Samuel Kuhn，1922-1996）提出的「典範」（Paradigm）觀念，稱之為：「漢學」典範。倡自惠棟的「漢學」，宜由「典範」觀念來理解，主要藉由學術社羣中學人之彼此交流切磋、傳承影響，逐漸發展擴散，基本上屬於民間私學，有意陵越唐宋舊疏，甚至軼魏、晉而直承兩漢，復依尋繹漢儒「古義」，據以撰寫「新疏」，既然另撰「新疏」，自有別於「御纂七經」等所代表之官學，並越出「十三經注疏」之藩籬，

23　晚清學者如陳澧，或認為漢學風氣萌芽於明代，對此，林慶彰先生曾作深入之考察，詳參〈明代的漢宋學問題〉，《明代經學研究論集》（臺北：文史哲出版社，1994 年），頁 13-18。學術發展有其漸進趨勢，非能一蹴而躋，明代至清初學者提倡讀注疏、注重徵實考據，這些固然可以視為是乾隆年間惠棟、戴震等人振興「漢學」學風之先驅，其間的差異卻也不容輕忽。說並參拙著：〈惠棟「漢學」及其先驅〉，《清代漢學與左傳學——從古義到新疏的脈絡》第二章第一節，頁 33-41。

24　說參拙著：《清代漢學與左傳學——從古義到新疏的脈絡》，頁 5-11。

徹底取代「宋學」以掌握經典的解釋權。[25]

回顧乾隆十四年高宗卜詔徵舉經學，惠棟雖獲推薦，終究未獲當道青睞，對此，李慈銘（1830-1895）曾發出感慨：

> 嗚呼！漢人傳經，時主所好，專門授受，多致通顯，上為帝師，次典秘笈……。若我朝諸儒之為漢學也，則違忤時好，見棄眾議，學校不以是為講，科第不以是為取。……高宗盛時，首辟經學，薦書兩上，鶴車四出，然得官者五〔當作四〕人：顧、陳、吳、梁，僅拜虛秩，當塗入館，更以年例，而諸公亦皆學參漢、宋，未號專家。當時海內宗師，松崖一老，徵輿未上，壇席已除，都講弟子，仲林、艮庭，槁項卒世；婺源江君，學究天人：東南兩星，與惠相望。[26]

這條筆記載於同治二年癸亥（1863），依李氏之見，當年首舉經學者：顧棟高、陳祖範、吳鼎、梁錫璵，四人「學參漢、宋，未號專家」，相對的，漢學之宗師惠棟，卻是「徵輿未上，壇席已除」，李氏不僅為惠氏慨歎，並為其弟子余蕭客、江聲以及江永等治漢學者之際遇發出悲鳴，謂諸儒往往「違忤時好，見棄眾議」。這主要是從仕宦際遇來觀察，所以說「科第不以是為取」，清代科考始終以宋學為宗，直至清末廢除科舉都未曾改變，許多遵循「漢學」典範治經的名家，屢試不第者所在多有，如惠棟、江聲、焦循、劉

25　下文論述「漢學」，以倡自惠棟的「漢學」典範為主，省去「」，以免累贅。

26　李慈銘：《越縵堂讀書記》（北京：中華書局，2012 年），頁 761-762。案昭槤《嘯亭雜錄》云：「上初即位時，一時儒雅之臣，皆帖括之士，罕有通經術者。上特下詔，命大臣保薦經術之士……而漢學始大著。」（卷一「重經學」條）昭槤乃事後追述乾隆年間提振經學之舉措，下詔公卿督撫舉薦經術之士，顯非高宗即位之初；而且，此舉可謂重「經」學，絕非提倡「漢學」，以「漢學始大著」一語作結，暗示「漢學」盛行主要出自朝廷提倡，更屬誤導。李慈銘顯然有極為不同的觀察。依上文所述，高宗詔舉經學、開四庫全書館等措施，獎掖容誠有推波助瀾之效，畢竟只是外緣因素，而民間治「漢學」者推導之學術潮流，遠遠超出朝廷預期之範圍，乾、嘉之際，紀昀特意宣示官學立場，或許就是警覺到這一點。然而，「漢學」風氣仍一波波發展，其關鍵因素理應由學術社群內部來探索。

文淇及孫詒讓等，都未曾獲取進士功名，就連戴震也六度會試落榜，才由皇帝賜同進士出身；相對的，如阮元、陳壽祺、王先謙等，致力鑽研漢學則在成進士之後。間或如乾隆十九年（1754），王鳴盛、錢大昕、王昶、朱筠等同成進士，又如嘉慶四年（1799）中式者有陳壽祺、姚文田、王引之、胡秉虔、張惠言、馬宗槤等，多湛深經學之士[27]，然而，這樣的現象並非常見，同年進士之中學術傾向宗漢好古者也未必居多數，清代科考舉士以程、朱之說為權衡，宗主「宋學」的傾向何曾動搖？既然科舉制度如此，「學校不以是為講」——講學非以漢學為主，想必才是各省學校、書院的普遍現象，至於盧文弨、錢大昕以及阮元等在特定書院帶動的漢學風氣，往往只是局部的、暫時的現象。上位者之獎掖提倡，對漢學風氣的傳播誠然有推波助瀾之效，然而，當時之官學立場無疑仍宗宋學，對漢學採取寬容並蓄的態度，畢竟主從有別，而且所謂「漢學」其實兼含自漢至唐的注疏之學。相對的，惠棟促使經學之典範轉移，標榜「直承兩漢」，倡導據「古義」撰「新疏」，引領學者由「十三經注疏」再邁前一步，形成為羣經重撰義疏的學術潮流。

《周易述》就是惠棟實踐其漢學觀念的一部新疏[28]，始撰於乾隆十四年，二十三年惠氏卒時尚未脫稿成書，隨即由盧見曾為之刊行。其後，弟子江聲繼起，於乾隆三十八年纂成《尚書集注音疏》；不久，邵晉涵（1743-1796）又於乾隆二十八年至五十年間撰成《爾雅正義》，乾隆五十九年，孫星衍（1753-1818）始撰《尚書今古文注疏》，迄嘉慶二十年成書；焦循（1763-1820）《孟子正義》，則自嘉慶二十一年冬開始纂輯長編，至二十五年謄錄定稿；至道光年間，諸如郝懿行（1757-1825）《爾雅義疏》、陳奐（1786-1863）《詩毛氏傳疏》及胡培翬（1782-1849）《儀禮正義》等，陸續成書。學術風氣緜延漫

27　參考陳鴻森：〈余蕭客編年輯事〉，《中國經學》第 10 輯（桂林：廣西師範大學出版社，2012 年），頁 71；並參蔡長林：〈據馬班以高視許鄭：王芑孫對乾嘉漢學的批評及其意義〉，《中國文化研究所學報》64 期（2017 年 1 月），頁 175 注 10。

28　說參拙著：〈惠棟《周易述》之述古以詮新〉，「經典詮釋的多重性——第四屆人文化成國際學術研討會」宣讀論文，2014 年 10 月 24-25 日，花蓮：國立東華大學。

衍，而上述諸經疏之成書、刊行，又進一步影響劉文淇（1789-1854）、劉寶楠（1791-1855）、梅植之（1794-1843）、陳立（1809-1869）等學人，相約分撰經疏，成為一時佳話。陳立《公羊義疏》以及劉寶楠、劉恭冕（字叔俛，1824-1883）父子之《論語正義》成書，已是同治初年，兩書付梓刊行，則在光緒初年；至於《春秋左氏傳舊注疏證》則由劉文淇草創，直至其孫劉壽曾（字恭甫，1838-1882）猶未成書，僅續撰至襄公四年。梅植之、梅毓（字延祖，1843-1882）父子兩代傳承之《穀梁傳》疏，遲遲未能成書。光緒年間，另有廖平（1852-1932）《穀梁春秋經傳古義疏》、孫詒讓（1848-1908）《周禮正義》及王先謙（1842-1917）《詩三家義集疏》先後成書刊行[29]。清末民初，又有這一系列新疏，始於乾隆年間，醞釀至嘉慶、道光而益盛，流波迴盪直至清末民初，緜延百餘年。

漢學典範自吳傳播至湖南、四川的歷程，與惠棟、江聲至孫詒讓、廖平等迭起為羣經撰新疏的脈絡，前者為學術典範傳播的空間歷程，後者為新疏由《易》、《書》擴及羣經之學術脈絡，兩者相映互發。漢學作為清代自具特色的學術典範，而新疏則是代表此一學術典範的經解著作。

三、新疏作為清代經說之代表

清儒由檢討十三經注疏之得失，進而主張重新解釋經傳，撰述新疏。惠棟對《易》、《書》二經之疏已明確表達不滿，指出：

> 唐人疏義，推孔、賈二君，惟《易》用王弼，《書》用偽孔氏，二書

29　以上説詳拙著：《清代漢學與左傳學——從古義到新疏的脈絡》，頁 4-5 及頁 23-27。關於《詩三家義集疏》之撰述歷程，並參陳致：〈商略古今，折衷漢宋：論王先謙的今文詩學〉，《湖南大學學報（社會科學版）》第 20 卷第 1 期，頁 31-43。

皆不足傳。[30]

此後，省思唐宋舊疏的言論益熾，由《易》、《書》漸漸徧及羣經。凌廷堪（1757-1809）形容說：

> ……《易》不獨掊擊輔嗣也，將荀、虞之是宗焉；《書》不獨指摘古文也，將馬、鄭之是從焉；《毛詩》不獨闢淫奔也，將以《箋》《傳》為趨向焉；《左氏》不獨排杜《注》也，將以賈、服為依傍焉。其視唐以還固無足重輕矣，且欲軼魏、晉而上之。[31]

這樣睥睨唐宋，陵軼魏晉，轉而標榜直承兩漢——《易》宗荀（爽）、虞（翻），《書》依馬（融）、鄭（玄），《左傳》扶賈（逵）、服（虔），而《毛詩》主毛、鄭，適與宋儒「直接孔、孟」之說相伉衡[32]，持論或不免過於激切，卻也顯示高揭「漢學」幟旗，絕非出於避逃退縮的心理。

以宋元明以來依理學觀念解釋經義的學術傳統為「宋學」，清儒轉而標榜「漢學」，這乃是儒家經典解釋的一次典範轉移，確立於惠棟。「漢學」典範，基於「漢儒通經有家法」的前提，以尊「漢」為號召，依準「經之義存乎訓」的觀念，遵循由訓詁、制以通經義的進路，重新解釋經典。由於兩漢傳注多已散佚，輯「古義」而撰「新疏」成為一時趨向，「古疏」與「新疏」

30 惠棟：〈北宋本禮記正義跋〉，見《東吳三惠詩文集》（臺北：中央研究院中國文哲研究所，2006 年），頁 317。

31 凌廷堪：〈辨學〉，《校禮堂文集》（北京：中華書局，1998 年），頁 34。

32 惠棟曾說：「宋儒談心性，直接孔、孟，漢以後皆不能及。若經學，則斷推兩漢。」《九曜齋筆記》（臺北：藝文印書館，1970 年，影印聚學軒叢書本），卷 2「趨庭錄」，頁 38 上 - 下。江藩〈書阮雲臺尚書性命古訓後〉也曾說：「宋儒性命之學，自謂直接孔、孟心原」，以為其說「不求之節性復禮，而求之空有」，流於虛無，雜染佛義，見漆永祥整理：《江藩集》（上海：上海古籍出版社，2006 年），頁 73-74。

成為「漢學」典範最具代表性的解釋類型[33]。當時名家輩出，著作豐碩，除惠棟、江聲、邵晉涵因撰疏時間較早，引述當代學者之說相對較少，其後之撰疏者則大多能會最古義，並汲取當代學者之經說、訓詁，彙為一家之言。如孫星衍撰《尚書今古文注疏》，〈序〉中陳述撰述之法，曰：

> 徧採古人傳記之涉《書》義者，自漢魏迄于隋唐。不取宋已來諸人注者，以其時文籍散亡，較今代無異聞，又無師傳，恐滋臆說也。又採近代王光祿鳴盛、江徵君聲、段大令玉裁諸君《書》說，皆有古書證據；而王氏念孫父子尤精訓詁。………及惠氏棟、宋氏鑒、唐氏煥，俱能辨證偽《傳》；莊進士述祖、畢孝廉以田，解經又多有心得。合其所長，亦孔氏云「質近代之異同，存其是而削煩增簡」者也。[34]

一方面廣採漢魏迄隋唐涉及《尚書》經義者，另一方面博引近儒之經說、訓詁，唯獨「不取宋已來諸人注」，程晉芳所謂「宋以後可置勿論」，正是指這樣的現象而言。又如劉文淇〈與沈小宛先生書〉略述撰疏構想，云：

> 先取賈、服、鄭君之注，疏通證明；凡杜氏所排擊者，糾正之；所勦襲者，表明之；其襲用韋氏者，亦一一疏記；他如《五經異義》所載，杜氏說皆本左氏先師；《說文》所引《左傳》亦是古文家說；《漢書·五行志》所載劉子駿說，皆左氏一家之學；又如《周禮》、《禮記》，《疏》所引《左傳注》，不載姓名，而與杜《注》異者，亦是賈、服舊說：凡若此者，皆以為注而為之申明。疏中所載，尊著十取其六；其顧、惠《補注》，及王懷祖、王伯申、焦里堂諸君子說有可采，咸與登列。……[35]

---

33 以上，詳參拙著：〈「經之義存乎訓」的解釋觀念——惠棟經學管窺〉，收入林慶彰、張壽安主編：《乾嘉學者的義理學》（臺北：中央研究院中國文哲研究所，2003 年），頁 281-318。

34 孫星衍：《尚書今古文注疏·序》（北京：中華書局，1986 年），頁 2-3。

35 劉文淇：〈與沈小宛先生書〉，《劉文淇集》，頁 47。

強調採取賈逵、服虔、鄭玄，以及劉歆、許慎等漢儒舊注或古義，以此為「注」而疏證之，至於「疏」則廣引近人顧炎武、惠棟、沈欽韓與王念孫父子、焦循諸家之說，同樣上採兩漢、下引近人，只是未明言不取宋以下諸儒之說而已。對於是否採用宋以下之說，有部分學者態度比較寬鬆，然而，諸家新疏莫不遠引漢儒、近採清人，以此為主要的引述對象，因而展卷之際往往只見古人、今說遙相呼應，宋、元以下則隱默缺席，或零星偶見，或暗用而不明引，取捨之間，態度迥然有別，這無疑是清儒新疏共通的特點。

清代新疏之中，焦循《孟子正義》先纂長編再折衷寫定的撰述方式影響很大，堪稱具指標性的一部新疏。焦循在全書之末綜述說：

> 為《孟子》作疏，其難有十……。本朝文治昌明，通儒徧出，性道義理之旨既已闡明，六書、九數之微尤為獨造，推步上超乎一行，水道遠邁於平當，通樂律者判絃管之殊，詳禮制者貫古今之變，訓詁則統括有書，版本則參稽罔漏。或專一經以極其原流，或舉一物以窮其宦奧。前所列之十難，諸君子已得其八九。[36]

孟子所言性道義理之旨固有所闡述，講論六書、九數、推步、水道、樂律、禮制、訓詁、版本等，尤具自信，焦氏認為清儒之成績足以超邁前人，有獨造之詣。當然，這是學術社羣的集體成績，《孟子正義》博採經史傳注之外，所引本朝通人之說凡六十餘家，正是此集體成績的具體展示[37]。為《儀禮》撰寫新疏的胡培翬在〈國朝詁經文鈔序〉一文中，曾相當自豪地指出：

36　焦循：《孟子正義》（北京：中華書局，1987 年），卷 30，頁 1050-1051。

37　焦循《孟子正義》廣引本朝通人以薈萃一代經說，以及纂輯長編再折衷裁斷的撰述方式，影響了劉文淇、劉寶楠、梅植之等後學，說詳王耐剛：〈試論焦循《孟子正義》的典範意義〉，《儒家典籍與思想研究》第六輯（2014 年 2 月），頁 336-345。王耐剛君曾以交換生身分赴臺灣交流，當時曾旁聽本人開設之「清代十三經新疏專題討論」，這篇論文運用當時講義之資料，針對《孟子正義》深入推闡己見，有可喜的成績。

其讀書卓識，超出前人，自闢途徑，為歷代諸儒所未及者，約有數端：一曰辨群經之偽⋯⋯。一曰存古籍之真⋯⋯。一曰發明微學⋯⋯。一曰廣求遺說⋯⋯。一曰駁正舊解⋯⋯。一曰創通大義⋯⋯。蓋惟上有稽古同天之聖人，而後下之服習者眾，彬彬乎超軼兩漢也。[38]

津津樂道本朝經學之盛，識見卓絕者，足可超邁前人，且羣經均有專門名家；涉獵面向既廣，又能自闢蹊徑。依胡培翬之見，上述數端堪稱「歷代諸儒所未及」，經學的整體表現甚至「彬彬乎超軼兩漢」！從焦循、胡培翬等撰疏者的表述看來，依循漢學典範以治經，不僅未嘗避逃退縮，還相當堅定自信，豈止超宋、陵唐、軼魏晉，甚至突出兩漢而上溯於聖賢之大義。

道光年間阮元彙刊「皇清經解」，光緒時王先謙、張之洞（1837-1909）又相繼仿其體例，倡議續輯諸儒之經解。王氏輯刻「皇清經解續編」，始刻於光緒十二年（1886），十四年六月竣工。而光緒十三年，張之洞也曾奏請籌設廣雅書局，有意上承阮元，續輯本朝經解，張氏曰：

竊惟經學昌明，至我朝為極盛。道光年間，前督臣阮元校刊「皇清經解」一千四百餘卷，藏板學海堂，既已表章先正，亦以鼓舞來學。於是海內通經致用之士，接踵奮興，迨今六十餘年，通人著述日出不窮。或有稿草遺編，家藏槧本，當時未見，近始流傳，亟應續輯刊行，以昭聖代文治之盛。況學海堂為當日創刊經解之所，是粵省尤當力任此舉，勉紹前規。臣等海邦承乏，深惟治源，亟宜彈敬教勸學之方，以收經正民興之效。此外史部、子部、集部諸書，可以考鑑古今，裨益經濟，維持人心風俗者，一併搜羅刊播。上年即經臣之洞捐賞設局舉辦，然必須籌有常款，擇有定地，方能經久。現經臣等公同籌度，即將省城內舊機

38　胡培翬：〈國朝詁經文鈔序〉，《胡培翬集》（臺北：中央研究院中國文哲研究所，2005 年），頁 170-172。

器局重加修葺，以為書局，名曰「廣雅書局」。[39]

廣雅書局刻書分三大類：一為經解，以續「皇清經解」；一為史部、子部、集部諸書；一為有關洋務、海防或外國記述之書。由於王先謙輯刻「皇清經解續編」已先竣工，廣雅書局刊行的典籍不復以經解為主，具有特色的反而史部典籍，質量俱精。無論如何，光緒初年王先謙、張之洞先後有志於續刊「皇清經解」，確實使當時「稿草遺編，家藏槧本，當時未見，近始流傳」之著作，得以集中印行，廣為流傳。清代經解數量繁多，其中，羣經新疏尤為代表，光緒十五年（1889），王懿榮（1845-1900）乃奏請刊刻各家義疏，頒行國子監與各省學校，以資講習。王氏曰：

> ……臣伏見：自乾隆以來至於今日，海內經學各有當家，剖析條流，發起隱漏，十三經說粲然將備，折衷求是，遠邁漢、唐。時則有若湖北安陸儒臣李道平所撰《周易集解纂疏》、江蘇陽湖儒臣孫星衍所撰《尚書今古文注疏》、長洲儒臣陳奐所撰《毛詩傳疏》、安徽績谿儒臣胡培翬所撰《儀禮正義》、江蘇句容儒臣陳立所撰《春秋公羊傳正義》、浙江嘉善儒臣鍾文烝所撰《穀梁經傳補注》、江蘇寶應儒臣劉寶楠所撰《論語正義》、甘泉儒臣焦循所撰《孟子正義》、儀徵儒臣阮福所撰《孝經義疏補》、山東棲霞儒臣郝懿行所撰《爾雅義疏》。其他傳注，以博通見長，不屬疏義者，不在此例。所有各書，或經進御覽，或流布學校，可否請旨，飭下各直省督撫，於各該員原籍所在，即家徵取定本，分諸各直省有書局之處，詳細校勘，刊刻成函，將板片彙送國子監衙門存儲，以便陸續刷印，頒行直省各學，嘉與士林，俾資講習。其它經說，以博通見長不屬疏義者，不在此列。[40]

39　張之洞：〈開設書局刊佈經籍摺〉，《張之洞全集》（石家莊：河北人民出版社，1998年），第 1 冊，頁 613-614。

40　王懿榮：〈臚陳本朝儒臣所撰十三經疏義請列學官疏〉，《王文敏公遺集》（上海：上海古籍出版社，1995 年，《續修四庫全書》影印求恕齋叢書本），卷 2，頁 148-149。

王氏自信本朝經學之盛「遠邁漢、唐」，眾多經解之中首舉羣經之新疏，而「不屬疏義者，不在此例」，故奏請刊刻、頒諸學校者，主要為各家所撰經疏。唯《穀梁傳》、《孝經》列舉鍾文烝（1818-1877）《穀梁經傳補注》與阮福（1801-1878）《孝經義疏補》，而鍾、阮兩家書並非「疏」體；此外，《易》、《書》二經取李道平、孫星衍兩家，而捨惠棟《周易述》、江聲《尚書集注音疏》[41]，《爾雅》取郝懿行而捨邵晉涵《爾雅正義》[42]。光緒二十四年（1898），張之洞撰《勸學篇》，強調「中學為體，西學為用」，而講西學必先以中學固其根柢，須「先通經以明我中國先聖先師立教之旨」，通經則當以本朝經師之說為主，張氏曰：

> 大率羣經以國朝經師之說為主，《易》則程《傳》與古說兼取（並不相妨）。《論》、《孟》、《學》、《庸》以朱《注》為主，參以國朝經師之說。《易》止讀程《傳》及孫星衍《周易集解》（孫書兼采漢人說及王弼注）。《書》止讀孫星衍《尚書今古文注疏》，《詩》止讀陳奐《毛詩傳疏》，《春秋左傳》止讀顧棟高《春秋大事表》，《春秋公羊傳》止讀孔廣森《公羊通義》（國朝人講《公羊》者惟此書立言矜慎，尚無流弊），《春秋穀梁傳》

41　清儒舉述羣經新疏，於《易》多以《周易述》為代表，王懿榮未取《周易述》而代之以李道平《周易集解纂疏》，不知是否考量頒行學校講習，而《周易述》為未成之書？抑或另有原因？無論如何，如孫詒讓、鄧實、劉師培、梁啟超等，率皆以《周易述》為代表。其次，清儒宗漢學撰新疏，始自惠棟，江聲繼之，因漢儒古注、古義散佚不全，採取「集注並疏」的方式，就疏體而言，屬於變例，兩家之疏，王氏略而不提，或許也有此考量。並參注 48。

42　邵晉涵、郝懿行兩家之《爾雅》新疏，各有所長，《清史稿》、《清史列傳》以郝氏於古訓名物所造深於邵氏，依王念孫之說，郝氏《爾雅義疏》採用邵氏之說者十居五六，所駁又未必切當，陳鴻森以為較兩家短長當應依王氏，說參陳氏：〈郝氏《爾雅義疏》商兌〉，《中央研究院歷史語言研究所集刊》第 70 本第 1 分（1999 年 3 月），頁 204。邵氏書先出，以發明古義為主，較少徵引時人之說，相對的，郝氏書後出，大量引述時人之說，依虞萬里統，計約四十家，各家徵引多者近四十條，說參虞氏：〈《爾雅義疏》及其作者郝懿行〉，《辭書研究》第 23 期（1984 年第 1 期），頁 164。史傳評論反映清儒的意見，如王懿榮與張之洞（參下文）於《爾雅》俱首推郝氏《義疏》，或許就是着眼於此書薈萃一代經說的代表性。

止讀鍾文烝《穀梁補注》，《儀禮》止讀胡培翬《儀禮正義》，《周禮》止讀孫詒讓《周禮正義》（已刊，未畢），《禮記》止讀朱彬《禮記訓纂》。（欽定七經傳說義疏，皆學者所當讀，故不備舉。）《論》、《孟》除朱《注》外，《論語》有劉寶楠《論語正義》，《孟子》有焦循《孟子正義》，可資考證古說，惟義理仍以朱《注》為主。《孝經》即讀通行注本，不必考辨。《爾雅》止讀郝懿行《爾雅義疏》。[43]

雖言「大率羣經以國朝經師之說為主」，卻旁及程《傳》、朱《註》，並附帶聲明欽定之「御纂七經」皆「學者所當讀，故不備舉」，避免與官學立異的態度相當明確，何況張氏並非亳無保留地提倡「漢學」，而是希冀「漢學」為「宋學」所用，並未違反官學一貫的立場。所舉「國朝經師之說」，多為新疏，如孫星衍《尚書今古文注疏》、陳奐《毛詩傳疏》、胡培翬《儀禮正義》、孫詒讓《周禮正義》、劉寶楠《論語正義》、焦循《孟子正義》及郝懿行《爾雅義疏》等，所列與王懿榮大致相合，又稍有出入。於《易》，王懿榮取李道平《周易集解纂疏》，張之洞則兼取程《傳》與孫星衍《周易集解》；此外，當時《左傳》、《穀梁傳》與《孝經》俱未有疏，故別採顧棟高《春秋大事表》、鍾文烝《穀梁補注》、阮福《孝經義疏補》。唯陳立《公羊義疏》既已成書並且收入《皇清經解續編》，張氏卻另舉孔廣森《春秋公羊通義》為代表，並強調：「國朝人講公羊者惟此書立言矜慎，尚無流弊」[44]。王懿榮、張之洞兩家所列足否周全允當，姑且不論，值得注意的是，兩家顯然以羣經新疏為「國朝經師之說」

43　張之洞：《勸學篇‧守約》，《張之洞全集》（（武漢：武漢出版社，2008 年），第 12 冊，頁 9728。

44　光緒末年，常州公羊學盛行，張之洞《勸學篇‧宗經》曾針對其流弊而規正之，曰：「羣經簡古，其中每多奧旨異說，或以篇簡摩滅，或出後師誤解。漢興之初，曲學阿世，以冀立學，哀、平之際，造讖益緯，以媚巨奸，於是非常可怪之論益多。如文王受命、孔子稱王之類，此非七十子之說，乃秦、漢經生之說也，而說公羊《春秋》者為尤甚（新周、王魯，以《春秋》當新王）。」（《勸學篇‧宗經》同前書，頁 9720-9721）陳立《公羊義疏》謹守何休家法，對其「新周、王魯，以《春秋》當新王」諸說，不能不作疏釋，這或許是張之洞不舉陳立《公羊義疏》的緣故。

的代表,而《易》、《書》、《詩》、《禮》、《春秋》公羊,以及《論語》、《爾雅》、《孟子》等一系列新疏,如王氏所言「十三經説粲然將備」,且「折衷求是,遠邁漢、唐」;不僅如此,在張之洞眼中,這些新疏無疑可通經義以「明我中國先聖先師立教之旨」,符合其「強中國、存中學」的勸學目標。如果王懿榮的提議獲得採行,不僅清儒之羣經新疏將首度輯刊,而且,在始終宗主「宋學」的官學體系裏,所謂「十三經注疏亦列學官」,國子監等學校、書院中士林講習之業,將不僅止於漢唐之注疏或欽定之御纂七經,而可以兼括清儒之新疏。王氏的構想當時曾引發辯論,終究未能付諸施行,依循「漢學」的解經成果竟連如此分享式地並列於學官,都未獲實現。

如上所述,道光年間劉文淇、劉寶楠、梅植之、陳立等相約撰疏,劉氏《論語正義》、陳氏《公羊義疏》先後成書,迄光緒八年,梅毓(字延祖,1843-1882)與劉壽曾(字恭甫,1838-1882)兩人相繼而卒,《穀梁傳》、《左傳》二疏均未成書。當其時,孫詒讓正就《周禮》一經編纂長編,進而折衷裁斷,撰寫新疏,光緒二十五年《周禮正義》成書,孫氏〈序〉曰:

> 詒讓自勝衣就傅,先大僕君即授以此經,而以鄭《注》簡奧,賈《疏》疏略,未能盡通也。既長,略窺漢儒治經家法,乃以《爾雅》、《説文》正其詁訓,以《禮經》、大小戴《記》證其制度,研撢棻載,於經、注微義略有所窺。竊思我朝經術昌明,諸經咸有新疏,斯經不宜獨闕。遂博采漢、唐、宋以來,迄於乾嘉諸經儒舊詁,參互證繹,以發鄭《注》之淵奧,裨賈《疏》之遺闕。艸剏於同治之季年,始為長編數十巨冊,綴輯未竟,而舉主南皮張尚書議集刊國朝經疏,來徵此書,乃隴栝觚理,寫成一帙以就正。……繼復更張義例,剟縣補闕。廿年以來,稿艸屢易,最後逐錄為此本。其於古義、古制,疏通證明,校之舊疏為略詳矣;至於周公致太平之迹,宋元諸儒所論多閎侈,而駢拇枝指,未盡楬其精要。[45]

---

45 孫詒讓:《周禮正義・序》(北京:中華書局,1987 年),頁 4。

孫氏撰寫《周禮正義》草創於同治年間，當時《易》、《書》、《詩》、《儀禮》、《孟子》、《爾雅》諸經疏俱已成書，而《春秋公羊傳》、《論語》以及《左傳》、《穀梁傳》等疏，則有陳立、劉恭冕、劉壽曾與毓梅等人分別撰寫，或成或未成，正是鑒於「諸經咸有新疏，斯經不宜獨闕」，故專攻《周禮》，立志撰疏。仔細尋繹孫氏的思路，重疏《周禮》的前提，正是不滿舊疏未能盡通鄭《注》奧義；於是基於漢儒重「家法」之觀念，廣考《儀禮》與大小戴《記》與《爾雅》、《說文》等典籍以博求古義，而以「正其詁訓」、「證其制度」為解釋經、注之要點。然則，孫氏不僅撰述之背景緣自「漢學」的脈絡，經學觀念與解釋進路也明顯依循「漢學」典範。〈序〉中表明參證前人之說，採錄兼及宋儒，態度較孫星衍等乾嘉學者，顯得較為寬和，避免嚴分畛域，反映道光以來不拘漢、宋門戶的態度[46]，然而，強調不取宋元諸儒臆侈，多依古義、古制來疏通證明，對經義的取捨判斷猶具「漢學」本色。

孫氏追述張之洞「議集刊國朝經疏，來徵此書」，殆即光緒十三年奏請開設廣雅書局時，特來徵求此書，當時僅寫定一帙，後來乃又更訂義例，刪繁補缺，然後成書。那麼，張之洞當年也有「集刊國朝經疏」之提議，與王懿榮相互呼應；而且，兩人之提議又催化了新一波撰疏的動力。

張之洞是晚清推動洋務的名臣，與王懿榮相交三十餘年，又有姻親之誼，時人目為清流，光緒十二、十三年間，兩人先後唱同調，奏請開書局、刊經疏，用以頒行學校講習，依王氏所言，這是本朝諸儒「折衷求是，遠邁漢、唐」的代表之作，可以此為「勸學之方」，以期能「經正民興」而「維持人心風俗」。同治時，孫詒讓在同儕學侶砥礪下興起重疏《周禮》的志向，光緒年間，張之洞、王懿榮先後倡議「集刊國朝經疏」，再度激發他黽勉完

---

46 依羅檢秋考察，乾隆、嘉慶之間，「漢學」、「宋學」對峙，當時未嘗沒有主張調解、兼採的潛流，至嘉慶、道光之際，潛流漸成主潮，而持論實分歧而多元，說詳《嘉慶以來漢學傳統的衍變與傳承》第一章，頁 31-153。惟其持論分歧多元，如劉恭冕、孫詒讓或張之洞等，頗主張漢、宋兼採，不拘門戶，鑒於清儒未針對兩種學術典範的價值觀或解經原則與方法等提出化解之方，因此，本文不採用語意籠統的「漢宋調和」一詞。

成這部新疏。值得玩味的是，這位晚清極受推崇的經學大家，在光緒π年第三次參加會試時再度落榜，從此不赴科考，潛心讀書，專力於學術，撰述《周禮正義》一書長達二十餘年。李慈銘所謂「科第不以是為取」，撰新疏諸家之中，如惠棟、江聲、焦循、劉文淇、劉壽曾等，往往科場不遇，孫詒讓亦復如此。然而，仕途失意，潛心治經，不必然代表「漢學」家治經，只是「埋首故紙堆中」，不關切現實。以孫詒讓為例，他表明：

> 顧惟秉資疏闇，素乏經世之用，豈能有所發明，而亦非箋詁所能鈎稽而揚榷也。故引其端，而不敢馳騁其說，覬學者深思而自得之。中年早衰，儽然孤露，意思零落，得一遺十。復以海疆多故，世變日亟，睠懷時局，撫卷增喟。私念今之大患在於政教未修，而上下之情睽閡不能相通，故民窳而失職，則治生之計陋隘，而謴觚干紀者眾。士不知學，則無以應事偶變，效忠殉節，而世常有乏才之憾。夫舍政教而議富強，是猶泛絕潢斷港而蘄至於海也。然則處今日而論治，宜莫若求其道於此經。而承學之士顧徒奉周經漢注為攷證之淵楠，幾何而不以為已陳之芻狗乎？既寫定，輒略刺舉其可劃今而振敝一二犖犖大者，用示櫱楬，俾知為治之迹，古今不相襲，而政教則固百世以俟聖人而不惑者。世之君子，有能通天人之故，明治亂之原者，儻取此經而宣究其說，由古義古制以通政教之閟意眇恉，理董而講貫之，別為專書，發揮旁通，以俟後聖。而或以不佞此書為之擁篲先導，則私心所企望而旦莫遇之者與！[47]

字裏行間，對時局世變的關切之情，溢於言表。無緣用世，頗有感慨，而致力於經學，則懷抱修政教、明治亂的用心，孫氏認為：「捨政教而議富強，是猶泛潢斷港而蘄至於海也」，且「為治之跡，古今不相襲，而政教則固百世以俟聖人而不惑者」，治《周禮正義》而研繹古義古制，在他心目中是通政

47　孫詒讓：《周禮正義·序》，頁 4-5。

教本源的重要途徑。推動洋務，與振興經學以提挈政教大本，對張之洞或孫
詒讓等清儒而言，並非魚與熊掌不可得兼。經學在傳統儒者心目中一直是經
世之大業，清儒依古義以撰新疏，藉此重新詮釋經典，未嘗偏離此一傳統，
孫詒讓重疏《周禮》以提振此經之學，正是藉此為經世盡一己心力。洋務派
代表人物張之洞顯然也持此同調，唯其如此，「集刊國朝經疏」的出版事業與
洋務運動，前者着眼於政教之本，後者着眼於致用之方，在張之洞、孫詒讓
等學人眼中，顯然可以並行不悖，並非分為兩途。

　　「新疏」依循「漢學」典範，並非株守漢儒傳注，而是以此為溯源的起
點，旨在於上探孔門之大義、微言，詮釋經典之意。輯「古義」而撰「新疏」
的脈絡可以說是清代經學發展的主流趨勢，蒐輯、訓解既備，則藉由疏體集
結一代經說之要義，有效凝聚治經之成果，成為清代經學尤具典型的代表作。

四、義疏學的又一波高峯

　　道光初年，劉文淇、劉寶楠、梅植之、陳立諸人相約著書，上承惠棟、
江聲、孫星衍、邵晉涵、郝懿行、陳奐與焦循等乾嘉之儒，分治一經，撰寫
新疏[48]，撰疏的潮流至此興起一番波瀾，傳為佳話。時間流逝，諸儒又相繼殞

48　劉壽曾追述祖父劉文淇等人相約撰疏，乃有意「廣江、孫、邵、郝、焦、陳諸家所
　　未備」，說見劉氏：〈漚宧夜集記〉，《劉壽曾集》（臺北：中央研究院中國文哲研究
　　所，2001 年），頁 55。劉氏僅上溯至江聲，未言及惠棟。依江聲自述，《周易述》
　　「融會漢儒之說以為注，而復為之疏」，其《尚書集注音疏》則「綜集經傳之訓故，
　　采擷諸子百家之說與夫漢儒之解，以注《尚書》」，亦先集注而後疏之，撰述動機
　　和體例，乃師承惠棟，參江氏：《尚書集注音疏・後述》（上海：上海古籍出版社，
　　1995 年，《續修四庫全書》影印清乾隆五十八年近市居刻本），頁 690。江聲援引唐
　　玄宗《御註道德真經》與《御製道德真經疏》，注、疏同出一人，作為「集注并疏」
　　此一體例之根據，江博昇對此有所討論，說參江氏：〈江聲、王鳴盛之輯佚思維及其
　　輯《尚書》鄭《注》之若干重要問題〉，《臺大中文學報》第 45 期（2014 年 6 月），
　　頁 187-190。

歿，陳立《公羊義疏》雖及身成書，「甫成即下世」[49]；劉氏《論語正義》，子紹父業，成於劉恭冕之手；梅毓、劉壽曾承父、祖之業，撰稿至光緒八年，兩人相繼而卒，《穀梁傳》、《左傳》二疏迄未成書。雖然如此，同治十二年（1873）孫詒讓隨父親之任所時，在江寧（今南京）與劉恭冕、劉壽曾、梅毓等人結交，諸君子繼先人之業，孜孜於《論語》、《左傳》、《穀梁》之新疏，孫氏因而興起疏釋《周禮》之志。他自述撰疏緣起，曰：

> 同治中，詒讓侍親江寧，始得識恭甫，於時大江南北方聞之士，總萃於是。寶應劉君叔俛，方繼成其父楚楨先生《論語正義》；甘泉梅君延祖治《穀梁》，亦為義疏；而恭甫治《左氏》為尤精。詒讓倥督不學，幸獲從諸君子之後，亦復希光企景，擬重疏《周官》。[50]

孫詒讓籍屬浙江溫州，雖然阮元早在嘉慶年間就在杭州開設「詁經精舍」，促使此地「漢學」風行一時，然而，孫詒讓學習「漢學」並非受其影響，而是隨父親至江南，與劉恭冕、劉壽曾等諸君子切磋學問，認同此學術社羣，從而選擇了學術典範的依歸。鑒於《易》、《書》、《詩》、《儀禮》、《春秋公羊傳》、《論語》、《爾雅》與《孟子》之新疏陸續問世，孫氏有感於「諸經咸有新疏，斯經不宜獨闕」，乃立志重疏《周禮》，投入撰疏的潮流。

孫詒讓曾深思義疏學的發展歷史，對乾嘉以來諸儒為羣經撰新疏的學術盛況，相當自豪，他說：

49　劉恭冕：〈劉君恭甫家傳〉，見《續碑傳集》（臺北：明文出版社，1985 年），頁 335。

50　孫詒讓：〈劉恭甫墓表〉，《籀廎述林》（北京：中華書局，2010 年），頁 297。案：孫氏〈大戴禮記斠補序〉也述及諸人交遊之事，曰：「猶憶同治癸酉，侍先太僕君在江寧，時余方艸朸《周禮疏》，而楚楨丈子叔俛孝廉（恭冕）適在書局，刊補《論語正義》亦甫成，時相過從，商榷經義。」（《籀廎述林》，頁 161）據此，孫詒讓與劉恭冕等人大約在同治十二年癸酉結識訂交，《周禮正義》亦草創於此時。

輩經義疏之學，莫盛於六朝，皇、熊、沈、劉之倫著錄緜彩；至唐孔沖遠修訂《五經正義》，賈、元、徐、楊諸家賡續有作，遂徧諸經。百川洄注，潴為淵海，信經學之極軌也。南宋以後，說經者好逞臆說以奪舊詁，義疏之學曠然中絕者逾五百年。及聖清御宇，經術大昌，於是鴻達之儒，復理茲學，諸經新疏，更迭而出。或更張舊釋，補闕匡違，若邵氏、郝氏之《爾雅》，焦氏之《孟子》，胡氏之《儀禮》，陳氏之《毛詩》，劉氏之《論語》，陳氏之《公羊》是也；或甄撰佚詁，宣究微學，若孫氏之《尚書》是也；或最栝古義，疏注兼修，若惠氏之《周易》、江氏之《尚書》是也。諸家之書，例精而義博，往往出皇、孔、賈、元諸舊疏之上。蓋貞觀修書，多沿南學，牽於時制，別擇未精，《易》則宗輔嗣而祧鄭、虞，《左氏》則尊征南而擯賈、服，《尚書》則崇信枚、姚，使伏、孔今古文之學並亡，厥咎邘鉅；加以義尚墨守，例不破注，遇有舛互，曲為彌縫；沖遠五經，各尊其注，兩不相謀，遂成違伐。若斯之類，尤未（先）〔允〕愜。而近儒新疏，則扶微擄佚，必以漢詁為宗，且義證宏通，注有回穴，輒為理董，斯皆非六朝、唐人所能及，叔明疏陋，邵武誣偽，尤不足論。然則言經學者，莫盛於義疏；為義疏之學者，尤莫善於乾嘉諸儒，後有作者，莫能尚已。[51]

首先，孫氏梳理義疏學的發展，大抵可分二期：六朝、唐（北宋）以及清代，北宋邢昺（字叔明，932-1010）續修《孝經》、《論語》、《爾雅》疏，與相傳邵人偽託孫奭所撰之《孟子》疏，模糊帶過，蓋以「叔明疏陋，邵武誣偽，尤不足論」，而且強調：「南宋以後，說經者好逞臆說以奪舊詁，義疏之學曠然中絕者逾五百年」，從而凸顯新疏繼五百年絕學的意義，更認為三期之中清代尤盛，「非六朝、唐人所能及」。其次，針對清代新疏，孫氏分為三類：第一類「更張舊釋，補闕匡違」，即仍依舊注，針對舊疏加以匡謬補缺，如邵晉涵《爾雅正義》、郝懿行《爾雅義疏》、焦循《孟子正義》、胡培翬《儀

51　孫詒讓：〈劉恭甫墓表〉，《籀廎述林》，頁 295-296。

禮正義》、陳奐《詩毛氏傳疏》、劉寶楠父子之《論語正義》、陳立《公羊義疏》
等均屬此類；第二類「輯撰佚詁，宣究微學」，即古注已佚，只好藉由輯存
漢儒之注或古義，表幽闡微，如孫星衍《尚書今古文注疏》即屬此類；第三
類「最栝古義，疏注兼修」，即集各家古注與經傳古義為注，再據以疏釋，
如惠棟《周易述》、江聲《尚書集注音疏》即屬此類。就撰疏先後而言，惠、
江、孫三家之疏先成，卻歸為第二、第三類，這是就疏體而言，三家之疏屬
變例。唐代《尚書正義》依偽古文與孔《傳》，《周易正義》依王弼注，漢儒
之注亡佚已久，不得不然。孫星衍先蒐輯古文《尚書》馬、鄭注與《尚書大
傳》，以及《史記》等書之古義[52]，以此為「注」，再疏通證明之。江聲之疏本
欲以馬融、鄭玄《注》及《尚書大傳》、《五經異誼》所載古今說為主，但又
旁及它書，甚至王肅《注》、偽孔《傳》等，所採不盡出於舊注，而旁及它
書，是為「集注」，依此注音、疏釋，故稱《尚書集注音疏》，這樣集注并疏
的體例，江氏師承於惠棟《周易述》[53]，故孫詒讓將兩家書合為一類，以「疏注
兼修」形容之。第三，孫氏指出唐人舊疏有「別擇未精」與「義尚墨守，例
不破注」兩大缺失，相對的，清儒之新疏正是為了針砭注家採擇不精之病，
於是「扶微擴佚，必以漢詁為宗」，而且又能「例精而義博」。

孫詒讓上述說法只述及十種新疏，除《禮記》外，包括《左傳》、《穀梁
傳》與《孝經》等，均尚未有疏，而孫氏所撰《周禮正義》也尚在纂輯之中。
無論成與未成，「必以漢詁為宗」一語，要言不煩地點明清代新疏宗「漢」的
共通性，厥為羣經新疏的一大學術特點。上述第二、第三兩類，正是鑒於唐
人撰疏而抉擇不精的缺失，如惠棟《周易述》捨王弼而轉宗荀、虞，再旁及
羣書之古義；江聲、孫星衍兩家《尚書》疏，則捨偽孔《傳》而轉宗馬、鄭，
輯佚不全，遂不得已而泛及他書；至於儀徵劉氏《春秋左氏傳舊注疏證》，

52　孫星衍：《尚書今古文注疏·序》，頁 1。
53　江聲：《尚書集注音疏·後述》，（上海：上海古籍出版社，2002 年，《續修四庫全書》
　　影印清乾隆五十八年刻本），頁 690。

亦「先取賈、服、鄭君之注，疏通證明」[54]，孫詒讓歸之為「依孫氏《尚書》疏例」一類[55]。至於第一類「更張舊釋」者，舊疏所依為漢儒之注，則新疏仍因其注而重新撰疏，如胡培翬《儀禮正義》與孫氏《周禮正義》仍依鄭玄《注》，焦循《孟子正義》仍依趙岐《章句》，陳立《公羊義疏》仍依何休《解詁》，往往在審字審音或禮制考索方面，或補舊疏之缺略，或匡正其違失；尤其陳奐《詩毛氏傳疏》標榜專宗毛《傳》，更與舊疏兼釋毛、鄭有所不同。由於漢注不存，邵晉涵、郝懿行兩家《爾雅》疏仍依晉郭璞之《注》，但邵氏強調廣採犍為舍人、劉歆、樊光、李巡、孫炎諸家之遺文，並博考三家《詩》與漢儒經注，以及諸經、諸子之舊說雅訓，用以存古義、廣古訓、明古音[56]；郝氏則「主《釋名》之聲，而推《廣雅》之義」，藉由古音闡發其古字古言[57]。而劉寶楠父子之《論語正義》仍採何晏《集解》，實則《集解》錄存許多漢儒經說，故曰：「注用《集解》者，所以存魏、晉箸錄之舊」[58]。「注」的取捨選擇不同，自然明示新疏與舊疏的差異；縱或所依之「注」相同，清儒特就訓詁與禮制，匡謬補缺，甚或省思唐人義疏「例不破注」之陳規，如焦循、胡培翬、劉寶楠父子與孫詒讓等均曾明言不復拘泥疏不破注之原則。

此外，清儒疏義的「新」意，還表現在依循由訓詁而禮制以通經義的解經進路，強調識字審音，注重訓詁，固其擅場，而且，《儀禮》、《周禮》之外，包括《周易述》、《詩毛氏傳疏》、《春秋左氏傳舊注疏證》、《公羊義疏》，甚至《論語正義》、《孟子正義》，各家新疏對經傳中之名物、度數、典禮疏證尤詳，相對於性命之理、心性之說，在「漢學」典範的視域下，禮制成為貫通羣經之義的核心議題。

54　劉文淇：〈與沈小宛先生書〉，《劉文淇集》，頁 47。

55　孫詒讓：〈劉恭甫墓表〉，《籀廎述林》，頁 296。

56　邵晉涵，〈爾雅正義序〉，《南江文鈔》（上海：上海古籍出版社，2002 年，《續修四庫全書》影印清道光十二年刻本），卷 8，頁 430。

57　郝懿行：〈奉阮雲臺先生論爾雅書〉，《曬書堂集》（上海：上海古籍出版社，2002 年，《續修四庫全書》影印清光緒東路廳署刻本），卷 2，頁 447。

58　劉寶楠、劉恭冕：《論語正義·凡例》（北京：中華書局，1990 年），頁 1。

五、結語

　　清代自具特色的學術主流當推「漢學」，在此典範主導下，清儒有意與「宋學」分庭伉禮，宋、元以下閎侈空虛之說，大多置之勿論，治經標榜直承兩漢，致力於輯存古義，以此為基礎，再上溯孔門之大義、微言，重新解釋經典，撰成新疏。清儒藉由新疏薈萃一代經說，藉此集中呈現「漢學」學術社羣之研究成果，成為清代具代表性的經解。

　　眾所熟知，兩漢博士學官始終限於今文學，歷經儒者表彰闡發與帝王倡導，當時之古文學畢竟仍屬民間私學。清代三百年官學始終宗主「宋學」，相對的，「漢學」典範自乾隆至光緒百餘年之傳播，雖有四庫全書館以及各省督撫、學政之推導，卻始終未脫民間私學之地位。上繼六朝、唐與宋初之義疏學，清儒新疏為義疏之學再創一波高峰；而且，一系列新均由諸儒以個人之力獨立完成，甚或子、孫相繼，迥異於唐宋舊疏出於官修，成於眾手。

　　不僅如此，新疏之作往往基於對唐宋舊疏之不滿，因而檢討、省思，進而補闕、匡違。清儒更回顧義疏學之發展，尋繹「疏」體特點，不僅上承中斷數百年的義疏之學，並將之推向又一高峯。就義疏之學的發展而言，南北朝時義疏興起，唐代承襲之而撰定正義，唐宋之際雖續成諸疏，義疏之學確乎由盛轉衰，中斷數百年，或以「衰亡」稱之。準此而言，清代「新疏」再啟近猷，表明義疏之學一度中衰而未嘗「亡」，這在經學史上更別具意義。

　　　　　　　2017 年 11 月 28 日初稿，2018 年 2 月 2 日修訂。初稿在「單周堯教授七秩華誕國際學術研討會」宣讀，修訂稿隨即刊登於《經學文獻研究集刊》第十九輯（2018 年 8 月），頁 192-212。其後又大幅增補修改，收入本人主編之《清代漢學與新疏》論文集，將於 2020 春由臺北五南出版社出版。

單周堯教授七秩華誕

國際學術研討會論文集

（下冊）

主編

李雄溪　招祥麒

郭鵬飛　許子濱

編輯

蕭敬偉

潘漢芳

中華書局

目　錄

上冊

開幕大會發言

甲骨金文學

經學

下冊

諸子學

出土文獻學

史學

學術思想

語文學

漢語及方言學

諸子學

《墨子·非儒下》「怠徹」解

李詠健

香港大學中文學院

一、引言

《墨子·非儒下》主要記載墨家對儒家的批評，篇中有文云：

> 且夫繁飾禮樂以淫人，久喪偽哀以謾親，立命緩貧而高浩居，倍本棄事而安怠徹。貪於飲食，惰於作務，陷於飢寒，危於凍餒，無以違之。

此段內容主要抨擊儒者過度重視禮樂，虛偽高傲而不事生產。其中「倍本棄事而安怠徹」一句中，「倍」通「背」[1]，「倍本」指違背根本，與「棄事」相對；至於「怠」，則有「怠惰」之義。[2] 不過，此處「怠」與「徹」連文，甚為不辭，歷來注家對句中「徹」字之訓解亦不盡相同。本文先綜述各家說法，再從字音、字義、辭例及韻讀諸端作分析，以考釋「怠徹」之義。

1　尹桐陽《墨子新釋》（台北：廣文書局，1975）於此句下注云：「倍，背也。」（頁9）本文從其說。

2　「怠」字訓釋詳下。

二、前人研究綜述

「倍本棄事而安怠徹」一句，見於明正統十年（1445 年）《道藏》本《墨子》[3]，而時代稍晚的其它明本，包括清黃丕烈校明嘉靖印本[4]、明嘉靖唐堯臣刻本[5]、清江藩重刻唐堯臣本[6]、茅坤批校之明隆慶童思泉刻本[7]及萬曆刻本[8]、李贄批選之萬曆刻本[9]、馮夢禎輯萬曆刻本[10]，以及郎兆玉評明堂策檻刻本等[11]，所見此句均與道藏本同。特清代各本文字則略異，乾隆三十八年《四庫全書》本此句作「倍本棄事而安怠倦」[12]，「徹」改作「倦」。其後畢沅（1730-1797）注《墨子》，亦以明本的「徹」為訛字，但將之改作形近的「傲」，並注云：「舊作徹，以意改」。[13]

「怠徹」之用法，古籍未見，其義亦頗費解，《四庫全書》易「徹」為

3　（周）墨翟撰，（清）傅山校，盧文弨校并跋：《墨子》十五卷，明正統十年（1445 年）刻萬曆二十六年（1598 年）印《道藏》本，見任繼愈主編《墨子大全》第 1 冊，北京：北京圖書館出版社，2002，頁 257。

4　（清）黃丕烈校：《墨子》，據明嘉靖三十一年（1552 年）芝城銅活字藍印本影印，見任繼愈主編《墨子大全》第 2 冊，北京：北京圖書館出版社，2002，頁 273。

5　（周）墨翟撰：《墨子》，據明嘉靖三十二年（1553 年）唐堯臣刻本影印，見任繼愈主編《墨子大全》第 3 冊（北京：北京圖書館出版社，2002），頁 331。

6　（周）墨翟撰：《墨子》，據明嘉靖江藩刻本影印，見任繼愈主編《墨子大全》第 4 冊（北京：北京圖書館出版社，2002）頁 339。

7　（明）茅坤：《墨子批校》，據明隆慶間童思泉刊本影印，見任繼愈主編《墨子大全》第 5 冊（北京：北京圖書館出版社，2002），頁 343。

8　（明）茅坤：《墨子批校》，據萬曆刻本影印，見任繼愈主編《墨子大全》第 6 冊（北京：北京圖書館出版社，2002），頁 275。

9　（明）李贄：《墨子批選》，據明萬曆三年（1575 年）刻（李氏叢書）本影印，見任繼愈主編《墨子大全》第 6 冊（北京：北京圖書館出版社，2002），頁 653。

10　（明）馮夢禎輯：《墨子》，據明萬曆三十年（1602 年）刻本影印，見任繼愈主編《墨子大全》第 8 冊（北京：北京圖書館出版社，2002），頁 223。

11　（明）郎兆玉：《墨子評》，據明堂策檻刻（且且庵初箋十六子）本影印，見任繼愈主編《墨子大全》第 9 冊（北京：北京圖書館出版社，2002），頁 277。

12　（清）紀昀等總纂：《墨子》，據清乾隆四十八年（1773 年）《四庫全書》抄本影印，見任繼愈主編《墨子大全》第 10 冊（北京：北京圖書館出版社，2002），頁 285。

13　（清）畢沅：《墨子注》，據清乾隆四十九年（1784 年）畢氏靈巖山館刻本影印，見任繼愈主編《墨子大全》第 11 冊（北京：北京圖書館出版社，2002），頁 240。

「倦」，畢氏改「徹」為「傲」，可能也是考慮到這一點。其中畢說於字形較合，於文義亦通[14]，加以「怠傲」見於古籍，如《荀子・儒效》：「內不自以誣，外不自以欺，以是尊賢畏法，而不敢怠傲，是雅儒者也。」[15] 是以後學多沿畢說，如清代孫詒讓（1848-1908）《墨子閒詁》[16]、王闓運（1833-1916）《墨子注》[17]、曹耀湘《墨子箋》[18] 等注本均將此句改作「倍本棄事而安怠傲」；近人張純一（1871-1955）《墨子集解》[19]、支偉成（1899-1929）《墨子綜釋》[20]、李漁叔（1905-1972）《墨子今注今譯》[21]、王煥鑣《墨子校釋》[22] 等亦同。

當然，也有學者不同意畢氏的校改，吳汝綸（1840-1903）《點勘墨子讀本》即疑之曰：

> 案畢讀上浩為傲，此又改徹為傲，非也。徹屬下為句。徹者，通也，猶皆也。[23]

---

14 （清）曹耀湘《墨子箋》云：「怠者必傲，如《禮記・儒行》之說。」如是，則以「怠傲」連文較合理。曹說見氏著《墨子箋》，據清光緒三十二年（1906 年）湖南官書局排印本影印，收入任繼愈主編《墨子大全》第 19 冊（北京：北京圖書館出版社，2002），頁 553。

15 （周）荀況撰，（唐）楊倞注，（清）盧文弨・謝墉校：《荀子》，據光緒二年（1876年）嘉善謝氏校刻本影印，見浙江書局輯：《二十二子》（上海：上海古籍出版社，1986），頁 303 上。

16 （清）孫詒讓撰，孫啟治點校：《墨子閒詁》（北京：中華書局，2001），頁 291。

17 （清）王闓運：《墨子注》，據清光緒三十年（1904 年）江西官書局刻本影印，見任繼愈主編《墨子大全》第 19 冊（北京：北京圖書館出版社，2002），頁 209。

18 （清）曹耀湘：《墨子箋》，據清光緒三十二年（1906 年）湖南官書局排印本影印，見任繼愈主編《墨子大全》第 19 冊（北京：北京圖書館出版社，2002），頁 553。

19 張純一：《墨子集解》，據民國二十五年（1936 年）本影印，見任繼愈主編《墨子大全》第 31 冊（北京：北京圖書館出版社，2002），頁 260。

20 支偉成：《墨子綜釋》，據民國十四年（1925 年）排印本影印，見任繼愈主編《墨子大全》第 33 冊（北京：北京圖書館出版社，2002），頁 158。

21 李漁叔註譯：《墨子今註今譯》（台北：台灣商務印書館，1976，第 2 版），頁 277。

22 王煥鑣：《墨子校釋》（杭州：浙江古籍出版社，1987 年，第 1 版），頁 313。

23 （清）吳汝綸：《點勘墨子讀本》，據宣統元年衍星社排印本影印，收入《墨子大全》第 20 冊（北京：北京圖書館出版社，2002），頁 164。

　　吳氏點出了畢校的不足之處。考「倍本棄事而安怠傲」上承「立命緩貧而高浩居」，而「浩居」二字，畢氏謂其「同『傲倨』」[24]，後學多從之。[25] 如畢說，則上句「傲倨」與下句「怠傲」語涉重複，於義似未安。

　　至於吳氏將「徹」屬下讀，訓為「通」，在文義上似可成立。惟諦審上下文，本段前句「繁飾禮樂以淫人」中的「淫人」與「久喪偽哀以謾親」中的「謾親」為二字對文，以此類之，則本句「安怠徹」與上句的「高浩居」亦當為三字對文關係，將「徹」屬下讀，似與篇中文理不符。

　　尹桐陽《墨子新釋》亦未採畢氏「怠傲」之說，但仍主張將「徹」字屬上讀，並於其下注云：

　　　　「徹」，壞也，弛也。[26]

　　尹氏雖未注明其訓釋依據，但徵諸古籍，「徹」確有訓「壞」者，如《楚辭・天問》：「何令徹彼岐社」，王逸注：「徹，壞也。」[27] 即其證。又《禮記・喪大紀》：「賓出，徹帷」，鄭玄（127-200）注：「徹或為廢。」[28]「廢」與「壞」、「弛」等義亦近，也可作為尹說的佐證。

24　（清）畢沅：《墨子注》，據清乾隆四十九年（1784年）畢氏靈巖山館刻本影印，見任繼愈主編《墨子大全》第11冊（北京：北京圖書館出版社，2002），頁240。

25　張純一、于省吾、支偉成、李漁叔、王煥鑣、劉文忠、馬王梅、李永昶、李生龍等皆從畢氏讀作「傲倨」之說，本文亦從之。張說見氏著《墨子集解》，載任繼愈主編《墨子大全》第31冊（北京：北京圖書館出版社，2002），頁260；于說見氏著《雙劍誃墨子新證》，載任繼愈主編《墨子大全》第44冊（北京：北京圖書館出版社，2002），頁113-114；支說見氏著《墨子綜釋》，載任繼愈主編《墨子大全》第33冊，頁158；李漁叔說見氏著《墨子今註今譯》，頁277。王說見氏著《墨子校釋》，頁313；劉文忠、馬王梅、李永昶說見三氏合著之《墨子譯注》（台北：建安出版社，1997），頁273；李生龍說見氏著《新譯墨子讀本》（台北：三民書局，1996），頁243。

26　尹桐陽：《墨子新釋》（台北：廣文書局，1975），頁9。

27　（宋）洪興祖撰，白化文、許德楠、李如鸞、方進點校：《楚辭補注》（北京：中華書局，1983），頁113。

28　（漢）鄭玄注，（唐）孔穎達疏，龔抗雲整理，王文錦審定：《禮記正義》（北京：北京大學出版社，2000），頁1454。

吳毓江《墨子校注》亦從明本作「怠徹」，但認為「徹」應訓「取」，其說云：

> 《孟子‧公孫丑》篇引詩「徹彼桑土」，趙注云：「徹，取也。」《廣雅‧釋詁》曰：「撤，取也。」均此「徹」字之義。下文「夏乞麥禾」、「因人之家以為翠，恃人之野以為尊」，皆可為「怠徹」注腳。《天志下》篇所謂「不與其勞獲其實」，過其寄生生活也。「徹」，畢本以意改「傲」，今仍從舊本。[29]

總括各家研究，畢沅、吳汝綸之說於文理不合；尹桐陽、吳毓江之說在詞義上雖可成立，惟以「怠」、「徹」連文，用語扞格，古籍似未見其例，不能使人無疑。

三、「怠徹」即「怠佚」

上述諸說皆未能使人滿意，然則句中「徹」字當作何解？筆者認為，本句「徹」字仍當屬上讀，與「怠」連文，惟其於句中並非用作本字，而是「佚」的借字。下文試加申述。

先就音理言之。「徹」古音透紐月部[30]，「佚」餘紐（喻四）質部[31]，聲紐餘、

29　吳毓江撰；孫啟治點校：《墨子校注》（北京：中華書局，1993），頁 446-447。
30　郭錫良：《漢字古音手冊（增訂本）》（北京：商務印書館，2010），頁 30。
31　郭錫良：《漢字古音手冊（增訂本）》（北京：商務印書館，2010），頁 104。

透可以通轉[32]，韻部月、質為旁轉關係，故二字音近可通。通假例證方面，《馬王堆漢墓帛書·老子甲本卷後古佚書·五行》：「耳目鼻口手足六者，心之役也。耳目也者，說（悅）聲色者也。鼻口者，說（悅）犫（臭）味者也。手足者說（悅）勶**餘**者也。」[33] 其中「勶餘」，馬王堆漢墓帛書整理小組讀為「佚豫」，謂「佚豫」即安逸。[34]「勶」從「徹」聲[35]，「勶」與「佚」通，猶「徹」與「佚」通。除此之外，「徹」、「失」聲系相通，在傳世古籍中也可找到相關例子，如《莊子·徐無鬼》：「超軼絕塵」[36]，「軼」，《淮南子·道應訓》作「轍」[37]，即其例。以此證之，本句「徹」讀為「佚」，在聲韻上沒有問題。

次就詞義言之。前文曾提及，本句「安怠徹」與上句「高浩居」為對文，「浩居」，畢沅讀為「傲倨」。檢《說文》：「傲，倨也」[38]，《呂氏春秋·下賢》：「貴為天子而不驕倨」，高誘注：「倨，傲也」[39]，知二字互訓，意義相近。以此

---

32 喻四古歸定，則該紐與同屬舌頭音的透紐聲近。丘彥遂〈喻四的上古來源、聲值及其演變〉（高雄：國立中山大學碩士論文，2002）云：「根據兩周金文、戰國文字、《說文》的綜合統計，喻四常常與定、書、邪、透五母發生通轉，這個情況説明喻四的上古聲值和它們是非常接近的。」（頁 55）又曰：「喻四和透母的通轉，不但次數多，而且超過幾遇數的兩倍以上。喻四和透母在《說文》中的通轉高達 39 次，是幾遇數的 2.5 倍；而喻四和透母在「秦漢簡牘帛書」中的通假更高達 58 次，是幾遇數的 4 倍。」（頁 61）由此可見，上古餘、透關係密切，可以通轉。

33 國家文物局古文獻研究室：《馬王堆漢墓帛書（壹）》（北京：文物出版社，1980），頁 23。

34 國家文物局古文獻研究室：《馬王堆漢墓帛書（壹）》（北京：文物出版社，1980），頁 27。

35 《說文》：「勶，發也。从力，从徹，徹亦聲。」見（漢）許慎撰，（宋）徐鉉等校：《說文解字》（上海：上海古籍出版社，2007），頁 698。

36 （周）莊周撰，（晉）郭象注，（唐）陸德明音義：《莊子》，光緒二年（1876 年）據明世德堂本校刻，見浙江書局輯：《二十二子》（上海：上海古籍出版社，1986），頁 66 下。

37 （漢）劉安撰，（漢）高誘注，（清）莊逵吉校：《淮南子》，光緒二年（1876 年）據武進莊氏本校刻，見浙江書局輯：《二十二子》（上海：上海古籍出版社，1986），頁 1260 中。

38 （漢）許慎撰，（宋）徐鉉等校定：《說文解字》（上海：上海古籍出版社，2007），頁 386。

39 （秦）呂不韋撰，（漢）高誘注，（清）畢沅校：《呂氏春秋》，光緒元年（1875 年）據畢氏靈巖山館本校刻，見浙江書局輯：《二十二子》（上海：上海古籍出版社，1986），頁 677 中。

類之，「安怠徹」中的「怠」與「徹」，其詞義當亦相關。《禮記·檀弓上》：「吉事雖止不怠」，鄭玄注：「怠，惰也。」[40] 是「怠」可訓「惰」，有怠惰之義。[41] 而古籍中「惰」與「勤」或反義對舉，如《尉繚子·治本》：

> 古者土無肥磽，人無<u>勤</u><u>惰</u>，古人何<u>得</u>而今人何<u>失</u>邪？[42]

句中以「肥」與「磽」、「勤」與「惰」、「得」與「失」對舉，足證「勤」、「惰」義正相反，故「惰」猶「不勤」。至於「佚」，古書中「佚」與「逸」通[43]，而後者可訓「不勞」。《呂氏春秋·察賢》：「國治身逸」，高誘注：「逸，不勞也。」[44] 是其證。檢《爾雅·釋詁》：「勤，勞也。」又曰：「勞，勤也。」[45] 是「勤」、「勞」互訓，「不勞」即「不勤」。尤可注意者，古書中「逸」與「勤」有反義對舉之例，如《列子·楊朱》：「**勤**能使**逸**，飢能使飽，寒能使溫，窮能使達也。」[46] 以「勤」、「逸」反義對言，則「逸」本亦可解作「不勤」。要之，「怠」訓「惰」，「惰」即「不勤」；「佚」古通「逸」，「逸」訓「不勞」，「不勞」

40 （漢）鄭玄注，（唐）孔穎達疏，龔抗雲整理，王文錦審定：《禮記正義》（北京：北京大學出版社，2000），頁 263 上。

41 古書中「怠」可訓「慢」、「緩」、「懈」、「惰」、「倦」及「疲」諸義（參宗福邦、陳世鐃、蕭海波主編：《故訓滙纂》，北京：商務印書館，2003，頁 779），但考慮到「怠徹」下接「貪於飲食，惰於作務」一句，則訓「怠」為「惰」，似較能呼應下文。

42 鍾兆華校注：《尉繚子校注》（鄭州：中州書畫社，1982），頁 50。

43 段玉裁《說文解字注》於「佚」下注云：「又以為勞逸字。」見（漢）許慎撰，（清）段玉裁注《說文解字注》（上海：上海古籍出版社，1988，第 2 版），頁 380 上。

44 （秦）呂不韋撰，（漢）高誘注，（清）畢沅校：《呂氏春秋》，光緒元年（1875 年）據畢氏靈巖山館本校刻，見浙江書局輯：《二十二子》（上海：上海古籍出版社，1986），頁 709 下。

45 （晉）郭璞注，（唐）陸德明音釋：《爾雅》，據清同治七年（1868 年）湖北崇文書局校刊本影印，見中華漢語工具書書庫編輯委員會編：《中華漢語工具書書庫》第 43 冊（合肥：安徽教育出版社，2002），頁 9。

46 （周）列禦寇撰，（晉）張湛注，（唐）殷敬順釋文：《尉繚子》，光緒二年（1876 年）據明世德堂本校刻，見浙江書局輯：《二十二子》（上海：上海古籍出版社，1986），頁 216 上。

亦猶「不勤」，故「怠」與「佚」意義相應。

　　古書中「怠」與「佚」有連文之例。《晏子春秋‧內篇諫下‧景公登路寢臺望國而歎晏子諫》曰：「今君處**佚怠**，逆政害民有日矣，而猶出若言，不亦甚乎！」張純一注「佚怠」云：「不勤於正心修身」。[47] 案張氏以「不勤」釋「佚怠」，與本文所訓「惰」及「不勞」義近。由此可見，《晏子春秋》的「佚怠」與本文所論「怠佚」用法相近，可以互證。

　　再從韻讀言之。《墨子》部分內容有韻，江有誥《音學十書‧先秦韻讀》即蒐錄《墨子》諸篇有韻之文，可參。[48] 事實上，本文文首所引〈非儒下〉部分文句亦有韻。細審相關段落，首句「且夫繁飾禮樂以淫人」之「人」與「久喪偽哀以謾親」之「親」同為真部字 [49]，惟次句「立命緩貧而高浩居」之「居（倨）」屬魚部 [50]；「倍本棄事而安怠徹」之「徹」屬月部，二字均與前句不協韻。不過，若按本文論證將「徹」讀為「佚」（質部），則前句的「人」和「親」與後句的「佚」字恰為真質對轉 [51]，可以合韻。換言之，讀「徹」為「佚」，不但文義順適，同時也能切合韻讀上的要求。

四、結論

　　綜上所述，《墨子‧非儒下》「倍本棄事而安怠徹」之「徹」應讀為「佚」。上古「徹」、「佚」音近可通，「佚」在句中訓「不勞」，其義與前字「怠」所

47　張純一著：《晏子春秋校注》（上海：世界書局，1935，初版），頁 56。

48　（清）江有誥：《音學十書》，據民國二十三年（1934 年）嚴式誨重刻本影印（北京：中華書局，1993），頁 197 下 -198 上。

49　郭錫良：《漢字古音手冊（增訂本）》（北京：商務印書館，2010），頁 368 及 377。

50　郭錫良：《漢字古音手冊（增訂本）》（北京：商務印書館，2010），頁 185。

51　質和真分別為脂部的入部和陽聲韻。陳新雄《古音研究》（台北：五南圖書出版有限公司，1999）云：「按質讀 ɐt，真讀 ɐn，主要元音相同，韻尾發音部位相同，只是鼻音與塞音之差而已。」（頁 440）

訓之「惰」義相近，二者皆可解作「不勤」。《晏子春秋》有「佚怠」一語，
與本文所論的「怠佚」用法相類，可以互證。此外，將「徹」讀為「佚」，
也可與前句的「人」與「親」合韻。

論《荀子・王制》「王」之類型與特質：參照《周禮》之討論

林素英

國立臺灣師範大學國文系

一、前言：《荀子・王制》與《周禮》成書時代相近

　　毋庸置疑，所有政策與制度之施行，都有賴規劃嚴密而執行有效之團隊群策群力以完成，因此要建立有效之建國規劃，行政部門之職官分配與任務安排，將是國家進行規畫建置之重點，因此不論是《荀子・王制》抑或是《禮記・王制》，都必然提及與「序官」相關之部分。由於《荀子・王制》與《禮記・王制》雖然都言「王制」，[1] 然因側重點不同，以致內容差異極大。《荀子》之〈王制〉，旨在從策略之運用而論述何謂「王者之政」，具體要求主政者以禮義治國而區別王霸之差異，任用賢能之君子而罷黜無德無能之人，以合理之賞罰協助王者之法的執行。《禮記》之〈王制〉，則在記錄爵祿制度、封國制度、職官制度、巡狩與喪葬祭祀制度、養老制度，以具體架構王者建國之施政綱領。此二者之相同處，在於以禮義治國而不廢刑罰之政治理念；最大差異處，在於《荀子》之〈王制〉，儘管也有「序官」之部分，然而僅記錄

1　《禮記・王制》被清代今文學家認為代表素王改制之說，因缺乏足夠證據，故未列入本文討論範圍。

大要，也未具體記錄各制度之實質內容與人數之量化狀況，與《禮記‧王制》因記錄王朝之整體規劃，而出現大量數據之狀況大大不同。

沈文倬（1917~2009）繼承其師曹元弼（1867~1953）將二戴《禮記》分為禮、學、政三類，且學、政類撰作較早之說法，再加上自己廣為蒐羅所得，遂從《孟子》、《荀子》都有援引二戴《禮記》原文之事實，認定孟子（372~289B.C.）、荀子（313?~238B.C.）手中都有單篇傳抄之《記》文，並進而推斷「政類」之篇章，約成於魯穆公之時（415~377B.C. 在位）。復以《荀子》曾節引《禮記‧王制》之文字，而《荀子》之撰作又自其中年即開始，任職蘭陵令期間則屬積極寫作期，且至遲在春申君被殺、荀況被廢，即秦王政 9 年（238B.C.）時應已完成，因而可推定屬於政類之《禮記‧王制》，人約成於《孟子》之前的戰國中期，明顯早在《荀子‧王制》之前。[2] 由於《荀子》與《禮記》兩部書，都屬於孔子之後有關儒學思想之重要典籍，故而《荀子‧王制》中出現繼承轉化《禮記‧王制》制度或思想之部分，亦屬順理成章之事。然而無論《禮記》或《荀子》之〈王制〉，其官職建制之系統與組織，都尚未到達嚴整周密之程度。若要有系統、有組織地分列各大行政部門，再依次論列其所屬官員之職掌者，則不得不推完整記載職官之《周官》。[3] 蓋因《周禮》所載，可以大自主掌建邦之六典，以佐王治邦國之冢宰（大宰），又可小至關係士庶百姓日常生活之媒氏、司市，且對大小官員之職掌都有系統而完整之記載。

《周禮》分設天、地、春、夏、秋、冬六大行政長官之藍圖，雖可上溯自周公之擘劃，以為成王治理天下之依據，然而要在六部首長之下，具體詳加規畫所屬官員之職責，成為今本《周禮》之面貌，使六部首長能率領其所屬

2　其詳參見沈文倬：〈略論禮典的實行和《儀禮》書本的撰作〉，原載於中華書局《文史》第十五、十六輯，後收入《宗周禮樂文明考論》（杭州：杭州大學出版社，1999 年），頁 1~54。王鍔：《《禮記》成書考》（北京：中華書局，2007 年），頁 172~187。

3　原名為《周官》者，鄭玄為《儀禮》、《禮記》與《周官》作註時，為凸顯此三部書彼此通貫照應之特點，且要與《尚書》之〈周官〉作區別，遂改稱《周官》為《周禮》，後世即合稱成此三書為「三《禮》」，因此本文乃以《周禮》稱之。

各級官員，以共同完成主掌邦治、邦教、邦禮、邦政、邦禁、邦事之職務，而輔佐王治理邦國者，則有待後續之政治思想家陸續完成。錢穆即根據《禮記·王制》記錄之官職，如冢宰、司會、司徒、司市、大胥、小胥、大史、司馬、司空等，雖都見於《周禮》，然而職掌之記載卻比不上《周禮》所載來得清晰、有系統，故推斷《禮記·王制》應寫成於《周禮》之前，且《周禮》應成於戰國晚期。[4]

由於《荀子》與《周禮》都成於戰國晚期，成書之時代接近，且都上承自周初以禮治國之重要理念而來，並與自孔子以下之儒學思想轉變密切相關，故而本文擬據此以討論其理想治國規畫之情形。不過因學界討論《周禮》之治國規畫者稍多，卻鮮有人深究《荀子·王制》之內涵，故而本文將重點放在荀子對「王制」之討論，《周禮》所載僅為參照點。全文首先說明為文之動機與目的；其次，從「序官」情形論述《荀子》與《周禮》「王」之指涉；其三，論述荀子五種諸侯王之內涵；其四，論述荀子以「明王」、「聖王」與「天王」凸顯王者之理想狀態；最後，對照《周禮》之王以形成簡單結論。

二、從「序官」區別《荀子》與《周禮》「王」之指涉

由於政策與制度之施行關鍵，在於行政團隊之配合執行，故而考察官員之職官分配是否妥當周延，即可略知政策與制度能否順利執行，進而得以檢測既定之政策與制度是否整全良善。《周禮》本為職官表，是故透過「序官」之方式以呈現人王「設官分職」之事實，乃全書之主體結構。至於《荀子》之〈王制〉雖也多言「王者之政」、「王者之事」等與「王者」有關之問題，且亦言「序官」之根本內容，不過所論官員種類與職掌，與《周禮》相較，

---

4 其詳參見錢穆：《周官著作時代考》，曾刊載於《燕京學報》，後收入《兩漢經學今古文平議》（北京：商務印書館，2001 年），頁 319~493。

其詳略卻是天差地別。由於《周禮》與《荀子‧王制》「序官」現象之極大差異，則二者所言「王者」之指涉對象是否相同，乃是首先應辨認之問題。

（一）《周禮》中之「王」

《周禮》在天官、地官、春官、夏官、秋官、冬官六官之大格局下，按照各有所屬之方式依次陳列，建構出完整之職官表。首先，在每一官之行政首長的職銜下，都先記載「惟王建國，辨方正位，體國經野，設官分職，以為民極」之行政規劃總則，[5] 說明此規劃乃以人王盱衡天下以求完善治理全天下為根本立場，故首先由司徒「以土圭之法測土深、正日景，以求地中」，選定地中之最佳位置，以獲得天地合、四時交、風雨會、陰陽和之絕佳環境以建立王畿，俾能有利於創造百物阜安之社會。其次，再測量上地以制定所分封之公、侯、伯、子、男五等爵諸侯國的疆界區域，實現體國經野之宗旨。[6] 然後，再透過理想之官員布署藍圖，建立可以掌控全局之政權，實施不偏不倚之中正、中和之施政策略與制度。

官員布署之藍圖，本以六官整齊排列之，然因冬官亡佚極早，漢代已取〈考工記〉補之，[7] 故形式與其他五官不同。然而若對照〈天官〉所載掌理建邦最關鍵人物的大宰之職，[8] 即可知周公在規劃各級職官之時，已有六官之

5　其詳參見《周禮‧天官‧冢宰》，見於漢‧鄭玄注，唐‧賈公彥疏：《周禮注疏》，收入《十三經注疏（附清‧阮元《校勘記》）》（臺北：藝文印書館，1985 年），頁 10~11。另外，也見於〈地官‧司徒〉，頁 138；〈春官‧宗伯〉，頁 259；〈夏官‧司馬〉，頁 429；〈秋官‧司寇〉，頁 510。

6　其詳參見《周禮‧地官‧司徒》，頁 153~154。

7　唐‧魏徵等撰：《隋書‧經籍志》（北京：中華書局，1962 年），頁 925：「漢時有李氏得《周官》。《周官》蓋周公所制官政之法，上於河間獻王，獨闕〈冬官〉一篇。獻王購以千金不得，遂取〈考工記〉以補其處，合成六篇奏之」。

8　《周禮‧天官‧大宰》，頁 26：「掌建邦之六典，以佐王治邦國：一曰治典，以經邦國，以治官府，以紀萬民。二曰教典，以安邦國，以教官府，以擾萬民。三曰禮典，以和邦國，以統百官，以諧萬民。四曰政典，以平邦國，以正百官，以均萬民。五曰刑典，以詰邦國，以刑百官，以糾萬民。六曰事典，以富邦國，以任百官，以生萬民」。

建置。此外，《尚書‧周官》在相當於冬官之位置，以司空為首長，也可提供補充說明。[9] 由於六官之規畫自始即有，各部首長之職責也應早有區分，故而緊接在「惟王建國，辨方正位，體國經野，設官分職，以為民極」之後，即記載：

> 乃立天官冢宰，使帥其屬而掌邦治，以佐王均邦國。
> 乃立地官司徒，使帥其屬而掌邦教，以佐王安擾邦國。
> 乃立春官宗伯，使帥其屬而掌邦禮，以佐王和邦國。
> 乃立夏官司馬，使帥其屬而掌邦政，以佐王平邦國。
> 乃立秋官司寇，使帥其屬而掌邦禁，以佐王刑邦國。[10]

綜合上述排列整齊，以「乃立」起首，說明五官首長最重要職務之句子，可見五官都由「王」任命，分別從掌理邦治、邦教、邦禮、邦政、邦禁五大層面，協助「王」均邦國、安擾邦國、和邦國、平邦國、刑邦國。換言之，《周禮》中之「王」，乃凌駕於六官之上而主宰全天下之「天王」。

根據彭林研究，《周禮》中之「王」，具有任免百官之權力，也有以王命為法之立法權，負有處理國家朝政與裁決重大案件之權力，同時具有主持國家重要祀典之主祭權，也擁有戰爭中之最高統軍權。不過，擁有全天下最高權力之「王」，也相對受到一些節制，例如保氏具有「掌諫王惡」之職；小司寇主掌外朝之政時，還有「以致萬民而詢」之權利，藉以約束「王」不得為所欲為，必須正視百姓之需求與觀感；財政開支，無論是對群臣之「常賜」

9　《尚書‧周官》，見於舊題漢‧孔安國傳，唐‧孔穎達疏：《尚書正義》，收入《十三經注疏（附清‧阮元《校勘記》）》（臺北：藝文印書館，1985 年），頁 270：「冢宰掌邦治，統百官，均四海。司徒掌邦教，敷五典，擾兆民。宗伯掌邦禮，治神人，和上下。司馬掌邦政，統六師，平邦國。司寇掌邦禁，詰姦慝，刑暴亂。司空掌邦土，居四民，時地利。六卿分職，各率其屬，以倡九牧，阜成兆民」。

10　分別見於《周禮‧天官‧冢宰》，頁 12；〈地官‧司徒〉，頁 138；〈春官‧宗伯〉，頁 259；〈夏官‧司馬〉，頁 429；〈秋官‧司寇〉，頁 510。

或「特賜」，必須受到「九式」之規範，尤其是「特賜」還須是「九貢」之餘財。由此可見《周禮》所設計之政體，乃考量國家整體之需要，而非以君主為本位。[11] 換言之，《周禮》中之「王」，雖然具有極高之地位與勢力，但也蘊藏極深之民本思想。

（二）《荀子‧王制》中之「王」

荀子雖繼承孔子「為政在人，取人以身」之重要政治理念，[12] 故而極重視為政者之素質，明言「故有良法而亂者，有之矣，有君子而亂者，自古及今，未嘗聞也。」[13] 因此〈王制〉中也提到「序官」之重要且實際之問題，然而相較於《周禮》龐大且周延之職官體系，篇幅相當簡短。《荀子‧王制》僅涉及 15 種職官，就數量而言，絕對有可能只是舉其要者而言，並非完全呈現所有職官，[14] 然而無論其全數如何，如此精簡之陣容，與全書有系統記錄超過 360 種職官為主體之《周禮》，[15] 顯然不成比例；就組織系統而言，也較鬆散，而缺乏嚴謹之組織結構。雖然《荀子‧王制》所載職官之數量相當有限，不過倘若仔細分析，仍可從中發現一些重要訊息：

1.「天王」與「王者」有別

《荀子‧王制》以壓倒性之大量篇幅，論述在上者應遵行禮義之制度以養天下，而文中又多見「王者之政」、「王者之事」、「王者之人」、「王者之制」、

11　其詳參見彭林：《《周禮》主體思想與成書年代研究》（北京：中國社會科學出版社，1991 年），頁 174~184。

12　其詳參見《禮記‧中庸》，見於漢‧鄭玄注，唐‧孔穎達等正義：《禮記正義》，收入《十三經注疏（附清‧阮元《校勘記》）》（臺北：藝文印書館，1985 年），頁 887，孔子回答哀公之言。

13　《荀子‧王制》，見於清‧王先謙：《荀子集解》（臺北：藝文印書館，1988 年），頁 308。

14　《荀子‧正論》，頁 550：「古者天子千官，諸侯百官。」當然此處所載「千官」與「百官」，只是比喻而非確數，旨在凸顯天子與諸侯任用官員之人數比來就是懸殊不同。

15　統計今本《周禮》各官所屬官員：天官 64 種，地官 79 種，春官 70 種，夏官 68 種，秋官 65 種，冬官若以篇首之說明權充對該部首長之職務說明，則可計 31 種。總計六官可有 377 種大小職官。

「王者之論」、「王者之法」、「聖王之制」、「聖王之用」有關「王」之兩類用詞，且於文末還出現兩處「天王」（其實兩處「天王」應歸屬同一段落），另有一處言「明王」者（與「聖王」較類似，故可併為一類），則「王者」、「天王」與「聖王」之指涉極可能有別。若將此一現象對照「序官」之狀況，將可發現前後不對等之兩部分，依序是：宰爵、司徒、司馬、大師、司空、治田、虞師、鄉師、工師、傴巫跛擊、治市、司寇，前 12 種職官與一般「王者」（諸侯以上）之建國規劃有關，而最後 3 種為「冢宰」、「辟公」與「天王」，則僅與「天王」之建置有關，乃關係天下國家治亂存亡之關鍵人物。由於《荀子‧王制》載有涉及一般「王者」與「天王」建國規劃者，故而可與《周禮》之命官狀況相對應，以比較其異同現象。換言之，從「序官」區分為兩類，亦可反推「序官」前所論之「王者」與「王者」、「聖王」，亦宜區分為兩類，以「王者」指包含諸侯與天王之泛稱，「聖王」則特指可以安定天下、造福百姓之「天王」。

再將《荀子‧王制》之前 12 種職官，對照《大戴禮記‧千乘》哀公所言：「千乘之國，受命於天子，通其四疆，教其書社，循其灌廟，建其宗主，設其四佐，列其五官，處其朝市。」[16] 則知魯國雖非上公，然因具有州牧身分，故可在司徒、司馬、司空之外，另置孤卿一人，[17] 成為四佐，以司徒典春、司馬司夏、司寇司秋、司空司冬。至於一般諸侯國，依據《禮記‧王制》為：

> 大國：三卿，皆命於天子；下大夫五人，……次國：三卿，二卿命於天子，一卿命於其君；下大夫五人，……小國：二卿，皆命於其君；下大夫五人。

> 崔氏《疏》云：大國三卿，司徒兼冢宰之事，司馬兼宗伯之事，司空兼司寇之事。……五人者，謂：司徒之下置小卿二人，一是小宰，一

16　《大戴禮記‧千乘》，見於王聘珍：《大戴禮記解詁》（北京：中華書局，1983 年），頁 153~154。

17　其詳參見《周禮‧春官‧典命》，頁 323 之賈公彥《疏》。

是小司徒；司空之下亦置小卿二人，一是小司寇，一是小司空也；司馬
之下惟置一小卿，小司馬也。[18]

綜合上述所載，故可搭配《荀子・王制》所載「序官」之狀況，推知其
前 12 種職官所論者，乃屬大諸侯國之規模，擁有司徒、司馬、司空三卿之體
制，因其管轄地區僅限自己封國，故而相較於《周禮》相關職官主掌之範圍
明顯簡略許多。至於其所載「宰爵」或為下大夫之「小宰」，而位居第八之「司
寇」則為下大夫之「小司寇」。其相互對照情形舉例如下：

> 《荀子・王制》：宰爵知賓客、祭祀、饗食犧牲之牢數。
> 《周禮・天官・小宰》：以法掌祭祀、朝覲、會同、賓客之戒具。……
> 凡祭祀，贊玉幣爵之事、祼將之事。凡賓客，贊祼，凡受爵之事，凡受
> 幣之事。」
> 《荀子・王制》：扞急禁悍，防淫除邪，戮之以五刑，使暴悍以變，
> 姦邪不作，司寇之事也。
> 《周禮・秋官・小司寇》：以五刑聽萬民之獄訟，附于刑，用情訊
> 之。……以五聲聽獄訟，求民情。……以三刺斷庶民獄訟之中。[19]

從以上兩組對照資料，都可見《荀子・王制》相對於《周禮》相關職官
所負之眾多任務而言，都是具體而微之簡略版。

他如《荀子・王制》所載大師、鄉師之職，同樣見於《周禮》而減省許
多。「虞師」雖不見於《周禮》，然其職務卻相當於《周禮》山虞、林衡、川
衡、澤虞之綜合簡略版。「工師」則略同於〈冬官考工記〉篇首「國有六職，

18　《禮記・王制》，頁 220。
19　以上兩組資料分別見於《荀子・王制》，頁 328。《周禮・天官・小宰》，頁 45~46。
　　《荀子・王制》，頁 333。《周禮・天官・小司寇》，頁 523~524。

百工與居一焉。……審曲面埶，以飭五材，以辨民器，謂之百工」。[20]「治田」之事，略同於小司徒之簡略版。「治市」之事，略同於司市之簡略版。「傴巫跛擊」之事，略同於司巫、男巫、女巫之綜合簡略版。

綜合以上所述，都可見《荀子・王制》中有關「王者」、「天王」與「聖王」是彼此有關，然而又有重要區分之概念。

2. 荀子特別注重諸侯王

從統計數據而言，《荀子・王制》中提到「王者」應如何之段落最多，其次則是「聖王」，「天王」最少，因此與《周禮》之主體在於「天王」治國平天下的整體規劃有相當大之差別。提到「王者」之段落最多，固然因為「王者」之概念可以包含諸侯王、天王與聖王，然而透過上述分析「序官」之內容，則已可確定〈王制〉所載之主體乃是諸侯王，而此一情形與全篇統計數據較少呈現「聖王」、「天王」之狀況相吻合。

從統計次數的多寡，可以反映具有務實性格之荀子對客觀局勢的期盼。生活於戰國晚期的荀子，面對當時勢力強大之諸侯王陸續稱王之事實，所能企盼的，只能希望當時各諸侯以最好之方式治國，以造福所有的臣民百姓，而難以奢望理想之「天王」降臨人間，故而直接涉及「天王」者放在文末，且數量最少。統計戰國七雄先後稱王之順序及重要大事如下：

1. 楚國：周初，熊繹被封於楚蠻，稱楚子。其五代孫熊渠因甚得江、漢一帶民心，故宣稱：「我蠻夷也，不與中國之號諡。」熊渠自封所生三子皆為王，後因畏懼周厲王伐楚而廢去王號。不過，在春秋時期的 704B.C.，熊通當國君時又自稱為王，即楚武王。後繼者稱楚文王，且自此以後，除熊艱稱楚堵敖，熊員稱楚郟敖外，其餘 23 主均稱王。[21]

2. 魏國：魏文侯之孫、武侯之子魏罃，於 344B.C. 稱王，即魏惠王。魏惠王因兩次敗於齊，故國勢轉衰，遂於 334B.C. 率領韓國與一些小國到徐州

20　《周禮・冬官考工記》，頁 593~594。

21　其詳參見《史記・楚世家》，見於漢・司馬遷著，（日）瀧川龜太郎考證：《史記會注考證》（臺北：洪氏出版社，1977 年），頁 644~664。

尊齊威王為王。齊國因不敢獨自稱王，於是也承認魏惠王之稱號，史稱「會徐州相王」。會後，魏惠王稱王改元，史稱魏惠後王元年。然而此一魏、齊相互稱王之舉動，打破楚國長期獨自稱王之局勢，引發楚威王大怒，導致楚威王 333B.C. 率領大軍攻齊。稍後，日漸強大的秦國已明顯威脅到其他各國，於是在魏惠後王 12 年（323B.C.），由魏人公孫衍發起魏、韓、趙、燕、中山「五國相王」之事，以對抗秦相張儀主導之連橫策略。[22]

3. 齊國：田因齊 (齊威王) 任用鄒忌為相改革政治，以田忌、孫臏為將，國勢大盛。齊於 353 B.C. 大破魏國於桂陵，341 B.C. 再大敗魏軍於馬陵，導致魏遷都大梁，直接促成尊齊威王稱王，再衍生魏、齊相互稱王之大事。齊湣王時，因受到秦之邀約而稱帝，然不久後，又因接受蘇代建議而撤銷帝號。[23]

4. 秦國：自秦莊公嬴其起，即建都犬丘，因其父秦仲死於犬戎，故專心一意討伐西戎，而讓世子位給其弟，即秦襄公。秦襄公因護送平王東遷而獲贈岐山一帶之地。至秦穆公時雖曾稱霸西戎，然戰國初期，遭受魏國連年攻擊，至秦獻公之時，國勢已相當衰微。秦獻公之子嬴渠梁秦孝公力圖富國強兵，卒因任用商鞅而國勢大振。秦孝公之子嬴駟則於 324 B.C. 稱王改元，即秦惠文王。288 B.C. 秦昭王派穰侯魏冉赴齊國，約齊湣王同時稱帝，以秦為西帝，而齊為東帝。後因齊撤銷帝號，秦不久也撤銷帝號，仍然稱王，但是野心不減，對其他諸侯國造成極大威脅。秦惠文王之子嬴稷，即秦昭襄王（簡稱秦昭王）之時，楚考烈王於 256 B.C. 希望當時周天子 (赧王) 以天下共主之身分組織聯軍抗秦，故西周文公姬咎參與合縱抗秦，然不勝，西周國亡。周赧王雖在位期間最長（316~256B.C. 在位），而王畿被韓、趙一分為二，故東西分治，且勢力薄弱，常需仰賴西周公之助。然而西周公抗秦失敗，導致周赧王也只能投降秦國，秦昭襄王遂降封周赧（或名延）為周公。

22　其詳參見《史記‧魏世家》，頁 710~722。
23　其詳參見《史記‧田敬仲完世家》，頁 730~741。

不過，一個多月後，周赧崩亡，九鼎重器入於秦，東周亡。[24]

5. 韓國：韓昭侯(《呂氏春秋》作「韓昭釐侯」《韓非子》作「韓昭僖侯」)之子任用申不害為相，力圖強國。韓昭侯之子於 323 B.C. 因「五國相王」之事而稱王，即韓宣惠王。[25]

6. 燕國：燕文公之子即位 10 年，參與公孫衍發起魏、韓、趙、燕、中山「五國相王」之事而稱王，即燕易王。[26]

7. 趙國：趙雍雖曾於 323 B.C. 因「五國相王」之事而稱王，是為趙武靈王，然而自認為並無其實，而令國人稱己為「主君」。即便如此，不過以後繼位之諸子仍然稱王。[27]

戰國七雄中，除卻楚國在春秋時期已稱王外，其餘六國，在 344~323B.C. 之間先後稱王。此一諸侯紛紛稱王之現象，對於活躍期在 298~238 B.C. 之荀子而言，「天王」早已無任何實權。因為周赧王雖然長壽，是在位最久的周天子，然只是苟延殘喘地依附小諸侯國西周公，晚年還債台高築，最後還以降秦收場。由於諸侯互爭強大、稱王稱霸之現象，乃是無法逆轉之國際局勢，因而〈王制〉之論述主體，自然是指望當時之諸侯王能多踐行禮義，以提升國家之水準，僅在文中稍微論及「聖王」、「天王」之事。

三、諸侯國之五大等級

〈王制〉中，荀子將諸侯統治之王國，區分為數類不完全相同之狀況。例如楊倞、盧文弨以為自「具具而王」起至文末之內容，被認為是殘脱之餘而不必太注意者，因為〈王制〉從一開始，即出現「具具而王，具具而霸，具

24　其詳參見《史記·秦本紀》，頁 89~110。
25　其詳參見《史記·韓世家》，頁 723~729。
26　其詳參見《史記·燕召公世家》，頁 580~586。
27　其詳參見《史記·趙世家》，頁 685~709。

具而存，具具而亡」之「王、霸、存、亡」四種類型之說法，[28] 然而稍後卻又出現王、霸、安存、危殆、滅亡之五類說，[29] 甚且還又出現彊者之國之狀態。如此看似前後不一之分類，其實不必逕以全文矛盾衝突視之，因為正好可凸顯每一諸侯國，由於為政者之經營狀況不同，以致國勢會產生盛衰前後不一之可變動狀態。若從荀子實際觀察春秋以來之政治局勢言之，則主政者之類型可分為以下四類：

> 成侯、嗣公聚斂計數之君也，未及取民也。子產取民者也，未及為政也。管仲為政者也，未及修禮也。故修禮者王，為政者彊，取民者安，聚斂者亡。[30]

綜上所述四種類型之為政者，分別是修禮者、為政者、取民者、聚斂者，而各自成就王者、彊者、安者、亡者四種類型之諸侯國。然而對照緊接其下之敘述，又可發現荀子最關心者，乃王者、霸者以及彊者之三類諸侯：

> 王奪之人，霸奪之與，彊奪之地。奪之人者臣諸侯，奪之與者友諸侯，奪之地者敵諸侯。臣諸侯者王，友諸侯者霸，敵諸侯者危。[31]

因為對照〈王制〉以下所述，將可發現荀子花極大之篇幅論述王者、霸者、彊者之狀況，故而此三者應為荀子關懷之重點。由於從〈王制〉開始，再連結後續之〈富國〉、〈王霸〉、〈君道〉、〈臣道〉、〈致仕〉、〈議兵〉、〈彊國〉等篇，即可形成完整的治國之道論述，可見〈王制〉在此治國體系中具有總綱之性質，因而透過「序官」之內容，即可凸顯荀子關懷之重點在於諸侯王

---

28 《荀子‧王制》，頁 334。
29 《荀子‧王制》，頁 334~340。
30 《荀子‧王制》，頁 310~311。
31 《荀子‧王制》，頁 311~312。

之類型。因此綜合上述無論從主政者之類型，抑或從實存於當世之國家類型進行分類，當會發現各諸侯國其實可區分為王、霸、彊、安存、危殆、滅亡之六種類型。然而由於國家從危殆而趨於滅亡，往往有江河日下而無法抵擋之情勢，故可合為危亡一類；霸者與彊者雖然都有長於為政之道的共同特徵，然彼此又稍有差別，且還最為荀子所注重，故而應以區分為二較為適宜。經重新盤算，總計可分為王、霸、彊、安存、危亡五種類型之諸侯國進行論述。

（一）危亡之國

　　若從子產、管仲都有從政美譽，可知荀子以衛成侯、嗣公為聚斂計數之君的事例，亦應確有其事，而非無的放矢。雖然史無明載衛侯聚斂之情形，然而「府庫富實，百姓赤貧」之現象已成為危亡之國的共相之一，而《韓非子》中即載有嗣公攻於心計詐術之事例，[32] 又因衛國之國勢盛衰波折起伏，值得後人引以為戒，故而荀子即舉衛成侯為例，再進而申述曰：

> 筐篋已富，府庫已實，而百姓貧：夫是之謂上溢而下漏。入不可以守，出不可以戰，則傾覆滅亡可立而待也。故我聚之以亡，敵得之以彊。聚斂者，召寇、肥敵、亡國、危身之道也，故明君不蹈也。[33]

　　一般聚斂之國，的確多處於國家之府庫充盈，而百姓一貧如洗之狀態，故稱「上溢而下漏」。這類國家之人民已經是無心守國，更不願為國迎戰，更何況是等而下之的府庫空虛又不得民心的國家，其亡國危身僅在旦夕之間而已，乃是任何一位明君都不願遭遇者。根據《史記·衛世家》所載，周公於平定武庚之亂後，成王以武庚治下之殷餘民與商之故地河、淇之間，封武

32　其詳參見《韓非子·內儲說上》，見於清·王先慎撰：《韓非子集解》（北京：中華書局，1998 年），頁 220~221，記載嗣公故意貴薄疑以敵如耳，以防其因愛重而雍己。頁 238，記載嗣公使客過關市而故意賄賂，使關市以己明察。

33　《荀子·王制》，頁 311。

王之同母少弟康叔為衛之始封君。杜正勝即指出，衛都乃周公東進戰略據點之一，[34] 資源充沛、地位重要。衛武公更因有功於助周平定西戎，武力強盛，還一度成為諸侯之首領。以此地位顯赫之衛國，其後竟淪於傾覆滅亡，則其盛衰變化更值得後世取為戒鑑。其中一項關鍵原因，乃是衛懿公荒淫奢侈、愛鶴無度，故國人無心抵抗狄之入侵，以致幾乎亡國。幸有宋襄公協助，使遺民得以寄居曹國附近，更賴齊桓公大力襄助，終於使衛文公得以為中興主，然已無法恢復過去雄風。春秋晚期，因孫林父、甯殖爭權，君臣關係不合，衛靈公時又遭遇衛出公與衛莊公父子爭國等事，使國力一再削弱。進入戰國時期，衛只能在趙、魏、齊、楚間苟延殘喘。時至 343 B.C.，魏已廢姬姓衛君，改立衛靈公之別支後裔為衛君。因為衛成侯（衛靈公之別支後裔，約 371~343B.C. 在位），乃由公貶號為侯之關鍵君主，甚且在其孫嗣君繼立時，地位又再度下滑，由侯再被貶為一般之君，[35] 故而特別受荀子關注。衛國國君歷經一貶再貶，成為不具諸侯地位之封君，衛早已名存實亡。魏甚且於 254 B.C. 正式兼併衛國，使衛成為魏之附庸。此一歷史事實距離荀子之生存年代最接近，故荀子感受最深，而特別選取成侯為最低等級之君，且將其列為淪為滅亡之諸侯國標誌人物。

（二）安存之國

由於歷來稱譽子產（？~522B.C.）者比比皆是，然而荀子卻舉子產為「取民者也，未及為政也」之代表人物，則有必要先行釐清箇中情形。首先，應先確定「取民」之義。俞樾即認為楊倞以「取民」為「得民心」之說法，「於義甚晦」，而主張應取河上公以「取，治也。」註《老子》「故取天下者，常

34　其詳參見杜正勝：《古代社會與國家》（臺北：允晨文化出版公司，1992 年），頁337，以周公東進戰略之四個據點分別是：「第一線是齊魯，第二線衛都，第三線成周，魚次捍衛宗周」。

35　其詳參見《史記‧衛康叔世家》，頁 600~607。

以無事。」之義,認為荀子之「取民者也」為「治民」之義。[36] 俞氏之說,從〈王制〉之整體脈絡與荀子務實之性格而言,是極恰當的,且可與稍前之內文相呼應:

> 選賢良,舉篤敬,興孝弟,收孤寡,補貧窮。如是,則庶人安政矣。庶人安政,然後君子安位。傳曰:「君者、舟也,庶人者、水也;水則載舟,水則覆舟。」此之謂也。故君人者,欲安、則莫若平政愛民矣。[37]

鄭國自始封君鄭桓公起,即深謀遠慮,積極規劃在「濟、洛、河、穎之間」的國土發展。其後,因協助平王東遷立有大功,故武公與莊公都先後為周王朝之執政大臣,且從「周鄭交質」已知鄭國之勢力極大。然因莊公多寵子,故於莊公死後,國內發生多次君位爭奪戰,致使國勢日衰。戰國時期之鄭國已淪為小國,且自鄭襄公起,即由「七穆」輪流執政,與魯之「三桓」狀況類似。子產雖非國君,然因身為「七穆」中的國氏之後,故有機會在鄭國執掌君政大權。

子產執政期間,眾所周知其主要政績為:不毀鄉校、擇能任使,改革內政、制訂丘賦、鑄刑鼎以為中國第一部成文法,慎修外交,懂得以小事大之道理,捍衛鄭國夾在晉、楚、韓之間的利益,深得百姓愛戴,[38] 後代對其評價極高。最明顯的,即是《論語》已明載孔子稱讚子產「有君子之道四焉。其行己也恭,其事上也敬,其養民也惠,其使民也義」,乃「惠人也」。[39]《左傳》也明載孔子對子產臨死前,以「唯有德者,能以寬服民,其次莫如猛」提醒

36　其詳參見《荀子‧王制》,頁 310,引俞樾之說法。

37　《荀子‧王制》,頁 309。

38　其詳參見《史記‧鄭世家》,頁 681~682。

39　分別見於《論語‧公冶長》,魏‧何晏集解,宋‧邢昺疏:《論語注疏》,收入《十三經注疏(附清‧阮元《校勘記》)》(臺北:藝文印書館,1985 年),頁 44;〈憲問〉,頁 124。

子太叔施政之重點說法表示贊同，並且進而以「政寬則民慢，慢則糾之以猛。猛則民殘，殘則施之以寬。寬以濟猛，猛以濟寬，政是以和」申述之，認為子產善於政事，且譽之為「古之遺愛」，[40] 可見孔子是深深嘉許子產愛民、惠民之仁心德政的。

再從司馬遷記錄子產之政績及其死後百姓之反應，可得重要驗證：

> 為相一年，豎子不戲狎，斑白不提挈，僮子不犁畔。二年，市不豫賈。三年，門不夜關，道不拾遺。四年，田器不歸。五年，士無尺籍，喪期不令而治。治鄭二十六年而死，丁壯號哭，老人兒啼，曰：「子產去我死乎！民將安歸？」[41]

凡此所載都可見子產為政相當成功，而荀子卻批評其「未及為政」，其原委有待探尋。推測其因，荀子有可能繼承孔子「子產猶眾人之母也，能食之不能教也」之說而來。[42] 然而孔子該說，乃舉例以為子張說明「過猶不及」之道理，實不宜過度類比。荀子當然也有可能是上承孟子以子產「惠而不知為政」之說法而來，[43] 因為重民之道的確應以平政為要，子產即使極其愛民，然也無法濟渡每一人，更無法取悅每一人。然而對照上述子產之逐年政績，可見其治國也懂得循序漸進，並非徒知施小惠於小眾者。因此究實言之，荀子此說還是應如〈大略〉所言「子產惠人也，不如管仲」之說法比較客觀，[44]

---

40 其詳參見《左傳‧昭公二十年》，見於晉‧杜預注，唐‧孔穎達等正義：《春秋左傳正義》，收入《十三經注疏（附清‧阮元《校勘記》）》（臺北：藝文印書館，1985年），頁 861。

41 《史記‧循吏列傳》，頁 1278。

42 《禮記‧仲尼燕居》，頁 852：子曰：「師，爾過；而商也不及。子產猶眾人之母也，能食之不能教也。」子貢越席而對曰：「敢問將何以為此中者也？」子曰：「禮乎禮！夫禮所以制中也」。

43 《孟子‧離婁下》，頁 142。孟子之批評，乃對子產「以其乘輿濟人於溱洧」，認為為政者「焉得人人而濟之」？

44 《荀子‧大略》，頁 789。

乃具體比較二人政績高下之結果。

雖說〈大略〉所言比較客觀,然而將鄭國子產與齊國管仲之政績兩相比較,本身就是立足點差距太大而無法類比的事件。蓋子產執政當時之鄭國,乃是處在晉、楚、韓諸強環伺之下的小國,而管仲執政當時之齊國,無論土地與各項資源都堪稱大國之格局,遠遠高於鄭國在當時國際間之地位,因而將此二人政績相比較,實為不公平之類比。由於子產執政 26 年,具體嘉惠鄭國百姓,即使 522B.C. 子產去世後,其德政仍然使鄭國安定達數十年之久,子產執政之功不可沒。直到哀公時,又發生內亂,以致不再有能力復興,最終為韓所滅,然而此亡國之罪,本不應為子產所承擔。

(三) 彊者之國

無論是彊者、霸者,抑或是王者,都在為政方面有重要成果,其差別僅在於彼此之層次高下不同而已。彊者之特色,即長於以強力奪取他國之土地,故而常與其他諸侯國為敵。由於常與其他諸侯國為敵,故而也常使自己之國家陷於危險之狀態。荀子在〈王制〉即提出彊者反弱之現實道理:

> 人之城守,人之出戰,而我以力勝之也,則傷人之民必甚矣;傷人之民甚,則人之民必惡我甚矣;人之民惡我甚,則日欲與我鬥。人之城守,人之出戰,而我以力勝之,則傷吾民必甚矣;傷吾民甚,則吾民之惡我必甚矣;吾民之惡我甚,則日不欲為我鬥。人之民日欲與我鬥,吾民日不欲為我鬥,是彊者之所以反弱也。地來而民去,累多而功少,雖守者益,所以守者損,是以大者之所以反削也。諸侯莫不懷交接怨,而不忘其敵,伺彊大之間,承彊大之敝,此彊大之殆時也。[45]

由於戰爭乃是彊者奪人土地最重要之管道,而「知己知彼」又是獲得常

---

45 《荀子・王制》,頁 312~313。

勝之基本保障，故而荀子即透過攻擊與防衛雙方之各項條件轉換，進行利弊得失分析。從戰爭導致雙方士氣消長、地來民去之情形，進而可產生強弱易位、雖大反削之大翻轉現象。即便強佔之土地日增，交怨鄰國之現象也驟然陡增，而足以布署守國之力量則因兵力分散而勢力日損，一旦受侵略之各國聯手以對付共同之敵人，則匯聚諸多弱國之勢力也可以翻轉為超強勢力，而原本可奪人土地之彊者，反陷入新的更大彊者勢力之圍剿，以致逼近危殆之局面。

追溯秦國在秦孝公任命商鞅進行兩次變法後，已從秦獻公時的積弱衰微，翻轉成為富國強兵之新狀態，且已嚴重威脅到其他六國之生存。六國為救亡圖存，遂有「合縱」抗秦之戰略產生，企圖聯合眾多弱國之勢力共同對抗侵略者。總計史上共有四次「合縱」攻秦之紀錄，然而各有勝負：

1.318B.C.，公孫衍倡導，楚懷王主盟，楚、魏、韓、趙、燕五國聯合攻秦，秦軍勝。

2.296B.C.，孟嘗君倡導，齊湣王主盟，齊、魏、韓三國聯合攻秦，聯軍勝。

3.247B.C.，信陵君倡導，魏、趙、楚、韓、燕五國聯合攻秦，聯軍勝。

4.241B.C.，趙將龐煖倡導，趙、楚、燕、魏四國聯合攻秦，秦軍勝。

檢視各國四次「合縱」攻秦，並非全勝，而是勝負各見之結果，其最重要之原因，在於眾多弱國雖有「合縱」之戰略，然相對於此，秦則推動「連橫」之戰略以拆解「合縱」之勢力。倘若「合縱」之基礎不夠堅強，內部無法團結或迷信與秦結盟之利，則會被「連橫」之策略摧毀而頓失「合縱」之作用，導致聯軍戰敗之結局。蓋使秦國國富兵強之商鞅，在秦孝公一死，也隨之而亡。然而繼位之惠文王雖車裂商鞅而不廢其法，因此秦國仍繼續強大，且因重用張儀行使「連橫」計策以破壞「合縱」之戰略，遂導致聯軍失敗之結局。由於「勝負乃兵家常事」，多因戰略運用是否恰當，而造成勝負互見之狀況，致使上述史上四次「合縱」攻秦之紀錄，留下敵對雙方平分秋色之狀態。由於戰略運用是否恰當合宜，所牽涉之變因太多，並非永保彊者

恆彊之不二法門，於是荀子再提出釜底抽薪、真知彊者之道的辦法如下：

> 知彊大者不務彊也，慮以王命，全其力，凝其德。力全則諸侯不能
> 弱也，德凝則諸侯不能削也，天下無王、霸主，則常勝矣：是知彊道者
> 也。[46]

很清楚地，人人盡知保全實力而不使力竭轉衰，乃是彊者恆彊之不二法
門，然而要想持盈保泰，則須依靠德政之力量，凝結眾人之心以為一心。換
言之，即使馬上可以得天下，卻也無法馬上治天下，此乃歷史之必然。依靠
武力固然可奪來一些土地，然而要想永遠保有這些增加之土地與人民，則須
提高治國之高度，努力在新領地散佈德政，庶幾能凝結該地區之民心而受到
愛戴。若能如此，即可朝向更高層次之霸道，乃至於王道之方向前進。

（四）霸者之國

相較於奪人土地之彊者，霸者所奪取者則為增加友好國家。荀子認為倘
若霸者能不懷兼併之心而廣結友好國，則可常勝：

> 辟田野，實倉廩，便備用，案謹募選閱材伎之士，然後漸慶賞以先
> 之，嚴刑罰以糾之。存亡繼絕，衛弱禁暴，而無兼并之心，則諸侯親之
> 矣。修友敵之道，以敬接諸侯，則諸侯說之矣。所以親之者，以不并
> 也；并之見，則諸侯疏矣。所以說之者，以友敵也；臣之見，則諸侯離
> 矣。故明其不并之行，信其友敵之道，天下無王霸主，則常勝矣。是知
> 霸道者也。[47]

由此可知荀子之真知霸道者，乃指其主君具有能任用能人、善用賞罰之

---

46 《荀子‧王制》，頁 313~314。
47 《荀子‧王制》，頁 314~316。王念孫以「天下無王霸主」本作「天下無王主」較合理。

才能，又能廣闢田野、豐實倉廩者。最重要的，則是霸者應能以敬接諸侯，則諸侯皆能親之、友之，且能具體做到存亡繼絕而不求回報之事實。若能如此，只要天下無更高等級之王者，則霸者可以常保霸者之地位。然而一旦稍露兼并他國之心與臣諸侯之意，則各諸侯皆會相繼疏離，以致霸者無以復為霸者。

最明顯之事例，即有關齊桓公稱霸之始末。蓋齊桓公即位當年，曾與魯戰於乾，而魯大敗。繼而接受鮑叔牙之建議而任用管仲，然任用管仲之初，尚未深信之，導致齊桓公 2 年（684B.C.）齊魯長勺之戰時竟然落敗，間接促成 681B.C. 齊魯於柯之和會。然柯之會，桓公因曹沫之劫持，不得已而歸還魯地，後雖欲背約，幸賴管仲之分析而履約，終能取信眾諸侯。齊桓公重用管仲之後，改革內政，使國力大大增強，且與鄰國修好：歸還侵魯之棠、潛，使魯成為南方屏障；歸還侵衛之台、原、姑、漆里，使衛成為西方屏障；歸還侵燕之柴夫、吠狗，使燕成為北方屏障。齊桓公也曾因存亡繼絕之緣故而發動戰爭，例如因救燕而伐山戎，因救邢國、衛國而伐狄，然因不圖一己之利，故能日增齊桓公之威望。在管仲輔佐下，齊桓公遂成為春秋五霸之首，孔子即盛讚管仲「相桓公，霸諸侯，一匡天下，民到于今受其賜」。[48]

管仲雖能使齊桓公稱霸諸侯，然未能使桓公潔身修禮而遠小人、敬賢臣，故齊桓公晚年受制於易牙、開方、豎刁三小人，最終餓死，而五公子則忙於爭奪君位，以致桓公之屍體，竟然到蟲流出戶之際尚不得收斂。故荀子譏刺管仲之為人，「力功不力義，力知不力仁，野人也，不可為天子大夫」。[49] 至於齊湣王之時，因受到秦邀約而短時間稱帝，然不旋踵而回復王號。即便已取消稱帝，仍因君德不足，於齊湣王 40 年，樂毅率領燕、趙、楚、魏、秦五國聯軍破齊，迫使湣王出奔莒城。故而荀子以「閔（湣）王毀於五國，桓公劫於魯莊，無它故焉，非其道而慮之以王也」[50] 為總結，清楚說

---

48 《論語‧憲問》，頁 127。
49 《荀子‧大略》，頁 789。
50 《荀子‧王制》，頁 316。

明齊國雖於春秋時期首先站上霸主之地位，卻無法恆久保存霸主之尊位，其原因，乃在於君主不能以禮修治其身，也未能禮敬大臣、以禮義之道治國之緣故。

（五）王者之國

相較於前四類之諸侯王都可以找到合適之對象進行討論，對於遵行王者之道的理想諸侯王，荀子並未出現具體指實之對象。蓋因在荀子之心目中，尚未有達到此標準者，以致〈王制〉之中，乃以泛論之形式申述其理想的王者之制。概括言之，可分從三方面呈現其主體思想：

1. 以禮義治國

生活在戰國晚期之荀子，已無法滿足於封建時期之貴族世襲制，而特別注重為政者必須具有君子之才，故言「有良法而亂者，有之矣，有君子而亂者，自古及今，未嘗聞也。」[51] 因此〈王制〉開篇即提出「王者之政」的重要判準在於能否效法天德、躬行禮義，主張：

> 賢能不待次而舉，罷不能不待須而廢，元惡不待教而誅，中庸雜民不待政而化。分未定也，則有昭繆也。雖王公士大夫之子孫也，不能屬於禮義，則歸之庶人。雖庶人之子孫也，積文學，正身行，能屬於禮義，則歸之卿相士大夫。[52]

由於天有陽滋生陰閉藏之自然原理，因此賢賢賤不肖也是效法天德所行，故而所行是否合乎禮義即是分判賢與不肖之標準。能使賢不肖別而不雜，是非善惡不混淆，則英傑畢至而國家得治，得以成就「王者之事」。

至於考核王者是否以禮義治國安政，則可從三方面檢測：

---

51 《荀子・王制》，頁 308。
52 《荀子・王制》，頁 303~304。

> 選賢良，舉篤敬，興孝弟，收孤寡，補貧窮。如是，則庶人安政
> 矣。庶人安政，然後君子安位。……故君人者，欲安、則莫若平政愛民
> 矣；欲榮、則莫若隆禮敬士矣；欲立功名、則莫若尚賢使能矣。---- 是人
> 君之大節也。三節者當，則其餘莫不當矣。[53]

由於治國乃獨力難支之大事，王者需慎選輔佐人才以推動政策之執行，因而選擇賢良篤敬之人，即是施行平政愛民之保證。倘若再進一步分析之，則是唯有如此，主政者才能「飾動以禮義，聽斷以類，明振毫末，舉措應變而不窮」。[54] 由於主政者能分辨事情之本末先後、輕重緩急，因而施政能發揮安定社會之效果。社會一旦安定，方可再透過隆禮敬上之做法而提升人民素養，促使社會日趨繁榮。再加上賢能豪傑之士能為社會大眾貢獻一己之長，則可使國運日漸昌隆。

2. 以賞刑輔政

治理國家固然以禮義為本，然而國事紛雜，各種狀況層出不窮，仍須在合乎禮義之行政主軸外，另外設置賞刑之辦法以輔助政策順利推動，故明白指出：

> 姦言、姦說、姦事、姦能，遁逃反側之民，職而教之，須而待之，
> 勉之以慶賞，懲之以刑罰。[55]

人情之常，莫不要求趨吉避凶。然而若不提防姦言、姦說、姦事、姦能等負面行為之流傳，則極容易擾亂社會秩序，危害善良百姓之生活，因而主政者應透過恩威並用之慶賞刑罰措施，以維護社會正常脈動。倘若再進一步說明之，則是：

---

53 《荀子・王制》，頁 309。
54 《荀子・王制》，頁 317。
55 《荀子・王制》，頁 304。

> 無德不貴，無能不官，無功不賞，無罪不罰。朝無幸位，民無幸生。尚賢使能，而等位不遺；析愿禁悍，而刑罰不過。百姓曉然皆知夫為善於家，而取賞於朝也；為不善於幽，而蒙刑於顯也。夫是之謂定論。[56]

王者之責任即是知人善任，使有德有能者居於高位，而朝廷之上無尸位素餐之人；有功者榮獲公開表揚與獎賞，而全國上下無儌倖居功之幸進者，更無無辜遭受罪罰者。如是，則政治清明，民心樂於擁護行政中心，即使公務單位因執行公權力而造成一己之不方便，也願意顧全大局而努力配合，則國之重大政策可以順利執行，而造福所有國人。

以禮義為施政主軸，而以賞刑作為輔助措施者，並非始自荀子，可謂近承孔子「道之以政，齊之以刑，民免而無恥；道之以德，齊之以禮，有恥且格。」之說法而來。[57] 因為孔子對德禮與政刑之主張，並非二者截然對立不可兼取，而是有主從幹枝、本末先後之區分者，二者關係密切，不可僅取其一而捨其二，以防偏頗而不良於行。[58]

德主刑輔之思想乃遠承自《尚書》所載源遠流長之「明德慎罰」思想而來。溯自〈大禹謨〉記錄舜要求皋陶訂定刑罰時，即應注意「明于五刑，以弼五教，期于予治。刑期于無刑，民協于中」之根本原則，[59] 使刑罰足以輔弼政治教化之施行，且以「刑期無刑」為執政者最高之目標。〈呂刑〉更明指「惟敬五刑，以成三德」[60]，說明敬慎用刑可以成德之事實。至於周公在幼弟封即將治理衛國時，已明題「明德慎罰」之施政要領，且成為後世德主刑輔之源頭：

---

56 《荀子·王制》，頁 318~319。
57 《論語·為政》，頁 16。
58 其詳參見林素英：〈從《禮記》〈緇衣〉論孔子德刑思想與理想君道之轉化：綜合簡本與今本〈緇衣〉差異現象之意義〉，收入《《禮記》之先秦儒學思想：〈經解〉連續八篇結合相關傳世與出土文獻之研究》（臺北：國立臺灣師範大學出版中心，2017年），頁 335~374。
59 《尚書·大禹謨》，頁 55。
60 《尚書·呂刑》，頁 300。

> 惟乃丕顯考文王，克明德慎罰，不敢侮鰥寡，庸庸、祇祇、威威、
> 顯民。……天乃大命文王，殪戎殷，誕受厥命，越厥邦厥民。
>
> 嗚呼！封。敬明乃罰。人有小罪非眚，乃惟終，自作不典；式爾，
> 有厥罪小，乃不可不殺。乃有大罪非終，乃惟眚災適爾，既道極厥辜，
> 時乃不可殺。[61]

由此可知「明德慎罰」之思想，乃合乎天道運行原理，且順應天之所命的重要託付而來。尤其在社會情勢日趨複雜之戰國晚期，更需要以明確之賞刑措施，輔助所有良善政策之執行，安定社會秩序。

3. 制等賦養民

王者之責，旨在制定各項行政措施，乃使萬民各安其職而獲得養護。故而荀子認為制法之源則在於：

> 安職則畜，不安職則棄。五疾，上收而養之，材而事之，官施而衣
> 食之，兼覆無遺。[62]

至於較具體之辦法，則為：

> 等賦、政事、財萬物，所以養萬民也。田野什一，關市幾而不征，
> 山林澤梁，以時禁發而不稅。相地而衰政。理道之遠近而致貢。通流財
> 物粟米，無有滯留，使相歸移也，四海之內若一家。故近者不隱其能，
> 遠者不疾其勞，無幽閒隱僻之國，莫不趨使而安樂之。夫是之為人師。
> 是王者之法也。[63]

61　此兩段記載，分別見於《尚書》〈康誥〉，頁 201、202。

62　《荀子‧王制》，頁 304。

63　《荀子‧王制》，頁 319~320。

由司徒等相關官員實地調查土地之等級，再行制定差等賦稅之辦法，乃充實府庫財源以便進行各項公共設施之前提。務必注重農、林、漁、牧與工、商等各行各業之發展，使人皆能竭盡其才，則即使偏遠隱僻者也樂於不辭遠道前來，具體發揮照顧社會大眾生活之要求。苟能落實養民策略於實際民生，再加上訂定合理公平之賦稅制度，推動有效發展民生事業之方案，並制定順暢之物流輸送管道，方能真正達到長養萬民，使歸於安樂之境的目的，方為王者所設之制度。如此奠立於穩固之經濟基礎，再行建立人盡其才之祥和社會分工方式，卒能使萬民安享和樂生活之制度。此一立足於經濟為基礎之施政策略，正好可與孔子主張為政之道，應遵循：庶之→富之→教之的施政三部曲，[64] 堪稱不謀而合。

4. 立王者典型

在荀子之心目中，真正之王者，其實擁有廣大之疆土造福所有之臣民，不僅有強大之武力足以止暴扶弱，還有充沛之財力與物力以發揮存亡繼絕之實質作用，具有他國高度景仰敬重，而不敢與之敵對的威勢。如此王者之國，毫無侵奪、兼併、奴役他國之心，更不會危害人民之生命財產安全。荀子曰：

> 仁眇天下，義眇天下，威眇天下。仁眇天下，故天下莫不親也；義眇天下，故天下莫不貴也；威眇天下，故天下莫敢敵也。以不敵之威，輔服人之道，故不戰而勝，不攻而得，甲兵不勞而天下服，是知王道者也。知此三具者，欲王而王，欲霸而霸，欲彊而彊矣。[65]

由此可見王者必須具備彊者、霸者之優點而無其缺陷，集仁、義、威於一身，而非徒託道德仁義之空言而已。究實言之，能兼具仁、義、威之三種

---

64 《論語・子路》，頁 116：子適衛，冉有僕。子曰：「庶矣哉！」冉有曰：「既庶矣。又何加焉？」曰：「富之。」曰：「既富矣，又何加焉？」曰：「教之」。

65 《荀子・王制》，頁 316~317。

特質，故能隨順時代環境之需要，而選擇王者、霸者與彊者三種不同面貌中之最合適者而呈現之。能夠適時轉變王者、霸者與彊者之不同類型，已成為戰國晚期當時代之最佳「天王」職分。由於此理想之諸侯王，已可躋身於號令天下而萬眾信服擁戴之「天王」，乃荀子誠心嚮往之王者典型，然而尚未見於當世，故而〈王制〉未曾在王者部分設立指標性人物以供讀者比較。[66]

四、以「明王」、「聖王」與「天王」凸顯王者之理想狀態

荀子主要活動在周天子尚存，然而已無任何威權之戰國晚期，當然不會再「幻想」赧王能重建「天王」之雄風。尤其周赧王在其所依附之西周公抗秦失敗而亡國 (256B.C.) 後，也投降秦國，被秦昭襄公降封為周公，不久，周赧崩亡，九鼎重器入於秦，東周已完全滅亡，天下已無天子存在。但是荀子既已言「王制」，則不能不提及有關「天王」之問題。又因為在《周禮》之整體規劃中，「天王」之職權超越於六官首長之上，最重要之職責乃任命最合適之冢宰，分封具有統治一國之能力且足以捍衛宗周之諸侯 (辟公)，因此荀子在〈王制〉「序官」之末，即選擇天王、冢宰、辟公三位指標性人物合併言之。蓋因荀子深知按照《周禮》之職官系統，辟公由「天王」分封，在其所屬之領地內享有獨立之統治權，然而必須負起自正身行以推動全國禮樂教化之責任，並定期向「天王」述職，或由「天王」在巡狩天下時進行考核，以為升降辟公所屬職等之標準。冢宰也由「天王」任命，是「天王」最重要之輔佐人才，負責總理全天下政治教化工作之總體規劃與執行，具有任免、調度、考核六部重要官員之重要職責，因此與國家安定、天下太平之關係最

---

[66] 有關荀子對王道、霸道以及彊者之詳細論點，乃至於以禮義治國之思想體系，日後將有一系列之論文進行討論，故此處不再深入探究。

大。因此荀子認為：

> 全道德，致隆高，綦文理，一天下，振毫末，使天下莫不順比從
> 服，天王之事也。故政事亂，則冢宰之罪也；國家失俗，則辟公之過也；
> 天下不一，諸侯俗反，則天王非其人也。[67]

雖然冢宰與辟公之地位已經非常高，不過，一旦政事亂或國家風俗不良善，則為不稱職之表現，必須追究失職之罪過。至於「天王」之地位雖然最為崇高，不過也有相對的應接受考核之道。亦即當天下不安定、不太平，遭遇諸侯背叛、眾叛親離之時，則為「天王」失職，淪於獨夫之狀態，此時，改朝換代實為遲速會發生之大事而已。

至於「明王」與「聖王」，乃盛明之「天王」，其特徵，乃是能明確根據禮義原則而制定貧富貴賤之差等，使其足以相兼臨而長養全天下之臣民。故荀子曰：

> 天地者，生之始也；禮義者，治之始也；君子者，禮義之始也；為
> 之，貫之，積重之，致好之者，君子之始也。故天地生君子，君子理天
> 地；君子者，天地之參也，萬物之摁也，民之父母也。無君子，則天地
> 不理，禮義無統，上無君師，下無父子、夫婦，是之謂至亂。君臣、父
> 子、兄弟、夫婦，始則終，終則始，與天地同理，與萬世同久，夫是之
> 謂大本。[68]

此所謂君子，乃得與天地並稱，有能力制定合乎禮義之制度，帶領廣大之群體遵循天道，參贊天地萬物之化育者。亦即擔任治理天下重則者，應制定以下之制度：

---

67 《荀子·王制》，頁 333~334。
68 《荀子·王制》，頁 323~324。

> 君者，善群也。群道當，則萬物皆得其宜，六畜皆得其長，群生皆
> 得其命。故養長時，則六畜育；殺生時，則草木殖；政令時，則百姓一，
> 賢良服。[69]

苟能如此，即是能推行聖人之制的盛明「天王」，而可逕稱為「明王」
與「聖王」。至於其具體作用則表現在：

> 春耕、夏耘、秋收、冬藏，四者不失時，故五穀不絕，而百姓有餘
> 食也。汙池淵沼川澤，謹其時禁，故魚鱉優多，而百姓有餘用也。斬伐
> 養長不失其時，故山林不童，而百姓有餘材也。[70]

能使百姓有餘食、餘用、餘材，即是為天地養民之聖主明君。簡言之，
即是聖人，其特質則可歸納如下：

> 上察於天，下錯於地，塞備天地之間，加施萬物之上，微而明，短
> 而長，狹而廣，神明博大以至約。故曰：一與一是為人者，謂之聖人
> 也。[71]

由於此聖人，即是能綜理天地之君子，更是執掌萬物之總的民之父母，
當然也是荀子最理想之「天王」，故也稱「明王」、「聖王」。

總計《荀子》一書中，提及「明王」者，除〈王制〉有一處之外，分別
在〈非相〉、〈君道〉、〈樂論〉各有一處，共計 4 段落。提及「聖王」者，除
〈王制〉有兩處之外，分別在〈榮辱〉、〈非相〉、〈非十二子〉、〈仲尼〉、〈王
霸〉、〈君道〉、〈彊國〉、〈正論〉、〈樂論〉、〈解蔽〉、〈正名〉、〈性惡〉、

---

69 《荀子‧王制》，頁 326。
70 《荀子‧王制》，頁 326~327。
71 《荀子‧王制》，頁 327。王先謙案：「與」讀為「舉」，以上之「一」舉下之「一」。

〈君子〉、〈成相〉各篇都有數量不等之段落，共計 30 段落。[72] 各篇記載「聖王」之段落數，則以〈正論〉有 5 段、〈性惡〉有 4 段之數量相較於其他各篇明顯居多。其中〈正論〉各段，偏重對「聖王」形象之正面立說；〈性惡〉中之各段，則強調「聖王」乃推行禮義之治以導正人性，使社會歸於良善之境者。由此可見能積極推動禮義之「聖王」，方為荀子最理想之「天王」。

五、結論

活躍在 298~238 B.C. 之荀子，只看到毫無天子威權，僅能仰賴小諸侯國西周公接濟之周赧王，甚至還見證 256 B.C. 西周公抗秦失敗後，周赧王投降秦國之歷史事實。周赧王竟然以天子之尊而接受秦昭襄公之降封為周公，但一個多月後崩亡，九鼎重器入於秦，東周完全滅亡，天下已無天子存在。周赧王雖然在位最久，長達 59 年，然而只在苟延殘喘中虛擁天子之名，且在投降秦國不久後崩亡，普天之下已無天子存在。回顧戰國七雄中，楚國早已在春秋時期稱王，其餘六國也分別在 344~323B.C. 之間先後稱王。周赧王雖然在 314 B.C. 即天子之位，然而在各諸侯紛紛稱王之現實環境中，周赧王僅有天子之虛名，因此《荀子・王制》之「王」，雖包含諸侯王、「天王」、「明王」、「聖王」，然就事實而言，荀子不可能對「天王」存有任何重振天威之「幻想」，且透過「序官」所載，也可以確知其所重乃在於諸侯王。至於諸侯王之類型，則與不同類型之諸侯國相對應。綜合本文上述分析，已知荀子將當時之諸侯國，區分為危亡之國、安存之國、彊者之國、霸者之國、王者之國等五種類型。其中又以彊者之國、霸者之國與王者之國最受荀子重視，且以前兩種類型國最具可變化潛力，並且認為真正之王者應能兼具彊者、霸者、王者三種樣貌，以隨順時勢與環境所需而展現最合適之樣貌。

72　依據檢索《中國哲學書電子化計畫》，http://www.cckf.org/zh/sino/00107 之段落統計。

　　倘若詳考具有此彊者、霸者、王者三種樣貌者，其實已合乎《周禮》理想王朝規劃下之「天王」形象，可以兼具彊者、霸者、王者於一身。「天王」能任命稱職之夏官司馬，使其能訓練驍勇善戰之軍隊，因而能輔佐「天王」從事征伐不順之國以平治天下。「天王」自身也因具備統領六軍之各項能力，因而是具有威權，足以平治天下紛亂局勢之彊者。處在群雄割據之戰國時代，具備彊者之能力，乃是主持國際正義與評斷天下是非之先決條件，唯有如此，方能擔當鋤強扶弱、存亡繼絕之重責大任。至於要具備霸者之姿，在雄壯威武之軍備後盾之外，還須擁有適當之職官部屬與連動反應之規劃，又要能以合理之政策促進民生經濟之提升，且能以禮義治國，靈活運用賞刑輔政之措施，擁有臣民之愛戴，也才能具體承擔存亡繼絕之國際責任，又不存任何兼併他國之野心，而真正成為各國樂於交友之霸者形象。當然最理想之狀況，還應算是王者之形象，因其同時兼具仁、義、威三者於一身，且能隨心所欲而不踰矩，自在地「欲王而王，欲霸而霸，欲彊而彊」，且使天下莫敢敵，也莫能敵。

　　證諸《周禮》之整體規劃，倘若能具體實踐其中以禮樂制度為核心之行政規劃，在六部職官之通力合作下，將能貫徹以禮義治國平天下之理想，成為名副其實之「天王」，而此時之「天王」，也將是最能造福全天下之「明王」、「聖王」。可惜《周禮》中理想化之「天王」概念，乃至於對「明王」、「聖王」之期盼，早已隨著時空環境之轉移而難以奢望，在不得已之情況下，荀子也只能期待彊者之國、霸者之國再努力更上層樓，庶幾有朝一日能邁入王者之國的境界。

引用書目

漢‧孔安國傳，唐‧孔穎達疏：《尚書正義》，收入《十三經注疏（附清‧阮元〈校勘記〉）》，臺北：藝文印書館，1985 年。

漢‧鄭玄注，唐‧賈公彥疏：《周禮注疏》，收入《十三經注疏（附清‧阮元〈校勘記〉）》，臺北：藝文印書館，1985 年。

漢‧鄭玄注，唐‧孔穎達等正義：《禮記正義》，收入《十三經注疏（附清‧阮元〈校勘記〉）》，臺北：藝文印書館，1985 年。

魏‧何晏集解，宋‧邢昺疏：《論語注疏》，收入《十三經注疏（附清‧阮元〈校勘記〉）》，臺北：藝文印書館，1985 年。

晉‧杜預注，唐‧孔穎達等正義：《春秋左傳正義》，收入《十三經注疏（附清‧阮元〈校勘記〉）》，臺北：藝文印書館，1985 年。

唐‧魏徵等撰：《隋書‧經籍志》，北京：中華書局，1962 年。

清‧王先慎：《韓非子集解》，北京：中華書局，1998 年。

清‧王先謙：《荀子集解》，臺北：藝文印書館，1988 年。

清‧王聘珍：《大戴禮記解詁》，北京：中華書局，1983 年。

王鍔：《《禮記》成書考》，北京：中華書局，2007 年。

沈文倬：《宗周禮樂文明考論》，杭州：杭州大學出版社，1999 年。

杜正勝：《古代社會與國家》，臺北：允晨文化出版公司，1992 年。

林素英：《《禮記》之先秦儒學思想：〈經解〉連續八篇結合相關傳世與出土文獻之研究》，臺北：國立臺灣師範大學出版中心，2017 年。

彭林：《《周禮》主體思想與成書年代研究》，北京：中國社會科學出版社，1991 年。

錢穆：《兩漢經學今古文平議》，北京：商務印書館，2001 年。

漢‧司馬遷著，（日）瀧川龜太郎考證：《史記會注考證》，臺北：洪氏出版社，1977 年。

《中國哲學書電子化計畫》，http://www.cckf.org/zh/sino/00107。

《諸子平議·荀子》補正

劉文清

臺灣大學中國文學系

一、前　言

　　清代訓詁家俞樾（1821.12.25-1907.2.5），字蔭甫，自號曲園居士，浙江德清人，為乾嘉學派最後大師。蓋乾嘉學派至清末盛極而衰，「然在此期中，猶有一、二大師焉，為正統派死守最後之壁壘，曰俞樾曰孫詒讓，皆得統於高郵王氏。」[1] 是其學乃上承乾嘉學風，追步王念孫 (1744-1832) 父子。俞氏一生著述豐碩，著有《群經平議》、《諸子平議》、《古書疑義舉例》等書，其中《諸子平議》（以下簡稱為《平議》），[2] 係私淑王氏父子，模仿《讀書雜志》以成，平議《管子》、《老子》、《墨子》、《荀子》等十五部子書，為俞氏代表作之一，深受士林所重。蓋諸子之學沉寂二千年，至清代中葉「近世巨儒，稍稍治諸子書，大抵甄明詁故，掇拾叢殘，乃諸子之考證學，而非諸子之義理學也。如畢秋帆之校《墨子》、《呂氏春秋》、《荀子》，孫淵如之校《孫子》、《吳子》、《司馬法》、《尸子》……以及俞曲園《諸子平議》諸書，皆考證諸子也。」[3] 故《平議》等書由諸子學之考證伊始，從而帶動晚清「先秦諸子學

1　梁啟超：《清代學術概論》（臺北：臺灣商務印書館，2008 年），頁 8。
2　俞樾：《群經平議》（臺北：河洛圖書出版社，1975 年）。
3　劉師培〈周末學術史序〉，《劉師培史學論著選集》（上海：上海古籍出版社，2006 年），頁 59。

復活」，展開對諸子義理之探究，則其結果雖為乾嘉學者所不及料，啟迪之
功不容抹煞。[4]

唯俞氏之學力、識見或不及王氏父子，書中臆說之處在所難免，杜季芳
即嘗言：「《群經平議》的長處主要在於校，而不在詁。」[5]可見其訓詁之短
缺，尤以「諸子之書，文詞奧衍，且多古文假借字，注家不能盡通，而儒者
又屏置弗道，傳寫苟且，莫或訂正，顛倒錯亂，讀者難之。」[6]相較於群經，
諸子書既罕經經歷代儒者訂正，故《諸子平議》之首要著力處及貢獻當亦在
於校勘，而非在訓詁。然今之治子書者仍多從俞氏之說，以《荀子》為例，
如梁啟雄 (1900-1965)《荀子柬釋》、[7]李滌生 (1902-1994)《荀子集釋》、[8]熊公哲
(1895-1990)《荀子今註今譯》、[9]《荀子新注》[10]、廖吉郎《新編荀子》、[11]及王天海
(1948-)《荀子校釋》[12]等書皆不時徵引俞說並信從之，足見其對《荀》學影響
之深遠，故今不揣淺陋，就其《諸子平議‧荀子》之部，略作補正，以就教
於方家。

4　梁啟超：《中國近三百年學術史》（上海：上海古籍出版社，2013 年），頁 244。

5　杜季芳：〈試論俞樾的校勘學成就〉，《西華師範大學學報》，2009 年第 3 期。

6　俞樾：《諸子平議‧序目》（臺北：世界書局，1973 年三版），頁 1。

7　梁啟雄：《荀子柬釋》（臺北：河洛圖書出版社，1974 年）。

8　李滌生：《荀子集釋》（臺北：臺灣學生書局，1979 年）。

9　熊公哲：《荀子今註今譯》（臺北：臺灣商務印書館，1980 年三版）。

10　北大哲學系：《荀子新注》（臺北：里仁書局，1983 年）。

11　廖吉郎：《新編荀子》（臺北：國立編譯館，2002 年）。

12　王天海：《荀子校釋》（上海：上海古籍出版社，2005 年）。

二、補正

（一）

〈勸學〉：「故不問而告謂之傲。」

《平議》曰：《論語‧季氏篇》：「言未及之而言謂之躁。」《釋文》曰：「魯讀躁為傲。」《荀子》此文蓋本魯《論》。下文曰：「故未可與言而言謂之傲，可與言而不言謂之隱，不觀氣色而言謂之瞽。」皆與《論語》同，惟變躁為傲，可證也。傲即躁之假字。不問而告、未可與言而言，皆失之躁，非失之傲也。魯《論》之說今不可得而詳，以意度之，殆亦假傲為躁。自古文《論語》出，得其本字，遂謂魯《論》讀躁為傲，實不然也。躁字義長，傲字義短，魯之經師豈不知此而改躁為傲乎？[13]

案：「傲」字舊注多從本字或其諧聲字為說，如：

楊倞 (?-?)《注》：傲，喧噪也，言與戲傲無異。或曰讀為嗷，口嗷嗷然也，嗷與敖通。

郝懿行 (1757-1825) 曰：傲與謷同。《說文》云：「謷，不省人言也。」與此義合。[14]

劉師培 (1884-1919) 以為：傲，即傲誕之義。[15]

即分從傲，或嗷、謷、敖字為訓。然自俞樾徵引《論語‧季氏》：「言未

13　俞樾：《諸子平議》，頁 132。

14　王先謙：《荀子集解》(臺北：世界書局，1981 年十版)，頁 8。又，下文「故未可與言而言謂之傲」郝懿行曰：「傲與敖同。敖者，謂放散也」。)

15　劉師培：《荀子補釋》(臺北：藝文印書館，民國二十三年甯武南氏校印本，1958 年)，頁 5。

及之而言謂之躁。」《釋文》:「魯讀躁為傲。」以為傲乃躁之假字,今之學者多從其說,如梁啟雄《柬釋》、[16] 李滌生《集釋》、[17] 熊公哲《今註今譯》、[18] 及《新注》[19] 等皆是,廖吉郎《新編荀子》亦從而釋之曰:「躁的假借,急躁,不安靜。」[20]

唯稽之上古音,傲為宵部疑母字,躁為宵部精母字,[21] 二者韻部雖同而聲母有別,雖非無假借之可能,然亦不宜輕易排除其他可能性。且俞氏於此徵諸《論語‧季氏》為說,固然可取;然逕謂「魯《論》之説今不可得而詳,以意度之,殆亦假傲為躁。自古文《論語》出,得其本字,遂謂魯《論》讀躁為傲,實不然也。躁字義長,傲字義短,魯之經師豈不知此而改躁為傲乎?」將魯《論》之「讀躁為傲」意度為「假傲為躁」,任意顛倒其說而無任何佐證,恐失之穿鑿。今考《廣雅‧釋言》:

> 「敖、放,妄也。」《疏證》:《莊子‧庚桑楚篇》:「蹍市人之足,則辭以放驁。」郭象《注》云:「稱已脫誤以謝之。」《釋文》引《廣雅》:「驁,妄也。」驁與敖通,亦作傲。《荀子‧勸學篇》:「未可與言而言謂之傲,可與言而不言謂之隱,不觀氣色而言謂之瞽。」傲謂妄言也。《論語》云:「言未及之而言謂之躁。」躁亦妄也。[22]

是王念孫以為傲、躁義近,皆有妄言義。蓋《廣雅‧釋詁三》:「敖,戲

---

16 梁啟雄:《荀子柬釋》,頁 9。
17 李滌生:《荀子集釋》,頁 14。
18 熊公哲:《荀子今註今譯》,頁 10。
19 北大哲學系:《荀子新注》,頁 9。
20 廖吉郎:《新編荀子》,頁 132。
21 董同龢:《上古音韻表稿》(臺北:台聯國風出版社,1975 年 11 月三版),142 頁。「躁」字《表稿》所無,若據《廣韻》「則到切」推之,殆屬宵部精母字。
22 王念孫:《廣雅疏證》(臺北:廣文書局,1971 年),頁 137。

也。」[23] 可見敖可引申有戲傲義，[24] 孳生「傲」字，[25] 其後傲或又引申有妄言義，再孳生謷字，《說文》云：「謷，不省人言也。」[26]《楚辭・九思》：「令尹兮謷謷。」王逸《注》：「謷謷，不聽話言而妄語也。」是也，故如王念孫所言傲自有妄言義，楊倞及郝懿行之前說近是，不煩改字。至若古《論》與魯《論》一作躁、一作傲，殆為同義字互訓，[27]《說文》：「躁，疾也。」可引申有急躁輕妄義，洪邁 (1123-1202)《容齋三筆・郎官員數》：「淺浮躁妄，為胥輩所輕，有如李莊者。」即以躁妄連言，而俞氏云「躁字義長，傲字義短」，恐非。

（二）

〈勸學〉：「及至其致好之也，目好之五色，耳好之五聲，口好之五味，心利之有天下。」

《平議》曰：楊《注》曰：「致，極也。謂不學，極恣其性，欲不可禁也。」又云：「或曰：學成之後，必受榮貴，故能盡其欲也。」二說並非是。上文云：「使目非是無欲見也，使耳非是無欲聞也，使口非是無欲言也，使心非是無欲慮也。」皆言君子為學之道，「及至其」三字直接上文，安得云謂不學者乎？若云學成榮貴，義更粗矣。古之字、於字通用。《大戴禮・事父母篇》曰：「養之內，不養於外，則是越之也；養之外，不養於內，則是疏之也。」之內、之外，即於內、於外也。《廣雅・釋言》曰：「諸，之也。」又曰：「諸，於也。」則之與於義固得通矣。此文四「之」字並猶「於」也。目好於五色，耳好於五聲，口好於五味，

23　王念孫：《廣雅疏證》，頁 77。

24　《說文》：「敖，出游也。」

25　《說文》：「傲，倨也。」

26　今本《說文》作：「謷，不肖人也。」段玉裁《說文解字注》：「謷，不省人言也。省各本作肖，今正。言字依韵會補。」丁福保編纂，楊家駱重編：《說文解字詁林正補合編》(臺北：鼎文書局，1983 年)，第 3 冊 599 頁。

27　朱駿聲以《論語》之躁「讀為謷也。」視為假借，亦不知二字義近而音有別也。朱駿聲：《說文通訓定聲》(臺北：藝文印書館，1975 年)，頁 358。

心利於有天下，言所得于學者深，佗物不足以尚之也。下文曰「是故權利不能傾也，群眾不能移也，天下不能蕩也，生乎由是，死乎由是」，正申明此數句之誼，足徵楊《注》之非矣。[28]

案：此數句自來費解，楊倞《注》之不當，俞氏辯之已詳；唯俞說亦語焉不詳，僅云「及至其」三字直接上文，而未言究為何義？僅云四「之」字並猶「於」也，而未言何以「佗物不足以尚之也」？故歷來仍眾說紛紜，略舉數說於後：

劉台拱 (1751-1805) 曰：言耳目口之好之與五色、五聲、五味同，心利之與有天下同。[29]

梁啟雄曰：此謂：及至好學樂道達到極致之時，就像目好色、耳好聲、口好味、心好利同一自然，絕不勉強。[30]

李滌生謂：「致」，極也。「目好之五色」，即「目之好五色」。下同。言好學之極，如目之好五色，耳之好五聲，口之好五味，心之利有天下之富一樣，《孟子》曰：「禮義之悅我心，猶芻豢之悅我口。」與此同義。[31]

熊公哲云：「目好之五色，謂好之過於五色也。」又說：「心利之有天下，謂心視學問之利，更甚於富有天下之利。」[32]

廖吉郎言：等到他能把那完備而精純的學識學得很好。及，等到。至，到達。致，極。好，音ㄏㄠˇ，善；美。之，謂全粹之學。眼睛看到了它，會覺得比看到五色還要喜歡；耳朵聽到了它，會覺得比聽到五聲還要喜歡；嘴巴嚐到了它，會覺得比嚐到五味還要喜歡；心裏想到了它，會覺得比富有天下還要有利。……吉郎按：此四句與前文的「目非是無

28　俞樾：《諸子平議》，頁 132。
29　王先謙：《荀子集解》，頁 11。
30　梁啟雄：《荀子柬釋》，頁 13。
31　李滌生：《荀子集釋》，頁 20。
32　熊公哲：《荀子今註今譯》，頁 16。

欲見也」、「耳非是無欲聞也」、「口非是無欲言也」、「使心非是無欲慮也」四句，義相呼應。好，音ㄏㄠˇ，喜歡。之，於。[33]

王天海引物雙松曰：「目好之」四句「之」字下，皆藏「於」字，言其此甚於彼也。○引安積信曰：四句「之」字下，若補「如」字看，則文義通順。蓋省文句法。○天海案：此言「及至其極好之」，則甚於目耳口之好五色、五聲、五味，心受益甚於有天下也。「目」上疑脫「猶」字。楊《注》「致，極也」，是；其下所注非也。劉、俞、物三説是也。[34]

可見眾説之莫衷一是。今案：此數句之癥結，端在虛詞「及至」及四「之」字，前者諸説罕言之，唯考「及至」一詞，古人習言，如《史記·儒林列傳》：「及至秦之季世。」〈韓王信傳〉：「及至穨當城。」皆是其例，《詞詮》以「及」乃「時間介詞，至也、比也」，[35]故可單言「及(其)」，例如《老子·十三章》：「及吾無身，吾有何患？」《孟子·盡心上》：「及其聞一善言，見一善行。」；亦可與「至」合為同義複詞，《馬氏文通》即謂：「曰『及至』，『及其』者，皆因前事而殊後之文也。」[36]則其係因上起下的轉語詞，後之文義與上文有所轉變，可譯為「等到」義。[37]惜舊説多未解此義，唯廖吉郎解之為「及，等到。至，到達。」將二字拆開分訓，猶有未達之間。

再論四「之」字，俞氏云四「之」字並猶「於」也，説可從，《詞詮》即以此「之」為「介詞，於也」，《禮記·大學》：「人之其所親愛而辟焉。」其「之」亦可為此之比。[38]唯俞氏又云「佗物不足以尚之也」，則其「之」似尚有所指。熊公哲釋之為「謂好之過於五色也。」廖吉郎謂「眼睛看到了它，會覺得比看到五色還要喜歡。」物雙松曰：「言其此甚於彼也。」然所謂「過於」、

33　廖吉郎：《新編荀子》，頁152-153。
34　王天海：《荀子校釋》，頁44-45。
35　謝紀鋒、俞敏：《虛詞詁林》(哈爾濱：黑龍江人民出版社，1992年)，頁33。
36　謝紀鋒、俞敏：《虛詞詁林》，頁33。
37　倪志僩：《論孟虛字集釋》(臺北：臺灣商務印書館，1981年)，頁77
38　謝紀鋒、俞敏：《虛詞詁林》，頁48。

「甚於」，則其「之」已不僅止於「於」義，而轉為過甚之義，似有增字解經、偷換概念之嫌，恐非。故今從劉台拱、梁啓雄之説，劉説曰：「言耳目口之好之與五色、五聲、五味同，心利之與有天下同。」梁説曰：「好學樂道達到極致之時，就像目好色、耳好聲、口好味、心好利同一自然，絕不勉強。」蓋荀子以為人性本好利欲、聲色，〈性惡〉：「今人之性，生而有好利焉。……生而有耳目之欲，有好聲色焉。」是其證。而此處言等到好學達到極致之時，就像目好色等一樣，出於自然。即如孟子亦嘗曰：「禮義之悦我心，猶芻豢之悦我口。」李滌生以為「與此同義」，説是。(然李氏以「目好之五色」即「目之好五色」，任意顛倒語序，則非。)唯本文於「目好之五色」之上省一「如」、「猶」字，以致其他諸家或曲説為「佗物不足以尚之也」、「好之過於五色」，反失荀子之旨。

故結合此數句以觀之，上文言「使目非是無欲見也，使耳非是無欲聞也，使口非是無欲言也，使心非是無欲慮也。」乃使目、耳、口、心，非所學，則無欲見、聞、言、慮也，是猶有役使、勉強之意；於此轉而言等到好學致極之時，就如同目、耳、口、心好於色、聲、味、利，純出於自然本性，絕無勉強，故下文繼之曰「是故權利不能傾也，群衆不能移也，天下不能蕩也，生乎由是，死乎由是」，文從字順，且符合荀子一貫思想。其他諸説皆失之迂曲，不足取也。

（三）

〈修身〉：「勇膽猛戾，則輔之以道順。」

《平議》曰：道順二字不可通。順當讀為訓，古順、訓字通用。《國語・周語》「能導訓諸侯者」，《史記・魯世家》訓作順，此文道順正與彼同，道順即導訓也。楊《注》曰：「此性多不順，故以道順輔之。」非

是。[39]

案:「道順」二字似不詞,楊《注》因將「輔之以道順」倒序為「以道順輔之」,然於文法不合,俞氏非之。唯俞說當前有所承:

郝懿行曰:道與導同,謂誘導將順之。[40]

此二說釋「道與導同」,所謂「誘導將順之」、「輔之以導訓」,文意仍難明,是故後之學者除梁啟雄從俞說外,[41] 其他諸家皆自為之說,諸如:

李滌生:「順」,理也,見《說文》。「道順」,即道理。勇猛暴屬的人最易衝動,故以道理輔導他,使其冷靜。[42]

熊公哲:《荀子今註今譯》:道,讀導。順,馴順,古「訓」、「馴」、「順」三字互相假借。[43]

廖吉郎:【校】道順,《韓詩外傳‧二》作「道術」。【注】即「以道順輔之」,謂以順勢誘導的方法來幫助他。道,同「導」,誘導。順,將順。……吉郎按:此謂勇悍、膽大、兇猛、暴烈的人須以順勢利導的方法才能輔助他。[44]

王天海引物雙松曰:輔之以道順,謂道德孝順以夾輔之也。若解為誘導將順,則似穩當,然「輔」字說不去。勇膽猛戾自比「血氣剛強」更狠,故別用道德孝順夾輔之。若血氣剛強,直以調和優柔之耳。語自有次第。○引朝川鼎曰:先君曰:「道,疑當作遵。」○引鍾泰曰:道順

39　俞樾:《諸子平議》,頁 133。

40　郝懿行:《荀子補注》,《郝懿行集(六)》(濟南:山東人民出版社,2010 年),頁 4558。

41　梁啟雄:《荀子柬釋》,頁 17。

42　李滌生:《荀子集釋》,頁 27。

43　熊公哲:《荀子今註今譯》,頁 22。

44　廖吉郎:《新編荀子》,頁 174。

一義，《書・禹貢》「九河既道」，謂順其道也。是道亦有順義。道順，皆猛戾之反。○引李中生曰：「道順」所指應是能開導人、寬容人。○天海案：勇膽，勇敢也。膽、敢同韻，一聲之轉，故得通。猛戾，猶兇暴也。道，此指道義；順，和順也。《易・豫卦》「聖人以順動」，孔《疏》：「若聖人和順而動，合天地之德。」故勇猛兇暴，就用道義、和順來輔正他。「道順」一語，楊《注》非，諸說亦未得。此句《外傳》作「勇毅強果，則輔之以道術」，乃傳寫各異耳，不得以彼律此。[45]

今案：諸說皆未能比合上文以觀之，上文云：「血氣剛強，則柔之以調和；知慮漸深，則一之以易良。」調與和、易與良皆為名詞之同義複詞，《呂氏春秋・長見》：「皆以為調矣。」高誘注：「調，和也。」是調亦和也。《易・繫辭上》：「辭有險易。」陸德明《釋文》引京房曰：「易，善也。」《群經平議・周官二》：「眡其裏而易，則材更也。」俞樾即引京房說以釋「易」字之意，[46]則易亦良也。故本句之「道順」亦當為名詞之同義複詞。鍾泰曰：「道順一義……是道亦有順義。道順，皆猛戾之反。」說可從。徵諸《讀書雜志・管子・小問》：「百川道。」王念孫曰：「道，順也。」《經義述聞・國語下》：「且觀道逆者。」王引之云：「道，順也。」《群經平議・春秋穀梁傳》：「夫已多乎道。」俞樾曰：「道，順也。」可見道有順義，即俞氏亦嘗言之，唯此處失察焉，其餘諸家亦皆未察及此。至於《韓詩外傳》作「血氣剛強，則務之以調和；智慮潛深，則一之以易諒；勇毅強果，則輔之以道術」，「諒」、「術」分別為「良」、「順」之假借，「術」為上古微部船母字、「順」為文部船母字，[47]雙聲對轉，故得通假。

---

45 王天海：《荀子校釋》，頁 56-57。

46 俞樾：《群經平議》，頁 882。

47 董同龢：《上古音韻表稿》，頁 216、220。

（四）

〈修身〉：「事亂君而通，不如事窮君而順焉。」

《平議》曰：樾謹按：顧氏千里曰窮、順二字互錯，此不然也。荀子之意，以為事亂君則不順矣，事窮君則不通矣。然與其事亂君而通，不如事窮君而順，正上文身勞而心安為之，利少而義多為之之意。若從顧校，則全失其旨矣。王氏采其說入《雜志補》，誤也。[48]

案：顧千里曰：「窮、順二字，疑當互錯。順君、亂君，對文也；而窮、而通，亦對文也。《荀子》每以『通』與『窮』為對文。如本篇上文及〈不苟篇〉、〈榮辱篇〉、〈儒效篇〉皆有之，可以相證楊《注》已互錯，望文說之，非也。」[49] 說至確。考本篇曰：「不窮窮而通者積焉。」〈不苟〉：「通則文而明，窮則約而詳。」皆以「通」與「窮」為對文，故本文「窮、順二字，疑當互錯」，原當作：「事亂君而通，不如事順君而窮焉。」文意明白曉暢。惜自俞氏非之，後之學者唯饒彬從之曰：「『不如事窮君而順』，實未若『不如事順君而窮』意義為長。」[50]

餘皆從俞氏之說。唯俞說殆承自楊《注》：

楊倞注：窮君，小國迫脅之君也。言事大國暴亂之君，違道而通，不如事小國之君，順行其道也。[51]

其後學者亦多主此說而略有損益，如：

48　俞樾：《諸子平議》，頁 133。
49　王先謙：《荀子集解》，頁 16。
50　饒彬：《荀子疑義輯釋》，轉引自廖吉郎：《新編荀子》，頁 181。
51　王先謙：《荀子集解》，頁 16。

郭嵩燾 (1818-1891) 曰：通則言聽計從，恣其所欲為。順則委身以從之而已。文義在亂君、窮君之分。亂君為暴，而窮君不能為暴者也。[52]

梁啟雄：《說文》：「通，達也」，謂顯達。《詩·女曰雞鳴·箋》曰：「順謂與己和順。」謂言聽計從。[53]

李滌生：「通」，通達，得位。「順」，得行其道。「窮君」，小國受威脅之君。言事大國暴亂之君而顯達，不如事小國勢窮之君而得行其道。[54]

廖吉郎：事奉昏亂的國君而能使自己顯達，不如事奉窮困的國君而能依從自己的抱負。亂君，不依禮義行事的國君。《荀子·不苟》說：「禮義之謂治，非禮義之謂亂。」通，達，指仕能得君。窮君，受困於內憂外患的國君。窮，困。順，依從。前文說：「以善和人者謂之順。」又《荀子·臣道》說：「從命而利君謂之順。」[55]

王天海引物雙松曰：通，言榮達；順，言聽道行也。○引鍾泰曰：得位之謂通，行道之謂順。郭以順為委身而從之，非也。○天海案：楊《注》未切，俞、物、梁 (啟雄) 三說是。[56]

今案：「通」、「順」二字義本相近，《淮南子·主術》：「則治道通矣。」高《注》：「通猶順也。」是也。然上述諸家說，將「通」、「順」視為相反之義，如楊倞《注》：「違道而通」、「順行其道」。郭嵩燾曰：「通則言聽計從，恣其所欲為。順則委身以從之而已。」李滌生：「通，通達，得位。順，得行其道。」唯細繹之，以「通」為違道、言聽計從、得位；「順」為行道、委身以從之等，皆乃增字解經而強加之褒、貶義，以契合所謂之「通」、「順」對文，其實二者原本並無如此相對義。亦由此可證，原文當為「亂」、「順」，

52　王先謙：《荀子集解》，頁 16。
53　梁啟雄：《荀子柬釋》，頁 18。
54　李滌生：《荀子集釋》，頁 29。
55　廖吉郎：《新編荀子》，頁 181。
56　王天海：《荀子校釋》，頁 60。

對文；「通」、「窮」，對文，符合《荀子》對文之一貫用法。顧説然。

（五）

> 〈榮辱〉：「巨涂則讓，小涂則殆，雖欲不謹，若云不使。」
>
> 《平議》曰：樾謹按：楊《注》曰：「殆，近也。凡行前遠而後近，故近者亦後之義。謂行于道塗，大道並行則讓之，小道可單行則後之。」此説於「殆」字之義，甚為迂曲，且與下文「雖欲不謹」文氣亦不貫，楊《注》非也。「讓」當讀為擾攘之攘。《説文‧女部》：「孃，煩擾也。」經典無「孃」字，多以「攘」為之。《禮記‧曲禮篇》鄭《注》曰：「攘，古讓字。」故此又以「讓」為之也。《文選‧舞賦》「擾攘就駕」，李善引《埤蒼》曰：「攘，疾行貌。」巨塗，人所共行，故擾攘而不止；小塗，人所罕由，故危殆而不安。是塗無巨小，皆不可不謹，故下文曰「雖欲不謹，若云不使」也。[57]

案：此四句亦難解，李滌生即云：「此四語不可解。」[58] 蓋楊《注》迂曲為説，俞氏已非之。然俞説釋「雖欲不謹」為「皆不可不謹」，妄增「不可」二字，而將文意由否定變為肯定，偷換概念，殊非。實則楊《注》下文尚有它義，俱引於下：

> 楊倞《注》：殆，近也。凡行前遠而後近，故近者亦後之義。謂行於道涂，大道竝行則讓之，小道可單行則後之。若能用意如此，雖欲為不謹敬，若有物制而不使之者。〈儒行〉曰：「道涂不爭險易之利。」[59]

57　俞樾：《諸子平議》，頁 135。

58　李滌生：《荀子集釋》，頁 56。

59　王先謙：《荀子集解》，頁 33。

楊氏解讀「雖欲不謹，若云不使」二句為「雖欲為不謹敬，若有物制而不使之者」，義頗貼切，故後學者多從之，僅或略有損益耳。唯於前二句則眾說分歧，或從俞説、或自立新義，略引數家於後：

王念孫曰：楊説迂回而不可通。余謂「殆」，讀為「待」。言共行於道涂，大道可並行則讓之，小道只可單行，則待其人過乃行也。作「殆」者，叚借字耳。[60]

梁啟雄既從俞説，又按：殆，即《墨子・經説上》「罪，不在禁，雖害，無罪，若殆」之「殆」。伯兄 (啟超) 釋之曰：「殆，行路相擠也。」這是説，巨塗廣闊，那末，人們都能尊禮讓路，小塗狹隘，才不得不相擠。亦可備一解。[61]

廖吉郎：走在大路上，則擾攘而不安；走在小路上，則危險而恐懼。所以即使不想謹慎而行，也似乎是有所不能的啊！巨涂，大路。涂，同「途」，或作「塗」，道路。讓，同「攘」，擾亂。……殆，危。若云不使，謂似有所不能。若，似乎。云，有，見《廣雅・釋詁一》。……趙海金先生《荀子校釋》也説：「大路則擾攘，小路則危殆，雖欲不謹，若有不能使其如此者。」[62]

王天海引物雙松云：蓋言巨涂則可讓，小涂則不可讓，則爭鬭將生。故曰殆也。○引冢田虎曰：廣大之道則得讓其行，狹小之路則不得相讓，欲讓則危。故行於小塗者，不得不謹也。言人之出言，宜如行於小塗也。《注》不通。○引久保愛曰：本文「巨涂」以下十六字，必有脱誤。案《諸子品節》無此十六字，然則陳深亦疑而省之。○引朝川鼎曰：「凡在言也」四字，屬下句。言薄博之地，猶無所履，況於謹言乎！故君子之在言也，巨塗雖廣大，讓而後之；小塗雖狹隘，危而履之。上文既以履地喻謹言，故又以巨塗小塗，無言不謹之義。殆，危也，與危足之

60　王先謙：《荀子集解》，頁 33。
61　梁啟雄：《荀子柬釋》，頁 34-35。
62　廖吉郎：《新編荀子》，頁 272。

危同。「雖」上蓄「然則」二字而讀。謹，謹言也。若云不使，猶言「其可得乎」。○引駱瑞鶴曰：「若云」二字，楊倞實增字為訓。今謂「云」猶「其」也，今以為語助詞。不使，猶云不得不如此耳。○天海案：讓，通攘，攘擠也。俞說是。殆，危也。不謹，不慎也。不使，猶言不能從也。《爾雅》：「使，從也。」《詩・小雅・雨無正》：「云不可使，得罪於天子。」鄭《箋》：「不可使者，不正不從也。」《管子・小匡》：「謂為關內之侯，而桓公不使也。」又，二「涂」字，諸本並作「塗」，涂，同塗。[63]

今案：王念孫解二句為「大道可並行則讓之」、「小道待其人過乃行也」，於義較長，然猶未達也。今以「殆」讀為「怠」，《說文》：「怠，慢也。」《莊子・山木》「儻乎其怠疑」成玄英《疏》：「怠，退也。」是「怠」有退讓義，與「讓」同義而對文。「巨涂則讓，小涂則殆」謂巨塗、小塗皆退讓，亦即〈儒行〉所云：「道涂不爭險易之利。」則雖欲不謹，若有不能使其如此者。文意通順，而無難解或脫誤之虞。「殆」、「怠」二字古常通用，《廣雅・釋詁一》：「殆，壞也。」《疏證》：「怠，與殆通。」[64]《群經平議・尚書二》：「有眾率怠弗協。」俞樾曰：「怠，讀為殆。古怠與殆通。」[65]是俞氏亦嘗以二者相通，唯未嘗援彼釋此也。

三、結論

綜合以上五例，可將《荀子平議》之主要缺失歸納為五方面：疏於《荀子》義理、疏於《荀子》文例、疏於詞義之引申、疏於虛詞之用法、及濫用通假等五項，以致產生穿鑿附會、增字解經、偷換概念等等弊端。其中有屬

63　王天海：《荀子校釋》，頁 119-120。
64　王念孫：《廣雅疏證》，頁 20。
65　俞樾：《群經平議》，頁 190-191。

於《荀》學之範疇者，亦有屬於訓詁學之領域者，凡此俱可概見訓解諸子學之不易，故本書雖對《荀子》之校勘、訓釋饒有貢獻，然亦不能無所疏失。

＊本文係與香港城市大學郭鵬飛教授共同執行之「俞樾《諸子平議》斠正」研究計畫階段性成果，計畫得到香港政府大學資助委員會優配研究金資助（計畫編號：145012），並利用「中國基本古籍庫」、「中央研究院漢籍電子文獻資料庫」、「漢字構形資料庫」、「小學堂文字學資料庫」等資料庫檢索資料；又，本文已刊載於《經學文獻研究集刊》第十九輯，2018 年 8 月，頁213-225。謹此一併致謝。

引用書目

傳統文獻

清・王先謙：《荀子集解》（臺北：世界書局，1981 年十版）。

清・王念孫：《廣雅疏證》（臺北：廣文書局，1971 年）。

清・朱駿聲：《說文通訓定聲》（臺北：藝文印書館，1975 年）。

清・俞樾：《群經平議》（臺北：河洛圖書出版社，1975 年）。

清・俞樾：《諸子平議》（臺北：世界書局，1973 年三版）。

清・郝懿行著、管謹訒點校：《郝懿行集（六）》（濟南：山東人民出版社，2010 年）。

清・劉師培：《荀子補釋》（臺北：藝文印書館，民國二十三年甯武南氏校印本，1958 年）。

清・劉師培著、鄔國義、吳修藝編校：《劉師培史學論著選集》（上海：上海古籍出版社，2006 年）。

近人論著

丁福保編纂，楊家駱重編：《說文解字詁林正補合編》（臺北：鼎文書局，1983 年）。

王天海：《荀子校釋》（上海：上海古籍出版社，2005 年）。

北大哲學系：《荀子新注》（臺北：里仁書局，1983 年）。

李滌生：《荀子集釋》（臺北：臺灣學生書局，1979 年）。

杜季芳：〈試論俞樾的校勘學成就〉，《西華師範大學學報》，2009 年第 3 期。

倪志僩：《論孟虛字集釋》（臺北：臺灣商務印書館，1981 年）。

梁啟超：《清代學術概論》（臺北：臺灣商務印書館，2008 年）。

梁啟超：《中國近三百年學術史》（上海：上海古籍出版社，2013 年）。

梁啟雄：《荀子柬釋》（臺北：河洛圖書出版社，1974 年）。

廖吉郎：《新編荀子》（臺北：國立編譯館，2002 年）。

熊公哲：《荀子今註今譯》（臺北：臺灣商務印書館，1980 年三版）。

董同龢：《上古音韻表稿》（臺北：台聯國風出版社，1975 年 11 月三版）。

謝紀鋒、俞敏：《虛詞詁林》（哈爾濱：黑龍江人民出版社，1992 年）。

從詞彙學的角度論賈誼《新書》的真偽

潘銘基

香港中文大學中國語言及文學系

歷代學者於《新書》之真偽多有爭論，或以為真，或以為偽，亦有半真半偽之説。今《漢書·賈誼傳》載有賈誼（前 200– 前 168）諸疏，[1] 其中〈陳政事疏〉與賈誼《新書》之對讀，往往為學者討論今本《新書》真偽之依據。〈陳政事疏〉（又名〈治安策〉）亦見《新書》，然其文分散各篇，不如《漢書》所載勒成一文，是以學者校理賈誼《新書》，每謂《漢書·賈誼傳》所載比《新書》完整，因而動輒以《漢書》校改今本《新書》，如盧文弨（1717–1796）抱經堂校定本《新書》便輒據《漢書》校改《新書》，[2] 俞樾（1821–1906）譏之為「是讀《漢書》，非治《賈子》也」。[3] 盧文弨校改《新書》，倘遇文理不通，盡以《漢書》所載為準，故俞樾所譏甚是。及至清末，王耕心（1846–1909）《賈子次詁》亦如盧氏刪《新書》之法，一以《漢書》所載者為是，故於盧刪

---

1 今《漢書·賈誼傳》載有賈生〈陳政事疏〉、〈請封建子弟疏〉、〈諫立淮南諸子疏〉，《漢書·禮樂志》則載有〈論定制度興禮樂疏〉，而《漢書·食貨志》則載〈論積貯疏〉、〈諫鑄錢疏〉。

2 案：劉師培云：「盧校雖宗建、潭二本，然恒取資他本，以己意相損益。誼若罕通，則指為衍羨之文，由是有誤增之失，有誤刪之失，又有當易而不易，當衍而不衍之失。」（劉師培：《賈子新書斠補》，載《劉申叔遺書》（南京：江蘇古籍出版社，1997 年），賈子新書斠補序，頁 1b，總頁 986。）此皆盧校本多所刪削之失也。據閻振益、鍾夏《新書校注》統計，抱經堂校定本《新書》「任意刪削多達三十六處六百二十三字。此外尚有若干臆刪臆改而不出校語或校語模糊其辭的現象」。（閻振益、鍾夏：《新書校注》（北京：中華書局，2000 年），前言，頁 5。）

3 俞樾：《諸子平議》（臺北：世界書局，1991 年），卷二七，頁 318。

以後復加刪削。[4] 王念孫（1744–1832）亦嘗謂今本賈誼《新書》所以訛誤，部分乃「後人以誤本《漢書》改之耳」。[5] 陶鴻慶（1859–1918）亦謂「後人依《漢書》以改《賈子》，則上下文語意不貫。」[6]《漢書》廣為流傳，《新書》少人誦讀，《漢書》所載，固有勝處，惟若只據《漢書》以校改《新書》，實未能稱善。近人余嘉錫（1884–1959）《四庫提要辨證》云：

> 凡載於《漢書》者，乃從五十八篇之中擷其精華，宜其文如萬選青錢。後人於此數篇，童而習之，而《新書》則讀者甚寡。其書又傳寫脫誤，語句多不可解，令人厭觀。偶一涉獵，覺其皆不如見於《漢書》者之善，亦固其所。[7]

余嘉錫所言是也。世人多是《漢書》而非《新書》，此其主因。

《四庫全書總目》嘗謂賈誼《新書》「多取誼本傳所載之文，割裂其章段，顛倒其次序，而加以標題，殊瞀亂無條理」，[8] 然《漢書·賈誼傳》明言〈陳政事疏〉乃掇賈誼書五十八篇之文，故余嘉錫謂「試取《漢書》與《新書》對照，其間斧鑿之痕，有顯然可見者」。[9] 指出《漢書》〈陳政事疏〉實有經過剪裁拼合之痕迹。可見余嘉錫並不完全認同《四庫全書總目》之說，然余說引起後世學者如黃雲眉（1898–1977）、[10] 陳煒良等非議。其中陳煒良〈賈誼新書探源〉反駁余嘉錫甚詳，論點其實與《四庫全書總目》相近，皆謂《新書》乃由《漢

4　案：《新書校注》評王耕心《賈子次詁》云：「王耕心校本除沿襲盧氏所刪之外，復刪六處一百九十字。」（《新書校注》，前言，頁 6。）

5　王念孫：《讀書雜志》（上海：上海古籍出版社，2015 年），漢書弟九，頁 764。

6　陶鴻慶：《讀諸子劄記》（臺北：藝文印書館，1971 年），卷十，頁 307。

7　余嘉錫：《四庫提要辨證》（北京：中華書局，1980 年），卷十，頁 542。

8　永瑢等：《四庫全書總目》（北京：中華書局，1965 年），卷九一，頁 771。

9　《四庫提要辨證》，卷十，頁 544。

10　黃雲眉《古今偽書考補證》云：「余氏駁《提要》割裂章段之說，未是。《新書》割裂之跡顯然，何得援古書分章段之例擬之？」（黃雲眉《古今偽書考補證》（濟南：齊魯書社，1980 年），頁 263。）可見黃氏反對余嘉錫所言，仍謂賈誼《新書》乃《漢書》割裂而來。

書》誼疏中割裂而成。[11] 陳氏並附上兩表，分別為「新書與他書互見表」、「漢書與新書互見表」，惟二表只條列出互見之書名、篇名，未有細意逐句對勘。

　　近世以來，有關西漢文獻之詞彙研究漸豐，就賈誼《新書》而言，有胡春生〈賈誼《新書》反義詞及《漢語大詞典》相關條目研究〉、姚艷穎〈《新書》複音詞研究〉、余莉〈《新書》詞彙研究〉等。[12] 然而，此等研究鮮有全面探究《新書》詞彙之整論性，更枉論以此討論《新書》之真偽。本文所論《新書》詞彙，以《新書詞彙資料彙編》所載為基礎。此中論及其收錄及整理《新書》詞彙之過程和原則，其云：

　　　　本書在漢達文庫數據庫的基礎上，甄別適當材料，設計中國古代雙音節及多音節詞彙資料庫自動編纂程式系統，從而分析語言材料，統計詞頻，檢出各類詞頻計量清單，對文獻進行縱向和橫向的比較。透過電腦程式的計算與分析，並參考大型詞典、專書詞典所收錄的詞彙，重新建構「完整詞單」，收錄合共 350,343 個二至四音節詞彙，然後將此批詞彙全數「注入」漢達文庫先秦兩漢一切傳世文獻的文檔中，核算數據。通過上述檢索過程，檢得《新書》雙音節或多音節詞彙 6,397 個，總詞頻量為 14,097。在這原始資料之上，我們再逐一判斷各個詞彙組合是否成功構詞，抑或只是不成意義的偶合。最後得出《新書》詞彙 4,545 個，總詞頻量為 9,761。[13]

11　陳煒良：〈賈誼新書探源〉，載江潤勳、陳煒良、陳炳良：《賈誼研究》（香港：求精印務公司，1958 年），頁 4。

12　詳參何志華、朱國藩（編著）：《新書詞彙資料彙編》（香港：香港中文大學出版社，2013 年），序，頁 279。又，上舉三文，詳見胡春生：〈賈誼《新書》反義詞及《漢語大詞典》相關條目研究〉（湘潭：湘潭大學碩士論文，2006 年）；姚艷穎：〈《新書》複音詞研究〉（西安：陝西師範大學碩士論文，2007 年）；余莉：〈《新書》詞彙研究〉（武漢：華中科技大學碩士論文，2008 年）。此外，尚有陳霄英：〈賈誼《新書》動詞研究〉（北京：中國人民大學碩士論文，2007 年）；黎路遐：〈《新書》虛詞研究〉（合肥：安徽大學碩士論文，2006 年）；于員玉：〈《新書》副詞研究〉（上海：華東師範大學碩士論文，2007 年）；陳慧娟：〈《新書》同義詞研究〉（山東師範大學，2012 年）等。

13　《新書詞彙資料彙編》，頁 280。

本文所據賈誼《新書》詞彙，即本《新書詞彙資料彙編》。至於在詞彙
4,545 個之中，部分頻次較多，當為《新書》常用詞彙。茲篇之撰，以詞彙學
之角度，利用排比對讀互見文獻之法，重新考察賈誼《新書》之真偽，望能
補苴舊說，從較為科學之角度進行辨偽。

一、賈誼《新書》常用詞彙

賈誼《新書》常用詞彙，如按照《新書詞彙資料彙編》統計，自以一般
先秦兩漢典籍所常見者為主，據「《新書》與先秦兩漢古籍詞頻對照表」所
示，《新書》首五位常用詞彙分別是：[14]

	詞彙	《新書》詞頻	其他先秦兩漢典籍詞頻
1	天下	213	10476
2	謂之	125	5070
3	諸侯	120	5649
4	天子	107	4249
5	陛下	99	1344

據上表，此五者為《新書》最常用之詞彙，然非《新書》獨用。觀其見
於其他先秦兩漢典籍出現之頻次，則亦他書習見詞彙。至於《新書》詞頻高
於其他先秦兩漢典籍者，則最為重要，乃係《新書》用詞特色。《新書詞彙資
料彙編》載有「《新書》詞頻高於先秦兩漢典籍詞頻總和表」，剔除人名、地
名等，賈誼《新書》較為常用之於詞彙如下：

---

14 《新書詞彙資料彙編》，頁 326。

	詞彙	《新書》詞頻	他書詞頻
1	七福	4	3
2	五餌	4	1
3	六行	10	5
4	北房	2	1
5	召幸	3	1
6	先醒	5	1
7	地制	4	1
8	奸人	5	1
9	曲縣	2	1
10	尾大不掉	2	1
11	卑號	2	1
12	倒縣	5	3
13	接遇	2	1
14	陳紀	2	1
15	痛惜	2	1
16	絕尤	2	1
17	頓顙	2	1
18	緣道	3	2
19	輸將	5	1
20	選吏	2	1
21	競高	2	1
22	黥罪	7	4

以上詞彙，屬《新書》使用頻次較諸其他先秦兩漢典籍為多者。其中部分詞彙頗具特色，舉例如下：

1. 七福

七福所指為朝廷控制鑄錢後所產生之七件福事。「七福」二字《新書》出

現四次，其他先秦兩漢典籍僅見《漢書・食貨志下》出現三次。兩段文字可以排比對讀如下：

《新書・銅布》　　今博禍可除，七福可致　。何謂七福？
　　　　　　　　　上收銅勿令布下，[15]

《漢書・食貨志下》今博禍可除，而七福可致也。何謂七福？
　　　　　　　　　上收銅勿令布　，

《新書・銅布》　　以與匈奴逐爭其民，則敵必懷　矣，此謂之七福。

《漢書・食貨志下》以與匈奴逐爭其民，則敵必懷，七矣。

《新書・銅布》　　故善為天下者，因禍而為福，轉敗而為功。
　　　　　　　　　今顧退七福而行博禍，[16]

《漢書・食貨志下》故善為天下者，因禍而為福，轉敗而為功。
　　　　　　　　　今久退七福而行博禍，

　　細意考之，《漢書・食貨志》所言「七福」者與《新書》完全相同，是其貌似二源其實並出一轍。又，《新書》載有「七福」四次，皆出〈銅布〉。盧文弨云：「此下潭本有一『七』字。案下云『此謂之七福』句，相比近，則『七』字可省。」[17] 可知《新書》潭本有「七」字，《漢書・食貨志下》存其舊貌。總之，「七福」二字雖然出現七次，然而《漢書》所載三次根本與《新書》來源相同，故「七福」二字其實亦賈誼所獨創。

2. 五餌

　　原為賈誼提出的懷柔、軟化匈奴的五種措施，後泛指籠絡外族的種種策

15　《新書校注》，卷三，頁 111。
16　《新書校注》，卷三，頁 111。
17　《新書》（抱經堂校定本），卷三，頁 8b。

略。賈誼《新書‧匈奴》載「五餌」四次。其所謂「五餌」者,《新書‧匈奴》云:「故牽其耳,牽其目,牽其口,牽其腹,四者已牽,又引其心,安得不來,下胡抑抎也,此謂五餌。」[18]賈誼指出對待匈奴人的政策,應該是要調動起他們的聞聽慾、觀看慾、飲食慾,以及對物質的佔有慾,四種欲慾調動起來以後,再吸引匈奴人不安貧困之心,如此便可使其人趨來依附。除賈誼《新書》外,《漢書‧賈誼傳》「贊曰」有「五餌」一次,其文如下:

> 及欲改定制度,以漢為土德,色上黃,數用五,及欲試屬國,施五餌三表以係單于,其術固以疏矣。[19]

班固於此用「五餌三表」以概括賈誼的匈奴政策,可見《新書‧匈奴》此文雖未全載於《漢書‧賈誼傳》之中,然此「五餌」云云,蓋為賈誼所獨創之詞彙。

3. 六行

據賈誼《新書‧六術》、〈道德說〉兩篇,知所謂「六行」指仁、義、禮、智、聖、樂。在兩篇裏,賈誼將「五行」和「六行」分成了兩個境界。「人有仁、義、禮、智、聖之行」,此五行皆有,方有第六行:「行和則樂與」。「五行」與「六行」有著境界上的差別:五行和為人道,六行和為天道。人道與天道有著顯著之差別。此乃賈誼道德觀體系較為特別的觀點。[20]先秦兩漢尚有其他典籍載有「六行」,然其意義內涵卻與《新書》所載相去甚遠。例如:

> 《周禮‧地官‧大司徒》:「二曰六行,孝、友、睦、婣、任、恤。」
> 《管子‧幼官》:「六行時節,君服黑色,味鹹味,聽徵聲,治陰氣,

---

18 《新書校注》,卷四,頁137。

19 班固:《漢書》(北京:中華書局,1962年),卷四八,頁2265。

20 詳參拙作〈賈誼用六思想之淵源——兼論《六術》《道德說》之成篇年代〉,載諸子學刊編委會:《諸子學刊》第14輯(2017年8月),頁161-183。

用六數，飲於黑后之井，以鱗獸之火爨。」〈兵法〉：「定一至，行二要，縱三權，施五教，發四機，設六行，論七數，守八應，審九章，章十號。」

《中論·治學》：「教以六行，曰孝、友、睦、姻、任、恤。」

以上三書皆載有「六行」，但所指與《新書》有所不同。《周禮》與《中論》所言相同，皆以「六行」為「孝、友、睦、姻、任、恤」，《管子》之「六行」所指為水氣運行，尹知章注：「水成數六。水氣行，君則順時節而布政也。」[21] 準此而論，賈誼所倡「六行」與《周禮》、《管子》皆不同，細究其說，賈誼《新書·道德說》整篇的架構與帛書〈五行〉頗為相類。帛書〈五行〉分為「經」、「說」兩部份，《新書·道德說》的結構形式特別，全文分為兩大部分，首部分主要解釋德之六理、六美，以及德之六理、六美如何體現在六藝之中。次部分花了大段篇幅以解說「六理」、「六美」；最後詳細闡析六藝與祭祀之內容，以解說前文所述六藝。簡言之，首部分類於「經」，次部分類於「說」，與帛書〈五行〉結構相類。賈誼《新書·六術》、〈道德說〉當撰成於其任長沙王太傅期間。就二篇與簡帛〈五行〉、郭店竹簡〈六德〉的關係，可見賈誼撰文之時曾受與〈五行〉和〈六德〉相類近的思想所影響。陳振孫《直齋書錄解題》嘗謂賈誼《新書》不見於《漢書·賈誼傳》的部分乃「淺駁不足觀」，[22] 今觀此「六行」之說，系統完整，自成一說，未可深非。

4. 先醒

先醒便是先覺之意，賈誼《新書》有一篇題為「先醒」，故《新書》所見五次「先醒」，俱出此篇之中。至於先秦兩漢典籍另一次出現「先醒」，乃在《韓詩外傳》卷六，然而細考此文，可知其所本亦來自《新書·先醒》。二書之對讀排列如下：

21　宋翔鳳：《管子校注》（北京：中華書局，2004 年），卷三，頁 157。
22　陳振孫：《直齋書錄解題》（上海：上海古籍出版社，1987 年），卷九，頁 270。

《新書》　　懷王問於賈君曰：「人之謂知道者為先生，何也？」
《韓詩外傳》　　問　者　曰：「古之謂知道者曰先生，何也？」

《新書》　　賈君對曰：「此博號也，大者在人主，中者在卿大夫，下者在布
　　　　　　衣之士。乃其正名，非為先生也，
《韓詩外傳》

《新書》　　　為　先醒也。彼世主不學道理　　　，則嘿然惜於得失，
《韓詩外傳》「猶言先醒也。　　　不聞道術之人，則　　冥於得失。

《新書》　　不知治亂存亡之所由，忳忳然　猶醉也。
《韓詩外傳》　不知　亂　之所由，眊眊乎其猶醉也。

《新書》　　而賢主者學問不倦，好道不厭，惠然獨先迺學道理矣。故未治
　　　　　　也知所以治，未亂也知所以亂，未安也知所以安，未危也知所
　　　　　　以危，故昭然先寤乎所以存亡矣。故曰先醒，辟猶俱醉而獨先
　　　　　　發也。
《韓詩外傳》

《新書》　　故世主有先醒者，有後醒者，有不醒者。[23]
《韓詩外傳》　故世主有先生者，有後生者，有不生者。

　　「先醒」即是率先覺悟之意，《新書・先醒》選取歷史上先覺醒（楚莊
王）、後覺醒（宋昭公）和不覺醒（　君）的君主事迹，藉以說明覺悟先後對
國家興亡的重要性。以上為篇中提綱挈領的首段，《新書》始於懷王與賈君之
對話，顯而易見，懷王即梁懷王，賈君即賈誼，此篇乃出於賈誼為梁懷王太

23　《新書校注》，卷七，頁 261。

傅之任上。[24] 何孟春云：「《漢書》誼為梁懷王太傅。懷王，文帝少子，愛而好書。故令誼傅之。此篇乃誼自記其荅問之辭。今載《韓詩外傳》。然《韓詩外傳》不云為誼告王言也。不知何謂此與《外傳》所載者，特詳略小異耳。」[25] 據何氏之言「今載」，是《韓詩外傳》此文乃本賈誼《新書·先醒》，其說有理。就以上比對所見，《新書》乃懷王與賈君之對話關係，《韓詩外傳》則無之，「問者」二字顯係省卻《新書》「懷王問於賈君」六字而來。此下文字兩相比較，亦可見《新書》所載較為詳審，較諸《韓詩外傳》而言更為完整。上舉《韓詩外傳》「不知亂之所由」句，其「亂」字明顯為《新書》「治亂存亡」之約取，《韓詩外傳》的斧鑿痕跡大抵明確。

5. 倒縣

倒縣（或作「倒懸」）比喻處境非常困苦危急。賈誼《新書》有〈解縣〉之篇，篇中主要分析匈奴對於漢室的威脅，以為當時中國形勢如同人之倒懸，急需解脫。篇中出現五次「倒縣」，賈誼開宗明義云：「天下之勢方倒縣，竊願陛下省之也。」[26] 指出當時天下形勢就像是倒吊著的人，賈誼希望漢帝能夠察覺此狀況。至於《漢書·賈誼傳》三次出現「倒縣」之文，其實皆本諸《新書》本篇。今排比對讀如下：

24　盧文弨云：「篇中有『懷王問於賈君』之語，誼豈以『賈君』自稱也哉！」「吾故曰是習於賈生者萃而為之，其去賈生之世不大相遠絕可知也。」（盧文弨：〈書校本《賈誼新書》後〉，載王文錦（點校）：《抱經堂文集》（北京：中華書局，1990 年），頁 141。）盧氏以為《新書·先醒》出於賈誼後學之手，故篇中題有「賈君」字；然此後學時代亦不會與賈誼之生活時代相距太遠。《賈誼集校注》云：「賈誼於文帝七年（公元前 173 年）任梁懷王太傅，於文帝十二年（公元前 168 年）卒於梁地，故知本篇應作為這段時間。文中個別詞句可能經過後人整理，改動。」（吳云、李春台：《賈誼集校注（增訂版）》（天津：天津古籍出版社，2010 年），頁 211。）此說以為〈先醒〉內容出賈誼任梁王太傅之時，部分文字或經後學修訂，持論最為通達，有理可信。

25　賈誼（撰）、何孟春（注）：《賈太傅新書》（長沙：岳麓書社據南京圖書館藏何孟春訂注《賈太傅新書》影印，2010 年），卷七，頁 3b。

26　《新書校注》，卷三，頁 127。

《新書》 天下之勢方倒縣，竊願陛下省之也。凡天子者，天下之首也。
　　　　 何也？上也。

《漢書》 天下之勢方倒縣。　　　　　　　　凡天子者，天下之首　，
　　　　 何也？上也。

《新書》 蠻夷者，天下之足也。何也？下也。
《漢書》 蠻夷者，天下之足　，何也？下也。

《新書》 　　蠻夷徵令，是主上之操也；天子共貢，是臣下之禮也。
　　　　 足反居上，首顧居下，

《漢書》 ◀ 夷狄徵令，是主上之操也；天子共貢，是臣下之禮也。
　　　　 足反居上，首顧居下，[27]

《新書》 是倒縣之勢也。天下倒縣　　　，莫之能解，猶為國有人乎？
　　　　 非特倒縣而已也，

《漢書》 　　　　　　　　　　　倒縣如此，莫之能解，猶為國有人乎？
　　　　 非亶倒縣而已　，

《新書》 又慮壁，且病痱。夫壁者一面病，痱者一方痛。今西為上流，
　　　　 東為下流，

《漢書》 又類辟，且病痱。夫辟者一面病，痱者一方痛。

《新書》 故隴西為上，東海為下，則北境一倒也，　西郡北　郡，
　　　　 雖有長爵不輕得復，

《漢書》 　　　　　　　　　　　　　　　　今西邊北邊之郡，
　　　　 雖有長爵不輕得復，

27　案：對讀文字中有「◀」符號者，代表該段文字並不接續同書上文。

《新書》 五尺以上不輕得息，苦甚矣！中地左戍，延行數千里，
　　　　糧食餽饟至難也。

《漢書》 五尺以上不輕得息，

《新書》 斥候者望烽燧而不敢臥，將吏戍者或介胄而睡，
　　　　而匈奴欺侮侵掠，未知息時。

《漢書》 斥候　望烽燧　不得臥，將吏被　　介胄而睡，

《新書》 於焉信威廣德難。臣故曰：一方病矣。醫能治之，而上弗肯使也，

《漢書》　　　　　　　　臣故曰　一方病矣。醫能治之，而上不　使　，

《新書》 天下倒縣甚苦矣，竊為陛下惜之。

《漢書》

　　通過以上對讀，顯而易見，《漢書·賈誼傳》所載文字較為簡約。《漢書·賈誼傳》之「倒縣」，亦皆見諸《新書》。《漢書·賈誼傳》蓋本《新書·倒縣》而來。《新書》有「今西為上流，東為下流，故隴西為上，東海為下，則北境－‧倒也」句，盧文弨云：「『今』字下建、潭本有『西為上流，東為下流，故隴西為上，東海為下，則北境一倒也』二十三字，係妄竄當刪。《漢書》作『今西邊北邊之郡』。」[28] 盧氏校定《新書》，功亦大矣，然其書多有據《漢書》而校改《新書》者，[29] 俞樾譏之為「是讀《漢書》，非治《賈子》也」。[30]

28　《新書》（抱經堂校定本），卷三，頁 14b。
29　案：劉師培云：「盧校雖宗建、潭二本，然恒取資他本，以己意相損益。誼若罕通，則指為衍羨之文，由是有誤增之失，有誤刪之失，又有當易而不易，當衍而不衍之失。」（劉師培：《賈子新書斠補》，載《劉申叔遺書》，賈子新書斠補序，頁 1b，總頁 986。）此皆盧校本多所刪削之失也。據閻振益、鍾夏《新書校注》統計，抱經堂校定本《新書》「任意刪削多達三十六處六百二十三字。此外尚有若干臆刪臆改而不出校語或校語模糊其辭的現象」。（《新書校注》，前言，頁 5。）
30　《諸子平議》，卷二七，頁 318。

盧文弨校改《新書》，倘遇文理不通，盡以《漢書》所載為準，故俞樾所譏
甚是。考此本文，當時漢朝與匈奴接壤之地正是隴西、北地、上郡、雲中、
上谷、雁門、右北平等郡，故云「隴西為上，東海為下」，意謂北方匈奴較
漢室更強大，北方的形勢便如倒縣，句意合理無誤。

「倒縣」亦作「倒懸」，此詞並非賈誼首創。孟子嘗用「倒懸」，孟子謂
齊王只要能行仁政，生活在暴政下的百姓定必非常高興，就好像被人倒掛著
而給解救了一樣。《孟子・公孫丑上》云：「當今之時，萬乘之國行仁政，民
之悅之，猶解倒懸也，故事半古之人，功必倍之，惟此時為然。」[31] 孟子以為
要行仁政當在此時。劉殿爵翻譯「解倒懸」為「released from hanging by the
heels」，[32] 賈誼《新書・解縣》五用「解縣」一詞，與《孟子》取意相同。《孟子》
成書年代雖然未明，大抵乃出於孟子及其弟子共同編定，故距離孟子離世應
當未遠，[33] 則《孟子》當成書於戰國時代。考今所見漢前典籍用「倒縣」（或「倒
懸」）者，唯有《孟子》而已，蓋為賈誼行文所本。

就以上所舉諸例所見，皆為賈誼《新書》全書所用詞詞頻高於其他先秦
兩漢典籍者，乃係《新書》用詞特色。此中數例如「七福」、「五餌」、「解縣」
等，其實亦見《漢書》各篇，如取二書互見文字逐字逐句排比對讀，可見當
為《漢書》取用《新書》，然則《新書》所載詞彙乃為《漢書》所本，實屬
前漢之文。至於「六行」、「先醒」一類詞彙，不互見於《漢書》，似乎《新
書》相關篇章便是真偽存疑，實不必然。「六行」一詞，牽涉賈誼以六為論的
哲學思想，雖不見載於其他典籍，仍無載其屬西漢時期思想，觀乎簡帛〈五
行〉、郭店竹簡〈六德〉即可知。「先醒」雖未見於《漢書》，但互見於《韓
詩外傳》。《韓詩外傳》的作者是韓嬰，據《史記》、《漢書》所載，韓嬰乃漢

---

31 《孟子注疏》，載《十三經注疏（整理本）》（北京：北京大學出版社，2000 年），卷
　　三上，頁 84。

32 D. C. Lau (Trans.), *Mencius*. Hong Kong: The Chinese University Press, 1984, p.53.

33 董洪利援引《孟子》成書之三種說法，一為孟子及其弟子共同編定，二為孟子自撰，
　　三為孟子弟子根據孟子生前言論綴輯而成，最後以為第一種的說法最為正確。（詳參
　　董洪利：《孟子研究》（南京：江蘇古籍出版社，1997 年），頁 151-154。）

文帝時博士，於武帝時嘗與董仲舒辯論。大抵《韓詩外傳》亦屬西漢作品，蓋較賈誼略遲。且細加比較，亦可見《新書・先醒》所載較《韓詩外傳》詳審，當為《韓詩外傳》約取文辭所致。準此所論，即使未互見《漢書》者，《新書》亦有許多足觀之處。

二、賈誼《新書》獨用詞彙

本文另一考察對象，乃是賈誼《新書》所獨用之詞彙，即僅見《新書》之罕用詞。不過，如果只錄詞彙極為罕用，只有一次，其代表意義也少不免發人深思。《新書》專用詞彙，如包括只出現一次者，共 343 個。具體統計數字如下：

	出現次數	詞彙數量
1	1 次	306 個
2	2 次	30 個
3	3 次	3 個
4	4 次	2 個
5	8 次	1 個
6	16 次	1 個

準上所見，只出現一次的詞彙共 306 個，本文暫且不論，而只討論最少出現兩次或以上的《新書》獨用詞彙。相關詞彙可具見如下：

	詞彙	《新書》詞頻
1	大怫	2
2	中央之弧	2

（續上表）

3	內度	2
4	主主	2
5	希心	2
6	希旴	2
7	典方	2
8	官駕	2
9	物形	2
10	宥謐	2
11	帝義	2
12	容志	2
13	悇憛	2
14	善佐	2
15	順附	2
16	廉醜	2
17	愭渠	2
18	經坐	2
19	過敗	2
20	暯暯	2
21	皜皜	2
22	賢正	2
23	澤燕	2
24	縣愆	2
25	膭炙	2
26	蹐逆	2
27	彌道	2
28	簡泄	2
29	薰服	2
30	孽妾	2
31	伋伋	3

（續上表）

32	經立	3
33	縣網	3
34	奉地	4
35	微磬	4
36	六法	8
37	六理	16

今舉例分析如下：

1. 六法

「六法」即陰陽、天地、人三者把道、德、性、神、明、命等六理存之於內而次序分明。賈誼《新書‧六術》云：「是以陰陽、天地、人盡以六理為內度，內度成業，故謂之六法。六法藏內，變流而外遂，外遂六術，故謂之六行。［……］陰陽、天地之動也，不失六律，故能合六法；人謹修六行，則亦可以合六法矣。［……］是故內法六法，外體六行，以與《書》《詩》《易》《春秋》《禮》《樂》六者之術以為大義，謂之六藝。［……］六行不正，反合六法。藝之所以六者，法六法而體六行故也，故曰六則備矣。［……］六律和五聲之調，以發陰陽、天地、人之清聲，而內合六法之道。」[34] 誠如前文所論，以六為論乃賈誼哲學思想體系之一隅，一般以為出於賈誼任長沙王太傅之任上。此等思想與出土文獻關係密切。又據《史記》、《漢書》本傳所載，賈誼在文帝即位之初提出「色尚黃，數用五」之改革，可是文帝「謙讓未遑」，[35] 未有立刻施行。至文帝十四年（前 166），魯人公孫臣「上書陳終始傳五德事，言方今土德時，土德應黃龍見，當改正朔服色制度」。[36] 然而，當時任丞相的北平侯張蒼以為漢乃水德，以為公孫臣所言非是，請罷之。是知「色尚黃，數用五」至文帝十四年仍未採用。翌年，「黃龍見成紀，天子乃復召魯公孫臣，

---

34 《新書校注》，卷八，頁 316-317。
35 《史記》，卷八四，頁 2492。
36 《史記》，卷十，頁 429。

以為博士，申明土德事」，[37] 土德尚黃用五至此方見受重用。大抵賈誼提出「色尚黃，數用五」之時，文帝未有採用，退至長沙，復思用六之可行性，賈誼主張「六行」為「仁」、「義」、「禮」、「智」、「聖」、「樂」，惟六者之關係並不平衡，必待「五行」和而後得「樂」，故其「六行」之關係乃為五加一，而非六者地位均等。[38] 賈誼貶謫長沙以後，定必反復思量，修訂當日上疏文帝的部分建議，「數用五」既然不被採納，〈六術〉、〈道德說〉的「用六」正是折衷於故秦「數用六」與前說「數用五」的結果。誠如前文所論，賈誼「用六」之說並非單純以六為尚，其所謂「六」者每每是「五」加「一」的結果，如五行和則「樂」，仁、義、禮、智、聖、樂則謂之「六行」；又《書》《詩》《易》《春秋》《禮》五者俱備，與「德」相符，而《樂》則由此而生。龐樸以為賈誼「六行」之說「明顯地帶有湊數的痕跡」，[39] 所言值得深思。據上文考證，可知賈誼「用六」之說代表了學術的發展，留下了時代的痕跡；賈誼的「六行」說正是「五行」和「六行」兩種說法的折衷。[40]

除「六法」外，「六理」一詞在賈誼《新書》出現 16 次，所指為道、德、性、神、明、命等六理，盡在《新書·六術》之中。王力〈理想的字典〉云：「中國字典對於時代性，雖沒有明顯的表示，似乎也不無線索可尋。《康熙字典》的舉例，大概是以『始見』的書為標準的。現代的字典，也大致依照《康熙字典》的規矩。因此，如果某一個字義始見於《詩經》，可見它是先秦就有的；如果某一個字義始見於宋人的詩文，可見它是靠近宋代才有的。如果完全不舉例，就多半是新興的意義。」[41] 可見字典、詞典的書證出處，大抵即是典源。相宇劍云：「《漢語大詞典》是我國目前最權威的漢語工具書之一，但筆者在使用過程中發現，雖然在詞義溯源方面作了很大努力，但其書證晚

---

37 《史記》，卷十，頁 430。
38 潘銘基：〈論賈誼「用六」思想之淵源〉，載《諸子學刊》（第十四輯），頁 177。
39 龐樸：《帛書五行篇研究》（濟南：齊魯書社，1980 年），頁 13。
40 潘銘基：〈論賈誼「用六」思想之淵源〉，載《諸子學刊》（第十四輯），頁 181-182。
41 王力：〈理想的字典〉，載《王力文集（第十九卷）》（濟南：山東教育出版社，1990年），頁 58。

出現象還是很多。」[42] 翻檢《漢語大詞典》,「六行」、「六法」、「六理」等賈誼所提出的理念,前二者俱嘗載之,後者則完全不載。考諸「六行」與「六法」,《漢語大詞典》之釋義亦與賈誼所論毫無關係,如釋「六行」時,援引《周禮‧地官‧大司徒》之「孝、友、睦、婣、任、恤」,以及《管子‧幼官》「六行時節」句尹知章注「水成數六」云云為說,並無收錄賈誼仁、義、禮、智、聖、樂之釋義。[43] 至於「六法」,《漢語大詞典》亦只錄有北齊劉晝《新論‧適才》之「規、矩、權、衡、準、繩」,以及南朝謝赫《古畫品錄》謂繪畫有六法等,亦不及賈誼之論六法。[44]「六理」一詞,《漢語大詞典》並無收錄。其實,細考賈誼用六之詞彙,自成一體,可供解釋漢代文化、五德終始說等使用,後世詞書如能以《新書》所載為據新增義項或典源,方始為功。

2. 微磬

「微磬」即上身稍稍彎曲,以示恭敬之意。[45] 磬乃古代打擊樂器,形如曲尺,故以形喻鞠躬時的身體。[46]「微磬」一詞見於《新書‧容經》5 次,[47] 而其他先秦兩漢典籍沒有此詞用例,故為賈誼所專用。《漢語大詞典》有收錄「微磬」一詞,其所舉書證亦為《新書‧容經》之文,可見此例為最早書證。《新書‧容經》云:「行以微磬之容,臂不搖掉,[⋯⋯] 趨以微磬之容,飄然翼然,[⋯⋯] 旋以微磬之容,其始動也,穆如驚倏,[⋯⋯] 跪以微磬之容,揄右而下,進左而起。」[48] 考《新書‧容經》前半部分敍述在各種場合待人接物應掌

42　相宇劍:〈《漢語大詞典》書證溯源拾遺〉,載《景德鎮高專學報》第 24 卷第 3 期(2009 年 9 月),頁 68。

43　羅竹風(主編):《漢語大詞典》(上海:漢語大詞典出版社,1990 年),頁 1774。

44　《漢語大詞典》,頁 1779。

45　參《新書詞彙資料彙編》,頁 347。

46　參李爾鋼:《新書全譯》(貴陽:貴州人民出版社,1998 年),頁 269。

47　案:《新書詞彙資料彙編》錄為 4 次,然《新書‧容經》尚有「體不搖肘曰經立,因以微磬曰共立,因以磬折曰肅立,因以垂佩曰卑立」句,其中「微」字原脫,《新書校注》云:「茲據程本補。」(卷六,頁 234。)《新書校注》所補是也,故《新書》載錄「微磬」一詞實為 5 次。盧文弨云:「建、潭本脫『微』字,別本有。」(《新書》(抱經堂校定本),卷六,頁 5b。)盧氏以別本據補,盧說是也。

48　《新書》,卷六,頁 227。

握的儀容規則，下半部分則有與《大戴禮記・保傅》互見之文。以上「微磬」一詞，見於《新書・容經》上半部分。《新書》保留「微磬」之用例，吉光片羽，彌足珍貴。《賈誼集校注》云：「從文字上看來，本文前後的體例並不一致，特別是前半篇中，賦的味道甚濃，這在《新書》中是少見的。篇中有幾處脫文，有些詞語也較費解，可能是在傳鈔過程中出現的訛誤。」[49] 此說通達有理。賈誼《新書》不必由賈誼親撰，宜乎由其後學輯定。然而，篇中內容不屬後人偽撰，黃雲眉《古今偽書考補證》云：「《漢志》著錄之《鶡子》，當為戰國時所依託，而今本《鶡子》，如《四庫提要》所言，唐以來依仿賈誼所引，撰為贋本，則毋寧謂今本《鶡子》，與今本《新書》，皆唐以來人所依託，而其有心相避，或者竟出於一手，亦未可知也。」[50] 黃氏以為《新書》乃「唐以來人所依託」，實屬推論太過，所言未是。

　　賈誼《新書》「微磬」一詞，對後世禮書解釋亦有影響。洪頤煊《讀書叢錄》卷十五「掉磬」條云：「〈容經篇〉『行以微磬之容，臂不掉』。頤煊案：《禮記・內則》鄭注：『雖有勤勞，不敢掉磬。』義即本此。《釋文》引《隱義》云：『齊人以相絞訐為掉磬。』崔云：『北海人謂相激事為掉磬。』非也。」[51] 鄭玄東漢末年人，洪頤煊以為鄭氏注《禮記・內則》之文有本諸《新書・容經》「行以微磬之容，臂不掉」，洪說是也。準此，〈容經〉此文雖不互見於《漢書》，仍有可足採處。

3. 廉醜

　　「廉醜」即廉恥之意，在先秦兩漢典籍中唯有《新書・俗激》出現 2 次。《新書・俗激》云：「夫邪俗日長，民相然席於無廉醜，[……] 今世以侈靡相競，而上無制度，棄禮義，捐廉醜，日甚，可為月異而歲不同矣。」[52] 此處牽

49　《賈誼集校注（增訂版）》，頁 191。
50　《古今偽書考補證》，頁 119。案：鍾肇鵬以為黃雲眉此說「未免懷疑過甚」。（鍾肇鵬：《鶡子校理》（北京：中華書局，2010 年），附錄，頁 111。）鍾說是也。
51　洪頤煊：《讀書叢錄》（清道光二年富文齋刻本），卷十五，頁 17a-b。
52　《新書校注》，卷三，頁 91。

涉兩段文字，其中後半段有與《漢書·賈誼傳》和〈禮樂志〉互見，今可對讀如下：

《新書·俗激》　　今世以侈靡相競，而上無制度，棄禮義，捐廉醜，日甚，
《漢書·賈誼傳》　　今世以侈靡相競，而上亡制度，棄禮誼，捐廉恥，日甚，[53]
《漢書·禮樂志》　　漢承秦之敗俗，廢禮義，捐廉恥，[54]

「廉醜」典籍罕用，獨賈誼愛之，此處《漢書·賈誼傳》、〈禮樂志〉皆作「廉恥」，班固以為「廉醜」罕用，遂以「廉恥」易之。《漢語大詞典》載錄「廉醜」一詞，亦援引《新書·俗激》「棄禮義，捐廉醜」為書證，[55] 可知此詞實為賈誼所獨用。《新書校注》云：「醜，即恥，誼習用醜為恥。」[56] 在《新書·階級》，有「故化成俗定，則為人臣者，主醜亡身，國醜亡家，公醜忘私，利不苟就，害不苟去，唯義所在，主上之化也」句，並互見於《漢書·賈誼傳》，可對讀如下：

《新書·階級》　　故化成俗定，則為人臣者，主醜亡身，國醜亡家，
　　　　　　　　　公醜忘私。[57]
《漢書·賈誼傳》　　故化成俗定，則為人臣者　主耳忘身，國耳忘家，
　　　　　　　　　公耳忘私。[58]

以上可見《新書·階級》作「醜」，《漢書·賈誼傳》作「耳」，王先謙《漢

53　《漢書》，卷四八，頁 2244。
54　《漢書》，卷二二，頁 1030。
55　《漢語大詞典》，頁 4666。
56　《新書校注》，卷三，頁 93。
57　《新書校注》，卷二，頁 82。
58　《漢書》，卷四八，頁 2257。

書補注》云：「建本《新書》『耳』皆作『醜』，醜亦恥也。諸本皆作『爾』。」[59]
王先謙先引賈誼《新書》作「醜」，「醜」義為恥；及其所見《新書》有作「耳」
及「爾」者。劉師培《賈子新子斠補》以為《漢書》作「耳」者乃「恥」字
殘闕「心」旁所致，「恥」、「醜」同義，則賈誼《新書》作「醜」是也。[60] 後
人每有據誤本《漢書》校改《新書》，此亦其例。程榮《漢魏叢書》本《新
書》即作「主尔亡身，國尔忘家，公尔忘私」、[61]《兩京遺編》本亦作「王尔亡
身，國尔亡家，公尔亡私」。[62] 其作「尔」者乃「耳」之訛。劉師培所論比王
先謙深邃，其言甚是。然則後人據誤本《漢書》校改《新書》，亦不一而足。
今本《新書》作「醜」，[63]「醜」與「恥」義同，則可證《漢書》當作「恥」，
今作「耳」者誤矣。

　　至於「廉醜」之用詞，尚有一例。賈誼《新書‧時變》「然不知反廉耻之
節、仁義之厚」句，亦互見於《漢書‧賈誼傳》，可排比對讀如下：

《新書‧時變》　　　然不知反廉耻之節、仁義之厚。[64]
《漢書‧賈誼傳》　　終不知反廉愧之節，仁義之厚。[65]

　　可見以上《新書‧時變》「廉耻」二字，《漢書‧賈誼傳》作「廉愧」。
王念孫《讀書雜志》云：

　　　　古無以「廉愧」二字連文者，「愧」當為「醜」，字之誤也。「廉醜」

59　王先謙：《漢書補注》（上海：上海古籍出版社，2008 年），卷四八，頁 3694。

60　《賈子新書斠補》，載《劉申叔遺書》，卷上，頁 6b。

61　賈誼：《新書》（臺北：新興書局《筆記小說大觀三編》據程榮《漢魏叢書》本影印，
　　1978 年），卷二，頁 9a，總頁 416。

62　賈誼：《新書》（臺北：臺灣商務印書館據上海涵芬樓 1937 年影明萬曆刻本《兩京遺
　　編》本影印，1969 年），卷二，頁 14a。

63　今賈誼《新書》四部叢刊本及抱經堂校定本俱作「醜」。

64　《新書校注》，卷三，頁 97。

65　《漢書》，卷四八，頁 2244。

即「廉恥」，語之轉耳，故《賈子・時變篇》作「廉恥」。又下文「棄禮誼捐廉恥，禮義廉恥，是謂四維」，《賈子・俗激篇》竝作「廉醜」。凡賈子書「恥」字多作「醜」，《逸周書》亦然。故知此「廉愧」為「廉醜」之誤。[66]

王念孫謂賈誼《新書》「恥」字多作「醜」，二字相通。《漢書》「廉愧」當作「廉醜」。由是觀之，此亦《新書》是而《漢書》非。又，以賈誼習用「廉醜」一詞，則〈時變〉之「廉恥」或亦本作「廉醜」，《漢書》襲之而誤為「廉愧」，《新書》則因讀之未明而逕改為「廉恥」。總之，「廉醜」為賈誼慣用語，即其未有互見於《漢書》者，亦可信為賈誼文字。

4. 主主

「主主」即君主克盡為君之德。在先秦兩漢典籍唯有《新書》嘗有 2 例，一見〈俗激〉，一見〈禮〉。《新書・俗激》云：「豈如今定經制，令主主臣臣，上下有差，父子六親各得其宜，奸人無所冀幸，群眾信上而不疑惑哉。」[67]〈禮〉云：「主主臣臣，禮之正也。」[68]《漢語大詞典》收錄「主主」一詞，亦援引《新書・俗激》所載為書證。[69] 賈誼《新書・俗激》之文，《漢書・賈誼傳》載之並改為「君君臣臣」。[70]「君君臣臣」與「主主臣臣」於義無別，然學者慣用「君君臣臣」，「主主臣臣」則罕為之用矣。考之一切傳世典籍，用「主主臣臣」入文者萬中無人，極為罕見。近人余嘉錫（1884-1959）《四庫提要辨證》云：

> 凡載於《漢書》者，乃從五十八篇之中擷其精華，宜其文如萬選青錢。後人於此數篇，童而習之，而《新書》則讀者甚寡。其書又傳寫脫

---

66 《讀書雜志》，漢書弟九，頁 759-760。
67 《新書校注》，卷三，頁 92。
68 《新書校注》，卷六，頁 214。
69 《漢書大詞典》，頁 696。
70 《漢書》，卷四八，頁 2247。

誤，語句多不可解，令人厭觀。偶一涉獵，覺其皆不如見於《漢書》者
之善，亦固其所。[71]

余嘉錫所言是也。世人多是《漢書》而非《新書》，此其主因。其實，「君
君」、「主主」意義相同，只是後人習《漢書》多，習《新書》少而已。《漢書》
用通用字改易罕用字，自為合理；倘以漢以後人據《漢書》而偽作《新書》，
以罕用字替代常用字，則是於理未合，亦不符合詞彙發展之規律。

覃勤〈先秦古籍字頻分析〉指出先秦古籍字頻統計結果顯示，使用一次
的字佔單字量的 24.87%。先秦古籍字頻總體呈現常用字高度集中、低頻字
數量大而使用率極低的態勢。[72] 在先秦時期，古籍篇幅較短，罕用字的數目較
多；到了兩漢，古籍篇幅漸多，罕用字的比例亦隨之下降。有些罕用字未能
流傳至今，少人使用，有些則與其他字組合成為現代漢語複音節詞。「主主」
的第一個「主」是名詞，第二個「主」是動詞，如此配合，後世罕有用例，
故賈誼《新書‧俗激》實在保留了重要的詞彙資料。

5. 希

「希旰」，盧文弨云：「喜悅皃。」[73] 知「希旰」乃喜悅之貌。賈誼《新書‧
匈奴》載有 2 例，先秦兩漢典籍亦僅《新書》載之。《新書‧匈奴》云：「一
國聞之者、見之者，希旰相告，人人伋伋唯恐其後來至也。」[74] 又云：「一國聞
者、見者，希旰而欲，人人伋伋惟恐其後來至也。」[75] 其意蓋指匈奴舉國聽到

71　《四庫提要辨證》，卷十，頁 542。
72　覃勤：〈先秦古籍字頻分析〉，載《語言研究》第 25 卷第 4 期（2005 年 12 月），頁
　　113。
73　《新書》（抱經堂校定本），卷四，頁 4b。
74　《新書校注》，卷四，頁 136。
75　《新書校注》，卷四，頁 137。

和看到相關情況後，便皆喜悅互告，人人皆爭先恐後地爭相投降漢室。《漢語大詞典》亦採錄「希盱」一詞，並以《新書‧匈奴》所載為書證。[76]「希盱」後世罕有用例，自為賈誼遺文，非出後世偽託。

三、結語

宋人朱熹云：「賈誼《新書》除了《漢書》中所載，餘亦難得粹者。看來只是賈誼一雜記藁耳，中間事事有些。」[77] 以為賈誼《新書》不過是賈誼的一堆雜記稿，其中只有載於《漢書》者為精粹。明人何孟春（1474-1536）〈賈太傅新書序〉云：「朱子嘗言誼學雜，而文字雄豪可喜，〈治安策〉有不成段落處，《新書》特是一雜記藁耳。誼蓋漢初儒者，不免戰國縱橫之習，其著述未嘗自擇，期以垂世。而天年蚤終，傳之所掇已未盡，然亂于他人者，何足為據？誼之才實『通達國體』，言語之妙，後儒良不易及。此論篤君子所以雖或病其本根，而終不能不取其枝葉也。」[78] 何氏承接朱熹所論，以為《新書》因賈誼早卒，未及修訂，故為雜記稿矣。今據上文討論，賈誼《新書》詞彙即使不在《漢書》互見者，仍然珍貴足採，誠如何氏所謂「後儒良不易及」也。《四庫全書總目》批評《新書》，以為「其書不全真，亦不全偽」，[79] 值得深思。

《新書》各篇文章當為賈誼作品，惟至賈生離世之時，尚未結集成書。其後學遂將遺文重新整理，因成《漢書‧藝文志》之「《賈誼》五十八篇」。[80] 今所見《新書》各篇文章，撰成年代不一，所闡發的思想亦呈現不同程度的差

76　《漢語大詞典》，頁 4102。
77　黎靖德 (編)：《朱子語類》（北京：中華書局，1994 年），卷一三五，頁 3226。
78　何孟春：〈賈太傅新書序〉，載《賈太傅新書》，目錄，頁 5b-6a。
79　《四庫全書總目》，卷九一，頁 771。
80　《漢書》，卷三十，頁 1726。

異。如果出自賈誼親定，當不至於枝蔓如此。然觀書中所載詞彙之豐富而多姿，且有不少獨用詞彙，則全書雖有未能盡善之處，仍不失為反映西漢語言之重要典籍。

出土
文獻學

北大藏秦簡《公子從軍》再探

朱鳳瀚

北京大學中國古代史研究中心

在北京大學藏秦簡中,《公子從軍》是一篇具文學作品性質的文獻[1],其形式是女主人公牽寫給其從軍的夫君「公子」的一封信。簡文雖有所殘缺,但其面貌仍大致可知。在傳世與出土的秦代文獻中,鮮有文學作品,所以這篇文獻值得珍視。前此,曾有小文作過初讀[2],但發表後經反復斟酌,並與同仁切磋,感到在簡序與文句釋讀上要修訂之處甚多,故在前文研究的基礎上,續作再探,以就正于方家。

一

《公子從軍》在北大秦簡中屬卷一,依整理時的編號有 23 枚簡(綴合後有 21 枚)。完整簡長 22.9~23.1 釐米,寬 0.7~0.9 釐米。兩道編繩。簡背未發現劃痕。

卷一這 23 枚簡,應是受到從上向下的擠壓,已從卷狀變成上下若干層的迭壓狀,從而使堆在上面的簡有字一面向下,堆在下面的部分則有字一面向上[3]。依照這種迭壓關係,參考「在復原過程中可根據最上一層與最下一層,

1   原簡無標題,「公子從軍」是筆者根據簡文内涵摘取簡中文句擬定的。
2   拙作:《北大藏秦簡〈公子從軍〉的編連與初讀》,武漢大學簡帛研究中心主辦《簡帛》第八輯,上海:上海古籍出版社 2013 年版。
3   有關北大藏秦簡室内發掘記錄中卷一情況,承常懷穎博士告知。

上部第二層與倒數第二層綴合編連的方式來復原原始編卷。」的規則[4]，並綜合編繩在相鄰簡上的保留狀況與簡文字句關係等多種因素，此 23 枚簡之簡序可以推定如下（↓表示有字一面向下，↑表示有字一面向上，+表示綴合）：

012（↓）——014（↓）——013（↓）——015（↓）——016（↓）——011（↓）——010（↓）——021（↑）——019（↑）——017（↓）——018（↓）——020（↑）——007+009（↓）——008（↓）——022（↑）——023（↑）——026（↑）——004（↓）——024（↑）——025（↑）——005+006（↓）

如果以簡堆積層位表示，與以上簡序對應的堆積層位關係是：

四層（012~015）——五層（016）——三層（010、011）——六層（017*、018、019、020*、021*）——二層（008、007+009）——七層（022、023）——八層（026）——一層（004）——八層（024、025）——一層（005+006）

以上簡序可以説還是大致符合上述依堆積層位復原簡序的規則。其中帶*號的三枚簡，依發掘記錄並非在該層，則不排除是個別簡在簡冊從卷狀變形至多層堆積狀之時發生位移的可能。第一層、第八層在此卷簡的最上層與最下層，故這兩層簡中會有個別簡本應在上下層位因受外力擠壓而移動，（如上文所示 005+006、026）被分別擠到一層和八層。

如此，則卷一是從篇首開始卷成卷的，卷畢，篇首在卷的中心。

二

依據上文對《公子從軍》簡序的擬定，下面將簡文依序分成幾段寫出釋文（原簡文字下凡有重文號者，均將該字重出），並作扼要的解釋。

4　胡東波、常懷穎：《簡牘發掘方法淺説——以北京大學藏秦簡牘室內發掘為例》，《文物》2012 年第 6 期。

□易□渠上產糜蕪，中心不樂。為此悲書，以問公子，願相圖盧（慮），同心而□隹（012）

　　□易□渠前二字殘，其義未明，或即是本簡文主人公家鄉的渠名。「上產糜蕪」即言該渠上生長著糜蕪。「糜蕪」，亦作蘪蕪。《楚辭·九歌·少司命》：「秋蘭兮糜蕪。」朱熹注：「糜蕪，芎藭苗葉名，似蛇床而香。」芎藭即川芎。《太平御覽》卷五百二十一「宗親部」十一「出婦」條下引《古樂府詩》有《上山采糜蕪》詩，其詩句有「上山采糜蕪，下山逢故夫」，全詩是言棄婦與故夫偶相逢時的對話。後世釋此詩雖對棄婦與故夫的關係有不同解說，但均認為此詩詠及棄婦不幸的命運。由此詩也可知，「糜蕪」似曾成為夫妻分離的象徵，而由本簡文更可知，這一象徵之形成不晚于秦代。此後「糜蕪」亦常見於表達夫妻（或情人）關係破裂的悲情詩句中。在本簡文這裏，女主人公牽先言「渠上生糜蕪」，繼言「中心不樂」，亦即「心中不樂」。這顯然是講因看到渠上生糜蕪而引發若干聯想，引起心中的不愉快。

　　為此悲書，以問公子《說文》：「悲，痛也。」「問」是使聞之義。

　　願相圖慮「慮」，原字作「盧」。「盧」「慮」皆來母魚部字。「願」，希望也。「相」，相互。《詩經·小雅·雨無正》：「弗慮弗圖。」鄭玄箋：「慮、圖，皆謀也。」此句話是希望公子與之能相互思慮。

　　「同」後三字殘泐，從殘存筆劃看，疑是「同心而□隹」[5]。

　　南山有鳥，北山直（置）羅，念思公子，毋柰（奈）遠道何。安得良馬從公子，委纍□（014）□，何傷公子北（背）妾，□交紉枝簪，長

5　「□隹」或是「離」字。如確是此字，則可能聯繫到《古詩十九首》中「涉江采芙蓉」一詩，詩曰：「涉江采芙蓉，蘭澤多芳草。采之欲遺誰，所思在遠道。還顧望舊鄉，長路漫浩浩。同心而離居，憂傷以終老。」（隋樹森編著《古詩十九首集釋》，北京：中華書局1955年版）由此全詩詩義來看，是述說「同心」的二人因離居而各自在一方，終不能相聚的悲痛心情。在本簡文中，似應承上文「願相圖慮」理解，是希望公子雖與己分離但能夠彼此同心。

者折之，短……之襦，從叔（淑）死之（013）不嘗苦，猶版載也，更上
更下。産為材士，死效黃土，安所葬此叅俀之下（015）。

南山有鳥，北山直（置）羅與這兩句詩相近同的詩句，見於唐陸廣微《吳
地記》「女墳湖下」所引《越絕書》，記夫差小女幼玉願與書生韓重為偶，「不
果，結怨而死，夫差思痛之，金棺銅槨，葬閶門外。其女化形而歌曰：『南山
有鳥，北山張羅。鳥既高飛，羅當奈何』」。今本《越絕書》無此文字[6]。牽引
用這兩句詩，顯然是藉此抒發與公子遠別，但又無能為力之矛盾心情。即下
文所云「念思公子，毋柰（奈）遠道何」。

安得良馬從公子，何傷公子北（背）妾下言「委纍」，《説文》：「委，委
隨也。」「纍」即「累」，《史記・老子韓非列傳》：「不得其時則蓬累而行。」
司馬貞索隱：「累者，隨也。」故「委累」即委隨。此枚簡「委纍」下一字不
清，疑為「蒹」，同「兼」也。「何」，設問之意；「傷」，即憂思，見《玉篇》，
同「傷」。「北」，背也，即背棄、離棄。此句話當是言如能得到良馬從公子
同行，委隨於其後，哪裏還要擔憂公子離棄自己呢。

以下一段文字多有殘缺，致使文義不能盡曉。

「枝簪」即簪，《釋名・釋首飾》：「簪，兓也，以兓連冠於髮也。又枝也，
因形名之也。」其下一句「長者折之」，如是言枝簪過長即易折，則合了「簪
折」之語義。白居易《井底引銀瓶》詩有「瓶沉簪折知奈何，似妾今朝與君
別。」此詩雖晚出，但以簪折象徵夫妻之別離，也許有更早的典故。如是此
意，則牽在這裏言簪折，仍是在表達與公子別離的傷感。

從叔死之叔當讀作「淑」，《詩・周南・關雎》：「窈窕淑女。」毛傳：「淑，
善也。」《邶風・燕燕》：「淑慎其身」，鄭玄箋同。如下文「不嘗苦」確與此
句連讀則「從叔死之不嘗苦」之「之」或即「乃」義，不嘗苦即不曾勞苦，

6　東晉干寶所撰《搜神記》卷十六述吳王夫差小女紫女事與《吳地記》引《越絕書》
　　所記近同，而事尤詳，文中亦有此詩句，惟「羅當奈何」作「羅將奈何」，吳王小
　　女名「紫玉」，亦與《越絕書》名「幼玉」別。

不曾痛苦。因句子殘缺，是否可以作此解釋未能確知。

猶版載也更上更下此處「版」或即築牆之版，《詩經·大雅·綿》：「縮版以載。」朱熹集傳曰：「載，上下相承也。」牽在這裏或是以築牆之版上下相更換[7]，比喻自己心情之不能平定，忐忑不安。

產為材士，死效黃土，安所葬此參徙之下產，生也。「材士」系對有材力的勇武之士的稱呼[8]。效，致也，獻也。《左傳》文公八年：「效節於府人而出。」杜預注：「效，猶致也。」《漢書·元后傳》：「天下輻湊自效。」顏師古注：「效，獻也。」《漢書·張釋之傳》：「民安所措其手足。」顏師古注：「安，焉也」，相當於今語「怎麼」。「徙」字不識。

> 妻牽未嘗敢得罪，不中公子所也。公子從軍，牽送公子錢五百，謂
> 公子自以買（016）……比□（011）公子弗肯□□以予人，牽有齎（賁）
> 公子絓（緁）小一，公子有（又）弗肯□有□（010）□，牽非愛此也，
> 直欲出牽之所者（著），以傅公子身也。公子從軍，牽送公子，回二百
> （021）□里，公子不肯棄一言半辭以居牽，牽去公子西行，心不樂，至
> 死不可忘也。（019）

妻牽未嘗敢得罪，不中公子所也由牽自稱「妻牽」知牽與「公子」二人已成夫妻。中，《管子·四時》：「不中者死。」尹知章注：「中，猶合也。」《淮南子·原道》：「動靜不能中。」高誘注：「中，適也。」此所是指處所，或是

7　黃傑《關於北大秦簡〈公子從軍〉的一點意見》有此解釋，此從之。

8　「材士」一稱，戰國即有，如《墨子·備水》：「選材士有力者三十人共船。」就字面上的意思而言，是指有材力的勇武之士。秦有「材士」之稱，見《史記·秦始皇本紀》所記二世「盡征其材士五萬人為屯衛咸陽，令教射狗馬禽獸。」正義釋「材士」曰「謂材官蹶張之士。」「蹶張」是以腳踏強弩以張。言其武器配置。「材官」之稱，或出於秦末，主要行於漢代（參見張仲立《材士材官考論》，收入秦始皇兵馬俑博物館《秦文化論叢》，西安：西北大學出版社1999年版）。

指時間（時節、時令）[9]，如是，則「不中公子所也」即是言不合公子之處境也。牽這樣講，應是解釋自己在信中所言並非不是顧及公子當時之處境，只是要向公子抒發一下實在難以克制的悲痛而又複雜的心情。

牽送公子錢五百，謂公子自以買「以」，用也，買，《玉篇》：「市買也。」「謂公子自以買」是告訴公子用其所送錢自行在市上買自己需要之物。

順便討論一下五百錢的購買力有多大。此「錢」應指秦半兩。睡虎地秦簡《秦律十八種·金布律》曰：「錢十一當一布」，一說一布即一疋，折合十一個錢[10]。如此，五百錢在當時即大約可購買 45 疋多的布（應是指用枲即粗麻織的布）。《金布律》還言「大褐一，用枲十八斤，直（值）六十錢」，褐即褐衣，用枲（粗麻）織成，可知五百錢約可買八件長的褐衣。由此看來，牽送給公子的五百錢，數量並不大，牽與公子應是一般的平民。

牽有齎（賫）公子綖（緁）小帬一，公子有弗肯□有□□「齎」，今作「賫」，送、交付。「綖」同「緁」。《左傳》僖公二十四年「臣負羈綖」，《說文》引此文中「綖」字作「緁」。「緁」與「褺」皆心母月部字，可通假。故今本《詩經·鄘風·君子偕老》稱：「是緁絆也。」《說文》「褺」字下引作「是褺絆也」。《漢書·敘傳上》：「思有短褐之褺。」顏師古注：「褺，謂親身之衣也」。「帬」，即裙。《說文》：「帬，下裳也。」亦見《釋名·釋衣服》。所以「緁（緁）小帬一」即「褺小裙一」，亦即貼身的下裳一件。「公子有（又）弗肯□有□□」，「有弗」之「弗」義當同「不」，「有弗」即有否。「肯」下一字殘，不能確識，疑為「掃」字，讀同「捃」，取也，拾取也，收也。

9　《禮記·檀弓下》容居言其「先君駒王西討濟於河，無所不用斯言也。」孔穎達疏：「言謂處所」。《墨子·節用上》：「其欲蚤處家者，有所二十年處家；其欲晚處家者，有所四十年處家。」王念孫《讀書雜誌》案：「所猶時也」。另一種可能是，「所」在此是作動詞前邊的前置賓語用（如「所欲」「所好」），現省去後邊的動詞。如是，則這句話是說，自己並非敢得罪公子，非故意不能合乎公子之所欲。但這種用法在文獻中似甚少見。

10　于豪亮：《于豪亮學術文存》，北京：中華書局 1985 年版，第 141 頁。

　　□牽非愛此也，直欲出牽之所者（著），以傅公子身也[11]「愛」，喜好。「此」即「所著」，當即牽所送公子之「綈（緹）小帛一」。「直」，特也。「欲」，希望。「著」，著也，即穿也。「傅」，附也。牽在此是言，她並非喜愛此（指這件下裳），只是很希望將出於自身所穿之下裳，用以附著于公子之身。牽對公子一片深情，在這一極為細心的行為中展現無餘。

　　牽送公子，回二百□里《漢書·李廣傳》：「東道少回遠。」顏師古注：「回，繞也，曲也」。「回二百□里」可能是言繞行二百餘里。由此知，牽送公子行軍之路並非平坦，很可能走的是迂曲的山路。

　　公子不肯棄一言半辭以居牽，牽去公子西行，心不樂，至死不可忘也「居」，在此當以釋「安」為好。《呂氏春秋·上農》：「無有居心。」高誘注：「居，安也。」作為一個弱女子的牽追隨其夫東行二百餘里，辛苦異常，從公子處得到的卻是極度的冷漠，公子甚至不肯用「一言半辭」來安慰牽，這使牽「心不樂」，高度悲痛，以至於「至死不可忘也」。

　　　　牽（019）聞之曰：朝樹梫樟，夕楬其英。不仁先死，仁者百嘗，交仁等也俱死（017）……問公子……公子曰……步公子取，（018）勿言邦孰智（知）之。堂下有杞，冬產能能。先為不仁，從公子所過，以公子之故。不媚（020）□為……之，今公子從（縱）不愛牽之身[12]，獨不（懷）瘀（乎）。公子何之不仁，（007+009）……孰為不仁，愛人不和，不如已多。愛人不（懷），如南山北壞，壞而隉之，愛（008）必母（毋）數。公子不仁，千車萬負。牽非敢必塱公子之愛，牽直為公子不仁也。有蟲（022）西蜚（飛），翹翻其羽，一歸西行，不智（知）極所。西行東思，沂下如雨，公子□□□（023）若（026）

────────────

11　「者」在此當讀作「著」，從武漢大學簡帛研究中心黃傑說，見所撰《初讀北大秦簡〈公子從軍〉釋文筆記》。

12　武漢大學簡帛研究中心黃傑《初讀北大秦簡〈公子從軍〉釋文筆記》認為「從」在這裏當讀作「縱」，即縱然之意，可從。

　　牽聞之曰；朝樹椶樟，夕楬其英「樹」，種植。「椶」，即楓樹，一說為楸樹。「樟」，樟樹，又名豫樟。「楬」，或當讀作竭。《廣雅・釋詁一》：「竭，盡也。」「英」，花也。《詩經・鄭風・有女同車》：「顏如舜英」，毛傳「英，猶華也」。此似即朝生暮落，亦即好景不長之意。

　　不仁先死，仁者百嘗，交仁等也俱死《國語・楚語下》：「國於是乎蒸嘗」，韋昭注：「嘗，嘗百物也。」《白虎通義・宗廟》：「秋日嘗者，新穀熟，嘗之。」一年一嘗新，則簡文此處之「百嘗」有享年長久之意[13]。言「仁者百嘗」當是與「不仁先死」相對言。交，相互。交仁，相愛也[14]。俱，偕。等，應是將「仁者」、「交仁」者歸為一類作為複數稱。不仁者會先死，仁者雖會長壽，但即便如此，即使交仁（相愛），早晚也皆要死去。牽此段話語似是接上文「朝樹椶樟，夕楬其英」之意而言，從愛情之短促，而感傷及人生終極之悲涼。

　　以下兩枚簡，因文字多有磨損，文義未能盡知，只能對個別文句略作解釋。

　　勿言邦孰智（知）之此句話應是承上文「……公子取」一句而言。具體事情已不可知曉。「邦」是指同邦，此是對秦本土之稱。孰，誰也，泛指「某人」。「邦孰」即是「同邦中什麼人」的意思。這句話也可以解釋為「不要說出去，邦人有誰會知道呢。」

　　堂下有杞，冬產能能「杞」，即枸杞。《爾雅・釋木》：「杞，枸檵。」郭璞注：「今枸杞也。」《漢書・食貨志》「能風與旱」，顏師古注：「能讀曰耐也」。

13　「百嘗」亦見於秦漢成語印。對於此二字之含義，或以為是表現印主情趣、志向，帶哲理性質，見王輝、陳昭容、王偉著《秦文字通論》，北京：中華書局 2016 年版。北京大學藏秦簡牘中夾雜有行酒令用的令骰。其中有兩枚上面寫有「千秋」「百嘗」，李零先生認為「千秋」是以酒敬客祝長壽（《北京大學藏秦簡〈酒令〉》，《北京大學學報》2015 年第 2 期），則同出的「百嘗」當與此含義相近，亦是祝長壽。

14　秦璽印中有「交仁」「交仁必可」成語印，屬於修身箴言。見王輝、陳昭容、王偉著《秦文字通論》。此印文中之「仁」當是儒家所提倡之仁愛。交仁，相仁愛。一說「仁」指仁人，「交仁」是與仁人相交。

《漢書 · 鼂錯傳》「其性能寒」，顏師古注：「能，讀曰耐也」。「能能」在此似應讀作「能耐」。能，任也；耐，耐寒。牽引此詩似是藉枸杞耐寒用於比喻自己與公子的關係是在困境中維繫著。

今公子從（縱）不愛牽之身，獨不䚟（懷）虖（乎）「縱」，縱使。獨，難道。「䚟」，在此可以讀作「愧」，即慚愧，此句話是言，公子縱使不愛牽之身，難道不慚愧嗎。如作這樣解釋，則牽實在是在譴責公子。但「䚟」在這裏亦可讀作「懷」。「䚟」，見母微部字；「懷」，匣母微部字。見、匣分別為牙音、喉音，上古相近。「懷」有思念之意，但上文牽已言「公子縱不愛牽之身」，就不宜再反問公子難道不思念自己。所以「懷」在這裏當如《後漢書 · 班固傳下》中的「上帝懷而降鑒」，李賢注所云「猶潛念也」。「潛」亦即「憫」，哀憐也。「潛念」即因心生哀憐而有所思念。如可作此解釋，則牽即還是欲以悲情感動公子。

公子何之不仁，孰為不仁，愛人不和，不如已多「何之」，即「何其」，今語「多麼」。王引之《經傳釋詞》引《莊子 · 至樂》「壽者惛惛，久憂不死，何之苦也」曰「言何其苦也」。此是對公子「不仁」之感慨。「孰」即「何」，見王引之《經傳釋詞》。牽在此設問「孰為不仁」，下面「愛人不和」應是回答「不仁」之義。此處所言「不和」之「和」似當理解為《禮記 · 中庸》「發而皆中節，謂之和」，即朱熹章句所云「無所乖戾，故謂之和。」而「不和」實即乖戾，指言語、行為不合情理。則牽所指責公子之「不仁」為「愛人不和」，亦即是「愛人而其行為不合情理」[15]，如，《說文》：「從隨也。」《左傳》宣公十二年：「有律以如己也」。杜預注：「如，從也」，已，甚也，見《詩經 · 唐風 · 蟋蟀》「無已大康」毛傳，又見《漢書 · 西南夷兩粵朝鮮傳》「然已勤矣」

---

15 「愛人」之語亦見《孟子 · 離婁上》：「愛人不親，反其仁；治人不治，反其智。」此所謂「愛人不親，反其仁」，諸家皆理解為是「愛人無人親近，即要反思自己是否仁還未做到。」如依此句式來解釋本簡文「愛人不和」，自然也可理解為「愛人然無人與之相和睦」，但這樣理解似與牽所要說明的「孰為不仁」不甚和，故這裏「不和」還是以解釋為公子之行為為妥。

顏師古注。「不如已多」，是言不隨順的甚多。

　　愛人不諰，如南山北壞，壞而隄之，愛必母（毋）數「諰」在此或當讀如「懷」，包容也。《尚書·堯典》：「湯湯洪水方割，蕩蕩懷山襄陵，浩浩滔天。」從下文言及「隄之」看，此處之「壞」似當讀同上舉「懷山襄陵」之「懷」，指被水包圍。「隄」即是隄壩。此句話是講，愛人不能包容，猶如南山北邊被水包圍，而山自身即為攔住水的隄防。亦即是言對所愛的人有隔閡，不親密，不融合。到了這種程度，則「愛必毋數」是云愛亦就無多少，相當於說所餘無幾了。《漢書·原涉傳》：「涉至官無幾」顏師古注：「無幾，言無多時也」。

　　公子不仁，千車萬負「負」，即承擔，承載。可作動詞，如《禮記·曲禮下》：「某有負薪之憂」，孔穎達疏：「負，擔也。」《禮記·禮運》：「迭相竭也」。鄭玄注：「竭，猶負載也。」孔穎達疏：「負為背負」。「負」亦可作名詞，如《戰國策·楚策四》：「負轅不能止」鮑彪注：「負，所載也。」簡文「千車萬負」，似是牽用以表示自己的心情。

　　牽非敢必望公子之愛，牽直為公子不仁也「敢」在典籍中或用作謙辭[16]。「直」，當訓「特」、專，見王引之《經傳釋詞》。「為」，訓作「謂」，典籍多見。此句話大意是言，牽並非必期望得到公子之愛，而只是要說一說公子之不仁。

　　有蟲西蜚（飛），翹翱其羽。一歸西行，不智（知）極所。西行東思，沂如雨下「蜚」，在此當讀「飛」，「蜚」「飛」皆幫母微部字。翹，《說文》：「尾長毛也。」「翹翱」，亦作「翹遙」，見《文選·張衡〈商都賦〉》：「翹遙遷延。」李善注：「翹遙，輕舉貌。」《文選·曹植〈雜詩〉》：「翹思慕遠人。」李善注：「翹，猶懸也。」在這裏的「蟲」，因言其「西蜚（飛）」，似不是

16　雲夢睡虎地 4 號墓出土之 6 號木牘，有「令母敢遠就若取新（薪）。」諸家皆以為「毋敢」猶言「不要」「不得」。則此處「非敢」似也可以理解為「不是要」「並非要」之意。陳偉主編：《秦簡牘合集》（釋文注釋修訂本【貳】）「睡虎地 4 號木牘」之二，6 號木牘。武漢：武漢大學出版社 2016 年版。

指飛蟲，飛蟲飛行範圍小，一般無固定方向，似不好言其往何方向飛。「蟲」也可以指鳥類，如《呂氏春秋・觀表》「毛蟲」。高誘注：「羽蟲，鳳皇、鴻鵠、鶴鷺之屬也。」《詩經・大雅・桑柔》：「如彼飛蟲。」孔穎達疏：「蟲，是鳥之大名。」[17]牽所言「有蟲西飛」是以西飛之鳥比喻自身，而以飛鳥懸揚其羽，暗含思念之意，藉此表達自己送別公子西歸時依依不捨的心情。正如她下面所曰：「一歸西行，不智（知）極所」，北大藏秦簡《隱書》之「隱語二」有「不智（知）死所」[18]，句型與此句相同。「不知極所」之「極」，在此義為至、到，即不知公子已到何處。當然，也可能是牽講自身因悲痛離別而西歸，以致精神恍惚，已不知自己身在何處。「西行東思」，仍是承上文之義言自己人雖向西行，但思念仍留在東行之公子身上。[19]

下文多殘，已不能讀。

　　……利之，多言不用，如多耕而弗種（種）（004）……釾□欲人勿智（知）也，季須直為此書，㞢詢（024）㜒（嫠）女。軍中及舍人之所，㜒（嫠）女弗欲也，死即行，吾不死，㜒（嫠）女不能兩見。視（025）也運運沖沖□□□□，牽死即行。吾富最天下，疇（壽）過彭即（祖），謁報使者（005+006）。

多言不用，如多耕而弗種這句話意思明白，與下文言「釾□欲人勿知也」似有所聯繫，但所指何事，亦已不能得知。

17　羽，不僅可指鳥類翅膀之羽毛，也可指昆蟲之翅膀《詩經・豳風・七月》「六月莎雞振羽」，孔穎達疏「六月之中，莎雞之蟲振訊其羽。」又引陸機疏曰：「莎雞如蝗而班色毛翅數重，其翅正赤，或謂之天雞，六月中飛而振羽，索索作聲，幽州人謂之蒲錯是也。」簡文言「有蟲西蜚」，是蟲蜚有明確方向，還應是指鳥類。

18　李零：《隱書》，武漢大學簡帛研究中心主辦：《簡帛》第八集，上海：上海古籍出版社 2013 年版。

19　沂下如雨，沂，疑母微部字，在此，疑當讀作曉母微部字的「唏」。唏，《說文》曰「哀痛不泣曰唏。」《廣韻》則有「唏，啼也。」啼即泣。此處沂義當為啼哭流淚。「沂下如雨」兩見於北大藏秦簡《禹九策》中。

釗欲人勿知也。季須直為此書，奰詢嫠（嫠）女季，

《説文》：「少偁也」。《詩經‧曹風‧候人》：「季女斯饑」，毛傳：「季，人之少子也。」「須」，讀作「嬃」。《説文》：「嬃，女字也。楚詞曰：女嬃之嬋媛。賈侍中説：楚人謂姊為嬃。從女，須聲。」季須，應是小姐姐。「季須（嬃）」之稱亦見於雲夢睡虎地 4 號墓出土的 11 號木牘[20]。簡文此處言「季須直為此書」，直，特也，專也。書，在此應是指書寫信，是講「季須特意為此寫信」，這裏既言「此」，應是指上文所講過的因簡文殘而不詳之事。奰，頭傾斜不正。「奰詢」，亦見《睡虎地秦簡》日書甲種第 8、9 號簡背（8 背貳、9 背貳）[21]。《荀子‧非十二子》：「偷儒而罔，無廉恥而忍謑詢」楊倞注：「謑詢，詈辱也。」《説文》：「詈，罵也。」[22]「嫠」通「嫠」，均從劣聲，來母之部字。「嫠」，見於《説文》新附，曰「無夫也」，又《小爾雅‧廣義》：「寡婦曰嫠。」「奰詢嫠女」，應是承上文「季須直為此書」，是言季須因為上文所記述某事而「奰詢嫠女」，即責罵嫠女，此處之「嫠女」似不當是泛稱，而是專指一無夫之女子。由下文看，此嫠女或與簡文之公子有交往，故牽在下文為此女而告誡公子。

軍中及舍人之所，嫠（嫠）女弗欲也，死即行，吾不死，嫠（嫠）女不能兩見。「舍人」亦作官職名或為門客之稱，但在此「舍」似應是指軍隊行軍途中住宿之舍。此處「舍人」之所指，似當同于《孫子兵法‧用間》：「必先知其守將、左右、謁者、門者、舍人之姓名。」杜佑注：「舍人，守舍之人也。」這句話是叮囑公子在軍中以及行軍過程中所住宿之舍中，實即言行軍

20　《雲夢睡虎地秦墓》編寫組：《雲夢睡虎地秦墓》，北京：文物出版社 1981 年版。

21　《雲夢睡虎地秦墓》編寫組：《雲夢睡虎地秦墓》。又見陳偉主編《秦簡牘分集》釋文注釋修訂本【貳】「九、日書甲種」之「娶妻生女」。

22　奰可讀作謑，《説文》：「謑，恥也，從言奚聲。謑，謑或從奰。」詢，《説文》：「詬或從句」，是「詬」可讀作「詢」，因此「奰詢」即「謑詬」。《説文》：「詬，謑詬，恥也」。《楚辭‧九思‧遭厄》：「起奮迅兮奔走，違群小兮謑詢」，此謑詢亦辱罵之意。但奰詬、謑詢也可以作名詞。《漢書‧賈誼傳》：「頑頓亡恥，奰詬亡節」。顏師古注：「奰詬，謂無節分也。」

一路上，不要想念此嫠女。兩，再也。行，《左傳》僖公五年：「宮之奇以其族行」，杜預注：「行，去也」，即離開。聯繫上文，牽在這裏實是言，只要她在世，即不會與公子分離，不能再見到此嫠女。

視也運運沖沖「運」，通作渾。俞樾《諸子平議·管子四》：「枯旱而運。」案：「運字無義，乃渾渾之叚字。」「渾渾」，即「混混」也，「渾」「混」均見母文部字。「視也混混」是牽言自己寫至此，眼前已混濁了，當是指淚水已模糊眼睛，悲痛已極。沖沖讀作「眴眴」，《後漢書·班固傳》「目眴轉而意迷」李賢注引《蒼頡篇》曰「眴，視不明也。」

吾富最天下，𦙝（壽）過彭則（祖），謁報使者此句話中的「使者」當是當時民間信仰中對能有法術而能上通天帝之法師的稱呼，牽如此言，似是按當時習俗，乞求富有與長壽。當然，這句話也可能是特意針對上文「牽死即行」之語而言，是意欲否定這種可能，祈盼長壽，以能與公子終身相守[23]。

三

《公子從軍》這篇簡文用一封書信的方式，以寫實的筆法，表述了女主

---

23 漢代民間作法術的法師亦有自稱「使者」的，如西安雁塔路出土的東漢初平四年（193）王氏瓶上墨書，法術主持者自稱「天帝神師使者」（見唐金裕《漢初平四年王氏朱書陶瓶》，《文物》1980 年第 1 期）。又如河南靈寶張灣五號漢墓出土的解適瓶上的墨書「天帝使者謹為楊氏之家鎮安隱塚墓」（見《靈寶張灣漢墓》，《文物》1975 年第 1 期）。筆者有關《公子從軍》的釋文在上引《〈公子從軍〉的編連與初讀》一文發表後，有學者根據此段文字，認為本文很可能有鎮墓文性質，是用來隨葬的。這段文字確很容易使人想到鎮墓文，或是悼文。但此種推測即要對文中涉及到的人物命運作他解，比如「公子」在牽寫此信時，是否已去世等。對於簡文中牽所言嫠女之事亦要另做解釋。但簡文內容有缺，似未能對類似理解給予足夠的支持，而且文首曰：「為此悲書，以問公子，願相圖慮，同心而」，從文義看，不當是對已故公子的口氣，且按傳統習俗，如寫文悼念親人，亦不當在文中對逝者多譴責，簡文中牽多次言及「公子不仁」，似不合悼文的習慣。當然本文的性質確應再做進一步探討。

人公「牽」對其夫君「公子」又恨又愛的心情。牽既悲痛地痛斥了「公子」如何對其「不仁」，即對其熾熱情愛的冷漠，但同時又渴望著公子能領會其情意，給她以溫暖。這種矛盾的心態，我們從文中所言「牽非敢必望公子之愛，牽直為公子不仁也。」可以深切地體會到。

簡文中生動地描述了牽作為一個癡情的女子，如何將自己貼身的下裳送給公子作為隨身之物，希望公子在征途中能時時惦念著她，充分展現了兩千二百餘年前的秦國平民女子情感的細膩與纏綿。簡文中還敍述及牽交付公子「五百錢」，囑咐他自己私下裏使用，這也使我們看到了一個年輕妻子對丈夫無微不至的關愛，特別是文中還記述在當時相當艱苦的交通條件下，牽親身送公子從軍，輾轉二百餘里，她為愛所付出的辛苦極為令人感動。而牽反復叮囑「公子」在軍中及宿營之舍「非欲」那個嫠女，而自己只要活著即不能再見到公子身邊有此嫠女的話語，更展現了一個守護自己愛情的女子形象，實在是很生動的。

簡文是以牽這位女性主人公口吻寫成。從文中可以看出「牽」與公子應是一對平民夫妻，但文中多次援引詩篇，文學色彩很強，展現出較高的文化素養，所以固然不排斥牽有可能是一位有才華的平民女子，簡文屬於牽的自撰，但也存在另一種可能，而且更為可信的，即是這篇簡文是秦人中一位男性「文學家」揣摩女性心理並以女性口氣寫出的文學作品。

這篇簡文採取的是散文形式。由於多有缺簡，故對其押韻情況不能做細緻分析，從現存文字看，總體似非嚴格的韻文。除了所引詩句有韻外，其他文句亦有連續的兩句、隔句或連續幾句押同一韻，或韻部可對轉、旁轉。所押韻，常為魚部（及可對轉的陽部）、歌部（及旁轉的支部）。

還有一個問題似亦應提到，即《公子從軍》這篇簡文中，句末語氣詞皆用「也」而不用秦簡中常用的「殹」。秦人在公文上通常使用「殹」，惟當時秦人中日常書面語是否亦皆用「殹」，當然還需要更多資料證明。但用「殹」確當是秦人的方言，如天水放馬灘戰國末期之墓中出土的竹簡《日書》甲、

乙種與《墓主記》皆使用「殹」而未使用「也」[24]。雲夢睡虎地秦簡中，除了使用「殹」的文獻外，也有「殹」「也」並用的文獻，和主要使用「也」的文獻，如睡虎地四號墓出土的兩件木牘，句末語氣詞則皆用「也」未用「殹」[25]。學者或認為睡虎地秦簡出土地本是使用「也」的楚方言圈，書寫中用「也」是舊楚人私用書面語[26]。這是有道理的。北大藏的包括《公子從軍》在內的這一批簡牘，很可能亦是出自秦人統治下的舊楚地[27]，用「也」不用「殹」，應當是出於語言習慣。

從歷史研究的角度看，《公子從軍》的內容也使我們進一步瞭解到戰國末葉秦國的士兵軍旅生活的一些細節，這也是非常值得注意的。1975 年至 1976 年間，在雲夢睡虎地 4 號秦墓中出土的兩版木牘，即 6 號木牘與上文曾提及的 11 號木牘，是秦始皇二十四年（前 223 年，一說在秦始皇二十三年，前 224 年）秦軍的兩個士兵黑夫與驚寫給家中的書信，其中的內容真實地記載了當時為秦統一而長途征戰的秦國士兵的一些生活狀況，極為寶貴。《公子從軍》雖未必是真實書信，帶有一定的文學色彩，但這篇作品具有很強的現實主義的風格，故其所透露出來的秦國軍士在出征、宿營、供給等方面的情況，包括在軍中的人際關係等，也都是極為珍貴的。

還應該提到的是，在這篇簡文中，通過牽的口氣所講出的當時青年男女的愛情與家庭生活，以及所涉及的人生觀、生死觀、宗教信仰，也都是瞭解當時秦國民眾思想與精神生活的第一手資料。

在以往所見傳世的與出土文獻中的秦人文獻，極少有像《公子從軍》這屬於文學題材的，所以這篇作品對於瞭解秦人的民間文學發展水準及語言特徵也是很有裨益的。

24　甘肅省文物考古研究所：《天水放馬灘秦簡》，北京：中華書局 2009 年版。
25　湖北省文物考古研究所、湖北省博物館、武漢大學簡帛研究中心編，陳偉主編：《秦簡牘合集》（壹上），《睡虎地 4 號木牘》。
26　大西克也：《「殹」「也」之交替——六國統一前後書面語言的一個側面》，任鋒譯，宋起圖校，《簡帛研究》2001，桂林：廣西師範大學出版社 2001 年版。
27　北京大學出土文獻研究所：《北京大學藏秦簡牘概述》，《文物》2012 年 6 期。

　　附記：本文先後承魯鑫博士、陳侃理博士、田天博士提出補充、修訂意見。簡文的釋文與注釋部分，亦蒙胡平生教授、陳偉教授、劉釗教授、趙平安教授、劉樂賢教授指正。謹此深致謝忱。

清華簡《金縢》與《皇門》主旨考析

郭偉川

中國歷史文獻研究會

在清華簡中，頗有篇章可與傳世經籍《尚書·周書》及《逸周書》的相關篇什相對讀，其中如《金縢》與《皇門》即是。就文章而言，此兩篇之清華簡本與傳世文本雖在某些字句上稍有差異，但簡本與傳世本在主要內容上所表達的主旨卻都基本相同。而此兩篇的主要人物都是周公，所涉及的史事有極為密切的內在聯繫。

尤其結合《金縢》與《皇門》的相關歷史背景，我認為從中可以窺見周公在武王病亡前後，面臨「三監」勾結紂子武庚行將于中原發動叛亂，新成立的西周王朝處于危急存亡的情況下，為了挽狂瀾于既倒，乃策劃在武王神志不清、病情危篤處于彌留之際，設壇墠以祭告先王，祈請以身代武王之事，從而取得代王的合法性。我認為這就是清華簡本《金縢》的主旨所在。故清華大學出土文獻研究與保護中心將其命名為《武王有疾周公所自以代王之志（金縢）》，顯然在于突出簡本的這一重點，有其道理。

另一方面，揆之傳世本《尚書·金縢》篇中，同樣亦有「啟金縢之書，乃得周公自以為功，代武王之說」的記載，故其要旨實際上與清華簡《金縢》并無二致。

然而，我認為《金縢》中「代王」之舉，只是為周公進一步正式稱王作鋪墊，因為周公只有稱王，才能號召臣民東征平亂，挽救危局，并繼續大規模拓展版圖，以重建姬周王國。誠如《荀子·儒效篇》所言：「天子也者，不

可以力當也，不可以假攝為也。能則天下歸之，不能則天下去之。是以周公屏成王而及武王以屬天下，惡天下之離周也。」說明周公確曾稱王東征的歷史事實。

因此，從清華簡《金縢》中記載周公的「代王」，到《皇門》篇中周公進一步自稱「予一人」，顯示其至此已正式稱王。說明這兩篇文獻所述，確實反映周初之際十分豐富的歷史內涵。而傳世本《尚書・金縢》與《逸周書・皇門》在上述主旨方面，大體與清華簡本相同，而且有更明確、更詳細的敍述。有關這些方面，下文將分章論述之。

一、清華簡本與傳世文本《金縢》內容比較及主旨解讀

自古至今，學人對《尚書・金縢》爭論甚多。如徐中舒先生就曾懷疑其可靠性，說：

> 有人根據《尚書・金縢篇》，論證《豳風》中《鴟鴞》就是反映周公的事。但《金縢》的內容是神話傳說，這更是不可靠的。[1]

但我認為，〈尚書・金縢〉末段雖有部分神話色彩，但整篇立意所在，卻有其歷史依據。尤其清華簡《金縢篇》的出現，其內容大致與傳世本同。這就更不能簡單武斷地以「神話傳說」視之，而對《金縢》的史料價值遽以否定。

原來，傳世本及清華簡本《金縢》篇末一段，說成王某年間，眼看豐歲在望，但秋收的時候，卻忽然巨風驟起，令禾偃木拔。于是成王君臣大恐，以為此乃天所警示，遂啟金縢、覽冊書而得以明瞭周公當年為救姬周社稷而代王的一片苦心。成王乃悔悟而自責己之無知，認為此乃「皇天動威，以彰

1　徐中舒《先秦史講義》，天津古籍出版社 2008 年。

公德」（按：傳世文本《金縢》則言「天動威以彰周公之德」，意同）。于是出郊以天子之禮以迎周公。而天感其有悔悟之心，乃「反風，禾斯起，……歲大有年，秋則大獲」。

所以，我認為《金縢》這個帶有神話色彩的結尾，其唯一的目的，是批判成王對周公的誤解和輕慢，以肯定該文前部分所述周公在武王病危時，面對內憂外患，乃設壇立冊祝禱于先王，決心以身代王挽救姬周王朝危局。

及後的歷史事實是，周公為敉平三監勾結紂子武庚在中土的叛亂，乃毅然踐阼稱王，以三年的時間，取得東征平叛的勝利，大拓版圖，再造姬周王朝。及後封康叔以侯衛，營洛邑作東都；繼之制禮作樂，天下大定，乃致政成王，退居臣位。顯然，在周公薨後，成王以臣禮待周公，這才引起天怒動威，大風挾以雷電，使禾偃樹拔，成王君臣大恐，于是啟金縢而知周公代王、稱王以拯救并再造王朝之事，于是幡然醒悟，乃以郊禮祭周公。此乃《金縢》的主旨所在。

郊禮者，天子之禮也。我認為周公之葬于畢原乃王禮，因為文王、武王皆葬于畢。而魯稱周公廟為「太廟」，也為王制，因為唯天子祖廟始可稱「太廟」。所以，我認為在成王啟金縢之後以郊禮祭周公，魯享有天子禮樂自此始。

那麼，《金縢》篇中有關周公「代王」之事，究竟是如何記述的？而該篇的傳世本與清華簡本在主要內容上雖大體相同，但究竟又有哪些重要差異呢？——茲根據個人研究所得，考述如下：

其一，傳世本《尚書‧金縢》開首云：「既克商二年，王有疾，弗豫。」但清華簡本《金縢》則言武王「弗豫」在「克殷三年」。另傳世本《金縢》說「周公居東二年」；而清華簡本則說「周公宅東三年」。凡此種種，拙作《武王崩年考》已有詳細考析，文載于光明日報《國學》版上，[2] 讀者可參閱之。

其二，周公之設壇墠，置璧秉珪，由史官書冊，由祝通靈，在周初之

2　郭偉川《武王崩年考》，載《光明日報》國學版，2012 年 9 月 17 日。

際，這應該是一種向姬周先公先王在天之靈禱告的最莊嚴的宗教儀式，而且為當時之人所共信。設壇者，由于近天而便于先王在天之靈的明鑒。璧與珪則是通靈之寶玉。而「祝」則為人間通神之靈媒，周公身代武王之事，由祝宣之于口，以直達太王、王季、文王之天聽。而周公其時立下之言，則由史官書冊，表示有憑有據，以昭大信；而周公之所以將冊書藏于金縢之匱者，意在存後世而明心跡也。

但是，必須指出，有關這一部分的記述，傳世本《金縢》與清華簡本在內容的記述上卻出現明顯的不同，尤其在一些重要的問題上，兩者之間，確實存在著較為明顯的差別。比如傳世本《金縢》云：

> （周）公乃自以為功，為三壇，同墠。為壇于南方北面，周公立焉，植璧秉珪，乃告太王、王季、文王。史乃冊祝，曰：「惟爾元孫某，遘厲虐疾。若爾三王，是有丕子之責于天，以旦代某之身。予仁若考能，多才多藝，能事鬼神；乃元孫，不若旦多才多藝，不能事鬼神。乃命于帝庭，敷佑四方。用能定爾子孫于下地，四方之民，罔不祗畏。嗚呼，無墜天之降寶命，我先王亦永有依歸。今我即命于元龜。爾之許我，我其以璧與珪，歸俟爾命。爾不我許，我乃屏璧與珪。乃卜三龜，一習吉。」啟籥見書，乃并是吉。公曰：「休，王其毋害！予小子新命于三王，惟永終是圖，茲攸俟，能念予一人。」公歸，乃納冊于金縢之匱中，王翌日乃瘳。

在上述傳世《尚書·金縢》篇中，可以看出，周公以身代王之事，是通過設三壇墠、植璧秉珪以告太王、王季、文王「三王」，并卜三龜「乃并是吉」來完成這一程序的。我認為周公之所以要設「三壇」、卜「三龜」，是與稟告太王、王季、文王「三王」相配置的，這符合殷周之際的傳統禮法制度。蓋太王為西岐姬周政權的開基祖，王季則繼承并壯大了這一政權，文王則于晚年稱王并準備伐紂，實為西周王朝的奠基者。

而三王「賓于天」之後，在其子孫後代和周人的眼中，他們都有著等同于「天帝」的權威，後嗣子孫若欲「代王」或者「稱王」，只有得到他們的「批准」，在統緒的繼承上才具有合法性。而「批准」的手續則是通過龜卜，這正是殷周之際的時代特色。按照上述記載，周公代王之事是通過登三壇向三王作「三卜」見吉始獲准的。所以，我認為傳世《尚書·金縢》記述周公「代王」之事，符合當時的傳統禮法。

特別要指出的是，在傳世《金縢》的上述記載中，有一段話非常重要，即：「予小子新命于三王，惟永終是圖，茲攸俟，能念予一人。」——我認為這就非僅為「代王」那樣簡單，而是顯示周公業已獲得三王的「新命」，正式繼位為王。蓋所謂「新命」者，新得之天命也。這符合上古「得天命者得天下」的傳統觀念。正因為周公在傳統禮法上，完成了從「代王」到「稱王」的儀禮程序，所以，最後在禮制上，他才有資格自稱「予一人」。我認為這是周公稱王最重要的證據。

據《禮記·玉藻》云：「凡自稱，天子曰『予一人』。」又《禮記·曲禮下》亦說：「君天下，曰『天子』；朝諸侯，分職授政任功，曰『予一人』。」

根據殷周禮制，只有君天下的天子，才得以自稱「予一人」。比如商王成湯和周武王克商之後，都是這樣自稱的。有關這一點，《尚書·商書·湯誓》以及《尚書·周書·泰誓》皆有明載，足以為證。

有關這一問題，胡厚宣先生在所著《殷商史》一書中也有論述，[3] 而拙作《再論周公稱王》對此也有詳細的考證[4]，讀者可參閱之。

而清華簡本《金縢》在周公「代王」一事的相關記載則明顯較為簡略，內云：

> 周公乃為三壇同墠，為一壇于南方，周公立焉，秉璧植珪。史乃冊

3　胡厚宣、胡振宇《殷商史》，上海人民出版社 2003 年。
4　郭偉川《再論周公稱王》，載郭偉川著《兩周史論》，北京圖書館出版社 2006 年。

祝告先王曰：『爾元孫發也，遘害虐疾，爾毋乃有備子之責在上。惟爾元孫發也，不若旦也，是佞若巧能，多才多藝，能事鬼神。命于帝庭，溥有四方，以定爾子孫于下地。爾之許我，我則晉璧與珪。爾不我許，我乃以璧與珪歸。』周公乃納其所為功，自以代王之說，于金縢之匱，乃命執事人曰：『勿敢言』。

就上述清華簡本《金縢》中有關周公「代王」的記載，若與傳世本《金縢》的相關記述相比較，事雖大同，但在具體敘述上，則不僅有異，而且大為簡略。所謂「同」者，是兩者皆記述周公「為三壇同墠」。但不同之處，在于傳世本敘述周公設三壇同墠，是與祭告太王、王季、文王「三王」相配置的，而簡本則只簡稱為「先王」，棄太王、王季、文王「三王」而不書。這種書法，顯然不合周初體例。

試看《詩經‧周頌》中對「三王」之歌頌不遺餘力，足見傳世本《尚書‧金縢》之篇，應與《詩經‧周頌》成于同一時代。而簡本經清華大學出土文獻研究及保護中心考定為戰國中晚期楚簡，我認為這一點很重要，亦很能說明問題。因為至戰國中晚期，周王室已名存實亡，楚國對其久已藐視；且楚非姬姓，與太王、王季、文王之作為姬周先祖毫無關係，故楚國史官在整理謄寫《金縢》時，對「三王」略而不載，只以「先王」表之，可以理解。

另一方面，傳世《尚書‧金縢》中，周公「代王」最重要的程序是「三卜」。因為在該篇中，三壇、三王及三卜是事件的整體，不可分割；尤其「三卜」更是周公之「代王」能否成立的關鍵所在，這是由殷周之際傳統的禮法制度所決定的。

然而簡本《金縢》竟無一字述及「卜」事，對周公自稱「予一人」之事亦加以省略，這究竟是什麼原因呢？

我認為這與簡本《金縢》乃戰國中晚期的楚簡有極大的關係。因為其時弱小國家已次第被滅亡，七國大戰，諸侯迷信戰爭暴力手段，儒家禮義仁德的說教早已被拋諸腦後，人們亦不再相信《易經》之卦卜能決定國家的命運。

有關這一問題，拙作《從〈孟子〉、〈荀子〉論戰國時期之六經》曾經論及，內云：

> 筆者于研究《孟子》的過程中，發現孟子以其學說鼓動于侯國國君和士大夫之間，其引用最多者，皆為六經之屬。但遍閱其著作，獨缺《易經》而已。為何如此呢？春秋時，《左傳》對《詩》《書》《禮》《樂》《易》《春秋》六經皆概引無遺。而「六經」經孔子整理後，已成儒門寶典。應該說，孟子是甚得孔學真傳的人，他基本上亦是一位儒學大師，觀其于《孟子》中，對《詩》《書》《禮》《樂》《春秋》滾瓜爛熟，在君王之間引經據典，出神入化，但為何獨不言《易經》呢？——筆者認為，這應該與戰國中後期諸侯互相攻殺兼併的凶險局勢有關。因為國家的強弱存亡，與該國的政治、經濟、軍事的實力息息相關，許多侯國因弱小而亡國的無情事實，說明求天問卜已不能挽救國家的衰亡；相反，因為龜卜的某些暗示而令侯國國君安于現狀不強兵秣馬而導致亡國。所以，至孟子所處的戰國中後期，可以說，大部分侯國國君基本上已不相信自己及國家的命運繫于卜辭之中。[5]

而比孟子稍後的另一儒學大師荀子，亦同樣不言《易》。其于《荀子·儒效篇》中，暢談《詩》《書》《禮》《樂》《春秋》五經，而獨不言《易經》，其原因顯然與《孟子》如出一轍。這說明時至戰國中晚期，不信《易》卜能決定個人或國家的命運，已成為此一時代之共識。而且無論南北諸侯國，無不受到這一社會思潮的影響。

我認為戰國時人的這一思想轉變是其來有自的。蓋春秋中後期，孔子已有「敬鬼神而遠之」[6]的說法，顯示其對天意鬼神的態度，在形式上是「敬

5　郭偉川《從〈孟子〉〈荀子〉論戰國時期之六經》，載郭偉川著《先秦六經與中國主體文化》，北京圖書館出版社 2007 年。

6　《論語·雍也》

之」，在本質上卻是「遠之」，實際上即不太信其有。反映古人在經過長期的社會實踐之後，從西周到東周社會，人們對天意、鬼神之説，逐漸趨于現實的看法。

所以，我認為成于戰國中晚期的清華簡本《金縢》，其楚國的整理者正是由于受到戰國中晚期這一時代思潮的影響，已完全不信《易》卜，所以在謄寫時，遂刪去傳世本《尚書·金縢》篇中有關周公代王乃通過龜卜之事，以致簡本《金縢》篇中無一言與「卜」字相涉；簡本亦刪去周公通過龜卜而獲三王「新命」自稱「予一人」之事，而直書「周公乃納其所為功，自以代王之説，于金縢之匱。」老實説，這樣的刪簡，雖然直述事件的本質，體現了戰國中晚期的時代特色；但另一方面，毋庸諱言，這樣做當然就削弱了原著《尚書·金縢》中所體現的姬周家族尊重太王、王季、文王「三王」的傳統，亦抹煞殷周之際重視「天命」和龜卜的社會現實。我認為這就是簡本《金縢》與傳世《尚書·金縢》在敍述周公代王一事上的主要差別所在。

至于當年周公之所以要大費周章，設三壇以告三王，以三卜定「代王」之事，我認為顯然有非常豐富的歷史內涵，有新建立的姬周王朝所面臨的極為嚴峻的內部和外部的重要原因。

以內部原因而言，其時武王已病入膏肓，藥石無靈，實際上已處于彌留的狀態。設壇祈天之舉，實際上乃盡人事而聽天命。至于設壇之後，傳世本《尚書·金縢》説「王翼日乃瘳」。我認為在醫學上，這只是一種臨死前迴光返照的現象。所以該文緊接著即書「武王既喪」，説明設壇後不久武王即病亡。

而外部的原因，則是由于管叔等「三監」勾結紂子武庚的殷遺勢力，在中土起兵叛亂所造成的極為危急的政治局勢，乃逼使周公不得不藉此設壇之舉，取得代王的合法地位，非如此則不能舉全國之力，迅速起兵東征平叛。為什麼這樣説呢？

　　我認為，這是因為管叔早就不服武王的管治而「自作殷之監」[7]，在武王崩後又製造流言中傷周公，且在中土聯合蔡叔、霍叔，以「三監」之力量，勾結紂子武庚的殷遺勢力，形成與西土鎬京的姬周中央政權分庭抗禮的局面。證之在《尚書・君奭》中，周公述及往事，指出此乃「殷之監喪大否」，可見「殷之監」實即指管叔，而「喪大否」則指彼等叛周作亂之事。因此，在這種情況下，新建立的姬周王朝馬上有被顛覆的可能。

　　形勢之發展如此嚴峻，于是周公乃毅然作出設壇禱告，借助向三王宣誓的儀式以及龜卜的結果，來達到代王并進而正式稱王的目的，以便舉全國之力加以征討，來挽救姬周王朝的危局。而在傳世本《尚書・金縢》中，周公因得三王之「新命」而得以自稱「予一人」。

　　所以，我認為周公是正式稱王而非攝政。因為據《禮記・玉藻》諸篇所述，按照禮制的規定，惟天子（即王）始得自稱為「予一人」，而攝政是不能自稱「予一人」的。因為既言「攝政」，必有一真王在。若攝政自稱「予一人」，就成為「天有二日」，根本不合于禮，是絕不可能的。所以，周公自稱「予一人」，此乃其稱王的鐵證。這亦正是筆者多年來考證周公不是攝政、而是稱王的主要原因。

　　但是，必須指出，清華簡《金縢》與傳世本《尚書・金縢》中一處最重要的異處，就是簡本恰恰沒有「予小子新命于三王，惟永終是圖，茲攸俟，能念予一人」這幾句，而于該處代之以：「周公乃納其所為功，自以代王之說，于金縢之匱」等字樣，而此幾句同見于簡本《金縢》末段：「以啟金縢之匱，王得周公所自以為功，以代武王之說。」——為什麼會出現這樣的情形呢？

　　顯然，這種意思相同的兩句話前後重複的現象，在傳世的《尚書》其他篇什中是極少見的。尤其簡本《金縢》的抄錄者還在第 14 簡簡背畫龍點睛地寫上「周武王有疾，周公所自以代王之志」的字樣，顯示戰國中晚期楚國史

7　《逸周書・文匡》

官在整理謄寫《金縢》時，既根據傳世《尚書‧金縢》抄本，又參以楚國的觀點和時代的特色，我認為這就是簡本與傳世本《金縢》出現大同小異的原因所在。

另一方面，周公之所以要通過設壇祈天的隆重儀式，來獲得代王的身份，並進而稱王的另一重要原因，我認為是因為管叔為兄，周公乃弟，周公若非居王位，以姬周王朝的名義舉全國之力出兵征伐，那麼與管叔彼此之間，便是兄弟之爭、諸侯之爭，新成立的姬周王朝將陷於內戰而土崩瓦解。所以，周公非稱王則不足以平亂，亦不可能制止分裂而統一全國。

而周公之繼位，一是有武王病篤時「我兄弟相後」的囑咐，[8]這符合殷周之際「兄終弟及」的傳位制度。其與傳世本《尚書‧金縢》記述周公在武王彌留之際設壇祈天，取得代王的地位；再以龜卜求得太王、王季、文王在天之靈的「新命」并自稱「予一人」，從而得以正式稱王的事，是完全一致的。雖然，簡本《金縢》刪掉周公自稱「予一人」，但必須指出，在清華簡《皇門》中，卻記載周公自稱「予一人」，這是很能說明問題的。

二、清華簡《皇門》與傳世《逸周書‧皇門》主旨考析

我認為《金縢》與《皇門》在敘述周公史事上有緊密相連的內在聯繫，尤其在周公從代王到正式稱王東征平亂一事上。

雖然，按照上文的分析，在傳世《尚書‧金縢》中，周公設三壇祭告三王，再通過三卜，獲得三王「新命」而得以自稱「予一人」，完成了從代王到稱王的宗禮儀軌。但是，這一過程除「納冊于金縢之匱」外，只有周公與「祝」知道。所以，我認為此時周公稱王之事，尚未公開。

如前所述，周公之所以如此苦心經營，乃為形勢所逼，因為管、蔡、霍

8　《逸周書‧度邑》

「三監」勾結紂子武庚在中原發動叛亂，新成立的姬周王朝被顛覆的危險已逼在眉睫。在這種情況下，周公只有正式公開稱王，使新成立的姬周王朝不致群龍無首，以便團結內外，而得以舉全國之力以東征平叛，始能挽狂瀾于既倒。

而無論清華簡本《金縢》或傳世本《逸周書‧皇門》之中，都記載周公于正月庚午日，格于閎（庫）門，宣示群臣，公開自稱「予一人」。這正是我認為《皇門》之篇乃為周公稱王的政治公告的原因所在。

至于清華簡《皇門》與傳世《逸周書‧皇門》的內容，我認為在一些文字的演繹上雖略有不同，但在主旨上卻是基本一致的——那就是周公的正式稱王而自稱「予一人」。

其中在記述周公發表這一稱王平亂政治公告的時間、地點上，幾乎完全一致。如在時間上，簡本是：「惟正（月）庚午」；傳世本亦為「維正月庚午。」在地點上，簡本是「公格在庫門」；傳世本則為「周公格左閎門會群臣。」而無論「庫門」或「閎門」，應都同屬于「皇門」，這亦正是為什麼無論簡本或傳世文本之所以將「皇門」作為篇名的主要原因。

揆之出土于汲冢的戰國魏簡《竹書紀年》中的相關記載，亦證實此一歷史事件發生之時間、地點，可謂絲毫不爽。內中述及元年春正月庚午，「周公誥諸侯于皇門。」[9]

而三者互證，周公如《金縢》中所述，在取得代王的合法地位之後，按照傳世《逸周書‧皇門》的記載，緊接著周公格于皇門會見群臣，結合當時的政治形勢，說出一番意味深長的話，并痛斥「是人斯乃讒賊娼嫉，以不利于厥家國。……乃維有奉狂夫，是陽是繩，是以為上。……媚夫先受殄罰，國亦不寧。」——我認為「是人」指自作殷監的管叔；至于「狂夫」、「媚夫」則指紂子武庚。

管叔等「三監」勾結武庚在中原叛周作亂，造成「國亦不寧」的危險局

---

9 見《竹書紀年》，中華書局據抱經堂本校刊，載《史部備要》。

面。在這種情況下，周公乃決然公開宣示：「監于茲，朕維其及。朕藎臣，夫明爾德，以助予一人憂」。

我認為「朕維其及」的「及」字，應指殷商傳位制度「兄終弟及」的「及」；亦即為《荀子‧儒效篇》中「是以周公屏成王而及武王以屬天下」之「及」。所以，我認為這正是周公正式公開稱王的政治公告。及後其要群臣「以助予一人憂」。周公自稱「予一人」，在禮制上，就是正式稱王的鐵證。

但是，必須指出，在武王崩後，周公按照「兄終弟及」的傳位制度繼而為王，若依禮法而論，其中必然碰到一個重大的障礙而不能迴避的問題，那就是：他上面還有一個兄長管叔。據《史記‧管蔡世家》云：

> 武王同母兄弟十人。母曰太姒，文王正妃也。其長子曰伯邑考，次曰武王發，次曰管叔鮮，次曰周公旦，次曰蔡叔度，次曰曹叔振鐸，次曰成叔武，次曰霍叔處，次曰康叔封，次曰冉季載。冉季載最少。

從上可知，十兄弟中，武王排行老二，管叔老三，周公老四。如果要按照禮制上「兄終弟及」的傳位制度，在一般正常的情況下，照理應先「及」老三管叔。但是，由于武王克殷之後，建立西周王朝，大封功臣謀士，其時管叔鮮已不服其管治，「自作殷之監」。[10] 顯示姬周家族內部早已存在著權力鬥爭。而周公旦在克殷前後，對武王的翊輔扶持最力。據《史記‧魯周公世家》云：

> 自文王在時，旦為子孝，篤仁，異于群子。及武王即位，旦常輔翼武王，用事居多。」

而克殷後不久，武王病篤，其時新建立的姬周王朝面對內憂外患，且子

誦年幼，管叔異心，因此他顯然選擇周公作為接班人。在《逸周書‧度邑》中，他執周公之手囑咐「乃今我兄弟相後」，希望其對姬周王業「敬守勿失」。[11]

所以，我認為《度邑篇》是武王對周公的政治遺囑。因為殷周之際，武王所言之「我兄弟相後」，實際上即為傳位制度上「兄終弟及」的表達形式。說明在姬周王朝的接班問題上，武王的確選擇了周公。

但問題在于，武王克殷是打著文王的旗號，所用紀年仍然是文王受命之年，顯見其本身權威不足，而且與管叔早有矛盾。故其臨終的安排，管叔未必服從。因此，我認為《金縢》中周公設三壇墠以祭告太王、王季、文王「三王」，并通過「三卜」取得代王的合法地位，目的正在于告訴管叔鮮，他的繼位接班是經過公祖父兄「同意」的。因為卜筮之事，當時是合法及有效的。

然而，作為周公的兄長、作為控制中原富庶地區的「殷之監」，管叔鮮當時氣勢方盛，他不會同意亦絕不甘心這樣的安排，于是在蔡叔、霍叔的支持下，勾結紂子武庚的殷遺勢力，與西周中央王朝分庭抗禮，形成武裝奪取政權之勢。矛盾終于公開爆發。

在這種情況下，周公別無選擇，只有公開正式稱王，以冀舉全國之力東征平亂。但是，我認為仍有一事是周公需要做的，那就是必須向諸侯群臣解釋一個關鍵的問題：武王崩後，既然採用「兄終弟及」的繼位制度，照理管叔大，周公小，但為什麼繼位的是他周公旦，而不是其三兄管叔鮮呢？因此，他必須對這件事講清楚、説明白，否則難以服眾，而不利于團結諸侯臣民以集中全力東征平叛。

經過深入的反覆研究，我認為清華簡《皇門》的内容恰好涉及這一方面的問題。即是説，當年周公格皇門會群臣，在公開正式稱王的公告中，就從歷史和現實的原因，解釋了在繼位問題上，武王選擇他而不選擇管叔的主要原因。為便于作進一步之解讀，茲根據清華簡《皇門》整理者釋讀文本，根據我個人的理解，將全文分為三段，逐錄如下：

惟正（月）庚午，公格在庫門。公若曰：『嗚呼！朕寡邑小邦，蔑有者耇慮事屏朕位。肆朕沖人非敢不用明刑，惟莫開余嘉德之说。今我譬小于大。

我聞在昔二有國之哲王，則不恐于恤，乃惟大門宗子邇臣，懋揚嘉德，迄有孚，以助厥辟，勤恤王邦王家。乃旁求選擇元武聖夫，羞于王所。自釐臣至于有分私子，苟克有諒，罔不秉達，獻言在王所。是人斯助王恭明祀、敷明刑。王用有監，多憲于政，命用克和有成。王用能承天之魯命，百姓萬民，罔不茂在王庭。先王用有勸，以賓佑于上。是人斯既助厥辟，勤勞王邦王家。先人神祇復式用休，俾服在厥家。王邦用寧，小人用格，能稼穡，咸祀天神，戎兵以能興，軍用多實。王用能奄有四鄰遠土，丕承子孫用蔑被先王之耿光。

至于厥後嗣立王，乃弗肯用先王之明刑，乃維汲汲骨驅骨教于非彝。以家相厥室，弗恤王邦王家，維偷德用，以昏求于臣，弗畏不祥，不肯惠聽無辜之辭，乃惟不順是治。我王訪良言于是人，斯乃非休德以應，乃惟詐誣以答，俾王之無依無助。譬如戎夫，驕用從禽，其猶克有獲。是人斯乃讒賊媢嫉，以不利厥辟厥邦。譬如圉夫之有媢妻，曰余獨服在寢，以自露厥家。媢夫有邇無遠，乃弇蓋善夫，善夫莫達在王所。乃惟有奉俟（狂）夫，是陽是繩，是以為上，是授司事師長。政用迷亂，獄用無成。小民用禱無用祀。天用弗保，媢夫先受殄罰，邦亦不寧。嗚呼！敬哉，監于茲，（按：傳世本有『朕維其及』四字）。朕遣父兄眾朕蓋臣，夫明爾德，以助余一人憂。毋惟爾身之懷，皆恤爾邦，假余憲。既告汝余德之行，譬如主舟，輔余于險，懷余于濟。毋作祖考羞哉！

細考上述清華簡本，除一些字句有出入之外，其主旨應與傳世《逸周書·皇門》文本相同。我認為全文的主要內容，是記載周公會諸侯群臣于皇門，向他們講述為什麼繼位的是他，而不是其兄長管叔？因為在採用「兄終弟及」傳位制度的情況下，他必須解釋這種「以小代大」的理由，因為這是事關禮制的重要問題，也關係到其繼位的合法性和正當性。

　　所以，我認為全文的主旨，無論是講歷史或是現實的，涉及的基本都是王位繼承的問題。為便于解讀，我分段略述其大意如下：

　　第一小段，周公說自己是「寡邑小邦」，蓋武王生前封其國于魯（按：周公本人未就封，留佐中央王朝，只派其兒子伯禽前往），是在山東新建之邦國，而他亦沒有老輩的協助（即「蔑有耈 慮事屏朕位」）。表示他的繼位，并不是靠強大的勢力強搶的。但他願進一步解釋其在「兄終弟及」繼位問題上「譬小于大」的原因。

　　第二段，是講述姬周「二有國之哲王」選擇繼承人的問題。我認為其中之所指，一為文王，一即武王。蓋文王晚年已正式稱王，這是傳世文獻《逸周書》相關篇什及清華簡《保訓》所證實的。而武王繼位為王，且克殷成功建立西周王朝，當然亦為「哲王」。而在選擇接班人的原則上，文王是「遷同氏姓，位之宗子」。[12] 即不會像夏代之前禪讓給異姓，而要實行傳位予「宗子」即嫡長子的繼承制度。這正與《皇門》中所載「哲王」所推行的「乃惟大門宗子邇臣，懋揚嘉德」的政治主張基本相同。

　　所以，我認為「二有國之哲王」其中之一的文王，是主張姬周王朝要實行「父死子繼」的宗子（按：即嫡長子）傳位制度的。但作為另一「哲王」的武王，卻于克殷二年後而崩。武王病篤時，因子誦年幼在襁褓中，而國家新立，正處于內憂外患的局面，因此他并沒有實行文王定下的傳嫡長子的制度，「乃旁求選擇元武聖夫，羞于王所」。因為這樣做并不符合文王「傳子」的原則，所以是有愧于文王的，故言「羞于王所」。

　　至于周公所言武王生前選擇的接班人中，其中「王用有監」，我認為「監」指的正是「自作殷監」的管叔。

　　同樣的句式：「王用能承天之魯命」，表示另一人選則是封魯的周公，而且顯示武王最終決定將周公作為承天命的王位繼承人，是為「承天之魯命」。因為武王認為周公符合王位繼承人的標準，即：「是人斯既助厥辟，勤勞王邦

12　《逸周書・允文》

王家。先人神祇復式用休，俾服在厥家。王邦用寧，小民用格，能稼穡，咸祀天神，戎兵以能興，軍用多實。王用能奄有四鄰遠土，丕承子孫用蔑被先王之耿光。」

武王上述對周公的評價非常重要。內中指出周公既為克殷開國立下不世之功勳，忠勤于姬周家族，又能尊祖敬祀神祇，保護國泰民安，同時振興農業，以富國強兵，不斷開拓版圖，使子孫後代能霑溉先王之耿光。

所以，我認為第二段的內容大體是講述武王為什麼選擇周公作為王位繼承人的主要原因。

而第三段的大部分內容，我認為主要是周公講述武王為什麼不選擇管叔作為接班人的客觀原因。如前所述，「王用有監」，顯示武王亦曾考慮過管叔的繼位問題。然而管叔的所作所為，顯然令武王感到失望，而且武王對他還作了嚴厲的批評。有關此點，《逸周書‧文匡》篇有相關的記載。內云：

> 惟十有三祀，王在管。管叔自作殷之監。……嗚呼！在昔文考戰戰，惟時祇祇汝其夙夜，濟濟無競，惟人惟允惟讓，不遠群正，不邇讒邪。汝不時行，汝害于士。士惟都人，孝悌子孫。……

據《集注》陳逢衡云：

> 十有三祀，武王即天子位之元年。管，管叔封邑，今開封府鄭州縣東二十里舊管城是也。《竹書紀年》「命監殷遂狩于管」，即此時。蓋王方議監殷之命，而管叔恃親而請挾武王以不得不允之勢，故曰「自作」。觀于在文考時，諫密須之伐，武王蓋以微覘其不可託矣。

我認為陳逢衡的上述解釋是恰當的。而在《逸周書‧文匡》的上述記載中，可見當年文王夙夜言之諄諄，教導管叔要心胸豁達，凡事不要過于競爭，而是要「惟人惟允惟讓」，同時必須親賢人，遠小人。但管叔過後忘記

文王生前的一再教導，劣性不改，如「自作殷之監」，又虐待士人。對此，武王給予嚴厲批評：「汝不時行，汝害于士」。顯見武王不假辭色，對管叔表示失望至極。

另一方面，從管叔「自作殷之監」一事看來，説明他亦不把作為新朝天子的武王放在眼裏，顯示在新得政權的姬周家族內部，兄弟之間已存在矛盾，潛伏著不可調和的權力鬥爭。這就為不久武王崩後的動亂政局，埋下了伏線。

因此，武王病篤時立周公而不立管叔，是自有其道理的。

但管叔顯然不服武王臨終前的這一決定，因此，在武王崩後，他為了阻止周公據武王「乃今我兄弟相後」的遺囑即位，遂企圖推翻武王生前所定下的「兄終弟及」之制，而重新提出以「父死子繼」的制度以立武王之子姬誦。誠如清華簡《皇門》中周公所指出：

> 至于厥後嗣立王，乃弗肯用先王之明刑，……弗恤王邦王家，維偷德用，以昏求于臣，弗畏不祥，不肯惠聽無辜之辭，乃惟不順是治。

管叔等人這樣做之後，目的在于製造姬周家族的內部矛盾，尤其中傷周公為了使自己上位而不惜危害武王的兒子姬誦，以破壞周公的形象及聲譽。有關這一問題，無論傳世或清華簡本《金縢》，都有如下之記載：

> 武王既喪，管叔及其群兄弟，乃流言于國（按：清華簡本作「邦」）曰：「公將不利于孺子」。[13]

管叔等人這樣做，顯示其用心之險惡。他們這樣做顯然違反了武王的臨終安排，其以流言中傷周公的目的，乃在于使鎬京的姬周王朝人心不隱，以

---

13 《尚書·金縢》

便亂中奪權。其實，武王生前曾就相關問題徵求過管叔的意見，但管叔一意孤行，用「詐詬」之言作答，陽奉陰違，以險惡之心對待同胞骨肉的兄長武王。

另一方面，管叔卻奉承紂子武庚（按：即傳世本及清華簡《皇門》中周公斥之為媚夫、狂夫者），彼等互相勾結，對抗鎬京的姬周中央政權，導致「政用迷亂」、「國亦不寧」。

在這種情況下，周公只有公開稱王，以便舉全國之力東征平亂。所以，他向群臣宣布：「監于茲，朕維其及。朕遺父兄眾朕藎臣，夫明爾德，以助余一人憂。」我認為這就是周公稱王的政治公告。有關史事，清華簡《皇門》有詳細的記述：

> 我王訪良言于是人，斯乃非休德以應，乃維詐詬以答，俾王之無依無助。……是人斯乃讒賊媚嫉，以不利厥辟厥邦。……乃惟有奉俟（狂）夫，是陽是繩，是以為上，是授司事師長。政用迷亂，獄用無成。小民用禱無用祀，天用弗保。媚夫先受殄罰，邦亦不寧。嗚呼，敬哉！監于茲，（朕維其及）。朕遺父兄眾朕藎臣，夫明爾德，以助余一人憂。毋惟爾身之懷，皆恤爾邦，假余憲。既告爾元德之行，譬如主舟，輔余于險，懍余于濟。毋作祖考羞哉！

我認為周公所説的「我王訪良言于是人」這句話所透露的歷史訊息非常重要。其中之「我王」，應指「二有國之哲王」中之武王；而「是人」則指「王用有監」的管叔。

可以説，上述這一段話的主要內容，是周公對管叔背叛武王及姬周家族、勾結紂子武庚亂政的痛斥，比如罵管叔「是人斯乃讒賊娼嫉，以不利厥辟厥邦」，説他「乃惟有奉俟（狂）夫，是陽是繩，是以為上。……媚夫先受殄罰，邦亦不寧」。我認為「狂夫」、「媚夫」指的就是被武王封奉湯祀的紂子武庚。

　　所以，我認為這一段是周公痛斥管叔雖為殷之監國，但卻尊奉紂子武庚，以其為上，將殷國「授司事師長」的權力都交給他，導致「政用迷亂，獄用無成」。而我之所以認為「狂夫」、「媚夫」就是指紂子武庚的主要原因，乃來自于對「媚夫先受殄罰」這一句話的解讀。

　　蓋紂王即帝辛，其名「受」，見諸《竹書紀年》。故「媚夫先受」即指武庚的先父帝受，這符合古人所述「某之先某」的語法。

　　因此，我認為周公說這句話的意思是，武庚之父紂王雖已被殄滅，但因為紂子武庚勾結管叔等「三監」在中土殷地擴張勢力，與鎬京的中央王朝分庭抗禮，并有武裝奪取姬周政權之勢，所以「國亦不寧」。

　　所以，周公對聚集于皇門的諸侯群臣說：在這種情況下，我只有按照武王生前的安排，以「兄終弟及」之制即位。此即傳世《逸周書‧皇門》所言之「嗚呼，敬哉！監于茲，朕維其及」。

　　而清華簡本《皇門》在「監于茲」之後，沒有下文「朕維其及」四字。我認為這可能是脫簡，或是由于當年楚國抄錄者的漏抄。蓋「監于茲」為未完成語，其後必有下文，此乃顯而易見的事。而無論是按照禮制或出于情理，周公只有在「朕維其及」即位之後，始能自稱「余一人」。這才有接著下文的一段話：「朕遺父兄眾朕藎臣，夫明爾德，以助余一人憂。毋惟爾身之懍，皆恤爾邦，假余憲。既告汝元德之行，譬如主舟，輔余于險，懍余于濟。毋作祖考羞哉！」

　　經過反覆的考證，我認為無論紙上文獻或出土的甲骨、金文資料，發現自稱「余一人」者，确實只有即真的天子，而攝政是絕不能自稱「余一人」的。在這一段話中，周公呼籲諸侯群臣要服從他的憲令（按：即「假余憲」）。面對以管叔為首的「三監」勾結紂子武庚在中土發動陰謀推翻在鎬京姬周中央王朝的危局，而周公稱王之後，有如舵手掌舟在狂風巨浪中前進。所以他號召群臣要和他同舟共濟，輔助他克服險境，共同拯救危難中的姬周王朝，而毋令祖考蒙羞。

　　毫無疑問，在敘述周初史事相關文獻的銜接上，我認為在《金縢》之後，

緊接著便是《皇門》，其後應是《尚書·大誥》，從而完成了周公從代王到正式稱王以便舉全國之力東征平叛的歷史過程。而歷史證明，周公的上述舉措，不僅挽救了姬周王朝，而且極大地拓展了王國的版圖，奠定了姬周八百年之基業。這些相關史事，都是彰彰可考的。

2017 年 8 月 2 日

於香港

清華簡《鄭武夫人規孺子》「乃為之毀圖所賢者」釋義

沈培

香港中文大學中國語言及文學系

　　《清華大學藏戰國竹簡（陸）》收有《鄭武夫人規孺子》一篇簡文，此篇第 1~2 號簡有下面的話，整理者讀為：[1]

　　　　昔吾先君，如邦將有大事，必再三進大夫而與之偕圖。既得圖乃為之毀，圖所賢者焉申之以龜筮，故君與大夫蠽焉，[2]不相得惡。（下略）

　　其中「既得圖乃為之毀」云云，比較難以理解。整理者對其中部分字詞作了注釋：[3]

　　　　圖，謀劃。《爾雅·釋詁》：「圖，謀也。」

　　又說：[4]

　　　　乃，楊樹達《詞詮》：「顧也，卻也。王引之云：『異之之詞。』」（中

1　除個別字詞外，所錄簡文採用整理者的寬式釋文，參看李學勤主編（2016：104）。
2　蠽，整理者讀為「晏」，不確，當從「ee」的意見讀為「婉」。參看 http://www.bsm. org.cn/bbs/read.php?tid=3345&page=1，7 樓，2016.4.17。
3　參看李學勤主編（2016：105 注［四]）。
4　參看李學勤主編（2016：105 注［五]、［六]）。

華書局，一九五四年，第七〇頁）毀，訓「敗」。句義為謀劃實施卻失敗。

「圖所賢者」之「所」訓為「其」，見裴學海《古書虛字集釋》（中華書局，一九五四年，第七八七頁）。

這裏解釋了「既得圖乃為之毀」的意思是「謀劃實施卻失敗」，但卻沒有解釋「圖所賢者」到底是什麼意思，雖然把其中的「所」解釋為「其」，但仍然不能讓人對「圖所賢者」有一個清晰明確的理解。

此書出版後，對於「既得圖乃為之毀，圖所賢者焉申之以龜筮」這一段簡文到底如何理解，不少學者都發表了意見。「暮四郎」是較早發表不同看法的人，他讀為：[5]

> 既得圖，乃為之毀。圖所賢者焉申之以龜筮，故君與大夫晏焉，不相得惡。

並且說：

> 「乃」處於「既……，乃……」結構中，只是普通連接詞，無煩另訓別解。「毀」的意義不是敗，而是減損。「既得圖，乃為之毀」大概是說得到了好的策略之後，則為之減損衣服、食物等。其意大概和祭祀前齋戒類似，是為了表示鄭重、敬謹。「圖所賢者焉申之以龜筮」，按我們的理解，可以進一步斷讀為「圖所賢者，焉申之以龜筮」，意思是說，君與大臣謀劃過程中認為很好的方案，就進一步付諸占卜，以視其吉凶。

「暮四郎」對於「既……，乃……」句式的認識和理解顯然是正確的，迄今研究者對此皆無異詞。但是，從「既得圖」到「申之以龜筮」這一段簡文

5　見 http://www.bsm.org.cn/bbs/read.php?tid=3345，8 樓，2016.4.17。

到底應該怎麼理解，各家仍然存在較大的分歧。為了討論的方便，我們可以從斷句和字詞解釋兩方面來介紹不同的說法。這兩方面的內容當然是相互關聯的，其中一方面的認識有時就會直接影響到對另一方面的認識。

先看各家在斷句方面的不同。為了便於直觀，下面列表顯示：

李學勤主編（2016） 蔣偉男（2016）	既得圖乃為之毀，圖所戩者焉申之以龜筮
暮四郎	既得圖，乃為之毀。圖所賢者焉申之以龜筮
晁福林（2017）	既得圖乃為之毀，圖所賢者焉，申之以龜筮
子居（2016）	既得圖，乃為之毀，圖所賢者焉申之以龜筮
曰古氏	既得圖，乃為之毀圖，所賢者焉申之以龜筮
魚游春水 王寧（2016）	既得圖，乃為之。毀圖，所賢者焉申之以龜筮
楚竹客 Blackbronze（龐壯城2016） 楊懷源（2017）	既得圖，乃為之；毀圖所賢者，焉申之以龜筮

需要說明的是，上表所列的說法，即便斷句相同，對句義的解釋也不盡相同；相反，有的斷句不同，但對這一段話的大意的理解卻是相近的。這些都可以在我們下面的討論中看出。無論如何，各家斷句的不同，可以用「毀」字屬上句讀還是屬下句讀來區分為兩種。

至於字詞的解釋，主要集中在對「毀」字的解釋上。迄今我們至少已看到十多種不同的解釋，除了暮四郎提出的「毀」訓為「減損」外，還有其他一些看法。

據劉孟瞻介紹：[6]

發佈會當天（引者按：即2016.4.16）晁福林先生指出「毀」有「批評」

6　見 http://www.bsm.org.cn/bbs/read.php?tid=3345&page=4，28樓，2016.4.19。

之意，毀譽之「毀」即此意。此句意思為：得到計謀，讓大臣對計謀有所批評（對計謀提出意見）。

後來，我們在晁福林（2017：126）中看到了比較完整的看法。晁先生說：

> 簡文「毀」，原考釋訓為「敗」，是合乎古訓的解釋。原考釋認為簡文「既得圖乃為之毀」，「句義為謀劃實施卻失敗」。簡文是可以這麼來理解的。我以為「毀」字，除了訓敗之外，還可能有另外的訓釋。這個字，還可以用作「詆」，批評之意，並且常常和表示稱讚之意的「譽」字相對使用。……總之，毀意為敗，亦可指批評。簡文「偕圖」，意即大夫都提出自己的圖謀，簡文接著所說「既得圖乃為之毀」，其意也可能是將大夫們所提出的圖謀，讓大家批評。通過批評而選出圖謀之最優者，此即簡文所說「圖所（原考釋者訓簡文『所』，為『其』，甚是）賢者焉」。簡文意思是說，謀劃一定要慎重，提出謀劃之後，要廣泛征求意見，讓大家橫挑鼻子豎挑眼地進行批評，用現在流行的話來說就是「吐槽」，只有經過這樣的過程才能選出最好的謀劃方案。

從這一段敘述來看，晁先生似乎是把「毀」理解為中性的「批評」義。這大概不合古書用例。我們知道，古人所說的「毀譽」的「毀」，不是一般意義上的「批評」，而且「譖害」、「謗」的意思。[7] 從簡文來看，如果說鄭武公讓大臣們對已得之圖謀進行訾毀、誹謗，這是不可能的。因此，把「毀」解釋為「批評」是不準確的，用於簡文也是不合適的。

「厚予」同意整理者「既得圖乃為之毀」的讀法，認為：[8]

> 整理者，毀，訓「敗」，謂「計劃實施却失敗」。于上下文意稍顯

7　參看宗福邦等主編（2003：1201）義項 19、20。

8　見 http://www.bsm.org.cn/bbs/read.php?tid=3345&page=4，29 樓，2016.4.19。

突兀。

　　暮四郎兄訓「減損」，謂「為之減損衣服、食物等（其意大概和祭祀前齋戒類似，是為了表示鄭重）」。稍有增字之嫌。

　　竊疑，毀或通「燬」。《詩・周南・汝墳》「王室如燬」，《列女傳》二引作「毀」。《楚帛書》丙：「昜（陽），不□燬事」，燬事即毀事。是其證也。《毛傳》燬，火也。「王室如燬」，意即王室征伐之事酷烈，如火之急盛。此處「為之毀（燬）」，或即為之急。

「厚予」不僅指出整理者的說法有問題，而且指出「暮四郎」對「毀」的解釋存在「增字」之病，這是正確的。但他把「毀」讀為「燬」，比較特別，難免有故意立異之嫌。把「為之毀（燬）」解釋為「為之急」恐怕也是一種靠不住的猜測，我們很難從古書中找到「燬」有這樣的用例。

　　對「毀」字作出特別解釋的還有子居（2016），他將相關簡文讀為：「既得圖，乃為之鑿，圖所賢者焉申之以龜筮。」並說：

　　　　「毀」當讀為「鑿」，「鑿」即鑿龜卜問。簡文「圖所賢者焉申之以龜筮」，即從君臣的謀劃中選出較優方案再用龜筮來卜問孰吉孰凶。

　　讀「毀」為「鑿」，本無根據，而且單用「鑿」也不能說就是指「鑿龜卜問」。此說顯然也是不可信的。

　　在所有說法中，楊懷源（2017）的讀法最為奇特。他將簡文讀為「既得圖，乃為之。毀（既）圖所（於）賢者，焉申之以龜筮。」不僅將「毀」讀為「既」，而且將「所」讀為「於」。這種想法可能過於大膽，難以找到可靠的根據。

　　在把「毀」屬上句讀的說法裏面，蔣偉男（2016）對「毀」的解釋比較新穎：

整理者的句讀可從，不必另斷。「乃為之」典籍習見，表示動作相承。古文字中「毀」多表「破壞」、「詆毀」之義，此處「毀」與「改造」義相關。「圖所賢者焉」則是指慎重考慮計策之中更善者，再「申之以龜筮」，才得「君與大夫晏」。[9]

蔣說將「毀」解釋為「改造」，主要根據馮勝君（2015）的說法。此說恐需進一步研究。就馮文所舉之例看，能夠解釋為「改造」義的，都出現在「毀 A 為 B」這樣的表達中，不能排除是這種「構式」給人們在理解「毀」時帶來的影響。我們要討論的簡文「毀」並非出現在這樣的表達當中，直接將其解釋為「改造」，大概是比較草率的。至於「圖所賢者焉」能否理解為「慎重考慮計策之中更善者」，也是不可靠的，我們下面將會討論。

「魚游春水」是比較早將「毀」屬下句讀的人，他在回應劉孟瞻先生的發言中說：[10]

有沒有可能把」毀「字屬下讀。「得圖」是君臣意見一致認可的，就「為之」。「毀圖」就是有人反對，所以求助於龜策。

從他的解釋看，原文「申之以龜筮」前面為什麼出現了「所賢者」，這個「所賢者」應該如何解釋，顯然都被忽略過去了。

「楚竹客」認為「魚遊春水」的讀法可從，並同意晁福林先生訓「毀」為「批評」之說，他說：[11]

按，訓「毀」為「批評」，甚確。《論語·子張》「叔孫武叔毀仲尼。」

9　參看蔣偉男（2016）。蔣文在「簡帛網」發佈時將「圖所賢者」誤寫為「圖其賢者」，後來正式發表已改正。

10　見 http://www.bsm.org.cn/bbs/read.php?tid=3345&page=4，30 樓，2016.4.19。

11　楚竹客（2016），http://www.gwz.fudan.edu.cn/forum/forum.php?mod=viewthread&tid=7828&extra=page%3D4，2016.4.22。

《後漢書‧郭太傳》「（謝甄）後不拘細行，為時所毀。」皆是類似的意思。

「毀圖」就是對計謀的批評意見，「所賢者」就是說這些意見中尚有善而可從者。「賢」有「善」義，《禮記‧內則》「若富則具二牲，獻其賢者於宗子。」鄭玄注：「賢，猶善也。」簡文「所」字亦不當訓為「其」，而是用為語助詞，或構成「所……者」的結構，用來修飾前面的主語「毀圖」，相同的用法如《論語‧雍也》「予所否者，天厭之。」（看《虛詞詁林》第 462 頁）

整句意思就是說，對於計謀的批評意見有善而可從者，就再「申之以龜筮」，用龜筮來檢驗它們。後句的「焉」字當訓為「乃、則」，《大戴禮‧王言》「七教修，焉可以守，三至行，焉可以征。」《家語》作「然後可以守」、「然後可以征」（看《虛詞詁林》第 631 頁）。又清華簡《繫年》簡 53：「乃立靈公，焉葬襄公。」皆是此類用法。

這可以說是補充解釋了「申之以龜筮」前面的「所賢者」。但把「毀圖所賢者」解釋為「對於計謀的批評意見有善而可從者」也非常奇怪，與我們的語法常識相悖。而且，前面我們已經說過，把「毀」解釋為一般意義的「批評」是不合適的。

採用「毀」屬下句讀的說法，還存在另外一個毛病。「曰古氏」就對「楚竹客」的說法提出疑問：[12]

斷句為：既得圖，乃為之；毀圖所賢者，焉申之以龜筮。——似乎也不好理解？既然「乃為之」（已經完成圖謀之事），還需要回頭「申之以龜筮」麼？

因此，「曰古氏」提出他的斷句是：「既得圖，乃為之毀圖，所賢者焉申之以龜筮。」並且解釋說：

---

12 以下「曰古氏」的說法皆出自上一注釋所示網址，2~4 樓，2016.4.23。

「毀圖」之「毀」，或是「禱祈除殃」之義。《周禮·地官·牧人》「凡外祭毀事用尨」《註》：「毀，謂副辜候禳毀除殃咎之屬。」句意或是謂：已經得到諸位大夫對國家大事的謀劃，乃就這些謀劃舉行祈禱攘除災殃的儀式，其中比較好的謀劃再用占筮的方式決定最終選擇哪一種方案。

他還結合清華簡《程寤》篇的記載，說文王在占夢之前，先要進行種種儀式：祓、忻（祈）、攻、乑（烝），最後才「占」。先秦時期的古人迷信，故推測「毀圖」之「毀」或當是「禱祈除殃」之義，即「毀」是屬於當時攘除災殃一類的迷信活動。

應該說，「曰古氏」對「毀」屬下句說的疑問是抓住了此說的弱點，但是他對「毀圖」的解釋又很難讓人接受。即便「毀」可以看做是祭祀義，但「毀圖」連用，大概就不能這麼看了。

有人採用「毀」屬下句讀的看法，卻從另外的角度加以解，試圖避免「曰古氏」所指出的毛病。

「blackbronze（龐壯城）」就是將「毀」字屬下句讀的，他說：[13]

> 「乃」字就直接當作「於是」使用。……「毀」字作「撤除」、「廢棄」，如《禮記·雜記上》：「至於廟門，不毀[14]牆，遂入。」鄭玄注：「毀，或為徹。」《儀禮·有司》「有司徹」，唐陸德明《釋文》：「徹，字又作撤。」 女（焉）字作「則」，如……繡（申）字作「說明」、「申述」，如……
> 整段話可語譯作：「已有圖謀，於是執行。撤除、廢棄好的計畫，則要以龜筮的結果申述、說明。」

按照「Blackbronze（龐壯城）」的說法，似乎「執行」的圖謀不一定是

13　見 http://www.bsm.org.cn/bbs/read.php?tid=3345&page=4，35 樓，2016.4.23。又見龐壯城（2016）。
14　龐文原來誤「毀」為「悔」，今改正。

好的，因為後面接著說「撤除、廢棄好的計畫，則要以龜筮的結果申述、說明」，這在情理上實在難以令人接受。而且，對於要撤除、廢棄的計畫要占卜，卻對要執行的圖謀不占卜，這也是不合古人行事習慣的。另外，他把「圖所賢者」理解為「好的計畫」，在語法上也是沒有多大根據的。

王寧（2017）採用「既得圖，乃為之；毀圖，所賢者焉申之以龜筮」的讀法，他解釋說：

> 「得圖」與「毀圖」為對，「得圖」謂意見一致形成決議，故予以執行。「毀」即毀壞，這裏是「改變」的意思，「毀圖」即君主要改變原來的決議。「賢」訓「善」，「所賢者」就是認為原圖好的大臣，這些人不願意改變決議，就用卜筮在重申原決議不可更改。

王先生沒有解釋為什麼「毀」可以從「毀壞」義變為「改變」義，不能不讓人感覺他的解釋比較隨意。此外，這種說法同樣不能避免簡文說了「乃為之」之後卻又要「毀圖」、「申之以龜筮」這種矛盾。

林清源（2017）認為：

> 本篇竹書「毀」字也應理解為「改造」義，若要講得更貼切一些，或可引申詮釋作「修訂」義。「乃為之毀圖」應作一句讀，「得圖」與「毀圖」相對，「得圖」是「獲得謀略」，「毀圖」則是「修訂謀略」。「賢」常有「多於」、「勝過」一類意思，「所賢者」意即「（各種圖謀中）最優者」。

這是對「毀」的意思又作了新的闡釋。我們前面講過，「毀」有無「改造」義，本來就不一定可靠，或者說需要一定的條件才能如此理解。林先生在此基礎上又將「毀」的意思引申為「修訂」，恐怕也是「過猶不及」。

以上我們重點檢討了各家對「毀」字解釋所存在的問題以及相關斷句存

在的問題。其實，與之相關的另外一個關鍵問題是對「圖所賢者」的解釋。僅從王寧和林清源二位先生對「所賢者」的解釋，我們就可以看出存在分歧。前者認為「所賢者」就是認為原圖好的大臣，他們是「申之以龜筮」的主語；後者認為「所賢者」意即「（各種圖謀中）最優者」，接近前引晁福林、子居、龐壯城三人的看法。前面我們還曾引用過，「暮四郎」認為「圖所賢者」的意思是「君與大臣謀劃過程中認為很好的方案」；蔣偉男將「圖所賢者焉」理解為「指慎重考慮計策之中更善者」；「楚竹客」將「毀圖所賢者」解釋為「對於計謀的批評意見有善而可從者」。由此可見，大家基本上把「賢」理解為「善」，分歧在於到底是「人所善之圖」還是「圖之所善」。

我們認為，要正確理解「圖所賢者」的含義，必須對其中的「賢」有正確的看法。如果要把「賢」理解為「善」，所謂「圖所賢者」其實是很難講通的。《韓非子·八姦》有這樣的話：「群臣百姓之所善，則君善之；非群臣百姓之所善，則君不善之。」這是「善」作動詞用時典型的用例。「善」之發出者是「群臣百姓」或「君」，都是指人名詞。而「圖所賢者」，「賢」前面是「圖」，不是指人名詞，如果不考慮其他比較複雜的看法，而採用最簡單的方法去理解這一說法，只能重新考慮「賢」是否還有別的含義和用法。

其實，古書中的「賢」有作「多」來解釋的。《說文》：「賢，多才也。」段玉裁注說：「引申之，凡多皆曰賢。」前引林清源說已經說到「賢」「常有『多於』、『勝過』一類意思」。《呂氏春秋·順民》「則賢於千里之地」高誘注：「賢，猶多也。」《儀禮·鄉射禮》「取賢獲」胡培翬《正義》引張爾岐說：「賢，猶多也。」我們要特別強調的是，這個「多」其實含有「多餘」的意思。我們看看古人對「賢獲」的解釋就可以知道。

《儀禮》的「取賢獲」的「獲」是「算籌」之義，這種用法很常見：

《大戴禮記·投壺》：「中獲既置。」王聘珍《解詁》：「獲，算也，古文獲作算。」

《儀禮·鄉射禮》：「而未釋獲。」胡培翬《正義》引韋協夢云：「獲，獲之算也。」

　　《儀禮‧鄉射禮》：「則釋獲者坐而釋獲。」胡培翬《正義》引敖繼公云：「獲則用此算，故因名此算曰獲。」

　　《儀禮‧鄉射禮》：「釋獲者遂進取賢獲。」鄭玄注：「賢獲，勝黨之筭也。」賈公彥疏：「以筭為獲，以其唱獲則釋筭，故名筭為獲。」

　　而「賢獲」就是多出來的「算」：

　　《儀禮‧射禮》：「取賢獲。」胡培翬《正義》引敖氏云：「賢獲，勝黨所餘之算也。」

　　《儀禮‧鄉射禮》：「取賢獲。」胡培翬《正義》引張爾岐云：「賢獲，所多之算。」

　　下一句的「賢」表示「多餘」的意思是很明顯的：

　　《大戴禮記‧投壺》：「有勝則司射以其算告曰：『某黨賢於某黨，賢若干純。』」

　　古書還有「餘獲」：

　　《儀禮‧大射儀》：「釋獲者遂以所執餘獲。」鄭玄注：「餘獲，餘筭也。」

　　由此可見，「賢獲」就是「餘獲」。

　　西周金文《柞伯簋》銘文有「賢獲」，陳劍先生作過很好的考釋，我們上面所舉的例子在陳文中大都已經引用。[15] 清華簡《子儀》簡 2 有「乃券冊秦邦之𢼨餘」，馬楠先生讀「𢼨」為「羨」。[16] 讀為「羨」，對於今人來説，文義顯得更為顯豁，但「𢼨」從「攴」聲，「攴」在已發現的古文字資料裏，經常讀為「賢」，用法相當固定。由此可見「𢼨餘」之「𢼨」讀為「賢」或許更合乎當時的用字習慣。

　　知道了「賢」有「多餘」的意思，以此去理解相關簡文，就可以暢通無

15　參看陳劍（1999）。《柞伯簋》讀為「賢」的字原作🔲。戰國文字中讀為「賢」的字有不少作「🔲」者（本文討論的《鄭武夫人規孺子》讀為「賢」的字正作此形），陳劍先生認為其右邊偏旁就是「🔲」的變形。「🔲」是「掔」與「𢼨」的表意初文。

16　參看清華大學出土文獻讀書會（2016）。表示「多餘」義的「賢」跟「羨餘」的「羨」也許並無語源上的關係，二者的來源似乎不同。

阻。我們認為本文要討論的原本難以理解的簡文應該讀為：

> 既得圖，乃為之毀圖所賢者，焉申之以龜筮。

其意為：已經得到了大家認可的圖謀之後，就把圖謀中多餘者撤除或廢棄，然後再對已得之圖加以占卜。

其中的「毀」，前引説法中已經有人指出是「撤」的意思，古書「毀」、「撤」有異文關係，但二者是同義詞，我們在古書中能看到「撤毀」或「毀撤」的説法。[17] 所謂「毀圖所賢者」指撤除那些多餘的圖謀，這或許是為了不讓別人發現君臣有過圖謀的舉動而説的。

簡文中「焉申之以龜筮」顯然是針對「既得圖」而言的，也就是説，在「得圖」之後，還要進行占卜。這也完全符合古人的行事習慣：既要得人謀，又要得天算。古書中記載此類事情很多，不必贅言。

順便一提，古漢語「焉」可訓「乃」，二者有何區別，頗不易説清楚。僅從固定搭配來看，我們既能看到「既……，乃……」，又能看到「既……，焉……」。[18] 現在看到「乃」、「焉」同時出現，而「焉」在「乃」之後，這很可能説明「焉」前的停頓要比「乃」前的停頓要大。換句話說，我們討論的簡文「焉申之以龜筮」的前面，是可以施以分號或句號的，而「乃」前則絕不可以這樣。

2017.12.5 初稿

2018.3.30 修改

附記：拙文在修改過程中得到過蘇建洲先生的幫助，謹此致謝！

---

17 《釋名・釋宮室》：「必取是隅者，禮，既祭，改設饌于西北隅。（令）〔今〕撤毀之，示不復用也。」《文選・潘岳〈悼亡詩〉》：「袞裳一毀撤。」

18 上博簡《昭王毀室》簡 5 有「既袼，焉從事」。參看馬承源主編（2004），圖版第 37 頁、釋文第 186 頁。其中「焉」字，原整理者釋為「安」，訓為「於」，不確。現在的讀法是大多數研究者的共識。

參考文獻

「簡帛」網「簡帛論壇・簡帛研讀・清華六《鄭武夫人規孺子》初讀」主題帖，http://www.bsm.org.cn/bbs/read.php?tid=3345

晁福林（2017）《談清華簡〈鄭武夫人規孺子〉的史料價值》，《清華大學學報（哲學社會科學版）》2017 年第 3 期

陳劍（1999）《柞伯簋銘補釋》，《傳統文化與現代化》第 1 期；收入作者《甲骨金文考釋論集》，北京：線裝書局，2007 年

楚竹客（2016）《清華六〈鄭武夫人規孺子〉箚記一則》，http://www.gwz.fudan.edu.cn/forum/forum.php?mod=viewthread&tid=7828，2016.4.22

馮勝君（2015）《說毀》，戰國文字研究的回顧與展望國際學術研討會，復旦大學出土文獻與古文字研究中心主辦，2015.12.12~13

蔣偉男（2016）《簡牘「毀」字補說》，http://www.bsm.org.cn/show_article.php?id ＝ 2531，2016.4.23；又載《古籍研究》第 64 卷（2016.12）

李學勤主編（2016） 清華大學出土文獻研究與保護中心編、李學勤主編：《清華大學藏戰國竹簡（陸）》，上海：中西書局，2016 年 4 月

林清源（2017）《清華簡（陸）〈鄭武夫人規孺子〉通釋》，作者所贈未刊稿，2017.11.3

馬承源主編（2004）《上海博物館藏戰國楚竹書（四）》，上海：上海古籍出版社

龐壯城（2016）《〈清華簡（陸）〉考釋零箋》，http://www.bsm.org.cn/show_article.php?id=2537，2016.4.27

清華大學出土文獻讀書會（2016）《清華六整理報告補正》，http://www.tsinghua.edu.cn/publish/cetrp/6831/2016/20160416052940099595642/20160416052940099595642_.html,2016.4.16

王寧（2016）《清華簡六〈鄭武夫人規孺子〉寬式文本校讀》，http://www.gwz.fudan.edu.cn/Web/Show/2784，2016.5.1

楊懷源（2017）《〈鄭武夫人規孺子〉簡一、二零箚》，第二屆古文字與出土文獻語言研究會議論文集，西南大學漢語言文獻研究所、四川外國語大學中國語言文學系主辦，2017.10.28-29

子居（2016）《清華簡〈鄭武夫人規孺子〉解析》，http://xianqin.byethost10.com/2016/06/07/338，2016.6.7

宗福邦等主編（2003）《故訓匯纂》，宗福邦、陳世鐃、蕭海波主編，北京：商務印書館

重讀清華簡《厚父》筆記

趙平安

清華大學出土文獻研究與保護中心

清華簡《厚父》發表後，引起學術界極大的關注。作為《厚父》的執筆整理者，回過頭來重讀此篇，有若干意見，條陳如下，以就教於關心此篇的學界朋友們。

1、啟佳（惟）后，帝亦弗巩（鞏）啟之經惠（德），少命咎（皋）繇（繇）下為之卿事。[1]

整理報告：巩，「鞏」之異體字。毛公鼎（《殷周金文集成》二八四一）「不（丕）巩先生王配命」作「巩」，文獻一般作「鞏」。《詩‧瞻卬》「無不克鞏」，毛傳：「鞏，固也。」馬瑞辰《傳箋通釋》：「鞏、固以雙聲為義，古音轉，讀鞏為固。」此處為意動用法。

整理報告發表後，圍繞巩的解釋和「少」的釋字、斷讀，展開了熱烈的討論。

關於巩字，有如字和通假兩類讀法，如字讀以整理報告和王寧先生為代表，[2] 分別理解為「固」或「擁護、維護、支持」之義。通假說有數種：

馬楠：「巩」讀為「邛」或「恐」，《小旻》「我視謀猶，亦孔之邛」，《巧言》「匪其止共，維王之邛。」毛傳鄭箋「病也」。

暮四郎認為「巩」、「巩」當讀為「窮」。「弗巩（窮）啟之經德」意為不

1　清華大學出土文獻研究與保護中心編、李學勤主編：《清華大學藏戰國竹簡（伍）厚父》，中西書局，2015年。本文引《厚父》原文皆出自此篇，不一一出注。

2　本文所引各家意見皆出自吳博文《〈清華大學藏戰國竹簡（伍）‧厚父〉文本集釋與相關問題研究》，復旦大學碩士學位論文，2017年5月。

使啟之經德窮盡。

黃國輝認為叟當讀如「蚤」，恐也。

馬楠、黃國輝對叟字的理解本質上是一致的。叟無論讀為「邛」、「恐」還是「蚤」，都屬於通假。這三個字表示「恐懼」或「病」的意思，語源應該是相同的。

子居認為叟在這裏讀為「雍」，訓為和悅、喜悦。

我們整理竹簡和讀古書一樣，應該堅持一個原則，那就是能不破讀就不破讀。關於叟字，能和《毛公鼎》用法聯繫起來，如字讀能講通，就應該如字讀。

關於少字，目前有釋「少」釋「乎」兩種意見。但釋「乎」字形差別較大，文例也不大講得通，影響不大。「少」字主要是斷讀的問題。目前多數學者從馬楠等位的意見，把「少」字從上讀。主要是因為「德少」成詞，而且《墨子》《韓非子》等書中確實有關於夏啟德行不足的記載。

《墨子·非樂》引《武觀》曰：「啟乃淫溢康樂，野于飲食，將將鍠鍠，筦磬以方。湛濁于酒，渝食于野，萬舞翼翼，章聞於天，天用弗式。」《韓非子·外儲説右下》「禹愛益而任天下於益，已而以啟人為吏。及老，而以啟為不足任天下，故傳天下於益，而勢重盡在啟也。已而啟與友黨攻益而奪之天下，是禹名傳天下於益，而實令啟自取之也。」都屬此類。

如果把「少」字從上讀，結合學者們對叟字的理解，「帝亦弗叟啟之經悳（德）少」意思就是「上帝不擔心夏啟的常德不足」，或者「上帝不以夏啟常德不足為病」。無論哪一種理解，它所呈現的帝的形象都讓人感到有點奇怪。而且這樣理解，和下文帝命皋陶下來作他的卿士，文意也不太連貫。不擔心可以由他去，不必管他。不擔心卻派人下來輔佐，究竟是一種什麼邏輯，頗讓人費解。

我們認為還是應該按整理小組的意見，「少」字從下讀，叟理解為固。「少」的這種用法不僅見於傳世文獻，還見於清華簡《子犯子餘》簡3「少公

乃召子餘而問焉」。[3]「帝亦弗受啟之經悳（德）」就是「不以啟之常德為固」。啟之常德不固，大約是指啟「二三其德」。在這種背景下，過了不久，帝命皋陶下來作了他的卿士。

2、拜 ∟（拜手）頴＝（稽首）

拜下面的符號我們在整理時把它處理成合文符號。整理報告出版後，又有學者提出校對符號說，句讀符號說。這兩種說法都是優先從符號形態出發的。

句讀符號確實有這麼寫的，但此說最大的問題是，通篇僅此一處，而且標在最不必要標注的地方。我們知道，《厚父》文辭古奧，斷句艱難，至今仍有幾處沒有形成一致意見。然而通篇都不標點，難處也不標點，卻偏偏在「拜（或拜手）稽首」這類婦孺皆知的常語下特別加以標點，令人感覺十分奇怪。

校對符號也確實有這麼寫的。這種說法認為，拜下本應有合文符號，抄丟了，發現後特地在此處做了個標記，提示人們閱讀時注意。有學者反駁說，既然發現抄丟了合文符號，為什麼不直接補上合文符號，而是補一個校對符號，讓人們捉迷藏呢？反駁是很有道理的。

我個人認為，綜合來看，拜下符號還是應該理解為合文符號為好。《厚父》一篇書法嚴謹，書寫水準很高，其中有很多個性化的書寫。這種風格的書法在六十多篇清華簡裏絕無僅有，我曾推測是墓主人自書的作品。[4] 鑒於此，不應該簡單地從錯訛的角度來理解，而應當肯定這個符號一定是有含義的。比起校對符號說和句讀符號說，解釋為合文符號更為合理些。「拜手」合文古文字常見，如清華簡《祭公》第 2 簡、第 9 簡。我在整理報告中引 1990年代小文《再議書面語中的疊用符》（《河北大學學報》一九九五年第三期）

3　清華大學出土文獻研究與保護中心編、李學勤主編：《清華大學藏戰國竹簡（柒）》，第 95 頁注【一四】，中西書局，2017 年。

4　《談談戰國文字中值得注意的一些現象——以清華簡〈厚父〉為例》，《出土文獻與古文字研究》第六輯，上海古籍出版社，2015 年。

來說明合文符號可以寫作 ㄴ，由於文中例子較晚，未被采信。小文指出，合文符號來源於「二」。並已說明「二」變成 ㄴ 的演變路徑，從形態上對兩者的關係進行了說明。要知道，古今書寫其實是相通的。譬如，秦漢時代大量的「中」演變為「十」，而這種演變戰國文字也存在，甲骨文就初見端倪了。當然， ㄴ 的來由除上面所描述的由兩橫連筆簡化而來以外，實際上還有另一種可能性，因為合文符號有時也可以寫成一橫，一橫有時候也可以寫作 ㄴ 的樣子，古文字中「氣」的首筆的演變就是一個很好的例子。

至於同是合文符號，為什麼前者作 ㄴ，後者作兩小點，前後不一致呢？從甲骨文以來，這種現象已經很多見了。戰國竹簡也很多見。在《厚父》篇正文中，同一個字前後書寫不同，例子不少，如：

少作 ▨（簡2）、▨（簡9）之形，後者是通常的寫法，前者末筆改變筆勢。

民作 ▨（簡2）、▨（簡11）之形，後者在前者基礎上加羨劃。

厚作 ▨（簡1）、▨（簡4）之形，後者在前者基礎上有所省簡。

啟作 ▨（簡2）、▨（簡2）之形，前者繼承了甲骨金文的寫法，後者則是楚系文字常見的寫法。

政作 ▨（簡4）、▨（簡8）之形，後者是楚文字常見的寫法，前者是後者的省略。

畏作 ▨（簡9）、▨（簡9）之形，作作 ▨（簡5）、▨（簡8）之形，後者在前者基礎上增累偏旁。

保作 ▨（簡3）、▨（簡11）之形，後者替換前者的偏旁。

抄書人這樣做，主要原因是為了書法上的避複求變。[5] 這是一種自覺的行為，是一種美的追求，是一種高品質的表現。不值得奇怪。

3、古天降下民，钔（設）萬邦，㇏（作）之君，㇏（作）之帀（師），

5　趙平安：《談談戰國文字中值得注意的一些現象——以清華簡〈厚父〉為例》，《出土文獻與古文字研究》第六輯，上海古籍出版社，2015年。

佳（惟）曰其勤（助）上帝屬（亂）下民。之匿（遷）王廼渴（竭）乾（失）其命，弗甬（用）先剝（哲）王孔甲之典刑。

整理報告釋文斷句如上。報告發表以後，馬楠、網友「蚊首」、郭永秉等先生把「之遷」屬上讀。綜合屬上讀的理由，主要有兩個：一是覺得「之遷王」之類的說法雖然語法上沒有太大毛病，但總覺得有些彆扭；二是以為文中「作之君、作之師」的目的單純是糾治下民的罪惡。

「之遷王」的說法，無論是從語法上還是從文意上其實都是很合理的。《詩經·柏舟》「之死矢靡它」，毛傳：「之，至也。」裴學海《古書虛字集釋》又引《孟子·滕文公篇》「自楚之滕」、《萬章篇》「知虞公之不可諫而去之秦」來佐證這一條例。[6]「之」表示「至」的意思，現在已成常識。「之遷王」是「之」加「名詞」形式，表示時間。它和「之死」結構其實是一樣的。「死」雖本為動詞，也可以作名詞，「之死」的「死」已經名物化了。這類用法並不鮮見，如《國語·鄭語》：「桓公為司徒，甚得周眾與東土之人，問於史伯曰：『王室多故，余懼及焉，其何所可以逃死？』」即屬此類。所以「之遷王」之類的用法是合乎語法，不必懷疑的。特別是從文意上看，「之遷王」與下文「廼渴（竭）乾（失）其命，弗甬（用）先剝（哲）王孔甲之典刑（型）」緊密銜接，一貫而下，十分順適。

有學者以為文中「作之君、作之師」的目的單純是糾治下民的罪惡。並舉《國語·魯語上》「且夫君也者，將牧民而正其邪者也，若君縱私回而棄民事，民旁有慝，無由省之，益邪多矣。」為證。查《國語·魯語》中的這一段，屬於「里革論君之過」，原文較長，移錄如下：

> 晉人殺厲公，邊人以告，成公在朝。公曰：「臣殺其君，誰之過也？」大夫莫對，里革曰：「君之過也。夫君人者，其威大矣。失威而至於殺，其過多矣。且夫君也者，將牧民而正其邪者也，若君縱私回而棄民事，

6　裴學海：《古書虛字集釋》下冊第 747 頁，中華書局，2004 年。

民旁有慝無由省之，益邪多矣。若以邪臨民，陷而不振，用善不肯專，則不能使，至於殄滅而莫之恤也，將安用之？桀奔南巢，紂踣於京，屬流於彘，幽滅於戲，皆是術也。夫君也者，民之川澤也。行而從之，美惡皆君之由，民何能為焉。」

顯然里革的話是在晉厲公被殺的背景下說的。所以強調了「正邪」的一面。即便這樣，前面也還有「牧民」之類的表述。

其實，「作之君、作之師」的目的就是牧民。牧民包括多個方面，糾治下民的罪惡只是其中的一個方面。「作之君，作之師」一類的表述，古書常見，有一個基本的套路。如《左傳》襄公十四年師曠對晉悼公說：「天生民而立之君，使司牧之，勿使失性。有君而為之貳，使師保之，勿使過度。是故天子有公，諸侯有卿，卿置側室，大夫有貳宗，士有朋友，庶人、工、商、皂、隸、牧、圉皆有親暱，以相輔佐也。善則賞之，過則匡之，患則救之，失則革之。自王以下各有父兄子弟以補察其政。」《墨子·尚同中》也有類似的表述：「是以先王之書《相年》之道曰：『夫建國設都，乃作后王君公，否用泰也，輕大夫師長，否用佚也，維辯使治天均。』則此語古者上帝鬼神之建設國都，立正長也，非高其爵，厚其祿，富貴佚而錯之也，將以為萬民興利除害，富貴貧寡，安危治亂也。故古者聖王之為若此。」《漢書·文帝紀》：「天生民，為之置君以養治之。」這類說法古書還有不少，不能備舉。具體可以參見寧鎮疆先生《清華簡〈厚父〉「天降下民」句的觀念源流與豳公盨銘文再釋》。[7] 因此從傳世古書類似的表述習慣來看，「之慝」連上讀狹隘地理解了「作之君、作之師」的作用，有違它的初衷，是很不妥當的。

我們在撰寫整理報告時，將「渴」讀為「竭」，將「𣧑」讀為「失」。整理報告發表後，王寧先生在其《清華簡〈厚父〉句詁》一文的評論第 6 樓補充道：

7　《出土文獻》第七輯，中西書局，2015 年。

　　首句的𣇰為「逸」字或體，「逸」與「佚」、「失」均通，「渴逸」不當讀為「竭失」，而應讀為「過佚」或「過失」，《書・君奭》：「在我後嗣子孫，大弗克恭上下，過佚前人光在家，不知天命不易……」，《漢書・王莽傳上》群臣奏議引《書》曰：「我嗣事子孫，大不克共上下，過失前人光，在家不知命不易。」所引之《書》亦出自《君奭》，其「過失」即「過佚」，《厚父》之「渴逸」也當即這個詞彙，過是絕義，佚、失都是失去義，「過失」相當於丟失、拋棄的意思。

　　王寧先生把《厚父》的「渴逸」和《君奭》的「過佚」聯繫起來，是很重要的發現。但簡文究竟應該理解為「竭失」，還是應該理解為「過佚（失）」呢？這不是一個簡單的問題。我認為把「渴逸」理解為「竭失」或者「過佚（失）」其實並不矛盾，但是從用字習慣看，還是以理解為「竭失」為佳。

　　「過佚」見於《尚書・君奭》，《漢書・王莽傳上》引作「過失」，字面略異，實質相同。顏師古疏證《尚書》時，把「過佚」語譯為「絕失」，訓「過」為「絕」。

　　從古文字資料看，「過」字的出現並不早，戰國文字裏，記錄「過」這個詞往往用從桀、 等得聲的字表示，[8] 這樣看來，「過佚」的「過」顯然不是《君奭》最早的寫法，應該是一個後起的借字。「過」的本義是「遮攔」、「阻止」，用在文中也不是很貼切。「過」和「失」是兩個動詞連用。「過佚前人光在家」猶言「過前人光在家」和「佚（失）前人光在家」，從兩者的邏輯關係看，「過」、「佚（失）」也不是很好理解的搭配。

　　簡文《厚父》的書寫年代很早，作為同一個複音詞，「渴𣇰」書寫形態更加近古。「竭」是一個動詞，和「渴」是一個字的分化。「渴（竭）𣇰（失）其命」猶言「渴（竭）其命」、「𣇰（失）其命」，「竭」有「盡」的意思。《中山王壺》「賈渴志盡忠」，「渴」即用為「竭」。從前後邏輯關係看，前面

説「竭」，後面説「失」，語義連貫。顏師古把「遏佚」語譯為「絕失」，他所理解的「遏」和我們所釋的「竭」在意義上是一致的。因此《君奭》中的「遏佚」，也可以理解為「竭失」。《尚書》中就有「遏」用為「竭」的例子。《尚書·湯誓》「夏王率遏眾力」，學者多據楊筠如《尚書覈詁》讀為「竭」，[9] 文從字順。

因此簡文《厚父》「渴（竭）𣥛（失）」雖然相當於傳世文獻中的「遏佚」，但從文意和用字習慣來看，仍應訓為「竭失」，《尚書·君奭》篇應當隨簡文訓釋。這個例子表明，我們整理竹簡，不能簡單地以為把簡文某詞與傳世文獻對上了，就以為解決問題了。而是應該實事求是，作統合的分析。

本文為國家社科基金重大招標項目《先秦兩漢訛字綜合整理與研究》（批准號：15ZDB095）和清華大學自主科研計畫課題《新出簡牘帛書與古文字疑難解讀》的階段性成果。

9　楊筠如：《尚書覈詁》，陝西人民出版社，1959年，第93頁。

清華簡〈程寤〉篇末句及《逸周書》「宿不悉」等相關語詞試解

梁立勇

深圳大學人文學院

一、人愻疆，不可以寴

清華簡〈程寤〉末句云：

> 人愻（謀）疆（彊），不可以寴。後戒，後〔戒〕，人甬（用）女（汝）母（謀），悉（愛）日不跂（足）。

學術界對此段文字釋讀的不同意見主要集中在「寴」字上，目前有「藏」、「庇」、「保」、「臧」等釋法。清華簡整理者認為：「寴，從爿聲，讀為『藏』。《逸周書・大開》、〈小開〉有此句，〈小開〉『人謀兢，不可以』後應脫一『藏』字。潘振《周書解義》云：『兢，力也。藏，不行也……言我後人卽此謀而用力焉，不可以不行也。』」[1] 劉洪濤、何有祖兩位先生分別讀

1　清華大學出土文獻研究與保護中心，李學勤主編：《清華大學藏戰國竹簡》（壹）（上海：中西書局，2010 年），頁 139。

「庇」、「保」，認為痕是保護、庇佑的意思。[2]「人謀強不可以痕後，後戒人用汝」是説「人謀略再高強也不足以保全子孫後人，子孫後人只有繼承你的謀略，才可以保全自己。」[3] 黃懷信先生指出：「彊，疑當讀為『競』，一聲之轉。與人爭曰競。藏，讀為『臧』，善。《逸周書·大開》：『王拜儆我後人，謀競不可以藏。』〈小開〉：『人謀競，不可以[臧]。』《國語·越語下》範蠡曰：『爭者，事之末也。』」[4] 黃先生譯解此句：「人如果謀劃與人相爭，就不會有好結果。後戒啊後戒，要讓人都用你的智謀，珍惜時日。」[5]

我們認為黃先生讀臧，訓為善的意見可從，但對整句的理解不完全正確。下面説一下我們的理由。《逸周書·寤儆》篇有「維乃予謀，謀時用臧」之語，可見在《逸周書》中，好的謀劃從而有好的結果曰「臧」，而劣謀僨事即是「不臧」。〈小開〉有「謀大鮮無害」之語，「鮮無害」就是「不臧」。那為什麼的「謀彊」的結果是「不臧」呢？一般而言，如果目標過於高遠（謀彊），則實現目標所受制約條件較多，因而實現的可能性反而較小。〈程寤〉的謀彊不臧還有另一層原因，這要從該篇的內容説起。〈程寤〉一文記載的是人們艷稱的「文王受命」之事，根據《帝王世紀》記載，「文王受命」時間是文王即位第 42 年，這是文王紀年的開始，所以〈程寤〉開篇即説「維王元祀」。文王在位 50 年，從受命之年到武王即位尚有 9 年時間，到武王最終滅商則還有 13 年時間，周在這一段時間內一直在做滅商的準備。此時商雖已沒落，但仍然地廣人眾，比周強大得多。《左傳·桓公十一年》記載鬥廉諫莫敖云「師克在和，不在眾，商周之不敵，君之所聞也。」可見商強而周弱乃是眾所周知的事實。因此，在出現了周替商命這一徵兆的「受命」元年，最重要的事情恐怕不是謀劃如何攻商，而是首先要做好保密工作，否則一旦消息

2　何有祖：〈清華簡《程寤》補札〉，http://www.bsm.org.cn/show_article.php?id=1259#_ftn2；劉洪濤：〈談戰國楚系的「跤」字〉，http://www.bsm.org.cn/show_article.php?id=1258。

3　劉洪濤：〈談戰國楚系的「跤」字〉，http://www.bsm.org.cn/show_article.php?id=1258。

4　黃懷信：〈清華簡《程寤》解讀〉，http://www.bsm.org.cn/show_article.php?id=1426。

5　同注 4。

泄出，羽翼未豐的周很容易被商剪滅。在《逸周書》中，與簡文類似的行事要保密低調、韜光養晦的思想尚有幾處，列之如下。

> 戒後人！其用汝謀。（〈酆保〉）
>
> 儆我後人，謀競不可以藏。戒後，人其用汝謀，維宿不悉日不足。（《大開》）
>
> 謀泄汝躬不允。（〈小開〉）
>
> 維德之用，用皆在國，謀大鮮無害。（〈小開〉）
>
> 維周于民，人謀競不可以〔藏〕，後戒後戒，宿不悉日不足。（〈小開〉）
>
> 後戒後戒，謀念勿擇。（〈文儆〉）

上引文句分別出自〈酆保〉、〈大開〉、〈小開〉、〈文儆〉。〈周書序〉認為這幾篇都出自文王：「文王在酆，命周公謀商難，作酆保。文啟謀乎後嗣，以脩身敬戒，作大開、小開二篇。文王有疾，告武王以民之多變，作文儆。文王告武王以序德之行，作文傳。」

由「書序」可知，這四篇文獻的時間正好是介於〈程寤〉（文王始受命）與〈文儆〉（文王去世）之間[6]，而這四篇中除了〈酆保〉的「戒後！人其用汝謀」出自周公旦之口外，其餘都是文王告誡臣子不可輕舉妄動，圖商之謀一旦洩露，則大禍臨頭的話語。這恐怕不是偶然的。

《逸周書·寤儆》篇記載武王夢見攻商之謀洩露，反遭到商的討伐，開篇武王就說「嗚呼，謀泄哉」。此篇一般認為是作於武王繼西伯之位的第三年，也就是滅商前一年。可見從文王受命之年到武王滅商前一年已經12年之久，經過12年的準備，武王對於滅商計劃的洩露仍然憂懼忡忡。由此益知，〈程寤〉和〈酆保〉、〈大開〉、〈小開〉、〈文儆〉等文獻中的「謀」，並非普通意

---

6 這四篇中，有學者認為〈酆保解〉作於武王時。參：姚榮：《逸周書文繫年注析》，（桂林：廣西師範大學出版社，2015年），頁94。

義上的謀慮而是特指滅商之計。

綜上，簡文此句可以翻譯為：人如果一味求逞其志，必致災禍，後人當戒之，（因為）他人也會用你的謀劃來圖謀你。時日無多（不可懈怠）。

二、「日不足，惟宿不羕」與「維宿不悉，日不足」

「日不足，惟宿不羕」見於〈保訓〉末簡。學者對該句的解釋異說紛紜，略述如下。李學勤先生讀「宿」為「肅」，讀「羕」為「詳」，「宿不羕」義為戒之不盡；孟蓬生先生將「宿」解為「拖延」，「日不足，惟宿不羕」義為「來日無多，拖延則不吉。」並指出《墨子‧公孟》、《說苑‧政理》以及《荀子‧大略》都有「宿善不祥」的說法。[7]黃人二先生訓「宿」為「速」，義為招致，解釋該句說「我們周家時日不多，（若不戒慎恐懼），國祚可能招致不長久的後果。」[8]季旭昇、姜廣輝先生訓「宿」為「夜」[9]，句子意思為時日不多，要珍惜時間。

鑒於文獻中多有「宿善不祥」之類的表述，我們認為以上各種解釋中，孟蓬生先生的解釋是可從的。先說「宿」字。「宿」從字形上看，象人于室內休息，故《玉篇》訓為「夜止」。《說文》則訓「止」，其字列在「宵」「寢」之間，可見也是夜止的意思。對比於〈保訓〉「愛日不足」可知，「日」表示時日，而非白天，「宿」則不應指夜晚。「宿」是止義，「羕」讀「永」則於文義不順。退而言之，即使「宿」可引申而有「夜」義，「宿不永」也不符合古人的表達習慣，「永」是指超出正常狀態的長，如「永年」、「永壽」等。「宿

7　孟蓬生：〈《保訓》釋文商補〉，http://www.gwz.fudan.edu.cn/Web/Show/827。

8　黃人二：〈清華大學藏戰國竹簡《寶訓》校讀〉，《考古與文物》2009 年第 6 期，頁 78。

9　季旭昇：《清華大學藏戰國竹簡（壹）讀本》（臺北：藝文印書館，2013 年），頁 108；姜廣輝：〈《保訓》疑偽新證五則〉，《中國哲學史》2010 年第 3 期，頁 30。

不永」是説夜不長，夜之長短有定數，乃是常識，作為成語不應如此無謂。而且如此解釋，「宿不悉」和「日不足」即為並列結構，就該作「日不足，宿不羕」，不能用「惟」表示強調。「宿不羕」也不宜解為「肅之不盡」。「肅之不盡」或「戒之不盡」與「日不足」邏輯上不連貫。而且「羕」雖可讀為「詳」，但這裏不能訓為「盡」，「盡」義為「窮盡」、「終了」。「詳」「盡」僅可以在詳審、詳細這一意義上通用，「詳」不能解釋為「終了」。因此，「宿不羕」直譯就是「拖延不吉」。

整理者指出「日不足，惟宿不羕」與《逸周書》「維宿不悉，日不足」語義相近。這無疑是正確的。有學者因此而懷疑「悉」就是「羕」誤釋[10]。這種懷疑很有道理，但也不能完全排除其他可能性。《逸周書》「宿不悉」凡兩見，如果説都是誤釋，似乎太過巧合。我們認為，「悉」也有可能是「息」字誤釋，亦或是「息」的借字。「悉」《説文》古文作 𢙷，舒連景認為上部分「殆自之譌，從自從心，古文息字也。」（《説文古文疏證》）《汗簡》有 𢙷，黃錫權先生認為：「二字（即息、悉）音近，是六國古文假息為悉。」[11] 按：《管子·地員》「瀆田悉徙」，孫詒讓認為「悉」當為「息」，兩字形近而誤。[12] 息有休義。《廣雅·釋言》：「息，休也。」休有善美之義，息也有美善義。《後漢書·章德竇皇后紀》「數呼相工問息耗。」李賢注：「息耗，猶言美惡也。」「宿不悉」即「宿不息」，義為「拖延則不吉」。

最後附帶説一點，姜廣輝先生據《逸周書·大開》「維宿不悉，日不足」之句，認為〈保訓〉「日不足，惟宿不羕」應該寫作「惟日不足，宿不羕」。姜先生進而得出結論：「〈保訓〉此句是現代造偽者模仿《逸周書·大開》而為。」[13] 這實在是一種誤解。在上古「惟」常常作為語氣副詞，表示強調或者

10　孟蓬生：同注 7；李零：〈讀清華簡《保訓》釋文〉，《中國文物報》，2009 年 8 月 21 日第 007 版。

11　黃錫權：《汗簡注釋》（武漢：武漢大學出版社，1990 年），頁 377。

12　孫詒讓：《札迻》，（北京：中華書局，1989 年），頁 113。

13　姜廣輝：〈《保訓》疑偽新證五則〉，《中國哲學史》2010 年第 3 期，頁 30。

限定。「宿不悉」和「日不足」並非並列關係，「宿不悉」是主句，表示結果，因此要用「惟」來強調。至於「宿不悉」和「日不足」孰先孰後因為已經有了「惟」限定強調，就隨意而置了。如果沒有「惟」，則應將要強調的內容放在前面，〈小開〉類似的語句正作「宿不悉日不足」。「宿不悉」還可以縮略為「宿」，〈寤儆〉「戒戒維宿」。這種縮略形式上古多有，《左傳‧宣公十二年》記載鄭襄公對楚莊王曰：「……使君懷怒，以及敝邑，孤之罪也，敢不唯命是聽。其俘諸江南，以實海濱，亦唯命。」前言「唯命是聽」，後則僅言「唯命」，可資參考。

　　「維宿不悉，日不足」之類的話應該是當時勸人珍惜時日，見善即遷，不要懈怠的成語。一般都放在文末單獨使用，不必與前面的文句有意思上的聯繫。據此，〈程寤〉「愛日不足」獨立成句，前面應該用句號。

武威醫簡所載中藥「䖟頭」及「大黃丹」考述[1]

袁國華

香港恒生大學

一、前言

　　《武威漢代醫簡》1972 年甘肅省武威市東漢墓穴出土，當中包含東漢時期多方面醫學知識，此外載錄中藥材逾百種，並記有當時部份藥材價格，乃研究中國傳統醫術及藥學歷史十分重要之一手資料。然而醫簡內容之訓解及考究，時至今日仍有不少值得商榷之處。簡 50、51 載有中藥「䖟頭」及「大黃肉」等中藥，「䖟頭」一詞「䖟」或釋植物「貝母」，有凝血效果，或釋動物「䖟蟲」，有逐血功能；而「大黃丹」的「丹」，學者或釋作「丹」或釋作「肉」，迄無定論。本文試提出個人淺見，尚期有益於中醫藥之研究。

1　本文為 2014-15 年度香港大學教育資助委員會資助計劃「武威漢代醫簡釋文校訂及其相關問題研究」(計劃編號：UGC/FDS14/H15/14) 研究成果之一，特此說明，並申謝忱。

二、「䖡頭」考述

簡 50-51 云：

> 治金創內漏血不出方：藥用大黃丹二分，曾青二分，消石二分，䗪蟲二分，䖡 (50) 頭二分。凡五物皆冶合，和，以方寸匕一，酒飲。不過再飲，血立出，不即從大便出。(51)[2]

此方所用「䖡頭」，未見於《神農本草經》及其他醫書。整理者云「未悉何藥，簡 11 有『䖡』指貝母。從本方方意分析，『䖡頭』與『䖡』似非指一藥」，並引用《神農本草經》及《新修本草》所載「木䖡」、「蜚䖡」、「鹿䖡」等藥，謂其並能逐淤血，因疑「䖡頭」即「䖡」的古稱。[3]

整理者既云「䖡頭」與「䖡」似非一藥，又疑「䖡頭」即「䖡」的古稱，可見以「䖡」、「䖡」為二物，實非必然。《神農本草經》「蜚䖡」[4] 條目，《千金翼方》卷四引「䖡」作「䖡」，又《神農本草經》「木䖡」[5] 條目，《千金翼方》卷四及《萬安方》卷五十九均引「䖡」作「䖡」，顯見二字正可換用，即便是誤用，亦可說明古醫書中「䖡」、「䖡」異字所指為同物也甚為常見。事實上，簡 11 之「䖡」並非植物「貝母」，而是動物「䖡」。彭達池更提出「貝母」有凝血效果，簡 11 為去瘀血方，不大可能用貝母。[6]

此處簡 50-51「䖡頭」則是另一問題。整理者疑「䖡頭」即「䖡」的古稱，即以「䖡頭」、「䖡」實指一物，這一說法大致可從。至於二詞關係，有多種

2　甘肅省博物館，武威縣文化館合編：《武威漢代醫簡釋文注釋》，頁八，北京：文物出版社，1975 年。

3　甘肅省博物館，武威縣文化館合編：《武威漢代醫簡釋文注釋》，頁八，北京：文物出版社，1975 年。

4　馬繼興：《神農本草經輯注》，頁 456，北京：人民衛生出版社，1995 年。

5　馬繼興：《神農本草經輯注》，頁 457，北京：人民衛生出版社，1995 年。

6　彭達池：《武威漢代醫簡》札記三則，頁 12，《中醫文獻雜誌》，2012 年 1 期。

可能。第一種是「頭」作詞尾，然而「頭」作為詞尾的用法，遲至唐宋才出現，故此說應排除。[7]

又整理者謂「古稱」一說[8]，有猜測之嫌，並無實證。又或許「頭」乃指藥用部位，如彭達池云「䖟用全蟲，虻僅用其頭部入藥而已」，並云「昆蟲之所以能夠順利吸食動植物的血液或液汁，是因為它們能分泌一種具有抗凝作用的物質，加速動物血液或液汁的流動……虻蟲的分泌液可能在頭部，因而入藥僅用『䖟頭』即有全蟲之效」。[9]這說法雖可參考，但縱觀醫籍所載的「䖟蟲」（或「蝱蟲」、「虻蟲」等）炮製方法，從沒有單用頭部的，其作為藥用，見於醫籍者，則多分為以下兩大處理方式：

第一類「以蟲身連同頭部入藥」的記載佔了大部分，例如：「熬，去翅足」（漢《金匱玉函經》）、「去翅足，熬」（唐《千金翼》）、「去足翅」（宋《博濟》）、「去翅足」（元《衛生寶鑒》）、「微炒令黃，去翅足」（明《普濟方》）、「去足翅，炒熟用」（明《治則準繩》）、「去翅足，炒黑」（明《濟陰綱目》）。這一類是「去翅足」，以蟲身連同頭部入藥。

第二類「只留下一個蟲身入藥」的記載相對稀少，例如：「去頭翅足」（漢《金匱玉函經》）、「去嘴翅足」（宋《總錄》）、「去頭翅足」（宋《太平聖惠方》）。這一類是「去嘴(或頭)翅足」，單以蟲身入藥。

以上醫籍所載皆為治理外傷瘀血或經閉血滯病例，乃借助䖟蟲的逐血功能，這一點可以肯定。如此看來，中藥䖟蟲的逐血功能在於蟲身，即便退一

7　名詞後綴，添加在名詞後。用一定的指小作用。多用於口語。例：木頭、磚頭、骨頭。
　　名詞後綴，添加在動詞後。例：念頭、饒頭。(～兒)
　　名詞後綴，添加在動詞後，表示「值得…的方面」、「可…之處」。例：看頭兒、聽頭兒。
　　名詞後綴，添加在形容詞後。例：甜頭兒。
　　方位詞後綴。例：上頭、前頭、外頭。
8　甘肅省博物館，武威縣文化館合編：《武威漢代醫簡釋文注釋》，頁八，北京：文物出版社，1975 年。
9　彭達池：《武威漢代醫簡》札記三則，《中醫文獻雜誌》頁 12，2012 年 1 期。

步講，至少未必在頭部，皆因逐血功能來源於蝱蟲唾液腺的抗凝血成分。《本草綱目》引劉河間云：

> 虻食血而治血，因其性而為用也。又《醫方考》云：古人治血積，每用水蛭、虻蟲輩，以其善吮血耳。《古今名醫方論》云：蛭，蟲之善飲血者，而利於水；虻，蟲之善吮血者，而猛於陸。並舉水陸之善取血者以攻之，同氣相求。

可見古人對蝱蟲逐血功能的理解僅僅是從其善吸血而推想[10]。筆者認為彭達池提出的「頭部入藥」是最簡易的解釋，只可惜如上文所說，傳世醫籍中並無彭達池所謂「僅用『蝱頭』即有全蟲之效」的任何記載。不過此說亦非毫無參考價值，蓋「蝱頭」倘若真是指頭部入藥，則《武威醫簡》使用蝱蟲頭的方法，將是迄今中醫文獻中最「明確」的一例，亦可揭示中醫對蝱蟲的另一類藥用知識。

然而，斟酌前述兩種用「虻」為藥方式，似可推斷「蝱頭」乃指用蝱蟲頭連同蟲身入藥，此解亦簡單明瞭。亦即使用之際，無非和大多數蟲類藥材一樣，去掉翅足，留下蟲體入藥。倘若此推論不誤，則「蝱頭」當指蝱蟲去掉翅足後的頭和裸露蟲身部位。

不論採用筆者的提議還是彭達池的說法，「蝱頭」之「頭」均指用藥部位，而所用的藥材確係蝱蟲無疑。

三、「大黃丹」考述

「蝱頭」揭示用藥部位的結論，與本方的另一難題——「大黃肉」還是「大

10　彭達池：《武威漢代醫簡》札記三則，《中醫文獻雜誌》2012 年 1 期，頁 12。

黃丹」正可相互發明。[11] 此字學者或釋作「肉」或釋作「丹」的字字形如下：[12]

而武威簡另有「肉」[13]、「丹」[14] 二字，可資比較。簡 69 云：

以絮裹藥塞鼻，諸息肉【出】。

「肉」字，字形作：

而簡 11「牡丹」、簡 86「雄黃丹」之「丹」字，字形分別作：

對照醫簡字形，很明顯當是「大黃丹」。雖然該字有誤寫的可能，但不論是「大黃丹」還是「大黃肉」，均不見於傳世醫籍，是故暫時還是以釋作「大黃丹」為宜。「大黃丹」劉綱解釋為「大黃之色紅部分」[15]、陳魏俊「大黃磨成的粉末」[16]、段禎「黃丹」[17] 等。其中陳魏俊已否定多種說法，其文可參。[18] 這裏先就「黃丹」補充一點意見。

筆者檢核醫籍，發現「黃丹」確有其藥，不過是煉制的丹藥，例如《神農本草經・下品・石部》云：

鉛丹。味辛，微寒，治吐逆，胃反，驚癇，癲疾，除熱，下氣，煉

---

11 甘肅省博物館，武威縣文化館合編：《武威漢代醫簡釋文注釋》，頁八，北京：文物出版社，1975 年。

12 漢隸倉山畫像石題記「舟」字字形作圖，與武威醫簡「丹」亦甚為相似，唯於解釋句義不合，故暫不討論。

13 漢隸「肉」字字形，老子甲作圖、相馬經作圖、居延簡作圖、武威簡・有司作圖、流沙簡・屯戍作圖。

14 漢隸「丹」字字形，老子甲作圖、縱橫家書作圖。

15 劉綱：《武威漢代醫簡》大黃丹考釋，《中藥材》1986 年 5 期，頁 44。

16 陳魏俊：《武威漢代醫簡》大黃丹考，《中醫文獻雜誌》2012 年 5 期，頁 8。

17 段禎：《武威漢代醫簡》大黃丹考証，《中醫研究》23 卷 11 期，頁 8，2010 年 11 月。

18 陳魏俊：《武威漢代醫簡》大黃丹考，《中醫文獻雜誌》2012 年 5 期，頁 8。

化還成九光，久服通神明。生平澤。

陶弘景注：

> 即今熬鉛所作黃丹也。[19]

《本草綱目》云：

> 故金公變化最多，一變而成胡粉，再變而成黃丹，三變而成密陀僧，四變而為白霜。

這種藥的療效除了前面《神農本草經》所述以外，又見於《本草綱目》引《集玄方》云：

> 金瘡出血。不可以藥速合，則內潰傷肉。只以黃丹、滑石等分，為末敷之。

引《經驗方》云：

> 吐血、咯血。咳血，黃丹，新汲水服一錢。[20]

看來不論內用外敷，黃丹均有止血效果，與本方的「血立出」是南轅北轍；再者也未見「大黃丹」之稱呼，是故「黃丹」一說，不可輕取。

陳魏俊反駁諸說雖有理有據，但自己提出的「大黃磨成的粉末」卻也不

19　以上各條參馬繼興：《神農本草經輯注》，頁 412，北京：人民衛生出版社，1995 年。
20　以上各條參李時珍撰，劉衡如、劉山永校注：校注本《本草綱目》（上），頁 338，北京：華夏出版社，2008 年。

免可疑。他的根據是醫籍中大黃有「為末」的製作過程。這確實不少，如《傷寒論》云：

> 抵當湯方。水蛭三十箇，熬，味鹹，苦寒；蝱蟲三十箇，熬，去翅足，味苦，微寒；桃人二十箇，去皮尖，味苦，甘平；大黃三兩，酒浸，味苦寒。右四味為末，以水伍升，煮取三升，去滓，溫服一升，不下再服。[21]

時代較晚則有《濟陰綱目》云：

> 治產後去血過多，津液枯竭，不能轉送，大便閉澀。大麻仁，研如泥；枳殼面，炒；人參各一兩；大黃半兩。上為末，煉蜜丸如桐子大，每服二十丸，空心溫酒米飲任下，未通，漸加丸數，不可太過。[22]

又《跌打損傷回生集》云：

> 湯火藥。大黃為末，蜜和塗立愈。

又云：

> 火傷藥。大黃、黃柏、黃芩、寒水石、桑皮，各等分為末，用泉水調搽，此是醫有泡的；如爛，可用麻油調；如半好者，滴水乾淨，糯米飯為丸，

---

21 張機：《傷寒論》，收入《中醫十大經典全錄》，頁 329-380，北京：學苑出版社，1995 年。

22 武之望：《濟陰綱目》(十四卷)，收入《中國醫學大成續集》，上海：上海科學技術出版社，2000 年。

火上燒灰存性，研末。[23]

總之，不論煎湯製丸、內服外敷，也不論單用合用，大黃確實可以磨末，然而「為末」和其他製藥步驟一樣，總是在列舉藥材之餘說明，並無特別之處；「大黃丹」如釋為「大黃磨成的粉末」，是將列舉藥材和研藥步驟合併道出，這樣的例子是沒有的。列舉藥材時，的確可作額外說明，例如簡56「赤豆初生未臥者」，是指出藥材品性，又如前文「䖟頭」，是指示藥用部位，但顯然僅涉及藥材的選取，其加工炮製則是下一步的事情。是故「大黃磨成的粉末」也不盡合理。同時，《神農本草經》云大黃「主下瘀血」，是故這裏的「大黃丹」所涉藥材即是「大黃」，似無可疑。

筆者懷疑武威醫簡的各方抄自不同來源，是故雖或經過改寫，但各方文字面貌仍有不同程度的差異（這個懷疑或許將另文討論）。本方一連出現了「䖟頭」、「大黃丹」兩個罕見詞，或許反映了本方原作者的某種表述習慣，是故筆者嘗試將「大黃丹」和「䖟頭」一樣理解，即指出藥用部位，並且是原本不須專門指出的部位（蓋大黃總是用其根，䖟蟲總是用其頭身）。「丹」並不是部位名，卻可能借以指代部位。如《新修本草》云：

蔥實，味辛，溫，無毒。主療明目，補中不足。其莖蔥白，平，可作湯，主傷寒，寒熱，出汗，中痛，喉痺不通，安胎，歸目，除肝邪氣，安中，利五臟，益目精，殺百藥毒。蔥根，主傷寒頭痛。[24]

又《本草綱目》云：

韭之莖名韭白，根名韭黃，花名韭菁。

23 以上各條參胡青崑：《跌打損傷回生集》（三卷），收入《珍本醫籍叢刊》，頁 1-91，北京：中醫古籍出版社。
24 《新修本草》，收入《續修四庫全書》第 989 卷，頁 619-709，上海：上海古籍出版社。

　　既然「蔥白」、「韭白」、「韭黃」之類均可借代成為藥材部位，「大黃丹」作同樣理解，倒合乎中醫語言習慣。《本草綱目》「大黃」條下李時珍云：

　　　　赤莖大葉，根巨若碗，藥市以大者為枕，紫地錦紋也。

又引陶弘景云：

　　　　今采益州北部汶山及西山者，雖非河西、隴西，好者猶作紫地錦色，味甚苦澀，色至濃黑。[25]

　　大黃雖然有「赤莖」，不過向來是以根入藥，故不宜將「大黃丹」理解為莖，還是理解為根較好。至於「丹」是否等於「紫地錦色」，倒不好肯定，也許如此，也許如劉綱所謂「甘肅武威產大黃屬西大黃類，其斷面黃棕色，散有紅色油點」。不過，目前看來將「大黃丹」理解為「大黃根」，借顏色指示用藥部位，是較合理的堆測，故提出以供參考。[26]

四、結語

　　「𧅊頭」、「大黃丹」兩藥同見於《武威漢代醫簡》簡 50-51。
　　「𧅊頭」一詞所見「𧅊」並非植物「貝母」，而是動物「𧅊」，應可確定。乃因該組簡文係「治金創內漏血不出」病症，然而「貝母」有凝血效果，而

25　以上各條參 (明) 李時珍撰，劉衡如、劉山永校注：校注本《本草綱目》(上)，頁 1058，北京：華夏出版社，2008 年。
26　說詳劉綱：《武威漢代醫簡》大黃丹考釋，《中藥材》1986 年 5 期，頁 44。又王輝：《武威漢代醫簡》疑難詞求義，《中華醫史雜誌》1988 年 18 卷 2 期，頁 22。即便退一步講，這個「丹」是「肉」的誤字，「大黃肉」指大黃根去皮，最終的結論倒不受影響。

簡 11 亦為去瘀血方，比對兩組簡文即可得知「䖟」應係「䖟蟲」，其效用在於溶血，絕不可能是凝血用的「貝母」。至於「䖟頭」所指為何，亦有待推敲。「䖟頭」作為藥用，載於醫籍者，多見以下兩大處理方式：第一類是「去翅足」，以蟲身連同頭部入藥；第二類是「去嘴（或頭）翅足」，單以蟲身入藥。斟酌前述兩種用「䖟」為藥方式，筆者推斷「䖟頭」乃指用䖟蟲頭連同蟲身入藥，此解亦簡單明瞭。亦即使用之際，無非和大多數蟲類藥材一樣，去掉翅足，留下蟲體入藥。倘若此推論不誤，則「䖟頭」當指䖟蟲去掉翅足後的頭和裸露蟲身部位。

「大黃丹」的「丹」，學者或釋作「肉」或釋作「丹」，未有定論。然而對照醫簡字形，顯然以釋作「大黃丹」為宜。「大黃丹」劉綱解釋為「大黃之色紅部分」，似可接受。本方一連出現了「䖟頭」、「大黃丹」兩個難解詞，或許反映了本方原作者的某種表述習慣，是故筆者嘗試將「大黃丹」和「䖟頭」一樣理解，即指出藥用部位，並且是原本不須專門指出的部位（蓋大黃總是用其根，䖟蟲總是用其頭身）。「丹」並不是部位名，卻可能借以指代部位。目前看來將「大黃丹」理解為「大黃根」，借顏色指示用藥部位，是較合理的推測。

海昏侯墓所見子眕父乙卣試釋

陳致

香港浸會大學中文系
北京師範大學－香港浸會大學聯合國際學院

　　2016 年 2 月，與李零、朱鳳瀚、蘇榮譽、李軍、李清泉諸先生同訪南昌海昏侯墓，承考古工作隊諸先生示以墓中所出青銅器，中有提梁卣一件，器與座已分離，而座底銘文清晰可見，蓋「子眕（從田從欠）父乙」四字。其圖如下：

　　其「眕」字右半，上半類允，下半類欠。其義難辨。但考諸商周金文，其字當與西周早期大盂鼎銘文「眕正厥民」的眕字  相同，所別者在前者右半作人跽形，後者右半為蹲踞形。

　　此蓋墓主人劉賀所藏古器，其時代當為商末周初。子 X 父乙是殷人常見的子姓貴族名稱，如子刀父乙（集成 8861）、子眉父乙（集成 3420）、子鼎父乙（集成 1828）、子皿父乙（集成 1827）、子執父乙（集成 6373）、子步父乙（集成 5726）等等。商末周初金文中又有「卌父乙簋」等，其「允」字的寫法也有不同，或作「允」，或類「夷」，或類「欠」形。（見下圖晚商諸器銘文）

如商周之際的𣫖父乙簋（集成 3304），商晚周早，現藏考古所。

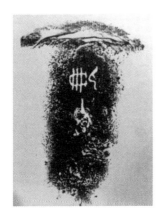

西周早期的𣫖父癸鼎（集成 1215），其允字又類夷字。

又有𣫖簋，其允字上半與海昏侯墓之子眈父乙卣上的眈字右上形相同。

𣫖是商末金文中常見的合文，如以下諸器：

商代晚期夋冊丁觚（集成 7176）「夋冊」合文作形，

據此判斷，「夷（尸）」、「欠」、「允」在商末周初文字中時相訛作。無獨有偶，前兩年發現的香港御雅居所藏有關商王婚姻的商尊（或稱婦尊、隇尊、父乙尊）銘文中也有與「子旣父乙卣」同形的旣（從田從欠）字。筆者曾專門撰文討論此器。其圖及銘文如下：

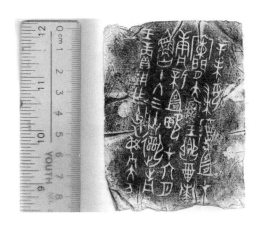

筆者當時試作釋文如左：

辛未婦尊宜才（在）▨（從宀柬間）大室王鄉酉（酒）奏庸新宜畟（允）才（在）六月魚由（或魯）十終三朕（媵）襲之同（前）王賞用乍（作）父乙彝大万

此銘文中「▨」字，從田從欠，筆者曾撰文認為這是「畟」字之訛作，其義同「允」字。「允在六月」其義順適。關於「畟」字，2009年11月，香港嶺南大學召開國際經學研討會上，筆者曾發表拙文「金文中的畟試釋」，即提出西周金文中所見「畟」字應該是「允」的異體，而不當按照今人普遍接受的釋為「畯」。文章後又經修訂，在不同會議場合發表，詳細的討論見拙文〈「允」「畟」「畯」試釋〉，刊於《饒宗頤國學院院刊》第一期。[1] 此「畟」字在這裏就是一種表示強調的語氣詞，即「允在六月」也。西周早期伯椃簋銘文，有相類似的文例：「用宣用孝，萬年釁壽，畟（允）在立（位），子＝孫＝永寶。」

「畟」在商末周初時作「從田從允」，時亦作「從田從欠」，而在周初至春秋時期秦公鐘鑄諸器，則大抵皆寫作「從田從允」。其義皆通「允」。比較有意思的是「允」與「畟」、「畯」的互作只是見於從商末到春秋時期，後此未見。戰國簡帛文字中則常見的是「沇」、「夋」與「允」的互作。如清華簡

1　陳致：〈「允」「畟」「畯」試釋〉，《饒宗頤國學院院刊》創刊號，頁135-159。

〈尹至〉二號簡：「民沇曰」，此沇字，即允字。長沙子彈庫楚帛書則云：「日月夋（允）生，九州不坪（平）」。其允字寫作夋（夋）。這樣看來，海昏侯墓中所見商末周初提梁卣座銘，當釋為「子旽父乙」，也即「子允父乙」。

西周早中期商遺民貴族中有名「旽」的。銅器中有旽尊、旽簋等，當為同名旽的不同作器者。旽尊現為香港御雅居所藏，高 16 釐米，口徑 17.1 釐米。其器形與銘文見下：

銘文：「旽乍（作）文考日庚旅彝」，其中用日名的習慣，說明作器者旽是商的遺民貴族。此處旽字從田從允。吳鎮鋒所錄銅器中亦有西周中晚期的旽簋，其中「右旽立中廷」的旽字作 形，也是人名。

子允作為人名，文獻中有徵。《左傳》魯哀公 24 年曾紀：「周公武公娶於薛，孝惠娶於商；自桓以下娶於齊，於禮則有，以妾為夫人，則固無其禮也。」其中提到魯孝公魯惠公娶於宋國（商）。《史記·魯世家》記載，魯惠公為自己兒子子息娶宋武公公主仲子，然而竟因其貌美而自娶之，後生下魯桓公，起的名字就是「子允」，這可能是延襲殷商王族取名的傳統。

附錄：資料引自中央研究院歷史語言研究所金文工作室製作之「殷周金文暨青銅器資料庫」（Digital Archives of Bronze Images and Inscriptions）http://www.ihp.sinica.edu.tw/~bronze

表一：允冊字器（從允）

序號	器號	器名	銅器時代	銘文（節錄）	字形
1	07176	允冊丁觚	商代晚期	允冊丁。	
2	03110	允冊簋	商代晚期	允冊。	
3	05186	允冊卣	商代晚期	允冊作尊彝。	5186.1　 5186.2
4	01899	允冊父癸鼎	商代晚期或西周早期	允冊。父癸。	
5	07304	允冊妣觚	西周早期	妣作乙公寶彝。允冊。	
7	09592	允冊奪壺	西周早期	奪作父丁寶尊彝。允冊。	
8	03304	允冊父乙簋	西周早期	允冊。父乙。	
9	09593	允冊奪壺	西周早期	奪作父丁寶尊彝。允冊。	9593.1　 9593.2
10	03323	允冊父戊簋	西周早期	允冊。父戊。	
11	03688	遹瀀作父癸簋	西周早期	遹瀀作父癸寶彝。允冊。	3688.1　 3688.2
12	02366	奪鼎	西周早期	奪作父丁寶尊彝。允冊。	

序號	器號	器名	銅器時代	銘文（節錄）	字形
13	05330	戉冊奪卣	西周早期	奪作丁寶尊彝。戉冊。	
14	05331	戉冊奪卣	西周早期	奪作父丁寶尊彝。戉冊。	5331.1　　5331.2
15	05921	戉冊奪尊	西周早期	奪作父丁寶尊彝。戉冊。	

表二：畎字器（從欠）

序號	器號	器名	銅器時代	銘文（節錄）	字形
1	02259	畎作父癸鼎	商代晚期	畎作父癸寶尊□。	
2	02258	畎作父癸鼎	西周（無法分期）	畎作父癸□尊彝。	
3	03660	畎簋	西周早期	畎作父癸寶尊彝。旅。	
4	03661	畎簋	西周早期	畎作父癸寶尊彝。旅。	拓本字形殘泐
5	03662	畎簋	西周早期	畎作父癸寶尊彝。旅。	
6	05315	畎作父癸卣	西周早期	畎作父癸寶尊彝。旅。	5315.1　　5315.2
7	01888	逆畎父辛鼎	西周早期	逆畎。父辛。	

表四：新出畎簋

序號	器號	器名	銅器時代	銘文（節錄）	字形
1	05386	畎簋	西周中期後段	康公入門右畎（畯）立中庭	

（此處銅器編號為吳鎮烽《商周青銅器暨銘文圖像集成》中編號，與中研院編號不同）

表六：允、畎、畯（浼）諸字字形及詞例表[2]

時代 ＼ 字形	允	畎、畯
商代	 以上甲骨文字形甲骨文中出現近千例，一般作副詞用，意如「果」「誠」等，如云「允雨」、「允不雨」、「允來」、「允出」、「允有」、「允隻」、「允用」、「允酚」，惟有「允隹」一詞往往為一固定詞，作強調賓語之用，如： 合集 1163 允隹且乙（） 合集 1114 允隹鬼暨周改	合集 3019 卜貞子央…畎隹人…（） 尚有多例文句殘泐，不能識讀
武王 - 康王 (1046-996 B.C.)		 （2837 大盂鼎） 隹九月王才宗周令盂王若曰盂丕顯文王受天有大令在武王嗣玟乍邦闢厥匿匍有四方畎正厥民在雩邗事

2　陳致：〈「允」「畎」「畯」試釋〉，《饒宗頤國學院院刊》創刊號，頁 150-159。本文為便於諸者參考，亦列於此。

| 昭王 - 穆王
(995-922 B.C.) |

班簋（集成4341）
亡不咸天畏不畀屯陟公告厥事于
上隹民亡徣才彝夫天令故亡允才
顯隹敬德亡卣違 |

(4219 追簋)
追虔夙夕卹厥死事天子多易追休
追敢對天子覭揚用乍朕皇且考隮
毁用亯孝于㛸文人用膚匄鐙壽永
令毗臣天子霝冬追其萬年子子孫
孫永寶用

(4220 追簋)
追虔夙夕卹厥死事天子多易追休
追敢對天子覭揚用乍朕皇且考隮
毁用亯孝于㛸文人用膚匄鐙壽永
令毗臣天子霝冬追其萬年子子孫
孫永寶用

(4222 追簋蓋)
追虔夙夕卹厥死事天子多易追休
追敢對天子覭揚用乍朕皇且考隮
毁用亯孝于㛸文人用膚匄鐙壽永
令毗臣天子霝冬追其萬年子子孫
孫永寶用

(4223 追簋)
追虔夙夕卹厥死事天子多易追休
追敢對天子覭揚用乍朕皇且考隮
毁用亯孝于㛸文人用膚匄鐙壽永
令毗臣天子霝冬追其萬年子子孫
孫永寶用 |

| 恭王 - 厲王
(922-841 B.C.) | |

（10175 史牆盤）
曰古文王初龢龢于政上帝降懿德
大粤匍有上下迺受萬邦嘼圉武王
遹征四方達殷畎民永不巩狄盧皇
伐夷童畫聖成王左右綬綬剛鯀用
肇徹周邦

㝬鐘（260）
福余順孫參壽隹㫚㝬其萬年畎保
四或

五祀㝬鐘（358）㝬其萬年永畎尹
四方保大令乍㝬才下御大福其各
隹王五祀

（4317 㝬簋）
㝬其萬年濔實朕多御用蘩壽匃永
命畎才立乍㝬才下隹王十又二祀

（4093 白椃盧簋）
白椃盧肇乍皇考剌公隩毁。用盲
用孝。萬年嚳壽。畎才立。子子
孫孫永寶

（4094 白椃盧簋）
白椃盧肇乍皇考剌公隩毁。用盲
用孝。萬年嚳壽。畎才立。子子
孫孫永寶 |

共和 - 幽王 (841-771 B.C.)		（2821 此鼎） 此其萬年無彊眈臣天子霝冬子子孫永寶用 （2822 此鼎） 此其萬年無彊眈臣天子霝冬子子孫永寶用 （2823 此鼎） 此其萬年無彊眈臣天子霝冬子子孫永寶用 （4303 此簋） 此其萬年無彊眈臣天子霝冬子子孫孫永寶用 （4304 此簋） （4306 此簋） （4307 此簋） （4308 此簋） （4309 此簋）

（4310 此簋）

（181 南宮乎鐘）
天子其萬年釁壽畎永保四方□配

（四十二年逨鼎乙）
降余康虢屯又通彔永令眉壽綽綰
畎臣天子逨其萬年無疆子子孫孫
永寶用亯

（四十三年逨鼎辛）
降康虢屯又通彔永令綽綰畎臣天
子逨萬無疆子子孫孫永寶用亯

（逨鐘）
乍朕皇考龏弔龢鐘鎗鎗恩恩朿朿
雝雝用追孝卲各喜侃前文人前文
人嚴才上數數纍纍降余多福康虢
屯右永令逨其萬年釁壽畎臣天子
子孫孫永寶

（2768 汲其鼎）
佳五月初吉壬申汲其乍隋鼎用亯
考于皇且用廣多福釁壽無彊畎
臣天其百子千孫其萬年無彊其子
子孫孫永寶用

（2769 汈其鼎）

佳五月初吉壬申汈其乍隰鼎用亯
考于皇且考用旛多福霝壽無彊眈
臣天其百子千孫其萬年無彊其子
子孫孫永寶用

（4446 白汈其盨）

白汈其乍旅須用亯用孝用匃霝壽
多福眈臣天子萬年唯亟子子孫孫
永寶用

（4447 白汈其盨）

白汈其乍旅須用亯用孝用匃霝壽
多福眈臣天子萬年唯亟子子孫孫
永寶用

（2836 大克鼎）

不顯天子天子其萬年無彊保辥周
邦眈尹四方

（4465 善夫克盨）

克其用朝夕亯于皇且皇且考其數
數彙彙降克多福霝壽永命眈臣天
子克其日易休無彊克其萬年子子
孫孫永寶用

（2827 頌鼎）

頌其萬年霝壽眈臣天子霝冬子子
孫孫寶用

（2828 頌鼎）

頌其萬年睂壽畝臣天子霝冬子子
孫孫寶用

（2829 頌鼎）

頌其萬年睂壽畝臣天子霝冬子子
孫孫寶用

（4332 頌簋）

頌其萬年睂壽畝臣天子霝冬子子
孫孫寶用

（4333 頌簋）

（4334 頌簋）

（4335 頌簋）

（4336 頌簋蓋）

（4337 頌簋）

（4338 頌簋蓋）

		 （4339 頌簋） （9731 頌壺） 頌其萬年霝壽畍臣天子霝冬子子 孫孫寶用 （9732 頌壺蓋） 頌其萬年霝壽畍臣天子霝冬子子 孫孫寶用 （4277 師詢簋蓋） 唯三年三月初吉甲戌王才周師彔 宮旦王各大室即立嗣馬共右師俞 入門立中廷王乎乍冊內史冊令師 俞飘嗣佳人易赤市朱黃旂俞拜頛 首天子其萬年霝壽黃耇畍才立俞 其蔑曆日易魯休俞敢對揚天子不 顯休用乍寶其萬年永保臣天子 （戎生編鐘） 黃耇又臺畍

| 春秋
(771-476 B.C.) |

遱邥編鐘
余鑄鏐是擇允唯吉金乍鑄龢鐘我以夏以南中鳴媞好

遱邥編鎛
余鑄鏐是擇允唯吉金乍鑄龢鐘我以夏以南中鳴媞好

（262 秦公鐘）

（265 秦公鐘）
余殟夕虔敬朕祀厶受多福克明又心齧龢胤士咸畜左右蠽蠽允義翼受明德厶康奠鷫朕或盜百緿具即其服

秦公鎛（集成 268）

秦公鎛（集成 269）與鐘銘同文

石鼓文·鑾車
吾隻允異 [3] |

（2826 晉姜鼎）
晉姜用旅緯綰譻壽乍寴為極萬年無疆用亯用德畎保其孫子三壽是利。

（4315 秦公簋）
厶昭皇且顯嚴匜各厶受純魯多釐譻壽無疆畯疐才天高引又慶屯囿四方

秦公鐘（集成 263）
秦公㽙畯黏才立雁受大令譻壽無彊匍有四方㽙康寶

秦公鎛（集成 267）
秦公㽙畎黏才立雁受大令譻壽無彊匍有四方㽙康寶

宋右師延敦
朕宋右帀延佳嬴嬴盟盟揚天惻畯共天尚乍齍粢器天其乍帀于朕身永永有慶 [4]

宋右師延敦
朕宋右帀延佳嬴嬴盟盟揚天惻畯共天尚乍齍粢器天其乍帀于朕身永永有慶 |

3　句意為「吾此次所獲獵物果異於常」，參見徐寶貴：《石鼓文研究》，頁 843。

4　《文物》1991 年第 5 期，頁 88-89。

| 戰國
(475-222 B.C.) |
匽族載器（10583）
鄩医軍思夜思人哉教凵▩祇敬禱祀休台為齊皇母▩▩▩虞▩▩允▩▩焦金壴永台為母▩▩司乘宰安毋聿截之

攻敔王光劍（11666）
攻敔王光自乍用鐱趄余允至克戕多攻

（郭店成之聞之 25）
韶命曰：「允币（師）凄（濟）悳（德）」此言也，言信於眾之可以凄悳也

（郭店成之聞之 36）
從允懌（釋）惹（過），則先者余，來者信
例尚多，不煩舉證 |
（長沙子彈庫楚帛書）
日月夋（允）生，九州不坪（平）

（長沙子彈庫楚帛書）
帝夋乃為日月之行

（郭店緇衣 5 號簡）
惟尹夋（允）及湯咸又一悳（德）[5]

（郭店緇衣 36 號簡）
允也君子

（上博緇衣 3 號簡）
惟尹夋及康（湯）咸又（有）一悳（德）

（上博緇衣 18 號簡）
允也君子
例尚多，不煩舉證 |

　　拙文原刊於《江西師範大學學報（哲學社會科學版）》第 49 卷第 5 期（2016 年），頁 7-15。

5　此字或隸釋為「躬（從身從呂）」，如郭店簡〔緇衣〕之整理者認為尹字當讀為伊，而此字當讀為尹，則全句當讀為「惟伊尹及湯咸有一德」；但裘錫圭認為此字當隸釋為「夋」，通「允」，全句讀為「惟尹允及湯咸有一德」，於義亦可通，見〔郭店楚墓竹簡〕，頁 132。

史學

《史記》「西域」詁

曾志雄

香港能仁專上學院中文系

一、問題緣起

國家「一帶一路」的倡議，不但觸發世人的經濟夢，也牽動國人的歷史感情。尤其是「一路」，很自然讓大家想起歷史上的絲綢之路，甚至聯想到昔日的西域風情。

「西域」一詞，最早見於《史記》，但今天回頭檢視歷史，卻發現《史記》的「西域」是一個仍在塵封、未被正確理解的詞語。以目前資料所見，《史記三家注》[1] 沒有給予解釋，瀧川龜太郎（1865-1946）的《史記會注考證》不曾措意，而現今大型辭書或權威專業的詞典，對「西域」一詞首見於《史記》的事實也諱莫如深，絕口不提，令人詫異。例如《漢語大詞典》「西域」條的釋義云：

> 漢以來對玉門關、陽關以西地區的總稱。狹義專指蔥嶺以東而言，廣義則凡通過狹義西域所能到達的地區，包括亞洲中、西部，印度半島、歐洲東部和非洲北部都在內。後亦泛指我國西部地區。《漢書‧西域

傳序》：………。19世紀末建立新疆省後，西域一名漸廢棄不用。[2]

大型地理工具書《中國歷史地名大辭典》這樣解釋「西域」：

> 西漢以後對玉門關以西地區的總稱。始見於《漢書・西域傳》。………
> 19世紀末建立新疆省後，西域一名漸廢棄不用。[3]

而專書詞典《史記辭典》則云：

> 西域，我國自漢以後對玉門關（今甘肅敦煌西北）以西地區的總
> 稱。……十九世紀末年以後，『西域』一詞漸廢不用。[4]

以上的釋義，除了不提《史記》之外，在説明「西域」概念時，不是從
「漢以後」入手，就是從「西漢以後」著眼，不但忽略了《史記》中的「西域」，
連解釋的時間切入點也有所失誤，實在讓人感到遺憾。尤其是《史記辭典》，
更令人不解，作為《史記》的專書詞典，該書「西域」詞條竟然從漢代以後
的角度闡釋，把《史記》內容完全置之不顧，這樣的處理方式顯然不是專書
詞典的應有做法。而《漢語大詞典》以《漢書》作為「西域」的首見書證，
不僅有違辭書實事求是的原則，還有誤導讀者之嫌。這些解釋，既沒有照顧
到「西域」的歷史發展及其詞義的整體性，對「西域」一詞的認識也顯然不
夠全面。

眾所周知，「西域」一詞見於漢武帝（前141-前87在位）統治時代的西
向政策，這是武帝一生用力經營的重要功業。司馬遷（約前135-前90）的

2　漢語大詞典編輯委員會編纂：《漢語大詞典》（上海：上海辭書出版社，1986年），
　　第八冊頁747。
3　史樂為主編：《中國歷史地名大辭典》（北京：中國社會科學出版社，2005年），頁
　　939-940。
4　倉修良主編：《史記辭典》（濟南：山東教育出版社，1991年），頁163。

《史記》在同步記述武帝一朝事蹟之餘，也記錄了當時開通西域的情況，是公認最早記述西域的歷史著作。由於《史記》成書之後沒有即時流傳，[5] 書中「西域」一詞因而無法引起人們及時探討，致使它的歷史源頭的含義也埋藏未露。今天，當我們面對大量累積下來的西域文獻和遺跡時，限於時空阻隔，「西域」給予我們的歷史影像是十分模糊的。今天一般人所了解的「西域」，無非是層疊的隔代歷史概念和殘留的考古學片段。但這些都是事過境遷，以今視昔的歷時（diachronic）感知，並非當時司馬遷所記述的「西域」。

本文之作，旨在通過訓詁方法，追溯「西域」在《史記》裏頭原來的共時（synchronic）用法，借此還原它本來的義蘊——後來一切「西域」的概念源頭，從而提醒大家，研究歷史文獻，不要忘記還有傳統的訓詁學一途，可以把隔代文字，帶回到原來的語境現場來了解它。

二、意義偏移

《史記》「西域」一詞共有以下三次記錄，按篇章次序列出如下：

（1）（元狩六年）四月戊寅，奏未央宮。「丞相臣青翟、御史大夫臣湯昧死言：臣青翟等與列侯、吏二千石、諫大夫、博士臣慶等議：昧死奏請立皇子為諸侯王。……高皇帝撥亂世反諸正，昭至德，定海內，封建諸侯，爵位二等。皇子或在繈褓而立為諸侯王，奉承天子，為萬世法則，不可易。陛下……內褒有德，外討彊暴。極臨北海，西湊〔湊〕月氏，匈奴、西域，舉國奉師。輿械之費，不賦於民。……百蠻之君，靡不鄉風，承流稱意。遠方殊俗，重譯而朝，澤及方外。」（《三王世家》，

5　《史記》寫成之後，沒有即時流傳，最初由他的外孫楊惲（？-前54）在宣帝（前74-前50在位）時發布。見安平秋等《史記通論》479頁，收入於張大可主編：《史記研究集成（第2輯）》（北京：華文出版社，2005年）。

頁 2108-09）

　　(2)（元狩二年秋）於是天子嘉驃騎之功曰：「驃騎將軍（霍）去病率師攻匈奴西域王渾邪，王及厥眾萌咸相犇，率以軍糧接食，并將控弦萬有餘人，誅獟駻，獲首虜八千餘級，降異國之王三十二人，戰士不離傷，十萬之眾咸懷集服，仍與之勞，爰及河塞，庶幾無患，幸既永綏矣。以千七百戶益封驃騎將軍。」（《衛將軍驃騎列傳》，頁 2933）

　　(3)（司馬）相如為郎數歲，會唐蒙使略通夜郎西僰中，……用興法誅其渠帥，巴蜀民大驚恐。上聞之，乃使相如責唐蒙，因喻告巴蜀民以非上意。檄曰：「告巴蜀太守：蠻夷自擅不討之日久矣，時侵犯邊境，勞士大夫。陛下即位，存撫天下，輯安中國。然後興師出兵，北征匈奴，單于怖駭，交臂受事，詘膝請和。康居西域，重譯請朝，稽首來享。……」（《司馬相如列傳》，頁 3044）

　　在《史記》五十多萬字的記述中，「西域」只出現三次，數量之少，是令人感到意外的。這三次「西域」，雖是鳳毛麟角，但地位重要，它們除了是歷史源頭之外，還出自漢武帝統治期內的官方文書，並附記了明確的出現時間：第 (1) 例為朝廷大臣的啟奏，第 (2) 例為天子的詔令，第 (3) 例為使臣的檄諭。由於是官方文書，這三次「西域」的用法應該是當時最高規格的公文規範，意義最具代表性。按時序來說，第 (3) 例最早，為建元六年（前 135）；[6] 其次為第 (2) 例，為元狩二年（前 121）；第 (1) 例最晚，為元狩六年（前 117）。最早和最晚的相距不超過 20 年，可以說是同一個世代。[7] 按道理說，在短短 20 年內，又屬於同一朝代的上層公文，三者的意義是應該相當一致而穩

6　據《史記·西南夷列傳》「建元六年……蒙乃上書說上曰：『……誠以漢之彊，巴蜀之饒，通夜郎道，為置吏，易甚。』上許之。」推算。見《史記》（北京：中華書局，1959 年），頁 2993-2994。本文之《史記》文本均為此本。

7　許慎（58-147）《說文解字》以三十年為一世。班吉慶、王劍、王華寶點校：《說文解字校訂本·十部》：「世，三十年為一世。」（南京：鳳凰出版社（原江蘇古籍出版社），2004 年），頁 63。按這個說法，司馬遷的《史記》則是在寫成之後的兩個世代才由他的外孫傳布的。下引《說文解字》均為此本。

定的。

這三例「西域」，即使沒有注釋幫助，它与今天所理解的西域應該是同一的指涉內容。但把三例中的「西域」直接理解為「當時玉門關以西地區的總稱」，[8] 在解讀時就有點格格不入。細察原文，這些「西域」都出現在同一語境中——在一些國名「月氏、匈奴、康居」之後和人格化動詞「奉師、相犇、請朝」之前。這些語境，意味著「西域」不可能是「地區總稱」，因為「地區總稱」沒有生命或人格的語義特徵，在漢語語法中無法出現在國名（匈奴、康居）之後和一些人格化動詞（奉師、重譯請朝）之前；相反，這三例「西域」，倒像某些泛指稱號（類似「先生、小姐」一類）的指稱用法，並與其前面的國家名稱構成語法地位相等的複指關係。《史記》這三例「西域」用法，是我們今天感到模糊而陌生的。其中最衝擊我們的語感的是第 (1) 例「月氏、匈奴、西域」的並列用法，顯示「月氏」「匈奴」「西域」三者是國家稱號的等位關係，[9] 而不是以下班固（32-92）《漢書》「西域車師後王」那種我們一向習慣理解的大類概括小類的包含關係：

> (4)（元壽二年）會西域車師後王句姑、去胡來王唐兜皆怨恨都護校尉，將妻子人民亡降匈奴。（《漢書·匈奴傳》，頁 3818）[10]

例 (4)「西域車師後王」是個短語結構，「西域」位於「車師、去胡來」國名之前，與「月氏、匈奴、西域」的並列方式不同，「西域車師後王」肯定不是等位的複指關係而是修飾關係，因為「西域」不是人稱代詞，「車師後王」是人稱代詞，二者無法複指。

上引《史記》各例中，值得注意的是第 (1) 例的並列用法，它有力排除

8　「西域」始見於《史記》，當時就是指漢武帝時代。

9　此句「匈奴」「西域」的標點可能有誤，應與第 (2)、第 (3) 例一致作「匈奴西域」，意即「匈奴西方國家」。是複指關係。

10　本文之《漢書》文本根據點校本《漢書》（北京：中華書局，1962 年），後同。

了「西域」作為「地區總稱」的含義；其次，我們又發現《史記》全書還沒有「玉門關」這個地名，而玉門關之設，據《漢書》所記，始於太初元年（前104）（見下文），已落在例 (1) 至例 (3) 時代之後，如果把「地區總稱」的函義套在《史記》「西域」的用法中，就覺得圓鑿方枘，格格不入。這大概是引致歷代學者和當今辭書迴避了《史記》的「西域」的原因。因此我們不得不對「地區總稱」的用法產生懷疑，認為司馬遷引用的「西域」，不應該和上引《漢書》用例一樣，含有「玉門關以西」這樣的地界概念。

　　第 (4) 例《漢書》「西域車師（後王）」大類包小類的包舉用法或修飾用法，正好是我們今天「西域」一詞的「地區總稱」用法。實際上，《漢書》的「西域」除了含有「玉門關以西地區的總稱」的義項之外，書內還給「西域」劃出了《史記》所沒有的明確地界：

　　　　(5)　西域以孝武時始通，本三十六國，其後稍分至五十餘，皆在匈奴之西，烏孫之南。南北有大山，中央有河，東西六千餘里，南北千餘里。東則接漢，陜以玉門、陽關，西則限以葱嶺。（《漢書·西域傳上》，頁 3871）

　　上例的「西域……東則接漢，陜以玉門、陽關」寫在〈西域傳〉的開頭，無疑是「開宗明義」的定義筆法，意義上相當於「玉門關以西」的另一提法。《漢書·西域傳》之所以能夠成篇，多少有賴於這種地界概念的設定。今天看來，《漢書》的「西域車師」不但為「西域」標舉了「地區總稱」的用例，而〈西域傳〉的開篇也為「西域」一詞提供了〔＋地區界限〕義素的依據。可以說，現代意義的「西域」概念最早形成於《漢書》，這是《史記》一書及其時代所沒有的。這大概是今天工具書解釋「西域」時只引述《漢書》而絕口不提《史記》的另一原因。

　　訓詁學告訴我們，詞義是變動不居的，而且變化多端。[11]《漢書》「西域」一詞的用法與《史記》不同，固然是隔代差異造成，同時也是語義嬗變的結果，屬訓詁學詞義轉移的典型例子。《漢書》的「西域」一詞具有「地區總稱」的概念而《史記》沒有，間接也解釋了為甚麼《漢書》裏頭有〈西域傳〉而《史記》沒有。[12]

三、《史記》「西域」釋義

　　與班固同時的許慎（約 58- 約 147）的《說文解字・土部》這樣解釋「域」字：「或，邦也。從囗，[13] 從戈，以守一。一，地也。域，或又從土。」[14] 張揖（約三世紀初）《廣雅・釋詁四》：「域，國也。」[15] 清代小學家朱駿聲（1788-1858）《說文通訓定聲》把這些意思貫串整合為：「按：經傳凡泛言國家者，實皆『域』字；專言國中者，『國』之正字。」[16] 可見「域」為「或」的或體，義為「邦」，同於「國」字。照這樣看，「西域」可以理解為「西國」。事實上，司馬遷在《史記》的記述中也真有兩次把「西域」稱為「西國」的。例如：

　　（6）自博望侯開外國道以尊貴，其後從吏卒皆爭上書言外國奇怪利害，求使。……其使皆貧人子，私縣官齎物，欲賤市以私其利外

11　傳統訓詁學所指出的典型意義變化，包括 (1) 詞義擴大；(2) 詞義縮小；(3) 詞義轉移三種。見毛遠明：《訓詁學新編》（成都：巴蜀書社，2002 年），頁 218-219。

12　按：《漢書・西域傳》的大部分內容在《史記》裏命篇為〈大宛列傳〉，即《史記》把西域諸國繫於〈大宛列傳〉下。

13　「囗」音「圍」。《說文解字・囗部》：「囗，回也，象回（匝）之形。」見《說文解字（校訂本）》174 頁。

14　《說文解字（校訂本）》頁 371。

15　徐復主編：《廣雅詁林》（南京：江蘇古籍出版社，1992 年），頁 335。

16　朱駿聲：《說文通訓定聲・頤部第五》（武漢：武漢市古籍書店臨嘯閣藏版影印本，1983 年），頁 222 上。

國。……而樓蘭、姑師小國耳，當空道，攻劫漢使王恢等尤甚。而匈奴
奇兵時時遮擊使<u>西國</u>者。(《大宛列傳》，頁 3171)

又：

(7) (衛青) 直曲塞，廣河南，破祁連，通<u>西國</u>，靡北胡。作《衛將
軍驃騎列傳》第五十一。(《太史公自序》，頁 3317)

我們認為《史記》這兩次的「西國」即「西域」，是因為《漢書》裏頭
也有七次的「西國」都可以理解為「西域」，其中兩次的語例更可以和上述《史
記》的用法對照。例如：

(8) 先是時，漢數出使<u>西域</u>，多辱命不稱，或貪污，為外國所苦。
(《漢書·馮奉世傳》，頁 3294)
(9) 贊曰：孝武之世，圖制匈奴，患其兼從西國，結黨南羌，乃表
河，列郡，開玉門，通<u>西域</u>，以斷匈奴右臂。(《漢書·西域傳下》，頁
3928)

第 (8) 例《漢書》的「出使西域」，例同第 (6) 例《史記》的「使西國」，
均為《列傳》中的敘事用語；第 (9) 例《漢書》的「通西域」，例同第 (7) 例《史
記》的「通西國」。無獨有偶，(7)、(9) 二例又同為兩書序贊中所表達的個人
意見文字。馬、班二人在「西域」一詞的用字上雖不完全相同，但作為史家
筆法和個人論述用語而言，「西國」、「西域」二者的含義是同指的。尤其值
得注意的是，第 (9) 例「西國」、「西域」兼用，更是文章換字之法；從文章
脈絡看，該例中兩詞的意義全等。至此，第 (6) 至 (9) 例中「西域」即「西
國」、「西國」即「西域」就不言而喻了；而《說文解字》和《廣雅》更以訓
詁學的角色證實「西域」即「西國」。不過，還要注意，《史記》書中雖然「西

域」和「西國」並用，但二者出現的語境卻壁壘分明，截然不混。《史記》作為與武帝同時代的作品，我們認為《史記》引述的三次「西域」是官方公文用語，而「西國」則屬於非官方用語。[17]

其實，司馬遷的「西國」，並非自創，乃有其歷史淵源。早在秦漢之前，中原諸侯通常把四鄰小國稱為「方國」。例如：

(10) 厥德不回，以受方國。（《詩經·大雅·大明》）

鄭玄（127-200）《箋》：「方國，四方來附者。」《毛詩正義》云：「言『受方國』，故知四方之國來附之。」[18] 有時，先秦典籍也會按方國的具體方位稱之為「南國」、「北國」、「東國」。例如：

(11) 滔滔江漢，南國之紀。（《詩經·小雅·四月》）

(12) 王錫韓侯，其追其貊，奄受北國，因以其伯。（《詩經·大雅·韓奕》）

(13)（楚靈王）不脩方城之內，踰諸夏而圖東國。（《國語·吳語》）

例 (11)《小雅》的「南國」，鄭玄以為即南方吳、楚旁側小國。《毛詩正義》：「《箋》云：江也，漢也，南國之大水，紀理眾川，使不壅滯。喻吳、楚之君，能長理旁側小國，使得其所。」[19]

例 (12)《大雅》的「北國」，馬瑞辰（1782-1853）謂：「『其追其貊』下云『奄受北國』，則追與貊當為北狄。惟追於經典無徵。」[20]

17　司馬遷自稱《史記》是「一家之言」的著述，見《史記·太史公自序》頁 3319。「西國」也有可能是他「一家之言」的個人用語。

18　十三經注疏委員會整理：《毛詩正義（十三經注疏）》（北京：北京大學出版社，2000 年），頁 1135。

19　《毛詩正義（十三經注疏）》頁 928。

20　馬瑞辰著，陳金生點校：《毛詩傳箋通釋》（北京：中華書局，1989 年），頁 1015。

例 (13)《吳語》的「東國」，韋昭（204-273）以為即「徐夷、吳、越」等東方小國。《國語》韋昭注：「東國，徐夷、吳越。」[21]

可見，司馬遷作為一代偉大史家，他筆下的「西國」，雖是仿照先秦各種方國之稱，實際是繼承了中原諸侯一向鄙夷鄰小異族的「外夷狄」心態。[22]

同時，非獨先秦典籍有「南國」、「北國」，即便在西周的銅器銘文之中，也有這樣的稱呼。例如：

(14) 唯王令南宮伐反虎方之年，王令人先省南或（國）貫行。(《集成》2751《中方鼎》，西周早期) [23]

(15) 三年靜東或（國），亡不咸斁天威。(《集成》4341《班簋》，西周中期) [24]

例 (14) 的「南或（國）」就是「虎方」，為當時方國。可見自西周早期以來，周人即習稱周邊異族方國為「南國」。金文的「南或」、「東或」，典籍寫作「南國」、「東國」，只不過是古今文字的演變（漢人所謂「古今文」）。上引《說文解字》和《廣雅》對「或、域、國」等字的關係正作了清楚的解說。可見《史記》把朝廷官方所用的「西域」稱為「西國」，一方面傳承了長遠的傳統態度，另一方面也是貫通古今之變的識見。[25]

21　上海師範大學古籍整理組點校：《國語》（上海：上海古籍出版社，1978 年）頁 598。

22　「外夷狄」心態大概由春秋以來諸侯「尊王攘夷」的長期意識所積漸形成，但當時未見有人明言。真正把「外夷狄」這種心態以文字清楚表述出來的，第一人就是司馬遷。他在《史記·天官書》中說：「太史公曰：『自初生民以來，世主曷嘗不曆日月星辰？及至五家、三代，紹而明之，內冠帶，外夷狄，分中國為十有二州。……』」（頁 1342）因此我們認為司馬遷的「西國」雖然摹仿先秦的「北國、東國、南國」而來，其背後實有「內冠帶，外夷狄」的含義，這應該是司馬遷在觀察和總結先秦歷史之後的史筆取態。

23　中國社會科學院考古研究所編：《殷周金文集成釋文》（香港：香港中文大學中國文化研究所出版，2001 年），第二卷頁 341-342。

24　《殷周金文集成釋文》第三卷頁 479。

25　《史記·太史公自序》中稱為「略協古今之變。」(3304 頁)

　　《史記》引述的官方文書為甚麼不把西邊境外少數民族國家稱為「西國」而稱為「西域」，我們認為主要原因是漢朝從開國起即實行郡國雙軌制，[26] 在國體上有必要避免把西鄰方國和境內封國混為一談，並且有意識的把這種內外之辨貫徹在官方文書上。[27] 對此，上引朱駿聲「專言國中（國內）者，『國』之正字」的說法正好提供了精審的「內、外」之辨的訓詁詮釋。如果朱氏的說法可信，那麼武帝朝廷所用的「西域」，便屬於嚴「內外」之分的官方態度，並且也是承襲了「方國」詞語鄙稱色彩的傳統。因此，如果說司馬遷的「西國」帶有〔—官方〕〔＋方國〕〔＋傳統鄙稱〕等項義素的話，那麼武帝時代的「西域」則帶有〔＋官方〕〔＋方國〕〔＋鄙稱〕等現實性義素。[28]《史記》作為武帝同時的作品，書中的「西國」可以說是「西域」一詞最貼切的共時詮釋，兩者共同的抽象概念都相當於今天語言的「（境外）西方國家」或「西鄰諸小國」。

　　只要明白《史記》「西國」是個人用語，不同於一成不變的規範公文用語，就不難想象司馬遷在記述「西域」時還容許有其他用字的可能。就此，我們在《史記》中找到了「西域」尚有「西北國」（2 例）和「西北外國」（1 例）的別稱：[29]

　　　　(16)　烏孫使既見漢人眾富厚，歸報其國，其國乃益重漢。其後歲餘，騫所遣使通大夏之屬者皆頗與其人俱來，於是西北國始通於漢矣。（《大宛列傳》，頁 3169）

26　《史記・高祖本紀》：「丙寅，葬（高帝）。……太子襲號為皇帝，孝惠帝也。令郡國諸侯各立高祖廟，以歲時祠（高祖）。」（頁 392）可見劉邦時已有「郡國」之制。從文字演變角度看，「域、國」之異也可能存有當時的古今文之辨。本文暫不討論這點。

27　秦漢時期官方文書定出很多用語規範，例如天子稱「皇帝」，命令稱「詔、制」等。見《史記・秦始皇本紀》。

28　為方便閱讀和討論，本文只列出有特徵性的義素，而且不採用行列式。

29　「西北國」2 例的文字，一字不改收錄在《漢書・西域傳上》。

(17) 而漢始築令居以西，初置酒泉郡以通西北國。（《大宛列傳》，頁 3170）

(18) 是時上方數巡狩海上，乃悉從外國客，……西北外國使，更來更去。宛以西，皆自以遠，尚驕恣晏然，未可詘以禮羈縻而使也。（《大宛列傳》，頁 3173）

這些別稱，同時都符合「西鄰諸小國」的意思。由此，我們也可以看到司馬遷「一家之言」的用語特點，除了「通古今之變」而自鑄新詞、不拘一格之外，[30] 同時也善於融合傳統和現實。

四、從歧義及回歸單義

從《史記》到《漢書》，前後約一百年，相隔差不多三個世代，「西域」詞義發生變化，《史記》的「西域」只有「西鄰方國」義，而《漢書》則具有「西鄰方國」和「地區總稱」兩歧意義。主要原因是玉門關設置之後，漢朝在西方邊境出現了有形的內外地區界限，並投射在「西域」一詞身上，使它載負一個〔＋地區界限〕的新義素。但玉門關不是東漢設置的。據《漢書·地理志》所記，玉門關為酒泉郡下的九縣之一，開設於武帝太初元年（前 104）：

(19) 酒泉郡，武帝太初元年開。……縣九：祿福，……表是，……，玉門，……乾齊。（《漢書·地理志下》，頁 1614）

其次，武帝開設玉門關之後，成為了漢人出使西方和進擊匈奴的重要補給站，朝廷反制匈奴操控西域的政策自此變得有效，結果西鄰諸國歸順漢朝

---

30 司馬遷在《史記》中引用《尚書》時經常按原意改寫原文詞句，更是《史記》讀者熟知的事。

的越來越多，西方境外的軍事衝突開始變得緩和。最後「百蠻之君，重譯而朝」，[31] 外族親附，邊境的漢夷關係漸趨友好而進貢內化。這些民族關係的變化，一方面模糊了「西域」一詞詞義原有的內外之分，同時也淡化了該詞的「鄙稱」色彩。「西域」的〔＋官方〕義素在「鄙稱」色彩淡化之後，「官腔」語態開始變得空泛，導致「西域」一詞內部的意義結構發生變化，甚至由色彩濃重的官方用語淡化為一般語詞。至此，「西域」和「西國」原有語用上的公私之別不再清晰，官方文書不自覺地消融了「西域」和「西國」的差異，最後，全篇使用「西國」而不用「西域」的公文也開始出現。試看《漢書》所錄武帝後期征和（前 89- 前 92）年間的一篇奏事：

> (20) 征和中，貳師將軍李廣利以軍降匈奴。……搜粟都尉桑弘羊與丞相御史奏言：「故輪臺（以）東捷枝、渠犁皆故國，地廣，饒水草，有溉田五千頃以上，處溫和，田美，可益通溝渠，種五穀，與中國同時孰。……臣愚以為可遣屯田卒詣故輪臺以東，置校尉三人分護，……就畜積為本業，益墾溉田，稍築列亭，連城而西，以威西國，輔烏孫，為便。臣謹遣征事臣昌分部行邊，……願陛下遣使使西國，以安其意。臣昧死請。」（《漢書・西域傳下》，頁 3912）

該奏事大約作於征和二年（前 90），距離武帝太初元年（前 104）設置玉門關不過 15 年。文中兩次皆用「西國」而不用「西域」，大異於前，這是整個漢朝官方文書少有的一例。[32] 結合班固上文第 (9) 例的非公文「西國、西域」並用不分的文例來看，它們除了證實《史記》的「西域」義同於「西國」之外，還說明了「西域」一詞語用色彩在武帝太初、征和以後的變化，這些

---

31 見上文例 (1)。

32 另一個「西國」可能是出現於詔書的用例：「匈奴聞車師降漢，發兵攻車師，……車師王恐匈奴兵復至而見殺也，乃輕騎奔烏孫，（鄭）吉即迎其妻子置渠犁。東奏事，至酒泉，有詔還田渠犁及車師，益積穀以安西國，侵匈奴。」（《漢書・西域傳下》，頁 3923）但由於這例是間接引述，無法肯定是否為詔書原文。

變化，在《漢書》裏頭足有明顯的反映。

詞彙的發展和變化跟現實狀況是息息相關的。「西域」一詞意義的變化，是由漢人開發和對待「西域」的現實狀況決定的。武帝以後匈奴勢力的消長，漢夷互動態度的變化，都是「西域」詞義衍化嬗變的關鍵因素。宣帝地節二年（前68），鄭吉攻破車師，受命護衛天山南道；宣帝神爵二年（前60），匈奴內部分裂，日逐王投降漢朝，[33] 朝廷任命鄭吉為西域都護。這時「匈奴益弱，不得近西域」，[34] 漢朝於是順勢把「西域」地區納入了朝廷管治範圍，立莫府，治烏壘城，由鄭吉「鎮撫諸國，誅伐懷集之」。從此，漢之號令班西域，[35] 西域儼然成為漢朝的管治區。這是導致「西域」詞義丕變的歷史大事。據《漢書》所記：

（21）（鄭）吉既破車師，降日逐，威震西域，遂并護車師以西北道，故號都護。都護之置自吉始焉。上（按：宣帝）嘉其功效，乃下詔曰：「都護西域都尉鄭吉，拊循外蠻，宣明威信，迎匈奴單于從兄日逐王眾，擊破車師兜訾城，功效茂著。其封吉為安遠侯，食邑千戶。」（《漢書·傅常鄭甘陳段傳》，頁3006）

所謂「都護」，據引文所述，就是「并（併）護」，意謂把西域的南北通道合併，由朝廷設官統一管治。又據《漢書》「西域都護」一職云：

（22）西域都護加官，宣帝地節二年初置，以騎都尉、諫大夫使護西域三十六國，有副校尉，秩比二千石，丞一人，司馬、候、千人各二人。（《漢書·百官公卿表》，頁738）

---

33 敦煌懸泉漢簡（簡四）也記錄了神爵二年八月御史大夫到敦煌、酒泉迎接日逐王投降的情形：「神爵二年八月甲戌朔□□，車騎將軍臣□□謂御史□□，制詔御史□□侯□□□敦煌、酒泉迎日逐王。為駕一乘傳，別□載……。」
34 見《漢書·西域傳上》頁3874。
35 以上見《漢書·傅常甘鄭陳段傳》3006頁。按，「班西域」，即頒布於西域。

　　《漢書》所述「西域都護」的官職名稱、職責和待遇應該是宣帝一朝原來的法定文字。文中「西域三十六國」意思明顯就是「西域地區的三十六國」。可見至遲在宣帝地節二年初置西域都護時，西域各國已經納入漢朝官員的護治範圍之內，「西域」的「地區總稱」含義開始非常清晰。

　　至此，繼武帝太初元年出現「玉門關」地理界限之後，神爵二年「并護車師以西北道」的舉措，把零散的西鄰諸國統合在漢朝的管護之下，這些境外地區無疑成為漢帝國一個行政區。這些形勢變化，先後為「西域」的「地區總稱」提供了充分的語義因素，「西域」一詞的語義變化因而水到渠成。「西域都護」官職設立之後，一方面使「地區總稱」的整體概念因官職名稱的出現而得到固定，另一方面在「西域」一詞公文語用色彩淡褪之後，重新為「西域」一詞換上了更鮮明的官治色彩，使得「西域」一詞不至於被「西國」取代，繼續成為官方用語。最後，「西域」詞形與強勢得時的「地區總稱」概念在時局變化機緣下結合為一，佔據了原有的詞義框架，成為一個強勢而嶄新的「地區總稱」義項，長久以來成為我們今天覺得理所當然的含義。

　　不過，「西域」這個嶄新的「地區總稱」意義，是武帝晚年以來經歷一個世代時間蘊釀而成的，已經不是《史記》書內「西域」一詞原來的函義了。就在這時，司馬遷的外孫楊惲發布了「藏諸名山」多時的《史記》，事隔《史記》成書也剛好是一個世代。當《史記》的「西域」帶著「西鄰小國」的意義重新面世時，漢代國情已經發生變化，緊張的漢夷關係不復存在，新一代讀者已經遺忘了這個傳統義項，在他們的詞彙知識中，[36] 不再包含「西域」的原有用法，致使「西域」一詞的新舊意義無法銜接而出現隔代斷層，原有意義不復為人所知。自此，《史記》裏頭少數的三個「西域」，因為內容費解而遭人冷落，後世學者避而不談，也就不足為奇了。

36　有關詞彙知識，見董秀芳：《漢語的詞庫與詞法》（北京：北京大學出版社，2004），頁 9。

班固評司馬遷「述貨殖則崇勢利而羞賤貧」辨
——兼論司馬遷「與民爭利」説

許子濱

香港嶺南大學中文系

一、班固評司馬遷「述貨殖則崇勢利而羞賤貧」辨

司馬遷〈報任少卿書〉自言，撰著《太史公書》，旨在「欲以究天人之際，通古今之變，成一家之言」[1]。通古今之變，在於見盛觀衰，因述〈平準書〉[2]、〈貨殖列傳〉，藉以發明其經濟思想，成就一家之言。1776 年，蘇格蘭

1　班固：《漢書》（北京：中華書局，1983 年），〈司馬遷傳〉，頁 2735。

2　錢基博：《讀莊子天下篇疏記》（臺北：臺灣商務印書館，1976 年）云：「然則太史公之稱用，何説？曰：此蓋稱墨子以矯世敝，而發〈平準書〉之指耳。〈平準〉之書，迄元封元年而止。蓋太史公談之作，而太史公談實仕建元、元封之間，目睹漢武外攘夷狄，內興功業，海內之士，力耕不足糧饟。『蕭然繁費』，而『興利之自此始。』故不禁慨乎言之。要曰：『彊本節用，則人給家足之道。』此〈平準書〉之所為作，而於論墨子先發其指也。」頁 104 此説無據，未可遽信。考顧頡剛《史林雜識初編》（北京：中華書局，1963 年），〈司馬談作史〉亦仍舊以〈平準書〉為司馬遷所作。（頁 232）

經濟學家 Adam Smith 在「The Wealth of Nations」倡議「Laissez-faire」學說。[3]「Laissez-faire」乃法語，英譯為「Leave alone」，意謂放任。其說與司馬遷經濟理論中的「善者因之」類近，而兩者提出的時間相距約有一千九百多年。

高涉瀛《兩漢文舉要》為〈貨殖列傳〉解題云：

> 其（引者按：指司馬遷）歷敍五方謠俗物產，以見民生國計，世運消長所在，尤為千古特識，自班氏父子已不能通知其意。故孟堅作《漢書》，雖有此傳，然有繼續而無恢張，遺精神而存形式。以後之史，并此而無之。蓋我國史家，注重政治，而於社會情狀、人民生活，皆所弗顧，遂致太史公偉抱，不能復明於天下。良可惜也！西國舊史，其弊亦與我國相同，注重社會民生者，亦近代之發明，而太史公於二千年前已開其端，其識之遠大為何如哉！[4]

司馬遷繫心國計民生，首創貨殖之傳，誠為千古卓識。後世史家，僅能承繼其形式，而未能發揚其中的精神意蘊。即如班固著《漢書》，雖於司馬遷之文多所取材，但所作價值判斷卻與之絕異。司馬遷〈報任少卿書〉早說過，「要之死日，然後是非乃定」。[5]其身後不久，已招後儒非議。班固《漢書·司馬遷傳贊》云：

> 又其是非頗謬於聖人。論大道，則先黃老而後六經；序游俠，則退處士而進姦雄；述貨殖，則崇勢利而羞賤貧，此其所蔽也。[6]

3　Miller 這樣界定「Laissez-faire」：「A laissez-faire economy is one in which government is limited to national defense, maintenance of law and order, and provision of certain public goods that businesses would not undertake, such as provision of inoculation to everyone against dreaded diseases.」「Economics Today」, p.91.

4　高步瀛選注，陳新點校：《兩漢文舉要》（北京：中華書局，1990 年），頁 133。

5　班固：《漢書》，頁 2736。

6　班固：《漢書》，頁 2738。

此文乃襲用班彪〈後傳略論〉對《史記》的評語[7]，僅易「輕仁義而羞貧窮」為「崇勢利而羞賤貧」而已。崇勢利即推崇趨利之人。《後漢書》李賢注引《史記‧貨殖傳序》曰：

> 家貧親老，妻子輭弱，歲時無以祭祀，飲食被服不足以自適，如此不慙恥，則無所比矣。無巖處奇士之行，而長貧賤，語仁義，亦足羞也。[8]

此蓋班氏父子立論所本。然細繹《史記》原文，可知班固未得史遷真意。茲不厭煩贅，具錄《史記‧貨殖列傳》原文如下：

> 若至家貧親老，妻子軟弱，歲時無以祭祀進醵，飲食被服不足以自適，如此不慙恥，則無所比矣。是以無財作力，少有鬥智，既饒爭時，此其大經也。今治生不待危身取給，則賢人勉焉。是故本富為上，末富次之，姦富最下。無巖處奇士之行，而長貧賤，好語仁義，亦足羞也。[9]

衣食為人賴以生存之物，倘若有人上不能終養父母、下無力撫活妻兒，而毫不慙恥，難道不值得批評嗎？那些身處貧賤而假名仁義的人，同為司馬遷所鄙棄。且他最深惡痛絕的，是那些被斥為「姦富」的掘冢犯姦之人。司馬遷原意顯然不是一概以貧賤者為羞，更不是一味崇尚勢利。

只要取《漢書‧貨殖傳》與《史記‧貨殖列傳》對讀，便知二人所持觀點有異。班固迻錄司馬遷所傳諸富商大賈事迹，計有范蠡、計然、子貢、白圭、烏氏倮、巴清、卓氏、程鄭、孔氏、邴氏、刀閒、師史、任氏、橋桃、

---

7 班彪云：「（遷）論議淺而不篤，其論術學，則崇黃老而薄五經；序貨殖，則輕仁而羞貧窮；道遊俠，則賤守節而貴俗功；此其大敝傷道，所以遇極刑之咎也。」見范曄：《後漢書》（北京：中華書局，1982 年），〈班彪傳〉，頁 1325。

8 范曄：《後漢書》，頁 1326。

9 司馬遷：《史記》，頁 3272。

無鹽氏、田嗇、田蘭、韋家、栗氏、二杜氏，再加元、成二帝以後諸人。最後一章總評云：

> 此其章章尤著者也。其餘郡國富民兼業頗利，以貨略自行，取重於鄉里者，不可勝數。故秦揚以田農而甲一州，翁伯以販脂而傾縣邑，張氏以賣醬而陷佟，質氏以酒削而鼎食，濁氏以胃脯而連騎，張里以馬醫而擊鍾，皆越法矣。然常循守事業，積累贏利，漸有所起，至於蜀卓、宛孔、齊之刀閒，公擅山川銅鐵魚鹽市井之入，運其籌策，上爭王者之利，下錮齊民之業，皆陷不軌奢僭之惡，又況掘冢搏掩、犯姦成富，曲叔稽發，雍樂成之徒，猶復齒列，傷化敗俗，大亂之道也。[10]

《史記》原文云：

> 此其章章尤異者也。皆非有爵邑奉祿弄法犯姦而富，盡椎埋去就，與時俯仰，獲其贏利，以末致財，用本守之，以武一切，用文持之，變化有概，足術也。若至力農畜，工虞商賈，為權利以成富，大者傾郡，中者傾縣，下者傾鄉里者，不可勝數。夫纖嗇筋力，治生之正道也。而富者必用奇勝，（引者按：以下述秦揚至張里諸人，文字與前引《漢書》基本一致。此處從略）此皆誠壹之所致。由是觀之，富無經業，則貨無常主，能者輻湊，不肖者瓦解，千金之家比一都之君，巨萬者乃與王者同樂，豈所謂「素封」者邪，非邪？[11]

細檢司馬遷原文，記卓氏事迹之前，有「請略道當世千里之中，賢人所以富者，令後世得以觀擇焉」。以此為綱領領起下文，說明其用意在於總結前人治生致富之術，即從事商業活動謀利致富的經驗，以資後人取鑑。既曰

---

10 班固：《漢書》，頁 3694。
11 司馬遷：《史記》，頁 3281-3283。

「後世得以觀擇焉」，再曰「故足術也」，為諸人立傳之意亦彰彰明矣。《史記‧太史公自序》云：

> 布衣匹夫之人，不害於政，不妨百姓，取與以時而息財富，智者有采焉，作〈貨殖列傳〉第六十九。[12]

司馬遷用心在此。班固抄錄其文而闌以己意，改易「此皆誠壹之所至」為「皆越法矣」「上爭王者之利，下錮齊民之業，皆陷不軌奢僭之惡」「傷化敗俗，大亂之道也」，一筆 殺前人治生的寶貴經驗，表明深惡營商致富之道。「上爭王者之利」與司馬遷「與民爭利」之說正相對立，成水火之勢。司馬遷有「素封」之說，除上文引及者外，尚見於「今有無秩祿之奉，爵邑之人，而樂與之比者，命曰『素封』」。[13] 素者，空也。此言富商大賈雖無政治上的名位，但富埒封君，故稱之為「素封」。班固《漢書》一概刪削此語。

班固恪守儒家重農抑商的經濟思想，恥言貨殖之事，看法與揚雄正相呼應。揚雄《法言‧淵騫》云：「或問貨殖。曰：『蚊』。曰：『血國三千，使捋疏飲水褐博，沒齒無愁也。』」[14] 汪榮寶《義疏》引宋咸曰：「蚊之為蟲，喙人而求生，可鄙惡者也。貨殖之徒，兼并聚歛，非義是存，亦所謂喙人而求生矣。」[15] 將貨殖者比喻為蚊子。既是吮吸人血的蚊子，自然人人得而誅之。《法言‧君子》又云：「多愛不忍，子長也。」「子長多愛，愛奇也。」[16] 汪氏引宋咸曰：「遷之學不純於聖人之道，至於滑稽、日者、貨殖、游俠、九流之技皆多愛而不忍棄之。」[17] 劉勰《文心雕龍‧史傳》承其餘緒曰：「愛奇反經之

12　司馬遷：《史記》，頁 3319。
13　司馬遷：《史記》，頁 3272。
14　汪榮寶撰，陳仲夫點校：《法言義疏》（北京：中華書局，1987 年），頁 460。
15　汪榮寶撰，陳仲夫點校：《法言義疏》，頁 467。
16　汪榮寶撰，陳仲夫點校：《法言義疏》，頁 507。
17　汪榮寶撰，陳仲夫點校：《法言義疏》，頁 508。

尤，條例蹐落之失，叔皮論之詳矣。」[18]〈貨殖列傳〉自然當被置於「愛奇反經」之列。

看來，只有擺脫儒家重農抑商的包袱，才有可能透徹理解司馬遷的撰述意旨。司馬遷述作，務為切實之論，注重社會民生。〈貨殖列傳〉云：「富者，人之情性，所不學而俱欲者也。」[19] 求富實為人情性所使然。在敘述山西、山東、江南、龍門、石等地特產的概況後，司馬遷更推衍、恢張己意云：

> 皆中國人所喜好，謠俗服飲食奉生送死之具也。故待農而食之，虞而出之，工而成之，商而通之，此寧有政教發徵期會哉？人各任其能，竭其力，以得所欲。故物賤之徵貴，貴之徵賤，各勸其業，樂其事，若水之趨下，日夜無休時，不召而自來，不求而民出之，豈非道之所符，而自然之驗邪？[20]

從事商業活動是人類的自然行為，猶如水之趨下，日夜無休止，是勢所必然。惟其如此，民生富足，社會文化才有發展進步的可能。故曰：「倉廩實而知禮節，衣食足而知榮辱。」禮生於有而廢於無。故君子富，好行其德，小人富，以適其力……人富而仁義附焉……故曰：「天下熙熙，皆為利來，天下壤壤，皆為利往。」千乘之王，萬家之侯，百室之君，尚猶患貧，何況匹夫編戶之民。

司馬遷直言富合乎人之情性，實為仁義之所附，誠是「卓識鉅膽，洞達世情，敢質言而不為高論」（錢鍾書語）[21]。農工商虞四民不可或缺，都是「民所衣食之原」。為政者之職責在於給人民各盡其力，滿足人生存的基本欲求，

18　劉勰著，詹鍈義證：《文心雕龍義證》（上海：上海古籍出版社，1989 年），頁 576。
19　司馬遷：《史記》，頁 3271。
20　司馬遷：《史記》，頁 3253。
21　錢鍾書：《管錐編》（香港：中華書局，1980 年），頁 382。

斷斷不可違悖人性。司馬遷論禮還見於〈禮書〉[22]，彼文云：

> 洋洋美德乎！宰制萬物，役使群眾，豈人力也哉。余至大行禮官，觀五代損益，乃知緣人情而制禮，依人性而作議，其所由來尚矣。

禮順人情而定制，此先賢之共識。禮既順人情性，為之調節，而求富乃人性之一，自當予以滿足，如水之就下，不可遏止。司馬遷繼云：

> 人體安駕乘，為之金輿錯衡以繁其飾；目好五色，為之黼黻文章以表其能；耳樂鐘磬，為之調諧八音以蕩其心；口甘五味，為之庶羞酸鹹以致其美；情好珍善，為之琢磨圭璧以通其意。[23]

此言人之感官等皆有所嗜欲，禮的作用在於導養人欲，而非壓抑而杜絕之。《禮記‧坊記》載孔子曰：「禮者，因人之情而為之節文，以為民坊者也。」[24] 說明制禮的原意就是切合人的情感表現，制訂各種適當的模式，既予以限制、約束，又加以勉勵、增益，更利用事物文飾之，疏導之，使人的情感恰如其份地抒發出來，從而得到滿足。錢賓四先生闡明有子「禮之用，和為貴」一章大義云：「言禮必和順於人心，當使人申之而皆安，既非其情之所不堪，亦非其力所難勉，斯為可貴……禮非嚴束以強人，必於禮得和，而舍禮亦無和可得。此最孔門言禮之精義。」[25] 人之踐禮，無過無不及，合乎中庸之道。觀乎此論，可知聖人制禮，何嘗為戕賊人之性情而設？孔子固然重義

---

22 余嘉錫〈太史公書亡篇考〉引殿本《史記》卷三十二考證曰：「今考太史公曰：『洋洋美德乎』以下至『垂之於後云』句，所為太史公〈禮書〉當如是。」《余嘉錫論學雜著》（北京：中華書局，1963 年），頁 36。案：今本〈禮書〉除此段文字外，皆採取《荀子》〈禮論〉、〈議兵〉篇答陳囂等文而成，蓋為後人所補。

23 司馬遷：《史記》，頁 1157-1158。

24 孫希旦撰，沈嘯寰、王星賢點校：《禮記集解》（北京：中華書局，1989 年），頁 1281。

25 錢穆：《論語新解》（成都：巴蜀書社，1985 年），頁 15。

而輕利，如《論語・子罕》云：「子罕言利與命與仁。」司馬遷的經濟觀雖與孔子雖或有異，卻不至於扞格違悖。《論語・季氏》云：「丘也聞有國有家者，不患寡而患不均，不患貧而患不安。蓋均無貧，和無寡，安無傾。」不均意謂不平，分配均平，則民雖寡貧，仍能相安無事。孔子主張均平，故不貴乎一國財富總和多少，自亦不重乎財貨之滋殖，但求民不匱乏，各得所養而已。司馬遷則主張以人欲富為動力，以發展經濟為手段，達致國家富饒的目的。其引《管子》之文，用意在於說明人富而後仁義可求。若然衣食不足，且將為餓莩，禮義亦無所附麗，文明亦無從談起。《史記・平準書》記述武帝初承文景二帝數十年休養生息之後，經濟蓬勃，家給人足，「故人人自愛而重犯法，先行義而後絀恥辱焉」[26]，就是「倉廩實而知禮節，衣食足而知榮辱」的最好實證。

欲富之情性，人皆有之，雖孔門弟子亦不能例外。觀乎司馬遷所述貨殖諸人中包括子夏，就說明這個道理。《史記・禮書》云：

> 自子夏，門人之高弟也，猶云：「出見紛華盛麗而說，入聞夫子之道而樂，二者心戰，未能自決。」而況中庸以下，漸漬於失教，被服於成俗乎？[27]

《論語・先進》記孔子曰：「回也其庶乎！屢空，賜不受命，而貨殖焉，億則屢中。」又，〈顏淵〉記子夏曰：「商聞之矣，死生有命，富貴在天。」朱熹《集注》云：「蓋子夏欲以寬中（引者按：指司馬牛）之憂，故為是不得已之辭。」[28]富貴在天，子夏何嘗甘守貧賤？〈貨殖列傳〉云：「夫使孔子名布

26　司馬遷：《史記》，頁 1420。
27　司馬遷：《史記》，頁 1159。
28　程樹德撰，程俊英、蔣見元點校：《論語集釋》（北京：中華書局，1990 年），頁 830。

揚於天下者，子貢先後之也。此所得勢而益彰者乎！」[29] 子貢從事貨殖活動，雖未得夫子讚許，但若無其人之助力，則孔子之道或未能布揚天下。

〈貨殖列傳〉以為，天下之趨利求富，乃「道之所符，而自然之驗」。符即合，「道之所符」[30]，即符合大道。換言之，求富合於道，是自然之理。司馬遷思想中的「道」，有別於老子。班固譏斥其人「論大道，則先黃老而後六經」，實有可商。〈貨殖列傳〉云：

> 《老子》曰：「至治之極，鄰國相望，雞狗之聲相聞，民各甘其食，美其服，安其俗，樂其業，至老死不相往來。」必用此為務，輓近世塗民耳目，則幾無行矣。[31]

此段文字，論者多以為譏刺老子，以「塗民耳目」指謂老子，竊以為司馬遷原意並非如此。高步瀛解說其義云：

> 塗民耳目者，即指下者與之爭也……蓋史公雖善道家之學，而當社會文化日開，嗜欲即與之日長，於此欲返之樸之風，勢必有所不能。此史公洞明世運消長之故，而為有用之學，不徒高談玄理也。[32]

此意本方苞〈書貨殖傳後〉為說[33]，是已。今考老子的經濟觀，《道德經》三章云：

> 不尚賢，使民不爭，不貴難得之貨，使民不為盜，不見可欲，使民心不亂，是以聖人治，虛其心，實其腹，弱其志，強其骨，常使民無知

29　司馬遷：《史記》，頁 3258。
30　司馬貞《史記索隱》，見《史記》，頁 3253。
31　司馬遷：《史記》，頁 3253。
32　高步瀛：《兩漢文舉要》，頁 134。
33　方苞著，劉季高校點：《方苞集》（上海：上海古籍出版社，1983 年），頁 57。

無欲，使夫智者不敢為也。為無為，則無不治。

王弼云：「骨無知以幹，志生事以亂，心虛則志弱也。」[34] 虛其心則無知，弱其志則無欲，使智者有所不敢為，遵循在上者之使喚，則社會安定，成就聖人之治。老子主張使民無知無欲，戕賊人好富之情性，實為司馬遷所不取。雖說如此，司馬遷不能不受家學的影響，觀其主張在經濟上放任自由，就與老子有相通之處。〈太史公書自序〉載司馬談《論六家要旨》，所論先秦諸家要旨皆揭其所短，獨獨於道家無一字非議，且云：「道家無為，又曰無不為……其術以虛無為本（引者按：張守節解云：「任自然也」），以因循為用……虛者，道之常也，因者，君之綱也。」[35] 邵懿辰〈書太史公自敍後〉云：「篇首稱六家皆務為治者，末言欲以治天下何由，明此篇論治，非論學也。」[36] 將道家無為套用於政治之上，則成無為而治，文、景二帝施行黃老無為的經濟政策，正是其理論主張的實踐。司馬遷主張自由放任的經濟觀蓋根源於此。要之，司馬遷與其父之學既同又異，不可一概而論。王國維《觀堂集林‧太史公行年考》於《史記》「太史公學天官於唐都，受《易》於楊何，習道論於黃子」下云：「《集解》徐廣曰：『〈儒林傳〉曰：黃生好黃老之術。』案：《傳》云：『轅固生孝景時為博士，與黃生爭論。』是黃生與司馬談時代略相當，徐說殆是也。談既習道論，故論六家要旨，頗右道家，與史公無與。乃揚雄云司馬子長有言五經不如老子之約，班彪譏公先黃老而後六經，是認司馬談之說為史公之說矣。」[37] 若王國維此說不誤，則班氏父子譏評司馬遷，實有張冠李戴之嫌，恐未足以服人。

34　王弼著，樓宇烈校釋：《王弼集校釋》（北京：中華書局，1987 年），頁 8。

35　司馬遷：《史記》，頁 3292。

36　張舜徽：《周秦道論發微》，頁 308-309 引。

37　王國維：《觀堂集林》（北京：中華書局，1984 年），頁 482。

二、司馬遷「與民爭利」說

求富既出於人之情性，「雖戶說以眇論，終不能化」，外力無以按捺，故君主為政，「善者因之，其次利道之，其次教誨之，其次整齊之，最下者與之爭」[38]。「最下者與之爭」就是「與民爭利」，此乃〈平準〉一書之血脈。「與民爭利」語出董仲舒《春秋繁露‧度制》篇，其文云：「故明聖者象天所為，為制度，使諸有大奉祿，亦皆不得兼小利，與民爭利業，乃天理也。」[39]《漢書‧食貨志》記董仲舒說武帝有云：「鹽鐵皆歸於民」[40]。可見董仲舒反對與民爭利，只是其經濟思想始終未能逾越儒學樊籬，故不及司馬遷般洞達人情。

《史記‧平準書》先述漢初文景二帝行黃老無為之政，經濟上採取不干預政策，任憑人民休養生息，自由發展，數十年間，經濟蓬勃，國富家足，盛況空前。「故人人自愛而重犯法，先行義而後絀恥辱焉」[41]。司馬遷「善者因之」理論應是總結這種實證經驗而得。反觀武帝一朝，「中外騷擾而相奉，百姓撫弊以巧法，財賂衰耗而不贍。入物者補官，出貨者除罪，選舉陵遲，廉恥相冒，武力進用，法嚴令具，興利之臣自此始也。」[42]〈平準書〉歷敘漢武帝興利之事，無疑就是數說與民爭利之弊政。張裕釗舉武帝興利事例凡十三項[43]，就中鹽鐵官、算緡錢、均輸等項措施，爭民之利最甚，興利之臣以東郭咸陽、孔僅、桑弘羊為主。司馬遷言：「三人言利事析秋毫矣」。[44] 錙銖計較，與民爭利，至斯而極。茲舉告緡錢一事為例，以見其人弊政招致的惡果。〈平準書〉云：

38　司馬遷：《史記》，頁 3253。
39　《二十二子》本《春秋繁露》，頁 785。
40　班固：《漢書》，頁 1137。
41　司馬遷：《史記》，頁 1420。
42　司馬遷：《史記》，頁 1421。
43　《評點史記》，武昌張氏初刊原本，1916 年。
44　司馬遷：《史記》，頁 1428。

楊可告緡徧天下，中家以上大抵皆遇告，杜周治之，獄少有反者，乃分遣御史廷尉正監分曹往，即治郡國緡錢，得民財物以億計，奴婢以千萬數。田大縣數百頃，小縣百餘頃，宅亦如之。於是商賈中家以上大率破，民偷甘食好衣，不事畜藏之產業，而縣官有鹽鐵緡錢之故，用益饒矣。[45]

只此一事，足見與民爭利乃殘民自肥，甚至陷民於水火，故〈平準書〉特意用卜式事縮結全篇，其文云：「是歲（引者按：指元封元年 [公元前 110 年]）小旱，上令官求雨，卜式言曰：『縣官當食租衣稅而已，今弘羊令吏坐市列肆，販物求利，『亨弘羊，天乃雨』。』」[46]「亨弘羊，天乃雨」，載錄當時民諺，反映人民疾惡其人如斯其甚。竊意司馬遷反對與民爭利、任用聚斂之人的言論，與《大學》相契合。《大學》卒章記孟獻子語云：

百乘之家，不畜聚斂之臣，與其有聚斂之臣，寧有盜臣。此謂國不以利為利，以義為利也。長國家而務財用者，必自小人矣。彼為善之，小人之使為國家，菑害並至，雖有善者，亦無如之何矣。

錢大昕〈讀大學〉闡述其意云：

夫天地之財祇有此數，皆聚斂之小人也……有小丈夫焉，懼上用之不足而巧為聚斂之術，奪士農工賈之利而致之於君，人君樂聞其言，謂其不可加賦而足用也。由是棄仁義，違忠信，任好惡，長驕暴，而壹其心力於財用之間。民力日以竭，人心日以壞，國脈日以促，而災害日至，以即於亡……故《大學》終篇深惡聚斂之臣，極陳以利為利之害，

45　司馬遷：《史記》，頁 1435。
46　司馬遷：《史記》，頁 1442。

為下下萬世慮，至深且遠。[47]

錢氏〈大學論下〉亦有相近論説[48]，藉闡明《大學》義理，針砭時政，有感而發。牟潤孫先生《注史齋叢稿·錢大昕著述中論政微言》云：「錢大昕這一段話，正是論關税贏餘及向鹽商要錢的弊政。」[49]然則《大學》深惡在上者蓄養聚斂之臣與民爭利，意同司馬遷。錢氏或未措意於司馬遷之説，故未及引用。

司馬遷卒後不久，桓寬於《鹽鐵論·本議第一》云：

> 惟始元六年（公元前86年），有詔書使丞相、御史與所舉賢良、文學語，問民間所疾苦。（引者按：《漢書·食貨志》亦載此事）文學對曰：「竊聞治人之道，防淫佚之原，廣道德之端，抑末利而開仁義，毋示以利，然後教化可興，而風俗可移也。今郡國有鹽、鐵、酒榷、均輸，與民爭利，散敦厚之樸，成貪鄙之化。」[50]

博學賢良之士反對與民爭利，主張還利於民，同乎司馬遷之意。

班固《典引》曾引錄明帝下詔云：「司馬遷著書成一家言，揚名後世，至以身陷刑之故，反微文刺譏，貶損當世，非誼士也。」[51]竊謂〈平準書〉亦當在班氏指摘之列。「貶損當世」，指摘司馬遷對武帝的批評，自應包括「與民爭利」。班固的歷史書寫，受到皇權的介入，站在官方的政治立場，對司馬

---

47 錢大昕撰，呂友仁校點：《潛研堂集》（上海：上海古籍出版社，1989年），頁286。

48 錢大昕撰，呂友仁校點：《潛研堂集》，頁23。

49 牟潤孫：《注史齋叢稿》（北京：中華書局，1987年），頁490。

50 桓寬著，王利器校注：《鹽鐵論校注》（增訂本）（天津：天津古籍出版社，1983年），頁1。《漢書·食貨志》文，見《漢書》，頁1176。

51 張溥輯：《漢魏六朝百三名家集》（南京：江蘇廣陵古籍出版社，1990年），《班蘭臺集》，頁323。

遷進行責難，自是情理中事。王允更直斥遷書為「謗書」[52]。

〈貨殖列傳〉的撰作意旨，後人或據〈報任少卿書〉中「家貧，財賂不足以自贖，交遊莫救，左右親近不為壹言」[53]之文，推斷其述〈貨殖列傳〉旨在激發「崇勢利而羞貧賤」的言論。梁玉繩《史記志疑》即持是說。[54]夷考其實，此說未為允當。《漢書・司馬遷傳贊》云：

> 然自劉向、揚雄博極群書，皆稱遷有良史之材，服其善序事理，辨而不華，質而不俚，其文直，其事核，不虛美，不隱惡，故謂之實錄。[55]

以「實錄」二字總括《史記》一書，最貼切不過。司馬遷述〈貨殖列傳〉、〈平準書〉，據實直書，非因一己榮辱激憤而為。〈貨殖列傳〉非崇勢利而羞賤貧既辨如上，至於〈平準書〉「寓刺於一時，故其辭微而婉」（查慎行語）[56]，持論切當，以經濟思想存乎其間。方苞〈書貨殖列傳後〉於司馬遷「與民爭利」論獨有會心，茲錄其文如下：

> 桑弘羊以心計，置均輸、平準，陰與民爭利，所謂塗民耳目，幾於無行者也。故因老子之言而連及之，然後推原本始，以為中古而後，嗜欲漸開，勢不能閉民欲利之心，以返於太古之無事。故其善者，亦不過因之、利導之而已。其次教誨、整齊，猶能導利而布之，未聞與民爭也。「農而食之，虞而出之，工而成之，商而通之。所謂因之、利導之也。至於教誨、整齊則太公、管仲猶庶幾焉，獨不及最下者之爭。蓋其

---

52 楊燕起、陳可青、賴長揚編：《歷代名家評史記》（北京：北京師範大學出版社，1986 年），頁 4 引。
53 《漢書》，頁 2730。
54 梁玉繩：《史記志疑・太史公自序傳》，頁 1488「凡百三十篇」下論說。
55 《漢書》，頁 2738。
56 司馬遷撰，瀧川資言考證，水澤利忠校補：《史記會注考證附校補》（上海：上海古籍出版社，1986 年），頁 824 引。

事已具於〈平準〉矣。[57]

　　如上所述，自漢迄清，儒者於「與民爭利」之弊多有同感，但司馬遷肯定富為人性，主張治生之術，卻始終未遇知音，其經濟觀未能得到發揚，以致我國經濟理論落後於西方，箇中原因值得深思。

三、結論

　　司馬遷編撰《史記》，旨在成一家之言。書中首創貨殖之傳，連同〈平準書〉，於經濟理論多所發明。司馬遷藉歷史書寫，表現出繫心民生國計，倡議「善者因之」，與西方自由經濟之說，不謀而合，更是千古卓識。司馬遷強調，求富出於自然本性，洞達人情。可惜這種經濟理論並未得後人的理解與發揚。班固《漢書》雖立〈貨殖傳〉，僅於司馬遷之文多所取材，存其形式而遺其精神。謂司馬遷「述貨殖，則崇勢利而羞賤貧」，出於對史遷之文的誤解。而且，大概是受到明帝批評司馬遷藉《史記》「微文刺譏，貶損當世」的思想指導，班固提出「上爭王之利」，與司馬遷批評武帝「與民爭利」針鋒相對。由此可見，班固譏斥司馬遷，應是堅守官方的政治立場。

57　方苞著，劉季高校點：《方苞集》，頁 57。

學術思想

顏之推的考據學思想與方法述論

汪啟明

西南交通大學人文學院

一、顏之推和他的著作

顏之推（529—595 年），字介，琅邪臨沂（今山東臨沂）人。活動于北齊至隋年代，出身于官僚世家，累官至黃門侍郎，學有家傳，《北齊書》有傳。傳世的代表性著作是《顏氏家訓》二十篇，這是顏之推為了用儒家思想教訓子孫，以保持自己家庭的傳統與地位，而寫出的一部系統完整的家庭教育教科書。除《顏氏家訓》外，他還有《觀我生賦》、《冤魂志》（一名《還冤記》）、《集靈記》等。又曾與陸法言等討論音韻學，參與《切韻》的編撰。另有詩五首，散見於《文苑英華》、《藝文類聚》等書，清人丁福保輯入《全漢三國魏晉南北朝詩》。

他在考據學上最有名的代表作莫過於《顏氏家訓》中的《書證篇》，清代學者黃叔琳認為，《書證》「此篇純系考據之學，當另為一書」[1]。另外，《音辭篇》《勉學篇》也談到不少文字、音韻、訓詁問題，是他的重要的考據學著作。

他創作《書證》篇是重要原因是在他那個時代，由於輾轉傳抄傳刻，文獻錯亂漏失已經非常嚴重，以至於不進行考據就無法正確地利用文獻。顏之

1　引自王利器《顏氏家訓集解》，上海：上海古籍出版社，1982 年，頁 375.

推曾尖銳的指出：

晉宋以來，多能書者。故其時俗，遞相染尚，所有部帙，楷正可觀，不無俗字，非為大損，至梁天監之間，斯風未變，大同之末，訛替滋生。蕭子雲改易字體，邵陵王頗行偽字，前上為草、能傍作長之類是也，朝野翕然，以為楷式，畫虎不成，多所傷敗。至為一字，唯見數點，或妄斟酌，遂變轉移。爾後墳籍。略不可看。北朝喪亂之餘，書跡鄙陋，加以專輒造字，猥拙甚於江南。及以『百念』為『憂』，『言反』為『變』；『不用』為『罷』，『追來』為『歸』，『更生』為『蘇』，『先人』為『老』，如此非一，遍滿經傳。

他認為，最初雖然文獻中有俗字，還對文獻沒有大的損傷。在沒有印刷術的情況下，圖書以抄寫為主，這些抄本到後來「訛替滋生」，「遍滿經傳」，非用考據，文獻難以為文獻。

他創作《音辭篇》的原因則是文獻中讀音產生歧異，各用一己之方言音為文獻注音，他說：

古今言語，時俗不同；著述之人，楚、夏各異。《蒼頡訓詁》反『稗』為『逋賣』，反『娃』為『於乖』；《戰國策》音『刎』為『免』，《穆天子傳》音『諫』為『閒』；《說文》音『戛』為『棘』，讀『皿』為『猛』；《字林》音『看』為『口甘反』，音『伸』為『辛』；《韻集》以『成、仍、宏、登』合成兩韻，『為、奇、益、石』分作四章；李登《聲類》以『系』音『羿』，劉昌宗《周官音》讀『乘』若『承』：此例甚廣，必須考校。前世反語，又多不切，徐仙民《毛詩音》反『驟』為『在遘』，《左傳音》切『椽』為『徒緣』，不可依信，亦為眾矣。

至於文字，則自有訛謬，過成鄙俗，亂旁為舌，揖下無耳，鼋鼉從魏，奮奪從雚，席中加帶，惡上安西，鼓外設皮，塹頭生毀，離則配禹………寵變成寵……如此之類，不可不治。

「此例甚廣，必須考校」和「如此之類，不可不治」兩句話，實則揭示了顏之推考據學著作產生的語言文字學方面的深刻根源。

二、顏之推的考據學思想

《書證》篇彙集有關典籍和詩歌俗文的訓詁材料，考證音義，範圍相當廣泛，所引書目達餘種。引證群書，廣集眾本。糾正文獻錯誤。同時還能用方言口語和實物作為證據。從考據學史的角度看，它是專門論述各種書籍常見錯訛的專篇論文，這說明考據學已經成熟，有了自己獨立的學科理論。這個理論包括文獻學和語言文字學兩個方面的重要內容，如利用不同版本、從字形發展的訛變、根據漢語語法、根據詞義訓話、根據前人注釋、引用古訓話書、引用方言、利用出土文物等多種考據學方法。而這些方法正是唐代至清代傳統考據學乃至近代新考據學的理論基礎。

我們説考據學成立的代表人物是顏之推。其標誌性的著作就是《顏氏家訓・書證篇》和《音辭篇》《勉學篇》的問世，他們共同構建了成為中國考據學史上的第一個理論體系。

1、考據學理論的核心是實事求是思想

顏之推在《顏氏家訓・勉學》中説：「校定書籍，亦何容易，自揚雄、劉向，方稱此職耳。觀天下書未遍，不得妄下雌黄。或彼以為非，此以為是；或本同末異；或兩文皆欠，不可偏信一隅也。」這裏，顏之推提出了考據學的綱領。

《勉學》中記有這樣兩件事：「江南有一權貴，讀誤本《蜀都賦》注，解『蹲鴟，芋也』，乃為『羊』字；人饋羊肉，答書云：『損惠蹲鴟。』舉朝驚駭，不解事義，久後尋跡，方知如此。元氏之世，在洛京時，有一才學重臣，新得《史記音》，而頗紕繆，誤反『顓頊』字，『頊』當為許錄反，錯作許緣反，遂謂朝士言：從來謬音『專旭』，當音『專翾』耳。此人先有高名，翕然信行；期年之後，更有碩儒，苦相究討，方知誤焉。」

顏之推看到社會上大量異體字存在造成的負面影響，他在《書證》篇中對校勘異體文書處理提出自己的看法，認為典籍流傳往往訛誤，文字應以

《說文》為宗，「許慎檢以六文，貫以部分，使不得誤，誤則覺之」他說：「世間小學者，不通古今，必依小篆，是正書記；凡《爾雅》、《三蒼》、《說文》，豈能悉得蒼頡本指哉？亦是隨代損益，互有同異」。

考據學中的校對與今天的校對有異曲同工之妙。其主要的目的有二，一是校異同，二是校是非。其基本物件是陳垣所謂有一書內容又見「前人之書」、「後人之書」、「同時之書」者，其實與先秦兩漢的文獻傳承情況相合。眾所周知，先秦兩漢傳世文獻常有多書內容重複互見的情況。這恰恰是考據學最重要的基本材料。

2、考據學的重要與必要

顏之推認為，書籍出現錯誤，會給閱讀和理解帶來極大的障礙。《顏氏家訓‧勉學》中記有這樣兩件事：「江南有一權貴，讀誤本《蜀都賦》注，解『蹲鴟，芋也』，乃為『羊』字；人饋羊肉，答書云：『損惠蹲鴟。』舉朝驚駭，不解事義，久後尋跡，方知如此。元氏之世，在洛京時，有一才學重臣，新得《史記音》，而頗紕繆，誤反『顓頊』字，『頊』當為許錄反，錯作許緣反，遂謂朝士言：從來謬音『專旭』，當音『專翾』耳。此人先有高名，翕然信行；期年之後，更有碩儒，苦相究討，方知誤焉。」

3、考據學要建立在文獻學和語言文字學基礎上

考據學的建立還表現在對考據學的兩大支柱，即文獻學和語言文字學之間關係的正確理解。《顏氏家訓‧勉學》：

夫文字者，墳籍根本。世之學徒，多不曉字：讀五經者，是徐邈而非許慎；習賦誦者，信褚詮而忽呂忱；明《史記》者，專皮、鄒而廢篆籀；學《漢書》者，悅應、蘇而略《蒼》、《雅》。不知書音是其枝葉，小學乃其宗系。至見服虔、張揖《音義》則貴之，得《通俗》、《廣雅》而不屑。一手之中，向背如此，況異代各人乎？

顏氏這段話說明三層意思，是文字是典籍的根本，無文字無以成典籍；

他所說的「文字」是指小學，而不僅是指書音；習小學要從歷代訓詁專書出發。這表明他對語言文字學和文獻之間關係的正確理解。特別是「小學乃其宗系」一句話，深刻地道明瞭文獻考據學與語言文字學之間的關係。即便是歷代注釋書，也不能只重視音義一類貴專之作，而棄《通俗》《廣雅》一類貴圓之作而不顧。

三、顏之推的考據學方法體系

文獻學手段和語言文字學手段是考據學的兩大基本手段。顏之推對這兩種手段運用十分嫻熟，從他開始大力推進，考據學進入一個自覺的時代。

1、文獻學方法

（1）校勘法

考據學中的校勘法主要目的有二，一是校異同，二是校是非，這也是一切校勘最基本的方法。校勘的基本物件是陳垣所謂有一書內容又見「前人之書」、「後人之書」、「同時之書」者，這與先秦兩漢魏晉南北朝的文獻傳承情況相合。眾所周知，先秦兩漢傳世文獻常有多書內容重複互見的情況。這恰恰是考據學最重要的基本材料。

清人葉德輝，曾將校勘分為「死校」「活校」，他說：

今試其法，曰死校，曰活校。死校者，據此本以校彼本，一行幾字，鈎乙如其書；一點一畫，照錄而不改；雖有誤字，必存原文。顧千里廣圻，黃堯圃丕烈所刻之書是也。活校者，以群書所引，改其誤字，補其闕文；又或錯舉他刻，擇善而從，別為叢書，板歸一式。盧抱經文弨，孫淵如星衍所刻之書是也。斯二者，非國朝校勘家刻書之秘傳，實兩漢經師解經之家法。鄭康成注《周禮》，取故書、杜子春諸本，錄其字而不改其文，此死校也。劉

向校錄中書，多所更定；許慎撰《五經異議》，自為折衷，此活校也。其後隋陸德明撰《經典釋文》，臚載異本；岳珂刻《九經》、《三傳》，抉擇眾長，一死校，一活校也。明乎此，不僅獲校書之奇功，抑亦得著書之捷徑也已。[2]

考據學的文字方面的考據物件主要是四端：脫、衍、倒、訛。在《顏氏家訓》中均有體現。

①對校法

對校法是利用多本進行互校，這是考據學基本方法之一。「對校法」是考據學的第一步，非常重要。他以校異同為主，不校是非。即陳垣所謂說的「以同書之祖本與別本對讀」。考據文獻必先搜集同一種書的不同抄本或刻本，從中選擇一本內容比較完整的作為底本（祖本），而以其它本（別本）作為比照，通過對讀找出祖本與別本之間的異同。由於有別本錯、祖本錯、眾本皆錯三種可能性，所以，發現了差異，既不能單純地據祖本改別本，也不能不加分析地據別本改祖本。應該參考其他的文獻記載，「據異同以定是非」，用「校是非」來求得正確的文獻內容。顏氏用對校法的例子，如說《漢書》中「田肯賀上」條：

江南本皆作「宵」字。沛國劉顯，博覽經籍，偏精班《漢》，梁代謂之《漢》聖。顯子臻，不墜家業。讀班《史》，呼為田肯。梁元帝嘗問之，答曰：「此無義可求，但臣家舊本，以雌黃改『宵』為『肯』。」元帝無以難之。吾至江北，見本為「肯」」。

②本校法

考據學重在以經證經，以史證史，以文證文，也就是所謂的本證法。「本校法」指從一個校樣中校出其前後、上下、左右的「異」，進而判斷其是非。這是在校異同基礎上校是非，即據異同以定是非。「前後互證」是發現內在矛盾的方法。同一部文獻，記載同一人、同一事、同一地等相似內容，卻前後矛盾，這時用對校法力不從心，「本校法」就派上了用場。《後漢書》：「酷吏

2　葉行輝《藏書十約》第七《校勘》。

樊曄為天水郡守，涼州為之歌曰：『寧見乳虎穴，不入冀府寺。』」顏之推在校勘時說，江南書本「穴」皆誤作「六」。他引用該書《班超傳》的內容，說：「班超云：『不探虎穴，安得虎子？』」而「學士因循，迷而不寤」，這就是以《後漢書‧班超傳》校《後漢書‧酷吏列傳‧樊曄傳》，同書內容自校。

③他校法

陳垣說：「他校法者，以他書校本書。凡其書有采自前人者，可以前人之書校之；有為後人所引者，可以後人之書校之；其史料有為同時之書並載者，可以同時之書校之。」此「他書」不同於「別本」。「別本」是同書的不同版本，而「他書」本書以外的其它文獻，其相似內容可以互校。「他書」是有相關內容的書，如類書、叢書、工具書等。陳垣強調指出：此法「用力較勞」，「但有時非此法不能證明其訛誤」。這時實際是解決文獻史料的重出，以他書校本書，相似史料出現的異文，是考據的重要任務。

④理校法

段玉裁曰：「校書之難，非照本改字不訛不漏之難，定其是非之難。」所謂理校法也。遇無古本可據，或數本互異，而無所適從之時，則須用此法。此法須通識為之，否則鹵莽滅裂，以不誤為誤，而糾紛愈甚矣。故最高妙者此法，最危險者亦此法。

「理校法」是在其它三法無法決斷的情況下，運用推理來判斷互異之是非的方法。前人將此法看作是校勘的最高境界，同時也把它看作是最危險的方法，認為稍有不慎，就將誤解古人，導致爭訟不已。《書證》：

鄭玄注云：「荔挺，馬薤也。」《說文》云：「荔，似蒲而小，根可為刷。」《廣雅》云：「馬薤，荔也。」《通俗文》亦云馬蘭。《易統通卦驗玄圖》云：「荔挺不出，則國多火災。」蔡邕《月令章句》云：「荔似挺。」高誘注《呂氏春秋》云：「荔草挺出也。」然則《月令注》荔挺為草名，誤矣。河北平澤率生之。江東頗有此物，人或種於階庭，但呼為旱蒲，故不識馬薤。講《禮》者乃以為馬莧，堪食，亦名豚耳，俗名馬齒。江陵嘗有一僧，面形上廣下狹；劉緩幼子民譽，年始數歲，俊晤善體物，見此僧云：「面似馬莧。」其伯父條

因呼為荔挺法師。條親講《禮》名儒，尚誤如此。

除上述方法以外，顏之推還通過考校注文來發現文字錯訛：他以《史記》中的「寧為雞口，無為牛後」為例，通過引嚴篤《戰國策音義》注：「屍，雞中之主。從，牛子。」認為，「口」當為「屍」，「後」當從「從」，俗寫誤也；

他舉《史記》傳寫中的訛字及注家的錯誤處理方法：「《史記》又作悉字，誤而為述，作妒字，誤而為姤，裴、徐、鄒皆以悉字音述，以妒字音姤。既爾，則亦可以亥為豕字音，以帝為虎字音乎？」還以《後漢書·楊由傳》云：「風吹削肺」中「削肺」一詞的含義作了說明，列舉了「柿」字在古書中的應用，並說明其字。他說：「此是削筩牘之柿耳。古者，書誤則削之，故《左傳》云『削而投之』是也。或即謂筩為削，王褒《童約》曰：『書削代牘。』蘇竟書云：『昔以摩研編削之才。』皆其證也。」

（2）版本法

顏之推在考據中常常利用不同版本來互相比較，發現文獻錯訛。即使通過理校，顏之推在可以從意義上找出正確用字時，往往也求諸多種版本。他最常用的是將「江南本」與「河北本」進行比較。如解釋《漢書》「中外禔福」中的「禔」字，認為河北諸本寫作「提」，「安也」，而江南書本寫作「提」，「為提挈之意」；如果無法用意義求證用字，版本互校就顯得很重要，如他對「田」姓名用字的考證中，就利用了不同版本。

2、語言文字學方法

（1）方言考據法

方言之學，肇於遠古，因方音而至文獻之誤，鄭玄時代就有所察覺。如：

顏之推又注意到了文獻中記載了方言現象，這是閱讀和考釋文獻時應該注意的。因為語音差異，自古而然，他必然反映到文獻中。《顏氏家訓·音辭》：

古今言語，時俗不同；著述之人，楚、夏各異。《蒼頡訓詁》反稗為逋賣，反娃為於乖；《戰國策》音刾為免，《穆天子傳》音諫為間；《説文》音戛

為棘，讀皿為猛；《字林》音看為口甘反，音伸為辛；《韻集》以成、仍、宏、登合成兩韻，為、奇、益、石分作四章；李登《聲類》以系音界，劉昌宗《周官音》讀乘若承：此例甚廣，必須考校。前世反語，又多不切，徐仙民《毛詩音》反驟為在遘，《左傳音》切椽為徒緣，不可依信，亦為眾矣。

顏之推不僅以方言來校正文獻讀音，還用他來校勘誤字。如他以北方與南方「丈」與「大」方言不同的稱呼為例，指出人們對詩意的曲解。他說：「古者，子婦供事舅姑，旦夕在側，與兒女無異，故有此言。丈人亦長老之目，今也俗猶呼其祖考為先亡丈人。又疑『丈』當作『大』，北間風俗，婦呼舅為大人公。『丈』之與『大』，易為誤耳」。

（2）文字形音義法

在《顏氏家訓》中對文字的形音義三者都極為重視。表現在對文字的致誤原因的分析和對誤字的正讀：

①注意文字的正俗之分。如以《史記》中的「寧為雞口，無為牛後」為例，通過引嚴篤《戰國策音義》注：「屍，雞中之主。從，牛子。」認為，「口」當為「屍」，「後」當從「從」；

②通過同義詞來校勘誤字：他校訂《史記》及《漢書》中「妒媚」的「媚」字，以為是「媔」字之訛，指出：「太史公論英布曰：『禍之興自愛姬，生於妒媔，以至滅國。』又《漢書·外戚傳》亦云：『成結寵妾妒媔之誅。』此二『媔』並當作『媔』，媔亦妒也，義見《禮記》、《三蒼》。且《五宗世家》亦云：『常山憲王后妒媔。』王充《論衡》云：『妒夫媔婦生，則忿怒鬥訟。』益知媔是妒之別名。」

③形近而誤。《詩經·國風》有「有杕之杜」之句，河北本校「狄」為「杕」之誤：「《詩》云：『有杕之杜。』江南本並木傍施大，《傳》曰：『杕，獨貌也。』徐仙民音徒計反。說文曰：『杕，樹貌也。』在木部。《韻集》音次第之第，而河北本皆為『夷狄』之『狄』，讀亦如字，此大誤也。」

④從字形的演變入手校正誤字。《書證》：「簡策字，竹下施束，末代隸書，似杞宋之宋，亦有竹下遂為夾者；猶如刺字之傍應為束，今亦作夾。徐

仙民《春秋禮音》遂以筴為正字，以策為音，殊為顛倒。史記又作悉字，誤而為述，作妒字，誤而為姤，裴、徐、鄒皆以悉字音述，以妒字音姤。既爾，則亦可以亥為豕字音，以帝為虎字音乎？」

⑤從字音的演變和漢字構形結合校正誤字。《顏氏家訓・書證篇》：張揖云：「虙，今伏羲氏也。」孟康《漢書古文注》亦云：「虙，今伏。」而皇甫謐云：「伏羲或謂之宓羲。」按諸經史緯候，遂無宓羲之號。虙字從虍，宓字從宀，下俱為必，末世傳寫，遂誤以虙為宓，而《帝王世紀》因更立名耳。何以驗之？孔子弟子虙子賤為單父宰，即虙羲之後，俗字亦為宓，或複加山。今兗州永昌郡城，舊單父地也，東門有子賤碑，漢世所立，乃曰：「濟南伏生，即子賤之後。」是知虙之與伏，古來通字，誤以為宓，較可知矣。

⑥注意生造字引起的文獻誤字。「晉宋以來，多能書者。故其時俗，遞相染尚，所有部帙，楷正可觀，不無俗字，非為大損，至梁天監之間，斯風未變，大同之末，訛替滋生。蕭子雲改易字體，邵陵王頗行偽字，前上為草、能傍作長之類是也，朝野翕然，以為楷式，畫虎不成，多所傷敗。至為一字，喂見數點，或妄斟酌，遂變轉移。爾後墳籍。略不可看。北朝喪亂之餘。書跡鄙陋，加以專輒造字，猥拙甚於江南。及以『百念』為『憂』，『言反』為『變』；『不用』為『罷』，『追來』為『歸』，『更生』為『蘇』，『先人』為『老』，如此非一，遍滿經傳。」

（3）語法法

根據古漢語語法來發現文獻中文字脫漏以及存在的衍文，予以糾正。顏之推以古語中常見的「也」字這一句尾語助詞為例，列舉了不少例子，藉以說明「也」字有時不可或缺，沒有這個字就有礙于對原文的理解。他指出：「『也』是語已及助句之辭，文籍備有之矣，河北經傳，悉略此字，其間字有不可得無者，……閒經傳中時須也字，輒以意加之，每不得所，益成可笑。」在不少典籍中，缺少「也」字，往往造成不少歧解，但隨意加上「也」字，亦不可取。添加不當，反成笑柄，所以不能輕易改動文本。又比如他考證《三輔決錄》中蒜果的「果」字應作「顆」，從語法上指出學者對該字的讀音

與理解的錯誤所在，他說：「北土通呼物一 ，改為一顆，蒜顆是俗間常語耳。故陳思王《鷂雀賦》曰：『頭如果蒜，目似擘椒。』又《道經》云：『合口誦經聲瓅瓅，眼中淚出珠子 。』其字雖異，其音與意頗同，江南但呼為蒜符，不知謂為顆。」值得借鑒參考。

3、文化背景法

（1）方言法

以方言來校勘誤字：他以北方與南方風俗不同，「丈」與「大」方言不同的稱呼為例，指出人們對詩意的曲解。他說：「古者，子婦供事舅姑，旦夕在側，與兒女無異，故有此言。丈人亦長老之目，今也俗猶呼其祖考為先亡丈人。又疑『丈』當作『大』，北間風俗，婦呼舅為大人公。『丈』之與『大』，易為誤耳」這是從人們日常言語和生活習慣中發現南北差異現象；

（2）地名法

地名的考證是考據學一個極為重要的方面。地名不明，則文獻難明。顏之推發現，在標明前代的文獻《山海經》中，夏禹及益所記卻出現了不少如長沙、零陵、桂陽、諸暨這樣一些後代的地名。

（3）時代法

前後的文獻還載有後代的事蹟。如「《本草》神農所述，而有豫章、朱崖、趙國、常山、奉高、真定、臨淄、馮翊等郡縣名，出諸藥物；《爾雅》周公所作，而云『張仲孝友』；仲尼修《春秋》，而《經》書孔丘卒；《世本》左丘明所書，而有燕王喜、漢高祖；《汲塚瑣語》，乃載《秦望碑》；《蒼頡篇》李斯所造，而云『漢兼天下，海內並廁，豨黥韓覆，畔討滅殘』；《列仙傳》劉向所造，而《贊》云七十四人出佛經；《列女傳》亦向所造，其子歆又作《頌》，終於趙悼后，而傳有更始韓夫人、明德馬后及梁夫人嫕」，造成這種現象的外部原因是「秦人滅學，董卓焚書，典籍錯亂」，而其內部原因則是「後人所羼」。

（4）溯源法

顏之推對有多種説法的問題，都存而錄之，為後人研究提供了便利條件。如對《漢明帝紀》：「為四姓小侯立學」中「小侯」的理解。按：「桓帝加元服，又賜四姓及梁、鄧小侯帛，是知皆外戚也。明帝時，外戚有樊氏、郭氏、陰氏、馬氏為四姓。謂之小侯者，或以年小獲封，故須立學耳。或以侍祠猥朝，侯非列侯，故曰小侯。《禮》云：『庶方小侯。』則其義也。」他把稱為「小侯」的原因講解一番，説明當時有人對此種稱呼有疑惑，不知「小侯」的來歷。他在書中列舉了兩種情況：其一是因年紀小被封侯而稱；其二則是因並非列侯，只陪同祭祀，參與朝見而稱。稽諸史籍，此説確實不誤，表現了他嚴謹的學術風範。

四、二重證據法的發展

二重證據法起於西漢時期，他是指用不同來源的文獻材料，指向同一個考據的物件。顏之推在他的考據學實踐中，主要運用了兩種出土的文獻來校正。

1、金文文獻與傳世文獻的互證

顏之推的二重證據法。北齊學者顏之推曾利用出土文物及碑刻來考釋傳世文字。《史記·秦始皇本紀》：「二十八年，丞相隗林、丞相王綰等，議於海上。」諸本皆作山林之「林」。顏之推根據隋開皇二年 (582 年) 出土的秦時秤權銘文，指出「隗林」應該是「隗狀」。《顏氏家訓·書證》：

《顏氏家訓·書證篇》：

諸本皆作山林之「林」。開皇二年五月，長安民掘得秦時鐵稱權，旁有銅塗鑴銘二所。其一所曰：「廿六年，皇帝盡並兼天下諸侯，黔首大安，立號

為皇帝，乃招丞相狀、綰法度量……」，凡四十字。其一所曰：「元年，制詔丞相斯、去疾，法度童，盡始皇帝為之，皆□刻辭焉。今襲號而刻辭不稱始皇帝，其于久遠也，如後嗣為之者，不稱成功盛德，刻此詔□左，使毋疑。」凡五十八字，一字磨滅，見有五十七字，了了分明。其書兼為古隸。餘被敕寫讀之，與內史令李德林對，見此稱權，今在官庫；其『丞相狀』字，乃為狀貌之『狀』，爿旁作犬；則知俗作『隗林』，非也，當為『隗狀』耳。

這種以出土文獻資料校訂史籍記載的錯誤，是二重證據法的一個典型案例。此雖僅一例，但對後世影響頗大，實際上為校勘資料開拓了一個非常重要的領域，因為金石刻辭不會發生流傳過程中舛誤妄改的問題，是保存本真的可靠材料；

2、碑刻文字與傳世文獻互證

除了用二重證據法證史外，顏之推還以「慮」和「宓」在字形上容易混淆，運用了漢代碑刻文字證明古籍用字現象。《顏氏家訓》：「張揖云：『慮，今伏義氏也。』孟康《漢書》古文注亦云：『慮，今伏。』而皇甫謐云：『伏義或謂之宓義。』按諸經史緯侯，遂無宓義之號。慮字從虍，宓字從宀，下俱為必，末世傳寫，遂誤以慮為宓，而《帝王世紀》因誤更立名耳。何以驗之？孔子弟子慮子賤為單父宰，即慮義之後，俗字亦為宓，或複加山。今兗州永昌郡城，舊單父地也，東門有《子賤碑》，漢世所立，乃曰：『濟南伏生，即子賤之後。』是慮之與伏，古來通字，誤以為宓，較可知矣。」

又如，《顏氏家訓·書證》載，柏人城東北有一孤山，古書無載者。「唯闞駰《十三州志》以為舜納於大麓，即謂此山，其上今猶有堯祠焉；世俗或呼為宣務山，或呼為虛無山，莫知所出」。像趙郡士族有李穆叔、季節兄弟、李普濟這些有學問的人，也不說出其名稱和來歷。顏之推到趙州做官時，「共太原王邵讀柏人城西門內碑。碑是漢桓帝時柏人縣民為縣令徐整所立，銘曰：『山有巏嵍，王喬所仙。』方知此巏嵍山也。巏字遂無所出。嵍字依諸字書，即旄丘之旄也；旄字，《字林》一音亡付反，今依附俗名，當音權務耳。

入鄴，為魏收說之，收大嘉歎。值其為《趙州壯業寺碑銘》，因云：『權務之精。』」這裏如果不用碑刻文字，就不能知道地名的來歷和名稱。

五、結語

考據萌芽於先秦，興盛於兩漢，成學的魏晉南北朝。總結這一時期的考據學，顏之推是一個繞不開的重要代表。他不僅有系統的理論，還有豐富的實踐，是前代考據學的集大成者，也是把考據學活動轉變為考據學科的重要人物。尤其值得稱道的是二重證據法在他的手裏得到發揚光大，並付諸實踐，為中國學術史、中國考據學史的發展，有着里程碑式的作用。

戴震義理思想在晚清的轉進
——黃式三申戴論析

張壽安

中央研究院近史所研究員

緒論

　　戴震的義理思想在其身後有怎樣的發展？一直是清代學術思想史的重要課題。事實上，從相當程度上說，也唯有此一課題得到解答，我們才可能看出清代思想的真面貌。

　　上世紀初，胡適撰《戴東原的哲學》一書，專章討論戴學的反響。所舉人物包括：洪榜、程晉芬 (1718-1784)、段玉裁 (1735-1815)、章學誠 (1738-1801)、翁方綱 (1733-1818)、姚鼐 (1732-1815)、凌廷堪 (1755-1809)、焦循 (1763-1820)、阮元 (1764-1849) 等。此一揭示，為後來的研究奠定了相當基礎。不過，因為胡適太堅持「真傳」與否，故雖廣論諸家思想仍結語說此諸家皆未得戴學之真貌。其實這是由於胡適對戴震哲學有一預設之價值取向，就是：「知」，亦即「心知之明」。胡適認為：

　　　　戴震的哲學是一種新的理學，他的要旨在於否認那得於天而具於心的理，而教人注意那在事物之中的條理。知道「理」不在人心中，然後不至於認意見為理，而執理以殺人禍世。是非是要分明的，但分別是非

不靠執持個人的意見，不靠用「天理」來壓人，而靠訓練「心知之明」，
使它能辨別是非而準。[1]

　　所以他特別贊賞戴震思想中對心知的訓練，所謂「求其輕重，析及毫
芒，無有差謬」的求理方法。也因此，他對戴震學說中居同等重要地位的「以
情絜情」說，十分反對。甚至不惜提醒讀者說「以情絜情」和「察之幾微而
區以別之」是「不相容」的，前者是戴震學說中的因襲部份，後者才是他的
基本主張。胡適說，若是讀戴氏的書而「誤認以情絜情為他的根本主張，他
的流弊必至於看輕那求其輕重析及毫芒無有差謬的求理方法，而別求『旁通
以情』的世故方法。」[2] 據此，他批評凌廷堪的禮學思想說：「凌廷堪不懂得戴
學重知之意，用禮來籠罩一切，所以很失了戴學的精神。」在胡適看來，凌
廷堪只是一位「禮學專家」而不能算作是「戴學傳人」。[3] 又批評焦循以「恕」
釋「格物」、主張「絜矩之道」、強調「以情絜情」「反乎己以求之，為通」
的哲學。並批評它說：這都只是勸人調和的「調和論者」，完全失卻戴學的
革命精神。[4] 至於阮元，胡適頗欣賞他的〈性命古訓〉的治學方法，但是認為
阮元的「節性」「威儀」說，近乎顏元 (1635-1704) 的「主敬」，又批評阮元
的禮理之辯走的是凌廷堪的路子。並厲辭批評阮元的重禮思想是一種「執禮
無權的武斷」。當然，離戴震的主知思想更遠了。[5]

　　胡適以「主知」為軸，檢視戴學之後傳，其好處是為後學者拈出一條主
線。但對了解清代思想史的發展而言，在視域上則或嫌偏狹。今日，我們研
究清儒的思想在戴震以後的發展，不只在角度上得包括思想的變化、思想的

1　胡適：《戴東原的哲學》（商務，1975，台四版），頁 136。
2　同上書，頁 128。
3　引文見同上書，頁 115。對凌廷堪的討論，見頁 101-116。其中胡適分析戴震的理與
　　凌廷堪的禮之間的異差，說：「戴氏打倒『理』之後，要用一個能辨察事情分別是非
　　的智慧來替他。而凌氏則想撇開那『遠尋夫天地之先，侈談夫大理氣之辨』的理學，
　　而回到那節心節性的禮。這一點是他們兩人的思想的基本區別。」頁 109。
4　同上書，頁 116-138。
5　關於阮元的討論，同上書，頁 138-170。

轉進，在心態上也得撇開真傳與否這個價值點，而以宏觀的視域檢審：哪些議題在被繼續討論？哪些觀點在被繼續闡揚？哪些理念逐漸形成共識？哪些議題被逐漸舍棄？哪些價值已漸趨式微？甚至哪些新的觀點新的價值新的途徑在因應社會政治經濟的需求下被提出？當然，這還有待學術界的長期努力。

在討論戴震之後清儒義理思想的發展情形之前，有必要對戴震的義理思想作一要點簡述，這是因為戴震的新義理學，對清儒思想的開啟作用甚大，不只主知一項。然吾人也萬萬不可認為唯有繼續闡揚戴震義理的，才可稱為清代思想之發展。事實上，近幾年來已有數位學者的研究顯示，清儒的思想在乾嘉間有舍棄抽象思辨而走向訴求重建社會秩序之功效，此一事實。[6]（當然，這牽涉到更廣宏的思想源淵，此處不論。）

戴震思想的要點有三：

(1) 人性論。戴震以「血氣心知」說明性，表現在欲、情、知三方面。欲指聲色臭味的生理欲望，情指喜怒哀樂的心理情緒，心知指人的知覺認識能力和人的義理情感。戴震所說的知，是否即指獨立的知性；戴震所說的欲，是否即指 Desires；固尚待細究。但他的心性論，具有濃厚的情感性，是無庸置疑的。而且此一情感性是指自然情感，而非道德情感。戴震是從生理和心理角度去認知心性，把人性落實在經驗界談。這和理學家視心性為理（無論是陽明的心即理或程朱的性即理），把人性視為形而上的道德本體，截然兩途。因此，戴震可說是從根本上否定了形而上學道德本體論。程瑤田批評他「未識性善之精義」，是很正確的。戴震把人性擺在一個自然的角度去進行觀察，不過，必需指出的是戴震仍主張性善，承認仁義禮智是心知神明之所止。

(2) 理。戴震釋理為紋理、肌理、腠理，密察條析謂之理；和理學家視理為「性道統契」，大相逕庭。至於理落實在倫理道德上，其本據為何呢？戴

6　Chow Kai-wing, *The Rise of Confucian Ritualism in Late Imperial China*, (California: Stanford University Press, 1994)；小島毅：《中國近世的禮之言說》（東京：東京大學出版社，1996）；張壽安：《以禮代理——凌廷堪與清中葉儒學思想之轉變》（台北：中央研究院近代史研究所，1994）。

震最精要的一句說解就是：情之不爽失，是謂理。戴震認為情欲是人性的基本內容，所謂道德，在他看來無非是達己之情亦達人之情、遂己之欲亦遂人之欲。很明顯的，戴震把理或倫理道德的依據，繫牽在情上。所以他批評理學家以性屬理，以情欲屬惡，把理說成是「如有物焉，得於天而具於心」，使理變成一普遍的超越的本體存在。於是理往往脫離人的真實生存，而架空的控囿人，終於造成以理殺人。

(3) 知與學。戴震義理思想的基本邏輯是：自然歸於必然，歸於必然適以完其自然。戴震就用此一邏輯結合他的性觀和理觀。因此，自然和必然的關係，一方面表示為人的自然性和社會性之間的關繫；一方面也表示人性之知對人性情欲所自然且必然產生的控制管理作用。而這當中，心知是一個具發展性的概念。人的形體，始於幼小，終乎長大；和人之德性，始乎蒙昧，終乎聖智一樣。心知既是「本有」也需「資養」，這就是後天經驗與學問的重要。戴震據此遂批判理學的「復其初」之說是否定人的自然的感性的及社會性的存在，而強以先驗的道德本體。

戴震的義理思想具有相當豐富的開創性。綜合以上論述，可約略歸見出三個趨勢，一、易理學家之以理論性為以情欲論性。二、擺脫先驗性的「理」、轉求以「情」為基礎為「理」。三、重視人的心知作用，以學養智。

戴震思想的第一位知音，是戴震的同鄉洪榜。據江藩 (1761-1831)《漢學師承記》言：「榜，生平學問之道，服膺戴氏。戴氏作《孟子字義疏證》，當時讀者不能通其文，唯榜以為功不在禹下。撰東原《行狀》，載〈與彭進士尺木書〉。笥河（朱筠，1729-1781）師見之曰：可不必載，戴氏可傳者不在此。榜乃上書辯論。今行狀不載此書，乃東原子中立刪之，非其意也。」[7] 洪榜與朱筠的辯論分三點進行：第一說明戴震並非有心要和程朱立異以爭強好勝。第二縱使如朱筠所言經生貴有家法，漢學自漢，宋學自宋；但義理乃聖學之精旨，不得因固守家法而謂治漢學者不得聞問義理。第三雖說聖賢不可

7　江藩：《漢學師承記》（商務），卷 6。下引文皆據本於此。

學而至聞道之名不可輕易許人；然戴震之義理確實是揚闢理學之陋，而上達聖人之道。最後結語說：「要之，戴氏之學，其功於六經孔孟之言甚大。使後之學者無馳心於高妙，而明察於人倫庶物之間，必自戴氏始也。」

洪榜本人並無義理方面的著述，但指出「無馳心於高妙，而明察於人倫庶物之間」，確實是一語切中戴震思想之要竅。而乾嘉以降的新興思想界，也的確朝著這個走向展開。儒學思想在清代的新面貌，也由此窺見。

洪榜之後，能闡述戴震思想並有所轉進的，首推凌廷堪。同其時有焦循、阮元、孫星衍，皆深受此二人之影響。

凌廷堪治學以「典章制度」為歸，主張學以致用，實事求是，鄙棄虛談。他在清代儒學思想的發展上最重要的貢獻，就是提出「以禮代理」的主張，完全撇清理學和儒學的關係。理學自清初以來備受學界批評，乃一事實。而且從某種程度上說清學是從反理學入手的，也不為過。顏元就是從社會實效意義上反理學。惠棟 (1697-1758) 及其父惠士奇 (1671-1741) 則從經義上指稱理是各是其是各非其非，難有絕對之是非。戴震則從哲學體系上批判理學，並自建一套義理思想體系以取代程朱理學。其中，值得注意的是，惠、戴在擺脫理的易流入空渺的同時，所倡導的學問路向就是「典章制度」。惠、戴都認為「義理不可舍經而空憑胸臆」，「義理非它，存乎典章制度者也。」[8] 事實上，戴震思想中一個很重要的努力目標，就是要建立起客觀性的理，以避免個人意見之偏。本人曾撰《清中葉徽州義理學之發展》博士論文，證明徽學從戴震、程瑤田到凌廷堪，有一從理、到物則、再轉至禮的思想走向，其主要精神就是要建立一具客觀性與公驗性的理，做為「人我」行事之準則。[9] 而凌廷堪正承續此一思潮並為之轉進。他毫不諱言地說他的目的就是要「變

8 　詳戴震：《東原集》，卷 11，〈題惠定宇先生授經圖〉，及同書，卷 10，〈古經解鉤沈序〉。凌廷堪：《校禮堂文集》，卷 35，〈戴東原先生事略狀〉。

9 　張壽安：《清中葉徽州義理學之發展》（香港大學博士論文，1986）。有關程瑤田的研究，參考鮑國順：〈程瑤田誠意說疏釋〉，收入《第一屆國際清代學術研討會論文集》（高雄：中山大學中文系，1993）。張壽安：〈程瑤田的義理學：從理到物則〉，《漢學研究》，卷 10 期 1 (1982:6)。

革學術」，他的責任就是要肩負起「一二人開其端」的先覺使命。[10] 他標立出
的儒學宗旨是禮學，以禮做為社會人倫行事的依據。

凌廷堪用考證的方法，證明六經中並無理字，於是全面否定理字也全面
否定理學。他指出儒家用以教人、治世的，只在一「禮」，舉凡人倫關係之
君臣父子夫婦兄弟朋友、人生日用之昏禮、喪禮、祭禮、冠禮、鄉飲酒禮，
及至廟堂之朝覲禮等皆有制度儀文可以循守。而聖人用以教人正心修身的方
法，就是禮。他撰寫《禮經釋例》一書，區分禮為八類：通例、飲食之例、
賓客之例、射例、變例（喪葬例）、祭例、器服之例、雜例。其下又分細目
共二百三十六例。這本書不只是清儒經籍整理總成績中的佼佼者，對當時人
在實踐上而言，也是一本重要的禮制指南，查閱上十分方便。[11] 其次，人性
論。廷堪對人性是善是惡，並無論定。時而說「性善」，時而說「性惡」，又
時而說「有善有惡」。廷堪撰〈好惡說〉兩篇，認為人性有好惡兩大端，喜
怒哀樂皆由好惡所生，好惡正，則協於天地之性。[12] 這種看似混渾的言辭，只
說明一個事實，即廷堪對人性此一問題並不作本體上的推究，他觀察到的是
人性所流露出的現象：好、惡。不使好惡太過太不及，能得其正，秩序就產
生。所以他說人有性必有情有情必有欲，因此，他最重視的修養方法是「以
禮節性」「以禮復性」。這也是他特別推崇荀子的原故。他作〈荀卿頌〉贊
揚荀子，尤其荀學中的禮法精神。戴震的人性論雖名為「性善」，實已近於
荀子。今廷堪更正面推尊荀學，甚至說無論孟之性善荀之性惡其修養途徑皆
在於禮。試與清初以來荀學復興此一事實並觀，更可證見清儒對人性及修養
方法的看法的趨向經驗界。其次，禮的基礎，亦可謂制禮之大原。禮，做為

---

10 凌廷堪：《校禮堂文集》，卷 23，〈與胡敬仲書〉。孫海波：〈凌次仲學記〉亦言：「廷
　　堪處考證學極盛之時，而能不為所囿，乃將於學術思想上有所建樹，以轉移一時之
　　風會，要不失為豪傑之士。」見《中國近三百年學術思想論集》（香港：存粹學社，
　　1978），頁 263。
11 梁啟超：《中國近三百年學術史》（台北：中華，1958），〈清代學者整理舊學之總成
　　績〉。
12 詳凌書，卷 16，〈好惡〉上下。

人倫社會行事之準則，吾人一定得追問：制定此準則之基礎（憑據）為何？廷堪說聖人制禮的基礎是人情之好惡。如此，則廷堪禮學思想的哲學基礎出現。他說：「仁義者，禮之質幹；禮者，仁義之節文。夫仁義非物也，必以禮焉為物。仁義無形也，必以禮焉為形。」[13] 廷堪認為人性有聲色味臭之欲，也有仁義禮智信之德，在其中取人之共好舍人之共惡，就是制禮之大本。所以他又說人情之好惡以仁義為大，然仁義是抽象的道德，必藉諸具體的禮文來呈現，因此禮之制作，正是仁義的呈現。至於仁義的具體內涵，廷堪認為仁以親親為大、義以尊尊為大；因此，他所說的禮意，就以親親尊尊為本軸。[14]

凌廷堪的禮學思想在當時及其後都產生了很大影響，尤其在徽揚學界的友朋輩中，如阮元、焦循、孫星衍、汪中、胡培翬等。一時之間，學界幾幾乎以言「理」為禁忌。現今吾人在焦循、阮元、孫星衍等人的義理作品中，幾乎見不到論「理」的文字，更遑論理學。

焦循傾服戴震，特撰〈申戴〉一文，澄清理學者對戴學的誤解。[15] 在〈讀書三十二贊〉中稱揚《孟子字義疏證》一書，尤其是戴震對性的新解。[16] 又撰〈性善解〉五篇，發明戴震性論，並特別闡揚「性，能知故善」一句，承續了戴震的重知思想。同時又仿《疏證》作《論語通釋》闡明儒學中最切要的十五個概念：一貫忠恕、異端、仁、聖、大、學、多、知、能、權、義、禮、仕、據、君子小人，不及「理」。焦循論學以「通」為尚，最重視仁恕一貫的絜矩之道，視此為人情互達的最佳途徑。至於認為「禮」就是仁恕一貫，則顯然是受了凌廷堪、許宗彥等的影響。較戴震思想而言，是為另一層的轉進。

阮元思想的二個要點，一是性命說，一是仁說。阮元的性命說，其要點並不在於說性內有欲，而是在強調「節性」，並歸結於「禮治」，以禮的威儀

13　同上書，卷 24，〈復錢曉徵書〉。
14　有關凌廷堪思想之研究，參考錢穆：《中國近三百年學術史》（商務，1990），及註10 孫海波文，註 6 張壽安書。
15　焦循：《雕菰集》，卷 7，〈雜著〉。
16　同上書，卷 9，〈性善解〉五篇。

齊整人的言行，以建立社會秩序。阮元以「相人偶」釋「仁」，擺脫理學者
對仁的種種高妙之論。仁是人與人之間的相互關係，必須在具體的事件或行
為上表現出來，才堪驗證是否為仁。[17]至於行仁的原則，則是「以天下人情順
逆，序而行之」。這個人情順逆的順字有二層意義，一指下以忠悌事上，一
指上依人情順下。阮元甚至認為孔子所言治天下之至德要道也只在「以順天
下」而已。阮元重禮治，推尊《孝經》，又輯曾子言行編為《曾子》十篇刊行。
其目的在立上下之分，以安輯家邦。[18]

孫星衍在義理思想上有三大要點。一是指出人有仁義禮知之性也有喜怒
哀樂愛惡欲之情，性之德與性之欲並非截然對立，因為性與欲中皆兼含陰
陽。據此，他詮釋絜矩之道是在人我之性人我之情欲的相互濡沫參透之間，
取得一平衡點，以做為是非之準判。較戴、焦、阮的恕道，是更為實際可行
了。[19]其二，把戴震的心知之明和現實事務結合起來，解「知」為「見事之
明」。強調人的心知必須在經驗界的事務上（如斷獄）磨練，經由不斷地觀
察分辨，以獲得最終的是非曲直。[20]一是把「格物致知」解成「遇事而試其見
事之明」，完全刊落宋儒從「學」上講格致，轉而從實事經驗上，考察心知
裁決事理的能力。[21]

清代儒學思想，自戴震張其新幟，倡導「達情遂欲」的哲學，凌廷堪為
之轉進，主張「以禮代理」，阮元、焦循、孫星衍等續為闡揚發明，使儒學
思想在清代展現出另一種面貌。尤其，阮元在乾嘉道間，官高望重，又以扭
轉學術自任，對新義理思想的傳佈十分努力。嘉慶六年 (1801) 阮元建詁經精

---

17 阮元：《揅經室一集》，卷 8，〈論語論仁論〉；卷 9，〈孟子論仁論〉。並參考卷 1，〈釋
    相〉一文。
18 同上書，卷 2，〈孝經解〉；卷 11，〈詁經精舍策問〉。
19 孫星衍：《問字堂集》，卷 1，〈原性說〉。
20 同上文；及氏著：《岱南閣集》，卷 1，〈觀風試士策問五條〉。
21 孫星衍：《岱南閣集》，卷 3，〈覆座主朱石君尚書書〉。並參考張壽安：〈孫星衍原
    性說及其在清代思想史上的意義〉，收入《劉廣京教授七秩晉五祝壽論文集》(台北：
    中央研究院近代史研究所，1997)。

舍於杭州，延王昶 (1725-1807)、孫星衍任講席。舍中講學分十二項，其中義理一項完全不循宋明儒說，而闡揚戴震、凌廷堪重視情欲倡導復禮的主張，並兼抒阮元、焦循、孫星衍的觀點。一時之間，禮學披靡天下，江浙徽間的年輕學子群棄理學而歸之。於是和方東樹 (1772-1851)、夏炘、夏炯等當時程朱理學的擁護者展開辯論。據方東樹的描述是：

> 此論（案：禮）出之最後，最巧，最近實，幾於最後轉法華。新學小生，信之彌篤，惑之彌眾，爭之彌力，主之彌堅。[22]

> 數十年來，此風遍蒸海內，如狂飆蕩洪河，不復可望其澄鑒。[23]

此一爭辯，直至清末民國仍未歇。

以上所言是乾嘉間的儒學思想的發展情形，至於其後又如何呢？檢閱史料，我們發現在道咸間闡揚戴震、凌廷堪等的思想不遺餘力，甚至不惜身陷論辯場域，卻一直被學界所忽略的是黃式三（1788-1862；乾隆五十三年—同治元年）。黃式三治學以禮為宗，子黃以周（1828-1899，道光八年—光緒廿五年）得其學，著《禮書通故》百卷，東南稱經師者，必尊黃氏。其後，黃以周執教南菁書院達十八年之久，晚清人才多有出於其門者。故欲了解儒學思想在道咸以至晚清的走向，黃氏父子不可不詳加研究。本研究將以黃式三為例，探討他對戴震、凌廷堪及阮元思想所作之回應，[24] 並由其去取處，以見儒學思想在道咸間之承續與轉進。本文先論黃式三對戴震思想之回應。

22　方東樹：〈漢學商兌〉（商務，1968），卷中之上，頁 61。

23　同上書，卷下，頁 162-163。又，東樹此書撰於道光六年 (1826)。

24　有關黃式三對凌廷堪禮學思想之回應並其與夏炘、夏炯間的論辯，本人已於所著《以禮代理》一書中略作討論。見該書頁 138-152。至於更進一層的分析，將另撰一文詳述。

一、生平與治學理念

黃式三，字薇香，浙江定海人。生乾隆五十三年 (1788)，卒同治元年 (1862)，年七十四。歲貢生。[25] 道光二年 (1822) 嘗應鄉試，以生母裘氏得霍亂痢疾暴卒於家，痛絕，誓不再應試。[26] 居家，以讀書、著述、授業鄉黨族子弟，終老。式三之學傳於家，從子以恭（道光八年？—光緒八年，1828?-1882），光緒元年 (1875) 舉人。子以周（道光八年—光緒廿五年，1828-1899），同治九年 (1870) 舉人。道咸以降，浙東稱經師者，必歸黃氏。

黃氏家族，宗族關係緊密，鄉黨情感深厚。黃氏數代以修族譜、建宗祠、表彰節孝以敦風礪俗自任。平日教育子弟，更深戒瀟灑放縱，一以整齊嚴肅為歸，務必以禮自持，以禮待人。而式三最為鄉里所樂道的也是他的為人。式三子以周摯友施補華為式三撰寫〈別傳〉，就是熟聞以周敍道乃父生平為人，深所景仰，遂發而為文，以補他傳之詳於論學疏於行誼之失。尤稱美式三之身教，曰：「修於其身，教於其鄉，而謀於軍國，一以誠孝為本，非今之學人所能比，誠古之誠孝人也。」在施氏看來，乾嘉以來經明術修的大儒比比皆是，但真能以禮持身合族恤黨學養合一者，唯式三堪稱。[27]

式三治學不立門戶，嘉道以降漢宋學對立益熾，式三論學一以「實事求是」為宗旨。嘗作〈求是室記〉自言「天假我一日，即讀一日之書，以求其是。」[28] 治經之外，亦兼重心性修養。嘗作〈畏軒記〉言：「治經而不治心，猶將百萬之兵而自亂之。」[29] 生平著作甚富，其最要者為《論語後案》二十卷，該書以關除佛道闡明儒學為宗旨，自序言：「夫近日之學，宗漢、宗宋，

---

25 《清史列傳》（台北：中華），《儒林傳‧下》，卷 69，〈黃式三〉，頁 70-73。《續碑傳集》，卷 73，譚廷獻：〈黃先生傳〉；施補華：〈定海黃先生別傳〉。案：式三之生平不詳，此據其年齡推算而得。

26 黃式三：《儆居集》（中央研究院傅斯年圖書館藏），《雜著四》，〈裘氏先妣事實〉。

27 詳施補華，〈定海黃先生別傳〉。

28 《儆居集》，《雜著四》，〈求是室記〉。

29 同上書，〈畏軒記〉。

判分兩戒。是書所采獲，上自漢魏，下逮元明，以及時賢。意非主為調人，說必備乎眾是。區區之忱，端在於此。而分門別戶之見，不受存也。」[30] 另有：《尚書啟蒙》四卷，《詩叢說》一卷，《詩序說通》二卷，《詩傳箋考》二卷，《周季編略》九卷，《儆居集經說》四卷，《史說》四卷。

黃式三對戴震思想的回應，主要分三個議題：氣說、理說和性說。

二、申戴震氣說

〈申戴氏氣說〉主要在闡揚戴震理在氣中不在氣之外亦不在氣之先的理論。首先說明盈天地皆氣此一觀念：

> 氣之輕清上浮者，天；重濁下凝者，地。天地大氣所包。[31]

其下分論「天之氣」、「地之氣」。言「天之氣」曰：

> 天之氣，日月相推而明生；寒暑相推而歲成。所謂立天之道曰陰與陽者，道即天氣之推行者是也。張橫渠所謂語其推行，故曰道也。形而上者謂之道，形而下者謂之器。陰陽之氣未成形以前為道，既成形則為器。五行即五氣，成形則五器也。戴東原說甚憭。儒者不得其解，乃曰陰陽為器，所以陰陽者理，理乃為道。離陰陽而言理，因離氣以求道，能不入于空眇邪。[32]

黃式三說天之氣的推行產生了日月明暗寒暑年歲，也就是說天之氣的推

30　同上書，《雜著一》，〈論語後案原敘〉。
31　黃式三：《儆居集》，經說三，〈申戴氏氣說〉。
32　同上。

行產生了時間和空間。因此立天之道就是指掌握天之氣的「運行」（用現代語
言來說）。基本上他把道器劃分成未成形之前和已成形之後，氣在成形之後
就是器，器是具體可以把握的對象。這和戴震論氣器是一致的。所以他批評
理學家超過陰陽之氣而另覓一個「所以陰陽」的概念把它視為理，是離氣求
道、離陰陽言理，脫離具體對象而談抽象之理，所以會流入空眇。其下又論
「地之氣」言：

> 　　地之氣，蒸潤而泛濫者為水澤，凝結而高聳者為山阜。所謂俯而察
> 于地理者，理即地氣之推行有條理者也。所謂立地之道，曰柔與剛者，
> 地道即地理。地理家云：隴葬其麓，支葬其巔。陰陽相交，大較如此，
> 原未有誤。戴東原云：欲知山之脈胳，先看水之去來。水未有不依山脈
> 者。亦地理之精言也。偽青囊經先天體後天用，理從先氣從後。世儒用
> 此說而離氣求理，烏知地理邪。[33]

　　黃式三說地之氣的運行，產生了水澤山阜。所謂觀察地理就是觀察地氣
之運行而有條理者。所以所謂立地之道就是了解地理。地之理脈，是順其地
氣而成形的，戴震說欲知山之脈先看水之脈，就是指地之理在氣之運行中顯
現。接著又批評世俗離氣求理，是不懂地理。

　　其次，黃式三談到「人之氣」，曰：

> 　　人秉五行之秀氣以生，其性善。易傳一陰一陽之謂道，繼之者善
> 也，成之者性也。謂陰陽相繼續則不偏，人備之則性善也。禮曰分于道
> 之謂命，形于一之謂性。謂人物同秉于陰陽，而人之靈于物者別為一類
> 也。所謂立人之道曰仁與義者，人為萬物之靈，其氣能以仁義相感通
> 也。申喜之母久失在外，以乞歌心悲，詳問而得之。庾黔妻之父遠居

33　同上。

于家，以初病心驚，棄官而養之。此其氣之往來感通微眇，非人所測。
正如蚌之受精于月，燧之取火于日，磁之引鍼、葵之向日，人莫能言其
故。而氣之往來感通，固實如是。[34]

人和萬物同樣的秉於陰陽而生，人的特異點在人得五行之秀氣是萬物之
靈，所以分於道而形於人之形的人之性是善。換言之，人之氣與物之氣的最
大差異在人性善。然則，何謂性善？黃式三把它闡釋成仁與義，而且人之氣
中的仁與義是可以相感通的。因為人我之氣可以相感通，所以仁與義可以行
諸天下。黃式三非常強調這種人氣可以相感通的事實，他並且據此談論到治
道及化民的可行性。言：

王者至誠之德，上足以感天。其保民如保赤，而仁義之化，不見而
章，不動而變。人同此氣，因相通如此也。中庸謂上天之載無聲無臭，
戴東原以為言化民之道，亦氣之相通也。必舍氣而空言理，則易傳中庸
之文，反視為不切之陳言。可乎。凡天地人之氣，推行各有其條理，而
非氣之外，別有一理，求理于氣之先者，二之則不是。[35]

治民之道一則保民一則化民，唯因天下之人之氣可以相通，故仁政義行
可以落實，氣質變化、救亂平治可以實踐。中庸易傳所說上天之載無聲無
臭、戴震所言化民之道，皆因了解到人氣相通此一道理。

黃式三此文的重要性有此下數點。其一：黃氏指出天地人的形成都是氣，
氣的流行會在具象界形成許多條理，如天氣之運行形成時間空間，地氣之運
行形成地理（包括：山川地勢），人氣之流行形成仁義（包括政治社會秩序
及生活活動）。這些在具象界中形成的條理，實際上已包括物理、事理和情
理。其二：黃式三清楚的表明他支持戴震理在事中、理在氣中的主張。理不

---

34 同上。
35 同上。

是用來解釋現象之所以存在或發生的原因，如理學者所致力的。理就是直截
且單純的存在於具象之中，有具象才有條理。同時，黃式三也再三闡揚人氣
相通這個觀念，唯有人與人氣氣相通，立人之道才有完成之可能性。有學者
認為式三此一人心感通說近乎神秘感且已逸出戴學。[36] 其實，毫無神秘可言。
式三強調的是人與人因氣之同故有感通的必然，也才有建立同好、同惡之可
能。據此，人類秩序才可能建立，並為人我所願意遵守。這是戴、焦、孫一
脈「以情絜情」「恕道」的進一步闡揚。很明顯的，黃式三的理概念是存在於
氣之中的，而氣概念則和器，即實物，更形合一。這都是遠離理學者言，而
進一步闡揚戴學的明顯證明。

三、申戴震理說

〈申戴氏理說〉洋洋二千五百言，全面闡揚戴震之「理」觀，並明析戴氏
「理」觀與昔儒「天理」觀之異者七。是黃式三闡揚戴震學說最條理分明的一
篇文字。該文開宗明義就說：

> 戴氏東原作《孟子字義疏證》言理言天理，有異於昔儒。[37]

首論：何謂理？理存在於何處？黃式三舉理學家言與戴震之言，曰：

> 昔儒言天理之超乎陰陽氣化者曰：陰陽氣也，形而下也；所以一陰

---

36 王茂：《清代哲學》（安徽人民，1992），論黃式三曰：「尤其以人心之神秘感通解
『氣』，已逸出戴學。如『人為萬物之靈，其氣能以仁義相感通也』。並舉申喜心悲、
訪得乞食之母；庚黔婁心驚，知遠方父病為例。這種『氣之往來感通，微渺非人所
測』的靈學，與戴震之氣說全無干涉。」又批評三論氣，太粘著於實象（如輕清上
浮為天，重濁下為地）、實器（水澤、山阜等）。頁 688。
37 黃式三：《儆居集》，經說三，〈申戴氏理說〉。

一陽者理也，形而上也。是形上之道，惟天理足以當之矣。

戴氏則據易言一陰一陽之謂道，又言立天之道曰陰與陽，陰陽即為天道，不聞辨別所以陰陽始可當道之稱。樂記言天理，指人心中天然之分理，非陰陽而上，別有所謂天理。此其異者一。[38]

理學家一般認為天理是超乎陰陽氣化之先的，陰陽氣化是形而下的，天理是用以解釋陰陽氣化之所以生成的原因。換言之就是理在氣之先、理在氣之上的意含。陰陽是現象界，是氣化；天理是超乎現象界並解釋現象界之所以然。戴震的看法則完全不同。戴震直接把陰陽視為天道，一陰一陽之氣化流行就是天道，不必再往上溯也不需再向上抽離。所以戴震說所謂天理就是人心中天然之分理，天理不在陰陽之上，天理就在陰陽氣化之中。

次論：理與性、事、物的關係？言：

昔儒既眇言天理，而以天理之賦于人為性之本矣。戴氏則云：理者，察之而幾微，必區以別之名，是故謂之分理。在物之質曰肌理曰腠理曰文理，得其分則有條不紊，謂之條理。凡經傳中言理，謂人情之不爽失者也，非指潔淨空闊之一物也。此其異者二。[39]

理學家認為人之生稟賦天理而來，人性之本即是天理。因此予人以人性中有一潔淨空闊之物叫作天理之感。也是戴震所說：如有物焉，得於天而具於心。然而，戴震對理的解釋卻完全不同。戴震說所謂理是必需經過觀察、分析、將最幾微的差異也區別出來，才能得到，所以叫做分理。針對不同的觀察對象遂有不同稱名，對物而言，有肌理、腠理、文理，凡能分理出有條不紊的條理的，就是理。對人而言，所謂理就是人情之不爽失。

其次討論：如何得到理？若以人情之理為言，則指如何得到「人心之同

---

38 同上。
39 同上。

然？」言：

> 昔儒既言天理為性之本，則以理之得于天而具于心，為人之所同。
> 其說依據于孟子。
> 戴氏則謂：理至聖人而後無蔽，始能推諸天下萬世而準。易稱先天
> 而天弗違，後天而奉天時。中庸稱考諸三王而不謬，建諸天地而不悖，
> 質諸鬼神而無疑，百世以俟聖人而不惑。如是始為得人心之同然，如是
> 始謂之得理。孟子以聖人先得義理為人心所同然，其解如此。若未至于
> 同然，而存乎人之意見，不可謂理。六經孔孟之書以及傳記群籍言理者
> 少，今雖至愚之人，悖戾恣睢，其處斷一事、責詰一人，莫不輒曰理
> 者。由自矜理具于心，而遂以心之意見當之也。此其異者三。[40]

理學家堅信理得於天而具於心，是人心之同然。所以往往將一己之心所
得之理，視為眾人之理。戴震批評說這種一己之心之悟，都只是意見，絕非
理，也絕非人心之同然。至於何謂人心之同然，如何達到人心之同然？戴震
指說得到理得到人心之同然，是有一定的工夫進程的。此一工夫進程即中庸
所說「考諸三王而不謬，建諸天地而不悖，質諸鬼神而無疑，百世以俟聖人
而不惑」。眾人之心之同然，必需從歷史經驗、現實效應、集眾多智者之思
考，而後才可能臻至。少去了這一層推、考、建、質、俟的經驗界、實務界
的人我互動工夫，兀自冥心見性，所得的只是意見，絕非眾人之心之同然。

再次討論理與形氣的關係，包括：何謂性善？理與情欲的關係？及反對
「復性說」。言：

> 昔儒既言天理同具於心，以此理為完全自足，而人非生知安行，氣
> 稟所拘，未有不污壞其所受于天之理　有學而後此理漸明，學者是以貴

40　同上。

復其初。戴氏則謂目能辨色、耳能辨聲、心能辨理義，血氣心知皆有自具之能，是性善即于形氣見之，而非壞于形氣也。戴氏又謂人因質之昧而失理，學之有可進于智者。人之血氣心知異于禽獸，心之精爽，學以擴充之，于事靡不得理。是求理不在血氣心知之外也。[41]

戴震所說的性善是指人的感官所具有的能力，如眼能辨色耳能辨聲心能辨理義，這種種能力都必需也都可以在形氣上證見。因此性善不必遠溯形氣之上，性善是存在於實物界的，在經驗上，即可證見。因此，戴震所關懷的對性所必須做的工夫，就非理學者所說的「復其初」，而是「擴充」。戴震說人在血氣心知上所具備的能力，必須經過「學」的培養，以開啟知識，培養的關切點是如何使人從蒙昧到智識，唯有開啟了能力，才能掌握事理。此處，也明顯表示出戴震所謂的理，不是指「天理」，而是指「事理」。又說：

戴氏又謂人之形體資乎飲食之養，始于幼小，終于長大，非復其初。人之德性資乎學問之養，始于蒙昧，終于聖智，亦非復其初。孟子是以貴擴充，不言復初也。此其異四其異五其異六。[42]

戴震把人之形體的成長和人之德性的成長視為相同，並把人之心知能力的具有可增益性和可培養性，視為性善。[43]這當然和理學家從人性本體上探究性善，完全異轍。黃式三支持戴震的觀點，也表明清儒關切的是現實事物，如何在經驗界為性之善找到理據，以及如何把人的力量落實在經驗界，發揮其能力，才是他們所面對當時社會難題，所提出的解救方法。

其次，談理與情欲。言：

41　同上。

42　同上。

43　王茂：《清代哲學》言：黃論朱戴之異，列舉七項，其異之三、四、五、六，解釋得明白暢曉，得戴學要旨。黃於此揭出「是性善即於形氣見之」，已意識戴之謂善，乃是心知之能。頁 689-690。

　　昔儒既言理為氣稟所壞，因謂人有氣稟始有情欲之擾，其說以樂記為依據。戴氏則以理即情之不爽失者，在己與人皆謂之情，無過情無不及情之謂理。樂記云「人生而靜，天之性；感物而動，性之欲。」欲出于性，由一人之欲推之，知天下人之同欲，此謂反躬，而依天理。媷一人之欲，而減沒乎天下人之同欲，此謂不能反躬，而窮人欲。欲不可窮，非不可有，有而節之，使無過情無不及情，即合乎天理矣。此戴氏之說理，其異七也。[44]

　　戴震反對理學者所言理為氣稟所壞，即理壞於情欲的說法，主張情之不爽失就是理。他說人不可縱欲，但不能無欲，人人皆有欲，若使人我之欲皆同，此一「同欲」就是情之不爽失，就是理。式三在此處提出「反躬」一語，以說明「同欲」的可能性。所謂由一人之欲「推」而知天下之同欲，是謂反躬，若是「專」一人之欲而滅天下之同欲，則是不能反躬，而落入「窮人欲」了。[45] 很明顯的，黃式三和戴震在此處談的是「情理」而非「天理」。情理是根基於實際人倫日用的生活，在承認自己的情欲與他人之情欲都得達遂的「反躬」狀態下，達到人我之欲皆無過無不及的程度，情理才得以產生，也才能通行。換言之，理不是原本就具存於心的東西，理是一個對象，需要去認知。因此，人與人、人與事、人與物之間的互動關係，就成了認知過程中最重要的工夫所在。人與人之間如何達到你情我情皆不爽失？人與事之間，人的認知能力如何不斷推昇以準確掌握住該事之理？物理的產生也是同樣。很明顯的，清儒在擺開了天理觀念後，正視經驗界，並致力在經驗界中尋找條理：人界的理、事界的理和物界的理。

　　黃式三此文分兩大段，第一大段申揚戴震義理說與昔儒的差異，共七

44　黃式三：《儆居集》，經說三，〈申戴氏理說〉。

45　王茂：《清代哲學》言：「其異七，論理欲，其中黃氏發揮了戴的同欲說。……『專一人之欲』的說法，《疏證》所無。這是黃式三的發揮。此語有似黃宗羲《原君》。黃式三何以於舉世滔滔討伐戴學之時出而『申戴』，自然是有感於時勢。」頁 690。

點，已如上述。第二大段則廣引宋明清諸程朱理學大家的言論，和戴震相較，說明戴震的義理主張和此諸人並無大異，戴震縱使有矯枉過正之嫌，但事實上戴震正是取諸儒之長，使善學者知實事求是也。言：

> 夫後儒之疑戴罵戴者，為其說之駁程朱耳。而以程朱之所自言與尊信程朱者之所言，參引互證，學者可平心讀之，蓋戴氏之矯枉過正而取其所長，在善學者之實事求是也。雖然今之言人同此心，心同此理者，其說如無星之稱，無寸之尺矣，何能與之強辯也哉。[46]

從黃式三的立論，不難看出他在某種角度上也認為戴震的義理乃承繼朱熹而來，不同的是，戴震特別闡揚了衡準，也就是他所形容的稱上的「星」、尺中的「寸」。稱物重時，一定得憑星，劃一尺時，也必定得憑寸。一星一星的累進，才能掌握住精確的重量。一寸一寸的衡度，也才能劃出準確的一尺。很明顯的，戴震欲建立的理，是一有事實基礎的理，而不是一種道德境界。

表面上看，黃式三的目的是在為戴震辯解，說明戴學與程朱無異。然而，有趣的卻是從黃式三的引證中，我們更可明確看出到底戴震義理的哪些觀點在清中晚期得到肯定與發展。基本上，黃式三此文的主要破建點有三，其一，破除「理具於心」的觀點，主張「理存在於事物」。他引程朱之言，曰：

> 程子遺書曰：天之付與之謂命，稟之在我之謂性，見于事業之謂理。朱子于孟子注引程子易皂卦之傳曰：「在物為理，處物為義。」于近思錄又引之。于論語或問吾十有五章辨窮理盡性之分云：理以事別。[47]

46　黃式三：《儆居集》，經說三，〈申戴氏理說〉。
47　同上。

是證程朱皆主張理以事別，在物為理，處物為義。此一主張亦為其弟子陳北溪所闡揚，曰：

> 陳氏北溪，朱門高弟也。曰理是事物當然之則，如止仁是為君當然之則，止敬是為臣當然之則，孝慈是父子當然之則。理與義對言，理是在物當然之則，義所以處此理者。[48]

再引明代程朱理學者的相同言論，曰：

> 明薛氏敬軒、羅氏整菴，大儒之遵守程朱者。薛之言曰：其中脈胳條理合當如此也。又曰：所謂理者，萬事萬物自然之脈胳條理也。循其脈胳條理而行，本無難事，惟不知循理而行，所以崎嶇以阻不勝其難也。又曰：論語一書，聖人就事言，而理在其中。論理不及事，末流為虛無之弊。又曰古者詩書禮樂俱以事物教人，而窮理亦于事物窮究。故所學精粗本末並該而無弊，後世論理太高，未免有弊。又曰庖丁解牛只是循理，又曰理不外事，惟于事求其理，理既明，即以此理處此事，斯得其當。羅之言曰：學者溺於明心見性之說，于天地萬物之理不復致思，故常陷于一偏而不可與入堯舜之道。又曰：士之好高欲速者，以理但當求之于心，書可不必讀，讀可不必記。貽後學無窮之禍。[49]

薛敬軒所言萬事萬物有其自然脈胳之條理，循此理而行，即無難事。和前引程朱之言即事求理、行理即義的說法基本上相一致。但其下再引論語諸語，就觸及到另一個非常重要的問題，即學與教，包括其方法和內容。薛敬軒說古者之教，無論詩教書教禮教樂教，都是用有具體的事物來教人，因此窮理也就是在事事物物上探討，因此學的內容是很實際的，並無高渺之論。

48　同上。
49　同上。

而下引羅整菴之言，更明顯表示黃式三所攻擊和所欲破除的是「明心見性」、「不讀書」；因為相信理具於心，求理的方法就流於內向的明心見性，終於造成不讀書、不諳事務的流弊。其下，他又引清初大理學張楊園的言論，說明「教」與「學」的內容與方法。言：

> 張氏楊園，近儒之篤守程朱者也。張之言曰：聖人教人一則曰窮理、一則曰精義。有物斯有理，處之得宜則義也，故曰有物有則。又曰：義之與比，是豈離事而懸想一理乎，世儒好非在物為理處物為義之語，多見其惑于邪說而不自知返也。又曰：事事物物各有當然之天理，己所以應之能各當其則，方為無私心而合天理。[50]

教人之法分為二部份，一是窮理，一是精義，前者指「知」，後者指「行」。窮理是即一事一物求其則，所謂有物有則；精義是據理而行之得宜。所謂古聖之教的內容只不過知理行義而已。據此，黃式三遂總結說戴震思想中的「理」論，是有歷史源淵與學術發展之根據的；至於世儒所說理具於心此性為光明洞澈，則是完全走偏了路子。言：

> 如此合戴氏言參之，則理也者，在物當然之則，是聖人所條分縷析而君子所不敢紊也。大學曰格物，物者身心家國之事，此物本非外物；非外而謂格之在外乎。格物之理，所以致心之知，即可見求理于物之不同于告子外義矣。若後儒說理見于心，視此性為光明洞澈，遂以意見為理耳。[51]

大學所論格物之物，指身心家國天下之「事」，都是物；求得一物之理，心方得著一知，這和告子所說「義外」截然不同。心之知隨物理之得，愈積

50　同上。
51　同上。

愈豐，也愈積愈明。至於主張理具於心，視性為光明洞徹，遂將致知的工夫轉成內索；既無外事外物可資憑藉，又無眾人之共知共識作為證驗，故其流弊定至於以意見為理。

其次，討論理欲問題。其目的在破除「絕欲」之說，而申言人有情欲，欲不可滅，只主張「戒私欲」。曰：

> 或曰：戴氏言意見之不可當理，固矣。而昔儒言人欲淨盡天理流行亦復破之，得使無逞欲者之藉口乎？曰：否否。不然也。論語稱公綽之不欲，勸季康子以不欲，皆戒私欲也。戴氏所謂學者莫患乎自私也。論語言欲而不貪，富與貴是人所欲，孟子言生我所欲，欲貴者人之同心，廣土眾民君子欲之，此皆不諱言欲者。專恣之欲不可有，同嗜之欲不能無也。[52]

黃式三引論語「欲而不貪」，說明欲是人人皆有者，如富與貴是人人之所欲，廣土眾民是為君者之所欲。欲是不可以不存在，也不可以「絕去」的。蓋論語所反對的是私欲，有時亦以「不欲」二字表示此意，和戴震所言戒乎自私是同一意。所以他說專恣之欲不可有，但是同嗜之欲不能無。然則，「絕欲」或「無欲」之說從何而來呢？言：

> 後儒為列莊淮南之學者，謂儒家設立禮儀辨別等次，誘之以欲而強之以節欲。此顯逆儒說而自申其清淨無欲毀棄禮義之旨。固不可不辯。其援無欲之說以附于程朱者，謂人欲淨盡即天理流行，故援異端之所謂真宰真空者即全乎聖智即全乎理。主于去情欲以勿害之，不復以學問擴充之。是尤不可不辯。戴氏之所辯如此而已。[53]

52　同上。
53　同上。

儒家所主張的節欲和其人性論及社會秩序觀點是相一氣的。因為人有求生存求富貴的欲望，所以儒者為之設立人我之界分，立禮儀以辨別親疏遠近貴賤尊卑的等次，使人我在求遂己欲的同時也能節制知其所止，如此建立其社會之秩序。至於老莊思想則以清靜無欲為主，在一人我皆無欲的世界，自然不需要禮儀，所以主張毀禮棄義。信奉老莊的學者將此一「無欲」的觀念帶進儒家思想中，所以產生了「人欲淨盡，天理流行」的主張。於是修為的工夫也變成「去情絕欲」，而不是「問學擴充」。接著又引朱熹之言，說明朱子並不言「絕欲」。言：

> 朱子辯樂記曰人生而靜，天之性，未嘗不善；感物而動，性之欲，未嘗不善；至好惡無節于內，知誘於外，始為惡。又于孟子注云天理人欲同行異情。又于大學或問格致章云：飲食男女皆人情之所有而不能無，但學者宜察行乎其間，孰為天理，孰為人欲。是朱子不用異端絕欲之說也。論語三月不違仁之注，程子婦以無私欲為仁。朱子申之曰：心之不違仁者，無私欲而有其德是不謂過欲即存理也。[54]

朱子也承認飲食男女是人情之所不能無，天理和人情是同行的。朱子強調的只是「察識」何謂人欲何謂天理。朱子從未有「過欲即存理」的言論，亦從未主張「絕欲」。又引薛敬軒、羅整菴有關欲的言論說：

> 薛氏敬軒曰：無欲非道，入道自無欲始。又曰：聖賢所謂無欲者，非如釋氏盡去根塵，以其不流于人欲之私即為無欲也。羅氏整菴曰：樂記所言欲與好惡與中庸所言喜怒哀樂同謂之七情，其理皆根於性者也。七情之中，欲較重，惟天生民有欲，順之則喜，逆之則怒；得之則樂，失之則哀。故樂記獨以性之欲為言。欲未可謂之惡，其為善為惡，係于

54　同上。

有節無節耳。使後之學者能知此恉；不援無欲之説以牽引異端，戴氏之辯固可以已。[55]

薛敬軒説無欲非道，道確實包含欲；至於盡去根塵式的無欲，是佛氏的主張。羅整菴也根據樂記中庸之言説人有七情，即樂記所言性之欲也。欲的本身，不能用善或惡去評斷，因為欲的存有是一事實不能否認。至於此欲表現在行為上的結果是善是惡，才是修身的重點所在。因此他的主張和前諸儒一樣，「節欲」而已，絕非過欲。蓋欲不可以善惡言，之善之惡之關鍵在「節」之一字而已。

其三，討論理氣不分。言：

> 戴氏……以陰陽之氣為道，則理氣不分。豈非戴氏之臆創乎。曰：非也。程伯子于易傳「形而上者謂之道、一陰一陽之謂道」，亦嘗合解之謂：陰陽曰道，惟截上下最分明。上者即是道在人默而識之。朱子答柯國材書曰：一陰一陽往來不息即是道之全體。羅整菴取此二説以明理氣之不可分。羅氏又曰：通天地亙古今無非一氣而已。氣，本一也。而一動一靜一往一來一闔一闢一升一降循環無已，為四時之溫涼寒暑，為萬物之生長收藏，為斯民之日用彝倫，為人事之成敗得失。千條萬緒而卒不可亂，是即所謂理也。初非別有一物，依于氣而立，附于氣而行也。[56]

戴震主張理在氣之中不在氣之先，理氣不分。黃式三引程顥、朱熹、羅整菴證明此諸儒也主張理氣不可分。尤其羅整菴所描述的理，從自然界的變化、生物界的作息、一直到人我的日用倫常、人事的得失成敗，都在千頭萬緒中有其卒不可亂的條理。和戴震之理觀，最為近似。但事實上，朱子雖言

55　同上。
56　同上。

理氣不可分，但他也說不得不分時，仍是理在氣先。同時，朱子也明言理和氣的關係狀態是理附在氣上。[57]因此，黃式三最終所言理不是別有一物附於氣上，則明顯是指戴學有異於朱子。縱然朱子也有理氣不分之說，但二人對理氣的態度，終究是二歧的。

撇開黃式三為戴震辯解的心態不談。我們關心的是戴震的哪些義理主張被後人闡揚繼承。簡要言之，一、反對理具於心，認為理存在於事物、人情，即事物求其條理即是理，人情不爽失即是理。不本天言理，即物言理、即事言理、即情言理。二、求理有一定的進程，不是復其初。求理的方法是問學擴充，其進程是由推之、考之、建之、質之、俟之而始得。也就是說理的獲得是必須有相當複雜的歷史考據、模擬、辨論、分析、實踐和檢驗的過程。三、反對理氣二元，主張理氣不分，理在氣之中不在氣之先。四、反對「絕欲」、「遏欲」、「人欲淨盡，天理流行」的理欲對立說。申明欲不可遏、不可去、不可絕。同時倡言人不可無欲，無欲則非人矣。天下人之公嗜即是理。

四、申戴震性說

〈申戴氏性說〉一千八百餘言，闡揚戴震性論。戴震性論在當時備受詆議，不僅被視為不合程朱，亦不合孔孟。式三此文即針對上述二論而發。戴震性論合不合於程朱，式三的論斷是「否」；然戴震性論合不合於孔孟，式三的論斷是「是」，甚至明言朱子論性近於告子而遠乎孔孟荀，戴震性論較朱更合於孔孟本旨。式三將朱子、戴震性論之不同，分成七大點討論。

式三首先指出孟荀論性，皆主張性有善有惡。曰：

57　錢穆：《朱子新學案》（台北：學生，1984）；陳榮捷：《朱學論集》（台北：學生，1982）。

> 荀子之言性，詳于惡略于善。董子及劉子政楊子雲之言性，皆兼善惡。孟子非不知口之于味目之于色耳之于聲鼻之于臭四肢之于安佚，皆人自然之性，而以君子不謂此為性，必媲以心之能說理義者明性之善，得孟子之怡，而諸儒之論性可以參而貫。宋程子遵孟子言性善而又云惡亦不可不謂之性，其意蓋同。[58]

荀子雖言性惡，但亦知性中有善；孟子也承認人之口目耳鼻四肢各有所好，皆人之自然之性，只是孟子認為君子不宜將其稱之為性，於是用「心之悅理義」表明性善。其實孟子論性，也是兼善惡的。漢儒董仲舒劉向揚雄也如此主張。甚至宋程子也明白說過善是性惡也是性。

然則，只把悅理義的部份視為性，遂言「性善」，而把口目鼻四肢等的自然之性排除於性之外，視其為氣稟，是惡，又源自何呢？式三認為是源自「理氣二分」。程朱是主張理氣二分的，戴震則主張理氣不分，因為這一論點的差異，遂開展出不同的性論和善惡之判斷。言：

> 惟理氣之分，程子創之、朱子承之，而戴氏力辨之耳。朱子于告子篇注云：知覺運動之蠢然者，人與物同。是言人物之氣同。戴氏則云：知覺運動者，人物之生；知覺運動之所以異者，人物之殊；其性血氣心知，本于陰陽五行，人物自區其類。孟子言同類者舉相似，則異類之不相似可知也。此其異一。[59]

理氣二分始創於程子，朱子承繼而發揮之。基本上，朱子認為人與物所受生之氣相同，所以知覺運動，人與物同。戴震主張理氣一元，所以一開始就說人之生與物之生不同，即便同受有知覺運動，但人的知覺運動不同於物的知覺運動。式三支持戴震的說法，並應證孟子所言「同類舉相以」一語，

58　黃式三：《儆居集》，經說三，〈申戴氏性說〉。
59　同上。

說明人物之知覺運動不同，故人物不同類。可見，戴震的斷法是正確的。簡言之，朱子是合人物言氣質，故人與物之氣稟同。戴震是分人物言氣質，故人與物之氣稟異。

其二，分析二人論人性、物性之基點相異。言：

> 朱子既言氣質之惡，人與物同。而中庸注云：人物各得所賦之理以為健順平常之德。又兼人物以言理之一矣。戴氏則以天命之謂性者，命為限制之名，如君命之東不得之西。人物生而限于天，故曰天命。大戴禮分于道謂之命，形于一謂之性；分于道者，分于陰陽五行。一言乎分，則其限之于始，各隨所分而形于一也。此其異二。[60]

朱子既兼人物言氣，說人之氣與物之氣同，皆是惡；故又據中庸之言人物所得於天之理相同，故理也兼人物而言，理一。戴震論人性物性則以「天命」為限；人物分於道之命即其形於一之性，人之所分與物之所分不同，故人之性一開始就不同於物之性。將人性與物性分開來談。

其三，論氣質。

> 朱子既言氣質之惡人與物同，而遂以孟子性善之說不論氣為不備，未能杜絕荀楊之口。戴氏則謂孟子言形色天性言平旦之氣言動心忍性，皆據形氣而言，形氣本于天，備陰陽五行之全，孟子不罪其形氣也。此其異三。[61]

朱子既言氣質是惡，人物皆同。所以他說孟子言性不論氣質是一大缺漏，故未能杜絕荀楊之口。戴震對孟子的解釋則不同，他說孟子所謂「養平旦之氣」、「動心忍性」都是針對形氣而言，形氣是本陰陽而生的，孟子只說

60　同上。
61　同上。以上式三所辨朱、戴之二異，見地極確。

在形氣上下工夫，從未認為形氣是惡。

其四，論「理」之出現。言：

> 朱子既言氣質之惡，人與物同。而其言性善，不得不推理于天。故云人生而靜以上，人物未生，衹可謂之理，未可名為性，所謂在天曰命。方說性時，即是人生以後，此理已墮在形氣中，不是性之本體，所謂在人曰性。戴氏則云信如此，孟子乃追溯人物未生未可名性之時，而曰性善。若就名性之時，已在人生以後，已墮入形氣中，不得斷之曰善。且由是言之，惟上聖不失性之本體，其下皆失性之本體，直是人無有不惡，不得如孟子言人無有不善。究之，孟子就人氣質而言性善，非離氣質而空言天理之善也。此其異四。[62]

蓋朱子的困境是他一開始就認為人物、成形時即稟受相同之氣質，所以氣質斷不能是善。因此之故，人性之善就必得另立一體。故創出理此一概念，並以形氣出現之先、之後為界，生之前之性是理，生之後即落入形氣即惡。戴震則無此一困境。戴震一開始就說人、物皆受五行陰陽而成形，但人、物之所「受」異，人性物性得分開來談。人之性有血氣心知，故可以為善。善就從形氣中證明並表現出來。因此沒有抽離後再上一層的必要。戴震反駁朱子的是，若依朱子之言人物未生時只可以名理不可以名性，才說性時便已落入形氣之中，不再是性之本體之理、之善。那麼，孟子以人未生時論性，一說性時就已落入形氣，就離了理；若然，則孟子豈不是該說人性皆惡嗎？焉可謂人性皆善呢？

其五，二人對孔子告子性論的看法有異。言：

> 朱子既因孟子之言性善而推理于天，于論語夫子相近之言與夫告子

62　同上。

生之謂性俱以氣質言，因謂孟子之言與夫子異、告子之言與夫子同。戴氏則謂論語言相近正謂俱近于善，原與孟子言合。告子據自然者為性，以義為非自然，轉制其自然，使之強以相從，故以義為外。彼見窮人欲而流于惡者，適足害生，即慕仁義而為善者，勞于學問，亦于生耗損，于此見定而心不動，其生之謂性之說如是。不知凡有血氣之屬皆知懷生畏死，因而趨利避害，以是言性，是同人于牛犬而無別。而易傳論語之言性，皆據人之異于物言，原非同于告子也。此其異五。[63]

朱子既本天理言性善，遂認為對孔子性相近一語不能與孟子之性論相合，反倒和告子所論相似。戴震則根據易傳孟子之言證明儒者論性都是本諸氣質而言的，因此孔子和孟子相同。至於告子的性論則是本生之自然而言，遂使人之性與犬牛無異。這種性論和孔子完全不同。朱子為了要上塑一個天理來論性，所以無法將孔子的性論納入其性論，只好把孔子推向告子。事實上，若從形氣上論性，孔子與孟子是相合的。[64]

其六，二人對孟荀性論的看法有異。言：

朱子既以嫥論氣質者告子，因以此荀子之言氣質與孟子之言義理者不同。戴氏則謂荀子之重學也，無于內而取于外，孟子之重學也，有于內而資于外。一以氣質為惡，一以氣質為善。論性未嘗離氣質也。此其異六。[65]

朱子既然就義理論性善，將告子所說的性稱為是氣質是惡。於是也依此分別荀子，認為荀子所說的性也是就氣質上言，和孟子本義理言性不同。戴

63　同上。分析朱子與孟子之異，十分透澈。
64　大體而言，宋明理學家都不甚同意孔子「性相近」一語，但礙於是聖人之言，不得不為之委曲詮解。清儒孫星衍即為之點破，並闡揚孔子此語謂最得人性之真。參拙文：〈孫星衍原性說及其在清代思想史上的意義〉，同註21。
65　黃式三：《儆居集》，經說三，〈申戴氏性說〉。

震不分氣質義理之性，他認為無論荀子或是孟子都是從氣質上論性，只不過一以為惡，一以為善；但無論如何，若通過「學問擴充」，行為之結果都可臻於善。換言之，性之善此一命題的成立或行為之結果可臻於善此一善果的完成，並不需要抽離於形氣之外另覓一物來談，他認為從形氣本身，就可以達到上述二結論。

其七，二人對「才」的看法有異。言：

> 朱子既信理氣之辨，遂謂才有善有不善，而以孟子之論為未密。戴氏則謂據其限於所分而謂之命，據其為人物之本始而謂之性，據其體質而謂之才。性善則才亦善。孟子言性善于陷溺梏亡之後，人見其不善猶曰非才之罪。以氣為不善，是于天之降才即罪才也。此其異者七。[66]

朱子二分理氣，遂說才有善有不善，並補充孟子論才之欠完備處。戴震將命性才同視，性善則才亦善。況且孟子明言「非才之罪」，可見以不善罪才，不合孟子本意。

黃式三既列舉上述七項戴震與朱子論點的差異。接著又遍引程朱門人之言說明此一批判並非戴氏獨創，縱使朱學後人亦早已看出此諸破綻矛盾處。

首引程子門人楊遵道之言，說明「才」非不善。言：

> 楊遵道曰：觀孟子云非天之降才爾殊，是不善不在才。又云：若夫為不善，非才之罪。則是以情觀之，才非不善。才者，為善之資。譬作器械，有才方可為也。善之本為性，能行善者為才。楊氏之言，固據經以立說矣。[67]

孟子並不認為才是不善，縱使有惡的行為，也不是才之罪。戴震同意楊

66　同上。
67　同上。

遵道的解說，把才視為一種才質，善之所以能夠達成，就因為人有此一才質。因此，才絕非不善。並認為楊氏之解，較程朱更切合孟子本意。

又引朱子門人劉季文批評朱子合人、物以言氣質之性是自亂其本原。言：

> 朱子之門人劉季文曰：既言性有氣質，安可合人物而言，自亂其本原。凡混人物而為一者，必非識性者也。又曰：古聖賢言性命有兼人物言者，有摶以人言者。易曰：各正性命。樂記曰：性命不同。此乃兼人物而言。然既曰各正曰不同，則人物之分亦自昭昭。假如天命之謂性，率性之謂道，或兼人物而言，則犬之性猶牛之性，牛之性猶人之性。當如告子之見。劉氏説以氣質之在人必與物異，則知性善之説，不宜于氣質外別求義理之性。戴氏謂古之言性不離才質不遺理義，知其非臆説也。[68]

劉季文説既本氣質以言性，就應將人性與物性分開談，若將人性與物性合為一談，是自亂本原，終將難自圓其説。何況據易與樂記所説，分明人物各異。若定要合言人物，則難免落入告子生之謂性，而導致人之性同於牛犬之性的結論。戴震的性論就在啟首處劃開人物，人之氣質既與物異，人性之善自可從人之氣質中展現證見，遂不需外求一義理之性來證明人性之善了。黃式三又接著引宋明及清代程朱學之大儒的言論，進一步批評二分性與二分理氣對程朱後學造成的困惑。言：

> 慈谿東發先生率宗朱子，亦謂：言性者，自分理義、氣質而後學乃陰陋夫子相近之言。羅整菴曰：程張朱子始別白而言之，孰為天命之性、孰為氣質之性。一性而兩名，雖曰二之則不是，一之又未能也。學者之惑，終莫之解，則紛紛之論至於今不絕于天下，亦復奚怪。劉戢山曰：

性學不明，祇因將此理別視為一物，盈天地間祇有氣質之性，謂別有義理之性不雜于氣質者，藏三耳之說也。[69]

黃東發是朱子的大弟子，也認為後學鄙視孔子性相近一語是因為朱子二分氣質之性與義理之性。明羅整菴更深切指出天下議論紛紛莫知所宗，就是因為朱子二分性論卻又不能不同視為性，遂使性之是善是惡、孰為義理孰為氣質無一定論。至於清儒劉宗周則一語撇開義理之性，只承認天地之間只一氣質之性而已，並無一理是別存於氣質之外者。

最終，黃式三結語說，縱使理氣之辨是道統之大綱，但學者只宜求合經之言以力行於世，對朱學之不合經旨者，不取。何況朱子主張擴充善端、變化氣質，是實際工夫並合孟子之旨。後學宜闡揚此工夫，何必好為捕風捉影之談呢。言：

> 或曰：理氣之辨，道統之大綱也，此說果誤後學，何取法焉？曰：後儒致力行當于經訓之燦著者尋繹之，以求無背于朱子，而必曉曉然自申其不可窮詰之說乎。朱子見人之氣質多粗駁，因謂氣之善者，理實主宰之意，亦欲人擴充此善端也。論語注云：明善以復其初。亦謂學以擴充其善，不汨本心之善端也。戴氏所謂朱子引莊子語而指歸異也。且朱子見人之氣質粗駁者或為物欲所誘或為柔昧所拘，競競然以變化氣質為教化，此即孟子不謂性及忍性之說。所當法朱子者在此也，夫必好為捕風捉影之談乎哉？[70]

式三闡揚戴學並對朱子多所批評，很引起當時擁護程朱理學的學者的不

---

69 同上。
70 同上。又，王茂：《清代哲學》，評式三曰：「通觀黃氏之論，他從朱戴之別異處立說，是有見地的，此為他人所不及。但孟、朱、戴均言性善，而所以理解『善』則大有不同。黃於此還隔了一層。」頁 689。

滿。夏炘就針對式三《論語後案》一書多引證戴震凌廷堪等人之言，而致書
式三表示責難：

> 恭讀大著《論語後案》兩冊，雖未窺全豹，而其纂述之大旨已得聞
> 其梗概矣。……書中云：余平生服膺宋諸儒之說。……夫程朱之釋經，
> 雖不敢謂其字字句句盡得聖人之意，然其大者，固得之矣。大莫大於性
> 道諸說，於性道諸說而不得，何以為程朱？金谿姚江之燄今時已熄，而
> 《孟子字義疏證》又復肆其詆毀。不謂精博如先生，而亦偶有取於其說
> 也。[71]

今據式三之答書，不難看出兩人論辯的要點是性理二字。對性理二概念
重作詮釋，本就是戴、阮、凌、焦、孫一脈的特點，且為其新義理之基石。
而式三之答辯，更明顯得見式三承繼此諸子之主張。論性曰：

> 程朱二子以性之善者為理，以不善之宜變化者歸之氣質。大端豈遂
> 迥殊。若程子云「人生而靜以上不容說，才說性時，已不是性」，朱子
> 文集申言之，是程朱論性之準的也。後儒申此者，語多玄渺，流弊之
> 極，不忍盡言。[72]

式三認為人性中有聲色臭味安佚亦有理義，如孟子言。又依〈禮運〉言，
人有七情：喜怒哀懼愛惡欲；依《左傳》言，人有六情：喜怒哀樂好惡。[73] 而
據《孟子》人心又有惻隱、羞惡、辭讓、是非之四端。因此，論性絕不可超
越氣質之上，性的內容必須在氣質中才能得見。至於理，式三更清晰地表示：

---

71 夏炘：《景紫堂文集》（中央研究院傅斯年圖書館藏），卷 10，〈與定海主薇香式三明
經書〉。

72 黃式三：《儆居集》，雜著四，〈答夏韜甫書〉。

73 同上書，經說二，〈七情六情說〉。

> 薛子敬軒尤守宋學，讀書錄中論理者數十説，大略言：經中説理，未嘗遺事而空指道妙，論理不及事，末流為虛無之弊。此與戴説同歟？異歟？[74]

堅持「理」當本事而為條析，不可空論。

漢宋學的對立，自乾隆以降，雙方愈演愈烈。從式三申戴卻必須步步為營，句句上溯程朱弟子以證戴學與朱學流脈之並無二致，可以想見新義理的伸張者所受學界壓力之大。夏炘是夏鑾之子，與其弟炯皆信奉程朱理學。凌廷堪禮學思想（即〈復禮〉三篇）完成後，與阮元之〈論語論仁論〉在當時引起廣泛回響時，夏炯即公開撰文屬斥廷堪以禮代理説之荒謬附會。[75]而夏炘駁難式三的最要點，也是堅持程朱對性道的詮解不容異議。試與前述方東樹對禮學的譏詆並觀，吾人可觀察到一項史實，即：漢宋學之爭，事實上從戴震提出一套新義理學之後，就已經不再是考據、義理之爭，而成為兩種義理思想間的爭辯。

結論

式三申戴震三説，並非單純的發明戴震義理，實是藉戴震以闡揚自己的義理思想，故其論釋多有溢出戴震本旨而為之轉進者。以下試論式三三論之特色。

（一）氣論。式三同意戴震盈天地皆氣、理在氣中的命題。至於他的氣論的最大特色，則是把「氣」落實在「實物界」談，並説明如何從現象界歸納

74　同註72。

75　夏炘：《夏仲子集》，卷3，〈書禮經釋例後〉。有關夏炘、夏炯對凌廷堪、黃式三的批評與辯難，參考拙著；《以禮代理——凌廷堪與清中葉儒學思想之轉變》，頁138-144。

出「理」。他先説氣之清輕者為天、重濁者為地。天之氣，表現在日月寒暑的推行中；故而，天之理就是此一推行所呈現出的條理（明晦、時間、寒暑等）。地之氣蒸潤的就成了水澤、凝結高聳的就成了山阜；而地之理就是此一地氣之推行而呈現出的條理。他舉戴震「欲知山脈，先看水脈」，說明地之理可以從山脈走勢及水的流脈中觀察得見。又舉地理師「隴葬其麓，支葬其巔，陰陽相交」，說明地理師依山之走勢觀察陰陽相交，以決定葬穴，是深諳地之理。戴震雖言天道、地道，又說理是剖玉而見其紋理；但如式三這般把氣如此實物化，又把理如此具象化，不可不謂是另一轉進。距抽象的哲學思辨愈來愈遠，而更近乎科學的觀察了。至於人之氣，式三提出「感通」此一概念。他說天人之氣，都在推行中各有其條理，而人之氣更是「往來感通，微眇非人所測」。同時人氣之靈，能以「仁義」相感通，也唯因有此一感通，治平天下化民保民才有道理可循，其事業才可能達成。式三此一感通說，在相當程度上和戴、焦、孫等的「以情絜情」說，是相一氣的。

（二）理論。式三一方面闡揚了戴震理說的三個要點：理在事物之中、理是人情之不爽失、和反對絕欲。同時對何謂欲、何謂同欲、及如何達到同欲？提出了自己的看法。式三說孔孟皆不諱言欲，他引論語「富與貴是人所欲」和孟子「生我所欲」，說明欲求富貴是人之同心，廣土眾民是君子之所欲。可見欲乃人我所共有，不可能絕棄。欲不可無，卻不可私，為了防範欲的流於逞私禍眾，式三則特別舉出欲與貪的不同，以分辨同欲和私欲。他說論語言「欲而不貪」，戴震說「勿流於私」，都是在說明「專恣之欲不可有，（但）同嗜之欲不能無也。」至於如何獲知「同欲」，式三用的法子是「反躬」，所謂「由一人之欲推之，知天下之同欲，此謂反躬而依天理。專一人之欲而滅乎天下之同欲，此謂不能反躬而窮人欲。」這點和上述人我之「感通」相類似，都是據本人性而為立說。尤其，其中論性之欲的部份，和孫星衍的說法相同。唯是式三舉朱子後學所強調的「即物為理，處物為義」，並未針對後句作任何說解，使欲與同欲之間的界分未能在理論上做進一層的辨析，十分可惜。

（三）性論。式三也主張以氣質論性。他說孟子論性，也承認味聲色臭安佚是人的自然之性，和人心悅理義一樣，並無二分或排氣質之性之說。只不過孟子認為一個君子必須專把人心之悅理義視為性善。據此，孟子所說人無有不善、乃若其情則可以為善、若乎為不善非才之罪等，都是從氣質言性善，絕非空言天理之善。至於性善並非指性即理，而是指心有能知之明，能知理義，並進而實踐理義，所以是善。因此實踐工夫就落在「擴充」即「學以擴充其善論」上，所以他主張「變化氣質之教」，而非「復其初」。這和戴震的看法是完全一致的。

基本上，清儒的義理學和宋明的義理學存有兩大差異。宋明儒致力於道德形上學的建構，努力完成其哲學體系；在實踐上，則是希望成聖，著重完成個人的內聖人格。清儒自戴震以下，對宋明理學進行批判，他們所致力的則是建立一社會性的公理；在實踐上，他們的對象是一般民眾而非士大夫；他們的目的則是建立並維繫社會運作時的秩序。因為清儒的目的是社會性的，因此理之得以實踐的社會基礎變得很重要。這種社會基礎包括人與我的互動、團體與團體的互動等。換言之，道德完成不再是個人成聖與否的內在問題，而是很實際的人我交接之際的當下互動。所以現象界的具體事物，成了清儒理論、性論、氣論的新詮釋對象，至於宋明理學所探討的抽象形上層次的議題，則被視為捕風捉影不可窮詰，不可知也不必知。

在掌握了清代義理思想的走向之後，再回頭分析黃式三對戴震理論性論氣論的闡揚，則更能勾劃出清代思想的特質。

一，理在氣之中，不在氣之先。理不是用來解釋現象之所以發生或現象之本質；理只是用來分析和說明現象是什麼。換言之，理存在於具象之中，沒有具象就不可能有理。有了具象，再從其間梳理出個條理來，理不會單獨存在。戴震所說文理、肌理、腠理、條理，和黃式三所說山脈、水脈、地之理、陰晴、天之理等都是此意。

二，清儒不只談物理時是針對具象而言，談人事之理時也針對具象而言，即所謂情理。戴震對理字的註解最強有力的一句就是「情之不爽失」謂

之理。所謂「以情絜情」、「同好惡」。達情遂欲是明末以來思想界的一股潮流，至戴震正式以此建立了一套理論。戴震反對抽象的談論天理此一觀念，也反對在氣質之上另有一如有物焉的理駕御支配著氣質界。他認為理是從氣質界產生的，沒有情欲就沒有理，情欲是理的實質基礎。當然，在通達人我之情欲時，因為人有同好亦有同惡的共同性，遂在絜矩的同時會產生一種互制的平衡作用，而使任何一方的情欲都能「無過」。自然，人的心知和禮儀也在此起一定的作用。黃式三在闡揚戴震理、氣、性論時，也一再駁斥理在氣先而主張不能離氣而言理，這就說明清儒一直努力的是為理尋找一個物質基礎。理要能在社會上實踐，就必須有它合乎人情人性人欲的物質基礎。理念化了的天理，縱使在思辨上極之完備，恐怕也是升斗小民不解也無法遵從的。至於理之實踐的可能性。一方面因為理是奠基於人我之同好惡上，有其人性基礎，一方面戴黃皆主張藉由問學擴充的工夫，可以增益人的德性。黃式三再三辨析善從氣質上見，才無不善，才是問學擴充之資，就是這個道理。

　　清儒自戴震以來一直致力於建立一客觀之理，為人我所皆欲遵行。從戴震的「情之不爽失，謂之理」、「條理、腠理、文理、肌理」，到程瑤田的「有物有則」，到凌廷堪的「以禮代理」，到黃式三的申戴震理說，其目標非常明顯。相對的我們看以上諸儒對宋明天理觀的批評，從戴震的「以理殺人」到程瑤田的「理者，此一是非，彼一是非」，到凌廷堪全面否定理字否定理學，到黃式三申戴氏理說，到焦循斥理指訴訟而言，在在反映清儒強烈要求理與人情相契合的意圖，離開人之情欲的理，不只不能行，也根本不是理。這種強烈的社會取向的理，和宋明理學求道德主體的超越的理，相距甚大。所以我們說清儒欲建立的是一社會性的公理，目的在維繫（支持）社會運作時的秩序。其政治、經濟的意義是遠大於道德或宗教的意義的，所以他們特別重視經驗性、具象性、互動性、生活性的種種。事實上戴震自己在批判宋明理學時，極可能已意識到雙方取向的不同，所以他批評宋明理學是「舍人倫日用，別有所貴道」。至於他自己則是在人倫日用之中，建立道。以此觀之，儒學思想在清代確實是另立典範，別開局面。

語文學

《説文解字》形聲字子母關係
研究之回顧與前瞻

何添

南開大學中文系

前言：

　　《説文》形聲字子母關係研究，始見於鄭樵《六書略》，以為形聲字有子母相生者，其後王子韶右文説興起，以為「戔」有小義，故從「戔」聲之字多有小義。厥後有桂馥《説文義證》、段玉裁《説文注》，以為形聲字中，凡從某聲者多有某義，王筠《説文釋例》以為形聲字聲不兼意者為正例，聲兼意者為變例。朱駿聲《説文通訓定聲》，解散《説文》分部體制，一以聲為綱，而形聲字子母關係更為彰顯。章炳麟打破形體規限，一以聲為綱領，寫成《文始》。黃侃《文字聲韻訓詁》筆記，擬定研究《説文》條例，以為形聲字聲符兼意者為正例，聲不兼意者為變例。形聲字聲符無義可説者，非形聲字自亂其例，是聲符有假借故也。因本章黃之説，研究《説文》形聲字孳乳變易之規矩，輔以今日研究古文字之成果，寫成《王筠説文六書相兼説形究》、《説文解字形聲字探原疑義例釋》、《論説文四級聲子》及《論説文三級聲子》四書，總結昔日爬疏經歷，以為其間有可信者三，有疑慮者三，今日盛會當前，不辭獻曝之譏，略陳管見，以就教於高明，使日後寫《論説文二級聲子》及《論説文直接聲子》時，有所遵循。

二、研究形聲字以為有可信者三

一為必須通曉聲韻，二為研究《說文》形聲字須充分利用古文字，三為需要重新整理《說文》列字次序。

《說文》主要網羅秦時統一之文字，所謂「皆取古籀大篆，或頗省改」，既寫定文字組成之界說，亦釐定文字結構之規律。其論形聲字組成之規律，有「從某，某聲」、「從某從某，某亦聲」、「從某某，某亦聲」、「從某省，某聲」、「從某，省聲」等。形聲字多為一形一聲者。而蓋古人字少，假借之道，已行於泰古。某字本為無聲字，而後世孳乳變易，其用日廣，遂以某為聲符，復配上形符以為分別，於是「從某，某聲」為形聲字最通常之形式。故以無聲字為聲母，復加聲符而為聲子，子母相生，有相衍至六級者矣。研究形聲字之孳乳變易，必須通曉聲韻，充分利用古文字研究成果，為《說文》形聲字重新列序。茲以弋系字以說明之。

弋古音定紐德部，《說文》中從弋得聲而衍者四十三字，衍聲四級。其衍聲之迹當如下表：

弋字古音定紐德部，《說文》從弋得聲者四十三字，衍聲四級。其衍聲之迹當如下表：

聲母——弋			古聲	聲類	古韻
弋——也象折木衺銳著形从厂象物挂之也與職切			定	喻	德
直接聲子	弋				
	雉	繳射飛鳥也从隹弋聲與職切	定	喻	德
	式	法也从工弋聲賞職切	透	審	德
	杙	劉劉杙从木弋聲與職切	定	喻	德
	貣	從人求物也从貝弋聲他得切	透	透	德
	代	更也从人弋聲徒耐切	定	定	德
	忒	更也从心弋聲他得切	透	透	德

（續上表）

	姒	婦官也从女弋聲與職切	定	喻	德
	酏	酒色也从酉弋聲與職切	定	喻	德
	弋亦聲				
	必	分極也从八弋弋亦聲卑吉切	幫	幫	屑
二級聲子	式聲				
	試	用也从言式聲虞書曰明試以功式束切	透	透	德
	弒	臣殺君也易曰臣弒其君从殺省式吏切	透	透	德
	忒	惕也从人式聲春秋國語曰於其心忒然是也恥力切	透	徹	德
	軾	車前也从車式聲賞職切	透	審	德
	代聲				
	貸	施也从貝代聲他代切	透	透	德
	岱	太山也从山代聲徒耐切	定	定	德
	忒	失常也从心代聲他得切	透	透	德
	必聲				
	祕	神也从示必聲兵媚切	幫	幫	屑
	珌	佩刀下飾天子以玉从玉必聲卑吉切	幫	幫	屑
	苾	馨香也从艸必聲毗必切	並	並	屑
	鞑	車束也从革必聲毗必切	並	並	屑
	眣	直視也从目必聲讀若詩云泌彼泉水兵媚切	幫	幫	屑
	胇	肥肉也从肉必聲蒲結切	並	並	屑
	虙	虎皃从虍必聲房六切	並	並	屑
	盇	械器也从皿必聲彌畢切	明	明	屑
	飶	食之香也从食必聲詩曰有飶其香毗必切	並	並	屑
	柲	欑也从木必聲兵媚切	幫	幫	屑
	邲	晉邑也从邑必聲春秋傳曰晉楚戰于邲毗必切	並	並	屑
	宓	安也从宀必聲美畢切	明	明	屑
	瑟	庖犧所作弦樂也从必聲所櫛切　古文瑟	心	疏	屑
	佖	威儀也从人必聲詩曰威儀佖佖毗必切	並	並	屑
	毖	慎也从比必聲周書曰無毖于卹兵媚切	幫	幫	屑

（續上表）

覕	蔽不相見也从見必聲莫結切	明	明	屑
䜖	宰之也从卪必聲兵媚切	幫	幫	屑
馝	馬飽也从馬必聲詩曰有駜有駜毗必切	並	並	屑
泌	俠流也从水必聲兵媚切	幫	幫	屑
鮅	魚名从魚必聲毗必切	並	並	屑
閟	閉門也从門必聲春秋傳曰閟門而與之言兵媚切	幫	幫	屑
三級聲子	**貸聲**			
蟘	蟲食苗葉者吏乞貸則生蟘从虫从貸貸亦聲詩曰去其螟蟘徒得切	定	定	德
	䀛聲			
謐	靜語也从言䀛聲一曰無聲也彌必切	明	明	屑
醯	飲酒俱盡也从酉䀛聲迷必切	明	明	屑
	宓聲			
密	山如堂者从山宓聲美畢切	明	明	屑
	瑟聲			
璱	玉英華相帶如瑟弦从玉瑟聲詩曰璱彼玉瓚所櫛切	心	疏	屑
四級聲子	**密聲**			
蓔	扶渠本从艸密聲美必切	明	明	屑

表中所見，德韻與屑韻相遠，舌音與唇音不能相諧，故知弋系字有可疑者矣。此必通聲韻之效，一也。

《說文》必字，或云從弋亦聲。二上八部必字下云：

　　㻫、分極也。从八弋，弋亦聲。

然其字讀為幫紐屑部，與弋音相遠，故段玉裁改為「从八弋，八亦聲」，注云：

極猶準也。凡高處謂之極，立表為分判之準，故云分極；引申為豎之必然。八、各本誤弋，今正。古八與必同讀也。

《詁林》諸家，除徐灝外，皆以段改「八亦聲」為非是。徐氏箋曰：

古無立表為準而名之曰必者。疑此乃弓柲本字，借為語詞必然耳。弋聲不諧。段用八為聲是也。弓柲以兩竹夾持之，從八指事兼聲耳[1]。

考諸古文，甲文有 字，王國維釋勺，葉玉森釋升，于省吾釋必。言文字者，多推于氏之說。蓋于氏釋必之論，溯源衍流，多有可採者。其言曰：

甲骨文必字作 、 、 、 等形，按 即必之初文。周代金文必字，《休盤》作 ，《盤》作 ，《无虫鼎》作 ，其遞衍之迹，為由 而 ，而 ，而 。《說文》作 ，並謂：「必、分極也，從八弋聲。」按從弋乃形之譌。弋與必聲韻皆不相近，段玉裁注改為「從八弋，八亦聲」。不知古文本不從八。必字之本義待考。
甲骨文柲字作 、 ，左右省去兩點，商代金文柲亦作宓，均為祀神之室。甲骨文必與柲或宓均為祀神之室。宓從宀，其為宮室之義尤顯。《說文》：「宓、安也。」《淮南子·覽冥》之「宓穆休于太祖之下」，高注：「宓、寧也。」安與寧義同。奉神主于深宮，自有安寧之義。典籍之宓與柲亦作閟。《詩·閟宮》之「閟宮有侐。」《毛傳》：「閟、閉也。」《鄭箋》：「閟、神也。」《說文》：「閟、閉門也。」又：「祕、神也。」徐鍇曰：「祕不可宣也。」祕之言閉也。按《毛傳》訓閟為閉，與《說文》閉門之訓符。《鄭箋》訓閟為神，是讀閟為祕也。宓、閟與閉義本相涵。神宮幽邃，故言閟也。《說文·段注》謂宓、經典作密，是宓密為古今字。
綜之，甲骨文 即必字，亦作祕。甲骨文以必或祕為祀神之室，商

代金文作宓。宓為密之初文[2]。

又云：

> 宓字本義疑為柲之初文。《廣雅·釋器》：「柲、柄也。」柲無以為象，須假器物以明之。從弓象某種量器，米點散落；下象斜柄，從 所以示其柄之所在，蓋指事也。柲字從木乃後起。《說文》以必為從八弋聲，誤以指事為形聲，而聲亦不符[3]。

繁引此兩條者，其故有四：一曰「必」為指事字，不從八弋聲，當立為聲首。二曰「必」為祀神之室。三曰「必」用為宓，衍而為閟字。四曰宓、密古今字。是必、祕、宓、閟、密五字皆可得其聲義衍生之故，而德、屑二韻不得相諧之惑，亦可得而解矣。

金文必字凡三見，于省吾已引用之矣。劉心源以必為柲省，柲即殳也。郭沫若從同「必為柲省」而非議「柲即殳」之說。並言：

> 必乃柲之本字，乃象形八聲。爿即戈柲之象形。許書以為從八弋者非也。其訓為分極，乃後起之義，從木作之柲字，則後起之字也[4]。

郭、于二氏皆以「必」為柲之初文，其分歧為「必」為形聲，抑為指事耳。然細察從必得聲而衍之字，有以從「必」為祭神之室，故引申而有靜義者，衍為一系；有以從「必」為分極義者，衍為一系；各有畛域，不相雜亂。故知段氏改「必」為「從八、八亦聲」，固有所據矣。郭氏之論，蓋亦發凡於段君，而取證於甲文耳。兩字古文相似，後世孳乳，貌似一本，實為兩

---

2 《甲詁》頁 3239—3240。
3 《甲詁》頁 3236—3237。
4 《金詁》頁 493。

端；此於古文字之演變，由甲文而金文，由金文而小篆，當為常有之現象。拙著《說文解字形聲字探原疑義例釋》有：

> 古文當有音、形俱近，而取義各殊之兩字，異途孳乳，各有流別；後或以形近而混同之，今反求於形聲系統，始復得其本源[5]。

之論，必字亦其一端也。今分「必」為兩系，一取于省吾之說，「必」為指事字，古音幫紐屑部，以統從「必」而有靜義一系；一取段玉裁之說，以「必」為形聲字，古音亦幫紐屑部，以統從「必」而有分極義一系。由此而各有分支，怡然理順，不必強作解人矣。故知必當分為二，不屬弋系，此充分利用古文字之功，二也。 段玉裁所分，「必」從八聲，當入八系，是形聲系統，當亦重新釐定者，三也。

此條考證，一曰必先通曉聲韻，知弋系字不能盡相諧，非一脈相承者；朱駿聲已知此中消息，故不以「必」字作「從八弋，弋亦聲大徐。」或「從八弋聲小徐」為正解，《通訓定聲》改「必」為「從八從弋會意」，而以弋為聲首者十七名，派入頤部第五；以必為聲首者二十七名，派入履部第十二。是知弋、必不能諧，故得以據聲而分之；然其未見古文字，不知必之來可有二源，故不能據義而再分之也。

故得結論如下：一曰應充分利用古文字，信而有徵，故能解弋系字之惑。知弋系當分為三：弋系、必一、必二。二曰須通曉聲韻，知弋、必不能相諧，始可尋求其原故。三曰用古文字可以校正《說文》之誤，以為從必聲之字應可拆解，一為會意，應立為聲首；一為形聲，復歸八系之下，由是八系可得有四級。以此三法整理《說文》形聲字，故可得由古文而衍生至《說文》之脈絡，解前人之疏略矣。

5　《說文解字形聲字探原疑義例釋》頁181。

三、研究形聲字以為有可慮者三

然循此而往，亦有可慮者三：一是以古文字證《說文》是否完全合適；**二為詞族歸字是否得當；三為補字是否可用。**

一項可借「匃」系字以說明。《說文》十二下勹部「匃」字下云：

> 㓚、气也。逯安說：「亡人為匃。」

徐鍇曰：

> 伍子胥出亡，匃食於吳市也。

段注：

> 气者，雲气也。用其聲，段借為气求。此稱逯安說以說字形，會意。從亡人者，人有所無必求諸人，故字從亡從人。

而王筠《句讀》曰：

> 借雲气字為气求也。今省作乞。《通俗文》：「求願曰匃。」字體從人從亡。言人有亡失則行求乞也。（亡人為匃）此說字形也。晉文公出亡，乞食於野人；伍子胥出亡，匃食於吳市。[6]

是亡人者，逃亡之人也，從亡從人會意，非亡人何以至此。

按用「气」為乞，早見於甲文。甲文有「匃」字，《字典》收㓚、㓡、

6　《詁林》冊九頁 5721。

屰、屰、屰五文，以為：

> 从匕亡从勹人，與《説文》勾字篆文構形略同。[7]

《甲詁》姚孝遂按語，以為：

> 契文从刀不从人。卜辭亦用為乞求義。[8]

《金詁》列「匃」字二十八文，主要作屰、屰、屰、屰、屰、屰、屰、屰、屰、屰等形，字亦從刀不從人。[9]論其用法，亦多有乞求義。是古文篆文字義皆同，其所分別者，為字形是從人若從刀耳。然從人從刀，於古文遽難分辨；許君引通人逯安說，當必有據。揆諸經籍，《詁林》諸家所錄，皆有「人亡財物，則行求匃」之義，未有說其從刀者。是從刀之「匃」字，當為別出，非必「匃」之古文也。當依許說，「匃」為「從亡從人」會意。

以「匃」為聲首，《説文》中從匃得聲而衍者三十三字，衍聲三級：

聲母——匃		古聲	聲類	古韻
匃——气也逯安說亡人為匃古代切		見	見	曷末
直接聲十	匃聲			
	曷 何也从曰匃聲胡葛切	匣	匣	曷末
	駉 馬疾走也从馬匃聲古達切	見	見	曷末

7　《字典》頁 1388。
8　《甲詁》頁 2453。
9　《金詁》頁 7117。

(續上表)

二級聲子	曷聲				
	葛	絺綌艸也从艸曷聲古達切	見	見	曷末
	喝	㵣也从口曷聲於介切	影	影	曷末
	趌	趌趌也从走曷聲居謁切	見	見	曷末
	遏	微止也从辵曷聲讀若桑蟲之蝎烏割切	影	影	曷末
	謁	白也从言曷聲於歇切	影	影	曷末
	羯	羊羖犗也从羊曷聲居謁切	見	見	曷末
	鶡	似雉出上黨从鳥曷聲胡割切	匣	匣	曷末
	揭	去也从手曷聲丘竭切	溪	溪	曷末
	餲	飯餲也从食曷聲論語曰食饐而餲乙例烏介二切	影	影	曷末
	楬	楬桀也从木曷聲春秋傳曰楬而書之其謁切	溪	群	曷末
	暍	傷暑也从日曷聲於歇切	影	影	曷末
	稦	禾舉出苗也从禾曷聲居謁切	見	見	曷末
	褐	編枲韈一曰粗衣从衣曷聲胡葛切	匣	匣	曷末
	歇	息也一曰气越泄从欠曷聲許謁切	曉	曉	曷末
	𢈼	屋迫也从广曷聲於歇切	影	影	曷末
	碣	特立之石東海有碣石山从石曷聲渠列切𥓓古文	溪	群	曷末
	獦	短喙犬也从犬曷聲詩曰載獫獦獢爾雅曰短喙犬謂之獦獢許謁切	曉	曉	曷末
	竭	負舉也从立曷聲渠列切	溪	群	曷末
	愒	息也从心曷聲去例切	溪	溪	曷末
	渴	盡也从水曷聲苦葛切	溪	溪	曷末
	闟	門聲也从門曷聲乙割切	影	影	曷末
	揭	高舉也从手曷聲去例切	溪	溪	曷末
	竭	不成遂急戾也从弦省曷聲讀若瘞葬於罽切	影	影	曷末
	蝎	蝤蠐也从虫曷聲胡葛切	匣	匣	曷末
	墦	壁間隙也从土曷聲讀若謁魚列切	疑	疑	曷末

（續上表）

三級聲子	葛聲				
	藹	臣盡力之美从言葛聲詩曰藹藹王多吉士於害切	影	影	曷末
	鄴	南陽陰鄉从邑葛聲古達切	見	見	曷末
	搹	刮也从手葛聲一曰撻也口八切	溪	溪	曷末
	楬聲				
	藒	芞輿也从艸楬聲去謁切	溪	溪	曷末
	渴聲				
	藒	蓋也从艸渴聲於蓋切	影	影	曷末
	歇	欲歃也从欠渴聲苦葛切	溪	溪	曷末

　　知「匃」之本義為乞求也，然《說文》由「匃」而衍之三十三字，無有用本義或引申義者。其一級聲子曷為語詞，衍生三十字，多用其假借義，於形聲相衍系統中，實為少有。又有同級聲子間互為孳乳者，如遏與餲、歇同級，而餲、歇由遏而生；愒由歇來等皆是。此孳乳之方，固為罕覯。今董而理之，其衍義之迹，當如下述：

（一）用其假借義者：

1. 借生：駶。

2. 借旱：喝、喝。

（1）用喝之引申而有盡義者：竭、

　　（Ⅰ）義近於竭者：藒。

　　（Ⅱ）與竭為古今字者：渴。

　　　　（A）為渴之本字者：歇。

3. 借直：趌、稿、碣、揭。

4. 借安：遏。

（1）義由遏來：餲、歇。

5. 借白：謁。

6. 借丰：羯、楬。

7. 借毳：褐。

8. 借自：歇。

（1）用歇之引申義者：愒。

9. 借夬：猲。

10. 借䇂：譪。

（1）譪之別體：藹。

11. 借卂：撊。

（二）用為聲符而其義見於形旁者：猲、闇。

（三）聲中無義者：葛、鶡、猲、蝎、鄡、藒。

是古字與篆文不相合也，則「匃」是否由古文字 𠂔 甲文、𠂔 金文而來，不得強為解人也。若此例者頗多，如甲骨文字典以為《說文》誤說者有「畀」字：

　　𠂔、𠂔、𠂔象矢上有扁平之鏃形。金文作 𠂔 班簋、𠂔 永盂。後《說文》譌作畀。《說文》：「畀、相付與之。閣上也。从丌由聲。」《說文》說形不確[10]。

然《漢字構形資料庫》除有 𠂔、𠂔、𠂔 三字外，復出甲文 𠂔、𠂔 兩字，孰為畀之古文，實未可知。每讀古文字篇章，有言「許君說形不確」、「許君據已譌之小篆為說，誤」、「許說誤」等條，輒為許君抱不平。蓋許君據當時已知之文字為說，一也；某古文字是否即《說文》某字，純屬猜想，不得據古文而疑《說文》，二也；時變世易，用法有殊，釋義歧別，三也。若斯例者，在所多有，當隨文辨說之。

二為詞族歸字是否合適。《說文》形聲字以無聲字為聲母，然音義相同之無聲字，在所多有。如釆與番，廾與共，叚與段、丞與巹等，兩無聲子音義皆同，合為一系，是否可行？然有或可以合為一系而未知然否者，頗費思

10 《字典》頁491。

量，茲舉如「今」、「金」二字為例以明之。

甲骨文中未見金字而「今」字不可解。《說文》五下亼部今字下云：

> 今、是時也。从亼从フ，フ古文及。[11]

《詁林》諸家所釋，俱據「是時也」以臆測，其論「从亼从フ」之義，皆未能得其確詁，茲不具引。

甲骨、金文有「今」字，說解者亦各異其詞。「今」字甲文《字典》列四文，作 ᗩ、ᗩ、ᗩ、ᗩ [12]，李孝定以為借字，叚亼字為之，下不從一。于省吾以為從一亼聲，蓋于亼下加一橫劃以為指事標志[13]。徐中舒以為象木鐸形，亼為鈴體，一象木舌，發令之時即為今，引申而為是時、即時之義[14]。《金詁》列今之金文十七，主要作 ᗩ、ᗩ、ᗩ、ᗩ、ᗨ 之形，與甲文相似。觀其所臚列，林義光以為亼為口字倒文；高鴻縉以為一以指事，亼聲；朱芳圃以為今即箝之初文[15]……可謂異義蠭出，莫衷一是矣。

平章眾說，當以李孝定借字之說較為可信。蓋形不足以據，反求諸聲，黃侃以為「今」由フ來，近急[16]。蓋據小篆以為說而上推於語原，復據《詩·周南·傳》：「今、急辭也。」今、急疊韻以釋之。按今字當非由フ來，然聲借於急，故有急義，今猶言當下也。

《說文》有「金」字，以為「今」之直接聲子。十四上金部「金」字下云：

> 金、五色金也，黃為之長。久薶不生衣，百鍊不輕，從革不違。西

---

11 《詁林》冊四頁 2224。
12 《字典》頁 573。
13 《甲詁》頁 1924。
14 《字典》頁 574。
15 《金詁》頁 3392。
16 《黃批》頁 334。

方之行。生於土。从土，左右注，象金在土中形。今聲。釡、古文金。[17]

甲文未見有「金」字，《金詁》列「金」字五十七，主要作⿰、⿰、全、
全、全、⿱、全、金、金、釡、全、全、全、全等形。所列諸家之說，當以勞榦
所言頗有新解。文繁不錄，要約言之，勞氏以為涉及時日之字無從象形或指
事，金、今有同為一字之可能，金為本義，為繁體；今為簡體。兩字上部之
∧形，為一坩鍋，其下部為一器笵，其旁長點則表示流注銅液，甚為顯明。
而得出以下結論：

> 金字與今字雖繁簡不同，而其所代表者為鑄銅之事，則無多大出入
> 也。[18]

揆諸金文用法，金多指銅或黃色，是勞說有據，斯所謂後出轉精者也。
是則「金」當為全體象形，非從「今」聲。「今」為「金」之簡體字，後假借
為時日之稱，而「金」非「今」之直接聲子，《說文》從「今」聲、「金」聲
之字，其異體或作「金」聲、「今」聲者，「今」、「金」同字，一繁一簡，故
當併而一之，以統從「今」、「金」得聲之字。

今、金字古音見紐覃部，《說文》中從今、金得聲而衍者五十八字，衍聲
三級。其衍聲之迹當如下表：

聲母——今	古聲	聲類	古韻
今——是時也从亼从フフ古文及居音切	見	見	覃
金——五色金也黃為之長久薶不生衣百鍊不輕從革不違西方之行生於土从土左右注象金在土中形今聲居音切釡古文金	見	見	覃

---

17 《詁林》冊十頁 6241。

18 《金詁》頁 7571－76。

(續上表)

直接聲子	今聲				
玪	玪瑿石之次玉者从玉今聲古函切		見	見	覃
芩	艸也从艸今聲詩曰食野之芩巨今切		溪	群	覃
牶	牛舌病也从牛今聲巨禁切		溪	群	覃
含	嗛也从口今聲胡男切		匣	匣	覃
吟	呻也从口今聲魚音切䪩吟或从音㖚或从言		疑	疑	覃
靲	鞻也从革今聲巨今切		溪	群	覃
雂	鳥也从隹今聲春秋傳有公子苦雂巨淹切		溪	群	覃
棽	木枝條棽儷皃从林今聲丑林切		透	徹	覃
貪	欲物也从貝今聲他含切		透	透	覃
衾	大被从衣今聲去音切		溪	溪	覃
欽	含笑也从欠今聲丘嚴切		溪	溪	覃
岑	山小而高从山今聲鉏箴切		從	床	覃
鼢	鼠屬从鼠今聲讀若含胡男切		匣	匣	覃
黔	黎也从黑今聲秦謂民為黔首謂黑色也周謂之黎民易曰為黔喙巨淹切		溪	群	覃
念	常思也从心今聲奴店切		泥	泥	覃
霒	雲覆日也从雲今聲於今切霠古文或省今或从今云古文霠		見	見	覃
鮱	鮥也一曰大魚為鮥小魚為鮱从魚今聲鉏慘切		從	從	覃
龕	龍皃从龍今聲口含切〔註一〕		溪	溪	覃
聆	國語曰回祿信於聆遂闕		溪	群	覃
妗	㜘妗也一曰善笑皃从女今聲火占切		曉	曉	覃
戡	殺也从戈今聲商聲曰西伯既戡黎口含切		溪	溪	覃
瓴	治囊榦也从瓦今聲胡男切		匣	匣	覃
紟	衣系也从糸今聲居音切綻籀文从金		見	見	覃
鈐	鈐鏃大犂也一曰類相从金今聲巨淹切		溪	群	覃
矜	矛柄也从矛今聲巨陵切又巨巾切		溪	群	覃
禽	走獸總名从厹象形今聲禽离兕頭相似巨今切		溪	群	覃

（續上表）

	酋	酒味苦也从酉今聲於剡切〔註二〕	影	影	覃
	金聲				
	荃	黃荃也从艸金聲具今切	溪	群	覃
	唫	口急也从口金聲巨錦切又牛音切	溪	群	覃
	趛	低頭疾行也从走金聲牛錦切	疑	疑	覃
	鈙	持也从攴金聲讀若琴巨今切	溪	群	覃
	錦	襄邑織文从帛金聲居飲切	見	見	覃
	衿	交衽也从衣金聲居音切	見	見	覃
	欽	欠皃从欠金聲去音切	溪	溪	覃
	頜	低頭也从頁金聲春秋傳曰迎于門頜之而已五感切	疑	疑	覃
	崟	山之岑崟也从山金聲魚音切	疑	疑	覃
	厱	石地也从厂金聲讀若紷巨今切	溪	群	覃
	黅	黃黑也从黑金聲古咸切	見	見	覃
	淦	水入船中也一曰泥也从水金聲古暗切汵淦或从今	見	見	覃
	捦	急持衣裣也从手金聲巨今切撳捦或从禁	溪	群	覃
二級聲子	含聲				
	琀	送死口中玉也从王含含亦聲胡紺切	匣	匣	覃
	頷	面黃也从頁含聲胡感切	匣	匣	覃
	貪聲				
	噃	聲也从口貪聲詩曰有噃其饘他感切	透	透	覃
	岑聲				
	棽	青皮木从木岑聲子林切檽或从壹省壹籀文㮿	精	精	覃
	涔	漬也一曰涔陽渚在郢中从水岑聲鉏箴切	從	床	覃
	念聲				
	唸	吚也从口念聲詩曰民之方唸吚都見切	端	端	覃
	諗	深諫也从言念聲春秋傳曰辛伯諗周桓公式荏切	透	審	覃
	敜	塞也从攴念聲周書曰敜乃穽奴叶切	泥	泥	覃
	稔	穀熟也从禾念聲春秋傳曰不五稔是而甚切	泥	日	覃
	淰	濁也从水念聲乃忝切	泥	泥	覃

（續上表）

	欽聲				
	廞	陳輿服於庭也从广欽聲讀若歆許今切	曉	曉	覃
	侌聲				
	陰	闇也水之南山之北也从自侌聲於今切	影	影	覃
	酓聲				
	韽	下徹聲从音酓聲恩甘切	見	見	覃
	雝	雝屬也从隹酓聲恩含切鷂籀文雝从鳥	影	影	覃
	盫	覆蓋也从皿酓聲烏合切	影	影	覃
	歙	歠也从欠酓聲於錦切余古文歙从今水畬古文歙从今食	影	影	覃
	嬐	含怒也一曰難知也从女酓聲詩曰碩大且嬐五感切	疑	疑	覃
三級聲子	陰聲				
	蔭	艸陰地从艸陰聲於禁切	影	影	覃

〔註一〕錢坫曰：龕宋本及《五音韻譜》並从合，唐元度以為从今，以今為是。毛本改从含，非。《六書故》引唐本《説文》亦从今聲。是龕當从今聲也。

〔註二〕段據小徐本補酓。金祥恒曰：徐鍇云：酒味苦也。从酉今聲。臣鍇曰：歙字从此。然大徐説文無之。段若膺據小學書而補之。且《説文》韽、雝、鷂、歙、嬐等字皆从酓聲，則《説文》必有酓字無疑。

此五十八字：於韻俱屬覃韻，可以相諧。然只據「淦」字一證，以為「今」即「金」之簡體，以釋「今」字不得確解之故，是耶否耶，終不可知。

三為補字是否合適。

大徐《說文》七上鹵部鹵字下云：

鹵、艸木實垂鹵鹵然，象形。讀若調。𪛙、籀文三鹵為鹵。

小徐《說文》曰：

卤、艸木實垂卤卤然，象形。讀若調。晶、籀文從三卤作。

自注曰：

卤與苕同，謂草木之秀實也。囟、實形也，卜、上華芒也。籀文繁者，小篆省之也。

兩者解說籀文略有不同。
段玉裁以為：

卤卤、垂貌。《莊子》曰：「之調調，之刁刁。」之、此也；調調謂長者，即卤卤也。卤之隸變為卣。按如許說則木實垂者其本義，假借為中尊字也。

徐灝箋：

卤者艸木實之通名，故栗、粟皆从之。卤象形。段氏謂隸變作中尊之卣，非也。卤者酉之別體。

桂馥曰：

「艸木實垂卤卤然」，或借油字。箕子《麥秀歌》：「禾黍油油。」

是仍以為卤者固艸木實垂之義，古籍或借為油耳。
王筠《句讀》：

凡實之長蒂者必下垂，字上象蒂形，下象實形。

是有取於小徐也。又於《釋例》曰：

> 云象形，吾詳思之，知為指事。蓋第云艸木實，則可以果字推之；謂為象形，云垂，則是事。云卤卤然，則尤曉然屬指事也。蓋篆本作卤，上其蔕也，下則外為實之輪郭，內為實之文理也。下垂之物多叢聚，故籀文三之，非徒尚繁縟也。

是以為卤當為指事而非象形。又曰：

> 《詩》、《書》、《爾雅》皆有卣字，而《說文》無之，似即卤之變文，卤讀若調，乃部卤从卤而讀若攸，《廣韻》或作迪，是其比也。《書》云：「秬鬯二卣。」「秬鬯一卣。」知卣所實者鬯也。卤讀若調，蓋取芬芳條鬯之意乎。

是以為卤固有芬芳條鬯之意，而卣似即卤之變體。與段氏所言隸變為卣，借假為中卣字，蓋有一間之別矣。

朱駿聲曰：

> 莊子《齊物論》「之調調」，以調字為之，亦重言形況字。又按籀形譌為蟲，本作三迪，誤作三直，今則聲義俱變矣。或曰即今卣字，中尊也。故迪字亦作迪。家大人曰：卣者酉字之變，與卤不涉。

是又以為卤固當有「艸木實垂」義，其籀文譌變為蟲，卣非卤所變，與段王異。

吳大澂《古籀補》以為：卣、卤古通，迪字重文。容庚《金文篇》以為卤經典皆作卣，又作卤。

羅振玉有《釋卣》篇，以為：

《爾雅·釋器》：「彝、卣、罍器也。」《説文》無卣字。玉案其字當作卤，或借用卤、攸、脩。考卤即《説文》卤字，象艸木實下垂卤卤然，中从土，象果實坏文。傳繕譌作从仌。古从土之字，或又譌作匸。於是卤字遂有卤、卣二形，其實並卤之譌變也。考之古今石刻，从無作卤者，此卤即卣譌字。卤字本義為艸木實垂貌，借為尊卣字。[19]

是以為是卤、卣二形，並卤之譌變。此又一説也。

《字典》列甲文卤者十九文，🝳、🝳、🝳、🝳、🝳、🝳、🝳、🝳、🝳、🝳、🝳十一文，而釋之曰：

從🝳從𠙴或省作凵；🝳象圓弧形酒器。𠙴、凵乃承🝳之座。或省𠙴、凵而徑作🝳，🝳或譌作🝳，均為卣之本字，與金文卣字諸形🝳盂鼎、🝳昌壺、🝳毛公鼎略同。《爾雅·釋器》「卣、中尊也。」《説文》有卤字無卣字，卤字實即卣字，其篆文卤之仌乃金文丄、士之譌。《説文》：「卤、艸木實垂卤卤然，象形。」所説非其本義。[20]

以為卤即卣，而卤、卣當為一字。

《字典》列甲文卤字八，作：🝳、🝳、🝳、🝳、🝳、🝳、🝳、🝳，而釋之曰：

《説文》：「卤、气行皃，从乃卤聲，讀若攸。」甲骨文象有托盤之酒器，為卣之初文。《説文》有卤無卣，卤、卣本一字，《説文》誤分為二。[21]

以卤為酒器，卤、卣本為一字。

由《説文》諸家言之，段、桂、朱、王皆以為卤之本義當為「艸木實

---

19 《詁林》冊六頁3037。
20 《字典》頁758。
21 《字典》頁502。

垂」，段玉裁則以為其字 變為卤，乃假借字；王筠以為卤似即鹵之變文；而朱駿聲、徐灝不取，以為卤者西字之變。

由古文字言之，羅振玉以為正字當為卣，徐中舒以為卤、鹵當為一字，諸說紛紜，莫衷一是矣。

案《說文》鹵部有栗、粟二字，皆與木實垂義相類，是由形衍也。由卤聲所孳乳之菌、鞏、卤、覷、歟五字，皆有下垂義，是由聲衍也，是終不得以卤為酒器而棄之 。[22]

《甲詁》序號 1890 列卤字，作 ◊、◊、◊，姚孝遂按語曰：

> 卜辭盛鬯之卤，即象卤器之形。《說文》無卤字，而以**卤**為象艸木實垂之形。諸家以為當係**卤**字之譌變。卜辭卤字作 ◊，或省作 ◊，此即《說文》乃部𨗓字之所由從，許慎解為「气行皃」，乃後起假借義。[23]

是以為卜辭當有卤字，孳乳為鹵。

《甲詁》序號 1897 復有卣字，列 ◊、◊、◊、◊四文，羅振玉云：

> 古金文作 ◊ 作 ◊，卜辭又省 ◊，其文曰：「鬯六卣。」故知為卣矣。

吳其昌曰：

> 卣者，有提梁之壺屬，所以盛鬯者也。卜辭、金文略同。象卣之左右側旁，斜垂其提梁之形，而下承以盤。盤實外物，可承可離，地下出土之卣，無一附有盤者，則知承盤之卣，乃用時須臾之傾為然耳。

---

22 《詁林》冊六頁 3037。
23 《甲詁》頁 1841。

是直言鹵即卣字也。而姚孝遂按語則云：

　　當併入 1890 鹵字下。[24]

是以為鹵、卤、卣三字實一字也。

《金詁》列卤字十四文：𦥑、𦥑、𦥑、𦥑、𦥑、𦥑、𦥑、𦥑、𦥑、𦥑、𦥑、𦥑、𦥑、𦥑。阮元《積古·卷三》以為即《説文》卤字，為由之古文。王筠《釋例》據筠清館《虢叔大林鐘》，𦥑作𦥑，以為卤、鹵二字通借。林義光據《毛公鼎》𦥑、《虢叔鐘》𦥑，以為卤即條之古文，條從攸得聲，音本如攸；卤與鹵同音，即鹵之省。是皆糾纏於卤、鹵一字之説。而劉心源《奇觚卷五》有：

　　卣《説文》作：「𦥑、气行皃。从乃卤聲，讀若攸。」今作迺，古文
同為攸。[25]

以為卣即卤字，而仍拘泥於許氏説解而不敢逾轍也。

卣字甲文金文習見，為盛鬯之物，當非《説文》之卤或鹵。是《説文》於卣字，蓋以與卤、鹵兩字古文形近而誤合之。而許於卤字，復有「气行皃」之解，諸家乃以「卤、气行皃。从乃卤聲，讀若攸。」之義，而有卤、鹵一字，卤即攸字，假借為攸之説。

今平章諸家之論，竊以為卣、卤、鹵三字皆當有別。卣為酒器，鹵為「艸木實卤卤然」、卤為「气行皃。」由卤孳乳。三者蓋因古文字形相近而誤合。許書失收卣字，《説文》家以卣為卤之譌變，甲文家以為卣、卤、鹵一字。金文家以為鹵當為卣。據古文而變亂許書，莫此為甚矣。若以為許書失收卣字而復補之，則卣、卤、鹵各歸其原，諸義皆安，而不必齗齗於舊説，

---

24 《甲詁》頁 1844。
25 《金詁》頁 2959。

以為不可解矣。

故知卣字當補。其本義當依《爾雅‧釋器》：「卣，器也。」《註》：「盛酒尊。」《疏》：「卣，中尊也。孫炎云：尊彝為上，罍為下，卣居中。郭云：不大不小，在罍彝之間。」[26] 有別於卤、鹵二字。

則古文字混而為一，許君取字時，未有細察，致舛謬而不得解，蓋非一字矣。若夫補入卣字，使還卤、鹵之原，不得不謂信而有徵。是耶非耶，以俟君子。

鹵之本義當依許說，為：「艸木實垂鹵鹵然。」當依王筠說為指事，不必疑也。

他如爻系補〔學字〕，秝系補字，皆據前人之成說，稍為補苴，使形聲系統，更臻完備。然如此補字，是否可行，固亦不敢自以為是也。

後記

讀朱駿聲《說文通訓定聲》，一病其古音系統未見完備；二病其未見古文字，或多引家大人之說而未能釋其疑慮，三病其或有列字失當，使形聲字子母之間流衍關係未見盡善。今日談《說文》研究，以為於聲則當據黃侃古聲十九紐二十八韻為本，再輔以陳新雄補正為三十二部之說，以排列五百四十部之文字。至於古文字，則《甲骨文詁林》、《金文詁林》、《金文詁林補》幾已包羅盡括，若非有更大型出土文字，例如秦始皇墓之收藏，可以作為參考之外，此三部著作可以論證由甲骨文至小篆之流衍，為研究《說文》之先導矣。至於陶文，猶憶 1991 年曾與胡厚宣先生談及有幾百陶文出土問題，而胡先生言：「我也不大相信。」故從略焉。

---

26 《爾雅義疏‧中之二》頁 7。

王念孫「生成類比邏輯」中的必然屬性及當代意義 [1]

馮勝利

香港中文大學

一、引言

劉盼遂《高郵王氏父子年譜》說：王念孫在乾隆四十一年「以後四年，皆獨居於祠畔之湖濱精舍。以著述至事，窮搜冥討，謝絕人事。」於是奠下「四辟六達，動搉合度，取精用弘，左右逢原」的學術基礎，最終到達「大端既立，則觸類旁通」的境界。然而，什麼是王氏之「大端」，劉盼遂未言，王懷祖本人亦未告曉天下。我們認為，這個「大端」就是自戴東原以來「綜刑名、任裁斷」（章太炎評語）所開闢的有清一代的理必之學。[2] 段氏的理必之

---

1 本文曾發表於《勵耘語言學刊》2018 年第一期。原稿曾於臺灣中研院文哲所 2016年 6 月 11-12 日舉辦的《離詞·辨言·聞道——古典研究再出發》會議上報告，得到與會者的多方指教。寫畢又蒙王利提出許多寶貴建議及協助核查文獻，在此一併表示由衷的謝意。本文得到國家社會科學基金重點專案「乾嘉學者段玉裁《說文解字注》、王念孫《廣雅疏證》的科學方法和理念研究」的資助（項目批准號15AYY009），特此鳴謝。
2 戴震斷言「《堯典》古本必有作『横被四表』者」曾引起有清一代諸多學者的注意和討論，即其例也。當然，我們注意到有人說戴震的哲學思想或許受到當時傳教士的西學影響。然而，乾嘉訓詁中的「理必 logical certainty」和「公理 axiomatic reasoning」的思想（西方學者認為中國絕無者），則是他們從文獻語言研究的求精、求密、求真（truth）的方法和目標中，「逼」出來的結果。

論因已有文專述，茲不贅（參馮勝利 2014）而王氏之理必裁斷，至今鮮有發明，故不揣檮昧，揭舉數例，以見一斑：[3]

《廣雅疏證》卷五上：儀、愈，賢也。引之云：「《大誥》：『民獻有十夫。』傳訓獻為賢。《大傳》作『民儀有十夫。』《漢書・翟義傳》作『民儀九萬夫。』班固《竇車騎將軍北征頌》亦云『民儀響慕，羣英景附。』古音儀與獻通。《周官・司尊彝》：『鬱齊獻酌。』鄭司農讀獻為儀。郭璞《爾雅音》曰：『輡音儀。』《說文》輡從車、義聲，或作鏾，從金、獻聲，皆其證也。漢斥彰長《田君碑》曰：『安惠黎儀，伐討奸輕。』《泰山都尉孔宙碑》曰：『乃綏二縣，黎儀以康。』《堂邑令費鳳碑》曰：『黎儀瘁傷，泣涕連漣。』黎儀卽《皋陶謨》之『萬邦黎獻』也。漢碑多用經文，此三碑皆言黎儀，則《皋陶謨》之黎獻，漢世<u>必有作黎儀者</u>矣。」

《讀書雜誌・逸周書第四》：舉其修。舉其修則有理。孔注曰：修，長也。謂綱例也。念孫案：修卽條字也。<u>條必有理</u>，故曰「舉其條則有理」。漢書高惠高後文功臣表：修侯周亞夫。師古曰：修讀曰條。是條、修<u>古</u>通用。孔以修為綱例，義與條亦相近，而又訓為長，則與綱例之義不合。此注疑經後人竄改也。

《廣雅疏證》卷四上：「襮……表也。襮者，《呂氏春秋・忠廉》篇「臣請為襮」，班固〈幽通賦〉「張修襮而內逼」，曹大家及高誘注並雲：『襮，表也。』《襄三十一年・左傳》「不敢露」，襮與襮聲近而義同。《唐風・揚之水》篇：「素衣朱襮」，毛傳雲：「襮，領也。」《易林・否之師》雲：「揚水潛鑿，使石絜白，衣素表朱，遊戲皋沃。」皆約舉《詩》辭。則三家詩<u>必有訓</u>襮為表者矣。

由上可見，王念孫（與段玉裁一樣）善用「必有」學理來「訂誤、發明」（陸宗達評語），不僅如此，馮勝利（2016）認為王氏還創造了另外一套「理

3　此蒙王利協助檢得如上諸條，補之於此以見段王理必之學，蓋出一轍也。

必之法」蘊含在下面這類例子的分析之中[4]：

(1)《廣雅‧釋詁一》：般，大也。

《疏證》曰：《說文》：伴，大貌。伴與般亦聲近義同。凡人憂則氣斂，樂則氣舒，故樂謂之般，亦謂之凱。大謂之凱，亦謂之般，義相因也。

(2)《廣雅‧釋詁一》：方，始也。

《疏證》曰：凡事之始，即為事之法，故始謂之方，亦謂之律。法謂之律，亦謂之方矣。

(3)《廣雅‧釋詁三》：臧，厚也。

《疏證》曰：凡厚與大義相近，厚謂之敦，猶大謂之敦也，厚謂之醇，猶大謂之純也；厚謂之臧，猶大謂之將也。

(4)《廣雅‧釋詁四》：岑，高也。

《疏證》曰：凡高與大義相近，高謂之岑，猶大謂之岑也；高謂之嵬，猶大謂之巍也；高謂之 ，猶大謂之 也。

從例（1）可見：王念孫為了證明「般」有「大」義，從「般」與「凱」同義（都有「樂」的意思）的角度入手，說明「凱」有「大」義，則「般」也（應當）有「大」義，因為二者均有「樂」義；進而提出「樂則氣舒」的原理，並藉此推出「樂」有「大」義是「樂則氣舒」的結果。注意：以「凱」釋「般」是類比推理，但不是簡單的形式邏輯上的類比推理。請看（2）中各項之間的類比關係：

《廣雅疏證‧釋詁一》：「凡事之始，即為事之法，故：

始謂之方，亦謂之律。

法謂之律，亦謂之方矣。

我們知道，一般的類比推理（analogy）的公式是：

4　馮勝利《論王念孫的生成類比法》2016: 77-87。

X 和 Y 都具有屬性 p，q，r，

X 具有特徵 F

所以，Y 也具有特徵 F

(2) 中「凡事之始，即為事之法」這句「**關鍵辭**」至關重要，它告訴我們：A 和 B 有「相生」的關係。[5] 詞義運動在文化歷史觀念下衍生出的詞義關係（如「始即為法」）[6] 可以示解為一種「相生」的關係。據此，我們不能説王念孫的類比義證是簡單的類比邏輯。因為形式邏輯的類比推理公式（X 和 Y 都有 p、q、r，如果 X 具有特徵 F，所以 Y 也有特徵 F）裏面的 **X 和 Y**，不含相生的關係。換言之，一旦類比項中 X 和 Y 彼此含有了「同源相生」的關係，根據馮（2016）的分析，X 所具有的屬性和 Y 所具有的屬性就不是偶然的巧合（coinstance）或對應（correlation），而具有了一定的必然性。原因很簡單，「凡同源（相同血緣）者必有同質共用成分」（genetic certainty）。這就賦予了 X 和 Y 中「p、q、r...」系列中的各成分以「基因必然」的性質（基因效應）。[7] 從這個意義上説，王氏的類比法蘊含著必然的要素。馮（2016）進而將王念孫發明的這種「類比義證法」稱之為｜生成類比法 Generative Analogy），認為這是王氏獨創的、賦有必然屬性的一種特殊的邏輯推理式。

5　「相生」指「生或被生」的關係（語源學考證可確定之），然無論何種，均無礙這裏的推論。《禮記・鄉飲酒》：「亨狗于東方，祖陽氣之發於東方也。」鄭注曰：「祖猶法也。狗所以養賓。陽氣主養萬物。」至今諸多西方法院判案之法，均據初始案例定罪，即反映出「凡事之始，即為事之法」的社會觀念。

6　按，詞義關係不是邏輯關係，儘管詞義的語義學分析需要邏輯。

7　從另一個角度而言，這裏提出的生成類比法中「p、q、r...」的對應項可理解為該血緣成員中的基因系列，可以示解為 X 和 Y 的預測結果 prediction 或驗證事實 verification，同樣可以導致「生成類比邏輯」的必然性結果。茲事所預函者甚夥，容專文另述。

二、《廣雅疏證》中的類比論證

為發明王氏的「生成類比法」，馮勝利、殷曉傑從《廣雅疏證》中爬梳出九十九條類比義叢（具有類比性的語義關係叢）進行對比研究。例如：[8]

1. 「憂斂樂舒」類比義叢

【原理】伴與般亦聲近義同。凡人憂則氣斂，樂則氣舒，

【推演】故樂謂之般，亦謂之凱。大謂之凱，亦謂之般，義相因也。

2. 「類律聲義並同」類比義叢

【原理】類與律聲義同。

【推演】故相似謂之類，亦謂之肖，法謂之肖，亦謂之類，義亦相近也。

3. 「遠大同義」類比義叢

【原理】凡遠與大同義，

【推演】故遠謂之荒，猶大謂之荒也，遠謂之遐，猶大謂之假也，遠謂之迂，猶大謂之籲也。

4. 「大則覆有」類比義叢

【原理】俺與奄亦聲近義同。大則無所不覆，無所不有，

【推演】故大謂之幠，亦謂之奄，覆謂之奄，亦謂之幠，有謂之幠，亦謂之撫，亦謂之奄。

5. 「張大同義」類比義叢

【原理】凡張與大同義，

【推演】故張謂之幠，亦謂之扜，猶大謂之幠，亦謂之籲也；張謂之磔，猶大謂之 也；

張謂之彉，猶大謂之廓也。

6. 「美大同意」類比義叢

【原理】美從大，與大同意，

8　全文參馮勝利、殷曉傑 2016。

【推演】故大謂之將，亦謂之皇。美謂之皇，亦謂之將。美謂之賁，猶大謂之墳也。

美謂之膚，猶大謂之甫也。

7.「健疾相近」類比義叢

【原理】凡健與疾義相近，

【推演】故疾謂之捷，亦謂之　，亦謂之壯，亦謂之偈；

健謂之偈，亦謂之壯，亦謂之　，亦謂之捷。

健謂之㦠，猶疾謂之鹹也；

健謂之武，猶疾謂之舞也。

8.「有大義近」類比義叢

【原理】有與大義相近，

【推演】故有謂之厖，亦謂之方，亦謂之荒，亦謂之幠，亦謂之虞。大謂之厖，亦謂之方，亦謂之荒，亦謂之幠，亦謂之吳。

就目前我們觀察到的材料來看，上述類比推證法（嚴格說是生成類比法）在中國訓詁學史（以至於中國邏輯史）上，未曾有過。需知：簡單類比法的運用在王氏之前並非沒有先例，「但其自覺度、類比項的多重性和縱橫性，前此學者均不及王氏之深刻且自成體系。」（馮，2016）這裏值得一提的是，陸宗達先生在討論古代「去」和「除」的詞義的時候，首次繼承、發展和拓寬了傳統類比法在詞義分析和對比上的使用，他在《訓詁淺談》裏指出：「從『去』和『除』的對應的意義上，同樣可以引申出『拿掉』、『殺死』、『寬恕』、『躲避』這些意義。」[9] 亦即：

去 =1. 躲避、2. 拿掉、3. 殺掉、4. 寬恕

除 =1. 躲避、2. 拿掉、3. 殺掉、4. 寬恕

去 1. 躲避「公賦《南山有台》，武子去所。曰：臣不堪也。」《左·襄公二十年》

9　　陸宗達《訓詁淺談》北京：北京出版社 1964，46-48 頁。

　　2. 拿掉「衛侯不去其旗，是以甚敗。」《左·閔公二年》

　　3. 殺掉「不去慶父，魯難未已。」《左·閔西元年》

　　4. 寬恕「叔党命去之。」《左·宣公十二年》

除 1. 躲避「逃奔有虞，為之苞正，以除其害。」《左·哀西元年》

　　2. 拿掉「天假之年而除其害。」《左·僖公二十八年》

　　3. 殺掉「欲除不忠者以說於越。吳人殺之」《左·襄公二十年》

　　4. 寬恕「請以除死。」《左·昭公二十年》

　　上述義列中各對應項，均可供類比互證。這是詞義引申系列對比研究的首例，後來學界推出的「同律互證」（馮勝利 1982）[10]、「同步引申」（許嘉璐 1987）[11]、「相因生義」（蔣紹愚 1989）[12]、「類同引申」（江藍生 2000）[13] 等對詞義類比發展的分析和觀察，都是上述現象基礎之上的發現、擴充和發展。然而，讀者若細審其中推理系統和機制，則不難看出，其類比對象在「多重線性連續集合」的關係方面，尚缺乏王氏義列類比「縱橫交織」的生成屬性，故其推理難以為「必」。

　　什麼是王氏的「類推理必」呢？下面這段考證文字代表了王氏推理的典型模式：

　　　　凡「與」之義近於「散」，「取」之義近於「聚」；「聚、取」聲又相近，故聚謂之收，亦謂之斂，亦謂之集，亦謂之府；取謂之府，亦謂之集，亦謂之斂，亦謂之收。取謂之捊，猶聚謂之裒也；取謂之掇，猶聚謂之綴也；取謂之挋，猶聚謂之群也。（《廣雅疏證》卷一上「捊，取也」）

　　這種推理的論證方法和境界，至今很難模仿；唯近代學者張舜徽先生在

10　馮勝利《論段玉裁引申義的研究》，北京師範大學碩士論文，1982。

11　許嘉璐 1987。

12　蔣紹愚 1989。

13　江藍生 2000：309-320。

解釋「櫝」與「　」時，顯示出他的「悟道」之功，可謂對王氏的交叉生成類比法體會入微，且發揮盡致：

> 匱即櫝之或體，猶梧之籀文作匱，匣之或體作櫝耳。蓋匱之言實也，謂中空也。匱謂之匱，猶溝謂之瀆，皆取義於中空也。匱之義通于實，猶匣之義通於窬矣。——《說文解字約注》[14]

這是一種什麼樣的推證模式呢？下文就概括說明筆者 2016 年對此的分析，並給予補充、說明和發揮。

三、王念孫「生成類比法」的原理和分析

馮（2016）將以《廣雅疏證》中的九十九條類比例證分為兩類：（一）「線性類比式」（一般類比）、（二）「多維關係式」（縱橫類比）。先看線性類比邏輯式。

3.1. 線性類比式邏輯

若以上面最典型的「捊，取也」之例說明之，則該條例證的邏輯關係可解之為「線性（單向）類比關係矩陣」，亦即由二至三個語義串構成「方類」（語義項矩陣）：

$$A = a，b，c，d，\qquad （聚 \in \textbf{收、斂、集、府}）$$
$$B = a，b，c，d，\qquad （取 \in \textbf{收、斂、集、府}）$$

同義對應詞

這是王氏類比邏輯的**基礎式**，亦即取「A 謂之 x，亦謂之 y，B 謂之 x，亦謂之 y，故……」。它在類比邏輯中的推理模式是：

X 和 Y 都具有屬性 p，q，r，

14　張舜徽《說文解字約注》卷 24，3133 頁。

X 具有特徵 F，

所以，Y 也具有特徵 F。

下面看多維關係式邏輯。

3.2. 多維關係式邏輯

王氏理必的精華在他類比論證的第二層：給出了基礎式中的類比項之間「相生關係」（用「↕」表示）：

$$A = x，y，z；（聚→袞→綴→群）$$
$$\left.\begin{array}{c}↕ = ↕ = ↕ = ↕\end{array}\right\} \quad 同源詞$$
$$B = x，y，z；（取→捊→掇→捃）$$

這裏王氏首先建立起一個「聚」和「取」對應的「同軌義串」，然後，再進一步發掘它們在同源系列上的對應關係，亦即「取」可以説成「捊」，「聚」也可以説成「袞」……。這一步至為關鍵：「取和聚」是同源詞、「捊和袞」也是同源關係（「綴和掇」、「群和捃」都是同源關係）。這便鑄就了多條「同源義串」之間，串與串共用的「基因」關係和屬性。換言之，義串彼此之間的對應關係是「生成對應性」的關係；這是構成「生成類比」邏輯系統的核心環節。

我們還需注意的是：生成關係不僅發生在與「取和聚」對應的一組親緣族系上，同時還發生在與「取和聚」對應的「多組」親緣族系上，亦即：

取謂之捊——拿起來，聚謂之袞——捊＝袞：把物件捧起來

取謂之掇——撿起來，聚謂之綴——掇＝綴：把對象連在一起

取謂之捃——收起來，聚謂之群——捃＝群：把對象集在一起

這個縱向同源矩陣與上面橫向同源矩陣、及其他們各自之間的彼此對應類比項，構成了一個立體的「三維網陣」型的類比系統。面對這樣一個以類比為基礎、以不同生成源系縱橫交織為方式而形成的論證體系和模式，我們有足夠的理由説王念孫的「類比義證法」不是形式邏輯中簡單的類比邏輯。比較：

I- 橫向生成式

X= 聚，Y= 取，那麼，

X 和 Y 都具有屬性 p= 收，q= 斂，r= 集，

X 具有特徵 F= 府

所以，Y 也具有特徵 F= 府

II- 縱向生成式

∵ 聚謂之收、謂之斂、謂之集，

取謂之收、謂之斂、謂之集。

聚亦謂之府，

∴ 故取亦謂之府。

III- 生成類比邏輯

X 和 Y 都具有屬性 p，q，r，

如果 p，q，r，具有衍生關係

且 X 和 Y 具衍生關係

則 X 和 Y 的屬性系列可以被預測和驗證為真。

I 和 II 都是簡單的類比論證。然而，王氏的「類比義證」並不止於此（詳論參馮 2016）。王氏的方法是用 X 和 Y 的相同特徵來說明 X 和 Y 有「對應關係」，而這種「對應關係」本身不是任意的（因為 X 和 Y 有基因傳遞的必然性）。這就是 III 中的「衍生關係」。這種「衍生關係」在王氏的義證裏實現為詞義之間的「引申」或「派生」關係。因此，如果 X 和 Y 都分別具有一個集合 {p → q → r}，且 X 和 Y 二者本身具有「親緣」關係，那麼它們自然（從遺傳基因的承襲性上）具有生產「對應性集合（子體系統）」的派生能力，因此造成子系集合的對應關係。馮（2016）指出：這才是王念孫「義叢類證」的精髓所在。下面的圖示把上面抽象的分析具體化和模型化，更便於理解。

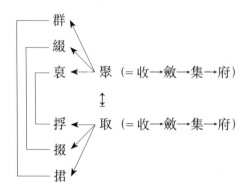

　　王氏創造的這種生成類比法，[15] 在中國學術或邏輯史上（無論將來的邏輯學家如何評騭它的地位和貢獻），均堪稱首創。[16] 在乾嘉學術的歷史長河中，段王二人公認為清朝三百年學術史上的佼佼者，所以如此與王氏獨創的「生成類比邏輯」（馮 2016）和段氏發明的「理必演繹邏輯」（馮 2014）是分不開的。二者可謂珠聯璧合、相映成輝，構成乾嘉科學理論最賦有公理思想的中華智慧史上的交響樂章。[17]

　　令人遺憾的是，這曲學理邏輯的中華樂章至今湮沒無聞，現有發明和繼承，唯張舜徽先生在《說文解字約注》中解釋「櫝」與「匵」關係時，用到此法，讓我們看到段王邏輯的運用，仍不絕如縷：

　　　　匵即櫝之或體，猶柶之籀文作㮚，㮯之或體作櫝耳。蓋匵之言實也，謂中空也。匵謂之匵，猶溝謂之瀆，皆取義於中空也。匵之義通于實，猶匭之義通於窬矣。

15　當然，生成類比法作為一種邏輯方法，本文這裏提供的是一種理論的假設，如何在邏輯演算上驗證該方法的真值及預測屬性，則有待進一步的研究。

16　有的學者問「乾嘉學者有沒有顛覆什麼？」如果本文論證可以成立的話，那麼這裏「同源類比對應律之論證方法」所反映出來的「理必」的思想，對傳統的「中庸」觀念就是一種直接的顛覆，因為從理論上講，理必不容中庸。

17　若如本文所論乾嘉學術確含科學，則對西方至今認為「中國思想缺乏演繹論證」之說構成一個致命的挑戰（參 Paul Goldin（2017: 41-62）"One longstanding criticism of Chinese thoughts is that it is not truly 'philosophical' because it lacks viable protocols of argumentation⋯satisfactory argumentation must be deductive"。

其取證的類列包括如下幾個方面：

（1）同類（匣、盒）

（2）同義（溝、洞）

（3）同質（匸＝木：匲＝匵＝籚：栖＝櫝＝橢）

（4）同源（匵之言竇＝溝之與瀆＝匲之義通於窬）取義中空

注意：（1）、（2）、（3）中的例證仍屬類比邏輯，而（4）中的「同源」縱向關係的貫穿，將類比邏輯提升到「生成類比邏輯」的高度，其結論不再是「某有某義」，而是「某與某」之間的關係的存在和確證。具言之：匲與窬有關係＝溝與瀆的關係＝　與竇的關係＝木與匸的關係。再進而言之，匲與窬有關係是一個平面；溝與瀆有關係是另一個平面、　與竇有關係是第三個平面、這三個平面中的前與後二者之間的關係都共用同一「DNA」（中空），同時又共用造字平面上的「木與匸」的關係來表現。如此「交叉／立體式相關類比」的對應咬合的論證法，正是王念孫**理證**之法的精華所在。

當然，一定有人懷疑王氏之類比論證究是否真的含有必然屬性。這種懷疑並不奇怪，因為黃季剛先生發現的上古音 28 部和 19 紐間的互補分佈（李思敏 1996，何大安 2001[18]）就長期被誤解為是乞貸論證（林語堂[19]、王力 1978[20]、李思敏 1996[21]）。王念孫的生成類比邏輯不能為人一蹴而解（解釋和理解），也不足為怪。這裏問題的關鍵之處是我們對什麼是**科學邏輯**缺乏基本的正確認識和瞭解。譬如，表面看去，王氏的論證方法很難直接讓人得出其運算真值的必然屬性，非但如此，甚至還可能誤解他是在循環論證：用「取＝收、斂、集、府」說明它和「聚＝收、斂、集、府」相同，又用「聚＝收、斂、集、府」說明它和「取＝收、斂、集、府」相同。事實上，就像被人誤解為「循環論證」的「黃氏互補分佈」一樣，其背後皆有彼此「相挾」的「共

18　何大安 2001「聲韻學中的傳統、當代與現代」《聲韻學論叢》第十一輯，1-16 頁。

19　林語堂 1928「古音中已遺失的聲母」，《語絲》4 卷 42 期。

20　王力 1978《黃侃古音學述評》。

21　李思敏 1996「關於黃侃股音序‘乞貸論證’問題的思考」《薪火編》85-95 頁。

構」關係，因此其相關必然的屬性早已暗鑄其中。請看巴赫（Bach）的解釋：

　　用不同的規則論證理論各個方面的正確，回過頭來又用理論來說明規則的正確 —— 表面看來這是一種惡性循環的論證。但是，這種印象是建立在一種對科學推理過程錯誤理解的基礎之上；**推理在實驗科學中並不是按照線性的形式進行的**（像這裏強調的那樣），**它是以所有成分全方位同現的形式進行的**（proceeds on all fronts simultaneously）。我們不是在建造金字塔，而是在構建「楔形拱式橋」，其中每一塊楔形石必須同時承力才能成功。[22]

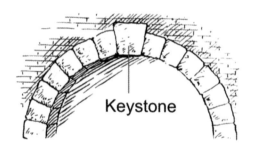

巴赫揭櫫的「共構同力」推論法，實際就是物理學引力軸心下的三維共構成分間的互存原理的體現，同時也是王念孫縱橫生成類比法的「理必」原理之所在。這當然不是說王念孫的思想源于巴赫（二者相差二百年），然而，這種「共構同力」的「相挾」邏輯關係，不僅王氏，就是乾嘉時代的其他學者的研究裏面，亦不乏見。如：

22　原文是：It may appear as if our reasoning is circular in a vicious sense. We use various rules to argue for aspects of the theory and then turn around and use the theory to argue for the correctness of the rules. But this impression is based on an incorrect view of the process of scientific reasoning. Reasoning in an empirical science does not proceed in a linear fashion, (as I shall stress here). It proceeds on all fronts simultaneously. We are not constructing a pyramid but rather a keystone arch, in which all the pieces must be held up at once.」(Emmon Bach 1964:143)

音學須覽其全，一處有闕，則全體有病。（江永《古韻標準》）

苟盡去之（指合韻説，引者），則僕所分十七部之次第、脈絡亦將不可得而尋矣。（段玉裁《經韻樓集·荅江晉三論韻》）

顯然，這些都是系統成員「多重咬合」邏輯思想的不同體現。黃季剛先生在論音形義三者關係時説：

三者雖分，其實同依一體：視而可察者，形也；聞而可知者，聲也；思而可得者，義也。有其一必有其二，譬如束蘆，相依而住矣。[23]

這是對段氏之系統成員彼此咬合之説的進一步概括。季剛先生在論聲母與韻母的關係時説：「聲之與韻，相挾而變」。其中「相依而住」、「相挾而變」反映的就是拱形橋下「楔形石互為存在條件」的思想。[24]

值得注意的是：如果我們沒有形式邏輯的幫助、沒有巴赫拱形橋的啟示，我們或許認識不到或看不出王念孫的理論竟有如此之深的內涵、如此豐富的內容、如此嚴密的邏輯。這裏不由讓我想起王國維在《哲學辨惑》中比較西方學術和中國傳統的時候的話。他説：

余非謂西洋哲學之必勝於中國，然吾國古書大率繁散而無紀，殘缺而不完，雖有真理，不易尋繹，以視西洋哲學之系統燦然，步伐嚴整者，其形式上孰優孰劣，固自不可掩也。……且欲通中國哲學，又非通西洋之哲學不易明也。……異日昌大吾國固有之哲學者，必在深通西洋

23　黃侃：《聲韻略説》，《黃侃論學雜著》93 頁。
24　奧卡姆剃刀定律（Occam's Razor）也謂多餘條例是系統的大敵。

哲學之人，無疑也。[25]

中國傳統學術裏面潛有真理和寶藏，這無可異議；然而要麼古籍殘缺不全，要麼古人沒有明言。所以沒有特殊的工具則發掘不出。王國維這裏談的雖是哲學，然經學、史學、及訓詁學，均事關哲學甚至傳統科技，其背後暗示或暗藏的，都是中國學術史上有待發覆的重大問題，正需中西結合的理論工具，將其發掘出來，使之重現日月之光。這裏所要指出的是：西方的語言科學（Larson, 2009, *Grammar as Science*. MIT Press）、科學哲學（philosophy of science）等科學性理論工具，在中國日益普及；我們正處於一個千古難逢藉此理解、發掘和繼承傳統學術精華的大好時代！

四、當代意義

王氏廣雅之學當代意義的全面發掘，還有待長期和深入的研究與開發。事實上，開發的對象不僅是他的廣雅學，更在於王氏其它訓詁實踐中隱藏和體現的學理思想及科學方法。能否充分認識和做到這一點，一方面取決於我們對什麼是科學思想的認識和理解，[26] 另一方面取決於我們對訓詁實踐中潛藏的科學思想的爬梳和挖掘。這兩個方面正是以往學術史和思想史研究的缺欠或空白。一般的學術思想史的研究均注意于歷史、文化、思想、道德和哲學方面的內容，很少從科學的本質和觀念上，探討中國傳統學術裏面的科學思想，更不用說從訓詁材料裏面看科學了。然而，王念孫（以及乾嘉一代的學

---

25 見王國維著，佛雛校輯《王國維哲學美學論文輯佚》5-6 頁。同樣的思想亦見蔣廷黻 (1932)：「我以為不通西洋政治學的人，絕不能對中國的政治思想或制度的研究有所貢獻。其他社會科學亦然。我們必須中西兼顧，然後能得最大的成功。」見《中國社會科學的前途》，《獨立評論》1932 年 12 月 4 日第 20 號。

26 參馮勝利 2014 (99-117 頁)。

者，尤其是皖派學者）的學術精華及其當代意義，就在他們的訓詁考據之中
—— 不是一般所謂考據方法（如胡適所謂科學的精神和方法[27]），而是他們科
學的理念、思想和理必論證法。曹聚仁在《國學十二講‧八》中的《浙東學
派》一節裏，一語破的：「用現代語來說，皖學長于分析，戴東原和王念孫、
引之父子考證名物，其細密精審，和歐洲十九世紀大科學家相比，毫無遜
色，只是研究的對象不相同就是了。」因此，如果對「和歐洲十九世紀大科
學家關注的不同」的訓詁材料不瞭解或不精通，那麼其中之「毫不遜色的細
密精審」的科學思想，也便無從談起。曹聚仁還說：「攻讀中國古書，而不接
受王氏父子的字詞詮釋的話，簡直等於面壁而立，無所從入的了！假如他們
研究的對象是自然科學的話，他們便是達爾文、法布林那樣的科學家了。」[28]
為什麼曹聚仁如此鞭辟入裏的見解至今鮮為人知甚至鮮有提及呢？這和我們
對科學的理解直接相關：把科學片面地理解為技術而不見其思想屬性和本質，
可謂其源。科學是思想，因此本文所要揭櫫發覆者，就在王氏之學的科學思
想和他訓詁分析中科學屬性。王氏之學的現代意義，無疑很深很廣，本文旨
在發凡起例，從兩個方面看其學術的前瞻性：（1）王氏之學乃主觀之學而非
材料之學、（2）王氏的訓詁材料乃由推演而得而非有目搜取。下面再分別述
論之。

4.1. 王氏之學乃主觀之學

何謂主觀之學？茲姑以章太炎為例而明之。甘蟄仙在論章太炎學問時有
一處最為警辟，他說：「太炎先生之學，主觀之學也。」[29]今天，「主觀」這個
詞指的是「唯心、不客觀」，然而二、三十時年代，「主觀」一詞的含義不是
英文的 subjective，而是相當於 rationalism 這一學理術語的概念。請看太炎自
己對「主觀之學」的定義：

---

27 參胡適 1967 (104-131 頁).
28 曹聚仁 1972（306、296 頁）。
29 甘蟄仙 1924（20 頁）。

主觀之學，要在尋求義理，不在考跡異同。既立一宗，則必自堅其說；一切載籍，可以供我之用，非束書不觀也。雖異己者亦必睹其籍，知其義趣，惟往復辯論，不稍假借而已。（《諸子學略說》）

甘蟄仙所說「章太炎之學即主觀之學」，即謂治學目的「在尋求義理，不在考跡異同」、在「立宗，堅說」而不在唯古是求（如吳派惠棟之學）的學理路數。因此，對主觀之學而言，材料、載籍，均是「供我之用」的工具。不難看出，「主觀之學」就是（或相當於）今天的「rationalism 理性主義」。因此甘蟄仙對章太炎的評價，用今天的話來說就是：「太炎先生之學，理性主義之學也」。中國學術有理性主義嗎？議者或以為我們在有意拔高。本文提出：乾嘉的皖派學者是當之無愧的中國理性主義的創始人，[30] 他們的學術無疑是中國科學思想史上的最佳代表，[31] 只是我們以前沒有認識到這一點而已。什麼是皖派之學？章太炎自己評論皖派學術時給出的千古名斷是如下六字：「綜刑名，任裁斷」。把這六字之意譯成今天的術語，我認為就是「統合邏輯，斷定必然」。這樣的學理不是理性主義是什麼？周予同說：「大概地說：他（章太炎，引者）潛心治學的方法，承襲古文學派的皖派的考證學。」[32] 據此，章太炎的主觀之學所繼承的就是戴震所創皖派學術「綜刑名，任裁斷」的**理必科學**之精華。[33] 高郵王氏是戴震的高徒，自然是理性主義的代表之一。事實上，王念孫不僅是當時理性主義的傑出代表，更是乾嘉理性學派的實踐者和開拓者。本文開篇所引劉盼遂《高郵王氏父子年譜》，說到王念孫在湖濱精舍四年「窮搜冥討，謝絕人事」，最後「大端既立，則觸類旁通」。其中「大端立而後旁通」的次序，本身就告訴我們：王氏之學是用「大端」（的理論）

---

30 注意：這裏所說的理性主義與宋代以來的理學概念，無論從學理原理還是從學科性質上，都是不同的。當然，茲事牽涉甚大、甚深，此乃本文開發之將來研究重大課題之一。

31 有必要指出，這裏討論的戴震只側重他的科學思想，其哲學思想，則另文別論。

32 周予同 1996「五十年來中國之新史學」《周予同經學史論著選集（增訂版）》518 頁。

33 參見馮勝利 2014。

來統帥（和解釋）各種類別的材料——用理性來統禦現象和材料。本文所揭舉之「王氏主觀之學」者，就是指此治學立論和分析現象的程式與過程。當然，劉盼遂只發現了王氏「發明道理在先（大端既立）而貫通材料（觸類旁通）在後」的立學程式，而其中之「理（＝大端）」究竟是什麼，卻未能發覆，留下一個學術史上長期未解之謎。根據本文的研究，我們認為這個「大端」（至少是其中之一）就是上文揭示的「生成類比邏輯」所函預的必然屬性：王氏發現了「意義相近的一類詞」可以根據**類衍邏輯**同步而行，於是發展出另一組對應義列詞。而發展和被發展的詞的意義之間的同源性質（genetic/cognate relation），決定了它們之間的關係絕非偶然。以前舉之例觀之：

【原理】美從大，與大同意

【推演】故大謂之將，亦謂之皇。

美謂之皇，亦謂之將。

美謂之賣，猶大謂之墳也。

美謂之膚，猶大謂之甫也。

理性分析（主觀之學）告訴我們：「大謂之將，亦謂之皇」這種詞義現象，如果不是偶然，則「必有其鄰（道不孤）」——必然可以理性地（主觀地）得出一個道理：美與大同意。注意：得出這條道理並不是最終的目的——這是理性主義和經驗主義的最大不同——道理得出只是起點，下面的任務是如何用這條道理去「觸類旁通」！換言之，如果「美與大同意」，那麼含有「大」的意義的詞，就可以、也應該、或必然可能（如果是同源的話）發展出「美」的意思來。[34]《廣雅疏證》的精華就在於它成功地利用了這種「生成類比法」（或「類衍邏輯」）來系聯、測探和驗定出大量的古代同源詞；與此同時，創新和發展了漢語的文獻詞義學（和邏輯方法）。從這個意義上說，王氏之學確乃主觀（＝理性）之學。

34　注意：「必然可能」與「或然可能」截然不同。斯事至大，當另文專述。讀者可參施春宏 2010: 2-17 頁。

最能證明王氏之學乃主觀之學者，是石渠先生利用類比原理所推出的意義來解釋詞義，而不僅僅是用古人的成訓來訓釋和核實詞義。請看《廣雅疏證》卷一上「奄，大也」下的注疏：

> 奄者，《説文》：「奄，大有餘也。從大申。申，展也。」《大雅・皇矣》篇「奄有四方」，《毛傳》雲：「奄，大也。」《説文》：「俺，大也。」俺與奄亦聲近義同。大則無所不覆，無所不有。故大謂之幠，亦謂之奄；覆謂之奄，亦謂之幠；有謂之幠，亦謂之撫，亦謂之奄。矜憐謂之撫掩，義並相因也。

人們對王氏訓詁的一般印象是：王氏訓詁，每下一訓，義必有據 —— 有古代注釋家的成訓為實據。其實並不儘然。王氏父子當然熟悉並善用漢代注釋家的典籍成訓並以此來解證詞義，然而它們的訓詁分析遠未局限於此；對他們來説，更重要的是善用理據來「推釋」詞義——故稱之為 **「理訓」**（與段氏 **「理校」** 適可交映成輝）。請看我們為上面王氏訓詁找出的出處（古注根據）：

奄，大也。《大雅・皇矣》「奄有四方」毛傳。

幠，大也。《小雅・巧言》「亂如此幠」毛傳。《爾雅・釋詁》

奄，撫也。《大雅・韓奕》「奄受北國」毛傳。

奄，覆也。《魯頌・閟宮》「奄有龜蒙」鄭玄箋。

幠，覆也。《説文・巾部》。《儀禮・士喪禮》鄭玄注。

幠，有也。《爾雅・釋詁》。

撫，有也。《禮記・文王世子》「君王其終撫諸」鄭玄注：「撫猶有也。」《廣雅・釋詁》。

奄，有也。前人無此成訓。

不難看出，王氏所謂「有謂之幠，亦謂之撫，亦謂之奄」中所依據的「奄，有也」，並不見於古注。不見古注何以王氏仍然説「奄」有「有」義，

且加以推演、並將其收入類比系列之中呢？無疑，這是從「大則無所不覆，無所不有」的「義通原理」上，以理推之的結果：因為「撫、奄」均有「大」義（據前人成訓），又因為「大則無所不覆、不有」（王氏的概括），故「撫」、「奄」亦有「有」義（理推所得）。在我們從《廣雅疏證》爬梳出的九十九條類比義叢中，[35] 至少有五十三處的詞義訓釋沒有古注的來源，皆從「以理推義」的「理訓」中所得。這種以理推義的「理訓法」和其師戴東原的「以音證義，以義證音」的理性推演法、以及和同門段玉裁的「理校法」，均出一轍。王氏之學乃主觀之學者，此之謂也。

4.2. 王氏《廣雅疏證》的材料多由推演而致

王念孫是清朝著名的考據學家。考據學家最注重的當然是材料。重材料沒有錯，但比材料更重要的、或王氏之學所為王氏之學者，乃在於王氏學術體系中的大量材料是理論導引的結果。再具體一點說，王氏關注、收集、詮釋、發現的材料，是他從自己的理論裏推出來的、是他證明理論的需要和工具。從上文的引例中可以清楚地看出這一點，譬如：

> 《廣雅・釋詁》：將，美也。
>
> 《廣雅疏證》：「將者，《豳風 破斧》首章『亦孔之將』，毛傳云：『將，大也。』大亦美也，二章云『亦孔之嘉』，三章云『亦孔之休』，將、嘉、休，皆美也。將、臧聲相近，『亦孔之將』猶言『亦孔之臧』耳。美從大，與大同意，故大謂之將，亦謂之皇；美謂之皇，亦謂之將；美謂之賁，猶大謂之墳也；美謂之膚，猶大謂之甫也。」

在解釋《廣雅》「將，美也」的時候，王念孫沒有根據古人成訓來疏證這條訓詁，原因很簡單，除了《廣雅》以外，漢以前的注釋家沒有留下「將，美也」的訓解。在這種情況下，如何進行「雅書」疏證？這就是王氏發明的

35　參馮勝利、殷曉傑 2016。

「生成類比邏輯」的訓釋法。析言之：「將」訓「美」是因為「將」有「大」的意思。又因為古代「美與大同意」，所以不僅「大」的意思可以用「將」說，「美」的意思也可以用「將（皇／藏）」說。何以見得這種「義通」之說是正確的呢？換言之，怎樣證明「大」與「美」二義之可通？於是疏證上古詞義的工作，就變成證明二義相通之「理」的發明與驗證。這就逼著王氏去尋找能夠證明該組詞義關係之理的新材料。一旦王氏建立了「大」和「美」之間的二義相關的義通軌道（義軌），這種關係就不能只出現在一個或一對詞上，而必須有其他類同的例證，才能證明這種關係的存在和必然，於是理論「倒逼」王氏有目標地去發現、去探尋，結果找到了「賁—墳（一聲之轉）」有「大」和「美」的意思，以及膚／甫（一聲之轉）同樣有「大」和「美」的意思的新材料（以前不曾有過的材料）。有了這些材料，便可斷知「將／皇（一聲之轉）」的原理——「將」有「大」和「美」的意思不是偶然的現象或臆斷的猜測。不難看出，「賁—墳」與「膚／甫」不是隨意收集的材料，而是理論驅動的結果。

事實上，沒有類比邏輯思想的前導（亦即理性思維的指導＝主觀之學），王氏不會做《釋大》，儘管至今我們對《釋大》背後隱藏的深刻思想和意圖還沒有完全發現和理解。但無論如何，從本文的分析上看，我們可以清楚地洞見：沒有類比邏輯的導引，王氏不會主動、自覺地把「賁‐墳」與「膚／甫」排列在一起進行生成性類比的論證。因此，王氏的材料不是傅斯年「上窮碧落下黃泉，動手動腳找東西」式的上天入地、四處搜尋而得來的；相反，他是為了證明一個理論、一個思想、一個觀點、或一個關係而去有目的、有方向、有線索、有程式地探測出來的結果。因此，我們說王氏父子的訓詁材料是其理論推演的結果。

最可證明這一點的是王引之的《經傳釋詞》。

人人皆知《經傳釋詞》是一部奇書、一部劃時代的巨著。然而，它是怎麼產生的，卻很少有人深究。人們一般都把它當做乾嘉考據學者辛勤讀書、歸納和總結的結果。其實不然，它不是從浩瀚的材料裏找出來的，而是「大

端既立」的理論逼出來的。幾千年來訓詁學家哪個不披星戴月地讀書、哪個不「碧落黃泉」地搜尋而企圖找到一鳴驚人的結果呢？然而，誰也沒有找出「經傳釋詞」那樣的曠世之材（語料）。為什麼呢？因為以往的學術沒有乾嘉式的「理必」方法、沒有理性指導的材料發掘——這不能不說是一個重要（甚至決定性）的原因。我們看一下王引之在《經傳釋詞·自序》裏自己怎麼說的，便可悟出一二：

> 自庚戌歲入都侍大人，質問經義，始取《尚書》廿八篇紬繹之，而見其詞之發句、助句者，昔人以實義釋之，往往詰籒為病。竊嘗私為之説，而未敢定也。及聞大人論《毛詩》「終風且暴」、《禮記》「此若義也」諸條，**發明意恉，渙若冰釋**，益復得所遵循，奉為**稽式**，乃遂引而伸之，以盡其義類。自九經、三傳及周、秦、西漢之書，**凡**助語之文，**徧**為搜討，分字編次，以為《經傳釋詞》十卷，凡百六十字。[36]

這裏前幾句特別值得注意：讀書時察覺前人之解有未當者（詰籒為病），於是形成了己見（私為之説）。這很重要，因為「己見」不是在成批的新材料裏形成的（那時還沒有成批有序的材料），而是讀書（積累）時，從隨意偶得的直感裏產生的想法。引之的這段文字當逐句分析才能得其要旨、才能見出他發明古代虛詞語法的經過和歷程。茲試釋如下：

1. 紬繹之，而見昔人以實義釋之往往詰籒為病【觀察階段 observation，直感 instinct】

2. 竊嘗私為之説，而未敢定【思考階段 abduction 溯因[37]、理設 hypothesization, 定性 characterization】

3. 聞大人論「終風且暴」、「此若義也」發明意恉【創説階段：發明其

---

36 ［清］王引之《經傳釋詞》（南京：江蘇古籍出版社，2000 年，影印嘉慶王氏家刻本），總頁 2。

37 溯因推理導源於 Charles Sanders Peirce (1839-1914), 參 Francis E. Reilly 1970.

中的道理, 獲得 insight】

4. 複得所遵循，奉為稽式【立論階段，建立通理 generalization，高端研究的前提模式】

5. 遂引而伸之，以盡其義類【演繹階段 deduction，科學研究的最高階段】

6. 凡助語之文，偏為搜討【verification 考證階段，研究過程的最後階段，亦即理論指導下的搜尋材料，以期證實 verification 與證偽 falsification】

7. 分字編次，以為《經傳釋詞》【收穫階段，化為研究成果】

這簡直就是王氏父子（甚至有清一代學者）治學路數具體寫照。首先是沉浸於典籍（紬繹《尚書》廿八篇），而後才有己見（察覺昔人之病）。這種「見」，用今天的話說就是直感。在這個基礎上才能產生初步的想法（私說）。科學哲學（參 Charles Peirce's Theory of Scientific Method）告訴我們：觀察的直感加上初步想法是發現規律不可缺少的重要步驟或環節（abduction），而待到上面階段積累到一定的程度（所謂「眾裏尋他」的「千百度」）時，才會有「驀然回首」式的「燈火闌珊」的飛躍：意旨的發明 (= 規律呈現)。這裏「發明」一詞極為重要，它是中國傳統學術中的一個理性主義的關鍵術語，意思是：「使（對象背後的道理 / 規律）顯現出來」。「發明意旨」是動賓結構，意謂「使（自己原來私說的現象背後的深層）意旨（規律）顯明」。這個飛躍（認識到虛詞在**音**不在**字**的規律——今天的「字本位」恰恰反其道而行之，悲哉！）是在他父親討論「終風且暴」(= 又風又暴）一類現象時，受到啟發而豁然開朗（頓悟）的。當然，這時他仍處於所謂初獲 insight 的階段（insight= 卓見或卓識）。待到把思想變成規則，就是下面說的「稽式」（立論）階段，才到達學術自覺的理性（或理論）高度。可以說，這是王氏父子（乃至乾嘉學術）治學的時代特徵，即今之 generalization（建立通理），是高端研究的必要前提，也叫 middle level generalization，是對有關研究現象一般性概括或設定模式。從這個意義上說，「稽式」也可以理解為「規則」。顯然，

對王氏來說，「規則」的建立是下面五、六兩個更高研究階段的開始或基礎，而不是終結。

注意：在此（第四階段）之前的材料和在此之後的材料，是兩種不同性質的材料。前者我們稱作「觸發材料」——觸發卓見、建立通理的材料（溯因材料）；五、六兩階段所發現的材料稱作「推證材料」——推演出的、供予驗證的材料（如上文的「賈－填」與「膚/甫」）。觸發材料是普通材料、一般材料或初步分類的毛坯材料；推證材料是新發現的、從來沒有意識到（或不可能有）的材料（包括從未得解的老材料）。顯然，前後兩種材料的性質是截然不同的，在科學哲學的分類裏，前者叫現象，後者是事實。

那麼王引之是怎樣得到「推證材料」的呢？這就是第五個階段的「引而伸之，以盡其義類」的演繹操作 deductive operation。這是研究的最高階段，因為這是事關通理的「真偽」判斷的關鍵步驟：沒有「引而伸之」不能證其「是」，沒有「以盡其義類」不能得其「必」。而如要引申、如要盡類，則需有方向、有目的、有計劃、有程式地去發掘材料，於是才有了下面「凡⋯偏⋯」的操作項目 —— 既是預測 prediction，又是驗證 verification。這一階段所以重要是它告訴我們：王氏學術的材料是推出來的，而不是隨機的、上天入地、四面八方的找出來的。正因如此，《經傳釋詞》的材料帶有理性主義的兩大特徵：一是渙若冰釋的現象在《釋詞》裏俯拾皆是（如終風且暴）；二是牽強的例子其中也偶有所見。人們一般看到的是前者。然殊不知後者也是「推證材料」的一個不可避免的「負（負面）」產品。原因很簡單，當在「主觀/理性」思想指導下對所需材料「偏為搜討」的時候，材料越多可提供的具有**事實意義**的證據就越強，其理論的威力就越大。因此，為增強事實的說服力和展現所創理論的巨大威力，初始者總不免把有些近似的材料也納入轂中。這就是為什麼俞敏先生在《經傳釋詞箚記》裏至少十數處批評王氏「或失之貪」（「貪」字用得非常妙，形象地說明了王引之「有理欲明」而急於求證（或破解）的迫切（但健康）的學術心態；這和僅僅用材料之「奇」來

炫人耳目的取巧心態截然不同）。俞氏的批評是中肯的，[38] 但我們要看到的是王氏所以失誤的自然性的另一面：越是理性主義的突破，其推證材料偶有偏誤就越是一種自然的結果。可以說這是突破性思維無法避免的一種常規代價吧。[39]

總之，對王氏而言，沒有發明，沒有冰釋；沒有冰釋，沒有稽式；沒有稽式，沒有引伸和盡其義類、也沒有「凡助語之文，偏為搜討」的專案及其最後的「編次」成果。

4.3. 理性主義的發明之學

王念孫在《廣雅疏證・自序》中講：「今則就古音以求古義，引申觸類，不限形體；苟可以**發明**前訓，斯凌雜之譏，亦所不辭。」不難看出：「發明前訓」是他疏證《廣雅》（及其整個學術）的目的和宗旨。上文講過，「發明」一詞是中國傳統學術中的一個理性主義的關鍵術語，意謂「發之使明」或「使（現象背後的規律）顯露出來」。如果說王念孫的學術是皖派「綜刑名、任裁斷」的主觀派或理性主義，那麼其學術之極，旨在「發明」，則是理性主義自然而然的學理歸宿。

事實上，貴「發明」不僅是王念孫的學術要旨，它更是整個乾嘉學術以至傳至後代的章黃之學的最高目標與圭臬。請看王念孫如何評述段玉裁的學術成果：

> 吾友段氏若膺，于古音之條理，察之精，剖之密。嘗為《六書音均表》，立十七部以綜核之。因是為《說文注》，形聲讀若，一以十七部之遠近分合求之，而聲音之道大明。……訓詁、聲音明而小學明，小學明而經學明，蓋千七百年來無此作矣。（《說文解字注・序》）

---

38 見《經傳釋詞劄記・序》湖南教育出版社，1987 年版。
39 但它的代價可以激發後人更精密的分析（如俞敏的《經傳釋詞劄記》）；而炫人取巧的代價則是增長後人僥倖的心理。前者之失與後者的性質，截然不同。

所以「千七百年來無此作」者，乃段玉裁能「明聲音、明小學、明經學」之「道」。這裏「明」字是關鍵字。江沅在其評價《說文解字注》時也用「發明」二字以為說：

> 先生發明許書之要，在善推許書每字之本義而已矣。……形以經之，聲以緯之，凡引古以證者，于本義、于余義、于引申、于假借，于形、於聲，各指所之。罔不就理。……縣是書以為的，則許氏箸書之心以**明**，經史百家之文字亦無不由此以**明**。（《說文解字注・後序》）

事實上，不止乾嘉學者，就是民國初年的太炎先生，他在評價黃侃古音28部19紐的成果時也說「此亦一發明」。[40] 章黃嫡傳，本師陸宗達先生在評論皖派時所強調和注重的，同樣是「發明」。他說：

> ……以戴震為代表的「訂誤」派。這一派以糾正舊注、創立新說為主。目的是：發展語言文字科學，批判舊注、發明新義，從而提出自己的新理論，俾訓詁學准一步提高。清代訓詁學家段玉裁、王念孫、俞樾等人都屬於後一派。[41]

穎明先生不僅清楚地點明什麼是「發明」，而且釋以新義：發明就是創立新說、提出新理論、發展語言文字科學。這是對傳統學術精髓的最好詮釋。

然而，今天的現實卻令人惋惜和深思。當我們受到王念孫「理性主義」啟發，認識和發掘傳統學術科學精華的同時，看到卻是這個千古輝煌的理性傳統被中斷（甚至閹割）的慘痛歷史。對此體會最切、理解最深、闡釋最明

40　章太炎《菿漢微言》曰「黃侃云：歌部音本位母音，觀廣韻歌戈音切，可以證知古紐消息。如非、敷、奉、微、知、徹、澄、娘、照、穿、床、審、禪、喻、日諸紐，歌戈部中皆無之，即知古無是音矣。此亦一發明。」

41　陸宗達《訓詁淺談》，第11頁。

的，是季剛先生。他的看法是通過吉川幸次郎公之於世的：

> 　　幸次郎於此公（指季剛先生，引者）私淑有年，昔江南之遊，稅駕金陵，亦職欲奉手此公故也。通名摳謁，即見延接，不遺猥賤，詔以治學之法，曰：「**所貴乎學者，在乎發明，不在乎發見。今發見之學興，而發明之學替矣。**」[42]

　　「學貴發明」，這是對中國傳統之學的學術要旨最精闢的概括和闡釋。我們看到，中國的「理性主義 rationalism」思想發展到季剛先生，第一次破天荒地將其概括為「發明」二字，並把它提高到中國學術之根本（範式）的高度，提出「中國之學不在發現而在發明」的核心議題。我認為：黃侃先生這一論斷，堪為中國近代學術史研究上的一大發明，其精闢之學理與深刻之涵義，迄今言中國學術史者均所未及。最具諷刺意義的是，研究本國學術史的中國學者沒有看出（或看到）這一點，反倒是日本學者對此頗有領悟。從下面的文字來看，對季剛先生有關中國學術之根本及其近代轉型的思想，理解最深最透的，當屬日本著名學者吉川幸次郎和京都「支那學」的繼承者和開拓者小島佑馬。吉川幸次郎在（1999）《我的讀學記》裏面回憶說：

> 　　黃侃說過的話中有一句是：「中國學問的方法：不在於發現，而在於發明。」以這句話來看，當時在日本作為權威看待的羅振玉、王國維兩人的學問，從哪個方面看都是發現，換句話說是傾向資料主義的。而發明則是對重要的書踏踏實實地用功細讀，去發掘出其中的某種東西。我對這話有很深的印象。

又說

42　吉川幸次郎：《與潘景鄭書》，程千帆、唐文編：《量守廬學記》（北京：生活・讀書・新知三聯書店，1985 年），第 101 頁。

中國之學，不在於發現，而在於發明。……人們認為考證學是只用歸納法的，在日本事實上也是這樣的。但我知道實際上並不完全是這樣。不只是歸納，也用演繹。演繹是非常有難度的，必須對全體有通觀的把握。絕不是誰都有能力這樣做的，於是，就認識到中國學問確實是需要功底的。[43]

「中國之學，不在於發現，而在於發明」因為「發現」是靠別人不知道的材料說話，而「發明」則是靠別人熟悉的材料但不知道的「奧秘和規律」說話，這就需要有更深厚的功力和更有力的邏輯。這就是為什麼吉川幸次郎說「……演繹是非常有難度的，必須對全體有通觀的把握。絕不是誰都有能力這樣做的。」於是他認識到：「中國學問，確實是需要功底的」。這裏還牽涉到「發明」背後演繹邏輯的掌握和使用等問題，筆者對此有文專論，故不贅（參馮 2014）；這裏所要一提的是吉川談到的「資料主義」。季剛先生的話是指五四以來興起的一股席捲整個學術界的「發現材料」的新風尚，可以傅斯年（1928）提出的「史學就是史料學」的口號為代表：

近代的歷史學只是史料學，利用自然科學供給我們的一切工具，整理一切可逢著的史料，所以近代史學所達到的範域，自地質學以致目下新聞紙，而史學外的達爾文論正是歷史方法之大成。

一分材料出一分貨，十分材料出十分貨，沒有材料便不出貨。兩件事之間，隔著一大段，把他們聯絡起來的一切涉想，自然有些也是多多少少可以容許的，但推論是危險的事，以假設可能為當然是不誠信的事。

《歷史語言研究所工作之旨趣》載於《歷史語言研究所集刊》第一本第一分 1928 年 10 月）

43　吉川幸次郎著，錢婉約譯：《我的留學記》（北京：光明日報出版社，1999 年），79-80 頁。

「歷史學只是史料學」的影響所致，幾乎所有學者無不懷有不斷擴大史料的心懷和意圖，於是使常見史料受到空前的忽視。近年，羅志田在《史料的儘量擴充與不看二十四史——民國新史學的一個詭論現象》中所回顧的，就是這段「詭異」的歷史。當然，季剛先生針砭的不是個人（如羅振玉或王國維），而是整個時代學潮。[44] 他擔憂的不是學派的不同，而是中國傳統的丟失、不是學統的轉型，而是將來的前途。其憂慮所及，今天看來就更見深意。他曾經說「無論歷史學、文字學、凡新發見之物，必可助長舊學，但未能推翻舊學。新發見之物，只可增加新材料，不能推倒舊學說。」[45] 事實證明，今天的中國學術，或者更確切地說「資料主義轉型以來的中國學術的今天」，不但沒有推倒傳統的發明（古無輕脣音、二十八部十九紐等學理的發明），反倒壓抑了今天的發明！以我們今天的學術很少有自己獨立的理論這一點看，不僅王氏的生成類比法給我們以理性思維的震動，章黃的「發明轉型」理論更給我們以「振聵」的警示，而最令今人醒悟者是小島佑馬（1881-1966）反對「發現」提倡「發明」深刻見解。他曾具體地闡釋何為「真正的學問」，認為「濫用人們未知的文獻而提出所謂新說，這不是學問。對誰都能見到的文獻做廣泛而深入的研究，發前人所未發，才是學問。」[46] 有人可能會批評這種看法太片面。然而，時至今日我們的學界仍未出現自覺的理性主

---

44 亦即陳寅恪（1935）所謂「吾國學術風氣之轉移者至大」者：「摰仲洽謂杜元凱《春秋釋例》本為《左傳》設，而所發明，何但《左傳》。今日吾國治學之士競言古史，察其持論，間有類乎清季詬誶經學家之所為者。先生是書之所發明，必可示以準繩，匡其趨向，然則是書之重刊流布，關係吾國學術風氣之轉移者至大，豈僅局於元代西域人華化一事而已哉。」（《陳垣元西域人華化考序》）

45 黃焯編：《蘄春黃氏文存》（武漢：武漢大學出版社，1993 年），第 221 頁。

46 轉引自劉岳兵《從小島佑馬的思想基礎看京都 Sinology 的特點》：「他們都重視考證的方法，但不是為了考證而考證。如狩野對敦煌文獻的態度，他認為新資料固然可貴，但僅僅知其為新資料一點則沒有什麼用，必須能夠『活用』。小島佑馬則對此作進一步發揮，認為『濫用人們未知的的文獻而提出所謂新說，這不是學問。對誰都能見到的文獻作廣泛而深入的研究，發前人所未發，才是學問。』」見閻純德主編：《漢學研究》第 7 集（北京：中華書局，2000 年），頁 336。其他學者也有此見，如余嘉錫（1884-1955）書房取名為「讀已見書齋」就反映了當時對主流的異見。

義的學説和成果，這就不只是片面，恐怕是殘缺了。對此，傳統的辦法是折中（經驗主義＋理性主義），但折中的結果往往是以犧牲理性一方為代價。原因很簡單，材料主義可以不要理性（如傅斯年所主張的「一分材料説一分話」，見上引），但理性主義則不能無材料──離開材料，理性主義將不復存在（如王氏的理訓、段氏的理校）。嗚呼！學術升降繫之此也，去從之際，亦大矣哉！

五、結語

我想用羅志田的話作為本文的結語：

> 在乾嘉漢學一線的觀念沒有被充分結合進學術史研究之前，我們對清代或近三百年「學術」的認知多少都有些偏頗。正因顯帶傾向性的梁、錢二著長期成為清代學術史的權威參考書，對這一時段學術的一些基本的看法不僅可能有偏向，且有些偏頗的看法已漸成流行的觀念，甚至接近眾皆認可的程度了。今日要對近三百年學術進行相對均衡的系統整理，當然不必回到清人「漢宋、今古」一類的藩籬之中，但把章太炎劉師培等人關於清學的論述彙聚而表出，使之與梁、錢二著並列而為清代學術史領域的主要參考書，則是非常必要的，也有利於後人在此基礎上寫出更具包容性的清代學術史論著。[47]

這段話，點中時弊要害者在第一句：「在乾嘉漢學一線的觀念沒有被充分結合進學術史研究之前，我們對清代或近三百年『學術』的認知多少都有些偏頗。」事實上，根據本文對乾嘉理必思想的發覆以及本文對王念孫「生

47　羅志田 2006（26-27 頁）。

成類比推理邏輯」的分析，我們可以清楚地看到：在乾嘉發明之學的學理思想沒有充分揭櫫於世之前，對清代或近三百年的學術不可能從根本上做出科學的判斷。在這種情況下討論學術史，若非隔靴搔癢，也屬不夠客觀。據此，本文呼籲回歸**乾嘉理必**（道理上而非材料上的必然）和**章黃發明**（揭明現象背後的道理）的理性傳統，使將來相關的文史哲的人文研究，得以用獨立的科學思想和方法來觀照傳統學術（如乾嘉）裏面的科學理念，並以其所得回觀、返照西方科學的傳統和理念。如此中西學術參照比合（包括思想文化），[48] 或有新的突破和出路，俾能創造含有東西方思想精華的學術理念和科學體系。

參考文獻

曹聚仁 1972《國學十二講》香港：三育圖書文具公司。

陳寅恪（1935/1992）《陳垣元西域人華化考序》，《陳寅恪史學論文選集》，上海古籍出版社 1992 年版。

Emmon Bach 1964 *An Introduction to Transformational Grammar*. Holt, Rinehart and Winston.

馮勝利 1982《論段玉裁引申義的研究》，北京師範大學碩士論文。

馮勝利 2003《從人本到邏輯的學術轉型》（《中國社會科學論壇》第 1 期。

馮勝利 2014《乾嘉「理必」與語言研究的科學屬性》（《中文學術前沿》第九輯。

馮勝利 2016《論王念孫的生成類比法》，《貴州民族大學》第 6 期。

馮勝利、殷曉傑 2019《王念孫〈廣雅疏證〉類比義叢纂例》、《文獻語言學》第七輯。

甘蟄仙 1924 最近二十年來中國學術蠡測《東方雜誌》第 21 卷紀念號（1924 年 1 月）

Goldin Paul 2017 Non-deductive Argumentation in Early Chinese Philosophy. In: Paul Els and

---

48 趙元任（1975/1992）曾經指出：「研究現代語言學的學者都同意，對於所研究的對象語言，不應該刻意去尋找在我們從前就碰巧會說的那種語言中十分熟悉的那些東西，而應該確定我們實際上碰到了什麼，並給它們以適當的名稱。」

Sarah Queen (eds.) *Between History and Philosophy: Anecdotes in Early China*. New York: Suny Press.

何大安 2001 聲韻學中的傳統、當代與現代《聲韻學論叢》第十一輯，1-16 頁。臺灣學生書局。

胡適 1967 The Scientific Spirt and Method in Chinese Philosophy。In: Charles Moore (eds.) *The Chinese Mind: Essentials of Chinese Philosophy and Culture*. Honolulu: The University Press of Hawaii.

黃侃 1964《聲韻略説》載《黃侃論學雜著》北京：中華書局。

黃侃 1993《蘄春黃氏文存》，黃焯編，武漢：武漢大學出版社。

王國維 1993《王國維哲學美學論文輯佚》佛雛校輯，上海：華東師範大學出版社。

蔣廷黻 1932 中國社會科學的前途《獨立評論》1932 年 12 月 4 日第 20 號。

蔣紹愚 1989《論詞的「相因生義」》，《語文文字學術論文集——慶祝王力先生學術活動五十周年》上海：知識出版社。

江藍生 2000 相關語詞的類同引申，《近代漢語探源》北京：商務印書館。

李思敏 1996 關於黃侃股音序「乞貸論證」問題的思考，《薪火編》陝西高校聯合出版社。

林語堂 1928《古音中已遺失的聲母》，《語絲》4 卷 42 期。又載入 1933《語言學論叢》上海：開明書店。

陸宗達 1964《訓詁淺談》北京：北京出版社。

古川幸次郎 1986《與潘景鄭書》載程千帆、唐文編《暈守廬學記》，北京：生活‧讀書‧新知三聯書店。

吉川幸次郎 1999《我的留學記》錢婉約譯，北京：光明日報出版社。

劉岳兵 2000「從小島佑馬的思想基礎看京都 Sinology 的特點」，載閻純德主編：《漢學研究》第 7 集（北京：中華書局，2000 年）

羅志田 2006《中國近三百年學術史論‧導論》，上海：上海古籍出版社。

錢鍾書「讀《拉奧孔》」，《七綴集》生活‧讀書‧新知三聯書店，2011 年版（北京）第 899 頁。

Reilly, Francis E. *Charles Peirce's Theory of Scientific Method*. Fordham University Press New York. 1970.

施春巨集 2010 語言事實與語言學事實《漢語學報》第四期。

王力 (1978)：《黃侃古音學述評》，《大公報在港復刊三十周年紀念文集》，香港大公報出版。

後收入《龍蟲並雕齋文集》（第三冊），北京：中華書局 1982 年。

王引之 [清]《經傳釋詞》（南京：江蘇古籍出版社，2000 年，影印嘉慶王氏家刻本。

許嘉璐：《論同步引申》，《中國語文》，1987 年第 1 期。

俞敏 1987《經傳釋詞箚記·序》湖南教育出版社，1987 年版。

張舜徽：《説文解字約注》武漢：華中師範大學出版社。

章太炎 2015《蓟漢微言》，《章太炎全集》上海人民出版社。

趙元任 1975/1992「漢語詞的概念及其結構和節奏」，王洪君譯，載于《中國現代語言學的

開拓和發展——趙元任語言學論文選》北京：清華大學出版社。

周予同 1996 五十年來中國之新史學。載朱維錚編《周予同經學史論著選集（增訂版）》上

海：上海人民出版社。

章太炎古韻分部「泰、隊、至」 三部標目與內涵新探

馮蒸

首都師範大學文學院

一、上古韻部劃分應該是「陰、陽、入、去」四分體系，去聲韻僅限於與 -t 尾入聲相配的「至隊祭」三部

關於上古韻的分部，王力是 29 部（戰國時代是 30 部），李方桂是 22 部。主流派學者認為可以王力的 29 部為主，增加了李方桂的中部（按：即冬部）和祭部（全是去聲），共得古韻 31 部，即羅常培、周祖謨 1958 所主張的 31 部。其實，在分部體系上，王、李二家除了祭部外，基本相同。李方桂的古韻表面上是 22 部，除 -p 尾入聲外，其餘入聲和陰聲不分，但實際上陰聲和入聲分別擬音，所以本質上仍然是陰陽入三分，只是沒有給大部份入聲另立名稱而已。如果將這些入聲獨立，冠以王力定的入聲各部名稱，正好是 31 部。

但僅此還不夠，我們認為還應該採納高本漢（1940、1954、1957）的主張，收 -t 尾的中古去聲韻應該獨立，具體言之，至部（王力的質部長入）和隊部（王力的物部長入）亦應獨立。所以我們認為上古韻應是 33 部。我們所以支持這種措置，是因為至、隊、祭三部的獨立可以得到漢語內部資料和漢藏語同源詞藏文音系的證明。

筆者主張上古韻分 33 部，即目前主流派的上古韻 31 部再加上至、隊二部共 33 韻部如下（馮蒸 2006）：

		陰聲韻	去聲韻	入聲韻	陽聲韻
甲類韻	一	1. 之		2. 職	3. 蒸
	二	4. 幽		5. 覺	6. 冬
	三	7. 宵		8. 藥	
	四	9. 侯		10. 屋	11. 東
	五	12. 魚		13. 鐸	14. 陽
	六	15. 支		16. 錫	17. 耕
乙類韻	七	18. 脂	19. 至	20. 質	21. 真
	八	22. 微	23. 隊	24. 物	25. 文
	九	26. 歌	27. 祭	28. 月	29. 元
丙類韻	十			30. 緝	31. 侵
	十一			32. 葉	33. 談

此表的特點是陰、陽、入三分之外，又獨立出去聲韻一類，所以是四分法，但是這類獨立的去聲韻只限於上古與收 -t 尾相配的去聲韻。它們在上古應該是收 -s 尾的。筆者所以持此看法，主要是受了藏文音系的啟發。但是當時提出此說時並未注意到章太炎先生的古韻分部理論。

馮蒸 2006 第八節為「論上古與 -t 尾入聲相配的去聲韻「至隊祭」三部獨立說」，現把該節內容簡介如下：

在李方桂的上古音 22 部中，除 -p 尾入聲獨立外，陰聲與入聲同部，如陰聲、入聲分立，則為 31 部。這 31 部中最值得注意的是李氏祭部的陰聲韻，祭部入聲字王力歸為月部，陰聲字全是去聲，王氏認為是月部長入，李氏稱為祭部陰聲。

王力把去聲歸入聲，所以王氏的月部相當於李氏的祭部陰聲和入聲。王氏持古無去聲說，不認為祭部是陰聲，而認為是入聲。所以王、李兩家上古

韻部體系的唯一相異之點，就是祭部是否獨立（如果不算王氏的「併冬於侵」說的話）。

李方桂的上古音 22 部是繼承自董同龢《上古音韻表稿》的 22 部，而董氏的古韻 22 部又基本上是繼承自清人江有誥的古韻 21 部加上王力的微部。這樣，其去聲祭部當亦是繼承自董氏和江氏。不過，從董氏《上古音韻表稿》看，董氏的祭部與其說是來源於江有誥，倒不如說是直接來自高本漢，至少從擬音的角度來說是如此。當然董氏又作了一些細節上的改動，這樣，李氏的祭部承自董氏的祭部，也可以認為是導源於高本漢。

高本漢在《漢文典》（Grammata Serica）（1940）中分上古韻為 26 部，明確把月部、質部、物部三個收 -t 韻部的去聲另外擬音成 -d 尾，與入聲不同，他稱 5、8、10 三部，換成我們今天的名稱，第 5 部是祭部 at，ad；第 8 部是至部 et，ed；第 10 部是隊部，ət，əd。

高本漢 1954 分上古韻為 35 部，是歷來古韻分部最多的一家，其特點是明確把至、隊、祭三個去聲韻獨立。在他的體系中，有 6 個去聲韻部，除了與收 -t 尾的入聲韻相配的去聲外，還把歌、魚、侯三部各一分為二，一類大部分是去聲字，一類大部分是平上聲字。這三部的去聲分立問題這裏不討論，本文只涉及高氏把 -t 尾入聲韻相配的去聲獨立問題。具體言之，高氏 35 部中的 3、6、11 三部即本文所稱的「祭、隊、至」三部。

我們認為高氏的這個舉措是很有見地的。本文接受高氏「祭、隊、至」三部獨立的意見，但是擬音與高氏不同。我們所以支持高氏的這一舉措，是因為這三部去聲韻可與藏文的收 -s 韻尾的有關韻母結構相對應。

現在，我們再回到李方桂的體系，祭部都是去聲字，李氏認為它是一個獨立的陰聲韻部，并說：

> （祭部）這一部也有入聲韻跟陰聲韻兩韻，不過陰聲韻都在去聲。這很顯然表示韻尾與聲調的關係，我們雖然承認上古時代是有聲調的，但是我們不能忘記聲調仍有從不同的韻尾輔音產生的可能。（李方桂 1980：50）

　　我們贊同李氏的祭部獨立說，換言之也就是贊成高本漢的祭部獨立説。認為它與入聲月部不同部。從漢藏語比較的角度看，祭部基本上與藏文的 -as 韻母相對應，是一套獨立的韻母。

　　同理，我們還持至部（與祭部相配的去聲韻）、隊部（與物部相配的去聲韻）獨立説，因為從漢藏語同源詞比較看，漢語的至部對應藏文的 -is 和 -es，隊部對漢語的藏文 -us 和 -os。詳細的討論見另文。

　　除了漢藏語同源詞比較的證據外，後漢三國的梵漢對音也可證明大概直到漢代，至、隊、祭三部仍然獨立，韻尾是 -s 或 -h，主要元音與漢藏語的比較結果亦基本一致，根據俞敏 1984 和劉廣和 1988，其相配有關韻部的梵漢對音情況大致如下表：

陰	歌 al	脂支 i,ir	
入（去）	泰 ad,as	至 id，ed，is	隊 ud，us
陽	元 an	真 in,en	諄 un

　　表中的泰部去聲即本文的祭部。由於對音材料的限制，所反映的梵漢對音情況尚不十分全面，但仍可以清楚地看出祭部是 -as，至部是 -is，隊部是 -us。詳細例證和討論均另詳。

　　從《切韻》前叶韻情況看亦可證這三部的獨立性。王力顯然注意到了收 -t 尾入聲質、物、月三部的去聲（他稱長入）與 -k 尾去聲字在押韻方面迥然不同的特點，他分別是這樣說的：

　　（1）對月部的長入（本文稱祭部），他説：

　　　　這個韻部的長入字一直保存到南北朝初期（五世紀），祭泰夬廢等韻的字仍然和曷末月薛屑等韻互押（原注：例如蕭子良《登山望雷居士精舍》叶「缺絕哲裔逝」，王融《侍太子》叶「潔衛轍」；孔稚珪《北山移文》叶「外脫瀨」）。《切韻》的祭泰夬廢不和平聲韻相配，顯得它們

本來是入聲。（王力 1958：88-89）

（2）對質部的長入（本文稱至部），他説：

    質部的長入也跟祭部（引者按：月部之誤？）一樣，直到南北朝初期還保存着入聲，和短入押韻（原注：例如王融《寒晚》叶「律日蓽瑟疾逸蠻」）。（王力 1958：89）

（3）對物部的長入（本文稱隊部），他説：

    直到南北朝初期，物部長入仍然和短入押韻。（原注：例如江淹《悼室人》叶「鬱拂物忽慰」）。（王力 1958：90）

這些都暗示着這三部正處於 *-ds/dh → -s/h 的變化過程中。

由此看來，祭、至、隊三部不但上古獨立成部，至漢代還存在。至於這二部的 -s 尾，與藏文 -s 尾是同源的，根據著名藏緬語專家 S. N. Wolfenden 1929 的論述可知，藏文的 -s < *-ds，其說可信。這可以解釋這二部去聲韻部與入聲 -t 尾的關係。茲不多贅。

如果依李氏擬音，分歌為 -r 尾，祭為 -d 尾，月為 -t 尾，我們曾奇怪，-g 尾有平上去，而 -d 尾為何只有去而無平上？祭部用 -s 就無這樣的漏洞。至隊二部 -s 同。

綜上所述，我們認為上古韻部的音韻結構不是陰、陽、入三分，而是陰、去、陽、入四分，其中去聲韻即是至、隊、祭三部，它們與收 -t 尾的入聲相配，韻尾收 -s 或 -h。這種情況與藏文音系的特點完全相應，這絕不是偶然的。據此，我們認為上古音應分 33 部。

其實，我們堅持主張上古有一組去聲韻，並且韻尾是 -s，主要是受到了藏文音系的啟發，請看藏文音系的韻母表：

藏文韻母系統表（77 個韻母）

a	ag	ags	aŋ	aŋs	ad	an	ab	abs	am	ams	ar	al	as	afii	afiu
e	eg	egs	eŋ	eŋs	ed	en	eb	ebs	em	ems	er	el	es	efii	efiu
i	ig	igs	iŋ	iŋs	id	in	ib	ibs	im	ims	ir	il	is	ifii	
o	og	ogs	oŋ	oŋs	od	on	ob	obs	om	oms	or	ol	os	ofii	
u	ug	ugs	uŋ	uŋs	ud	un	ub	ubs	um	ums	ur	ul	us	ufii	

　　根據目前的漢藏語比較結果（俞敏 1989），大致説來：藏文的三種鼻音韻尾 -m，-n，-ŋ 恰對應於上古漢語的陽聲韻，藏文的三種塞音韻尾 -b，-d，-g 對應於上古漢語的入聲韻，藏文的 -r，-l 韻尾對應於上古漢語的陰聲韻，藏文的 -s 韻尾對應於上古漢語的去聲韻至隊祭。此種情況絕非偶然。與收 -t 尾的入聲韻相配的去聲韻至隊祭與入聲關係特別密切也可以理解，根據 Wolfenden 的研究，藏文的 -s 韻尾更早時期來源於 -ds。筆者把「上古與 -t /-n 尾相配的去聲韻至、隊、祭三部獨立並收 *-s 尾説（高本漢、俞敏、李新魁、鄭張尚芳、馮蒸）」列為 20 世紀漢語歷史音韻研究的一項重要發現（見馮蒸 2017）。原文是這樣概括的：

　　　　高本漢 1940 上古音分 26 韻部，1954、1957 分 35 韻部，其收 -d 的 3、6、11 部（及收 -g 的 18 部）都是去聲字。陸志韋 1956/2003 有詳評。董同龢 1944/1948 主張去聲韻祭部獨立。俞敏 1979/1984a，1984b 有上古去聲韻至、隊、祭收 *-s 尾而獨立的看法。李新魁 1986 稱這類字為次入韻，認為收 -ʔ 尾，但又多一廢部為四部，1991 又接受了 *-s 尾説。鄭張尚芳 1981 將韻部分列陽、入、去、陰四類，去聲作 -h，1987 指出更古應為塞尾後收 -s。馮蒸 20 世紀九十年代在首都師範大學文學院講授上古音時亦主張上古有獨立的去聲韻至、隊、祭三部並收 *-s 尾，後發表於馮蒸 2006。

　　上古去聲韻至、隊、祭的獨立及其新構擬所產生的新上古音韻格局，是對傳統上古音構擬體系的一項重大改動，這種構擬體系的改變其意義有二：一方面，當可反映上古漢語音系的真實面目，另一方面，我們認為其意義已不僅在上古音系本身，近年來漢語韻律學理論的興起，對上古漢語研究也已發生重要影響，詳見馮勝利教授的系列論著，筆者把馮勝利教授的古漢語韻律學研究成果亦列為 20 世紀漢語歷史音韻研究的一項重要發現（見馮蒸 2017）。對上古去聲韻至隊祭獨立後音韻格局的韻律學考慮，可能會成為上古韻律研究的另一觀察重點，可為上古音的進一步深入研究提供新的視角。總之，上古韻的這種構擬有必要從韻律學角度加以重新審視。

　　但是，我們堅持上古韻部除了陰、陽、入三分之外，又獨立出一類去聲韻，是四分法，去聲韻包括祭、隊、至三部，與陰陽入三聲並行不悖。主要是受了藏文音系的啟發，當然除了漢藏語同源詞比較方面的證據外，也有漢語內部的證據。不過，筆者當時提出此說時並未注意到章太炎先生的古韻分部理論。最近，我們仔細研究了章氏的古韻分部體系，發現章氏亦早有此種思想，亟應加以揭示和討論。

二、論章太炎的古韻分部歷程及其對上古入聲韻的三種處理

　　章太炎對古韻分部的主張，大約經歷了五個階段，如下（趙璞嵩 2009）：

　　（一）提出古韻二十二部的設想，描述分部的思想淵源。

　　1905 年，章太炎在《丙午與劉光漢書》中，[1]「古韻分部，意取高郵王氏，其外復採東、冬分部之義。王故有二十一部，增冬則二十二。清濁斂侈，不

1　《太炎文錄初編》，《章太炎全集（四）》，上海，上海人民出版社，1984 年，第 156 頁。

外是矣。」可以看到，章氏的古韻分部更多依據了王念孫的分部設想，又在此基礎上增加了冬部，使其獨立出來，形成了最初的古韻二十二部。在《論語言文字之學》中，章太炎更為詳盡地指出了他所分韻部的內容。

（二）更改韻目韻字，指出韻部之間的相承關係。

1907 年的《新方言》[2] 說：「惟冬部與侵部同對轉。緝、盍近於侵、談，月近灰、諄，質近脂、真，然皆非其入聲，有時亦得相轉。此四部為奇觚韻。今世方音流轉，亦依是為準則。」值得一提的是，章太炎在《新方言》中提出了他著名的脂灰分部的主張：[3]「脂、灰昔本合為一部，今驗自、回、畾、褱等聲與脂部鴻纖有異，三百篇韻亦有分別，別有辯說，不暇悉錄。」這是古音學研究史上的第一次。

（三）奠定古韻二十三部韻目的格局。

1901 年的《國故論衡·成均圖》附以《成均圖》以說明其間的韻轉關係，并舉例以佐證。章氏在這一時期所選擇的韻目，較之前的《新方言》時期又有所調整。

（四）二十三部的基本韻目已經確立。

《文始》著成時期，以韻目依據將全書分為九卷，選取《說文》中的 463 字作為初文準初文，進行了漢語同源詞的系聯實踐。

（五）訂正冬侵兩部的分韻情況。

章氏晚年，有《論古韻四事》一篇，又主張將冬部併入侵部：[4]「自孔氏《詩聲類》，始分冬東鍾江自為一部，然其所指聲母，無過冬中宗眾躬蟲戎農夆宋十類而已，偏列其字，不滿百名，恐古音不當獨成一部。」以為冬部韻字過少，不當獨立為一部。

2　《新方言》，《章太炎全集（七）》，上海人民出版社，1999 年，第 131 頁。

3　《新方言》，《章太炎全集（七）》，上海人民出版社，1999 年，第 131 頁。

4　章太炎：《論古韻四事》，《國學叢編》1 期 4 冊，又見《制言》第 5 期，題《韻學餘論》，收入《文錄續編》卷 1，又見《音論》，載《中國語文學研究》，上海，中華書局，民國 24 年 [1935 年]。

由此可知，章太炎的古韻分部理論綜合了前人的研究成果，又經過總結歸納，提出新的分韻標準。這二十三部是在不斷完善中最后確立起來的，并不是一個始終不變的古音學理論。作者在古韻數目和韻目名稱上曾做過多次修改，大體經歷了如上五個階段。

學界目前通常使用的章氏古韻體系是《國故論衡·成均圖》一文中的韻目表、紐目表及「成均圖」，如下：

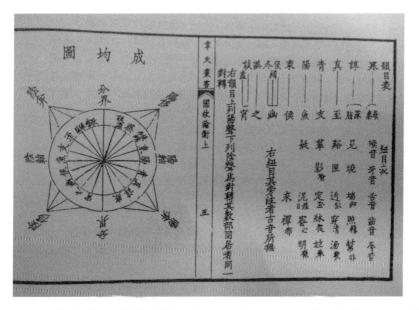

成均圖的基礎是右欄的「韻目表」，根據上面所列的章氏韻目表和成均圖可知，至少從表面上來說，章氏的古韻體系是陰陽二分法。

先看韻目表，該表分為上下二欄，純從韻目標注字來看，上欄是陽聲韻，共有 12 個韻部，下欄是陰聲韻，共有 11 個韻部。上下欄之間用豎綫連接，表明有對轉關係。表中陰陽互為對轉的韻部，有一部對一部，也有一部對二部或三部的，凡是數部同居的，是共有一個對轉的韻部。對轉顯然是承襲孔廣森的説法。

再看成均圖，分部與韻目表無殊，細審此圖，中間是分界，圖左是陰聲韻，又分為陰軸、陰弇、陰侈三類，圖右是陽聲韻，又分為陽軸、陽弇、陽

佟三類。筆者曾經撰文認為，這六個術語是章氏的韻尾術語（馮蒸 1997）。

需要我們特別注意的是章氏對入聲韻部的處置。韻目表沒有明顯的入聲韻位置欄。純從韻目上列出的入聲韻部似乎只有「緝盍」二部，用小字附列在相應的陽聲韻目下，即緝部列在侵冬二部之下，盍部列在談部之下。但這只是表面現象。實際上，章氏對上古甲、乙、丙三類即 -k，-t，-p 三種入聲韻韻尾韻部的處置確是頗費苦心，現把章氏對三種入聲韻尾韻部的處置情況說明如下，這三種情況，湯炳正先生（1910-1998）亦早已注意到了，但是有關說明與本文不盡相同：

1. 古韻中的入聲緝、盍二部，上古收 -p 尾，章氏表中已經明確列出，但是分別附在相應的陽聲韻部下面，即緝部列在侵冬二部之下，盍部列在談部之下，這與諸傳統古音學家的處理基本上相同。緝、盍二部先秦韻文很少有與陰聲通轉之跡，故許多古韻學家的古韻表沒有與之相對應的陰聲韻。章氏的處理是入聲緝、盍二部與陰聲分而不合。

2. 古韻的入聲職、覺、藥、屋、鐸、錫等部，上古收 -k 尾，在先秦韻文中多與陰聲混用，故傳統古韻學家皆與陰聲合而不分。所以，章氏實際上是把它們併入相應的陰聲韻之幽宵侯魚支六部之中。即之與職、幽與覺、侯與屋、魚與鐸、支與錫等部，皆陰、入合而不分，所以韻目表的韻部標目雖然是陰聲韻字，韻部內實含有相應的入聲。

3. 古韻中的泰、隊、至三部，是陰聲還是入聲？章氏沒有明說，如果是入聲，則應收 -t 尾，如果是陰聲，則需要另外構擬。這三部歷來的古韻學家，在分合搭配上，苦心經營，歧見極多。湯炳正 2015 說：「在先秦韻文之中，其與陰聲開尾韻之關係，往往在若即若離之間。故古韻學家，往往各據所見以為分合。」

章氏對上古入聲韻的這三種處理法何以不同，趙璞嵩 2009 認為與章氏所認識的漢語方言有關。

三、章太炎對「泰隊至」三部的處理是當代學者上古 去聲韻「祭隊至」獨立的先聲

　　根據上文所歸納的章氏對上古入聲韻部的三種處理，我們認為章氏對第（3）類即「泰、隊、至」三部的處理特別值得注意，章氏的處理特點有二：

　　（一）章氏用了去聲韻字「泰、隊、至」標目，並沒有選用 -t 尾入聲字標目；

　　（二）章氏對「泰、隊、至」三部的位置處理，則又分成兩種情況對待：至部完全獨立，與陽聲真部對轉，與其他陰聲韻部性質無殊；而隊部和泰部則不是這樣，隊部與平聲脂部並列同配陽聲諄部，泰部與平聲歌部並列同配陽聲寒部。我們認為章氏對 -t 尾去聲和入聲韻的處理顯然值得我們重視，可視為是上古與 -t /-n 尾相配的去聲韻至、隊、祭三部獨立說的先聲。

　　至於章氏何以把泰、隊、至三部分成兩種情況處理，湯炳正 2015 認為與陰聲韻的疏密程度有關。湯先生說：「入聲至、隊、泰三部，則視其與陰聲的疏密程度，分別處理。亦即至部作為陰聲，獨立成部；隊部則附於陰聲脂部；泰部則附於陰聲歌部。所列韻表，分寸之間，全以先秦典籍為准。」這種解釋值得注意。

　　上古音研究向來分為考古派與審音派兩大派別，考古派是根據先秦韻文之分合為分合。至於審音派，則凡入聲，不管先秦用韻與陰聲之關係如何，全部與陰聲分離，獨立為韻部。章氏的處理顯然屬於考古派。

　　姚榮松 1991 把章氏的古韻 23 部列成下表，看起來更為明晰，可供參考：

〈陽類〉	〈入類〉（＝去入專用韻）	〈陰類〉
1 寒 ———————	14 泰（月） ———————	13 歌
2 諄 ———————	15 隊（術） ———————	16 脂
3 真 ———————	17 至（質）	
4 青 ———————		18 支
5 陽 ———————		19 魚
6 東 ———————		20 侯
7 侵		
8 冬 ———————	9 緝 ———————	21 幽
10 蒸 ———————		22 之
11 談 ———————	12 盍 ———————	23 宵

章氏對泰、隊、至三部的處理，其真實意圖是什麼？章氏本人雖未明說，但根據他 1905 年的敘述，他的分部更多的基於王念孫的分部主張。我們知道，王念孫古韻分二十一部，其中至、祭二部獨立，是王氏的一大創見。因此，章太炎三部的劃分實則是以王念孫分部為基礎的。但泰、隊、至三部在章氏的上古韻體系當中，是單純的入聲韻部？還是我們所主張的去聲韻部？還是去入同部？由於章氏只有韻部標目，並沒有列出每個韻部所包含的具體韻字，所以長期以來令我們感到困惑。

趙璞嵩 2009 根據章氏的《文始》，列出來章氏古韻 23 部所含的具體韻字，這是一個非常有意義的工作，對我們考察泰、隊、至三部的性質提供了重要的參考資料和線索，從趙璞嵩的歸納可以看出：章氏的這三部既不是單純的入聲韻，也不是單純的去聲韻，而是去入同部，即這三部既含有《廣韻》的去聲字，又含有相應的入聲字，現把趙璞嵩 2009 從《文始》中歸納出的章氏二十三部韻字表中的泰、隊、至三部的具體韻字作為附錄列在本文之末，以供參考。

泰、隊、至三部雖然是去入同部，但是從歷史語言學的角度來看，去入

顯然應該有不同的擬音，或者如高本漢的處理那樣，去入擬為不同的韻尾，去聲是 -d，入聲是 -t，或者如我們所主張的，去聲是 -s，入聲是 -t 或者 -d。茲不贅述。

綜上所述，我們認為章氏對上古韻泰、隊、至三部的處理，在古音學史上應該佔有重要地位，其對這個問題的處理早于高本漢，是章氏古音學的一個重要卓識。雖然由於時代的限制，他本人沒有擬音，但其在漢語音韻學史上有重要意義是不可磨滅的。

附錄：《文始》古韻泰、隊、至三部韻字表 (趙璞嵩 2009)

原表說明：此表根據《文始》九卷所列韻字歸納，有些字作者還指出了其聲母的歸類，就用括號在韻字後注明；此表中加點的表示韻部歸類存在爭議的字，在前文中已有所分析，詳見第二章「《文始》古音韻部歸字評析」一節。馮蒸按：原表去、入聲混排，今把去、入聲分列。

泰部

去聲：闊盉觢懸〈〈暨丰蔡薉夆濊屮屈乂劊叀膾牽忢夬歓栔契器棄鈇害瑲藝嘅无噦劗裂列例迾憏歲到制製脃膗銳乞大誓屬帶掃瘻蒂蟎癘四駟牭㲉繊灡莜冏揫敗幣跟樊退愄愒譪喝禬會話廥薈繪膾嘆講軏蛻娧兌戻睊說稅譢翽㮣薈黦轊泰㮮既快赳馼忿滯賴簶傻對厲贅㮣㮑駩髳妎毅豪垍叡瀨殺邁介界瀨夰玠玠

入聲：越迏粵蹶趰跋适奻苦觿厥魕曷㪏歇撮乇孱欪𥇛楬戉活孑碣孓遏鍥割刐劍捌跀羯決缺抉闕抉捐掘突寏月竭枲闑剗夛鬱劌窡櫱孽蟄戍威滅劄絕劈戳㪿㙋少㲅綴絘輟罬齧桀傑懱末戉峩柿韎㳫跋癹皮軷廢癈拔伐撥鏺祓竭揭渴瀡謁佸痸秳挈姡達察眥閲褻槸齰綴挩刺熱爇烈敓最哲聑脟㣺蠿鶐刷㙎㪷

莧蔑瞢抴撻首幭瀎搣巕芟韈奪櫗巕檝劣朮宴眍犖敝祋

隊部

去聲：喟嘳畀隸碎瓶淬焠遂辭隶逮隸孛轡隸隧顡黷畏怪豨謂卉書突隊碳貴鋭銳季翠誶類慰胃尉鑗闠惠繕殔叡慧豖費沬隸邃憒妹彗

入聲：骨詘聖歆卒猝述弗術勃兀厷顝阢悷戾由欥曰聿律曶忽笏鬱秫朮軜汭訥矞鉥出茁趉疢趫潏窣猝鷸弗拂佛咈紼剕艴弻勿物屈鶌崛貀柮拙黜繘窩劀遹橘鬱詸吻昒歾㢭絹遹趫乀颮颵

至部

去聲：噎壹緻殪懿至菿躓替質崈閟

入聲：咥叱䨲糦穴壹韠庢桎洫趩貀涅遷衵致紩昳一乙軋徹栗迭失姪中㡀駯跮恤卹悉趹窒實室逸佚肤詄日瑟璱櫛七齛卩節膝泰筆瘴八必別邲苾鞑繹斁醯閾珌畢彈馴血劼結黠硈垤仙駃肏屑肸傈疾溧覕篳密謐宓祕匹㝃襭袺栗抶盜吉桔頡佶飶切

参考文献

Bernhard Karlgren 1940: Grammata Serica, *Bulletin of the Museum of Far Far Eastern Antiquities* 12, 1-471.

Bernhard Karlgren 1954: Compendium of Phonetics in Ancient and Archaic Chinese, *Bulletin of the Museum of Far Eastern Antiquities* 26，211-367.（高本漢：《中上古漢語音韻綱要》，聶鴻音漢譯本，濟南：齊魯書社，1987；高本漢：《中古及上古漢語語音學簡編》，周達甫譯，陸志韋校注，油印本，1956（？））。

Bernhard Karlgren 1957:Grammata Serica Recensa, *Bulletin of the Museum of Far Eastern Antiquities* 29，1-332.（高本漢：《漢文典（修訂本）》，潘悟雲等漢譯本，上海：上海辭書出版社，1997）。

Bernhard Karlgren 1962: Final -d and -r in Archaic Chinese, *Bulletin of the Museum of Far*

Eastern Antiquities 34,121-128.（高本漢：《上古音當中的 -r 跟 -d 韻尾》，陳新雄譯，載《鍥不舍齋論學集》，臺北：學生書局，1984，437-448 頁）。

Göran Malmqvist 1962: On Archaic Chinese -ər and -əd, *Bulletin of the Museum of Far Eastern Antiquities* 34, 107-120.（馬悅然：《論上古音中脂 -ər、隊 -əd 兩部的區別》，陳新雄譯，載《鍥不舍齋論學集》，臺北：學生書局，1984，555－580 頁）。

陸志韋 1956 / 2003：《陸志韋未刊上古音論稿二篇：一‧校高本漢 Compendium（1954）與 Grammata Serica（1940）之上古音分部；二‧校高本漢 Compendium 之上古音 35 部與江有誥之 21 部表（略志評語）》，載《語言》第四卷，1－14 頁，北京：首都師範大學出版社。原油印本見于高本漢：《中古及上古漢語語音學簡編》，周達甫譯，陸志韋校注，油印本，1956（？）。

E. G. Pulleyblank 1962. Consonantal System of Old Chinese, *Asia Major* n.s. 9. 1 /2，58-144;20 -265.（蒲立本：《上古漢語的輔音系統》，潘悟雲，徐文堪漢譯本，北京：中華書局，1999）。

Edwin G. Pulleyblank 1973: Some further evidence regarding Old Chinese –s and its time of disappearance, *Bulletin of the School of Oriental and African Studies* 36. 2：368-373。

董同龢 1944/1948：《上古音韻表稿》，《中央研究院歷史語言研究所集刊》第 18 本，1-249 頁（原台印本 1944 年在四川李莊史語所出版，本文以 1948《集刊》本為準）。

馮蒸 2006：《王力、李方桂漢語上古音韻部構擬體系中的「重韻」考論》，《馮蒸音韻論集》，北京：學苑出版社，2006，55-182 頁。

馮蒸 2017：《二十世紀漢語歷史音韻研究的一百項新發現與新進展》，《燕京語言學文存》（第一輯），學苑出版社，25-157 頁。

李新魁 1986：《漢語音韻學》，北京：北京出版社。

李新魁 1991：《從方言讀音看上古漢語入聲韻的複韻尾》，《中山大學學報》1991 年第 4 期。

羅常培、周祖謨 1958：《漢魏晉南北朝韻部演變研究》（第一分冊），北京：科學出版社。

湯炳正 2015：《入聲與陰聲的關係》，《語言之起源》（增補本），太原：三晉出版社，56-58 頁。

姚榮松 1991：《〈文始‧成均圖〉音轉理論述評》，《國文學報》第二十期，227-262 頁。

俞敏 1979/1984a：《後漢三國梵漢對音譜》，油印本，1979；後載《中國語文學論文選》，東京：光生館，1984，269-319。

俞敏 1984b：《上古音學術討論會上的發言》，《語言學論叢》第 14 輯，8-11 頁，北京：商

務印書館。

俞敏 1989：《漢藏同源字譜稿》，載《民族語文》1989 年第 1、2 期。

曾明路 1990：《上古「入—去聲字」研究》，《綴玉集》，525-549 頁。北京：北京大學出版社。

趙璞嵩 2009：《從〈文始〉看章太炎的古韻理論與實踐》，北京：清華大學人文學院中文系
　　碩士學位論文。導師：趙麗明。

鄭張尚芳 1981/2003：《漢語上古音系表解》，油印本；《語言》第 4 卷，北京：首都師範大
　　學出版社，2003，17-46 頁。

鄭張尚芳 1987：《上古韻母系統和四等、介音、聲調的發源問題》，《溫州師院學報》4 期，
　　67-90 頁。

假借研究學説源流析論

党懷興

陝西師範大學文學院

假借，為六書之一，在中國文字學史上最早且影響最大的解釋是東漢許慎在《説文解字‧敍》中的闡釋：

> 假借者，本無其字，依聲託事，令長是也。

就是這個解釋，在此後的中國文字學史上卻引起了較多的爭論。理清這些爭論的關係，與假借學説相關的重要問題就會有清楚的認識，也便於今後進一步深入研究中國文字學諸問題。

許慎假借説究竟表達了什麼樣的意思？學術界對此有許多解釋。究竟誰的解釋更符合許慎的本義？這是理解假借學説的關鍵。弄清楚這一問題，對漢文字學史上的假借學説才能有正確的評價。

一、引申假借説

較早闡發這一觀點的是宋代鄭樵，其假借分類研究中稱之為「有義之假借」，共有以下幾類[1]：

「同音借義」：實際指的是詞義的引申。如「初，裁衣之始，而為凡物之

---

1 參党懷興：《宋元明六書學研究》（北京：中國社會科學出版社，2003 年），頁 170。

始。基，築土之本，而為凡物之本。始，女子之初，而為凡物之初。」鄭氏所舉例字均為此類，這是典型的以詞義引申為假借。

「協音借義」：分析的是一種音變構詞現象，音變而意義變化。如「旁之為旁，去聲。中之為中，去聲。……歸之為歸，音饋。遺之為遺，惟季切，與也。……行之為行，下孟切，為行，『子路行行』。戶浪切，……左上聲，之為左，音佐。右上聲之為右，音佑。先之為先，去聲。後之為後，去聲。遠之為遠，去聲。近之為近，去聲。」其實這些都是詞義變化引起的語音變化。從鄭氏所舉例字可以看出，這其中主要還是詞義的引申。

「因義借音」：是指詞的意義引申變化而詞的讀音也隨之變化，也是一種音變構詞。如「以有惡入聲也，故可惡，烏路切。以其內也，故可內，音納。佚，夷質切，縱也，而為佚宕之佚，音迭。伯，長也，而為伯王之伯，音霸。……齊，本齊一之齊，而為齊莊之齊，俱皆切。」因為在鄭氏看來這一變化了的語音與原來的讀音沒有關係，所以叫「借音」。

「因借而借」：是指由假借義（鄭氏稱「因音借為」）引申而來的引申義以及由引申義而來的引申義（鄭氏稱「因義借為」），因為常常是音借、義借交叉而來，故稱「因借而借」。如「難，鳥也，因音借為艱難之難，因艱難之難，借為險難之難，去聲。」

鄭氏的「有義之假借」是承許慎《說文》假借說而來的，是對傳統假借說的歸納與總結。

後來明確以引申為假借的是清代學者戴震、段玉裁。戴震曰：

> 一字具數用者，依於義以引申，借於聲而旁寄，假此以施於彼，曰假借[2]。

段玉裁曰：

2　戴震：〈答江慎修先生論小學書〉，《戴震全書》（合肥：黃山書社，1995 年）。

託者，寄也，謂依傍同聲，而寄於此。則凡事物之無字者，皆得有所寄而有字。如漢人謂縣令曰令長。縣萬戶以上為令，減萬戶為長。令之本義發號也，長之本義久遠也。縣令、縣長本無字，而由發號、久遠之義引申輾轉而為之，是謂假借。許獨舉「令長」二字者，以今通古，謂如今漢之縣令、縣長字即是也[3]。

《說文‧一卷上‧玉部》：「皇，大也。」段玉裁《說文解字注》曰：

……始王天下，是大君也，故號之曰皇，因以為凡大之稱。此說字形會意之恉，並字義訓大之所由來也。皇本大君，因之凡大皆曰皇，假借之法準此矣。

許慎並沒有說引申即假借，從戴震、段玉裁的解釋來看，許慎的假借的實質是引申輾轉形成的意義，假借產生的原因是「凡事物之無字者，皆得有所寄而有字」，例字「令長」最能說明問題。「令長」本有其義，縣令、縣長，無法造字，於是用「令長」表示之，這就是假借。準確說，假借所指的是從本義引申而來的引申義。近代章太炎先生在《國學略說‧小學略說》中更明確指出：「所謂『假借』，『引申』之謂耳。惑者不察，妄謂同聲通用為假借。夫同聲通用，別字之異名耳。[4]」「『六書』中之假借，乃『引申』之義。如同聲通用曰假借，則造拼音字足矣。……是故同聲通用，非《說文》所謂假借。《說文》所謂假借，乃引申之義，非別字之謂也。[5]」這一觀點為現代一些文字學家所繼承，如陸宗達先生、梁東漢先生等。

這一觀點應該說是基本符合許慎假借說的。論者以為：以引申為假借，並不是許慎的本來意思，引申與假借是兩個不同性質的問題。這是站在今天

3　段玉裁：《說文解字注》（上海：上海古籍出版社，1981 年），頁 756。
4　章太炎：《國學略說》（上海：上海文藝出版社，2001 年），頁 13。
5　章太炎：《國學略說》，頁 14。

科學發展的角度得出的結論，是不符合許慎本意的。有論者據此批評一些文字學論著中以引申為假借，或將引申與假借相混，可謂以今律古，無視學術發展的實際。理解了許慎假借學說的本意，我們就會理解段玉裁的「引申假借」並稱是怎麼回事了，就不會說這是段玉裁對這一問題認識不清的反映[6]。

二、一字本義之外的意義為假借

此以清代江聲為代表：

> 蓋假借一書，為誼極甚，凡一字而兼兩誼三誼者，除本誼之外，皆假借也[7]。

從具體的理論界定到所舉例字來看，許慎，或者說在漢代學者心目中的假借，就是用某個字來表示它的本義（造字時準備讓它表示的意義）之外的某種意義。至於這種現象究竟是由詞義引申引起的，還是由借字表音引起的，當時人並不想去分辨。許慎的觀點是清楚的，應該說，江聲的觀點更符合許慎的本意，即「令長」本義之外的其他意義，都是本無其字，借「令長」而託事表達的，所以說「除本誼之外，皆假借也」。江聲並沒有直說引申為假借，但據此推測，本義之外的意義，應該說包括了我們後來所說的各種意義（引申義、假借義）。

江聲之後，承而繼之的是學者戴震。戴氏早期作品《論韻書中字義答秦尚書蕙田》中有論及假借，但認識尚未定型：「大致一字既定其本義，則外此音義引申，咸六書之假借。」[8] 將假借與引申等同，似乎更接近「引申假借

6　呂朋林：〈《説文解字注》中的「引申假借」〉，《松遼學刊》2000 年第 3 期。
7　江聲：《六書説》（北京：中華書局，1985 年），頁 45。
8　戴震：《戴震集》（上海：上海古籍出版社，1980 年），頁 55。

説」。在之後的《答江慎修先生論小學書》這篇文章當中，戴氏的假借觀已經成熟，與之前差別較大：「六書之諧聲、假借，並出於聲。諧聲以類附聲，而更成字；假借依聲託事，不更制字。或同聲，或轉聲，或聲義相依而俱近，或聲近而義絕遠，諧聲具是數者，假借亦具是數者。」[9]「一字數用者，依於義以引申，依於聲而旁寄，假此以施於彼曰假借。」[10] 顯然，戴氏認為「一字數用」有「依於義以引申」和「依於聲而旁寄」兩種情況。他的假借觀可以歸納為兩點：第一，假借不造新字，借同聲、聲近字以代之；第二，假借既包括詞義引申也包括「義絕遠」的純粹音借現象，而「依於聲而旁寄」就是指純粹的借字表音。雖然戴氏已經比較清楚地認識到字義引申和借字表音是兩種可以區分的現象，但他沒能把引申從假借中分離出來。所謂「或聲義相依而俱進，或聲近而義絕遠」即把字義引申和借字表音都囊括在假借當中。

戴震之後，姚文田、曹應鐘、侯康、張行孚等一批學者都持此說。姚文田《六書論》論假借一分為三：

> 有借聲者，有借義者，有音義各自為字而僅以同類相借者，此非臚舉所能遽盡。如：雖本鳥名，而以為不易之詞；罪乃網罟，而以為事終之義。許云本無其字，依聲託事，謂此僅借其聲者也。然稽之經籍，有不專於是者。如：茍，小草也，故察及纖細為茍；好察者必煩擾，故又以殘害為茍。除，殿階也，升階者去下就上，故以去舊為除；上躋者必拾階升，則又以遷官為除。飢（饑），餓也；饑，穀不熟也。今經籍飢皆通作饑，則惟以同類相借者也。[11]

「飢」與「饑」本來是形、音、義不同的兩個字，中古後讀音相同，因此所謂「同類相借」，實亦依據聲音之同近，無必要另立一目。這樣姚氏所論

9　戴震：《戴震集》，頁 74。
10　戴震：《戴震集》，頁 75。
11　轉引自張其昀：《「説文學」源流考略》（貴陽：貴州人民出版社，1998 年），頁 218。

假借，只有「借聲」、「借義」兩說，所謂「借義」者，實將引申闌入其中。

曹應鐘《六書假借論》:「假借一書，為義極廣，苟求其故，引用所不能竭。有一字兼數義者，除本義外皆假借也。如初、易、財、商、台、頃、壬、鳳、來、西。」[12] 今按，各例字下曹氏所作注解省略。曹氏所舉例字有的是詞義引申，如「初，本裁衣之始，而借為凡物之始」；有的是借字表音，如「商為商度，而借為宮商、商旅字」。曹氏謂「有一字兼數義者，除本義外皆假借也」，實際直承江聲而來。

今人蕭璋先生更明確指出:「假借字所具有的借義和它的本義，可以有關係，可以沒有關係，關鍵在於『依聲』。雖然如此，但從《說文》在其假借界說下所舉的『長』、『令』二字的例證和在『西』、『韋』、『朋』等字下不憚煩地說明假借之故來看，意義有關係的更為重要。段玉裁每言『引伸』，或言『引伸假借』，都應該屬於這一類。假借主要是走此一途，因而生生不已，這一點《說文》早已啟示了我們。說假借，舉漢之『長』、『令』為例，更說明假借之途，古今一概，以後還會長期照此途徑走下去。」這是對傳統假借說的較為準確的闡述[13]。

一字本義之外的意義為假借，這種假借實際上是包括了引申義與假借義的，或者說許慎那個時候對一個字本義之外的其他意義本身就沒有再作細分，都籠統地稱之為假借，但以引申義為主。

三、義無所因，特借其聲，然後謂之假借[14]

宋代學者鄭樵在其假借分類研究中稱此類假借為「無義之假借」，共有

---

12 曹應鐘:〈六書假借論〉，《說文解字詁林·前編中·六書總論》(昆明：雲南人民出版社，2006 年)，頁 166。

13 參蕭璋:〈談《說文》說假借〉，《古漢語研究》，1989 年第 1 期。

14 戴侗:《六書故·六書通釋》。

以下幾類：

「借同音不借義」：是指完全的同音假借，兩詞音同而意義無關。如「汝，水也，而為爾汝之汝。⋯⋯它，蛇屬也，而為它人之它。蚤，虱類也，而為蚤夜之蚤。」

「借協音不借義」：指以音變區別假借義，詞的語音變化而表達各不相關的意義，即假借義。如「荷之為荷，胡可切，負也。⋯⋯番附袁切，獸足也。之為番，音翻，次也。為番，音波，番番，勇也。」鄭氏所舉例字大多為此類。

此外，「語辭之借」與「五音之借」、「三《詩》之借」、「十日之借」、「十二辰之借」、「方言之借」等從理論上講應該歸入「借同音不借義」或「借協音不借義」中，因為這幾類都是純粹的假借，或同音假借，或在聲音上有一定的變化，但在意義上一般是沒有關係的。

鄭樵的「無義之假借」，為後來學者戴侗等人假借說所本。「無義之假借」是鄭樵假借說中最有價值的部分。鄭氏對「無義之假借」加以條分縷析，這給後人的假借研究以極大的影響。

明確指出許慎假借說的不足並另立新說的是宋・王柏、戴侗。宋・王柏論「假借」曰：

> 本無其字，原他字聲意而借用之，亦有只借聲而用之者，先儒謂令長是，非也。如能本獸之軼材者，賢能之能借用之；豪本獸之威猛者，豪傑之豪借用之，⋯⋯皆假借也。[15]

王柏對先儒以令長為假借提出異議，這是見於文字學史比較早的觀點。戴侗承而繼之，《六書故・六書通釋》認為：

15　參丁福保：《說文解字詁林補遺・補遺之續・宋王魯齋正始之音六書說》（上海：商務印書館，1932 年），頁 364。

所謂假借者，謂本無而借於他也。

所謂假借者，義無所因，特借其聲，然後謂之假借。若韋本為韋背，借為韋革之韋；豆本為俎豆，借為豆麥之豆；令鐸之令，平聲，今作鈴，特以其聲令令然，故借用令字，豨令、伏令，以其狀類鈴也，故又從而轉借焉。若此者，假借之類也。

對許慎的假借說，戴侗提出了異議：

古人謂令長為假借，蓋已不知假借之本矣。

合卩為令，本為號令、命令之令，去聲；令之則為令，平聲。長之本文，雖未可曉，本為長短之長，平聲；自稚而浸高則為長，上聲；有長有短，弟之則長者為長，上聲；長者有餘也，則又謂其餘為長，去聲。二者皆由本義而生，所謂引申之，觸類而長之，非外假也。

戴侗認為「令長」為引申，否定許慎的假借說，對後來學者影響很大。後來許多人以為許慎理論陳述是正確的，但是例字舉錯了，許慎將引申與假借混為一談。如清代學者朱駿聲在《說文通訓定聲．自敘》中直接替換了假借例字：「假借者，本無其字，依聲託字，朋來是也。[16]」他如黃侃先生、唐蘭先生、裘錫圭先生等。

從文字表達語言的實際來看，跟詞義引申無關的「本無其字」的借字表音現象，是客觀存在的。鄭樵、戴侗發現歸納出了這一文字現象，是很了不起的，他的觀點使人們把這兩種情況區分了開來。但是，戴侗及以後學者據此說許慎假借說把例字舉錯了，則不符合許慎的本意。說許慎犯了「理論與實踐，原理與引證材料相背離」的科學研究中的常見錯誤[17]，這是冤枉古人。

---

16 詹鄞鑫在《漢字說略》（瀋陽：遼寧教育出版社，1991 年，頁 163）中認為：朱氏所換例字仍然與詞義引申有關。

17 參鍾如雄：《〈說文解字〉論綱》（成都：四川人民出版社，2000 年），頁 108。

作為「五經無雙」的許慎，能寫出文字學巨著《說文》，卻在闡述「六書」的一個理論時出現理論與材料的矛盾，這是不可想像的。許慎所舉例字「令長」並不違背他所定的原則[18]。準確地說：許慎與戴侗的假借說根本就是兩種學說，或者說，戴侗在許慎學說的基礎上，後出轉精，提出了假借新說，完善了文字學的理論，後來的「三書說」所謂的假借，其實就是戴侗等所謂的假借。但我們不能以戴侗假借說否定許慎的假借說，因為有了新說而否定舊說的存在。

鄭樵等人的假借論內容是豐富的，是有歸納創新的，但與許慎的假借學說是不同的。這是我們必須清楚的。

清人朱駿聲的假借學說是承繼前代學說而來的，其假借理論集中體現在《說文通訓定聲》卷首《自敘》和《說文六書爻例》中的假借部分：

> 數字或同一訓，而一字必無數訓。其一字而數訓者，有所以通之也。通其所可通，則為轉注；通其所不通，則為假借。如网為田漁之器，轉而為車网、為蛛网，此通以形；又轉而為文網，此通以意。防為隄障之稱，轉而為村坊、為陲坊，此通以形，又轉而為勸防，此通以意。不得謂之本訓，不可謂非本字也。至如角羽以配宮商，唐虞不沿塤篪，用斯文為標識而意無可求；草木非言樣斗　登乘乃作盈升，隨厥聲以成文而事有他屬。一則借其形而非有其意，一則借其聲而別有其形也。若夫麥為來而苑為宛，冢為長而蟲為形，汙為浣而俎為存，康為苛而苦為快，以為假借則正，以為轉注則紆。[19]

可見，朱氏所謂轉注義即一般意義上的引申義。至於宮商角徵羽五音之名，唐虞顓頊帝王之名，只是用這些字當作記音的標識，意義上都無聯繫，所以是假借。這就把引申和假借從理論上完全劃分開了。

18　詹鄞鑫：《漢字說略》，頁 164。

19　朱駿聲：《說文通訓定聲》（北京：中華書局，1984 年），頁 8。

轉注者，體不改造，引意相受，令長是也。假借者，本無其意，依聲託字，朋來是也。凡一意之貫注，因其可通而通之為轉注；一聲之近似，非其所有而有之為假借。就本字本訓而因以輾轉引申為他訓者為轉注，無輾轉引申而別有本字本訓可指名者曰假借。依形作字，觀其體而申其義者，轉注也；連綴成文，讀其音而知其意者，假借也。假借不易聲而役異形之字，可以悟古人之音語；轉注不易字而有無形之字，可以省後世之俗書。假借數字供一字之用而必有本字；轉注一字具數字之用而不煩造字。……又試以令譬之，自公令之為本訓，命也；秦郎中令為轉注，官也；令聞令望為假借，善也。善者靈字之訓，實良字之訓也。[20] 敍曰：「本無其字，依聲託事，令、長是也。」愚按：《漢書百官表》：萬戶以上為令，萬戶以下為長。……夫令者，發號也。《鶡冠子》云：令也者，出制者也。長者，高遠也。《易・繫辭》：為長為高。《周禮・太宰》：長以貴得民。則令長正是六書之轉注。許君當曰：「假借者，本無其意，依聲託字，朋來是也。」[21]

朱氏對轉注、假借的定義和例字改寫後，從四個方面對二者進行了詳盡的對比分析。朱氏所謂的「轉注」就是字義的引申，並以「令」、「長」為例。這樣，假借例字歸入了轉注，朱氏另以「朋」、「來」作為假借例字。其對假借的認識可以總括為兩點：第一，假借主聲，以音同、音近的借字來提示被借字的意義；第二，假借有本字本訓可指明，借義不能由本義輾轉引申得來。朱駿聲以「朋」、「來」作為假借例字，認為本義與借義是沒有關係的，與段玉裁對這兩個字的理解有別，段氏還是從字義引申角度來分析其意義變化的。《段注》來部「來」下注曰：「自天而降之麥，謂之來麰，亦單謂之來，因而凡物之至者皆謂來。許意如是。猶之相背韋之為皮韋，朋鳥之為朋黨，鳥西之為東西之西，子月之為人稱，烏之為烏呼之烏，皆引申之義行而本義

20　朱駿聲：《說文通訓定聲》，頁 11-12。.
21　朱駿聲：《說文通訓定聲》，頁 22-23。

廢矣。」[22]

值得注意的是，從假借的定義「本無其意，依聲託字」看，朱氏尤其注重「聲」這一要素所起到的「示意」功能，對本字的有無有所淡化，因為「本無其字」的假借和「本有其字」的通假都符合「本無其意」這一界定。從這個角度理解，朱氏有將六書假借與用字通假等同看待的傾向，而實際上在《說文通訓定聲》一書中，朱氏所下功夫主要在用字通假。王力先生認為：「朱駿聲在中國語言學史上有很大貢獻，他的得意之作在於闡明字義的引申（他叫做『轉注』）和假借。但是他把許慎的假借字定義『本無其字，依聲託事』擅改為『本無其意，依聲託字』，硬說是先有本字才能假借，這就違反了文字的發展過程。」[23] 從文字發展的過程看，本無其字的假借現象是客觀存在的，在認定假借必有本字的前提下為無本字的借字尋找本字，極易穿鑿附會，走上歧路，如朱氏認為「朋」的本字是「倗」，「來」的本字是「麥」，「難」的本字是「艱」等等。

朱駿聲對假借本質的揭示、對假借聲韻條件的科學總結以及對假借在實際應用中各種表現形式的歸納，為人所稱道。朱氏所做直承宋代戴侗假借說並有所發展，這一觀點實際已經遠離許慎的定義和例字，是假借新說，是從漢語言文字發展的實際歸納出來的結論，是朱駿聲對漢語言文字學的新貢獻，後來的「三書說」所謂的假借，其實就是戴侗、朱駿聲等所謂的假借。但我們不能以戴侗、朱駿聲假借說否定許慎的假借說，因為有了新說而否定舊說的存在。

對假借說有了上述的梳理後，我們再來看文字學史上的「六書」假借說，對其中的一些問題就會有新的認識，我們會發現，前代學者都在結合文字的使用實際，不斷地探索假借問題，在許慎學說的基礎上不斷地完善文字學理論，不斷地豐富、完善漢字假借理論，如提出「無義之假借」、注意研究文

22　段玉裁：《說文解字注》，頁 231。.
23　王力：《王力文集》第十六卷（濟南：山東教育出版社，1990 年），頁 57。

字通假等新的文字使用現象等，使假借問題的研究全面深入。但我們在分析假借學説史的時候，要客觀地研究一些問題，理清學術發展的脈絡，正確地評價前人的學術研究成就，不是不加分析地遵從一家之説而貿然否定另一説。

談聲韻學教學上的幾個心得

竺家寧

國立政治大學中文系

一、前言

　　單周堯教授是台灣語言文字學界共同敬重的學者，有幸與單教授交往數十年，切磋受益良多。單教授嚴謹的治學之外，其為人處世，彬彬君子的風範，也常為學術界津津樂道。此次欣逢七十壽慶，海內外高朋嘉賓雲集，為單教授賀壽，格外具有意義。

　　單教授在聲韻學方面造詣深厚，筆者忝列同道，講授聲韻之學，轉眼超過四十年，不揣簡陋，擬以此拙文，略述教學生涯的一點心得感想，向諸位同道先進請教，並藉此為單教授表達祝賀之忱。

二、了解學生的需要，在教學方法上更新

　　聲韻學一向被學生視為畏途，認為艱深難懂。古人就說過：童稚從事而皓首不能窮其理，指的正是聲韻之學。這種畏懼，不始於今天，明代呂坤《交泰韻‧自序》云：

萬曆甲戌，得同年雷侍御慕菴而問之，侍御日日談，余睅睅聽，竟不了了，侍御曰：「此等子音也，須熟讀括歌月餘，舌與俱化，自可得聲。」余畏難而止。

其實，聲韻學被定位為小學，也就是基礎學科，是有原因的。小學類的書籍，在四庫分類中，**列於首部的 [經部]**，可以說明其重要性。古人的研究與教學經驗，總結一句話，就是 [博通經史，必先通小學]。聲韻學是通達小學的第一步，所以清儒段玉裁要呼籲大家：**音韻明而六書明**，六書明而古經傳無不可通。宋儒鄭樵也強調了：釋氏以參禪為大悟，**通音為小悟**。他說的 [通音]，就是聲韻之學，佛門把聲韻之學作為兩件最重要的功課，列為 [二悟]，與參禪並為佛門修行的要事。

從多年的研究與教學中，深感聲韻學**實為應用的學科**，尤其是人文學的領域，聲韻學**幾乎無所不在**，任何學科若沒有聲韻學的理解，往往只能知其然，而不能知其所以然。不但通讀古書需要聲韻學，歷史學、古地名學、現代的破音字來源、方言學、唐詩及古代歌謠的賞析、古書辨偽、佛經解讀、漢字的結構、華語教學，通通用得上聲韻學的知識。

因此，在教學上的首要任務，就是告訴學生，如何把聲韻學應用在今天我們生活的周遭。教學者不能再是一位研究者，他**必須帶領學生走出象牙塔，和生活結合在一起，讓學生了解聲韻學是活生生的知識，不是一門冷僻無用的死學問**。教學者一定要帶領學生找出古音中的樂趣，一起尋回聲韻學的本來面目。

在方法上，要強調下面幾個重點：

1. 厚植語音學的根基

聲韻學就是古音學，學習聲韻學，就是理解古代的語言，所有的古籍都是用古代語言書寫的，所有古人智慧的精華都潛藏在這些古代語言當中。

但是，語音是很抽象的東西，一發即逝，抓不住，摸不著，更何況遙遠的古音呢？語音學就是把抽象的聲音，看不見的語言，轉成可以看得見的符

號，這樣，我們就能**看到聲音，抓得住聲音，也就能夠研究聲音了**。所以，語音學的知識之於聲韻學，猶如五線譜之於音樂一樣，沒有了五線譜，再優美的音樂，都難以呈現了。

2. 科學方法的思考

學習聲韻學最大的難處在於性質上與文學很不相同，方法上也不相同，一個是求真，一個是求美，**一個是理性的，一個是感性的**，一個講客觀，一個講主觀。習慣於文學的學生，面對科學的聲韻學，一時會難以轉換。

例如清代**陳澧提出的反切條例**，透過反切繫聯，復原中古音，其方法步驟，猶如透過恐龍化石，復原了侏儸紀的公園。這時，就用不上感性，也沒有藝術之美。純然是推理與論證，有一分證據說一分話。反而學理工的同學，旁聽聲韻學，理解力特別強。著名的聲韻學家語言學家，如趙元任、王士元都是理工科出身。

面對文學專長的學生，尤其要提醒他們，**把感性情懷轉換為理性思考**的重要性。

3. 課程設計的系統化

傳統的聲韻學往往流於術語的介紹，而缺少概念的整合。以致不能讓學生抓住某一個術語在整個聲韻框架體系裏的位置。微觀和宏觀失去了聯繫，使聲韻學變成了割裂分散的術語匯集。學生可以背誦什麼是對轉、旁對轉，可以記住古聲十九紐，可以記住反切上字表，但是仍不明白這些知識如何應用，這些資料在整個古音體系，發揮什麼作用。所以，在教學上，由博反約的方式更為有效。也就是讓學生**先抓住整個系統框架，再來構築具體內容**。

例如等韻學中，零散的門法條文，可以重新整理為系統性的介紹，由認識韻圖的框架結構，設計理念開始，進而詮釋這些條文在整個韻圖結構體中所居的位置。了解哪些門法條文講聲母的安排，哪些門法條文講重紐的措置，那些是正常規則，那些是權宜性的編排。這就是由博反約的方法。這個道理正如電影的拍攝，先展示全景，然後把鏡頭逐漸拉近，最後聚焦於景中的某一人、某一物，甚至某人的面孔表情上。

4. 重視術語的精確性。

因為每一個術語都代表一個概念，如果術語的運用常常出現同名異實，或者異名同實的現象，那麼整個概念，必然缺乏邏輯性。學生在學習的時候，必然會陷入一片迷糊狀態，弄不清狀況。清儒的小學很發達，但是往往會留下一個弱點，就是術語的運用不夠精確。例如清儒提到「聲」字，有時指的是「聲音」，或漢字的發音，有時指的是「聲母」，有時指的是「聲調」，有時指的是形聲字的「聲符」。讀者往往要從上下文當中，去猜測這個「聲」字到底代表什麼意義。

又比如說，早期的聲韻學家，把中古韻書反切繫聯的結果 (代表六朝隋唐音) 訂出一個聲母，叫作「照母」，但是宋代的 36 字母當中，也有一個「照母」，兩者的具體內涵並不相同，卻具有相同的名稱，這也是初學者常常會混淆的地方。後來的學者，就把反切上字繫聯的聲母名稱，更正為「章母」了。這樣才能以不同的「名」，代表不同的「實」。名實的精確，這是聲韻學的一項進步。

5. 應重視理解，取代傳統的背誦方式。

因為聲韻學是一門科學，所以，在學習過程當中，一定要不斷地提出「為什麼這樣？」「為什麼那樣？」，這跟傳統的讀書方法，不太一樣。傳統的小學家或是經師們，依照文學作品的學習方式，比較鼓勵背誦，讓腦中記憶了一大堆資料，以強記資料作為學問指標。對聲韻學這門學科來講，這個方法不見得有效，初學者記了一大堆反切上字、下字，結果仍然不知道做什麼用，或者花了很多時間，填寫廣韻作業，結果也不知道做什麼用，或者背誦出每一個字的上古聲母、上古韻部，以為這樣就是學好了聲韻學，結果記得快，忘得也快，完全沒有能力活用於通讀古書，不能利用聲韻知識解決文獻的問題，也不知道怎樣利用聲韻學的知識處理日常生活有關的音讀困擾 (例如破音字、讀音語音、正讀又讀等)，從活用聲韻中找出答案。所以，會讓初學者感到聲韻學是一門「沒有用」的學科，因而往往望之卻步，視為畏途。如果我們換一個角度，能用「理解」取代背誦，那麼**其中的任何一個問**

題，都能夠引發許多的思考，都能夠激盪出無窮的趣味，這才是正確的途徑。

6. 圈讀《廣韻》

以前的人讀古書首先都需要習其句讀，總是從圈讀古書著手，如果我們要透過《廣韻》去學習當中的反切上字和反切下字，由此了解古音的聲母、韻母系統，最好的方法就是圈讀。

圈讀《廣韻》的方法應該如何做呢？

第一步，把《廣韻》當中，每個韻的同音字第一個字用紅筆圈起來，然後在下面找出它的反切注音，在反切旁邊用紅筆畫一條線，這時我們要注意，只畫正切，不畫又切。

第二步工作是，根據反切上字，依據聲韻學書中的「反切上字表」，看看中古音屬於哪一個聲母？把這個聲母用音標標注在這個反切正上方的書眉空白處。

第三步工作是，根據反切下字，查出聲韻學書中的「反切下字表」，看看中古音屬於哪一個韻母？把這個韻母用音標標注在這個反切的正下方，本頁頁末的空白處。在我們做這個工作的時候，一面可以思考古音和現代音的對應關係，也就是說，當我們念什麼音的時候，古音往往是哪一類音。這樣的工作在做完《廣韻》五卷中的前兩卷時，對《廣韻》的反切上下字以及聲母、韻母的狀況，就已經十分熟悉了。這是**不必依賴死背的學習方法**。熟悉古音的狀況，是在圈讀的過程中逐漸體會出來的，此外，這樣圈讀後的《廣韻》還有一個附帶的功能，那就是把《廣韻》變成了一部很容易查閱使用的字典。翻開某一個字，立即就可以從頁上端和頁下端所注的音值，得知這些字的古音念法。例如下圖所示：

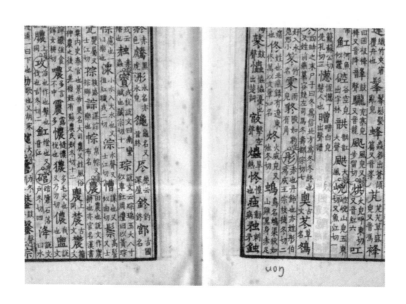

三、［東冬鍾江歌］的應用

　　一千年來，讀書人對韻書中的「韻目表」東冬鍾江，都非常熟悉，都能朗朗上口背誦出來，許多的字典、工具書採用「音序檢索」的，也往往按照「韻目表」的順序來排列，它的功能就是古代的 ABCD 或ㄅㄆㄇㄈ。因此，我們今天如果從事文史研究，需要應用古代的資料文獻，如果能夠熟悉這個韻目表，一定能提供很大的方便。記誦韻目表最有效的方法，就是用歌唱的方式來學習，過去我們在教學上曾經編纂了「**平聲韻目歌**」（又名「**東冬鍾江歌**」），套用了家喻戶曉的「兩隻老虎」的旋律，填上平聲韻目作為歌詞。這樣的記誦方法，取得了很好的學習效果。其歌譜、歌詞如下。

　　這首歌的發展有四個階段：**1. 最早是一首法國民謠賈克兄弟 Frère Jacques，後來有了**英文版本，以及世界各國的版本。2. 第二階段，是**馬勒第一號交響曲「巨人」第三樂章使用了這個小調主題。**3. 第三階段，中文的版本變成了兒歌「**兩隻老虎」。**4. 第四階段，竺家寧 1991 年再改編為「**東冬鐘江歌」，成為學習聲韻學的入門階。**

四‧教學內容的更新

　　聲韻學既是一門科學，就會不斷的更新、進步。這是它跟古典文學很不一樣的地方。古典文學可以謹守傳統，越陳越香，聲韻學不行，否則會抱殘守缺，故步自封，無法做更有效的學習。例如**上古聲母研究的新發展、近代音研究的興盛**，都遠遠超越了過去，我們必須要吸收新的發現，新的研究成果。否則就如同大家都在用藍芽聽 CD 音響了，就不宜再抱著留聲機，拼命的轉發條了。

　　在上古聲母方面，19 世紀末已經證明了上古音的複聲母的存在，又經過 20 世紀學者們的不斷研究，一百多年的研究，先秦複聲母所留下來的痕跡越來發現得越多，上古音複聲母的真相就更為清晰明確了。其過程有下列三個

階段：

第一個階段是「學說的提出」：十九世紀末葉

早在 1874 年英國漢學家**艾約瑟**（Joseph Edkins）在提交給第二屆遠東會議的論文中，即已提出，他認為根據諧聲字來看，中國古代應該有複聲母。可惜艾約瑟的觀點，當時並沒有引起中國學者的注意，沒有作進一步的探討。

第二個階段是「懷疑與論辯」：二十世紀前半

中國人最早討論複聲母問題的是林語堂和陳獨秀，瑞典高本漢更擬定了一套複聲母，陸志韋、董同龢又進一步分析複聲母的形式和種類。當時，質疑的學者中，以唐蘭為代表。**近年也有少數學者對複聲母有質疑，其實都不超出 20 世紀上半葉這個階段的思考內容。**

第三個階段是「確立與系統」：二十世紀的後半期

在前一個階段裏，學者只提出證據，證明複聲母的存在，或作局部的探討，討論某一種可能存在的複聲母。而這一階段對於複聲母的存在基本上已經沒有爭論，問題只是它存在的形式。同時**進行了全盤性、系統性的研究**，建立一個語音體系，把所有漢字納入這個體系之中。1998 年 3 月，北京語言大學出版社出版了的《**古漢語複聲母論文集**》，是複聲母研究的一次總結集，反映了一百多年來無數學者投入複聲母研究的成果，是我們今日了解複聲母的重要基礎。

再如**近代音研究方面**，這幾十年來，蓬勃發展，成為聲韻學的主要內容。不再像清儒只能圍繞在先秦古音和廣韻、切韻上打轉。

我們把近代音分為四個階段：宋代音、元代音、明代音、清代音。近年來，宋代音的研究有了豐碩的成果，研究結論顯示宋代音系對中古的隋唐音系而言，呈現了很大的變化，**宋代音實為隋唐音系和元以後音系的中間過渡階段**。由這這個階段的研究，我們可以知道宋代的聲母除了**輕唇音產生、喻三、喻四合併、照二、照三合併**之外，也發生了**濁音清化、非敷奉合流、知照合流、零聲母擴大**等現象。韻母方面，除了**併轉為攝**，系統大為簡化之外，三、四等韻的界限完全消失，舌尖元音已產生。聲調方面，**濁上已有變**

去的跡象，入聲 -p、-t、-k 三類韻尾普遍通用，顯然已轉為喉塞音韻尾。

元代音的研究，因為對象的時間不長，因此語料比較有限，多集中在兩個材料上：**元曲與中原音韻、古今韻會舉要**。而後者雖作於元代，實沿襲宋代的「韻會」而來，所反映的語音系統仍為宋代音。

關於明代語音的研究，比起其他各期要遜色得多，所發表的論文數量，尚不及元代。事實上，明代的語料並不缺少，多半還沒有做過深入的研究。這方面還有待學者的努力。

在近代音研究當中，**清代語料的研究最為興盛**。所發表的論著遠超過其他各期。但是在研究方式上，多半為某一部材料的分析探討。至於綜合討論這個時期的語音現象的論述不多見。

在研究方法方面，近代音研究可以從下面三個角度著手：

第一，某一部語料的研究。此類研究多選擇大體上能反映出當時實際語音的著作，包含宋、元、明、清的韻書和韻圖。

第二，某一種語音現象的研究。這類研究，例如探索在近代音史上舌尖元音是如何產生，如何逐步發展成今天這樣的面貌。顎化聲母又是何時出現的？入聲的發展過程又如何？「濁上歸去」現象的發展等等。

第三，針對某一位音韻學家的研究。這類研究，例如「江永的研究」、「段玉裁的研究」、「陳第的研究」、「楊慎的研究」等等，屬於音韻學史研究的一環。

這些類型的研究，都是古代聲韻學家比較忽視的部分，我們應該在聲韻學課程中，安排適當的介紹，其比重不應少於中古音、上古音。

五、重視聲韻學的發展

由於聲韻學是一門科學，所以**它是動態的、發展的，不是靜止在那兒，萬世不變的一門學問**。研究工作像接力賽，一棒接一棒，每一棒都是一個里

程碑，清儒到章黃，到高本漢、董同龢、李方桂、周法高，其間有了哪些變化，是我們應該了解的。如果我們只站在清儒的時代，那麼，我們只能學到幾百年前的聲韻學，如果我們只站在章黃的立場，那麼，我們只能認識民國初年的聲韻學，如果我們只學習高本漢一家之學，那麼，我們就無法明白之後的更新與修正，有如**被拋棄在一個遙遠的過去，看不到現在，也看不到未來**。

聲韻學不能有學派，**一有了學派，就自我封閉了，看不到外頭的發展**。學派不等同於尊師。尊師也未必要在論文中反覆 [本師曰…]、[本師之說是也]。吸收新知與維護師說，彼此不是對立的。黃侃與其師章太炎的古音學說並不完全相同，今人如果只守著黃侃，而不了解黃侃的聲韻學是不斷發展的，就誤解了黃侃的治學精神，也不符合章黃在學術上真正卓越之處。我們學習黃侃的聲韻，也要學習黃侃之後的更新，否則我們就停留在民國初年，無法與聲韻學的發展同步。

六、聲韻學與語言風格學的結合

「語言風格學」是一門新興的學科，它是語言學和文學相結合的產物。換句話說，它是利用語言學的觀念與方法來分析文學作品的一條新途徑。

聲韻學和文學賞析其實有著十分密切的關係。沒有充分的聲韻知識，不但極富音樂性的詩歌無法有效體會，就是其他各類的文學形式的欣賞和研究都會受到很大的侷限。

文學作品之構成聲音美，通常通過下面幾個基本原則。

1. 同音的重覆（REPETITION）

本來，韻律的基本原則就是讓相同或相類似的聲音，有規律的反覆出現。各種『韻律類型』都是這項原則的不同呈現方式而已。所謂『同音的重

複』，是說相同的字，或同音的字，在同一句中反覆出現，或是在同一篇章不同句中，反覆出現，造成先後呼應搭配的效果。

2. 篇章中音節數目的整齊化

四言詩、五言詩、七言詩都是求音節數的整齊而設計的詩體。通過相同的音節所做的停頓，喚起顯明的節奏感，以達到聲音美的要求。五言、七言內部也有次要的停頓，造成音節、時間的次序性，例如五言多以二三的節奏呈現。有時，音節的整齊化是以較錯綜複雜的形式呈現，例如一篇之中由三字句/ 六字句/ 三字句/ 六字句的節奏次序組成，或由四字句/ 四字句/ 六字句/ 四字句/ 四字句/ 六字句的節奏次序組成等等。

3. 押韻（RHYME）

所謂『押韻』是幾個字之間主要元音和韻尾相同，讓它們在每句的末一字出現。有時它是逐句押韻，有時是隔句押韻，有時是交錯押韻，類型有很多種。這是詩歌表達音樂性的最古老而又最普遍的方式。

4. 句中韻

這是一句中有幾個字的主要元音和韻尾相同，它們之間互相協韻。至於出現在第幾個字，或出現多少次，就要看詩體和作者的應用了。例如有時是第一、三、五字相押，有時出現的位置並不規則，比如第二、三、七字相押等等。這和上一種類型，出現在句末，成為『韻腳』的方式不同。

5. 諧主元音（ASSONANCE)

在漢字的每一個字音中，發音的高峰落在主要元音，它是音節的核心，因此，詩歌中主要元音的相諧，也可以造成韻律效果。例如『公無渡河』四字，在上古音中，後三字的主要元音都是〔a〕。這是句內相諧，此外也可以在一個篇章中異句相諧。也就是這一句的某幾個字和下幾句的某幾個字主要元音相同。

6. 諧韻尾（CONSONANCE）

古典詩歌多半是能唱的，不論是詩詞歌賦，或樂府、古體、近體。傳統音樂的唱腔又傾向於拖長韻尾吟詠，因而韻尾的聲音效果便顯得異常突出。

特別是入聲韻尾（帶塞音 p、t、k 收尾）、陽聲韻尾（帶鼻音收尾，共鳴效果強烈）、陰聲韻尾（以元音收尾），三種不同特性的類型相互交錯搭配，可以產生種種的音響效果和韻律表現。

7. 圓唇音與非圓唇音的交錯

注音符號的ㄩ、ㄨ都是圓唇音，圓唇與非圓唇（展唇）兩種類型的字，古代稱為合口與開口音。兩類交錯變化，造成唇形一開一展的規律性運動，因而呈現了節奏感。例如『蓼蓼者莪』四字的上古唸法，主要元音有〔o－o－a－a〕的變化，正是『圓、圓、展、展』的交錯。這種展圓的交替在古典詩歌中，多半情況是運用介音有〔u〕和沒〔u〕的字交替而造成優美的規律性變化。

杜甫詩是最富於音樂性的篇章，善於利用聲韻學知識來欣賞杜詩，才能深入體會什麼是 [晚節漸於詩律細]，這方面只從傳統的詩詞格律上找答案，是不夠的。

例如杜甫的音韻對偶現象：

<blockquote>舊采<u>黃花</u>賸，新梳<u>白髮</u>微 （九日諸人集於林）</blockquote>

上句的 [黃花] 和 [白髮]，至少呈現了聲音上兩個層次的對偶，一是聲母方面相對，用舌根音ㄏㄏ的**黃花**對雙唇音ㄅㄅ的**白髮，形成了發音部位極前和極後的強烈對比**，一是聲調方面相對，杜甫採用了舒長的平聲黃花來對急促的入聲白髮，再度**形成了發音極綿長和極短促的強烈對比**。這種技巧的應用，正和這首詩的內容相呼應。因為這兩句的內容情感，正要表現菊花凋零，不再盛開，人也白髮掉落，呈現了極端淒涼落魄的感覺。所以用了對比性很強的聲韻效果。杜詩的聲韻對偶技巧，還不僅是部分「詞彙」相對，我們到處都可以看到整句都相對的現象，藉此來塑造更鮮明的聲韻效果。

杜甫經常運用「頭韻」效果，以達到「詩律細」的目的。例如**「瞿唐峽口曲江頭」（秋興之六）**這個句子運用了連續七個的爆發音聲母，來刻繪三峽

的「灘險水急」，它們在唐代的聲母是 g- d- g- k- k- k- d- 這種爆發音聲母，氣流一發即逝，**形成連續的一個個短截的音，正好反映了長江三峽的「灘險水急」**。

詩經是一部古老的文學，歷來研究的著作很多，分別從不同的層面來分析詩經、探索詩經。在語言的角度來看，清儒就已經對詩經的押韻做了精細的聲韻分析，以詩經為基礎，建立了上古的韻部分類系統。今天，我們更可以藉助上古音的研究基礎，擬構出詩經的具體音讀，**還原了當時的語音**，並且用國際音標拼寫出來，透過這樣音值的擬定，完全可以**重現當時琅琅上口的歌謠面貌**。

例如〈清廟之什・維天之命〉文王之德之純，六個字的聲母呈現了「m- gw- **t- t- t- d-**」的排比，韻律感十分明顯。

又如《**詩經・蓼莪**》篇，第三章是：

> 缾之罄矣，維罍之恥。鮮民之生，不如死之久矣！
> 無父何怙？無母何恃？出則銜恤，入則靡至。

前半的四句是「4—4—4—6」的節奏型式，末句開展為六個音節，以表現哀惜詠嘆的氣氛。而每句中重覆使用「之」字，也造成了明顯的節奏感。此外，在前二章中很少出現的陽聲字（帶鼻音收尾的音節），在此不斷出現，如「缾—ng—罄—ng—鮮—n 民—n—生—ng」，**運用一種鼻音共鳴的音響效果，來配合哀惜詠嘆的感情**。用韻方面，「罄」和「生」是耕部字，「恥」和「久」是之部字，形成 1、3 句和 2、4 句的交叉押韻。事實上，「之恥」、「之久矣」全是之部字，有相同的韻母類型，這樣的安排，也強化了韻律感。

後半的「無父何怙？無母何恃？」以連接兩個問句的方式組成，句法相似，都是「無——何——」的結構，而前句的聲母〔m—b—g—g〕和後句的〔m—m—g—d〕全用濁音，以低沈的音響造成哀惋的氣氛。前句的「唇——唇——喉——喉」搭配，也具備了明顯的韻律效果。在韻母上，又全是魚

部、歌部字，主元音都是〔a〕，韻律性益發突出。「無母何恃」的韻母則改以〔a—ə—a—ə〕的間隔運用，造成「強——弱——強——弱」的變化。押韻方面，以「恃」和前面的之部字押。

末兩句「出則銜恤，入則靡至」，音節突轉為急切短促，不但改押入聲韻「恤、至」（至字上古為入聲），**且全部八個字裏，竟有六個是入聲**：「出則——恤」、「入則——至」，造成「短——短——長——短」的音節型式。**充分反映了作者心情的激動。**

由上面的例子，可知聲韻學知識可以應用到唐詩的賞析，也可以用來分析詩經的韻律，在教學上，如果有效的結合起來，聲韻學就不再是象牙塔裏的知識了。

七、聲韻學與華語文教學的結合

我們都知道，華語教學（對外漢語教學）還必須具有相當的語言學基礎知識。不但是現代漢語，也應該具有古代漢語的常識才行。因為語言不是突然產生的，而是淵遠流長，有如一條連貫的長河。只知今，不知古，很多語言現象就只能知其然，而不能知其所以然。在教學上造成不便。聲韻學的目標正是了解漢語古今的變化和發展。所以，聲韻學的知識完全可以應用在華語教學中。

舉個例說，語言學家研究「爸爸」一詞，發現人類各主要語系，都存在這個詞，在這些語言中，「爸爸」一詞都是父親或父系的尊親屬。因此，我們可以推論：「爸爸」是人類最早出現的一個詞。可是，中文的「爸」字遲到魏晉時代才出現，先秦時代根本沒有這個字。那麼，先秦時代的孩子如何叫爸爸呢？為什麼上古的中文和世界其他語言不一樣呢？教外國人中文，這類問題無法迴避。

在孔子的時代，「父」字怎麼念呢？我們可以帶入兩條聲韻學規律，一條

叫做「**古無輕唇音**」，今天ㄈ的音來自古代的ㄅ，「**古無輕唇音**」是語言演化的普遍性原則，英文的 f 往往也是從 p 變來的，father 不就來自於 pater 嗎？

另一規律是「今天的ㄨ韻母，大部分由上古的魚部字變來，而魚部字原先是念ㄚ音的」，這樣帶進「父」字的音讀，那麼它的上古念法就是ㄅㄚ、了。這是中文的「**元音大轉移**」現象（英文也有類似的現象，叫做 great vowel shift）。在孔子時代沒有「爸」字，只有「父」字，「父」就念作「爸」。到了魏晉以後，「父」字不念「爸」了，於是在「父」的下面注一個音「巴」，於是「爸」字才誕生。

又如外國人愛喝咖啡，中國人愛喝茶，華語教學當中，西方學生常常會提到和茶相關的許多問題。他們對茶文化充滿了高度的興趣。那麼，中國茶文化的產生和讀音有怎樣的關係呢？

中文有一個「茶」字，又有一個「荼」字，它們原是同一個字的化身。

原來，我們的祖先在野外採集茶葉來浸泡，作為飲料，其味苦而帶涼性，有益身心，慢慢地發現了把茶葉進行烘焙加工，製成了更精美的飲料，這就是茶文化的誕生。這種茶文化逐漸地又從中國散布到全世界，於是全世界的語言都用到了「茶」這個字。

在韓國話當中，「茶房」的「茶」唸做 [da]；在閩南語和法文當中，把「茶」唸做 [de]；在英文當中，把「茶」唸做 tea。原來這些詞語都是由於茶文化的傳播，他們是<u>從同一中國的古音演變出來的</u>。從這裏我們看到了「**元音高化**」的過程，這正是語音演變的普遍性規則。

[da]〉[de]〉[ti]

原來，中文的「茶」和「荼」最早都來自於 [da] 的發音，到了**現代華語當中，「荼」字保留了韻母，「茶」字保留了聲母，就像相依相惜的兩兄弟，仍然透露著它們同源的血親關係。**

漢語及
方言學

從晉語的「煏」和「㷶」説起

張振興

中國社會科學院語言研究所

　　閒時看書，看到陝西神木方言有四個詞，引起我的興趣。這四個詞是：煏、𩱆、洮、㷶。

　　𩱆，神木 p'əʔ4，水沸騰後溢出。《説文·𩰲部》：「～，炊釜溢也，從𩰲孛省。」廣韻沒韻蒲沒切。這個説法在方言裏廣泛使用，通常都寫作「潽」。著名語言學家丁聲樹先生最早提出「潽」的本字可能是「𩱆」。不過，丁先生還是主張用俗字「潽」字，認為從俗好。

　　洮，神木 t'ɔ44，洗米。廣韻豪韻徒刀切：「清汰也。」集韻豪韻徒刀切：「盥也。一説淅也。」這個説法南方方言用得少，但整個官話地區幾乎都通行。其實，寫起字來就是很平常的「淘」字。《方言調查手冊》寫作「淘（洮*）」。

　　我更有興趣於「煏」和「㷶」這兩個字。於是又查了一些方言的説法。分別説説。

一、煏

　　這個字又作又作「煿」、「爆」。其基本意義是「火乾肉」，字書韻書常見。

　　《説文·火部》：「爆，以火乾肉。」

　　《方言》卷七：「煿，火乾也。凡以火乾五穀之類，關西、隴、冀以往謂之煿。」

《玉篇．火部》：「㷣，同煏。」又：「煏，火乾也。」

集韻弼力切。《廣韻》職韻符逼切：「火乾肉也。」

文獻上也不罕見。

《齊民要術．伐木》：「凡非時之木，水漚一月，或火煏取乾，蟲則不生。」

宋．莊季裕《雞肋篇》卷上：「其治蚤則置衣茶藥焙中，火煏令出，則以熨斗烙殺之。」

《清史稿．兵志十一》：「其火藥各廠，如提硝房、蒸硫房、煏炭房、碾炭房。」

清周亮工《書影》卷四有象聲詞「煏爆」：「龍涎香真者，雨中焚之，輒煏爆有聲，以此為驗。」

這個說法，在晉語以及晉陝地區流行廣泛。除了字書韻書裏常見的「火乾肉」的意思以外，還有烘烤、火焙的意思。都讀陰入調。例如：

神木　piəʔ4，烘烤：燒爐子～家。

太原　Piəʔ2，熱鍋裏把肥肉的油煎說「煏」，陰入調。

平遙　Piəʔ꜀ 55，烘乾衣服。

平定　Piəʔ꜀ 4，形容詞：哎呀，離得太近了，～得不行，快離開點哇。

大同　piəʔ꜀ 3，使肉中油析出，如：用小火把油～出來。

呂梁（離石）Piəʔ꜀ 2，烤肉的時候把油～出來。

興縣　Piəʔ꜀ 55，加熱使油析出或水分幹：你往爐子跟前站給下就把濕褲腿～幹咧麼。| 把火弄猴小些，把豬肉上的油再～出口來。

長治　① piəʔ꜀ 4，把油～出來；② pəʔ꜀ 4，用於烘乾食物 / 衣物。

晉城　① piəʔ꜀ 2，把油～出來。

在晉語或晉陝地區，跟「煏」字意思最接近的近義或同義字是「焙」，還有「炙」等少數幾個其他的說法，例如：

平遙　① pææ꜄ 24：烘乾食物；② xɔu꜄ 24：從肉中煉油或把固體油化為液體。

大同　①炙 tʂəʔ꜀ 3：靠近熱源但不接觸：靠近爐子太熱說「～的厲害」，或者烘乾衣物說「掛到爐子跟前～一～，一會兒就乾了。」②焙 pɛe꜄ 24：在

鏊子上或炕上烘焙食物（接觸熱源）。

平定　①焙 pei˿ 24：烘乾食物（烘乾衣服一般說「烤」）：放火邊兒邊兒 ∼∼ 哇。② xɔ˿ 24：從肉中煉油或把固體油化為液體。

忻州　①焙 pei˿ 53：烘乾食物；② xəu313（陰平上）：從肉中煉油或把固體油化為液體。

呂梁（離石）　焙 pɐi˿ 53：烘乾食物／衣服。

興縣　Piəʔ˭ 55：烘乾。加熱使油析出或水分乾：你往爐子跟前站給下就把濕褲腿 ∼ 乾咧麼。| 把火弄猴ᵥ些，把豬肉上的油再 ∼ 出口來。形容詞：離爐子太近了，∼ 得不行。（三義讀音相同）

晉城　焙 pɛe˿ 53 用於烘乾食物／衣物。

萬榮　pʻei33 參見「炕 kʻɤ33」。

以上的例子大概可以說明，在晉語或晉陝地區，「煏」主要用於「火乾肉」，「焙」主要用於烘烤（食物或衣物）。有不同的用法。在少數地方偶爾也有交叉，可以互用或通用。

其實，「煏」的說法和用法也廣見於其他各地的漢語方言。有的用法是以多音詞的條目出現的，但都跟上說字書韻書所說的基本意義有密切關聯，或是從基本意義延伸的用法。例如李榮主編的《現代漢語方言大詞典》和徐寶華主編的《漢語方言大詞典》就有很多記錄。

以下幾條見於《現代漢語方言大詞典》卷 5 第 4976 頁：

杭州　piəʔ5 用火烘，保持一定溫度：火 ∼ 雞。

南寧平話　pek3 火勢逼人：火太 ∼ 人，我坐遠啲先。○南寧平話今讀陰入。

廣州　pek55 猛火久煮：∼ 乾佢。加猛火 ∼ 腍佢 |∼ 圓蹄ₓ燒肘子|∼ 腍啲牛肉。

建甌　pi24，福州 pɛiʔ24 一種肉類加工方法，用明火熏烤使熟，或使出油。

煏人　長沙 pi24 zən13 熱的輻射使人難於忍受：今天怕莫（恐怕）有 40 度，好 ∼ 的！

　　煏字　長沙 pek3 tsʅ11 在瓷器或搪瓷上寫字，經工藝處理，使所寫的字不再脫落。

　　煏爐子　長沙 pi24 ləu13·tsʅ 一種取暖用的鐵爐。

　　煏乾　東莞 pək44 kun213＝焙乾 pui32 kun213：烤乾。

　　煏酒　萍鄉 pi13-4 tsiu35 用蒸餾的辦法製取酒液。

　　煏稀熬　萍鄉 pi13-4 çi13 ŋau44-4 用蒸餾的辦法制取米酒。

　　煏鴨　建甌 pi24 a24 煙熏的鴨子，是本地特產。

　　以下兩條見於《現代漢語方言大詞典》卷 6 第 6052 頁：

　　煏　寧波 biəʔ12 用火烘或高溫使乾：衣裳火缸裏～一～燥。

　　煏　黎川 pʼiʔ5 不加水或只加少量的水將食物加熱：～飯。～薯。

　　以下各條見於《漢語方言大詞典》第五卷 6677 頁：

　　煏　①熨。吳語。浙江寧波。應鐘《甬言稽古·釋食》：「以熨斗、烙鐵熨衣帛使乾，俗呼～燥。」②煎肉出油。閩語。福建廈門 piak32、漳平 pit55～油。③焦；煩躁。閩語。廣東揭陽 pek2 無一件事如意，伊個心～死（心焦得很）

　　煏巴　烘乾成巴。廈門 pik32pa44。

　　煏爐　冬季室內用來燒煤取暖的鐵爐。長沙 pi24ləu13。

　　煏側　焦躁。揭陽 pek2-3tsʼek2 你遲到，伊等到～死。

　　煏熱　悶熱。揭陽 pek2-5zua5 天時照～，可能欲落雨。

　　煏茶葉　烘乾茶葉。浙江定海，民國《定海縣誌》：「凡以火烘使乾俗謂之煏。如～茶葉」。

　　還應該查閱更多的方言資料。不過，從以上簡單的材料已經可以看出，「煏」不但通行於晉語以及晉陝地區，還通行於南方各地的許多方言地區，是漢語方言裏很常用的口語詞。它的核心詞義是字書韻書裏的「火乾肉」，但由這個字眼所組成的一個擁有眾多成員的「詞族」，卻包含了更加廣泛多樣的「語義鏈」。詞族的語義鏈是核心詞義的擴展和延伸。語義鏈的在不同方言的演變和分化，給漢語方言的詞彙研究帶來了無限的遐想。

二、俗

　　「俗」見於字書韻書。《方言》卷三：「慵懶謂之～，轉語也。」郭璞注：「～，猶保～也。今隴右人名嬾為～。」戴震疏證：「嬾，即古嬾字。」《方言》卷七：「傑桀俗，罵也。燕之北郊曰傑俗。」郭璞注：「羸小可憎之名也。」《廣韻》鍾韻息恭切：「～ 恭，怯貌。」《集韻》思恭切。按韻書的反切，這個字今方言當讀陰平調，但實際的口語經常讀成陽平調。例如浙南吳語湯溪方言也有「俗」字，就是讀陽平（見傅根清《湯溪方言本字考》，《方言》2001年第 3 期）。這是受到借用字的語義轉嫁，導致用字語音感染造成的。下文再說。

　　這個字也見於地方誌書以及其他各種文獻，顯示其通行之廣。例如《吳下方言考》：「吳中謂做事不用力曰俗。」1925 年《獻縣誌》：「庸懦無能則曰俗包。」王綸《新方言雜記》：「今江蘇江北、安慶、蕪湖及歙縣，謂人相貌鄙憎曰俗像。」王綸《新方言雜記》：「今江蘇江北、安慶、蕪湖及歙縣，謂人相貌鄙憎曰俗像。」清蒲松齡《俊夜叉》：「這《西江夜》是說的不成人的憨蛋，不是俊的俗種。」又《蒲松齡集・日用俗字・賭博章》：「賭博真是俗呆秧，本人猶說勝如嫖。」章炳麟《新方言・釋言》：「《方言》：『庸謂之俗。』今廣信自謙稱俗郎子，猶稱僕、稱賤子也。」《昭通方言疏證・釋證・釋詞》：「今昭人名懶曰俗。」《隴右方言・釋言》：「今謂懶懈曰俗俗泄泄。」有的地方也寫作「髞」。例如戈壁舟《我迎着陽光》：「不是我來種，餓死你狗髞」。蘇一平《紅布條》：「瞎髞狗你胡吱哇，不長眼睛單咬咱。」魏鋼焰《寶地—寶人—寶事》：「非把你尕髞餓死才趁我的心咧！」（《漢語大詞典》第 12 卷 409 頁）。但很多方言也寫作「屄」。從來源上說，「俗」是本字，「屄、髞」不見於韻書，也不見於早期文獻，都是「俗」字語義轉嫁以後再起的方言用字。

　　上文所引字書韻書，方言文獻已經指出，「俗」的基本語義是庸懶、笨拙、無能，擴而廣之成為常用貶詞或詈語，通行於晉語以及晉陝地區。例如：俗　神木 suř44 ①無能：～人；～包 ②受人鄙視、憎惡的人：壞～；懶～。

屟　　忻州 suəŋ31 力氣小：～人。

屟骨頭　　忻州 suəŋ31 kuəʔ21 tʼəu53 經不起折磨，意志薄弱的人。

屟鬼　　忻州 suəŋ31 kuei313 體弱力小的人。

屟漢　　忻州 suəŋ31 xã53 軟弱無能的人。

屟管　　西安 suŋ31 kuæ53 滿不在乎：旁人都為伢著急，伢還～。

屟管娃　　西安 suŋ31 kuæ53 ua44 對什麼事都不管的人。

《太原方言詞典》不收「㞞」字，也不見「屟、骽」這樣的字眼，但 241 頁有「松香鬼 suŋ11 çiõ11 kuei53 白癡。智力低下。動作遲鈍，輕者語言技能不健全，重者不能料理自己的起居飲食」，可以相信這裏的「松」寫的是同音字，就是其他方言裏的「㞞」。

以下幾條見於《現代漢語方言大詞典》卷 4 第 3236 頁：

銀川　　㞞 suəŋ53＝傢伙；做詞尾，構成指人的名詞，大多是貶義的：賊～、壞～、懶～；怯懦：～賊，～膽子；令人生厭或鄙棄的事物：～地方，～東西，～房子，～書。

銀川　　㞞形 suəŋ53 çiŋ53＝尿勢 tçʼiəu53 ʂɿ24 難看的姿勢；醜陋的相貌（罵詞）：看你那個～還覺不著的，把你嘿日俊得不行行。你罷看那個傢伙，人長得個～，臭毛病還多得很。

銀川　　㞞賊 suəŋ53 tsei53 有賊心無賊膽的傢伙：這個～，抓住了就叫爺爺呢。

㞞包　　徐州 suŋ213-35 pɔ213＝㞞蛋②

㞞蛋　　徐州 suŋ213-21 tæ51 ①軟弱無能；畏縮（含罵人意味）：他說話怪能，一碰真格的就～了 ②軟弱無能；畏縮的人（含罵人意味）○義項②也叫「㞞包」。

以下各條見於《現代漢語方言大詞典》卷 5 第 5304－5305 頁：

屟　　成都 soŋ21 ①饞，貪吃。②窮酸，寒磣。③不修邊幅，精神萎靡。④髒。

屟　　于都 soŋ44 差，次。不好：這種布蠻～。脾氣蠻～。佢成績蠻～，幾

門唔及格。

　　㞘了　西寧 suɔ̃34-21 liɔ53 怯戰了，讓步了，後退了：兩個人一起打架哩，打着打着一個～。

　　㞘吃餓吃　成都 soŋ21 tsʰ1̩21 o213 tsʰ1̩21 吃東西又快又多，很餓很饞的樣子。

　　㞘相　南京 soŋ24 siaŋ44 指人無能，沒出息的樣子：你這副～，還來管我呢！

　　㞘嘴　成都 soŋ21 tsuei53 愛看着別人吃東西，表現出自己也很想吃的樣子。

　　以下各條《漢語方言大詞典》第四卷 4914－4915 頁：

　　㞞　①怯弱而無能。②做事不用力。蘇州 soŋ53 ③便宜。溫州 soŋ44 ④傻裏傻氣，台灣 soŋ24 ⑤糊塗。山東淄博。（以上摘錄）

　　㞞包　怯弱無能的人。河北獻縣。也見於山西離石，河北陽原，貴州貴陽。

　　㞞像＝㞞相　相貌鄙醜難看。丹陽 soŋ24 xie24。

　　㞞嘴　嘴饞。成都 suŋ24 tsui53。

　　㞞人車　排子車。北京 suŋ35 zən35 tʂʰɤ35。

　　㞞包子　怯懦的人。北京 suŋ35 pau55 tiʅ0。

　　㞞死喋　相貌醜陋難看。湖南臨武 soŋ13-11 sə55 tie0。

　　㞞郎子　鄙人，本人。江西上饒（吳語）。

　　㞞胖頭　大頭鰱魚。安徽歙縣。

　　㞞滴滴　弱弱而無能。安徽歙縣。

　　㞞人估天　瞎猜測。廣東海康。

　　㞞湯冷氣　懶。西南官話。雲南昭通。

　　㞞㞞颺颺　傻乎乎。廣東海康。

　　㞞㞞泄泄　懶怠。甘肅武威。

　　張惠英等人的《崇明話大詞典》裏，很集中收錄了「㞘」字詞族：

屄　zoŋ²⁴ ①精液：～水。②詈詞，罵男性。③代指男性，是較粗俗的説法（偶爾也有女性之間使用）：你其～個躥跑勒哪裏去特？人尋勿着你（你這傢伙這一陣去哪兒了？都找不到你人）。

屄料　zoŋ²⁴ liɔ³¹³⁻³⁰ 指人（含輕視或戲謔意），與「傢伙」有所相似：你其～（你這個傢伙）。

屄塊辣子　zoŋ²⁴ kʻuei³³ læʔ²⁻⁵ tsʅ⁴²⁴⁻³⁰ 譏人軟弱無能，猶説「屄包」：你其～（你這屄包）。

屄本頭鈿豁脱　zoŋ²⁴ pən⁴²⁴⁻³⁰ doŋ²⁴⁻⁵⁵ die²⁴⁻⁵⁵ huæʔⁿ⁵tʻɔʔ⁵ 罵人毫無用處：夷個種人是～個（他這種人是毫無用處的）。「屄本頭鈿」指父母親生下子女時父親所射出的精液。豁脱：丟失。

屄用　zoŋ²⁴ yoŋ³¹³⁻³⁰ 罵人或罵東西毫無用處：個種人～（這種人毫無用處）。｜個種物事買夷～（這種東西買它毫無用處）。

屄衲（頭）　zoŋ²⁴ næʔ²⁻⁵（də²⁴⁻⁵⁵）詈詞。罵人是毫無用處的東西。

屄勒嘸甯屏勒　zoŋ²⁴ ləʔ⁰ ʔn⁵⁵ n̩in²⁴⁻⁵⁵ pin³³ ləʔ⁰（精液還沒有凝成）説人還幼稚不懂事（含貶義）。

在很多方言口語裏，「精液」都説成「屄」，讀音跟「㞞」同。有的「屄、㞞」通用。例如：㞞　神木 suɤ̃44。神木的説法通行於晉語以及晉陝地區。沈明先生告知：太原話裏「精液」説 ɕyŋ11，拼音是 xiong2，打不出字來。這個音讀應當就是神木的「㞞」song2。山西晉語的其他地區都是「屄」，例如平遙：₌suŋ213，平定：₌suŋ44，忻州：₌ɕyŋ31，呂梁（離石）：₌suŋ55，興縣：₌suŋ55，長治：₌ɕyŋ24，晉城：₌ɕiŋ213。

這個説法廣見於其他漢語方言。例如：徐州 ɕyŋ55，南京 soŋ34，洛陽 ɕyŋ31，銀川 suəŋ53，萬榮 suʌŋ34，揚州 soŋ35，崇明 zoŋ34，杭州 zoŋ213，金華 zoŋ313，績溪 sã44。這些地區主要覆蓋了官話和吳語。

上文説過，字書韻書和早期文獻只有「㞞」字，根據反切是古清音聲母平聲字，在分別陰陽平的今方言當讀陰平調，神木當讀陰平上調，在語義上並不指別「精液」。「屄、䐗」兩字是後起的，當屬於古濁音聲母平聲字，在

分別陰陽平的今方言當讀陽平調，主要用於指別「精液」。因此，在有的方言裏，這兩個字用法是分開的。例如《銀川方言詞典》就特別指出：「『㞞』與『屄』相當。『屄』，不見於廣韻，當來源於詳容切。銀川作精液解時寫作『屄』，其他用法寫作『㞞』。」上文所引用例證也大致可證確實如此。不過，很多例證也反映了一個事實，就是本來後起的「精液」專用字，在很多地方也承當了「㞞」字的語義功能，於是造成了「㞞」「屄」不分。《神木方言研究》「㞞」字下解釋：「按中古音當讀陰平上，讀陽平可能是受精液的字眼感染所致。實際上，神木人以為㞞就是從精液引申來的。」《崇明話大詞典》「屄」字下解釋「崇明話讀濁擦音陽平調，和《廣韻》平聲鐘韻邪容切的「松」音相合。「松樹」的「松」很多方言讀陽平調，和「邪容切」音相合，北京話今讀陰平調是回避粗字眼音。所以今俗寫的「屄」實際都是「松樹」的「松」，松樹的松脂和精液相似。」這是受到借用字的語義轉嫁，導致用字語音感染造成的。

現在進一步討論方言裏「精液」的說法。晉語、吳語，以及一部分官話說「屄」或「㞞」，有的方言還有其他說法。《柳州方言詞典》說「精水 thən⁴⁴ suɐi⁵³」，《武漢方言詞典》說「漿 tɕiaŋ⁵⁵」，《績溪方言詞典》也說「鳥漿 tie²¹³⁻³¹ tɕiõ³¹」，《杭州方言詞典》還說「陽水 ɦiaŋ²¹³⁻³¹ sɥei⁵³」，《長沙方言詞典》則說「卵漿 lõ⁴¹ tsian³³」，《婁底方言詞典》說「卵水 nue⁴² ɕy⁴²⁺¹」，《南寧平話詞典》說成「口水 tsʻotˀsui³³」。最能引起注意的是閩語裏的說法。閩語裏「㞞」和「屄」是分開的。當「精液」說的，相當於「屄」字的專用詞義的，閩南話都說〔ₑsiau〕，有人寫作借用字「潲」，本字可能是「陽」字。《廈門方言詞典》「siau35，俗稱精液；用在某些詞後，使該詞顯得粗鄙：囂～（胡扯），孽～（調皮），衰～（衰敗的運氣），茹～（亂糟糟），吵～（攪擾），啥～（什麼鬼東西），否～（壞得很）」。福州話說「螺首汁 nøy21øiu55tai24」，「螺首」指陽具。廈門話相當於「㞞」字專用詞義的，字寫作「庸」，也說陽平調的〔soŋ22〕，《廈門方言詞典》「俗氣，土氣。土～（土氣），山～（土包子），你怀通食人～（你別欺人不懂）」。

三、餘論

本文討論「熆」和「㞞」兩個字，實際上是討論漢語方言裏的兩個口語常用詞語。討論這兩個詞語的核心語義，以及以其為核心的語族的語義鏈。跟其他很多方言詞語一樣，可以説明漢語方言的統一性和分歧性。

必須更加重視漢語方言的詞語研究。語言中的詞語是語音和語法的中心環節。詞語研究可以促進語音和語法的研究。

但詞語研究有其特殊的困難。在語言的體系裏，詞語的系統性是最差的，因為一旦涉及語義範疇，千差萬別的因素就出來了。所以，詞彙研究最好一個一個來，不要着急，不要匆忙，要有耐性。

研究一個方言的詞語，最好的辦法就是為這個方言編一部詳細的方言詞典。其實，這也是研究透一個方言的最好辦法。

附注：本文資料主要來自李榮主編的《現代漢語方言大詞典》分卷本裏的有關地點方言詞典，以及由喬全生主編的「山西方言重點研究叢書」。此外還有部分其他調查報告或研究報告。恕不能一一注明，在此向有關編者、作者表示衷心感謝。

本文主要引用文獻

侯精一、溫端政〔主編〕，1993。《山西方言調查研究報告》，太原：山西高校聯合出版社。

李榮〔主編〕，1992-2002。《現代漢語方言大詞典》（分卷本和綜合本），南京：江蘇教育出版社。

邢向東，2002。《神木方言研究》，北京：中華書局。

許寶華、宮田一郎〔主編〕，1999。《漢語方言大詞典》，北京：中華書局。

「个、介」史略

張惠英

海南師範大學

一、引論:《集韻》「箇个介個」合併對待

《集韻》「个、介」同字異體:《集韻》去聲箇韻:箇个介,居賀切,説文竹枚也。或作个、介,通作個。

《集韻》去聲怪韻居拜切:「介,説文畫也。一曰助也、間也、獨也。」

入聲點韻訖點切:「介,特也。漢書介居河北。晉灼讀。」

(引者按,《史記·張耳陳餘列傳》:「將軍今以三千人下趙數十城,獨介居河北,不王無以鎮之。)

筆者以為,《集韻》居賀切把「箇、个、介、個」合而為一處理的方法,所給的資訊量最大,也符合口語實際。

《廣韻》把「箇、个、個」分而為三,又把「介」分開,不見聯相互有通:

《廣韻》去聲箇韻:箇,箇數。又枚也;凡也。古賀切。

个,明堂四面偏室曰左个。

個,偏也。

《廣韻》去聲怪韻古拜切:「介,大也、助也、佑也、甲也、閱也、耿介也。説文作介畫也。俗作分。又姓,介子推是。」

二、古文獻用法

个，可作名詞，指人或物，也可作人和物的量詞

1)《左昭三年》:「又弱一个焉，姜其危哉。」

按，指齊惠公孫子齹_{字子雅}死，上文具體說到「齊公孫齹卒」）（阮元校刻本《十三經注疏‧春秋左傳正義》卷四十二，2032 年頁下）這「个」可解作名詞指人，也可解作人的量詞。名量同源的端倪於此可見。

2)《禮記‧大學》:「若有一个臣，斷斷兮無他技，其心休休焉。」

按，「一个臣」的「个」，顯然這是指人的量詞。

3)《儀禮‧士虞禮》:「舉魚臘俎，俎釋三个。」鄭玄注:「个，猶枚也。今俗名枚曰個，音相近。」（阮元校刻本《十三經注疏‧儀禮注疏》卷四十二，1169 頁中）

按，例中「个」是物的量詞。鄭玄注謂「个」和「個」是「音相近」，這是古注疏者偏重字形，強生區別。

4)《左傳‧昭公四年》:「豎牛曰:『夫子疾病，不欲見人。』使實饋于个而退。」杜預注:「个，東西廂。」

按，此「个」是名詞，指東西廂。

5)《史記‧貨殖列傳》:「木千章，竹竿萬个。」張守節正義:「《釋名》云:『竹曰个，木曰枚。』」

介，可作名詞指人，可作人的量詞；可用作動詞表示助、予、舍止、特立、介懷、憑仗等

1)《左傳‧成公十三年》:「孟獻子從，王以為介。」杜預注:「介，輔相威儀者。」

2)《禮記‧聘義》「上公七介，侯伯五介，子男三介，所以明貴賤也。」孔穎達疏:「此一節明聘禮之有介，傳達賓主之命。」（一 104）古代賓方傳達賓主之言的人。

按，例 5) 和例 6)「介」是名詞，指傅相者傳達者。

3)《禮記·檀弓下》:「滕成公之喪,使子叔敬叔弔,進書,子服惠伯為介。」鄭注「介,副也。」

按,此「介」也指人,當是傳書者,副手。

4)《國語·周語中》:「及魯侯至,仲孫蔑為介。」韋昭注:「在賓為介。介,上介,所以佐儀也。」(《國語》79-80頁)

按,此「介」指人,禮賓人。

5)《左傳·昭公十四年》:「養老疾,收介特。」孔穎達疏:「介亦特之義也。介特謂單身特立無兄弟妻子者。」

按,此「介」是名詞,指單身人。漢王逸《九思·怨上》:「哀我兮介特,獨處兮無依。」此「介特」是形容詞,孤獨意。

6)《莊子·養生主》:「公文軒見右師而驚曰:『是何人也?惡乎介也?』曰:『天與?其人與?』曰天也,非人也。天之生是使獨也,人之貌有與也。以是知其天也,非人也。」郭象注:「介,偏刖之名。」今人陳鼓應注:介,指一足。)

按,此「介」就是天生獨腳的人。

7)《左傳·襄八年》:「君有楚命,亦不使一介行李告于寡君。」杜預注:「一介,獨使也。」陸德明釋文:「介,古賀反。」

按,例中「介」是量詞,「行李」指使者。陸德明「介,古賀反。」音,和《集韻》所記一致。「介」作量詞,和「个」異文相通,如:

8)《書·秦誓》:「如有一介臣,斷斷猗無他伎,其心休休焉,其如有容。」陸德明釋文:「馬本作介,云:一介,耿介,一心端愨者。字又作个。」(據《漢語大詞典》第一冊 16 頁)

按,從「一介臣」的「介」,「字又作个」看,顯然解作量詞。「一介」指一個的用例,古文獻常見。如:

9)《禮記·雜記上》:「寡君有宗廟之事,不得承事,使一介老某相執綍。」鄭氏注:「介音界,舊古賀反。」(據阮刻本《十三經注疏》1558 年頁上)

按,從舊讀「古賀反」,知此「一介」同「一个」。

10)《國語・吳語》:「勾踐請盟,一介嫡女,執箕帚,以晐姓于王宮;一介娣男,奉盤匜,以隨諸御。」韋昭注:「一介,一人。」

按,名量同源,「介」既是名詞,又可以是量詞。又如下例:

11)晉葛洪《抱朴子・論仙》:「一介失所,則王道為虧;百姓有過,則謂之在予。」

12)《孟子・萬章上》:「非其義也,非其道也,一介不以與人,一介不以取諸人。」趙崎注:「一介草不以與人亦不以取諸人。」

按,此「介」也是名詞,此指細小之物。

13)《西京雜記》卷四:「其有一介之善,一方之藝,居接士之館。」

按,此「一介」既是名詞指事物,也是量詞表少量。以上用例都是名詞量詞用法。

下面舉動詞介詞用法:

14)《詩・小雅・小明》:「神之聽之,介尔景福。」聞一多《古典新義・詩經新義》:「匄、介同祭部,乞在脂部,最相近,故三字通用。匄、乞皆兼取、與二義介字亦然。」(據《漢語大字典》第一冊 104 頁)

按,聞一多這個說法,為「介」字兼取、與的方言用法,揭示了一束光線。

15)《詩・豳風・七月》:「為此春酒,以介眉壽。」鄭玄箋:「介,助也。」

按,鄭玄「介,助也」的「介」,是助,也就是給予。又如《詩・小雅・楚茨》:「以妥以侑,以介景福。」此「介」也是給予意。

16)《詩・小雅・甫田》:「黍稷薿薿,攸介攸止,烝我髦士。」鄭玄箋:「介,舍也。」(引自《漢語大字典》第一冊 104 頁)

按,此「介」和「止」相對。就是止息義。《漢語大字典》解釋為「舍;止」。

17)漢桓寬《鹽鐵論・訟賢》:「今之學者,無太公之能,騏驥之才,有以蜂蠆介毒而自害也。」《漢語大詞典》第一冊 1074 頁,把「介毒」注釋為放毒。很是。這個「放毒」也就是給出毒液。

18)《水經注・廬江水》:「又有孤石,介於大江中。」(引自《漢語大字典》第一冊 104 頁)

按,此「介於」就是立于,是表示處所的動詞。《漢語大字典》解釋為「獨;特異」。

19)《漢書・匡衡傳》:「情欲之感,無介乎容儀。」顏師古注:「介,繫也。言不以情欲繫心,而著于容儀者。」(引自《漢語大字典》第一冊 104 頁)

按,此「無介乎容儀」不要是繫心於容儀,是不在於容儀。又如「介意、介慮、介懷」等,都是「在乎心上」的意思。

20)《左傳・文公六年》:「介人之寵,非勇也。」杜預注:「介,因也。」(引自《漢語大字典》第一冊 104 頁)

按,《漢語大字典》解作「憑藉;仗恃」,很是。

三、「个」在今方言的用法

「个」在今普通話中用法主要是名物量詞、動量詞,還有名詞指人或物、人身體和物體的大小等。例如:「一个人、三个蘋果,這些个話,見个面、說个話,玩兒个痛快」等,還有名詞用法如「挨个兒握手」「雞蛋論个兒賣」。還有「个人」和「集體」相對時指一个人;正式場合表達意見「个人認為」時,就指稱自己。

那麼,「个」的歷史是否就以此為止呢?漢語史就是文獻為據的歷史呢?

在方言中,「个」的用法則是少見的豐富多彩,既有名詞、量詞、指示詞、領屬助詞、詞頭、詞尾等用法,又有繫詞、動詞、介詞、動態助詞表完成表持續等等,令人眼花繚亂無所辨認,加上種種異讀音變、還有中原官話的 D 變韻,各種表達形式、書寫字形也是多種多樣琳琅滿目。

1 用作指示代詞。從《北齊書・徐之才傳》「箇人諱底?」,到今南北很

多方言，一直使用，只是聲音變異，讓人不易辨別。如蘇州話、梅縣話、廣州話等（從略）。

2 用作領屬助詞。從《水滸傳》的「我个嫂子」，到廣州話的「廣州嘅生果」、山西話的「我兀書」（從略）。

3 用作名詞。表示東西、物品、事情、人等。

冀魯官話河北中部東部〔ke⁵¹〕：

你就是騎上千里駒也不是个兒。（引自《漢語方言大詞典》373 頁）這個「个兒」就是對手，就是名詞指人。

北京官話：跟我打，誰也不是个兒。（同上 374 頁）

膠遼官話：做這事，他可不是个兒。（同上 374 頁）

白宛如《廣州方言詞典》28 頁記載：

嘢 iɛ²³1）東西，物件：買～｜食～｜想唔想飲～啊？｜靚漂亮～｜平～唔靚便宜貨不好｜水～次貨｜正門～上等貨 2）事情，事兒，工作：冇～做｜冇～吖，唔使驚｜做～打爛嘢幹活兒打破東西 3）指人（貶義），相當於「傢伙」或「東西」：衰鬼～｜个～好惡喋｜死人～死傢伙 4）量詞。所代表的容器或其他東西不固定：食咗兩～粥｜打佢一～

白宛如還特別指出，「嘢」是俗字。為方便，詞典中其他地方都寫作「野」。

我們以為，這個「嘢、野」就是疑問詞「乜嘢（物个）」的「嘢」，就是客家話「脈个（物个）」的「个」。湖南婁底方言疑問詞「嗎介 mɔ⁴⁴ 那就是」、指示詞「ku⁴² (ko⁴²)，即」的「介」也是「个」。我 1990 年《方言》連載的《廣州方言詞考釋》中，對廣州話的「㖭、嘅、㗎」分別作了解釋，説明都是「个」的變讀；疑問詞「乜嘢」和周圍方言東莞、深圳、從化的「脈介」mai⁵⁵kai³³ 的相對應，所以這個「嘢」，就是「个、介」失落 k- 聲母的變讀。

「个」可指人，如《婁底方言詞典》81 頁「別个 p'e¹³ku³⁵⁻⁵」注為「別人」。「別三哪个」注為別的什麼人，外人。

4 用作動態助詞，表示動作的完成、進行或持續。

皖南宣州吳語「咯（个）kə」表示動作的完成（《安徽省志·方言志》384 頁）：

（1）吃咯飯再走。（吃了飯再走。）

（2）講咯一遍又講咯一遍。（講了一遍又講了一遍。）

（3）飯煮好咯。（飯煮好了。）

（4）蠶眠咯。（蠶眠了。）

皖南宣州吳語「咯（个）kə」表示動作的進行或狀態的持續（《安徽省志·方言志》384 頁）：

（1）講咯講咯笑起來咯。（講着講着笑起來了。）

（2）小王歪咯頭看書。（小王歪着頭看書。）

（3）電燈還亮咯。（電燈還亮着。）

蕪湖話的「咯得 kə tə」和普通話的「着呢」相當，表示進行或持續（《安徽省志·方言志》384 頁）：

（1）門鎖咯得。（門還鎖着呢。）

（2）電視開咯得。（電視正在開着呢。）

（3）衣裳晾咯得。（衣服正曬着呢。）

（4）燈亮咯得。（燈還亮着呢。）

又如

黃啟良《觀音閣土話研究》表完成的 kuai^{31}（陽平調）、ɛ^{31}，和表持續的 kɛ^{31}，實際上都來自「个」。

先看表完成的 kuai^{31}（陽平調）、ɛ^{31} 例：

（1）雨停□（雨停了）xei^{44}tʻən^{53} kuai^{31}（115 頁）

（2）雪融□（雪融了）suei^{35}iuŋ^{55} kuai^{31}（115 頁）

（3）落雨□（下雨了）lu^{53} xei^{44}ɛ^{31}（271 頁）

5 可作介詞在、對、把、替等。

黑維強《綏德方言調查研究》570 頁「个」作介詞，用於動詞與處所補語之間，猶「在」、「到」。「个」的這一用法一般是與處所名詞或方位短語構

成介賓短語，只作補語。例如：

那睡个路當定，誰也過不去。_{他睡在路中間，誰也過不去}

你三爺，你坐个這兒做甚叻？_{他三爺，你坐在這裏做什麼呢}

你家女子爬个地上不起來。_{你家女子爬在地上不起來}

走个畔畔上，就不怕跌下去？_{走在路畔上就不怕掉下去}

你怎麼價站个這兒？_{你怎麼站在這裏}

（還有江蘇徐州話，河南鄭州話、獲嘉話、浚縣話，安徽濉溪話、山東聊城話等，處所介詞都有个當的說法。此從略）

廣東潮州〔kai^{21}〕、揭陽〔kai^{55}〕：

你去个伊呾（你去跟他説）。

我个行李你个我知關（我的行李你替我看守）。（引自《漢語方言大詞典》373 頁）

按，例中第一個「个」（我个行李）表示領屬，第二個「个」（个我知關）是介詞替、幫意。

撮飯个伊食去（把這些飯吃光）。（同上 375 頁）

按，「个伊食去」的「个」是介詞表處置，把的意思。

6 可作副詞到底、究竟；難道、並不是。

廣東潮州：

這新道路，个是怎生？（引自《漢語方言大詞典》373 頁）

廣東揭陽：

物件是我个，个是你个（東西是我的，並不是你的）。（同上 377 頁）

按，「我个」的「个」表領屬，句末「你个」的「个」也是領屬，「个是你个」中「个是」可能由強調反詰語氣而實際表示否定意。猶如反詰語氣的「是你的？！」的實際意思就是「不是你的」。

7 可作判斷詞。見西南官話、湖北大冶話、廣東揭陽話等。

廣東揭陽話「个」可用作判斷。陳恩泉《揭陽話「个」的調值變化及其他》（220 頁）記載：「个」〔kai^{55}〕（陽平調）用作量詞、代詞（乜个_{什麼}）；「个」〔kai^{22}〕

（陽去調）用作結構助詞和語氣助詞，相當於「的」；「个」〔kai[35]〕（陽上調），用作判斷詞，或表示強調語氣的「是」。例如：个乜个（是什麼）？

又如：廣東揭陽（當[55]）：你个伊咀个我叫你去个（你對他說是我叫你去的）。（引自《漢語方言大詞典》373 頁）這個例句中三個「个」，三種意思，三種作用：第一個是介詞對、跟；第二個是繫詞「是」；第三個句末表肯定，對繫詞「是」的肯定，就是從繫詞用法發展而來。

又如西南官話中，于飛《巴歌》：「三天不買米，四天不買柴，這个日子你的女兒个過得來？」（引自《漢語方言大詞典》373 頁）

筆者以為，「這个日子你的女兒个過得來？」的「个」，表示是不是、是否、能不能的意思，跟「是」意思密切相關，也是由繫詞發展而來。

8 可作詞頭詞尾。

北方官話方言：今兒个、明兒个、後兒个、夜兒个。

陝北綏德話（據黑維強 2007 年）：今兒个兒、明兒个兒、後兒个兒；舊个兒_{過去，從前}、舊當个兒_{過去，從前}、先个兒_{先前，從前}、先當个兒_{先前}、早个兒_{早時}。

「仡佬」族，唐宋史書中寫作「葛僚、仡僚、佶僚、革老、仡佬」等。不管如何變換寫法，這個「葛僚、仡僚、佶僚、革老、仡佬」的首字「葛、仡、革、佶」都是詞頭，而且是同一个詞頭。我們從聲音出發，就可以明白，「仡佬」者，个老也。「个」是詞頭，「老」是對人的尊稱。

北方如山西、內蒙、青海等地，用「圪、尕」作詞頭的，很常見。

山西話詞頭「圪」和「个」同音（參侯精一 1985 年，99 頁），可用作名詞量詞形容詞動詞等多種詞類的詞頭。例如：圪蚤（跳蚤）、圪台（台階）、圪堆兒、圪枝兒、圪彎彎底、圪找、圪求（參張惠英 2001 年，207－208 頁）。

青海西寧話詞頭「尕」讀陽平調 ka[24]，是「个」的一種古讀，猶如果攝字「那」今普通話仍讀 nà，可以用作稱人、稱動物、稱事物名詞的詞頭，例如（據張成材 1994 年，49－50 頁）：

尕姨娘（丈夫稱妻妹；泛指親近的年輕女性）

尕妹（兄嫂背稱弟媳）

尕姐姐（女僕）

尕窮人（窮人）

尕兵（兵）

尕驢戶（毛驢兒）

尕面片（一種麵食）

甘肅東鄉一帶也有以「尕」作稱人的詞頭，如一名販毒女子叫「張尕娘」（見於《北京晚報》2004 年 1 月 18 日第 4 版〈十三公斤海洛因要了女毒梟的命〉）

湖北四川一帶的西南官話中，「个」可用作稱人名詞的詞頭，「个」起着指稱的作用。

例如武漢話，朱建頌《武漢方言詞典》128 頁「个」條就記載：

个 ·kə 前置成分，「這个」之省，用於名詞之前，表示不滿、譏諷、斥責等：～苕_傻傢伙｜～死貨｜～雜種｜～坯子_{不通人情的人}｜～木頭人｜～老實坨子｜～雜種事情的 ‖ 也作「嗠」

又如湖北荊沙話口語中「个」可作發語詞，用在名詞或名詞性結構之前，可以構成獨語句。例如（據王群生 1994 年，1270 頁）：

〔1〕个小壞蛋　个小精怪　个小鬼頭

〔2〕个苕貨　　个糊塗蟲　个苕伢伢

〔3〕个死不爭氣的　　　　个狗東西　个狗 × 的

作者王群生同頁指出：「『个』作發語詞，書面語中不用，口語中，『个』讀作輕聲音節。『个』一般構成獨語句，為名詞性的。『个』字構成的獨語句，有鮮明的感情色彩。如例〔1〕，都表示親近、親切的情感。例〔2〕有責備意，例〔3〕表示厭惡的情感。」

武鳴壯語有个詞頭 kɯ⁵¹，它和量詞「个」同音。例如（據李方桂 1953 年）：

kɯ⁵¹ 用作詞頭：

　　kɯ⁵¹kaɯ³³ 我（85、87、91 頁）

ku⁵¹muŋ³¹ 你（85、91、123 頁）

ku⁵¹te³³ 他（85、123 頁）

ku⁵¹rɑu³¹ 我們（123 頁）

ku⁵¹ 用作量詞：

koi⁵⁵ku⁵¹ʔdɯɑn³³ 幾个月（167 頁）

　　幾　　　　月

koi⁵⁵ku⁵¹pi³³ 幾（个）年（169 頁）

　　幾　　　　年

我們注意到，李方桂先生雖然沒有在注文中注出「个」，但在譯文中明白譯出 ku⁵¹ 就是量詞「个」。

還有，西林壯語的詞頭 kai⁵，在武鳴壯語中就用做量詞和指示詞。例如：

西林壯語詞頭 kai⁵（據李錦芳 1995 年，19 頁）：

單數第一人稱：（kai⁵）ku²/ŋ ⁴/ɛ²

單數第二人稱：（kai⁵）muŋ²/la²

單數第三人稱：（kai⁵）ti²

武鳴壯語量詞指示詞 kai²⁴（據李方桂 1953 年）：

kai²⁴　ŋai⁵¹θɑm³³ʔhɑn⁵⁵θoi²¹ 這東西个三个四（161、250 頁）

樣、件 這　三　个　　四（引者按，kai²⁴ 用作量詞。）

kai²⁴ hɯɑt²⁴ʔdɪ³³lo⁵⁵ 那腰好了（51 頁）

个　　腰　好　了（引者按，kai²⁴ 用作指示詞。）

很明顯，kai⁵ 的讀法，和漢語方言如客家話等讀「个」為 kai（陰去調）完全一致。

又如李大勤的《格曼語研究》第 1 頁講到，「格曼」之名來自格曼人自稱「格曼〔ku³¹mɑn³⁵〕」。陳國慶《克木語研究》第 1 頁指出，克木人自稱 kəmuʔ，他稱 khəmuʔ，是 kəmuʔ 的變讀。我們看到，這格曼和克木族名首字 ku³¹ 和 kə、khə 實際都是詞頭，是來源同一的詞頭。而且，這個詞頭還有別的變體 k 和 tɕ（k 的顎化讀法），這些變體都和布朗語詞頭 kaʔ⁴ 對應。

　　先看克木語詞頭 k（1993 年在南寧召開的語言比較和語言接觸會議上，陳國慶提到，這个詞頭 k，是 kə 的央母音弱化而致，右上角的一點表示分音節）的例子（據陳國慶 2002 年）：

　　k`tai 兔子　k`dŏŋ 蛋　k`tam 螃蟹　k`mɔt 蛀蟲　k`thiam 大蒜　k`dɔŋ 罐子（149 頁）

　　k`muʔ 人 k`nai 那（232 頁）

　　k`nun 膝（233 頁）

　　k`maʔ 雨（234 頁）

　　下面看克木語詞頭 k、tɕ、德昂語詞頭 k，和布朗語詞頭 kaʔ[4] 對應的例子（據同上）：

	克木語	德昂語	布朗語
蛋	k`dŏŋ		kaʔ[4]tɔm
舌頭		k`taːʔ	kaʔ[4]tak[1]（以上 233 頁）
土地		k`tai	kaʔ[4]tɛʔ[1]
灰		k`buh	kaʔ[4]lɤŋ[2]（以上 235 頁）
玩		k`tɕɔːʔ	kaʔ[4]xaʔ[1]
平		k`ram	kaʔ[4]lɤ[1]（以上 238 頁）
银	k`mul		kaʔ[4]muɯl[2]（242 頁）
螃蟹	k`tam		kaʔ[4]tam[1]
烏鴉	kl`ʔak	k`ʔaʔ	kaʔ[4]a[2]
喜鵲	k`tɕak	kha tɕɛk	kaʔ[4]tɕak[1]（以上 243 頁）
鬼		k`nam	kaʔ[4]tɕiaʔ[1]（247 頁）
重	k`dam		kaʔ[4]kian[3]（250 人頁）
一	tɕ`ʔuɯm		kaʔ[4]tiʔ[4]（232 頁）
三	tɕ`ʔuɯn		laʔ[4]oi[1]（239 頁）

　　語音演變是有規律的，是整齊的，但也都有不整齊的現象。上表中我們就看到，德昂語詞頭 k 是常體，但也有 kha 這个變體；布朗語詞頭 kaʔ[4] 是常

體，但也有 laʔ⁴ 這个變體。同樣，克木語的詞頭 tɕ 就是 k 的顎化變體。

又如李錦芳、周國炎《仡央語言探索》第 3 頁指出，中越兩國邊境的普標人自稱「加標〔qa³³ biau³³〕」，其中「加〔qa³³〕」是名詞前綴。貴州南部的木佬人自稱「嘎窩〔qa²⁴ o⁵³〕」或「阿窩〔a³³ ɤo³³〕」，木佬人認同仫佬族。所以，加標、木佬（仫佬）的自稱詞頭 qa- 和上述仡佬、格曼、克木的詞頭都是同一个來源。

苗瑤語一些方言自稱或他稱有一个詞頭「嘎」或「郭」，例如：

湘西吉衛苗語：qɔ³⁵（向日征 1999 年，238 頁）

貴州凱裏養蒿：qa³³（「嘎奴」）（陳其光 2001 年，132 頁）

貴州凱裏石板寨：qo⁵⁵mjo³¹（「郭苗」）（陳其光 2001 年，133 頁）

湖南花垣臘乙坪：qo³⁵ɕoŋ³⁵（「郭雄」）（陳其光 2001 年，132 頁）

「个」在很多南方方言中用作指示詞，也可以用作地名人名詞頭。「个」（也寫作「格、革、戈、葛」等）用作地名人名的例子如：

地名：个舊　格勒　格渣　戈背　細戈　革羊　革乍　革庸（據《雲南省地圖冊》）。

人名：噶令商　噶令條　噶羅　噶古　噶仲　噶包毛（據貴州《劍河縣誌》1121－2 頁）。

我們要説，從「个」詞頭的廣泛分佈，可以看到，語言或方言之間的接觸是很密切很深遠的。

下面再簡要地看看「个」讀音複雜的情況，以蘇州話為例：

蘇州話：該个 kɛ⁵⁵Kəʔ⁰＝哀个 ɛ⁵⁵kəʔ⁰（引者把輕聲標作調值 0，下同），該歇＝姑歇＝哀歇（葉祥苓 1998 年，94 頁）；歸个 kuɛ⁵⁵Kəʔ⁰＝彎个 uɛ⁵⁵Kəʔ⁰（同上 99 頁）；㑇（這个）gəʔ³ 在語流中可以讀成輕聲 kəʔ⁰（300 頁）。

關於「个」的聲母有清濁兩讀的情況。上海話「个」作量詞、指示詞、領屬助詞、句末語氣助詞等都讀濁音聲母，「个子（个兒）、个人問題、个別情況」等詞中讀陰去調庫。和蘇州話的「姑歇」的「姑」音相應（崇明話「个个（每一个）」音同「姑故」）。

關於「个」讀同蟹攝一等「該」，是常見的方言讀法。例如青海西寧話、陝西商縣話、福建永定客家話、廣東梅縣客家話；廣東潮州話（《漢語方言詞彙》557 頁）；廣州話領屬助詞「嘅」讀同「概」也是「个」讀同蟹攝一等的例子。還有，「該、哀」的異讀，不是來源不同，「該、哀」的異讀，是「个」的 k- 聲母失落的問題。蘇州話「該、哀」的異讀，猶如梅縣話「這裏」是 $k\varepsilon^{51}k\varepsilon^{11}/\varepsilon^{51}\varepsilon^{11}$。

請看下表（梅縣話據北京大學中文系 1995 年，557 頁、559 頁）：

	蘇州話	梅縣話
這個	該个 $k\textsc{e}^{55}k\textschwa\textglotstop^{0}$	□个 $k\varepsilon^{31}k\varepsilon^{51}$
	哀个 $\textsc{e}^{55}k\textschwa\textglotstop^{0}$	$\varepsilon^{31}k\varepsilon^{51}$
那個	歸个 $ku\textsc{e}^{55}k\textschwa\textglotstop^{0}$	□个 $k\varepsilon^{51}k\varepsilon^{51}$
	彎个 $\textsc{e}^{55}k\textschwa\textglotstop^{0}$	$\varepsilon^{51}k\varepsilon^{51}$
這裏	該搭 $k\textsc{e}^{55}ta\textglotstop^{0}$	□□ $k\varepsilon^{31}\varepsilon^{11}$
		$\varepsilon^{31}\varepsilon^{11}$
那裏	哀搭 $\textsc{e}^{55}$ 他 $\textglotstop^{0}$	□□ $k\varepsilon^{51}k\varepsilon^{11}$
		$\varepsilon^{51}\varepsilon^{11}$

顯然，梅縣話的「這个、那个，這裏、那裏」都有兩種讀法，主編者王福堂先生就處理為異讀。梅縣的異讀既有聲母的失落與否的異讀，又有聲調的不同；蘇州話則是既有聲母失落與否的異讀，又有韻母開口合口的異讀，還有詞性上量詞的讀法不同于指示詞的讀法在聲韻調上都有不同。

梅縣話的啟示：「个」量詞和指示詞同源；近指詞遠指詞由「个」的聲調變異來實現；「个」可以表示處所（可參下文呂四話）。

關於蘇州話遠指詞讀合口「歸个 $ku\textsc{e}^{55}k\textschwa/^{0}$／彎个 $u\textsc{e}^{55}k\textschwa/^{0}$」的問題。果攝字「个」有的方言讀開口韻，有的方言讀合口韻。果攝有的字開口合口兩讀，如北京話「和」有開口讀法（隨和），也有合口讀法「和面」。所以「个」用開口合口兩種讀法來區別不同的意義或用法，屬於合語音演變的常理。再說，蘇州話用合口讀法來作遠指在別的方言中也見到。

請看呂四方言：

啟東呂四方言的啟示盧今元《呂四方言研究》的「个」，多讀多用（407－408 頁）：

作為量詞讀陰去調 $kə?^0$。

作為領屬助詞讀輕聲 $kɤ$ 或 $ko?$（我个／我各）。

從吳語領屬助詞常見用「个」可推知，呂四話的「个」可一讀入聲「各」。

近指詞「格个」（這個）讀 $kə?^{34-33}kɤ^{334-44}$。

遠指詞「骨个」（那個）讀 $kuə?^{34-33}kɤ^{334-44}$。（以上 407 頁）

方式近指「蓋蓋」（這麼）讀 $kɛ^{334-33}kɛ^{334-33}$

方式遠指「怪怪」（那麼）讀 $kuɛ^{334-33}kuɛ^{334-33}$。

可見，「个」讀同蟹攝一等、遠指用合口的現象和蘇州話「个」讀「$kɛ^{55}$/$kuɛ^{55}$/$uɛ^{55}$」一致。

呂四話值得我們注意的「果、蓋、格」用法是：

1）王先生果來蓋？他來格那。（王先生在嗎？他在這兒。）

——「來蓋」表示在那裏「蓋（个）」表處所。參上文梅縣「个」表處所。

——「果來蓋」表示「是否在那裏」。「果（个）」的是否問來自「是」帶着疑問語氣。參汪國勝《大冶方言語法研究》1130 頁。

2）台裏放仔幾本書來蓋。（桌上放着幾本書。）

3）他吃飯來蓋。／他來蓋吃飯。（他正吃着飯。）

4）想格十分鐘再説。（想了十分鐘再説。）

四、「个、介」象形似人，音同形近義通

「个、介」文字，今雖常見常用，而在文獻典籍，其用法、種類不可和今日的方言用法同日而語。

我們注意到，「个」字，甲文金文所未見，今《漢語大字典》「个」的義項限於量詞和指正堂兩旁的側室。另一去聲翰韻居案切的「个」指「射侯舌」，相當於「擠幹」（第一冊 103 頁）。《漢語大詞典》的「个」，義項 1 是量詞，2 是指示代詞（引清蒲松齡《聊齋志異‧嬰寧》用例），3 是語助詞「今日个」、「昨夜个」，4 是「正堂兩旁的屋舍」。另一也是居案切的「擠幹」的「个」

「介」字，金文甲骨文字典有載。例如：

李孝定《甲骨文字集釋》第二卷 259 頁：介，羅振玉曰「象人著介形。介聯革為之，或從【上兩豎下兩豎】者，象聯革形。」

劉興隆《新編甲骨文字典》44 頁，在「介（个個箇）」條，用括弧列了三個異體字「个個箇」，是一種很有意思的做法。注釋是：

象一人渾身披甲，會英雄介士意。【上兩豎下兩豎】本動物之鱗甲，即保護層，此指人之衣甲。卜辭中之「多介」為頌稱，意為立下汗馬功勞之諸位英雄；「多介祖」即諸位祖輩英雄；「多介兄」即諸位兄弟輩英雄。對諸祖、諸父、諸兄、諸子統稱「多介」。……卜辭中頌稱【】（侑于多介）_{聯合收藏 12642}侑：祭名。用作 _{同丏}，乞求之義：【】（介雨）_{乙二八七七}

眉注：後世介或用義如个（個），如「一介書生」。_{《集韻》釋箇：「亦作个、介，俗作個」。}

劉釋同時也批評許慎：《說文》「介，畫也，從八，從人，人各有介。」不合初文。

《說文》無「个、個」。《說文》載「箇」：

箇，竹枚也。從竹固聲。（徐鉉據孫愐《唐韻》音「古賀切」）（五上竹部）

介，畫也。從八從人，人各有介。（徐鉉音「古拜切」）（二上八部）

揚雄《方言》無「个、個」，《方言》有「箇」：

《方言》卷十二：箇，枚也。《方言校箋及通檢》79 頁

由於「个、介」方言用法紛繁異樣，字音字形變幻不定，故以「史略」之名勾勒古今面貌，希望對它們的認識有所識辨。

鄙意以為，「个介」字形象人，不管一條腿兩條腿，不管穿衣戴甲否，都

象一个身體。人者仁也，這是從精神說；同樣，人者立也，這是從體能說。能立才可舍止，才可行動往來。這个「人」乃是萬能之元，是既為名詞又作動詞的名動一體的根源，猶如後來「衣」之既為名詞又為動詞的道理一樣。

引用書目

丁邦新、孫宏開（2001）《漢藏語同源詞研究（二）》。廣西民族出版社。

王均等（1984）。《壯侗語族語言簡志》。民族出版社。

王群生（1994）。《湖北荊沙方言》。武漢大學出版社。

北京大學中文系語言教研室（1995）。《漢語方言詞彙》。語文出版社。

向日征（1999）。《吉衛苗語研究》。四川民族出版社。

朱建頌（1995）。《武漢方言詞典》。江蘇教育出版社。

李大勤（2002）。《格曼語研究》。民族出版社

李方桂（1953）。《武鳴僮語》。中國科學院。

李孝定（1970）。《甲骨文字集釋》。中央研究院歷史語言研究所專刊之五十。

李樹儼（1989）。《中寧縣方言志》。寧夏人民出版社。

李錦芳（1995）。〈西林壯語人稱代詞探析〉，《民族語文》第 2 期。

李錦芳、周國炎（1999）。《仡央語言探索》。中央民族大學出版社。

汪平（1994）。《貴陽方言詞典》。江蘇教育出版社。

汪國勝（1994）。《大冶方言語法研究》。湖北教育出版社。

邢向東、王臨惠、張維佳、李小平（2012）。《秦晉兩省沿河方言比較研究》。商務印書館。

侯精一（1985）。《長治方言志》語文出版社。

張成材（1990）。《商縣方言志》。語文出版社。

張成材、朱世奎（1987）。《西寧方言志》。青海人民出版社。

張惠英（1990）。〈廣州方言詞考釋〉，《方言》第 2 期、第 4 期。

張惠英（2001）。《漢語方言代詞研究》。語文出版社。

張惠英（2002）。《語言與姓名文化》。中國社會科學出版公司。

張惠英（2005）。〈說「个、的」可以表示完成、持續〉，載張惠英《語言現象的觀察與思考》，
　　民族出版社。

張濟民（1993）。《仡佬語研究》。貴州民族出版社。

張鶴泉（1995）。《聊城方言志》。語文出版社。

曹友明、阿基谷、阿塔、趙尼辛（2000）。《吳語處衢方言研究》。好文出版（日本東京）。

許慎（1977）。《說文解字》。中華書局。

許寶華、宮田一郎（1999）。《漢語方言大詞典》。中華書局。

陳其光（2001）。〈漢語苗瑤語比較研究〉（收入丁邦新、孫宏開 2001 年）。

陳國慶（2002）。《克木語研究》。民族出版社。

喬全生（1999）。《洪洞方言研究》。中央文獻出版社。

賀巍（1989）。《獲嘉方言研究》。商務印書館。

黑維強（2007）。〈陝北綏德話「个」的讀音和用法〉，全國方言學會年會論文。

黑維強（2016）。《綏德方言調查研究》。北京師範大學出版社。

葉祥苓（1998）。《蘇州方言詞典》。江蘇教育出版社。

蒙朝吉（2001）。《瑤族布努語方言研究》。民族出版社

趙元任（1956）。《現代吳語的研究》。科學出版社。

劉丹青（1995）。《南京方言詞典》。江蘇教育出版社。

劉興隆（2005）。《新編甲骨文字典》。國際文化出版公司。

劍河縣誌編委會（1994）《劍河縣誌》。貴州人民出版社。

盧今元（2007）。《呂四方言研究》。上海辭書出版社。

錢乃榮（1992）。《當代吳語研究》。上海教育出版社。

錢乃榮（2014）。〈上海方言定指指示詞「箇个」〉，《方言》第 1 期。

蘇曉青、萬連增（2011）。《贛榆方言研究》。上海教育出版社。

《明清臺灣檔案彙編》所見清初閩粵奏章地方語言材料

王晉光

香港能仁專上學院中文系

一、緒言

曹丕〈典論論文〉云:「夫文,本同而末異。蓋**奏議宜雅**,書論宜理,銘誄尚實,詩賦欲麗。」這「**奏議宜雅**」四字,很清楚説明奏章和疏議類文體,適宜以文雅、甚至典雅的風格書寫。案《文心雕龍·章表篇》云:

> 秦初定制,改書曰奏。漢定禮儀,則有四品:一曰章,二曰奏,三曰表,四曰議。章以謝恩,奏以按劾,表以陳請〔情〕,議以執異。章者,明也。

此文之目的非欲辨明章奏之體例,因此凡上行甚至平行文體公牘,姑且一概以奏章言之。

傳統文化,一向以俗對雅。古代教育不發達,雅俗共賞的現象,主要是遷就識字不多的人。下里巴人通常無法識別高深艱澀的文辭,照常理推論,也寫不出「雅」的文章;達官貴人有機會接受較好的教育,對於「雅」常常優以為之,不寫俗辭俗句,非不能也,是不為也。這是千百年來的情況,眾

所皆知，本亦無需如此介紹。

然而，我們看《明清臺灣檔案彙編》[1]，當中輯錄沿海一帶地區，主要是浙江、福建、廣東以及後來包括臺灣各地的官員上奏朝廷的奏議，偶然也鈔錄了一些個人詩文創作，如朱仕玠的《泛海紀程》、《海東紀勝》、《瀛涯漁唱》、《海東賸語》，[2] 都或多或少使用一些方言詞句。既然說「奏議宜雅」，而又明明白白不避粗俗，不以寫下里巴人的語言材料為恥，這當中相信是無法避免，只好硬着頭皮寫進去，從不情願到情願。

明清君王是專制獨裁的，與傳說中的秦始皇比較，明清君王，尤其康雍乾三朝之君主，其專制殘暴，是過之而無不及的。然而，清代批閱奏章的語言，已漸趨白話化，則容許奏章用俗不用雅，已打破傳統所為，此亦時代轉變使然。更重要的一點，是地方官員在奏章中使用方言俗語，當是盡量追求客觀忠實，一旦追求高雅文麗，很容易產生錯訛，甚至歪曲原意，變成欺君罔上，反而不妙。這就是原先執着宜雅的奏議，現在不嫌鄙俗、不避粗陋，可以公然把方言俗語寫進官方文書，上呈殿堂，送進君王眼中。

簡單地說，這篇文章是抄錄語例，討論官方應用文書使用方言的情況。所據文獻材料，即前述《明清臺灣檔案彙編》。本文擬注視以下三點：

該等詞語或短句所屬地區方言，主要是閩南語或廣州話；

該詞句可能有之歷史文化意義；

官方文書使用該等詞句之應用文（文書）意義。

1　臺灣史料集成編輯委員會：《明清臺灣檔案彙編》，共 30 冊，台北：遠流出版公司，2006。

2　見第二輯第 25 冊，頁 53－156。

二、語料鈔錄

牛稠 / 牛稠仔

〈為懲戒地方土棍強暴惡習事〉（覺羅栢修）（十五 //429 L9）[3]

　　＊詎知有惡棍如諸羅縣牛稠仔蔡馬益者

〈為奏鋤禁臺灣惡民事〉（覺羅栢修）（十五 //433 L8）

　　＊詎知有惡棍如諸羅縣牛稠仔蔡馬益者

〈為懲戒地方土棍強暴惡習事〉（覺羅栢修）（十五 //433 L11-12）

　　＊乘眾放火焚燒牛稠
　　＊諸羅縣牛稠庄庄主林媽演戲酬神（十五 //493 L9）

牛稠：閩南話，北方話及粵語俱云牛棚。牛稠仔：「仔」，在閩南話有微小之意，可指年齡小或地位低的人；惟牛稠仔，可指稱人，亦可指稱小牛棚，或住牛稠的人。若某區有一兩所牛稠，而該區遂稱為牛稠仔，亦可。

笐蕉腳

〈為招募義民實力防守及發兵渡臺情形事〉（常青）（三十 //150 L15）

　　＊督率義民六百名，由溪州登岸，直攻笐蕉腳

3　（十五 429 L9），括號中數字依序表示第十五冊，第 429 頁，第 9 行；L 即 Line。下同此。

芎蕉腳：閩南話芎蕉乃指香蕉，腳指下部，意謂「香蕉樹林下面」。（案：此文提及陸路提督任承恩乃由蚶江登舟往臺剿匪，蚶江即本人家鄉。）

羅漢腳

〈為奏聞鹽埕橋接仗情形事〉（柴大紀）（三十 //177 L16）

　　*且臺屬原有游棍徒，名為羅漢腳，處處三五成群，從賊可以奪食

羅漢腳：「羅漢腳」可指綠林好漢。閩南話「好腳手」謂武術高強，而「羅漢」暗指少林，案福建傳聞有南少林武術。

天地會 / 添弟會

〈為欽奉諭旨及續獲臺灣匪犯現在密行查辦緣由事〉（兩廣總督孫士毅）（三十 //377 L14－15）

　　*即上年臺灣楊光勳一案所立會名，自即係現經查出之天地會，乃地方官改作添弟二字，明屬化大為小，希圖規避處分

〈為遵旨查奏改寫添弟會之處事〉（李侍堯）（三十 // 397 L9）

　　*添弟會明係即此天地會名色，而換以同音之字，意欲化大為小，實屬有心取巧

〈為欽奉諭旨及續獲臺灣匪犯現在密行查辦緣由事〉（兩廣總督孫士毅）（三十 /378 L3）

　　*其辦理楊光勳一案將天地二字改作添弟字樣之臺灣地方官，其咎更重，是誰之主見並著該督確查嚴參

添弟會天地會：案：閩南話「添弟」（ti1 dai1）與「天地」（ti1 dui1/di3）幾乎同音；國語亦同音。

書記翻譯　轉語之現象

遼東仔 / 廖東子

〈為奏明臺灣近日戰況事〉（閩浙總督常青）（三十 //306 L6）

　　　*十三日守備邱能成殺傷賊人偽先鋒廖東子〔遼東仔〕

〈為奏克復諸羅縣城事〉（黃仕簡）（三十 //340 L11）

　　　*生獲偽護駕大將軍廖東一名

〈為奏據報收復諸羅進逼鳳山等情事〉（常青）（三十 //344 L5）

　　　*生擒偽護駕大將軍廖東一名　（硃批：此人應解京）

〈為覆奏查出臺匪林爽文偽立名號緣由事〉（李侍堯）（三十 //404L2）

　　　*廖東、侯辰俱受林爽文偽封大將軍

廖東子〔遼東仔〕：廖東與遼東同音，「子」乃據閩南話「仔」翻譯；此可見筆錄時師爺語譯之痕蹟。閩南話「仔」，語氣上略有輕視鄙薄的味道，而漢語之「子」則未必如此，轉譯後似有些走樣。

句法 / 語法上的現象

〈為審明李忠等叛變謀弒浙閩總督陳錦事〉（刑部）（二 //454 L11）

　　　*下手之後爾尚問我了未了，我說了了，昌即默口不辯

〈為審明李忠等叛變謀弒浙閩總督陳錦事〉（刑部）（二 //465 L3）

＊審供丕昌有問了未了

了未了：完了沒有。閩南話句法。了了：謂全部完結、完蛋。

死過了

〈為擒獲天地會成員鐘祥等審明處死恭摺具奏事〉（常青）（三十 //312 L1）

＊兄弟兩人，哥子簡喜也死過了

哥子：閩南原話應是「兄仔」，意思是小兄，即稍年青的兄長；

死過了：死了就死了，何以說「死過了」？粵語云：「未死過」，即未有死亡經驗。

戳

〈為擒獲天地會成員鐘祥等審明處死恭摺具奏事〉（常青）（三十 //310 L14）

＊那日小的拿槍戳死一人，不知是兵是役

戳死：戳〔chak〕，插進去，閩南話「戳」，即粵語「拮」，戳死即拮死，平時說「戳落去」，即「拮落去」，「插落去」。

腳

〈為擒獲天地會成員鐘祥等審明處死恭摺具奏事〉（常青）（三十 //310 L3）

＊寄居臺灣彰化縣刺桐腳庄

腳：閩南話，指在低層位置，如厝腳，樹腳；竹腳莊；新加坡有「竹腳醫院」，照字面推理，應是山坡上或山坡旁有竹，而醫院原來就建築於其下。

截住　落後

〈為擒獲天地會成員鍾祥等審明處死恭摺具奏事〉（閩浙總督常青）（三十//309 L14）

＊攻入城內，適遇理番長廳主，將小的**截住**，小的用刀把他砍死，報了林爽文，給與小的紅綾一匹，番銀六元。**落後**林爽文們領人分路去攻淡水、諸羅，留小的同楊振國們踞守彰化。

〈為擒獲天地會成員鍾祥等審明處死恭摺具奏事〉（常青）（三十//312 L1）

＊**落後**林爽文們領人去攻淡水、諸羅，留幾百人在彰化城內。

截住：阻截，似是粵語，今天仍用。落後：後來的，後面的。落後：現代漢語語義多指走在後面，如「落後分子」；此處似指時間上意義之「後來」。

（案：此例有關乾隆 52 年 2 月 11 日，天地會林爽文叛亂事件）

方言中正名俗名並用（荷蘭國船／紅毛船）

〈為欽奉上諭事〉（姚啟聖）（八//196 L8）

＊克取金門廈門，曾用荷蘭國夾板船隻。茲入海進剿，既少前堅固大船，而荷蘭國船兵又未曾到……廈門既用荷蘭國船兵破賊，今亦應用荷蘭國船兵合力舉行，則有濟大事

〈為欽奉上諭事〉（姚啟聖）（八//197 L14）

＊然荷蘭國船未必即到，縱能速到，亦在五、六月間

〈為欽奉上諭事〉（姚啟聖）（八 //199 L16）

　　　*似必須待荷蘭船到方可進兵

〈為欽奉上諭事〉（姚啟聖）（八 //206 L2）

　　　* 不候紅毛船到，即行進兵者也。

〈為欽奉上諭事〉（姚啟聖）（八 //206 L3）

　　　*俟紅毛船到，一同進兵者也

滾水

　　〈為飛報殺賊大勝事〉（楊捷）（八 102 L7）

　　　*偽中協楊忠被卑職連射數箭，重傷滾水；

〈為飛報殺賊大勝事〉（楊捷）（八 103 L7）

　　　*砲矢齊發，賊遂潰敗，該將親射偽中協楊忠，重傷滾水

滾水：翻滾落水中。

併工

　　〈為密請添兵防護修寨事〉（楊捷）（八 //114 L13）

　　　*計目今現造陳埭一寨塘房，晝夜併工，亦須半月

併工：趕工，工作趕時間。

古浪嶼 / 鼓浪嶼 / 伍龍詩

〈為陳閩海善後事〉（萬正色）（八 //180 L4）

　　＊下至海門、圭嶼、**古浪嶼**，須兵五千。

〈為廈門地方捕獲闖棍水師營船闖關夾帶私貨事〉（準泰）（十三 /503L12）

　　＊期約於十月十五日在廈門附近**古浪嶼**地方會齊，先搶當鋪，並要殺海防廳之衙役

古浪嶼：今稱鼓浪嶼；萬正色乃泉州人。本人幼時在鄉下，當地人口語，説「伍龍詩」，數十年後，我才知道是講「鼓浪嶼」。

「咬走庄」

〈為擒獲入地會成員鐘祥等審明處死恭摺具奏事〉（常青）（三十 //310 L16-311 L1）

　　＊自幼隨父到臺寄居彰化縣咬走庄

咬走：疑指跳虱，閩南話謂跳虱為「ga1 tsau1」，與「咬走」同音，疑村莊細小，比擬為跳虱。

話頭

〈為密疏奏聞渠逆散布流言離間將帥及揭送原稿偽示密封查驗事〉（孟喬芳）（二 //267 L8）

　　＊離間人心的話頭

話頭：本是禪宗用語，閩南話保留下來。泉州俗諺·「聽話頭，識話尾」，即粵語「話頭醒尾」。

前溪 / 後溪

〈為遵旨嚴密查拿洪二和尚及朱姓等緣由事〉（兩廣總督孫士毅）**（三十//369 L8）**

　　* 臣現查後溪地名，粵東饒平、潮陽、揭陽等處皆有。如水在村前，則稱前溪，水在村後，則稱後溪，粵東地名土名大率如此稱呼。

後溪：在村後之水流。

透越 / 偷渡 / 偷越

〈為塘報殺賊大勝事〉（楊捷）（八//92 L11）

　　* 毋使逆賊侵入盜割，擾害地方，並謹防奸民**透越**接濟

〈為特參將弁違禁越販私鹽等事〉（楊捷）（八//174 L5）

　　* 為照革職犯弁張國傑越界私販，黶貨通賊

〈為稟報事〉（楊捷）（八// 307 L7）

　　* 不許內地奸民私通接濟

透越：偷渡越界接濟。《聖武記》卷二附清·許旭《閩中紀略》：「有過此者，**命為透越**，立斬不赦。」

〈為查獲林功裕並追究天地會情形事〉（孫士毅）（三十//453 L1）

    ＊該犯等膽敢糾約多人，偷越出口，形跡可疑

〈為恭摺覆奏臺地匪猶獗並官兵奮力剿捕等情形事〉（常青）（三十 //158 L4）

    但恐餘黨四散竄逸，或偷越內度，常青、任承恩現駐蚶江一帶

案：偷越，即透越，今云「偷渡」。閩南話云「穿過去」為「透過去」。

    口吐／亂吐

〈為劣撫輕貪啟釁大壞封疆仰乞聖明立賜處分以急圖安攘事〉（交羅巴哈納）（二 //436 L6）

    ＊你口吐有米十萬石，若無兵民，其米係誰人聚存

口吐：亂說，閩南話罵人亂說曰「亂吐」。

    衣袱　衣服

〈為查明審問罕獲許阿協等並解赴粵省事〉（李侍堯）（二十 //435 L13）

    ＊因賒欠飯錢，扣留衣袱在飯店

衣袱：衣袱疑即衣服；閩南話無重唇音，服袱同音。

    飛米、追米、索米、派米、逃米

〈為審擬汀州城守左營遊擊韋永祥被參柒款事〉（「刑部」文件）（三 //30 L8）

    ＊只因別營飛米，〔黃〕英逃出城，及解圍後進城，家中首飾、衣服一空，英亦不知何營兵丁至拘英外父盧麟，衣服伍箱，英並不知，進城後止聞盧麟為伊妹夫戴進賢逃米所累，被韋兵吊打身死。

＊該本府審據李六供稱，父李新使被別營飛米，吊打身死（三 //30 L12)

＊時值艱危，約束亦弛。第緣圍久不解之時，三軍幾於脫巾，飛米甚烈，理勢信然，蓋駐漳兵士彼時共創此舉。（三 /31 L3)

＊漳城圍困之時，主客眾兵雲屯其地，就民索米，其後碗米千錢，慘苦之景，聞之隕涕（三 //31 L8)

＊李新使、蔡七舍之死，據李六、蔡桂供，實死於迫米，而實死於非辜也（三 //31 L11)

＊當其援剿漳郡也，圍困日久，糧餉無措，碗米千錢，兵多枵腹，於是在事各將飛米之舉焉。斯時也，百姓吊打拷比，苦不勝言。如恃強橫行，虎視富饒，折毀房屋，或因比米遂並騙銀，或因吊打以致殞命，從風而靡，固不得為該弁諱。若梁振、金振等供派米有吊打而無姦淫、房屋有拆毀而無價賣，僧淨慧供米穀原係捌〔別〕營分派，李六供李新使之死事是人非……（三 //33 L11-15)

＊據伊子李六官供，父新使以別營派米累死（三 //33 L5)

＊蔡七舍一款，據伊子蔡桂供，兵丁派米拾貳石、折銀陸拾兩是真，其兵丁委係別營（三 //33 L6)

飛米：追米、搶米；文中云「逃米」，應與此相關。

派米：指派民戶，要求他們供應米食。

案：此事所記，用詞不一，其中「飛米」一詞或出於音訛，閩南話「飛」「背」「迫」音近，聲調略有差別，若是背米、迫米，似較易理解。

兩蝦子

〈為郝尚久擁眾倡亂失守各官分別議處事〉（李棲鳳）（三 /71 L2)

＊郝尚久不受朝命，沈海道（指惠潮巡道沈時）齎諭則不容進城，劉（疑指劉伯祿）、王（疑指平南王或靖南王）兩蝦子到潮則當堂辱罵，毀裂王牌

〈為潮疆正在用兵仰懇睿慈暫止藩臣之行以竟底績以奠巖疆事〉（尚可喜）（五//134 L5）

　　　*適靖南王差蝦呂應暘，與督、撫、按差中軍副將華成恩

蝦子：奉使之下屬。粵語云「蝦仔」，又「蝦兵蟹將」，粵語，比喻低級軍人，疑皆指此。案：頁 79 L13，提及七月差迎劉總兵，八月親率士民迎降靖藩。

扒開　起身

〈為海賊突犯大河營弁失印場官被殺事〉（馬國柱）（三//94 L1）

　　　*賊又搶座船一隻，百姓板船七隻，裝載城內貨物，將新河海壩扒開下海，賊起身放火，燒燬四門民房共二十餘家

扒開：掘開，挖開

　起身：出發

乞食　乞丐

〈為恭報捉獲奸細並籌畫練勇防海事〉（山東巡撫耿焞）（三//314 L5）

　　　*小的不回去，他就回福建去了。又訊，你在那里被獲？供云，小的來在浪煖口乞食被捉。

〈為恭報捉獲奸細並籌畫練勇防海事〉（山東巡撫耿焞）（三//314 L7）

　　　*指使假乞丐之行蹤，窺我兵之虛實

〈為恭報捉獲奸細並籌畫練勇防海事〉（山東巡撫耿焞）（三//314 L15）

*扮乞丐以探虛實

乞食：閩南話可作名詞，亦可作動詞；粵語作動詞，乞取食糧。後面改作「**假乞丐**」，乃正規漢語。

出水
〈牒水師林副將文〉（季麒光）（九 //122 L5）

*故於十一月中詭呈出水以避其罪

〈附上將軍施侯書〉（季麒光）（九 //106 L2）

*問出水則曰君侯之兵眷也

〈倚營拐審語〉（季麒光）（九 //135 L5）

*恐事露罪重，以出水詭府

出水：因公務由水路合法抵臺的眷屬。

名色
〈回覆賠墊糖價文〉（季麒光）（九 //115 L10）

*倘為借辦糖名色，多取民間一勺一文

名色：名目形色

牛磨　拖磨
〈請免二十三年半徵文〉（季麒光）（九 //66 L11）

＊半牛磨歲徵銀六百四十八兩

牛磨：以牛拖磨輾米穀；

案：閩南話「拖磨」一詞，疑即由牛磨而衍生；人力則推磨，牛力則拖磨。

田園　園藝

〈覆議二十四年餉稅文〉（季麒光）（九 72 L7）

＊其地之平坦可耕者名曰田，高燥可藝者名曰園

＊內官佃田園九千七百八十二甲八分九厘零，上則田每甲徵粟一十八石，園每甲徵粟一十石二斗（九 73 L8）

田園園藝：高處因乾燥不能灌水之土地稱為「園」，種植果木，稱為園藝。

身屍

〈為匯查地方失事情形祈睿鑒事〉（劉漢祚）（五 //75 L9）

＊相視已故犯紳鄭崑貞身屍，仰合面沿身上下並無他故

身屍：屍體；閩南話；若罵人「無身屍」，指不見踪蹤。

賣　賣社　賣港

〈覆議二十四年餉稅文〉（季麒光）（九 //75 L9）

＊每年五月公所叫賣，每社、每港銀若干，一叫一應，則減再叫，不應又減，年無定額

〈嚴禁賣商向番民取利詐財〉（季麒光）（九 //79 L6）

＊條目紅彝偽鄭設為賣之名，以其番民之所耕所畜，與所取於海山

之利，皆歸於牒商之手

〈請禁撥用土番文〉（季麒光）（九 //101 L8）

　　＊況牒社者招有捕鹿之人，牒港者招有捕魚之人，俱就沿山沿海搭蓋草寮，以為棲身之所，時去時來，時多時少

牒：投標承包；案今所謂「拍賣」，「拍」之音實轉自臺語「牒」（荷蘭語 Pacht；閩南語 Pak），荷蘭東印度公司在台灣實行的承包制度，又稱「牒社」，除了得標者，其他人均禁止到原住民的村落或港口交易買賣。季麒光文可見明鄭及清佔臺灣後，以每社或每港招標收稅。香港粵語稱為「標」「標投」，疑皆由「牒」而來。三字音相近。

牒社：因招標而承包山林買賣之客商。

牒港：因招標而承包港口買賣之客商。

鹽埕

〈請免二十三年半徵文〉（季麒光）（九 // 65 L12-13）

　　＊則晒鹽之人亦多遷徙，鹽埕又皆崩廢

鹽埕：鹽田，鹽場；閩南話指圍起場地為「埕」。

時銀　餉銀　銀色

〈嚴禁牒商向番民取利詐財〉（季麒光）（九 //79 L8）

　　＊但查其時銀色，每一兩取錢四百，名曰時銀；計其實止值七錢，尚有因時增減

〈覆詳牒社之難文〉（季麒光）（九 // 81 L6）

> ＊蓋時銀色低，餉銀色高

時銀餉銀：時銀指民間流通之銀，餉銀指繳納給官府之銀；色為成色，指銀含量比例

烏糖　白糖

〈壤地初闢疏〉（施琅）（九 //49 L7）

> ＊臺灣應得錢糧目若干，白糖、鹿皮；可否興販

＊至於興販東洋白糖一項，湊買白糖

〈回覆賠墊糖價文〉（季麒光）（九 115 L6）

> ＊臺灣之成筐捆載而出者，皆官車之烏糖也……五月既解糖以後，……皆官車之白糖也

烏糖　白糖：閩南話云黑色為「烏」，烏糖即黑糖；然而白糖別有所指。白糖並非當今臺灣白之白糖。根據季羨林《糖史》所云，早期製糖技術印度（梵文 sarkara）較先進。唐太宗派人往印度學習，使中國提高技術。能將紫砂糖淨化為白糖，「色味愈西域遠甚」。再將白糖輸入印度，因此印度印地語稱白糖為（cīnī）。由是中國製造白沙糖技術居世界領先地位。至明末，中國人發明「黃泥水淋法」，以此法製糖，顏色幾近純白，糖品質冠全球。明末清初，中國向日本南洋諸國輸出白糖，即用此法製造。

厝　店厝　竹厝

〈請免二十三年半徵文〉（季麒光）（九 //66 L8）

> ＊草瓦大小店厝共六千二百二十四間
> ＊街市店厝，偽額共六千二百七十間，（九 //78L2）

　　＊今酌議瓦屋請減十分之三艸厝（九，//78 L4）

店厝：店鋪與住房；閩南話謂住屋為「厝」。草厝：草屋。
　　反面
　　〈為閩商李楚等出險出洋等事〉（王國光）（五 //56 L2）

　　＊要查鄭逆反面在於何年月日（鄭逆指鄭成功）

反面：反臉，反叛，粵語亦云反面。
　　手內
　　〈為五大商私通鄭成功事〉（佚名）（五 //26 L5）

　　＊曾定就偽國姓管庫伍宇舍手內，領出銀五萬兩

手內：管轄範圍內；閩南話。
　　路頭
　　〈為奏請聖恩速行簡補總督以重地方事〉（覺羅滿保）（十 //340 L6）

　　＊各執腰刀竹鈽在城外走馬，路頭橫行，聲言欲進城劫庫

路頭：閩南話，意謂路上，如路頭長，路頭遠。
　　傀儡生番　寮　內山　圳
　　〈為臺灣生番殺人事〉（高其倬）（十二 //178）

　　＊雍正六年十二月二十八日鳳山縣近山豬毛社口地方庄民邱仁山等
搭寮開墾，逕入內山開圳放水，致被傀儡生番殺一十二人，又夜至竹葉
庄復殺二人，焚燒草寮牛隻……

搭寮：搭建寮屋，閩粵山野，以草木簡單方式蓋造草屋或木屋，原本多用作牛房。

內山：閩語，指深山。

圳：疏鑿溪泉引以灌田，謂之圳，如深圳，閩粵皆有此語。泉州附近有地名石圳。

放水：讓蓄水池（水塘、水庫）水流出。

傀儡生番：案王培欣於「臺灣大百科全書」〔傀儡番〕（ka lei huan）條引郁永河《裨海記遊》，估計是臺灣南部的排灣或魯凱族，今北大武山在清代稱為〔傀儡山〕。惟閩南話之**傀儡（音加禮）**，係指戴面具者，或臉上畫顏料者，如提線木偶之面容，疑所指生番臉上原或塗上顏料。張嗣昌〈移風易俗〉文（第二輯第十五冊 201 頁）形容臺灣土番「**紋身繡面**，豈類冠裳；被髮圈耳，成何面目」，形象與提線木偶十分相似。案族叔王愛扁抗戰時流落菲律濱「山頂」，與獵頭族同居一處，相安無事。據云該族信奉穆斯林，人若顯露錢財，需要相分，有時會斬取敵人頭製作「匜壺」。

腳腿下身　　腿腳

〈為奏報剿拿鳳山縣殺人生番情形事〉（王郡）（十二 //216）

　　*番子風俗凡殺人者則稱好漢，若殺壹漢人即於手背<u>上身</u>刺壹人形，殺壹番子即於<u>腳腿下身</u>刺壹人形，併花樣。

案：觀此數語語氣，似譯自閩南話：「番仔風俗，凡刣人就稱好漢〔英雄〕，若刣一個漢人，就在手背上面刺一個人形，刣一個番仔，就於小腿下面刺一個人形，及花樣。」

上身：上面；下身指下面。

腿腳

〈為搜捕野番審訊定擬安撫緣由事〉（孫國璽）（十二 //222）

＊據稱凡番子殺漢人則刺人形於手非，殼畱予則刺人形於腿腳，又刺花樣。

案：孫國璽為漢軍正白旗人，可能把句子改為正規漢語。「腿腳」，非閩語。

海口

〈為奏閩省地方情形事〉（赫碩色）（十二 //350）

＊臺灣縣各坊里吹倒瓦房二百餘間、草房六百餘間，溺死海口二人，餘俱無損

海口：漁港，港口

在地　在地人

〈為遵旨會議事〉（史貽直等）（十二 // 132）

＊必須在地行走最久方能慣熟

在地：閩南語，當地：如「當地人」稱為「在地人」。即本地人，例如 localization，香港譯為「本地化」，臺灣有人譯為「在地化」。

唱散

〈為據實陳明事〉（張起雲）（十三 //256）

＊將領到廣東布政司庫銀貳千零捌拾兩，會同文員<u>唱散</u>。臣因<u>事關</u>卹賞……

唱散：把銀兩換為散錢；香港粵語仍如此講。

事關：與此事有關。

吃水

〈為恭繳御批事〉（李衛）（十三 //291）

　　＊云臺灣往來載貨多用此船，**吃水**不深，便於淺沙駕

吃水不深：船腹入水之尺度不多；粵語「食水唔深」。

無頭

〈為特參貪婪不職之署鳳山縣事仙遊縣知縣彭之曇事〉（佚名）（十三 //478）

　　＊本署府訪聞你本官肆月拾柒日收受**無頭**揭帖
　　＊雍正柒年肆月拾伍日據兵丁吳旺拾**無名**揭帖稟繳……（481）

無頭：無名，無主，不註明人名。

聳

〈為特參貪婪不職之署鳳山縣事仙遊縣知縣彭之曇事〉（佚名）（十三 //478）

　　＊你怎麼**聳**你本官將朱懷、朱平……（478）

聳：聳恿

逐水

〈為特參貪婪不職之署鳳山縣事仙遊縣知縣彭之曇事〉（佚名）（十三 //479）

　　＊後來本官要把曹益枷責**逐水**……（十三 //479）
　　＊你本官得他陸拾兩銀子，詳免**逐水**……（十三 //479）

逐水：以水路逐出當地

烏眼賽

〈吳福生等供詞〉（郝玉麟）（十五 //396 L6）

　　＊林好有與烏眼賽即黃賽商量招夥，小的就同林好去會烏眼賽……
燒萬丹巡檢衙門，都是烏眼賽夥裏的人去燒搶的

烏眼賽：綽號（人名），此詞疑改寫自閩南話「烏目屎」，即黑眼屎；其本名
乃黃賽。

輸陣

〈吳福生等供詞〉（郝玉麟）（十五 //397 L16）

　　＊大家就輸陣逃走了

　　＊後輸陣，把旗械丟去了（十五 //399 L10）

輸陣：敗陣，閩南話諺語：「輸人無輸陣，輸陣難鳥面」，輸了一仗。

打降　安插

〈為奏廈門地方捕獲闖棍水師營船闖關夾帶私貨事〉（準泰）（十三 //504
L3）

　　＊結夥酗酒，**打降**，向不守分……枷責革糧，發縣**安插**後，於九月
間李才又來廈門，在盟夥李環機家喫酒，乘醉鬧戲**打架**，……仍解回原
籍**安插**……

打降：打架

　　安插：安置

　　附：

非奏章中文字〔蛇〕

朱仕玠《海東賸語》上云：

> 水母，閩人謂之蛇，又謂之蜇皮，其形乃渾然一物⋯⋯[4]

案今泉州一帶閩南話，俗稱海蜇為「番蛇」（huantae），一般不會僅使用單音節字。

標弁字識等隨意書寫處理公文

有一段文字甚為有趣：〈為欽奉諭旨再行覆奏臺灣匪亂事〉（常青）（三十//169 L15）云：

> 前次黃仕簡所發六百里奏摺，自應緊密不露為是，乃傳牌上竟有會匪糾眾攻陷彰化縣城字樣，傳播驛站，豈不駭人聽聞，此必黃仕簡心神恍惚，以致標弁字識等隨意填寫，率行傳發。

案標弁字識是下等級別的吏員，寫字隨意，行文封包不小心，致生錯誤，恐亦不少。

行文難以卒讀

福建臺灣鎮總兵林亮於雍正三年五月八日呈上奏章〈為彙報生番歸化事〉云：

> *差土官妹羅裙新蟯老務凜萬巴里訖高己加屢屢新宗里加令啞株無智乃公廨籠律允六龜留高己小番無覽浪大武壠礁目龜也老加務朗蓋報萬洛買達歷歷己郎郎加別淋文高己加屢屢巴朗朗巴郎郎大武壠加那別丁杜

4　臺灣史料集成編輯委員會：《明清臺灣檔案彙編》，第 25 冊，頁 114。

> 萬波刀巴朗朗共叁拾伍名，齎戲戶口冊……[5]

此段文字，沒有斷句，簡直**無法通讀**。**番民姓名一口氣直寫，亦難斷讀；不知當時雍正如何閱覽？**奏文後附其「硃批」云：

> 知道了。甚屬可嘉，但招撫歸化，日下觀之甚好看，全在爾等撫恤得法，令永永恭順方好，若日久有逃亡不法之舉，到不如非歸化之人不傷體國也。要打量永遠之道，加意教養，不可作賤而貪其利用，令已歸之心而復生離意也。勉為之。

可能雍正隨意瀏覽一下，並不在意文字之難通。

三、結束語

觀察所錄語例之來源，一部分出於刑事鞫訊供辭，另一部份是報告地方治安或政情的文獻，這些都需謹慎實錄，追求無訛。地方吏員鈔錄嫌犯供辭時，奏章自然出現較多的方言材料。至於平日一般奏疏，其實依然以雅為主，罕見方言材料。如施琅告老奏章，[6]全屬優雅文字。

本文所鈔錄的材料，有些原是古漢語，閩粵地區人民至今仍流通使用。

當方言詞語轉寫為正規漢語時，常會扭曲原義，或衍生詞義轉變現象，導致接受者錯誤理解。此一點不可不注意。

5　林亮：〈為彙報生番歸化事〉，第 10 冊，頁 263，L5-6。
6　施琅：〈君恩深重疏〉，《明清臺灣檔案彙編》，第 9 冊，頁 178-179。此文開頭云：「今將永辭盛世」，應該是臨終呈表。

原始粵語怎麼樣表達動作／狀態的完成？[1]

郭必之

香港中文大學中國語言及文學系

一、研究背景

到目前為止，漢語方言語法史的研究，絕大部分都是在早期口語文獻的基礎上展開的。[2] 一般的做法是：以某一語法結構作為考察對象，比較它在早期文獻中和現代方言中的表現，從而分析其中的演變。以粵語為例，無論是完整體助詞（Cheung 1997）、語氣助詞（張洪年 2009）、述補結構（Yue-Hashimoto 2001）、中性問句（Cheung 2001），抑或是雙賓語結構（Chin 2011）的擬構，都是依循這種方法進行的（參看錢志安 2011 的綜合討論）。

1　原刊於《東方語言學》第 15 期（2016 年），頁 41－50。這次轉錄，除對個別字詞及書目作了修訂外，基本上依照原樣。初稿曾經在「第十七屆國際粵方言研討會」（廣州：暨南大學，2012 年 12 月）上宣讀。感謝陳小燕、甘于恩、李連進、李行德、林華勇、林亦、彭小川、盛益民、吳福祥、張洪年（漢語拼音序）諸位先生，他們或提供語料，或惠示意見，使本人生色不少，在此一併致謝。文中的論證如有問題，當由筆者負責。本研究為下述兩個研究計畫的階段性成果：CERG#144507（由香港特區政府研究資助局贊助）、SRG#7008063（由香港城市大學贊助）。
　　語法術語簡稱：ASP－體助詞；C－補語；O－賓語；PC－動相補語；PFV－完整體助詞；PERF－完成體助詞；R－結果補語；V－動詞。
2　這裏所指的「早期口語文獻」，包括十九世紀和二十世紀初由外國傳教士所編寫的方言課本、詞典、《聖經》譯本、以及由中國人編寫的課本和民歌等等。

這種方法無疑開拓了我們的視野，但也有一定的限制。最大的問題，在於文獻的年代——一般方言口語文獻只有兩百年左右的歷史。[3] 換言之，我們根本不可能知道該方言在三百年前、甚至更久以前的情形。

本文另闢蹊徑，嘗試從方言內部比較出發，擬構原始粵語表達動作／狀態完成的形式。事實上，在西方的歷史語言學研究中，通過方言／親屬語言之間的比較去擬構語法，並不新鮮（參看 Harris & Campbell 1995:§12；Campbell 2004:§10.8 等）。可是，對於漢語方言而言，這種方法卻難以執行，也極少派上用場。主要原因，是次方言的語法材料非常缺乏，而且不容易找到彼此之間的對應。要作出嚴謹的方言比較，田野調查是必不可缺的。下文的方言語料，除特別標明者外，均取自本人 2007 至 2010 年間的田野調查記錄。

這篇文章的鋪排如下。第一節為研究背景。第二節先交代擬構的方法、原則和相關術語，並介紹個別方言點的資料。和現代方言一樣，原始粵語用體標記去表達動作／狀態的完成。但哪個標記到底是什麼？我們會作出選擇，加以分析。第三節通過大量例子，描述那個標記在粵語方言裏的各種用法。第四節擬構其演變（語法化）的路徑。最後一節是結論，說明本文貢獻之所在。

二、術語介紹、擬構的方法和原則

所謂「原始粵語」，是指所有現代粵語方言被推定（putative）的祖先，它具備了派生（derive）現代各種次方言的條件。這裏的「現代粵語方言」以《中國語言地圖集》（中國社會科學院等 1987）的定義為準。McCoy（1966）、辻伸久（Tsuji 1980）和余靄芹（Yue-Hashimoto 1972, 2000, 2002）等都對原

3　粵語具規模的口語文獻，以 Morrison（1828）為最早，距今只有一百九十年。

始粵語的音韻系統作過擬構。但對於它的語法系統，目前幾乎還是一無所知。

在進入正題之前，先簡單介紹三個語法術語。「動相補語」（phase complement）這概念是由趙元任（2010[1968]:208-210）首先提出的。它表示「動作/狀態的實現或完成，語義指向只能是謂語動詞」（吳福祥 1998:456）。在漢語裏，它一般出現在〔V-PC（-ASP）-O〕的句法格式之中，例如：

(1) 普通話「著」： 貓**逮著**了個耗子。（趙元任 2010[1968]:208）

(2) 普通話「到」： 我碰**到**了一件怪事。（趙元任 2010[1968]:209）

(3) 香港粵語「著」： 識**著**你真系唔好彩。（認識你真的不幸。）[4]

(4) 香港粵語「倒」： 尋日喺巴士站度撞**倒**一個舊同學。（昨天在公車站裏碰到一個舊同學。）

例（1）跟例（2）中的完整體助詞「了」既可以出現，也可以省去不用。由於「著」、「到」並不排斥體助詞，所以只能把它們視為補語。

另一個術語是「完成體」（perfect / anterior）。根據 Bybee et al.（1994: 61-62），它有兩個特點：（一）標記一個過去、但和當前有參照關係的動作（a past action with current relevance）；（二）表示「新情況」或「新消息」（…indicates a 'new situation' or 'hot news'）。Bybee et al.（1994: 70, 86）把普通話句末的「了₂」歸類為完成體。持類似意見的，還有 Chappell（1992）和陳前瑞（2008）等。[5] 香港粵語句末助詞「喇」〔la³³〕的功能和普通話「了₂」基本相應。[6] 根據 Bybee et al.(1994) 的意見，也可以把它當成完成體助詞處理。舉兩個例子：

(5) 香港粵語「喇」： 你今年都四十歲**喇**。（你今年也四十歲了。）（張洪年 2007:184）

---

4 作者的母語為香港粵語。文中香港粵語的例句除特別說明者外均由作者自擬。

5 陳前瑞、王繼紅（2013）認為像普通話「了₂」這種表「最近將來時」的功能是由完成體發展出來的。這種演變方式在世界語言中比較罕見，但在漢語中卻十分普遍。

6 「喇」的最主要的功能是「表示新情況的開始」（張洪年 2007：183）。

(6) 香港粵語「喇」：　北風噉就用盡佢嘅力嚟吹**喇**。（北風就用盡力氣來吹
　　　　　　　　　　　　了。）（張洪年 2007:184）

普通話的「了₂」和香港粵語的「喇」都是句末助詞，它們出現在〔VP-PERF〕這種句法格式之中。

完整體（perfective aspect）則強調從外部觀察情狀而不是從內部觀察。有關情狀被視為一個封閉的、不予分解的整體（參看 Bybee et al. 1994:83）。相對於參考時間而言，句子所表達的情狀，其實是一個已經實現了的情狀。不少漢語語法學者也因此認為完整體助詞最主要的功能是表動作 / 狀態的完成。普通話的「了₁」、香港粵語的「咗」都屬於成熟的完整體助詞。香港粵語的例子如：

(7) 香港粵語「咗」：　食**咗**飯先至睇戲。（吃了飯才去看電影。）

(8) 香港粵語「咗」：　車站迫滿**咗**好多人。（車站擠滿了人。）

(9) 香港粵語「咗」：　我諗**咗**好耐都諗唔明。（我想了很久也想不明白。）

「了₁」和「咗」出現的句法格式為〔V (-R) -PFV (-O)〕。

和大部分漢語方言一樣，粵語方言一般以完整體助詞表達動作 / 狀態的完成。相關助詞的類型非常複雜。甘于恩（2011）和郭必之（Kwok 2016）就收集了接近二十種助詞。表一列出地理分佈較廣的八個，足以說明它的多樣性：

表一　粵語方言幾個分佈較廣的完整體助詞

完整體助詞	讀音	地理分佈
咗	〔tsɔ³⁵〕（香港）	廣府片為主，廣州、肇慶、韶關等
□（本字不明）	〔ə³³〕（臺山）	四邑片為主，臺山、開平、新會等
嘵（＜休）⁷	〔hau³²⁴〕（東莞）	東莞、佛岡湯塘、順德陳村等
都	〔tou³³〕（陽江）	高陽片為主，陽江、陽東東城等
嘚（＜得）⁸	〔tɛ²¹〕（廉江）	高陽、吳化片為主，廉江、化州等

7　關於「嘵」的語源，參看郭必之、片岡新（2006）的考證。

（續上表）

完整體助詞	讀音	地理分佈
曬	〔ɬai³³〕（南寧）	邕潯片為主，南寧、百色等
開	〔hø⁵²〕（賀州）	賀州桂嶺、信宜東鎮、徐聞南華等
了	〔liu³³〕（藤縣）	勾漏片為主，玉林、藤縣等

　　一眼看到這種紛亂的局面，最直接的反應是：沒什麼可能為原始粵語擬構單一個表達動作 / 狀態完成的形式了。可是，我們並不這樣悲觀。這裏列出兩個擬構時需要遵從的原則：

　　第一，那個能上推至原始語的形式，今天應該廣泛地分佈在不同的粵語方言裏。我們預期每個方言片（依《中國語言地圖集》的分片）都可以找到它的蹤影。這樣說來，粵語研究者最熟悉的「咗」（香港粵語的完整體助詞）便肯定不能推到原始語階段，因為它主要集中在廣府片裏（但廣府片粵語並不單用「咗」）。除此之外，我們也要盡力排除借用、巧合的可能（Campbell 2004: 126-127）。[9]

　　第二，原始粵語不一定利用完整體助詞去表達動作 / 狀態的完成。我們知道，完整體助詞是一個高度語法化的體標記。不少語法化的研究都表明（參看 Bybee et al. 1994: §3；Peyraube 1996: 185-187；吳福祥 1998；陳前瑞 2008: §4 等），完整體助詞往往來源於完結義動詞，然後經過動相補語和完成體助詞等階段才演變而成的。整條語法化路徑是：

完結義動詞 > 動相補語 > 完成體助詞 > 完整體助詞

　　被擬構出來的形式，可以是這條語法化路徑上的其它環節，不一定是個成熟的完整體助詞。事實上，有些漢語方言（如閩南語）至今還沒發展出完

8　關於「嘵」的語源，參看郭必之（Kwok 2016）的考證。

9　「咗」已經擴散到個別非廣府片的粵語方言裏去，例如勾漏片的藤縣粵語（Yue-Hashimoto 1979:262）。借用的體助詞一般不難識別出來，因為它出現的環境有一定的限制，而且往往還有一個功能相近的體助詞和它競爭。

整體助詞。[10] 它們利用動相補語或完成體助詞去表達動作／狀態的完成。

　　既然如此，那麼我們便有必要重新審視剛才提到的那幾個助詞，看看它們是否可以充當動相補語或完成體助詞。表二是調查的結果：

表二　粵語方言八個體助詞的語法功能 [11]

	咗	〔ə³³〕	嘵	都	嗻	曬	開	了
早期 [11]	PFV		PFV					PFV
香港	PFV							
東莞			PFV					
臺山		PFV						PC（?）
陽江				PFV				
廉江					PFV/PERF			PC
化州					PFV/PERF			PC
賀州							PFV	PERF
玉林								PFV/PERF
南寧						PFV/PERF		

　　上述方言點基本反映了整個粵語的面貌：香港粵語和東莞粵語屬於廣府片，臺山粵語屬四邑片，陽江粵語和廉江粵語均屬高陽片，化州粵語屬吳化片，賀州粵語和玉林粵語屬勾漏片，而南寧粵語是邕潯片的成員。這裏也列出了早期廣州粵語的情況作為參考。

　　明顯地，在這張表格中，「了」的分佈地理範圍最廣（見於四邑片（?）、高陽片、化州片、勾漏片及早期的廣府片中），[12] 而且是唯一一種能以動相補語、完成體助詞和完整體助詞幾種身份出現的體標記。其它體標記一般都局限在個別方言片之內。我們有理由相信：「了」可以追溯至原始粵語年代。它

10　楊秀芳、梅祖麟（1995:5）對閩南語〔V- 了〕結構中的「了」有這樣的描述：「閩南話『洗了』、『寫了』、『食了』裏的『liau 了』是個狀態補語 (phase complement)，不是動詞詞尾，意思是『完』。它緊跟在動詞後面，成為一個緊密的述補結構。」他們所說的「狀態補語」相當於本文的「動相補語」。

11　指早期口語文獻所反映的廣州粵語，參看本文注 2。

12　「了」作為完整體標記，也見於廣府片的三亞蛋家粵語中（本文第 3.3 節）。

應該就是原始粵語裏用以表達動作／狀態完成的標記。

三、「了」在粵語方言中的功能

本節主要描述「了」在各種現代粵語方言中的功能、以及其出現的句法格式。

3.1 「了」作為動相補語

以「了」作為動相補語的粵語方言，主要是廣東西部的高陽片和吳化片。例子如下：

(10) 廉江市區（高陽）〔liu²³〕：我銀紙使了嘞，口〔ɐn³⁵〕剩倒幾毫紙。（我的錢用光了，只剩下幾毛錢。）

(11) 廉江市區（高陽）〔liu²³〕：每次有人講佢叻，佢面就紅了嘞。（每次有人誇獎他，他的臉就通紅了。）

(12) 廉江市區（高陽）〔liu²³〕：我做了今口個作業嘞。（我把今天的作業都做了。）

(13) 化州良光（吳化）〔liu²³〕：我銀紙使了嘞，口〔ɐŋ³⁵〕剩倒幾毫紙。（我的錢用光了，只剩下幾毛錢。）

(14) 化州良光（吳化）〔liu²³〕：你一定要吃了飯頭先。（你必須先把飯吃完。）

首先要注意的是：這兩種方言都傾向於把它們的完整體標記（都用「嘞」）放在整個動詞短語之後，也就是採用〔VP-嘞 PFV〕格式（Kwok 2016）。在上述例子中，「嘞」和「了」可以共現，組成〔V-了 PC-O-嘞 PFV〕語序（如例12），「了」也因此只能分析為補語。語義方面，「了」都指向謂語動詞，有完成的意思。例如（12）的「做了作業」相當於「做完作業」，例（14）的「吃了飯」相當於「吃完飯」。可是例（11）的「紅了」似乎不可以這樣理解。

這個「了」有「周遍」的意思，「紅了」就是普通話的「通紅」。「周遍」義是由「了」原來的「完結」義演變而來的，在古漢語裏就可以看到平行的證據（董正存 2011）。

此外，在臺山淡村的語料中，我們也找到兩個動詞後置「了」的例子：

(15) 臺山淡村（四邑）〔liɛu⁵⁵〕：一懺懺了千條罪，二懺懺了萬條冤。'First absolution absolving thousand sins. Second absolution absolving ten thousand injustices.'（〈七夕拜仙歌〉，Yue-Hashimoto 2005: 425）

〈七夕拜仙歌〉是一首民歌，裏面的語言可能保留了一些古老的成分。例子中的「了」都有表示動作實現之義。由於臺山淡村已經有一個成熟的完整體助詞□〔ə³³〕（Yue-Hashimoto 2005:213），所以本文暫時把這個「了」當作動相補語看待。

3.2 「了」作為完成體助詞

用「了」作完成體助詞的粵語方言有肇慶高要、賀州桂嶺和玉林福綿等。例子有：

(16) 肇慶高要（廣府）〔lə⁰〕：排骨又唔合吃了喎。（排骨又不合吃了。）（詹伯慧、張日昇 1998:730）

(17) 賀州桂嶺（勾漏）〔liu³³〕：□〔naŋ⁵²〕晡次了，我著去了。（不早了，我得走了。）

(18) 賀州桂嶺（勾漏）〔liu³³〕：大齊家都來開了。（大家都來了。）

(19) 玉林福綿（勾漏）〔lɛ⁰〕：夜了，我著扯了。（不早了，我得走了。）

(20) 玉林福綿（勾漏）〔lɛ⁰〕：總四點鐘了。（都四點了。）

和普通話的「了₂」一樣，這些完成體助詞主要出現在句末位置，一方面表示和當前的參照關係，另一方面表示新情況的發生。有時它可以和完整體助詞共現，如例（18）「來開了」的格式就是〔V- 開 PFV- 了 PERF〕。玉林福綿的「了」除了可以做完成體助詞外，也可以做完整體助詞，參看第 3.3 節。讀音方面也有些值得注意的地方。肇慶高要和玉林福綿的「了」有念輕聲和

母音央化的表現。我們知道，語法化通常會伴隨着語音的弱化（Bybee et al. 1994: 107-110）。完成體助詞正是一個語法化程度較高的標記。

3.3 「了」作為完整體助詞

用「了」表完整體的現代粵語方言則有三亞蛋家、鬱南平台、玉林福綿和藤縣等：

(21) 三亞蛋家（廣府）〔lɛu¹³〕：大風打屋爛<u>了</u>。（颱風吹倒了房子。）

(22) 三亞蛋家（廣府）〔lɛu¹³〕：佢打爛老竇個樽<u>了</u>。（他把父親的花瓶打破了。）

(23) 郁南平台（勾漏）〔la⁰〕：走<u>了</u>一陣。（走了一陣。）（詹伯慧、張日昇 1998: 744）

(24) 玉林福綿（勾漏）〔lɛ⁰〕：颱風吹崩<u>了</u>座屋。（颱風吹倒了一所房子。）

(25) 藤縣（勾漏）〔liu³³〕：噉只雞嫲見<u>了</u>只麻鷹想落來吃啲雞兒……（Then the hen, seeing the hawk want to come down to eat the chicken...）（Yue-Hashimoto 1979: 244）

(26) 藤縣（勾漏）〔lə²⁴〕：曬<u>了</u>起上來就好熱。（When it shines it's then very hot.）（Yue-Hashimoto 1979: 254）

在上述方言中，除了三亞蛋家粵語採用〔VP- 了 _PFV_〕格式外，其它一律採用〔V- R- 了 _PFV_-O〕格式，和普通話、香港粵語一樣。三亞蛋家粵語把「了」移至句末，相信和源自黎語的底層干擾（substrate interference）有關（Kwok et al. 2016）。[13] 另一方面，由於高度語法化的關係，個別方言「了」的讀音很不穩定。在余靄芹（Yue-Hashimoto 1979）記錄的藤縣粵語裏，就有〔liu³³〕、〔liu²⁴〕、〔li²⁴〕、〔le³³〕、〔lə²⁴〕和〔lə³³〕六種讀音。

在十九世紀的廣州粵語口語文獻中，我們不難看到以「了」作為完整體

13　海南島的漢語方言跟當地的民族語言黎語都有密切的接觸關係。我們知道：壯侗語所採用的是〔VP-PFV〕語序，而語序改變是語言接觸其中一種最常見的結果。

助詞的例子。它的功能看來和現代的「咗」沒什麼區別：[14]

(27) 早期粵語 *lew*：佢割了好多人。（He has ruined a great many people.）
（Morrison 1828, Section I）

(28) 早期粵語 *liǔ*：禾割了又點樣做呢？（and what is to be done with the rice
after it has been reaped?）（Bridgman 1841: 341）

(29) 早期粵語：佢去了河南。（他去了河南。）（Bruce 1877: §7.12）

(30) 早期粵語 *liu*：我做了三年廚，兩年企枱。（I was a cook for three years and
a waiter for two.）（Stedman & Lee 1888: 28）

「了」在十九世紀末逐漸被另一個完整體助詞「曉」所取代。張洪年
（Cheung 1997）一早已經注意到這種現象。由於用「了」作完整體助詞似乎
違反了現代廣州粵語使用者的語感，所以張洪年（Cheung 1997: 155-156）懷
疑「了」可能是從書面語裏借用過來，也可能只是用「了」這個字型去代表
完整體助詞（類似於訓讀字）。現在看到了三亞蛋家、玉林福綿和藤縣等粵
語方言的情形，這個懷疑相信便不能成立了。[15]「了」的確曾經作為完整體標
記，存活在早期粵語裏。

四、粵語「了」的語法化路徑

第二節已經提到：完整體助詞其中一個主要來源是完結義動詞，在語法
化的過程中經歷了動相補語和完成體助詞等階段。通過對各種粵語方言的考

---

14 這些例子都是通過「早期粵語口語文獻資料庫」及「早期粵語標注語料庫」檢索得
來的，謹致謝忱。這兩個語料庫都是公開的，參看 http://ccl.ust.hk/useful_resources/
useful_resources.html（檢索日期：2013 年 7 月 10 日）。

15 三亞蛋家的情況最能說明這一點。我們的發音人表示，他們的祖上大概是兩百年前
從珠江三角洲一帶遷徙到海南島南部去的。不妨說，他們口語中的「了」，正好保
存了兩個世紀以前廣州粵語、即早期粵語的面貌。關於三亞蛋家話的音韻系統及其
性質，參看黃谷甘（1990）。

察，我們證實了這條語法化路徑曾經在粵語裏出現過：[16]

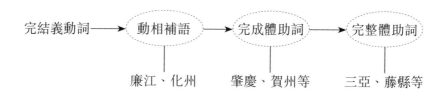

「了」在不同的粵語方言中，語法化程度也有所不同。廉江、化州的「了」屬於語法化程度較低的動相補語，可以和完整體助詞共現；肇慶、賀州的「了」出現在句末，是完成體助詞；而三亞蛋家、藤縣和早期粵語的「了」處於語法化階段的末端，是完整體助詞。那麼，在原始粵語中，「了」擔當什麼角色？它極可能是一個動相補語。因為只有這樣，才能合理地解釋現代廉江粵語和化州粵語的情況。換言之，廉江和化州保存了「了」在粵語中最古老的樣態。原始粵語的「了」出現在〔V-了$_{PC}$-O〕這種句法格式中，並以此表達動作／狀態的完成。

　　或者讀者會有一個錯覺，那就是「了」在大部分粵語裏似乎都被其它體助詞給代掉了，但事實上，從表二可以看到，用「了」的粵語方言目前還有不少，只是它們的身份有時是動相補語，有時是完成體助詞，而不是完整體助詞而已。當然，作為完整體助詞的「了」在個別情況下的確給淘汰了，例如早期的廣州粵語的「了」在十九世紀末、二十世紀初完全被「曉」和「咗」所取代。替代的具體機制現在還不太清楚，但整個過程應該是在較短的時間內（十九世紀中葉至十九世紀末的幾十年內）完成的。

16　古漢語的「了」也經歷過同一樣的語法化路徑。第五節會指出：「完結義動詞＞動相補語」這一演變在粵語從主流漢語支出以前就已經完成。之後主流漢語和粵語又各自經歷了「動相補語＞完成體助詞＞完整體助詞」的演變。

五、結論

本文為原始漢語方言語法的擬構做了初步的嘗試。我們以不同片的粵語方言為基礎，參照典型的語法化路徑，通過比較，指出原始粵語用動相補語「了」去表達動作／狀態的完成。如果這個說法屬實，那麼今天香港粵語的完整體助詞「咗」應該是晚起的（至少不能推到原始語階段）。

在分析的過程中，我們得到兩個特別的啟示：

第一，古漢語語法的研究（Peyruabe 1996: 185-187；吳福祥 1998 等）已經證實，「了」在唐五代從完結義動詞語法化為動相補語：

(31) 敦煌變文：二人辭了須好去，不用將心怨阿郎。

(32) 白居易〈如夢令〉：鬢鬖韖輕鬆，凝了一雙秋水。

(33) 李煜〈相見歡〉：林花謝了春紅，太匆匆。

另一方面，從音韻的結構推斷，粵語極可能是五代至宋初從主流漢語裏支出的（郭必之 2004）。這兩件事也許可以放在一起看：粵語從主流漢語分離出來的時候（五代、宋初），主流漢語的「了」已經語法化為動相補語（唐、五代），並以它表完成。在這種情況下，原始粵語用「了」作為動相補語，便順理成章了。

第二，壯侗語不少語言用〔liu〕（武鳴壯語）、〔ljeu〕（榕江侗語）、〔lεεw〕（標準泰語）等形式作為完整體助記，這可以追溯至原始壯侗語的 *lεu（Li 1977: 133, 292）。[17] *lεu 顯然是漢語「了」的借詞。現在知道原始粵語也用「了」，這個詞就有可能是從粵語一方借到壯侗語一方裏去。早期粵語和壯侗語之間有密切的接觸關係。當然，要具體說明的話，還需要作更詳細的論證。

17　關於壯語這個完整體助詞，可以參看陸天橋（2012）的分析。

參考文獻

中國社會科學院等，1987。《中國語言地圖集》，香港：朗文。

甘于恩，2011。〈廣東粵方言完成體標記的綜合考察〉，香港：「第十六屆國際粵方言研討會」
　　宣讀論文。

余靄芹，2000。〈粵音擬構之一：聲調〉，《中文學刊》第 2 輯，227－241 頁。

吳福祥，1998。〈重談「動＋了＋賓」格式的來源和完成體助詞「了」的產生〉，《中國語文》
　　第 6 期，452－462 頁。

張洪年，2007。《香港粵語語法的研究》（修訂版），香港：中文大學出版社。

張洪年，2009。〈*Cantonese Made Easy*: 早期粵語中的語氣助詞〉，《中國語言學集刊》第 3
　　卷第 2 期，131－167 頁。

郭必之，2004。〈從虞支兩韻「特字」看粵方言跟古江東方言的聯繫〉，《語言暨語言學》第
　　3 期，583－614 頁。

郭必之、片岡新，2006。〈早期廣州話完成體標記「嘵」的來源和演變〉，《中國文化研究所
　　學報》第 46 期，91－116 頁。

陳前瑞，2000。《漢語體貌研究的類型學視野》，北京：商務印書館。

陳前瑞、王繼紅，2013。〈從完成體到最近將來時——類型學的罕見現象與漢語的常見現
　　象〉，載吳福祥、邢向東主編《語法化與語法研究（六）》，42－72 頁。北京：商務印
　　書館。

陸天橋，2012。〈試論武鳴壯語的體範疇〉，《語言科學》第 6 期，644－656 頁。

黃谷甘，1990。〈海南省三亞市蛋家話音系及其特點〉，載詹伯慧主編《第二屆國際粵方言研
　　討會論文集》，131－134 頁。廣州：暨南大學出版社。

楊秀芳、梅祖麟，1995。〈幾個閩語語法成份的時間層次〉，《中央研究院歷史語言研究所集
　　刊》第 66 本第 1 分，1－21 頁。

董正存，2011。〈從「完結」到「周遍」〉，載吳福祥、張誼生主編《語法化與語法研究
　　（五）》，75－93 頁。北京：商務印書館。

詹伯慧、張日昇編，1998。《粵西十縣市粵方言調查報告》，廣州：暨南大學出版社。

趙元任，1968/2010。《漢語口語語法》（呂叔湘譯），北京：商務印書館。

錢志安，2011。〈粵語語法的多角度研究〉，《中國語文研究》第 1－2 期，33－43 頁。

Bridgman, Elijah C. 1841. A Chinese Chrestomathy in the Canton Dialect. Macao: S.W. Williams.

Bruce, Donald. 1877. *Easy Phrases In the Canton Dialect of the Chinese Language*. San Francisco: Bruce's Printing House.

Bybee, Joan, Perkins, Revere & Pagliuca, William. 1994. *The Evolution of Grammar: Tense, Aspect and Modality in the Languages of the World*. Chicago: University of Chicago Press.

Campbell, Lyle. 2004. *Historical Linguistics: An Introduction* (2nd edition). Edinburgh: Edinburgh University Press.

Chappell, Hilary. 1992. Towards a typology of aspect in Sinitic languages. *Chinese Languages and Linguistics I: Chinese Dialects*, 67-106. Taipei: Institute of History and Philology, Academia Sinica.

Cheung, Samuel H-N. 1997. Completing the completive: (re) constructing Early Cantonese grammar. In Sun, Chaofen (ed.), *Studies on the History of Chinese Syntax*, 133-165. Journal of Chinese Linguistics Monograph Series No.10. Berkeley: Project on Linguistic Analysis.

Cheung, Samuel H-N. 2001. The interrogative construction: (re)constructing Early Cantonese grammar. In Chappell, Hilary (ed.), *Sinitic Grammar: Synchronic and Diachronic Perspectives*, 191-231. Oxford: Oxford University Press.

Chin, Andy Chi-On. 2011. Grammaticalization of the Cantonese double object verb 〔pei[35]〕畀 in typological and areal perspectives, *Language and Linguistics* 3: 529-563.

Harris, Alice & Campbell, Lyle. 1995. *Historical Syntax in Cross-Linguistic Perspective*. Cambridge: Cambridge University Press.

Kwok, Bit-Chee. 2016. Reconstructing the development of the aspect marker *te* 'to acquire' in Southwestern Yue: a missing link between Yue and Hakka, *Cahiers de Linguistique Asie Orientale* 45.1: 71-104.

Kwok, Bit-Chee, Chin, Andy, Chi-On & Tsou, Benjamin K. 2016. Grammatical diversity across the Yue dialects, *Journal of Chinese Linguistics* 44.1: 109-152.

Li, Fang-Kuei. 1977. *Handbook of Comparative Tai*. Honolulu: University of Hawai'i Press.

McCoy, William J. 1966. *Szeyap Data for a First Approximation of Proto-Cantonese*. Ithaca: Cornell University Dissertation.

Morrison, Robert. 1828. *Vocabulary of the Canton Dialect*. Macao: East India Company's Press.

Peyraube, Alain. 1996. Recent issues in Chinese historical syntax. In Huang, C-T. James. & Li, Y-H. Audrey (eds.), *New Horizons in Chinese Linguistics*, 161-213. Dordrecht: Kluwer Academic Publishers.

Stedman Thomas L. and Lee, K.P. 1888. *Chinese-English Phrase Book in the Canton Dialect*. Washington D.C.: Brentano's.

Tsuji, Nobuhisa. 1980. *Comparative Phonology of Guangxi Yue Dialects*. Tokyo: Kazama Shobo.

Yue-Hashimoto, Anne. 1972. Two features of Proto-Yue initials. *Unicorn* 9: 20-40.

Yue-Hashimoto, Anne. 1979. *The Teng-xian Dialect of Chinese: Its Phonology, Lexicon and Texts with Grammatical Notes*. Tokyo: Computational Analysis of Asian and African Languages Monograph Series No.3.

Yue-Hashimoto, Anne. 2001. The verb complement construction in historical perspective with special reference to Cantonese. In Chappell, Hilary (ed.), *Sinitic Grammar: Synchronic and Diachronic Perspectives*, 232-265. Oxford: Oxford University Press.

Yue-Hashimoto, Anne. 2002. Development of stop endings in the Yue dialects. In Hu, Dah-an (ed.), *Dialect Variations in Chinese: Papers from the Third International Conference on Sinology (Linguistic Section)*, 217-245. Taipei: Institute of Linguistics (Preparatory Office), Academia Sinica.

Yue-Hashimoto, Anne. 2005. *The Dancun Dialect of Taishan*. Hong Kong: Language Information Sciences Research Centre, City University of Hong Kong.

粵劇粵音化進程

張群顯

香港理工大學專業及持續教育學院

引言

　　粵語地區的戲曲是由外省傳入的，一直用舞台官話，稱為「中州音」。「中州音」是明清以降能稱得上「大戲」的中國戲曲品種的舞台語音的通稱，經過一定的人工化，跟各地的自然語音都不完全一樣。後來，粵語區的戲曲從業員本地化，有了本地的大戲，或稱粵劇。

　　粵劇起初仍是用舞台官話，這一點大家都沒有異議。傳承下來的所謂「古腔」粵劇，全劇有近年整理演出過的《斬二王》，折子有作為神功戲的「例戲」的《六國大封相》、《送子》、《賀壽》，它們都是一直用官話演出的。跟粵劇同源，只唱不演的傳統「八大曲」，也是用的官話。這些個劇目曲目，都很能代表官話音時代的粵劇粵曲。

　　然而，今天的粵劇卻是以粵音為重要標誌。這麼說來，肯定在某個時段經歷了由官話音到粵音的轉變。本文正是要勾勒出其轉變的過程。

第一階段：口白滲入粵語

來華的蘇格蘭傳教士馬禮遜（Robert Morrison, 1782-1834）在 1823 年帶同大量中文典籍回英國，詳 West（1998）。典籍包括兩個粵劇劇本《天官賜福》和《李奇嘆監》。網頁 The Morrison Collection 對兩劇本有詳細的介紹。那個年代的粵劇，完全用官話。唱的固然是官話，就是《李奇嘆監》內李定國的道白，也沒有一點粵語的味道：

> 本院姓李名太字定國，身父李奇，販馬為生。只因前母早喪，復娶繼母楊氏，通奸田旺，朝夕凌逼，將我趕出在外。多感莫者收留，撫養成人，奮志攻書，多感倉天怜念，得中黃甲，蒙聖恩，出授山陝巡按。今日來到褒城縣下馬，但不知爹爹身住何所，哎呀。

特別提到李定國的道白沒有粵語味道，是因為道白是原用官話音的粵劇中最先滲入粵語的部分。

用舞台官話音的戲曲，在丑角和低下階層角色的道白中加入當地口語，是很常見的處理。今天的京劇、崑劇都有類似的處理。相對於京劇、崑劇，粵劇有更強的即興性，而即興的演出，理所當然地會有強烈傾向使用演員和觀眾能親切交流的自然語言。今天演出一些傳承下來的舞台官話粵劇折子，有些角色（例如《金蓮戲叔》的潘金蓮）會偶爾出以粵語粵音，尤以獨白為然。

舊日的粵劇，有劇本的不多，而即使有，一般也不會把這些往往即興的粵語口白寫進劇本中。戲班的班本，傾向簡單，有很大的空間讓演員發揮和自度口白，但文人的劇本，則傾向詳盡。很難得，在文人劇本中，有大文豪梁啟超（1873－1929）所寫的粵劇《班定遠平西域》，於 1905 年在日本演出，劇本連載於 1905 年 8 月至 10 月的《新小說》19 號至 21 號。「志士班」粵語歌唱話劇興起於 1907 年，而這些演出跟當時的粵劇應有一定的距離（黎鍵 2010: 175）。我們今天或會把《班定遠平西域》看成僅是另一個粵語歌唱話

劇,而其實,它的演出早於志士班的出現。它是蓄意依從當時粵劇樣式的一套完整的粵劇。看《例言》的其中幾條:

> 此劇經已演驗,其腔調、節目皆與常劇脗合,可即以原本登場,免被俗伶攛掇點竄。
>
> 此劇用粵劇舊調舊式,其粵省以外諸省,不能以原本登場,而大致亦固不遠。
>
> 此劇科白、儀式等項,全仿俗劇。實則俗劇有許多可厭之處,本亟宜改良;今乃沿襲之者,因欲使登場可以實演,不得不仍舊社會之所習,否則教授殊不易易。且欲全出新軸,則舞台、樂器、畫圖等無一不須別製,實非力之所遞也。閱者諒之。
>
> 此劇多用粵語,粵省以外之人,讀之或不能解。今特為《釋文》一篇。

《例言》中所提的「常劇」、「俗劇」,應指當時戲行所演的粵劇。從以上幾條例言可見,一方面該劇主要是依照當時傳統的官話音粵劇的法式來演的,而另一方面劇中也明顯地包含一些粵語詞彙。

《班定遠平西域》是六幕劇,所含粵語,基本集中於第五幕《軍談》,以及範圍較小的另外兩處。一處是第三幕《平虜》的小部分,匈奴欽差用粵語夾雜英語,其隨員用粵語夾雜日語,來顯示他倆是外族人。只有道白,沒有唱詞。其中有一段描述為「唱雜句」的,押韻,相信類似今天的「數白欖」,沒有旋律,屬於廣義的道白。另一處就是第六幕在整個劇完結前一個別出心裁的安排,由現代人以教師身份,半介入劇中,說出一番粵語道白:

> 諸君,今日做戲做到班定遠凱旋,我帶埋諸君,亦嚟做一個戲中人,去行歡迎禮。諸君,你咪單係當作頑耍呀。你哋留心讀吓國史……。人人都係咁樣,將來我哋總有日真簡學番今晚咁高興哩。

除了上面提到的三處，全劇其他地方的表現如下。曲式全是傳統粵劇的板腔體，即今天稱為「梆黃」的，例如《慢板》、《中板》、《快板》、《嘆板》。其中，除《嘆板》屬「梆子」還是「二黃」有爭議外，其他都可認為屬於「梆子」類。至於道白，則都是傳統的戲曲道白，基本沒有粵語詞彙。唱曲部分，在1905年只能用官話音來唱。至於道白部分，理論上可用粵音。然而，考慮到《例言》中「與常劇脗合」、「全仿俗劇」的提法，以及其他地方出以粵語詞彙的處理，我們有理由相信，那些行文並非粵語的部分（或淺易文言，或明清傳承下來的一般戲曲白話），當時演出時用的該是官話音。

第三幕的外族人和第六幕的現代人，本劇用今天社會語言學所説的「語碼轉換」（code switching）來突顯他們與其他劇中人有所不同的民族或時代身份，又用英語作為高階語體（H-variety）與日語作為低階語體（L-variety）來區分階級。這都可認為是傳統粵劇以外的創新。然則第五幕《軍談》又如何呢？《軍談》是可圈可點的一幕。演出的只有兩人，都是士兵，連名字都沒有，僅以「甲、乙」稱之。他倆的道白，全是粵語，例如：

（乙）……我哋在呢處，真係快活咧！

（甲）我哋做軍人嘛，就有呢種咁好處。你想佢哋踎[1]起屋企[2]，開廳叫局，三絃二索，酒氣醺醺，烟油滿面，有我哋咁逍遙自在？

前面説過，「低下階層角色的道白中加入當地口語，是很常見的處理。」這裏整幕就都很徹底地，道白全用粵語。而且，這不是演員的即興，而是劇作家所要求的。更難得的是，編劇者本身著作等身，出版無數，把作品出版可謂例行公事。於是，這劇本也正式出版了，這就讓我們後人可清楚看到當時的官話粵劇如何夾用粵語口白。

1　原文從口從茅，相信表 maul 這字眼，現改為常規寫法。
2　原文有口旁，現改為常規寫法。

上面又提到，理論上，這些明確是粵語的道白固然要用粵音，就連其他並非出以粵語詞彙的道白，包括詩白，只要想用粵音，照說都可以改用粵音。就本劇來說，一方面我們相信，在那三處明確為粵語道白以外的其他的道白，在當日演出時是用官話音的；而另一方面，要是今天拿來演出的話，大可全部道白都用粵音。這不論在理論上和實踐上，都是完全可行的。

看戲雖說是視聽之娛，我們有理由相信，官話音時代的粵劇演出，看的成分要比聽來得重。粵音跟官話音有一定的距離，粵地的文化水平也不高，其實沒有多少觀眾聽得懂唱詞。粵劇的鑼鼓比大部分其他戲曲品種的聲量都來得大。鑼鼓的一個功能是鬧場，使得方圓數里的人都知道有演出，而它另一個功能是配合動作，尤其是鑼鼓能大大強化激昂氣氛的武場動作。在聽的方面，當然也可欣賞旋律、音色、節奏、語氣、語調，但唱詞的內容，特別是具體字眼的聽辨上，則難免有所隔。紅伶任劍輝（1913－1989）在前半生自傳（任劍輝 1956）中描述她初出道時所參與的過山班演出，曾兩次用到「個紅個綠，個出個入」這語句，去描繪當時農村觀眾的觀劇消費模式和側重點，正正就是這種看鮮豔服飾，看舞蹈、武打、雜技動作，看多人穿插場面調度為主的觀劇消費模式。這種少涉唱詞的消費模式，跟後來她合唱曲那粵音唱詞「落花滿天蔽月光」的膾炙人口、街知巷聞，真不可同日而語。

可以想見，在不無隔閡的官話唱詞道白框架中，偶爾有意無意插入一些粵語口白，有多麼醒人耳目。現場演出的一個重要的方面是觀眾反應，再進一步則是台上台下的互動。隨着廣州話在粵語區之日漸成為當時得令的通語，粵音的道白也日益受歡迎。丑角和低下階層角色這用粵語粵音口白的特權，給予他們超越其他行當的「演員觀眾關係」。這麼一來，其他行當當然也不甘寂寞，要找機會加插粵語對白了。

第二階段：搬演粵音說唱片段

粵音受歡迎，何不用粵音來唱？事實是，雖然道白可以隨時改用粵音，但唱詞則不可。

從上世紀七十年代粵語流行曲冒起開始，說粵語的人逐漸對粵語歌曲的曲詞音高與樂調音高的緊密配合視為理所當然；卻原來，這緊密配合其實是多年發展摸索的結果。在官話音粵劇的時代，人們還遠遠未能掌握固定旋律（下稱「梗曲」[3]）用粵音填詞而又能維持曲詞粵音字調正確音高的技術。在那個年代，根本不存在像今天的粵語流行曲或粵劇梗曲填詞這樣的先曲後詞真粵音（即能維持粵音字調正確音高的）歌曲。

話得說回來，戲曲板腔體（適用於京劇、粵劇）的一個特點，正是它並非據梗曲填詞而成。板腔體不但不會是據梗曲填詞而成的，它也不會是詞人隨意寫出長短句後，再由音樂家度成梗曲（如崑曲）或譜成梗曲（如粵劇的唐滌生（1917－1959）先詞、王粵生（1919－1989）後曲）而成的。板腔體的特點是，撰詞者先定曲式（例如《二黃慢板》或《梆子七字中板》），然後在該曲式的格律框架內撰詞，唱曲者因應唱詞字調身分即可唱出旋律，更正確一點說是將連綴的字詞旋律化。由於唱法具有一定的彈性，因此板腔體並非「梗曲」。

官話音時代的粵劇，其曲唱以板腔體為主。然而，當時所因應的是官話音的字調，而非粵音字調。如何因應粵音字調去把唱詞旋律化，在當時也是尚未掌握的技術。真粵音的梗曲固然不存在；如何用粵音唱板腔體，也同樣未得要領。要用粵音來唱粵劇，談何容易！

所幸出路未嘗沒有，就在於粵音說唱。粵音說唱包括木魚、板眼、龍舟、南音、粵謳，其中歷史最久的是木魚，可追溯到明末清初的《花箋記》。

3　有稱「小曲」的。「梗曲」還包括狹義「小曲」以外的固定旋律，如大調、牌子、梆黃說唱的版面和過門等。

粵音說唱所用的粵音，不限於廣州音，但以廣州音的影響力最大。

說唱並不源於戲曲，因此從源流看一般不會歸類為板腔體曲唱。但是，和板腔體一樣，它也是在一定的格律框架內撰寫曲詞，而唱曲者也是因應唱詞字調身分唱出旋律。所唱出的旋律，完全不會影響粵音唱詞那字調身分的辨認，是真真正正的粵音歌曲。

誠然，要聽真粵音歌曲，可聽說唱。可是，粵劇歸粵劇，說唱歸說唱，兩者疆界分明。在粵劇的世界，原沒有說唱的份兒。要在粵劇中安置說唱，還得花點心思。

上面提過，《班定遠平西域》中的《軍談》，是可圈可點的一幕。其可圈可點，不僅在於粵語道白，還在於它搬演了說唱，把它移植到粵劇中。說唱不是當時粵劇的組成部分，因此不能粗暴地憑空唱起說唱類歌謠來。然而，《軍談》既已安排了兩個粵語士兵說起鄉談，他們的對答中也就不妨引入說唱了。看編劇挖空心思的安排：

> （乙）……今晚咁好月，我哋又冇事，何不唱幾枝野，助吓酒興呢？
> （甲）啱啱前幾日我得閒，做得一隻龍舟歌，等我唱你聽吓呀！
> （乙）好極好極。你唱咯，我打板。（乙打板。）
> （甲唱）

撰曲的、唱曲的、打板的，都由劇中的異類人物——「粵語人」——一手包辦。這該是初期拿說唱在官話音粵劇中搬演的典型手段：安排它作為戲中戲。這個安排，梁啓超不一定是始創者。考慮到《例言》中「與常劇牉合」、「全仿俗劇」的提法，他可能是仿照戲班演出的一些既有的做法。

第三階段：粵劇粵曲正式吸納粵音說唱

安排為戲中戲，是說唱在粵劇粵曲中尚無正式身份的情況下不得已的做法。如此安排，其背後的動力是觀眾愛聽粵音說唱這個不爭的事實。粵劇粵曲的市場主導性，加上粵音早已通過道白在粵劇中生根，使得吸納粵音說唱的呼聲高唱入雲。

《軍談》中所引入的說唱曲種是「龍舟」。就音樂性而言，「龍舟」不及「南音」和「粵謳」。最先被正式吸納進粵劇粵曲的，正是後兩個曲種。陳守仁等（2015：14）指出，丘鶴儔 1920 所編《琴學新編》「是粵劇音樂文獻最早納入南音、粵謳與梵音的記錄，是前書從未收錄過的類別。」從戲中戲如何過渡到正式吸納，我們缺乏材料去作更具體的論述。志士班的領頭人黃魯逸有「粵謳王」之譽，他既寫班本，又參與粵劇改良（《粵劇大辭典》：919）。而在粵謳與南音之間，粵謳又更有條件為粵劇粵曲所吸納：

> 從當時南音曲《客途秋恨》的名氣以及其後粵謳的沉寂看，相信當時南音比粵謳更受歡迎。然則怎麼粵謳不但仍為粵曲所垂青，而且引入的時間不比南音晚呢？答案在於格律。……凡梆黃都是上、下句循環的結構。上句收仄聲、下句收平聲，每句押韻。與之比較，明末《花箋記》與清末《客途秋恨》都是收仄句收平句輪替的，所不同者，收仄句並不押韻。收仄句不押韻的說唱，未能做到跟粵劇粵曲無縫連接。粵謳卻不然，它從來都是收仄句也押韻的。不論收仄句後接陰平句，還是收仄句後接陽平句，這一仄一平句組都跟梆黃上、下句組沒有兩樣。因此，粵謳格式（除了起式部分）與梆黃格式沒有衝突。南音可不同了，除非它仿效粵謳，把收仄句也押起韻來。（張群顯 2016）

我們有理由相信，從 1907 到 1920，黃魯逸在粵劇粵曲吸納粵謳方面起着牽頭的作用。他的「粵劇改良」，其中一個環節是多用粵音，而其中一個途徑

是多用粵音說唱，而多用粵音說唱的一個策略性做法是把說唱（以粵謳為樞紐）正式吸納進粵劇粵曲。

據陳守仁等（2015：134－137）所轉錄自丘鶴儔1923編《琴學新編第二集》的《生祭李彥貴》曲譜，一開始就是先聲奪人的解心（即粵謳）板面，然後是解心，稍後又穿插着四種不同類型的南音。這些說唱片段，跟梆黃和小曲已是配合無間。

《生祭李彥貴》中尚未見其他說唱曲種；然而，說唱中音樂性最強的粵謳和南音吸納後，木魚、龍舟、板眼的吸納也就只是時間問題，再沒有懸念了。

說唱進入粵劇粵曲，還帶來另一衝擊。本來，小生以假嗓為主，所謂「子母喉」，但說唱只用真嗓。影響所及，生角慢慢吹起了不問行當全面用真嗓之風，也就是後來說的「平喉」。

經過了三個階段，其實還不曾動搖粵劇粵曲以官話音唱曲的根基。即使粵音說唱被吸納進來了，粵劇粵曲既有的梆黃和梗曲卻仍然絲毫不受影響。這兩類曲還是依然故我，用官話音來唱。

《生祭李彥貴》是個很好的實例。上面提到的曲譜，不但記下曲牌和曲詞，還記下了樂譜。我們只要把旋律和字調對勘，就知道說唱是用粵音唱的，而梆黃和梗曲則不是。梗曲先且按下不表。就梆黃來說，合理的推論是，它仍然依照傳統用官話音來唱。

《生祭李彥貴》一共用了一段粵謳和四段不同類型的南音。說唱在一首粵曲套曲中的這個比例，從今天看來是偏高的。最負盛名的粵劇《帝女花》，除了周鍾一角唱了十六句木魚外，就完全沒有說唱。一個解釋是，當時用真粵音唱曲非常吃香，而當時唯一能做到的，卻只有說唱。今天則不同，以粵音唱曲，已不須仰仗說唱。

第四階段：粵音說唱那因應粵語字調而唱出旋律的機制移植到梆黃

粵音說唱進入粵曲後，梆黃並非不想用粵音來唱，而是一時之間還未摸索到如何用粵音唱。說確切點，是不知道在歌詞的粵音字調的基礎上，如何把各個音高連綴起來旋律化。而所謂旋律化，其中最重要的一個方面就是旋律的美化。

現代語言學確認，粵語有 6 個字調：4 個橫調，兩個升調。把 4 個橫調恆常地對應着某 4 個不同的樂音，把兩個升調恆常地對應着某兩個不同的由低而高的上升樂音組合，不就自然而然地生成了旋律了嗎？這正是趙元任（1930）所記的粵音叫賣調的樣式。正如 Cheung（2015）指出，這樣的旋律生成方式，太重複、太單調了，還沒有真正踏入音樂的門檻。

粵劇粵曲的傳統，此前一直只管在舞台官話音字調的基礎上把旋律美化，至於換上粵音字調後可如何把旋律美化，卻欠缺實踐，遑論心得。官話音的梆黃，悅耳程度不低；粵音的梆黃，其悅耳度不可能僅維持在叫賣調的水平。梆黃唱粵音，假如不夠好聽，無論唱的聽的都不能接受。

誠然，在曲詞粵音字調基礎上的旋律美化，在傳統的粵劇粵曲中真的是無所據。然而，遠在天邊、近在眼前，這技巧在粵音說唱中卻已累積了自明末《花箋記》以降近三百年的經驗。粵音說唱雖然早已存在，可是，對傳統粵劇從業員來說，卻一直是「事不關己，己不勞心」。這樣的情況，一直維持到粵劇粵曲開始思量粵音化的日子。

無論喜歡與否，粵音說唱「殺到」了。先是作為戲中戲，在粵劇粵曲中嶄露頭角。然後，更為粵劇粵曲所正式接納，成為與梆黃、梗曲鼎立的曲種。粵音說唱，即便過去曾經遙遠過，現在已是不折不扣地橫放在眼前、響起在耳畔了。說唱能做到的（即在粵音字調的基礎上作旋律美化），梆黃為何不能做到？梆黃的粵音化，不再是紙上談兵，不再是可望而不可即了。終點不遠，就看哪些人能率先到達。

　　據文獻和口傳資料，率先把傳統粵劇粵曲（說唱不算在內）用粵音來唱的，生行有金山丙（生卒不詳）、朱次伯（？－1922）、太子卓（生卒不詳）、白駒榮（1892－1974）幾位，旦行有千里駒（1886－1936）。在戲行以外，則要數呂文成（1898－1981）和燕燕（？－1929）。下文會交代，梗曲的全面粵音化還要晚一步，因此，這「用粵音來唱」的對象，在這個階段只限於梆黃。用粵音唱梆黃，真正的考驗不在粵音本身，而在於如何把粵音字調在旋律美化方面作出摸索、累積經驗，進而建立系統、形成機制。這肯定不會一蹴而就，而是有個過程。誰是第一個，不是最重要的。那些有早期錄音流傳下來的（例如白駒榮、千里駒、呂文成、燕燕），彌足珍貴。而在這個過程中去蕪存菁的集大成者薛覺先（1904－1956），更應記一大功。

　　據黃志華（2012：20）記載，《瀟湘琴怨》一曲在 1923 年（或更早）即面世，並說明是「陳慧卿女士唱呂文成譜」。記譜必定後於初次演唱，而把譜出版則要更後於記譜。該「呂文成譜」所記的呂氏演唱不可能晚於 1923年。黃氏同書第 v 頁有《瀟湘琴怨》在 1935 年《絃歌中西合譜・第五集》的首頁樂譜圖像。所謂「中西合譜」，意思是工尺譜和簡譜並列。黃氏同書第 146 頁又有《瀟湘琴怨》全曲的純粹簡譜樂譜，卻沒有註明年份和出處。黃氏親向筆者確認了那是他把原來的「合譜」轉化成純簡譜載於其書，可認為那就是相當於 1935 年的譜。拿旋律的樂音和字調對勘，就知道那是用粵音唱的。《瀟湘琴怨》是二黃系統的套曲。假定 1935 年出版的樂譜能忠實反映呂文成在 1923 年（或更早）的唱法，則那就是用粵音唱梆黃最早的記錄。

　　呂文成是唱家、樂器玩家、作曲家，而不是粵劇伶人。跟粵劇伶人不同，他不必以死記硬背舞台官話念白和唱法作為跨進粵劇門檻的必要條件從而取得伶人席位。跟粵劇伶人不同，他可以純粹從唱曲和製譜的角度，去體會和推敲那原為粵劇所無的粵音說唱如何在粵音字調的基礎上作出旋律美化，並進而嘗試把這種技巧移植到梆黃。

　　瞽師唱說唱而不諳班本，而粵劇伶人則演出（包括唱）班本而不諳說唱，兩者沒有交集。但瞽姬（尊稱「師娘」）則不然。容世誠（2006:127）有這樣

一段描述：

> 瞽師專精的是廣東說唱，師娘獻唱的則是以「班本」，即粵曲為主，但也會演唱其他曲種，例如南音、粵謳等。麗芳就是二十年代的著名師娘……。

我們認為，這個粵音說唱加官話班本的專業範圍，就是在 20 年代把「在粵音字調的基礎上作出旋律美化」的技巧移植到梆黃來的最佳土壤。反過來說，粵劇伶人中，眾所周知白駒榮曾放下身段向瞽師學唱說唱；怪不得他能成為用粵音唱粵劇梆黃的一名重要先鋒。不過，20 年代也是在女性演唱行業中女伶急速取締瞽姬的年代。作為以粵音唱梆黃的先鋒，在文獻和錄音中留下記錄的，不是瞽姬，而是女伶，以燕燕在 1928 年灌錄的《斷腸碑》為代表。

當有關技巧被越來越多的唱曲人所跟隨繼而掌握，逐漸形成系統，就成為了一種「機制」，其他人也可依循，不再神秘。考慮到梆黃是粵劇曲唱的核心，有關機制的從說唱成功移植到梆黃，可謂粵劇粵音化進程中頂重要的一步。正由於這番移植在 20 年代初段邁向完成，因此論者往往將 20 年代視為粵劇粵音化的標誌性年代。

第五階段：上述機制逆向施用於梗曲填詞

上文提到，《生祭李彥貴》中的說唱是用粵音唱的，而梆黃和梗曲則不是。梗曲的具體唱法有兩個可能性：一，依據傳統用官話音唱；二，用粵音的聲母韻母，而音高則悉依樂譜，也就是「假粵音歌」的唱法，就像今天那著名不協粵音字調的《有隻雀仔跌落水》（調寄 London Bridge Is Falling Down）的處理方式。

在梆黃還是循規蹈矩地依照傳統用官話音來唱的日子，在吸納進粵劇粵

曲的説唱都是「真粵音歌」的情況下，第二個可能唱法一時間並沒有可資效法的對象。因此，我傾向認為這些梗曲當時是依照傳統用官話音唱的。即使到梆黃也成功移植了説唱的粵音字調旋律美化技巧而變為真粵音歌，梗曲仍然有保留唱官話音的處理，例如燕燕的《斷腸碑》就是把曲中唯一的梗曲《爐香贊》保留用官話唱出。在説唱和梆黃大家都唱真粵音的時節，唱梗曲仍然用官話，無論如何都顯得不倫不類，日益尷尬，因而亟須謀求出路。

原詞唱官話音的梗曲，跟粵音當然扞格不入。在面對「要跟説唱、梆黃看齊用粵音」的壓力下，照説有三個可能出路：一、原詞原曲，粵音走調。二、原曲改詞，維持粵音字調。三、原詞改曲，維持粵音字調。

第一個可能出路，即「原詞原曲，粵音走調」，其實不是真正的出路，其做法就是上面提到的「用粵音的聲母韻母，而音高則悉依樂譜」。前面説過，這「唱法一時間並沒有可資效法的對象」。當梆黃還不唱粵音的時候，也實在沒有動機這樣處理。然而，當其他兩大類曲式都用粵音從而對它形成壓力的情況下，這做法就好比援兵之計，將就着用不完全的粵音來唱。聲母和韻母，可立即轉為粵音。字調嘛，就硬着頭皮，服膺於旋律，任由粵音走調。

遲至 30 年代的錄音，用這種唱法的小曲仍然存在，例如 1934 所錄製《心聲淚影》唱片內呼應原劇第五場的一曲，其中由唐雪卿（1908-1955）唱的小曲《貴妃醉酒》填詞就是。《心聲淚影》首演於 1930 年，花旦當為男性，不會是唐雪卿。再聽唐雪卿的其他錄音，也沒有類似問題。因此，我相信這是早期無可奈何地以「假粵音」將就處理的殘餘。從 50 年代到今，香港在用所謂「粵音」來唱原唱國語／普通話的現代歌曲，一直都有這種處理。真粵音的粵語流行曲在 80－90 年代大放異彩前，這樣的處理大家一直見怪不怪，以致出現了明明是粵語詞彙入歌詞的《有隻雀仔跌落水》，竟然也是唱來不協粵音字調的。那是在粵劇粵曲以外的情況。至於在粵劇粵曲的範圍內，這樣的處理很快就被完全棄絕，以致消聲匿跡了。

很自然地，要考慮第二個可能出路：「原曲改詞，維持粵音字調」。

　　説唱、梆黃都是把先行的曲詞旋律化，方向是從粵音字調到旋律中的樂音。拿先行的旋律來填上詞，方向可要倒過來了。在某個意義上，這是新生事物。然而，方向雖然倒過來，但從更廣的範圍來看那仍是粵音字調與旋律樂音如何配合的問題。此前關心的，是（在某個旋律脈絡中）某字調能唱成哪個或哪些樂音，現在則關心（在某個旋律脈絡中）某樂音能唱成哪個字調。過去那單向的問題，現在變成兩者如何配合這個無特定方向的問題，我稱之為「字調樂調配合機制」。

　　這樣的機制一經成為技術層面的知識，就帶來了突破：無論甚麼旋律，只要依從機制，就知道某個樂音在特定的旋律位置能填甚麼字調的字。如此一來，現成的樂調，不嘗來歷，都可以拿來填詞：粵劇粵曲內既有的或外來的；過去有曲詞的或沒有曲詞的；外省的、外國的；傳統的、新穎的。白駒榮、呂文成 1928 年合唱的套曲《渴解相如》，內含粵音的現成小曲《鳳凰台》，是我所知最早的粵音填梗曲。該套曲不知何人所撰，但撰曲人肯定掌握了「字調樂調配合機制」。梗曲按粵音填詞興起後，對編劇和撰曲人又多了一層要求，他要知道填甚麼字協音，填甚麼字不協音。

　　從發展的角度看，某一位撰曲人掌握了，並不表示其他撰曲人也都掌握了。就唱的層面來說也是如此，白、呂唱得了，不表示其他人都唱得了。上面不是提到過，唐雪卿 1934 年唱《貴妃醉酒》用假粵音嗎？其實，把該曲的字調和樂調對勘一下，該曲未嘗不能用真粵音來唱，或起碼協粵音的程度可有所提高，但條件是要把唱字挪前或挪後來蓄意配合。由此看來，那 1934 年《貴妃醉酒》填詞之未能用真粵音，也許填詞的和演唱的兩方面都有點責任。

　　上面提到的「突破」，從整個粵劇粵曲行業來說，該出現在 30 年代初。一首梗曲，不問來歷，只要填上協粵音的詞，在聽者方面已能接受為充分地粵化的歌曲。一下子，梗曲大受歡迎。一見有悦耳的、討好的梗曲，便移植到粵劇粵曲來。譚蘭卿「小曲王」的美譽，出現在 30 年代。從今天的角度看，唱梗曲比唱説唱梆黃更容易達到基本技術要求，但歌者的演繹空間卻比較狹窄。看來，「小曲王」的美譽，也許不在於藝術層面，而在於技術層面，

即用粵音唱小曲比其他唱者協粵音協得更好。再說，馬帥曾、譚蘭卿的太平劇團，曾有一個劇目的演出標榜全部是小曲。我認為，這一方面反映了在這個特定歷史時刻，觀眾聽眾因粵音梗曲的新穎以及梗曲旋律美有一定保證而對它趨之若鶩；另一方面，也反映了一個「班霸」集中了好些善於從各個渠道蒐羅梗曲以及善於倚梗曲填詞的新興人才。

上一節提到，梆黃的粵音化「可謂粵劇粵音化進程中頂重要的一步」。然而，梗曲畢竟是粵劇曲唱三大類型之一，梗曲粵音化的成功不但真正填補了這三者剩一的缺口，還因梗曲來源之廣泛和面貌的多樣化，粵音化後一天比一天受歡迎。因此，梗曲粵音化後，可認為粵劇粵音化已基本成形。其後的發展，毋寧說是個完善化的過程。由於梗曲填詞在 20 年代後期邁向成功，這就更能說明為何一般以整個 20 年代作為粵劇粵音化進程的標誌性年代。

上面提到的第三個可能出路，「原詞改曲，維持粵音字調」，留待下一節討論。

第六階段：將字詞按粵音字調自由地旋律化為梗曲

填詞的對象都是現成的曲，其中多半是唱者本身已一定程度認識其旋律的曲。用現成的曲，好處是唱者不用特地學習，像梆黃說唱般拿起便能唱。然而，老是用現成的曲去填詞來唱，了無新意，甚或生厭。用新曲的要求，便應運而生。新曲是怎麼來的呢？不用說，首先當然是發掘過去沒有用過的既有歌曲。除此以外，就是為製作中的某首新粵曲套曲或某齣新粵劇特地譜寫出新旋律。

「譜寫新旋律」，固然可以憑空作譜。然而，既有製作中的某粵曲或某粵劇作為背景和脈絡，撰曲（有別於「作曲」）人和劇作家當會提供文字材料供負責譜寫旋律的作曲（有別於「撰曲」）人參考。這些文字材料，假若一

字不漏地成為新作的旋律所配的曲詞，這其實就是在先行的曲詞的字調基礎上旋律化而成的曲，也就是今天所說的「先詞後曲」。上面第四階段所做的，和現在先詞後曲所做的，同樣是把先行的曲詞據粵音字調旋律化。然而，兩者之間有三方面不同，見下表：

	將梆黃曲詞旋律化	先詞後曲譜寫梗曲
曲詞格律要求	依據梆黃中具體曲式格律	除押韻外並無任何格律要求
按曲詞粵音字調進行旋律化所面對的規限	選定具體梆黃曲式後即須服膺所採曲式的「叮板」（即輕拍、重拍）、節奏、調式（正線、反線、乙反）和旋律規限（主要是對某句或某頓結束樂音的規限）	自由
旋律化後的成品	只為當前曲詞服務，沒有成為梗曲的意圖。	並非只為唱出當前的曲詞，而是以成為「梗曲」身份為目標，預期將來會用來填上別的詞。

據先行的曲詞譜寫出來的新旋律，戲行戲稱「生聖人」。《粵劇大辭典》（2008）對「生聖人」有這樣的解說：

> 行內對粵劇唱腔中新創作樂曲的慣稱。指因為劇本唱詞未能按既有曲牌格律演唱而譜寫的新曲；或因為劇情有特殊需要而譜寫的新曲。
>
> 對於詞語的來源，一說是⋯⋯。
>
> 另一說認為是由於過去有「聖人製禮作樂」的傳統觀念，能「作樂」的應該是「聖人」，戲班中就把這類新曲的作者戲稱為「翻生聖人」。
>
> ⋯⋯
>
> 粵劇曾有過濫用「生聖人」的現象，以至有人提出「埋葬生聖人」的偏激主張。其實使用得當的「生聖人」是對粵劇唱腔的豐富和發展。

從以上解說可知，「生聖人」還可解決在改用粵音後「劇本唱詞未能按既有曲牌格律演唱」的問題。傳承下來的劇目，由官話音改為粵音後，原來的梗曲不再協音了。如要沿用唱詞，就得另譜協音的旋律。這就是上一節提到的

「原詞改曲，維持粵音字調」，曲詞跟劇情山情有關，不宜貿然改變，而旋律則對劇情曲情沒有直接影響。如真要維持曲詞的粵音字調，照說把旋律改動未嘗不是一個出路。

作為粵劇粵曲新小曲的一種獨特生成方式，先詞後曲那先行的詞，並不限於原唱官話音的既有班本和曲本，它可以是既有的古典詩詞，例如梁以忠（1905－1974）把南海十三郎（1910－1984）作了輕微改動後的李煜（937－978）詞《望江南》據粵音字調譜成《鳳笙怨》、邵鐵鴻（1914－1982）把王維（692－761）詩《相思》據粵音字調譜成《紅豆曲》的部分唱段；它也可以是新寫的舊體詩詞或無格律的長短句，例如梁漁舫（生卒不詳）把集體撰寫的長短句曲詞譜成《倦尋芳》、王粵生把唐滌生的詞譜成《紅燭淚》。

粵劇粵曲中的「梗曲」，它的「梗」其實只是相對於說唱和梆黃而言；在改用粵音後一直有為遷就曲詞而讓唱者輕微更動旋律的做法。最輕微的莫如唱者在原譜所寫下的樂音前按需要增加裝飾音的做法。這樣的處理一般不會視為對旋律的修改。

更進一步的做法，則是填詞者為配合所需要的詞而小範圍更動梗曲旋律的做法，這可認為是先詞後曲技巧的一個應用。這樣的做法，有人優為之，也有人甚有保留。「強姦工尺」的提法，表達了對這做法的不認同。50 年代後內地與香港粵劇發展分途。一般地說，內地這個做法比香港多。

至於《粵劇大辭典》提到的「埋葬生聖人」的主張，一方面反映了「生聖人」為唱者添加了學曲、練曲的要求和壓力，另一方面也反映了一首「生聖人」之能成為保留下來的「梗曲」並非必然。

在先行的曲詞的粵音字調基礎上作出旋律化（包括旋律的美化），在粵音化的要求上有一定的保證，但這個工序對成品旋律的質量則欠保證。固然，就梗曲演唱來說，旋律化的大任現在已由梆黃演唱時的唱者轉移到音樂人手上，然而，即使是樂師，也並非人人能作曲；而即使能作曲，也在首演前限時交譜的壓力下影響了作曲質量；而即使是作曲好手，在有曲詞掣肘下也難以跟無此掣肘下的自由作曲同日而語。

出類拔萃的生聖人，不但往後填詞不絕，甚至可以成為演奏不絕的純器樂曲，例如胡天麗（生卒不詳）詞梁以忠曲的《凱旋歌》（後來改稱「春風得意」）以及前面提到的《紅燭淚》。至於不成功的「生聖人」，當下就已不討好，用過一次之後便再無人問津，湮沒於曲海。例如薛覺先、唐雪卿演唱的《再度劉郎》，10:50－11:38時段有一首梗曲，本身不算悅耳，往後也沒有人採用來填詞。由於沒有文字譜流傳，連該曲的名稱也欠奉。這樣的例子，數不勝數。

正由於不成功的先詞後曲梗曲往往連記錄也沒有，因此很難一口咬定它的出現晚於梗曲填詞。退一步，我們可認為兩者出現時代相若，而且殊途同歸都是為解決梗曲唱粵音的問題。合起來看，兩者還開啟了粵音歌曲的另一線門。據黃志華（2014）研究，粵劇粵曲之外的粵音梗曲，不管是按曲填詞還是先詞後曲，都是在30年代開始的。這些歌曲以現代背景的電影插曲或唱片曲的身份出現，可認為是後來粵語流行曲的前身。

第七階段：協音程度提升至接近百分白保存粵音字調

粵劇粵曲的粵音化，就粵劇曲唱中梆黃、梗曲、說唱這三大塊來說，其進程的主要步驟是：原來就是粵音的說唱，其字調樂調配合機制先移植到梆王，再移植到梗曲。當梗曲也粵音化後，看來整件事就已大功告成。卻原來事情還沒有完結呢！

1928年的《鳳凰台》填詞是真粵音，但當時所掌握的字調樂調配合機制還不成熟。筆者的Cheung（2015）對這機制有清晰的說明，可據以判定某字在某旋律位置中是協音還是拗音。按照這個標準，得出下列幾首早期梗曲填詞的協音比率：

年份	曲名	所在套曲	填詞者	字數			協音率（%）
				總	協音	拗音	
1928	鳳凰台	《渴解相如》	？	75	66	9	88
1930	一枝梅	《哥哥的艷福》	？	30	27	3	90
1932	石榴花	《東坡戲妹》	？	25	23	2	92
1935	平湖秋月	《夜半歌星》	胡文森	60	60	0	100
1935	剪剪花	《夜半歌星》	胡文森	35	35	0	100

誠然，上表只是抽樣，個別歌曲的表現有其偶然性；然而，從 1928 年算起，協音比率越來越高卻是個發展趨向。到 1935 年，胡文森（1911-63）兩曲都百分百協音。是時代因素也好，是這被譽為「曲帝」的個人天份因素也好，對有關機制的掌握，當時的他已臻此高度。

至於按詞譜曲的類型，最早只有 1935 的記錄。請看下表：

年份	曲名	出處	譜曲者	字數			協音率（%）
				總	協音	拗音	
1935	頂硬上	（獨立曲）	冼星海（1905－1945）	36	34	2	94
1936	凱旋歌	電影《廣州三日屠城記》	梁以忠	139	119	20	85
1936	斷腸詞	電影《廣州三日屠城記》	梁以忠	56	53	3	95
1937	落花時節	粵曲套曲《明日又天涯》	梁以忠	44	39	5	89
1937	鳳笙怨	粵曲套曲《明日又天涯》	梁以忠	27	27	0	100
1939	倦尋芳（薛覺先唱）	粵劇《西施》	梁漁舫	58	55	3	95
1940	哭墳	電影《胡不歸》	梁漁舫	78	73	5	94
1941	紅豆曲	（獨立曲）	邵鐵鴻	60	54	6	90
1948	載歌載舞	電影《蝴蝶夫人》	胡文森	81	77	4	95

不用説，不同的譜曲者之間協音程度會不同，難以比較。例如 1935 年冼星海的《頂硬上》，協音率就比一些較後的曲要高。因此，梁以忠個人所譜跨越兩年的四首歌頗能説明問題。較早的《凱旋歌》的協音率在兩表中是最低的，用今天的標準會覺得礙耳，但翌年的《鳳笙怨》已能百分百協音。這固然可理解為梁氏對字調樂調配合機制掌握程度的提升。然而，另一方面，他其餘兩曲《斷腸詞》和《落花時節》則是早的比遲的更協音。可見按詞譜曲之協音程度，並非純粹是譜曲人對機制掌握程度的問題：他或許為追求樂譜美而寧可放棄百分百協音的要求。梁漁舫兩曲相差一年，而協音率沒有提升，也可作如是觀。

特別值得留意的是曲帝胡文森，他早在 1935 年已有兩曲的填詞能百分百協音，但他遲至 1948 年譜《載歌載舞》卻只是 95% 協音。無獨有偶，協音率在譜曲者個人的曲中偏低的《凱旋歌》和《載歌載舞》，各自都成為非常受歡迎的樂譜，被一再填詞，而且都以另填的新歌歌名《春風得意》和《賭仔自嘆》行於世。話得説回來，無論如何，對協音的要求畢竟提升了，《凱旋歌》85% 的比率今天會難以接受。

另一首頗能説明問題的曲是《倦尋芳》，所涉的三個字是「懨」、「訪」、「點」。據原唱者薛覺先 1939 年的版本，原詞「懨懨」的第二個字聽來是「厭」音，「訪」聽來是「放」音，「點」聽來是「店」音。其傳人林家聲的唱法是：第二個「懨」字前加個高一級音的裝飾音，即在所配的樂音「六」前加個「五」，成為「五六」（簡譜 ^{6}5）；「訪」、「點」都在其所配樂音「六」的前面加個複合裝飾音，成為「五生六」（簡譜 ^{61}5）。經過這樣的調整，本曲就百分百協音了。林氏對薛氏曲的處理通則是非必要不改其唱法。這個例子讓我們從一個側面看到時代對協音的要求已有所提升。

以這個高度的協音要求，反過來看梆黃，就會發覺當時梆黃的協音程度達不到現今的水平，也達不到當時梗曲所快速攀達的協音水平。照説，梆黃從歌詞的字調出發，只要是在能協那字調的樂音範圍內取音，又怎麼會不協音呢？這是因為，梆黃對每句及某些句中頓位以甚麼樂音作結，有一定的要

求。這些個要求或跟曲詞中該處所放置的字的字調有牴觸。

比方說，凡屬正線梆子類曲牌的平喉，上句收尺（簡譜2），下句收上（簡譜1）。以馬師曾（1900－1964）在《搜書院》電影中《步月抒懷》部分所唱的正線中板為例，各個上句的末字是「嘆、慣、飯、硬」，而下句的末字則是「難、顏、閒、間」。

先看下句。下句末的陰平字，其自然對應的樂音是工（3）或尺（2），而陽平字則是合（5），都非這曲牌所要求的上（1）。由於下句末字的出現跟樂句的完結還有一段距離，用行話來說，就是這個字唱出來是「有腔」的。歌者一般採用南宋張炎（約1248－1320）在《詞源・謳曲旨要》中所教「先須道字後還腔」的策略，先用該字調所自然對應的樂音工（3）或尺（2）（包括用來對應升調或降調的複合音）把字「道」得清清楚楚，然後才拉腔到所要求的上（1）音。馬師曾唱這段曲的各個下句，都和其他人一樣採用此法，即先把陰平字用「工」或「尺」道出，或先把陽平字用「合」道出，然後還它個以「上」結束的腔。這樣，在協音方面便完全不成問題。

再看上句。「嘆、慣」是陰去，自然對應上（1）音；「飯、硬」是陽去，自然對應士（6）音，均不同於音樂規則所要求的尺（2）音。不但如此，上句之末，若依古法，唱字即同時收結，並無拉腔空間。馬師曾唱這段曲的各個上句，「道字」與「還腔」擠在一起，從字本身的上（1）音或士（6）音匆匆滑升到曲式所要求的尺（2）音作結。今天聽起來，那幾個字都跟陰上調沒有兩樣，即「癱」、gwaan2、「反」、ngaang2。「硬」的陰上調或可作為變調來理解，茲不論。其他三個字的處理，看來一定程度受到官話音唱法的影響。第一，官話去聲不分陰陽，陰去與陽去，就粵音來說是有必要分辨清楚的兩個調，在官話則不予區分。第二，在粵劇舞台官話中，去聲的體現是上升調；從「嘆、慣、飯」那較低的粵音音高滑向尺（2）音，得出來的正是個上升調，二三十年代慣唱慣聽官話音唱腔的當會自我感覺良好。要是用今天的主流唱法，其他三字都會採取同於下句的策略，清楚地「先道字」、「後還腔」，即先用上（1）音清楚地「道」出「嘆」「慣」，或先用士（6）音清楚

地「道」出「飯」，然後才「還」以所要求的尺（2）音作短腔。

《搜書院》並非 30 年代的，而是 1956 年的電影。那時，用清楚地「先道字後還腔」的方式去解決這上句末字音與樂音要求矛盾的，已是大行其道，然則為甚麼馬師曾還是採用這種有礙聽辨的唱法呢？我認為有以下幾個可能的考慮：（1）他個人習慣了 30 年代的唱法。（2）作為一種存古的風格。（3）配合劇中人那種不羈的性格。

類似這樣的上句、下句甚至句頓的末字字調與該處的結束樂音要求的矛盾所帶來的不協音情況，在二三十年代的梆黃中不難聽到，一個明顯的例子是燕燕唱的《斷腸碑》。及後，這種情況越來越少。應該說，從技術層面來說，今天完全可以避免。不避的話，「非不能也，不為也。」

結語

一般認為，粵劇的語音是在二十世紀 20 年代從官話音轉為粵音的。由於作為傳統粵曲核心的「梆黃」的粵音化發生在 20 年代前段，而梗曲填詞的粵音化發生在 20 年代後段，把整個 20 年代視為粵劇粵音化的標誌性年代大抵符合事實。然而，更整全的轉變其實牽涉多個方面。若把口白的粵音化和粵語說唱的引入粵劇粵曲包括在內，則所涉改變從清末就已開始了。就粵音化的全面完成來說，其實不能漏掉梗曲粵音化（包括梗曲的填詞和按詞譜曲）以及梆黃的唱法為提升跟粵音字調的諧協而作出的調整；這麼一來，30 年代也得計算在內。這七個階段的具體日程如下：

1. 最早（年份不詳）：口白間用粵音

2. 不晚於 1905：粵語說唱片段移植到粵劇粵曲中

3. 不晚於 1920：粵劇粵曲吸納粵語說唱為可用曲種

4. 不晚於 1923：粵語說唱那因應粵語字調而唱出旋律的機制移植

到梆黃

5. 不晚於 1928：上述機制逆向施用於梆曲填詞

6. 不晚於 1936：將字詞按粵音字調自由地旋律化為梆曲

7. 不晚於 1930 年代後期：協音程度提升至接近百分百維持粵音字調

粵劇粵曲的粵音化可認為是在粵劇發展路途上所跨過的最重要一步。它是舊粵劇的終結、新粵劇的起點。它也牽連着差不多同時發生、本身也帶來連鎖性影響的粵劇生角嗓音改變。[4] 作為粵曲粵音化的一個組成部分，梆曲粵音化的成功也帶來了粵音獨立現代曲的濫觴，並與八九十年代在舉世華人圈子中大放異彩的粵語流行音樂遙相呼應。經歷過粵語流行音樂的洗禮後，我們把能逼近百分百維持粵音字調區分的歌唱視為理所當然，卻不知道，這是發生在一個世紀前，粵語人積極地全民參與的一場粵劇粵曲鉅變所帶來的成果。

環顧舉世的有聲調語言，有多少能像粵曲和粵語流行音樂般在唱歌時能逼近百分百維持字調的區分？我個人認為，粵音字調的區分在歌唱（包括粵語流行音樂）中得以保留，本身就是非常珍貴的人類文化遺產。粵劇之獲確認為人類文化遺產固然是好事，卻不無掩蓋了「粵音字調的區分在歌唱中得以保留」這相關而不相同的另一珍寶之憾。

從社會語言學和經濟學的角度看，粵劇粵音化整件事是粵語的使用範圍日益擴大、地位不斷攀升的日子，在娛樂、演藝市場「無形之手」的帶動下所作出的集體選擇。

---

4 黎鍵（2010）引用佟、楊（1987：210－211）記載，1927 年 10－11 月，香港的如意茶樓舉行「說書選舉」。黎氏進一步說明，「選舉旨在選出四項腔喉的領袖⋯⋯。」結果是：生喉領袖燕燕、子喉領袖（張）瓊仙（？－1969）、平喉領袖郭湘文（生卒不詳）、大喉領袖（熊）飛影（1907－1969）。燕燕 1928 年的《斷腸碑》既然視為歌壇用粵音唱梆黃之始，則 1927 年選舉之際所唱當為官話音。燕燕的《斷腸碑》一般作平喉論，網上更流傳燕燕唱此曲從原來的生喉改唱平喉的說法。燕燕在《斷腸碑》首次以粵音唱梆黃，姑勿論她的腔喉跟過去唱官話音時的「生喉」有沒有實質上的改變，我們都得正視，唱粵音的生角再沒有生喉與平喉的對立。這從一個側面讓我們得知，生角的粵音化是以「生喉」的取消為先決條件的。

參考書目

書目

陳守仁、李少恩、戴淑茵、何百基（2015）。《書譜絃歌：二十世紀上半葉粵劇音樂著述研究》。香港：匯智出版有限公司。

黃志華（2012）。《呂文成與粵曲、粵語流行曲》。香港：匯智出版有限公司。

黃志華（2014）。《原創先鋒──粵曲人的流行曲調創作》。香港：三聯書店。

黎鍵（2010）。《香港粵劇敍論》。香港：三聯書店。

任劍輝（1956）。《任劍輝自述》。香港：任劍輝研究計劃（2012 重刊）。

容世誠（2006）。《粵韻留聲》。香港：天地圖書有限公司。

佟紹弼、楊紹權（1987）。〈女伶血淚史〉，載《廣東風情錄》頁 210－211。

《粵劇人辭典》編輯委員會（2008）。《粵劇大辭典》。廣州：廣州出版社。

張群顯（2016）。〈粵謳的貢獻：謝偉國《論招子庸《粵謳》的方言藝術特色》補允〉，《粵語研究》第 18 期，2015 年 12 月，頁 78－87。

趙元任（1930）。《廣西猺歌記音》，北平：中央研究院。

中國人民政治協商廣東省委員會、文史資料研究委員會（編）（1987）。《廣東風情錄》，廣州：廣東人民。

Cheung, Kwan-Hin. 2015. "Ripples Riding on Waves: Cantonese Tone-melody Match Mechanism Illustrated." In *Proceedings of the 18th International Conference on Yue Dialects*, ed. Jingtuo Gan and Carine Yuk-man Yiu, 28-61 Guangzhou: Jinan University Press.

West, Andrew C. 1998. *Catalogue of the Morrison Collection of Chinese Books*〔馬禮遜藏書書目〕. London: School of Oriental & African Studies.

網頁

The Morrison Collection. http://www.babelstone.co.uk/Morrison/index.html（2017.12.8）

「因聲求義」與粵語的句末助詞 [1]

鄧思穎

香港中文大學中國語言及文學系

一、因聲求義

訓詁學的「因聲求義」是一個重要的研究方法。「因聲求義」也就是「音訓」，又稱為「聲訓」。王念孫〈廣雅疏證序〉曾指出：「訓詁之旨，本於聲音。」從讀音解釋詞義，尤其是探尋本字，或推求語源，對古籍校勘，極具應用價值。段玉裁在〈廣雅疏證序〉，也討論了語言的本質，他認為「聖人制字，有義而後有音，有音而後有形」。用今天語言學的概念來說，那就是涉及到意義和發音的關係。一方面，意義和發音的關係，是約定俗成的，兩者沒有必然的關係；另一方面，意義和發音一旦形成關係，發音怎樣影響意義，那就是一個饒有趣味的問題。研究意義和發音的關係，屬於所謂「接口」(interface) 的問題，是語言學研究的一個重要課題。

「因聲求義」的基本原理，包括同音、音近、雙聲、疊韻四類。同音，如：「景，竟也，所照處有竟限也。」音近，如：「船，循也，循水而行也。」雙聲，如：「星，散也，列位布散也。」疊韻，如：「林，森也，森森然也。」

1　「因聲求義」是訓詁學重要概念，也適用於漢語語法研究，甚至有跨語言的意義。欣逢單周堯先生七秩華誕，謹以此文聊表賀忱。筆者在 2017/18 學年在麻省理工學院訪問期間撰寫本文，獲益良多。初稿曾在「單周堯教授七秩華誕國際學術研討會」(2017 年 12 月 9 日) 發表，蒙張錦少先生賜教，特此致謝。

上述各例，見於劉熙《釋名》，都是訓詁學經常討論的例子。雙聲跟聲母有關，疊韻跟韻母有關，至於音近，其實也離不開聲母或韻母的接近。從這些例子所見，傳統「因聲求義」研究的原理，都跟聲母、韻母有關，側重音段（segment）層次，似乎少談聲調本身的地位。

漢語是一個有聲調（tone）的語言，而語調（intonation）甚至有跨語言的普遍特點。聲調和語調都屬於超音段（suprasegmental）成分，對語法語義起了重要的作用。傳統訓詁學的研究，不是不重視聲調，只是沒有從聲調找出派生意義的規律。以「四聲別義」為例，這是訓詁學一個常討論的現象，(1) 的例子，讀作去聲，變為動詞（周祖謨 1946，周法高 1962 等）。這種所謂「去聲別義」，往往跟詞類有關。通過聲調改變詞性、詞義，也稱為「破讀」。

(1) 語、妻、衣、思、王

王力（1980）的「同源詞」，就是從聲調變化的角度討論意義和聲調的關係，提出不少創見，如「左：佐」，後者是動詞，表示幫助；「硯：研」，後者是動詞，表示研磨；「家：嫁」，後者是動詞，表示出嫁；「柄：秉」，後者是動詞，表示握。他的研究，豐富了訓詁學的內容，也為漢語歷時語源的考證，提供了一個出路。

「四聲別義」的「聲」，是指聲調，屬於超音段成分。從「四聲別義」的例子可見，聲調對意義有一定的影響，詞類和意義可以通過聲調而改變。不過，有幾點值得注意。一、「四聲別義」只跟實詞有關，如名詞和動詞的改變，卻不涉及虛詞；二、「四聲別義」當中的「去聲別義」，雖然好像可以通過去聲改變詞類，但仍然欠缺明顯的規律；三、「四聲別義」的分析沒有跨語言的意義。

二、粵語句末助詞的聲調

粵語語法的虛化成分，如動詞俊綴、句末助詞等，數量之多，特別令人注目。加上虛化成分用法靈活，成為粵語語法研究的重要課題。粵語的虛詞當中，句末助詞起碼有四十多個（鄧思穎 2015）。句末助詞位於句末，又稱為「語氣詞」，數量上的豐富，表達語氣的細微，成為語法研究的寶庫。相對於普通話而言，粵語句末助詞多得多。按照意義來分析，粵語句末助詞可以劃分為七類（鄧思穎 2015）：一、事件類，跟事件發生的先後、動作次數有關，如（2）的「先」（sin1）；[2] 二、時間類，表達體、時等概念，如（3）的「咁滯」（gam3 zai6）；三、焦點類，跟小句內某個範圍相關，如（4）的「咋」（zaa3）；四、情態類，表達了說話人的主觀認定，有一個評價或一種認識，如（5）的「啩」（gwaa3）；五、疑問類，跟說話人的言語有關，表達實施一個行為，用說的話來改變外界事物的狀態，如（6）的「咩」（me1）；六、祈使類，也跟說話人的言語有關，表達實施一個行為，如（7）的「罷啦」（baa2 laa1）；七、感情類，跟說話人的態度、情感有關，如（8）的「啊」（aa3）。

（2）佢睇書先。他先看書。

（3）佢睇完書咁滯。他快看完書。

（4）佢睇書咋。他只看書。

（5）佢睇書啩。他或許看書吧。

（6）佢睇書咩？難道先看書嗎？

（7）佢睇書罷啦。倒不如叫他看書吧。

（8）佢睇書啊。他看書啊。

像句末助詞這樣虛化程度較高的成分，研究意義和發音的關係，特別有意思，因為可打破字形的束縛，擺脫所謂「本字」概念的干擾，純粹考慮意

2　本章所採用的粵語拼音是香港語言學學會粵語拼音方案，簡稱「粵拼」。數字表示聲調：1 高平調〔55〕（陰平、陰入），2 高升調〔35〕（陰上），3 中平調〔33〕（陰去、中入），4 低降調〔21〕（陽平），5 低升調〔13〕（陽上），6 低平調〔22〕（陽去、陽入）。

義和發音相連的因素，有助研究超音段成分的辨義作用。

　　從四十多個粵語句末助詞所見，高平調、中平調、低降調三類較多，而中平調的數量最多，低升調則不太受歡迎（鄧思穎 2015）。就語氣輕重而言，高調比中調強，低調也比中調強，中調似乎是一個「標準調高」（張洪年 2009：151）。[3] 至於高低二調，誰輕誰重，張洪年（2009）沒有足夠的資料，只能存疑。不過，根據我們的觀察（鄧思穎 2015），低降調和低平調助詞的數量都比高平調的為少，低升調助詞的數量也比高聲調的為少。總的來說，低調的句末助詞比高調的少。假若高低聲調跟輕重有關，那麼，低調或許比高調為強。至於升調，似乎粵語盡量迴避低升調，高升調卻比較特殊。粵語句末助詞聲調的分佈現象，可簡單總結如下（鄧思穎 2015：345）。（9）顯示了平調、降調的句末助詞比升調的多，（10）顯示了中平調的比高平調和低平調的多。聲調和句末助詞的分佈有一定的關係，這是客觀的事實，也是值得從「因聲求義」的角度，探討聲調在語法的角色。

（9）　平／降＞升

（10）　中＞高＞低

　　句末助詞的高升調較為特別。「㗎」（gaa2）是（11）表示情態的「得㗎」的一部分，可分解為「嘅」（ge）和「aa」。梁仲森（2005：62）認為高升調的「aa2」表示「追查」，如（12）。「得㗎」的「㗎」，高升調可能來自「aa2」，即「嘅」和「aa2」的合音，而「aa2」的高升調，有追查、追問的作用。

（11）　我識飛先得㗎？ 我會飛才行啊！

（12）　到底你有冇收埋到 aa2？ 到底你有沒有藏起來呢？

　　高升調的「嘅」（ge2），用在疑問句，如（13）。「嘅」應該由中平調的「嘅」（ge3）和表示不肯定語氣的高升調「H」組合而成（Law 1990，鄧思穎 2008）。高升調「H」是表示疑問語氣的成分，也有可能是（12）的「aa2」的組成部分，即「aa2」由「啊」（aa）和「H」合音而成。

3　張洪年（2009）據十九世紀早期粵語助詞的分布現象所總結得來。

（13）你有去嘅？為甚麼你沒去？

高升調的「嚱」（he2）、「嗬」（ho2）、「嘠」（haa2），都有一定的疑問、徵求對方意旨的作用，如（14）、（15）、（16）三例。當中的高升調，跟上述提及的「H」如出一轍，由「H」表示疑問語氣。

（14）呢套戲幾好睇嚱？這電影挺好看吧！

（15）我地去飲茶哦嗬？我們去飲茶吧？

（16）我攞走嘠？我拿走，嘠？

這幾個高升調的句末助詞，高升調的部分，是一個表示疑問語氣的「H」，附加到音段層次，形成「㗎、嘅、嚱、嗬、嘠」等例。表示疑問語氣的「H」，是附加的成分。因此，在粵語句末助詞的體系裏，高升調屬於「有標記」（marked）的特徵，有特別的功能，表達特別的意義。

三、上升語調

粵語這個「H」，有幾點值得注意。一、應分析為句末助詞；二、應分析為語調；三、有跨語言的特點。根據語法學的基本定義，語素是最小的音義結合體。

「H」有特定的語音形式（上升的超音段成分），也有特定的意義（表示詢問），分析為一個語素，毫無疑問。這個語素，也可分析為一個詞，並佔據特定的句法地位，跟其他有音段形式的句末助詞沒有本質上的差別（Tang 1998，2015，鄧思穎 2006）。把超音段成分當作句末助詞，並非不可能。Wakefield（2010）論證了粵語某些句末助詞跟英語的語調有相同的地位，Zhang（2014）進行了實驗語音學的研究，支持了粵語具有超音段成分的句末助詞。因此，粵語句末助詞既包括音段成分，也包括超音段成分。

根據一般語法著述的描述，像「㗎、嘅、嚱、嗬、嘠」這些表示疑問的

句末助詞，上升的超音段成分都當作高升調。不過，根據我們所做的實驗語言學測試，陳述句的高升調跟疑問句的所謂「高升調」，兩者是不一樣的（張凌、鄧思穎 2016）。請比較以下的例子，（17）、（19）是陳述句，當中的「嘅」和「水」，讀作高升調；（18）、（20）是疑問句。

（17）飲咗嘅。唔怪之得你唔頸渴啦。喝了。難怪你不口渴。

（18）飲咗嘅？唔係叫你留返畀我嘅咩？喝了呀？不是跟你説留給我喝的嗎？

（19）飲咗水。而家冇咁頸渴。喝了水。現在沒那麼口渴。

（20）飲咗水？唔係叫你唔好飲嘢食嘢嘅咩？喝了水？不是跟你説不要喝甚麼吃甚麼的嗎？

　　從我們測試的結果所見，「嘅」和「水」在陳述句和疑問句的音高不同。根據（21）的顯示，疑問句的音高曲線明顯高得多。雖然光憑耳朵，陳述句和疑問句末尾的「嘅」和「水」都好像一樣，但我們認為粵語通過語調，區分了陳述句和疑問句。至於那個表示疑問的上升「H」，應該正確分析為語調，是一個上升語調，而並非高升調，有異於一般文獻的描述。

（21）句末「嘅」和「水」的音高曲線（張凌、鄧思穎 2016：121）

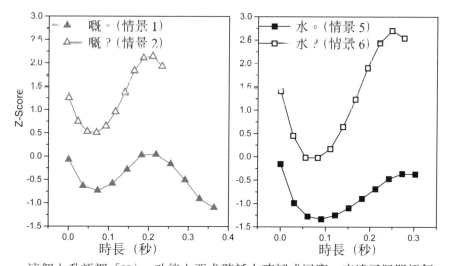

這個上升語調「H」，功能上要求聽話人確認或回應，表達了疑問語氣；形式上，具有特定的語音形式。這個表示疑問的語素，不僅作為粵語語法的

成員之一，在其他的語言，也找到類似的現象。以超音段成分表示疑問，應有一定跨語言特點。

　　林茂燦（2004，2006）詳細論證了普通話的語調，可以表示疑問語氣。他也做了實驗，證明普通話的語調跟聲調有不同的聲學表現。以普通話的「嗎」為例，可分解為音段和超音段兩個部分，分別有自己的語法特點。音段成分「ma」，是一個表示高程度的語素（Li 2006），而表示疑問語氣的是高語調（熊子瑜、林茂燦 2003，熊子瑜 2005）。「ma」跟高語調結合，表示疑問程度高，一般寫作（22）的「嗎」，形成疑問句；跟低語調結合的話，表示肯定程度高，一般寫作（23）的「嘛」，形成陳述句。

（22）張三已經當爺爺了嗎？

（23）張三已經當爺爺了嘛。

　　Heim 等（2016：112）認為加拿大英語例子（24）句末的「eh」，用於引介說話人對命題的相信度，上升語調「↗」則用來確認，要求對方回應，形成疑問語氣。

　　（24）I have a new dog, eh ↗

　　事實上，加拿大英語的「eh」既可用於疑問句，又可用於陳述句。Heim 等（2016：119）發現，疑問句「eh」的語調跟陳述句的不一樣，前者呈現上升的現象。由此可見，通過超音段成分來表示疑問語氣，尤其是通過高語調或上升語調的方法（以「H」來表示），要求聽話人確認、回應，在粵語、普通話、加拿大英語也有相似的情況，有跨語言的普遍性質，也突顯了意義和發音的關係，讓我們重新思考傳統「因聲求義」研究原理的重要性。「因聲求義」雖然是訓詁學一個傳統的概念，但也應能用於超音段層次的研究，注入新的研究內容，從跨語言的角度，深入了解人類語言音義結合的情況。

四、結語

「因聲求義」是訓詁學一個重要的概念。然而，傳統「因聲求義」研究的原理，只跟聲母或韻母有關，側重音段層次，似乎少談聲調本身的地位。漢語是一個有聲調的語言，超音段成分對語法語義起了重要的作用，這方面的研究，相對較為薄弱。即使有所謂「四聲別義」，通過聲調，研究詞類和意義的變化，但只跟實詞有關，不涉及虛詞，而且欠缺明顯規律，也沒有跨語言的意義。

粵語句末助詞數量多，超音段成分甚至有辨義的作用。相關的研究，既能打破字形的束縛，不會望文生義，又能突顯「因聲求義」研究原理的重要性。本文通過介紹粵語句末助詞的研究，認為表示疑問語氣的所謂高升調，其實屬於語調。通過超音段成分來表示疑問語氣，尤其是通過高語調或上升語調的方法，要求聽話人確認、回應，有跨語言的普遍性質。從「因聲求義」的角度，研究超音段成分的語法地位，尤其是探究句法語音接口的互動關係，不僅能豐富傳統訓詁學的內容，注入新元素，也能為理論語言學的研究，發現新問題，提供新路徑。

參考文獻

鄧思穎。2006。〈粵語疑問句「先」的句法特點〉，《中國語文》第 3 期，頁 225－232。

鄧思穎。2008。〈為甚麼問「乜」？〉，《中國語文研究》第 1 期，頁 9－19。

鄧思穎。2015。《粵語語法講義》。香港：商務印書館。

梁仲森。2005。《當代香港粵語語助詞的研究》。香港：香港城市大學語言資訊科學研究中心。

林茂燦。2004。〈漢語語調與聲調〉，《語言文字應用》第 3 期，頁 57－67。

林茂燦。2006。〈疑問和陳述語氣與邊界調〉，《中國語文》第 4 期，頁 364－376。

王力。1980。〈漢語滋生詞的語法分析〉，《語言學論叢》第六輯。收錄於王力（1990）：《王

　　力文集・第十六卷》。濟南：山東教育出版社，頁 464－476。

熊子瑜。2005。〈普通話中「嗎」字是非問句的語調音高特徵分析〉，《聲學技術》第 3 期。

熊子瑜、林茂燦。2003。〈語氣詞「ma0」的疑問用法和非疑問用法〉，收錄於《第七屆全國
　　人機語音通訊學術會議（NCMMSC7）論文集》。中國中文信息學會，頁 257－260。

張洪年。2009。〈*Cantonese Made Easy*：早期粵語中的語氣助詞〉，《中國語言學集刊》第
　　3 卷，第 2 期。北京：中華書局，頁 131－167。

張凌、鄧思穎。2016。〈香港粵語句末助詞聲調與句調關係的初探〉，《韻律研究》第一輯。
　　北京：科學出版社，頁 113－127。

周法高。1962。《中國古代語法──構詞編》。台北：中央研究院歷史語言研究所。

周祖謨。1946。〈四聲別義釋例〉。收錄於周祖謨（1966），《問學集》。北京：中華書局，
　　頁 81－119。

Heim, Johannes, Hermann Keupdjio, Zoe Wai-Man Lam（林慧雯）, Adriana Osa-Gómez,
　　Sonja Thoma, and Martina Wiltschko. 2016. Intonation and particles as speech act
　　modifiers: a syntactic analysis. *Studies in Chinese Linguistics* 37(2), 109-129.

Law, Sam-Po（羅心寶）. 1990. *The syntax and phonology of Cantonese sentence-final
　　particles*. Doctoral dissertation, Boston University.

Li, Boya. 2006. *Chinese Final Particles and the Syntax of the Periphery*. Utrecht: LOT.

Tang, Sze-Wing（鄧思穎）. 1998. *Parametrization of features in syntax*. Doctoral dissertation,
　　University of California, Irvine.

Tang, Sze-Wing. 2015. A generalized syntactic schema for utterance particles in Chinese.
　　Lingua Sinica 1(3), 1-23.

Wakefield, John C. 2010. *The English equivalents of Cantonese sentence-final particles: a
　　contrastive analysis*. Doctoral dissertation, The Hong Kong Polytechnic University.

Zhang, Ling（張凌）. 2014. Segmentless sentence-final particles in Cantonese: an experimental
　　study. *Studies in Chinese Linguistics* 35(2), 47-60.

漢語俚俗詞語在近代學人心目中的位置[1]

周荐

澳門理工學院澳門語言文化研究中心

一、雅言與俗語相對

　　世界上任何一種歷史悠久的語言都有雅俗之分。書面語的出現造就了雅言。雅言未出現時，俗語是無所謂俗的。雅言的出現，造成了雅俗的對立，也強化了這種對立。[2] 漢語的雅俗之分，先秦時即已引起時人的關注。時人眼中的雅、俗，可分從社會階層和地域兩個角度理解：統治階層口中用的，易被視為雅，底層人民嘴裏說的，易被看作俗；中央或通語區域流行的，易被視為雅，小地方或小範圍流行的，易被看作俗。《論語‧述而》：「子所雅言，詩書執禮，皆雅言也。」孔子所謂的「雅言」，是「雅正的言語」的意思，是上層貴族間通行的，是典雅的。《方言‧第一》：「釗、薄，勉也。秦晉曰釗，或

1　本文 2017 年 6 月曾在由中國社科院語言研究所主辦，西北師範大學文學院承辦的「歷史語言學高端論壇」上報告過。此次發表前又作了一些修改。

2　雅俗，當然屬於語體問題。倉石武四郎《岩波中國語辭典》將語體特徵分出 11 級，汪維輝先生對此予以高度評價，並認為：「假如今後我們要給《現代漢語詞典》標注語體特徵，應該在《岩波中國語辭典》的基礎上再往前推進一步。」（汪維輝 2015；見遠藤光曉、石崎博志：9）不過，筆者這裏說的雅俗，強調的是兩端，並非語體特徵的盡舉。談到詞典標注，科學性固最重要，實用性也不可忽略。《現漢》只擇出最有代表性的幾種語體特徵加以標注，這樣的處理方式不可不謂審慎。

曰薄。故其鄙語曰薄努，猶勉努也。南楚之外曰薄努，自關而東周鄭之間曰釗，齊魯曰勖茲。」《方言》這裏所謂的「鄙語」，就是在小地方流行的方言詞，是俚俗的。在孔子為代表的上人大看來，雅言、雅樂等都因周天子這位正統的統治者而雅；而販夫走卒所用，或方言裏流行的，不登大雅之堂。這種語言雅俗觀，就是凡正統的才是典雅的，凡非正統的則是俚俗的。俚詞俗語，有的去古已遠，有的於史無征，時人理解起來不無困難。在周天子漸失權威的春秋尤其是戰國時代，列國自有各自的口語，下層百姓的語言運用日益活躍，這些口語在運用中產生的歧異令不同地區、階層的人們彼此交流困難（平田昌司 2016：2）。古籍中引用的諺語、名言，被當世的人們（尤其是士大夫們）視為俚俗的語言成分，稱之為「俚諺」「俚語」「俗語」「俗諺」「常語」等，其實它們未必就真的俗，或只表明它距離士大夫子心目中的那個周的古代標準遠罷了。然而，正如胡適所言：「因為不肖古人，所以能代表當世。」（胡適 1986：4）士大夫的眼睛只盯着古聖先賢，而對他們自己每日嘴裏所用的所謂的俚言俗語取自輕自賤的態度，令人匪夷所思。這些俚言俗語，其實就是最能代表當世的語言詞彙成分，它們中的一些，在後世人們的心目中其實就是典型的成語。例如《春秋左傳‧桓公十年》：「初，虞叔有玉，虞公求旃。弗獻。既而悔之，曰：『周諺有之：「匹夫無罪，懷璧其罪。」吾焉用此，其以賈害也？』乃獻之。」「匹夫無罪，懷璧其罪」，今天看來可能無人不認其為典型的成語，非常典雅，但在時人看來卻是俚俗的諺。一些在當初的人們看來是俚俗的諺語，經兩千餘年演變，今人不覺其俗反覺其雅，變成了典雅的成語。[3] 雅俗詞語當然也會彼此滲透，有時甚至難分彼此（徐時儀 2015：429）。但雅言和俗語的對立是主流，而且這種對立一定程度上是人為造成的。

3　此一觀點，周荐在上世紀九十年代反覆論述過，認為：「部分諺語之所以能夠轉變為成語，從客觀上講，一般都歷史久遠，而且在經典而權威的著作中出現過；從主觀上說，乃是語言發展到後世，人們比較前代的某個諺語，因其古舊不覺其俗反覺其雅所致。」請參閱〈熟語的經典性和非經典性〉（《語文研究》1994 年第 3 期）；〈論成語的經典性〉（《南開學報》1997 年第 2 期）；〈論四字語和三字語〉（《語文研究》1997 年第 4 期）諸文。

二、本土學者對俚言俗語的認識

與正統文學相對的是俗文學。中國的俗文學，鄭振鐸先生認為發軔於先秦。鄭先生指出：「凡不登大雅之堂，凡為學士大夫所鄙夷，所不屑注意的文體都是俗文學。」（鄭振鐸 2009：1）俗文學所反映的多是俗文化，俗文學的載體相當一部分就是俚言俗語。俗語入詩，《詩經》時代即很常見；但俗語為詩人有意識地大規模地用於詩中，卻是自唐開始的。鄭先生復指出：「到了唐代，佛教的勢力更大了，從印度輸入的東西也更多了。於是民間的歌曲有了許多不同的體裁。而文人們也往往以俗語入詩；有的通俗詩人們，像王梵志、寒山們，所寫作的且全為通俗的教訓詩。」（鄭振鐸 2009：10）唐宋以降的文言文雖大體以周漢文章為軌範，但詞彙不可能將舊有的僻詞廢義悉數繼承，也不可能不吸納口語中的成分（太田辰夫 1991：187）。唐之後，宋元勾欄瓦舍文化更催生出燦爛的俗文學，自然，大批的俚詞俗語也在此一時代被創造出來。有學者在談到基本詞時也指出：「漢語的很多基本詞在歷史上發生過新舊替換，其中有不少是在近代漢語階段（晚唐五代－清初）完成的。」（汪維輝 2011：83）

中古與近代銜接時期產生的俚詞俗語，有兩類典型代表，一是歇後語，一是所謂「慣用語」。[4]歇後語的產生可追溯至唐，時人創作有所謂歇後詩。如唐 彥謙〈題漢高廟〉「耳聽明主提三尺，眼見愚心盜一坏」就分別歇去了「劍」和「土」，是為歇後。後人據前人詩而作成新的歇後詩，更為常見，如唐·韓愈〈遣興〉詩的「斷送一生惟有酒」句，〈贈鄭兵曹〉詩的「破除萬事無過酒」，北宋·黃庭堅〈西江月〉分別化用為「斷送一生惟有，破除萬事無過」，成為了歇後詩。歇後詩還不就是歇後語，歇後語是歇後詩走向民間，進一步俗化的產物。從北宋末年至元末明初甚至明中葉，在長達二三百年，

4　之所以說歇後語、被稱作「慣用語」的詞語是俚言俗語的典型代表，有很多理由，其中之一是：古諺語有不少後世化為成語，歇後語、被稱作「慣用語」的詞語，很少有化為成語的。

甚至三四百年間逐漸成書的《水滸傳》，其中的大量歇後語，反映的正是這部書集體創作的特點，也可作為歇後語發展史的語料加以研究。根據是書產生的歇後語如：「武大郎的扁擔——辰不了」「四門慶請武大郎——沒安好心」「魯智深倒拔垂楊柳——好大的力氣」「景陽岡上武松遇大蟲——不是虎死就是人傷」。產生歇後語的土壤，也催生出被後世一些學者稱作「慣用語」的俚俗的詞語。這類俚俗詞語，始見於唐。唐·李義山《雜纂》收異引同注的歇後語凡 108 組，其中詮釋語為三字詞的有 64 個，例如「不相稱、怕人知、有智能、不可過」。明·陳士元《俚言解》也收有一定數量的三字詞，例如「照膽清、二形子、小家子、老頑皮」。清·翟灝《通俗編》不僅是有清一代且是自唐至清千餘年間收條較為完備和科學的一部詞語類工具書。[5]《通俗編》所收的 5,558 條詞語單位中有 696 條由三字構成，佔全書收條的 12.5%，例如「不敢當、稽顙拜、下財禮、招魂幡」。近代以來思想的束縛解除，使俗文化獲得了長足的發展，歇後語等俚詞俗語更成為了民間慣常使用的重要的語彙，隨處可見，隨口造出，風行於世，蔚為大觀。

學者看待詞語之雅俗，一般循如下四途：一，單字詞有雅有俗，一般而言，於古有徵、用於聖賢書的，視為雅，其他則看作俗；二，單字詞與複字詞比，單字詞多雅，複字詞多俗；三，同是複字詞，音步平穩的偶數音節詞語，多宜表雅的內容，奇數音節詞語，多適合表現俗的內容；四，詞長不同的詞語比較，字數簡短的詞語，宜被歸入雅類，字數超長的詞語，易被歸入俗類。

漢語詞彙的雅俗，在詞彙還是單字詞為主的時代即已存在。三代已有的字，尤其是為統治者認可的字，是正統的字，該字所代表的就是雅詞；後世造出的，特別是民間自造的字，是非正統的字，該字所代表的就是俗詞。俗

5　《通俗編》的收條已達現代權威工具書《現代漢語詞典》(2002 年增補本；下略作《現漢》) 收條總數的十分之一。同時代的其他學者纂輯的詞語工具書的收條數目遠不及《通俗編》。《通俗編》之外收條最多的工具書是錢大昕的《恒言錄》，收 746 條，只約佔《通俗編》收條總數的 13%。

字與俗詞是不同的。劉復、李家瑞編《宋元以來俗字譜》（1930 年中央研究院歷史語言研究所）所收的是俗字，而明清一些俗語類著作所收的單字詞彙則是俗詞。例如明·陳士元《俚言解》除收「太陽、屈戌、耳邊風、井底蛙、癡雞引鴨、鐵樹開花、一字值千金、遠水不救近火」，也收「慫、何、舅、鞋」等。這後者，則是單字的俗詞。清·梁同書《直語補證》所收「姐（呼少艾曰姐）、材（棺材義）、庹（以手量物長短曰庹）、大（今以年長於人為大，年少於人為小）」等需釋義的條目，也是單字的俗詞。清·顧張思《土風錄》除收「笊籬、糞箕、抱佛腳、斂衽拜、不陰不陽、四時八節、磕頭如搗蒜、千里送鵝毛、郎不郎秀不秀、蛇無頭而不行、今朝有酒今朝醉、路上行人口似碑、見怪不怪，其怪自壞、養兒防老，積穀防饑、勢拜奴欺主、神衰鬼弄人」之外，另收「哥、奶」等單字，也是俗詞。更值得注意的是，是書還收「妾曰小、守候曰等、滿足曰夠、豎棚架曰搭、以草蓋屋曰苫、不認曰賴、補足曰找、食變味曰餿、待客曰款、手提物曰拎、兩手轉物曰搓、振去餘物曰抖、手牽物曰扯、以勺取水曰舀、色不鮮曰蔫、鳥卵曰蛋、拋棄曰丟、行急曰跑」這樣將釋義和被釋詞並作一個詞條的條目。條目中的「小、等、搭、苫、賴、找、餿、款、拎、搓、抖、扯、舀、蔫、蛋、丟、跑」等單字都是後世出現的，單字的意義所反映的也正是市井生活的內容，因而就都被視作俗詞。[6]

詞語的生成，對詞彙雅俗的進一步分化起到推動作用。雙字詞自上古與中古之交大量產生後，歷數百年發展，逐漸在人們心目中取代字的地位。近代開始前，士人心目中具正統地位的語言詞彙單位還是字，而不是由字與字合成的詞或語，儘管在古漢語詞彙的主幹尚由單字充任的先秦，由複字構成的專屬詞語（周荐 2016：354－359）即已出現。複字專屬詞語是複字普通詞彙的先聲。先秦已出現的複字專屬詞語，如表人名的「信陵君、春申君、孟

6　當然，這樣將釋義和被釋詞並作一個詞條的條目的，《土風錄》中不僅僅是單字的俗詞，也有複字的俗詞，例如「嬉遊曰白相、體面曰行當、跑馬曰放彎頭、噴嚏曰人說我」。

嘗君、武靈王」，表地名的「朝歌、鎬京、九疑、博浪沙」，表職官名的「太宰、司空、膳夫、寺人」，表器物名的「達常、蓋弓、輕呂、黃鉞」，表部族名的「華夏、犬戎、東夷、匈奴」，表專門的動作行為名的「備酒漿、備灑掃」。總之，人名、地名、機構名、作品名等，到先秦時有不少都已不是單字詞了。事物大量出現，都需命名，原應付裕如的單字如今顯已不敷使用，難以避免同音現象，古人最終選取走複字詞語的道路。雖然複字詞語在先秦已有出現，但大量出現，還是在上古與中古之交。近代以來，複字詞語更如雨後春筍般生成，成為現代漢語詞彙的主體。然而，這解決了大問題的複字詞，卻被不少士大夫將其與單字詞對立起來，視之為俗詞語，的是憾事。

三字俚俗詞語較多出現始於唐，逮明清兩朝，更湧現於社會基層的各個角落，如今已成漢語詞彙的重要成員之一。[7]四字詞語早在三字詞語之前即已存在，歷史悠久，數量不菲，如今也已成為漢語詞彙的主幹之一。作為漢語詞彙重要成員的三字詞語，無論是當初還是如今，多宜表現俚俗的或並不典雅的內容；而作為成語最習見的形式，四字格始終是漢語雅詞語的典型代表。

諺語在先秦時代即已大量出現，歷代續有增添，明清時已蔚然可觀。然而，諺語若不截長去短，使之在形式上符合或四字或八字的偶數音節的要求，便很難轉化為典雅的成語，而永遠是俚俗的諺語（周荐 2004：288－291）。歇後語轉化為成語的可能性更微乎其微。

三、中西學者對俗詞語不同的關注度

中國古人編纂字典的歷史晚於編纂詞典的歷史。字典編纂的歷史雖自東漢‧許慎的《說文》始，但嗣後，晉有《字林》，南朝梁有《玉篇》，宋有《類

7　筆者曾對《現漢》1996 年版本作過統計，該版收由三個字構成的詞語 4,924 個，佔該詞典收條總數 10% 以上。

篇》，明有《字彙》《正字通》，清有《康熙字典》等，歷代都不乏名世之作。詞典編纂，大概可從周秦之際的《爾雅》算起；之後，西漢有揚雄的《方言》，東漢有劉熙的《釋名》等，但從東漢末直至唐前卻鮮少重要的詞彙學著作出現。究其原因，一種可能是古書亡佚了，還有一種可能就是彼時關注詞語的學人少於關注字的學人。

　　詞語的搜集、整理和研究，近代開始重獲發展。唐·李義山《雜纂》，宋·無名氏《釋常談》，龔熙正、吳子良《續釋常談》，是唐、宋兩朝代表性的著作。逮明、清，終於迎來了豐收季：明有陸噓雲《世事通考》，陳士元《俚言解》，郭子章《六語》等，清有錢大昕《恒言錄》、陳鱣《恒言廣證》、翟灝《通俗編》、梁同書《直語補證》、梁章鉅《稱謂錄》、鄭珍《親屬記》、胡式鈺《語竇》、高敬亭《正音撮要》，以及李光庭《鄉言解頤》、王有光《吳下諺聯》等，不煩盡舉。清建政初期的震盪過後，政權漸趨穩定，社會復歸平穩，人心思治，統治者也急需一個祥和的社會，於是知識份子重拾舊業，投身到文化建設中來。但清統治者懼怕漢人知識份子反清復明，擔心政權不穩，又大興文字獄，這讓士人不敢問政，不敢稍越雷池，而只能將時間和精力轉投到故紙堆中來，學者們不約而同的開展了對小學的研究。乾嘉學派，在乾隆、嘉慶兩朝達全鼎盛。該學派的治學內容是以儒家經典為中心，認為儒家典籍愈古愈真，他們小學研究的重點始終是典雅的經典而不是引申賣漿者流嘴裏的俚詞俗語。但畢竟學者眾多，還是有一些有識之士將目光投在了俚俗的語詞上。這些學者中，不光有專注於俚俗詞語研究並以此名於後世的學者，也有當世的著名小學家，如錢大昕（《恒言錄》）、錢大昭（《邇言》）以及翟灝（《通俗編》）。明清學人廣泛搜求俚言俗語，全面反映了當時社會的語言詞彙真實面貌（曾昭聰 2015：195）。

　　《通俗編》是中國歷史上第一部成系統、有規模的漢語詞典，今人無論給予它多麼高的評價都不過分。但在翟灝自己看來，他所搜集的複字詞彙單位卻都是「俗」的，所以他為其所著書取名《通俗編》。從該書收條不難看出，雙字詞已成為當時詞彙中的重要單位。也需注意的是，四字成語和三字

詞彙單位亦已在明清蔚為大國。四字成語和三字詞彙單位從中古開始大量湧現出來，緣於士大夫階層和市井階層對清新文化蓬勃發展的要求，也反映著雅俗文化的對立。近代以來創造出來的二字詞彙單位，其中的一些成員的表義機制就與俚俗的市井文化相適應。比如今天常用的「撈稻草、穿小鞋、碰釘子、打秋風」，出現在宋代，甚至更早，明清開始此種俗語更批量產生，如清·王有光《吳下諺聯》所收的「百醜圖、步步高、吃白食、回味甜、開盤笑、十樣錦、受清齋、吸西風」即是。《通俗編》所收的三字詞彙單位，從所表達的事物對象上看，有不少是當時的曲目，如「王昭君、崔鶯鶯」；時人的飲食和飲食習慣，如「醉如泥、勸雙杯」；時人的服飾，如「東坡巾、煙毡帽」；時人特有的家俱等用具，如「太師窗、礑磔子」；時人的娛樂玩耍等習俗，如「拜星斗、染鬢髮」；時人的宗教習俗，如「城隍神、二郎神」；時人的婚喪嫁娶等習俗，如「下財禮、戲新婦」。

認真說，明清時期關注詞語的學人雖眾，但他們多數還是打從心底裏認定他們所研究的對象是俗而不雅的。這一點從他們為其著作所起的名稱（《常談搜》《俚言解》《直語補正》《鄉言解頤》）上不難看出。《土風錄》也一樣。《土風錄》不僅書名很「土」，而且《土風錄》中還有出自「俗對俗詩」中的一類單位。何謂「俗對」「俗詩」？作者說「門戶對聯及相傳詩句往往沿用而不省所自來」，這大概就是他的定義。所謂「俗對」「俗詩」，他舉例如「海闊從魚躍，天空任鳥飛」「物華天寶日，人傑地靈時」「無官一身輕，有子萬事足」「好事不出門，惡事傳千里」。可見，即使是對聯、詩詞，只要它們是「往往沿用而不省所自來」，便被稱為「俗對」「俗詩」，而不是「雅對」「雅詩」。

古人所造並流傳下來的詞語有雅有俗，後人所造的詞語也有俗有雅。士大夫之所以厚此薄彼，揚雅抑俗，或因其每日所讀多為聖賢書，很少機會與底層大眾接觸。語言詞彙中能夠憑藉書面流傳下來的多是為士大夫看重的典雅的單位，而活在引車賣漿者流口頭上的鮮活、俗白的單位卻往往不為士大夫所重視，不大容易被記錄並流佈開來、流傳下來。雖然士大夫階層更為關注典雅的詞語，自覺不自覺地排斥俗白的詞語，但到了清代，還是有一位叫

易本烺的有識之士敏銳地看到了詞語的雅俗問題，並為其作出了成功的分類。易本烺晚翟灝大約一個世紀在世，他纂輯的《常譚搜》（同治三年〔1864年〕京山易氏刊本）首次將語言詞彙單位分別為雅和俗。複字詞有雅有俗，是易本烺之前從未有人有過的認知。易本烺不再像他的前人甚至同時代的人那樣，將全部的複字詞統統看作是俚詞俗語，而盡己所能為之作出雅俗的恰當分類。《常譚搜》共四卷，收詞和熟語共計 1,348 條。該書最大特點是將所收入的詞和熟語分為雅、俗兩類。該書卷一、卷二為雅類，共收 666 條，卷三、卷四為俗類，共收 682 條。雅類、俗類所收條目的數量基本持平。從《常譚搜》中不難看出，雅俗不以詞語形式分開，任何詞彙單位都既有典雅的成分也有俚俗的單位。該書分出的雅類，從一字詞至由十數位構成的熟語均有收列：一字的如「麼」，二字的如「技癢」，三字的如「煙火氣」，四字的如「儒家者流」，五字的如「松封五大夫」，六字的如「孔子一車兩馬」，七字的如「識時務者為俊傑」，八字的如「其大無外，其小無內」，九字的如「天下事常八九不如意」，十字的如「知子莫若父，知臣莫若君」；超過十字的，如十一字的「布衣暖，菜羹香，詩書滋味長」，十二字的「早知窮達有命，恨不十年讀書」，十四字的「相逢盡道休官去，林下何曾見一人」；該書分出的俗類，也是從一個字的到十數個字的不等：一字的如「睡」，二字的如「快活」，三字的如「抱佛腳」，四字的如「酒囊飯袋」，五字的如「禮上不禮下」，六字的如「求人不如求己」，七字的如「為他人作嫁衣裳」，八字的如「君子愛財，取之有道」，九字的如「駝子壓直了，人吃了虧」，十字的如「但存方寸地，留與子孫耕」；超過十字的，如十二字「忠臣不事二君，烈女不更二夫」，十三字的「龍生龍，鳳生鳳，老鼠生來會打洞」，十四字的「大風吹倒梧桐樹，自有旁人道短長」，十六字的「立夏不下，田家莫耙；小滿不滿，芒種不管」。但是我們也注意到，四字詞彙單位在該書多列為典雅的成分，少算作俚俗的單位（周荐 2004：386－401）。雖然《常譚搜》為雅類、俗類詞語所作的分類未必能得到今天所有學者的首肯，但它首次勾畫出詞語的雅俗類別，功不可沒。

　　中國學者關注俗語，似不如西方來華傳教士，顯得那麼積極和主動（王銘宇、周荐 2016）。利瑪竇（Matteo Ricci, 1552－1610）之後的天主教傳教士除致力於漢語語法研究外，也有人編纂詞典，把目光投放到俗語上，注意漢語俗語的收集。如葡萄牙籍天主教遣使會傳教士江沙維（Joaquim Afonso Gonsalves, 1781－1841）撰有《漢字文法》（澳門聖若瑟修院 1829）一書，專設第六章「俗語」，收 357 條。這些「俗語」，從詞長上看，有四字的，如「口甜心苦、惡貫滿盈」，有五字的，如「水火不同路、窮嫌富不愛」，有六字的，如「親是親，財是財、疑人禿自己禿」，有七字的，如「受恩不報非君子、世事莫如杯在手」，有八字的，如「火燒眉毛且顧眼前、食飯似馬超追曹操」，有十字的，如「事忙先上帳，免得後思量」「師嚴乃道尊，友良斯德備」，以及超過十字的單位，如「真金不怕火煉好酒不怕人嘗」「有被褥的不會睡會睡的沒被褥」「好男不吃分家飯好女不穿嫁時衣」；從語型上看，有成語，如「得隴望蜀、望梅止渴」，有諺語，如「八月十五雲遮了月，趕到來年雪打燈、衙門朝南開，有理無錢別進來」，有慣用語，如「上樑不正下樑歪、話是開心的鑰匙」，也有歇後語，如「背著盒子上樹──沿枝有禮（言之有理）」「蒲天雲裏擲弦子──彈上來了（痰上來了）」。357 條「俗語」無一條是雙字詞、三字詞，更無一條是單字詞。這說明，在江沙維看來，俗語的詞長與詞的詞長，應該是有所不同的。無獨有偶，近年發現的朝鮮 1883 年的手抄本《中華正音》，也是一本俗語集，對漢語俗語的搜集和分析傾注了熱情（朴在淵 2015；見遠藤光曉、石崎博志：96－114）。

　　《現漢》專為一些詞條設計了〈書〉符、〈口〉或〈方〉符，以作為詞語「雅」「俗」的標記。此種做法在該詞典 1960 年出版的「試印本」中即已出現，是早於倉石武四郎 1963 年出版的《岩波中國語辭典》的。當然，最早為漢語做此一工作的，似也不是中國本土學者，而是西方學者。例如德國人赫美玲（Hemeling, Karl Ernst Georg, 1878－1925）1916 年出版的《官話》（原名：*English-Chinese Dictionary of the Standard Chinese Spoken Language*（官話）*and Handbook for Translators*；出版者：Shanghai: Statistical Department of the

Inspectorate General of Customs.）就將所收漢語詞彙分為四類：1. 口語及俗語字詞，標記為「俗」（例如「發呆、冷孤丁的、弄合式、頦啦膝」）；2. 書面用語，標記為「文」（例如「放恣、經始、致仕、自暴自棄」）；3. 表達新概念的現代詞語（主要來源為古典漢字及日語），標記為「新」（例如「演説、珠算、茶話會、附屬品」）；4. 1912 年由嚴復主持的教育委員會選定的通用技術術語，標記為「部定」（例如「概念、個人、理想、植物學」）（參見沈國威 2011：219－232）。

四、餘論

中國本土學人對俚詞俗語的態度，由鄙夷而輕視而重視，是經歷了一段不短的歷史時期的。文化的自覺，是促使他們覺醒並最終行動起來的一個極為重要的因素。鄭振鐸先生在談到文體時説過如下一段話：「當民間發生了一種新的文體時，學士大夫們其初是完全忽視的，是鄙夷不屑一讀的。但漸漸的，有勇氣的文人學士們採取這種新鮮的新文體作為自己的創作的型式了，漸漸的這種新文體得了大多數的文人學士們的支持了。漸漸的這種的新文體升格而成為王家貴族的東西了。至此，而他們漸漸的遠離開了民間，而成為正統的文學的一體了。」（鄭振鐸 2009：2）鄭先生這裏説的是文學的文體，語言的詞彙又何嘗不是如此呢？本土學人開始只認單個漢字中的一部分是典雅的語言成分，之後逐漸的，那些曾被他們認作俚俗的單位不再被認為俚俗，甚至進入典雅的行列中。學者亦然，開始幾無學人措手研究俚俗的詞語，但是久而久之，終於有人對之發生了興趣，取得了豐碩的成果，甚至以此名世。

至於説，學者們開初為何排斥俗語？蘇格蘭傳教士馬禮遜十九世紀初的一段話説得十分精準：「一向被中國文人所忽略的俗語，並不意味是『低級

趣味的措詞』，只是對那種僅僅適合讀書人的，高雅、古典、佶屈聱牙的形式而言，是一種大眾化的語言。就像歐洲的知識份子在黑暗時代認為每一本正統的書都應該使用拉丁文，而不是俗語那樣，中國的文人也一樣。」（朱鳳2005）看來，俗語開始時遭忽略，並非它們自身的過錯，而是士大夫心態的問題。而心態存在這種問題的，又不僅僅是中國的士大夫，而是世界範圍內的，帶有普遍性的。

參考文獻

胡適。《白話文學史》（上卷）（長沙：嶽麓書社，1986 年）。

朴在淵。〈新發現之漢語俗語、慣用語集《中華正音》〉，收入遠藤光曉、石崎博志主編《現代漢語的歷史研究》（杭州：浙江大學出版社，2015 年）。

平田昌司。《文化制度和漢語史》（北京：北京大學出版社，2016 年）。

沈國威。《近代英華華英辭典解題》（大阪：關西大學出版部，2011 年）。

太田辰夫著，江藍生、白維國譯。《漢語史通考》（重慶出版社，1991 年）。

汪維輝。《著名中年語言學家自選集——汪維輝卷》（上海教育出版社，2011 年）。

王銘宇、周荐。〈明末及清中葉中西文獻所見漢語熟語〉，《河北師範大學學報／哲學社會科學版》第 39 卷第 3 期（2016 年）。

徐時儀。《漢語白話史》（北京大學出版社，2015 年）。

曾昭聰。《明清俗語辭書及其所錄俗語詞研究》（上海辭書出版社，2015 年）。

鄭振鐸。《中國俗文學史》（北京：商務印書館，2009 年）。

周荐。《詞彙學詞典學研究》（北京：商務印書館，2004 年）。

周荐。《詞彙論》（北京：商務印書館，2016 年）。

朱鳳。〈馬禮遜《華英字典》中的成語和諺語〉，載《世界漢語教育史研究——第一屆世界漢語教育史國際學術研討會論文集》（澳門理工學院出版，2005 年）。

古漢語語素義在現代詞語中之沉澱

田小琳

陸陳漢語國際教育集團

一、研究方法

現代漢語是由古代漢語，近代漢語發展變化而來，歷史千年計，源遠流長。三者血脈相通，不可割斷。

一般來說，看漢語書面語，古代漢語的年代含先秦兩漢至隋唐，近代漢語自隋唐至元明清，現代漢語的年代最短，始自 1919 年。因而，現代漢語作為古代漢語、近代漢語在現今的化身，無論如何，脫不開古代漢語、近代漢語的影響。當然，在古代漢語、近代漢語、現代漢語三者劃分時，不可能「一刀切」，發展是一個漸變的過程。

以語言三要素的語音、詞彙、語法來說，千年的發展，變化都是顯著的。人們最容易看到的變化，三者當中首推詞彙。陸宗達先生說「現代漢語是古代漢語的繼承和發展，單就詞彙而言，古代漢語的某些詞語必然要作為『痕迹』留在現代漢語中。研究漢語詞彙的來龍去脈以通古今之變，對於現代的人們準確、鮮明、生動地運用現代漢語是很有益處的。」（《說文解字通論》13 頁）他又說：「對至今仍然活在口語或書面語中的古代詞語，探其原委，明其顛末，既知其然又知其所以然，不僅關係到語言的運用，也將促進我們對古人生動活潑而具有生命力的語言的學習與吸收。」（同上，16 頁）陸先

生的論述在說明《説文解字》在其中的重要性，這觀點也有普遍的價值。我這篇文章就是基於陸先生的教導來寫的。

作為研究方法，現代詞語的研究不僅和古代漢語、近代漢語要聯繫起來，還可以和各地方言聯繫，從方言裏取證。在香港，我們常常從粵方言裏看到古代漢語的影子。此外，和外語也能聯繫起來。現代漢語的外來詞除了從西方語言中吸收的，還有不少日語借詞，而日語借詞用漢字書寫，裏面不可能不沉澱古代漢語的語素義；再説從佛教詞彙來的外來詞，裏面也會有古代漢語的元素。就是外來概念詞（意譯詞）在構詞時有的也會選擇古漢語語素。因而，「普－方－古－外」都可以聯繫起來，互相取證。

「普－方－古」要聯繫起來研究，是多位前輩語言學家都提倡的，朱德熙先生在討論漢語語法研究時反覆講過這個問題，引起學界的廣泛注意。在參與邢福義教授主持的社科國家重點項目「全球華語語法研究」之「香港卷」的工作時，我們調查研究的語料是「港式中文」，即在通用中文基礎上夾用少量粵語語句或者英語語句的書面語，港式中文在香港廣泛流通，這研究無可避免地要與英語聯繫起來。所以我們在這項研究工作裏，實際上運用了「古－方－普－外」聯繫起來的研究方法，且十分有效。這個研究方法，不僅可以運用在語法研究上，也可以運用在詞彙研究上。特別在互聯網時代的今天，多元語言社會紛呈，中國人學習外語，外國人學習漢語，高潮迭起，語言的彼此交流，必然會產生新的語言現象，所以，「普－方－古－外」的研究方法在語言學研究領域可望會得到進一步豐富充實。

本文僅以古漢語語素在現代詞語中之沉澱的實例，說明現代漢語的學習和教學，離不開古代漢語的影響。在中文教學裏，教學者、學習者都應重視這個問題，才能深入理解詞彙意義。

二、古漢語語素義沉澱在現代詞語裏的實例分析

這部分僅以八組具體例子，分析在現代詞語中仍然保存着的古代漢語語素義。如果不深究一步，只是囫圇吞棗地理解一個詞語的大概意思，影響閱讀文意；也影響在表達時靈活掌握運用這些詞語。此外，我們從下面援引的古漢語例句看，也能看到先秦典籍對現代詞語的巨大影響。

（一）攻城略池／城池／城門失火，殃及池魚

攻城略池：攻佔城池，掠奪土地。見《淮南子·兵略》：「攻城略池，莫不降下」。

1. 攻／略：

略：通「掠」。古義為侵略，掠奪。見《左傳·宣十五年》：「壬午，晉侯治兵於稷，以略狄土。」又見《方言二》：「就室曰搜，於道曰略。略，強取也。」又見《漢書·霍光傳》：「使從官略女子，載衣車，內所居傳舍」。

因而沉澱在成語「攻城略池」裏的「略」，同掠奪。從這個成語的結構上看，「略」與「攻」也可互文見義。

2. 城／池：

城：城牆（萬里長城）；池：護城河。見《左傳·僖公四年》：「以此攻城，何城不克？」「楚國方城以為城，漢水以為池。」當然，這個義項，只是它們古代的義項之一。

古代戰爭時，城池修備足以抵擋來敵。見《墨子·備城門》：「我城池修，守器具，推粟足。」後可泛指城市。目前，在西安還可以看到完整的城牆和護城河。

3. 城門失火，殃及池魚：

這個成語，比喻無端遭牽連而受到禍害。如沒有理解清楚「城」「池」的意思，則無法理解成語整體的意思。見北齊杜弼〈為東魏檄梁文〉：「但恐楚國亡猿，禍延林木；城門失火，殃及池魚。」

（二）薪／發薪（出糧）／薪俸

1. 薪：

古義為柴火，作燃料的木頭。《說文解字》：「薪，蕘也。」《玉篇》：「薪，柴也。」見《詩經‧齊風‧南山》：「析薪如之何？匪斧不克。」又見：白居易《賣炭翁》：「賣炭翁，伐薪燒炭南山中。」「薪」現在已經不單說了。這個意思沉澱在許多成語裏，有「臥薪嘗膽，杯水車薪，釜底抽薪，薪火相傳，薪盡火傳，曲突徙薪」等。「曲突徙薪」比較少用，典出《漢書》。《現代漢語詞典》7 版已經不作為詞條收錄，但是在「突」的第三義項裏注明，「突」是「古代灶旁突起的出煙火口，相當於現代的煙筒：灶突／曲突徙薪」（1323頁）。《現代漢語學習詞典》收錄此成語為詞條。

2. 發薪（出糧）／薪水：

普通話的「發薪」與粵方言的「出糧」正好對應，「發」和「出」對應，「薪」和「糧」對應。兩個詞都是動賓結構。

薪水，本義就是打柴汲水。現在就是指工資，就是錢。拿到工資，拿到錢，去買柴和水，這是人們生活不可缺少的東西，用「薪水」去涵蓋人們購買衣食住行所需的錢財，即日常開支的費用，這是構詞的修辭手法。與「薪水」有關的詞語很多，例如：薪金、時薪、日薪、月薪、年薪、底薪、乾薪、薪俸、薪酬、薪金、薪餉、薪資、停薪留職等，關鍵是要把其中的「薪」講清楚。

3. 薪俸（薪水＋俸祿）：

「薪俸」一詞可以看作是「薪水」和「俸祿」的合成縮略形式。「俸祿」是古代皇朝政府按照規定給各級官員的報酬。東漢以前，俸祿多發放實物，如糧食、布帛等，唐以後一直到明清，主要以貨幣形式為俸祿發給朝廷官員。古代官員俸祿的名稱不止一種，如：「月給」「月薪」「月錢」等，而明代曾將俸祿稱「月費」，後又改稱為「柴薪銀」。

「俸祿」在當代生活詞語中已經消失了，而香港則將它與「薪水」一詞結合，構成了新詞「薪俸」，可以看作是香港社區詞。香港還有「薪俸點」「薪

俸稅」的説法。例如：「立法會昨日一般性通過公務員加薪法案，會上有議員關注公務員調整**薪俸點**追不上通脹，以及提出公務員應劃分級別調整薪酬。」（〈立法會通過公僕加薪〉，《新報》，2014 年 3 月 26 日）內地則不用「薪俸」一詞。

（三）走／行

1. 走：

古義為跑。見《韓非子·五蠹》：「兔走觸株，折頸而死。」先秦典籍裏，凡看到「走」，必是「跑」義。又見《荀子·堯問》：「君子力如牛，不與牛爭力；走如馬，不與馬爭走。」走的古義「跑」保存在很多詞語和成語裏。例如「走獸，走狗，敗走，奔走，逃走，遁走」，又如「走馬看花，奔走相告，不脛而走，飛禽走獸」等。這些詞語和成語，都屬於現代漢語的常用詞。但是人們往往忽略其中走的古義。

由「跑」義生發出特指「逃跑」。見《左傳·僖公五年》：「踰垣而走，披斬其袪，遂出奔翟。」又見《孟子·梁惠王上》：「兵刃相接，棄甲曳兵而走。」「走」的古義也保留在粵方言里，「走喇」就是「跑啊」。「走」的「逃跑」古義則完好保存在粵方言的「走難」一詞裏，走難即逃難，逃，跑也。

2. 行：

行的本義，按甲骨文看是道路的意思，象形。《說文解字》設有「行」部。術，街，衝，衢，衕，衖等字本義都與街道有關，皆屬行部。《說文解字》：「行，人之步趨也。」這「行走」的意思已經是引申義了。見《詩經·唐風》：「獨行踽踽，豈無他人！」又見《論語·述而》：「三人行，必有我師焉。」「行」作為「行走」的意思，現在不單説了，被「走」替代了。「行」作為構詞語素保留在不少現代詞語裏，例如：「步行，進行，行程，行路，行徑，踐行，餞行，行人，行人道」等等。而保留在現在粵方言裏的「行」可以單説：「行先」是「先走」的意思；「慢慢行」是「慢慢走」的意思。至於粵方言現在也説「走先」，那應該是受了普通話的影響。

關於「行，走，奔，跑」的古今分別，《王力古漢語字典》有很好的辨析：古代所謂「行」，現在叫做「走」；古代的「走」是現代的「跑」。古代「走」和「奔」是同義詞。《說文》：「奔，走也。」《玉篇》：「走，奔也。」但是「奔」往往是因急事而奔赴，有被迫奔跑之義；「走」往往是主動的，可疾可徐。因此，「奔」往往比「走」更含急迫義。「跑」是後起字，先用為「獸足刨地」之義，唐以後才用作奔跑義（1343頁）。考《說文解字》無「跑」字可證。

（四）屨／履

1. 屨：

古義為鞋，用麻，葛製成的鞋。見《詩經・魏風・葛屨》；「糾糾葛屨，可以履霜。」又見《左傳昭公三年》「屨賤踊貴」。《孟子・滕文公上》：「皆衣褐捆屨織席以為食」。後引申為穿鞋，亦引申有踩踏義。現代以屨構成的常用詞幾乎沒有，成語「屨賤踊貴」也很少人會使用了。《現代漢語詞典》7版只在「屨」字條下釋義，沒有任何詞語的舉例，可見一斑。

2. 履：

古義為踐踏，踩踏。見《詩經》上例：「可以履霜」。又見《詩經・小雅・小旻》：「戰戰兢兢，如臨深淵，如履薄冰。」履的這一古義沉澱在現代的不少雙音節詞裏，例如「履歷，履任，步履，履約，履尾，履行，履新」等；也沉澱在成語裏，例如「如履深淵，如履平地，履險如夷，履霜堅冰」等。後由踩踏義演變為「鞋」的意思，見《韓非子》：「鄭人有欲買履者」。「履」作為「鞋」的意思，沉澱在「鄭人買履，削足適履，西裝革履」等成語中。

屨，履，現在只能作為構詞的語素進入現代詞語中。由古代的自由語素，變為現代的半自由語素了。因而要明瞭它們的語素義，才能準確理解以上詞義。

段玉裁《說文解字注》：「古曰屨，今曰履；古曰履，今曰鞵（鞋）。名之隨時不同者也。」段注在詞彙的研究上很有發展的觀點，他在字義的引申上有許多創新的看法，這當然來自於他的博覽群書且過目不忘。

（五）青／青史／汗青

1. 青：

「青」在現代詞語裏可以代表三種顏色：藍色（青天），綠色（青草），黑色（青衣）。在古代典籍中都有反映。

青，古義通常指現在所説的藍色。見《荀子・勸學》：「青取之於藍而青於藍。」藍，本指蓼草。見《説文解字》：「藍，染青草也。」後來才引申為藍色或深青色。現代詞語「青天，青筋」等沉澱這一古義。

青，古義又有綠色。見《楚辭・橘頌》：「青黃雜糅，文章爛兮。」這意思沉澱在現代詞語「青菜，青苔，青果，青蛙，青草，青葱，青翠，青飼料，青紗帳；豆青，返青，冬青，萬年青」及成語「青枝綠葉，青山綠水，青竹丹楓，青黃不接，青梅竹馬」等裏面。

青，又代表黑色。見劉勰《文心雕龍・知音》：「白日垂其照，青眸寫其形。」青作為黑色，反映在這些詞語裏：「青布，青絲，青綾，青眼，青睞，青衣」等，這類表示綠色的詞語少。

2. 青史／汗青：

青史：古代用竹簡記事，稱史書為青史。竹簡用青竹做成，因而，青史的青代表綠色。

汗青：也代表史書。見文天祥〈過零丁洋〉：「人生自古誰無死，留取丹心照汗青。」用青竹做竹簡，青竹水分多，烘烤乾後易於刻字並防蛀蟲。烘烤青竹，水分烤出來時如同人體出汗，因而簡縮為雙音節詞「汗青」。後又有「殺青」一詞，借指著作完成。

青史，汗青，都包含中國文化的悠久傳統。在沒有發明紙張的年代，才會組建出這樣的詞，現代漢語沿用至今。而教學裏如沒有給學生講明白，學生就會囫圇吞棗，知其然而不知其所以然。

（六）鈞／鈞＋x

1. 鈞：

重量單位，量詞，古代的重量單位，合 30 斤。見《孟子·告子下》：「今日舉百鈞，則為有力人矣。」又見《左傳·定八年》：「顏高之弓六鈞。」「千鈞」「萬鈞」，皆言其重，有誇張的意味。例如：成語：「千鈞之力，雷霆萬鈞，千鈞一髮」等。度量衡已經更新，現代常用的就是這幾個成語，一般人也不了解其中「鈞」的含義了。

2. 鈞＋x：

與尊長或上級有關的事物和行為，前面可以加「鈞」，引申為有份量。例如：「鈞座，鈞旨，鈞鑒，鈞裁，鈞命，鈞諭，鈞安，鈞啟」等敬辭，均為書面語詞。

（七）耆／宿／耆宿

1. 耆：

「耆」古義指六十歲的人，也泛指老年，老人。見《禮記·曲禮上》：「五十曰艾，服官政；六十曰耆，指使。」又見《説文解字》：「耆，老也」；見《史記》：「（堯）年耆禪舜。」

「耆」與「老」或與「耋」連用可組成並列結構的雙音節詞，見《禮記·檀弓下》：「天不遺耆老，莫相予位焉」。又見《禮記·射義》：「幼壯孝弟，耆耋好禮。」此外，還組成以下的雙音節詞「耆宿，耆艾，耆舊，耆紳，耆俊，耆碩，耆儒」等。

港式中文中，有「耆英」一詞，在日常報刊雜誌的文章裏常見，也多表示對長者的尊稱。例如：「往中環午宴，途中只見中銀香港（2388）總行門外大排長龍，場面相當悲壯，拖男帶女，又有**耆英**，似乎大家為了賺那個差價而拼命（〈鈔瘋與癲 Phone〉，刊於《am730》，2012 年 2 月 15 日）。這是説為了爭搶中國銀行紀念版貨幣而轉手炒賣賺錢，不論男女還是老人，都拼命去爭搶。此例用法證明「耆英」一詞可以用於一般的語體中，不一定用於典

雅書面語體。「耆英」一詞可看作香港社區詞。

2. 宿：

「宿」古義有在某方面久負聲望的義項，也有老成的意思。見《漢書·翟方進傳》：「是時宿儒有清河胡常與方進同經。」又見《東觀漢記·北海敬王睦傳》：「名儒宿德，莫不造門。」「宿」作為構詞語素，沉澱在以下詞語裏：「宿學之士，宿士，宿師，宿將，宿望，宿哲，宿儒」等。

《現代漢語詞典》7 版中只收錄了「耆老」「耆宿」「宿將」幾個詞，多為書面語詞。這也說明書面語詞面臨不斷減少的危險。

（八）饑／饉／饑饉

1. 饑：

「饑」本意為災荒、糧食歉收，見《商君書·墾令》：「商無得糴，則多歲不加樂；多歲不加樂，則饑歲無裕利；無裕利則商怯，商怯則欲農。」

2. 饉：

也有「飢荒」的含義，但其程度更甚於「饑」，見《爾雅·釋天》：「穀不熟為饑，蔬不熟為饉」，又見《穀梁傳　襄公二十四年》：「二穀不升謂之饑，二穀不升謂之饉」

3. 饑饉：

饑饉作為雙音節詞，在文言文中常用，而現代漢語通用中文裏則非常少見。但港式中文裏「饑饉」常與其他詞語一起使用，構成專有名詞如「饑饉三十」「饑饉活動」等。例如：「為支持『饑饉三十』活動，用愛拉近世界，帽子品牌 NewEra 推出兩款聯乘 9FIFTY snapback，在扣除成本後，全數收益將撥捐香港世界宣明會，作為『饑饉三十』的營運經費。」（〈給力「饑饉」〉，《大公報》，2014 年 4 月 1 日）

三、賦予詞彙教學的意義

本文所舉實例的分析，反映出學習和教學漢語詞彙需要有歷史的觀點，要注意詞語歷史的變遷。古漢語語素義沉澱於現代詞語裏，不是少數。這個道理講清楚了，是教給學生掌握詞語的一個舉一反三的方法，令學生知其然且知其所以然。

古代漢語的影子，時時映照在現代漢語中。這是一種語言合乎科學規律的發展。現在，中小學的中國語文科重視文言文教學，在提供的文言文語料中，有很多詞語的變化可以聯繫現代漢語來講，學生感到學了文言文有用，這樣才能提高學習文言文的興趣。

王寧先生說：「古代漢語與現代漢語的研究，合則事半功倍，分則兩敗俱傷；既使現代漢語詞彙變為無源之水，容易貧乏枯竭；又使古代漢語詞彙找不到落腳點，很多現象發展的趨勢得不到後代的印證，不能與當代接軌，顯不出生命力。這個問題，應該到了解決的時候了。」（2002）

教學中重視古漢語語素義在現代詞語中之沉澱的分析至少可以收到以下效果。

（一）擴大書面語詞之詞彙量

《現代漢語詞典》裏標注（書）字的，表示書面上的文言語詞，標（古）的表示古代的用法。這些詞裏面常常是有古漢語語素的，因為口語裏不說，所以要通過閱讀、教學來吸收。例如：書信中常用的「大鑒，台鑒，鈞鑒，雅鑒」，信封上所用的「某某台啓」「某某緘」，學生如果會用，就比只會用「某某收」「某某寄」顯得文雅，有文化層次。

在與他人的交往中經常會用到的一些敬辭，裏面也都有古漢語語素的成分。像用於與對方有關事物的「大函，貴庚，台甫，令尊，令堂，玉照」；用於對方對待自己行為的「賜教，海涵，惠顧，玉成」；用於自己的舉動涉及對方的「拜辭，璧還，璧謝，奉告」；用於稱對方到來的「光顧，光臨，蒞臨，

駕臨」；用於請求對方的「俯就，俯允，勞駕」；用於書信結尾的「安祺，冬祺，著祺，撰安」等等，選用這類敬辭詞語，用於莊嚴典雅書面語境，提高了表達的修辭水平。

再如「鼎」，是古代煮食物用的器物，這個本義用在「鼎沸，人聲鼎沸，鼎峙，三足鼎立，鼎足而三，勢成鼎足」這些詞裏。引申為王位，帝業，則有「定鼎，問鼎」；引申為「大」義，有「鼎力，鼎力相助，鼎言，一言九鼎，鼎鼎大名，鼎革」這些詞。上面這類詞多為書面語詞。講一個「鼎」字，可以引出含有「鼎」作為語素的十幾個詞。舉一反三，書面語詞的積累會日見長。在有的方言裏，鼎也還保留着作為「鍋」的意思，可見古詞語與方言的密切關係。「普 - 方 - 古」的聯繫又是一例。

我們希望學生多掌握書面語詞，古語詞，擴大詞彙量，為的是提高他們運用這些詞語的能力。在一定的語境或一定的文體裏，需要運用這些詞語時，他們的詞庫裏有這類詞語的貯存，而且他們也會正確地選用。

（一）擴大成語詞彙量

成語是漢語詞彙的瑰寶。一個四字成語有四個語素，往往可以講一個故事，可以表達一個哲理。目前各出版社出版的《成語詞典》多達幾十種。有的收成語多達幾千條甚至上萬條。《新華成語詞典》（商務印書館，2002 年）是一部中型成語詞典，收成語 8,000 餘條。其實，成語詞典裏收的有一些成語已經沒有生命力了，一般人已經不掌握了。為什麼呢？就是因為成語多有歷史來源，常沉澱古漢語語素義。如果不明瞭其中的古漢語語素義，就影響對這個成語的理解。自己覺得沒有理解某個成語的意思，就不敢使用這個成語，就是偶爾用了，可能還會用錯。慢慢的，這個成語會從使用率低而走向死亡。「不刊之論」就是個典型的例子。一般人看到都理解成「不能刊登的文章」。其實，恰恰相反，是說不能改動一字的文章。問題就出在「刊」字上。不知道「刊」在古代有「砍，削除」的意思，引申為「刪改」的意思。這個成語沉澱着中國書寫的文化，反映古代書籍是用竹簡的情況。在竹簡上刻錯

了字，就要用刀削去，削平。「削」從刀旁，表明了這個義項。

再如：「三<u>緘</u>其口，一<u>曝</u>十寒，<u>釜</u>底抽<u>薪</u>，曲突徙<u>薪</u>，<u>饔飧</u>不繼，食不<u>果</u>腹，<u>沉疴</u>不起，振聾發<u>聵</u>，<u>篳</u>路<u>藍縷</u>，<u>櫛</u>風沐雨，鱗<u>次櫛</u>比，秦晉之<u>好</u>，<u>鶼鰈</u>情深，<u>跬</u>步千里，疑<u>竇</u>叢生，<u>頤</u>指氣使，罰<u>弗</u>及<u>嗣</u>，斬將<u>搴</u>旗，運籌<u>帷幄</u>，<u>繩愆</u>糾謬，披髮左<u>衽</u>，兄弟<u>鬩</u>牆，<u>宵</u>衣<u>旰</u>食，<u>管窺蠡</u>測，<u>率爾</u>成章」等這些成語，裏面下加橫綫的字，都保留着古漢語語素義，不清楚這些語素的意思會給閱讀帶來困難，更談不到使用了。

如果不在基礎教育的內容裏有計劃地輸入一定量的成語，要求學生必須掌握，那麼有些成語的存在就面臨着危機。實際上，現在已經到了要搶救成語的時候了。成語只有被更多人運用，才能一代一代保留下來。

（三）擴大方言詞之詞彙量

如果與自己熟悉的方言相聯繫，可以看到方言詞語中保留的古漢語語素很多。粵方言，閩方言的詞語裏都有不少。

例如粵方言裏，「髀」，就是「大腿」。見《說文解字》：「髀，股也。」粵方言口語裏現在仍然常用「髀」：雞髀（雞腿兒）。「髀」沉澱在成語裏，還有「搏髀而歌，撫髀長嘆，髀肉復生」等。

再如，「啖」在古代是「吃」的意思，現在已經不單說了。《山海經·海外東經》記載：「黑齒國在其北，為人黑，食稻啖蛇。」又見蘇軾〈惠州一絕〉：「日啖荔枝三百顆，不妨長做嶺南人」。粵方言現在還用「啖」，引申為量詞：「食一啖」（吃一口），「錫一啖」（親一口）。

又如「企」，古義為「踮起腳後跟站着」。見《漢書·高帝紀》：「日夜企而望歸。」普通話已經不能單說。「企」的古義保留在「企鵝，企待，企盼，企望」這些現代詞語裏。粵方言裏「企」可以單說，引申為「站」的意思。我們看到，香港地鐵裏手扶電梯旁標注着「正確企位」，巴士上標注着「座位 xx 人，企位 xx 人」。「企位」就是「站位」，是粵方言詞。

除了粵方言，其他方言也有類似情況。

陝西方言「咥」，古義為「咬」，《易履》：「履虎尾，不咥人。」《廣雅·釋詁三》：「咥，齧也。」《釋文》：「咥，齧也。」可見，咥的古義為咬，齧。在陝西方言中，「咥」引申為「吃」的意思，可以單說。而且咥有大口吃，猛吃的意味。「愣個咥」就是「使勁兒吃」。還有「往夠裏咥」「一氣兒咥飽」「今兒個咥美咧」等說法。

「顙」在古代是「額頭」的意思，引申為「頭」。見《說文解字》：「顙，額也，從頁，桑聲。」現代漢語書面語詞還保留「額頭」的義項在雙音詞「稽顙」裏。「稽顙」始自古代，見《禮記·檀弓上》：「孔子曰『拜而後稽顙，頹乎其順也，稽顙而後拜，頎乎其至也。三年之喪，吾從其至者。』」而陝西方言裏，「顙」可以單說，表示頭部。「你看某某的顙（頭）長得和兵馬俑的一樣。」

多學一種方言，多長一種本事。用「普－方－古」詞語相互進行對比，可以看到古漢語語素義在普通話詞語或者方言詞語裏的留存，從而豐富積累自己方言詞語的儲存。

參考文獻

人民教育出版社辭書研究中心。《漢字源流精解字典》，人民教育出版社，2015 年。

王力主編。《王力古代漢語字典》，中華書局，2000 年。

王力主編。《古代漢語》（校訂重排本），中華書局，1999 年第 3 版。

王軍虎編。《西安方言詞典》，江蘇教育出版社，1996 年。

王寧。〈古代漢語詞彙意義在現代漢語中的存留——談古今漢語的銜接與溝通〉，載於《語言文字周報》2002 年 6 月第 954 號。

王寧。〈古代漢語雙音詞組在現代漢語中意義的重新組合——再談古今漢語的銜接與溝通〉，載於《語言文字周報》2002 年 6 月第 955 號。

王寧。〈古代漢語造句法向現代漢語構詞法的轉變——三談古今漢語的銜接與溝通〉，載於《語

言文字周報》2002 年 6 月第 956 號。

王寧。〈從古今漢語的變異性傳承關係看詞組與合成詞的鑒別——四談古今漢語的銜接與溝通〉，載於《語言文字周報》2002 年 6 月第 957 號。

王寧。〈充分重視古今漢語銜接與溝通的問題——五談古今漢語的銜接與溝通〉，載於《語言文字周報》2002 年 6 月第 958 號。

何九盈、王寧、董琨主編。《辭源》（第 3 版），商務印書館，2015 年。

商務印書館辭書研究中心編。《古今漢語詞典》，商務印書館，2000 年。

商務印書館辭書研究中心編。《新華成語詞典》，商務印書館，2002 年。

商務印書館辭書研究中心編纂，田小琳、李斐、馬毛朋修訂。《現代漢語學習詞典》（繁體版），三聯書店（香港）有限公司，2015 年。

梁曉虹。《佛教與漢語史研究》，上海古籍出版社，2008 年。

梁曉虹。《日本古寫本單經音義語漢字研究》，中華書局，2015 年。

《現代漢語詞典》第 7 版，商務印書館，2015 年。

許慎撰。《説文解字》，中華書局影印，1963 年。

陸宗達。《説文解字通論》，中華書局，2015 年。

詹伯慧，張振興主編。《漢語方言學大詞典》，2017 年，廣東教育出版社。

淺議「驕傲」
——現代中文裏一個鮮見之兼具褒貶兩義之詞彙

老志鈞

澳門大學教育學院

一、前言

　　歷來，每一個中文詞彙的感情色彩都只有一義，或褒，或貶，或中性。隨着時空的轉移、人眾觀念的改變、詞義本身的發展，某些詞義的感情色彩會發生變化，如「爪牙」、「風流」、「橫行」這類原為褒義的詞彙，變為貶義的；又如「吹毛求疵」、「班門弄斧」、「標新立異」這類貶義的，用為褒義；[1] 甚至中性的「臭」，也轉為貶義的。但不管怎樣，總是新義替代舊義，一詞仍然只具一義。及至五四前後，古舊的「驕傲」一詞除用為原來的貶義外，更用為褒義，貶褒兩義同時兼備於一身。這種現象至今依然充斥於兩岸四地，且有愈趨愈烈之勢。其實，類似「驕傲」這個兼具褒貶兩義的詞彙，在

1　《五四以來漢語書面語言的變遷和發展》一文指出：「隨着事物本身的發展和人們對事物認識的發展，許多詞的意義深化了，許多詞的感情色彩也因之轉變了。……如：「千方百計」、「挖空心思」、「吹毛求疵」、「班門弄斧」、「標新立異」，從前只是貶義的，現在也可用為褒義的了。」《中國語文》，北京：總第 82 期 (1959 年 4 月號)，頁 167。

自古至今的中文裏，實屬鮮見。有專家學者以為「驕傲」用為褒義，只是誤用、濫用而已，須施以糾正；但也有字典辭典予以肯定，將「驕傲」的褒義收納其中。究竟這正反意見，孰是孰非？又「驕傲」會否繼續兼具褒貶兩義通行於天下？會否影響他詞的發展？凡此種種，正是本文要探究討論的。

二、「驕傲」本含貶義，至近世增添褒義

「驕傲」一詞，早見於先秦典籍。傳統中文裏，「驕傲」只含有「傲慢自大、放縱無禮、奢侈淫佚」這類貶義。如《管子·禁藏》「驕傲侈泰、離度絕理，其唯無禍，福亦不至矣」、《屈原·離騷》「保厥美以驕傲兮，日康娛以淫遊」、《賈誼·新書·容經》「若夫立而技，坐而踞，體怠懈，志驕傲」、《晉書·慕容暐·載記》「自恃勳舊，驕傲有無上之心」、《宋·王明清·揮塵後錄》卷八「(徐師川) 既登膴密，頗驕傲自滿」等等。至於和「驕傲」有關，分別與「驕」、「傲」構成的詞語，如「驕矜」、「驕縱」、「驕躁」、「驕氣」、「驕橫」、「驕慢」、「高傲」、「自傲」、「倨傲」、「傲氣」、「傲視」、「傲物」等等，無不含有貶義。

及至五四前後，「驕傲」卻增添了褒義，使用有異於傳統中文。新文學家的作品中，屢見不鮮。例如：

1. 讀書人又稱書生。這固然是個可以驕傲的名字，如說「一介書生」，「書生本色」，都含有清高的意味。(朱自清〈論書生的酸氣〉) [2]

2. 伊轉過臉去了，卻又看見一個高興而且驕傲的臉，也多用鐵片包了全身的。(魯迅〈補天〉) [3]

---

2 朱自清：〈論誦讀〉，《朱自清全集》(台北：文化圖書公司，1975 年)，頁 219。

3 魯迅：《故事新編》，《魯迅全集》第二卷 (北京：人民文學出版社，1981 年第一版，1996 年第四次印刷)，頁 350。

3. 他倆不生氣我的嘲笑，他倆還**驕傲**著他們的純潔，而笑我小孩氣呢。」（丁玲〈莎菲女士的日記〉）[4]

4. 她自己的女兒不多認識幾個字，又怎麼好**驕傲**人呢？（巴金《家》十九）[5]

5. 方鴻漸把這種巧妙的詞句和精密的計算來撫慰自己，可是失望，遭欺騙的情慾，被損傷的**驕傲**，都不肯平伏。（錢鍾書《圍城》）[6]

即使以研究語言為本業的王力教授，其筆下也有以下的用法：

6. 也許公教人員比街頭小販值得**驕傲**的，就在於這一種安慰上。（王力〈領薪水〉）[7]

上述各句中的「驕傲」，其褒義大多是「自豪」，少是「光榮」。

二‧「驕傲」增添褒義之原因

將「驕傲」用為褒義，當美德講，相信是和新文學家身處的時代背景有關，和翻譯外語有關。要知道新文學家當時身處的中國大地，歷經鴉片戰爭的侵襲，新文學運動、新文化運動的洗禮，整個中國全都沉溺於棄舊求新、仿效歐美，以至「全盤西化」等思潮中。為引入歐美的新事物、新知識、新觀念，大量翻譯印歐語文——尤其是英語——有關科技知識、文學思潮、哲學思想等一切著作，是無可避免的手段。作為中華傳統文化的載體——語言

4　張煦翔編：《丁玲文集》第二卷（湖南：人民出版社，1983 年第一版），頁 57。
5　巴金：《巴金全集》卷一（北京：人民文學出版社，1986 年第一版），頁 182。
6　錢鍾書：《圍城》（香港：天地圖書有限公司，1988 年），頁 19。
7　王力：《龍蟲並雕齋瑣語》增訂本（北京：中國社會科學出版社，1993 年），頁 103。

文字，遭逢這一波又一波翻譯洪流的衝擊，無論是詞彙、詞法，或是句法，都起了新變化——歐化。[8]「驕傲」這個固有詞彙，也即受英語 pride、proud 的影響，在原有的貶義上，增添了帶有歐化氣味的褒義。

英語 pride、proud，前者是名詞，後者是形容詞，兩者既有「驕傲」、「傲慢」、「高傲」、「自大」、「自負」等貶義，也有「光榮」、「自豪」、「榮幸」、「卓越」等褒義；只是以用作貶義為常。如：He was puffed up with Pride（他傲氣十足）；He is too proud to ask questions（他太驕傲，總不問人）。正因為多把 pride、proud 譯為「驕傲、傲慢……」，不少人遇到 pride、proud，也就機械反應般只想到「驕傲、傲慢……」等詞，而忽畧「光榮、自豪……」等義。I am proud of knowing him 這句理應譯為「能認識他，感到榮幸」，卻寫成「能認識他，感到驕傲」。時間一久，提筆翻譯，就全是「驕傲」。難怪語言學家趙元任訾之為「懶人的翻譯法」。[9]多年前，學者張振玉指出：

> 我國自古稱禮義之邦，以虛懷若谷為美德，以謙讓君子為讚詞。而今日國人口頭筆下，每有「這是我很驕傲的」或「我深為你而感到驕傲」或「我以身為中國人而感到驕傲，」實則其意為「感到榮幸」「以身為中國人為榮」或「以……而自豪」因對英文認識膚淺，或受低劣譯文之影響而不自知，遂習非以為是，「驕傲，驕傲，驕傲」不已。[10]

前香港大學中文系教授陳耀南也說：

8　王力以為，歐化是指中國語文受印歐語文的影響，發生了傾向於印歐語文的結構規律和表達方式的新變化，這種新變化，主要是英化。原因是中國人懂英語的比懂法、德、意、西等語的人多得多。王力：《中國現代語法》，《王力文集》第二卷（濟南：山東教育出版社，1985 年 5 月第一版），頁 461。

9　語言學家趙元任稱這樣的翻譯為「岔枝借譯」，並批評是懶人的翻譯法。趙元任：〈論翻譯中信、達、雅的信的幅度〉，《翻譯研究論文集》1949–1983（北京：外語教學與研究出版社，1984 年），頁 410—411。

10　張振玉：《譯學概論》（台北：中台印刷廠，1966 年 3 月初版），頁 440。

「驕傲」在中文本來全屬貶詞，to be proud of（somebody），本當譯為「以某某為榮」，「為此而自豪」之類。當初一些人可能只知墨守字典之中某個譯詞而死譯、硬譯，他人沿用不察……，就一味驕傲下去。[11]

「驕傲」之用為褒義，除和誤譯、劣譯有關外，另一原因是不少新文學家喜好追風尚、逐潮流，以示寫作創新突破。既然「驕傲」經由翻譯而增添褒義，寫作時用此褒義，正是創新突破的表現。黃尊生說：

> 有一種風氣，在新文學運動中，影響最大，大家於不知不覺中，都為其所轉移，這就是在文字上走上「歐化」的路線，有不少人以為如此就等於創作。[12]

久而久之，大家都在「潛移默化」下，不論是翻譯或是寫作，甚至不懂英語的，一下筆，說起話，也多將「驕傲」用為褒義。

四、近二十年來，褒義的「驕傲」充斥於兩岸四地

時至今日，「驕傲」用為褒義之風，到處吹颳。兩岸四地的報章、雜誌、刊物、書籍等，皆見其影踪。例如：

1. 澳門文化中心是令筆者感到驕傲的本澳大型建設。[13]
2. 香港人也開始為內地巨富而感到極度驕傲。[14]

11　陳耀南：〈扮演一個驕傲書記〉，《不報文科》（香港：山邊社，1987 年 3 月），頁 11。

12　黃尊生：《中國語文新論》（香港：現代教育研究社，1989 年重訂版），頁 87。

13　《澳門日報》（澳門：1999 年 5 月 5 日），C2 版。

14　《信報》（香港 2001 年 6 月 5 日），頁 31。

3. 當時渾身充溢的，是高中畢業生才有的那種不知天高地厚的**驕傲**。[15]

4. 我們可以**驕傲**地說，正是因為現在我們已經有了少兒讀經。[16]

5. 老太太一直為她園中那株薔薇樹感到**驕傲**，她對人說，這樹是怎麼從一根由意大利帶回的枝條上長起來的。[17]

6. 這位年青人對老父的學問修為，肅然起敬，知悉父親在教育界作育英才，深感**驕傲**。[18]

7. 他**驕傲**地說，芬蘭根本沒有不好的老師，每個老師都很自律，不需要打考績。[19]

8. 他媽媽非常**驕傲**的指着一排三十多本精裝的書說，已經讀到字母C了。[20]

9. 你所背誦的那些經典詩詞曾經是父母和老師的**驕傲**。[21]

10. 高位截癱臥牀十年的黃爸爸則顯得開心而**驕傲**。[22]

11. 元朗某小學校長接受《大學線》訪問時說得坦白，不遮不掩，而且掩不住引以為榮的**驕傲**。[23]

12. 這樣一個刻苦學習，團結同學的學生，也是我班的一個**驕傲**。[24]

13. 2012年中考，全省前十二名最頂尖的學生，均選填慶中就讀；為

---

15 余秋雨:〈獨身的叔叔和姨媽〉,《自豪與自幸》(台北:商周出版,2005年5月),頁39。原載於《借我一生》第一卷五章(北京:作家出版社,2004年)。

16 蔣慶:〈讀經與中國文化的復興〉,《讀經:啟蒙還是蒙昧?》(上海:華東師範大學出版社,2006年1月),頁79。

17 執雲編:《簡單的快樂最珍貴》(北京:燕山出版社,2008年1月),頁24。

18 博軒:《教育見聞錄》(香港:紅投資有限公司,2008年7月),頁13。

19 蕭富元:《芬蘭教育,世界第一的祕密》(台北:天下雜誌股份有限公司,2008年10月),頁118。

20 洪蘭:《理直氣平》(台北:遠流出版公司,2010年5月),頁114。

21 陳光:《國中國文學習秘笈》(台北,知青頻道出版有限公司,2010年7月),頁4。

22 《珠海特區報》(珠海:2010年,8月12日),04版。

23 王師奶:《倒瀉籮蟹的香港教育》(香港:明窗出版社,2011年5月),頁93。

24 《商訓人的故事》(澳門:商訓夜中學,2013年,8月),頁63。

此，筆者一直深深為慶中老師感到**驕傲**。[25]

14. 陽光灑在他小麥色的臉上，彷彿閃着幸福和**驕傲**的榮光。[26]

15. 金馬獎注重自己的評價標準，不「照顧」台灣電影，不只是這個島嶼寬廣胸襟和包容文化的一個折射，也是一種**驕傲**。[27]

16. 我為球隊今屆的表現感到**驕傲**。[28]

上述各句的「驕傲」，本應用的不是「自豪」、「榮幸」，就是「光榮」、「卓越」等詞，如今「驕傲」一一將之替代。既然如此，褒義的「驕傲」無疑和「自豪」、「光榮」等是同義詞；但是有不少人卻將「驕傲」和「自豪」、「光榮」等並列用於句中。試看下列的句子：

1. 一場奧運落幕，我除了**驕傲自豪**外，還得到「語言關不能不設防」的觀感。[29]

2. 作為學生校友，都是**光榮**的，值得**驕傲**，值得珍惜。[30]

3. 普通話説得不標準都會被視為矮人一截，這樣澳門人才會很**自豪**，很**驕傲**，很引以為榮吧。[31]

4 他最終選擇為瑞士效力，並為此而**驕傲**：能代表瑞士出戰，我非常**自豪**。[32]

這樣的把「驕傲」和「自豪」、「光榮」等並列而用，究竟是執筆者對「驕傲」

25　王慧茹：《國文教材教法及閱讀指導》（台北：萬卷樓圖書股份有限公司，2014 年，3 月），頁 141。

26　《澳大人》（澳門：2015 年 2 月二月號），6 版。

27　《亞洲周刊》13 期（香港：2017 年，4 月 20 日），頁 32。

28　《澳門日報》（澳門：2017 年 8 月 8 日），C2 版。

29　劉羨冰：〈「其實」正在擴散〉，《九鼎》2008 年 10 月總第 12 期（澳門，九鼎傳播有限公司），頁 60。

30　《明報》（香港：2010 年 1 月 8 日），D9 版。

31　《澳門日報》（澳門：2013 年 2 月 27 日），F5 版。

32　《澳門日報》（澳門：2017 年 3 月 25 日），C1 版。

的貶義　褒義　知半解，或心存追風尚、逐潮流，抑或是為加強語氣呢？此外，即使褒義的「驕傲」處處可見，原來貶義的「驕傲」，五四至今也一直在使用。例如：

1. 你得知道我並不是一個**驕傲自滿**的人。[33]

2. 在電影院門口，會意外碰見唐小姐，碰見了怎樣呢？有時理想自己冷淡，**驕傲**，對她視若無覩，使她受不了。[34]

3. 即使得了冠軍，你們也不該**驕傲**自滿。[35]

4. 如果他真的成為「狀元」，其**驕傲**之心必會進一步增長，對他將來說不是一件好事。[36]

5. 女生如果太漂亮，艷光耀眼，男生多數主動追求，怕被拒絕；她自己亦容易**驕傲**，盛氣凌人，嚇怕男生。[37]

6. 雖然球隊近年稱霸學界，但盧教練仍經常勸誡球員不要**驕傲**。[38]

只是貶義的「驕傲」相對於褒義的，用得較少而已。

五、「驕傲」用為褒義之省思

對於「驕傲」用為褒義這種現象，一般有兩種截然不同的意見，一是反對，一是贊同。香港散文家翻譯家蔡思果說：

33　巴金：《短簡‧病》（版本、頁次皆不詳）。

34　錢鍾書：《圍城》（香港：天地圖書有限公司，1988 年），頁 110－111。該書於 1947 年由上海晨光出版公司出版第一版。

35　王自強：《現代漢語虛詞用法小詞典》，三聯書店（香港）有限公司、上海辭書出版社聯合出版，1989 年 2 月，頁 192。

36　胡緯：《有效學生評估 70 式》（香港：教育圖書公司，2000 年），頁 130。

37　陳漢森：〈與舊生談那些年〉，《明報》（香港：2011 年 11 月 15 日），D5 版。

38　《澳門日報》（澳門：2015 年 3 月 30 日），B4 版。

My son makes proud of him 譯成「我的兒子使我因他而驕傲」真是外國話。我們是説「我兒子真替我爭氣。」[39]

香港詩人學者黃國彬也説：

> 講英式中文的人，提到中國人在某個領域獲得傑出的成就，他們只會感到「驕傲」，不會感到「自豪」或「光榮」。[40]

蔡先生之所以視「驕傲」這一句為外國話，在於傳統中文 有這樣的説法。黃先生以為「驕傲」用為褒義是「英式中文」的寫法，在於依照英文的表層意義翻譯，以致句子不英不中。縱使兩位學者對「驕傲」用為褒義，都不以為然，持否定態度；但仍然有贊同者。近二十年來，多部中國内地、香港出版的中文詞典的編纂者，對「驕傲」用為褒義，持肯定態度；把「驕傲」的貶義‧褒義（釋義為「自豪」），同時收納於詞典。例如：

1.《現代漢語詞典》「驕傲」這個條目的義項是：

（1）自以為了不起，看不起別人：驕傲自滿 / 虛心使人進步，驕傲使人落後。

（2）自豪：我們都以是炎黃子孫而感到驕傲。

（3）值得自豪的人或事物：古代四大發明是中國的驕傲。[41]

2.《中華新詞典》「驕傲」這個條目的義項是：

（1）自以為了不起，看不起人。

（2）自豪：老科學家為年青人的成就感到驕傲。

39　思果：《翻譯研究》重排十一版（台北：大地出版社，1990 年 4 月），頁 201。

40　黃國彬：《翻譯途徑》（台北：書林出版有限公司，1996 年 12 月），頁 1。

41　《現代漢語詞典》繁體字版（商務印書館（香港）有限公司，2006 年 10 月第 6 次印刷）(1983 年北京修訂版、1990 年香港修訂版第 1 次印刷)，頁 576。

（3）值得自豪的人或事物：萬里長城是我們中華民族的驕傲。[42]

3.《商務新詞典》「驕傲」這個條目的義項是：

（1）自高自大，看不起別人：虛心使人進步，驕傲使人落後。

（2）自豪：中國幾千年的文化值得我們驕傲。

（3）值得自豪的人或事物：萬里長城是中華民族的驕傲。[43]

4.《朗文中文新詞典》「驕傲」這個條目的義項是：

（1）自高自大，輕視別人：學習成績好也不能驕傲，否則就會退步。

（2）為自己、他人或某個集體取得成就而感到光榮：這位母親為自己的兒子獲得世界冠軍而感到驕傲。

（3）稱值得引為自豪的人或事物：培養了無數人才的母校是我的驕傲。[44]

5.《漢語大詞典》「驕傲」這個條目的義項是：

（1）自負而輕視他人。

（2）自豪：我們以我們的祖國有這樣的英雄而驕傲。[45]

另外如《中華高級新詞典》、《朗文中文高級新辭典》等[46]，也有類似的釋義。不單中文詞典如是，連英漢詞典也視「驕傲」為褒義。如：

1.《牛津高階英漢雙解詞典》pride 這個條目，其例句翻譯為：

a、The pride of parenthood. 身為父母的驕傲。

b、He was the pride of the village after winning the championship。他獲得

42　《中華新詞典》（中華書局（香港）有限公司，1993 年 6 月初版，2008 年 1 月再版），頁 647。

43　《商務新詞典》（商務印書館（香港）有限公司，2008 年 6 月第 1 次印刷（1983 年北京修訂版、1990 年香港修訂版第 1 次印刷），頁 986。

44　《朗文中文新詞典》（香港：培生教育出版亞洲有限公司，2008 年第三版第一次印刷），頁 1293。

45　《漢語大詞典》第 12 卷下冊（上海：上海辭書出版社，2008 年 8 月），頁 903。

46　《中華高級新詞典》（中華書局（香港）有限公司，2004 年 6 月初版），頁 1095。《朗文中文高級新辭典》（香港：培生教育出版亞洲有限公司人民教育出版社，1996 年初版，2006 年第二版第三次印刷），頁 1389。

冠軍之後成了全村的驕傲。[47]

2.《朗文當代高級辭典》（英英‧英漢雙解）pride 這個條目，其例句翻譯為：

a、A beautiful Japanese sword that is the pride of our collection. 一把漂亮的日本刀——我們最驕傲的收藏。

b、His garden is his pride and joy. 花園是他的驕傲。[48]

對於上述兩種意見，筆者傾向反對的說法。傳統中文裏，「驕傲」一直都是貶義；用為褒義，在於誤譯劣譯外語所致。前文多個「驕傲」用為褒義的句子，的確都不是中國話而是英式中文——惡性歐化——讀起來彆扭得很。此外，在本該使用「自豪」、「卓越」、「光榮」、「榮幸」等詞時，卻一一代之以「驕傲」。如此用字遣詞，除不當外，更有乖為文貴在丰采多姿之旨，文詞變得單調乏味，了無文采。這皆拜誤用、濫用所賜。

「驕傲」之所以誤用，在於翻譯不當；翻譯不當，在於使用者欠缺究底求真的態度。之所以濫用，由於追風尚、逐潮流；追風尚、逐潮流，由於欠缺獨立思考的能力，如此誤用、濫用，還有主要的原因，就是不重視文字的功能，不愛護自己的語文。近年來，芬蘭教育屢創佳績，舉世矚目。原因是芬蘭教育注重根本，學生學習每一個字詞，都要了解每個字詞的基本意思，學習每一個語彙，都須思考每個語彙的真正意義。法語是舉世公認的優雅語文，精緻而豐美，誕生許多優美的文學、詩歌。原因是法國人熱愛自己的語文，他們為語文的純化、豐富化、文學化而努力、操心、費精神、費金錢。[49]

時下兩岸四地不少人對用字遣詞的認真態度，對自己語文的愛護心意，顯然遠遠比不上芬蘭人法國人。因此，素稱是禮義之邦、一向強調「戒驕

47　*OXFORD ADVANCED LEARNER S ENGLISH-CHINESE DICTIONARY*《牛津高階英漢雙解詞典》第四版（牛津大學出版社（中國）有限公司，1995 年），頁 1169。

48　*LONGMAN DICTIONARY OF CONTEMPORARY ENGLISH*《朗文當代高級辭典》（英英‧英漢雙解）第四版（香港，培生教育出版亞洲有限公司，2009 年），頁 1806。

49　謝鵬雄：《明月幾時有》（台北：瀛舟出版社，2001 年），頁 27。

戚龐」的中國人，現在變得開口閉口都是「值得驕傲」，筆底下都是「感到驕傲」。其實，除了「驕傲」褒義的誤用、濫用外，現今中文其他字詞語句的誤用、濫用，也確實不少。這皆源於學習者、使用者對語文的態度和心意——欠缺究底求真、欠缺獨立思考、不重視、不愛護——這些態度和心意正是目前大家要關注之所在。

至於《現代漢語詞典》、《中華新詞典》……等詞典的編纂者將「驕傲」的褒義收納，無疑是肯定褒義的用法。對於這樣的肯定，即使筆者傾向否定的說法，也不貿然將之摒除。畢竟編纂詞典者對語言文字的態度，比一般人要嚴謹得多。他們的肯定，相信有其道理。

或許編纂詞典者以為，「驕傲」用為褒義這股狂潮暴流，到了今日，已越掀越高，越奔越闊，任何人要獨力「挽狂瀾於既倒，障百川而東遷」，撥亂反正將「驕傲」納回貶義之途，恐怕難以為之。「驕傲」用為褒義，無疑是語文與時俱變的自然現象；更何況語文的使用，沒有必然的對錯，只有訴諸習慣而已。既然如此，又何須否定，又何必更正然後快呢！收納「驕傲」的褒義，只是秉持積非成是之旨，揭示語文現象，而不涉及語文價值。其實，筆者也頗為矛盾，知悉語文如何發展變化，總和大眾的使用有關。所謂「入鮑魚之肆，久而不聞其臭。」大眾使用慣了，便覺得自然不過，這非專家學者所能左右。因此，筆者縱使反對，也莫之奈何。

目前，「驕傲」的褒義貶義同時使用；不過，筆者相信這多是過渡現象，「驕傲」這個「必不可無」的「孤行」詞彙，過了一段時日，褒義或會替代貶義，因為以觀察得知，「驕傲」用為褒義多於貶義。這也足見編纂詞典者將「驕傲」的褒義收納，實有先見之明。筆者也相信「驕傲」不會影響他詞的發展，起而效法。即使有，也不會多。因為「驕傲」用為褒義，實因不當翻譯所致。

六、結語

　　「驕傲」這個本是貶義的固有詞彙，遭逢五四新時代歐風美雨的洗禮，感情色彩起了變化，增添褒義。從此褒貶兩義並行而用，這在古今中文裏，堪稱罕見。也許隨着大眾的使用、語文的發展，他日褒義會完全替代貶義。但「驕傲」的褒義，源於誤譯劣譯外語，以致說的寫的句子仿如外國話，無疑是惡性歐化，遭有識之士反對。即使如此，《現代漢語詞典》、《中華新詞典》……等詞典卻肯定褒義的用法，將之收納其中。或許編纂詞典者深明「良幣逐於劣幣」之理，知悉「驕傲」褒義使用之風，無遠弗屆而且越颳越烈，任何人都無從更正。與其如此，倒不如將實際的語言現象紀錄下來。果真這樣，我們也無可奈何，接受積非成是的事實。

　　即使接受這樣的事實，也要呼籲大家使用語言文字務須究底求真，獨立思考，謹慎為之，加以愛護重視。事實上，語文的使用，除了對錯，尚關乎價值高低、品味好壞。董橋說：「非關對錯，只涉品味。文字是講品味的。」[50] 的確，使用語文須講求價值高低、品味好壞。這足以反映操觚者的識見、器度和智慧。

50　董橋：〈再看那神聖的胴體〉，《給自己的筆進補》（台北：遠流出版事業有限公司，2000 年），頁 179－180。

繁簡同形字辨惑舉隅

鄧昭祺

珠海學院

　　繁體字轉換成簡化字後，可能會產生一個容易引起混淆的現象，就是轉化後的簡化字與一個原本存在的繁體字字形相同。筆者把這種字稱為「繁簡同形字」。我們閱讀以簡化字印刷的古代詩文，遇到這些「繁簡同形字」時，或者會產生疑惑。本文嘗試舉出一些例子說明這個現象。

适、適【适】：

　　繁體的「適」字，《說文解字》曰：「適，之也。从辵，啻聲。（施隻切）」[1] 適是至、往的意思。1956 年國務院公佈的《漢字簡化方案》把「適」字簡化作「适」，而繁體字本來有「适」，這個字或寫作「𨒪」。

　　《說文解字》曰：「（适）𨒪，疾也。从辵，昏聲。讀與括同。（古活切）」[2]

　　《廣韻》曰：「适，疾也。」古活切。一作苦栝切。[3]

　　《玉篇》曰：「适，古活切，疾也。」[4]

　　我們閱讀以繁體字印刷的古代詩文時，當然不會把「適」和「适」混淆起來，但是一旦把古代詩文用簡化字印刷出來的話，就可能產生問題。例

1　許慎撰，段玉裁注：《說文解字注》（上海：上海古籍出版社，1981 年），第 71 頁。
2　許慎撰，段玉裁注：《說文解字注》，第 71 頁。
3　陳彭年等：《宋本廣韻》（北京：北京市中國書店，1982 年），第 466 頁。
4　顧野王：《宋本玉篇》（北京：北京市中國書店，1983 年），第 195 頁。

如，《論語・微子》篇最後一章說：

> 周有八士：伯達、伯适、仲突、仲忽、叔夜、叔夏、季隨、季騧。

皇侃《論語義疏》曰：

> 舊云，周世有一母，身四乳，而生於此八子，八子並賢，故記錄之也。侃按：師說曰：非謂一人四乳，乳猶俱生也。有一母四過生，生輒雙二子，四生故八子也。何以知其然？就其名兩兩相隨，似是雙生者也。[5]

劉寶楠《論語正義》曰：

> 達、适、突、忽、夜、夏、隨、騧，皆依韻命名。[6]

周朝有一個母親，生育了四次，每次都是雙胞胎，因此共生了八個兒子。他們的名字是依照伯、仲、叔、季排列，而每對孿生兄弟的名字都是押韻的。即是說，「伯達」和「伯适」這對孿生兄弟名字裏最末的「達」字和「适」字協韻，「仲突」和「仲忽」裏的「突」字和「忽」字協韻，「叔夜」和「叔夏」裏的「夜」字和「夏」字協韻，「季隨」和「季騧」裏的「隨」字和「騧」字協韻。

「達、适、突、忽、夜、夏、隨、騧」等八個字的上古音反切及擬音如後：

5　何晏集解，皇侃義疏：《論語集解義疏》（《叢書集成初編》本，上海：商務印書館，1937 年），第 264 頁。

6　劉寶楠撰，高流水點校：《論語正義》（北京：中華書局，1990 年），第 735 頁。

　　達，定月切〔dăt〕

　　适，見月切〔kuăt〕

　　突，定物切〔duăt〕

　　忽，曉物切〔xuăt〕

　　夜，余鐸切〔ʎink〕

　　夏，匣魚切〔ɣeɑ〕

　　隨，邪歌切〔zǐwa〕

　　騧，見歌切〔koa〕[7]

「達」和「适」同屬月部韻；「突」和「忽」同屬物部韻；「夜」屬鐸部韻，「夏」屬魚部韻，鐸魚對轉，因此「夜」和「夏」的上古音協韻；「隨」和「騧」同屬歌部韻。可見劉寶楠「皆依韻命名」的説法正確。

　　以簡化字印刷的《論語》，這一章作：

　　　　周有八士：伯达、伯适、仲突、仲忽、叔夜、叔夏、季随、季骗。[8]

「达」和「适」看來並無協韻關係，因為在簡化字系統裏，「适」是繁體字「適」的簡化，而「適」的上古音是書錫切〔ɕĭĕk〕，與「达」〔dăt〕字並不協韻。因此，閱讀簡化字版《論語》的讀者，大概不容易意識到「达」與「适」的協韻關係。

　　古代人名中的「適」字簡化為「适」，可以引起混淆。唐代有一位名叫李適（663－737）的詩人，字子至，自號東山子，在武則天當政時曾參與修撰《三教珠英》。唐睿宗時，天臺道士司馬承禎被召至京師，他離開時，李適贈詩相送，文詞優美，朝廷屬和的文士，超過三百人。《舊唐書‧經籍志》

7　上古音的反切及擬音據郭錫良：《漢字古音手冊》（北京：北京大學出版社，1986 年）

8　例如劉琦譯評：《論語》（長春：吉林文史出版社，2004 年），第 168 頁。

著錄有《李適集》20 卷，[9]《新唐書・藝文志》著錄《李適集》則為 10 卷，[10] 現在都不見傳本。《全唐詩》卷 70 有李適詩 17 首，[11]《全唐詩外編》補錄其詩 1 首。[12]

唐代第九位皇帝是德宗（742–805），名叫李适。據《舊唐書》記載，他「天才休茂，文思雕華。灑翰金鑾，無愧淮南之作；屬辭鉛槧，何慚隴坻之書。」[13] 他尤其擅長作詩，常命群臣賡和他的詩篇。[14]《全唐詩》卷 4 收錄了他的 15 首完整作品，[15] 日本上毛河世寧纂輯的《全唐詩逸》卷上收錄他的兩個七言殘句，[16] 童養年的《全唐詩續補遺》卷 5 則補錄其五言古詩 1 首。[17]

在繁體字版著作裏，這兩位唐代詩人的名字絕對不會引起混淆，可是在簡化字版著作裏，他們的名字可能會令讀者產生疑惑。馬良春和李福田主編的《中國文學大辭典》（天津：天津人民出版社，1991 年），把自號東山子的李適寫作「李适[1]」，收錄在第 2779 頁；把唐德宗李适寫作「李适[2]」，收錄在該書的後一頁，即第 2780 頁。「李適」和「李适」在簡化字版書中統一為「李适」，因此編者要用「[1]」、「[2]」把他們區分開來。可是，九年後，在錢仲聯等編的同樣名為《中國文學大辭典》（上海：上海辭書出版社，2000 年）的書裏，自號東山子的李適仍然寫作「李適」，收錄在書的第 252 頁；唐德宗李适則寫作「李适」，收錄在第 204-205 頁。錢仲聯的編排法，毫無疑問較清晰，但是一個自小接受簡化字教育的人，是不會認識「適」字的，因為這個字在簡化字讀物裏，都寫作「适」。

9　劉昫等：《舊唐書》（北京：中華書局，1975 年），第 2075 頁。

10　歐陽修等：《新唐書》（北京：中華書局，1975 年），第 1600 頁。

11　《全唐詩》（北京：中華書局，1960 年）第 775–778 頁。

12　王重民等：《全唐詩外編》（北京：中華書局，1982 年），第 11 頁。

13　劉昫等：《舊唐書》，第 401 頁。

14　例如《舊唐書》卷 163《盧簡辭傳》云：「太府卿韋渠牟得幸於德宗，（盧）綸即渠牟之甥也，數稱綸之才，德宗召之內殿，令和御製詩，超拜戶部郎中。」見《舊唐書》，第 4268 頁。

15　載《全唐詩》，第 43–47 頁。

16　載《全唐詩》，第 10174 頁。

17　載王重民等：《全唐詩外編》，第 404 頁。

把「適」字簡化作「适」，還產生一個小問題，因為「適」和「适」原本是兩個不同姓氏。「適」是古代西南少數民族姓氏，元朝末年，貴州普定府有一位名叫適爾的女總督。[18]「适」是古代另外一個姓氏，據《中華萬姓溯源》所載，「周文王『四友』之一有南宮适，其后以其名為氏。」[19] 如果把「適」字簡化作「适」，那麼就把兩個本無關係的家族拉上關係。

苹、蘋【苹】：

苹是植物名。《詩經·小雅·鹿鳴》第一章開頭曰：「呦呦鹿鳴，食野之苹。」陸璣《毛詩草木鳥獸蟲魚疏》曰：

苹葉青白色，莖似箸而輕脆，始生香可生食，又可蒸食。[20]

《爾雅·釋草》曰：

苹，藾蕭。

郭璞注曰：

今藾蒿也，初生亦可食。[21]

可見苹是一種生於陸地上的植物。

18　杜建春：《中華萬姓溯源》（濟南：山東人民出版社，1995 年），第 167 頁。
19　杜建春：《中華萬姓溯源》，第 166 頁。
20　陸璣：《毛詩草木鳥獸蟲魚疏》（北京：中華書局，1985 年），第 9 頁。
21　郝懿行：《爾雅義疏》（上海：上海古籍出版社，1983 年），第 1001 頁。

《詩經・小雅・鹿鳴》第二章開頭曰：「呦呦鹿鳴，食野之蒿」，蒿又名香蒿、青蒿，是陸地上草本植物。陸璣《毛詩草木鳥獸蟲魚疏》曰：

> 蒿，青蒿也，香中炙啖，荊豫之間、汝南、汝陰皆云菣也。[22]

《詩經・小雅・鹿鳴》第三章開頭曰：「呦呦鹿鳴，食野之芩」。陸璣《毛詩草木鳥獸蟲魚疏》曰：

> 芩，草。莖如釵股，葉如竹，蔓生澤中下地鹹處為草，真【筆者按：疑當作「其」】實牛馬皆喜食之。[23]

可見芩也是生於陸地上的草本植物。

對於首章的苹，《毛傳》曰：「苹，蓱也。」但是蓱生於水中，陸地上的鹿是無法食到的。大抵鄭玄認為《毛傳》有誤，因此他箋注苹字時不依《毛傳》而把它解釋為「賴蕭」。馬瑞辰也認為苹應是指「賴蕭」，他在《毛詩傳箋通釋》裏說：

> 「食野之芩」，《傳》：「芩，草也。」《釋文》引《說文》云：「芩，蒿也。」瑞辰按：今本《說文》亦作「芩，草也」，當從《釋文》所引訓蒿為是。首章「食野之苹」為賴蕭，即賴蒿，三章「食野之芩」亦蒿屬，正與二章「食野之蒿」相類。足證古人因物起興，每多以類相從。[24]

這種說法合情合理，所以苹應是生於陸地上的蒿類植物。

《詩經・召南》有一篇名叫〈采蘋〉。陸璣《毛詩草木鳥獸蟲魚疏》曰：

22　陸璣：《毛詩草木鳥獸蟲魚疏》，第 10－11 頁。
23　陸璣：《毛詩草木鳥獸蟲魚疏》，第 38 頁。
24　馬瑞辰撰，陳金生點校：《毛詩傳箋通釋》（北京：中華書局，1989 年），第 494 頁。

> 蘋，今水上浮萍是也。其麤大者謂之蘋，小者曰萍。[25]

可見蘋是一種浮萍類水生植物。李時珍《本草綱目》曰：

> 蘋乃四葉菜也。葉浮水面，根連水底。其莖細於蓴、苕。其葉大如指頂，面青背紫，有細紋，頗似馬蹄決明之葉，四葉合成，中折十字。夏秋開小白花。故稱白蘋。[26]

〈采蘋〉篇開頭曰：「于以采蘋？南澗之濱。于以采藻？于彼行潦。」[27] 詩中說採蘋的地方是南澗的水邊及溝中積水，正好指出蘋是水生植物。

由此可見，「苹」與「蘋」是兩種截然不同的植物。「苹」的讀音是平，符兵切，是陸生植物；[28] 而「蘋」的讀音是貧，符真切，是水生植物。兩種植物本來涇渭分明，在古書中一般不會弄錯。可是自從「蘋」字的部分意思簡化作「苹」後，就出現混淆的情況。根據《漢字簡化方案》的規定，「蘋」解作水生植物時，簡化作「蘋」，讀音是貧；而「蘋果」的「蘋」字則簡化作「苹」，讀音是平。「蘋」簡化作「苹」時，就與繁體的「苹」字形成一組「繁簡同形字」，可能造成混亂。簡化字版書引用古代詩文時或會偶爾犯錯，把本應作「蘋」的字誤作「苹」，例如：

1. 喬力主編：《唐詩精華分卷》（北京：朝華出版社，1991 年）第 781 頁所引王涯的〈春江曲〉曰：

25　陸璣：《毛詩草木鳥獸蟲魚疏》，第 6 頁。

26　李時珍著，張守康校注：《本草綱目》（北京：中國中醫藥出版社，1998 年），第 588 頁。

27　高亨：《詩經今注》（上海：上海古籍出版社，1980 年），第 19 頁。

28　古籍中偶然有「苹」生於低窪積水處的記載，如《大戴禮記‧夏小正》曰：「（七月）湟潦生苹。湟，下處也。有湟然後有潦，有潦而後有苹草也。」（見王聘珍：《大戴禮記解詁》〔北京：中華書局，1983 年〕，第 41 頁。）不過，這裏的「苹」，可能是「萍」的通假字。

摇漾越江春，相将采白苹。归时不觉夜，出浦月随人。

據上文所引《本草綱目》的説法，蘋在夏秋時開小白花，稱為「白蘋」，因此這首詩中的「白苹」，應作「白蘋」。

2. 周溶泉等主編：《歷代怨詩趣詩怪詩鑒賞辭典》（南京：江蘇文藝出版社，1989 年）第 649 頁所引溫庭筠的〈憶江南〉詞曰：

梳洗罢，独倚望江楼。过尽千帆皆不是。斜晖脉脉水悠悠。肠断白苹洲。

詞中的「白苹洲」，指周圍開滿白蘋花的江中沙洲，所以應作「白蘋洲」。

3. 鄭恢主編：《事物異名分類詞典》（哈爾濱：黑龍江人民出版社，2003 年）第 11 頁：

苹末
苹的叶尖。指风所起处。微风的代称，语出战国·楚·宋玉《风赋》：「夫风生于地，起于青苹之末。」唐李峤《风》诗：「落日生苹末，摇扬遍远林。」

這裏的「苹末」，指四葉菜的葉尖，「苹」應作「蘋」。繁體字版〈風賦〉用的正是「蘋」字。

4. 朱玉麒等譯：《柳河東全集》（北京：北京燕山出版社，1996 年）第 976 頁所載的柳宗元〈酬曹侍御過象縣見寄〉詩曰：

破额山前碧玉流，骚人遥驻木兰舟。春风无限潇湘意（「意」字原误作「忆」），欲采苹花不自由。

這裏的「苹」應作「蘋」。詩意是說在水中採摘蘋草開的白色小花，而不是陸地上的苹。

5. 李文祿等主編：《古代詠花詩詞鑒賞辭典》（長春：吉林大學出版社，1990 年）第 343 頁所載蘇軾七言古詩〈月夜與客飲酒杏花下〉，開頭四句曰：

> 杏花飞帘散余春，明月入户寻幽人。
> 裹衣步月踏花影，炯如流水涵青苹。

詩中的「青苹」應作「青蘋」。這四句詩第一、第二、第四句句末叶韻，「春」、「人」、「蘋」三字都屬於十一真韻。「苹」字則屬於八庚韻，如果第四句句末是「苹」字，那麼就犯了出韻的毛病。

6. 谷向陽主編：《中國對聯大典‧下卷》（北京：學苑出版社，1998 年）第 2726 頁載了以下一副對聯：

> 却来闲数花枝，絮影苹香，春在无人处；
> 我是有诗渔父，绿蓑青箬，秋晚钓潇湘。

上聯的「絮影苹香，春在无人处」，出自宋周晉的〈點絳脣‧訪牟存叟南漪釣隱〉。[29] 在繁體字版《全宋詞》中，這二句作「絮影蘋香，春在無人處」，因此，此副對聯中的「蘋」字，應簡化作「蘋」而不是「苹」。

里、裏【里】：

「里」的本義是人民聚居的地方。《說文解字》曰：「里，居也。从田，从

29　唐圭璋主編：《全宋詞》（北京：中華書局，1965 年），第 2775 頁。

土。」[30] 引申指街坊里巷、長度單位。

「裏」的本義是衣服的內層。《說文解字》曰：「裏，衣內也。從衣，里聲。」[31] 引申指裏面、內部、一定範圍之內。

自從「裏」字根據《漢字簡化方案》簡化作「里」後，「里」字就一身兼二職，在簡化字版書中有「居也」及「衣內也」兩個意思。但是這樣一來，或多或少給閱讀簡化字版書的人增加了一點障礙。例如：

1. 周振甫：《詩經譯注》（北京：中華書局，2002 年）第 314 頁所載《詩經 · 小雅 · 小弁》：

> 不屬于毛，不罹于里。天之生我，我辰安在？

這裏的「里」字，很容易被誤解作里巷。在繁體字版《詩經》中，此「里」字作「裏」，即衣內，用來代指母親。

2. 謝先俊等：《陶淵明詩文選譯》（成都：巴蜀書社，1990 年）第 24 頁選錄了〈歸園田居五首 · 其一〉，詩的最後八句是：

> 曖曖遠人村，依依墟里煙。狗吠深巷中，雞鳴桑樹顛。
> 戶庭无塵雜，虛室有余閑。久在樊笼里，復得返自然。

在幾句詩中出現了兩個「里」字，容易引起混淆。在繁體字版書中，這兩句是「依依墟里煙」和「久在樊籠裏」，意思比較清楚易明。

3. 張永鑫等：《漢詩選譯》（成都：巴蜀書社，1990 年）第 77 頁選譯了〈梁甫吟〉，詩的開頭是：

30　許慎撰，段玉裁注：《說文解字注》，第 694 頁。
31　許慎撰，段玉裁注：《說文解字注》，第 390 頁。

> 步出齐城门，遥望荡阴<u>里</u>。<u>里</u>中有三坟，累累正相似。

詩中兩個「里」字究竟是否相同，作者是否用了頂針的修辭手法？閱讀簡化字版〈梁甫吟〉的人，可能會產生一些疑惑。在繁體字版書中，兩個字都作「里」，讀者不會有任何疑惑。

4. 張永鑫等：《漢詩選譯》（成都：巴蜀書社，1990 年）第 90 至 119 頁選譯了〈焦仲卿妻〉詩，全詩共有五個「里」字：

> 孔雀东南飞，五<u>里</u>一徘徊。
>
> 昔作女儿时，生小出野<u>里</u>。本自无教训，兼愧贵家子。受母钱帛多，不堪母驱使。今日还家去，念母劳家<u>里</u>。
>
> 未至二三<u>里</u>，摧藏马悲哀。
>
> 转头向户<u>里</u>，渐见愁煎迫。

詩中的「里」字，有時解作長度單位，有時解作鄉里，有時解作裏面，可能會令讀者產生疑惑。在繁體字版書中，這幾個地方分別使用「里」或「裏」：「五<u>里</u>一徘徊」、「生小出野<u>里</u>」、「念母勞家<u>裏</u>」、「未至二三<u>里</u>」、「轉頭向戶<u>裏</u>」，讀者閱讀時較容易理解詩意。

5.「裏行」是唐宋時官名，有監察御史裏行、殿中裏行等，不屬於正官，因此並無固定員額。田忠俠的《辭源續考》（哈爾濱：黑龍江人民出版社，1992 年）第 316 頁對「裏行」考訂說：

114 裏行（p2824.1）

> 釋文云：「散官的一种，与清代某衙门某官上行走相类。太宗贞观中以马周自布衣授监察御史裏行，无员数。宋沿用之。」
>
> **按**：行文失于缜密。释文未言事务缘起，即云「与清代某衙门某官

上行走相类」，不知与何朝何代相较而言，且以先代类后代，本末倒置
矣。犹言人之祖父貌似乃孙，而不言儿孙貌类父祖，岂不悖哉！另，所
谓「太宗」之称，唐、宋、辽、金、后金历朝皆有之，虽有贞观年号，
亦当冠以朝代「唐」为好。试为重新撰写此段释文如下，请参资比较、
取舍：

> 「散官。唐太宗贞观中以马周自布衣授监察御史裏行，无定员。宋沿
> 袭。清代某衙门某官上行走，颇类之。」

書中沿用《辭源》的繁體字，以「裏行」為考訂對象。作者對《辭源》的批評，
言之成埋，他重新撰寫的「釋义」，的確勝過原著。不過，《辭源續考》以簡
化字印刷，可能對讀者造成不便。

簡化字版《舊唐書・職官志三》曰：

> 贞观初，马周以布衣进用，太宗令于监察御史里行。自此因置里行
> 之名。永朝元年，以王本立为监察里行也。[32]

以懂簡化字的讀者讀到這段文字，如果想詳細了解「里行」的意思，是無法
從田忠俠《辭源續考》中找到答案的，因為該書的目錄只收「裏行」而沒有
「里行」這一詞條。用簡化字印刷的《辭源續考》在書中使用了繁體字「裏」，
可能令只懂簡化字的讀者無法充分利用書中資料。

郁、鬱【郁】：

「郁」的本義是古代地名，也是一個姓氏。《説文解字》曰：「郁，右扶風

32　劉昫等撰，廉湘民等標點：《舊唐書》（長春：吉林人民出版社，1995 年），第 1138
　　頁。

郁夷也。从邑，有聲。」[33] 扶風是漢代縣名。「郁」的其他義項，如有文采，香氣濃重等，都是通假義。

《說文解字》曰：「鬱，木叢【生】者。从林，鬱省聲。」[34] 但據于省吾的說法，「鬱」的本字是𣏫，甲骨文的𣏫字从林从𠆢，象林中有一個正面站立的人，正在踐踏俯伏於地的另外一人的脊背。被踐踏者心情抑鬱，是不言而喻的。[35] 因此「鬱」字的本義是抑鬱、鬱結，至於積聚、草木茂盛等意思，則是引申義。

「郁」和「鬱」是兩個不同的字，不但意思不同，而且讀音也相異。[36]「鬱」的簡化字作「郁」，這樣就和繁體字的「郁」字形相同。我們閱讀簡化字版書時，可能遇到一些混淆不清的情況。

「郁郁」的其中一個常用義項是香氣濃重，如宋代范成大名著〈岳陽樓記〉裏「岸芷汀蘭，**郁郁**青青」二句說，岸邊的白芷和洲上的蘭草，香氣馥郁，青葱繁茂。「鬱鬱」的其中一個常用義項是茂盛，如《古詩十九首》「青青河畔草，**鬱鬱**園中柳」，就是說河邊青青的草地，園中茂盛的柳樹。

「郁郁」用來形容香氣很濃，而「鬱鬱」指花草茂盛，二詞在繁體字版書中涇渭分明，很少產生混淆。不過，簡化字版〈岳陽樓記〉，可能會引起誤解，例如今人宋恪震等增訂注釋的《古文觀止》在解釋「岸芷汀蘭，<u>郁郁</u>青青」二句時說：

> 郁郁：茂盛的樣子。[37]

---

33 許慎撰，段玉裁注：《說文解字注》，第 286 頁。

34 許慎撰，段玉裁注：《說文解字注》，第 271 頁。「生」字據《叢書集成初編》本《說文解字》（北京：中華書局，1985 年）第 195 頁補。

35 于省吾：《甲骨文字釋林》（北京：中華書局，1979 年），第 306－308 頁。

36 在古代，「郁」屬屋韻，「鬱」屬物韻。雖然這兩個字在普通話的讀音一樣，但在今天的許多方言如粵語裏，「郁」和「鬱」的讀音並不相同。

37 吳楚材等選編，宋恪震等增訂：《古文觀止》（鄭州：中州古籍出版社，2008 年），第 639 頁。

注釋者把「郁郁青青」裏的「郁郁」，解作茂盛，而不是解作香氣濃重，大概是因為他們懂得繁體字，一時疏忽，以為這裏的「郁郁」是「鬱鬱」的簡化字。

　　古代詩文裏有「鬱郁」一詞，如劉峻〈廣絕交論〉：「且心同琴瑟，言鬱郁於蘭茝。」[38]《昭明文選‧廣絕交論》李善注曰：「鬱郁，香也。」張銑注曰：「鬱郁，茂盛貌。」[39]大抵李善側重於「郁」的香義，而張銑側重於「鬱」的茂盛義，所以二人對「鬱郁」的注釋不大相同。在簡化字版〈廣絕交論〉裏，這兩句是「且心同琴瑟，言郁郁于兰茝。」[40]或者有人說，「鬱郁」和「郁郁」的意思差不多，把〈廣絕交論〉中的「鬱郁」解作「郁郁」，無傷大雅，但是如果我們仔細研究一下其他例子，情況可能並不一樣。梁簡文帝有一篇〈金錞賦〉，其中「观云龙之郁郁，望威凤之徘徊」二句裏的「鬱郁」，意思是夭矯蟠曲的樣子。[41]可是在簡化字版《全梁文》裏，這兩句卻寫作「观云龙之郁郁，望威凤之徘徊」，繁體的「鬱郁」變作「郁郁」，因而可能會令讀者以為「云龙」帶有濃重的香氣。[42]因此，在整理古籍時，把「鬱郁」一律簡化作「郁郁」，使「鬱郁」不再出現在簡化字版書中，情況並不令人愜意。

　　「鬱」、「郁」二字不但連在一起作「鬱郁」時，不宜簡化作「郁郁」，而且它們分開出現在上下兩句時，也不宜把「鬱」簡化作「郁」，例如司馬相如〈上林賦〉：「芬芳漚鬱，酷烈淑郁。」[43]這裏的上句和下句雖然寫的都是宮中美女散發出濃盛的香氣，但是詳細分析字義，二句的意思還是有一些分

38　劉峻著，羅國威校注：《劉孝標集校注》（上海：上海古籍出版社，1988年），第91頁。

39　《文淵閣四庫全書電子版‧六臣註文選》（香港：迪志文化出版有限公司，2007年），第55卷〈廣絕交論〉第2頁。

40　蕭統編，張啟成等譯注：《文選全譯》（貴陽：貴州人民出版社，1994年），第3846頁。

41　嚴可均輯：《全上古三代秦漢三國六朝文‧全梁文》（北京：中華書局，1955年），第8卷第7頁。

42　嚴可均輯：《全梁文》（北京：商務印書館，1999年），第89頁。

43　司馬相如著，金國永校注：《司馬相如集校注》（上海：上海古籍出版社，1993年），第77頁。

別。「分芳」指香氣;「漚」字在《説文解字》的解釋是「久漬也」,[44] 即長時間地浸泡;「鬱」是積聚的意思。「漚鬱」指長時間積聚,「芬芳漚鬱」即香氣因長時間積聚而濃烈。「酷烈」是濃烈的意思;「淑」字在《説文解字》的解釋是「清湛也」;[45]「郁」字指香氣濃盛;「酷烈淑郁」指香氣清醇濃郁。在簡化字版〈上林賦〉裏,這兩句是「芬芳沤郁,酷烈淑郁」,[46] 每句句末一字都作「郁」,似乎有重複之嫌,意思明顯不及繁體字版文本豐富。

用簡化字整理古籍所引起的問題,已經有不少學者討論過,筆者這篇文章只集中討論由繁體字轉化而成的簡化字,與一個原本存在的繁體字字形相同的問題。從上文所舉的幾個例子,我們可以見到「繁簡同形字」不但有時會引起混淆,而且在簡化過程中,還可能使一些字詞消失,減損原文的文采。中國語文現代化學會名譽會長蘇培成在〈重新審視簡化字〉一文中説:

> 一個不具有文言閲讀能力的人,對簡化字本文言文照舊不能閲讀。文言古籍用的本來是繁體字。一個有閲讀文言古籍需要的人,他就應該學會繁體字。而目前出版的簡化字文言古籍,實際是繁簡字的混合體。只認識簡化字的人很難讀懂這樣的書。為了便於閲讀文言古籍,出版標點分段本是必要的,出版簡化字本是不必要的,而且在繁簡字上也是很難弄好的。[47]

這個説法合乎情理。筆者認為,當代一般書刊可以用簡化字印刷,但是印刷古籍或是引用古代詩文時,最好還是沿用繁體字,因為閲讀古代詩文的人,都應該認識繁體字。我國古籍汗牛充棟,目前已經整理出版的只是全部古籍

44　許慎撰,段玉裁注:《説文解字注》,第 558 頁。
45　許慎撰,段玉裁注:《説文解字注》,第 550 頁。
46　例如蕭統編,張啟成等譯注:《文選全譯》,第 463 頁。
47　蘇培成:〈重新審視簡化字〉,載《北京大學學報(哲學社會科學版)》2003 年 1 月第 40 卷第 1 期,第 125 頁。

的極小部分，我們還有大量辨偽、校勘、補遺、輯佚、標點、箋注等工作要做，在未來一百幾十年大概都不能完成。因此，我們似乎不應把時間和精力耗費在刊行簡化字版古籍上。

粵字優化對現行漢字優化的啟示

董月凱

天津師範大學

鄧景濱

澳門大學

一、粵方言字的字形與使用

粵方言字又稱粵語字、粵語方言字、粵方言特有字、廣州話方言字。[1] 它既包括粵方言中特有而現代漢語共同語沒有的漢字字形，也包括粵方言中與現代漢語字形相同而音、義有所不同的漢字字形。粵方言字主要包括以下三類字形：1）沿用古代字形，即古本字；2）借用已有字形，即借音字、借形字和訓讀字；3）自創全新字形，即自創字。下面擬分類舉例説明。

沿用古代字形的粵方言字，主要有四種方式：

①形、音、義照用。如「溦」字，《廣韻》無非切，今粵讀〔mei⁵⁵〕，音同，義為小雨，故有「雨溦溦」之説。

②形、音不變，而字義有變。如「餼」，《廣韻》許既切，今粵讀〔hei³³〕，

1　李新魁等在《廣州方言研究》（1995）稱為方言字，曾子凡在《廣州話‧普通話語詞對比研究》（1995）稱為粵語字，鄧景濱在《港澳新詞語研究》（1996）稱為粵語字、粵語方言字、粵方言特有字，白宛如在《廣州方言詞典》（1998）稱為方言字，詹伯慧在《廣州話正音字典》（2002）稱為廣州話方言字。

音同；古義為把谷米贈給別人，今粵語中義為飼喂（家禽）。

③形、義不變，而字音有變。如「罌」字，《廣韻》烏莖切，義為陶瓷或玻璃的寬口瓶；但今粵讀〔aŋ⁵⁵〕，音有變。

④字形不變，而音、義有變。如「牏」字，《廣韻》羊朱切，今粵讀〔jy³⁵〕，古義為「築牆短版也」，今粵語中解為磚牆切面的磚層數。「單牏牆」指單層磚牆，「雙牏牆」指雙層磚牆。

借用現有字形的粵方言字，主要有三種方式：

①借形借音不借義，即借音字。如「咩」〔mɛ⁵⁵〕，本指羊叫聲，粵方言將此字借來賦予「什麼」的意義：咩嘢〔mɛ⁵⁵jɛ¹³〕，意謂什麼東西。

②借形借義不借音，即訓讀字。如「靚」字，本音為〔tçiŋ²²〕借用為粵方言字後，形義無改，但讀音則訓讀為〔lɛŋ³³〕。

③借形不借音義，即借形字。如「搜」字，本指兩臂合抱，讀音為〔lɐu¹³〕；借用為粵方言字後，字形不變，但讀音改為〔lɐu³³〕，字義也改為「找」，如「他去搜生意。」（他去找生意。）

自創全新字形的粵方言字，主要有三種方式：

①以形聲造字法創造的粵方言字，既有表意作用，又有表音功能。如「䊆」〔joŋ¹¹〕，從食送聲，佐食的菜；腣〔lɐi²²〕，從肉利聲，舌頭。

②以會意造字法創造的粵方言字，可以通過字形中的意符加以意會。如「孖」〔ma⁵⁵〕，是將兩「子」並列，表示一雙；「冇」〔mou¹³〕，是將「有」字中間兩劃挖空，表示沒有。

③以純表音造字法創造的粵方言字，數量較多，而且表音一般都比較準確。這種方法主要是在同音字的左側加「口」。如「咗」〔tʃɔ³⁵〕，左「口」右「左」，用法相當於普通話的「了」，「食咗飯未？」（吃了飯沒有？）

粵方言字的使用已有悠久的歷史，且確實有繼續使用的價值和需要。相對於其他漢語方言，粵方言有更多的方言字。正如鄒嘉彥和游汝傑所作的統計研究中所得的其中一項結論：「粵語的文字化程度較高，所以有可能用於報紙、雜誌的部分版面，特別是娛樂版、通俗文藝版和廣告版，從而取代頂層

語言——普通話的部分功能。」[2] 但目前港澳社會的粵方言字使用情況較為隨意，缺乏應有的指引和規範，主要有三種情況。

①「一字多形」

例如，同一個意為「按」的字，粵音〔kem²²〕，有「搇」、「撳」、「抌」、「撢」等不同寫法；同一個意為「尾部、底部」的字，粵音〔tukʰ⁵〕，也有「篤」、「豚」、「豚」、「居」、「屪」等不同寫法。

②「一字多義」

例如，同一個「冧」字，可作多種不同解釋：「冧₁」〔lem⁵⁵〕，花～（花蕾）、～歌（令人陶醉的歌），～人（哄人開心），～酒（蘭姆甜酒）；「冧₂」〔lem³³〕，～樓（樓房倒塌），～檔（垮台）；「冧₃」〔lem²²〕～莊（莊家贏了繼續坐莊），～高（疊高）。

③「一字多音」

例如，同一個「咪」字，有多種不同讀法：例如「咪₁」〔mɛ⁺〕，羊的叫聲；「咪₂」〔miu⁺〕，又音〔mi⁵⁵〕或〔mei⁵⁵〕，貓叫的聲音；「咪₃」〔mi⁵⁵〕，又音〔mei⁵⁵〕，輕小貌：笑～～；「咪₄」〔mei⁵⁵〕，用指甲掐；「咪₅」〔mei¹³〕，別，莫：～咁（不要）；「咪₆」〔mei⁵⁵〕，～表（停車計時收費表或的士計價器）；「咪₇」〔mi¹¹〕，又音〔mi³³〕，媽～；「咪₈」〔mi⁵⁵〕，作為樂譜中「1、2、3」的借音字，如「哆唻～」等。[3]

針對這些混亂的情況，我們有必要從形、音、義三個方面檢討粵方言字的使用問題。正如周無忌先生在 1997 年第六屆粵方言國際研討會上提出「粵方言詞用字應予規範」的呼籲，深得與會者的認同。

2　參見鄒嘉彥、游汝傑（2003）：〈當代漢語新詞的多元化趨向和地區競爭〉，《語言教學與研究》第 2 期。

3　參見鄧景濱（2011）：〈粵方言詞的注釋〉，《南方語言學》（第三輯），廣州：暨南大學出版社。

二、粵字優化的理念與實踐

「漢字優化」的理念最早由著名語言學家、北京師範大學王寧教授提出。1991 年第 1 期的《中國社會科學》發表了王寧教授的《漢字的優化與簡化》。1992 年 3 月在澳門社會科學學會主辦的「澳門過渡期語言發展路向」國際學術研討會再次以《漢字的優化與簡化》為題發表了學術演講。王寧先生指出：「不論是從文化普及的需要和現代工作恢復效率的需要，還是從漢字輸入電腦的需要，漢字規範勢在必行，使漢字的規範方案符合優化原則，也是必不可少的工作。」為漢字尋找一個繁簡適度的造型，也就是為漢字尋找一條優化之路，北京師範大學王寧教授曾將漢字優化的標準概括為五點：

①有利於形成和保持嚴密的文字系統；

②盡量保持和維護漢字的表意示源功能；

③最大限度地減少筆劃；

④字符之間有足夠的區別度；

⑤盡可能顧及字符的社會流通程度。[4]

我們從漢字構形研究代表字（或稱「主形」）的篩選受到啟發，認為王寧教授提出的漢字優化五項標準，不僅適用於漢語共同話的漢字規範，也適用於粵方言字的優化，且將五項標準概括為：系統性、表意性、簡易性、區別性和認受性。又根據粵方言字實際情況增加了如下四項標準：示音性，指字的表音準確程度；傳承性，指字是否從古流傳至今；操作性，指字的編碼是否合適計算機的輸入和操作；美觀性，指字筆劃結構的勻稱程度。根據這九項標準對粵方言字的重要程度進行重排，次序為：示音性、表意性、認受性、傳承性、簡易性、系統性、區別性、操作性、美觀性。又分成三個層級，配以不同的加權指數：

第一層級：示音性、表意性（加權指數為 3）；

4　參見王寧（2004）：〈漢字的優化與繁簡字〉，《漢字簡化研究》，北京：商務印書館。

第二層級：認受性、傳承性、簡易性（加權指數為 2）；

第三層級：系統性、區別性、操作性、美觀性為（加權指數為 1）。[5]

優化量表的背後有着漢字本體理論的支撐，是漢字優化的具體實現。優選的方法是將粵方言字先在第一層級比較，若優劣明顯則可定論；若優劣難分或不十分明顯則進入第二層級比較；同樣道理若還是優劣難分或優劣不十分明顯，則進入第三層級比較，最後以總分最多者為優，詳見表 1。

表 1 粵方言字優化量表

字樣	示音性	表意性	認受性	傳承性	簡易性	系統性	區別性	操作性	美觀性	合計
	3	3	2	2	2	1	1	1	1	

心理學研究常常使用量表，對關注的各種心理現象與問題進行測量與評判，就量表本身的使用而言，擁有較高的可信度，這一點我們可以從當代心理學的發展，乃至自然科學與社會科學的進步得到啟發。「粵方言字優化量表」是「漢字優化」理念的具體實現，也是對漢字優化理論與方法的探索與創新。以粵方言字「搇」「撳」「扲」「撢」的優化為例，四個字形古已有之，粵音〔kɐm²²〕，粵方言中為動詞「按」的意思，可帶賓語。例如「～掣」（按開關）、「～住張紙」（按著紙），詳見表 2。

表 2 粵方言字「搇」「撳」「扲」「撢」優化量表

字樣	示音性	表意性	認受性	傳承性	簡易性	系統性	區別性	操作性	美觀性	合計
	3	3	2	2	2	1	1	1	1	
搇	1	1								2
撳	1	1								2

---

5 參見鄧景濱（2010）：〈粵方言字的優化〉，《澳門人文社會科學研究文選·語言翻譯卷》，北京：社會科學文獻出版社。（原文發表時採用「表音性」、「示意性」的說法，本文考慮到漢字獨特的表意示源功能，將「示意性」調整為「表意性」，同時慮及漢字標示字音功能的強弱不一，調整「表音性」為「示音性」。）

（續上表）

| 抍 | 2 | 1 | | | | | | | | 3 |
| 撍 | 3 | 1 | | | | | | | | 4 |

表 2 中，「摁」「撽」「抍」「撍」均用「扌」表意，故分數一樣；「摁」「撽」二字示音性差，故分數較低；而「撍」字的示音率達 100%，故分數最高。在第一層級的比較中，「撍」字已明顯優勢勝出。凡是經過優化標準優選出來的粵方言字叫做粵方言優化字，如「撍」即為粵方言優化字。

三、粵字優化的啟示性

我們認為粵方言優化字既有利於粵方言字的規範使用，又可以為共同語提供方源詞，還可以為優化現行漢字提供一些經驗或教訓。現行漢字的繁簡之爭不利於國家的發展，可參照粵方言字的優化方法，把音同義同的繁簡字甚至異體字，重新以科學態度審視，從中優選出最符合漢字字位特徵的「字位代表」[6]，即「優化字」作為「通用漢字」，其他字形繼續作為字位變體存在。我們認為作為字位變體存在的繁體字、簡體字、異體字，其都有成為「字位代表」的可能，試舉例討論如下：

6　參見 XieyanHincha 2003 "Die chinesischeGraphemik"（漢字字位學），"CHUN"（漢語拼音 CHUN 是德語「漢語教學」——Chinesischunterricht 的縮寫）。作者於漢字研究引入「字位」「字位變體」概念，把同音同義字形歸為一組，這個組就是字位；單個字形就是這個字位的組員，即字位變體。字位不是具體的，而是抽象出來的單位。記錄漢語的繁簡體、異體字等都可以看作字位變體，從多個字位變體中可篩選一個主字形，作為字位代表，即本文所說的「優化字」。字位（grapheme），一種語言文字系統的最小對立單位。例如，字位 α 實現為幾個字位 A,a,α 等，可視其為一些處於互補分佈的單位（如大寫的 A 限用於句子開頭位置和專有名稱等），或視其為自由變異，如不同風格的書法，就同音位分析一樣。（參見 David Krystal 編，沈家煊譯（2000）：《現代語言學詞典》，北京：商務印書館）另「字種」作為文字學術語是指「漢字的統計單位，一個漢字縱使有多個繁簡體、異體字，也只作為一個計算。」（參見語言學名詞審定委員會（2011）：《語言學名詞》，北京：商務印書館）本文考慮「字位」的表述可與語言學「音位」「義位」相類比，故此處不採用「字種」的說法。

①繁體字可以成為字位代表．樓 ⟷ 栖

兩字出現時間較早，《干祿字書》將兩字楷書字形並列正體，《龍龕手鏡》(高麗本) 將「樓」列為正字，「栖」列為俗字。「樓」「栖」兩字從字形上看，區別在於「妻」與「西」，現檢討如下。

A「妻」：甲骨文 𡥀 = 𢆶 (每，女子生育) + 𠂇 (又，抓)，「妻」造字本義為古代婚配習俗之一，搶劫女子，成親生育。篆文 𡚽 將甲骨文的「每」𢆶 與搶抓的「又」𠂇 交叉合寫。隸書 妻 誤將篆文字形中女子的頭髮形狀 Ψ 寫成「十」十，將篆文的「女」𠨚 寫成 女。「妻」在「樓」字裏是表音的聲符。廣州話「妻子」的「妻」與「樓」音同，〔tʃʰɐi⁵⁵〕。同樣普通話「妻子」的「妻」與「樓」音同，〔tɕʰi⁵⁵〕。

B「西」：《説文》：「西，鳥在巢上。象形。日在西方而鳥棲，故因以為東西之西。凡西之屬皆從西。栖，西或從木妻。卥，古文西。𠧧，籀文西。」王國維：「𪚛，西，鳥窩之形。」《西隻單卤》，𣂁 如鳥在巢下，用「單」去捕鳥。[7]

若借鳥在巢上，表西方之意為「西₁」的話，我們還找到古文字中有「西₂」存在。早期甲骨文 𣏟 像用繩帶纏繞 𢆶 的、裝行李的囊袋 𠁼。晚期甲骨文 𠁼 將纏繞的繩帶 𢆶 簡化成 X。金文 𠁼 畫出了袋子的提手 人。籀文 𠁼 承續金文字形。篆文 𠧧 將袋子的提手 人 寫成 𠃌。隸書 西 嚴重變形，將提手 𠃌 寫成 ⼋，將囊袋 𠁼 寫成 𠦪。《説文》「卥，古文西。𠧧，籀文西」實為表示裝行李囊袋的意

7　鄒曉麗 (2007)：《基礎漢字形義釋源》，北京：中華書局。鄒書「清王筠《說文句讀》：『古棲字，象鳥在巢上。』王國維：『𪚛，西，鳥窩之形。』《箕單卤》，象鳥在巢下而用『畢』(捕鳥的網) 掩取之，故知 𪚛 為鳥巢之形。」我們與中研院「殷周金文暨青銅器資料庫」(http://www.ihp.sinica.edu.tw/~bronze/) 核對發現，《箕單卤》實為《西隻單卤》(05007，商)，與鄒書有出入，銘文釋讀為「西隻單」，意為鳥在巢下，用「單」去捕鳥，而非用「畢」。「單」，早期甲骨文 𠦝、𠦝 在武器「幹」𐎛、𐎛 的末端各加一個棱形圈 ◊，表示置於機械裝置、用於發射的石球或石塊。「單」造字本義為冷兵器時代古人用干戈、拋石機等器械攻城奪寨。晚期甲骨文 𠦝、𠦝 將「戈」表示手柄的一橫指事符號寫成「口」▭ 或「日」▤，表示裝石頭的套子。金文 𠦝 承續晚期甲骨文字形。篆文 單 變形，「幹」形消失。當「單」的「攻城陣地戰」本義消失後，後人再加「弓」另造「彈」、加「戈」另造「戰」(戰) 代替。

思。參照「東」字考釋[8]，我們認為卜辭中的「西」早已借為「西方」，有「向西」之意，許氏雖見到古文、籀文字形，而未作進一步探討。在廣州話中「西」〔ʃei⁵⁵〕與「西」〔tʃʰei⁵⁵〕不同音，普通話「西」〔ɕi⁵⁵〕與「栖」〔tɕʰi⁵⁵〕音亦不同。

《第一批異體字整理表》選「栖」廢「棲」，台灣則選「棲」作為正字，異體字有㨖、㨫、㨨、㩇、栖、㯢、㮹。從聲符示音角度看，無論廣州話還是普通話，「妻」優於「西」，與「棲」讀音一致，「棲」可以成為字位代表。

②簡體字可以成為字位代表：惊←→驚

《說文》：「驚，馬駭也。從馬，敬聲。」「敬」，既是聲旁也是形旁，是「警」的省略。「警」，篆文𧫥＝𡃥（敬，即「警」，警覺危險）＋𢒠（馬），「驚」造字本義為馬因警覺危險，舉足不前，引申為受驚、惶恐，泛指因受驚而害怕不安。隸書將篆文𢒠的四足為成四點灬。俗體楷書惊另造「忄」形、「京」聲的形聲字。[9]

法國收藏敦煌文獻《大唐五台曲子五首》（3360）第 1 幅、英國收藏敦煌文獻《壇法儀則》（3913）第 71 幅，均有「驚」字，均從鳥。[10] 鳥比馬更容易

8　「車」，早期甲骨文𩈑像在包囊𠆢｜東｜卜繩槓交叉抛捆綁✕，｜東｜與｜束｜是同源字。「東」造字本義為古人出門遠行時攜帶的，用布和木棍包紮成的行囊。在卜辭中，「東」作神祇名、地名、祭名外，已借為「東西」之「東」，又造 ｜槖｜宁。《坤蒼》：｜有底曰囊，無底曰槖。｜晚期甲骨文𩈑將父叉捆綁的叉✕簡化成：橫指事符號 ▬。早期金文𩈑承續早期甲骨文字形，晚期金文𩈑承續晚期甲骨文字形。篆文𥝋承續晚期金文字形。隸書東將篆文的「木」𣎵簡化成木。「清王筠《說文句讀》：『從日在木中，日扶桑之謂。』即日出之形。《說文》是據後起字形之強解，不準確。由於卜辭中已借為『東方』，故文獻中有向東的意思。又，古時主位在東，故主人稱東家。」（參見鄒曉麗（2007）：《基礎漢字形義釋源》，北京：中華書局。）古人稱肩扛行囊為「東」，手提行囊為「西」。現代漢語「買東西」中的「東西」一詞，有學者認為是「指代東西兩側物品」（參見王雲路（2012）：〈「南北」「東西」新論〉，《華東師大學報》第 2 期），我們認為「東西」一詞的來源，應是古代漢語詞義積累，且複音化的結果。

9　有學者認為「惊」是近代群眾創造的新形聲字（參見張書岩等（1997）：《簡化字溯源》，北京：語文出版社），據中華博物網（http://images.gg-art.com/dictionary/）在線檢索，顏真卿曾寫過俗體楷書「惊」。

10　參見趙紅（2011）：〈漢語俗字構字理據性初探——以敦煌吐魯番文獻為中心〉，《西域研究》第 4 期。

受驚，用鳥受驚來比喻受驚之態，可看作古人為追求構字理據所進行的表意部件更換，將表意部件「馬」置換作「鳥」。「鷩」讀音與「驚」一致，廣州話〔kɪŋ⁵⁵〕，普通話〔tɕiŋ⁵⁵〕。「京」與「惊」同音，而且形符用「忄」比用「馬」於今更容易為大眾接受。另除了作為「驚」的俗體字，「惊」字原來還有悲涼的意思，同「悢」，《集韻》呂張切，平陽來，廣州話〔lœŋ¹¹〕，普通話〔liaŋ³⁵〕。

《手頭字字彙》收「惊」為「驚」的簡體，《簡化字總表》予以採納。台灣仍以「驚」為正字，其異體字有惊、鷩、鸞、䲹。「驚」為了滿足人們追求構形理據的心理發生了重新分析，[11] 重新分析的過程中，人們為「驚」找到了新的構形方式「惊」，即以拼合形聲的方式重構了本字「驚」。漢字構形學認為音義合成模式是漢字系統優化標誌之一，「惊」的出現是完全符合優化標準的，完全有資格充任字位代表，來履行其穿越歷史記錄漢語的職能。

③異體字可以成為字體代表：靈 ⟷ 灵 ⟷ 靈

《說文解字》：「靈，靈巫，以玉事神。從玉，霝聲。靈，靈或從巫。」「霝」〔lin³⁵〕，是「零」的本字，本義是下雨。「靈」與「零」同源，後分化。靈，早期金文霝 ＝ 雨（雨）＋ 吅吅吅（三個口，表示巫師念念不停地祈禱）。靈造字本義為大旱之時巫師念念有詞地祭禱求雨。晚期金文有的加「示」示寫成靈，強調祭祀求雨；有的加「玉」王寫成靈，表示用玉器祭祀；有的加「心」心寫成靈，表示求雨極盡虔誠。篆文異體字靈用「巫」巫代替「王」王（玉），強調巫師降神求雨。俗體楷書灵以「彐」彐代「雨」霝，以「火」火代「玉」王。「灵」與「靈」音同，廣州話〔liŋ¹¹〕，普通話〔liŋ³⁵〕。

實際上「靈」是會意兼形聲字，從巫從霝，霝亦聲。「灵」是會意字，從又（彐）持火，本義為小熱、微溫，因其罕用，被用來代替「靈」字。《正字通》：「灵，俗靈字。」民國《國音常用字彙》將「灵」作為「靈」的簡化字。《簡化字總表》採用同音歸併，將「靈」、「灵」兩字合而為一。以

11　參見齊元濤（2008）：〈重新分析與漢字的發展〉，《中國語文》第 1 期。

此簡化類推的還有「榐（欞）」字。台灣仍以「靈」為正體，但在《標準行書範本》中亦寫作「灵」。在《異體字字典中》我們找到「靈」的楷字異體94個，靈、䨩、䨨、霛、㚑、䰱、䰠、䰉、灵、霊、霗、靇、䨩、霝、霛、靈、霊、靈、靈、靈、霊、霝、霊、靈、靈、霊、霊、雭、霗、靈、霊、霊、霊、霊、靈、靈、霡、霝、霊、霝、寠、靈、靈、靈、䨩、霝、靈、霊、靈、靈、靈、霝、霝、霊、靈、霊、霊、靈、霝、靈、霝、靈、霝、霝、靈、靈、霊、霊、霊、霝、靈、霛、霝、霝、霝、霝、靈、靈、霊、靈、霝、霊、霝、霝、霝、霝、靈、霝、霛、霛、靊、靈、霝。

　　在這個字位上，字位變體眾多，大陸以「灵」為字位代表，台灣以「靈」為字位代表。不過從漢字優化的角度看，「灵」不屬優化，沒有充分考慮到漢字的表意功能，而「靈」字筆劃較為繁複，以普遍漢字使用者心理觀之，位於中間部分的三個「口」成了羨餘。《偏類碑別字·雨部·靈字》引《唐張君夫人秦氏墓誌》，內有一「霊」字，我們試分析為從巫從霝省形，霝亦聲。我們考慮「霊」可以成為字位代表，既滿足了表意示源功能，又滿足了書寫便利的需要，同時兼顧了漢字的系統性。

　　以上探討了繁體字「欞」、簡體字「驚」，異體字「霊」，兼顧粵音與普通話發音，從漢字演化及字構的角度加以討論，我們覺得均有成為字位代表，即優化字的可能。

四、現行漢字優化的探討

　　中國傳統的語言文字學學分為音韻、訓詁、文字三大門類，其中漢字學研究的對象被限定在漢字字形本體。然而，近年來學術界逐漸發現，這樣的學科體系並不能解決所有的語言文字問題，有的語言文字現象在這樣的學科體系中找不到位置，例如漢字與漢語之間的關係。1994 年王寧先生提出了

「漢字字用學」的概念：漢字字用學，就是漢字學中探討漢字使用職能變化規律的分科。從個體漢字形義演變的角度區分了「字源」和「字用」，認為確定本字和弄清原初造字意圖是「字源學」的事，而根據本字來確定借字或從本字出發研究字的分化孳乳屬於「字用學」。[12] 這些論述引起了人們對漢字漢語關係的注意，為字用學的建立打下了基礎。

在此基礎之上，李運富先生提出字用職能應該被納入漢字學本體研究的範疇，認為漢字學應該區分為三個平面，形成三個學術系統，建立三個分支學科，即從外部形態入手的「字樣學」、從內部結構著眼的「字構學」和從記錄職能出發的「字用學」。並從「語言」對於「字用學」重要性的角度，將「漢字字用學」修正為「漢字語用學」——「研究漢字使用職能和使用現象的科學，也就是研究如何用漢字記錄漢語以及實際上是怎樣用漢字記錄了漢語的科學。」[13]「漢字優化」的理念建立在對漢字構形發展規律的把握上，從漢字語用學的角度說，「漢字優化」體現了漢字對漢語記錄職能的本質要求，而「粵字優化」亦正是粵方言字滿足粵方言記錄職能的體現。

「粵方言字優化量表」是針對「粵方言字的優化」提出的解決方案，受其啟發，並針對現代漢字的特點，我們保留其餘粵方言字優化方案中的七項標準，並根據於現代漢字的重要程度進行排列，依次為表意性、示音性、認受性、傳承性、區別性、簡易性、系統性。我們認為這七項標準，亦可看作漢字字位特徵，充當字位代表的字位變體要較好地滿足字位特徵的要求。我們將七項漢字字位特徵分列為三個層級，配以不同的加權指數：

第一層級：表意性、示音性（加權指數為 3）；

第二層級：認受性、傳承性（加權指數為 2）；

第三層級：區別性、簡易性、系統性（加權指數為 1）。

字位代表的優選方法是將待選字位變體先於第一層級比較，若優劣明顯

12　參見王寧（1994）：《說文解字與漢字學》，鄭州：河南人民出版社。
13　參見李運富（2008）：《漢字語用學論綱》，《漢字漢語論稿》，北京：學苑出版社。

則可定論；若優劣難分或不十分明顯則進入第二層級比較；同樣道理若還是優劣難分或優劣不十分明顯，則進入第三層級比較，最後以總分最多者為優，即最能滿足字位代表的要求，詳見表3。

表 3 通用漢字優化量表

字樣	表意性	示音性	認受性	傳承性	區別性	簡易性	系統性	合計
	3	3	2	2	1	1	1	

①第一層級：表意性、示音性

漢字構形學研究表明，音義合成模式是漢字優化系統的標誌；現代漢字的認知研究也表明，音義結合的雙通道模式為漢字得以繁衍至今奠定了堅實的基礎。因而我們將示意性、表音性列為漢字優選框的第一層級，且加權指數為3，是三個層級中最高的。又因漢字其獨特的表意因子，於世界諸文字體系獨樹一幟；現代漢字的聲符系統尚未喪失其標示字音的功能，雖說於今有強有弱，也大都有跡可循，量表中「示音性」列於「表意性」之後。

②第二層級：認受性、傳承性

第二層次源於索氏共時與歷時的探討。漢字的認受性為當下之使用狀況，傳承性為歷史繼承問題，兼顧共時與歷時的統一。認受性即是約定俗成，傳承性顧及中華文化的認同問題，二者於社會語言學角度均有着重要意義，不可偏廢。另因共時性針對當下，更具有現實意義，則列於漢字傳承性之前，與傳承性同列第二層次，加權指數為2。

③第三層級：區別性、簡易性、系統性

第三層次區別性、簡易性、系統性並列。趙元任先生說「講到文字的難易，你得分學跟認跟用，這個不完全一樣。比方說筆劃多的字，寫起來麻煩，可是認起來未必難認，有時筆劃多的字，因為富於個性，反而容易認。

認是一回事，寫又是一回事。」[14] 趙先生所言也就是我們常講的「增繁為別，化簡為用」，「增繁為別」是從認讀的角度來講，漢字區別明晰，認讀準確率會明顯提高。「化簡為用」是從書寫和閱讀清晰度的角度來講，書寫與閱讀的方便將大大提高交際效率，為社會經濟文化服務，進而推動社會的發展。人一生認識的漢字多於所能書寫的漢字，特別是在今天這個數字化時代，音碼與形碼輸入法的普及，使得人們親筆書寫交際的機會變得比以往任何一個歷史時期要少。

綜上我們將區別性列於簡易性之前，「增繁為別，化簡為用」不能以破壞漢字的系統性為代價，因此將三者並列，又由於漢字系統性於今不能以單一的繁簡論之，繁體字雖然一定程度保留了漢字的系統性，但正如社會的發展是語言發展的原動力一樣，社會的發展也極大地推動了漢字的發展，漢字自身的重新分析，以及漢字系統對新形聲字的吸納，都表現了系統性在穩定地演變。王力先生 1938 年在《漢字改革》中說：「新形聲字是容易推行的」，「關於利的方面，當然是能使漢字整齊化，合理化，而整齊合理的文字當然是比較容易學習。至於弊的方面呢，就只怕將來的人讀古書稍有些困難。」[15] 這裏整齊化與合理化是漢字系統的表現，於繁簡字的表現程度不一，這裏暫列區別性、簡易性之後，加權指數為 1。試以「杯」、「盃」為例，詳見表 4。

表 4「杯」、「盃」優化量表

字樣	表意性	示音性	認受性	傳承性	區別性	簡易性	系統性	合計
	3	3	2	2	1	1	1	
杯	0	1						1
盃	3	1						4

部件「皿」起類化作用，在漢字中形成比較整齊的構形系統，而「杯」的質地主要不是木頭，在適宜上不屬優化，對構形系統來說，也是脫離了

14　參見趙元任 (1980)：《語言問題》，北京：商務印書館。

15　參見王力 (1982)：《漢字改革》，《龍蟲並雕齋文集》（第二冊），北京：中華書局。

「皿」部，游離於系統之外，違背了優化原則，背離了漢字字位特徵，因此「杯」字不能成為字位代表。

五、東亞漢字一體化的思考

著名歷史學家費正清說：「倘若沒有漢字的影響，東亞必然不會成為世界文明中如此獨特的一個整體」。[16] 與漢字有關的漢文、儒學、律令和漢傳佛教等從中國向東傳播到朝鮮、日本，形成了以中國儒學思想為核心，漢字為重要特徵的文化系統——「東亞文化圈」。時至今日，漢語漢字使用人數居世界之最，位列聯合國六種主要工作語言文字之一，韓國、日本、新加坡等國家和地區仍然部分或全部使用漢字，隨着這些國家和地區社會經濟的發展，漢字在「人際」「人——機」兩個系統中，於語言交際、文化教育、信息處理等方面表現出許多共性的同時，也面臨着諸多差異與挑戰。

放眼整個漢字文化圈，字位代表的統一，能夠促進文化的交流，促進優勢文化的強勢影響，促進世界文化的和諧進步，減少因文化壁壘導致的摩擦，漢字有可能如「歐元」一樣在漢字文化圈通行。如果說歐盟的歐元使歐洲的經濟發展走向了一個新台階，那麼東亞的文字統一，必然會加快各國經濟文化的交流，加快東亞一體化的步伐。而實現漢字統一最經濟有效的途徑，我們以為是以大陸簡化字為基礎，對其中不合理的部分進行必要的改進。簡化字是 1956 年大陸推行《漢字簡化方案》時有意識對古已有之和民間已經流行的簡體字進行整理和選擇以及根據規則對某些繁體字進行簡約改造的字體。1986 年《簡化字總表》列出 2235 個簡化字，[17]2009 年《通用規範漢

16　參見費正清（2008）：《中國：傳統與變遷》，長春：吉林出版社。
17　1986 年版《簡化字總表》第一表和第二表，簡化字共計 482 字。表一收簡化字 350 個，都不得作簡化偏旁使用。表二收可作簡化偏旁用的簡化字 132 個，簡化偏旁 14 個。用偏旁類推方法簡化的漢字見於《簡化字總表》第三表，共計 1753 字。

字表（徵求意見稿）》附錄的《繁簡漢字對照表》新類推簡化了 265 字。現行單個簡化字有 482 個，只佔 8000 常用漢字的 6%，應首先優化；其次優化偏旁系統，再優化中、日、韓的異體字，以優化的觀念和方法努力實現漢字的一體化。

（本文得到天津師範大學博士基金項目資助，項目編號：52WW1506

天津市教委項目資助，項目編號：2018SK043）

參考文獻

王寧（1994）。《説文解字與漢字學》，鄭州：河南人民出版社。

王寧（2002）。《漢字構形學講座》，上海：上海教育出版社。

王寧（2015）。《漢字構形學導論》，北京：商務印書館。

史定國（2004）。《簡化字研究》，北京：商務印書館。

向光忠（2004）。《文字學論叢》（第二輯），武漢：崇文書局。

李雄溪、田小琳、許子濱（2009）。《海峽兩岸現代漢語研究》，香港：文化教育出版社。

李運富（2008）。《漢字漢語論稿》，北京：學苑出版社。

孫景濤、姚玉敏（2015）。《第十八屆國際粵方言研討會論文集》，廣州：暨南大學出版社。

國語推行委員會編。《異體字字典》，http://dict.variants.moe.edu.tw/

張玉金（2000）。《當代中國文字學》，廣州：廣東教育出版社。

程祥徽（2010）。《澳門人文社會科學研究文選‧語言翻譯卷》，北京：社會科學文獻出版社。

黃翊（2014）。《繁簡並用相映成輝：兩岸漢字使用情況學術研討會論文集萃》，北京：中華書局。

萬業馨（2005）。《應用漢字學概要》，合肥：安徽大學出版社。

詹伯慧（2007）。《廣州話正音字典》，廣州：廣東人民出版社。

詹伯慧（2010）。《語文雜記》，廣州：暨南大學出版社。

鄧景濱、湯翠蘭（2005）。《第九屆國際粵方言研討會論文集》，澳門：澳門中國語文學會。

説文解新字

姚德懷　　陳明然　　黃河清 [1]

香港中國語文學會

一、引言

今年 5 月，收到「單周堯教授七秩華誕國際學術研討會」籌委會的邀請函，希望我能參加並發表論文。當時我想，單教授專研之範疇是傳統小學、經學及出土文獻，而我是古文字盲，何敢草率寫文，忽而想起單教授專研之範疇也包括方言學和廣義語言學，並記得單教授也曾寫過關於《現代漢語詞典》的論文，因此便回覆報名參加了。

然而寫什麼呢？我想起，大型的中文字詞典，於傳統漢字必注明出處，如「尺」字，查字典可知出自《說文》及其他古文獻或古物。但如果查香港人仍常用的「呎」字，《現代漢語詞典》(2016) 說：呎 chǐ 又 yīngchǐ，英尺舊也作呎。《漢語大字典》(1993) 更簡單，說：呎 chǐ，「英尺」的舊稱。《現漢》取二音，《大字典》只取一音。兩字詞典都沒有説明「呎」字出自何時何代。

對香港人來説，「呎」並非「舊稱」，現在仍是天天在説在用的一個可能是頂重要的民生用字，用來計算住房面積。對香港人來説，「呎」只有一音，

1　本文由姚德懷執筆，陳明然、黃河清提供資料。黃河清近年還完成了「近現代漢語辭源」一稿，已交出版社待出。

音同「尺」，但有二義，即（1）「英尺」，（2）「平方英尺」。

由此可知，一般中文詞書，重古輕今。四十年前，我曾說，我們不但要考古，也要「考今」。本文討論「新字」的由來，乃是屬於「考今」的範圍。

但說來奇怪，傳統字詞學，先有「字」後有「詞」（甚至有人認為中文只有「字」，沒有、或不必談「詞」）。而現代字詞學，卻是先有詞後有字。這是什麼意思呢？可以舉例說明。例如我們有《近現代漢語新詞詞源詞典》[2] 和《近現代辭源》[3] 等詞書，但是好像還沒有一本「新字」字典。當然，許多「新字」包含在「新詞」詞彙裏面。但是好像還沒有一本純粹的「新字」字典。

本文的目的便是收集一些近現代出現的「新字」，原則上不包括簡化字和方言字，但嘗試為「新字」分類，每類選取一些有代表性的字，有些字說明其來源。最後希望以此為基礎，首先編寫一本「新字字彙」。當然，這已超出本文的範圍了。

二、「新字」和「半新字」

想深一層，可發現「新字」可分為兩類，一類是真正的「新字」，如「吙」。「吙」字未見於古文獻。另一類是舊字新用：以舊字的「形」，賦以新義，甚至新音，如「碼」。「碼」字古已有之，但近世以「碼」譯「yard」，「碼」字有了新義（three feet one yard：一碼三呎）。這類字不妨給一個名稱：「半新字」，以下遇有半新字以「+」標出，如「碼+」。

新字數以百計；半新字可能數以千計。半新字本音本義可見各大型辭書，本文不一一說明。以下試為新字、半新字分類，每類再以例字說明。

2　香港中國語文學會統籌：《近現代漢語新詞詞源詞典》，上海：漢語大詞典出版社，2001 年（單周堯教授是該詞典的編委之一。黃河清先生是執行編委）。

3　黃河清編著、姚德懷審定：《近現代辭源》，上海：上海辭書出版社，2010 年。

三、各類新字

3.1 語法新字

　　1910－1920 新文學時期，出現了一個「新字」「她 +（tā）」，為劉復所創用，其實這是個半新字。後來又出現了「它 +」、「牠」。大概到了二戰之後又出現了「妳 +」、「祂」。這類字可稱之為「語法（半）新字」。同樣在新文學時期，從「的」字分化出「地 +（·de）」和「底 +（·de）」。這些也是語法新字。可注意：

　　·「她 +」「地 +」現在已成了常用的規範字。但在內地，以規範／簡化字印刷的古書中（例如《紅樓夢》等小說），未見用「她 +」、「地 +」取代「他」、「的」。

　　·「的」「地 +」「底 +」在此場合統讀（·de）輕聲。但在各方言（如粵、吳方言）中，「地」、「底」仍讀原音。「地 +」作為助詞，已見於舊文學，但恐非讀輕聲。[4]

3.2 度量衡用新字（另見本文「附記」）

　　度量衡名稱和用字也有一個繁複的過程。以下也先舉例說明。

　　「尺 +」、「呎」、「市尺」。「尺」當然是舊字，加上了「口」字旁，成為「呎」（英尺）。本文「引言」節已說過，「呎」既可讀「尺」，又可讀「英尺」。在香港，「呎」也可表示「平方英尺」。

　　「市尺」，1929 年國民政府引進，與「米（metre）」掛鉤，為「米」的三分之一，簡稱「尺 +」，與清代和民初的「尺」名同實異（長度不一樣）。

　　·「碼 +」。「碼」字前面已說明。內地已不用，香港等地仍常用。足球

4　　呂叔湘：〈關於「的」、「地」、「得」的分別〉，《語文雜記》，上海教育出版社，1984 年。

penalty kick（點球）仍稱「罰十二碼」。以「碼」字譯「yard」的來源未明，又為何是「石」字旁？學者仍在探討。姚德懷曾猜想，中文「尺碼」連用，既以「呎」譯「foot」，那末以「碼」譯「yard」似乎也是順理成章？

·「里 +」、「市里」。同樣，「市里」1929 年與「公里（千米）」掛鈎，即 500 米，簡稱「里」，與清代民初的「里」同名異指。「二萬五千里」究竟是什麼「里」呢？要問「差不多」先生。

·「斤 +」、「市斤」。同樣，「市斤」1929 年與「公斤（千克）」掛鈎，即 500 克，後來簡稱為「斤 +」，與清代民初的「斤」不一樣。內地人來香港，以為：內地一斤 10 兩，香港一斤 16 兩。其實「市斤」與香港「斤」不一樣。香港「斤」還是舊民初「斤」，比市斤重 [5]。

〔附記：法國 500 克為 1 livre，德國 500 克為 1 Pfund。換言之，中國（內地、台灣）斤可説是即「法國斤」，即「德國斤」，因為大家都是 500 克。〕

3.3 生理醫藥用字字例

·「腺」。見 1903 年汪榮寶等著《新爾雅・釋生理》。日人宇田川玄真（1770-1835）首先以「腺」譯荷蘭語 Klier（即英語 gland）。

·「癌 +」。癌字宋代便有，指癰疽疔疱之屬。十九世紀中葉，日人將 cancer 譯為「癌腫」。[6] 1920 年前後，中文才確定以「癌」譯「cancer」。「癌」本音「岩」。1950 年前後，國語 / 普通話改讀「aí」。但有些方言如吳語、粵語仍讀如「岩」（國語 / 普通話因「岩」與「炎」同音 yán，為了避免同音混淆，故「癌」須改讀 aí）。

5　參閱姚德懷：〈市尺、市斤、市升都是外來概念詞〉，《詞庫建設通訊》第 3 期，1994 年 3 月，第 28-29 頁，香港中國語文學會。並參閱姚德懷：〈關於中國現代度量衡制的演變〉，《詞庫建設通訊》第 9 期，1996 年 8 月，第 10-14 頁。

6　荷蘭學者高柏（Koos Kuiper）稱，日本學者大規玄澤於 1860 年代曾把荷蘭語 Kanker 譯為「癌腫」，代指惡性腫瘤。見高柏撰，徐文堪譯：〈經由日本進入漢語的荷蘭語借詞和譯語〉，載王元化主編：《學術集林》（卷七），上海：上海遠東出版社，1996 年。

3.4 物理學用字字例

·「熵」。熱力學第二定律中的術語。熱力體系中，「廢熱」的變化量除以溫度所得的商稱為「entropy」，即「熵」。熵的概念後來也擴展至信息論中。1923 年，德國普朗克（Max Planck）來華講學時，中國物理學家胡剛復把 entropy 譯為「熵」。

3.5 化學元素用字

至 2017 年為止，元素周期表共列有 117 個元素名。但自十九世紀首有漢字元素名以來，各元素的漢字（單字）名稱中出現的新字至少有 209 個（其中舊字新用 94 個）[7]。這是為什麼呢？原來對應於元素西文名稱常有一名多譯，更有新漢字名取代舊漢字名的現象。以下舉例說明。

·「矽 / 硅 +」。Silicium（拉丁名，英文名 silicon，原子序號 14）早期譯為「矽」（xī）。由於矽（xī）與錫（xī）普通話同音，為避免混淆，內地把 silicon 改譯為「硅 +guī」，但港澳台和境外等地仍習用「矽」。著名的 silicon valley 大陸稱「硅 + 谷」，港澳台和境外多稱「矽谷」。

（補充說明，在某些方言中，「矽」與「錫」不同音，因此不會混淆。台灣「矽」有兩讀：xì，xī。日本譯 silicon 為「ケイ素」，也稱珪 + 素、硅素。）

3.6 有機化學用字

有機化學名稱相當繁複。自十九世紀以來，有機化學漢名中出現的新字至少 230 個（其中舊字新用約 100 個）[8]。以下只舉例說明。

·「烴」。碳氫化合物，英語 hydrocarbon。「烴」一字多音：
「烴」普通話音 tīng（碳氫切，音「聽」）。
《國語日報詞典》（台北，1974 年）：「烴」音 jǐng（同「頸」）。

7　據陳明然統計。陳明然已編了「元素新舊名稱表」（初稿）。
8　據陳明然統計。陳明然已編了「有機化學新舊名稱表」（初稿）。

《重編國語辭典》（台北，1981 年）：「烴」音 qīng（同「輕」）。

粵音既讀「聽」，又讀「景」，又讀「勁」。

「烴」音真的多元化。

·「噁」。1999 年，致癌化學物質 dioxin 肆虐多國，報章多有報道。「dioxin」中文譯為「二噁英」，也有其他譯名。香港報章用上了「二噁莢」，引起了許多討論。這裏有字的問題，也有音的問題。「英」字在有的書上印得太小，可能被誤為簡體的「莢」。「噁」字則有讀音問題，因為偏旁「惡」是多音字[9]。有趣的是《現代漢語規範詞典》（2004 年）有「二噁英」條，並提示說，不要寫作「二噁英」。這是由於不同年代有不同的規範，你說中文難不難？（注：內地「噁」字偏旁為簡體「惡」，音 è。）

3.7 少數民族新名用字

舊時漢人對少數民族頗多分不清楚，說不清楚，名稱多有貶意。《辭海》（1936，1947）收有「犭」字旁的字有：犰、犴、犿、狁、狆、狄、狙、猫、狢、狒、猓、猺、獏、獞、獠、獩、獥、獽、玀、玀等字。自 1950 年代後，多已改用文明名稱，以下舉例。

·「壯 +」。1950 年代的改名過程為：獞 → 僮 → 壯。「獞」本音「童」（《辭海》1947），現音「Zhuàng」，據《漢語大字典》（1992）和《漢語大詞典》（1990）。

·「彝 +」。漢人本稱彝族為「夷」，1950 年代改稱彝族[10]。

·「傣」。傣族自稱〔tai2〕，舊稱撣、白夷、擺夷等。1950 年代稱「傣

---

9   參閱（香港）李志明：〈「二噁英」(dioxin) 香港誤作「二噁英」試析〉；姚德懷：〈「噁」vs「口＋惡」〉，同見《詞庫建設通訊》第 21 期，1999 年 11 月，第 16－19 頁，香港中國語文學會。

10 「彝」稱源自抗戰時期，可能為馬學良等學者所首創。馬學良著有《撒尼彝語研究》，1951 年商務印書館出版。「彝族」等少數民族識別和定名 1955 年左右由中央民族事務委員會領導調查決定，最後由國家領導人批准。感謝北京胡振華教授提供以上信息（網上傳說「彝族」是由毛澤東提出，恐不確。但肯定得到他的同意）。

dǎi」。

3.8「非和諧」字

與「繁體字」不一一對應的簡化字常引起混淆。例如「干」是指「蔣干」呢，還是「蔣幹」?「程十发」程老是否希望發十次財呢?

香港中國語文學會一些成員認為，為了減少混淆現象，不妨恢復若干繁體字，使繁簡能一一對應。由此而形成的字集是介乎規範字集和繁體字集之間的「和諧體」字集。現階段會引起混淆的字可稱之為「非和諧字」。「非和諧字」字例有:

·「干 +」(干、乾、幹);「发 +」(發、髮);「斗 +」(斗、鬥);「征 +」(征、徵);「云 +」(云、雲);「卜 +」(卜、蔔)[11] 等。

〔我的手機上的「百度百科」簡體版，已顯示出「文徵明」，不用「文征明」，用「王徵」，不用「王征」了。換言之，「百度百科」已部分和諧了。《辭海》(1989) 等也早已部分和諧了。〕

3.9 南洋用字

·「峇 +」。數百年前南洋華人與當地土著生的後裔稱「baba，峇峇」(b 濁音)。印尼旅遊勝地「Bali，峇厘」，其中的「b」也是濁音。現在漢語詞典定「峇」音為 ba (漢語拼音，b 清音)，似不為南洋華人所接受。

·「槤」。「榴槤 (durian)」是南洋名果。早期漢語詞書稱之為「榴蓮」，但不為南洋華人接受，他們認為「蓮」字應該改用「木」字旁。因此現在漢語詞書「榴槤」「榴蓮」兩者都收了，並以「榴槤」為主條。

3.10 日本漢字

日本漢字，日本自稱之為「kokuji 國字」或「wasei kanji 和製漢字」。《現

11　簡繁轉換後，見有「他生未蔔此生休」的詩句。

代漢語規範字典》（1998 年）「備查字」部收入了「麿、辻、畑、畠」並為之定音，順次為「mǒ，shí，tián，tiàn」。有關日本漢字，何華珍有專著，可參考[12]。

3.11 特殊字、雜類字例

以下討論幾個特殊字和難以歸類的字：

·「尘」、「艺」。一般簡化字都可説明其來源。「尘」（塵）和「艺」（藝）可能是例外。

·「〇」，《新華字典》和《現代漢語詞典》早在 1970 年代已把「〇」作為字頭收入，歸入「口」部，但其他字詞典未必收入[13]。對於「〇」的釋義也無定論。這不奇怪，因為數字「0」也不過只有約一千年的歷史。公元（耶曆）有公元一年，公元前一年，沒有「公元零年」。在中國，不論《三字經》或《千字文》裏，都不見有「零」字。現在小孩子都認識「0」和「〇」，但學者對「〇」是字呢還只是一個符號，尚有爭論。這可能是由於思維的滯後。關於「〇」，近期的《語文建設通訊》（香港）多有討論（另見本文「補記」）。

·「圕」。常見於 1950 年前後的書刊中，讀如「圖書館」。

·「囯+」，太平天囯的囯號以「囯+」代「國」。現在一般有關太平天國的學術著作，仍用「囯」字。太平天囯有特權！1950 年代本來欲以「囯」字作為「國」的簡化字，但有人認為「囯」中有「王」，封建！所以改用「囯+」取代「國」。「国」同時也是日本的通用漢字。

·「麿+」。唐代由日本來華的阿倍仲麻呂（Abe no nakamaro，即晁衡）也寫作「阿倍仲麿」。日本浮世繪（ukiyoe）畫大師喜多川歌麿（Kitagawa Utamaro，1753－1806），簡稱「歌麿」。其中「麿」字即「麻呂」的合體，

12　何華珍：《日本漢字和漢字詞研究》，北京：中國社會科學出版社，2004 年。日本漢字「辻、畑、畠」的羅馬拼音依次為「tsuji，hata，hata」。

13　《漢字信息字典》（科學出版社，1988 年）增收「〇」作為部首，歸該部首的似只有「〇」字。

日語讀作 maro。現在漢語字詞典，有讀作「馬陸」（辭海 1947）的，也有讀作「呂」（辭海 1989）的，還有 mó，mǒ 等音，不一而足，莫衷一是。

·「布 +」。「布」字有什麼好寫？原來魯國堯教授曾為「布文」化了九牛二虎之力，尋找「布文」的含義。原來「布文」即「布路斯文」，即「普魯士文」，即「德文」。十九世紀初，中文曾以「布路斯」譯「普魯士」，以「普魯士」代表「德意志」。那時德意志還未統一。[14]

·「夢 +」。舊時「夢」只有狹義：「睡時依身體內外之刺激而起之幻象」（據舊《國語詞典》）及其比喻義：「幻象」。《國語詞典》另有「夢想」條：「1. 妄想，空想。2. 渴望。」到近年的《現代漢語詞典》「夢」條，才有「比喻幻想或願望：夢想」義；「夢想」條才有「1. 妄想；空想。2. 渴望」的意思。由此可知「夢」從狹義的，到廣義的，積極的「渴望」是有一個詞義擴展的過程；是新文學時期受到英語「dream」的影響而產生。

·「搞 +」。「搞」字 1950 年前後得到廣泛應用。有人說是源自西南方言。後來經多人研究，逐漸搞清楚了。「搞」字本是古字，同「敲」。現代意義的「搞」，晚清小說中已有。多處方言也有「搞」，恐怕與「攪」字有關。自新文學時期開始，用的人逐漸增多，至今幾乎成了一個「萬能百搭」字。[15] 因此「搞」也可算是一個半新字。

四、一些觀察和一些問題

從上面的分析和舉例，可以看到一些現象，即漢字有三增：增形、增音、增義。以下分別說明：

---

14 魯國堯：〈「布文」辨識本末及其他〉，原載香港中文大學《中國語文通訊》第 29 期（1994 年 3 月），後收入《魯國堯自選集》，鄭州：河南教育出版社，1994 年。

15 參閱徐時儀：〈說「搞」〉，《詞庫建設通訊》第 20 期，1999 年 7 月，第 27－32 頁，香港中國語文學會。

4.1 漢字的增形

不少新字由舊漢字的「增形」產生。例如：

·許多化學元素字等等是新字。2016 年有 4 個新元素名，即 113 號的 nihonium（Nh），115 號的 moscovium（Mc），117 號的 tennessine（Ts）和 118 號的 oganesson（Og）。2017 年有了相應的中文名，依次為「鉨＋」（nǐ）、「鏌＋」（mò）、「**石田**」（tián）和「𬬻」（ào）。（姚德懷問：「𬬻」是否可以改為「奧气」？）

有人說，不希望再有新造字。但國人有造字的癖好，尤其是化學家。人人都可成為倉頡，沒有辦法。

·「○」。「○」本來只是一種符號，現在正漸漸被認為是「字」。1988 年的《漢字信息字典》且認為「○」是一個新部首。近年姚德懷也提出「○」不應歸入「口」部，「○」可以是一個新部首。姚德懷並提出，許多「口」字旁的「新字」可改為「○」字旁，如「0 加 0 非」、「0 加 0 里」等。這樣可以減輕「口」字旁的字的多義的負荷。

澳門周荐教授和王銘宇教授曾說，「口」字旁的新字、方言字不妨換一個偏旁，但他沒有說明選用哪個偏旁。[16] 是否可用「○」作為偏旁？粵方言的「唔」「嘅」「啱」等字不妨換成「0 吾」「0 既」「0 岩」。

4.2 漢字的增音

·一類是由單音節變為多音節。如「呎」字改讀「英尺」（內地說是要淘汰「呎」字，但仍然是淘而不汰）。又如「圕」字（圖書館），但不承認其為字。又如「砼」字，音「同」，沒有人聽得懂，其實是「混凝土」的速記字[17]。

---

16 周荐、王銘宇：〈西詞漢譯中的特用漢字問題〉，載《澳門語言文化研究（2009）》，澳門：澳門理工學院，2011 年，第 228－234 頁。

17 據說蔡方蔭教授於 1953 年創造了「砼」字，為「人工石」的合體字，方便學生們速記。

問題：漢字是否能讀成多音節？

・另一類是因簡化而增音。例如「发＋」字既是「發 fà」又是「髮 fà」。「发＋」於是成為一個多音多義的非和諧字！北京有關研究所化了九牛二虎之力。致力於簡繁自動轉換，但還未能達到 100% 準確（研究經費以百萬計，一字豈止萬金？還未計專家的人力時間！）。是否可以恢復若干繁體字以消除歧義，促進和諧？

・又如「的＋」。「的」字本為入聲字。普通話有「的 dí」（第 2 聲）和「的 dì」（第 4 聲）。近年來又增多了一個第 1 聲「的 dī」，用於「的士」。

問題：一些音譯的地名，如波羅的海、的黎波里、的里雅斯特（的港）、的的喀喀湖等，其中「的」字是否一律可改讀第 1 聲？

保留入聲字的方言沒有這類問題。

・又如「的（助詞）」音「de」，輕聲。但一般唱歌拉長「的」音時要唱成「di」，以前把「的」寫成「底」也有道理。這便是一般語言與藝術語言的區別。

又如「浮」，現在規範音為 fú，但朗誦「問蒼茫大地，誰主沉浮」時是不是該把「浮」讀成「fóu」，否則不押韻。這也是藝術語言。然而也有人認為，只能有規範音，不充計有其他音！

4.3 漢字的增義

第三節提到的半新字（舊字新用字）都是增義字，如它＋、癌＋、炎＋、彝＋、碼＋等。所有非和諧字都是增義字，如发＋、干＋、征＋、斗＋等。

問題：漢字的增形、增音、增義，是好事還是壞事，還是利弊參半？

五、補記

關於「碼＋」「呎」「吋＋」「噸」

（1）「碼」（英語 yard），見於 1819 年馬禮遜《華英字典・Part II》：「碼：Ma is used at Canton for the European yard.」又見

（2）1874 年葉鍾進《英吉利國夷情記略》：「英吉利……尺曰碼，每碼約中國二尺四五寸」。

（3）1822 年馬禮遜《華英字典・Part III》有說明「foot」，但沒有把「foot」譯為中文：「A foot, or measure of twelve inches, the Chinese 尺 chih, or cubit which is 14 625 inches, comes nearest to the English foot.」。

（4）1855 年合信《博物新編》初集《地氣論》：「番人一寸唐尺八分，番以十二寸為一尺。」

可知合信稱「inch」為番人一寸，稱「foot」為番尺，仍無中文譯名。

（5）「吋」：到了 1900 年，《清議報》三十八冊，見有「吋」字：「高砂一艦，有八吋炮一門，四吋炮七門」。

（6）1901 年《清議報》八十冊《支那現勢論》：「若遇懸岩斷壁江身逼束之間，每有增至二百呎者，斯可見其水量之宏富矣。」

（7）1904 年版，《唐字調音英語》（收於黃耀堃、丁國偉著《唐字音英語和二十世紀初香港粵方言的語言》一書，2009 年香港中文大學）中尚以「尺」「寸」對應「foot」「inch」，以「咪」對應「mile」。尚未見用「呎、吋」。

從上可知，對應於英語的「foot」、「inch」，可能要到 1900 年左右中文裏才有新造漢字「呎」、「吋＋」來對譯。在此之前，有稱之為「番尺」、「番寸」的。但對應於英語「yard」，十九世紀初期便有中文「碼」。我們可以猜測，在早期，由於來自西方的布匹多以「yard」來計算長度，因此「yard」比「foot」、「inch」更為重要。

再查日語維基百科，可知「呎」「吋＋」確是日本明治時代（1868－

1912）初、中期所創製的音譯漢字：呎（foot → fū to），吋＋（inch → inchi）。後來傳入中國。

　　還有一個「噸」字值得一提。現在以「噸」字來音譯「ton」，這已見1842 年的馬禮遜《外國史略》。但後來又出現同樣是音譯「ton」的躉、敦、墩、礅、頓等字。這說明了，到了很晚，「噸」才成為音譯 ton 的通用字。這也說明了，「噸」字並非由明治時代的日本所首創。

關於「〇」有以下用例：

　　·1614 年利瑪竇授、李之藻演《同文算指通編》卷五：「有循次順加者一、二、三、……、八、九、一〇、一一、一二、……。」

　　·1897 年歐伯荂《亞歐兩洲熱度論》（載《小方壺齋輿地叢鈔》第 17 冊第 1 帙）：

　　「裏海附近極熱之時一百度，極冷之時在〇度之下二十度。」

　　「俄羅斯極熱之時八十至九十度，極冷之時在〇度之下四十至七十度。」

　　〔姚注：以上溫度指華氏溫度計度數。〕

參考文獻
（參考書目眾多，以下只選一部分）

詞書

《國語辭典》、《漢語詞典》、《重編國語辭典》系列，上海、北京、台北。

《辭海合訂本》，上海、香港：中華書局，1947 年。

《國語日報辭典》，台北：國語日報社，1974 年。

《現代漢語詞典》各版次，北京：商務印書館。

《現代漢語規範詞典》各版次，北京：語文出版社。

《辭海》，上海辭書出版社，1989 年。

《漢語大詞典》，上海，上海辭書出版社，1986－1994 年。

《漢語大字典縮印本》，湖北辭書出版社、四川辭書出版社，1993 年。

刊物

《語文建設通訊》（1980－），香港：香港中國語文學會。

《詞庫建設通訊》（1993－2000），香港：香港中國語文學會。

《自然科學術語研究》（內部刊物），北京，1985－1995（？）。

《科技術語研究》，北京，1998－2006。

《中國科技術語》，北京，2007－　。

專著、譯著

馬西尼著、黃河清譯。《現代漢語詞匯的形成──十九世紀漢語外來詞研究》，上海：漢語大
　　詞典出版社，1997 年。

香港中國語文學會統籌。《近現代漢語新詞詞源詞典》，上海：漢語大詞典出版社，2001 年。

黃河清編著、姚德懷審定。《近現代詞源》，上海：上海辭書出版社，2010 年。

論文

高本漢著、賀昌群譯。《中國語言學研究》，上海，1934 年。（原著 B.Karlgren, *Pilology and
　　Ancient China*, 1926 年。）

嚴濟慈。〈論公分公分公分〉，《東方雜誌》，第 32 卷 3 號，1935 年。上述《科技術詬研
　　究》，1998 年 12 月創刊號轉載。

袁翰青。〈從化學物質的命名看方塊漢字的缺點〉，《中國語文》，1953 年 4 月號。

Yuen Ren Chao, *Language and Symbolic systems*, Cambridge, 1968。（趙元任，《語言跟符號
　　體系》。）

姚德懷。〈從化學名詞談到科技術語的現代化〉，《七十年代》月刊，香港，1975 年 12 月號。
　　節錄本刊於《語文建設通訊》（香港），第 46 期，1994 年 12 月，第 8－12 頁；也見孔
　　憲中（等）著，胡百華主編。《讓漢語文站在巨人的肩膀上──漢語文問題討論集》，香
　　港商務印書館，1997 年，第 445－453 頁。

袁媛。〈中國早期部分生理學名詞的翻譯及演變的初步探討〉，《自然科學史研究》第 25 卷第
　　2 期（2006 年）。

邵靖宇。〈矽字的來歷和變遷〉，《中國科技術語》2008 年第 1 期。

高俊梅、儀德剛。〈晚清力學譯著中的符號系統〉，《力學與實踐》2010 年第 32 卷。

吳淼。〈現行計量單位名稱源流考〉，《中國計量》，2014 年第 11 期。

古典文學

劉勰風骨論及詩中風骨呈現之探討

招祥麒

陳樹渠紀念中學
香港能仁專上學院

一、前言

　　中國素有「詩國」之譽，自上古歌謠以迄現代詩歌，根柢槃深，枝葉峻茂，彌足稱美。偌大一部文學史，詩歌所佔比重甚大。詩作既豐矣，評論之聲相繼而生，溯其淵源，遠肇三代，《尚書》、《論語》、《孟子》、《詩・大序》等，均有可聞。兩漢毛（毛亨、毛萇，二人生卒年俱不詳）、鄭（鄭玄，127－200）說《詩》，馬（司馬遷，前145－前86）、班（班固，32－92）論《騷》，勝見頗多，然皆屬零篇散句，了無系統。魏晉以來，發展由散句、斷章、單篇之簡約橫面論述而綜合、專門、系統之理論縱線著作，鍾嶸（生卒年不詳）《詩品》於梁朝問世，乃成詩論勒為專書之始。

　　清章學誠（1738－1801）《文史通義・詩話篇》云：

　　《詩品》之於論詩，視《文心雕龍》之於論文，皆專門名家勒為專書之初祖也。《文心》體大而慮周，《詩品》思深而意遠，蓋《文心》籠罩群言，而《詩品》深從六藝溯流別也。論詩論文而知溯流別，則可以

探原經籍，而進窺天地之純，古人之大體矣。此意非後世詩話家流所能喻也。[1]

章氏以《文心雕龍》「論文」，與《詩品》「論詩」對舉，使人易生誤解，以為「文」、「詩」對立，猶似現代所謂「散文」與「詩歌」體裁之別也。

究劉勰（467？－522？）所論之「文」，包容甚廣，「詩」之體類即包括其內。此種以詩為文之一體之觀念自古如此。劉勰以前，曹丕（187－226）《典論·論文》、陸機（261－303）〈文賦〉、摯虞（？－311）〈文章流別論〉；劉勰以後，蕭統（501－531）《文選》、任昉（460－508）《文章緣起》[2]，俱以「文」名其篇名、書名，其中述評、選錄之文學體類，均包括「詩」，茲分述如次：

一、曹丕《典論·論文》述評者四類：奏議、書論、銘誄、詩賦。[3]

二、陸機〈文賦〉述評者十類：詩、賦、碑、誄、銘、箴、頌、論、奏、說。[4]

三、摯虞〈文章流別論〉述評者十二類：詩、賦、頌、銘、箴、七發、

1　章學誠：《文史通義》（香港：太平書局，1964 年），頁 157。

2　《隋書·經籍志》集部總集類有「梁有《文章始》一卷，任昉撰。」下且注以「亡」字。《舊唐書·經籍志》、《新唐書·藝文志》子部雜家類均載有《文章始》一卷，云任昉撰，張績（生卒年不詳）補。今傳《文章緣起》亦題任昉撰，《四庫全書總目提要》集部詩文評類認為此書乃張績所補，後人誤以為任昉本書。其說有理，故將《文章緣起》置於《文心雕龍》與《文選》之後。

3　曹丕《典論·論文》：「夫文本同而末異，蓋奏議宜雅，書論宜理，銘誄尚實，詩賦欲麗，此四科不同，故能之者偏也，唯通才能備其體。」（蕭統編，李善注：《文選》〔北京：中華書局，1977 年〕，頁 720。）

4　陸機《文賦》「詩緣情而綺靡，賦體物而瀏亮，碑披文以相質，誄纏綿而悽愴，銘博約而溫潤，箴頓挫而清壯，頌優遊以彬蔚，論精微而朗暢，奏平徹以閑雅，說煒曄而譎誑。」（蕭統：《文選》，頁 241。）

誅、哀辭、哀策、解嘲、碑、圖讖。[5]

四、蕭統《文選》選文者三十八類：賦、詩、騷、七、詔、冊、令、教、文、表、上書、啟、彈事、牋、奏記、書、移、檄、對問、設論、辭、序、頌、贊、符命、史論、述贊、論、連珠、箴、銘、誄、哀、碑文、墓誌、行狀、弔文、祭文。[6]

五、任昉《文章緣起》稱述者八十四類：三言詩、四言詩、五言詩、六言詩、七言詩、九言詩、賦、歌、離騷、詔、策文、表、讓表、上書、書、對策、上疏、啟、奏記、牋、謝恩、令、奏、駁、論、議、反騷、彈文、薦、教、封事、白事、移書、銘、箴、封禪書、讚、頌、序、引、志錄、記、碑、碣、誥、誓、露布、檄、明文、樂府、對問、傳、上章、解嘲、訓、辭、旨、勸進、喻難、誡、弔文、告、傳贊、謁文、祈文、祝文、行狀、哀策、哀頌、墓誌、誄、悲文、祭文、哀詞、挽詞、七發、離合詩、連珠、篇、歌詩、遺命、圖、誓、約。[7]

至於劉勰《文心雕龍》分上下篇，上篇不計騷，敍論二十類：詩、樂府、賦、頌讚、祝盟、銘箴、誄碑、哀弔、雜文、諧讔、史傳、諸子、論說、詔策、檄移、封禪、章表、奏啟、議對、書記。是知劉勰論文，本不限於詩而詩在其中矣，其成書更在鍾嶸《詩品》之前，若以六朝詩論為鍾氏專美，對劉氏實不公也。

近世以還，《文心雕龍》蔚為顯學，研究者殫精竭慮，成果屢見，間有

5　《晉書·摯虞傳》云：「虞撰《文章志》四卷，又撰古文章類聚區分為三十卷，名曰《流別集》，各為之論，辭理愜當，為世所重。」《隋書·經籍志》集部總集類有《文章流別集》四十一卷，又〈文章流別志論〉二卷，皆註曰：摯虞撰。俱佚。惟《北堂書鈔·藝文部》、《藝文類聚·雜文部》、《太平御覽·文部》皆有引述〈文章流別論〉。嚴可均《全晉文》卷七十七輯有摯虞〈文章流別論〉（《全上古三代秦漢三國六朝文》。北京：中華書局，1958年。頁1905－1906。）文長不具引。

6　參蕭統編，李善注：《文選》，〈目錄〉。

7　《文章緣起》，明陳懋仁（生卒年不詳）有註本。收入《學海類編》第四十九冊。文長不具引。

《文心雕龍》詩論，專書如馮吉權（？－）《文心雕龍與詩品之詩論比較》[8]、論文如舒衷正（生卒年不詳）〈沈約劉勰鍾嶸三家詩論之比較關係〉[9]、文銓（？－）〈關於《文心雕龍》和《詩品》的異同〉[10]、陳端端（？－）〈劉勰鍾嶸論詩岐異析論〉[11]、胡傳安（？－2014）〈《文心雕龍》論詩〉[12]、張健（1952　）〈劉勰的詩論與創作論〉[13]、方介（？－）〈《文心》《詩品》論詩標準之比較〉[14]、孫蓉蓉（1953－）〈論詩緯對《文心雕龍》詩論的影響〉[15]、王世元（？－），汪鋒（？－）〈儒學思想對《詩品》與《文心雕龍》詩論影響之比較〉[16]、姚愛斌（1968－）〈《文心雕龍》《詩》論中的兩種詩學範式〉[17]、力之（？－）〈《文選·詩》與《文心雕龍》詩論和《詩品》之比較——兼論無以判斷舍人與昭明和記室對陶詩識力之高低〉[18] 及韓國學者車柱環（1920－）〈劉勰鍾嶸二家之詩觀〉[19] 等。凡所論述，或囿於比較而未見深入精詳，或限於篇幅而失之闕漏不周。祥麒不敏，多年來耽於讀詩，亦耽於寫詩，欲本《文心雕龍》一書鈎稽劉勰之詩論，

8　馮吉權：《文心雕龍與詩品之詩論比較》（台北：文史哲出版社，1981 年）。

9　舒衷正論文見於《國立政治大學學報》第三期，1962 年，頁 299－312。

10　文銓論文原發表於《文學遺產》增刊十一期，1962 年。見於楊明照（1909－2003）、劉綬松（1912－1969）等著《文心雕龍研究論文集》（香港：一山書局，1977 年），頁 64－72。

11　陳端端論文為台灣輔仁大學中文研究所碩士論文（1972 年）。香港中文大學新亞圖書館藏有影印本。

12　胡傳安論文見於淡江文理學院中文研究室編著：《文心雕龍研究論文集》（台北：驚聲文物供應公司，1975 年），頁 145－183。

13　張健論文見於《中國文學批評》（台北：五南圖書出版公司，1984 年），頁 83－101。

14　方介論文見於《中華文化復興月刊》十七卷一期，1984 年，頁 52－62。

15　孫蓉蓉論文見《東南大學學報（哲學社會科學版）》，第 6 卷第 4 期，2004 年 7 月，頁 68－73。

16　王世元、汪鋒論文見《牡丹江大學學報》，第 16 卷第 1 期，2007 年 1 月，頁 44－45。

17　姚愛斌論文見《人文雜誌》，2003 年第 5 期，頁 91－97。

18　力之論文見《江漢論壇》，1999 年 11 期，頁 82－85。

19　車柱環論文見於《中華雜誌》七卷一期，1969 年，頁 39－44。另牟世金（1928－1989）、曾曉明：《〈文心雕龍〉研究論著索引（一九〇七——一一九八五）》（中國文心雕龍學會選編：《文心雕龍研究論文集》。北京：人民文學出版社，1990 年，頁 756－846）載有牟世金：《劉勰的詩歌理論（上）（下）》，收入《文學知識》1981 年二、三期，此余不及見也。

發皇幽眇，補苴罅漏，以見斯人立論，垂式千載。今探討劉勰「風骨」論，並舉例以明詩中風骨之呈現問題。

二、風骨之涵義

「望今制奇，參古定法。」[20] 此劉勰《文心雕龍‧通變篇》之名句也。若以此繩劉氏「風骨論」，亦最為洽當。

「風骨」之涵義，自黃侃稱「風即文意，骨即文辭」[21] 以來，學術界爭議至今未息。日本漢學家目加田誠（1904－1994）埋首《文心雕龍》研究經年，逕稱：「所謂『風骨』，意思很難捉摸。」[22] 施友忠（1902－）英譯《文心雕龍》，允稱佳作，然「風骨」一詞，竟翻為 The Wind and The Bone[23]，想乃不得已所為。陳師耀南（1941－）遍舉諸家異說近七十種，條分十組[24]，網羅幾盡，終以「不可說」作結。是知「風骨」之為義，人言人殊，莫知誰是也。

查「風骨」一詞，始用於品鑑人物及書畫，如劉義慶（403－444）《世說新語‧輕詆》評韓康伯（生卒年不詳）「將肘無風骨」[25]，劉孝標（462－521）注《世說新語‧賞譽（下）》云：「《晉安帝紀》曰：『羲之風骨清舉也。』」[26]

20 《文心雕龍‧通變第二十九》。范文瀾：《文心雕龍注》（香港：商務印書館香港分館，1986 年），卷 6，頁 521。
21 黃侃：《文心雕龍札記‧風骨第二十八》（香港：典文出版社），頁 101。
22 目加田誠：〈劉勰的風骨論〉，原刊《九州大學文學部創立四十周年紀念論文集》，1966 年。彭恩華中譯。見王元化編：《日本研究〈文心雕龍〉論文集》（濟南：齊魯書社，1983 年），頁 234。
23 施友忠譯：《文心雕龍》（台北：台灣中華書局，1970 年），頁 227。
24 陳師耀南：〈《文心》風骨群說辨疑〉。收入陳師所著：《文心雕龍論集》（香港：現代教育研究社，1989 年），頁 75－112。原刊中國古典文學研究會編：《文心雕龍綜論》（台北：台灣學生書局，1988 年），頁 37－72。並見曹順慶編：《文心同雕集》（成都：成都出版社，1990 年），頁 216－241。
25 劉義慶撰，劉孝標注：《世說新語》（台北：台灣商務印書館，景印文淵閣《四庫全書》，第 1035 冊，1985 年），卷下之下，〈輕詆第二十六〉，頁 27。
26 同上，卷中之下，〈賞譽第八下〉，頁 14。

是知以「風骨」品評人物，乃對人物內在精神氣質與體魄容貌兩者進行之評價。

劉勰則假「風骨」以論文，建立完整之風骨論。論其淵源，則導源於曹丕「文氣論」。曹丕云：

> 文以氣為主。氣之清濁有體，不可力強而致。譬諸音樂，曲度雖均，節奏同檢，至於引氣不齊，巧拙有素，雖在父兄，不能以移子弟。[27]

曹氏似從音樂獲得啟發，以音聲之清濁，轉而形容具複雜涵義之「氣」，再將「氣」此一概念用諸論文，雖其可議者尚多，然為文學評論開拓新路向，確為不爭之事實。

劉勰論文，於「氣」尤為重視。《文心雕龍》各篇，提及氣字者如「氣往轢古」（〈辨騷〉）、「慷慨以任氣」（〈明詩〉）、「氣變金石」（〈樂府〉）、「撮齊楚之氣」（同上）、「氣爽才麗」（同上）、「氣盛而辭斷」（〈檄移〉）、「氣實使之」（〈雜文〉）、「氣偉而采奇」（〈諸子〉）、「而辭氣文之大略也」（同上）、「則氣含風雨之潤」（〈詔策〉）、「法家辭氣」（〈封禪〉）、「氣揚采飛」（〈章表〉），「砥礪其氣」（〈奏啟〉）、「而志氣統其關鍵」（〈神思〉）、「氣有剛柔」（〈體性〉）、「寧或改其氣」（同上））、「肇自血氣」（同上）、「氣以實志」（同上）、「公幹氣褊」（同上）、「才氣之大略」（同上）、「文辭氣力」（〈通變〉）、「風味氣衰」（同上）、「負氣以通變」（同上）、「肇自血氣」（《聲律》）、「氣力窮於和韻」（同上）、「韻氣一定」（同上）、「所以節文辭氣」（同上）、「若氣無奇類」（〈麗辭〉）、「獎氣挾聲」（〈夸飾〉）、「氣靡鴻漸」（同上）、「宮商為聲氣」（〈附會〉）、「辭氣叢雜而至」（〈總術〉）、「英華秀其清氣」（〈物色〉）、「氣形於言矣」（〈才略〉）、「孔融氣盛於為筆」（同上）、

27　曹丕：《典論·論文》。見蕭統編，李善注：《文選》，卷五二，頁 720。

「阮籍使氣以命詩」（同上）[28]。〈風骨篇〉專題論氣，〈定勢篇〉中之「勢」，乃含氣之因素在，並特設〈養氣〉一篇，明養氣與文思相關之切。凡此，皆足見劉氏發皇文氣理論，推陳出新也。

若論「氣」之內涵，雖云複雜，大略言之，即指作者之才性、氣質及其精神活力言，明乎此，則可與言劉勰之「風骨論」。《文心雕龍・風骨篇》云：

> 詩總六義，風冠其首，斯乃化感之本源，志氣之符契也。是以怊悵述情，必始乎風，沉吟鋪辭，莫先於骨。故辭之待骨，如體之樹骸，情之含風，猶形之包氣。結言端直，則文骨成焉；意氣駿爽，則文風清焉。若豐藻克贍，風骨不飛，則振采失鮮，負聲無力。是以綴慮裁篇，務盈守氣。剛健既實，輝光乃新。其為文用，譬征鳥之使翼也。故練於骨者，析辭必精，深乎風者，述情必顯。捶字堅而難移，結響凝而不滯，此風骨之力也。若瘠義肥辭，繁雜失統，則無骨之徵也。思不環周，索莫乏氣，則無風之驗也。[29]

按風骨二者，皆假於物為喻也，其本體為何，至今迄無定論。黃叔琳（1672－1756）謂「氣是風骨之本」[30]，紀昀（1724－1805）則謂「氣即風骨，更無本末」[31]。徐復觀（1904－1982）謂兩說皆可成立，並稱所謂風骨，乃是氣在文章中之兩種不同作用，以由此兩種不同作用所形成之文章中兩種不同之藝術形相[32]。上引文不足二百字，其述涵義，明作用，標特色，一應俱全，論針線脈絡，可得下表：

28　參考徐復觀：〈中國文學中的氣的問題——《文心雕龍・風骨篇》疏補〉。收入徐著：《中國文學論集》（台北：台灣學生書局，1975 年），頁 397－349。
29　《文心雕龍・風骨第二十八》。范文瀾：《文心雕龍注》，頁 513。
30　黃叔琳注，紀昀評：《文心雕龍注》（台北：世界書局，1966 年），頁 111。
31　同上。
32　同註 25。

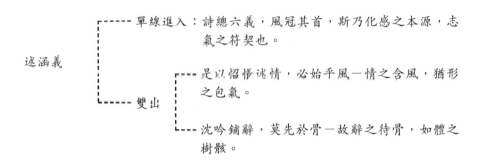

可見劉氏之所謂「風骨」，實乃一既可分說而不可分離之整合，黃叔琳、紀昀及徐復觀以「氣」名之，實合劉勰微恉。

徐復觀又稱「風」屬氣之柔者，其內容為感情，而「骨」屬氣之剛者，其內容為事義。余以為徐氏以感情、事義為風骨之內容，所言甚是。然其以氣之柔者為風，氣之剛者為骨，則有待商榷。陳師耀南云：

> 如果說「風」是「氣之柔者」，是「作者的感情」，那麼，雄猛陽剛之氣，熱烈豪邁的感情，又如何歸類？〈風賦〉所謂「庶人之雌風」、「大王之雄風」，又是否全無意義？如果說「骨」是剛的，是冷峻的「事義」、

「理義」，那麼，「冷熱」與「剛柔」這兩個不同範疇，又如何溝通？怎樣合一？凡此諸端，令人不能無疑。[33]

由是知徐說未盡圓融。《廣雅・釋言》：「風，氣也。」[34]《莊子・齊物論》：「大塊噫氣，其名為風。」[35]《詩・大序》：「風以動之。」[36] 蓋言風乃氣之動者也。風能動物，則文章之風能動人，感染人，故劉勰以風喻「感染力」。風之動有「剛」有「柔」，則感情為本之「感染力」亦分剛健及柔弱二者。劉勰論「風」強調《國風》之正面教化感染力，並欲矯正當世浮詭訛濫之文弊，有感淫邪作品如宮體詩同具感染力（風），特推許剛健之風，此其用心良苦也。

動之相對為定。如謂氣之動者為「風」，則氣之定者為「骨」。「風」表現於文為「感染力」，則「骨」表現於文為「說服力」。感染力以情感為本，情感有「剛」與「柔」，故感染力亦有「剛」與「柔」；說服力以事義、理義為本，事義、理義但求「端直」、「嚴正」，無所謂「剛」與「柔」，故說服力亦不分「剛」與「柔」矣。

至於〈風骨篇〉分別舉潘勗（生卒年不詳）〈冊魏王九錫文〉及司馬相如（前179？－前127？）〈长人赋〉為「骨」與「風」之代表。論者或就劉勰舉例欠妥[37]，非是。按潘勗〈冊魏公九錫文〉，內容雖盡是歌功頌德，然其中稱頌曹操之功績，多非無中生有，乃有事實為根據。較之劉氏當世所見王

---

33 同註 24。

34 見王念孫（1744－1832）注，鍾宇訊（？－）點校：《廣雅疏證》（北京：中華書局，1983 年），頁 148。

35 《莊子・齊物論第二》。《諸子集成・莊子集解》（香港：中華書局，1978 年），頁 6。

36 毛亨傳，鄭玄箋，孔穎達疏：《毛詩正義》（台北：新文豐出版公司，影印清嘉慶二十年〔1815〕重刊宋本《十三經注疏》，1977 年，第 2 冊），頁 12。

37 馬茂元（1918－1989）〈說風骨〉一文：「文中舉『潘勗錫魏』，『相如賦仙』，是就某一點而言，例子並不恰當，正反映出劉勰評價具體作品政治標準的階級局限性。」（原載《文匯報》，一九六一年七月十二日。收入甫之、涂光社編：《〈文心雕龍〉研究論文選一九四九──一九八二》〔濟南：齊魯書社，1988 年〕，頁 595－599。）

儉（452－489）〈策齊公九錫文〉及任昉〈策梁公九錫文〉之內容空洞與虛構，對讀者所產生之說服力言，當不可同日而語。《文心雕龍・檄移篇》稱陳琳（？－217）〈為袁紹檄豫州〉一文「壯有骨鯁」[38]，同指因具事實根據而產生說服力也。至於司馬相如〈大人賦〉，《漢書・司馬相如傳》云：

> 相如以為列僊之儒居上澤間，形容甚臞，此非帝王之僊意也，乃遂奏〈大人賦〉……相如既奏〈大人賦〉，天子大說，飄飄有凌雲氣游天地之間意。[39]

司馬相如憑其想像之能，將體會尤深之「帝王之僊意」，發為辭賦，運情於景，以景託情，頓使漢武帝感染，不啻「大說」，抑且產生「飄飄有凌雲氣游天地之間意」。由此足徵「風」（感染力）之作用大矣。

綜前論述，可知劉勰〈風骨篇〉之所謂「風」者，乃自感性出發，以情感為基礎之感染力；所謂「骨」者，乃自理性出發，以事義為基礎之說服力。二者同為各文體之普通要求，論者或以為「風格」之一種[40]，恐有失之。

抑有進者，情感待事義而顯，事義本情感而發。天下之文，無有純情感或純事義者，糅而有所偏勝則可，未可一有一絕無也。若有之，皆不可以言文也。故風與骨，相待而相輔，分而論說則可，作者必融貫其意而有所造就，斯為得之。

《文心雕龍・附會篇》云：

> 夫才童（按：原作量，非是。）學文，宜正體製。必以情志為神明，

---

38 《文心雕龍・檄移第二十》。范文瀾，《文心雕龍注》，頁 378。

39 班固：《漢書・卷五十七下。司馬相如傳第二》（北京：中華書局校點本，1962 年），頁 2592－2600。

40 羅根澤（1900－1960）、馬茂元、吳調公（1914－2000）、楊增華（？－）、李樹爾（？－）、劉禹昌（1910－1995）、詹鍈（1916－）、曹順慶（1954－）及畢萬忱（1937－）、李森（？－）等均主此說。參考陳師耀南：〈《文心》風骨群說辨疑〉一文。

事義為骨髓，辭采為肌膚，宮商為聲氣。[41]

人之一身，神明、骨髓固為重要，然肌膚、聲氣有缺，其人未足為人也。文章亦然，「情志」、「事義」、「辭采」、「宮商」四者，有層次高下輕重之分而不可或缺，故劉氏揭櫫「風骨」（按：即引文「情志」、「事義」二者）要求外，乃論其與「采」（按：包括引文「辭采」、「宮商」二者）之關係，曰：

夫翬翟備色，而翾翥百步，肌豐而力沉也；鷹隼乏采，而翰飛戾天，骨勁而氣猛也；文章才力，有似於此。若風骨乏采，則鷙集翰林，采乏風骨，則雉竄文囿，唯藻耀而高翔，固文筆之鳴鳳也。[42]

此質文相待之論，固劉勰之一貫主張也。若論創作一途，如何能具備「風骨」之境界，劉勰云：

若夫鎔鑄經典之範，翔集子史之術，洞曉情變，曲昭文體，然後能孚甲新意，雕畫奇辭。昭體故意新而不亂，曉變故辭奇而不黷。若骨采未圓，風辭未練，而跨略舊規，馳騖新作，雖獲巧意，危敗亦多。豈空結奇字，紕繆而成經矣！《周書》云：辭尚體要，弗惟好異。蓋防文濫也。然文術多門，各適所好，明者弗授，學者弗師，於是習華隨侈，流遁忘反。若能確乎正式，使文明以健，則風清骨峻，篇體光華。能研諸慮，何遠之有哉！[43]

此明研練風骨，關鍵在「鎔鑄經典之範，翔集子史之術」。學海汲深，求通然後能變，則「孚甲新意，雕畫奇辭」矣，若未通而求變，危敗乃生。

41 《文心雕龍・附會第四十三》。范文瀾：《文心雕龍注》，頁650。
42 《文心雕龍・風骨第二十八》。范文瀾：《文心雕龍注》，頁514。
43 同上。

三、詩中風骨之呈現

劉勰「風骨論」既明，茲集中討論詩中風骨之呈現問題。鍾嶸著《詩品》，〈序〉言詩作應「幹之以風力，潤之以丹彩」[44]，直為劉說繼響也，其論時代，有謂「建安風力」[45]，論作家，稱曹植（192－232）「骨氣奇高，詞采華茂」[46]；稱劉楨（186－217）「仗氣愛奇，動多振絕。真骨凌霜，高風跨俗。但氣過其文，雕潤恨少」[47]；稱陶潛（？－427）「協左思風力」[48]。今試以曹植、劉楨、陶潛三人詩作論析「風骨」在詩中之呈現：

曹植〈箜篌引〉云；

> 置酒高殿上，親友從我遊。中廚辦豐膳，烹羊宰肥牛。秦箏何慷慨，齊瑟和且柔。陽阿奏奇舞，京洛出名謳。樂飲過三爵，緩帶傾庶羞。主稱千金壽，賓奉萬年酬。久要不可忘，薄終義所尤。謙謙君子德，磬折欲何求。驚風飄白日，光景馳西流。盛時不可再，百年忽我道。生存華屋處，零落歸山丘。先民誰不死，知命復何憂。[49]

此詩華縟中見坦蕩本性。朋友之愛，兄弟之情，人生之理，或述於言表，或寄於意外，所以可貴。方東樹（1772－1851）《昭昧詹言》評本詩云：

> 此詩大恉，言人姑及時行樂，終歸一死耳。故己之謙謙自慎，只求保壽命而已。子建蓋有憂生之戚，常恐不保，而又不敢明言，故迷其

44　鍾嶸：《詩品》。見何文煥輯：《歷代詩話》（北京：中華書局，1982 年），頁 3。
45　同上，頁 2。
46　同上，頁 7。
47　同上。
48　同上，頁 13。
49　見逯欽立（1911－1973）輯校：《先秦漢魏晉南北朝詩》（北京：中華書局，1983 年），頁 425。

詞。所謂寄託非常，豈淺士尋章摘句所能索解耶？起十二句以為如此之歡洽似可以萬年矣，而終恐不能保，故下以「久要」要之而言己之小心敬慎，只求保性命而無他也。此四句乃本意，卻作憑空突轉，為前後過節。「磬折」句，言知足也。「驚風」六句，與上「萬年」作兩對，樂極則悲來，人之常理，況懷深感者耶？「先民」二句，忽收轉作自寬語，乃換意換筆，言當知足，轉恨同歸於死也。如此作詩，淺士豈知之耶？至其詩氣骨博厚，如成德之士，又當於簡外求之。[50]

此百代知音者之言也。總之，情以動人為風，理以服人為骨，本詩情理兼備，自臻風骨境界。

劉楨〈贈從弟〉三首之二云：

亭亭山上松，瑟瑟谷中風。風聲一何盛，松枝一何勁。冰霜正慘悽，終歲常端正。豈不罹凝寒，松柏有本性。[51]

詩為贈從弟而作，故本不期於詠物，而詠物之工，卓然天成如此。山上松與谷中風之較量，又與嚴寒冰霜搏門，顯露端正勁挺、卓立不撓之本性。本詩以松柏喻從弟，詠物即詠人，詩人本在「題之旁」，然反覆細味，詩人又在「題之內」——如此物兼人我，為本詩之高格處。由論其內質，情理交融而不知何為情語，何為理語。總之，一氣挽搏，風骨無待分而述也。

陶潛《擬古》九首之四云：

迢迢百尺樓，分明望四荒。暮作歸雲宅，朝為飛鳥堂。山河滿目中，平原獨茫茫。古時功名士，慷慨爭此場。一旦百歲後，相與還北邙。松柏為人伐，高墳互低昂。頹基無遺主，遊魂在何方。榮華誠足

---

50 方東樹：《昭昧詹言》（台北：廣文書局，1962 年），卷二，頁 17。
51 見逯欽立輯校：《先秦漢魏晉南北朝詩》，頁 371。

貴，亦復可憐傷。[52]

　　本詩寫登樓遠望，而傷榮華不久。詩分兩解：首解十四句，寫登樓所見所感。起二句從高視下，有鄙夷一切之意，下俱承「望」字來，宅有雲，堂有鳥，一望了無人跡。遠望山河大地，有志功名者，慷慨激昂，所爭在此。歸雲、飛鳥，便是無恆。一旦百年，漢家何屬？可解者獨以是耳。然「山河滿目」語，何其悲！淚為之下矣。[53] 第九句以後，由景入情，詩人感念功名之士慷慨而爭，成敗貴賤或殊，歸宿無異。生前雖享富貴者，歿後墳墓不保也。寫得榮華全無把握，悲愴淋漓，感人自深。末解二句，理境作結，畫龍點睛，耐人百思不已。前人或謂本詩有感於劉裕（363－422）篡晉之無知，蓋慷慨而爭，亦同歸於盡，後之視今亦猶今之視昔也。[54] 總之，全詩風骨凜凜，此鍾嶸所謂「協左思風力」之最佳代表焉。

52　見逯欽立輯校：《先秦漢魏晉南北朝詩》，頁 1004。

53　參陳祚明（1623－1674）：《采菽堂古詩選》（上海：上海古籍出版社，1995 年），上冊，頁 423。

54　主此說者，如黃文煥（1598－1667）《陶詩析義》、馬璞（清人，生卒年不詳）《陶詩本義》等。

聲律與詩味：
六朝詩學、梵學關係説考辨

黃志強

香港樹仁大學英國語言文學系

六朝之世，政局動盪，人心不穩。惟文學之昌盛，實為亙古所未有。日人鈴木虎雄（1878－1963）稱漢魏為「中國文學上的自覺期」，又與曹丕（187－226）《典論·論文》評孔融（153－208）、陳琳（？－217）及曹植（192－232）〈與楊德祖書〉論王粲（177－217）、徐幹（170－217）為例，以證「文人互相評論，乃是當時流行的一種風氣」。[1]然則，其時文學創作、批評之勃興與思想文化之嬗變亦深有關聯乎？清儒孫德謙（1869－1935）曰：

> 文與學相通，我朝乾嘉時，最重考據，故文人集中，多有考據之作；宋明尚理學，作文者則時為性道語；昔賢謂晉人清談，文皆平淡似《道德經》。此可見一時學尚相趨，文亦隨之。六朝好佞佛，見於《文選》者，有王簡棲〈頭陀寺碑〉，實於釋理甚深。彼若邢劭〈景明寺碑〉、陸佐公〈天光寺碑〉，如此類者，無不通於佛典矣。梁元帝〈內典碑銘集林序〉曰：「予幼好雕蟲，長而彌篤，游心釋典，寓目詞林，頃常搜聚，有懷著述。」是知上有好者，下必甚焉。六朝佛學之盛，由於在上者為之提倡，無怪彼時文儒，皆能以華艷之辭，闡空寂之理，特惜元帝此編

---

[1] 詳見鈴木虎雄撰、洪順隆譯《中國詩論史》（台北：台灣商務印書館，1972 年），頁34－36。

散佚不傳耳。然學術文章互為表裏，蓋可識矣。[2]

孫氏所言至塙，而學者於六朝詩論與梵學之關係亦久已多所措意。惜其中間有誤加比傅而查無實據者，亦頗見本有關連而未為人所揭櫫者。今謹拈出兩端，具陳管見如下，以就正於方家。

一、四聲八病出於沈約說質疑

流俗言詩，有四聲八病之說，相傳出於沈約（441－513），而實無確據。沈約有關聲律之言論，具見其所撰《宋書·謝靈運傳論》中：

> 夫五色相宣，八音協暢，由乎玄黃律呂，各適物宜。欲其宮羽相變，低昂舛節，若前有浮聲，則後須切響。一簡之內，音韻盡殊；兩句之中，輕重悉異。妙達此旨，始可言文。……自騷人以來，多歷年代，雖文體稍精，而此秘未覩。至於高言妙句，音韻天成，皆闇與理合，匪由思至。張、蔡、曹、王，曾無先覺；潘、陸、謝、顏，去之彌遠。世之知音者，有以得之，知此言之非謬。如曰不然，請待來哲。[3]

今觀其言，但見「八音」、「律呂」、「宮羽」等音樂名詞之傅會應用，而筆下未嘗及於四聲。故四聲出於沈約之說，古人亦嘗疑之。清人趙翼（1727－1814）《陔餘叢考》卷十九，〈四聲不起於沈約說〉云：

> 今按《隋·經籍志》，晉有張諒撰《四聲韻林》二十八卷，則四聲

2　孫德謙：《六朝麗指》，癸亥（1923）四益宦刊本（台北·新興書局景印，1963年），頁 36。

3　沈約：《宋書》（北京：中華書局，1974年），頁 1779。

實起晉人……《南史‧陸厥傳》云：「沈約、謝朓、王融以文章相推。汝南周顒，善識聲韻。約等文皆用宮商相宣，將平上去入四聲，以之制韻。……沈約作《宋書‧謝靈運傳後》，論之甚詳；厥乃為書辨之，以為歷代眾賢未必都闇此處也。」此又約之前已有四聲之明証。即與約同時者，周顒有《四聲譜》行於時，劉善經有《四聲指歸》一卷，夏侯詠有《四聲韻略》十三卷，王斌有《四聲論》，皆齊梁間人。[4]

夫一學術之產生，決非憑空而起，亦非一二人之力所能為役。《南齊書》卷五十二，〈陸厥傳〉云：

> 永明末，<u>盛為文章</u>。吳興沈約、陳郡謝朓、瑯邪王融，以氣類相推轂。汝南周顒，善識聲韻。為文皆用宮商，以平、上、去、入為四聲，以此制韻，不可增減，世呼為「永明體」。[5]

《南史》卷四十八，〈陸慧曉傳〉附〈陸厥傳〉亦云：

> 齊永明九年……州舉秀才。時盛為文章，吳興沈約、陳郡謝朓、瑯邪王融，以氣類相推轂。汝南周顒，善識聲韻。約等為文，皆用宮商，將平、上、去、入四聲，以此制韻，有平頭、上尾、蜂腰、鶴膝。五字之中，音韻悉異；兩句之內，角徵不同，不可增減，世呼為「永明體」。[6]

由此可見聲律之昌明，與「永明體」之盛行大有關連。周顒善識聲韻，而約等則將此音韻學知識用之於文學創作。故永明諸子實即集前修之大成而揚其波者也。若謂四聲乃沈約所獨造，而前賢皆未覩此秘，則似有可商。

---

4 趙翼：《陔餘叢考》，乾隆 55 年（1790）湛貽堂刻本，載《續修四庫全書》第 1151 冊（上海：上海古籍出版社，1995 年），頁 579。
5 蕭子顯：《南齊書》（北京：中華書局，1972 年），頁 898。
6 李延壽：《南史》（北京：中華書局，1975 年），頁 1194－1195。

　　然而聲律之說何以獨興於永明年間？論者或以此與大竺佛學之自西徂東、國人須轉讀內典有關。《南齊書》卷四十，〈竟陵文宣王子良傳〉曰：

> （永明）五年，正位司徒，給班劍二十人，侍中如故。移居雞籠山西邸。集學士，抄五經百家，依皇覽例，為四部要略十卷；招致名僧，講語佛法，造經唄新聲：道俗之盛，江左未有也。[7]

　　以「經唄新聲」為四聲創立之遠源，其說可以陳寅恪（1890－1969）〈四聲三問〉一文為代表，陳氏認為：

> 所以適定為四聲，而不為其他數之聲者，以除去本易分別，自為一類之入聲，復分別其餘之聲為平上去三聲。綜合通計之，適為四聲也。但其所以分別其餘之聲為三者，實依據及摹擬中國當日轉讀佛經之三聲。而中國當日轉讀佛經之三聲又出於印度古時聲明論之三聲也。據天竺圍陀之聲明論，其所謂聲 svara 者，適與中國四聲之所謂聲者相類似。即指聲之高低言，英語所謂 pitch accent 者是也。圍陀聲明論依其聲之高低，分別為三：一曰 udatta，二曰 svarita，三曰 anudatta。佛教輸入中國，其教徒轉讀經典時，此三聲之分別亦隨之輸入。至當日佛教徒轉讀其經典所分別之三聲，是否即與中國之平上去三聲切合，今日固難詳知，然二者俱依聲之高下分為三階則相同無疑也。中國語之入聲皆附有 k、p、t 等輔音之綴尾，可視為一特殊種類，而最易與其他之聲分別。平上去則其聲響高低相互距離之間雖有分別，但應分別之為若干數之聲，殊不易定。故中國文士依據及摹擬當日轉讀佛經之聲，分別定為平上去之三聲。合入聲共計之，適成四聲。於是創為四聲之說，並撰作聲譜，借轉讀佛經之聲調，應用於中國之美化文。此四聲之說所由成立，及其

7　蕭子顯：《南齊書》（北京：中華書局，1972 年），頁 698。

所以適為四聲，而不為其他數聲之故也。[8]

惟近人王晉江引其師饒固庵教授之言駁之曰：

　　古代印度人學習《吠陀》（Veda）要背誦，據說要花三十六年時間，
一句一句地唸，唸的方法有三種。但這在中古時代在印度本土已失傳。
失傳的主因是佛教興起。佛教約在中國漢代開始興盛，而極力反對《吠
陀》。因為《吠陀》是婆羅門的書，是經典，佛教是後起的俚俗派系，
自然反對它。在佛教的「律」裏（如《大藏經》），就常常說唸《吠陀》
是罪惡的。《吠陀》的唸法在印度失傳已久，自然不能傳入中國。[9]

王氏據此指出：陳寅恪「不知《吠陀》誦法已失傳；而佛徒也不會喜歡
仿效它的唸法。誦經時是否用此三聲，很成疑問」。[10]
　　至於八病之名，亦未見於沈約之著述，而首見於封演《聞見記》卷二，
〈聲韻〉條：

　　周顒好為體語，因此切字皆有紐，紐有平上去入之異。永明中，沈
約文詞精拔，盛解音律，遂撰《四聲譜》，文章八病，有平頭、上尾、
蜂腰、鶴膝。以為自靈均以來，此秘未覩。時王融、劉繪、范雲之徒，
皆稱才子，慕而羽之，由是遠近文學，轉相祖述，而聲韻之道大行。[11]

惜此條資料中，八病之子目，僅具其四。故近人馮承基嘗謂：

8　陳寅恪：〈四聲三問〉，原載《清華學報》9 卷 2 期（1934 年 4 月），今載《金明館
　　叢稿初編》（上海：上海古籍出版社，1980 年），頁 328－329。
9　王晉江：《文鏡秘府論探源》（香港：天地圖書公司，1980 年），頁 24。
10　同前註，頁 24－25。
11　封演：《聞見記》（上海：商務印書館，1936 年），頁 15。

竊疑八病之「八」，或為虛數，亦即約略之辭——或不及八，或不止八；未審出自誰何，一時興到，制為八病之名，從者波靡，不加深考，如欲確實指出，可能困難。此猶平劇武戲，如拿康八、拿謝虎之類，泛謂之八大拿，無人能確指八者為何——縱有能舉之者，亦言人人殊。又猶北平街道，舊日有所謂八大胡同，老於北平，能舉其名者，亦未能一致……餘如八珍、八味、八寶諸名目，名曰「八」，實皆虛名，難以八為定限也。依此推測，唐之中葉，蓋有八病總名，復有不詳數字之各病目；平頭、上尾、蜂腰、鶴膝四目，因歷史較久，公認屬於八病，餘四病目，疑尚未有定論，故封演略而不能舉也。[12]

爰及宋代，王應麟（1223－1296）《困學紀聞》卷十，引李淑《詩苑類格》云：

沈約曰：詩病有八，平頭、上尾、蜂腰、鶴膝、大韻、小韻、旁紐、正紐。唯上尾、鶴膝最忌，餘病亦通。[13]

自是以後，言八病者，其子目名稱悉同此書。可見宋時，八病子目，方經凝定。

另外，八病之內容定義亦有異說。日人釋空海（774－835）撰《文鏡秘府論》，有〈文二十八種病〉一節，其中載劉善經引沈約之說：

平頭——沈氏云：「第一、第二字不宜與第六、第七字同聲。若能參差用之，則可矣。」

上尾——劉善經以為「第一句末不得與第二句末同聲」，並謂沈氏

12　馮承基：〈再論永明聲律——八病〉，載《大陸雜誌》32 卷 4 期（1966 年 2 月），頁 11－12。

13　王應麟：《困學紀聞》（上海：商務印書館，1936 年），頁 927。

亦云：「上尾者，文章之尤疾。自開闢迄今，多懼不免，悲夫。」

　　蜂腰——劉善經曰：「蜂腰者，五言詩第二字不得與第五字同聲。」
並引沈氏云：「五言之中，分為兩句，上二下三。凡至句末，並須要殺。」

　　鶴膝——劉善經云：「鶴膝者，五言詩第五字不得與第十五字同聲。」
又引沈氏曰：「人或謂鶴膝為蜂腰，蜂腰為鶴膝。疑未辨。」

　　小紐——「凡安雙聲，唯不得隔字，若『踟躕』、『躑躅』、『蕭瑟』、
『流連』之輩，兩字一處，於理即通，不在病限。沈氏謂此為小紐。」

　　大紐——「若五字中已有『任』字，其四字不得復用『錦』、『禁』、
『急』、『飲』、『蔭』、『邑』等字，以其一紐之中，有『金』音等字，與
『任』同韻故也。如王彪之〈登冶城樓〉詩云：『俯觀陋室，宇宙六合，
譬如四壁。』即『譬』與『壁』是也。沈氏亦以此條謂之大紐。」[14]

劉氏引文僅錄沈氏論八病之六，而宋人魏慶之《詩人玉屑》卷十一，〈詩
病〉，亦載錄相傳為沈約論八病之言：

　　一曰平頭：第一、第二字不得與第六、第七字同聲。如「今日良宴
會，歡樂難具陳。」「今」、「歡」皆平聲。

　　二曰上尾：第五字不得與第十字同聲。如「青青河畔草，鬱鬱園中
柳。」「草」、「柳」皆上聲。

　　三曰蜂腰：第二字不得與第五字同聲。如「聞君愛我甘，竊欲自修
飾。」「君」、「甘」皆平聲，「欲」、「飾」皆入聲。

　　四曰鶴膝：第五字不得與第十五字同聲。如「客從遠方來，遺我一
書札。上言長相思，下言久別離。」「來」、「思」皆平聲。

　　五曰大韻：如「聲」、「鳴」為韻，上九字不得用「驚」、「傾」、「平」、
「榮」字。

14　釋空海撰、王利器校注：《文鏡秘府論校注》（北京：中國社會科學出版社，1983
　　年），頁404－432。

六曰小韻：除本一字外，九字中不得有兩字同韻，如「遙」、「條」不同。

七曰旁紐、八曰正紐：十字內兩字疊韻為正紐，若不共一紐而有雙聲，為旁紐。如「流」、「久」為「正紐」，「流」、「柳」為「旁紐」。

八種惟「上尾」、「鶴膝」最忌，餘病亦皆通。[15]

八病若果出於沈約，則約詩當不應犯。今觀其〈和竟陵王游仙詩〉：「天矯乘絳仙，螭衣方陸離」[16]，「仙」與「離」同聲，犯上尾病。又〈四城門〉：「六龍既驚軫，二鼠復馳光，衰齡難慎輔，暮質易凋傷」[17]，「軫」與「輔」同聲，犯鶴膝病。據近人黃耀樞研究，沈約詩中所犯之病，八種皆有。[18]若約果執八病以繩人，則將何以自解，由此亦可以反證八病不出於沈約也。

二、鍾嶸《詩品》滋味說溯源

佳餚美饌，其味自佳；詩歌美文，亦可使人甘之如飴。漢字有一字一音、結體方正之特點，遂得以衍生駢四儷六之唯美文學，令人誦之而回味再三。六朝文人中以「味」喻詩文之美者，似頗不乏人。陸機（261－303）〈文賦〉言「闕大羹之遺味」[19]，劉勰（約465－520）《文心雕龍・宗經》有「往者雖舊，餘味日新」[20]之說，然皆未若鍾嶸（468－518）滋味說之系統完備。《詩品・序》云：

15　魏慶之：《詩人玉屑》（上海：上海古籍出版社，1959年），頁234。

16　沈約撰、陳慶元校箋：《沈約集校箋》（杭州：浙江古籍出版社，1995年），頁356。

17　同前註，頁439。

18　詳參黃耀樞撰《沈約詩聲韻的研究》（香港大學中文系碩士論文，1968年）。

19　楊牧：《陸機文賦校釋》（台北：洪範書店，1985年），頁76。

20　趙仲邑：《文心雕龍譯注》（南寧：廣西人民出版社，1987年），頁32。

　　夫四言，文約意廣，取效《風》、《騷》，便可多得。每苦文繁而意少，故世罕習焉。五言居文詞之要，是眾作之有滋味者也，故云會於流俗。豈不以指事造形，窮情寫物，最為詳切者耶？故詩有三義焉：一曰興，二曰比，三曰賦。文已盡而意有餘，興也；因物喻志，比也；直書其事，寓言寫物，賦也。宏斯三義，酌而用之，幹之以風力，潤之以丹彩，使味[21]之者無極，聞之者動心，是詩之至也。[22]

　　鍾嶸於此直以「味」為衡量作品優劣之標準，對如何令詩「味」雋永亦有概括論述。落實至個別作品之評騭，鍾氏嘗謂張協（？－303）之詩「詞采蔥菁，音韻鏗鏘，使人味之，亹亹不倦」[23]；又謂應璩（？－252）「濟濟今日所」一句，「華靡可諷味焉」[24]。其論析具體詳明，故影響歷久不衰，自晚唐詩人司空圖（837－908）〈與李生論詩書〉以為「辨於味而後可以言詩」[25]，以迄明人謝榛（1495－1575）謂「學者能集眾長，合而為一，若易牙以五味調和，則為全味矣」[26]，要皆遠紹鍾嶸之滋味說。[27]

　　細考聯繫「滋味」與聲情藝術者，先秦儒、道二家典籍均不乏其例。《老子》曰：「樂與餌，過客止。道之出口，淡乎其無味，視之不足見，聽之不足

21　曹旭指出此「味」字「明《考索》本作『詠』。……『詠之者』與下句『聞之者』偶對成文。由『詠』及『聞』也。『詠』既『無極』，故『聞』可『動心』。『味』字形近，或涉上文『滋味』而誤……」見《詩品集注》（上海：上海古籍出版社，1994 年），頁 41。

22　王叔岷：《鍾嶸詩品箋證稿》（台北：中央研究院中國文哲研究所，1992 年），頁 69、72。

23　同前註，頁 185。

24　同前註，頁 236。

25　祖保泉、陶禮天：《司空表聖詩文集箋校》（合肥：安徽大學出版社，2002 年），頁 193。

26　謝榛：《詩家直說》，北京圖書館藏明萬曆 39 年（1611）李本緯刻本，載《續修四庫全書》第 1695 冊（上海：上海古籍出版社，1995 年），頁 287。

27　有關中國文論中「以味論詩」說之流衍，詳見張利群《辨味批評論》（桂林：廣西師範大學出版社，2000 年）。

聞，用之不足既」[28]。即已將刺激口舌快感之「味」引申至娛耳悅目之「美」。
而《論語‧述而》亦有「子在齊聞《韶》，三月不知肉味」[29] 之記載。《左傳‧
昭公元年》則言「天有六氣，降生五味，發為五色，徵為五聲」[30]，〈昭公二十
年〉復記晏嬰「聲亦如味」[31] 之論。三書皆將飲食之味與音律之美連繫，可目
為文藝批評中味論之遠源。

　　爰及漢魏六朝，佛經迻譯，蔚為大觀，將梵語詞彙、觀念引入中土，影
響既深且遠。而鍾嶸滋味說與印度梵語詩學中以味（Rasa）為評之旨亦多有
暗合處，今人孟昭毅曰：

> 　　魏代阮籍最早把「味」引入文藝理論範疇，他在《樂記》中，以《老
> 子》的「道之出口，淡乎其味」為本，指出「道（普通規律）德（特殊
> 規律）平淡」，則「五聲（音樂）無味」，「味」在這裏指稱音樂的美感。
> 繼後，東晉書法家王羲之又將「味」引入書論。劉宋宗炳又將「味」引
> 入畫論。西晉陸機在《文賦》中直接用「味」來說明作品的藝術感染力。
> 梁代劉勰在《文心雕龍》的不少篇章中用了「遺味」、「餘味」、「滋味」、
> 「精味」、「義味」等概念，開始把「味」作為文學創作與批評鑑賞的標
> 準，可惜這些概念的內涵均不十分明確與具體。[32]

　　以「味」為批評標準之說，同於多個美學範疇湧現，似非巧合或學科理
論自然發展可以解釋，而應與域外美學觀念之刺激有關。

　　梵語詩學奠基之作《舞論》，成書年代已不可考，惟「一般認為大約是

28　王弼：《老子道德經注》，載樓宇烈編校之《王弼集校釋》（北京：中華書局，1980
　　年），頁 88。

29　何晏注、邢昺疏：《論語注疏》，清嘉慶 20 年（1815 年）南昌府學重刊宋十三經注
　　疏本（台北：藝文印書館景印，1973 年），頁 61。

30　杜預注、孔穎達疏：《左傳正義》，清嘉慶 20 年（1815 年）南昌府學重刊宋十三經
　　注疏本（台北：藝文印書館景印，1973 年），頁 708－709。

31　同前註，頁 859。

32　孟昭毅：《東方文學交流史》（天津：天津人民出版社，2001 年），頁 397。

公元前後的產物」[33]。當中嘗言：

> 離開了味，任何意義都不起作用。味產生於情由、情態和不定情的結合……正如各種調料、藥草和原料的結合產生味，同樣，各種情的結合產生味。正如食糖、原料、調料和藥草產生六味，同樣，常情和各種情結合產生味性……思想正常的人們享用配有各種調料的食物，品嚐到味，感到高興滿意，同樣，思想正常的觀眾看到具有語言、形體和真情的各種情的表演，品嚐到常情，感到高興滿意。由此，戲劇的味得到解釋。[34]

又謂：

> 傳統認為戲劇中有八種味：艷情、滑稽、悲憫、暴戾、英勇、恐怖、厭惡和奇異……愛、笑、悲、怒、勇、懼、厭和驚，這些被稱作常情。憂鬱、虛弱、疑慮、妒忌、醉意、疲倦、懶散、沮喪、憂慮、慌亂、回憶、滿意、羞愧、暴躁、喜悅、激動、痴呆、傲慢、絕望、焦灼、入眠、癲狂、做夢、覺醒、憤慨、佯裝、凶猛、自信、生病、瘋狂、死亡、懼怕和思慮，應該知道這些被稱作三十三種不定情。癱軟、出汗、汗毛豎起、變聲、顫抖、變色、流淚和昏厥，傳統認為這些是八種真情。[35]

《舞論》將「味」聯繫至劇作中語言運用、情志表達、人物造形等，與鍾嶸《詩品》所謂「幹之以風力，潤之以丹彩」、「指事造形，窮情寫物，最為

---

33 曹順慶：《中外比較文論史──上古時期》（濟南：山東教育出版社，1998年），頁75。
34 黃寶生譯：《梵語詩學論著匯編》（北京：崑崙出版社，2007年），頁45。
35 同前註，頁44。

詳切」差可比對，似不無關係。味論詩學於七至十七世紀在天竺續有發展，[36]
而鍾氏滋味說在中土文論中亦自賡續延綿逾千年，其進化異同，則非本文所
能盡言矣。

36　詳參黃寶生撰《印度古典詩學》（北京：北京大學出版社，1993 年）第五章「味論」，
　　頁 315–347。

人道與文明：
反思韓愈文道論的意義

鄧國光

澳門大學中國語言文學系

前言

歷史公論與常識，杜詩韓筆，見視為中國古典詩文崇高的造詣，其中原因多端，而充分體現中國文學「莊重」的意義，則是根本。

公論出於常情，而非任何外在的規範與指引。這一公論，顯示對「莊重」的集體尊重，便是文明的自覺。文化必須包涵優雅，優雅不離莊重。莊重的對立面是輕佻。

輕佻，輕而易舉，任何人都可以，隨隨便便，盡情放肆，任意妄為，不費心力，美名自然，實則不遠禽獸。當今的社會，獸行放肆，利欲熏心，道義難持之時，「文」尚且難存，何況「化」之大義！則「優雅」與「莊重」，這種充分體現「文化」的標誌，頓為輕佻時代所集體抹殺。

因是之故，一切經典以至韓愈、杜甫之代表護持與承傳中國文化與文學之氣脈的作品作家，盡見嘲諷與閒置！但處當今邪說橫行，扭曲人性以致任意屠戮無辜以取快一時，人道滅裂之際，人類文明面臨重大災難的頃刻，真理與人心面臨生死考驗的關鍵，任何觀念遊戲與意識形態的玩弄，都只能強化一切潛在的破壞力，而無法減少生活上的種種橫蠻無理。儘管如此，並不

表示坐以待斃。

　　教化的意義，在徹底解決人道的淪亡，轉化上達至磊落光明的善境。這是一長遠的集體醒覺之路，承繼、發揚以至生生不息，顯示道德生命通暢，並身體力行，再現重建「人道文明」的集體願力。

　　文學所以寫人，是文明的重要標誌。百年來天良喪盡，自我抹殺，顛倒本末，甚至失心瘋狂，連稱為「人」的本事也沒有，遑論「人道」！而「人道」見輕，則「文化」何施？而「文明」何傳？

　　為此，正視文學，無疑正視文明，是重竪「莊重」的重要一步。那麼，在漫長的中國文學思想歷史之中，韓愈是值得重新思考的對象。

　　但亦有這樣的疑問：「韓愈這樣古文家，他所提倡的古文，已經不合時宜，在討論當前文化問題，有何理由抽出來討論？」其實，關鍵不是語文古今的枝節性技術問題。

　　這時候談韓愈，是因為韓愈實在的反省他所處的時代、反思如何接通文明的根源、思考文學的未來等等非常「莊重」的問題，簡言之，便是文學如何體現文明，文明之為道，便是普遍意義的原則性觀念。韓愈不是簡單談談，而且是終其一生身體力行，以生命成就「修辭明道」的理想，這就是反思韓愈文道論的意義。

一、立言：端莊的人生

　　唐李漢序《韓愈文集》，極推崇韓愈的成就：

> 摧陷廓清之功，比於武事，可謂雄偉不常者矣。[1]

1　李漢：《昌黎先生集序》，見馬其昶校注、馬茂元整理：《韓昌黎文集校注》（上海：上海古籍出版，1986），卷首，頁2。本章以後引文，俱用此本。

謂韓愈的文章無堅不摧；能夠有這種「雄偉不常」的表現，當然必先具備非比尋常的條件；《舊唐書》本傳說韓愈有這樣的抱負：

> 欲自振於一代。[2]

可說是睥睨一世的懷抱了。要了解韓愈這種自負的承擔精神，最直接不過的，當然是他的作品。先看《爭臣論》收筆的一段：

> 君子居其位，則思死其官；未得位，則思修其辭以明其道。我將以明道也，非以為直而加人也。[3]

韓愈在這裏說明他理想的君子的典型：仕途得志，便義無反顧的克盡其職，甚至於以身殉職亦在所不辭；未得志的時候，惟念「修辭明道」。韓愈高揭「明道」，以作為自己未受朝廷恩捧時的職志。何焯在《義門讀書記》中論《爭臣論》所述的本志說：

> 作者本懷如此，所以異于小丈夫也。[4]

說明了「修辭明道」的態度，是韓愈所以卓越的根由。對於這關涉韓愈一生志尚的觀念，因而亦不能掉以輕心了。韓愈在其他文章中也存在「明道」的表示；《上兵部李侍郎書》說：

> 謹獻舊文一卷，扶樹教道，有所明白。[5]

2　劉昫等：《舊唐書·韓愈傳》（北京：中華書局，1987），卷 160，頁 4195。
3　《韓昌黎文集校注》，卷 2，頁 112－113。
4　何焯：《義門讀書記》（北京：中華書局，1987），卷 31，頁 545。
5　韓愈：《上兵部李侍郎書》，《韓昌黎文集校注》，卷 2，頁 144。

「扶樹教道，有所明白」八字，是「明道」的注腳，非常端莊神聖的態度。韓愈所呈獻干什的一卷「舊文」，不論是否注家所説的《五原》，都是明道之作；韓愈所提出的「明道」，或以之勸善，或以之撰作，是具體的實踐工夫，不是標榜的口號。《進學解》説到「孟軻好辯，孔道以明」[6]，提示了《爭臣論》所標舉「修辭明道」的淵源和本質。而闡述韓愈的「明道」原則，便須結合孟子。

唐人講「明道」，韓愈不是第一人。古文先驅的柳冕（？－805）和梁肅（753－793）的遺文還保存了有關明道的言論，柳冕《謝杜相公論房杜二相書》説：

> 故文章之道，不根教化，別是一技耳。（中略）至若荀、孟、賈生，明先王之道，盡天人之際，意不在文，而文自隨之，此真君子之文也。[7]

柳冕以為文章必須根於教化，以荀子、孟子、賈誼作為教化文章撰作的典型；三人的作品稱得上為「君子之文」；這些文章具備了兩項內涵，一是「明先王之道」，另一是「盡天人之際」；前者可算是一種明道的意識。梁肅《常州刺史獨孤及集後序》説：

> 夫大者天道，其次人文。在昔聖王以之經緯百度，臣下以之弼成五教。德又下衰，則怨刺形於歌詠，諷議彰乎史冊。故道德仁義，非文不明；禮樂刑政，非文不立。[8]

梁肅「道德仁義，非文不明；禮樂政刑，非文不立」，這種建基於「人文」

6　韓愈：《進學解》，《韓昌黎文集校注》，卷 1，頁 47。
7　董誥等（編）：《全唐文》，揚州官刻本（上海：上海古籍出版社，1990），卷 527，頁 2371。
8　董誥等（編）：《全唐文》，卷 518，頁 2329。

意識的立文觀念，都在顯示人為努力與自覺在締造文明上的重要作用。如此而肯定一切意圖建立善政仁化的社會，都須要集體的文化自覺，上下齊心，盡力貢獻自己之所長，克盡己職，則禮樂文明可以恢復。禮樂，是人文的極至，如此的文明，是謂人道文明。

中唐時期這種務實的明道意識的出現，自存在時代的契機，絕非偶然產生。《舊唐書‧韓愈傳》載：

> 大曆、貞元之間，文字多尚古學，效楊雄、董仲舒之述作，而獨孤及、梁肅最稱淵奧，儒林推重。愈從其徒遊，銳意鑽仰，欲自振於一代。[9]

崇尚「古學」，化輕佻為莊重，效法漢儒楊雄和董仲舒尊儒之文，是這一時期的風氣；這種文風的改變，當然是與時代盛衰的脈搏跳動相一致的。

但在歷史敘述上，出現值得商榷。《舊唐書》編者抑壓韓愈，故意標拔獨孤及和梁肅師徒二人，以為他們才是儒林推重的人物；而韓愈只是接近二人的門生，尚未得親炙。亦即是說，韓愈只得二人的餘波，便謬想「自振於一代」了。這樣的敘述，刻意顯示韓愈的不自量力和狂妄自大。晚唐五代的孫光憲說：

> 唐代韓愈、柳宗元洎李翱數君子之文，凌轢荀、孟，粃糠、顏謝，所仰宗者，惟梁肅補闕而已。[10]

這種敘述，更刻意抹殺韓愈自振一代的素志之自發性，而近代大儒錢基

9　劉昫等：《舊唐書》，卷 160，頁 4197。

10　《唐柳河東集》，蔣之翹輯註，《四部備要》輯明崇禎六年蔣氏三徑藏書刻本（台北：中華書局，1968），卷首「讀柳集敘說」引。案：原文「梁肅補闕」誤刻為「梁浩補闕」，今引正。又見吳文治：《韓愈資料彙編》（北京：中華書局，1983），頁 69。

博先生《韓愈志》又推衍孫光憲的觀點：

> 古文之所從振，韓愈由之而顯。[11]

把韓愈在古文撰作上的成就，全歸功於梁肅一人的開導，較之《舊唐書》更為獨斷。誠然，韓愈十分懷念梁肅，試看《與祠部陸員外書》可知；不過，韓愈所津津樂道的，不是梁肅的文章，而是在仕途上為韓愈所作的推挽，視梁肅為伯樂。[12] 事實上，梁肅只長韓愈五歲，四十歲便去逝，尚未踏上文章撰作的高峯，而肅也是篤信釋教的人，謂反佛至為堅定的韓愈惟獨「仰宗」梁肅一人，亦令人難以信服。

韓愈之自視明道為理所當然的職志，在《答崔立之書》中便說：

> 僕始年十六七時，未知人事，讀聖人之書，以為人之仕者皆為人耳，非有利乎己也。[13]

以無私的態度為入仕的精神，和《爭臣論》所說的「君子居其位，則思死其官」的莊重精神是相同的；那在《爭臣論》提出的「修辭明道」的主張，韓愈十六七歲時已經萌芽自發；要知道，韓愈之受知於梁肅，已經是八九年之後的事了。因此，視「明道」的觀念是梁肅對韓愈口授指劃的單傳心印，

11　錢基博：《韓愈志》（香港：龍門書店，1969），頁 28。
12　韓愈在《與祠部陸員外書》中說：「往者陸相公司貢士，考文章甚詳，愈時亦幸在得中，而未知陸之得人也。其後一二年，所與及第者，皆赫然有聲；原其所以，亦由梁補闕肅、王郎中礎佐之。梁舉八人無有失者，其餘則王皆與謀焉。陸相之考文章甚詳也，待梁與王如此不疑也，梁與王舉人如此之當也，至今以為美談。」（《韓昌黎文集校注》卷 3，頁 200。）韓愈不忘梁肅，是梁肅輔陸贄時推薦之恩。而文中所特別標示的「八人」，便是所謂「龍虎榜」，見《新唐書・歐陽詹傳》（北京：中華書局，1975），卷 203：「（詹）與韓愈、李觀、李絳、崔群、王涯、馮宿、庾承宣聯第，皆天下選，時稱龍虎榜。」頁 5787。
13　《韓昌黎文集校注》，卷 3，頁 166。

明顯不符事實。如此關鍵的問題，不以歷史事實澄清，而在扭曲真相的歷史書寫暴力的成說中引申發揮，則不但虧欠古人，亦在作孽文明！故不嫌費詞，以明真相，這也是學術上應然的責任。

二、明道：大經大法

但「明道」一詞絕非唐人所創，實源遠流長。考之古代文獻，如《禮記·中庸》載孔子的話説：

> 道之不明也，我知之矣；賢者過之，不肖者不及也。[14]

從正面講，便是「明道」。《漢書》載董仲舒對漢武帝説：

> 夫仁人者，正其誼不謀其利，明其道不計其功，是以仲尼之門，五尺之童羞稱五伯，為其先詐力而後仁誼也。[15]

就辭源説，兩者都可視為「明道」一語的淵源，和儒家關係十分密切。《舊唐書·韓愈傳》載中唐「尚古學」，而「明道」的意識也同時大行，可見和儒家思想的擡頭有着千絲萬縷的關係，其中，董仲舒的影響是很明顯的。但更值得注意的，則是南朝的劉勰。

若以「明道」一詞論文，在中國思想史上，以劉勰為首倡，這是值得大書特書的一筆。《文心雕龍·原道》説：

14　孔穎達：《禮記正義》（台北：藝文印書館影印阮元《十三經注疏》刊本，1976），卷 52，頁 880。

15　班固：《漢書·董仲舒傳》（北京：中華書局，1965），卷 56，頁 2524。

> 爰自風姓，暨於孔氏，玄聖創典，素王述訓，莫不原道心以敷章，研神理而設教，取象乎河洛，問數乎蓍龜，觀天文以極變，察人文以成化；然後能經緯區宇，彌綸彝憲，發輝事業，彪炳辭義。故知道沿聖以垂文，聖因文而明道，旁通而無滯，日用而不匱。《易》曰：鼓天下之動者存乎辭。辭之所以能鼓天下者，迺道之文也。[16]

「道沿聖以垂文，聖因文而明道」是互存的關係；「聖」指由庖犧氏至孔子等和《五經》的撰作有直接關係的聖人；「文」屬廣義概念，泛指一切現象，包括聲音、色彩、形狀，以至於人的情感表現；因聖人立言，文明之道方得開顯。文和道表裏一體，不可分割。自古聖人體道成化，施諸文辭，以成《五經》，而道因聖人的述作遂得以大明。這一重大的思想，一直未見重於哲學或思想研究的領域，但慶幸歐陽艷華博士近著《徵聖立言：〈文心雕龍〉體道精神研究》通透解釋，說明文學書寫上因道義自覺而終生以生命實踐的應然性的具體內涵。[17] 從此，「經緯區宇，彌綸彝憲」的立文教化的期望，得以充分的認識，而因這條孔子開出的思想氣路的在現，使得《文心雕龍》得以回歸人類思想的洪流。

《文心雕龍》徵聖立言的思想自覺，是體道的方式，成就文化的願望，屬於生命的書寫，而非文辭組織的表層工藝。如此需要身體力行的文以明道的實踐，究非尋常弄墨之輩、急功近利之徒所可理解，所以劉勰的識見，注定非淺薄之所識，而必待大雅，其光焰方能再明耀。直至中唐時期的韓愈，以其學聖的意志，再度展示文章明道的輝煌，改寫思想與文學的下墮無力的狀態，後來的性理學因之啟動，文學與思想由是再度匯合，而開啟了宋明清學術的新境界。

事實上，韓愈視「修辭明道」為自己尚未得位時體現文化承擔的責任，

16　王利器：《文心雕龍校證》（上海：上海古籍出版社，1980），卷1，頁2。
17　歐陽艷華：《徵聖立言：〈文心雕龍〉體道精神研究》（上海：上海古籍出版社，2015）。

這種魄力和精神，實遠紹孟子。韓愈在《與孟尚書書》中，推尊孟子明道的功勞說：

> 孟子雖賢聖，不得位，空言無施，雖切何補？然賴其言，而今學者尚知宗孔氏，崇仁義，貴王賤霸而已。其大經大法皆亡滅而不救，壞爛而不收，所謂存十一於千百，安在其能廓如也？然向無孟氏，則皆服左袒而言侏離矣！故愈嘗推尊孟氏，以為功不在禹下者，為此也。[18]

韓愈筆下的孟子，正是「不得位」的君子以其言論用世，昌明孔道的極則；「修辭明道」其實就是孟子為典型的一種理想人格。這理想的典型，韓愈少年時因為喜愛《孟子》而奠立，他在《送王秀才序》之中說：

> 自孔子沒，群弟子莫不有書，獨孟軻氏之傳得其宗，故吾少而樂觀焉。[19]

韓愈既「少而樂觀」《孟子》，孟子那勇於負擔文化復興大任的精神亦深烙在韓愈內心，向慕之懷轉化為一種實踐的力量；於是，年輕的韓愈便嘗試撰寫「扶樹教道，有所明白」的作品；過了而立之後，用世的意欲更為強烈；遇到三試吏部而不用的沉重打擊，不但沒有消磨壯志，在憤激之餘，仍不忘素志，透過詩文表達這股急於用世的熱誠，韓愈在《答崔立之書》中，便十分切直地傾訴自己的心願：

> 方今天下風俗尚有未及於古者，邊境尚有被甲執兵者，主上不得怡而宰相以為憂。僕雖不賢，亦且潛究其得失，致之乎吾相，薦之乎吾君，上希卿大夫之位，下猶取一障而乘之。若都不可得，猶將耕於寬閒

18　《韓昌黎文集校注》，卷 3，頁 215。
19　《韓昌黎文集校注》，卷 3，頁 261。

之野，釣於寂寞之濱，求國家之遺事，考賢人哲士之終始，作唐之一經，垂之於無窮，誅姦諛於既死，發潛德之幽光：二者將必有一可。[20]

　　所謂二者必有一可，或得志而大用於世，或不得位則作「唐之一經」；總之，無論際遇或命途如何，都切盼以其中一條途徑來實現自己的使命。這本來就是韓愈的素志，但出以激動的語氣，後來的讀者便對他產生誤解了，如曾國藩論這段文字說：

　　　　極自負語，公蓋奴視一世人。[21]

又評韓愈的態度說：

　　　　視世絕卑，自負絕大。[22]

　　而鄧繹的《雲山讀書記》亦說韓愈「尊己卑人」，[23] 視韓愈為目中無人之輩。其實，志大而蹭蹬，難免有點牢騷氣；如果連訴不平的機會也不允許的話，對韓愈未免有失公允了。

三、徵聖：師法孟子

　　明道之為立言立文大經大法所在，則非一人的私見，心同理同，聖人先得我心之所同，自師法聖人，信而有徵，便非私心自用。韓愈既以孟子為所

20　《韓昌黎文集校注》，卷 3，頁 168。
21　曾國藩：《求闕齋讀書錄》，卷 8。又《韓愈資料彙編》，頁 1487。
22　曾國藩：《求闕齋讀書錄》，卷 8。又《韓愈資料彙編》。頁 1487。
23　鄧繹：《雲山讀書記・春秋篇》，又《韓愈資料彙編》，頁 1518。

追慕的理想典型，言行之間都充滿了孟子的影子。年輕時候，已經清楚一生的抉擇。韓愈在《上宰相書》直接剖白，自敍生平素志：

其業則讀書著文，歌頌堯、舜之道，雞鳴而起，孜孜焉亦不為利；其所讀皆聖人之書，楊、墨、釋、老之學無所入於其心；其所著皆約《六經》之旨而成文，抑邪與正，辨時俗之所惑。[24]

韓愈以所「業」，所「讀」，所「著」三項目，勾提自己前半生的關鍵節目，追尋來源，全可以在《孟子》裏覓得原型。孟子「道性善，言必稱堯、舜」，[25] 韓愈則「讀書著文歌頌堯、舜之道」；孟子「雞鳴而起，孳孳為善」，[26] 韓愈便說「雞鳴而起，孜孜焉亦不為利」；孟子「閑先聖之道，距楊、墨，放淫辭」，[27]「正人心，息邪說，距詖行」，[28] 於韓愈成為「所讀皆聖人之書，楊、墨、釋、老之學無所入於其心」，而且付諸實踐，「所著皆約《六經》之旨而成文，抑邪與正，辨時俗之所惑」。因而，韓愈之於孟子，不再是簡單的追慕之情，而是把自己的生命投入孟子之中，復現心目中的理想人格。深入到韓愈的精神世界裏，孟子的靈光正投射炫目的光芒。韓愈在孟子中覓得生命的歸宿，所以皮日休也分不清兩者，《原化》說：

世有昌黎先生，則吾以為孟子矣。[29]

於是，韓愈一生的言行舉措，尤其是出處大節所在，都可從孟子的言論中尋出端倪；以好辯說，韓愈《進學解》談及「孟軻好辯，孔道以明」，好

24 《韓昌黎文集校注》，卷3，頁155。
25 《孟子·滕文公（上）》，《四書章句集注》（北京：中華書局，1983），卷5，頁251。
26 《孟子·盡心（上）》，《四書章句集注》，卷12，頁341。
27 《孟子·滕文公（下）》，《四書章句集注》，卷6，頁272。
28 《孟子·滕文公（下）》，《四書章句集注》，卷6，頁273。
29 皮日休：《皮子文藪·原化》，卷三，又《韓愈資料彙編》，頁51。

辯在韓愈看來是孟子明道的表現。原來孟子排距楊、墨，言論很激昂，當時便有很多人不滿孟了「好辯」，徒以言辭逞強，[30] 韓愈排佛老，言論激切，亦自覺和孟子的境遇相似，受人非議。《答張籍書》便這樣說：

> 僕自得聖人之道而誦之，排前二家（指佛、道）有年矣，不知者以僕為好辯。[31]

孟子因為抨擊楊朱、墨翟的思想而得「好辯」的譏評；韓愈既學孟子，亦跟隨孟子的行徑，批評當世的流行思想，突出孔子思想的地位，所謂「孟軻好辯，孔道以明」；於是韓愈便以佛、道二家為楊、墨，作為距息「邪說」、「詖行」的對象，來實現那「閑先聖之道」的神聖使命。在《答張籍書》中透露了韓愈觝斥二家的因由；他之所以如此，都是「自得聖人之道而誦之」所受的濡染；《送王秀才序》說到「吾少而樂觀」《孟子》，以孟子得傳孔子聖人之道的「宗」；那麼，《答張籍書》中的誦聖人之道，指的是誦讀孟子書。因此韓愈的攘斥佛老，完全是孟子情意結的體現。柳宗元在《送僧浩初序》裏便評論韓愈的闢佛言論說：

> 退之所罪者其跡也，曰：「髡而緇，無夫婦父子，不為耕農蠶桑而活乎人。」若是，雖吾亦不樂也。退之忿其外而遺其中，是知石而不知韞玉也。[32]

韓愈抨擊佛教的蠹耗民力、傷害倫理，不在教理上進行論辯，正反映出韓愈排斥佛、老，是在關懷民瘼的前提下，體現儒家「養民」與「保民」的基本為政原則，和乎孟子所說的「保民而王」的痛心呼籲。

---

30 《孟子·滕文公（下）》，《四書章句集注》，公都子曰一節，卷 6，頁 271-273。
31 《韓昌黎文集校注》，卷 2，頁 132。
32 《柳宗元集》（北京：中華書局，1979），卷 25，頁 673。

韓愈一生追慕孟子，身行其道，排異端所以正人心，攘佛老志在彰明孔、孟仁義之道；把孔孟精神重新從佛、老交戰的混亂局面中定位，視重整天下生民的生存狀態為自己應負的神聖責任。於是，兩肩挑起承傳的重擔，韓愈在《與孟尚書書》說：

> 釋老之害過於楊、墨，韓愈之賢不及孟子，孟子不能救之於未亡之前，而韓愈乃欲全之於已壞之後。嗚呼！其亦不量其力，且見其身之危、莫之救以死也！雖然，使其道由愈而粗傳，雖滅死萬萬無恨！[33]

韓愈早預料自己的行動會惹來激烈的反應，因為所憑依的條件比孟子遠遠不如；其至有殺身之禍的可能，而且是孤立無援地等待着死神的降臨；但韓愈仍然秋毫不改，堅持到底，說「雖滅死萬萬無恨」，真的到了孟子「不動心」的境界，有如孔子「朝聞道，夕死可矣」的殉道精神。因此，孟子情意結在韓愈身上已發展成一股視死如歸、勇不可當的道德勇氣。在《重答張籍書》說：

> 天不欲使茲人有知乎，則吾之命不可期；如使茲人有知乎，非我其誰哉！其行道，其為書，其化今，其傳後，必有在矣。[34]

橫互於韓愈心胸之間的，是這股捨我其誰的壯志，是孔子「天不欲喪斯文」的自信。因為復興孟子之道，因孟子之道而上及孔子，再而體現堯舜之道，步步實現，而至於至善，從而開拓了文明的新境界，《新唐書·韓愈傳》的贊語便這樣說：

---

33 《韓昌黎文集校注》，卷 3，頁 215。
34 《韓昌黎文集校注》，卷 2，頁 136。

> 其道蓋自比孟軻，以荀況、楊雄為未淳，寧不信然？至進諫陳謀，排難卹孤，矯拂諭末，皇皇於仁義，可謂篤道君子矣！自晉汔隋，老、佛顯行，聖道不斷如帶；諸儒倚天下正議，助為怪神。愈獨喟然引聖，爭四海之惑，雖蒙訕笑，跲而復奮，始若未之信，卒大顯於時。昔孟軻拒楊、墨，去孔子才二百年；愈排二家，乃去千餘歲，撥衰反正，功與齊而力倍之，所以過況、雄為不少矣。[35]

　　但是，韓愈本聖人用心的明道，超越時代所能體驗與認知的水平，所謂以先覺覺後覺，原非一帆風順，實在是荊棘滿途，但終以堅持不懈的努力，為孔、孟定位，終身實踐修辭明道的信念，重建了文學的莊重與優雅，實在說明文學不是娛樂與遊戲，是教化的有效方式，也是建立長治久安的人道社會的必要元素。

結論

　　透過反思韓愈文道論的精神，並具體考察其生成發展的歷程，哲學思考與歷史復原的方式融會，說明文學應然性的原則追求，在人性論的前提下，肯定起步於端莊的人心，推拓而建立莊重的文明，人心與文明一體。「修辭明道」是韓愈的心志，體現孔子修己以安天下的追求，在《文心雕龍》已經開出的徵聖立言的前提下，開出極具動力的文化重建的責任感與承擔實踐。「修辭明道」的提出，是韓愈安身立命的寄託所在，原非局限文學的範疇，韓愈抨擊佛教和道教，閑衛孔、孟精神，突出仁義的宗旨，則是思想文化重建的奮鬥。這一切的舉措都是以孟子為師；韓愈「尚友古人」，所徵證的聖人，見於追慕孟子的真切，形成特有的「孟子情意結」，以文章明道，自覺是承

35　歐陽修，宋祁等：《新唐書》，卷 176，頁 5269。

傳文化的承擔者，展示一股強勁的道德勇氣。明道，原非空套的夢囈。文道合一，則文學與思想，至此方得完整活躍的生命與方向，挽救世界的沉淪，徵聖本是明白的坦途。正視劉勰《文心雕龍》至韓愈古文思想中明白展示聖賢救世的精神與向慕，活化於失心瘋狂、唯私利是逐的今日，提點重建「莊重」與「優雅」文明的自覺，自是無可逃避的責任。

登真與西遊：
《長春真人西遊記》中的丘處機難題

文英玲

香港教育大學中國語言學系助理教授

引言

丘處機（1148－1227），生於金熙宗皇統八年，卒於哀宗正大四年，是金代著名道士。有關他的事蹟，最為人津津樂道的莫過於會見成吉思汗（1162－1227）了。這樁宗教與政治交織的大事，不但對蒙古軍事和政治產生重大影響，而且令全真派成為元朝道教第一教派。

數百年來，人們表揚丘處機於老稀之年，堅持西行度化蒙古皇帝，阻止殺戮，保護蒼生。丘處機西遊的貢獻，不容置疑，然而，當年丘處機面對征伐者的徵詔、長途跋涉的旅途、面見一代霸主的心情是怎樣的？有沒有無法言表的難題？解開這些疑問，最好是探視他西行的第一手資料了。

丘處機隨行弟子李志常（1193－1256）把啟程、沿路及歸途的見聞行藏，以及他路上詩詞作品，一併收錄起來，編纂成《長春真人西遊記》上下兩卷。這些詩詞作品，正好是丘處機的心靈實錄。本文嘗試從丘處機的生平整理他西遊前的處境，繼而揭示沿途詩詞所反映的心靈難題，並探索其對應難題的關鍵力量，最後跨越崎嶇的身心旅程，完成歷史壯舉。

一、求道歷程

據《元史・釋老》所記，丘處機，登州棲霞人。童年時，曾遇相士，說他將來會成神仙領袖。[1]《全真教祖碑》描述他幼亡父母，未嘗讀書。[2] 金大定六年（1166），時齡十九，開始學道；翌年，他到寧海州（今山東牟平）的昆崙山，拜重陽真人王喆（1112－1170）為師。重陽真人器重他，給他訓名為處機，字通密。[3] 自金大定七年（1167）至大定九年（1169）三年間，跟隨王喆學習的還有馬鈺（1123－1183）、譚處端（1123－1185）、劉玄處（1147－1203）、王處一（1142－1217）、郝大通（1140－1212）、孫不二（1119－1182）六人，後來合稱為「七真」。[4] 丘處機在同門之中，年紀最輕，且壽數最長。

一眾弟子跟隨王喆學習全真道，期間接受認真的訓練。據唐代劍的研究，王喆自身傳道的日子毫不輕易。在大定七年（1167）四月，王喆焚毀終南山茅居，隻身東去，沿途或行乞於市、或眠冰臥雪，或裝瘋賣傻。到了寧海軍置所（今山東省煙臺市牟平區）傳道，當地豪富馬鈺、孫不二夫婦為他築庵，題名「全真」，由此稱「全真道」。後來，王喆招收了馬鈺為大弟子。王喆的教導方法嚴厲，好像馬鈺曾拒絕分割錢米，王喆就「打之無數」，一夜方止。馬鈺曾生退志，丘處機予以相勸。其後馬鈺不悟戒腥膻之事，「即愈加痛教，狂罵捶楚，不分晝夜」。[5] 由是可見，王喆訓徒手法嚴格，恐怕丘處機也接受相近的教導。丘處機求道意志堅定，不但沒有怨言，反而勸服師兄馬鈺忍辱負重。

1　〔明〕宋濂：《元史》（北京：中華書局，1976 年），冊 15，卷 202，頁 4524。
2　〔元〕金源璹《全真教祖碑》：「有登州棲霞縣丘哥者，幼亡父母，未嘗讀書。」見閻鳳梧主編：《全遼金文》（太原：山西古籍出版社，2002 年），頁 2451。
3　《元史》，頁 4524。
4　〔元〕李道謙：《七真年譜》，見《道藏》（北京、上海、天津：文物出版社、上海書店、天津古籍出版社，1988 年），冊 3，頁 383 下。
5　〔元〕趙道一：《歷世真仙體道通鑑續編》卷一，《王喆》，見《道藏》，冊 5。

自王嚞在寧海軍收馬鈺、丘處機等七人為徒，成立全真教團，以昆嵛山為根據地，在文登、寧海、福山、萊州等地傳教，影響漸大，聲望日降。大定十年（1170）王嚞辭世，馬鈺繼承教業。大定十四年（1174），相傳眾弟子守喪期滿，中秋夜，馬鈺、譚處端、劉處玄和丘處機在鄠縣秦渡鎮真武廟各言其志，丘處機説要「關閑」，[6] 隨後入磻溪（今陝西寶雞東南）穴居，潛心修煉。據説他乞食度日，行攜一簑，人稱「簑衣先生」。隨後赴隴州（今陝西隴縣）龍門山隱居修道，創立龍門派。隱居期間，收納弟子，結交士人，聲譽甚顯。大定二十二年（1182），馬鈺把關中教門事務交付丘處機，及後丘處機更主持終山全真派祖庵。縱為全真派領袖，丘處機仍以登真成仙為個人目標，隱遁於磻溪、龍門山，專志修真。[7]

二、政治處境

馬鈺及其他同輩相繼去世，丘處機成為全真教的重要繼承人，地位崇高，也成了金朝、宋朝和蒙古各種政治勢力的拉攏對象。

大定二十八年（1188），金世宗（完顏雍，1123－1189，1161－1189 在位）遣使訪求重陽門人，丘處機應召至中都（今北京），主持萬春節醮事，甚受禮遇。金都王族、官民多往問道，金世宗也三次召見。到了金承安二年（1197），獲准在山東、陝西立道觀九所，並賜匾額。泰和七年（1207），金章宗（完顏璟，1168－1208，1189－1208 在位）和李元妃先後賜額與《玄都寶藏》予棲霞太處觀。貞祐四年（1216），金宣宗（完顏珣，1163－1224，

6　《歷世真仙體道通鑑續編・馬珏》：「嘗與邱劉譚三人，在秦渡真武廟，月夜各言其志。師曰國貧，譚曰潮是，劉曰國志，邱曰國閑。」見《道藏》（北京、上海、天津：文物出版社、上海書店、天津古籍出版社，1988 年），冊 5，頁 419 下－420 上。

7　參《歷世真仙體道通鑑續編》卷二，《丘處機》，《道藏》，冊 5，頁 425 中－429 中。

1213－1224 在位）召至開封，丘處機沒有聽從。[8]

南宋將領李全（？－1231）、彭義斌（？－1225）於金興定三年（即南宋嘉定十二年，1219）攻佔山東，邀請丘處機襄助，卻遭婉拒。此後，各方前來邀請，丘處機都沒答允，只道：「我之行止天也，非若輩所及知，當有留不住時，去也。」[9] 他以無可無不可的態度，回應了所有邀請。

同年，成吉思汗遣侍臣劉仲祿（生平不詳）帶處頭金牌前來，傳旨敦請丘處機遠赴西域面見。劉仲祿不但傳達皇帝的誠意，而且表明本想率領五千兵馬前來迎接，[10] 丘處機知道此次不可推辭，就指日出發了。[11]

蒙古太祖十五年（1220）春，丘處機以七十三高齡，帶領十八弟子從山東出發，旅程的目的地是中亞雪山皇帝行宮。1221 年，離開中原，在漠北一路西行，途經鎮海城，再經回紇城，昌八剌城，阿里馬城、賽藍城，到達邪米思汗。十七年（1222）四月，丘處機途經鐵門關（今新疆巴州庫爾勒市）抵達「大雪山」（今興都庫什山）八魯灣（今阿富汗喀布爾之北）行宮覲見皇帝。在秋冬多次召對問道，其後成吉思汗命大臣耶律楚材將談話內容編集成《玄風慶會錄》。1223 年春，成吉思汗准許丘處機等人東歸，秋天抵達宣德，正式結束西遊。1224 年，前往燕京主持天長觀，至 1227 年辭世，終年八十歲。

由是觀之，丘處機年少慕道，經歷了艱辛的求道、學道和修道過程，仍以安閑、隱居、修煉為人生的理想，自四十一歲起，不同政治勢力就在他身邊盤旋，如金朝君主和南宋將領的徵召。內在登真的志向與外在政權的脅逼之間的抉擇，就形成了丘處機的難題。這兩難處境，活活的反映在《長春真人西遊記》的詩詞。

8　同前註。
9　《長春真人西遊記》卷上，《道藏》，冊 34，頁 481 上。
10　同前註，頁 481 中。
11　同前註。

三、西遊難題

《長春真人西遊記》的八十一首詩詞，是丘處機的心靈紀錄。以下就登真之志、安閑之願與西遊之憂、面聖之懼，揭示丘處機面對西遊的心靈景象。

四、登真之志

登真，得道成仙，是修道者的理想。在《長春真人西遊記》裏，丘處機〈詩寄燕京士大夫〉道出個人尋道的志向，詩云：

> 登真何在泛靈槎，南北東西自有嘉。碧落雲峰天景致，滄波海市雨生涯。神遊八極空雖遠，道合三清路不差。弱水縱過三十萬，騰身頃刻到仙家。[12]

詩人說，得道成仙不必乘坐寶船，也不用入山拜師，只要全心求道，南北東西都有美好境地。無論天空大海，都有美妙景致。身軀不動而神遊八方處空之景，通往三清仙境沒有差錯。跨越遙遠、險惡的三千丈弱水，即能頃刻到達仙家。從中可見丘處機對登真成仙，滿有把握。他清楚不必外求，只要一心向道，置身自然，跨過險阻，就可以神遊八境，上登三清，到達仙家。全詩節奏明快，意象鮮活，洋溢一種熱烈而企慕的情意。

師徒一行，進入狹門，丘處機寫了《初入狹門》，流露對終南山學道的懷緬。詩云：

> 入峽清遊分外嘉，群峰列岫載查牙。蓬萊未到神仙境，洞府先觀道

---

12 《長春真人西遊記》，頁 482 中。

士家。松塔倒懸秋雨露，石樓斜照晚雲霞。卻思舊日終南地，夢斷西山不見涯。[13]

詩歌描繪禪房山景觀，遠景是群峰突兀，歧出錯落；近景是松塔倒懸滴露，石牌樓映照晚霞。[14] 筆勢一轉，由景生情，回想舊日終南山學道，連西山（今江西新建西部的逍遙山）在夢中也被阻隔，隱居修道的洞天已不見邊際了。丘處機啟步西行，懷緬隱居修真日子，不勝感慨。

丘處機在 1220 年中秋夜所撰的〈賀聖朝〉第二曲，正是他企慕的修道境界：

洞天深處，良朋高會逸興無邊。上丹霄，飛至廣寒宮，悄擲下金錢。靈虛晃耀睡魔奔迸，玉兔嬋娟。坐忘機，觀透本來真，任法界周旋。[15]

在明月高照的夜裏，丘處機想到群仙聚居的洞天，仙家共樂，逸興無窮。上升至天空，飛至月中廣寒宮，悄悄擲下金錢似的光線。元神輝映、睡魔奔逃，與玉兔和月兒共對，一片清澈寧謐。這種安坐忘機的境界，透視本來的真我，任意地在法界中周旋。這正是他所嚮往的狀態。內在精神不受外界的束縛，逍遙遊樂，在同日所寫的〈朝元觀中秋〉絕詩中也可見到，詩云：

清夜沈沈月向高，山河大地絕纖毫。唯餘道德渾淪性，上下三天一萬遭。[16]

---

13 同前註，頁 482 中。
14 參顧寶田、何靜文注譯：《新譯長春真人西遊記》（台北：三民書局，2008 年），頁 25。
15 《長春真人西遊記》，頁 482 下 -483 上。
16 同前註，頁 483 上。

當清夜沈寂，明月高掛，山河大地再沒有絲毫雜聲。只餘道德存在於天地未分前的渾沌狀態，丘處機的元神就在大赤天、禹餘天、清微天的三界頻繁而快速地自由往還。登上道境，自由自在，一直是他的人生志向。

五、安閑之願

丘處機明白步進仙真的境界，收心居閑至為重要。在 1220 年二月以偈示眾曾道：

> 觸情常決烈，非道莫參差。忍辱調猿馬，安閑度歲時。[17]

人往往觸景生情，情感變化莫測，而常常處於不調和的狀況。只有道能使參差不齊的事物和認識達致同一。同時，人也要忍受屈辱，斷絕情欲，安寧閑適地度過一生。〈賀聖朝〉第一曲云：

> 人間是處，夢魂沈醉，歌舞華筵。道家門，別是一般清朗，開悟心田。[18]

丘處機看見人間到處是沉醉於歌舞華筵迷夢之中。只有道家，與別不同的清明開朗，能開悟人心。丘處機把道門與人間分別開來，一心遁世離群，專心修真。1220 年五月，起行三個月，師徒一行在峽門遠觀湧泉清冷可愛，丘處機抒發了閑逸的意趣，〈題龍泉觀東湧泉〉詩云：

17　同前註，頁 482 上。
18　同前註，頁 482 下。

北地往來時有信，東皋遊戲俗無爭。溪邊浴罷林間坐，散髮披襟暢
道情。[19]

詩句描繪丘處機在旅途上，諸事紛擾，但有幸在河岸遊樂，與世無爭。
溪間沐浴，林間閑坐。散開髮絲，敞開衣襟，無拘無束，頌唱道曲。這種樂
趣，在途上詩詞絕無僅有。1220 年中秋夜，安閑的心境，也缺少了那種暢快
之意，〈朝元觀中秋〉絕句云：

天下是非俱不到，安閑一片道人心。[20]

丘處機崇尚安閑，而安閑狀態是登真成仙的必備條件。在西行歷程上，
丘處機還是念念不忘登真得道的理想。在 1221 年三月，一行到達魚兒濼（今
之達來諾爾湖），〈魚兒濼〉正好表達他素願：

北陸祁寒自古稱，沙陀三月尚凝冰。更尋若士為黃鵠，要識修鯤化
大鵬。
蘇武北遷愁欲死，李陵南望去無憑。我今返學盧敖志，六合能觀最
上乘。[21]

詩歌前兩句北地苦寒，三月冰雪還未融化。詩人想到高士化為黃天鵝，
長鯤化成大鵬鳥，舉翅高飛。反觀蘇武（？－前 60）、李陵（前 134－前
74）北去滯留，盼望南歸，映襯詩人的複雜心情。最後，他以學習盧敖（前
275－前 195 年）四方求道，窮盡六合，聊以自慰。
由是可知，丘處機一心修道，崇尚安閑，以登真為個人理想。蒙古政權

19　同前註，頁 482 下。
20　同前註，頁 483 上。
21　同前註，頁 484 上。

的壓力當前，他必須踏上旅程，安閑修真不能不受干擾。

六、西遊之憂

在李志常筆下，丘處機應允蒙古侍臣劉仲祿西行之邀，沒有表明確切的理由，只道：「師（丘處機）知不可辭。」[22] 隱約見到丘處機面對的政治脅逼。這種政治壓力，在《長春真人西遊記》的記錄，是不容直率地表露出來。詩詞作品，正好抒發心緒，就算是刻意迴避，也總會遺下痕跡，讓讀者感應詩人的深層意識。

《長春真人西遊記》的詩群中，丘處機對於西遊是有所憂慮的。首先，步上漫漫長路，七十三歲的丘處機深感此去生死未卜，在道友們灑淚送別間，他寫下了〈南往龍陽以詩示道友〉：

> 生前暫別猶然可，死後長離更不堪，天下是非心不定，輪迴生死苦難甘。[23]

此詩道出，生前暫別尚可忍受，但死後長離更為不堪。天下是非爭鬥，人心不定，紛紛陷入輪迴，只有苦楚，沒有甘甜。表面上，此詩借惜別道化眾人，辭別天下是非，收心專一，避免輪迴之苦。深層看，此詩描繪丘處機遠行在即，生死難測；政權爭鬥，踏上征途，悲苦油然而生。

其次，西行之路險峻崎嶇，如〈赴龍嚴寺齋以詩題殿西廡〉云：

> 此行真不易，此別話應長。北蹈野狐嶺，西窮天馬鄉。陰山無海

22　同前註，頁 481 中。
23　同前註，頁 483 中。

市，白草有沙場。自嘆非玄聖，何如歷大荒。[24]

詩歌起筆，直接西行絕不容易，此別話須要長談。向北越過野狐嶺（今河北萬全東北），山勢高峻，風力猛烈，雁飛過此，遇風即墮；向西窮盡生產血汗寶馬的天馬鄉。接着是陰山深處無海市，枯草荒原有戰場。自嘆難比大聖人老子，如何經歷浩大的荒地。離開中土，塞外荒漠，令人心生畏懼，也思念故人。〈寄燕京道友〉詩云：

> 京都若有錢行詩，早寄龍陽出塞時。昔有上床鞋履別，今無發軔夢魂思。[25]

詩中，丘處機憶起與友離別，又提到古人上床尚要與鞋子道別，自己出發遠行，朋友們可有在夢中想念自己。這裏側寫不捨的離情，也反映了西遊的風險。還有，路遙難耐，極目荒野，更令丘處機心生孤單之意，〈陰山夜雨〉云：

> 萬里途程遠，三冬氣候韶。全身都放下，一任斷蓬飄。[26]

詩人說萬里途程遙遠，三冬氣候溫和了。他把整個身心都放下，一任斷蓬在風中飄搖，其中透露了一種無依孤單感。特別是在 1221 年十一月初，弟子虛靜先生趙九古（？－1221）途中病發身亡，丘師命本門弟子把他埋葬在城東高地，隨即繼續行程。[27] 除了塞外風雪寒冷加重了西遊勞苦，妨礙修真也是困擾丘處機的事情。〈雪山〉詩云：

---

24 同前註。
25 同前註。
26 同前註，頁 484 下。
27 同前註，頁 488 上。

西臨積雪半年程，不能穩地迴風坐，行到水窮山盡處，斜陽依舊向西傾。[28]

詩人回顧半年好不容易的雪山行，也有感西行耽誤了道術的修煉，如隱地迴風、攀斗藏天。隱地是道教變化法術，即「隱地八化玄真之術」，《雲笈七籤・太上丹景道精隱地八術》載其名，又謂：一曰藏形匿影，以立春之日行之，修之一年可成；二曰乘虛御空，春分日行之，二年可成；三曰隱淪飛霄，立夏日行之，三年可成；四曰出有入無，夏至日行之，四年可成；五曰飛靈八方，立秋日行之，五年可成；六曰解形遁變，秋分日行之，六年可成；七曰回晨轉玄，立冬日行之，七年可成；八曰隱景伍天，冬至日行之，八年可登玉清宮；並云此乃上清金台玉室秘房妙術，口口相授，不得妄傳。[29]

迴風，相信是道教法術或秘方，具體內容不詳。按全真道士誦經時，啟請諸天聖眾降臨壇場所用的經韻，韻詞的七言律詩，有「回風」一詞。全文如下：

真心清靜道為宗，譬彼中天寶月同。淨掃迷雲無點翳，一輪光滿太虛空。上藥身中神氣精，人人具足匪虧盈。能知混合回風道，金鼎黃芽日日生。[30]

全詩講述道教性命雙修的精神，而回風是道教煉丹的術語。攀斗，是類似昇斗法術。昇斗法是個人修煉之法，《雲笈七籤・昇斗法》謂：

常以八節日夜半時，入室正坐接手定氣閉目內視，乃存一身冉冉起

28　同前註，頁 485 中。

29　〔宋〕張君房：《雲笈七籤》（北京：書目文獻出版社，1992 年）卷 53，頁 388 中一下。

30　《道通天地　道教文化資料庫》，見 http://zh.daoinfo.org/w/index.php?title=%E5%A4%A7%E5%95%9F%E8%AB%8B&variant=zh-hant。

上飛升北斗。良久為之，如覺我形已在斗中也，極念為之，當覺體中熱，是真氣合德。[31]

「藏天」，具體內容不詳，但可見於《真誥》卷五，謂裴玄仁（前162？－？）「君曰：道有黃氣陽精藏天隱月。」[32] 推想「藏天」也是道教修煉之術。無論隱地、迴風、攀斗、藏天，都需要經年的修煉才能達致白日昇晨，登真得道。西行之旅，耗時損力，的確阻撓了求道心切的丘處機。

因此，丘處機西遊之憂，不但是路途遙遠、山路崎嶇、氣候苦寒、弟子離世，還有登真修煉也受到干擾。

七、面聖之懼

丘處機西行的目的，是朝見成吉思汗。成吉思汗，名鐵木真，蒙古族乞顏部酋長。《元史·太祖本紀》稱：

> 帝深沉有大略，用兵如神，故能滅國四十，遂平西夏。[33]

鐵木真自小就生活在戎馬之上，征討蒙古部落，攻伐西夏。太祖元年（1206），在斡難河（今蒙古鄂嫩河）的發源地登上帝位，各部首領敬奉為成吉思皇帝。自此，氣勢更盛：太祖四年（1209）屈服西夏；太祖六年（1211）畏兀兒歸附；太祖九年（1214）佔領金朝中都；太祖十三年（1218）消滅西遼，攻入中原；太祖十四年（1219），收編突厥軍；太祖十五至十六年（1220－

---

31 《雲笈七籤》，卷 25，頁 196 中。
32 〔梁〕陶弘景：《真誥》，見陶弘景：《陶弘景集》（揚州：江蘇廣陵古籍刻印社，1992 年）冊 2，卷 5，頁 2 上。
33 《元史》，頁 25。

1221），攻取花剌子模，又向宋朝將官朝降。他以軍事力量建立國家，擴展版圖，而屠城殺戮，血腥摧殘，更是展現實力的方法。太祖十五年（1220），丘處機奉詔西行時，成吉思汗已是西北中土的霸主，成吉思汗的兇狠武力早已為人熟識。丘處機踏上西遊之路，步近成吉思汗，死亡的威嚇、內心的惶恐，可想而知。然而，不安的情緒實在不能宣之於口，而詩詞作品正好反映其心底的畏懼。1221 年冬，丘處機到了達邪米思干大城，寫下〈鳳棲梧〉二首，詞中云：

> 混混茫茫，法界超然去。萬劫輪迴遭一遇，九玄齊上三清路。[34]
> 死去生來生復死。生死輪迴，變化何時已。不到無心休歇地，不能清淨超於彼。[35]

前者寫詩人在混混茫茫之間，從本體世界與現象世界，及其相互包含、融通無礙之中超脫抽離，轉瞬間全體呈現，好一派淨化超越的境界。萬劫輪迴，就是無窮磨難；超脫出來，就是上升至九天的神仙路。混茫、萬劫、輪迴，好比詩人自身西行面見成吉思汗的危難；詩人深盼從這磨難中超脫開來，踏上自己企望的登真修仙之路。後者，詩人直接寫生死之間。面見成吉思汗，禍福未卜，生死一線。詩人感悟生死輪迴，無法停止，惟願到達放下憂心的安歇處，以清淨超脫那裏的塵俗事。這兩首詞，都隱伏着詩人對生死、磨難的不安，冀求難離險境。

相近意念的詩歌，還有〈故宮題詩〉第二首，詩中云：

> 弱冠尋真傍海濤，中年遁跡隴山高。河南一別昇黃鶴，塞北重宣釣巨鰲。無極山川行不盡，有為心跡動成勞。也知六合三千界，不得神通

34　《長春真人西遊記》，頁 489 上。
35　同前註。

未可逃。[36]

詩人表明心跡，訴說自己未到二十歲就到山東海濱求道，中年潛修於隴山深處。河南與恩師分別，不久恩師仙逝。塞外皇帝宣召，自己就如被逼供在廟堂的大神龜。跋涉山川走不盡，心想有為動而成勞。須知六合三千世界，沒得神通怎能逃脫。末句末字「逃」恰恰道出詩人心底深處的實話，就是難以「逃離」面聖之事，又有無法「逃離」之苦。這種心情，在當時得要隱藏起來，因此〈故宮題詩〉第一首云：

> 東海西秦數十年，精思道德究重玄。日中一食那求飽，夜半三更強不眠。實跡未諧霄漢舉，虛名空播朔方傳。直教大國垂明詔，萬里風沙走極邊。[37]

前四句如第二首一般寫自己早有慕道之志，不求溫飽安眠。接着，自謙實際德行未能與自己的名望相稱。「大國垂明詔」謂蒙古國頒下聖明詔書，使詩人萬里風沙中走到極地邊緣。

1222 年春，在達邪米思干大城西，丘處機再次含蓄地抒發掙脫死亡的心情，〈復遊郭西〉詩云：

> 竊念世間酬短景，何如天外飲長春。[38]

詩人說，私念在世間我時日無多的暮年，怎能實現品嘗天外長春的仙飲呢？當時，丘處機已七十五歲了，但「短景」也許是面聖的自我警號。同年三月二十九日，即朝見皇帝的四天前，〈晚泊古渠〉詩云：

36　同前註，頁 489 中。
37　同前註，頁 489 上 - 中。
38　同前註，頁 490 上。

> 志道既無成，天魔深有懼。東辭海上來，西望日邊去。雞犬不聞
> 聲，馬牛更遞鋪。千山及萬水，不知是何處。[39]

　　詩人說，立志修道已無成，深懼天魔前來害擾。東辭故里海上來，望長
天日西去。雞鳴犬吠聽不見，驛站馬牛不斷更替。經過千山和萬水，我不知
此地是何方。丘處機的畏懼感在夢裏活活呈現，破壞佛法的天魔出沒，令人
深深恐懼，甚至連自己身處何方也不知道。「天魔」隱約指涉聖顏，那位雄霸
大地的蒙古戰士，走進丘處機的潛意識，不但妨礙修道，而且危害性命。

　　1222 年四月五日至 1223 年三月七日，丘處機多次朝見皇帝，並曾隨行
教化。這段十一個月的面聖日子，丘處機未敢鬆懈，死亡意識如影隨形，由
夢境呈現轉移到戰場慘狀的描繪。1222 年四月中，天氣炎熱，丘處機隨皇帝
往雪山避暑，後因回紇作亂，丘處機回邪思干舊館，出峽時寫下二詩：

> 水北鐵門猶自可，水南石峽太堪驚。兩崖絕壁攙天聳，一澗寒波滾
> 地傾。夾道橫屍人掩鼻，溺溪長耳我傷情。十年萬里干戈動，早晚迴軍
> 復太平。[40]
> 雪嶺皚皚上倚天，晨光燦燦下臨川。仰觀峭壁人橫度，俯視危崖柏
> 倒縣。五月嚴風吹面冷，三焦熱病當時痊。我來演道空回首，更卜良辰
> 待下元。[41]

　　第一首詩中，「太堪驚」脫口道出丘處機內心的驚怕；「絕壁」、「寒波」
是危險中的心理反射。「夾道橫屍」、驢子「溺水」正面寫死亡慘況。第二首
詩中，「峭壁人橫度」、「危崖柏倒縣」，都是駭人的景象。丘處機因皇帝軍事
行動，講道暫時擱置，通過占卜改期至十月的下元節了。這裏隱隱道出繼續

39　同前註。
40　同前註，頁 490 下。
41　同前註。

逗留成吉思汗身旁的不安。

同年四月末，丘處機再奉詔返回行宮，作詩云：

> 外國深蕃事莫窮，陰陽氣候特無從。纔經四月陰魔盡，卻早彌天旱魃凶。浸潤百川當九夏，摧殘萬草若三冬。我行往復三千里，不見行人帶雨容。[42]

詩中寫域外氣候反常，百草乾枯；外族軍事變化莫測，暗暗擔心外族君主態度反覆無常。「陰魔」、「旱魃」都是害人鬼魔，自身會否如百草凋萎？這可能是丘處機的言外之音。

直至 1223 年三月七日，丘處機多次引退才獲成吉思汗賜下聖旨，免掉門下弟子的差事，並下令臣下護送東歸。[43] 東歸路上，丘處機的惶恐方能釋解。1223 年六月〈俞公以繭紙求書〉詩云：

> 身閒無俗念，鳥宿至難鳴。一眼不能睡，寸心何所縈。雲收溪月白，焦爽谷神清。不是朝昏坐，行功扭捏成。[44]

詩中寫一身安閒沒有俗念，心中縈念的只是修道功夫：呼吸入道，焦爽神清，導引身軀，以煉內功。箇中一派安閒，絕無憂懼之情。1223 年十二月寫的〈龍陽有感〉：

> 豪傑痛吟千萬首，古今能有幾多人。研窮物外閒中趣，得脫輪迴泉下塵。[45]

---

42 同前註。
43 同前註，頁 493 中至下。
44 同前註，頁 495 上。
45 同前註，頁 495 下。

詩中寫古今豪傑吟咏千萬詩詞，其中有多少人能我，可以窮究物外玄理，閑中自娛，更得以超脫輪迴，死後不必淪為灰塵。丘處機道出完成西行、脫離憂懼、自在安閑、專心修道的喜悅。

八、化解難題的關鍵力量：老子

丘處機少懷登真之志、安閑之願，無奈時代賜下考驗，負上西行之憂與面聖之懼，雖如丘處機預言：「三載歸，三載還。」[46] 委實是一項非常艱鉅的任務。西行傳法、拯救民眾，自是丘處機遠道西行的動機。不過，指引丘處機抵住登真與西遊的兩難，化解心靈困擾的關鍵力量，就在老子。

在《長春真人西遊記》八十一首詩歌裏，提及的神仙和道士不多。出現過一次的神仙，計有悉達多（前 566－前 486）、盧敖、赤松子。談及佛祖悉達多的〈雪山〉詩云：

> 當時悉達悟空晴，發軔初來燕子城。北至大河三月數，西臨積雪半年程。不能穩地迴風坐，卻使彌天逐日行。[47]

詩中以悉達多修苦行六年，仍未得道。最後在迦耶山菩提樹下靜坐七天七夜，得悟「空」的本質，而「晴」指世間無常，緣起性空等佛法的「情」實。丘處機以此說明悟道傳道之艱辛以自況。說及盧敖的〈魚兒濼〉詩中云：

> 我今返學盧敖志，六合窮觀最上乘。[48]

---

46 同前註，頁 496 上。
47 同前註，頁 485 中。
48 同前註，頁 484 上。

　　詩人現在要學習四處尋道的盧敖，窮盡六合為上乘的境界，來開解遠程西行的苦況。提及赤松子的〈題支仲元畫得一元保玄素三仙圖〉，詩云：

> 得道真仙世莫窮，三師何代顯靈蹤。直教御府相傳授，閱向人間類赤松。[49]

　　赤松子，上古仙人。[50] 丘處機題《三仙圖》，謂三仙成畫，可供傳閱，就如廣傳人間的赤松子圖。此處赤松子僅作例子，沒有深刻描繪其事跡，也沒有連繫詩人的生活處境。

　　詩詞中道士，計有唐代道士軒轅彌明（生卒不詳，活躍於 806－820）和呂喦（798－？），以及五代北宋的道士劉操（生卒不詳）了。〈復吳德明韻〉第一首有劉操和呂洞賓，第二首有軒轅彌明。詩云：

> 燕國蟾公即此州，超凡入聖洞賓儔。一時鶴駕歸蓬島，萬劫仙鄉出土丘。[51]
> 我本深山獨自居，誰能天下眾人譽。軒轅道士來相訪，不解言談世俗書。[52]

　　劉操，五代北宋人，原籍燕山（今北京西南宛平），得道人點化，辭官修道，號海蟾子。後得道仙去。呂洞賓，原名呂喦，號純陽子，唐末道士，修道於終南山，以慈悲度世為成仙之道。劉操和呂喦，同為全真道尊為北五

49　同前註，頁 497 下。
50　〔漢〕劉向《列仙傳》：「赤松子者，神農時雨師也。服水玉，以教神農，能入火自燒。往往至崑崙山上，常止西王母石室中。隨風雨上下。炎帝少女追之，亦得仙俱去。至高辛時，復為雨師，今之雨師本是焉。」見王叔岷：《列仙傳校箋》（北京：中華書局，2007 年），頁 1。
51　《長春真人西遊記》，頁 497 下。
52　同前註。

祖之列。詩中以劉操曾居燕州，而詩人自己正身處此地，自己企慕超凡入聖，與呂洞賓相伴為友。丘處機是以兩位前代道士自比，表明修道的心志。軒轅彌明，唐憲宗元和年間（806—820）人，隸籍衡山道士。道法精湛，能捕鬼物，因拘蛟螭虎豹。尤工詩文，出語驚人，韓愈稱為隱君子。[53] 丘處機以軒轅道士自比，表明自己不明世俗治術。

以上都是《長春真人西遊記》詩歌中提及過一次的神仙和道士。他們都是同道，丘處機引以自況。然而，詩歌中最突出的宗教人物，必定是老子了。老子作為道祖，丘處機極之崇敬；老子化胡傳說，[54] 與丘處機西遊境況相似。由是老子形象和象徵，從 1220 年受詔到 1222 年 5 月面聖，先後六次在詩歌中出現，並分別表達六種心志。現列舉如下：

第一，繼承老子。《長春真人西遊記》的第一首詩〈答宣撫王巨川〉，詩云：

> 良朋出塞同歸雁，破帽經霜更續貂。一自玄元西去後，到今無似北庭招。[55]

此詩寫在 1220 年春天，丘處機身處燕京，準備遠行大漠，心情惆悵。同行師友如歸雁般方向一致，將要破帽經霜的仿效老子西行傳道，如同狗尾續貂。詩人想到西行的結果，不禁害怕有去無歸，或甚無人招回。而詩中，「玄元」是老子的封號，老子化胡傳教，也是一去不歸。這裏，丘處機面對西行之憂，是以「續貂」之心，承繼老子西行化胡的精神，以身殉道的犧牲精神，毫不退縮地踏上征途。

53　胡孚琛主編：《中華道教大辭典》（北京：中國社會科學出版社，1995 年），頁 102。

54　自東漢以來，有老子化胡之説。東晉時，首部《老子化胡經》成書，傳説是西晉道士王浮（生卒不詳）所作。東晉末竺道祖（生卒不詳）《晉世雜錄》記載：「道士王浮每與沙門帛遠抗論。王浮屢屈焉，遂改換《西域傳》為《化胡經》，言喜與聃化胡作佛，佛起於此。」見法琳《辯正論》卷五，收《大正藏》，冊 52，編號 2110。

55　《長春真人西遊記》，頁 482 上。

第二，效法老子。〈跋閻立本太上過關圖〉第一首云：

> 蜀郡西遊日，函關東別時。群胡皆稽首，大道復開基。[56]

同是在 1220 年春天，成吉思汗西征，丘處機請求待成吉思汗東歸拜見，但不獲允許。[57] 當時有人拿了《太上過關圖》，請求丘師題字，丘師就借此歌頌老子西行的大業：遺下《道德經》後，西出函谷關，所到之處，群胡禮敬老君，大道就能在西域重開了。面對不能避免的西遊，丘處機只有效法老子，傳揚大道、教化群胡為西行的宗旨。

第三，歌頌老子。〈龍泉觀醮後題詩〉云：

> 太上弘慈救萬靈，眾生薦福藉群經。[58]

此詩寫在 1220 年七月中元節，丘處機主持醮祭。當時天氣酷熱，井水不足。醮後三天，井泉忽然溢滿，取用不竭。丘處機以詩歌頌太上老君，表揚其心弘慈，救助萬靈。

第四，仰慕老子。〈以詩寄燕京道友〉云：

> 此行真不易，此別話應長。北蹈野狐嶺，西窮天馬鄉。陰山無海市，白草有沙場。自嘆非玄聖，何如歷大荒。[59]

此詩寫在 1220 年十二月，詩中道出西行之難，北越野狐嶺，西達天馬鄉，路達陰山沙漠。丘處機自嘆德行、毅力都比不上大聖人老子，懷疑自己

---

56 同前註。
57 同前註。
58 同前註，頁 482 下。
59 同前註，頁 482 中。

如何經歷蠻荒之地。這裏，他自覺不及老子，傾羨老子的德行和毅力。

第五，引用老子。〈復游西郊〉詩云：

二月中分百五期，玄元下降日遲遲。正當月白風清夜，更好雲收雨霽時。匝地園林行不盡，照天花木坐觀奇。未能絕粒成嘉遁，且向無為樂有為。[60]

此詩寫在 1222 年二月十五日老子誕辰。丘處機在玄元老子誕辰，雖時節氣候尚佳，但自感未能辟穀登仙遁去，只能嚮往「無為」之道，樂觀「有為」之法。「無為」之道，辟穀嘉遁，登真成仙；「有為」之法，西遊面聖，拯救蒼生。無為和無不為，乃出自《老子道經》三十七章：

道常無為而無不為。[61]

道，順任自然而無所作為，卻又沒有什麼事情不是它的作為。「有為」是應當避免的，但順任自然間也許是「無不為」的結果。丘處機以老子無為無不為的訓語，展示登真與西遊的調和。

第六，仰賴老子。除了以上五處直接徵引老子外，丘處機還以「道德」象徵老子精神。〈寄東方道眾〉詩云：

道德欲興千里外，風塵不憚九夷行。[62]

此詩寫於 1222 年五月，首次會見成吉思汗之後，在邪米思干大城等候成吉思汗再次召見。詩句表明西遊是要廣傳道德教義，同時又以「道德」象徵

60　同前註，頁 489 下。

61　見朱謙之：《老子校釋》（北京：中華書局，2008 年），頁 146。

62　《長春真人西遊記》，頁 491 中。

老子精神。「九夷行」指西遊遠行；「風塵」寫三年多的勞苦奔波；「憚」揭示西遊中的至深畏懼；「不」，就是老子精神給予的關鍵力量。丘處機懷抱老子，仰賴老子，克服西行之憂與面聖之懼，走畢西遊之路。

結語

丘處機十九歲學道，終身不渝地求道修道，以登真成仙為理想。不過，時代卻給他重大的考驗。金朝、南宋和蒙古政權，多方拉攏丘處機，以求增強政治勢力和聲望。蒙古皇帝脅持軍事實力，召請他遠赴西域行宮。這樣，就形成了丘處機的難題：登真與西遊之間的抉擇。

丘處機登真之志和安閑之願，是可以公開的，是以在《長春真人西遊記》的詩歌中，不難找到坦率的表白；反之西遊之憂和面聖之懼，卻不能公開，因為恐怕觸怒蒙古戎馬霸主。是以在《長春真人西遊記》的詩歌中，須掃除塵封，方能看見憂與懼的本來面目。

對於年屆七十三的老道來說，登真與西遊是互相排斥的。他的兩難訴諸詩歌。詩歌作為詩人的心靈鏡子，不但反映他的難題，而且折射排解難題的關鍵力量。這種具啟發性、指導性和安撫性的力量，就是道祖老子及其化胡傳說了。

何沛雄教授（1935－2013）論著知見錄

孫廣海

香港公開大學教育及語文學院

輯錄緣起

從一張相片說起。回憶十一年前（2006 年 11 月）與香港公開大學結緣，以教育及語文學院兼職導師身份，出席羅香林教授百年誕辰國際學術研討會，宣讀論文[1]，曾與一班來自全球各地之學者合照，筆者與何沛雄教授，有幸同在合照之中。

翻查資料，何沛雄教授於香港大學中文系教學三十載（1969－1999 年），桃李滿天下。[2] 2013 年 3 月，何沛雄教授捐館後，學人追憶其教誨以及悼念

---

[1] 孫廣海〈由羅香林《香港與中西文化交流》説起的一件學術界公案：日治淪陷期（1941－42）誰人繼任香港大學中文系主任？〉，香港科學館・羅香林教授百年誕辰國際學術研討會，2006 年 11 月。

[2] 可參：1. 單周堯主編《香港大學中文學院歷史圖錄》，香港大學中文學院，2007 年，頁 115、121、126、142、148、149、151、152、153、158、159、160、162、163、166、167、168、174、188、202、234、239、262。
2. 楊永安（主編）、梁紹傑、陳遠止、楊文信編《足迹——香港大學中文學院九十年》，香港・中華書局，2017 年 8 月，頁 97、99、106、108、119、120、127、128、130、132、134、136、137、143、151、152、156、158、163、169、171、195、200、201、212。

之文字，互聯網路上亦屢見[3]。

和何沛雄教授同屬香港大學中文系校友，筆者亦與有榮焉。惟今「沛公」已遠去，門生學侶，能不感念之乎！[4] 何教授一生著述豐贍，舉凡賦學史、儒學史、韓柳文，皆其犖犖大者。倘能輯錄其論著知見錄，以弘揚其學思，或可為香港儒學史、古典文學研究史，留下一份珍貴之文獻資料。

於遍蒐港大、中大圖書館書刊，以及萬維網路文獻，輯成本文。何沛雄教授各類著述，爰分專書（9 種）、編著（19 種）、論文（104 篇）、演講（33 篇）、書評（14 篇）五類列出，俾方便研究者閱覽。另附錄詩文序跋一類（39 篇），以見何沛雄教授著述用心之所寄。綜觀各類著述，以辭賦研究為最夥，孔學儒學思想次之，韓柳文研究又次之，西方漢學再次之。何教授於各項文教活動之參與，成績尤見突出。全文另附何沛雄教授小傳，併供讀者參考。

何沛雄教授小傳

何沛雄教授（1935. 12. 24－2013. 3. 19），廣東順德人。香港麗澤女子中學就讀小學四年級，十五歲中二畢業；香港培正中學 1953 年級誠社畢業。香

3　可參下述各篇：1. 廖書蘭〈悼念吾師何沛雄教授〉，載香港〈大公報〉2013 年 6 月 28 日。2.〈何沛雄教授追思錄〉，香港培正同學會鞠躬。3.〈深切悼念葛師校友何沛雄教授（葛師 1956）〉，香港教育大學。4. 中山大學中文系劉文強教授追憶何沛雄教授文字，見〈2008‧10‧31 中山大學中文系教授劉文強獲港大傑出校友〉。5. 許結挽何沛雄教授代擬云：「驚聞何沛雄教授仙逝，深感悲痛。何教授乃中國賦學會顧問，對中國辭賦研究獻益良多，謹代表中國賦學會，撰挽聯寄託哀思。
　　何沛雄教授千古宿學長存　育桃李情鍾賦海　斯人已去　仰儀型譽滿香江　中國賦學會敬挽（許結代擬）」，載 Google 網。
4　另可參何沛雄教授治喪委員會編《何沛雄教授哀思錄》、《何沛雄教授行略》。以上兩本小冊子，由香港樹仁大學中文系林翼勳博士檢示，書此誌謝。林翼勳博士曾撰一聯：「沛雄師千古杖履曾追陪　教澤長流宗師士林成表式　斗山空仰止　生芻致奠　春雨梁木有餘哀　晚林翼勳敬輓」
　　因當日截稿日期已過，故未能刊印於《哀思錄》中，殊為可惜。今附錄拙文之中，對沛公同表悼懷之情。

港葛亮洪教育學院 1956 年畢業。

其後，何沛雄教授考進香港大學，獲陳啟明獎學金及林仰山獎學金，1962 年以一級榮譽文學士卒業。並獲香港大學首屆研究生獎學金，隨饒宗頤老師（1917－2018）治漢魏六朝賦，並任香港大學中文系導師，1965 年獲頒文學碩士。1965－1968 年考獲英聯邦獎學金赴英深造，1968 年獲頒牛津大學哲學博士學位。

是年回港，初任香港中文大學研究院行政主任。1969 年轉往香港大學中文系，任職講師，1999 年榮休。2000 年 10 月，香港大學中文系曾主辦「何沛雄教授榮休紀念中國散文國際學術研討會」。續任香港大學中文學院名譽教授，珠海學院中文系主任兼中國文史研究所所長。專長漢書、中國文學史、歷代散文、韓柳文、文學史專題、學術史專題等科目。[5]

何教授嘗於香港孔聖堂國學班、香港樹仁學院（今易名香港樹仁大學）、倫敦大學、韓國慶熙大學、北京大學、洛陽大學、台灣國立中山大學、香港新亞研究所等院校任客座教授。

何教授 1976 年榮獲臺北中華學術院高級院士，1988 年獲英國皇家藝術學院院士、英國皇家亞洲學院院士及英國語言學院院士，2011 年獲香港教育學院（今正名香港教育大學）院士等榮銜。

何教授亦熱心文教和社會活動，歷任香港政府中文課本委員會委員、考試局高級程度中文科目委員會主席、香港政府公務員考試組考試委員、各大專院校博士碩士班校外考試委員、中國中南及北方十九省中國語文教學研究會名譽會長、佛山市孔學研究會榮譽會長、香港高齡教育工作者聯誼會名譽會長、孔教學院副院長、香港作家聯會副監事長、國際儒聯會理事、學海書樓董事、大專教授聯誼會顧問、香港教師會學術顧問、香港藝術發展局顧問、政務總署贊助全港青年學藝比賽大會永遠榮譽顧問、香港何氏宗親總會

5　何沛雄教授初任珠海學院文史研究所客座教授，講授「中國文學專題研究」、「中國學術思想研究」、「中國文學批評」及「中國思想史」，載《珠海校刊》1999 至 2000 年畢業典禮特刊，頁 16 新聘教師。

學術顧問。[6]

　　何教授又曾任《宋代書錄》、《中華百科全書》、《中國文學名篇鑒賞辭典》、《辭賦大辭典》、《中國古典文學指南》、《世界和平百科全書》諸書之特約撰稿人。[7]

　　何教授雅擅書法，有鋼筆行草字帖《古詩十九首》行世。[8] 曾應邀參加在韓國首爾舉辦之亞細亞美術招待展、西安書法藝術博物館之「九七香港回歸名家書法展」、「當代中國作家書畫展」、「大華耆英文化藝術節丹青翰墨展」

6　可參何沛雄教授治喪委員會編〈何沛雄教授行略〉。另參何文匯教授（1946－）的回憶文字〈羅忼烈教授──隨和溫雅，句麗詞清〉：「何沛雄教授從香港大學退休後，轉往珠海書院任教。千禧以後，我們見面的機會不算少，主要在何氏宗親總會的活動中，因為他是該會的學術顧問。何教授在 2013 年 3 月離世，設靈公祭之夜，我以何氏宗親總會永遠會長的身分，會同理事長和理事會成員前往致祭。追思往事，能不黯然？」載何文匯著《談學習 憶名師》，香港・商務印書館，2017 年 7 月，頁106－107。

7　可參何沛雄〈作家小傳〉，香港作家聯會編《香港作家小傳》，香港作家出版社，1997 年 11 月，頁 66－68。

8　何沛雄鋼筆字帖《古詩十九首》，香港・精工印書局，1974 年 8 月。據精工印書局所示：「何沛雄先生，擅長書法，講學上庠之餘，嘗以鋼筆書寫〈古詩十九首〉，啟導後學；其書筆勢奔馳，剛柔得體，秀拔脫俗，蓋出入於歐、虞、蘇、黃之間。」何沛雄鋼筆字、題字，見下列各種：「母校創校百周年誌慶・培才收翡翠正義網珊瑚一九五三年誠社何沛雄敬賀」，載《培正中學百周年紀念特刊》1889－1989，頁149。

何沛雄鋼筆字書錄〈古詩十九首・生年不滿百〉全首詩，載香港・何氏宗親總會有限公司集印《世界何氏宗親首屆藝文展覽專集》，2002 年 6 月。頁 32。

又見《南宋詠梅詞研究》書名，參賴慶芳著《南宋詠梅詞研究》，臺灣・學生書局，2003 年 8 月。

又見《荀子文學與美學》書名，參鄭烔堅博士著《荀子文學與美學》，香港・科華圖書，2001 年 4 月。

另見「彭乃楨詩文集詩文並茂情采兼賅丙戌 (2006) 午蒲月何沛雄敬題」，載何譽丙主編《彭乃楨 (榦 1910-1979) 詩文集》，香港・明報出版社有限公司，2006 年 11 月。

復見「第二屆世界何氏宗親藝文展覽文林吐艷藝苑生輝何沛雄題」，「山光照檻水繞廊，舞雩歸詠春風香。好鳥枝頭亦朋友，落花水面皆文章。丙戌 (2006) 年閏蘭秋何沛雄書於香港」載何永祥、何梓人編《盧江佳氣聚香城：第二屆世界何氏宗親藝文展覽》，香港何氏宗親總會有限公司出版，2010 年 6 月。

等。[9]

何教授講學上庠，其著述以學術性者居多，然乘興參加雅集，詩詞、對聯、序跋等等亦時時間作，簡練清雅，頗近初唐之體。[10]

何教授 1968 年與李慧娟女士結縭，育有兩子冠之、敬之，分別畢業於英國牛津大學、李斯特大學，夫人不幸於 1999 年仙遊。[11] 2006 年續絃，繼室金彬彬女士，乃宋史研究專家、[12] 臺灣成功大學歷史系金中樞教授（1928－2011）之長女。[13]

9　茲以兩本刊物所錄何沛雄教授鋼筆題詞作例。其一、《海沙》：「海不讓水，積小以成其大，乃為百谷之王。白沙在泥與之俱黑，所漸者然也。學者宜慎思之。港大中文系一年級同學以其平日習作彙編成冊，以收互相觀摩之效，名其集曰《海沙》，今付梓在即，謹書數言，冀欲與諸同學共勉云爾。何沛雄識。」載《海沙》（羅忼烈題耑），香港大學中文系一年級「海沙」編委同學編，1976 年 7 月 7 日。
其二、《寄心──一片冰心在玉壺》：「藉翰墨以寫心，托篇章以寄意，得意而會心，不亦快哉！中文系一年級同學以其平日佳作，都為一集，名之曰《寄心》，蓋多言情述志之作也。茲戲取其名以為句，聊博一粲云爾。己未（1979）伏月　何沛雄復」，載《寄心──一片冰心在玉壺》（羅忼烈題端）香港大學中文系一年級（七八年度）同學編。

10　何沛雄憶談在葛師的生活和感受，成〈偶感四首〉云：「1956 年余畢業於葛量洪師範學院，從此投身教育工作，忽已逾五十載，嘗任教於小學、中學、大學及研究所，現仍舌耕也。思往事，看今朝，偶感而賦七絕四首，聊抒己懷，亦博諸君一粲云爾。（一）荏苒光陰五十年，緬懷往事總情牽，勤功一載添新識，立志為師義薄天。（二）建旗拔幟育師資，畢業諸生設絳帷。矢志盡心施教化，春風冬月永無涯。（三）待問為師確劬勞，煩多事務致心忉。但求桃李花開日，自有仰天意氣豪。（四）教學須知百理明，循循善誘育群英。恆常日月施化雨，振鐸扣鐘四處鳴。」載葛量洪教育學院校友會編著《葛師的歲月》，李百強主編，香港‧天地圖書，2012 年 12 月，頁 153－154。

11　可參招祥騏〈深切懷念何沛雄教授〉，載陳紹南編《學海書樓九十年》，香港‧學海書樓，2013 年 10 月，頁 217－219。原載《珠海校刊》2012 至 2013 年（第 63 屆）畢業典禮特刊，頁 78－79。

12　金中樞教授（1928－2011），香港新亞研究所碩士，1960 年 7 月，學位論文〈北宋科舉制度研究〉；香港中文大學研究所碩士，1967 年 7 月，學位論文〈北宋舉官制度〉。專著有《宋代學術思想研究》，幼獅文化，1989 年；《宋代的學術和制度研究》八大冊，稻鄉出版社，2009 年。參見〈百度百科〉。

13　可參何金彬彬撰：1. 書評〈《孔穎達《春秋左傳正義》研究》，安敏（女）著，長沙‧岳麓書社出版，2009 年 11 月一版，載香港大學《東方文化》44 卷，2011 年。2. 悼文〈沛公與我〉，金彬彬拭淚叩撰，載《何沛雄教授哀思錄》。3.〈何沛雄教授紀念論文集 後記〉，載《何沛雄教授紀念論文集》，新北市‧稻鄉出版社，2016 年 6 月，頁 755－758。

一、專書類

1. 何沛雄著《柳宗元永州八記：析論‧校注‧集評‧年譜》，香港‧上海印書館，1974 年。

   版本另見《柳宗元永州八記：析論‧校注‧集評》，香港‧上海印書館，1978 年。

   又見《永州八記導讀》，香港‧中華書局，1990 年 10 月。

   > 附錄：游黃溪記簡析、校注、集評
   >
   > 柳宗元山水遊記和「追求閒適」（錄自吳文治《柳宗元評傳》）
   >
   > 柳宗元的生活體驗及其山水記（清水茂著，華山譯）
   >
   > 柳宗元年譜

2. 何沛雄著《讀賦零拾》，香港‧萬有圖書公司，1975 年 5 月。

   > 附錄：〈「詩人之賦麗以則」說〉

3. 何沛雄著《漢魏六朝賦家論略》，臺灣‧學生書局，1986 年 6 月。

   > 附錄：現存漢魏六朝賦作者及篇目
   >
   > （《香港大學中文學會會刊》（1971－74），1974 年）

4. 何沛雄著《漢魏六朝賦論集》，臺北‧聯經，1990 年 4 月。

   > 附錄：西方漢學家漢魏六朝賦譯著評介：華滋生《漢魏六朝賦選》評介
   >
   > 康達維《揚雄賦研究》評介
   >
   > 葛克咸《英譯庾信哀江南賦》評介

5. 何沛雄著《孔學五論》，香港孔教學院，1995 年 8 月。

   > ‧孔子所說的「仁」
   >
   > ‧孔子所說的「中」
   >
   > ‧孔子的「聖」（《孔學論文集》，香港‧孔教學院，2008 年 6 月。）
   >
   > ‧孔子學說與世界文化（《孔學月刊》50 期，1985 年 10 月。）
   >
   > ‧孔子學說與人類幸福

6. 何沛雄著《韓文擷論》，香港大學出版社，2006 年 9 月。

   > ‧緒論：古文的涵義與韓愈所倡導的「古文」
   >
   > ‧韓愈古文淵源（香港‧教育司署《中文通訊》34 期（1977－78 年刊），1978 年。）
   >
   > ‧韓愈古文的理論
   >
   > ‧韓愈古文的「宏博」

　　　　　・韓愈古文的「盛氣」

　　　　　・韓愈古文的「瑋辭」

　　　　　・韓愈古文的闡道名篇：〈原道〉

　　　　　・韓愈古文論性的佳作：〈原性〉（《珠海學報》19 期，2005 年。）

　　　　（論「性」說「情」——韓愈《原性》析論），張清華，胡阿祥，劉英杰主編

　　　　《韓愈與嶺南文化》（《韓愈研究》5 輯），北京・學苑出版社，2006 年 9 月。）

　　　　　・韓愈古文自況之作：〈伯夷頌〉（《名作欣賞》，1983 年 3 期。）

　　　　　・韓愈古文創格的贈序：〈送李愿歸盤谷序〉

　　　　　・韓愈古文對歐陽修的影響

　　　　　・韓愈古文在宋代的崇高地位

7.　何沛雄教授著《四書嘉言》，香港孔教學院，2008 年 6 月。

8.　何沛雄教授著《五經雋語》，香港孔教學院，2008 年 6 月。

9.　何沛雄教授著《子史菁華》，香港孔教學院。（待訪）

二、編著類

1.　何沛雄、羅慷烈、黃六平編《中國文選補編》，香港大學出版社，1972 年 2 月。

2.　何沛雄《鋼筆字帖 古詩十九首》，香港・精工印書局，1974 年 8 月。

3.　何沛雄編著《賦話六種》，香港・萬有圖書公司，1975 年 5 月。

　　另有（增訂本），香港・三聯書店，1982 年 12 月。

4.　何沛雄編訂《雨村賦話》（清・李調元撰），香港・萬有圖書公司，1976 年 3 月。

5.　何沛雄編著〈The Nineteen Ancient Poems〉（《古詩十九首》），Kelly & Walsh，Hong Kong, 1977.

6.　何沛雄編著《新編中國文選》上下冊，香港大學，1983 年。

7.　畢萬忱、何沛雄、羅慷烈編《中國歷代賦選》（先秦兩漢卷），江蘇教育出版社，1990 年。

8.　何沛雄主編、陳炳良、單周堯編輯《中國文選》上下冊，香港大學出版社，1992 年。

9.　何沛雄、鄧仕樑、陳志誠、陳永明、鄺健行編《新亞學術集刊》第 13 期（賦學專輯），1994 年。

10. 畢萬忱、何沛雄、羅慷烈編《中國歷代賦選》（魏晉南北朝卷），江蘇教育出版社，1994 年 12 月。

11. 何沛雄編《廿年學藝顯才華：慶祝全港青年學藝比賽二十週年》，香港・電影雙週刊，1995 年 10 月。

12. 何沛雄、陳嘉慧編《隨身法寶——佛珠》，香港・利文出版社，1996 年 6 月。

13. 畢萬忱、何沛雄、洪順隆《中國歷代賦選》（唐宋卷），江蘇教育出版社，1996 年 8 月。

14. 畢萬忱、何沛雄、洪順隆《中國歷代賦選》（明清卷），江蘇教育出版社，1998 年 11 月。

15. 何沛雄編《全港青年學藝比賽銀禧紀念特刊》，香港・美林設計，2000 年 9 月。

16. 何沛雄編《全港青年學藝比賽優勝文選》，全港青年學藝比賽大會，2000 年 10 月。

17. 何沛雄編《全港青年學藝比賽三十週年紀念特刊》，第三十屆特刊編輯委員會，2005 年 9 月。

18. 何沛雄編《揚芬集：全港青年學藝比賽中文詩創作比賽十周年優勝作品集》，香港・全港青年學藝比賽大會，2007 年。

19. 何沛雄、何金彬彬編著《何沛雄教授紀念論文集》，新北市・稻鄉出版社，2016 年 6 月。（筆者按：本《論文集》由香港・新亞研究所何廣棪教授轉贈，書此誌謝。）

三、論文類

1. 何沛雄〈漢魏六朝賦之分析〉，指導教授：饒宗頤教授，香港大學文學碩士論文，1965 年。

2. 何沛雄〈從論語中看孔子論仁〉，《現代學苑》4 卷 4 期，1967 年 3 月。
   原載《香港大學文學會年刊》（劉百閔題），1961－62 年。

3. 何沛雄〈班固《西都賦》與漢代長安〉，《大陸雜誌》34 卷 7 期，1967 年 4 月。
   另載何沛雄著《漢魏六朝賦論集》。

4. 何沛雄〈「詩人之賦麗以則」說〉，《人生》32 卷 7，8 期，1967 年 12 月。

5. 何沛雄〈辭賦分類略說〉，《人生》32 卷 9，10 期，1968 年。

6. 何沛雄〈《上林賦》作於建元初年考〉，《大陸雜誌》36 卷 2 期，1968 年 1 月。
   另載何沛雄著《漢魏六朝賦論集》。

7. 何沛雄〈司馬相如《子虛》《上林》與枚乘《七發》的關係〉，《人生》32 卷 12 期，1968 年 4 月。
   另載何沛雄著《漢魏六朝賦論集》。
   又載馬積高、萬光治主編《賦學研究論文集》，巴蜀書社，1991 年。

8. Kenneth P. H. Ho "A Study of the fu on hunts and capitals in the Han Dynasties (206 B.C.-220A.D.)" Ph.D thesis, University of Oxford, 1968.

9. 何沛雄〈叢書與類書〉,《現代學苑》10 卷 3 期,1973 年 3 月。

10. 何沛雄〈Ma Chih-yuan's "Autumn thoughts"(馬致遠《秋思》)〉,香港中文大學 *Renditions*(《譯叢》),1974 年。

11. 何沛雄〈今日英國的漢學研究〉,《現代學苑》11 卷 6 期,1974 年 6 月。
   另載《國立中央圖書館館刊》13 卷 1 期。

12. 何沛雄〈從「答韋中立論師道書」看柳宗元的為文理論〉,《思與言》13 卷 3 期,1975 年 9 月。

13. 何沛雄〈A Study of the Didactic Function of Han Fu on Hunts and on Capitals〉(漢代《兩都賦》和《羽獵賦》的諷諫作用)(英文),*Journal of Oriental Studies*, Hong Kong University,14 卷 2 期,1976 年 7 月。

14. 何沛雄〈古詩十九首脞論〉,香港大學《東方學刊》1976 年第 2 期。

15. 何沛雄〈古詩十九首新箋〉(英文),《珠海學報》9 期,1976 年 12 月。

16. 何沛雄〈韋理(Arthur Waley)的生平和著述:英國一代翻譯大家、漢學宗師〉,《華學月刊》57 期,1976 年。

17. 何沛雄〈《文選》選賦義例論略〉,《書目季刊》11 卷 2 期,1977 年 9 月。
   另載何沛雄著《漢魏六朝賦論集》。

18. 何沛雄〈讀余國藩英譯西遊記〉,《書目季刊》12 卷 3 期,1978 年 12 月。

19. 何沛雄〈談柳宗元的永州八記〉,《華學月刊》88,89 期,1979 年 4 月,5 月。

20. 何沛雄〈桐城派古文在清代盛行的原因〉(上),《華學月刊》104 期,1980 年 8 月;(下),《華學月刊》105 期,1980 年 9 月。

21. Kenneth P. H. Ho〈The "Seven Stimuli" of Mei Sheng〉(枚乘《七發》),香港‧珠海書院《珠海學報》11 期(羅故教授香林紀念專號),1980 年。

22. 何沛雄〈梁武帝及其孝思賦〉,香港孔聖堂《孔道專刊》6 期,1982 年 4 月。

23. 何沛雄〈賦家之體物與述志〉,香港大學學生會中文學會(80-81),《東方》(馬蒙教授榮休紀念),1982 年 6 月。

24. 何沛雄〈孔子學說與中西文化交流〉,香港孔聖堂《孔學月刊》14 期,1982 年 10 月。
   另載《教育曙光——香港教師會學報》23 期,1982 年 11 月。

25. 何沛雄〈古詩十九首新探〉，《文與藝》3 期，雪蘭莪，1983 年 4 月。

26. 何沛雄〈韓愈《伯夷頌》試析〉，《名作欣賞》，1983 年 3 期。

    另載《古典散文名作欣賞》，太原‧山西人民出版社，1985 年 9 月。

    又載《詩詞曲賦名作賞析》（二），太原‧山西人民出版社，1985 年 8 月。

27. 何沛雄〈談陶淵明的閑情賦〉，香港孔聖堂《孔道專刊》7 期，1983 年 5 月。

28. 何沛雄〈英譯庾信哀江南賦評介〉，《書目季刊》17 卷 2 期，1983 年 9 月。

29. 何沛雄〈韓愈的籍貫問題〉，香港教師會學報 New Horizons《教育曙光》24 期，1983 年 11 月。

30. 何沛雄〈六朝駢賦對句形式初探〉，香港中國語文學會《語文雜誌》11 期，1983 年 12 月。

    另載何沛雄著《漢魏六朝賦論集》。

31. 何沛雄〈試談《古詩十九首》的修辭技巧〉，《名作欣賞》，1984 年 3 期。

    另載《詩詞曲賦名作賞析》（一），太原‧山西人民出版社，1985 年 11 月。

32. 何沛雄〈現存曹植賦考略〉，臺北‧中華學術院《華學月刊》149 期，1984 年 5 月。

    另載何沛雄著《漢魏六朝賦論集》。

33. 何沛雄〈孔子與為人類幸福而奮鬥〉，香港孔聖堂《孔道專刊》8 期，1984 年 9 月。

34. Kenneth P. H. Ho〈The Post-Cultural Revolution Literature：Shanghen wenxue（傷痕文學）〉，Proceedings of the Sixth International Symposium on Asian Studies, Vol 1, Hong Kong, 1985.

35. 何沛雄〈尊孔崇儒的韓國成均館〉，《孔學月刊》46 期，1985 年 6 月。

36. 何沛雄〈讀《周邦彥清真集箋》〉，香港三聯書店《讀者良友》3 卷 2 期，1985 年 8 月。

37. 何沛雄〈略論《漢書》所載錄的辭賦〉，錢穆先生九秩榮慶論文集，新亞研究所，《新亞學報》15 卷，1986 年 6 月。

    另載何沛雄著《漢魏六朝賦論集》。

    又載鄺健行、吳淑鈿編選《香港中國古典文學研究論文選粹（1950－2000）小說、戲曲、散文及賦篇》，江蘇古籍出版社，2002 年 4 月。

38. 何沛雄〈韓愈的學文與為文〉，《孔道專刊》10 期，1986 年 6 月。

39. 何沛雄〈The Dialogue Form of Han Fu〉，《王力教授紀念論文集》，1986 年 9 月。

40. 何沛雄〈略論《唐文粹》的古文〉，香港浸會學院中國語文系主編《唐代文學研討會論

文集》，台北・文史哲出版社，1987 年。

41. 何沛雄〈慷慨激昂 淋漓盡致——江淹《恨賦》賞析〉，《名作欣賞》，1987 年 5 期。

42. 何沛雄〈江淹《恨賦》《別賦》試析〉，《香港大學中文系集刊》2 卷，1987 年。

　　另載何沛雄著《漢魏六朝賦論集》。

43. 何沛雄〈歐陽修古文集評〉，《孔道專刊》11 期，1987 年 4 月。

　　另載《孔道專刊》12 期，1988 年 5 月。

44. 何沛雄〈韓愈與《唐文粹》的古文〉，《韓愈研究論文集》，韓愈學術討論會組織委員會
　　編，廣東人民出版社，1988 年。

45. 何沛雄〈子虛、上林與七發的關係〉，《文史哲》，1988 年 1 月。

46. 何沛雄〈略論漢賦的分類〉，《書目季刊》21 卷 4 期，1988 年 3 月。

47. 何沛雄〈《子虛》、《上林》賦的分合和正名問題〉，香港大學學生會中文學會（86 －
　　87），《東方》（香港大學中文系六十周年紀念），1988 年 12 月。

48. 何沛雄〈「古詩十九首」的名稱與篇數〉，《首屆昭明文選研究論文集》，吉林文史出版
　　社，1988 年。

　　另載《何沛雄教授紀念論文集》，2016 年 6 月。

49. 何沛雄〈陶淵明《形影神》詩的主題商榷〉，《中華文史論叢》1 期，上海古籍出版社，
　　1988 年。

50. 何沛雄〈略論范仲淹的「治道」賦〉，國立臺灣大學文學院，《紀念范仲淹一千年誕辰國
　　際學術研討會論文集》，1988 年。

51. 何沛雄〈書面語和口語的分合問題〉，香港中國語文學會出版《中國語文研討會論文提
　　要》，1989 年 6 月。

52. 何沛雄〈陳白沙所說的「虛」與「靜」〉，《僑港新會商會八十週年紀念特刊》（1909 －
　　1989），1989 年 12 月。

53. 何沛雄〈略論黃仲則詩的疊字〉，新加坡國立大學中文系學報《學叢》2 期，1990 年。

54. 何沛雄〈評蔡涵墨《韓愈和唐朝探求大一統》〉，《書目季刊》23 卷 4 期，1990 年 3 月。

55. 何沛雄〈現存陸機賦考〉，載何沛雄著《漢魏六朝賦論集》，臺北・聯經，1990 年 4 月。

56. 何沛雄〈《兩都賦》和《二京賦》的歷史價值〉，《文史哲》，1990 年 5 期，1990 年 5 月。

57. 何沛雄〈孔子學說與世界文化〉，何竹平編《順德歷代邑人尊孔文選》，1990 年庚午秋月。

58. 何沛雄〈「雅文學」與中華文化〉，《中國文化與二十一世紀》下卷，1991 年。

另載香港中文大學「中華文化與二十一世紀」國際學術研討會宣讀論文，1988 年 12 月。

又載《語文教學雙月刊》8 期，2001 年 2 月。

59. 何沛雄〈中國文學思想的特色〉，載《中華文化的過去、現在和未來：中華書局成立八十周年紀念集》，北京·中華書局，1992 年。

另載《學海書樓七十周年紀念文集》，1993 年。

60. 何沛雄〈從《兩都賦》與《二京賦》看漢代的長安與洛陽〉，《慶祝饒宗頤教授七十五歲論文集》，香港中文大學，1993 年。

61. 何沛雄〈劉大櫆的古文理論〉，《紀念錢穆先生論文集》，《新亞學報》16 卷（下），1993 年 1 月。

62. 何沛雄〈柳宗元的《愚溪對》——一篇了厚白嘲、自矜的文章〉，《香港大學中文系集刊》3 卷，1994 年。

63. 何沛雄〈漢賦問答體初探〉，香港中文大學新亞書院·《新亞學術集刊》13 期（賦學專輯），1994 年。

64. 何沛雄〈論儒學的演變和韓愈所說的「道」〉，香港能仁書院《能仁學報》3 期，1994 年。

65. 何沛雄〈從《鄭伯克段于鄢》略論三傳詮釋《春秋》「微言大義」的得失〉，第一屆左傳國際學術研討會，1994 年 6 月。

另載《論學談言見摯情：洪順隆教授逝世周年紀念文集》，臺北·萬卷樓，2002 年 1 月。

66. 何沛雄〈柳開與宋代古文運動〉，《書目季刊》20 卷 4 期，1995 年 3 月。

67. 何沛雄〈論唐代的「古文發展」和「古代作家」〉，《能仁學報》4 期，1995 年 12 月。

68. 何沛雄〈漢賦研究的一些問題〉，新加坡國立大學中文系主辦國際漢學會議論文選集林徐典編《漢學研究之回顧與前瞻》（上冊：文學、語言卷），北京中華書局，1995 年。

69. 何沛雄〈略論漢代騷體賦和散體賦的特點〉，國立政治大學文學院、國立暨南國際大學中文研究所、美國西雅圖·華盛頓大學《第三屆國際辭賦學術研討會論文集》，1996 年 12 月。

70. 何沛雄〈歐陽修與韓愈的「古文關係」〉，《社會科學戰線》，1997 年 4 期。

71. 何沛雄〈孔子所說的「禮」與二十一世紀社會〉，《孔子思想與廿一世紀國際學術研討會論文集》，1997 年孔教學院慶回歸大典，香港·孔教學院，1997 年。

72. 何沛雄〈梁武帝及其《孝思賦》〉，南京大學中國語言文學系主編《魏晉南北朝文學論集》，南京大學出版社，1997 年。

73. 何沛雄〈從句式論孟子的「文氣」〉,《社會科學戰線》92 期,1998 年 2 期。

74. 何沛雄〈中西學者對《古詩十九首》的翻譯與研究〉,《東西文化承傳與創新國際學術研討會》,國大藝術中心、國大中文系及香港大學中文系聯辦,1998 年 12 月。新加坡國立大學 · 東西方文化承傳與創新研討會,2003 年。

   另載《何沛雄教授紀念論文集》,2016 年 6 月。

75. 何沛雄〈學海書樓與香港文學〉,《活潑紛繁的香港文學：一九九九年香港文學國際研討會論文集》下冊,1999 年。

76. 何沛雄〈漢代騷體賦和散體賦的發展〉,南京大學中文系主編《辭賦文學論集》(第四屆國際辭賦學術研討會論文集),南京 · 江蘇教育出版社,1999 年。

   另載香港能仁書院《能仁學報》7 期,2000 年 11 月。

77. 何沛雄〈蘇軾「潮州韓文公廟碑」脞說〉,第三屆潮學國際研討會論文,1999 年。

78. 何沛雄〈略論王國維所說的古文〉,《紀念王國維先生生辰 120 周年學術論文集》,廣東教育出版社,1999 年。

79. 何沛雄〈賈誼《弔屈原賦》脞說〉,屈原研究國際研討會論文。

   另載香港樹仁學院《樹仁學報》2 期,2001 年 12 月。

80. 何沛雄〈《禊禊賦》與「蘭亭會」〉,漳州師範學院中文系編《辭賦研究論文集——第五屆國際辭賦學學術研討會》,中國文史出版社,2001 年。

   另載香港 · 能仁書院《能仁學報》9 期,2002 年。

81. 何沛雄〈明代科舉與八股文〉,香港大學中文系 · 慶祝大學創校九十週年明清史國際研討會,2001 年。另載《珠海學報》18 期,2002 年 10 月。

82. 何沛雄〈宋代古文家的「尊韓」〉,《清華大學學報》(哲學社會科學版),2002 年 1 期。

83. 何沛雄〈略論袁宏道山水遊記的「本色」〉,香港大學中文系 · 明清學術國際研討會,2002 年。

84. 何沛雄〈略論孔子所說的「人道」〉,《儒學與世界文明論文集》,新加坡國立大學中文系,2002 年。

85. 何沛雄〈全球化下孔子學說與世界文化〉,《全球化下中華文化的發展研討會論文集》,香港,2003 年。

86. 何沛雄〈廿一世紀漢學研究的新趨向〉,中華傳統文化與新世紀國際學術研討會論文,《西北大學百年校慶國際學術研討會論文集》,西安 · 三秦出版社,2004 年。

87. 何沛雄〈中文教學的過去、現在與未來〉，香港教師會成立七十周年特刊《教育》，
　　2004 年。

88. 何沛雄〈孔子所説的人道與世界文化〉，北京「孔聖誕 2555 周年國際儒學研討會」宣讀
　　論文，2005 年。

89. 何沛雄〈從傳統所説的「人道」論中華文化自覺〉，《文化自覺與社會發展：二十一世紀
　　中華文化世界論壇論文集》，香港・商務，2005 年。

90. 何沛雄〈從「執中」與歷代的治亂因果略論「中道」的要義──羅香林《中國民族史》
　　有感〉，羅香林教授百年誕辰國際學術研討會論文，香港歷史博物館，2006 年 11 月。

91. 何沛雄〈洛陽景物賦〉，香港《春秋》972 期，2007 年 1 月；973 期，2007 年 2 月；
　　974 期，2007 年 3 月；975 期，2007 年 4 月；976 期，2007 年 5 月；977 期，
　　2007 年 6 月。
　　另載《學海書樓八十五周年特刊》，香港・學海書樓，2008 年。

92. 何沛雄〈略論西方漢學家的漢賦翻譯與研究〉，香港大學中文系《東西方研究國際學術
　　研討會》，2007 年 10 月。
　　另載《何沛雄教授紀念論文集》，新北市・稻鄉出版社，2016 年 6 月。

93. 何沛雄〈孔教儒家倫理道德的重要性〉，香港六宗教領袖座談會編《宗教信仰與家庭》，
　　2007 年。

94. 何沛雄〈再論柳宗元的山水遊記〉，臺灣・明道大學・唐宋散文學術研討會論文，2008
　　年 10 月。
　　另載明道大學中國文學系《明道中文學報》2 期，2009 年 9 月。
　　又載《唐宋散文研究論集》，臺北・萬卷樓，2010 年。
　　又載《記憶與超越：唐宋散文研究論集》，臺北・萬卷樓重排版，2013 年。

95. 何沛雄〈略論司馬相如《子虛、上林賦》的「三字句」〉，《華學》九、十輯（《饒宗頤
　　九十華誕國際學術研討會論文集》），清華大學國際漢學研究所、中山大學中華文化研究
　　中心、香港大學饒宗頤學術館聯合主辦出版，2008 年。

96. 何沛雄〈略論儒家的「中道」〉，中華人民共和國文化部暨山東省人民政府合辦之〔2008
　　第一屆世界儒學大會〕宣讀論文，2008 年 9 月。

97. 何沛雄〈儒家所説的「學」與當代教育〉，《儒學的當代使命──紀念孔子誕辰 2560 周
　　年國際學術研討會論文集》（第一冊），國際儒學聯合會、聯合國教科文組織、中國孔子

基金會，北京・2009 年 9 月。

98. 何沛雄〈研究中國文學的「三分」與「四化」〉，單周堯主編《香港大學中文學院八十
周年紀念學術論文集》，上海古籍出版社，2009 年 12 月。原文刊載《清華大學學報》
2002 年。

99. 何沛雄〈漢賦「體物」初探——以班固《西都賦》為例〉，香港珠海學院・《漢學與東亞
文化國際學術研討會論文集》，2011 年 10 月。

100. 何沛雄〈漢賦諷諫論略〉，《珠海學報》20 期，2012 年 9 月。

另見《何沛雄教授紀念論文集》，2016 年 6 月。

101. 何沛雄〈四十載的情懷 憶往事 說牛津〉，譚宗穎、吳國榮編《我們的留學歲月：幾代香
港學者的集體回憶》，香港・圓桌精英，2012 年。

102. 何沛雄〈「古詩十九首」的作者、時代、主題內容和藝術特色〉，《何沛雄教授紀念論文
集》，新北市・稻鄉出版社，2016 年 6 月。

103. 何沛雄〈漢賦的體物〉，《何沛雄教授紀念論文集》，2016 年 6 月。

104. 何沛雄〈漢賦的系辭〉，《何沛雄教授紀念論文集》，2016 年 6 月。

105. 何沛雄〈讀《西藏佛教密宗藝術》〉，待訪。

四、演講類

1. 何沛雄〈中國歷史上之國都〉，牛津大學東方研究院，1966 年 12 月。

2. 何沛雄〈散文的欣賞〉，青年學藝講座，1975 年－1993 年。

3. 何沛雄〈古詩十九首淺析〉，青年學藝講座，1975 年－1993 年。

4. 何沛雄〈怎樣研讀中國文學史〉，青年學藝講座，1975 年－1993 年。

5. 何沛雄〈再談怎樣研讀中國文學史〉，青年學藝講座，1975 年－1993 年。

6. 何沛雄〈辭趣淺說〉（「諸聖學堂講座」講稿撮要），香港大學中文學會（1976－1977）
《東方》，1978 年 3 月。

7. 何沛雄〈明清科舉制度略說〉，《諸聖學術講座文萃》，香港・諸聖中學，1981 年。

8. 何沛雄〈從中西文化交流談父親節的意義〉—— 1980 年在孔聖堂慶祝父親節講稿，香
港孔聖堂《孔道專刊》5 期，1981 年 5 月。

9. 何沛雄〈今時今日學校必須加強道德教育——孔聖堂中小學 1980 年度畢業典禮講詞〉，
香港孔聖堂《孔學月刊》，孔學出版社，1981 年 11 月。

另載《孔道專刊》6 期，1982 年 4 月。

10. 何沛雄〈孔子教育學説與東西文化交流〉，《教育曙光》第 23 期，1982 年 11 月。

11. 何沛雄〈談孝親、敬長──1983 年元月「愛心」運動分題講稿〉，《孔學月刊》19 期，1983 年 3 月。

12. 何沛雄〈慶祝亞聖孟子誕辰致詞：弘揚孟子學説　挽救世道人心〉，《孔道專刊》8 期，1984 年 9 月。

13. 何沛雄〈慶祝亞聖孟子誕辰主禮人致詞：弘揚孟子學説 挽救世道人心〉，1984 年 5 月 2 日孟子誕辰，《孔道專刊》9 期，1985 年 5 月。

14. 何沛雄〈中國雅文學的貫通性〉，香港培正中學創校百周年紀念《紅藍學術講座論文集》，1989 年。

15. 何沛雄〈西方漢學研究與傳統文學的再思〉，台灣國立中興大學，2002 年 12 月。

16. 何沛雄〈研究中國文學的新趨勢〉，台灣逢甲大學，2002 年 12 月。

17. 何沛雄〈略論莊子的人生觀〉，台灣靜宜大學，2002 年 12 月。

18. 何沛雄〈中國古代文獻研究方法〉，香港中文大學研究院‧中國語言文學系碩士課程，2003 年 9 月 8 日。

19. 何沛雄〈略談莊子的現實人生觀〉，香港城市大學‧中國文化中心，2003 年 9 月 18 日。

20. 何沛雄〈歷代山水遊記縱橫談〉，香港城市大學‧中國文化中心，2003 年 10 月 16 日。

21. 何沛雄〈香港通識教育發展近況〉，「2006 年華文地區大學通識教育國際研討會」，台灣高雄義守大學，2005 年。

22. 何沛雄〈山水文學縱橫談〉，珠海學院「中國文化與藝術講座」，2006 年 2 月 3 日。

23. 何沛雄〈孔子學説與世界文化〉，孔曆二五五七年順德聯誼總會慶祝孔聖誕典禮致詞，香港‧順德聯誼總會屬校聯絡委員會出版，2006 年 8 月 27 日。

24. 何沛雄〈孔子所説的「人道」〉，至聖先師孔子：剪紙藝術展與論壇，2007 年 1 月 7 日。孔教學院主辦慶祝香港回歸祖國 10 周年紀念之「孔子文化」展覽會，2007 年 10 月 4 日。

25. 何沛雄〈孔教儒家倫理道德的重要性〉，香港六大宗教領袖座談會代表孔教學院主講，2007 年 12 月 1 日。

26. 何沛雄〈孔子所説的「學」〉，香港孔教學院舉辦之「孔教儒學講座」，2008 年 3 月 8 日。

27. 何沛雄〈香港通識教育近況〉，嶺東科技大學，2008 年 5 月 7 日。

28. 何沛雄〈香港作家聯會新加坡訪問團書展講座〉，與國大南大師生交流會，錫川文藝中心文藝座談會，2008 年 5 月 31 日至 6 月 4 日。

29. 何沛雄〈中國古代官制──以唐代官制為例〉，珠海學院文學院「中國文化及藝術」課程，2008 年 10 月 9 日。

30. 何沛雄〈仁本中心之法治──儒家漢學巨擘〉，台灣嶺東科技大學教師研習營專題演講，2009 年 5 月 26-27 日。

31. 何沛雄〈中國傳統節日與二十四氣節〉，珠海學院中國文史研究所，2009 年 9 月 18 日。

32. 何沛雄〈這個孔子不太冷〉，公民教育委員會、香港文化促進中心主辦之〔孔子流芳、青年互動論壇〕，2010 年 10 月 4 日。

33. 何沛雄〈點亮生命──如何凝聚善行力量〉，香港社會科學院主持，由台灣監察院院長王建煊博士在香港大學作專題演講，2010 年 11 月 22 日。

34. 何沛雄〈宗教信仰與災難〉，代表香港孔教學院出席「香港六大宗教領袖座談會」之「宗教思想交談會」，2010 年 12 月 11 日。

五、書評類（Reviews）

1. 何沛雄〈貝亞士：《中國文選》〉Cyril Birch, ed., *Anthology of Chinese Literature*，香港中文大學《中國文化研究所學報》2 卷 1 期，1969 年 9 月。

2. 何沛雄〈華茲生：《漢魏六朝賦選》〉Burton Watson: *Chinese Rhyme-Prose: Poems in the Fu Form from The Han and Six Dynasties Periods*，《中國文化研究所學報》7 卷 1 期，1974 年 12 月。
   另載何沛雄著《漢魏六朝賦論集》。

3. 何沛雄〈霍克思譯：《石頭記》〉*The Story of the Stone*. By Cao Xueqin. Translated by David Hawkes. Published in Penguin Books, December 1973. (Volume 1: "The Golden Days.")，《中國文化研究所學報》8 卷 1 期，1976 年 12 月。

4. 何沛雄〈貝亞士：《中國文體研究》〉Cyril Birch (ed)：*Studies in Chinese Literary Genres*，《中國文化研究所學報》9 卷上冊，1978 年。

5. 何沛雄〈康達維：《揚雄賦研究》評介〉David R. Knechtges: *The Han Rhapsody. A Study of the Fu of Yang Hsiung* (53 B.C.- A.D.18)，《中國文化研究所學報》9 卷上冊，1978 年。
   另載何沛雄著《漢魏六朝賦論集》。

6. 何沛雄〈兩本賦學英文專著評介（上）：Watson. B 的《漢魏六朝賦選》；Knechtges. D. R. 的《揚雄賦研究》〉，《華學月刊》72 期，1977 年 12 月；（下），《華學月刊》73 期，1978 年 1 月。

7 何沛雄〈余國藩譯：《西遊記》〉Anthony C. Yu (Trans): *The Journey to the West*，《中國文化研究所學報》10 卷下冊，1979 年。

8. 何沛雄〈柳存仁：《和風堂論文選》〉Selected Papers from the Hall of Harmonious Wind. By Liu Ts'un-Yan. (E.J. Brill, Leiden in collaboration with the Faculty of Asian Studies, Australian National University,1976.)，《中國文化研究所學報》，10 卷下冊，1979 年。

9. 何沛雄〈葛克咸《英譯庾信哀江南賦》評介〉"The Lament for the South". Yu Hsin's 'Ai chiang-nan, by William T. Graham, JR Cambridge: Cambridge University Press, 1980. 234p. Appendixes, notes, bibliography, index. By Kenneth P. H. Ho, 香港大學《東方文化》20 卷，1982 年。

   另載《書目季刊》17 卷 2 期，1983 年 9 月。

   又載何沛雄著《漢魏六朝賦論集》，1990 年 4 月。

10. 何沛雄〈英譯《玉臺新詠》評介〉，香港商務印書館《書海》1986 年 11 期，1986 年 10 月。

11. 何沛雄〈英譯蕭統《文選》評介〉，香港商務印書館《書海》1987 年 15 期，1987 年 10 月。

12. 何沛雄〈《古代中韓日關係研究》〉，林天蔚，黃約瑟主編，《東方文化》25 卷，1987 年。

13. 何沛雄〈《韓愈研究論文集》〉 韓愈學術討論會組織委員會編，廣東人民出版社，1988，10，《東方文化》26 卷，1988 年。

14. New Haven: The American Society, Gong Kechang and David Knechtges (trans) *Studies on the Han Fu*. By Kenneth P. H. Ho，《東方文化》35 卷，1997 年。

六、詩文序跋類（文、序跋從略）

1. 何沛雄〈《漢魏六朝賦之分析》序言〉，載香港大學學術庫（The HKU Scholars Hub）網站，文科碩士論文，1965 年。

2. 何沛雄〈《讀賦零拾》小引〉，載何沛雄著《讀賦零拾》，香港・萬有圖書公司，1975 年 5 月。

3. 何沛雄〈《雨村賦話》弁言〉，載何沛雄編訂《雨村賦話》，香港·萬有圖書公司，1976年3月。

4. 何沛雄〈《永州八記導讀》敘例〉，初載何沛雄編著《柳宗元永州八記》（增訂本），香港·上海印書館，1978年9月。

   另載何沛雄編著《永州八記導讀》，香港·中華書局，1990年10月。

5. 何沛雄〈《柳宗元永州八記》再版後記〉，載何沛雄《柳宗元永州八記》（增訂本），香港·上海印書館，1978年9月。

6. 何沛雄〈敬悼羅香林教授（1906－1978）〉，載余偉雄、何廣棪編《羅香林教授紀念集》，1979年8月。

7. 何沛雄〈《晚明小品論析》序〉，1980年。載陳少棠著《晚明小品論析》，香港·波文書局，1981年2月。（本書由何貴初博士提供資料，書此誌謝。）

8. 何沛雄〈《賦話六種》序〉，載何沛雄編著《賦話六種》（增訂本），香港·三聯書店，1982年12月。

9. 何沛雄〈《漢魏六朝賦家論略》序〉，載何沛雄著《漢魏六朝賦家論略》，臺灣·學生書局，1986年6月。

10. 何沛雄〈《漢魏六朝賦論集》序〉，載何沛雄著《漢魏六朝賦論集》，臺北·聯經，1990年4月。

11. 何沛雄著〈《孔學五論》前言〉，載何沛雄著《孔學五論》，香港孔教學院，1995年8月。

12. 何沛雄編〈《廿年學藝顯才華》編後話〉，載《廿年學藝顯才華：慶祝全港青年學藝比賽二十週年》，香港·電影雙週刊，1995年10月。

13. 何沛雄〈《張養浩及其散曲研究》序〉，1995年，載何貴初著《張養浩及其散曲研究》，香港·文星圖書，2003年5月。（本書由何貴初博士提供資料，書此誌謝。）

14. 何沛雄著〈《隨身法寶──佛珠》前言〉，載何沛雄、陳嘉慧著《隨身法寶──佛珠》，香港·利文出版社，1996年6月。

15. 何沛雄〈《中國歷代賦選》（唐宋卷）後記〉，載畢萬忱、何沛雄、洪順隆《中國歷代賦選》唐宋卷，顧問羅忼烈（1918－2013），江蘇教育出版社，1996年8月。

16. 何沛雄〈順德詩徵序〉，1996年，載何竹平編《順德詩徵》，桂洲何孝思堂初版，1997年。

17. 何沛雄·蘇文擢教授千古

學界稱人師　桃李門牆弘化育

士林惜碩宿　文章星斗黯光芒

鄉弟何沛雄敬輓

載蘇教授文擢先生治喪委員會編《蘇文擢教授哀思錄》，1997 年 5 月。

18. 何沛雄〈《王齊樂詩書集：清遊篇》序〉，載王齊樂（1924－）《王齊樂詩書集》，香港·樂天書法學會，1999 年 11 月。

19. 何沛雄〈《全港青年學藝比賽銀禧紀念特刊》編後話，載何沛雄編《全港青年學藝比賽銀禧紀念特刊》，香港·美林設計，2000 年 9 月。

20. 何沛雄〈《全港青年學藝比賽優勝文選》序，載《全港青年學藝比賽優勝文選》，全港青年學藝比賽大會出版，2000 年 10 月。

21. 何沛雄〈節廬詩文全集跋〉，載何竹平（1921－2004）《節廬詩文全集》，香港·式慧印刷，2001 年。

另載香港樹仁學院中文系《仁聲》，2002 年。

22. 何沛雄《海陬酬唱》三首：

一、〈和羅忼烈教授送樂翁偕羅芳夫人往溫哥華威斯勒雪嶺渡歲五首〉；

樂翁伉儷往加國威斯荔勒雪嶺渡歲，羅忼烈教授贈詩送行，樂翁酬唱，囑余和之，謹隨驥尾，敬步原玉奉呈。辛已（2001 年）春識於芷凝軒。

1、越海跨洋赴異邦，迎年饌歲別香汀。蘭亭既得詩書樂，更有尋梅儷影雙。

【樂翁先往杭州參加蘭亭雅集盛會然後赴加國雪嶺渡歲】

2、冒卻嚴寒上雪峰，躋山踱嶺任西東；高情雅趣隨君意，世外消遙是樂翁。

3、雪地迎賓屋幾幢，璧山玉宇掛凝瀧。烹茶煮酒圍爐暖，驟覺飛花亂撲窗。

【年蟻春雪詩：閉門不知春意動，撲窗忽覺雨聲乾。】

4、同來此地雜華夷，併作尋歡縱樂之。賞雪遊山鴻爪記，試隨謝鮑好題詩。

5、嘗聞加國雪山椒，欲摘瓊花意未消；他日緣來攀玉樹，騎驢覓句入詩瓢。

二、〈迎羅忼烈教授伉儷由加返港定居三首〉：

羅師忼烈教授伉儷，移居加國溫哥華數載，今歲歸里，有固港定居之意，聞者欣忭。有感而賦，率成三章。奉呈　先生斧正，並博一粲！

1、寄寓溫城幾度秋，高山白雪奏閒愁。登樓俯仰思歸去，彩照桑榆未晚收。

【奏「高山流水」則有待知音；奏「陽春白雪」則曲高和寡。】

2、北國天寒過雁多，丹楓錦碎綴霜柯。人人盡説江南好，翠柳紅桃綠水波。

3、盤旋越鳥巢南枝，客舍他鄉夢裏知。且效淵明歸故里，西窗展讀草堂詩。

三、〈賀饒宗頤教授八秩晉五華誕之喜〉：

　　饒學精微四海知，詩文書畫逞瓊姿。才如北斗人宗仰，壽比南山樂自頤。

　　　　　　　　　　載香港珠海書院中國文學系《文史天地》第 7 期，2001 年 11 月。

23. 何沛雄〈挽詩二則〉：「鄉彥餘菴先生（潘小磐（1914－2001）歷任恆生銀行文書組主任暨工商鉅賈主簿多年，擅詩文。性豁達，喜言笑，與之相遇輒戲語曰：『請問貴姓』。據悉先生日前與諸文友午敍於鑽石樓，翌晨竟隱然長寢，化鶴西歸。人生無常，蓋如是乎。怊悵壹鬱，潸然悼爾。

　　　　　　　　　　　　　　　　　　辛巳（2001）中和晚何沛雄

偶爾相逢客路中，笑談問姓道西東。遽然駕鶴乘雲去，若寄浮生一剎空。

文壇老手號詩翁，主簿商場筆健雄。噩訊傳來驚骨折，流年往事悼心中。」

何沛雄教授：「《仁聲》十周年紀念誌慶

　　　　　　進德修業　蹈仁行義　聲華日茂矣　　辛巳年（2001）春何沛雄敬題」

載《仁聲十周年紀念特刊》，香港樹仁學院中文系，2001 年。

24. 何沛雄〈懷念洪順隆教授〉：

洪鐘逸響嫋餘音，探究六朝學藝深。順道歸西乘鶴去，隆情解惑顯儒心。

載《論學談言見摯情：洪順隆教授逝世周年紀念文集》，臺北·萬卷樓，2002 年 1 月。

25. 何沛雄〈《珠海學報》總第 18 期序〉，載何沛雄主編《珠海學報》總第 18 期，香港珠海書院，2002 年 10 月。

26. 何沛雄博士〈初遊瘦西湖〉，載 香港樹仁學院中文系《仁聲》，2003 年。

原載《人生——香港作家聯會會員散文集》。

27. 何沛雄〈（陳洛然著）《生命的歷程》序〉，香港樹仁學院中文系《仁聲》，2004 年 12 月。

28. 何沛雄〈《全港青年學藝比賽三十週年紀念特刊》序言〉，載《全港青年學藝比賽三十週年紀念特刊》，2005 年 9 月。

29. 何沛雄〈《韓文擷論》序言〉，載何沛雄著《韓文擷論》，古典文學叢書，香港大學出版社，2006 年。

30. 何沛雄「鑪峰雅敍」，為中國外交部駐香港特別行政區特派員楊文昌先生離任惜別晚宴賦詩：

鑪峰雅敍集群賢，政教工商廣結緣。闊論高談盈妙趣，良朋共繡錦華篇。2006 年 1 月 25 日。

載《珠海校刊》珠海學院第五十六屆畢業典禮，2005－2006 年。

31. 何沛雄〈《揚芬集：全港青年學藝比賽中文詩創作比賽十周年優勝作品集》序，載《揚芬集：全港青年學藝比賽中文詩創作比賽十周年優勝作品集》，香港・全港青年學藝比賽大會，2007 年。

32. 何沛雄〈《四書嘉言》序〉，載何沛雄教授著《四書嘉言》，香港孔教學院，2008 年 6 月。

33. 何沛雄〈《五經雋語》序〉，載 何沛雄教授著《五經雋語》，香港孔教學院，2008 年 6 月。

34. 何沛雄宗長：第二屆世界何氏宗親藝文展覽

　　研露磨雲　化作一團錦繡

　　雕金琢玉　傳來滿帙鏗鏘

載何永祥、何梓人編《廬江佳氣聚香城：第二屆世界何氏宗親藝文展覽》，香港何氏宗親總會有限公司出版，2010 年 6 月。

35. 何沛雄〈（李卓藩）《唐詩與《詩經》傳承關係研究》序〉，載李卓藩著《唐詩與「詩經」傳承關係研究》，香港中華書局，2011 年。

36. 何沛雄〈董就雄《聽車廬詩草二集》內容簡介〉，載董就雄《聽車廬詩草二集》，香港・天地圖書，2011 年 6 月。

37. 何沛雄〈賴慶芳《輕鬆學創作》序〉，2011 年 9 月 10 日，載賴慶芳《輕鬆學創作：白由題、續寫、散文及小說的創作竅門》，香港中華書局，2011 年。

38. 何沛雄〈《漢學與東亞文化國際學術研討會論文集》序二〉，載香港珠海學院《漢學與東亞文化國際學術研討會論文集》，2011 年 10 月。

39. 何沛雄〈《何沛雄教授紀念論文集》自序〉，載何沛雄著《何沛雄教授紀念論文集》，新北市・稻鄉出版社，2016 年 6 月。

後記

　　本文紀錄了何沛雄教授一生之學術成就，只屬輯錄之作，實無足觀。惟賴香港新亞研究所何廣棪教授、香港樹仁大學中文系林翼勳教授、香港公開大學教育及語文學院馬顯慈博士、何沛雄教授弟子何貴初博士等學者，提供寶貴資料和意見，終能以底於成，在此再申謝忱！

欣逢榮幸獲邀出席單周堯教授七秩華誕國際學術研討會，單教授曾撰文追念沛公：

「天胡不遺一老？沛公去矣，大雅云亡，空懷舊雨。緬想沛公一生，我寫了下列輓聯：

壽享八旬，賦海文淵，早著聲華揚宇內；

胸羅萬卷，禮門義路，長留教範在人間。

此外，又代香港大學中文學院同人寫了一對輓聯：

中西並馭，博古通今，才學昭垂人共仰；

齒德俱尊，滋蘭樹蕙，老成凋謝世同悲。」（《何沛雄教授紀念論文集》序二）

單教授為沛公所撰二聯，與拙文宗旨，不謀而合。故不揣淺陋，特迻錄之，俾與拙文同就教於大雅君子。

2019 年 11 月修訂

語言文化教育

儒學經典《論語》
之現代語文教育意義

馬顯慈

香港公開大學 教育及語文學院

　　孔子，名丘，字仲尼，春秋戰國時人，是一位偉大思想家、教育家，儒家思想學派鼻祖。孔子生平詳見司馬遷《史記‧孔子世家》，其他個人軼事，散見於先秦兩漢文獻。《論語》一書，是現存儒家文獻中重要經典，綜合記載了孔子畢生學說與思想感情。東漢班固《漢書‧藝文志》云：「《論語》者，孔子應答弟子、時人及弟子相與言而接聞於夫子之語也，當時弟子各有所記。夫子既卒，門人相與輯而論纂，故謂之《論語》」。[1]事實上，《論語》是一本關於孔子思想言行的實錄，通過分析與研究，我們可以清楚了解孔子為人，其道德情操與政治思想。以外，《論語》又具有高度研究價值，從語言、文學角度來說，可以藉此窺探先秦哲理散文的筆法與風格。從哲學思想、文化教育等範疇來看，《論語》又保存了大量儒學精粹，是研究孔門學問之重要文獻。

　　從《論語》書中，我們可以了解到孔子所倡議的重要主張、其個人哲學思想以及待人處事態度。例如，「節用而愛人，使民以時。」（《論語‧學而》）「博施於民而能濟眾」（《論語‧雍也》），「學而時習之，不亦說乎？」（《論語‧學而》）「學而不思則罔，思而不學則殆。」（《論語‧為政》）「學而不厭，誨人不倦。」（《論語‧述而》）「有教無類」（《論語‧衛靈公》），「知

1　見《漢書》班固撰、顏師古注，北京：中華書局，1962 年，頁 1717。

其不可而為之」（《論語・憲問》），[2] 這些早已膾炙人口的説話，都體現儒家的積極用世與自強不息精神。儒家教育理念重視「學」、「思」、「行」的過程，同時又着重「博學而詳説」、「多聞」、「多見」、「知之」等原則。[3] 儒家另一經典《中庸》也具體提出「博學之，審問之，慎思之，明辨之，篤行之」[4] 五個教學步驟。綜觀而言，孔子在《論語》所提及之教學理念，不但沒有因為時代久遠而不切時用，相反卻是相當適合現代社會的需要，兼且具有恆久的實用意義和參考價值。就以孔子在《論語・為政》一節曾提及自己的人生歷程，文中清晰剖析了人生在不同階段的處境與心理現象：所謂「吾十有五而志於學」正好指出人在年青時應立志向學，也示現了這是求學的重要階段；「三十而立」則是人已趨於成熟，應在社會上有所建立；「四十而不惑」則是最會遇到困惑、令人有所迷失之時；「五十而知天命」是指人經歷中年日子時，每每會思考到自我在宇宙之角色以及生命之意義；「六十而耳順」則指人步入老年階段，他的豐富人生經驗讓自己明白到世間各種事理，學會了辨別是非真偽；「七十而從心所欲，不踰矩」則是人在高齡之時，對萬事萬物皆已窮達通透，感悟何謂知足常樂，而不要有超越規矩的念頭。[5] 誠然，孔子這番話在二十一世紀的今天來說，仍是至理名言，它道破了一般人生歷程上的種種真實情況及其心理發展與思想感情。

2　有關章節見《論語注疏》，何晏注、邢昺疏、朱漢民整理、張豈之審定，北京：北京大學出版社，2000 年。

3　「博學而詳説」出於《孟子・離婁下》，詳見《孟子注疏》，趙岐注，北京：北京大學出版，1999 年，頁 261。《論語・述而》有謂：「多聞，擇其善者而從之；多見而識之，知之次也。」詳見《論語注疏》，頁 105 上。同注 2。

4　見《四書集注》，朱熹集注、陳成國標點，長沙：岳麓書社，1987 年，頁 19。

5　原文詳見《論語・為政》，《正義》云：「此章明夫子隱聖同凡，所以勸人也。『吾十有五而志于學』者，言為童之歲，識慮方明，於是乃志於學也。『三十而立』者，有所成立。『四十而不惑』者，志強學廣，不疑惑也。『五十而知天命』者，命，天之所稟受者也。孔子四十七學《易》，至五十窮理盡性知天命之終始也。『六十而耳順』者，順，不逆也。耳聞其言，則知其微旨而不逆也。『七十而從心所欲不踰矩』者，矩，法也。言雖從心所欲而不踰越法度也。孔子輒言此者，欲以勉人志學，而善始令終也。」同注 2，頁 16 下－17 上。

綜合《論語》及歷代有關文獻所述，孔子之儒學教育理念可有以下數端：

一、「博」與「約」的關係。孔子在《論語‧雍也》提出「博學於文，約之以禮」[6]的主張，其後的儒家聖賢孟子、荀子都在這個理念上加以發揮。孟子說「博學而詳說，將以返說約也」[7]；荀子說「多知而無親，博學而無方，好多而無定者，君子不與」[8]；又謂「以淺持博」[9]；「博而能容淺，粹而能容雜」[10]都是最佳的闡發與印證。從教學層面來論，孔子所提出的是一個由博返約的原則，一如做學問、研究問題那樣，先要搜集充足的材料，對有關知識加以認識、消化，確定自己立場後，便在全部資料中加以分析取捨，進一步形成有系統的簡約概念。這種研究過程正切實體現了由博返約的精神。

二、「學」與「思」的結合。如前所引，孔子謂：「學而不思則罔，思而不學則殆」，此清晰指示出「學」與「思」的因果關係。按孔子的說法，思考能力的訓練對學習是十分重要。求學時要「思考」正由於有所疑惑，只有通過思考分析才可以把問題的利害關係逐一分辨清楚。孔子在《論語》裏曾提及「九思」的概念，所謂「視思明，聽思聰，色思溫，貌思恭，言思忠，事思敬，疑思問，忿思難，見得思義」[11]，指出九種對人或事需要認真考慮的具體情況。其中「疑思問」就是一種思維訓練，人用大腦思考問題與讀書求學問的事情正好息息相關，無論怎樣，求學不能只注重知識的吸收而忽視思

6　同上，頁 90 上。
7　同注 3，見《孟子‧離婁下》，頁 261。
8　語出《荀子‧大略》，見《荀子集解》，王先謙撰、沈嘯寰、王星賢點校，北京：中華書局，1988 年，頁 509。
9　語出《荀子‧儒效》，同上，頁 140。
10　語出《荀子‧非相》，同上，頁 86。
11　同注 2，見《論語‧季氏》，頁 260 上。

考的訓練，後世儒者如朱熹、王大之等人都對這方面有進一步的闡析。[12]

三、啟發思維與循序發展。承接「學」與「思」兩者互相結合的教學原則，儒家對人的思維啟發亦十分重視。孔子在《論語·述而》說：「不憤不啟，不悱不發，舉一隅不以三隅反，則不復也」[13]，就充份表明他的啟發教學原則。這個說法還可以與另一本儒家經典《禮記》所述互相發明，《禮記·學記》：「君子之教，喻也。道而弗牽，強而弗抑，開而弗達。道而弗牽則和，強而弗抑則易，開而弗達則思。和易以思，可謂善喻矣」[14]，明白的指出啟發思考是相當重要，一向備受重視。此外，孔子本着之「循循善誘」[15]精神，讓學生由淺入深、按部就班去學習，在《禮記·學記》及宋儒朱熹的學說裏亦有相當充份而具體的發揮。[16]

四、因材施教與學習趣味。《論語》記述了不少關於孔子和學生相處的事情，單以《先進》一章就可以看到孔子對學生性情、處事態度均有相當了解，

12　朱熹要求讀書「至於群疑并興，寢食俱廢，乃能驟進」。（見《朱子語類》，朱熹撰、黎靖德類編，山東：山東友誼書社，1993 年，第 1 冊，頁 332。）又謂「讀書，始讀之未知有疑，其次則漸漸有疑，中則節節是疑。過了這一審後，疑漸漸解，以致融會貫通，都無所疑，方始是學」。（見《宋元學案·卷四十八》，黃宗羲原著、全祖望補修，北京：中華書局，1986 年，頁 1549。）王夫之則認為「大抵格物之功，心官與耳目均用，學問為主，而思辨輔之，所思所辨者皆其所學問之事。致知之功則唯在心官，思辨為主，而學問輔之，所學問者乃以決其思辨之疑」。（見《讀四書大全說》，載於《船山遺書》，王夫之著，北京：北京出版社，1999 年，第 4 卷，頁 2326。）王氏又謂「學非有礙於思，而學愈博則思愈遠；思正有功於學，而思之困則學必勤」。（見《四書訓義》，載於《船山遺書》，第 3 卷，頁 1694，同上。）

13　同注 2，見《論語·述而》，頁 96 上。

14　語出《禮記·學記》，詳見《禮記正義》，鄭玄注、孔穎達疏、龔抗雲整理、王文錦審定，北京：北京大學出版社，1999 年，頁 1239－1240。

15　案：孔子「循循善誘」之說出於顏淵對孔子之評述。《論語·子罕》：「顏淵喟然而歎曰：『……夫子循循善誘人，博我以文，約我以禮，欲罷不能。……』」同注 2，頁 130。

16　《禮記·學記》有謂「學不躐等」、「不陵節而施之謂孫（案：遜，借字）」、「知至學之難易」、「先其易者，後其節目」等，皆與「循序漸進」有關。同注 14，頁 1230、1237、1241、1244。朱熹又提及「未得乎前，則不敢求於後；未通乎此，則不敢志乎彼」。見《程氏家塾讀書分年日程·朱子讀書法》〔四部叢刊本〕台灣：台灣商務印書館，1966 年，頁 345－346。

如「柴也愚，參也魯，師也辟，由也喭」[17]，就簡要用一個字詞把學生個性、行為概括出來。又如「德行：顏淵、閔子騫、冉伯牛，仲弓。語言：宰我、子貢。政事：冉有、季路。文學：子游、子夏」[18] 一節，就以歸類方式把門人學問專長逐一評述。解答公西華疑問一節，孔子說：「求也退，故進之；由也兼人，故退之。」[19] 以及「侍坐」章[20]，孔子給子路、冉有、公西華三人的不同回應，都充份反映孔子因材施教的教學理念。此外，《論語》還記述孔子對「問仁」、「問孝」的答話都是相當精彩[21]，朱熹《論語集注》就進一步指出「孔子教人各因其材」的精神。[22] 至於對學習興趣的重視，可以從孔子所謂「好之」、「樂之」[23] 加以印證。誠然，孔子教人「學而不厭」[24]、「學如不及，猶恐失之」[25]，及自己在求學中「發憤忘食」[26]、「不知老之將至」[27] 的體驗，亦是儒家重視學習興趣的佐證。

　　五、溫故知新與親近師友。孔子重視教育的鞏固和更新，他說：「溫故而知新，可以為師矣。」（《論語・為政》）[28] 這不單是對教師的要求，其實對學生也是。所謂「溫故」就是把舊有的、曾學過的東西重溫學習，具有固鞏所學的效益；而「知新」是指在溫習舊有知識的過程中，得到新的啟發，個人知識、思考能力因而得到進一步提升。事實上，孔子認為「溫故」與「時習」

17　同注2，見《論語・先進》，頁 167 上。

18　同上，頁 160 上。

19　同上，頁 169 下。

20　同上，頁 171 下－173 上。

21　《論語》曾記載孔子學生「問仁」，有顏淵、司馬牛、樊遲、仲弓、子貢等人；「問孝」亦有不少，有孟孫、孟武伯、孟懿子、子遊等人。此外，「問仁」可參考香港中學高中之中國語文科《課程綱要》「論仁論君子」選文；「問孝」則可參考本文「論孝」表解之選文。

22　語出《論語・先進》，詳見《四書集注》，頁 69。同注 4。

23　孔子曰：「知之者不如好之者，好之者不如樂之者。」（《論語・雍也》）當中所云「知」、「好」、「樂」皆指學問。同注2，頁 86 下。

24　語出《論語・述而》，同注2，頁 93 下。

25　語出《論語・泰伯》，同上，頁 117 下。

26　語出《論語・述而》，同上，頁 102 上。

27　同上。

28　同注2，頁 20 下。

都同樣重要，所謂「學而時習之，不亦悅乎！」（《論語‧學而》）[29] 正指出「學」與「習」在「時」方面之配合。因為把握適當時機加以溫習，可以更有效掌握好知識，得以熟練之後就可以把已有知識更新發展。與此同時，再通過思維創造，注入新知識，就可以得到新的學習成果。於學習過程中，孔子認為與師友切磋亦非常重要，他說：「三人行必有我師，擇其善者而從之，其不善者而改之。」（《論語‧述而》）[30] 又說：「有朋自遠方來，不亦樂乎！」（《論語‧學而》）[31] 這些都可以與《禮記‧學記》所謂「安其學而親其師，樂其友而信其道」[32]；「獨學而無友，則孤陋而寡聞」[33] 等說法，互相印證，儒學重視與師友溝通之意義於此可見一斑。

綜觀上論，孔子所倡導之教育理念，並不陳舊迂腐，沒有不合時宜的內容。事實上，儒家道統經過荀況、孟軻、韓愈、朱熹等先哲名賢的努力發展、更新推廣，不少儒家文化思想，如仁、孝、禮、義、忠、恕等觀念，到了二十一世紀的今天，在一定程度上，仍是至理名言，具有相當高的文化及道德價值。回顧香港特別行政區政府自 1997 年始，就強調教育對社會未來發展的重要性。香港教育統籌委員會於 1999 年展開「教育制度檢討」，課程發展議會此時進展「學校課程整體檢視」工作，當局於 2000 年刊頒佈《學會學習》課程諮詢文件，提出「為發展全人教育，培養學生終身學習」，認為「學校課程要讓學生獲得五種重要的學習經歷，包括德育及公民教育、智育發展、社群服務、體育和美育發展及與職業相關的經驗」。[34] 文件更提出中國語文教育應具備儒家思想中的「德、智、體、群、美」五育，要求學生掌握貫串中國語文教育，英國語文教育，數學教育，科學教育，科技教育，個

---

29 同上，頁 1 下。
30 同上，頁 102 下。
31 同上，頁 2 上。
32 同注 14，見《禮記正義》，頁 1233 上。
33 同上，頁 1238 上。
34 見《學會學習中國語文教育》（諮詢文件），課程發展議會編訂，香港：中華人民共和國香港特別行政區，2000 年 11 月，頁 2。

人、社會及人文教育，藝術教育和體教八個學習領域，同時要包括九種共通能力：協作、溝通、創造、批判性思考、運用資訊科技、運算、解決問題、自我管理、研習能力、建立正面的價值觀和培養良好的態度。[35] 這些都是具前瞻性、建設性的教育新方向，對香港未來的發展具有積極、進步的意義。

基於現代化社會的種種變改與要求，香港中國語文教學與課程，自 2002 年亦相應配合而開展了全面革新。香港中國語文教育改革的精神與目的正與當局所訂下之新理念而發展，誠如官方文件所謂具備兩大方向：其一是要「讓學生深入認識數千年的中華文化，吸收優秀的文化養分；進而反思、認同中華文化，增強對國家民族的感情」；另一是「讓學生認識、欣賞世界各民族文化，吸收其他民族的文化精華，並具有國際視野和容納多元文化的胸襟」。[36] 無庸置疑，面對着這樣宏闊多姿的革新，傳統以文選為依歸的中國語文教學就顯得不合時。舊課程中的〈二子學弈〉（《孟子》）、〈大同與小康〉（《禮記》）、〈論四端〉（《孟子》）、〈論孝、論學〉（《論語》）、〈齊桓晉文之事章〉（《孟子》）、〈論仁、論君子〉（《論語》）諸篇與儒學思想相關的範文，也就隨着課程改革而不再備受重視。[37] 然而，新中國語文科課程保留了不少由教師自主的空間，教師可以擷取《論語》部分內容，組織適切教學設計與活動，讓學生得以認識儒家思想之要義。

從教育理念來看，儒家的教育精神與要求，不無與現代的教育改革既相關又相應。今天中國語文科的新發展，已要求在原有的聽、說、讀、寫訓練外，再加入文學、文化、品德情意等教學範疇，這些正與儒學常提及之知識與修養相關。所謂「德、智、體、群、美」，「禮、樂、射、禦、書、數」的學習，縱然在一定程度上，有其特有社會性與歷史性，但是在廿一世紀今天

35　同上。有關中國語文科如何與九種共通能力配合發展，詳見《中國語文教育學習領域課程指引（小一至中三）》，課程發展議會編訂，香港：香港特別行政區教育署，2002 年，頁 21—36。

36　同上。

37　案：上述儒家經典範文是舊課程中的選文，詳見《中學中國語文科課程綱要》（中一至中五），香港課程發展議會編訂，香港：香港教育署，1990，頁 13—17。

來說，與政府當局及社會各界所要求的學科統整、全方位、全球化學習等教育理念相比，儒家教育精神還有不少可供借用、發揮的地方。它的教育理念委實仍是受到重視，不少教育團體、高等學府仍是秉持着儒家思想來辦理教育事業。[38]

從中國語文科的課程改革情況來看，不少儒家經典篇章比之舊課程的選文範疇具有更廣闊和靈活的教學空間。如前引錄，在 1990 年頒佈的中學課程來看，選錄孔、孟等儒家經典作為教材的約有五、六篇，以五年的學習里程而言，不算足夠。事實上，除了中四、中五兩級的〈齊桓晉文之事章〉（《孟子》）與〈論仁、論君子〉（《論語》）因為屬於昔日會考課程必要精讀以外，其餘都是選讀或略讀，即是說在舊課程裏必然要修讀的就只有這兩篇，以推廣儒家學說的立場來說，當然不全面也不足夠。回顧今天推行了十多年的新課程，其要求與計設不以選文教學為依歸，它重視單元教學理念，教師可以自由設計教學活動與學習主題，也可以隨意選用教材。教師若本着發揚儒家思想的理念，可自行編訂及設計以學習儒家精神的教材與主題，《論語》就是當中一個適切的選擇。當然，大前提必要照應現行課程《指引》的九大學習範疇以及學生的能力與程度。《論語》這部具有為世「今用」的不朽經典，除〈論仁、論君子〉外，還有不少章節可供選用，並可與其他學習元素互相配合，組織成為高質量的學習單元。

以下試選錄《論語》書中的其他章節，[39] 編成教材簡表，僅供參考以結全文。

---

38 案：香港的孔教學院轄下的中小學校訓就是典型例子。此外，有不少高等學府都有引用儒家名言作為校訓或辦學宗旨，例如「明德格物」（香港大學）、「博文約禮」（香港中文大學）、「有教無類」（香港公開大學）。

39 有關章節及原文校勘、標點、編次號碼，一律參照《論語譯注》，楊伯峻譯注，北京：中華書局，1980 年。

	原文	章節	備註
論孝	**孟武**伯問孝。子曰：「父母唯其疾之憂。」	〈為政〉2.6	闡明孝道由關心父母開始。
	子游問孝。子曰：「今之孝者，是謂能養。至於犬馬，皆能有養，不敬；何以別乎？」	〈為政〉2.7	通過比較闡明孝與養的不同。
	子夏問孝。子曰：「色難。有事，弟子服其勞；有酒食，先生饌，曾是以為孝乎？」	〈為政〉2.8	闡明侍親的正確態度。
	孟懿子問孝。子曰：「無違。」 **樊遲**御，子告之曰：「**孟孫**問孝於我，我對曰，無違。」 **樊遲**曰：「何謂也？」子曰：「生，事之以禮，死，葬之以禮，祭之以禮。」	〈為政〉2.5	盡孝道要合乎禮節，父母之生死皆是。
	宰我問：「三年之喪，期已久矣。君子三年不為禮，禮必壞；三年不為樂，樂必崩。舊穀既沒，新穀既升，鑽燧改火，期可升矣。」 子曰：「食夫稻，衣夫錦，於女安乎？」 曰：「安。」 「女安，則為之！夫君子之居喪，食旨不甘，聞樂不樂，居處不安，故不為也。今女安，則為之！」 **宰我**出。子曰：「予之不仁也！子生三年，然後免於父母之懷。夫三年之喪，天下之通喪也，予也有三年之愛於其父母乎！」	〈陽貨〉17.21	由人心之所安出發，論說孝道的問題。
論學	**孔子**曰：「生而知之者上也，學而知之者次也，困而學之，又其次也；困而不學，民斯為下矣。」	〈季氏〉16.9	從人的資質論說學的重要。
	子曰：「學如不及，猶恐失之。」	〈泰伯〉8.17	論說學習的態度。
	子曰：「學而時習之，不亦說乎？有朋自遠方來，不亦樂乎？人不知而不慍，不亦君子乎？」	〈學而〉1.1	討論學習的方法、成效與修養。
	子曰：「古之學者為己，今之學者為人。」	〈憲問〉14.24	對比古今求學之不同。

（續上表）

	原文	章節	備註
論學	子曰：「君子博學於文，約之以禮，亦可以弗畔矣夫！」	〈雍也〉6.27	闡明學問以外，還應注重道德修養。
	子夏曰：「賢賢易色；事父母，能竭其力；事君，能致其身；與朋友交，言而有信。雖曰未學，吾必謂之學矣。」	〈學而〉1.7	闡明為學目的與明白人生道理的關係。
	子曰：「君子食無求飽，居無求安，敏於事而慎於言，就有道而正焉，可謂好學也已。」	〈學而〉1.14	闡明安貧力學，自我修德的重要。
	子曰：「吾嘗終日不食，終夜不寢，以思，無益，不如學也。」	〈衛靈公〉15.31	闡明學習與思考的重要。
	子曰：「學而不思則罔，思而不學則殆。」	〈為政〉2.15	闡明思考與學習的關係。
	子曰：「由也！女聞六言六蔽乎？」對曰：「未也。」「居！吾語女。好仁不好學，其蔽也愚；好知不好學，其蔽也蕩；好信不好學，其蔽也賊；好直不好學，其蔽也絞；好勇不好學，其蔽也亂；好剛不好學，其蔽也狂。」	〈陽貨〉17.8	以六言六蔽說明好學的重要。
	子夏曰：「博學而篤志，切問而近思，仁在其中矣。」	〈子張〉19.6	勸學：必要意志堅定，並且要多加思考。

＊ 以上資料參照香港教育署 1964 年所頒發之 1965 年英文中學會考課程之《論語》選材，教師編撰現行新課程之有關教學單元時，可以按學習對象之水平、背景及能力而酌情選用。

參考書目

王夫之：《船山遺書》，北京：北京出版社，1999。

皮錫瑞著、周予同注譯：《經學歷史》，台北：學聯出版社，1985。

安井小太郎等著，連清吉、林慶彰合譯：《經學史》，台北：萬卷樓圖書有限公司，1996。

朱熹：《四書集注》，長沙：岳麓書社，1987。

朱熹撰、黎靖德類編：《朱子語類》，濟南：山東友誼書社，1993。

何晏注、邢昺疏、朱漢民整理、張豈之審定：《論語注疏》，北京：北京大學出版社，2000。

林安梧：《儒學革命論：後新儒家哲學的問題向度》，台北：台灣學生書店，1998。

姜廣輝主編：《中國經學思想史》，北京：中國社會科學院出版社，2003。

香港課程發展議會編訂：《中學中國語文科課程綱要》（中一至中五），香港：香港教育署，1990。

香港課程發展議會編訂：《中國語文教育學習領域課程指引（小一至中三）》，香港：香港特別行政區教育署，2002。

香港課程發展議會編訂：《學會學習中國語文教育》（諮詢文件），香港：中華人民共和國香港特別行政區，2000。

國際儒學聯合會主編：《儒學現代性探索》，北京：北京圖書館出版社，2002。

陳立夫：《四書中的常理及故事》，台北：中國友誼出版公司，2001。

復旦大學歷史系、復旦大學國際交流辦公室合編：《儒家思想與未來社會》，上海：上海人民出版社，1991。

黃宗羲原著、全祖望補修：《宋元學案》，北京：中華書局，1986。

楊伯峻譯注：《論語譯注》，北京：中華書局，1980。

鄭玄注、孔穎達疏、龔抗雲整理、王文錦審定：《禮記正義》，北京：北京大學出版社，1999。

鄭家棟：《當代新儒學論衡》，台北：桂冠圖書股份有限公司，1995。

藍光甲著譯：《四書新裁》，廣州：華南理工大學出版社，1996。

日本侵佔香港前學海書樓的講學活動

許振興

香港大學 中文學院

一、導言

　　學海書樓是辛亥革命前後移居香港的一眾廣東籍清遺民於 1923 年創辦、旨在承傳與發揚傳統文化的民辦學術機構。它是時任香港大學漢文講師的賴際熙（1865－1937）為保存國粹、發揚儒家文化，而在華商何東（1862－1956）、洪興錦、郭春秧（郭禎祥，1859－1935）、利希慎（1879－1928）等雄厚財力支持下建立的一處兼具講學與圖書館功能的去處。書樓原擬命名為「崇聖書堂」,[1] 而它的淵源則可遠溯道光（1821－1850）年間在廣州成立的學海堂。[2] 賴際熙早在書樓創立前，已於 1920 年至 1922 年間先行租賃香港中環半山堅道二十七號樓下，禮聘清遺民何翹高（何藻翔，1865－1930，1892進士）設壇講學，每週授課二次，闡揚孔孟學說、四書五經，並旁及諸子百家，詩詞歌賦。賴際熙在 1923 年集資購入香港中區般含道二十號房屋，命名為「學海書樓」，以作藏書及講學場所後，除積極主持書樓事務外，更經

1　　參看賴際熙：〈籌建崇聖書堂序〉，載賴際熙撰・羅香林（1906－1978）輯：《荔垞文存》（香港：學海書樓，2000 年），頁 30－32。

2　　參看羅香林：〈香港大學中文系之發展〉，載氏撰《香港與中西文化之交流》（香港：中國學社，1961 年 2 月），頁 207。

常親臨主講。[3] 論者每稱「自書樓創始至香港淪陷前十餘年間，先後延聘朱汝珍（1870－1943）、區大典（1877－1937）、區大原（1869－1945）、陳伯陶（1855－1930）、溫肅（1879－1939）、岑光樾（1876－1960）等太史暨國學耆宿，每周兩次，輪值講學，所授均為四書五經，旁及子史詩詞」。[4] 但講學的詳情，後世一直知悉不多。

　　1941 年 12 月日本軍隊侵佔香港後，學海書樓因講者、聽者星散，藏書損毀，講學活動被迫中止，而相關的講學資料更是散失殆盡。由於報章既是歷史的見證者，也是歷史的記錄者，[5] 殘存的戰前報章資料自然成為重構書樓講學紀錄最可行的嘗試。本文即擬就搜羅得的香港殘存報章資料，重構日本侵佔杳港前學海書樓講學活動的一二面貌。

二、援用的資料

　　香港在日本侵佔前出版的報章，數目固已不多，而保存至今者亦每殘缺不全。目前所見，出版時間包涵 1923 年學海書樓成立至 1941 年香港淪陷的

3　鄧又同：〈香港學海書樓之沿革（上）〉，載氏編：《香港學海書樓歷年講學提要彙輯，學海書樓歷史文獻，學海書樓藏廣東文獻書籍目錄》（香港：學海書樓董事會，1995年冬月），頁 7。原文本載《華僑日報》，1990 年 7 月 21 日。有關學海書樓的創建，另參看學海書樓刊〈誌學海書樓之原起及今後之展望〉，載《香港與中西文化之交流》，頁 207－208。

4　鄧又同編：《香港學海書樓前期講學錄彙輯》（香港：學海書樓，1990 年），伍步剛：〈序一〉，書首，不標頁碼。鄧又同〈香港學海書樓之沿革（上）〉亦有相類的説法（載氏編：《香港學海書樓歷年講學提要彙輯，學海書樓歷史文獻，學海書樓藏廣東文獻書籍目錄》，頁 7）。各太史生平簡介，可參看鄧又同輯錄：《學海書樓主講翰林文鈔》（香港：學海書樓，1991 年 11 月），〈陳伯陶太史事略〉（頁 1）、〈區大典太史事略〉（頁 33）、〈賴際熙太史事略〉（頁 47－48）、〈溫肅太史事略〉（頁 69）、〈區大原太史事略〉（頁 91）、〈朱汝珍太史事略〉（頁 95）與〈岑光樾太史事略〉（頁107）。

5　參看丁潔撰：《華僑日報與香港華人社會　1925－1995》（香港：三聯書店〔香港〕有限公司，2014 年 11 月），封底

十多年、而又最便於檢索的報章,首推香港中央圖書館藏,且已被數碼處理的《香港工商日報》、《香港工商晚報》、《香港華字日報》、《香港華字晚報》、《大公報》與《大光報》六種。今就檢索所得,知涵括「學海書樓」資料的報道只見於《香港工商日報》、《香港工商晚報》與《香港華字日報》三種。它們在香港中央圖書館的庋藏概況為:

報刊名稱	創刊日期	停刊日期	館藏起迄
《香港工商日報》	1925 年 7 月 8 日	1984 年 12 月 1 日	1926 月 4 月 1 日至 1984 年 11 月 30 日
《香港工商晚報》	1930 年 11 月 5 日	1984 年 12 月 1 日	1930 月 11 月 16 日至 1984 月 11 月 29 日
《香港華字日報》	1872 年 4 月 17 日	1946 年 7 月 1 日	1895 月 1 月 31 日至 1940 年 12 月 31 日

此三種報章的缺期情況雖然頗見嚴重,致令搜集的資料時見零碎而乏系統;可是藉着它們重構的學海書樓講學景象仍是彌足珍貴。目前檢索得的資料計有:[6]

年	月	日	報章	數目	備註
1926 年	2 月	1 日	《香港華字日報》	1 則	
	4 月	7、20、27 日	《香港工商日報》	3 則	
	5 月	8、25 日	《香港工商日報》	2 則	
	6 月	16 日	《香港工商日報》	1 則	
	12 月	6、14、20、29 日	《香港工商日報》	4 則	

6　本表羅列所有檢得資料在報章刊出的年月日,方便大家覆核。

（續上表）

年	月	日	報章	數目	備註
1927 年	2 月	14、21 日	《香港工商日報》	2 則	
	3 月	7、10、29 日	《香港工商日報》	3 則	
	5 月	11、16、23、31 日	《香港工商日報》	5 則	
		16 日	《香港華字日報》		
	6 月	14 日	《香港工商日報》	1 則	
	7 月	6 日	《香港工商日報》	1 則	
1928 年	7 月	22、25 日	《香港工商日報》	3 則	
		23 日	《香港華字日報》		
	8 月	20、23、27 日	《香港工商日報》	3 則	
	9 月	3、10、17、24 日	《香港工商日報》	4 則	
	11 月	20、21、26 日	《香港工商日報》	3 則	
	12 月	17、25、31 日	《香港工商日報》	3 則	
1929 年	2 月	19 日	《香港工商日報》	1 則	《香港工商日報》與《香港華字日報》8 月份的相關記載悉數重複，9 月份則各有 1 則重複。
	4 月	15、22 日	《香港工商日報》	2 則	
	5 月	6、27 日	《香港工商日報》	2 則	
	6 月	4、10、18、24 日	《香港工商日報》	4 則	
	7 月	15、22、29 日	《香港工商日報》	3 則	
	8 月	12、19、26 日	《香港工商日報》	6 則	
		12、19、26 日	《香港華字日報》		
	9 月	2、9、16、23 日	《香港工商日報》	5 則	
		23 日	《香港華字日報》		
	10 月	1 日	《香港華字日報》	1 則	
	12 月	30 日	《香港工商日報》	1 則	

（續上表）

年	月	日	報章	數目	備註
1930 年	1 月	6、13、20 日	《香港工商日報》	3 則	《香港工商日報》與《香港華字日報》2 月與 4 月份的相關記載各有 3 則重複；3 月份各有 2 則重複。
	2 月	10、17、24 日	《香港工商日報》	7 則	
		4、10、17、24 日	《香港華字日報》		
	3 月	3、10、17、日	《香港工商日報》	6 則	
		3、17、24 日	《香港華字日報》		
	4 月	1、7、14、21 日	《香港工商日報》	8 則	
		1、7、14、28 日	《香港華字日報》		
	5 月	5、12、19、26 日	《香港工商日報》	4 則	
	7 月	7、14、21、28 日	《香港工商日報》	4 則	
	8 月	4、11、18、26 日	《香港工商日報》	4 則	
1931 年	3 月	2、9、16、23、31 日	《香港華字日報》	5 則	
	4 月	13、20、27 日	《香港華字日報》	3 則	
	5 月	4 日	《香港華字日報》	1 則	
1932 年	4 月	4 日	《香港工商日報》	1 則	《香港工商日報》與《香港華字日報》5 月份的相關記載各有 2 則重複。
	5 月	16、23 日	《香港工商日報》	6 則	
		16、23、30 日	《香港華字日報》		
		2 日	《香港工商晚報》		
	6 月	6 日	《香港工商日報》	3 則	
		20、27 日	《香港華字日報》		
	7 月	4、11、18、25 日	《香港華字日報》	4 則	
	9 月	13、19 日	《香港工商日報》	2 則	
	11 月	7、21 日	《香港華字日報》	2 則	
	12 月	12、19、27 日	《香港華字日報》	3 則	
1933 年	1 月	9、16 日	《香港華字日報》	2 則	
	11 月	17 日	《香港工商日報》	1 則	
1935 年	2 月	18 日	《香港華字日報》	1 則	
	3 月	25 日	《香港華字日報》	1 則	
	4 月	8、22 日	《香港華字日報》	2 則	

（續上表）

年	月	日	報章	數目	備註
1936 年	3 月	17 日	《香港華字日報》	1 則	
	7 月	4 日	《香港華字日報》	1 則	
	9 月	14、29 日	《香港華字日報》	2 則	
	10 月	5、19 日	《香港華字日報》	2 則	
1937 年	3 月	8 日	《香港華字日報》	1 則	
	11 月	17 日	《香港華字日報》	1 則	
1938 年	2 月	21、28 日	《香港華字日報》	2 則	
	3 月	31 日	《香港華字日報》	1 則	
	4 月	26 日	《香港華字日報》	1 則	
1939 年	3 月	25、27 日	《香港華字日報》	2 則	
	4 月	10、20 日	《香港華字日報》	2 則	

　　總計三份報章共檢得相關記載一百五十三則，剔除內容相互重複的十四則，合共錄得一百三十九則。書樓每周大都規律地藉指定的報章發佈講學活動的訊息。這遂為關心學海書樓講學發展史者提供了堅實可用的資料。後世若能將此等資料悉數搜羅，則重構書樓講學活動史誠非遙不可及的事。

三、每周講學的次數

　　1926 至 1939 年間，學海書樓的發展蒸蒸日上。根據檢自《香港工商日報》、《香港工商晚報》與《香港華字日報》三種報章的相關記載，當時書樓每周講學的次數為：

年	月	每周講學的次數
1926 年	4、5、6、12 月	3 次
1927 年	2、3、5 月	2 次
	6、7 月	3 次
1928 年	8、9、11、12 月	3 次
1929 年	4、5、6、7、8、9、10、12 月	3 次
1930 年	1、2、3 月	3 次
	4 月	2 或 3 次
	5、7、8 月	2 次
1931 年	3、4、5 月	2 次
1932 年	4、5、6、7、9、11、12 月	3 次
1935 年	2、3、4 月	2 次
1936 年	3、7、9、10 月	1 次
1937 年	3、11 月	1 次
1938 年	2、3、4 月	1 次
1939 年	3、4 月	1 次

《香港工商日報》1926 年 4 月 7 日一則題為〈學海書樓之演講〉的報道稱：

> 學海書樓，本星期三及星期日，仍由賴煥文（賴際熙）老師續講《詩經》；星期三日由俞叔文（1874－1959）老師講唐韓愈（768－824）與李翔論文書（即〈答李翔書〉）。查今年聽講者日見增加，遲到者每因無座可入，廢然而返。前擬不日增多座位，并望聽講者早臨入座，至無觖望云。[7]

該報 1926 年 4 月 20 日另一則題為〈本星期學海書樓之演講〉的報道亦稱：

7　《香港工商日報》，1926 年 4 月 20 日，第 2 張第 3 頁。

　　學海書樓本星期三日、星期日下午，仍由賴老師（賴際熙）講《詩經》，星期六日下午由俞老師（俞叔文）講鍾嶸〈詩品序〉；又因近日聽講人多，特將堂中長桌移去，添加二十餘座，以免後至者觖望云。[8]

　　這清楚顯示 1926 年時，書樓的常態安排是每周講學三次，可以是周三兩講、周日一講，或周三、周六及周日各一講。當時，賴際熙每周負責兩講、俞叔文每周負責一講的安排着實吸引不少聽眾。由於書樓經常座無虛席，為增加聽眾人數，故需移去堂中長桌以添加座位。儘管如此，書樓的講學每在歲晚暫停。《香港華字日報》1926 年 2 月 1 日一則題為〈學海書樓停講〉的報道稱：

　　般含道學海書樓宣佈，定於廿二日，因歲暮暫行停講，至明歲丙寅年正月初八日星期六照常講授，惟閱書則仍舊如常云。[9]

　　這歲暮與新春停講的習慣，《香港工商日報》1927 年 2 月 14 日一則題為〈學海書樓定期講學〉的報道亦稱：

　　般含道郝涵書樓示高間十八日燈跟開講，仍由賴際毘、俞叔文兩後老師主講，章程一仍其不舊云。[10]

　　由於此報道面世的當天，已是丁卯年正月十三日，而書樓仍未恢復講學，可見歲暮與新春的停講日期多寡實因年而異。此外，書樓在講學日遇上重要節日如清明、蒲節（端午節）、冬至，主講者都會自動輟講，以方便

8　《香港工商日報》，1926 年 4 月 20 日，第 3 張第 1 頁。
9　《香港華字日報》，1926 年 2 月 1 日，第 2 張第 3 頁。
10　《香港工商日報》，1927 年 2 月 14 日，第 4 張第 2 頁。

聽眾。[11]

根據目前檢得的報章報道顯示，1926 年時學海書樓每周講學三次的安排，曾在 1927 年 2 月至 5 月間短暫改為每周講學兩次，並在 1927 年 6 月至 1930 年 3 月重新回復每周三次講學。從 1930 年 4 月至 1931 年 5 月，書樓又改為每周講學兩次。1931 年 6 月至 1932 年 3 月則緣於資料匱乏，無法確知實情。1932 年 4 月至 12 月間，書樓已再改回每周講學三次。由於目前未能檢得 1933 年至 1934 年的相關資料，所以無法得知該兩年書樓的講學安排。1935 年 2 月至 4 月，書樓的講學重新回復每周兩次。可惜，1935 年 5 月至 1936 年 2 月的情況無從得知。書樓在 1936 年的 3、7、9、10 月，1937 年的 3 和 11 月，1938 年的 2 至 4 月，1939 年的 3、4 月都只能維持每周講學一次。這不難令人推測 1936 年 3 月起、甚或 1935 年 5 月後，書樓每周講學一次已是常態。因此，過往論者一廂情願以為日本侵佔香港前，書樓恆常地每周講學兩次，資料證明絕非事實。

四、書樓的講者

1926 至 1939 年間學海書樓的講學雖在 1935 年後呈現高峰回落的情況，負責每周講學活動的學者卻未見絲毫熱情減退。現根據搜羅得的報章資料，臚列講學的學者：

11　清明節輟講，《香港工商日報》1930 年 4 月 1 日題為〈學海書樓講學日記〉的報道稱：「星期六日適值清明節日，俞叔文老師輟講云。」（1930 年 4 月 1 日，第 3 張第 3 頁）《香港華字日報》同日題為〈學海書樓講學日記〉的報道亦稱：「星期六是日適值清明節日，俞叔文輟講云。」（1930 年 4 月 1 日，第 3 張第 2 頁）蒲節輟講，《香港工商日報》1927 年 5 月 31 日題為〈學海書樓講學記〉的報道稱：「星期六日適值蒲節，是日輟講云。」（1927 年 5 月 31 日，第 3 張第 3 頁）冬至輟講，《香港工商日報》1928 年 12 月 17 日題為〈學海書樓講學日記〉的報道稱：「星期六日適值冬節，俞叔文老師輟講。」（1928 年 12 月 17 日，第 4 張第 2 頁）

（續上表）

年	月	講者						
		賴際熙	俞叔文	區大典	岑光樾	區大原	朱汝珍	陳慶保
1926 年	4 月	✓	✓					
	5 月	✓	✓					
	6 月	✓	✓					
	12 月	✓	✓					
1927 年	2 月	✓	✓					
	3 月	✓	✓					
	5 月	✓	✓					
	6 月	✓	✓					
	7 月	✓	✓	✓				
1928 年	8 月	✓	✓		✓			
	9 月	✓	✓		✓			
	11 月	✓	✓	✓				
	12 月	✓	✓		✓			
1929 年	4 月	✓	✓		✓			
	5 月	✓	✓		✓			
	6 月	✓	✓	✓				
	7 月	✓	✓	✓				
	8 月	✓	✓	✓				
	9 月	✓	✓	✓				
	10 月	✓	✓					
	12 月	✓	✓					
1930 年	1 月	✓	✓					
	2 月	✓	✓					
	3 月	✓	✓					
	4 月	✓	✓					
	5 月	✓	✓					

（續上表）

年	月	講者						
		賴際熙	俞叔文	區大典	岑光樾	區大原	朱汝珍	陳慶保
	7 月	✓	✓					
	8 月		✓					
1931 年	3 月	✓	✓					
	4 月	✓	✓					
	5 月	✓	✓					
1932 年	4 月	✓	✓			✓		
	5 月	✓	✓	✓	✓	✓	✓	
	6 月	✓	✓	✓	✓	✓	✓	
	7 月	✓	✓	✓	✓	✓	✓	
	9 月	✓	✓	✓	✓	✓	✓	
	11 月			✓	✓	✓	✓	
	12 月	✓	✓	✓		✓	✓	
1935 年	2 月	✓					✓	
	3 月	✓					✓	
	4 月	✓		✓	✓			
1936 年	3 月	✓						
	7 月		✓					
	9 月	✓					✓	
	10 月		✓					
1937 年	3 月					✓		
	11 月							✓
1938 年	2 月			✓			✓	
	3 月		✓					
	4 月		✓					
1939 年	3 月		✓				✓	
	4 月		✓					

　　從 1926 年 4 月至 1939 年 4 月，已知曾在學海書樓講學的學者共七位：

　　（1）賴際熙：他是廣東增城人，在光緒二十九年（1903）癸卯科會試獲賜同進士出身，曾任國史館總纂。他在辛亥（1911）後移居香港，任香港大學漢文講師，主講史學。他是書樓的創辦人，一直主導書樓的講學活動，並積極擔任主講。[12] 目前檢得的資料，只曾見他在 1930 年 7 月中至 8 月底「因事輟講」。[13] 他在 1937 年 3 月逝世前，[14] 便只有 1932 年 11 月、1936 年 7 月、1936 年 10 月至 1937 年 3 月未被安排講學。他在 1927 年 3 月前均為書樓每周主講兩次，[15] 只是自 1927 年 3 月始方因擔任的香港大學教席改為專職聘任，而不能在周三日下午為書樓講學。[16] 此後，他便將每周為書樓講學的次數減為一次。

　　（2）俞叔文：他是廣東番禺人，自幼不習舉業，而負笈北京譯學館，專研經世學問。民國初年，他因不滿時局多變，率家移居香港，藉設館課徒糊

12　生平可參看《學海書樓主講翰林文鈔》，〈賴際熙太史事略〉，頁 47-48；羅香林：〈故香港大學教授賴煥文先生傳〉，載《星島日報》，1950 年 8 月 17 日，第 10 版。

13　參看《香港工商日報》，1930 年 7 月 14 日，第 4 張第 2 頁；《香港工商日報》，1930 年 7 月 21 日，第 3 張第 2 頁；《香港工商日報》，1930 年 7 月 28 日，第 3 張第 2 頁；《香港工商日報》，1930 年 8 月 1 日，第 3 張第 2 頁；《香港工商日報》，1930 年 8 月 11 日，第 3 張第 3 頁；《香港工商日報》，1930 年 8 月 18 日，第 3 張第 3 頁；《香港工商日報》，1930 年 8 月 26 日，第 3 張第 2 頁。

14　《香港華字日報》1937 年 3 月 28 日一則題為「賴際熙昨日逝世」的報道稱：「賴太史際熙久旅居本港，歷任香港大學中文學院院長，及創辦學海書樓與崇正會館，提倡文化事業，異常努力，至舊曆歲杪得病，時發時癒。昨（廿七）日下午八時五十五分，在九龍譚公道一百五十五號寓中逝世，享壽七十有六，有子孫多人，戚友聞耗，多為悼惜云。」（《香港華字日報》，1937 年 3 月 28 日，第 2 張第 3 頁）

15　參看《香港工商日報》，1926 年 12 月 14 日，第 3 張第 1 頁；《香港工商日報》，1926 年 12 月 20 日，第 3 張第 1 頁；《香港工商日報》，1926 年 12 月 29 日，第 3 張第 1 頁。

16　《香港工商日報》1927 年 3 月 10 日一則題為「學海書樓變更講學日期」的報道稱：「學海書樓向章每星期講學三次，本年因賴煥文老師就大學堂專席，星期三下午不遑兼顧，暫時輟講。其星期六、星期日仍照舊章；又由此星期起，賴老師講授《書經》，不設講義，聽講者須自備書籍入座云。」（《香港工商日報》，1927 年 3 月 10 日，第 3 張第 3 頁）

口。他是書樓的另一位創辦人，[17] 長期擔任書樓的司理，並積極擔任主講。1941 年底日本軍隊侵佔香港後，他舉家北返廣州祖居避亂，直至日本戰敗投降，才匆促趕回香港，竭力奔走四方，矢志恢復書樓舊狀、尋回書樓舊藏。他在書樓重回正軌後，繼續擔任主講。[18] 目前檢得的資料，只曾見他在 1932 年 11 月、1935 年 2 月至 4 月、1936 年 3 月和 9 月、1937 年 3 月和 11 月、1938 年 2 月未被安排講學。自 1926 年 4 月至 1939 年 4 月，他一直是書樓講學活動的中流砥柱。

（3）區大典：他是廣東南海人，在光緒二十九年癸卯科會試獲賜同進士出身，曾任翰林院編修。他在辛亥後移居香港，受聘為香港大學文學院漢文講師、主講經學，並同時兼任其他學校的漢文教席。[19] 他在 1927 年 7 月開始在書樓講學。[20] 目前檢得的資料，他除 1927 年 7 月、1928 年 11 月、1932 年 9 和 11 月、1935 年 4 月擔任主講外，[21] 只曾在 1929 年 6 月至 9 月初、1932 年 5

---

17 香港《華僑日報》1959 年 2 月 22 日一則標題為「學海書樓創辦人俞叔文老師出殯」（《華僑日報》，1959 年 2 月 22 日，第 3 張第 2 頁）的報道，確定他是書樓另一位創辦人的地位。

18 參看杜祖貽等編：《俞叔文文存》（香港：學海書樓，2004 年），余祖明（1903－1990）〈俞叔文先生傳〉，頁 1－4。

19 生平可參看《學海書樓主講翰林文鈔》，〈區大典太史事略〉，頁 33。

20 《香港工商日報》1927 年 7 月 6 日一則題為「學海書樓加聘區太史講學」的報道稱：「學海書樓講學，從此星期起，星期三日下午改由賴煥文老師主講《書經》，不發講義。星期六日下午仍由俞叔文老師主講史論，刊有講義發給。星期日下午，加請區徵五（區大典）老師主講五經大義，亦有講義發給云。」（《香港工商日報》，1927 年 7 月 6 日，第 4 張第 2 頁）

21 參看《香港工商日報》，1927 年 7 月 6 日，第 4 張第 2 頁；《香港工商日報》，1928 年 11 月 26 日，第 3 張第 2 頁；《香港工商日報》，1932 年 9 月 13 日，第 4 張第 2 頁；《香港華字日報》，1932 年 11 月 7 日，第 2 張第 4 頁；《香港華字日報》，1932 年 11 月 21 日，第 2 張第 4 頁；《香港華字日報》，1935 年 4 月 22 日，第 3 張第 2 頁。

月至 7 月兩度連續為書樓講學三、四個月。[22] 他在 1929 年 9 月初至 1930 年 4 月初更長期「因事輟講」。[23]

　　（4）岑光樾：他是廣東順德人，在光緒三十年（1904）甲辰恩科會試獲賜進士出身，曾任翰林院庶吉士。他在 1925 年移居香港後，受聘擔任官立漢

22　參看《香港工商日報》，1929 年 6 月 4 日，第 4 張第 2 頁；《香港工商日報》，1929 年 6 月 10 日，第 3 張第 3 頁；《香港工商日報》，1929 年 6 月 18 日，第 3 張第 3 頁；《香港工商日報》，1929 年 6 月 24 日，第 4 張第 2 頁；《香港工商日報》，1929 年 7 月 15 日，第 4 張第 2 頁；《香港工商日報》，1929 年 7 月 22 日，第 4 張第 2 頁；《香港工商日報》，1929 年 7 月 29 日，第 4 張第 2 頁；《香港工商日報》，1929 年 8 月 12 日，第 4 張第 2 頁；《香港工商日報》，1929 年 8 月 19 日，第 3 張第 3 頁；《香港華字日報》，1929 年 8 月 19 日，第 3 張第 3 頁；《香港工商日報》，1929 年 8 月 26 日，第 4 張第 2 頁；《香港華字日報》，1929 年 8 月 26 日，第 3 張第 2 頁；《香港工商日報》，1929 年 9 月 2 日，第 3 張第 4 頁；《香港工商日報》，1932 年 5 月 23 日，第 3 張第 2 頁；《香港華字日報》，1932 年 5 月 23 日，第 2 張第 2 頁；《香港華字日報》，1932 年 5 月 30 日，第 3 張第 2 頁；《香港工商日報》，1932 年 6 月 6 日，第 3 張第 3 頁；《香港華字日報》，1932 年 6 月 20 日，第 2 張第 4 頁；《香港華字日報》，1932 年 7 月 4 日，第 2 張第 4 頁；《香港華字日報》，1932 年 7 月 11 日，第 2 張第 4 頁；《香港華字日報》，1932 年 7 月 18 日，第 2 張第 4 頁。

23　參看《香港工商日報》，1929 年 9 月 9 日，第 3 張第 3 頁；《香港工商日報》，1929 年 9 月 16 日，第 4 張第 2 頁；《香港工商日報》，1929 年 9 月 23 日，第 4 張第 2 頁；《香港華字日報》，1929 年 9 月 23 日，第 3 張第 2 頁；《香港華字日報》，1929 年 10 月 1 日，第 3 張第 2 頁；《香港工商日報》，1929 年 12 月 30 日，第 4 張第 2 頁；《香港工商日報》，1930 年 1 月 6 日，第 4 張第 2 頁；《香港工商日報》，1930 年 1 月 13 日，第 4 張第 2 頁；《香港工商日報》，1930 年 1 月 20 日，第 4 張第 2 頁；《香港工商日報》，1930 年 2 月 10 日，第 4 張第 2 頁；《香港工商日報》，1930 年 2 月 17 日，第 4 張第 2 頁；《香港華字日報》，1930 年 2 月 17 日，第 3 張第 2 頁；《香港工商日報》，1930 年 2 月 24 日，第 4 張第 2 頁；《香港華字日報》，1930 年 2 月 24 日，第 3 張第 2 頁；《香港工商日報》，1930 年 3 月 3 日，第 4 張第 2 頁；《香港華字日報》，1930 年 3 月 3 日，第 3 張第 2 頁；《香港工商日報》，1930 年 3 月 10 日，第 3 張第 3 頁；《香港工商日報》，1930 年 3 月 17 日，第 3 張第 3 頁；《香港華字日報》，1930 年 3 月 17 日，第 3 張第 2 頁；《香港華字日報》，1930 年 3 月 24 日，第 3 張第 2 頁；《香港工商日報》，1930 年 4 月 7 日，第 3 張第 3 頁；《香港華字日報》，1930 年 4 月 7 日，第 3 張第 2 頁。

文中學及漢文師範學校漢文教席。[24] 1926 年 4 月，他為書樓初度講學後，[25] 便在 1928 年 8 月起正式擔任主講。[26] 目前檢得的資料，他先後在 1928 年 8 至 9 月、1928 年 12 月、1929 年 4 至 5 月、1932 年 5 至 7 月、1932 年 9 月、1932 年 11 月至 12 月、1935 年 4 月、1938 年 2 月為書樓擔任主講。[27]

（5）區大原：他是廣東南海人，在光緒二十九年癸卯科會試獲賜進士出身，授翰林院檢討，並嘗任廣東法政學堂監督。他在 1927 年移居香港後，受聘擔任官立漢文中學漢文教席。[28] 目前檢得的資料，他先後在 1932 年 4 至 7

24　生平可參看《學海書樓主講翰林文鈔》，〈岑光樾太史事略〉，頁 107；岑公焌編：《鶴禪集》（香港：編者自刊，1984 年），〈岑太史生平大事年記〉，頁 161－168。

25　《香港工商日報》1926 年 4 月 20 日一則題為「學海書樓延耆宿講學」的報道稱：「岑敏仲（岑光樾）先生為順德名太史，學者久尊仰之，前來港就席，書樓同人特浼其於昨星期日到樓講書，聞聽講者極為滿意云。」（《香港工商日報》，1926 年 4 月 20 日，第 3 張第 1 頁）

26　《香港工商日報》1928 年 8 月 20 日一則題為「學海書樓添聘區岑兩太史講學」的報道稱：「學海書樓向聘賴煥文太史、俞叔文老師在堂講學，茲由夏曆七月起，加聘區徽五、岑敏仲兩太史於每星期三下午到堂講學。此數星期中，先由岑太史先講朱九江先生年譜，由書樓發給講義云。」（《香港工商日報》，1928 年 8 月 20 日，第 4 張第 2 頁）

27　參看《香港工商日報》，1928 年 8 月 20 日，第 4 張第 2 頁；《香港工商日報》，1928 年 8 月 27 日，第 4 張第 2 頁；《香港工商日報》，1928 年 9 月 3 日，第 4 張第 2 頁；《香港工商日報》，1928 年 9 月 10 日，第 3 張第 3 頁；《香港工商日報》，1928 年 9 月 17 日，第 3 張第 3 頁；《香港工商日報》，1928 年 9 月 24 日，第 3 張第 3 頁；《香港工商日報》，1928 年 12 月 31 日，第 3 張第 3 頁；《香港工商日報》，1929 年 4 月 15 日，第 4 張第 2 頁；《香港工商日報》，1929 年 4 月 22 日，第 4 張第 2 頁；《香港工商日報》，1929 年 5 月 6 日，第 3 張第 3 頁；《香港工商日報》，1929 年 5 月 27 日，第 4 張第 2 頁；《香港工商日報》，1932 年 5 月 23 日，第 3 張第 2 頁；《香港華字日報》，1932 年 5 月 23 日，第 2 張第 4 頁；《香港工商日報》，1932 年 6 月 6 日，第 3 張第 3 頁；《香港華字日報》，1932 年 6 月 20 日，第 2 張第 4 頁；《香港華字日報》，1932 年 7 月 4 日，第 2 張第 4 頁；《香港華字日報》，1932 年 7 月 18 日，第 2 張第 4 頁；《香港工商日報》，1932 年 9 月 13 日，第 3 張第 4 頁；《香港華字日報》，1932 年 11 月 7 日，第 2 張第 4 頁；《香港華字日報》，1932 年 11 月 21 日，第 2 張第 4 頁；《香港華字日報》，1932 年 12 月 19 日，第 2 張第 4 頁；《香港華字日報》，1935 年 4 月 8 日，第 3 張第 2 頁；《香港華字日報》，1938 年 2 月 21 日，第 2 張第 4 頁。

28　生平參看《學海書樓主講翰林文鈔》，〈區大原太史事略〉，頁 91。

月、1932 年 9 月、1932 年 11 月至 12 月、1937 年 3 月為書樓擔任主講。[29]

（6）朱汝珍：他是廣東清遠人，在光緒三十年甲辰恩科會試獲一甲第二名，賜進士及第，授翰林院編修，嘗任京師法律學堂教習。[30] 他在 1932 年獲聘擔任香港大學中文學院「哲學」、「文詞」兩科的兼任講師，[31] 並因創辦香港孔教學院的首任院長陳煥章（1880－1933）於癸酉（1933）九月遽歸道山而在 1933 年出任孔教學院的院長。[32] 目前檢得的資料，他先後在 1932 年 4 至 7 月、1932 年 9 月、1932 年 11 月至 12 月、1935 年 2 月至 3 月、1936 年 9 月、1938 年 2 月、1939 年 3 月為書樓擔任主講。[33]

（7）陳慶保（1870－1942）：他是廣東番禺人，清末廩生，因屢試不第，轉習西醫，曾任職廣州陸軍醫院。但他旋因西醫每對病者施行的割症手術過於殘忍，轉而學習中醫。辛亥革命後，他舉家遷居香港。1912 年春，他在香

29　參看《香港工商日報》，1932 年 4 月 4 日，第 3 張第 3 頁；《香港工商日報》，1932 年 5 月 16 日，第 3 張第 3 頁；《香港華字日報》，1932 年 5 月 16 日，第 2 張第 4 頁；《香港華字日報》，1932 年 5 月 30 日，第 3 張第 2 頁；《香港華字日報》，1932 年 6 月 27 日，第 2 張第 4 頁；《香港華字日報》，1932 年 7 月 11 日，第 2 張第 4 頁；《香港華字日報》，1932 年 7 月 25 日，第 2 張第 4 頁；《香港工商日報》，1932 年 9 月 19 日，第 3 張第 4 頁；《香港華字日報》，1932 年 11 月 21 日，第 2 張第 4 頁；《香港華字日報》，1932 年 12 月 12 日，第 2 張第 4 頁；《香港華字日報》，1937 年 3 月 8 日，第 3 張第 2 頁。

30　牛平齊希《學海書樓。講翰林京師》，《港澳尊孔忠思忠略》，頁 98。

31　參看 University of Hong Kong: *Calendar, 1932* (Hong Kong: The Newspaper Enterprise Ltd., 1932), p. 158.

32　參看盧湘父（1868－1970）：〈香港孔教學院述略〉，載吳灞陵編：《港澳尊孔運動全貌》（香港：香港中國文化學院，1955 年 5 月），頁 8。原文正文標題誤植為「〈香港孔學教院述略〉」，現據該書目錄更正。

33　參看《香港工商日報》，1932 年 5 月 23 日，第 3 張第 2 頁；《香港華字日報》，1932 年 5 月 23 日，第 2 張第 4 頁；《香港工商日報》，1932 年 6 月 6 日，第 3 張第 3 頁；1932 年 6 月 20 日，第 2 張第 4 頁；《香港華字日報》，1932 年 7 月 4 日，第 2 張第 4 頁；《香港華字日報》，1932 年 7 月 18 日，第 2 張第 4 頁；《香港工商日報》，1932 年 9 月 13 日，第 3 張第 4 頁；《香港華字日報》，1932 年 11 月 7 日，第 2 張第 4 頁；《香港華字日報》，1932 年 12 月 19 日，第 2 張第 4 頁；《香港華字日報》，1932 年 12 月 27 日，第 2 張第 4 頁；《香港華字日報》，1935 年 2 月 18 日，第 3 張第 2 頁；《香港華字日報》，1935 年 3 月 25 日，第 2 張第 4 頁；《香港華字日報》，1936 年 9 月 29 日，第 3 張第 2 頁；《香港華字日報》，1938 年 2 月 28 日，第 2 張第 4 頁；《香港華字日報》，1939 年 3 月 27 日，第 1 張第 4 頁。

港島歌賦街開設陳氏家塾，招收生徒二三十人，教授經學史，並在 1914 年前
後兼任皇仁書院漢文教席。陳氏家塾在 1918 年遷至荷里活道，學生人數迅速
增至二百名。由於家塾佔地較前寬廣，所以他每逢周日便把個人藏書開放予
校外人士閱覽。他更逢周日早上登壇為大眾講授經史、文學。這等安排跟日
後學海書樓的活動頗相類同。陳氏家塾後來改名為慶保中學，在 1935 年遷至
堅道，學生旋增至三百多人。[34] 目前檢得的資料，他只曾在 1937 年 11 月擔任
書樓的主講。[35]

　　根據此等報章資料，統計各講者在 1926 年 4 月至 1939 年 4 月間主講書
樓的次數，計為：

年份	講者						
	賴際熙	俞叔文	區大典	岑光樾	區大原	朱汝珍	陳慶保
1926	12	8	0	0	0	0	0
1927	12	10	1	0	0	0	0
1928	9	9	1	7	0	0	0
1929	19	20	11	4	0	0	0
1930	20	27	0	0	0	0	0
1931	9	9	0	0	0	0	0
1932	9	9	9	9	9	9	0
1933	0	0	0	0	0	0	0
1934	0	0	0	0	0	0	0
1935	4	0	1	1	0	2	0
1936	3	2	0	0	0	1	0
1937	0	0	0	0	1	0	1

34　參看王齊樂撰：《香港中文教育發展史》（香港：三聯書店〔香港〕有限公司，1996
　　年 9 月），頁 210－212。

35　參看《香港華字日報》，1937 年 11 月 17 日，第 3 張第 2 頁。

（續上表）

年份	講者						
	賴際熙	俞叔文	區大典	岑光樾	區大原	朱汝珍	陳慶保
1938	0	2	0	1	0	1	0
1939	0	3	0	0	0	1	0
總計	97	99	23	22	10	14	1

1926 年 4 月至 1939 年 4 月間在學海書樓講學的太史實際只有賴際熙、區大典、岑光樾、區大原、朱汝珍五位。陳伯陶與溫肅則礙於資料匱乏，未有講學書樓的記錄。[36] 1937 年 11 月首見擔任書樓主講的陳慶保只是廩生，而不事舉業的俞叔文卻是書樓講學次數最多、時間最長的一位。目前已知的此二百六十八次講學，俞叔文與賴際熙合佔達七成三強，而其餘五位總和則只稍多於總數的四分一。

五、講學的內容

學海書樓的講學，論者每認為所授均為四書五經、而旁及了史詩詞。《香港工商日報》1926 年 4 月 26 日，則題為〈本星期學海書樓之演講〉的報道稱：

> 本星期三及星期日下午，學海書樓仍由賴煥文老師續講《詩經》，星期六下午仍由俞老師（俞叔文）續講鍾嶸《詩品》，日前取講義者，務請攜回入座，不再給發云。[37]

---

36 溫肅子溫必復以溫肅自編年譜為底本編成的〈檗庵年譜〉並無溫肅在學海書樓講學的記錄（參看溫肅：《溫文節公集》，香港：學海書樓，2001 年，溫必復〈檗庵年譜〉，頁 1–24）。

37 《香港工商日報》，1926 年 4 月 26 日，第 3 張第 1 頁。

同報 1927 年 3 月 10 日一則題為「學海書樓變更講學日期」的報道則稱：

> 學海書樓向章每星期講學三次，本年因賴煥文老師就大學堂專席，
> 星期三下午不遑兼顧，暫時輟講。其星期六、星期日仍照舊章；又由此
> 星期起，賴老師講授《書經》，不設講義，聽講者須自備書籍入座云。[38]

同報 1927 年 3 月 29 日一則題為「學海書樓講學日記」的報道亦稱：

> 學海書樓此星期內仍由賴煥文老師講《書經》，不發講義。俞叔文
> 老師講俞蔭甫〈伯魯論〉、〈盆成括論〉，有講義發給云。[39]

這可見當時的報章多會預報學者講學時是否發放講義。現根據搜得的報
章資料，將 1926 年 4 月至 1939 年 4 月間書樓各講者的講學內容表列：

講者	講授內容	講授日期	次數	講義
賴際熙	《詩經》	1926 年 4 月至 5 月	5	不發
	漢唐宋明黨議	1926 年 6 月	1	/
	《荀子》	1926 年 12 月	6	發
		1935 年 2 月至 1935 年 4 月	4	/
	《管子》	1927 年 2 月至 3 月	2	發
	《書經》	1927 年 3 月至 1928 年 9 月	14	不發
	《史記》	1928 年 11 月至 1931 年 5 月	52	不發
	〈文獻通考序〉	1932 年 4 月至 1932 年 12 月	9	不發
	《古文辭類纂》	1936 年 3 月至 1936 年 10 月	3	或發

---

38 《香港工商日報》，1927 年 3 月 10 日，第 3 張第 3 頁。
39 《香港工商日報》，1927 年 3 月 29 日，第 3 張第 3 頁。

（續上表）

講者	講授内容	講授日期	次數	講義
俞叔文	韓愈〈與李翊論文書〉	1926 年 4 月	1	/
	鍾嶸《詩品》	1926 年 4 月	2	發
	柳冕與一友論文書	1926 年 5 月	1	/
	曾滌生〈與劉孟蓉書〉	1926 年 6 月	1	/
	戴存莊〈朱建論〉	1926 年 12 月	1	發
	王夫之〈楊時論〉	1926 年 12 月	1	發
	王夫之《宋論》	1926 年 12 月	2	發
	全祖望〈四皓論〉	1927 年 2 月	1	發
	蘇軾〈武王論〉	1927 年 2 月至 1927 年 3 月	2	發
	王應麟〈士女石蘇洵論〉	1927 年 3 月	1	發
	俞蔭甫〈伯魯論〉	1927 年 3 月	1	發
	俞蔭甫〈盆成括論〉	1927 年 3 月	1	發
	劉大櫆〈難言〉	1927 年 5 月	1	發
	劉大櫆〈續難言〉	1927 年 5 月	1	發
	蘇軾〈范蠡論〉	1927 年 5 月	1	發
	姚鼐〈范蠡論〉	1927 年 5 月	1	發
	朱彝尊〈陳壽論〉	1927 年 5 月	1	發
	侯朝宗〈荊軻論〉	1927 年 5 月	1	發
	錢大昕〈皋陶論〉	1927 年 6 月	1	發
	史論	1927 年 7 月	1	發
	《左傳》	1928 年 8 月至 1930 年 8 月	54	不發
	《詩經》	1931 年 3 月至 1932 年 12 月	18	不發
		1939 年 3 月至 1939 年 4 月	3	不發
	《古文辭類纂》	1936 年 7 月至 1936 年 10 月	2	發
	唐詩	1938 年 3 月至 1938 年 4 月	2	不發

（續上表）

講者	講授內容	講授日期	次數	講義
區大典	五經大義	1926 年 1 月	1	發
	《周易》大義	1928 年 11 月至 1929 年 9 月	12	發
	《易·上經·乾》	1932 年 5 月至 1932 年 11 月	8	發
	《易經》	1932 年 12 月	1	發
	《孝經》	1935 年 4 月	1	/
岑光樾	簡朝亮《朱九江先生年譜》	1928 年 8 月至 1928 年 12 月	7	發
	〈文獻通考序〉	1929 年 4 月至 1929 年 5 月	4	發
	《漢書·藝文志》	1932 年 5 月至 1932 年 12 月	9	發
	《史記·仲尼弟子列傳》	1935 年 4 月	1	/
	《書經》	1938 年 2 月	1	/
區大原	《禮記·曲禮》	1932 年 4 月至 1932 年 9 月	7	不發
	《禮記·檀弓》	1932 年 11 月	1	不發
	《禮記》	1932 年 12 月	1	不發
	《禮記·檀弓》	1937 年 3 月	1	不發
朱汝珍	《四庫提要·經部總敍》	1932 年 5 月至 1932 年 11 月	7	發
	〈兩都賦〉	1932 年 12 月	2	發
	《文心雕龍》	1935 年 2 月至 1935 年 3 月	2	發
	待定	1936 年 9 月	1	/
	《大學》	1938 年 2 月	1	不發
	《中庸》	1939 年 3 月	1	不發
陳慶保	《紀事本末·甲申殉難論》	1937 年 11 月	1	發

除顯示為「/」者未知實況外，講授單篇文章者大都樂意派發講義。今將各講者的講學內容按經學、史學、子學及其他四類作粗略整理，則知關涉經學的講學佔一百三十七次、史學佔八十六次、子學佔十二次，其他則佔三十二次。個中情況為：

（一）經學：除最晚參加講學的陳慶保外，所有講者都參與此領域的講

授。他們各以自己的學術專長登壇授學。俞叔文講《左傳》（五十四次）與《詩經》（二十一次），區大典講《易經》（二十一次）與《孝經》（一次），賴際熙講《書經》（十四次）與《詩經》（一次），區大原講《禮記》（十次），朱汝珍講《四庫提要‧經部總敘》（七次）、《大學》與《中庸》（各一次），岑光樾講《書經》（一次），都是一時無兩的組合。

（二）史學：賴際熙是負責此領域最主要的學者，他除重點講授《史記》（五十二次）外，還旁涉〈文獻通考序〉與漢唐宋明黨議（合共十次）。岑光樾主要講授《漢書‧藝文志》（九次）與《朱九江先生年譜》（七次），而稍涉〈文獻通考序〉（四次）與《史記》（一次）。俞叔文講《宋論》（兩次）與陳慶保講《紀事本末》（一次）更令聽眾得覽錦上添花。

（三）子學：賴際熙是目前所知唯一負責此領域講學的學者，他前後講授《荀子》與《管子》共十二次。

（四）其他：俞叔文是主講「其他」類的健將，個人獨佔二十五次，主要講授單篇文章、唐詩與《詩品》。朱汝珍曾擔任香港大學中文學院「文詞」科兼任講師，他主講〈兩都賦〉與《文心雕龍》（各兩次）並不出人意表，反而是以史學享譽的賴際熙參與《古文辭類纂》的講授（三次）令人始料不及。

書樓緣於講者對經學各有獨到心得，是以安排講學活動時偏重各人的學問專長。賴際熙雖長於史學而樂於主講經學、子學，甚或文詞的講題，俞叔文精於《左傳》而願意講授史學、文詞等著述，都可見兩位書樓創辦人力圖平衡講學活動的經、史、文詞等成分。整體而言，講學內容確實偏重五經、卻罕及四書。

六、配合講學的活動

學海書樓的講學，除藉講者的號召力與講題的吸引力鼓動聽眾到場聽講外，《香港工商日報》1926 年 12 月 6 日一則題為〈學海書樓春季課卷揭曉〉

的報道稱：

> 本年春季該書樓課卷昨已揭曉，茲採錄如下：
>
> （一）《詩‧豳風‧鴟鴞》篇傳箋互異，宜博采眾說，折衷一是。（上取）何瑋卿。
>
> （二）漢唐宋明黨議。（上取）何楚碩、（中取）何榮開、（次取）馬崇治、蘇子剛、馮慧文、馬維相、尹冶純。
>
> （三）讀湛甘泉《心性圖說》書後。（上取）何鍾堯、（中取）馬維壎。
>
> （四）粵秀山賦古體。（上取）陳兆榮、（中取）袁公釗、（次取）李羅顏、李培根。
>
> （五）讀《三國志》詠史十首五絕。（上取）紫水少年、（中取）鍾守淳、何松石、李培、（次取）李戒非。
>
> （六）擬鄺湛若（鄺露，1604－1650）〈赤英母〉（案：當作「〈赤鸚鵡〉」）七律四首。（上取）容壯彝、李星君、（中取）李蘭溪女士、（次取）袁公釗、龔應元、李淑石。[40]

同報 1928 年 8 月 23 日一則題為〈學海書樓秋季課題〉的報道稱：

> （一）易之道四，卜筮居一，然古法罕傳。試將《左傳》所載筮法，推闡其義，以徵心得。
>
> （二）孔子言「可與立，未可與權」，孟子言「執中無權，猶執一」，漢儒、宋儒解釋「權」字，語多抵觸，試折衷其義。
>
> （三）李林甫用寒族蕃人為邊帥論。
>
> （四）讀《五代史》義兒、伶官二傳書後。
>
> （五）程伊川、張南軒皆謂張良是儒者，試申其說。
>
> （六）史閣部贊（幷序）

---

40 《香港工商日報》，1926 年 12 月 6 日，第 3 張第 1 頁。

（七）乞巧賦（古體）

（八）長城行（七古）

（九）擬杜工部七律四首（堂成、卜居、狂夫、野老）

任作一藝，限八月十五日截卷。[41]

《香港華字日報》1932 年 12 月 27 日一則題為〈學海書樓講學日程〉的報道稱：

秋季課文取錄名次：

上取葉國基、高煥章、譚瑾菴、關敬儀。

中取龍遇時、譚瑾菴、鍾羽譙。

次取楊志南、金阜民、陳葆光、唐逸梅、廖逸軒、廖銘軒、高煥章、劉錫基、龍遇時、黎仲廉、關敬儀、羅浮僧證如。

冬季課題如下：

繪事後素義、

諸葛武侯擒縱孟獲論、

讀邱文莊公《大學衍義補》書後、

沙田觀稼雜詠（不拘體韻）

限十二月二十五日截卷云，[42]

同報 1933 年 1 月 16 日一則題為〈學海書樓核定發獎〉的報道稱：

學海書樓壬申全年聽講作文成績，最優學生名次：

上獎唐逸梅，中獎廖逸軒、黎仲廉，次獎廖銘軒、潘元道。[43]

---

41 《香港工商日報》，1928 年 8 月 23 日，第 3 張第 3 頁。

42 《香港華字日報》，1932 年 12 月 27 日，第 2 張第 4 頁。

43 《香港華字日報》，1933 年 1 月 16 日，第 2 張第 4 頁。

綜合多年的資料，大抵可見書樓除借助報章報道講學活動外，還恆常藉季度課文、設獎以吸引聽眾的支持。每次課文均命題最少四道，包括經、史、子、集各方面的學問，供參加者選擇。課文的形式類似徵文比賽，由書樓負責委任學者命題與評選。每季的優勝者又可自動參加全年總評，然後由評選者定出最優者名次。由於參加者不少是慕名前來的聽講者，這樣的層遞篩選方法，無疑大大拉近了書樓與參加者、聽講者的關係。

七、會友的徵求

學海書樓成立以後，一直強調藏書與講學並重。書樓除講學活動歡迎公眾自由旁聽外，藏書亦開放供公眾在閱覽室入座借閱。[44] 書樓為穩定閱書、甚或聽講的人數，曾一度藉公開徵求會友籌集捐款。《香港工商日報》1928年7月22日一則題為〈學海書樓徵求會友之成績〉的報道稱：

> 般含道學海書樓近日開始徵求會友，記者特以此事往訪書樓司理俞叔文君，欲知徵求情形若何。俞曰：原議徵求之費，係以為書樓基本金，故不定額數，愈多愈妙。今開始二日，已銷二十本（每本十人），當甚樂觀。在一般為父兄之心意，以為書樓庋藏珍本甚多，以後舊書日少，子弟欲研究國學者，十年後將有欲讀無書之歎，故為子弟計，不可不入會。具此心理，故多為子弟日後讀書年，以子弟名字加入者甚多云云。古人云：遺金滿籯，不如授子一經。幸家有讀書種子者，為留意焉。[45]

44　參看鄧又同：〈香港學海書樓七十年概況〉，載何竹平（1919－2004）主編：《香港學海書樓七十周年紀念文集》（香港：學海書樓董事會，1993年冬月），頁10。

45　《香港工商日報》，1928年7月22日，第4張第2頁。《香港華字日報》1932年7月23日一則同一標題、同一內容的報道稱「今開始二日，已銷二千本（每本十人）」（第3張第2頁），應是手民誤「二十」為「二千」，今不取。

短短兩日，已有二百人參加，情況確實理想。同報 1928 年 11 月 21 日一則題為〈學海書樓徵求會友已結束〉的報道稱：

> 學海書樓因第一次徵求十元永遠會友，其捐冊發出已久，其入會者固不乏人，而未交回捐冊者亦不少。茲於日內發出催函，茲將其原函錄左：
>
> 敬啓者：前上寸緘，并其字徵求會友憑券若干部，諒登籤室。事經閱月，亟待結束。茲再函請，并請將捐得之款項，費神逕寄本樓義務司庫李海東君收下便妥。其券根則請寄交本樓義務司理俞叔文君存案備查，以清手續為幸。諸費清神，實紉公誼。此上，即請某某先生道安。伏希荃照不莊。學海書樓義務主席賴際熙等謹啓。[46]

報道雖沒有公佈徵求會友的實際結果，卻肯定為書樓帶來不少進賬。俞叔文最初自稱書樓未有為入會者設定捐款數目，可是此活動結束的報道卻顯示捐款十元即成永遠會友，而《香港工商日報》1930 年 4 月 14 日及 4 月 21 日同樣題為〈學海書樓講學日記〉的報道稱：

> 書樓總書目總已刊就，限期近外，凡屬為書樓會友者，俱可憑券到樓領取一部，以備查閱云。[47]

這會友福利實有助凝聚他們的向心力，而憑券領取總書目亦可以培養他們經常到書樓走動的習慣。這對書樓的講學活動肯定產生不少推動作用。

---

46 《香港工商日報》，1928 年 11 月 21 日，第 4 張第 2 頁。
47 《香港工商日報》，1930 年 4 月 14 日，第 3 張第 3 頁；《香港工商日報》，1930 年 4 月 21 日，第 3 張第 2 頁。

八、結語

學海書樓已成立九十多年了！它的　位創辦人俞叔文在 1955 年為書樓出版的講學錄撰寫序文，稱：

> 吾書樓建立之旨，所以保存古籍，發揚國粹，故除度藏書籍外，每周講學，向有定規，兢兢不墜，歷有年所。[48]

但有關它在日本侵佔香港前的講學活動，確實礙於史料的匱乏，過往論者每不免人云亦云。今倚靠報章的斷簡零篇，雖未足以重構該十多年間書樓講學活動的全貌，卻多少呈現了當時每周講學次數、講者、講學內容、季度課文與徵求會友等的若干真象。因此，後世若能將相關的報章資料悉數搜羅，則書樓講學活動史的重構誠非遙不可及。

48　鄧又同編：《香港學海書樓前期講學錄彙輯（一九四六至一九六四年）》（香港：學海書樓，1990 年 4 月），俞叔文：〈（第二集）序〉，頁 61。

外語「母語化」
的教育理念與教育實踐

徐杰　張力

澳門大學人文學院中國語言文學系

一、引言

　　經濟全球化的發展方興未艾，「地球村」的設想儼然已經成為現實。打開國門、走向世界是當今社會的大勢所趨，是任何力量都不能阻擋的時代潮流。而打開國門、走向世界的先決條件是語言的暢通，正如李宇明（2010）所提到的，外語是國家行走的先遣隊，國家走到哪裏，外語就應該先走到哪裏。

　　外語不只是人們走向世界的「敲門磚」和「通行證」，還可以形成巨大的產業鏈。在我國，除了正規的學校教育之外，外語培訓產業也勢如破竹地發展着。截止到 2003 年就已經有 3000 多家外語培訓機構成立（後蕾，2003）。毋庸置疑，中國已然成為世界上最大的英語培訓基地。在正規的學校教育之外，我國英語培訓產業的總值在 2000 億元至 5000 億元人民幣，理所當然地成為世界上最有前景的市場之一（張蔚磊，2015）。

　　語言學習，特別是外語學習，不僅是一個國家蓬勃發展、興旺發達、繁榮昌盛的必然要求，也是每個社會成員開拓視野、提升自己、走向世界的不二選擇。新中國成立以來，尤其是改革開放以來，我國為支持外語教育的發

展，投入了巨大的人力、物力和財力並取得了可喜的成績，如改革開放初期外語教育的「一無」局面——一無大綱、二無計劃、三無教材——得到了極大的改善；創辦了一大批外語專業和外語學校，並且培養出了大量優秀的複合型外語人才等（參看胡文仲，2009）。但不能忽視的是我們的外語教育發展仍然存在着很大的問題，我們的巨額的投入與較低的產出嚴重不成正比，外語學習「老大難」的問題依然沒有得到解決。基於此，本文對症下藥地提出了外語「母語化」的教育理念，論證了其學理基礎，並通過新加坡和加拿大等國家、地區的相關案例闡述這一教育理念在中國全面實施的可行性。

二、中國外語教育的投入與效益的巨大落差

新中國剛剛成立後的前三十年裏，中國的外語教育事業受到國際環境、國內政策等方面因素的很大影響，曾出現徘徊甚至停滯的局面。真正意義上的中國外語事業發展是從改革開放以後開始的，下面我們簡要談談改革開放以來中國外語教育的投入及其收效情況。

1. 中國外語教育的高投入

改革開放以來的 30 多年的時間裏，為了支持外語教育事業的發展，國家、社會和個人都傾注了巨大的人力、物力和財力。

首先，國家在政策方面大力支持。國家的政策、方針和指令對外語教育的發展起着至關重要的作用，「文化大革命」對我國外語教育的摧殘性破壞就是一個很好的例證。改革開放以後，國家越來越意識到外語的重要性，頒佈了一系列的政策文件，鼓勵和支持外語教育的發展。根據孫菲（2008）的統計，從改革開放初期到 2005 年這段時間，國家頒佈的有關英語學科的重要政策文件就有 13 份之多，涉及的範圍很廣，其中包括英語學科師資政策、規劃

政策、專業政策、教材政策、實施政策、評價政策和經費政策等方方面面，此處不贅。

其次，國家還積極倡導並大力推動外語專業和外語學校的創辦、發展。從語種上說，由新中國成立初期的 12 種擴展到現在的 50 多種。就專業和學校開設而言，新中國成立初期全國只有 51 所高校開設有外國文學系（包括 10 所外語師範專科學校），到「文革」前夕發展到 74 所。改革開放以後，外語專業特別是英語專業，如雨後春筍般地飛速發展起來。截至 20 世紀 90 年代中期，已經有 200 多所學校開設有英語專業，到 2002 年又增加了近一倍，達到了 420 所，2007 年又在 2002 年的基礎上翻了一番，達到近 900 所（戴煒棟，2008）。

時至今日，已經有 1000 多所高等學校開設英語專業。毫不誇張地說，舉凡正規的高等院校差不多都開設有英語專業，或者至少開設有與英語相關的課程。除了英語，其他外語專業也不同程度地得到了發展。如日語專業已在 380 多所學校開設，開設法語、德語和俄語專業的也各有 70 多所，開設西班牙語專業的學校也有 14 所之多（詳參戴煒棟，2008）。為了培養高層次的外語人才，1981 年國務院首批高等學位授權點中，外國語言文學專業就有 5 個博士點和 28 個碩士點。

第三，外語教育工作者的長期堅持和不懈付出。除了三尺講台上的辛勤教學外，一大批富有責任感、使命感的外語工作者還在積極思考和努力探索中國外語教育事業的發展問題，奉獻了大量極富啟發意義和參考價值的學術成果，幾乎涉及外語教育的方方面面：外語教育規劃、外語課程設計、外語教學改革等。他們為推動中國外語教育事業發展作出了巨大貢獻。

第四，外語學習者大量的時間、精力和財力投入。據新華網 2006 年 3 月 27 日報道，全國有超過三億的人口在學習英語（包括專業和非專業），約佔全國總人口的四分之一，其中大中小學學習英語的總人數已經超過一億。從 2000 年開始，國家制定的「義務教育英語課程標準」把原計劃從初中一年級開始開設英語課程的時間提前到小學三年級，而北京市則進一步提前至小

學一年級。今天看來，這一課程標準已經得到了很好的貫徹落實。這樣，對大部分中國學生來說，在讀大學之前就已經花費了 10 年左右的時間去學習英語，這還不包括一些決意要子女贏在起跑線上的家長在幼兒園階段就選擇「雙語教育」，讓自己的孩子提前接觸到英語的氛圍。除了時間和精力的付出之外，學生和家長還投入高額支出以求提高英語成績，包括購買與英語相關的參考書、輔助教材以及參加各種各樣的外語培訓班等。

2. 中國外語教育的低效益

巨額的外語教育投入，理應帶來豐厚的回報。誠然，我們的外語教育在幾十年的發展過程中取得了令人矚目的成績，但是在取得成就的同時我們也應該進行深刻的反思，我們整體的外語學習水平和靈活運用能力真的可以與我們的高額投入相匹配嗎？我們的外語學習狀況是否真正達到了令人滿意的程度？

新中國成立六十多年來，我們的外語院校和外語專業培養了大批專業人才，他們的外語水平似乎也沒有完全滿足社會需求。據《光明日報》2007 年 3 月 1 日報道，雖然我國外語專業的學生數量非常多，但是國際會議的同聲傳譯，國際組織的工作人員等高端外語人才仍然很缺乏。這說明我們外語專業學生的英語水平距離高精尖的水準還有一定距離。

就英語的熟練度而言，根據英孚教育 2012 年發佈的《英孚英語熟練度指標報告》，大陸在全球五十四個非英語母語國家和地區中，排名第 36 位；在 12 個亞洲國家和地區中，居然排倒數第二位，熟練度偏低。語言的熟練度作為測試語言能力的一項指標，這一指標說明我們的外語水平確實不容樂觀。我們國家整體上投入了巨額的人力、物力和財力，耗費了大量的時間，最終英語水平卻出乎意料地依然處於低層次。

對於一個普通學生來說，從初一到大學畢業整整十餘年的學習過程中，英語一個科目竟然花費掉了所有學習時間的三分之一左右，擠佔了學生自己

的黃金時間和社會的有限資源。然而，投入了這麼多時間和精力之後的效果如何呢？仍然是億萬中國學生過不了英語關。升學就業，提職晉級，英語已經成為無數中國人的夢魘。許多人為此痛心疾首，更有甚者已經達到了談「英」色變的地步。個別幸運者儘管雅思託福考試的成績可能很高，但是由於缺乏從小形成的真實可用的語言運用能力，到了英語國家後突然發現，英語依舊是一個巨大的攔路虎，還要在很長一段時間裏經受英語的磨難，痛苦萬分。還有不少人為此而失去了本該屬於自己的大好發展機會（徐杰，2007）。

《新京報》2004 年 3 月 8 日載文報道：廣州某大學王姓同學的專業課成績幾乎全在 80 分以上，但惟獨英語怎麼也學不好。參加研究生入學考試，因為英語不好而被一票否決。因為英語沒禍四級，他的學位證也很有可能黃了，白念了四年大學空手而歸……即使學位證書解決了，現在大多單位要求「英語過四級」，他覺得自己還是「在劫難逃」。而這正是我國學生中普遍存在的現象。億萬中國大中學生，一大早爬起來就是念英語，深更半夜還在背單詞！研究生考試在許多地方許多學科幾乎變成了令人望而生畏的英語能力的競爭。一門英語莫名其妙地耗盡了一代又一代無數中國學生的青春年華和聰明才智。

有研究表明，口頭語言能力佔據語言能力的核心，是語言的第一能力；書面語言能力只是口頭語言能力的自然延伸，處於語言能力的第二位（徐杰，2007）。但是在我們的整個外語教育系統中，對學生語言輸入能力的重視程度遠遠高於語言輸出能力，這在我們中小學的課程設置上就能明顯地反映出來，聽力和閱讀的比重遠遠大於口語和寫作的比重，有 97% 的學生反映在口語表達上存在很大的障礙（張蔚磊，2015），以至於使我們的英語長期以來被貼上了「啞巴英語」的標籤。

三、外語「母語化」的教育理念

我國外語教育高昂的投入換來的卻是較低的回報，這種「耗時低效」現象一直都是眾多教育工作者、各級教育行政部門、各位家長和學生，乃至社會大眾所面臨的挑戰，大有深入討論和研究的必要。對於大多數人來說，外語學習給人的感覺是學得慢、忘得快、學不好、學起來事倍功半，簡直是苦不堪言！但是反觀我們的母語學習，學得快、忘得慢、學得好、學起來事半功倍，可謂是輕鬆愉快！外語和母語學習的巨大差異，讓我們不得不深入思考造成這種狀況的深層次原因，只有找準病因，才有可能釜底抽薪地解決問題。為此，我們首先要明晰外語和母語的定義以及它們之間的關係。

「母語」（mother tongue）是個通俗說法，並沒有嚴格的學理定義。人們習慣上將牙牙學語時學的語言稱為母語。而兒童時期接觸和學習的語言通常是在家庭裏跟父母等家庭成員交流使用的語言，當然也通常是自己的民族語言的各種方言和區域變體。因此，人們有意無意中將母語跟父母和民族掛起鈎來。其實，嚴格說來，「母語」指的是在語言習得關鍵期（critical period for language acquisition）內掌握並靈活運用的語言。語言習得關鍵期，通常是兩歲至青春期開始時十三四歲間的這十多年時間。在此期間，一個幼童掌握一種語言，是「單母語兒童」，掌握兩種語言的則是「雙母語兒童」，以此類推。在語言學意義上，「母語」跟孩子的媽媽沒有關係，甚至跟民族也沒有關係。一個一兩歲大的中國兒童被一對美國夫婦領養，在美國長大，這個孩子的母語（native language）就是英語，漢語不是他的母語，而是他的民族語言，是他的「族語」（ethnic language）。與此相對的，外語指的是在關鍵期內沒有機會掌握、關鍵期過後通過各種學習掌握的語言。一旦是母語，終生是母語；一旦是外語，永遠是外語。

值得特別注意是，上述有關母語與外語的定義有一個關鍵概念——語言習得關鍵期，而這正是現代語言學一項重大貢獻。半個多世紀以來，來自不

同領域的專家學者經過不懈努力成功地破解了一系列的「人類語言之謎」，並通過各種途徑和方法充分論證了語言能力是人類特有的一種能力，是人類區別於其他動物的一項本質特徵。人類而且只有人類先天遺傳地具有一種語言機制，這種與生俱來的、可以支持各種具體語言的語言機制在自然的語言環境中，在兩歲至十三四歲這個關鍵期內，可以自然地「成長」為一種或多種人類自然語言。其成長過程，先後次序和時間安排都是生物學意義下預先規定好了的。家長以及正規的學校教育對核心語言能力的獲得沒有太大的意義（可參看 Lenneberg, 1967; Chomsky, 1975, 1986；Pinker, 1994 等），這已經得到了大量調查研究結果的證明。其中最有名的一項實驗是一位心理學家煞費苦心地花了幾個星期的時間，徒勞無功地「教」他那頑固的寶貝女兒改掉「other one+ 名詞」的錯誤用法，而使用「other+ 名詞」的正確表達（Braine, 1971）。他的良苦用心所當然地以失敗告終。而真正需要學習的是語言能力的兩個外圍組成部分──詞彙項和文化語言知識。這兩部分外圍語言知識具有共同的特點：不學不會，一學就會，想學再學，可以自學（徐杰，2007）。

語言習得關鍵期的發現，母語和外語的深入認識、重新定義，為我們徹底解決外語學習的難題提供了嶄新的思路，為我們用習得母語的方式習得「外語」奠定了堅實的理論基礎。關鍵期內的母語習得完全是一種無意識的習得，跟其他無師自通的生物行為的發育和發展非常類似，而跟為了獲得某項特定技能而刻意進行的專業學習和職業培訓性質完全不同。哈佛大學著名的生物學家 Lenneberg 曾在其專著《語言的生物學基礎》（*Biological Foundations of Language*, 1967）中提供證據支持了這一論斷。我們在綜合 Lenneberg 等學者研究成果的基礎上，再結合相關的材料，繪成表 1。從表中我們可以直觀地分辨出「無師自通的生物行為」、「通過學習獲得的技能」以及「母語的習得」之間存在的差異。

表 1 「無師自通的生物行為」、「通過學習獲得的技能」、「母語的習得」差異表

	無師自通的生物行為	通過學習獲得的技能	母語的習得
案例	蜜蜂會跳 8 字舞 小狗生下來幾天後會睜眼 小鳥破卵而出後會飛行 老鼠的孩子會打洞 人類大約到十三四歲以後開始性成熟	開汽車、打麻將、做傢具、織毛衣、下象棋、游泳	漢語的習得 日語的習得 英語的習得
特徵比對	客觀需要之前就已出現	有客觀需要之後才開始學習	語言能力在幼童為生存而交際之前就形成並得到發展
	其出現並不是一個有意識的決定所帶來的結果	其出現是一個有意識的決定所帶來的結果	幼童開始習得語言並不是他們有意識地「決定」這麼做
	生物行為的形成總是有一個「關鍵期」	無明顯的「關鍵期」	「關鍵期」是「第18/28 月→青春期開始 (13/14 歲)」
	直接教學和密集練習沒有太大作用	直接教學和密集練習有很大作用	無顯著作用

　　語言習得關鍵期的發現，對母語和外語的深入認識、重新定義，可以而且應該轉化為當今世界最偉大的教育理念並運用到教育實踐中去。語言教育的核心是，尊重語言習得和學習的自身客觀規律，把握語言習得的關鍵期，合理安排不同年齡階段的學習方式和學習內容，以求提高教育效率，並對寶貴的時間、資源做最優化的配置和最有效的使用。由於上天的恩賜，每個兒童同等地擁有快速獲得母語能力的神奇基因配置，他們的差別在於幸運兒在這個關鍵期內獲得了一種強勢語言或者包括強勢語言在內的多種語言的自然優質互動語言環境。

　　母語容易外語難。出路何在？把所有的「外語」在語言習得關鍵期內當作「母語」來習得！讓外語的學習複製母語的學習過程，所謂的「外語母語

化」教育理念指的就是，在兒童語言習得爆炸性的關鍵期內，採用經過論證的科學的教材、教法以及聘請一大批優秀的外籍教師，人為地創造一個科學、健康、優質、互動、無干擾的自然語言環境，使外語在這種人造的、全息的、充滿外國氛圍的自然語境中與母語一樣以第一語言的方式習得。

外語「母語化」的實現必須同時具備以下兩個重要條件：一是必須緊緊抓住語言習得的關鍵期，也就是兩歲至十三四歲青春期開始前的這段黃金時間；二是需要營造一個科學、自然、健康、互動、優質的語言環境。

對於外語「母語化」的教育理念，我們可以打一個簡單的比喻：「母語」是一粒「種子」，也就是青春期前幼童天生具有的語言獲得裝置，這一粒種子在霉變之前可以自然生長成一株幼苗。幼苗再小再弱，只要它是自然、真實的，它就有自我生長能力，這就是俗話所說的「有苗不愁長」。有了這株幼苗，後來稍加養護就能自然長成一棵參天大樹。「外語」是在「種子」霉變之前沒被激活而人工仿造的「假樹」。一眼望去，假樹也完全可能枝繁葉茂，但是實際上它沒有後天的自我生長能力，乾等着人工加個枝、添片葉，它沒有生命，沒有活力，不會吸納二氧化碳，也不會製造氧氣。人人本來都有多粒語言「種子」，可惜的是，我們多數人因為後天缺乏必要的語言環境，絕大多數語言種子都霉變了，浪費了，只有一粒種子，成活了、長大了。到後來，語言習得關鍵期過後，才發現需要兩棵樹、多棵樹，才去千辛萬苦地被迫造樹。學「外語」，這是對人類天賦潛能的最大浪費，實在是令人痛心！

四、外語「母語化」的教育實踐

外語「母語化」的教育理念已經得到了廣泛的實踐證實，美國、加拿大、新加坡、馬來西亞、盧森堡、瑞士、芬蘭等國家和地區的眾多成功案例就是很好的例證。下面我們來看看新加坡和加拿大這兩個案例。

1. 新加坡「英語 +X 語」模式

　　新加坡地處東南亞中心，是一個典型的熱帶海島國家。得益於其得天獨厚的地理位置以及天然優質的港灣條件，隨着 19 世紀中葉以來國際經濟貿易的飛速發展，新加坡成功地吸引到大批華人、馬來人、印度人前來謀生和發展。這三大民族構成了新加坡人口的主體，其中華人人數最多，馬來人次之，印度人相對較少。這三大主體民族的語言——華語、馬來語與淡米爾語，加上殖民地統治時期的英語，共同構成了當今新加坡社會通用的四種官方語言。

　　新加坡的語言政策伴隨着新加坡的國情變遷，在不同的歷史時期呈現出不同的面貌，大體可分為三個階段（參看徐杰，2007）：第一階段是英國殖民地統治時期。那時的語言政策是「獨尊一語，放開其他」。英語作為殖民統治者的語言，自然地居於高層地位，其他民族的語言處於放任自流的狀態。第二階段是脫離馬來西亞聯邦而獨立建國前後。語言政策是「獨尊一語，多語並重」，將馬來語作為「國語」和「跨民族使用的共同語」，同時承認和尊重其他民族語言的存在、發展。第三階段就是當代新加坡。語言政策是「四種語文，分工並存」，呈現出英語、華語、馬來語和淡米爾語四種官方語言分工並存的畫面，形成了新加坡群體層面比較穩定的語言配套形式：英語 + 華語 + 馬來語 + 淡米爾語。就個體層面而言，新加坡實行的是「英語 +X 語」雙語配套形式（徐杰、羅堃，2015）。得益於政治、經濟、文化等方面的強大競爭力，英語當之無愧地成為了當今世界國際化程度最高、國際地位最為重要的語言，也理所當然地成為了包括新加坡在內的眾多國家參與國際事務的首選語言。此外，英語能夠成為新加坡的跨民族語言和行政公務用語，還是出於滿足當地社會生存發展和多元民族和諧的需要。時至今日，英語已經成為新加坡學校教學的主要媒介語，並在年輕一代完全普及開來，這與其說是社會、學校和家長的選擇，不如說是在政府引導下，不同語言之間相互競爭的結果。那個變數的「X 語」指華語、馬來語和淡米爾語中的任何一種，它們分別作為華族社區、馬來族社區以及印度族社區的社交語言而存在，這些民

族語言對維持新加坡社會的民族和諧與政治穩定也發揮着十分重要的作用。

新加坡在實踐外語「母語化」方面有着得天獨厚的優勢。就來自華人、馬來人和印度人社區的兒童而言，他們的母語很大可能是他們各自的社區語言，不同社區的兒童在接受正規的義務教育之前就已經不同程度地習得了他們的母語，在接受正規教育之後，英語成為他們的主要教學媒介語，也就是說他們在關鍵期已經具備了學習英語這門「外語」的天然環境，他們自然地在這個語言習得「黃金時期」內將這門外語內化為母語。當然，也有相當數量華族、馬來族和印度族兒童，出於家庭和社交環境的影響，他們習得的第一母語是英語。在進入正規教育之後，除了主要的教學媒介語——英語之外，政府還將各民族的民族語言列為必修課，作為升學的必要條件之一。這就為不同社區的兒童習得各自的民族語言提供了一個強大的動力，為他們在關鍵期內把英語和自己的民族語言雙雙內化為「母語」創造了基礎、條件，結果大多數的年輕一代都順利成長為「雙母語人」。

當然，新加坡在雙語教育的實踐中，也存在一些問題需要逐步克服：（1）社會自然形成的語言環境的綜合質量偏低；（2）社會上普遍存在着「重書面輕口語」的定式思維；（3）雙語乃至多語之間相互干擾和抵消的問題長期存在（徐杰，2007）。

2. 加拿大「英語十法語」雙母語模式

加拿大位於北美洲北部，是世界領土面積第二大的國家，歷史上曾是英國和法國的殖民地。因此，英語和法語也理所當然地成為加拿大的兩種官方語言。雖然英語和法語同為加拿大的官方語言，但是二者的適用範圍和實際地位存在很大的差別。加拿大總人口約 2,800 萬（1995 年），其中英語的使用人數佔到全國總人數的 80% 左右，而法語只佔 20% 左右（袁平華、俞理明，2005），與英語相比，法語明顯處於弱勢地位。出於民族團結、社會政治穩定等因素的考慮，加拿大聯邦政府曾先後出台了一系列法律、法規、政策以推動雙語教育。

　　加拿大從其特定的國情出發，發展雙語教育已有半個多世紀的歷史，取得了巨大的成就，並且已經成為世界雙語教學的典範。加拿大人首創的、興起於 20 世紀 60 年代的「浸濡式語言教學」（immersion language education，也稱為「浸潤式雙語教學」或「浸泡式雙語教學」）模式被普遍認為是加拿大雙語教學史上研究得最為深入、最為廣泛、最為細緻的一個項目（Fortier, 1990）。儘管他們並沒有明確使用「外語母語化」這個名稱，但是從本質上說，「浸濡式語言教學」模式體現的也是外語母語化的教育理念，其核心思想就是讓外語學習者像習得母語一樣在語言習得關鍵期內，在自然語言環境中習得另外一種語言，從而實現由外語向母語的自然轉化。「浸濡式語言教學」的一個重要特點就是人為地仿造一個目標語言的自然環境，教師既要用目標語教授目標語本身，又要用同一目標語傳授學科知識。

　　加拿大的「浸濡式語言教學」是一種增加型雙語教育，它是以保持語言的多樣性、提高國民的雙語能力為目的的雙語教育。其精髓是讓語言使用者在保有第一語言的前提下再給他們創造條件，額外獲得第二語言。與之相對立的是以美國為代表的「淹沒式雙語教育」，它是一種縮減型雙語教育（也稱為「轉移型雙語教育」或「過渡型雙語教育」）。縮減型雙語教育的本意並非要發展雙語教育，培養雙語人才，而是通過熔爐式的做法最終達到讓主流的語言取代少數語言的目的。Baker（1993）將前一種以真正發展雙語為目的的教育稱為強式雙語教育，而後一種以強勢主流語言同化弱勢少數語言的教育稱為弱式雙語教育。從表 2 我們可以清晰地看出兩種不同的雙語教育模式在性質和目的上的對比差異：

表 2 「浸濡式雙語教育」與「淹沒式雙語教育」對照表

教育模式	典型代表	教育性質	教育目的
浸濡式雙語教育	加拿大	增加型（維持型）雙語教育 強式雙語教育	發展雙語、提高雙語能力、維持民族大團結和文化多樣性
淹沒式雙語教育	美國	縮減型（轉移型）雙語教育 弱式雙語教育	最終形成單語、形成主流語言社會的價格觀念

　　加拿大浸濡式雙語教育經過半個多世紀的發展，已經形成了內涵豐富、形式多樣、色彩斑斕的語言培養模式。浸濡式雙語教育根據不同的標準可以分為不同的類型。根據目標語的使用比例，浸濡式雙語教育可分為完全浸濡式雙語教育和部分浸濡式雙語教育兩種類型。根據浸濡式雙語教育開始的時間，可分為從學前班甚至幼兒園階段開始的早期浸濡式雙語教育；從小學四年級前後開始的中期浸濡式雙語教育以及從七年級前後開始的後期浸濡式雙語教育。這兩種不同標準的分類模式交叉又可以產生六種不同類型的小類，詳見表3。

表3　浸入式教育分類

	早期浸入式雙語教育 （幼兒園或學前班開始）	中期浸入式雙語教育 （小學四年級前後開始）	後期浸入式雙語教育 （七年級前後開始）
完全浸入式 雙語教育	早期完全浸入式 雙語教育	中期完全浸入式 雙語教育	後期完全浸入式 雙語教育
部分浸入式 雙語教育	早期部分浸入式 雙語教育	中期部分浸入式 雙語教育	後期部分浸入式 雙語教育

　　在上述六種浸濡語言教育類型的實踐過程中，加拿大的中小學主要採用了早期完全浸濡式雙語教育和後期完全浸濡式雙語教育兩種。此外，有研究結果表明，雖然早期浸濡式雙語教育和後期浸濡式雙語教育都可以取得很好的效果，但是前者的教育效果明顯優於後者（唐樹良，2004）。總體上看，完全浸濡式雙語教育的效果要優於部分浸濡式雙語教育的效果，早期浸濡式雙語教育的效果要好於後期浸入式雙語教育的效果。

　　當然，加拿大的浸濡式雙語教育在取得可喜成績的同時，也應該清醒地認識到以下兩個問題：一是對於參與後期浸濡式雙語教育以及大學階段才開始雙語教育的學生來說，他們中的大部分可能已經過了語言習得關鍵期，這對他們第二語言的發展是不利的；二是對於部分浸濡式雙語教育的學生而言，他們也會面臨着像新加坡學生一樣的諸如多語言的相互干擾和抵消等問題。

五、外語「母語化」在中國實施的可能與問題

外語「母語化」的教育理念及其在新加坡和加拿大等國家、地區的實踐取得了較大成功。語言和人種當然有差異，但是正常兒童語言習得的能力是沒有差異的，是放之四海而皆準的。我們有足夠的理由相信，外語母語化的教育理念同樣可以在中國這片廣闊的土地上生根發芽，開花結果。

外語母語化的教育理念在新加坡和加拿大等國家、地區實施的利弊與得失，經驗與教訓，可以而且應該為我們所借鑒和吸收。我們應有的態度和正確的做法是積極主動地吸其精華，並且明理地規避其問題。但是由於我國特殊的國情，我們在實施外語母語化教育理念的過程中還會遇到很多問題，只有深刻清醒地看待這些問題，才有可能對症下藥地解決問題。

在我國這個特定國情下開展外語母語化教育所面臨的最大挑戰就是缺乏一個自然、健康、優質和互動的外語學習環境。新加坡社會通行英語、華語、馬來語和淡米爾語四種語言，加拿大說英語和法語的人都佔有很大的比例，這使得其語言學習者在習得每一種語言的過程中都有一個很好的語言環境。而我國絕大部分地區只通行一種語言即漢語，包括普通話和方言，外國語言的學習多半局限於課堂、校園等有限空間和有限場景，缺乏自然優質的外國語言的使用環境，這對我們實踐外語母語化教育理念是極為不利的。

為了解決這一最大難題，我們建議向老農民學習，在有條件的地區搭建「語言溫室」或者「語言大棚」，通過一定的技術手段，創造人工「自然語言環境」。蔬菜瓜果的種植和供應本來是有很強的季節性的，什麼季節吃什麼蔬果。「蔬果溫室」的理念和實踐徹底地改變了這一切，老農民可以在數九寒冬通過溫室手段給蔬菜瓜果仿製一個夏天一樣的自然環境，從而讓一年四季吃上新鮮瓜果蔬菜的美好理想變成了現實。我們的「語言大棚」也可以在條件許可的地區通過一定的技術手段，營造一個全息的、仿真的、優質的、互動的語言環境，讓那些處於語言習得關鍵期的中國兒童在這個「語言溫室」中自然習得一種或多種他們在棚外無法獲得的語言，並將這種語言內化為終

身相伴的「母語」。與國內目前許多標榜為「雙語幼稚園」和「雙語小學」不同，我們要搭建的「語言溫室」是純正的單語幼稚園。這裏的目標語言，可以是英語，也可以是俄語、朝鮮語等。

《晏子春秋·內篇雜下》有曰：「橘生淮南則為橘，生於淮北則為枳。葉徒相似，其實味不同。所以然者何？水土異也。」將這個道理套用到語言上，我們可以說「語生英美則為英，生於華夏則為漢。所以然者何？環境異也」。意思是說，那個先天的、基因預先設定的語言機制全人類是一樣的，沒有民族之分。但是，因為語言環境的不同，它在英美等英語國家長成了英語，在中華大地卻發展成了漢語。「語言溫室」就是我們從我國特定的國情出發，提出的一個外語母語化的實踐構想。具體說來就是在兒童語言習得關鍵期，根據需要，為其量身打造其習得特定目標語所需要的語言環境。其核心是緊緊抓住兒童語言習得爆炸性的關鍵期，採用經過論證的科學的教具教法，按比例聘用以目標語為母語的教師，充分利用現代信息技術手段，在中國人的土地營造一個仿真的全息的針對特定目標語的生活氛圍和交流環境，讓幼童在兩年左右的時間內，在天真玩耍的過程中，輕而易舉地掌握終身受用不盡的目標語本領。我們之所以建議在幼兒園階段實施外語母語化教育，是基於語言習得關鍵期理論、新加坡、加拿大等國家和地區的教育實踐，以及我國特定的教育體制和特定國情等多方面因素的綜合考慮。一是幼兒園階段正值兒童語言習得的關鍵期，是語言能力獲得的黃金時期；二是幼兒園相對比較封閉，可以創造一個相對獨立的自然環境，有利於解決目標語環境跟漢語環境的相互干擾、相互抵消等問題；三是相較於其他教育階段的學習，幼兒園階段的文化課學習比較簡單，兒童可以將更多的時間和精力傾注到語言以及與語言相關的活動上來，可以在我國現行教育體制下順利地實現跟小學教育階段的接軌和銜接。主要目標是在兒童上小學之前就培養起他們的外語能力，且不會對漢語的學習，乃至正常的整個國民義務教育體系產生任何衝擊和負面影響。

在幼童時期對其進行外語母語化的教育，還有一個重要的問題需要解

決，那就是外語的學習會不會影響漢語的掌握？二者之間會不會形成衝突和干擾？研究表明，語言關鍵期內語言能力非常強大，外語母語化不會影響漢語的學習。中國兒童生長在漢語的大環境中，處處都是自然互動的漢語語言環境，他們的漢語能力有大量的充分的機會得到生長和發展。東南亞及歐洲大部分國家的孩子都會講兩種或多種語言就是很好的證明。為了排除兩種語言同時學習的相互干擾，我們建議用 20 個月左右的時間完成一門外國語言的能力培育後，轉過頭來，再用 20 個月左右的時間補上中文，亦即採用階段性單語，最終實現高水平雙語的全新做法。這樣一來，幼童在上小學之前，其英語可以達到英美國家同齡兒童水平，漢語達到中國同齡兒童水平。這些孩子在進入正式的教育體系之前已經掌握了珍貴的外語能力，擁有了這一法寶，他們已經實實在在地提前跨出了一大步，真正地贏在了起跑線上。正式上小學後，他們仍可隨其他同學學習英語，但是那時他們只要輕鬆地聽聽課，再也不必課外預習複習，稍加準備即可在各級各類的英語考試上取得優秀的成績。更為重要的是，他們還可以把其他同學耗費在英語學習上的無窮無盡的黃金時間用在其他功課的學習和其他能力的開發上，從而在「小學—中學—大學」這一為期十多年的馬拉松式的殘酷學習競賽中，長期保持巨大的對比優勢，一勞永逸，永遠立於不敗之地。由於他們有跟英美國家人士一樣好的英語，跟中國人一樣好的漢語，畢業後，就有了無與倫比的語言競爭優勢。

六、結論

社會的多語並存和個人的雙語多語能力是全球一體化發展的必然產物，是時代的大勢所趨。我們每個人都應該審時度勢、因勢利導、與時俱進地順應這個時代潮流，明智地做出選擇，只有這樣，才能佔據人生的制高點，才

能在未來的競爭中立於不敗之地。但是整個外語教育的狀況實在無法令人滿意，「母語容易外語難」是大家的共識。我們高昂的外語教育投入換來的卻是低效益的回報。這一問題長期以來都是眾多專家學者、一線教育工作者、各級教育行政部門、每一位學生和家長乃至整個社會所面臨的巨大挑戰。本文認為，語言之謎的破解，語言習得關鍵期的發現，為實施「外語母語化」教育理念，為我們徹底解決外語學習這個老大難問題提供了一條陽光大道。那就是緊緊抓住兒童語言習得爆炸性的關鍵期，按比例配置以目標語為母語的教師，充分利用現代信息技術手段，在中國人的土地營造一個仿真的全息的針對特定目標語的生活氛圍和交流環境，讓幼童在兩年左右的時間內，在天真玩耍的過程中，輕而易舉地掌握目標語，並且將其內化為終身受用不盡的母語能力，從而把億萬青年從外語學習的深重苦海中徹底解放出來，讓他們把自己最美好的青春年華淋漓盡致地揮灑到更有意義的創造性學習，以及對自然、對自身無窮奧秘的高深探索中去。外語母語化的教育理念在新加坡和加拿大等國家、地區已經取得了可喜的成績。我們有足夠的理由和充足的信心，相信這一理念同樣可以在中國這塊廣闊富饒的大地上生根發芽，並結出豐碩的果實。

參考文獻

李宇明，2010。〈中國外語規劃的若干思考〉，《外國語》（1）。

後蕾，2003。〈對當前「語言消費」現象的幾點思考〉，《南京社會科學》（8）。

胡文仲，2009。〈新中國六十年外語教育的成就與缺失〉，《外語教學與研究》（3）。

唐樹良，2004。《加拿大沉浸式雙語教育與我國雙語教學的比較研究》，河北大學碩士學位論文。

孫菲，2008。〈關於我國高校英語學科政策內容分析的探討〉，《吉林省教育學院學報》（4）。

徐杰，2007。《語言規劃與語言教育》，上海：學林出版社。

徐杰、羅堃，2015。〈多語環境下的語言配套〉，《中國社會語言學》（1）。

袁平華、俞理明，2005。〈加拿大雙語教育與中國雙語教學的可比性〉，《中國大學教學》（11）。

張蔚磊，2015，〈我國外語教育政策的實然現狀與應然選擇〉，《外語教學》（1）。

戴煒棟，2008。《高校外語專業教育發展報告（1978－2008）》。上海：上海外語教育出版社。

Baker, C. 1993. *Foundations of Bilingual Education and Bilingualism*. Clevedon: Multilingual Matters Ltd.

Braine, M. D. S. 1971. The Acquisition of Language in Infant and Child, in C. E. Reed (ed.). *The Learning of Language*. New York: Appleton-Century-Crofts.

Chomsky, Noam. 1975. *Reflections on Language*. New York: Pantheon.

Chomsky, Noam. 1986. *Knowledge of Language: Its Nature, Origin, and Use*. New York: Praeger.

Fortier, d'Lberville. 1990. *Commissioner of Official Languages Annual Reports* 1989.

Lenneberg, E. H. 1967. *Biological Foundation of Language*. New York: Wiley.

Pinker, Steven. 1994. *The Language Instinct: How the Mind Creates Language*. New York: William Morrow and Company.

「櫻花」須返「作樂花」
論近代日本漢文教科書之編纂趨勢與教育義務

金培懿

臺灣師範大學國文學系

一、前言

近代日本自明治五年（1872）學制頒訂後到明治十年（1877）為止，歷經了過渡期間所產生的教科書荒，[1] 然自明治十年代開始，在各項教育政令先

---

1 明治五年（1872）新學制施行時，卻產生新式教材嚴重缺乏的問題，該年編製的課程表中，仍有「句讀」科目，初階仍用《論語》、《孟子》、《孝經》；高階則用當時著名洋學家箕作麟祥於明治四年（1871）編譯的《泰西勸善訓蒙》。詳見海後宗臣、仲新：《近代日本教科書總説——解説編》（東京：講談社，1969 年），頁 48。文部省於是根據既定政策理念，着手編纂或翻譯教科書並普及之，形成了所謂「翻譯教科書時代」。據説新學制公佈時，由於沒有適宜教材，連當時剛出版的福澤諭吉《學問のすすめ》（勸學）一書，也被作為代用教科書。詳參紀田順一郎著、廖為智譯：《日本現代化物語》（台北：一方出版，2002 年），〈教科書〉，頁 70。

後頒佈改訂，[2] 與漢學之流行興衰起伏不定之空氣中，以及變動時局裏中日文人密切往來的環境下，漢文教育之政策、內容、教法等也面臨其不得不被迫轉型的局面，而各種漢文教科書亦陸續編定完成並刊刻問世。蓋日本明治初期以「江戶」為典範的漢文學習風潮，隨着《幼學綱要》與《教育勅語》的頒佈，遂與日本國族主體推崇的政治主張結合，一路朝着以「和」代「漢」的方向發展，復加「小學教則綱領」頒佈，明定只能收錄以「和漢夾雜」文體所撰寫而成之「和文」，於是漢文教科書所收錄之文章，竟然淪為「非漢

2　關於明治十年代以還所頒佈之教育相關政令主要如下：
　　明治 10 年：東京大學設立。清朝初代日本公使何如璋赴日。
　　明治 12 年：元田永孚撰成「教學大旨」，天皇頒佈「教育聖旨」。清朝文人王韜來訪日本。
　　明治 12 年：廢「學制」，頒佈「教育令」。
　　明治 14 年：「開申制」頒佈。
　　明治 14 年 5 月 4 日：「小學校教則綱領」頒佈，將小學科分為初等、中等、高等三科，修習年數分別為三年、三年、二年。其修習課目中，「讀書」這一科目分為「讀本」與「作文」，中等、高等小學需教授其淺近平易之漢文讀本，抑或是高尚之漢字、假名混合文。
　　明治 15 年：「幼學綱要」頒佈。清朝第二任公使黎庶昌赴日。
　　王韜、黎庶昌皆與重野成齋相交甚篤，龜谷省軒自明治 11 年－18 年，陸續刊行收錄清人文章之《論文彙纂》，竹添光鴻亦於明治 17 年鈔刊《古文辭類纂》。
　　明治 16 年：「認可制」頒佈。在此之前，漢文教科書皆可自由編輯發行以及自由採用。
　　明治 16 年 9 月：東京大學文學部「古典講習科」第一回招生。
　　明治 19 年 4 月 10 日：「小學校令」頒佈，將學生之漢文學習升格為中學校之學習課目，並將小學校分為「尋常小學校」與「高等小學校」二類，教法有異。同時亦規定小學校之學科及其程度須依照文部大臣之規定，又小學校之教科書亦限於文部大臣所檢定通過者。詳見學制百年史編輯委員會編：《學制百年史‧小學校令》，〈第十二條〉與〈第十三條〉。http://www.metx.go.jp，2017/4/4 閱。
　　明治 19 年：帝國大學設立。
　　明治 23 年：「教育勅語」頒佈。此時總理山縣友朋是漢文教科書《小學新編》作者岡本監輔摯友，文部大臣是岡本監輔同鄉暨同門的芳川顯正，而天皇侍講為元田永孚。元田永孚主張將天皇君土制絕對強化，遂與總理山縣友朋以及井上毅等合力促成頒佈「教育勅語」。
　　明治 24 年 11 月 17 日：「小學校教則大綱」頒佈，規定尋常小學之「讀書」課目，必須教授近易之漢字、假名混合文。（詳見學制百年史編輯委員會編：《學制百年史‧小學校教則大綱》，〈第三條〉、〈第四條〉。http://www.metx.go.jp，2017/4/4 閱。）如此一來，「漢文」形同被排除在小學校的「讀書」課目外。

之文。

　　日本漢文教科書的這一「近代」轉向特性，除了反映出教科書之編訂難免受制於政治現實、學術勢力左右，同時也凸顯出為了符合淺盡平易化的教科書編訂政策，漢土「漢文」與大和「漢文」之間的難易取捨相互齟齬之外，更彰顯了近代日本漢文學習的主要目的，或恐就在「脫漢」，進而「代漢」。故本文以下擬就《編輯復刻版明治漢文教科書集成 第 I 期初學漢文教科書編》與《編輯復刻版明治漢文教科書集成 第 II 期中等漢文教科書編》五卷十九冊中所收漢文教科書，[3] 以分析明治日本之漢文教科書中「以和代漢」之現象、手法、內容特色，與當時漢文教育所呈現出之問題點，以及其間所蘊涵之可能意義，藉以說明日人漢文學習之「近代」轉型實相。

二、漢文教科書之編纂新趨勢：
尚平易・尚近世・尚大和

　　一般提及「漢文」教科書，若其指涉的是儒學學習，則無論在中國或日本，乃至東亞漢字圈整體，應該皆會舉出四書五經，而日本自江戶德川幕府官學「昌平黌」以來的修業次第，幼學者於「素讀所」除了四書五經小學素讀之外，晉升至「初學所」時，進而須依序讀《左傳》、《國語》、《史記》、《漢書》，或是《蒙求》與《十八史略》。[4] 若其指涉的是漢文學之詩、賦、文等

3　加藤國安編：《編輯復刻版明治漢文教科書集成 第 I 期初學漢文教科書編》與《編輯復刻版明治漢文教科書集成 第 II 期中等漢文教科書編》（東京：不二出版，2013 年），第 I 期二卷共收錄十一本教科書；第 II 期三卷共收錄八本教科書，全二期五卷十九本。本文以下簡稱《明治漢文教科書集成》，必要時再明白標示 I、II，或是 I-1、I-2、I-3……＋書名，與 II-1、II-2、II-3……＋書名等形式分別標注，以明示所出。而本文在援引該《集成》所收各教科書內文時，為清耳目，出處僅標示該本教科書頁數，不再重複標示該《集成》書名以及出版項。

4　詳見文部省編：《日本教育史資料 七》（京都：臨川書店刊，1960 年），卷 19，〈教則〉，頁 101。

點削或漢文倣做，在古代中國當能想起自《文選》　路以下，包含宋人呂祖謙《古文關鍵》、元人謝枋得《文章軌範》、明人唐順之《文編》、清人蔡世遠《古文雅正》、余誠《古文釋義》、吳楚材《古文觀止》、姚鼐《古文辭類纂》等歷代名文選編與唐詩。而此等書中，亦不乏在日本大為流行者，如《文選》、《文章軌範》等即是。[5] 然時入明治，作為漢文習作範例的「漢文」教科書，在明治十年代以還則興起一股選編日本自家文人名文，編輯成冊刊行問世以為漢文學習及作文範本的漢文教科書。例如：明治十年（1877）土屋榮編《近世名家小品文鈔》、明治十一年（1878）小川棟宇編《明治新撰 今世名家文鈔》、明治十二年（1879）近藤元粹編《明治新撰 今世名家文鈔續》、明治十二年（1879）石川鴻齋編《日本文章軌範》、明治十六年（1883）石川鴻齋編《日本八大家文讀本》，以及刊行年不詳的月性編《今世名家文鈔》、野田笛浦編《今世名家文鈔》等。

明治十年代問世的此類名文選集，從書名便可窺知其試圖以近世、當世之「日本」名家文章，取代歷來之「中國」歷代名文，以為學子操觚典範。筆者以為其手法堪稱是「類漢名以尚和文」，亦即明治以前的日本，論及漢文學習、操觚典範，莫不以中國歷代名文為尚，然時入近代明治，將漢文習作典範對象轉向日本自國之大家名文，並以之為日本學子之作文「軌範」，為漢文教材「讀本」。

然而相較於此類名作選編教材，更能代表此時期之漢文教育內容的，當推明治十年代以還，陸續出版刊行的中、小學漢文科教科書。藉由考察這批明治時期所出版的漢文科教科書，我們不僅可描繪出日本漢文教育向近代轉型的實相，更可窺知傳統漢學／漢文學在新制學校課堂上所面臨的實際問

5　德川幕府官學昌平黌學問所必用書目中，舉出詩文方面之必備書有：《楚辭》、《文選》、《文章軌範》、《三體詩》、《唐詩鼓吹》、《唐詩正聲》、《瀛奎律髓》、《唐宋八大家文抄》、陶詩、《韓昌黎集》、《柳柳州集》、《李太白集》、《杜少陵集》、《白氏長慶集》、《擊壤集》、《宋學士集》、《遜志齋集》等。詳見文部省編：《日本教育史資料 八》（京都：臨川書店刊，1960年），卷22，〈本朝學制考〉，頁27。

題，以及透過分析此等漢文教科書，我們同時亦可進一步考察近代日本漢文教育之特點與問題點。故以下本文擬就《編輯復刻版明治漢文教科書集成第 I 期初學漢文教科書編》與《編輯復刻版明治漢文教科書集成 第 II 期中等漢文教科書編》五卷十九冊中所收漢文教科書，以論述明治日本之漢文教科書，若以明治二十年作為分期線，此等漢文教科書中所收漢文文章，漸次展現出哪些新趨勢？而這些趨勢具有何種共通性？又此等教科書所收漢文文章之內容，具有何種特色，而這些特色又凸顯了明治日本的漢文教育，其藉由養成學生「漢文力」而試圖達成之目的為何？進而分析當時漢文教育所呈現出之問題點，以及其間所蘊涵之可能意義。

誠如前述，文部省於明治十九年（1886）四月十日頒佈「小學校令」，將原本以小學校作為漢文學習之「初學」階段的規定，改訂為以中學校作為漢文學習之「初學」階段，並將小學校分為「尋常小學校」與「高等小學校」二類，強調教法有異。同時亦規定小學校之學科及其程度須依照文部大臣之規定，又小學校之教科書亦限於文部大臣所檢定通過者。此項教育政令的頒佈，形同為明治時期漢文教科書的出版，劃下一道分水嶺。因為在此**之前原本允許編輯者自由編刊，教授者自行採用的情況，從此轉向以文部省馬首是瞻的，受制政府意識形態的漢文教科書編纂局勢。同時，當漢文學習的「初學」階段，由小學後退至中學時，也預告了此後漢文教育日形淺近平易化的發展趨勢。**

也因為如此，我們基本上可以將明治時期出版的漢文教科書，以明治二十年（1887）作為分水嶺。明治二十年以前出版的教科書，屬於以小學校學生為對象所編纂的；明治二十年以後出版的則是以中等學校學生為對象所編纂的。換言之，明治期出版的漢文教科書，其所預設之讀者群，或說其所設定之漢文學習者，基本上隨着時間下移，近代日本的漢文學習群乃是從「小學生」階段，後退至「中學生」階段。而我們從此種漢文學習者年齡層的後退，亦可窺知其意味着漢文學習必要性與漢文素養的弱化。如此一來，我們也就可以理解為何《明治漢文教科書集成》，會將其所收錄之漢文教科書，

以明治二十年（1887）作為分隔線，區分為「第 I 期初學漢文教科書編」與「第 II 期中等漢文教科書編」。其中，第 I 期二卷共收錄有十一本教科書；第 II 期三卷共收錄有八本教科書（詳細書名請參閱「附表一明治漢文教科書集成第 I 期、第 II 期所收教科書」）。而若由發展結果而言，**此條明治二十年的年代分界線，堪稱是近代日本初、中等學校漢文學習，由「漢土」向「大和」；由「遠古」向「近世」；由「經學」向「哲學」發展的區隔線。本文主要乃從所謂：以「大和」代「漢土」的這一視角，而來考察明治期漢文教科書的編纂趨勢、特色以及其試圖達到之教育目的。**

在第一期教科書中，因為對象是小學校幼齡學童，故此時期的漢文教科書之書名多冠以「小學」或「初學」，或有依據其難易度不同而區別為「中等」、「高等」或「上等」。其中我們可以注意到：I-4 小川伊典《鼇頭評點上等小學漢文軌範》一書，**其書名所謂的「鼇頭評點」，基本上是延續江戶初期以來，為了引導初學讀經以及學習方便參考用，遂於《四書章句集注》等書，逐頁於各頁天頭處標注音訓或解讀說明，以為讀者參考的做法，此乃沿襲日本近世以來之漢文、漢籍初學法。**其他如 I-7 笠間益三《小學中等科讀本》，亦於各章欄外揭示該章之主題或典故出處，而且該書全書皆以假名、漢字夾雜的所謂「仮名交じり」這一類漢文訓讀體形制呈現，亦即不以所謂「白文」這一以漢文原文的模式呈現。之所以如此，編者笠間益三明言：

> 此編係依據文部省小學教則綱領……又將其漢文（改）為「假名交文」，以應生徒之學力，便於彼此擇採。[6]

無論是於教科書逐頁標注，或是特意將「漢文」改為假名、漢字交雜的漢文訓讀體，目的無非都是考量到小學生初學漢文時，能從「平易」入手以利學習，因此即使文章從外在形制上從「漢文」脈絡轉為「和文」脈絡，亦

6　笠間益三：〈小學中等科讀本例言〉，《小學中等科讀本》，無頁碼。

不為過。

　而為了讓初學者可以「平易」入手漢文學習，除了從外在形制上，藉由日本古來傳統的讀漢文法──「漢文訓讀法」來閱讀學習漢文之外，漢文教科書的編纂者們也顧慮到了古今霄淵隔，以及和漢阻隔等漢文內容理解的難易度問題。小川伊典《鼇頭評點 上等小學漢文軌範》不僅注解形制仿效江戶時代作法，該書序言亦說：

> 唐宋之文，難學難解；近世之文，易學易解。唐宋之文，不可不學，而不可不解。近世之文，未必不學，而未必可解。然學文者初讀唐宋之文，猶夢中聽鈞天樂，非不知其音之靈妙，但其范然不能識靈妙之所在。不如先讀近世之易成功耳。頃日，男伊典為初學纂近世諸家之文二百有餘，篇名曰漢文軌範。蓋其文大率澹雅平易，近而易見，淺而易解，所謂奇奇怪怪，深奧雄傑者，不載一篇焉。[7]

　小川伊典該書於明治十四年（1871）刊行，其以「近世」為尚的價值認同，與前述明治十年代陸續刊行，書名冠以「近世」、「明治」、「今世」、「日本」等字眼之名家文選一樣，頗有尊崇日本自國，以日本自我為典範之意味在其中。[8]其編纂教科書的主要考量還是以初學易解為主，故選文強調輓近文字初學所易入，故較之於唐宋古文，近世明清之文更適合漢文初學者，但小川伊典卻進而強調在顧及時世風氣，其所選輓近之文「多於邦人，少於清人」。[9]亦即，雖然同屬於近世漢文，然較之於中國明清諸家名文，大和近世漢文則更適合近代日本的漢文初學者。此種從「平易入手」的學習考量出發，繼而顧慮今人難解唐宋古文，乃至有鑒於風土風氣世態有異，而主張從「本

7　小川伊政：〈漢文軌範序〉，小川伊典：《鼇頭評點 上等小學漢文軌範》，頁1上。
8　小川伊典明言：「是編所收錄，有與土歧氏奇文粹篇、佐田氏明治詩文、森氏新文詩等，同其撰者。蓋名文奇篇，十目所注，無大差也。」小川伊典：〈例言〉，《鼇頭評點 上等小學漢文軌範》，頁1上。
9　小川伊典：〈例言〉，《鼇頭評點 上等小學漢文軌範》，頁1上。

邦」漢文入手，明治漢文教科書的編纂考量，就一路結合「尚平易」、「尚近世」、「尚大和」，朝向「以和代漢」的漢文選編一途發展。正因如此，故明治十七年出版問世的 I-9 稻垣千穎《小學漢文讀本》書中所收漢文乃是：

> 就慶長、元和以降儒家漢文之中，撰錄極卑近且短簡者，以便於小學兒童初讀漢文者。[10]

而此種為求初學入門平易而以「大和」漢文取代「漢土」漢文的編纂策略，由 I-3 木澤成肅《漢文 小學中等讀本》一書中所輯錄之漢文，乃是以記載日本歷代人物典範的「日本漢文」為主，並輔以中國人物逸聞，再綴以西洋人物事蹟的作法看來，亦可獲得證明。木澤成肅於該書第三、第四條〈凡例〉中就如下說到：

> 此編，多載文學德行，及政治功績，**勤王愛國之事業**。又雜出支那及西洋之美事，要在使生徒博學識，長文才，而誦讀不倦焉。[11]

> 我國，**固有君子國之稱，以為尊禮守義之國也**。然而後世事態變遷，人人務利，人情稍趨輕薄，遺風殆將滅，是識者之所憂也。此篇，素雖非修身之書，**亦抄出古人高節尚義之事蹟**，故生徒誦讀之間，**自有奮發其固有良心者**。[12]

I-3 木澤成肅《漢文 小學中等讀本》該書所收漢文內容，主要在宣揚日本君子國古來之高尚節義事例，是以日本自國之人物、民族、歷史、文化為尚，亦即以日本自我為「典範」。此法堪稱是在漢文教育的道德涵養內容上，

10　稻垣千穎：〈小學漢文讀本緒言〉，《小學漢文讀本》，頁 1 上。
11　木澤成肅：〈凡例〉，《小學中等讀本：漢文》，頁 1 下。
12　木澤成肅：〈凡例〉，《小學中等讀本：漢文》，頁 1 下。

以大和的夙昔典範取代了漢土中國的歷史人物典範。其實不只是在人物典範以「和」代「漢」，關於中國以梅、蘭、竹、菊來作為人間君子之象徵，在深井鑑一郎、堀捨二郎所共同編纂的 II-2《標註漢文教科書》，書中所收錄的詠所謂「花中四君子」之詩，亦是江戶儒者之作。[13] 更有甚者的是於明治十五年（1882）出版發行的 I-5 岡本監輔《小學新編》，書中在標舉歷史上各道德典範實例時，除了也是以日本古來之人格典範為主之外，[14] 該書在列舉「忠誠」之實例時，首例即舉出天孫降臨一事，然而《古事記》中所謂天孫降臨治理「豐葦原中國」（日本國之美稱）的這一傳說，一般若要簡稱「豐葦原中國」，多將其略稱為是「葦原國」；然岡本監輔卻說：

大祖將使天孫統治中國。[15]

蓋漢字作為一種外來語言，自其傳入以來便用於書寫表記日本語言之發音，故有「萬葉假名」的以漢字標示日語發音。漢籍東傳日本後，為了閱讀理解漢籍而一路發展出「漢文訓讀」這一特殊「讀」漢文之法，漢字、漢文作為日本語文的一種書寫表記語言，其本質很難是「純粹國語」的屬性。然而我們從明治時期的漢文教科書看來，其編纂趨勢一路從以「日本漢文」代

13　II-2《標註漢文教科書》卷 4 第 51－54，依序收錄齋藤正謙詠蘭詩「芳根空谷養幽情，知己千秋有獨醒。只是國香難自晦，被人折去上金瓶。」廣瀨謙詠竹詩「風枝露葉無塵垢，直節虛心耐雪霜。晉代七賢唐六逸，官情總為此君忘。」太田元貞詠梅詩「東風入地館，百花各媚春，誇耀富貴相，要皆不出塵。凜然冰雪裏，林下有佳人，清寒徹其骨，孤介見其真。千辛萬苦後，一發吐芳醇，茫茫宇宙間，唯君與吾均。」藪愨詠菊詩「菊花開處媚清晨，朵朵叢叢相映新。素豔偏欺姑射雪，紅光不減武陵春。尊前潦倒餐霞侶，籬畔裴徊踏月人。底事折腰求五斗，陶家秋色未全貧。」詳見深井鑑一郎、堀捨二郎：《標註漢文教科書》，卷 4，頁 44 上－45 上。

14　例如在論說「孝弟」二十一章之後，岡本監輔緊接著便舉出「實孝弟」者二十四章，在其所舉出的二十四個海內外歷史人物中，日本之孝悌典範有十三例；中國之孝悌典範則不及日本一半，僅有六例；其他則是法蘭西、希臘、羅馬、西齊里耶突納山麓孝鄉（亦即今義大利西西里島東海岸的埃特納火山）、吐谷渾等各有一例。詳參岡本監輔：《小學新編》，卷上，〈孝弟第一〉，頁 4 下－頁 12 上。

15　岡本監輔：《小學新編》，卷上，〈忠誠第二〉，頁 15 上。

替「漢土漢文」，再以日本歷史中節義高尚、勤工愛國的人物典範取代中國
歷史典範人物，最終不免稱日本為「中國」。筆者以為明治漢文教科書由此
三種層面而來進行以「和」代「漢」的發展結果，其實堪稱是一種滌除日本
漢文之「非純粹國語」性格的作業。對於日本語文以及日本文化歷史傳統而
言，「漢字」或「漢文」這一不可避的「他者」，[16] 在促成日本語文開展發展的
同時，其所具有的「外來他者」性質，卻與其「固有傳統」性質兩相對峙。
而從明治期漢文教科書這一漢文教學場域來看，漢文在被日本「自國語言」
化的過程中，其儼然已從「他者」蛻變為「自我」，「漢文訓讀體」不僅變成
為「國民文體」，[17] 而日本自國更以「中國」自視之，此一現象或可稱為日本
漢文教育發展過程中的「華夷變態」！

進入明治二十年代，此種以日本為主，推崇自國的主體意識更形高揚，
其極端表現就是在所謂的漢文教科書中，編輯者**意圖不收錄中國歷代之文，
考慮全書僅收日本自家文人之文，且因江戶儒士之文號稱日本歷來水準最
高，故漢文教科書中所收錄者，幾乎皆為江戶儒士之作品，**II-3 石川鴻齋《中
等教育漢文軌範》即是此中代表。然石川鴻齋該書最後為何還是收錄了歸有
光、朱竹垞等人之文呢？按石川鴻齋自身於該書〈凡例〉中的說法是：

> 斯編欲選本邦人而已，然為俾知文之體裁，和漢同一，加明清人若
> 干首。如唐宋諸名家，謝氏軌範及諸氏所選不為少，故載近人之文雜
> 之。[18]

對於此番說明，在此首先必須說明的是：石川鴻齋雖表明其以為寬平、

---

16 關於漢字乃是一「不可避的他者」這一認識，詳參子安宣邦：《漢字論 不可避の他者》
（東京：岩波書店，2003 年），頁 231-232。
17 關於此說，詳參齋藤希史：《漢字世界の地平》（東京：新潮社，2014 年），〈第五章
新しい世界のことば〉，頁 178-195。
18 石川鴻齋：〈凡例〉，《中等教育漢文軌範》，頁 2-3。

延喜年間之日本中古時期之漢文，乃是日本漢文隆盛之典範，[19] 然而本書所收日本漢文的主流卻還是江戶時期的儒士之文。而石川鴻齋所謂「文」之體裁既然是「和」、「漢」同一，則學習大和之漢文與學習漢土之漢文便並無二致！在此種認識之下，日本漢文獲得其等同於中國本家漢文的認可。值此之際，漢文學習的對象便可就此排除、棄置漢土之漢文而不覺「違和」，且大和漢文於焉亦取得其文化上的主體優越性。

又石川鴻齋此種所謂「文」之體裁，和漢同一的主張，同時無非宣告了「漢文」自古以來作為「日本語文」的表記法之一，其既是「漢土」的，同時又是「大和」的雙重屬性。而這一特殊屬性從日本自古的語言表記發展史而言，漢文自古便具有「公」領域使用特性，是屬於「雅正」的日本語言表記法。但也正因此一特性，故在近代日本明治時期的漢文教科書中，遂使得編纂者對漢文原本所具有的「漢土」/「中國」屬性，在所謂承繼發揚日本自國文化歷史傳統的呼聲下，感覺漸次弱化，甚至無化。在繼承學習日本固有文化與良心良德的漢文教育目標下，「漢文」被視為日本「固有」之語言文化傳統。而當此種中國意識逐漸弱化、無化的同時，另一方面所謂日本國體乃至勤王傳統的訴求不斷高漲之際，漢文學習排除中國本家漢土之文的做法便應運而生，且在一種無有任何異樣感的狀態下被接受。值此之際，此等漢文教科書所欲達成的教育目的，其語言能力的養成，遠不及恢復、推崇日本自國固有文化良心，亦即推崇忠孝一致、尊皇勤王愛國來得重要。

另外，石川鴻齋在《中等教育漢文軌範》〈序〉中更如下說到：

> 安政、文久之後，歐學漸行，漢籍寖衰，彼蜒蜒孑孑，螳斧蝸涎之字，蔓衍海內，言語亦將化。而風氣一變，人人競新奇，如詩文猶一縷引千鈞，欲絕而得纏有焉，以為天之亡斯文，果在此時也歟。未幾，奎宿之運，亦復循環，咿唔之聲，絃歌之音，得起於庠，聞於巷，於是欲

19　石川鴻齋：《中等教育漢文軌範》，上卷，頁 1。

取先喆之規，尋古人之徑轍。然不求諸六經四書，裁以謝氏之軌範，沈氏之八家等充資本，甚以鄙史小說取則，妄譯他文綴新誌，放恣雜亂，無銜勒制之，嗚呼！亦文運之一厄也。想以學課多端，不遑講究經史，不得已而至於此者耶。[20]

關於因為「學課多端」遂「不遑講究經史」一事，筆者已有專文討論。[21]至於石川〈凡例〉此話則僅說出事實的一部分，另一部分未說出的，即是隨着何如璋、黎庶昌等清國公使與王韜等清朝文人的陸續到訪日本，較之於江戶時代仍尊崇左國史漢之先秦古文或唐宋八大家古文；明治漢文文壇則隨着中日文人往來密切、文化交流日盛，遂將注意力轉移至明清名家之文。又因為公使黎庶昌乃系出曾國藩門下之「桐城派」文傑，桐城派古文也因此在明治日本廣為流傳，而**漢文科教科書也在此種時代風潮下，或棄先秦、唐宋古文，轉而收錄桐城派古文或明清之文。**例如 II-7 秋山四郎《第一訂正中學漢文讀本》即是，該書卷六所收二十四篇漢文中，除了收錄了劉基、宋濂、方孝孺等明初古文三大家之文外，亦有方苞、劉大櫆等桐城古文家以及梅曾亮等清人之文。[22]秋山四郎於〈例言〉如下說道：

此書發刊，在明治二十七年。爾來奎運益進，勢不得不訂正以應時運也。於是博諮四方諸賢以此書瑕瑜得失，諸賢縷記所見遙寄示，無慮百餘通。余乃折衷眾論，以訂正此書，則謂之方今教育家公論所歸宿，豈不可哉。[23]

---

20 石川鴻齋：〈序〉，《中等教育漢文軌範》，頁 2—4。

21 詳參金培懿：〈近代日本漢文教育問題與「經學」之退場——以《明治漢文教科書集成》所作之考察〉，《思與言：人文與社會科學雜誌》（臺北：思與言雜誌社），第 54 卷第 1 期。

22 詳參秋山四郎：《第一訂正中學漢文讀本》，卷 6，頁 1—28。

23 秋山四郎：〈例言〉，《第一訂正中學漢文讀本》，頁 1 上。

當然，此種改收錄明清文的作法，除了反映當時文運風氣之外，其中緣故之一就是教科書編者在累積一定經驗後，認為時代晚近之文或今文易學，而去今已遠的古文難學。為了編訂出符合「初學」者學習的漢文教科書，淺近平易不晦澀，入門易學就成了初學用教科書的重要編輯考量之一。而此一編書考量，最主要的目的就是為了要通過文部省的審核制度。然文部省的教科書審核標準，除了淺近平易之要求外，要求項目不少。或者我們應該說，為了符合某項審核要件，同時也會衍生出其他相關標準。此種問題現象紛雜，不一而足，基本上也會因各本教科書的內容、形制、收錄文章之難易水準符合與否，而出現不同問題，影響其審核結果。其實，《明治漢文教科書集成》第 I 期所收十一本教科書中，在日後明治二十一年（1888）的教科書檢定中，僅有 I-6 鈴木重義《初學文編》，以及 I-11 三島中洲《初學文章軌範》符合標準，鑑定合格。

然 I-6 鈴木重義與 I-11 三島中洲二人所以可以脫穎而出的關鍵究竟何在？關於此點，我們或許可以從鈴木重義《初學文編》〈例言〉中看出端倪。其言：

> ・此編為初學讀本，故初擇短編易解者，漸進乎長文雅馴者。且釐然別諸體而不別部類，錯綜古今而不論次序 蓋慎小學讀本之體也。
>
> 一、所輯錄和漢文章，專於近世作者擇之，旁及古書之易解者。
>
> 一、學漢文，不如讀漢人之文。然文理深奧，初學不易解，故此編多揭本邦人之文。
>
> 一、於編此書，請閱於平井正君，君贊成余舉，改刪補正，將伯之助居多。
>
> 一、此編批評段落，都請名家鉅匠手定，不敢苟一字。[24]

24　鈴木重義：〈例言〉，《初學文編》，頁 1 上一下。

　　由上述鈴木重義之語看來，我們可以發現幾個該書編纂選文要點：1. 選文由易而難，由短而長。2. 專選近世江戶文人之文。3. 選收中國近世之文。4. 雖是學習漢文，但因漢文難解，故專為初學者選擇日人之文。5 該書還商請了當時漢文大家中村敬宇、龜谷省軒點評。而此五大條件幾乎也都見於三島中洲《初學文章軌範》。不同的是，三島中洲自身就是當時漢文文壇大家，日後還擔任帝國大學漢文學科第三講座教授，本無需其他名人錦上添花，一番加持。三島中洲與龜谷省軒、中村敬宇、川田甕江、重野成齋、島田重禮等，便是與黎庶昌等清國公使文人往來密切的明治漢學巨擘，彼等推崇清人文乃至清人學問，實不足奇。誠如後文所述，重野成齋在帝國大學的授課，就是依據《皇清經解》來教授《詩經》。彼等中，中村敬宇、三島中洲等又是衍義《教育勅語》之重要人士，故自然以日本主體為重。又重野成齋、島田重禮則是東京大學漢學科教授，堪稱明治漢文學術界之核心人物。

　　說明至此，我們幾乎可以得知漢文教科書審核標準何在。如此一來也就不難理解，為何 I-4 小川伊典《鼇頭評點 上等小學漢文軌範》，以及 I-10 太田武和《高等小學漢文軌範》二書中，其實也選錄了清代康熙至道光年間之名文，編書體例幾乎也等同於 I-6 鈴木重義《初學文編》，但卻未能獲准合格。相對於此，I-11 三島中洲《初學文章軌範》卻違背當時以日本為重的風氣，改將選文對象重點放在明清文人，不惜違逆當時漢文教科書以「日本漢文」為主的作法，[25] 但卻仍可通過審核，這若非背後學術勢力發揮一定作用力，我們恐怕很難釐清真正原因。

25　詳參加藤國安：〈明治人の清代古文〉，《東洋古典學研究》（廣島大學：東洋古典學研究會，2011 年 5 月），第 31 集。

三、企圖養成之「漢文力」：
接續傳統‧奮發良心‧勤王愛國

如前所述，明治日本之漢文教育所欲養成的「漢文力」，並非只是侷限於「語文」能力，其更積極的目的就在接續日本古來之漢文傳統，奮發國民之固有良心，以達成勤王報國大業。因此我們可以發現在多數的漢文教科書中，三大勤王代表人物楠正成、高山彥九郎、蒲生秀實，屢屢出現於各漢文教科書中。其實，前述 II-3 石川鴻齋《中等教育漢文軌範》中所雜收的十四篇明清文中，較之於其他明清文人，方孝孺的節義烈行不斷被推崇。而此種強調日本主體、勤王愛國的意識，在第 I 期的漢文教科書中，如果說是一種「主動」的民族意識之自我昂揚；則明治二十三年（1890）《教育勅語》頒佈後，第 II 期漢文教科書中的此種民族主體意識，從某種程度而言，乃是不得不「被迫」地，或者說是別具意識地特意回應執政當局的軍國主義意識形態與社會空氣。例如 II-8 國語漢文研究會編的《中等漢文讀本》中，卷六特別收入元田永孚之〈幼學綱要序〉，以及卷十收入〈台灣總督曉諭〉等，[26] 前者不僅清楚推崇忠孝秀皇，後者更暴露出殖民國威嚇殖民地人民之實。而前述於明治十五年（1882）刊行的 1-5 岡本監輔《小學新編》一書目次，即是列出「孝悌」、「忠誠」、「敬和」等十六項目，[27] 此等項目與同年十二月二日宮內廳所頒佈的勅撰修身書《幼學綱要》二十項目如出一轍，極其相似。[28]

而 II-3 石川鴻齋《中等教育漢文軌範》亦說到：

---

26 國語漢文研究會編：《中等漢文讀本》，卷 6，〈幼學綱要序〉，頁 1－4；卷 10，〈台灣總督曉諭〉，頁 83－84。

27 詳參岡本監輔：〈小學新編目次〉，《小學新編》。

28 詳參町田三郎：〈岡本韋庵と《岡本子》〉，《明治の青春》（東京：研文出版，2009年），頁 87－101；有馬卓也：〈岡本韋庵覺書〉，《德島大學國語國文學》12，1999年 3 月。

> 不關世教者，雖佳文不載。不徒為文之軌範，以復為世之軌範也。[29]

　　石川鴻齋此處所謂的「世教」無非就是尊日勤王之教育目的。該書收錄一篇以劉穀堂之名所撰作的〈擬與留學生仲麻呂書〉。劉穀堂其實是江戶後期大儒古賀精里之子古賀穀堂。其於千年後擬寫書信與日本奈良時代的遣唐留學生阿倍仲麻呂，強調日本本朝君王之德，指責仲麻呂不應滯唐不返。文中所言振振有詞，但令人感覺唐突矛盾的是，該文作者署名「劉穀堂」三字，卻是古賀追隨江戶儒士附庸風雅潮流，模仿中國漢土人士姓氏而有的結果。[30]關於此一問題，I-8 阿部弘藏《小學漢文讀本 中等科》則收錄了〈無字無號〉一文，表揚佐藤直方不同於其師山崎闇齋以及同門們以號稱的做法，而是遵從日本自古邦俗無字無號的傳統。[31]此種漢文教科書擔負起去除江戶儒士崇漢「陋習」的義務，在 I-9 稻垣千穎《小學漢文讀本》中則基於所謂：日本近古以來因為欽慕支那，因而一藝一工皆「呼字」、「命號」，此舉攸關「國體」尊嚴問題，故該本教科書中所收錄之江戶諸家名文，編者稻垣千穎遂自行改易作者原本以「號」署名的做法，悉皆改書各文作者之「和名」。[32]而漢文教科書此種改訂江戶陋習謬誤的做法，對象也包括德川幕府。II-7 秋山四郎《第一訂正中學漢文讀本》就如下直言：

> 我諸家文章中，往往有誤稱謂者。其不甚者，姑置不論。然若東照公曰烈祖、曰神祖，可謂僭妄矣。是等一一改竄。[33]

　　此種抑幕府的做法，當然是為了尊皇，而尊皇的考量無所不顧慮，尊皇

29　石川鴻齋：〈凡例〉，《中等教育漢文軌範》，頁 1。
30　石川鴻齋：《中等教育漢文軌範》，卷上，頁 137－140。
31　阿部弘藏：《小學漢文讀本 中等科》，卷上，頁 47 下－48 上。
32　稻垣千穎：〈緒言〉，《小學漢文讀本》，卷 1，頁 2 上－下。
33　秋山四郎：〈第一訂正中學漢文讀本〉，《第一訂正中學漢文讀本》，卷 1，頁 2 上。

的極致表現就在為國盡忠，包括赴死。II-8 國語漢文研究會編纂的《中等漢文讀本》就選錄了一篇名為〈招魂社〉的漢文，強調於「西南戰役」中為天皇而奮勇征討西鄉隆盛等不滿明治新政府之武士，即使陣亡亦是死有餘榮。[34]其實，「招魂社」於明治二年（1869）設置，原是為了鎮祀江戶幕府末年「討幕」武士英魂的神社，但該神社卻不祭祀「佐幕」戰死之亡魂，此舉實有違神社原本不論敵我，死者為神，皆應祭祀，以免為鬼祟之神社祭祀傳統。故「招魂社」的立場鮮明，該神社不祀與天皇為敵之鬼魂！而明治十二年（1879），「招魂社」即易名為「靖國神社」。

　　而關於試圖藉由學習漢文以達成所謂：接續傳統、奮發良心、勤王愛國之目的，我們若從當時漢文教科書的編纂者，其為求符合文部省之審核標準，故在改訂漢文教科書的過程中，亦一定程度回應了此種政治空氣一事看來，此種情況無非就是本文前述所謂：為了符合某項審核標準，隨之也將衍生出其他相關標準之考量的問題，此種情形在第 II 期教科書中更為明顯。第 II 期教科書中，因為是「小學校令」頒佈後所編訂，是以中等學校少年、少女學子為對象，故書名多冠以「中等」或「中學」。又因為因應新式學校教育中之漢文教育的教科書編纂，至此時已然累積十年以上之經驗，且為求能符合文部省之審定與期待，教科書編者或冠以「新撰」，以強調其乃是重新為中等學校學生量身定做，如 II-1 中根淑《新撰漢文讀本》。或冠以「撰定」，表明其乃一定程度修訂前作以符合文部省要求後，重出江湖之教科書，如 II-6 深井鑑一郎《撰定中學漢文》一書係修訂 II-2《標註漢文教科書》而重新出版問世。但是，該書初出之際乃冠以「標注」，於每頁天頭處標明註解，強調其詳加音訓、注解、說明等，此一注解編纂形制如同前述 I-4 小川伊典《鼇頭評點 上等小學漢文軌範》，以及 I-7 笠間益三《小學中等科讀本》等漢文教科書，沿用江戶時代以來所謂「鼇頭評點」，基本上以之因應文部省所謂「初學」之漢文宜淺近平易之要求。

34　國語漢文研究會編：〈招魂社〉，《中等漢文讀本》，卷 1，頁 35。

　　除了要能淺近平易以應小學生之漢文學習程度之外，II-2 深井鑑一郎、堀捨二郎《標註漢文教科書》在改訂之前，其所收漢文內容基本上在各方面的條件上就已相當符合文部省要求或是當時的政治空氣。首先，該書卷5大幅收入井上毅、重野成齋、鹽谷宕陰等明治政界與漢文界大家之文。[35] 其次，原書開卷即以〈國體〉篇為首，而卷三首篇即是日本最有名的勤王名將〈楠正成〉。又卷一末尾，則是收錄《徒然草》以及《平家物語》中「和文」記載的故事，以與江戶名家以漢文改寫相同故事的漢文兩相對照。[36] 而此一做法，形同融合「和文」與「漢文」的疆界，確實如該書〈凡例〉所主張的：鑑於漢文與讀法日益紊亂，故宜「參酌古今」，並「與國語相參酌」，方能達到「改正訓讀」之學習效用。[37] 而且在參酌國語的同時，其教育效用則在標舉日本自國固有之語文傳統與典範人物。而此種情形在進入明治後期的教科書中，更為鮮明。II-7 秋山四郎《第一訂正漢文讀本》一書〈例言〉即如下說道：

　　　　國文，本也，始也。漢文，末也，終也。吾人學漢文，即欲咀嚼其精華，以益發揚國文之光輝耳。讀此書者，知其所先後，而後可謂得為學之要。……故讀漢文者，依據國語格法，一致調和，務期不齟齬。[38]

　　此種強調學習閱讀漢文必須與「國語」/「和文」參照的主張，一定程度表明了自古以來「日本漢文」的「和語式」讀法（漢文訓讀法），決定了其「日本語文」屬性，而此一特性也一定程度注定了「日本漢文」終將朝向其確立其作為「日本語文」的日本語言文化之主體性。例如 II-2《標註漢文教科書》中就收錄了寬政三博士之一古賀精里門人安藤秉的〈作樂花〉一詩，強調日

35　此種做法亦見於未收入《明治漢文教科書集成》的其他當時的漢文教科書中，詳見村山自彊等編：《漢文讀本：中等教育》（東京：嵩山房，1898年），4編下。

36　深井鑑一郎、堀捨二郎：《標註漢文教科書》，卷1，頁38上－42下。

37　深井鑑一郎、堀捨二郎：〈凡例〉，《標註漢文教科書》，卷1，頁2上。

38　秋山四郎：〈例言〉，《第一訂正漢文讀本》，卷1，頁1下－2上。

本古來就稱「櫻花」為「作樂花」，又何須假借漢字的「櫻」字。[39]

四、未完之課題

然而，是不是只要符合文部省要求或政府期待而來改訂漢文教科書，就必然一勞永逸呢？II-2 深井鑑一郎《標註漢文教科書》即使回應了漢文初學宜平易的這一訴求，日後仍為了符合文部省的其他要求，而不得不做進一步之改訂，然則此後之「要求」標準何在？諸如此類問題，皆是吾人藉由明治漢文教科書而來考察近代日本之漢文教育實相時，所應思考之問題。而此等問題同時涉及了「漢文」與「和文」的齟齬，亦即當此二者在漢文科教育這一場域狹路相逢時，彼此究竟該如何折衝？換言之，不再以中國為最高標準的語言、文化、歷史、國族觀，其一定程度展現東亞視域的同時，又打算如何與西洋文明對話、融合？乃至面對此等漢文教育問題，漢文教師又該如何反省因應？等等，無一不是漢文教育施行過程中之重要議題。

附表　《明治漢文教科書集成》第 I 期‧第 II 期所收教科書

第 I 期初等漢文教科書				
卷次	書名	作者	出版地	出版社（者）	出版年
第一卷					
1	《小學文範》	龜谷省軒	東京	光風社	明治 10 年
2	《初學文編全》	竹內貞	神戶	熊谷幸介	明治 12 年
3	《漢文 小學中等讀本》	木澤成肅	東京	阪上半七	明治 14 年

---

[39] 深井鑑一郎、堀捨二郎：《標註漢文教科書》，卷 3，頁 48 下。關於日本古來稱櫻花為作樂花一事，詳見《真字萬葉集》，卷 13，〈雜歌‧問答歌‧3309 柿本朝臣人麻呂之集歌〉。

（續上表）

4	《鼇頭評點上等小學漢文軌範》	小川伊典	東京	東生鐵五郎	明治 14 年
5	《小學新編》	岡本監輔			明治 15 年
6	《初學文編一》	鈴木重義編敬宇中村、省軒龜谷評	東京	光風社	明治 15 年
第二卷					
7	《小學中等科讀本》	笠間益三編平井正、稻垣千穎訂	東京	文學社	明治 16 年
8	《小學漢文讀本中等科》	阿部弘藏	東京	原亮三郎	明治 16 年
9	《小學漢文讀本》	稻垣千穎	東京	小林久太郎	明治 17 年
10	《高等小學漢文軌範》	太田武和	東京	萬卷樓	明治 20 年
11	《初學文章軌範》	三島中洲	東京	文學社	明治 20 年

第 II 期中等漢文教科書

卷次	書名	作者	出版地	出版社（者）	出版年
第三卷					
1	《新撰漢文讀本（上）》	中根淑	東京	金港堂	明治 24 年
2	《標註漢文教科書》	深井鑑一郎、掘捨二郎	東京	吉川半七	明治 24－25 年
3	《中等教育漢文軌範》	石川鴻齋	東京	博文館	明治 26 年
4	《中學漢文讀本》	秋山四郎	東京	金港堂	明治 27 年
第四卷					
5	《中等教科漢文讀本》	宮本正貫	東京	文學社	明治 30-31 年
6	《撰定中學漢文》	深井鑑一郎	東京	吉川半七藏	明治 30 年
第五卷					
7	《第一訂正中學漢文讀本》	秋山四郎	東京	金港堂	明治 33 年
8	《中等漢文讀本》	國語漢文研究會	東京	明治書院	明治 34 年

閉幕大會
發言

在慶祝單周堯教授七秩華誕國際學術研討會閉幕式上的發言

張振興

中國社會科學院語言研究所

　　我跟單周堯先生相識交往有二十多年，這個大多是因為學問上的原因。我的專業是涉及現代漢語方言的，其實真正知道的也很少，其他的學問則幾乎一無所知；單先生的學問涉獵很廣，他不但精於古文字學、古代漢語、古典文獻，而對於漢語方言，尤其是粵語方言也堪稱行家。所以我對單周堯先生的學問和學識是非常尊敬的。

　　其實，讓我更加尊敬的是單周堯先生的為人，是他的人品和道德。我跟朋友們曾私下議論單先生，說他是優雅、文雅、儒雅，而且都是「超級的」。他面容白淨，說話輕聲慢語，待人謙恭有禮，一派斯文。有幾次在學術討論會上聽他發言，條理分明，論證嚴密，邏輯清楚，很富啟發。有時即論辯而不仗勢，不慍不火，總是擺事實，講道理，讓人嘆服。這種境界是屬於智者、仁者才有的。單周堯先生是熟讀《論語》、《孟子》的，他知道孔子的「人心之仁」和「禮由仁生」的深刻道理，也知道孟子的「愛敬」這種「人與人相處之道」。所以他的優雅、文雅、儒雅，「雅」字之下盡「忠恕」，這就是孔子所說的「盡己之謂忠，推己之謂恕」。以此對待比他年長的人，盡顯「忠」字；以此對待比他年幼的人，盡顯「恕」字。單周堯先生具備如此之人品與道德，只有「雅」字可以概括之。

　　今天我們聚會在一起，慶祝單周堯先生七十大壽，我們能有機會來領會一番他的仁者智者的風采，令人十分高興。仁者壽，祝單周堯先生健康長壽！

在單周堯先生七秩華誕慶祝大會上的致辭

陳曦

澳門科技大學

在這歡慶單周堯先生七秩華誕的喜慶時刻，我謹代表澳門漢字學會、澳門科技大學向單先生致以熱烈的祝賀！生日快樂！

祝您：福如東海，壽比南山！

古人有「立德、立功、立言」三不朽之說，單周堯先生厚德載物，待人寬厚，謙謙君子，學界公認，可謂「立德」矣；單周堯先生循循善誘，誨人不倦，弟子遍環球，多為學界翹楚，可謂「立功」矣；單周堯先生博通經子，著作等身，經學號稱港內第一人，文字學著述傳承樸學精神，信而有徵，不為虛言，可謂「立言」矣。今日高朋滿座，群賢畢至，足以說明單先生的人格魅力！

澳門漢字學會成立於 2014 年，單先生是學會的開創者之一，年年蒞臨學會年會，撰寫論文，積極研討，指導後學，令人尊敬，深得學界同仁好評。鑒於單先生卓越的學術成就以及他積極為澳門漢字學會發展獻計獻策，經學會同人商議，決定授予單周堯先生澳門漢字學會榮譽會長！

單先生雖年高德劭，依然筆耕不輟，我真誠期待他為學界貢獻更多的成果，為中華文明的傳承作出新的貢獻！

作為澳門漢字學會的榮譽會長，我期待單先生繼續關心支持學會的發展！

最後，再一次向尊敬的單先生表達崇高的敬意和良好的祝願，祝單先生健康長壽！幸福吉祥！祝各位嘉賓健康快樂！

雙謝單公

鄧昭祺

珠海學院

我認識單公已有四十多年，他改變了我的大半生。1972 年我在香港大學醫學院畢業，1974 年冉進入香港大學中文系修讀文學士課程，當時單公剛從港大中文系畢業，正跟隨文字訓詁學名師黃六平教授修讀碩士課程。單公一直留在中文系任教，二十多年後成為港大中文系教授兼主任。他知道我醉心國學，熱愛教學，也曾經跟隨羅忼烈老師、陳湛銓老師、蘇文擢老師等碩學鴻儒學習，對國學應該有一定認識，所以聘用我為中文系助理教授。於是，我就以拿聽筒為生轉而以拿粉筆為生，這樣一來，社會上雖然並沒有因此多了一位學富五車的國學大師，卻起碼少了一個懸壺欺世的庸醫。這個可以說是單公對香港社會所作的其中一大貢獻。

我在中文系跟隨單公學習做「人之患」，對我有很多好處。由於時間關係，在這裏只講述單公如何令我在學問和文章兩方面獲益匪淺。首先說學問方面。我在中文系任職期間，得到單公信任，使我在國學的不同範疇都有寸進。我加入中文系時，專門研究中國哲學的方穎嫻教授剛退休，於是單公命我講授她所負責的「中國哲學」。博學多才的陳耀南老師在差不多同一時候移居海外，於是單公命我講授他的兩科「文學評論」。過了一年，精通詞學的黃兆漢教授因故提早退休，於是單公命我講授「專家詞」。再一年後，古代散文專家何沛雄老師退休，於是單公命我講授「專家散文」及部分「歷代散文」。上述科目我以前除了得到校內老師悉心指導外，還曾跟隨幾位校外名師學習，自問應付得來，所以對於單公的安排，戰戰兢兢地欣然接受。為了不想誤人子弟，我曾經用大量時間備課，例如在講授魏晉南北朝文學評論

前，就化了兩個多月把《文心雕龍》重讀三遍。單公在找加入中文系的頭三年內，向我講授這些不同範疇的科目，雖然使我忙得團團轉，有時甚至連午飯都忘記吃，但是我的國學根底因此漸漸扎實起來。在這個單公七十華誕的大日子裏，我不得不衷心向他說一聲：「單公，謝謝您！」

其次，在文章方面，單公對我影響甚深。自從忝為中文系教師後，我每天下午五時開始便到單公的辦公室，與他一同翻閱系內文件，修改其中有毛病的字詞、不通順的句子。我們咬文嚼字的範圍極廣泛，舉凡招聘廣告、系內通告、會議記錄、學生論文、學者投稿、課程手冊、公務書信、各科試卷等，都無一幸免。單公和我一起逐字逐句詳細閱讀這些文字，遇到有問題的地方，就認真推敲，然後反覆修改，就算是一個標點符號也絕對不會放過，直至單公滿意為止。中文系老師所擬考試題目，也是我們研究的對象。修改後的試卷，都會馬上發還給老師過目，如果他們沒有異議，試卷便送到總務處印刷。記得有一次，我們發覺某位資深老師試卷上其中一道題，文句有點沙石，於是便替他改正。事後該老師並沒有表示不同意，可是在考試時，卻在黑板上寫出原來一道未經修改的試題，並且要求學生就黑板上的題目作答，不要理會試卷上的題目。單公雖然明白修改中文系教授的文字可能會引起他們不悅，甚至導致惱羞成怒、翻臉成仇的情況，但是他確信自己身為香港最高學府中文系的最高領導人，是有責任改正系內文章中一切有問題的字、詞、句和標點符號。由於經年累月協助單公替文章做補苴罅漏、增刪潤色的工作，我的中文寫作水平在不知不覺間慢慢提高。去年，一位本港著名婦產科醫生寫了本自傳式文集，請我作序。我為他寫了篇一千幾百字的短序後，他請我夫婦吃飯，席上給我一個大信封。我回家拆開一看，嚇了一跳，信封內除了致謝信外，竟然還有十張簇新的香港一千元紙幣！……這樣，我所創作的文字雖然不是「一字千金」那麼厲害，但總算是「一字十蚊」（為了押韻，這裏用了廣東方言的「蚊」字，「蚊」者，元也）。我能夠賺得大概比韓愈還要高的潤筆費，全賴多年來一直追隨單公左右、斟酌字句、修改文章。在這個單公七十華誕的大日子裏，我不得不衷心向他再說一聲：「單公，謝謝您！」

單周堯教授七十華誕學術研討會
閉幕式上的發言

陳致

香港浸會大學中文系

　　子曰:「知者樂水,仁者樂山;知者動,仁者靜;知者樂,仁者壽。」朱子的解釋是:「知者達於事理而周流無滯,有似於水,故樂水;仁者安於義理而厚重不遷,有似於山,故樂山。動靜以體言,樂壽以效言也。動而不括故樂,靜而有常故壽。」今天大家集聚在這裏,為單教授祝壽,我不由得想到《論語》裏這段話和朱子的闡釋。

　　單教授對於我們在港澳台的晚輩學者來說,可以說是人生的楷模,早上詹伯慧先生已經總結得非常精到,一是學術成就非凡,還有一個為人師表非凡。趙誠教授、陳耀南教授、汪藍生教授和林慶彰先生又都作了更多闡發。特別是林慶彰先生又更全面地論述了單先生的師承,他在經學、小學、文字學、春秋左氏學,以及西方漢學等多方面的成就,還有就是栽桃樹李、造育人才方面的傑出貢獻,並譽之為香港經學第一人,可以說是非常中肯。

　　在這些方面我想我不必再多說了。我只想就與單先生交往請益中的兩件小事,跟在座各位分享一下。雖然是小事,足見單教授為人師表的仁人之懷,及學而不厭的學人之品格。

　　我在香港工作已十七年,十七年以來,經常有機會向單先生請益,因為時常參加港大舉辦的學術活動。也經常邀請單教授主持、參加我們香港浸會大學辦的各個學術會議、典禮和講座。記得多年前,先生剛從港大中文學院退休的時候,當時先生十分掛念他的學生,有一次,我參加嶺南大學李雄溪

和許子濱兩位主辦的香港經學會議，吃飯的時候坐在單先生旁邊，單先生跟我說起他學生謝向榮博士，說他是好出了，可惜未有找到正式的工作，讓我有機會多關照他。我當時聽後即深受感動，因為先生當時剛剛退休，尚未赴能仁書院之任，在自己行止未定時，仍關切自己的學生後輩，足見長者仁人之懷。

後來，單先生受聘於能仁書院，擔任中文系主任，兼副校長。我們在香港作過行政都知道，做個系主任已經是疲於奔命了，更兼副校長，簡直是不堪想像。我們晚輩當時就覺得單先生的行政負擔太重了。但他自己倒並不介意。

有一次大約是夏天的時候，又在一個學術會議上見單老。吃飯中，我問起他會不會太辛苦。沒想到他很自豪地跟我說，他還在參加各種相關的學術會議，並且不停地出文章。他說我今年已經參加了五個會，寫了五篇東西。我當時就覺得瞠目結舌。我們知道單先生治學認真，文章從來不妄作，寫出來都是大費心血的。

就這兩件事，足以印證早上詹伯慧教授所說的單先生的兩個非凡，學術非凡和治學為人非凡。在我們晚輩看來，單教授為人仁智合一，為我們樹立了人格的典範。在這裏衷心地祝願先生福壽綿延，為學界不斷地造福，培養一代代的學術人才。同時也希望先生多珍重自己的身體。香港需要先生，學界也需要先生。

單周堯先生七秩華誕賀詞

馮蒸

首都師範大學文學院

今天非常榮幸，謹代表我個人及與會同仁為單周堯先生七秩華誕祝壽。單先生學養深厚，涵今茹古，品格高尚，為人景仰。治學四十餘載，在音韻學、方言學、文字學等方面成績斐然。先生著作等身，《中國語文論稿》、《文字訓詁叢稿》、《左傳學論集》等力著影響深遠。在粵方言研究與應用方面多有貢獻，曾參加常用字廣州話讀音委員會及廣州話正音委員會的正音工作，曾作為第一屆與第七屆國際粵方言研討會之召集人，參與主編《第一屆國際粵方言研討會論文集》、《第七屆國際粵方言研討會論文集》及《廣州話正音字典》等著作。先生作育英才，桃李滿天下，歷任香港大學陳漢賢伉儷基金中文明德教授、南開大學客座教授、中山大學名譽教授、東北師範大學名譽教授、湘潭大學名譽教授。同時，以其深厚的學術造詣，在多家高校、研究中心、知名學術刊物任職，先後擔任香港大學亞洲研究中心院士，清華大學名譽研究員，《東方文化》主編，《中國語文》、《人文中國學報》、《嶺南學報》、《粵語研究》編輯委員，《南大語言文化學報》、《文與哲》顧問委員。作為學界翹楚，先生積極參與學術組織的活動，傳承薪火，獎掖後進，曾任香港中國語文學會副主席、中國語言學會常務理事、中國文字學會常務理事、國際儒學聯合會理事、中國古文字學會理事、中國音韻學會理事等職。

我在 2007 年與單周堯教授同赴南陽參加中國音韻學研究所成立大會，此時與單教授有了較多的單獨聊天的時間和機會。一天我問單教授是從哪國留學歸來的，單教授告訴我是在英國利茲大學留學，受教於著名語言學家唐

納（Gordon B. Downer）教授，我聽了很高興，因為我也對唐納教授十分敬佩。我敬佩的原因是唐納教授的研究領域與我的研究領域有交集，唐納教授對於古漢語音韻、漢藏語系語言均有研究，而且造詣甚深，他的《切韻中的一個問題》（*A problem in Qieyun Chinese*）、《古漢語的聲調別義》（*Derivation by tone change in Classical Chinese*）一直引起我的注意。特別有趣的是唐納教授的 "Tone change and tone shift in White Miao" 一文，很早就引起著名苗瑤語專家王輔世教授的注意，王先生並且把它譯成了漢語，在上個世紀八十年代初的一天，王輔世先生把譯稿交給我讓我提意見。王先生把該文題目譯為〈白苗話的聲調變化與聲調變格〉，我對此提出不同意見，建議把題目改為〈白苗話的變調與調變〉，把「調、變」兩個字的位置互易形成兩個語言學術語，我是仿照漢語中有「音變」（sound change）和「變音」（umlaut）的先例創造了「調變」術語，這樣或更符合中國人的語感，沒想到王先生欣然接受，後來便是按照我改的譯名發表在《民族譯叢》上。單教授給我講了很多關於唐納教授的情況，真是一段有意思的因緣。

我與單先生相識十載，雖未常見，但志趣相投，交誼甚篤。孔子云：「七十從心所欲」，單先生古稀之齡，體格康健，思維敏捷，活躍在學術舞台上孜孜以求。今借宋代王觀的一首小詞《減字木蘭花》，祝他開啟更加精彩的人生篇章。

> 今晨佳宴。昨夜南極星光現。鶴舞青霄，丹鳳呈祥瑞氣飄。
> 仙書來詔。綠鬢朱顏長不老。滿勸香醪，祝壽如雲轉轉高。

祝單先生從心所欲，學術長青！
祝各位來賓、各位同仁身體健康，福壽隨喜！

慶賀單周堯教授七秩華誕

古勝隆一

日本京都大學人文科學研究所

　　時逢單周堯教授七秩華誕，籌備委員會召開國際學術研討會，鄙人也受到邀請，這是格外的榮幸。不僅如此，委員會給我致賀詞的機會。像我學生輩的外國人學者，實在不敢當，同時也覺得義不容辭，在此敬賀單教授的七十生日，說幾句話。

　　這十年來，鄙人來華參與研討會等的機會比較多，很自然地與單教授結識。每一次非常佩服教授學博識遠，舉止文雅的風姿也給鄙人留下深刻的印象。2010 年秋天，在河南漯河開許慎研討會的時候，香港鳳凰衛視藉此機會拍攝有關漢字文化的節目，當時單教授、清華大學的彭林教授有座談會，鄙人也參加，拜聽兩位碩學的發言，這是讓人難忘的體驗。另外，於 2012 年春天，彭教授、單教授與張頌仁先生在北京召開「首屆禮學國際學術研討會」，大會容許鄙人參與會議作報告，得以再聆聽單教授高論，印象良深。

　　之後，在書店裏買到單教授大作《勉齋小學論叢》（上海古籍出版社，2009 年）一書，富有吸引力，花了兩天的時間很快從頭到尾讀完。先生考證非常精緻，結論明顯，而且對於歷代學者的研究成果有很好的總括，句句恰當，真是訓詁學徒的典範。在漢語小學方面，日本學界既有學文字的，也有學音韻的，然而學訓詁的人特別少。鄙人相信單教授的訓詁學著作都是我們外國學人的很好榜樣。同時個人也非常感謝蒙受教授的學恩。

　　最後，再次敬謹表示衷心的祝福。恭祝單教授，福如東海，壽比南山！